阳泉市郊区工会志

阳泉市郊区工会志编纂委员会 编

方志出版社
Publishing House of Local Records

图书在版编目(CIP)数据

阳泉市郊区工会志 / 阳泉市郊区工会志编纂委员会编.—北京 : 方志出版社，2022.11
ISBN 978-7-5144-5274-7

I.①阳…II.①阳…III.①工会工作—概况—阳泉 IV.①D412.825.4

中国版本图书馆CIP数据核字(2022)第209646号

责任编辑：王娜
责任校对：刘玉霞
责任印制：梅中英
出 版 者：方志出版社
地　　址：北京市朝阳区潘家园东里9号(国家方志馆4层)
邮　　编：100021
网　　址：http://www.zgfzcb.cn
发　　行：方志出版社图书营销中心（010-67110500）
印　　刷：山西万佳印业有限公司
开　　本：889毫米×1194毫米1/16
印　　张：47.75
字　　数：1215千字
版　　次：2022年11月第1版
印　　次：2022年11月第1次印刷
定　　价：328.00元

《阳泉市郊区工会志》编纂委员会

《阳泉市郊区工会志》编辑部

凡 例

一、本志以马克思列宁主义、毛泽东思想、邓小平理论、“三个代表”重要思想、科学发展观、习近平新时代中国特色社会主义思想为指导，坚持辩证唯物主义和历史唯物主义的立场、观点和方法，实事求是地记述阳泉市郊区工会发展的历史和现状，力求达到思想性、科学性和资料性的相互统一。

二、本志上限自事物发端，下限至2019年末。重点记述1976年11月本区工会组织成立后所经历的重大事件，至出版日期前超下限的内容设限外辑要专章记述。

三、本志记述范围，总体为2019年阳泉市郊区所辖区域，即4个乡、3个镇、1个中心和157个行政村、18个居民委员会；为客观反映历史，部分章节延伸至1993年的2个镇、11个乡和190个行政村、8个居民委员会。

四、本志严格按照中国地方志指导小组印发的《地方志书质量规定》和山西省人民政府印发的《山西省第二轮修志行文规定》要求，行文力求朴实简洁、准确规范。

五、本志横分门类、纵述史末，层次分章、节、目，目下酌情设子目。志首设概述和大事记，志尾设后记。

六、本志采用述、记、志、传、图、表、录多种体裁，以志为主，图表随文设置。

七、本志人物章分传记、简介、名表三节。节下按目归类，分别收录区历任工会领导、长期从事工会工作的干部职工、代表本区获得市级以上劳动模范或立功受奖者以及各类有较高知名度的能工巧匠；排列以任职和获奖先后为序，工匠已故者以卒年为序，在世者以生年为序。

八、本志对隶属关系发生变化的基层工会组织，其记述内容在所涉章节中互见。

九、本志对各类名称均用当时习惯称谓，必要时夹注新名称；机构名称首次出现用全称，其后可酌情用简称。

十、本志资料，在记述中除说明来源者，一般不注明出处。数据主要采用区统计局所公布和区总工会所上报的资料，图片由区总工会提供。

阳泉市郊区总工会第八届常务委员会全体委员

▶1987年7月，阳泉市郊区工会第三次代表大会召开

▲1987年7月，阳泉市郊区工会第三次代表大会全体代表合影

▲1992年6月，阳泉市郊区工会第四次代表大会召开

▼1999年1月21日，阳泉市郊区工会第五次代表大会闭幕，新当选的工会主席马成元（左）与上届工会主席（张双和）（右）在会场留影

▲ 2005 年，全国政协、中华全国总工会领导倪豪梅（女）（右侧第三）到郊区林里粉末冶金有限公司调研

▲2012年10月14日，山西省工会工作观摩现场会与会人员在阳泉市郊区李家庄乡汉河沟村听取相关汇报

▲2012年10月14日，山西省工会工作观摩团到昌达伟业有限公司观摩指导，前排右二为山西省人大常委会副主任、省总工会主席郭海亮

▲ 2020年1月3日，阳泉市郊区工会第八次代表大会召开，区总工会主席张富英向大会作报告

▲2020年5月，阳泉市郊区总工会八届二次全委（扩大）会议召开

▲2020年11月，省总干校“花开满园”送教到基层阳泉市郊区总工会培训班开班

◀2021年5月8日，阳泉市郊区总工会“职工大讲堂”在工会会议室举办

▲2021年6月，阳泉市郊区总工会八届三次全委（扩大）会议暨党风廉政建设工作会议召开

▲2021年6月，阳泉市郊区总工会八届三次全委（扩大）会议新当选的委员合影

▲2021年10月13日，山西省总工会党组成员、副主席李忠贵（前排左三）到郊区调研

▲ 2021年12月9日，山西省总工会资产管理部副部长杨晓梅（右侧第二）到郊区调研

▶2022年6月，中华全国总工会蹲点工作组在本区开展深化工会改革创新，加强县级工会工作专题调研

2020年1月3日，阳泉市郊区工会第八次代表大会召开

▲1991年，阳泉市郊区教育工会首次代表大会召开

▲2007年，阳泉市郊区荫营镇林里村工会联合会成立

▲2013年11月，阳泉市郊区耐火材料行业工会联合会第一次会员代表大会暨一届一次职工代表大会召开

▲2013年12月，李家庄乡汽车行业工会联合会第一次会员代表大会召开

▲2013年，阳泉市郊区总工会组织召开村工会联合会工作座谈会

▲2015年1月，李家庄乡工会接受省五星级工会验收

▲2018年6月，阳泉冀东水泥有限责任公司工会第四次代表大会召开

▲2019年6月21日，河底镇货运行业工会会员入会宣誓

▲2020年5月，西南舁乡果业行业工会换届选举

▲2020年12月，“荫营护工”工会委员会第一次会员代表大会召开

▲2020年7月，洪安保安阳泉分公司工会委员会第一次会员大会召开

▲2020年6月16日，阳泉市郊区政法系统工会第二次代表大会召开

▲2020年6月28日，阳泉市郊区财贸系统工会联合会第一次代表大会召开

▲2020年7月23日，阳泉市郊区宣传系统工会联合会第一次会员代表大会召开

▲2020年7月27日，阳泉市郊区区直机关工会第二次会员代表大会新当选委员合影

▲2020年9月10日，阳泉市郊区农业系统工会联合会第一次会员代表大会召开

▲2020年11月7日，阳泉市郊区医疗集团工会第一次代表大会全体代表合影

▲2020年，晋煤控股煤业集团保安煤业一届一次职代会暨2021年安全生产工作会、表彰会召开

◀2020年12月4日，西南异乡工会联合会第三次代表大会召开

▶2020年12月11日，河底镇工会联合会第三次代表大会召开

◀2020年12月23日，李家庄乡工会联合会第三次代表大会召开

▶2020年12月27日，杨家庄乡工会联合会第三次代表大会召开

◀ 2020年12月29日，旧街乡工会联合会第三次代表大会召开

▶ 2020年12月31日，荫营镇总工会第三次代表大会召开

◀ 2021年4月23日，平坦镇工会联合会第三次代表大会召开

▶ 2022年7月，阳泉市郊区荫营镇餐饮业联合工会第二次代表大会召开

▶1997年，平坦水泵厂举办平等协商集体合同签约仪式

▶1999年6月25日，阳泉市郊区总工会在青山水泥厂召开全区企务公开民主管理经验交流现场会

◀2006年，阳泉市郊区旧街煤矿矿长冯恩湖（领奖者右二）在全市企务公开民主管理工作会议上受到表彰

◀2007年，阳泉市郊区总工会到义井镇王家峪砖厂检查用工情况

◀2011年9月26日，阳泉市郊区总工会与交警三大队联合开展交通安全宣传活动

▶2012年6月22日，阳泉市郊区总工会与郊区安全生产监督管理局联合举办阳泉市郊区首届“安康杯”知识竞赛

◀2013年12月4日，阳泉市郊区开展国家宪法日暨全国法制宣传日活动

▶2015年3月12日，阳泉市郊区总工会开展维权行动月宣传咨询活动

▼2015年4月，阳泉市总工会经审工作规范化建设座谈会在郊区召开

▲2016年，阳泉市郊区总工会举办经审工作培训班

▲2018年，阳泉市郊区总工会举办工资集体协商指导员培训班

▲2019年，阳泉市郊区总工会开展工会律师联合服务农民工行动

◀2020年12月4日，阳泉市郊区总工会举办新时代文明实践志愿者助力宪法宣传周活动

▶2021年，阳泉市郊区总工会开展第六个全民国家安全教育日普法宣传活动

▲2021年7月20日，阳泉市郊区总工会举办"携手共商共创　助力转型发展"集体协商竞赛理论知识测试

▲2021年9月16日，阳泉市郊区总工会组队参加市总工会举办的集体协商知识竞赛

◀2006年，阳泉市郊区总工会在桃林沟开展宣传活动

▼2008 年，阳泉市郊区总工会举办“爱心万里行”大型文艺晚会

▲2007 年，阳泉市郊区总工会组织“迎奥运 庆五一 促和谐”“圣火杯”乒乓球大赛

▶2010年5月13日，阳泉市郊区总工会举办全区“庆五一 促和谐”职工趣味运动会

▲2014年5月8日，阳泉市郊区总工会举办“中国梦 · 劳动美 · 我与改革创新”演讲赛

▲2014年6月18日，阳泉市郊区总工会举办“文化惠民”慰问演出活动

2013 年 9 月，阳泉市郊区总工会组织全区“迎国庆”职工广播体操比赛

▲2014年6月28日，阳泉市郊区总工会举办全区首届职工羽毛球比赛

▲2014年7月18日，阳泉市郊区总工会举办趣味运动会

▲2016年，阳泉市郊区总工会举办登高健步走活动

▲2020 年 3 月，阳泉市郊区总工会联合区文联举办“讴歌‘劳动美’共筑‘中国梦’”书法美术摄影作品展

▲2021 年，阳泉市郊区总工会组队参加阳泉市郊区庆祝中国共产党成立 100 周年“永远跟党走”机关风采展演活动

▲2021年，阳泉市郊区总工会“我为职工群众办实事”送图书到基层活动在三都村举行

▲2021年4月30日，阳泉市郊区总工会组织“学党史 迎五一”第七届职工登高健步走竞赛活动

▲2021年7月30日，阳泉市郊区总工会联合区卫生和健康体育局举办“体彩杯”第四届篮球联赛

2021 年 6 月 25 日，由区委、区政府主办，区总工会联合区文化和旅游局承办的庆祝中国共产党成立 100 周年“唱支心歌给党听”大型主题合唱比赛在区政府大报告厅举行

▲1998年，阳泉市郊区河底镇兴华水泥厂举办职工技术比武大赛

▲2010年,阳泉市郊区总工会举办首届耐火材料行业职工技术大赛

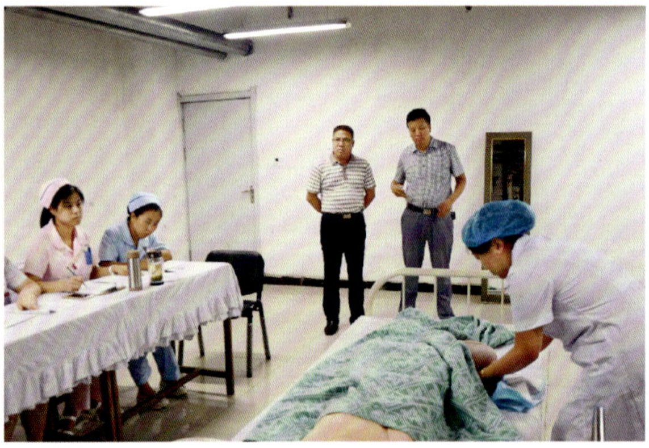

▲2014年7月15日,阳泉市郊区总工会联合区卫生局举办卫生岗位练兵技能竞赛

▲2019年7月9日，阳泉市郊区总工会组织职工技能培训

▲2020年，“锦丰杯”烹饪技能大赛在阳泉市郊区生生大酒店举办

▲2020年12月，阳泉市郊区总工会联合相关单位举办冬季果树修剪技能大赛

▲2021年7月，阳泉市郊区汽车行业维修技能大赛启动仪式在三江上汽大众4S店举行

▲2021年7月,首届汽车维修技能大赛实操比赛现场

▲2021年8月，阳泉市郊区首届职业技能大赛——汽车行业维修技能大赛颁奖仪式在三江上汽大众4S店举行

▲2021年9月17日，阳泉市郊区总工会组织开展“迎中秋 赏诗韵 品匠心”暨职工技能培训活动

▲2021年9月，阳泉市郊区总工会与区人才办联合开展首届“阳泉郊区工匠”选树命名活动

▲2004年,阳泉市郊区总工会召开劳动模范座谈会

▲2008年，阳泉市郊区总工会为市级以上劳动模范发放津贴

▶ 阳泉市郊区省级劳动模范王雪创新工作室于2014年5月正式开设

▼2021年4月28日，阳泉市郊区总工会组织各级劳动模范参加共创共建“劳模林”植树活动

▲2021年,旧街乡工会举办“弘扬劳模精神、传承榜样力量”实践活动讲座

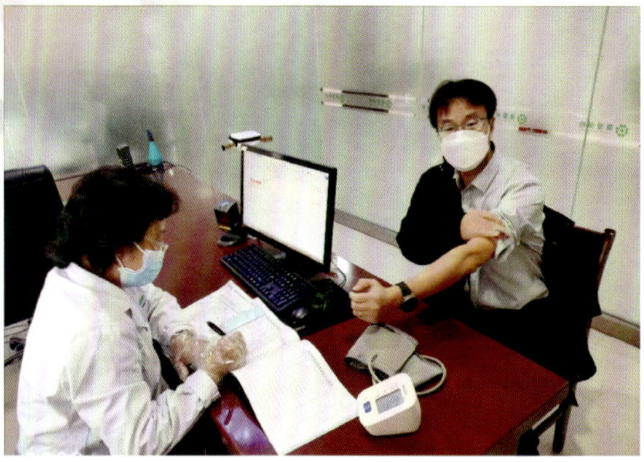

▲2021年11月18日，阳泉市郊区总工会组织市级以上劳动模范在康爱体检中心免费体检

▲2021年春节前夕，阳泉市郊区总工会主席张富英（左二）慰问全国劳动模范王计所（右一）

▲ 2021年春节前夕，阳泉市郊区总工会慰问全国劳动模范马玉田（左）

▲ 2021年春节前夕，阳泉市郊区区委副书记李仁照（右一）、区总工会主席张富英（左一）慰问全国劳动模范李乃珠（中）

▲2021年，阳泉市郊区总工会充分利用媒体宣传，大力弘扬劳模精神、劳动精神、工匠精神

▲1990年12月，阳泉市郊区总工会首届女职工代表大会召开

▲1996年3月8日，阳泉市郊区总工会举办庆“三八”大秧歌比赛

◀2004年3月，阳泉市郊区总工会女职委召开女职工计算机技能大赛总结表彰会

▶2009 年 3 月，阳泉市郊区总工会举办庆“三八 ”促和谐华牌大赛

▶2011年5月，阳泉市郊区总工会与郊区文化体育广播电视局、郊区妇联联合举办全区职工“红色五月 激情飞扬”全健排舞比赛

◀2014年10月15日，阳泉市郊区总工会在上白泉村举办“文化惠民 服务职工 欢乐基层”慰问演出活动

▲2015年，阳泉市郊区总工会开展《山西省女职工劳动保护条例》宣传咨询活动

▲2015年，阳泉市总工会女工部到郊区人民医院验收爱心妈咪小屋建设工作

◀2018年4月，阳泉市郊区总工会举办第一期月嫂培训班

▶2019年8月，让职工放心 助孩子圆梦——阳泉市郊区实验小学爱心托管班启动仪式举行

◀2020年7月，阳泉市总工会领导权红红为书香女工学堂揭牌

▶2020年8月27日，阳泉市郊区总工会在桃林沟村举行“书香育魂 匠心筑梦”悦读实践活动暨“书香女工学堂”开班启动仪式

▼2021年，阳泉市郊区行政审批局爱心妈咪小屋通过省级验收

▲2021年3月，保安煤业女职工开展插花比赛活动

▲2021年3月，阳泉市郊区总工会女工部深入基层开展“关爱女职工 工会在行动”慰问活动

▶2021年7月29日，阳泉市郊区总工会“幸福家庭心向党 家风家教代代传”读书分享会暨“玫瑰书香”女职工主题阅读活动在桃林沟村启动

◀2000年8月11日，阳泉市总工会主席董建堂（左一）、区总工会主席马成元（左三）到下岗职工苗所林的再就业工作基地慰问并参观

▶2002年，阳泉市郊区区委副书记胡金贵（左一）、区总工会主席郭善祥（右一）到水暖厂下岗职工刘健的养兔厂慰问并参观

▲2006年8月，阳泉市总工会主席王七孩（左一）到郊区工会困难职工援助中心调研

▲2010年，阳泉市郊区总工会给患病职工发放大病医疗补偿金

“四送”活动

◀2010年7月，阳泉市郊区区委副书记刘红霞（女）（左二）、区总工会常务副主席李新福（左三）慰问坚守岗位的执勤民警

▶2010年12月29日，阳泉市郊区总工会举办图书配送暨赠送再就业工具仪式

▲2013年3月14日，阳泉市郊区总工会与区人社局、区妇联联合举办春季就业招聘会

▲2012年8月23日，阳泉市郊区总工会举办2012年“金秋助学”金发放仪式

▲2015年7月18日，阳泉市郊区人民政府副区长刘瑞生（左一）到保安煤矿参加夏送清凉活动

▲2017年8月7日，阳泉市郊区人民政府常务副区长梁海昌（左一）、区总工会主席王可剑（左二）慰问裕盛源企业职工

◀ 2017年8月8日，阳泉市郊区人民政府区长武建功（前左二）到坡头煤矿参加为职工送清凉活动

▶ 2018年7月26日，阳泉市郊区区委书记王明厚（左一）到G239改线工程建设工地慰问职工

▶ 2020年2月10日，阳泉市委副书记巩成（左三）、市总工会主席张永忠（左二）、常务副主席程继喜（左一）、副主席张建军（右一）、区委书记王晓丽（女）（右二）、区总工会主席张富英（右三）到阳五高速公路阳泉东收费站慰问抗疫一线工作人员

▲ 2020年2月10日，阳泉市郊区区委副书记郄文保（左）看望第一批支援武汉的医护人员冯兆斌家属

▲ 户外劳动者爱心驿站为环卫工人提供服务

▲2020年8月12日，山西省总工会到阳泉市郊区开展“情系职工 清凉一夏”慰问活动

◀ 2020年8月12日，阳泉市郊区人民政府区长宁文鑫（右一）为阳泉市广凯机械制造有限公司职工送清凉

▶ 2021年春节前夕，阳泉市郊区区委书记王晓丽（女）（前左二）到冀东水泥有限公司慰问职工

▲2021年3月25日，阳泉市郊区总工会为小微企业全额返还工会经费

▲2021年7月21日，阳泉市郊区区委副书记李仁照（前左四）慰问疫苗接种医务工作者

▲2021年10月，阳泉市郊区总工会在荫营镇敬老院组织“九九”重阳志愿服务活动

▲2021 年 12 月，郊区总工会开展“工会进万家 新就业形态劳动者温暖服务集中行动”

◀ 2022年7月，阳泉市郊区区委书记郭方恺（左一）深入重点工程建设工地慰问职工

▶ 2022 年 7 月 28 日，阳泉市郊区区委副书记、代区长孙儒（前排右一）在平坦镇甘河村采煤沉陷区搬迁住宅安置项目建设工地为一线工人发放防暑降温礼包

▲2015年“七一”前夕，阳泉市郊区总工会组织工会干部赴井岗山培训学习

▲2020年7月1日，阳泉市郊区总工会赴旧街乡南沟村红色教育基地开展庆“七一”重温入党誓词活动

▲2020年7月3日，阳泉市郊区总工会党支部换届选举党员大会召开，图为支部成员合影

▲2021年4月16日，阳泉市郊区总工会党支部在旧街乡路家庄村组织开展“用心学党史 真心办实事”主题党日活动

▲2021年4月28日，阳泉市郊区总工会组织机关干部到荫营镇下白泉村农业综合示范园义务植树

▲2021年6月29日，阳泉市郊区总工会组织全体党员干部到阳泉市税务局开展“追寻红色记忆 弘扬传统文化”主题党日活动

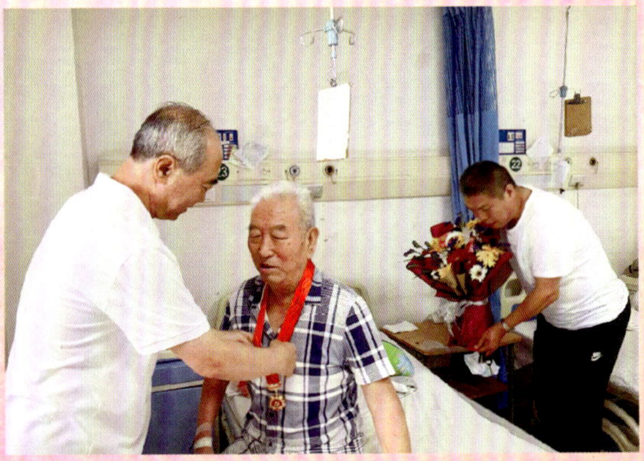

▲2021年7月，阳泉市郊区总工会主席张富英（左一）为机关老党员颁发光荣在党50年纪念章

▲2021年8月，阳泉市郊区总工会党支部为青海省贫困地区学生捐赠过冬衣物

▲2021年9月27日，阳泉市郊区总工会在荫营镇刘备山革命烈士公墓举办“迎国庆 颂党恩 缅怀先烈”主题党日活动

▲2021年10月22日，阳泉市郊区总工会组织开展“长征永远在路上”特色党建活动

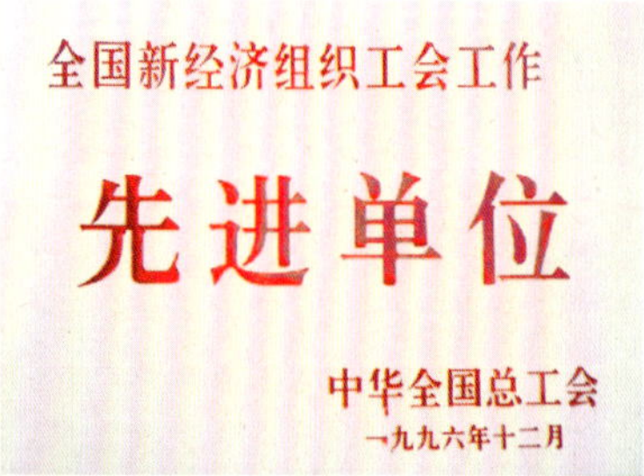
全国新经济组织工会工作
先进单位
中华全国总工会
一九九六年十二月

七好县工会
山西省总工会

先进县工会
山西省总工会

授予:
模范县工会
山西省总工会
一九九五年十一月

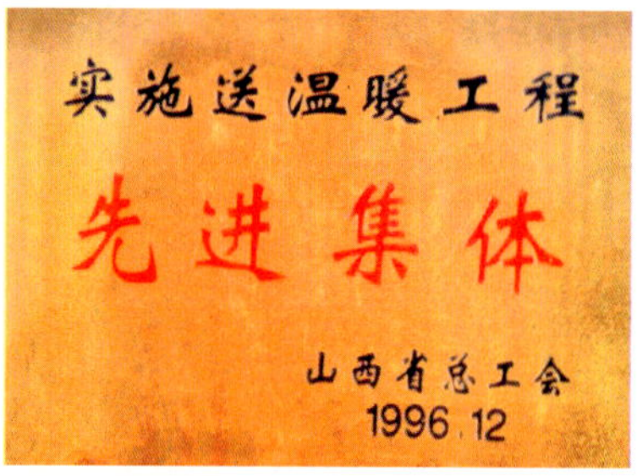
实施送温暖工程
先进集体
山西省总工会
1996.12

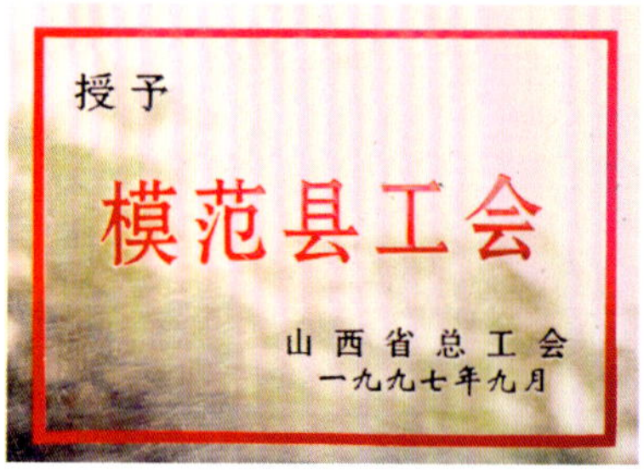
授予
模范县工会
山西省总工会
一九九七年九月

奖给
一九九四年度
先进县工会
山西省总工会

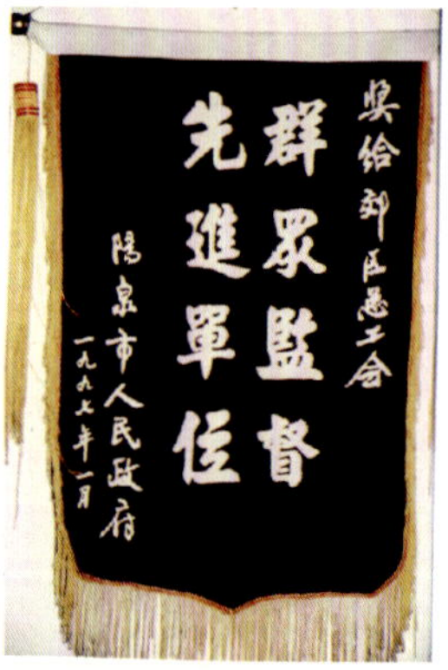
奖给郊区总工会
群众监督
先進單位
陽泉市人民政府
一九九七年一月

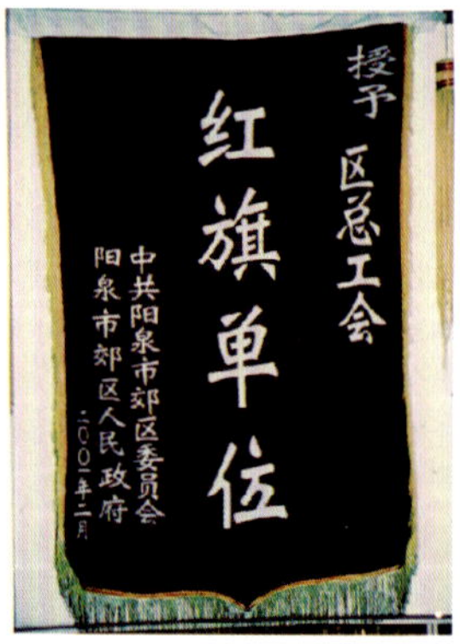
授予
区总工会
红旗单位
中共阳泉市郊区委员会
阳泉市郊区人民政府
二〇〇一年二月

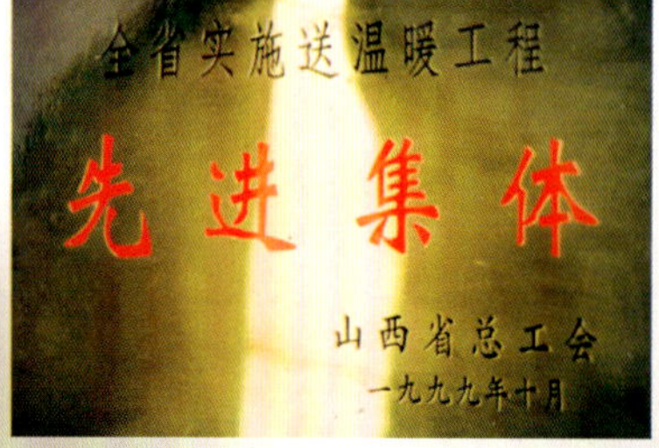
全省实施送温暖工程
先进集体
山西省总工会
一九九九年十月

模范县工会
山西省总工会
二00二年十月

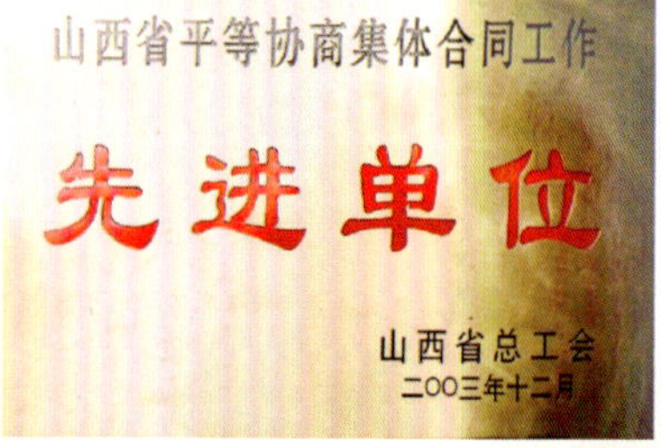
山西省平等协商集体合同工作
先进单位
山西省总工会
二00三年十二月

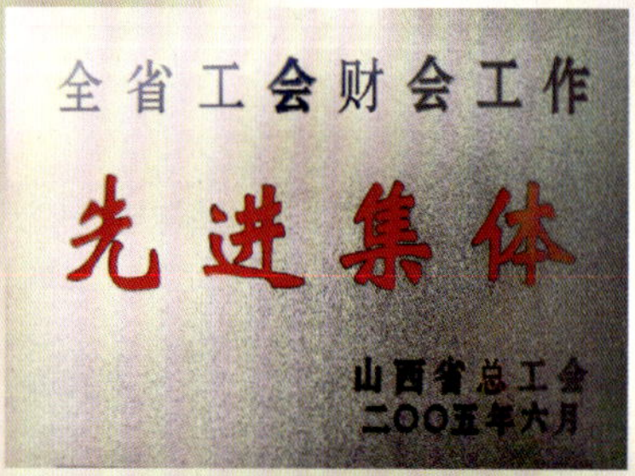
全省工会财会工作
先进集体
山西省总工会
二00五年六月

工会组建工作
2005年度
先进县工会
山西省总工会
二00六年三月

困难职工帮扶中心
山西省总工会

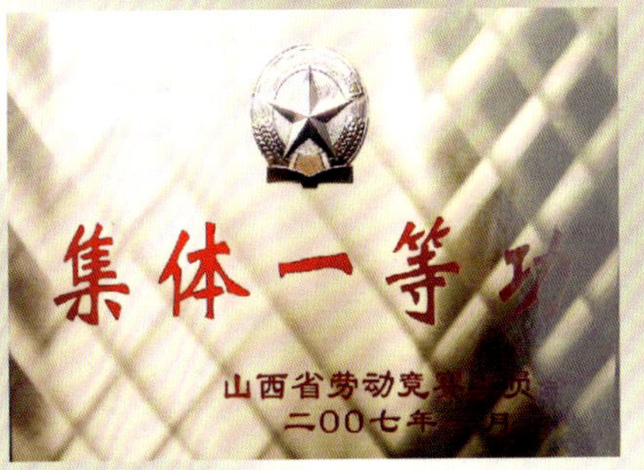

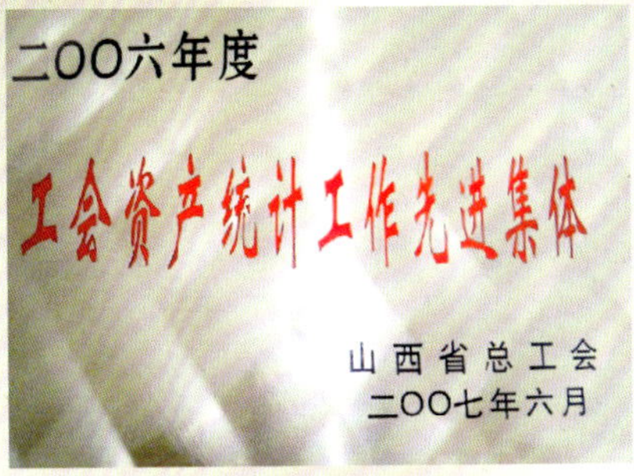

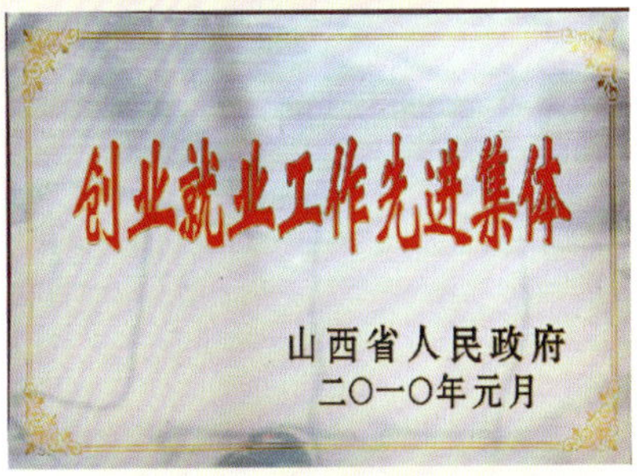

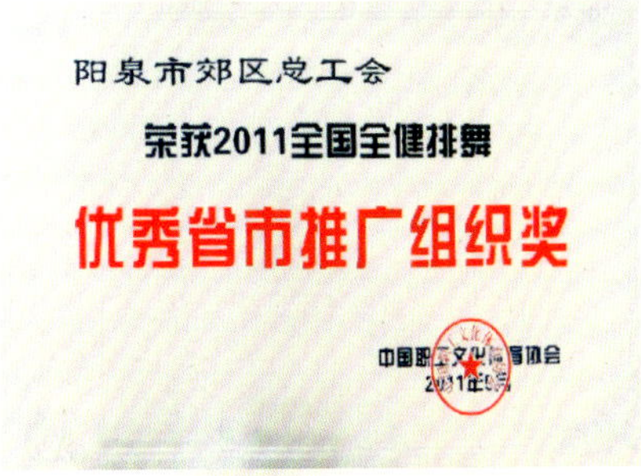

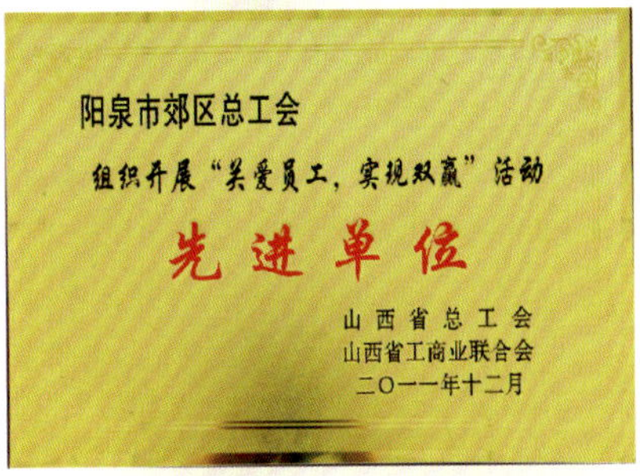

阳泉市郊区总工会部分获奖荣誉

编纂始末

▲2020年5月29日，阳泉市郊区总工会召开《阳泉市郊区工会志》编纂工作动员会

▲ 2020年6月15日，阳泉市郊区总工会组织编纂人员进行培训

▲2020年11月15日，阳泉市郊区总工会组织召开编纂工作推进会

▲ 2020年11月18日，编纂人员在区档案馆查阅资料

▲ 2022年2月29日，阳泉市郊区总工会召开《阳泉市郊区工会志》征求意见座谈会

▲ 参加《阳泉市郊区工会志》征求意见座谈会的相关人员合影留念

序

《阳泉市郊区工会志》经过三个年头的编纂，即将付梓出版。这是全区广大职工政治文化生活中的一件大喜事、大好事，值得庆贺！

阳泉郊区历史悠久，人类活动的足迹可追溯到旧石器时代。淳朴善良、吃苦耐劳的郊区人民祖祖辈辈、世世代代在这片土地上生息繁衍、耕耘开拓，创造着灿烂文明。

阳泉郊区矿产资源丰富，以煤、铝矾土、硫铁矿石构成的“黑白黄”特色矿产品早已闻名天下。凭借得天独厚的资源优势，区内劳动人民长期以来自力更生，艰苦奋斗，依托矿业，兴旺百业，用勤劳的双手建设着美丽的家园。

阳泉郊区人民具有勤劳勇敢、坚韧不拔的奋斗精神。近现代以来，从1905年震惊中外的争矿保矿运动的爆发，到抗日战争时期下荫营工人救国会（解放战争后改称工会联合会）的诞生；从阳泉解放后民众以家庭为单位小打小闹的手工业作坊生产，到农业、手工业和资本主义工商业社会主义改造的全面完成；从二十世纪六七十年代集体化生产，到改革开放后“村村点火，户户冒烟”，乡镇企业异军突起，以至近年来全区企业改制后大规模的现代化工业园区建设；从工矿企业的转型，到现代化高端产品制造业的发展，郊区走出了一条具有自身特色的兴区富民发展道路。在这一漫长的历史进程中，郊区的工人运动和工会组织作为重要的社会推动力量，发挥了不可替代的主体作用。

回首郊区工会的发展历程，工人阶级队伍由小到大，工会组织从无到有，履行职责由浅入深，既历经了初创时的孱弱和艰难，更见证了改革开放催生出春风化雨般的繁盛。伴随郊区经济和社会事业的巨大发展跨越，一代代劳动者涌立潮头，一批批劳模英才群星荟萃，无不彰显出工人阶级的主人翁地位和社会主义现代化建设的主力军作用，从而也映射出所有“工会人”在平凡的工作中所付出的艰辛劳动。

在此过程中，郊区各行各业先后涌现出了以荣获全国劳动模范称号的梁作义、王计所、马玉田、李乃珠等为代表的一大批劳动模范、先进工作者、“五一劳动奖章”获得者等先进人物，这些勇于奉献、乐于吃苦的杰出代表，为郊区经济发展和社会进步做出了巨大贡献。我认为所有这些艰苦卓绝的经历、可歌可泣的人物，都应该被后人铭记，并永载史册，彪炳千秋！

中共十八大以来，中国特色社会主义进入新时代。全区工会组织在区委的坚强领导和上级工会的大力支持下，始终高举中国特色社会主义伟大旗帜，深入学习贯彻习近平总书记关于工人阶级和工会工作重要论述，忠诚党的事业，竭诚服务职工，谱写了新时代郊区工会事业的新篇章。坚定扛起政治责任，开展有特色、接地气、入人心的教育活动，筑牢为实现中华民族伟大复兴的中国梦而奋斗的思想基础；紧紧围绕中心和大局，积极推进职工群众创新意识和创新能力的提升，为全方位高质量发展提供更加强劲、更加持续的动力；大力弘扬劳模精神、劳动精神、工匠精神，激励广大职工争做新时代的奋斗者，营造出劳动光荣的社会风尚和精益求精的敬业风气；积极履行维权服务职责，在提高服务水平和效能过程中推进构建和谐劳动关系，不断提升职工生活品质；坚持增强政治性、先进性、群众性的工会改革方向，着眼于建机制、强功能、增实效，夯实基层基础，推进智慧工会建设，使全区工会组织更加充满活力，更加坚强有力。

集思广益，众手成志。从2020年5月《阳泉市郊区工会志》编纂工作正式启动至今，短短两年多时间能够完成这样一部鸿篇巨制，的确难能可贵，在此向全体编纂人员表示崇高敬意！同时，向一如既往关心关注郊区工会事业发展并为志书编纂提供支持帮助的爱心人士表示衷心感谢！

盛世修志，志载盛世。《阳泉市郊区工会志》是郊区工会事业各项工作的真实写照、是郊区工会事业辉煌历程的定格回放。该志的出版发行，是区总工会向即将召开的中国共产党第二十次全国代表大会献上的厚重礼物。我衷心希望该志书的出版发行，能够达到以史为鉴，以史育人，传承红色基因，助力新时代阳泉郊区工运事业和工会工作创新发展之目的，衷心祝愿郊区的工运事业和工会工作更加兴旺发达，衷心祝愿郊区的明天更加美好！

读志有感，谨以为序。

阳泉市郊区总工会主席　张富英

2022年5月1日

目　录

概 述

阳泉市郊区位于山西省东部，太行山西麓，地理坐标为北纬37° 46′ 12″ ～38° 05′ 25″、东经113° 19′ 34″ ～113° 42′ 20″。区境东西长约33千米，南北宽约35千米。东与平定县岔口乡、巨城镇接壤，南与平定县冠山镇、冶西镇毗邻，西与晋中市寿阳县相连，北与盂县接界，环抱城区、矿区，全区面积为632.84平方千米。至2019年底，全区设3个镇、4个乡、1个开发区社会服务中心、157个行政村、204个自然村。常住人口为245578人，社会从业人员9.57万人，单位在岗职工2.2万人。

阳泉市郊区历史悠久。据郊区西部旧街乡枣园一带发现的石片、石核等文物考证，远在10万年前的旧石器时代就有人类在此繁衍生息。有文字记载的历史可上溯到2500年以前，晋卿赵简子在平坦垴筑城驻军时，区境秦为太原郡属地，西汉为上艾县属地，北魏为石艾县属地，隋为石艾县与原仇县属地，唐及五代为受州、广阳县、盂县属地，两宋为平定军、盂县属地，金、元为平定州、盂州属地，明为平定州、盂县属地，清为平定州属地。

民国元年（1912）平定废州设县，郊区属平定县，民国26年（1937）10月，日本侵略军侵占阳泉，中国共产党创建抗日根据地，以正太铁路为界，分成路北县、路南县，阳泉市郊区除北部几个村庄外，皆属平定县管辖。

1947年5月2日，阳泉解放后设市。郊区先后为二、三、四、五、六区政府所在地。1956年3月改属荫营区，次年8月同站上区合并称阳泉市郊区。1958年8月，平定县、阳泉市郊区合并，仍称阳泉市郊区。1961年4月撤销阳泉市郊区，设市直人民公社。1963年2月，恢复荫营区。1969年1月，荫营区改称为阳泉市郊区，属阳泉市派出性机构。

1984年，本区形成独立的财政税收体系，各职能部门从市级分离出来，或相继对应成立，至此阳泉市郊区成为独立行使其职能权限的县级人民政府。至2019年底再未变更。

阳泉市郊区自然资源丰富。区内煤炭、铝矾土、黏土、硫铁矿、石灰石、白云石以储量多、品质优、埋藏浅、易开采等特点声名远播，享誉全国。借此得天独厚的自然禀赋，区内的工业发展历史悠久，工矿业发展水平较为发达。长期以来，富集的矿产资源为郊区经济社会的发展进步，提供必要的优越条件。据史料记载，早在北宋时期，区内劳动人民就开始了煤炭洞采、冶铁等生产活动。元明时期已在焙烧陶瓷、砂器。明代中叶煤炭已普遍用于炊事。清代至民国时期，区内家庭作坊式的手工业已发展到煤业、铁业、硫磺业、瓷业、酿造业、火药业、砖瓦业、砂货业、石灰业等行业，不仅具有一定的规模，而且发展水平相对较高。其中尤以铁业最为发达，其产品（铁锅、农具等）已远销北京、河北、河南、山东、内蒙古及东北三省等地，清政府还在郊区河底镇开设“宝泉分局”，开始钱币铸造活动，由此可见当时的生产工艺和制作技术都是非常可观的。民国以后，特别是抗日战争与解放战争期间，区内人民为支援前线，组织生产手榴弹壳、地雷壳、炮弹叶片等大量的军需用品和其他物资。

受郊区立地条件和传统产业的影响，在长期的劳作过程中，一些农民因无土地或失去土地，长年靠装炉打铁、搞运输、做帮工而维持生活，从客观上产生一大批产业工人。中华人民共和国成立后，境内的工业生产得到迅速恢复和发展。手工业系统经历由合作化到人民公社集体化的发展历程。中共十一届三中全会后，区委、区政府抓住发展机遇，充分利用郊区矿产资源丰富的优势，确立“以工为主、兴工富农”的指导思想，大力发展以工矿业为主的乡镇企业，迅速形成“村村点火、户户冒烟”的工矿企业快速发展热潮，以“黑、白、黄”为主的工业产业格局初步形成。1986 年，根据区委“依托矿业、兴旺百业、改造农业、共同富裕”的发展战略，及时引导乡镇企业进行产业结构调整，实行原料生产型向加工型、产品结构由低档次向中高档次、单一型生产向系列化生产的三个转移，逐步形成以耐火材料、煤炭、建材、化工、冶金铸造、机械制造六大行业为主体的产业优势。在此期间，三泉村大办村办企业，探索出“一转三变”，即地下转地上，采掘变加工、封闭变开放、低档变高档的经验，被誉为“乡镇企业一枝花”。这种“有水快流、快速致富”的发展格局，构成工矿城郊型乡镇企业发展的阳泉郊区模式，并在全市、全省乃至整个华北资源富饶型地区得到有效推广。1987 年，区委、区政府审时度势，适时提出“深挖内涵，稳抓外延，狠上水平，争创名优，提高效益”的发展战略，工业企业从铺摊子求速度向上水平增效益方面转移。至 1990 年，先后对阳泉建陶厂、阳泉第三钢铁厂等一大批骨干企业进行了技术改造，平坦水泵厂成为全区第一个列入部级生产的工业企业。随后，全国规模最大的氧化锆生产厂在下千亩坪村建成投产。全区先后与清华大学、上海化工研究院、鞍钢、包钢、唐钢耐火厂等 58 个大专院校、科研单位、大型厂矿建立合作关系，先后引进新产品 308 个。70 种产品分别获得部级、省级和市级优质产品称号。“三资”企业、产品出口企业先后崛起，得到快速发展。耐火熟料、釉面砖、工业硅、耐火砖和轻钙粉等产品远销国外。

20 世纪 90 年代，阳泉市郊区经济实力荣膺山西省 20 强县区之首。可以说乡镇企业一枝独秀，功不可没。

进入 21 世纪，随着改革步伐的加快，郊区再次发挥区位、资源、交通等优势，先后提出了“强工、兴农、促三产”“四走四变四集中”“走好五条路子，实现五个突破”等战略举措。进一步解放思想，干事创业，工业强区，争先发展，全力推进乡镇企业产权制度改革和工业园区建设，大力提倡绿色发展，重拳整治环境污染，着力抓好资源整合，发展后劲进一步增强，发展质量进一步提高。与此同时，随着形势发展变化要求，郊区民营企业也取得了长足发展，农村经济结构和劳动力的就业结构发生了深刻变化。

中共十八大后，郊区全面贯彻中共十八大和十八届三中、四中、五中、六中全会精神，以习近平新时代中国特色社会主义思想为指引，提出着力走好转型升级之路、新型城镇化建设之路、基层社会治理创新之路“三条路”，率先实现城乡统筹示范区的奋斗目标。坚持以供给侧结构性改革为引领，推动三次产业协调发展；坚持以增强人民群众获得感为目标，不断提升公共服务水平；坚持以提高县域治理能力为目标，加强“三基”建设。至 2019 年底，全区从事种植、养殖、工业、运输、建材、餐饮、商业、服务等的私营企业如雨后春笋，势头良好，从业人员大量增加，全区生产总值完成1228188万元，规模以上企业总产值完成724992.2万元，全社会固定资产投资完成419297万元，社会消费品零售总额完成211079万元，财政总收入完成85013万元，城镇居民人均可支配收入达到28555元，农民人均纯收入达到16265元。

从郊区经济社会发展进程看，围绕资源优势，强化工业主导，始终是郊区增加财力、促进发展、改善民生要牢牢抓在手上并着力做好的一篇大文章。在这一艰苦创业、大胆探索的过程中，郊区的工业企业不断发展壮大，产业大军逐年增加，而随着时势发展要求，郊区的工会组织应运而生。境内最早的工会组织产生于民国26年（1937），上荫营等村成立工人抗日救国会，并在中共党组织支部内部设有工会委员会委员一职。工救会积极组织会员投身抗日救亡运动，在破袭交通、除奸等方面大显身手。解放战争中，工人救国会改称工会联合会。1947年5月，阳泉解放并建立市，次年2月，阳泉市职工工会成立，郊区也相继建立了工会，当地的生铁炉、石灰窑、硫磺厂等企业纷纷加入工会组织。各区工会在中共党组织的领导下，团结广大手工业者，积极鼓励业主踊跃参加社会主义革命和建设。同时，教育小手工业者、贫苦农民中的工救会会员遵守劳动纪律，努力搞好生产，加强与各阶层人士的团结协作。市、区、村工会组织在参军参战、反霸、反特和生产自救中都起到了模范带头作用。

20世纪50年代至70年代中期，区内的工会活动受中国煤矿工会阳泉工矿区委员会和中国教育工会阳泉工矿区委员会的直接领导，在这个时期，由于受行政区划频繁变更以及“文化大革命”的影响，境内工会组织时断时续，甚至出现组织瘫痪、工作停滞的现象。但工人运动以及工厂生产活动却一直没有中断，随着本区工矿企业的不断发展，1976年8月，阳泉市郊区成立工会筹备领导组，11月召开阳泉市郊区首届工会第一次会员代表大会，标志着郊区工会正式成立（1987年7月，更名为郊区总工会）。

阳泉市郊区工会组织成立以来，特别是进入21世纪以后，总工会紧紧围绕中国共产党在各个不同历史时期的中心任务，积极组织全区职工参与各项政治活动和社会生产活动，经常性地开展对职工的政治思想教育工作，着力做好基层工会组织的恢复、重建、新建工作，广泛开展增产节约、增收节支、岗位练兵、技术比武等社会主义劳动竞赛，协助区委、区政府做好全国、省、市劳模和全国、全省“五一劳动奖章”获得者的评选、推荐、管理以及全区劳动模范评选表彰等具体工作，组织开展群众性的技术协作和职工喜闻乐见的各种丰富多彩的文体健身活动，切实关注关心广大职工的切身利益，在职工工资待遇、劳动保护、医疗保险、职工住房、抚恤、养老、病休、子女就业、扶贫济困、下岗再就业、送温暖、大病医疗救助、法律援助、金秋助学、最低工资标准的执行等方面，充分发挥工会的组织、协调作用，有效维护了全区社会和谐稳定的发展大局。工会的职能作用得到充分的发挥，工会的良好形象进一步彰显。

一路走来，回顾郊区工会的发展历程，工会从无到有、从小到大、从弱到强，从自发松散到规范有序，工会走过了几十年不平凡的道路。截至2019年底，全区基层工会组织由1976年正式成立时的8个，增加到486个，其中，系统工会组织8个、涵盖单位118个，基层工会116个，乡镇工会组织8个、涵盖基层工会370个；会员人数由成立初期的629名增加到24924名，增长了38.62倍。其中，诞生了全国劳动模范4名、省级劳动模范75名、市级劳动模范306名，获得省级“五一劳动奖章”者66名、市级“五一劳动奖章”者289名。这些先进人物是时代的弄潮儿，是各行各业的优秀人才，是郊区经济社会发展涌现出来的杰出代表。长期以来，这种率先垂范的榜样力量和艰苦创业的工匠精神，在建设郊区、发展郊区、振兴郊区、富民强区的伟大实践中得到大力弘扬和赓续传承，并发挥了不可替代的重要作用。

进入新世纪，开启新征程；担负新使命，再创新业绩。纵观阳泉市郊区总工会组织的发展历史，回顾工会组织几十年来的工作实践，工会组织在全区的社会主义革命和建设中，尤其是在改革开放和中国特色社会主义的伟大进程中，充分发挥党联系职工群众的桥梁和纽带作用，发挥工人阶级先锋队和主力军作用，始终坚持正确的政治方向，积极履行工会的社会职能，有效维护和表达职工的切身利益，为建设富强、民主、文明、和谐、美丽的新郊区做出了骄人的成绩。同时也为郊区工会更好地履行职能奠定了坚实基础。郊区工会人有理由相信，在中共阳泉市郊区区委的坚强领导下，在区政府的大力支持下，在全区广大职工群众和社会各界的热忱关怀和积极参与下，一定能够以改革创新精神，不断加强自身建设，广泛构建服务职工的工作体系，完善基层工会的覆盖面，增强代表性，着力强化服务意识，努力提高维权能力，不断加强队伍建设，提升保障水平，全心全意为职工服务，构建智慧工会，增强基层工会的吸引力、凝聚力、战斗力，把工会组织建设得更加充满活力、更加坚强有力，真正使其成为深受职工群众信赖的学习型、服务型、创新型“职工之家”。

大事记

工会组建前

宋庆历五年（1045）

河东路转运使陈尧佐见境内有人以开采煤炭为业，奏请朝廷免征炭税。

明洪武四年（1371）

《太原府志》出版。其在记述平定物产时有“炭窑二处，西沟（今平定维社）一处，谷里（今区属瀑里村）一处”的记载。

明永乐十八年（1420）

牵牛镇建瓷窑一座，烧制黑白瓷器，其产品除供本地需用外，还销往邻县。

清康熙十九年（1680）

河底村要氏家族创建火药厂，生产火药。

清嘉庆二十四年（1819）

境内发生暴雨，大水淹没固庄沟，在炭窑内作业的 2 人以及四五十头驴骡被困而死。

清咸丰四年（1854）

清户部宝泉局在河底镇设宝泉分局，开炉 20 座，鼓铸铁钱，名“咸丰通宝”。

清光绪十年（1884）

境内采煤业有较大发展，仅蒙村（今大村、前庄、庙上村）一带就有煤窑 10 余座，居民 200 余家。途经境内的晋冀通道修通。

清光绪三十一年（1905）

铁路大臣盛宣怀、北洋大臣袁世凯和山西巡抚张曾敭，在境内购矿址 100 余亩，合资开办同济矿务公司。河北正定人张子周集资在南庄村开办煤矿——元丰矿。

同年　正太铁路修至阳泉，英国人到境内插桩树标，勘矿划界，准备着手开办煤矿。为阻止英国“福公司”企图掠夺境内煤炭资源的图谋，爱国人士张士林会同平定州士绅黄守渊、李毓惠、刘焕斗等人发起著名的“保矿运动”。该运动历时三年，以境内人民赎回矿权的胜利而告结束。民国 32 年（1943），山西省政府为表彰张士林精诚爱国，努力保矿的丰功伟绩，特颁发“急公好义”匾额一块。

清光绪三十二年（1906）

七月　正太铁路由枕头（今石家庄）至阳泉段通车。白羊墅火车站建成。

九月　保晋公司接收同济矿务公司先生沟、庄庄沟、段家背和汉河沟等 8 处坑口。

清光绪三十三年（1907）

十月　正太铁路全线通车。是年，山西最大的民族资本主义企业保晋公司在境内开设6个矿厂：第一矿厂（简子沟）、第二矿厂（燕子沟）、第三矿厂（贾地沟）、第四矿厂（先生沟）、第五矿厂（平坦垴）、第六矿厂（汉河沟），同时将煤炭销往汉口、上海，出口日本、美国。

同年　境内一些矿厂在煤炭生产的提升、运输、通风、排水中使用部分机器设备，揭开境内近代工业的序幕。

清宣统元年（1909）

由荫营任忠、三泉郭凤梧等集资主办的荫营硫铁矿公司创建。

民国5年（1916）

资本家高兴华在南庄村开设煤矿——大昌矿。

民国6年（1917）

11月　保晋公司在平坦垴东沟购地120亩，建铁厂（阳泉钢铁公司前身），为山西第一个近代民族冶金企业。

民国8年（1919）

保晋公司在神峪村开设“富昌公司”煤矿。广懋公司（武昌人周操伯发起组织的股份有限公司）在黄沙岩开办矿厂。次年在石圪叠（今魏家峪）开办矿厂；民国10年（1921），在柳沟村开办矿厂。

民国9年（1920）

保晋公司西河矿厂竖井发生透水事故，死亡12人。

民国14年（1925）

11月25日　保晋公司第三矿厂600余名工人在蒙村自发集会建立工会。

民国15年（1926）

山西实业团体集资在赛鱼村开办“裕公煤矿”（亦称平记煤矿）。

民国22年（1933）

山西矿业公司在荫营火窑沟、大泉眼兴建煤矿。至民国26年（1937）已初具规模，因日本侵略军入侵而停建。

民国27年（1938）

境内各区、村相继成立工人抗日救国会等抗日群众组织。

民国31年（1942）

荫营、燕龛等村铁炉开始秘密为抗日政府生产手榴弹壳和地雷壳。

民国33年（1944）

1月17日　在平定（路北）县第一届群英大会上，霍树头村妇女郭富娥被选为出席晋察冀边区第二届群英会的代表。

民国34年（1945）

山底村建立平定（路北）县地下兵工厂。

民国 35 年（1946）

平定（路北）县政府为发展生产，支援前线，贷出小米 700 石（8750 千克），在上荫营开办裕民煤矿公司，招收工人 300 余人。

1947 年

荫营裕民煤矿公司工人举行大会，庆祝该公司改为工人煤矿。

1948 年

甘河村李玉藻、后沟村任梅岑、南窑庄村李绍文合资在甘河村用小瓷罐土法冶炼硫磺。

1950 年

阳泉市第一个手工业生产合作社——甘河磺业生产合作社成立。

春，老虎沟村余任午、坪上村王智儒、桥上村史德保集资在老虎沟村开办耐火厂，此为阳泉市最早的耐火厂。

11 月 甘河矿业生产合作社李玉藻被评为山西省一等劳动模范，郊区山底村陈福亮、燕龛铁业生产合作社史达华被评为山西省劳动模范。

1951 年

5 月 甘河矿业生产合作社李玉藻被阳泉工矿区和山西省矿务管理局授予劳动模范奖章。

1952 年

5 月 郊区西南舁乡大洼村张功、高忠卷被评为山西省劳动模范。

9 月 市甘河磺业生产合作社被中华手工业合作总社评为全国模范生产合作社。该社生产的硫磺块纯度达 99.95%，远销苏联、朝鲜、日本、澳大利亚等国。

10 月 31 日 苏联专家日俄比斯夫在全国手工业合作总社主任邓洁等陪同下，到甘河磺业生产合作社、下五渡石灰生产合作社，任家峪、苇泊、三都等铁业生产合作社参观访问。

12 月 山底铁业生产合作社自筹资金，购置安装 25 马力煤气机，推广圆炉化焖铁技术，大公报记者肖峰专程到山底村采访，并作了连续报道，该社被评为华北五省二市模范生产合作社。

12 月 阳泉市手工业合作社联合社成立。合作社发展到 49 个，职工 6300 人。

同年 郊区原有的手工业生产合作社划归阳泉市手工业生产联合社领导，职工人数减少。

1953 年

1 月 甘河磺业生产合作社在井下用风钻打眼，系全省同行业之先。

5 月 燕龛铁业生产合作社史达华被评为山西省一等劳动模范，郊区西南舁乡大西庄村李喜金被评为山西省劳动模范。

1954 年

2 月 苏联科学院副院长巴尔金在中国驻苏联大使王稼祥和冶金工业部钢铁局局长刘彬陪同下，到三泉铁业生产合作社参观。

5 月 燕龛铁业生产合作社史达华被评为山西省特等劳动模范，荫营镇东垴村李如详被评为山西省劳动模范。

10 月 市任家峪铁业生产合作社试制砂模铸锅成功。

1955年

5月 郊区杨家庄乡黑土岩村刘有兰，义井镇义东沟村杨俊德、郭占元被评为山西省劳动模范。

1956年

5月 境内个体手工业全部实现合作化，私营工商业实行全行业公私合营。

同月 义井镇义东沟村郭占元被评为山西省劳动模范。

1957年

5月 郊区杨家庄乡黑土岩村刘有兰被评为山西省劳动模范。

1958年

5月 阳泉高压电瓷厂白云生、东村小学李蕴辉、荫营供销社赵登珍、文卫科路希义被评为山西省先进生产者。

9月 推广“高平经验”，全区群众开展挖矿石，大搞土法炼铁运动。

同年 郊区部分手工企业并入市属的国营企业，职工人数减少。

1959年

6月30日 中共山西省委书记陶鲁笳到市苇泊钢铁厂考察。

10月 西南舁公社同市交通局、山底铁厂开展以钢铁生产为中心的修路、运输、采矿的“一条龙”连环竞赛，时被誉为“三家村”而闻名全市。

1960年

5月 郊区南窑庄磺厂范爱鱼被评为山西省劳动模范。

1962年

6月 任家峪铁业社试制广锅成功，在1964年全国同行业评比中，该产品名列第五。

8月1日 桑给巴尔国际友人在二轻部副部长邓洁的陪同下，到市杨家庄农具厂参观“擦生锄板”工艺。

同年 郊区企业“关、停、并、转”，同时大量压缩城镇职工。

1963年

5月 任家峪铁业社铸锅厂陈凤喜、石卜咀缝纫社任玉英、东林尖武守爱被评为山西省劳动模范。

10月16日至25日 在全国手工业合作社第二次社员代表会上，市三泉铁业社生产的砂模铁锅——泉小锅被评为名牌产品。

1964年

5月 郊区辛兴信用社白淑珍、平坦垴门市部王秀莲、苏家泉供销社马银兰、农行白泉营业所田俊峰、赛鱼百货店白素莲被评为山西省六好职工，河底农具社阎维新、杨家庄农具合作工厂贾兴庄、下烟供销社郭子英、白羊墅村周光耀、任家峪铸锅厂陈凤喜被评为山西省五好职工。

1968年

5月 杨家庄乡高垴庄村郭金花被评为山西省劳动模范。

1970 年

7 月 11 日 荫营煤矿丈八坑 126 回采工作面发生透水事故，死亡 7 人。

10 月 全民所有制企业阳泉市农业机械修造厂建成投产。

同年 市革命委员会将市手工业管理局管辖的红土岩煤业社、矾窑煤业社、阳泉市红旗农具厂、河底农机修造厂、河底混合社共 5 个集体所有制企业划归郊区，属区革命委员会工交办主管。

1971 年

7 月 15 日 桃林沟大队煤窑挖出 10 具遗骸，其中 2 具完好无损，头上留有辫子。系清代一次透水事故中被淹死的挖煤工人的尸骨。

7 月 区革命委员会投资筹建千亩坪、土桥沟铝矾土矿。此为冶金部扶植的铝矾矿点，于次年建成投产。

■ 第一届工会

1976 年

11 月 29 日至 30 日 郊区工会首次会员代表大会召开，参加大会的会员代表、特邀代表、列席代表共 70 人，选举产生郊区首届工会委员会，高润杰当选为工会主席。

同年 阳泉市郊区综合厂、郊区机械修造厂、阳泉郊区土桥沟铝矾土矿、郊区铝矾土矿相继建立工会组织，为郊区第一批成立的区营企业工会。

1977 年

3 月 20 日 经区党委批准，郊区工会委员会成立。

5 月 郊区经贸局苏桂堂、旧街联校董占春、荫营中学王树忠被评为山西省劳动模范。

1978 年

5 月 郊区荫营供销社刘锁柱、白羊墅供销社王占魁、李家庄供销社毕存娥、东村供销社杨腊果、潘莲英、郊区信用社王桂林、农行白泉营业所田俊峰被评为山西省劳动模范。郊区机械修造厂被评为山西省学大庆先进企业。

6 月 1 日 全区各厂矿撤销革命委员会名称，一律用单位名称，其负责人称为厂长。

1979 年

5 月 郊区李家庄供销社毕存娥、东村供销社杨腊果被评为山西省劳动模范。

10 月 11 日至 21 日 在北京召开的中国工会第九次全国代表大会上，义井联校工会主席牛成群，被授予“工会积极分子”光荣称号。

1980 年

3 月 郊区革命委员会作出决定，区直企业由统负盈亏改为自负盈亏。

5 月 郊区杨家庄乡黑土岩村刘有兰被评为山西省劳动模范。

6 月 全区各公社、各厂矿、学校、企事业纷纷举办歌咏比赛，营造了处处有歌声的生动活泼政治局面，同时选拔优秀的歌咏队参加市歌咏比赛。

9 月 郊区工会委员会、共青团郊区委员会、郊区体育委员会，联合举办郊区厂矿职工男子篮球赛。

第二届工会

1980 年

11 月 10 日至 11 日　郊区第二次工会代表大会召开，选举产生工会第二届委员会，高润杰当选为工会主席。

1981 年

5 月　郊区平坦信用社李润梅、东村供销社杨腊果被评为山西省劳动模范。郊区西南舁公社大洼大队、河底公社牵牛镇大队、河底供销社被评为山西省模范（先进）集体。

12 月 12 日　郊区社会主义劳动竞赛委员会成立。

1982 年

2 月　郊区工会组织举办全区职工象棋比赛。

5 月　郊区平坦信用社李润梅、庙上信用社荆履鸿、荫营镇段家庄村段发宝、旧街乡路家庄村贾德保、东村供销社杨腊果、义井乡义东沟村赵培厚、荫营镇下烟村梁恭文、平坦农机厂杨维增被评为山西省劳动模范。

5 月 1 日　郊区工会组织举办全区职工书法美术选展。

10 月　郊区工会在千亩坪黏土矿，举行职工自行车比赛。

1983 年

4 月 8 日　邓家峪大队煤窑发生透水事故，死亡 6 人。

9 月 14 日　郊区工会举行秋季职工象棋、自行车、球类比赛。

12 月　在北京举行的全国出口商品基地、砖厂建设成果展览会上，平坦垴建筑陶瓷厂生产的锦砖（马赛克）获对外贸易部荣誉证书。该产品畅销新加坡、菲律宾等东南亚国家和中国香港、澳门地区。

同年　郊区各中学、联校工会相继成立。

1984 年

5 月　郊区东村供销社杨腊果被评为山西省劳动模范，旧街联校董占春、义井联校牛成群被山西省劳动竞赛委员会荣立二等功，荫营中学张元辅荣立三等功。郊区白泉供销社饭店、河底供销社、荫营中学校被山西省劳动竞赛委员会荣立二等功，郊区机关知青综合服务部、矾窑煤矿荣立三等功。区南小西庄砂货厂厂长任白孩等 8 人荣立二等功，郊区千亩坪黏土矿组长王六全等 10 人分别荣立三等功。

5 月 25 日　郊区工会组织举办全区职工书法美术展览。

7 月　郊区工会召开二届五次全委会，乔懋德当选为工会主席。

10 月　下千亩坪耐火厂与唐钢耐火厂联营，为郊区第一家与国营大企业进行横向联合的乡镇企业。

11 月 17 日　省人大常委会副主任麻贵书到平坦垴建筑陶瓷厂视察。

11 月 23 日　省人大常委会副主任阮泊生到三泉村视察。

1985 年

5 月　郊区旧街联校董占春被评为山西省劳动模范。

8月24日 任家峪村煤矿发生片帮冒顶事故，死亡3人，伤1人。

11月15日 中共山西省委书记李立功到三泉村考察并题词“三泉村变化大，乡镇企业一枝花”。

12月17日 山西省乡镇企业中最大的水泥厂河底镇兴华水泥厂建成投产。该厂总投资为210万元，年生产能力4万吨。

同年 郊区政府从区、乡（镇）、村煤矿企业筹措资金8900余万元，建立乡镇企业发展基金。

同年 郊区工业企业由亏转盈，1984年总收入1063万元，被省劳动竞赛委员会荣立三等功。

1986年

2月13日 据《山西日报》报道，全省乡镇企业年产值突破双亿元的县、市、（区）共有8个。郊区为其中之一，产值2.42亿元。

5月5日 西峪村煤矿发生瓦斯爆炸事故，死亡10人。

5月 郊区荫营镇三泉村张进德被评为山西省特级劳动模范，荫营镇下白泉村冯十小被评为山西省劳动模范。郊区荫营镇三泉村、平坦垴建筑陶瓷厂评为山西省模范（先进）集体。郊区铝制品厂被山西省劳动竞赛委员会记三等功。郊区实验小学副校长张炬总结出“一条龙”教学法，优秀论文获山西教育学会奖，被省劳动竞赛委员会荣立二等功。

5月 郊区工会被阳泉市总工会评为县、区、局、公司工会1985年整顿建家竞赛“优胜单位”。

9月 郊区工会被市委宣传部、市文化局、市总工会、市广播电视局、市教育局、共青团市委评为阳泉市园丁奖歌咏大赛“先进集体”。

12月29日 西南舁乡青山水泥厂建成投产，其规模居全省乡镇企业同行业之冠。

1987年

2月14日 红土岩、矾窑、野沟煤矿由区二轻局调归区煤运公司管理。千亩坪黏土矿和王垅黏土矿由区二轻局调归区乡镇企业管理局管理。

3月29日 野沟煤矿发生瓦斯爆炸，死亡4人，重伤2人，轻伤5人，造成直接经济损失4.9万余元。

4月5日 省长王森浩到郊区三泉村调研。

4月 平定籍老干部王谦（中共山西省委原书记），池必卿（中共贵州省委原书记），赵增益（江西省原省长）到郊区三泉村参观。

5月 郊区荫营重型机械厂“中心碾”改革合理化建议年创价值12万元，被山西省劳动竞赛委员会记二等功；实验小学荆保平撰写教学论文，获省劳动竞赛委员会二等功。

12月7日 国家机械委为平坦水泵厂颁发部级生产许可证，为郊区第一家被列入国家部级生产企业的乡镇企业。

■ 第三届工会

1987年

7月12日至14日 郊区工会第三次工会代表大会召开，选举产生工会第三届委员会，胡亥英当选为工会主席。

7月 随着郊区工会组织不断壮大，为了便于上下协调、开展工作，根据上级工会要求，阳泉市郊区工会委员会更名为阳泉市郊区总工会。

7月 郊区总工会职工物价监督站被山西省总工会职工物价监督总站评为“先进单位”。

10月 旧街联校教师王会荣在全市职业道德演讲中获得了优秀讲演员称号，并参加全市巡回演讲。

11月 郊区总工会被市委组织部、市经委、市总工会评为阳泉市企业党政工领导干部学习《三个条例》知识竞赛“集体组织奖”。

1988年

5月6日 郊区第一个乡镇企业工会平坦水泵厂工会成立。

5月17日 河底村煤矿二坑发生瓦斯爆炸事故，死亡6人，伤4人。

5月 郊区荫营重型机械厂被山西省劳动竞赛委员会记二等功。

5月 郊区总工会搬迁至原区委东院两栋二层小楼共20间，建筑面积289.40平方米，总占地面积680.66平方米。至此，郊区总工会有了自己独立的办公场所和固定资产。

9月7日 郊区总工会举行全区职工第二次珠算技术比赛。

9月16日至20日 山西省乡镇企业工作会议在阳泉宾馆举行。会上，省委、省政府表彰了39个乡镇企业总产值超亿元的县（区），郊区名列第三名；梁作义被授予“山西省优秀农民企业家”称号，张进德被授予“山西省农民企业家”称号。会议期间，省委书记王茂林等有关领导和参会代表到郊区青山水泥厂、韩庄铁厂、下千亩坪耐火厂进行参观。

9月 平坦垴建筑陶瓷厂生产的硫酸废渣红地砖开始销往科威特、沙特阿拉伯、巴林等国家和中国香港、澳门地区。

9月 郊区总工会选出优秀节目参加省园丁歌咏大赛，获得省一等节目奖。

10月18日至23日 郊区总工会举办全区首届职工运动会，项目有篮球、乒乓球、拔河、气枪射击、田径等，参赛单位46个，运动员900余人。

1989年

5月1日 郊区总工会举办全区职工书法比赛。

5月20日 郊区总工会、郊区安委联合举办劳动保护安全答题竞赛。

5月 郊区平坦乡平坦垴村梁作义被评为全国劳动模范，同时被评为山西省特级劳动模范，荫营镇韩庄村王计所、平坦乡政府罗树宏被评为山西省劳动模范，郊区荫营镇三泉村被评为山西省模范（先进）集体。

6月 郊区总工会发出《关于维护安定团结、努力发展生产的通知》，要求各级工会组织和广大职工一定要以高度的主人翁觉悟和政治坚定性，旗帜鲜明地维护安定团结。

12月 郊区总工会在组建乡镇企业工会工作中成绩显著，受到阳泉市总工会表彰。

1990年

12月11日 郊区总工会第一次女职工代表大会召开，成立郊区女职工委员会，选举张凤瑞为女职工委员会主任。

12月27日 在泰国曼谷举行的中国星火实用技术与成果展览会上，义井特种水泥厂生产的“快硬硫铝酸盐特种水泥”获金牌奖，欧亚国际贸易局开发有限公司当场订货1万吨。

1991年

7月24日 郊区总工会组织召开郊区职工技协第一次全体会员大会，成立郊区职工技术协作委员会，选举张瑞林为技协会长。

7月30日 省长王森浩到平坦垴建筑陶瓷厂考察。

10月20日 省委书记王茂林到下千亩坪氧化锆厂、平坦垴建筑陶瓷厂和牵牛镇村考察。

11月 旧街汽车配件厂生产的“双珠式挂车转盘”获国际展览银奖。

12月 郊区总工会被山西省总工会评为“七好县工会”。

1992年

1月14日 郊区第一家集体股份制企业——河底惠丰股份有限公司成立。

1月 郊区总工会开展“进万家门、知万家情、解万家难、暖万家心”的访贫问寒送温暖活动，共慰问困难职工120人，发放慰问金5200元。

3月25日至27日 郊区总工会举办为期3天的工人理论骨干培训班，参加培训人员100余人。

4月30日 郊区总工会举办劳模座谈会。

5月28日 国务院副总理朱镕基到正在筹建中的下千亩坪氧化锆厂考察。

5月 郊区红土岩煤矿杨俊和、平坦乡平坦垴村梁作义被评为山西省劳动模范。野沟煤矿采煤三班、郊区荫营镇被评为山西省模范（先进）集体。

■ 第四届工会

1992年

6月23日至25日 郊区工会第四次代表大会召开，选举产生工会第四届委员会和经费审查委员会，张双和当选为工会主席。

10月1日 全国规模最大的氧化锆企业——下千亩坪氧化锆厂建成投产。

12月 平坦水泵厂工会被省总工会授予“模范职工之家”称号。

1993年

1月 郊区总工会多方筹集资金8200元，走访慰问困难职工300人。

3月 郊区总工会被区委、区政府评为“先进集体”。

4月8日 荫营镇耐火工业小区被列入国家星火计划项目。

5月11日 下荫营村“华营实业总公司”经理赵斌所，东风耐火厂厂长阎冲参加中国仪器进出口总公司等单位组织的技贸考察团赴美国洛杉矶等地进行考察。

5月 郊区荫营镇下千亩坪村张振斌、义井神峪种兔厂杨建敏分别被山西省劳动竞赛委员会记二等功、三等功。郊区荫营镇下荫营村东风耐火材料厂被山西省劳动竞赛委员会记三等功。

7月16日 郊区总工会召开全区乡镇企业工会组建工作会议。

7月下旬 平坦水泵厂领导擅自降低职工工资，引起职工不满，影响正常生产。乡党委政府召集干部进行整顿。29日、30日、31日，工会在整顿的同时，连续3个下午召开第四届第五次职工代表大会，经过职工代表充分慎重地酝酿讨论，通过了罢免厂长职务的议案，发挥了职代会的作用。

8月 郊区总工会召开第二届职工运动会。

9月 郊区总工会积极组队参加了阳泉市首届职工技术大赛。

10月14日 省总工会在郊区召开了山西省乡镇企业工会工作会议。会上，区委、区总工会和郊区6家基层工会作了经验交流。

12月 郊区总工会被省总工会评为“先进县工会”。

同年 各乡镇工会工作委员会相继成立。

1994年

1月 郊区总工会多方筹集资金47000元，走访慰问困难职工800余人。

3月2日至30日 郊区总工会在全区举办工会干部培训班，参培单位202个，参培人员683人。

5月 郊区荫营镇韩庄村王计所、阳泉市第二人民医院刘振寰获山西省五一劳动奖章。唐钢耐火厂阳泉下千亩坪分厂被山西省劳动竞赛委员会记一等功。

6月4日 外交部社会调查团一行67人在总领事张鸿照的带领下，先后到东风耐火厂、下千亩坪氧化锆厂、市第三钢铁厂等企业进行了考察。

6月30日 区委、区政府召开乡镇企业再上新台阶动员大会，出台了《关于乡镇企业再上新台阶的实施意见》。

7月1日 郊区总工会被区直机关党委授予“红旗党支部”称号。

7月25日 在市总工会召开的乡镇企业职工教育经验交流会上，郊区平坦水泵厂工会、特种水泥厂工会、金桥二耐工会作了经验介绍。

7月 西南舁乡青山水泥厂生产的普通硅酸盐系列水泥，在蒙古国乌兰巴托召开的联合国商工贸国际博览会上荣获金奖。

10月 郊区总工会被区委、区政府授予“重视下乡工作、支援小康建设”光荣称号。

12月9日至15日 郊区总工会组织基层工会大力宣传《中华人民共和国劳动法》。

12月 在省总工会第九次代表大会上，郊区3名工会干部分别被授予“优秀工会干部”“优秀工会积极分子”“荣誉工会积极分子”称号。

12月 郊区总工会被山西省总工会评为“先进县工会”。

1995年

5月1日 郊区总工会举办庆“五一”国际劳动节、庆中国工会成立70周年的“双庆”文艺活动。上午举行了威风锣鼓大赛，下午进行了文艺会演。

5月 郊区总工会选树的宏源实业公司的威风锣鼓队代表郊区总工会参加市总举办的锣鼓大赛，摘取了一等奖桂冠。郊区总工会被阳泉市总工会评为阳泉市职工第六届庆“五一”锣鼓大赛“优秀组织奖”。

5月 郊区总工会在阳泉解放建市50周年《永铸辉煌》歌咏活动中获“优秀组织奖”。

5月 郊区三郊乡韩庄村王计所被评为全国劳动模范，同时被评为“山西省特级劳动模范”，郊区财政局潘换梅、荫营镇下千亩坪村张振斌、河底镇牵牛镇村王汉声被评为“山西省劳动模范”。郊区荫营镇、义井泊里村被评为“山西省模范（先进）集体”。

6月 郊区总工会被区委、区政府评为“宣传工作先进集体”。

8月21日 郊区水泥预制厂在全区率先签订了集体合同。

10月6日至7日 省委书记胡富国、省长孙文盛、省委副书记郑社奎、副省长王文学等领导出席全省农村小康建设阳泉现场会的代表参观了郊区青山水泥厂、青山铝矾土矿、下千氧化锆厂、阳泉市第三钢铁厂。

10月 郊区总工会在全区工会系统自下而上推荐评选出鲍计良、樊振平等职业道德十佳岗位标兵。

11月 郊区总工会被省总工会评为“模范县工会”。

1996年

1月 郊区总工会多方筹集资金10万元，走访慰问困难职工148人。帮助困难企业贷款15万元，为暂时开不了资的职工发放了2个月的工资，通过养老保险所，拿出15.3万元为离退休职工解决了养老保险。

3月8日 郊区总工会举办全区东北大秧歌比赛，庆祝“三八”国际劳动妇女节86周年。

3月29日 郊区总工会被阳泉市总工会评为1995年度工会财务工作竞赛一等奖。

3月 郊区总工会被区委、区政府评为“先进单位”。

5月 郊区西南舁乡青山水泥厂白锁福、三菱车队王保全分别被山西省劳动竞赛委员会记一等功、二等功。

7月10日 郊区总工会召开全区平等协商签订集体合同工作动员会。会上，区平等协商签订集体合同领导组组长皇甫明儒分别与各乡镇副书记、区直各局（公司）的书记签订了目标责任状。

7月30日 郊区总工会平等协商签订集体合同经验交流现场会在上烟耐火厂召开。上烟耐火厂和平坦水泵厂分别介绍了工作经验，并播放了实况录像，下发了合同范本。

8月28日 省长孙文盛深入郊区老虎沟耐火厂、东风耐火厂、下千亩坪氧化锆厂、上烟耐火厂等企业调研。

9月 郊区总工会积极组队参加了阳泉市第二届职工技术大赛。

10月 平坦水泵厂工会被省总工会评为“职工读书自学先进集体”。

12月 郊区总工会被省总工会授予“实施送温暖工程先进集体”称号，被全国总工会授予“新经济组织组建工会工作先进集体”称号。

1997年

1月 郊区总工会被市政府评为“群众监督先进单位”。

1月 郊区总工会被区委、区政府评为创建全国体育先进县“先进集体”。

1月 郊区总工会在阳泉市总工会开展的1996年度“奉献杯”竞赛活动中荣获县区赛区第一名。

2月 郊区总工会被区委、区政府评为“先进集体”。

4月29日 郊区总工会召开阳泉市郊区创办“职工消费合作社”会议。

5月 郊区荫营镇上烟耐火厂蔡桐萍、西南舁乡青山铝矾土矿高老虎分别被山西省劳动竞赛委员会记一等功、三等功。郊区荫营镇下荫营村东风耐火材料厂被山西省劳动竞赛委员会记二等功。

6月5日　郊区总工会召开了企业民主评议领导干部会议，出台了由区委组织部、区总工会、区经贸委员会、区监察委员会、区财贸办公室、区乡镇局联合发出的《关于加强职工代表大会对企业领导干部民主评议的意见》。

9月25日　以市长戴维斯为团长的美国纽约州华伦市经贸团一行11人在市、区领导陪同下应邀到阳泉市友好访问。分别到下千亩坪村氧化锆厂、北杨家庄村耐酸陶瓷厂进行了参观。

9月　郊区总工会被山西省总工会评为“模范县工会”。

9月　郊区总工会在阳泉市总工会开展的1996年度“奉献杯”竞赛活动中荣获第一名。

1998年

4月　郊区总工会被山西省总工会评为1997年度工会财务工作“先进单位”。

5月　郊区农工部荆永生、荫营镇下千亩坪村张振斌、河底镇牵牛镇村王汉声被评为山西省劳动模范。郊区人民法院经济审判二庭被评为“山西省模范（先进）集体”称号。

5月　郊区总工会被区委、区政府授予“扶贫先进单位”称号。

7月　郊区兴华水泥厂举办技术比武。

11月　郊区的瀑里澳发合成材料有限公司生产的“光振磨块”被列入国家和省星火项目。隆昌实业公司研制的“陶瓷微珠”、青山特种工程材料厂开发的“高效混凝土外加剂”、下白泉耐火材料厂生产的“莫来石—堇青石—棚板”、厚源新型建材厂生产的“高档新型煤矸石系列产品”被列入省星火项目。郊区星火项目数分别占到全省被列入国家级、省级星火项目的25%和10%，在全省名列第一。

12月　郊区总工会被阳泉市总工会评为郊区职工技协“先进集体”。

■ 第五届工会

1999年

1月20日至21日　郊区工会召开第五次代表大会，马成元当选为工会主席。

1月　郊区总工会被区委、区政府评为“扶贫先进单位”。

3月　郊区总工会出台了《关于继续开展学习贯彻落实工会十三大精神的意见》，开展了“千人中国工会十三大精神和工会业务知识答题竞赛”和“联系实际谈谈如何做好当前工会工作”大讨论并撰写论文活动。

3月　郊区总工会被区委、区政府评为“先进集体”。

4月20日　郊区总工会召开了“厂务公开”工作动员会。

5月　郊区地税局李海翔被山西省劳动竞赛委员会记一等功。阳泉特种水泥有限公司被山西省劳动竞赛委员会记二等功。

6月18日　郊区总工会召开第二次女职工代表大会。郭凤莲当选为郊区女职工委员会主任。

6月25日　郊区总工会在青山水泥厂召开全区厂务公开民主监督经验交流现场会。会上，青山水泥集团总公司、区供销社、下白泉一耐等负责人就推行“厂务公开、民主监督制度”进行了经验交流。

10月 郊区总工会被山西省总工会授予全省实施送温暖工程“先进集体”称号。

12月15日 郊区首届私营企业工会联合会召开，选举产生了郊区私营企业工会联合会第一届委员会和经费审查委员会，郭凤莲当选为工会主席。

同年 郊区总工会被区委、区政府授予“信访工作先进集体”称号。

2000年

2月28日 省长刘振华专程到郊区下千实业总公司调研。

2月 郊区总工会被区委、区政府评为“先进集体”。

3月 郊区总工会女工委推出的6名参赛选手在市总女工部组织的“敬业、创新、求实”——做跨世纪强者演讲比赛中分别获得一、二、三等奖。

3月 郊区总工会被市总工会评为职工民主管理工作“先进集体”。

5月 郊区总工会在区电影院门前举行了为特困职工赠送再就业工具首发仪式。

5月 郊区林业局陈双兰被山西省劳动竞赛委员会记二等功。

7月 郊区总工会党支部被区委授予“先进基层党组织”称号。

8月11日 阳泉市人大常委会副主任、市总工会主席董建堂一行，深入郊区慰问困难职工李启祥、马和明，并参观了史润才工作室和苗所林工作基地，之后深入河底金属镁厂进行调研。郊区总工会主席马成元等陪同。

11月29日 “全市工资集体协商试点工作观摩会”在郊区政府中报告厅召开，会上，签订了《河底金属镁厂工资集体合同》。

12月20日 郊区总工会被阳泉市总工会授予全市实施送温暖工程“先进集体”称号。

2001年

2月 郊区总工会被区委、区政府评为“红旗单位”。

4月18日 省委书记田成平深入平坦镇裕华陶瓷有限公司、三来食品有限公司，对产业结构调整工作进行调研。

4月22日 郊区青山水泥集团有限公司作为全市唯一的一家乡镇企业“职工教育先进典型”，在全市进行了经验交流。

4月 郊区总工会被市委、市政府评为“模范单位”。

4月 郊区总工会被市总工会评为2000年度职工民主管理“先进单位”。

5月 郊区荫营中学教师杨芝萍被评为“山西省特级劳动模范”，阳泉市第二人民医院张凤英、全兴电石厂李波、郊区三泉龙江生态园王永田被评为“山西省劳动模范”。郊区地方志办公室武爱拴、王剑辉分别被山西省劳动竞赛委员会记二等功、三等功。阳泉狮头特种水泥有限公司被评为“山西省模范（先进）集体”。

7月1日 郊区总工会被区直机关党委授予“红旗党支部”称号。

8月1日 阳泉市狮头特种水泥有限公司在上海证券交易所成功上市，发行A股8800万股，融资5.5亿元。

12月 郊区总工会被山西省总工会授予实施送温暖工程“先进集体”称号。

12月4日 郊区总工会在全国第一个法制宣传日开展了《中华人民共和国工会法》的宣传活动。

2002年

2月 郊区总工会被区委、区政府评为“先进集体”。

2月 郊区总工会被市委、市政府评为“先进集体”。

3月 区委副书记胡金贵到区水暖厂下岗职工刘建开办的养兔场调研。郊区总工会领导郭善祥、郭凤莲陪同。

4月29日 郊区总工会召开市级以上劳动模范座谈会。

4月至5月 各乡镇私营企业工会联合会相继成立。

5月 郊区荫营中学弓月庭被山西省劳动竞赛委员会记一等功。王彦平、王千来、毛愈众记二等功，郭忠铁、杨芝萍记三等功。阳泉狮头特种水泥有限公司被山西省劳动竞赛委员会记二等功。

6月23日 全区私营企业推行民主恳谈制度现场会在林里粉末冶金有限公司举行。

8月 郊区总工会被阳泉市委授予“模范县（区）工会”称号。

9月 在阳泉市第三届职工技术比赛中，郊区代表团成绩优异，团体总分县区排名第一。

9月 郊区总工会被区委、区政府评为“信访工作先进集体”。

10月 郊区总工会被山西省总工会授予“模范县工会”称号。

10月 李家庄乡率先在全乡14个行政村成立了村级工会工作委员会，此项工作为全市首创。

11月 在阳泉市第三届职工技术大赛中，郊区代表团荣获团体第六名，并被阳泉市劳动竞赛委员会评为优秀组织奖。

12月3日 郊区总工会与郊区政府举行首次联席会议。

12月29日 郊区总工会召开五届七次全委会议，选举郭善祥为工会主席。

12月30日 郊区区委召开工会工作会议，出台了《阳泉市郊区委员会关于进一步加强工会工作的意见》。

2003年

4月23日 郊区特困职工援助中心首次举行“赠送再就业工具暨发放救助资金”仪式，为16名下岗特困职工赠送了价值2万余元的再就业工具，为20名因大病大灾及子女上学造成生活困难的特困职工发放了一次性救助资金共计2万元。

4月27日 在区人大十五届一次会议上，郊区总工会主席郭善祥当选为区人大常委会副主任。

4月 在全市企务公开工作会议上，郊区青山水泥限责任公司被授予“企务公开模范单位”，郊区煤炭运销公司、供销合作社、荫营中学、林里粉末冶金有限公司被授予“企务公开先进集体”称号，13名党、政、工、纪方面代表荣获 “企务公开工作先进个人”称号。

4月 郊区总工会被区委授予“宣传思想工作先进集体”称号。

5月 郊区煤运公司经理任保军、旧街乡枣园村书记马玉田分别被山西省劳动竞赛委员会记一等功、二等功。

5月 郊区总工会组织干部职工开展“防非典、献爱心，捐一天工资”活动，共有45个机关事业单位、15 家企业、5029 名干部职工参加，捐款共计 84163 元。

6 月 26 日 全区推行工资集体协商动员会召开。截至年底，全区共有 295 家企业通过平等协商签订了工资集体合同，走在了全市县区工会工作的前列，荣获“山西省平等协商签订集体合同工作先进集体”称号。

10 月 14 日 全市规模最大的矿泉水生产企业——阳泉市绿然矿泉水厂在河底镇山底村建成出水。

10 月 31 日至 11 月 25 日 郊区总工会与郊区统计局配合，开展了全区工会组织基本情况统计调研。

12 月 30 日 郊区政府和郊区总工会召开了第二次联席会议，原则上通过了郊区总工会建立全区救助特困职工长效捐赠机制和配齐配强乡镇专职工会干部的建议。

12 月 30 日 郊区总工会档案管理工作，经市档案局检查验收，达到省二级档案管理标准，成为阳泉市工会系统档案管理首家省级档案达标定级单位。

12 月 郊区总工会被山西省总工会评为山西省平等协商集体合同工作“先进单位”。

2004 年

3 月 郊区总工会女职工委员会组织全区 88 名女职工参加计算机技能大赛，13 名女职工获奖。

■ 第六届工会

2004 年

4 月 19 日至 20 日 郊区总工会召开第六次代表大会，选举产生了郊区总工会第六届工会委员会和经费审查委员会，郭善祥当选为郊区总工会主席，刘贵柱、余香红当选为副主席，余香红当选为经费审查委员会主任。

4 月 23 日至 5 月 25 日 郊区总工会组织全区 260 余名职工参加市总工会举办的首届职工艺术节活动，共获得书法、绘画、摄影、健美操、工装风采、文艺等各类奖项 27 个，郊区总工会获优秀组织奖。

4 月 郊区自来水公司总工白朝辉、平坦镇西河村党总支书记王狗蹄、阳泉市林里粉末冶金公司董事长乔国强被评为山西省劳动模范。郊区旧街乡枣园村被评为山西省模范（先进）集体。

6 月至 8 月 郊区对污染严重的耐火倒烟窑分批拆除。全区 450 座倒烟窑和 83 支烟囱被拆倒，以隧道窑生产工艺为标志的耐火产业进入新的发展阶段。

7 月 郊区特困职工援助中心顺利通过省总工会验收。

9 月 5 日 郊区特困职工援助中心对 8 名大病大灾的困难职工，11 名困难职工子女上大学人员进行救助，并为 7 名下岗特困职工赠送电焊机、电冰柜、压面机等再就业工具，总价值 2.6 万元。

9 月 全区有 2 个以上企业的村建立村工会组织 122 个，从而把工会组织延伸至村。对此，《人民日报》《工人日报》《山西工人报》《阳泉日报》以及山西电视台相继进行报道。

12 月 省总工会组织部部长安娜到郊区总工会调研。

同年　在全市开展的职工代表大会星级竞赛活动中，郊区的青山水泥集团职代会、区煤运公司职代会、旧街煤矿职代会、荫营中学职（教）代会，古城中学职（教）代会通过市总工会的验收，达到四星级标准。

2005年

3月6日　郊区总工会女职工委员会以多种形式，庆祝“三八”国际劳动妇女节96周年。

3月　根据区委、区直机关工委的统一安排，郊区总工会保持共产党员先进性教育活动全面展开。

4月　郊区总工会在“南煤杯”全市职工迎五一乒乓球比赛中被阳泉市总工会、阳泉市体育局授予“优秀组织奖”。

5月1日、14日　由区委宣传部牵头，区总工会组织文化局、科技局、计生局等部门深入晋阳碳素有限公司、华岭耐火材料有限公司等企业开展“保持先进性、服务到企业”的科技、文化、卫生“三下乡”活动。

5月　郊区旧街乡枣园村马玉田被评为全国劳动模范，阳泉市玉泉中学校长樊振平获山西省五一劳动奖章，华岭耐火材料公司李保青、郊区红星汽修厂周国强被山西省劳动竞赛委员会记一等功，阳泉佳和高科电瓷有限公司工程组助理工程师刘平、郊区丰泽耐火材料公司黄田怀、华岭耐火材料公司史改英、曙光汽修厂孙其国记二等功，郊区华岭耐火材料公司王兵记三等功。阳泉市郊区农村社会养老保险事业管理所被山西省劳动竞赛委员会记三等功。

6月　郊区总工会被山西省总工会评为全省工会财务工作“先进集体”。

7月14日　市人大常委会副主任、市总工会主席王七孩，市总工会副主席刘建华以及市总各部部长到郊区总工会调研。

8月9日　全国政协提案委员会副主任、全国总工会原副主席倪豪梅在省、市、区有关领导的陪同下到郊区林里粉末冶金有限公司调研。

8月26日　郊区总工会举行第五批赠送再就业工具暨“金秋助学”活动仪式。为11名特困职工分别赠送冰柜、电焊机、电烤箱、电饼铛、钉鞋机等再就业工具；为18名特困职工子女上大学发放助学金3万元，为6名大病大灾的特困职工发放生活救助金6000余元，总价值近6万元。

9月22日至11月11日　郊区劳动竞赛委员会和郊区总工会组织全区97名选手，参加了全市10个行业26个工种的比赛，华岭耐火材料有限公司承办了此次大赛耐火专业的职工技术大赛。经过近两个月的激烈角逐，郊区代表团共荣获金牌2枚、银牌3枚、铜牌1枚，总成绩名列全市各县区之首，位居全市总分第四名，并被大赛组委会授予优秀组织奖；区耐火专业组荣立市劳动竞赛委员会一等功。

9月　郊区总工会积极响应省市总工会的号召，在全区开展首期职工大病医疗互助活动，共有7098名职工参加了大病医疗互助活动。

10月22日　郊区总工会职工培训办公大楼暨困难职工援助中心正式揭牌，标志着全区职工有了自己的培训活动中心。之后，由全国、省、市有关记者组成的“职工维权记者行”就郊区总工会职工活动基地建设和自身建设进行了专题采访报道。

11月 郊区耐火材料行业协会和耐火材料研究所相继成立，标志着郊区耐火工业发展进入了一个新的发展时期。

2006年

1月24日 郊区总工会举行郊区市以上劳动模范荣誉津贴发放仪式。

1月 郊区总工会多方筹集资金16万元，对全区467名贫特困职工进行慰问。

1月 在全市创建文明行业、文明单位、文明村镇活动中，郊区总工会荣获“市级文明单位”称号。

1月 郊区总工会被阳泉市总工会授予“模范县（区）工会”称号。

2月 郊区总工会推选农民工代表王贵堂参加省总工会召开的第十一次代表大会。

3月 郊区总工会被山西省总工会评为2005年度工会组建工作“先进县工会”。

3月 郊区总工会被山西省总工会评为山西省工会再就业工作“先进集体”。

3月 郊区总工会女职工委员会被阳泉市总工会授予“先进女职工委员会”称号。

5月1日 郊区总工会“百场电影进农村”活动开展，首日在荫营镇杨树沟村正式拉开帷幕，历时一月有余。

5月 郊区华岭耐火材料公司王义长、财政局何建亭分别被山西省劳动竞赛委员会记一等功、二等功。郊区平坦镇西河村被山西省劳动竞赛委员会记三等功。

5月 郊区总工会与郊区劳动社会保障局联合为2000年以来的省、市劳动模范在阳泉协和医院进行了免费体检。

6月28日 郊区特困职工援助大厅暨阳泉市职工大病医疗互助郊区代办处正式揭牌。特困职工援助中心总面积200余平方米，共投入资金18万元。

7月 郊区总工会在全区8个乡镇全部成立乡镇工会联合会。10月18日至19日，对新上任的工会联合会委员、部分村工会主席和各企业工会主席200余人进行培训。

8月22日 郊区总工会举行第六批赠送再就业工具暨“金秋助学”、发放大病医疗互助补偿金仪式。共为7名特困职工分别赠送了冰柜、电焊机、电烤箱、电饼铛等再就业工具，价值1万余元，为32名特困子女上大学发放助学金3万元，为18名患大病的职工发放互助补偿金2207.1元。

8月 市人大常委会副主任、市总工会主席王七孩到郊区总工会调研困难职工援助中心工作。

10月18日至19日 郊区总工会在郊区党校举办了基层工会干部培训班，市总工会常务副主席李兰萍到会并作开班动员讲话。

12月21日 省总工会纪检组组长王珍一行，在市总工会副主席刘建华和区人大常委会副主任、区总工会主席郭善祥等领导的陪同下，先后到林里粉末冶金公司、区煤炭汽车运销公司，就郊区集体合同和推行工资集体协商工作进行专题调研。

2007年

1月12日 在省总十一届二次全委（扩大）会上，郊区总工会被授予“山西省县工会工作标兵单位”称号；同年11月，郊区总工会又被省总授予“山西省扶贫帮困工作先进集体”称号。

1月 郊区总工会多方筹集资金15.8万元，对全区528名贫特困职工进行慰问。

1月 郊区总工会被山西省总工会评为山西省县工会工作“标兵单位”。

1月 郊区总工会被山西省劳动竞赛委员会记一等功。

4月27日至29日 郊区总工会举办了“迎奥运、庆五一、促和谐、圣火杯”职工乒乓球大赛，共有来自全区区直机关、各乡镇的100余人参加比赛。

5月 郊区总工会主席郭善祥、旧街煤业有限公司董事长冯恩湖、平坦镇桃林沟村党支部书记李乃珠、山西圣火炉料有限公司经营部部长宋利利被评为山西省劳动模范。

6月25日 山西省总工会经费审查委员会主任安娜到郊区就劳动用工制度和农民工就业环境进行调研。

6月 郊区总工会被山西省总工会评为2006年度“工会资产统计工作先进集体”。

7月 按照省、市总工会的有关要求，郊区总工会在全区184个行政村全部组建和规范了村工会工作委员会。

9月18日 郊区总工会帮助、指导林里村成立了阳泉市首家村工会联合会。会议选举产生了林里村工会联合会委员和经费审查委员会委员。

11月8日 昌裕铸业有限公司全体会员代表通过民主投票的方式，直接选举胡建锦为工会主席。

11月28日 省总工会组织部部长李太生一行5人深入郊区总工会、河底镇工会联合会、三都村工会联合会检查“一条例三规范”工作的贯彻落实情况。

11月 郊区总工会被山西省总工会评为山西省工会帮扶工作“先进集体”。

同年 郊区总工会被山西省总工会授予五星级“困难职工帮扶中心”称号。

2008年

1月28日 郊区政府与郊区总工会召开了第三次联席会议。会议原则通过以区政府文件下发《阳泉市郊区劳动模范管理办法》，同时对区总工会提出的《关于专设乡镇工会干部编制的协商意见》和《关于增加郊区总工会职工大病医疗互助中心工作人员编制的协商意见》原则通过。

1月 郊区总工会多方筹集资金26.8万元，对全区631名贫特困职工进行了慰问。

4月22日 郊区总工会邀请北京“民族之星”艺术团在影剧院举办了“劳动者之歌”专题文艺晚会。

5月 郊区城乡建设发展总公司总经理段富、郊区地税局义井所所长刘文生分别被山西省劳动竞赛委员会记一等功、二等功。

5月 郊区总工会开展“情系灾区，奉献爱心”活动，积极组织基层工会为灾区捐款。截至5月19日，村级工会累计捐款358081.7元，各企业工会累计捐款95679元，并且都及时送交郊区民政局救灾办。

6月6日 晋阳碳素有限公司、振华陶瓷有限公司、山西三来食品有限公司、枣园农产品开发公司4家企业荣获山西省著名商标企业。郊区成为全市拥有省著名商标最多的县区。

6月 郊区总工会组织基层工会共32支代表队166名选手参加了市第五届职工技术大赛，本区代表团荣获团体总分第二名。

6月 郊区乡镇工会主席配齐配强，8个乡镇工会联合会主席全部由乡镇人大主席团主席兼任。

7月至8月 郊区总工会先后奔赴郊区新北大街建设工地、区开发公司建筑工地、奥运安保期间检查工作站以及8个乡镇，共为一线农民工及有关人员送去价值5万余元的白糖、橘汁粉、茶叶等防暑用品和日常生活用品。

8月15日 省总工会组织部副部长梁志强带队，随行吕梁市、朔州市总工会有关领导一行6人深入郊区总工会、荫营镇工会联合会、三都村工会联合会检查“一条例三规范”工作的贯彻落实情况，并对郊区工会整体工作给予充分肯定。

9月 郊区总工会在山西省创建劳动关系和谐企业与工业园区活动中被山西省劳动和社会保障厅、山西省总工会、山西省企业联合会、企业家协会授予“组织奖”。

11月20日 全国总工会基层组织建设部部长郭稳才、省总工会副主席梁克昌一行深入郊区总工会、荫营镇工会联合会、三都村工会联合会，重点调研了“一条例三规范”工作的贯彻落实情况，并对郊区整体工会工作给予充分的肯定。

12月24日 在全省工会县级帮扶中心建设推进会上，郊区困难职工帮扶中心被授予全省五星级县级困难职工帮扶中心。

2009年

1月 郊区总工会多方筹集资金26万元，为全区546户贫特工职工送去白面、食油等慰问物品和资金。

1月 市总工会副主席张建军带队，市民管部和法工部对郊区总工会民主管理和集体合同的建制工作进行检查与验收。

2月 郊区总工会被区委、区政府授予“先进集体”称号。

5月8日 郊区总工会召开了六届六次全委（扩大）会。总结了2008年工会工作，安排部署了2009年的工作。会上还表彰了模范职工之家20个、优秀工会工作者20人、全心全意依靠职工办企业的好经理10人、热爱企业的好职工10人，同时区总工会还为2008年达标的13个“三星级工会组织”、18个“四星级工会组织”和2个“五星级工会组织”兑现了达标奖金2.85万元；为8个乡镇工会联合会发放了工作补助款8万元，为184个行政村的工会干部发放了工作津贴4.6万余元。

5月 郊区信用联社理事长王春玉获山西省五一劳动奖章，平坦镇辛兴村被山西省劳动竞赛委员会记三等功。

5月 郊区总工会被阳泉市总工会、阳泉市安全生产监督管理局、阳泉市卫生局、山西煤矿安全监察局阳泉分局授予2008年度“安康杯”竞赛“优胜组织单位”称号。

6月28日 省总工会组织各地市总工会主席、常务副主席等一行50余人，在省人大常委会副主任、省总工会主席郭海亮的带领下，到郊区观摩指导工作。郭海亮主席以及观摩团一行人对郊区整体工会工作给予充分的肯定，特别是对郊区总工会组建村工会联合会、开展创建“星级工会组织”等创新性的工作给予高度评价。

7月21日　在全市职工百日读书活动启动仪式上，市总工会赠送郊区西南舁乡大洼村工会图书200余册。

7月22日　省总工会资产管理监督部一行3人在市总工会财务部有关人员的陪同下，到郊区总工会检查工作。

7月　郊区总工会开展以“颂党恩、促和谐”为主题的“送电影下乡”活动，此次活动于7月1日在荫营镇前洼村正式拉开帷幕，共放映电影15场，持续近1个月。

7月至8月　郊区总工会开展了送清凉、送文化、送法律的“三送”活动。对郊区重点工程建设工地、部分煤矿、耐火企业、建筑工地和农村送去价值10万元的防暑降温慰问品和有关法律书籍及15场电影。

8月4日　山东威海市总工会一行16人在市总工会经费审查委员会主任王文生等领导的陪同下到郊区桃林沟村工会进行观摩。

8月　在全省地市工会观摩交流会议上，郊区总工会、桃林沟村工会联合会作为观摩点接受了观摩。

9月22日　阳泉市劳动竞赛委员会、市总工会授予哈尔滨市公路工程处阳泉市郊区新北大街项目部“工人先锋号”荣誉旗帜。

同年　在全省乡镇工会工作会上，郊区荫营镇工会、河底镇工会、平坦镇工会、西南舁乡工会和桃林沟村工会、林里村工会被省总工会授予“先进乡镇工会”和“先进村工会”光荣称号，并各奖励“大运”牌维权摩托车1辆。

同年　在省总工会十一届五次全委扩大会议上，郊区西南舁乡工会联合会主席张翠花被省总工会授予全省“十佳乡镇工会主席”荣誉称号，同时授予山西省五一劳动奖章。

2010年

1月　郊区总工会筹集资金28万余元，对511名困难职工以及4个困难企业进行了慰问。

1月　郊区总工会被山西省人民政府授予“创业就业工作先进集体”称号。

2月2日　坡头煤业有限公司举行年产45万吨矿井改扩建工程奠基启动仪式。

3月　郊区总工会被阳泉市总工会授予工会督查工作“先进集体”称号。

4月7日　省人大“一法一办法”执法检查组组长武锦福一行8人，在市人大常委会副主任段存寿及市政府、市妇联、市人大法制委负责人陪同下，深入郊区就贯彻实施《中华人民共和国妇女权益保障法》和《山西省实施〈中华人民共和国妇女权益保障法〉办法》情况进行执法检查。

4月7日至8日　省总工会电业工会主席吴爱国到郊区调研。

4月　郊区总工会被中共阳泉市委、阳泉市人民政府授予“模范单位”称号。

5月13日至14日　郊区总工会举办了“庆五一、促和谐”职工趣味运动会，来自全区16支代表队的500余名职工踊跃参加了各个项目的比赛。

5月19日　阳泉市华新食品厂获得山西省“八大醋业”称号。

5月　郊区平坦镇桃林沟村党支部书记李乃珠被评为全国劳动模范，郊区汉河沟村党支部书记宋晓文、农业局蔬菜中心主任王英利、华岭耐火材料有限公司技术员王义长被评为山西省劳动模范。

5月 郊区总工会依托郊区“同福药房”设立“爱心大药房”。

7月3日 全区首次乡村医生岗位大练兵、大比武竞赛在区卫生局举行。来自各乡镇的24名乡村医生参加角逐。

7月13日 省总工会副主席梁若洁，市人大常委会副主任、市总工会主席王振国到郊区双营路建设工地及晋阳碳素有限责任公司，开展关爱农民工平安度夏送清凉活动，为冒酷暑、顶烈日战斗在一线的农民工兄弟送去消暑慰问品。

7月 郊区总工会先后深入区所属20余个重点企业，看望高温酷暑下奋战在一线的农民工，为他们送上了价值5万元的橘子粉、茶叶等防暑用品和有关农民工权益保障方面的学习资料。同年中秋，郊区总工会组织开展“中秋佳节送亲情、慰问一线农民工”活动，送去了价值3000余元的月饼等节日慰问品。

9月26日 市总工会副主席张建军、市总工会民管部部长侯泉生等一行3人，先后到玉泉中学、荫营联校、平坦联校、晋阳碳素股份有限公司和三晋鸿泰煤业有限公司等单位进行了四星级以上职代会的考核验收工作。

10月19日 由郊区总工会和郊区文化体育广播电视局举办的全区第四届“信合杯”舞蹈比赛在郊区体育馆拉开帷幕。

10月20日 市人大常委会副主任、市总工会主席王振国一行在郊区总工会常务副主席李新福的陪同下，到郊区煤销集团公司就煤炭兼并整合重组企业工会工作进行调研。

11月27日至28日 郊区首届耐火材料行业职工技术大赛隆重举行。共表彰团体前3名、优秀组织奖5名。对获得个人前3名的职工，由区劳动竞赛委员会给予记功和奖励；对获得第一名的职工，同时授予郊区“首席员工”称号并奖励现金500元；对获得前六名的职工，授予“技术能手”称号。

11月30日 郊区林里粉末冶金有限公司、阳泉昌达伟业建材集团有限公司受到省委、省政府表彰，获全省“优秀民营企业”荣誉称号。

11月30日 省电力工会主席吴爱国到郊区进行基层工会调研走访。

12月29日 郊区总工会在崇文广场举行仪式为职工书屋配送图书、为困难农民工赠送再就业工具。林里、长岭等20个村各配送1000册的图书，同时还表彰8个区级“职工书屋”优秀示范点和8名“职工书屋”优秀负责人。为17名困难农民工赠送了价值2万余元的再就业工具。

2011年

1月 郊区总工会筹集资金34.4万元，对516户困难职工、5家困难企业和16名市级以上困难劳动模范进行慰问。

1月 郊区人民政府授予郊区总工会劳动保护部2010年度安全生产“先进集体”称号。

3月1日 在山西省“转型跨越杯”劳动竞赛阳泉分会场启动仪式上，旧街煤业综采一组、农村信用联社赛鱼信用社、昌达伟业建材集团公司化验室分别被市总工会授予“市级工人先锋号”称号，同时农村信用联社赛鱼信用社被省总工会授予“省级工人先锋号”称号。

4月19日　在全市非公企业工会工作会上，郊区昌达伟业集团公司工会、天隆工程材料有限公司工会被授予“阳泉市非公企业十佳先进工会组织”称号；林里粉末有限公司工会主席冀光远、圣火炉料有限公司工会主席魏传风被授予“阳泉市非公企业十佳先进工会工作者”荣誉称号。

4月　郊区总工会在全市2008—2010年安康杯竞赛活动中荣获“模范工会”称号。郊区总工会被阳泉市总工会授予2010年度工会财务工作竞赛一等奖。

5月24日至27日　郊区总工会职工业余全健排舞队荣获中国职工文化体育协会2011年全国亿万职工全健排舞大赛中老年组第一名。郊区总工会获“全国全健排舞优秀推广单位组织奖”。

5月　郊区荫营镇上千亩坪村党支部书记张学友获山西省五一劳动奖章。

6月2日至3日　市人大常委会副主任、市总工会主席王振国、市总工会副主席张建军、市总工会集体合同工作部及民主管理部一行6人深入郊区对耐火行业发展现状及工会组建情况进行了调研。

7月23日至25日，郊区总工会开展了女职工“关爱行动”，为进入全总帮扶网和市总书面档案，年龄在45岁至55岁之间的128名特困单亲女职工、女农民工免费进行“两癌”体检。

7月28日　市总工会、市科学技术局、市经济和信息化委员会、市人力资源和社会保障局共同召开全市“十一五”期间职工优秀技术创新成果表彰大会，郊区华岭耐火公司碳素焙烧炉用耐火材料用期制备方法项目荣获二等奖、区蔬菜中心阳泉郊区大棚西甜瓜春提早栽培模式的试验研究项目荣获三等奖、阳泉龙兴化工公司反应釜热循环节能减排工艺项目、阳泉市山塔工贸有限公司特制工矿护趾靴项目和阳泉市晋阳碳素有限公司新型胶体低油阳极糊项目荣获优秀奖；阳泉华岭耐火材料有限公司董事长史永记荣获个人二等功。

7月　山西省总工会授予郊区总工会2011年山西省“工会组建月”活动“优胜县（区）总工会”称号。

9月　郊区总工会组建工资集体协商指导员队伍。

12月23日　阳泉华润燃气有限公司瓦斯综合利用和重卡LNG（液化天然气）加气站项目签约暨入驻仪式举行。

12月　山西省总工会授予郊区总工会组织开展“关爱员工、实现双赢”活动“先进单位”称号。

同年　郊区总工会在全区新建职工书屋9个，并为荫营镇三都村、河底镇山底村、天隆有限公司等22个村工会联合会和企业的职工书屋配送了价值30.4万余元的图书。

2012年

1月　郊区总工会筹集资金44万元，对529名生活困难职工、省市以上生活困难劳模、困难工会工作者和7个困难企业进行慰问。

3月26日　郊区总工会“面对面、心贴心、实打实服务职工在基层”活动正式启动。

3月27日　保安煤业有限公司年产150万吨兼并重组整合矿井环境影响报告书顺利通过了

环境保护部环境评估中心专家组的技术评估，标志着该项目单项验收工作全面完成，正式进入了最后的转产验收投产阶段。

4月11日至12日 省总工会电力工会主席吴爱国深入郊区就“面、心、实”（面对面、心贴心、实打实）双服务工作进行走访调研。

4月12日 中央电视台《五一七天乐》剧组到郊区平坦镇桃林沟村录制节目。

4月13日 郊区总工会在荫营广场举办2012年“春送岗位”现场招聘会。

4月 郊区总工会撰写的《关于村工会建设在转型跨越发展中发挥作用的调查与思考》一文，被阳泉市总工会评为优秀奖。

5月8日 荫营镇工会、荫营镇街上村工会联合会联合举办“唱响荫营明珠城、转型跨越促发展”十佳歌手大赛。

5月 郊区荫营镇杨树沟村王建文、华岭耐火材料有限公司史选红、山西昌达伟业建材集团有限公司混凝土搅拌站试验室刘子旺获山西省五一劳动奖章。

6月 为进一步引深“面对面、心贴心、实打实服务职工在基层”活动，郊区总工会深入企业、深入一线对特困、困难职工进行慰问，发放慰问金共计3.5万元。

6月 郊区总工会庆祝“五一”国际劳动节送电影下乡活动结束。此次活动历时1月有余，共放映故事片20余部、40余场。

7月10日 市总工会召开了2012年全市职代会工作会，会上，郊区上报的优秀职代会提案共有5件获奖，其中：一等奖1件，三等奖2件，优秀奖2件。区总工会荣获“优秀组织奖”。

7月 郊区总工会在开展的“平安度夏送清凉”活动中，为全区20 余个重点企业和重点建筑工程项目工地、1000余名高温一线和露天场所作业农民工发放防暑降温用品价值88630元。

8月 郊区总工会开展了“送培训、送图书、送电影”活动，共组织培训30余场次、2760余人，为28家企事业单位配送图书、电脑、书柜等共计价值30余万元，在全区8个乡镇和部分重点工程建筑工地放映各类题材电影20部、40场。

10月9日至15日 郊区总工会和郊区文化体育广播电视局联合举办郊区2012年男子篮球赛。

10月13日 全省工会工作观摩团到郊区观摩。李家庄乡汉河沟村工会联合会、昌达伟业集团公司工会接受了观摩，省人大常委会副主任、省总工会主席郭海亮对郊区总工会工作及基层工会工作给予高度评价。

10月24日 郊区总工会组织获得全国、省、市的劳模、各乡镇工会主席、副主席及区总机关职工共80余人在阳泉民生医院进行了健康体检。

2013年

2月 郊区总工会劳保部被区政府评为2012年度安全生产“先进集体”。

3月14日 郊区总工会与郊区人社局、郊区妇联联合举办2013年春季就业招聘会。

3月14日 郊区总工会女职委在市总工会女职工委员会举办的女职工“提素建功”竞赛成果PPT展示比赛中，郊区总工会女职委的参赛作品《创新思路、发挥作用、再展女职工风采》荣获大赛一等奖，区实验小学工会女职委的参赛作品《巾帼建功谱新篇》荣获大赛二等奖，阳泉市广鑫源耐火材料有限公司工会女职委的参赛作品《展巾帼风采、炫美丽人生》荣获大赛三等奖。区总工会女职委荣获“优秀组织奖”。

4月9日 市总工会副主席张建军率审计组一行7人，对郊区工会2011年度、2012年度使用中央财政专项资金及用于帮扶的各类资金进行审计。

4月26日 在全市召开的经审工作会议上，郊区总工会经审会报送的《关于对山西煤炭运销集团郊区有限公司工会2011年至2012年财务收支管理及绩效情况的审计》《关于对阳泉市郊区城乡建设开发公司工会2010年至2012年财务收支管理及绩效情况的审计》荣获2012年度阳泉市总工会优秀审计项目评选活动二等奖。

4月23日至26日 郊区医院工会与医务科、护理部联合组织开展了一次全院医护人员心肺复苏急救技术比武活动，全院共有70名职工参加比赛。

5月6日 郊区总工会将1999年至2000年文书档案永久19卷、长期27卷和2001年至2002年文书档案永久95件、长期56件档案移交郊区档案馆。

5月16日 阳泉市人大常委会副主任、市总工会主席王振国带领市总工会法律工作部、工运研究室的人员到郊区调研工资集体协商工作。

6月4日 山西省总工会保障部副部长杨鸣一行在市总领导的陪同下，对郊区总工会2011年和2012年度使用中央财政专项资金及帮扶的各类资金进行全面检查。

7月5日 郊区总工会网站正式开通。

7月17日 郊区总工会与区委统战部联合举办“中国梦·劳动美”职工书画摄影展和“中国梦·劳动美”大型笔会。

7月 河底速凝剂厂开发的新型液态速凝剂产品试用成功。

8月24日 郊区总工会举办2013年“金秋助学”活动，筹集资金20万余元，为90名困难职工子女上大学每人资助2000元，为40名困难职工子女上高中每人资助600元。

9月29日 郊区总工会与郊区文体局在郊区政府广场联合举办全区职工第九套广播体操大型比赛活动。

9月30日 郊区教育系统工会在区教育局举办“阅读强素质 共筑中国梦”职工读书朗诵会活动。

10月8日 市委组织部基层党建工作示范点检查组一行7人到郊区总工会检查基层党建示范点创建工作。

10月12日 市总工会副主席杜莉带队，四区两县总工会分管法工工作的副主席、法工部长组成的“工资专项集体协商”工作检查团到郊区就2013年工资专项集体协商工作进行检查互查。

10月17日 市总工会副主席张建军带队的市“安康杯”竞赛考核验收组一行4人到郊区就2013年组织开展“安康杯”竞赛活动进行检查验收。

10月28日至29日 郊区总工会与郊区卫生局联合举办卫生系统以“锻炼岗位技能，提高人员素质”为主要内容的技能比武活动。

11月15日 郊区人民医院张凤英劳模创新工作室、西南舁果业协会高秀杰劳模创新工作室和华岭耐火公司王义长劳模创新工作室挂牌成立。

11 月 15 日 全区卫生系统技能比武大赛表彰大会在区人民医院召开。

11 月 27 日 郊区总工会出台《关于倡导在全区职工中开展读书活动的通知》，并发出倡议。在此次活动中，区总工会为基层工会发放图书 15 种 2500 余册。

11 月 28 日 郊区耐火行业第一次会员代表大会暨一届一次职工代表大会召开，选举产生新一届耐火行业工会联合委员会和经费审查委员会。刘贵柱当选为工会主席。

12 月 28 日 郊区李家庄乡汽车行业工会联合会成立。

12 月 荫营镇总工会被市总工会命名为首批“阳泉市困难职工帮扶示范点”。

2014 年

1 月 郊区总工会共筹集送温暖资金 40 万余元，慰问困难职工 514 人。

1 月 郊区 9 家基层工会通过市总工会验收，成为首批工会财务规范化达标单位。

2 月 21 日 郊区总工会召开六届十三次全委会议。选举王可剑为郊区总工会第六届委员会主席。

3 月 7 日 郊区总工会举办纪念“三八”国际劳动妇女节 104 周年座谈会。

■ 第七届工会

2014 年

3 月 18 日 郊区总工会第七次代表大会在区政府中报告厅召开。这次大会的主要任务是总结 10 年来郊区工会工作的成就和经验，确定今后 5 年全区工会工作的指导思想和奋斗目标；选举产生郊区总工会第七届委员会、经费审查委员会和第三届女职工委员会；团结动员全区广大职工群众，同心同德，开拓进取，站在新起点，开创新局面，为推动郊区转型跨越新发展和全面建成小康社会而努力奋斗。参会代表审议了区总工会第六届委员会工作报告，选举产生出区总工会七届委员会委员、经费审查委员会委员、第三届女职工委员会委员。王可剑当选为工会主席。

3 月 25 日 省总工会基层工会组织建设工作检查组到郊区调研。

3 月 郊区总工会女职工委员会被山西省总工会评为“山西省先进女职工委员会”

4 月 30 日 郊区总工会在刘备山举办千名职工庆“‘五一’重温入会誓词暨纪念建区 30 周年职工登高健步走”活动。

4 月 阳泉市天隆工程材料有限公司董事长胡培明、郊区旧街乡测石村种植户王雪被评为山西省劳动模范。郊区平坦镇桃林沟村被评为山西省模范（先进）集体。

6 月 18 日 大地情深——“群星奖”获奖作品巡演暨“文化惠民在三晋”活动阳泉市专场演出来到阳泉郊区上千翼德广场演出，市人大常委会副主任刘志强、市政协副主席赵永红、市委宣传部常务副部长史玉宝、市总工会副主席张建军与区四套班子等领导一同观看演出。

6 月 郊区总工会举办全区首届职工羽毛球比赛。

7 月 9 日 市人大常委会副主任、市总工会主席王振国，市总工会经审委主任杨海平，市总工会办公室主任侯泉生一行 3 人到郊区圣火炉料有限公司、阳泉德旭耐火器材有限公司进行调研。

7月15日至16日 郊区总工会和郊区卫生局联合举办的全区卫生系统基本公共卫生服务及护理知识竞赛在区人民医院举行，全区共有40名大学生村医参加。

7月18日 市人大常委会副主任、市总工会主席王振国就职业病防治工作到郊区调研。

9月2日 郊区首家 LNG 汽车物流园山西通宝鑫能物流有限公司 LNG 汽车物流园一期项目竣工投产。

10月10日 省总工会劳保部副调研员张春奎为组长的检查组到郊区保安煤业公司检查指导“安康杯”竞赛情况，市总工会副主席张建军、市总工会劳保部部长徐超、郊区总工会常务副主席赵爱荣等陪同检查。

2015年

1月8日 省总工会组织部部长李忠贵带领省总工会验收组对郊区李家庄乡工会联合会创建“五星级乡镇工会”工作进行考核验收，市总工会常务副主席杨日祥陪同，省总工会对李家庄乡创建五星级乡镇工会给予高度评价和充分肯定。

1月 郊区总工会共筹集资金50.45万元，慰问困难职工532人，为每户困难职工发放600元的救助款和价值200元的面粉和食油。

2月 在全省职工职业道德建设表彰中，郊区地税局荣获“山西省职工职业道德建设示范单位”称号，郊区国库支付中心荣获“山西省职工职业道德建设示范岗”称号，郊区玉泉中学教师荆芬荣获“山西省职工职业道德建设标兵个人”称号，同时，郊区国库支付中心还获得了“山西省工人先锋号”光荣称号。

3月 郊区总工会被区委、区政府评为“先进集体”。

4月29日 郊区总工会、郊区文化体育广播电视局联合在荫营镇刘备山举行“迎‘五一’第二届千名职工登高健步走”活动。

4月 河底镇北庄村鑫海农业合作社白青海获山西省五一劳动奖章。

6月9日至11日 由郊区总工会、郊区文体广电局联合举办郊区第二届职工羽毛球比赛在山西工程技术学院羽毛球馆进行。

6月24日 郊区总工会机关工会第一次会员大会胜利召开。赵爱荣当选为机关工会主席。

7月1日 郊区总工会组织工会干部赴井冈山开展“加强党性修养，坚定理想信念”专题培训教育。

8月7日 郊区耐火材料行业一届二次职工（会员）代表大会在郊区华岭耐火材料有限公司隆重召开。胡俊青替补为第一届耐火材料行业工会联合会主席。

9月 郊区医院“爱心妈咪小屋”被市总工会女工委评选为“四星级”爱心妈咪小屋，被省总工会命名“全省首批爱心妈咪小屋”。

10月 郊区总工会开展“五小”竞赛活动，全区共有30余家企业参加，有50项发明成果。其中“煤矿用隔爆型三相异步电动机接线盒”、高耐磨无节绳托辊两项小革新创收1100万元。

2016年

1月 郊区总工会筹集资金45.82万元，共帮扶困难职工340人，其中生活帮扶300人，帮扶金 37.22 万元，医疗帮扶 40 人，帮扶金 8.6 万元。

3 月 23 日 省总工会调研组到河底镇北庄鑫海种植专业合作社调研工会组织建设情况。杨晓梅副调研员首先听取该社工会主席的工作汇报，并认真查阅工会资料，充分肯定该社工会工作。

4 月 29 日 郊区总工会、郊区文化局联合在刘备山旅游公路举行庆“五一”第三届职工登高健步走活动。

5 月 郊区河底镇固庄村张三虎获山西省五一劳动奖章。

9 月 13 日 郊区总工会在区政府报告厅举办了国情国学大讲堂活动，特邀山西省工程技术学院李俊花老师授课。

9 月 郊区总工会和郊区卫计委联合举办全区卫生系统妇幼系统职工技能大赛，共涉及 10 个项目，120 余人参加。

10 月 28 日至 30 日 由郊区总工会、郊区文化局举办的郊区第三届职工羽毛球比赛在郊区体育馆举行。

10 月 郊区总工会开展“五小”竞赛活动， 10 项成果分别荣获省总工会三等奖 1 个、市总工会一等奖 1 个、三等奖 3 个、鼓励奖 5 个，结合省、市获奖情况，又专门拿出 12900 元奖励获奖者。

同年 8 个乡镇的工会召开了第二次代表大会，按照民主程序选举出了新一届的工会委员会、经费审查委员会和女职工委员会。乡镇工会顺利完成组织换届。

2017 年

1 月 9 日至 11 日 旧街乡工会举办养蜂专业技术培训班。郊区总工会聘请省、市、区及周边县区专家、教授对其进行培训。参加培训的有包村干部、养蜂户和农民工共计 80 余人。

1 月 郊区总工会筹集送温暖资金 17.78 万元，慰问困难职工 209 人。

4 月 28 日 郊区总工会与郊区文化局联合举办了第四届职工登高健步走活动。

4 月 阳泉市华岭耐火材料有限公司获山西省五一劳动奖状。

7 月 25 日 郊区总工会召开七届五次全委（扩大）会议，回顾总结 2016 年全区工会工作，安排部署 2017 年工会工作任务。替补区总工会第七届委员会委员，选举区总工会第七届委员会常务副主席、副主席，胡俊青当选郊区总工会常务副主席。胡忠文当选郊区总工会副主席。

7 月 郊区总工会开展夏送清凉活动，对 20 家企业的职工送去白糖、绿豆、蜂蜜等价值 18 万元的防暑用品。

8 月 郊区总工会开展金秋助学活动，资助 30 名品质兼优、家庭困难的考生，资助金额 8.9 万元。

9 月 26 日 郊区总工会、郊区文化局联合举办了 “喜迎十九大，欢度国庆节”阳泉市郊区第二届职工广播体操比赛。

10 月 18 日 郊区总工会组织党员干部集中收看中共十九大开幕式盛况。

11 月 9 日 郊区总工会组织全体机关干部集体学习中共十九大会议精神和习近平总书记重要讲话精神。

12月4日 市总工会副主席张建军为组长的调研组一行，先后深入郊区冀东水泥和保安煤业就企业开展“安康杯”竞赛、推进安全生产群防群控方面进行调研。区总工会常务副主席胡俊青、副主席胡忠文陪同调研。

12月 郊区总工会组织全体干部职工到所帮扶的旧街乡路家庄村和闫家庄村开展“五个一”活动。

同年 郊区总工会出资并由单位驻村工作人员去河南、太谷等地购买树状月季1000株、玉露香梨树苗4000株，继续扶持村里产业发展，做好扶贫工作。

同年 郊区总工会新建2个高科技人才（劳模）创新工作室，分别是裕盛园农产品开发有限公司刘润昌创新工作室和天隆工程材料有限公司彭建忠创新工作室。

同年 郊区总工会开展第四届职工羽毛球比赛。

2018年

1月8日 郊区总工会组织乡镇工会主席、副主席及部分企业工会干部20余人赴山西省展览馆参观了全省“五小”竞赛成果精品展。

1月 郊区总工会共筹集送温暖资金89500元，慰问困难职工66人。

4月28日 郊区总工会迎“五一”第五届职工登高健步走活动在刘备山下隆重举行。

5月 阳泉市华岭耐火材料有限公司获山西省五一劳动奖状。

6月28日 郊区总工会召开七届六次全体委员会议。会议补选阳泉市郊区总工会第七届委员会委员6人，大会选举李丽花为郊区总工会挂职副主席，选举马艳军、张宁宁为郊区总工会兼职副主席。

7月15日 阳泉市郊区“汉博能源•和谐杯”第二届篮球联赛在阳泉市篮球公园开幕。本次联赛由郊区总工会、郊区文化局、郊区篮球协会主办、汉博能源集团协办。

8月 郊区总工会开展“爱心助学、圆梦金秋”为主题的助学活动。为25名贫困学子发放助学金81000元。

10月9日 郊区总工会召开七届七次全委会议，选举张富英为郊区总工会主席。

12月7日至8日 由郊区总工会、郊区文化局举办的郊区第五届职工羽毛球比赛在阳泉技术工程学院羽毛球馆举行。

12月26日 市总工会党组成员、副主席张建军到郊区宣讲中国工会十七大精神。

2019年

1月 郊区总工会开展“精准帮扶”，共筹集资金18.3万元，慰问困难职工62人。

1月至3月 郊区总工会开展“遵法守法、携手筑梦”服务农民工公益法律服务活动。

4月25日 郊区总工会召开七届八次全委（扩大）会议，回顾总结了2018年工会工作，安排部署了2019年工会主要工作任务。全体委员还认真审议了区总工会第七届常委会工作报告和经费审查委员会工作报告。会议根据《中华人民共和国工会法》和《中国工会章程》有关规定，史贤良、王萌、周素勤替补为区总工会第七届委员会委员。

4月30日 郊区总工会“迎五一”第六届职工登高健步走活动在刘备山脚下如期举行。

5月21日 阳泉市总工会党组成员、副主席杨海平带领全市工会系统“三基建设”观摩组到郊区观摩工会“三基建设”成果。观摩组先后深入本区冀东水泥有限责任公司工会、区机关事务管理局工会观摩“三基建设”工作情况。

5月 阳泉市华岭耐火材料有限公司胡存玉、郊区荫营中学聂喜军被评为山西省劳动模范。山西煤销集团保安煤业有限公司洗选中心煤泥水班组荣获“山西省模范集体”称号。

6月19日 郊区人大常委会副主任、郊区总工会主席张富英、郊区总工会副主席胡忠文深入郊区文苑小学和坡头煤业开展安全生产月宣传教育活动。

6月28日 由郊区总工会、郊区妇联、团区委、郊区发改委、郊区教科局、郊区人社局、郊区中小企业局联合主办的阳泉市郊区第二届“信合杯”创业创新大赛在区政府东报告厅举行。

9月16日 郊区总工会党支部召开“不忘初心、牢记使命”主题教育动员会。

9月14日至18日 郊区总工会财务部、郊区总工会经费审查委员会组织人员，对7个区直单位工会财务工作进行为期4天的经费审计检查。

10月 郊区总工会第十四期大病互助工作圆满结束，共补偿患病职工134人，补偿金额达347310元；第十五期职工大病互助开展，参加职工人数6848人，共缴纳互助金342400元。

12月4日 郊区总工会开展《中华人民共和国宪法》宣传活动，现场发放各种法律法规宣传资料500余份，现场接受法律咨询人数30余人。

第一章 职工队伍

第一节 企业职工

区营企业职工

1949年，区境内从事煤、铁、磺手工业生产及经商等行业的职工共2100余人。1952年，原有的手工业生产合作社划归阳泉市手工业生产联合社领导，职工人数减少，到1956年职工总数为1350人。1958年，又有部分手工企业并入市属的国营企业。至1959年，职工总数下降为1048人，其中全民所有制职工831人、集体所有制职工217人。1960年至1962年困难时期，一些企业“关、停、并、转”，同时大量压缩城镇职工，到1963年职工总数减少到836人。此后，随着国民经济调整，职工队伍逐渐增加，1965年职工总数达1385人。1970年10月，全民所有制企业阳泉市农业机械修造厂建成投产。同年，市革委将市手工业管理局管辖的红土岩煤业社、矾窑煤业社、阳泉市红旗农具厂、河底农机修造厂、河底混合社共5个集体所有制企业划归本区，属区革委工交办主管。1971年1月1日，阳泉市农业机械修造厂和河底农机修造厂合并，起名为“711”农机厂。2月，红土岩煤业社、矾窑煤业社和河底混合社分别更名为红星煤矿、红卫煤矿、河底红升综合厂。6月，又分别更名为红土岩煤矿、矾窑煤矿和河底红卫综合厂。同年，建成千亩坪黏土矿和土桥沟黏土矿；阳泉市红旗农具厂改名为红旗铝制品厂和郊区农业机具修造厂，挂两个牌子。次年，郊区水泥制杆厂建成。1973年6月，“711”农机厂又分为原先的两厂。后者更名为郊区机械修造厂，在开发生产气门、阀门等新产品后，1975年更名为阳泉市水暖器材厂。1976年，河底红卫综合厂生产出口地毯，1978年更名为阳泉市毡毯厂。同年，阳泉市城区管辖的王垅黏土矿和野沟煤矿划归本区。其间，所属企业试行招收矿山井下农民轮换工及亦工亦农人员，至1978年，职工总数3152人，其中全民所有制职工2121人、集体所有制职工1031人。

1979年，土桥沟黏土矿并入千亩坪黏土矿。1980年，水泥制杆厂更名为待业青年电杆厂。次年6月，区经委成立，接管区属企业。1983年，红旗铝制品厂和郊区农业机具修造厂又更名为阳泉市荫营重型机械厂和阳泉市红旗铝制品厂。同年，郊区汽车队更名为郊区汽车运输公司，隶属于郊区交通局管理。1984年4月，成立郊区手工业合作社联合社，接管区属企业。同年，区物资供应总公司及煤炭运销公司成立。1985年，建成阳泉市啤酒瓶厂。1986年，成立阳泉市郊区第二轻工业局，和区手工业合作社联合社合署办公。1987年2月，区政府决定实行行业归口管理，将红土岩煤矿、矾窑煤矿、野沟煤矿划归区煤运公司管理，将王垅黏土矿、千亩坪黏土矿划归区乡镇局管理。次年6月，郊区型煤厂建成投产。1989年，建成全民所有制企业阳泉市新型农药厂。同年，阳泉市毡毯厂在产品效益低落的情况下，引进开发氮酮（渗透剂）化学产品，经过近两年时间的试制，基本获得成功。厂名改为阳泉市化学助剂厂。1992 年 8 月，全民所有制企业阳泉市氧化锌厂建成投产，成为山西省唯一生产高品位氧化锌的企业。同年，土桥沟黏土矿从千亩坪黏土矿分出，复归郊区第二轻工业局管理。同期，隶属于区乡镇企业管理局的供销公司、耐火材料公司、冶金矿山公司、晋津冶金矿业有限公司、乡镇煤炭运销公司、化学工业公司、建筑材料公司成立。荫营货运站划归区煤炭运销公司管辖，隶属于区煤炭运销公司的上烟发煤站、劳动服务公司、矿业车队、公司车队、荫营货站车队、氧化锌厂、型煤厂成立。隶属于区城乡建设局的乡镇建设开发公司、建筑工程公司、建筑构件厂等企业相继成立。到 1993 年时，区属企业发展到最大规模。其间，按照劳动部门介绍就业、自谋职业和自愿组织生产的就业方针，实行固定工、临时工、合同工等多种形式的用工制度，使职工队伍不断壮大。1979 年至 1993 年，平均每年招收临时工、计划外用工 1200 余人。1985 年至 1993 年，从农村和城镇招收全民合同制职工 956 人，招收集体固定职工 2496 人，录用大中专毕业生 1149 人。截至 1993 年底，本区职工人数增到 12614 人，其中全民所有制职工 7170 人，集体所有制职工 5444 人。

1994 年以后，随着市场经济改革的深入发展，区营企业经历了放权让利和承包经营阶段。但体制不顺，机制不活、产权不清、权责不明、政企不分、管理不善、经济效益不佳等问题逐步显现并加重。全区区营企业中，处于停产状态的有啤酒瓶厂和化学助剂厂 2 家企业。重型机械厂和新型农药厂由于受资金影响，及企业管理存在的问题等原因，产品销售不畅，经营出现连续亏损。1995 年，水暖器材厂因经营不善被迫停产，只有土桥沟黏土矿 1 家企业略有盈余。区委、区政府针对区营企业中存在的问题，对企业的主管部门第二轻工业局的领导班子进行了整顿和调整，在全区范围内，聘用了企业支部书记和厂、矿长；对区营企业的发展，在政策、待遇和启动资金等方面给予了扶持。9 月，召开了振兴二轻企业动员大会。1996 年，对负债经营较重和停产多年的重型机械厂、新型农药厂、啤酒瓶厂 3 家企业依法实施破产，利用破产后的资产，重新组建荫营耐火机械制造有限公司。1998 年，区营企业加大改革力度，以“企业推向市场，职工身份置换”为总体指导思想，抓住政策机遇，依法破产，依法重组。水暖器材厂、化学助剂厂经过法定程序后破产。同年，农机修造厂、土桥沟黏土矿、耐火机械制造公司，因资金短缺、产品品种少、销售不畅等问题停产。1999 年，阳泉市郊区城乡建设发展总公司成立，原隶属于区城乡建设局的乡镇建设开发公司、建筑工程公司划归其管理，同时成立区自来水公司。2000 年，土桥沟黏土矿、农机修造厂 2 家企业依法破产。重新组建的荫营耐火机械制造有限公司和化学助剂厂破产后重新组建的郊区海鹰服装厂也因经营困难而停产或自行解散。随后，水泥预制厂实行“经营者买断企业，职工买断工龄”的办法，由该厂 5 名经营者以净资产 7.7 万元买断，并与职工脱离劳动合同关系后再次采取职工竞争上岗就业的方式，进行资产重组，完成企业的股份制改造。2001 年，企业更名为阳泉市科益建材有限公司。二轻系统及其他系统的区营企业相继关停或破产，所涉企业职工向社会分流。

在区营企业完成改制的同时，根据国家煤炭产业结构调整政策，不断加大对煤矿的整改力度，逐步关停资源枯竭、不符合安全生产条件的乡镇煤矿；同时，为确保区内煤炭工业持续稳定发展，区营神堂煤矿于1998年开工建设，2001年11月建成投产；山西煤炭运销集团鸿泰煤业2003年5月开始建设，2007年7月2日正式投产运营；山西煤炭运销集团保安煤矿于2005年5月开始建设。至2008年，郊区保留的区营煤矿企业有红土岩煤矿、野沟煤矿、矾窑煤矿、保安煤矿、三晋鸿泰煤业有限公司、神堂煤矿共6家；进行生产的区营煤矿企业有野沟煤矿、保安煤矿、三晋鸿泰煤业有限公司、神堂煤矿共4家；企业职工也相互逐步进行整合。同年，区政府认真贯彻落实省、市精神，大力推进实施煤矿企业兼并重组整合，从根本上解决煤炭发展中的问题，完成郊区煤矿的资源整合与兼并重组。全区形成2家主体企业7个主体矿井。2家主体企业分别是山西煤炭运销集团阳泉郊区有限公司、和泰煤业有限公司；7个主体矿井分别为保安、旧街、鸿泰、神堂、坡头、牵牛山、和泰荫营煤业。截至2013年底，除和泰煤业的牵牛山煤业和和泰荫营煤业未开工建设外，均已进入技改建设阶段。职工总人数3792人。2013年10月，阳泉煤销恒源经贸有限公司注册成立，有职工342人。该公司以剥离山西煤炭运销集团阳泉郊区有限公司3个煤业公司后勤服务工作为切入，帮助煤业公司实现瘦身减负，从而使煤矿能够集中精力抓好安全生产，实现煤矿业务的主辅分离。2018年，按照《阳泉市郊区化解煤炭过剩产能工作方案》要求，继续推进煤炭供给侧结构性改革，完成鸿泰煤业有序退出任务。和泰荫营煤业一直处于停工停建状态。2019年11月29日，山西省煤炭行业化解过剩产能验收工作领导组对和泰荫营煤业关闭工作进行全面验收。经验收合格，山西阳泉郊区和泰荫营煤业正式关闭退出。

在逐步完成企业改制重组的同时，按照坚持以公有制为主体、多种经济成分共同发展的方针，郊区进一步转换国有企业经营机制，建立适应市场经济要求，产权清晰、权责明确、政企分开、管理科学的现代企业制度。企业划分不再以经营主体为依据，而逐步根据经济成分归类。1996年及2012年，本区国有企业及企业职工人数分别达到最高峰，分别为53家、12923人。到2019年，国有企业及企业职工人数稳定在18家、3870人。

乡镇企业职工

郊区境内乡镇企业，多数是在手工业基础上发展起来的。1949年，境内煤炭、铁矿开采业有260户，职工1353人。1952年12月，阳泉市手工业合作社联合社成立，合作社发展到49个，职工6300人。1953年，发展至65个，职工人数发展到7028人。1954年，增加至97个，11415人。

1959年，境内手工业合作社，一部分转为市营、商办、合作工厂，部分下放到公社、大队，成为社队企业。1960年，手工业管理体制出现混乱，社队企业大多停办。至1965年，共发展55个，职工4088人。1970年，各公社办起农机修配厂、水泵厂、磷肥厂、耐火厂等地面企业。至1976年，全区社队企业发展到384个，职工7949人。1978年，有所下降。

1979年后，本区农村经济实现由以农为主的单一经济向综合型经济转移，乡镇工业迅速发展。至1983年，乡村采掘企业185个，从业职工10838人。1984年2月，区委、区政府确立“以工为主，兴工致富”的经济发展指导思想，乡镇企业异军突起。1986年，乡镇工业企业发展到771个，职工42037人。

乡镇企业形成一定规模后，随之而来的管理、技术以及落后的设备与市场经济竞争激烈的特点不相适应的矛盾日趋明显。对此，区委、区政府于 1987 年 1 月提出了“深挖内涵，稳抓外延，狠上水平，争创名优，提高效益”的发展战略，引导乡镇工业企业从铺摊子求速度向上水平增效益方面转移。以企业达标升级为中心，以调整产品结构为导向，以推进科技进步为手段，以提高产品质量和经济效益为目的，强化企业“内功”，有效提升了乡镇工业的整体素质。至 1993 年末，乡镇工业企业 949 个，占全区工业总数的 97.23%，占乡镇企业总数的 14.68%；其中村办 552 个，乡镇办 57 个，私营及个体、联户办 340 个。企业职工 59589 人，占全区工业总人数的 92.92%，占乡镇企业总人数的 77.70%；其中村办 48289 人，乡镇办 9204 人，私营及个体、联户办 2096 人。

1994 年，随着改革开放的不断深入，郊区开展企业改制工作的广泛讨论、大胆借鉴、积极探索。1997 年 9 月，成立产权制度改革办公室，出台《企业产权制度改革政策汇编》。改制工作以制度创新为目标，以产权改革为核心，以股份制和股份合作制为重点，采取加强领导、典型引导、舆论开导、思想疏导、因势利导的综合措施，与企业具体情况相结合，租赁、承包、拍卖、股份制和股份合作制等多种形式被用于改制实践，乡镇企业民营化稳步推进，深入展开。这个时期，同时由于受到国内国际环境的影响，以及企业自身存在的一些难以克服及环保问题的影响，全区工业企业的经济效益总体呈现下滑态势，加工制造行业的弱小企业基本关停，乡镇企业严重萎缩，乡镇企业职工队伍大量分流。

2002 年，以产权清晰、政企分开为突破点，以规范完善股份结构和建立健全法人治理结构为重点，以建立现代企业制度为落脚点，全面推进企业的机制转换和体制创新。按照“产权可知化、决策民主化、管理市场化、用人社会化、发展规模化”的标准和“能售不租、能私不股、能集不散”的原则，企业产权制度改革得到进一步引深。改制中推行了经营者、经营层持大股的原则，按照企业改制中股权设置的标准要求，在企业主体明确的基础上进一步优化股权结构，使企业更具有发展活力，进入现代企业运行的轨道。全区 770 个乡镇集体企业，共完成改制或规范改制的 739 个，改制面达到 96%。乡镇企业民营化工作取得了显著成效。到 2019 年，全区乡镇企业 718 家，年末从业人员 23163 人。其中，规模以上工业企业 29 家，年末从业人员 2891 人；规模以下工业企业 365 家，全部从业人员平均 4143 人；规模以上服务业 17 家，年末从业人员 2353 人。全区非私营城镇集体企业 28 家，在岗职工 678 人。

其他企业职工

1993 年 11 月，中共十四届三中全会召开，全会审议并通过了《中共中央关于建立社会主义市场经济体制若干问题的决定》。全会指出，必须坚持以公有制为主体、多种经济成分共同发展的方针，进一步转换国有企业经营机制，建立适应市场经济要求，产权清晰、权责明确、政企分开、管理科学的现代企业制度。当年，全区企业体制改革步伐加快，按照“好的稳、大的股、小的卖、亏的变、死的破”的方法，企业改制稳步推进。1997 年开始，阳泉市林里粉末冶金有限公司、阳泉精工铸造有限公司、阳泉狮头特种水泥有限责任公司、山西旭日化工有限责任公司、山西华岭耐火材料有限公司、阳泉市下千耐火材料有限公司、阳泉市广泰镁业有限公司、阳泉市华远精铸有限公司等企业完成改制；阳泉市晋阳碳素有限公司、山西圣火炉料有限公司、阳泉德旭耐火器材有限公司、山西华伦陶瓷有限公司等内资联营企业、内资股份企业、内资独资企业，港、澳、台投资企业，外商投资企业等先后建成投产，郊区多种经济成分的其他企业快速发展，大量职工向此类企业分流，职工队伍随之不断壮大。2014 年，此类企业职工人数到达高峰，为 12068 人。至 2019 年，郊区多种经济成分的非私营其他企业 96 家，企业职工 9769 人。

1987 年至 2019 年郊区企业职工人数一览表

表 1-1

年份	职工总数（人）	国有企业		城镇集体企业		其他企业	
		单位数（个）	职工数（人）	单位数（个）	职工数（人）	单位数（个）	职工数（人）
1987	4709	27	1057	47	3652	—	—
1988	5548	29	1284	80	4264	—	—
1989	6189	29	1324	94	4865	—	—
1990	6415	41	1326	136	5089	—	—
1991	6603	43	1503	142	5100	—	—
1992	6660	47	1705	136	4955	—	—
1993	5911	41	1625	108	4286	—	—
1994	5647	37	1786	70	3861	—	—
1995	6014	51	1960	65	4054	—	—
1996	5543	53	2067	63	3476	—	—
1997	5515	50	2160	62	3355	—	—
1998	2853	—	614	—	2239	—	—
1999	2891	14	1039	—	1852	—	—
2000	2726	14	863	51	1863	—	—
2001	2343	—	838	—	1505	—	—
2002	2286	15	783	76	1503	—	—
2003	2279	9	743	71	1536	—	—
2004	2255	9	659	71	1596	—	—
2005	13485	32	10909	90	2192	5	384
2006	13113	23	10679	81	2135	4	299
2007	13533	13	10907	104	2335	3	291
2008	13152	10	10750	103	2093	3	309
2009	14867	10	12362	103	1579	4	926
2010	15344	12	12860	97	1385	5	1099
2011	16461	14	12804	91	1012	12	2645
2012	17521	11	12923	101	1111	24	3487
2013	20194	14	12835	102	1410	43	5949
2014	21369	12	8066	101	1235	68	12068
2015	15567	9	4313	49	1049	48	10205

续表 1-1

年份	职工总数（人）	国有企业		城镇集体企业		其他企业	
		单位数（个）	职工数（人）	单位数（个）	职工数（人）	单位数（个）	职工数（人）
2016	14558	10	4259	49	1025	45	9274
2017	12629	6	3889	46	992	36	7748
2018	13041	10	3886	19	813	44	8342
2019	14317	18	3870	28	678	96	9769

第二节　机关事业单位职工

统一管理时期的干部队伍

中华人民共和国成立后，郊区的干部录用工作主要采取三种形式：一是由国家指令性分配，各机关接收大中专毕业生；二是通过国家统一分配的方式，安置军队转业干部；三是有计划地从社会上符合条件的人员中吸收。前两种形式是郊区干部的主要来源渠道，相对独立固定，而第三种形式则随着时代的发展呈现不同的特征。1953 年，《国家机关吸收工作人员暂行办法（草案）》颁布，明确规定从社会录用干部的程序和条件，要求录用新人必须以编制空缺为前提，人事部门应当认真审核履历表、自传、体检证明等相关材料，必要时应进行调查，审查合格后方能录用。这是新中国第一个有关干部录用的综合性法规文件，标志着干部录用工作逐步进入规范化轨道。当年，全区干部职工 77 人。1957 年，全区干部职工 71 人。1958 年，中央要求各级党政机关压缩编制，市政府下放到郊区干部 127 名。1960 年至 1962 年三年困难时期，郊区下放干部 120 名。1965 年，共有干部职工 186 人；1969 年，增加至 192 人；1970 年至 1976 年，郊区先后 3 次从农村借调提拔 62 名青年充实公社干部队伍，后来这些干部也都陆续转正。与此同时，干部来源主要是上级调配、部队转业、知青招干以及教师抽调。1982 年，为公安、检察、法院、司法等部门的 6 名干警办理转干手续。

1984 年，阳泉市郊区成为独立行使县级人民政府行政职能的一级政府。各职能部门相继设置，人员编制逐渐增加。经过统一考试、考核，郊区为 46 个单位的 170 名“以工代干”人员转成正式国家干部；招收具有高中文化程度或一定专业技术知识、年龄在 25 岁左右的干部 29 人，充实到银行、保险、审计等单位。当年，干部职工人数达到 659 人。1985 年，郊区干部引入招聘制。当年，为 13 个乡镇财政所招聘 26 名财政员、农税员。1987 年后，为改变机关事业单位人员增长过快状况，缓减财政负担，人事部门对由企业调入机关、事业单位的人员采取了较为严格的控制措施，除特别需要的专业技术人员外，一般不允许由企业调入机关和事业单位。随着改革的深入和社会主义市场经济的发展，政法、经济监督等一些部门出现干部缺额的问题。郊区在严格控制干部总数的前提下，坚持控制与调整相结合的原则，从人员较富裕的单位选调干部充实政法、经济监督等部门。1988 年，从大中专毕业生和部分城镇待业青年中为乡镇团委、妇联、农村经营管理等岗位招收 23 名干部。1989 年，为教育、财政、农技系统聘用 100 名技术干部。1990 年，占用 1989 年区级行政机关补充自然减员指标，为机关 2 名工人转了干。1992 年，为妥善解决干部岗位上工人的遗留问题，为区级机关、事业单位的 107 名工人办理了聘干手续。1993 年，经区委组织部考察考核，从区直企业、乡镇政府的优秀工人中聘用 4 名担任乡镇领导职务；同时，经考试，为税务、公安系统 77 名工人转了干。截至 1993 年底，郊区共招聘聘用制干部 339 人，接受大中专分配 1149 人，接受军转安置若干人，年末干部职工人数达到 6703 人，其中全民制机关 2120 人、全民制事业 3425 人、集体制机关 254 人、集体制事业 904 人。

1987 年至 1993 年郊区国家机关事业单位干部职工一览表

表 1-2

年份	全民制机关		全民制事业		集体制机关		集体制事业	
	单位数（个）	人员数（人）	单位数（个）	人员数（人）	单位数（个）	人员数（人）	单位数（个）	人员数（人）
1987	72	1707	222	2704	5	158	25	408
1988	69	1713	234	2688	与企业合并统计			
1989	与事业合并统计		302	4188				
1990	86	1992	240	2920	与事业合并统计		64	857
1991	86	2061	235	3046	19	236	27	477
1992	85	2143	234	3154	20	259	27	503
1993	53	2120	—	3425	18	254	24	904

机关工作人员

1993 年 4 月《国家公务员暂行条例》颁布后，郊区于 1994 年 4 月开始着手建立和推行国家公务员制度。干部队伍由传统的统一集中管理变为公务员队伍和专业技术人员队伍两种管理模式，1993 年至 2005 年，公务员队伍依《国家公务员暂行条例》进行管理。1997 年 5 月至 11 月，全区 852 名公务员及 366 名参照公务员管理人员经过过渡培训、资格审查、过渡考试、过渡考核、任职回避审查、过渡审批、职位分类、智能测评及竞争上岗、职务任命、人员分流等 10 个严格的法定程序，于 1998 年 1 月基本完成区级机关人员向公务员的过渡和分流。过渡为公务员的有 455 人，实际分流了 16 人。此后，对公务员的录用、任免、竞争上岗，严格按照人事部《国家公务员暂行条例》第四章（录用）第十三条的规定和全市的统一安排要求，严把公务员“进口”关，坚持“凡进必考”的原则，“公开、平等、竞争、择优”选拔，不仅给公务员队伍注入新鲜血液，而且改善公务员年龄结构老化的状况，保证公务员队伍的相对稳定。至 2015 年，机关工作人员队伍达到历年最高峰，为 4384 人。2019 年，机关工作人员队伍为 4048 人。

1994 年至 2019 年郊区国家机关工作人员一览表

表 1-3

年份	单位数（个）	人员数（人）	年份	单位数（个）	人员数（人）
1994	87+20	2440+287	1996	91+9	2379+128
1995	87+18	1988+270	1997	82	2352

续表 1-3

年份	单位数（个）	人员数（人）	年份	单位数（个）	人员数（人）
1998	—	2722	2009	94	2418
1999	83	2367	2010	100	2331
2000	83	2351	2011	102	2459
2001	—	2222	2012	111	2366
2002	64	2202	2013	113	2310
2003	76	2206	2014	117	4360
2004	74	2191	2015	84	4384
2005	85	2303	2016	87	4359
2006	71	2296	2017	99	4204
2007	86	2334	2018	152	4345
2008	96	2351	2019	132	4048

说明：1994 年、1995 年、1996 年另加集体所有制工作人员

事业单位工作人员

1994 年，机关工作人员和事业单位工作人员采用两种管理模式。本区对事业单位专业技术人员及其他工作人员的管理，依托市区人才市场，采用公开招聘、择优录取的办法，具体按照考试、讲课、操作、答辩等不同程序，广泛吸纳人才，从而保证了事业单位专业技术人员队伍的不断壮大。至 2009 年，全区事业单位在编工作人员达到最高峰，为 4837 人；其中国有事业单位 4272 人，城镇集体事业单位 565 人。此后，严格控制事业单位人员编制，事业单位人员逐年递减。2019 年，事业单位在编工作人员 3658 人；其中国有事业单位 3237 人，城镇集体事业单位 421 人。

1994 年至 2019 年郊区事业单位工作人员一览表

表 1-4

年份	国有事业单位		集体事业单位		年份	国有事业单位		集体事业单位	
	单位数（个）	人员数（人）	单位数（个）	人员数（人）		单位数（个）	人员数（人）	单位数（个）	人员数（人）
1994	235	3416	24	493	2002	274	3709	9	405
1995	237	3519	23	493	2003	246	3701	9	410
1996	243	3467	22	617	2004	235	3750	14	444
1997	238	3718	42	808	2005	249	3855	14	435
1998	—	3713	—	583	2006	253	3788	14	401
1999	233	3535	—	560	2007	231	3737	14	407
2000	223	3707	32	539	2008	239	3551	14	400
2001	—	3800	—	409	2009	240	4272	18	565

续表 1-4

年份	国有事业单位		集体事业单位		年份	国有事业单位		集体事业单位	
	单位数（个）	人员数（人）	单位数（个）	人员数（人）		单位数（个）	人员数（人）	单位数（个）	人员数（人）
2010	228	4183	16	511	2015	213	3820	13	288
2011	227	4144	16	432	2016	196	3778	13	312
2012	216	4193	15	449	2017	126	3524	13	340
2013	227	4202	16	420	2018	183	3519	13	221
2014	227	4030	15	327	2019	116	3237	27	421

附：民间工匠

自古以来，民间对靠手艺谋生的匠人就有“九佬十八匠”的称谓。他们走街串户、用自己的手艺服务百姓，从妇女佩戴的金银首饰，到日常所用的锅碗瓢盆，再到修屋建房、工矿生产等等，无不与百姓的生活生产息息相关。“九佬十八匠”中的“九佬”指的是阉猪、杀猪、骟牛、打墙、打榨、剃头、补锅、修脚、吹鼓手这 9 个行当。“十八匠”包括金、银、铜、铁、锡、石、木、雕、画、皮、弹、轧、篾、瓦、垒、鼓、伞、漆 18 行当。此外还有织布匠、线匠、染布匠、铸造匠、磨剪铲刀匠、毡匠、酿造匠、火药匠、窑匠、编扒匠、造纸匠等等，不止“十八匠”。根据村民衣、食、住、行的实际需要和不断发展，村域曾涌现出诸多的民间行当，出现过数不清的匠人。

郊区矿产资源丰富，由此孕育了与之相关的各类民间艺人，与金、银、铜、铁、锡五种金属相关的“五色匠人”遍布乡里，他们各怀绝技、手艺非凡、收入丰厚、受人尊重，将原始的手工劳动逐步演化成珍贵的文化传承。

境内五色匠人，当属以铁为原料锻造铁器的铁匠居多，他们凭借手中一把铁锤能打造出各式各样的铁制品。过去农民所使用的大部分农耕工具，如铁犁、镢头、铁锹、锄头、镰刀等，以及生活用品如菜刀、剪子、勺子、铲子等都出自这些能工巧匠之手。

明嘉靖年间，境内铁匠已采用低碳钢作为镢、锄、锹的刃口，并掌握了较熟练的擦生工艺。民国时期，锄、锹、蘑菇钉等制品就已远近驰名。锄主要产于大西庄、小西庄和杨家庄。当时，杨家庄锄板生产的有名作坊就有“魁盛永”“聚生祥”等 5 家，因其锄板具有厚薄均匀、平整光滑、鼻颈方正、不生锈、不黏土、刃口锋利、坚固耐用等特点，远销冀、鲁、豫及东北地区。锄板生产尤以锄鼻著称，平定当时有“南乡锄板北乡鼻”的俗语。中华人民共和国成立后，成立了锄业社，贾兴庄、杨毓铭等能工巧匠作为传承人，使杨家庄擦生锄板进一步发扬光大。锹主要产于白泉一带，仅白泉一村就有锹行数十家。章召一带产的蘑菇钉，远销京、津等地，被钉鞋业冠以“京钉”美称。东村侯发森，人称“垮铁匠”所锻制的车川、车键，装配木制大车车轮，经得起山路颠簸，长久不落，名闻晋、冀车行；锻制的镢头适应于山地农垦，刃口刚柔适中、不折不锩，在境北乡村小有名气。

境内除铁匠分布较广外，利用熔铁铸造各种铁制器械的铸造匠也分布较广。铸造匠旧称金火匠。明嘉靖年间，山底村金火匠张宇男、张宗美、张宗奎、张宗鲁为盂县藏山古寺铸造的大铁钟和铁大王像至今仍立古寺中。明万历三十七年（1609），三都村金火匠邢谟、王英春所铸的黄统岭寿圣寺大铁钟，重400余公斤。明万历四十六年，金火匠邢谟等人铸造的磬、香炉、蜡台，清雍正年间任家峪村民铸造的舂米器具等实物至今仍存。清末民初，境内铸造业日渐繁荣，其铸造工匠大量涌现。山西旧通志《公署略》载："清咸丰四年，户部议准，于平定州河底镇设宝泉分局，开炉20座鼓铸铁钱。"后增为29座，工匠大都就地招收，最盛时达1000余人，始铸文钱，一钱一文。后又加铸当五、当十、当千等大钱，名曰"咸丰通宝"。开炉两年时间，就易银7万余两。清咸丰五年（1855），河底村的"樊科"铁砧，远近闻名，远销河北、陕西、东北等地。民国时期，产品日渐增多。当地人民以土法采掘冶炼，分别生熟制成日用什物，如灶具及一些工农业机械都较有名气。荫营生产的"川锅"，铸造工艺先进。民用锅的品种主要有六八印、三八印、大老五印、小老五印、川七印、广盒等近10种。还有酿酒用的"大酒锅""东海酒"等大口径锅都深受用户喜爱。河底、中佐、龙光峪等生产的"饼蒸""板鏊"等"河小货"及锤、炉条、香炉、车串等"大生货"，一直远销河北、山东、辽宁各省。三泉村生产的"泉小货"，上烟、下烟生产的"烟锅"，山底等生产的"京锅"更是畅销不衰。大口径灶锅主要产于荫营、三泉一带，年产近40万口。专营此项较大资本栈店，常有数十家，以此谋生的工人，有2000余人。据民国19年（1930）有关财政统计报告称："仅阳泉一地之生熟铁货出口者，为二千余火车，其他未经铁路运销之零星销售，尚不在内。"

后沟村的任容，刚满20岁就扮成乞丐，风餐露宿，穿行于任家峪、南峪、山底一带的铁炉业厂，偷偷学会了冶铁铸器的全套技术。回到家里，便与其兄弟们联手办起铁炉，创办了"玉和成"字号。在他的努力下，"玉和成"经营煤炭、铁炉骆驼运输铁路货站、商业商贸等业务，商铺达七八十个，买卖遍及华北、内蒙古及南方一些城市，成为本地当时传奇式的人物。

街上村的史梦梅，11岁跟哥哥到村里的冶铁炉厂搧鞴，早出晚归，力不能支。后不堪其苦出走河北保定府，先后在染坊货店当雇工，饱尝艰辛。24岁返回荫营，开始经营冶铁炉厂，发奋致富，成为当地很有名气的装炉好把头，家境也逐渐好转。

下荫营村的苗信书，幼时家贫，父母早亡，跟随叔父装锅炉。他天资聪颖，很快掌握了锅炉铸造的全套技术，成为远近知名的锅炉把头，在他青年时就创办了自家的字号"庆元堂"。保晋公司在平坦垴置地建裕华铁厂（阳钢前身），请苗信书用第一炉铁水铸铭文大铁鼎（丢于"文化大革命"中），回村后又为老君庙铸成醮纸炉（楼）。民国36年（1947）农历二月十四日，又为老君庙铸成一对铁狮子。

大西庄村的张富田，中华人民共和国成立前曾个人经营冶铁，兴办煤窑，在阳泉开办"三和洋行"，在天津口岸开办"太益洋行"。因长期经营铁锅行业，练就了一身验锅绝技。验收几百口大印锅时，他手持一块小石，只要在锅沿上划过，从锅中发出的金属声音中，就可仔细辨别并准确地判断出这口锅有没有砂眼或裂痕，这个沙眼或裂痕在什么位置。他凭借着这一验锅绝技，在当地和天津等地享有盛誉

抗日战争、解放战争时期，境内人民兴办土法铸造，制造兵器和农用器具，有力地支援了抗日战争和解放战争。民国34年（1945）8月，山底村等20多个铁业手工业者在党组织的

领导下，在圈羊的破窑洞内建成两座铸造土炉，秘密进行手榴弹壳铸造，成为平定（路北）县第一座兵工厂。1945 年，山底、任家峪、河底、燕龛、荫营等生产的手榴弹壳 990 多万个，82 毫米炮弹壳 374 万个，炮弹叶 450 多吨，地雷壳 344 万多个。

中华人民共和国成立后，境内铸造业向规模化发展。1950 年 10 月，以王万成为首的 8 个社员，每人出股一石小米，在平坦垴搭起简易工棚，借用原机械厂的一座化铁炉，建起晋兴铁业社，为晋东化工厂加工手榴弹壳，日产 400 千克。次年，山底胜利铁业生产合作社联合本村的福兴炉、同和炉、恒兴炉、联合炉等 4 家私人合伙经营小炉场的手工业者，成立了山底铁业生产合作社，共有社员 184 人，产品以铁锅、灰生铁为主。1952 年又购置 25 马力煤气机，推广了圆炉化焖铁技术，生产出铸水管、地板、架子锅等，被评为华北五省二市模范生产合作社。1954 年，该社建起全省手工业系统第一座 8 立方米小高炉，日产灰生铁 10 吨，开辟了土法炼铁生产技术改造新途径。1958 年，该社改为国营山底铁厂。20 世纪 60 年代，河底、上章召、白泉、任家峪等地都建起铸锅厂，年产铁锅 14 万口。任家峪、白泉生产的铁锅，以皮薄、体轻、导热快、省燃料、内外光洁、价格低廉等优点，远销河北、山东、河南、内蒙古等 14 个省、市、自治区。1976 年，旧街村办起铸造厂，生产散热器片（暖水片），年产值约 300 万元。

中共十一届三中全会后，铸造业又有了新的发展，除继续生产铁锅外，还根据市场需要，开发了铸水管、法兰头，暖气片及转盘和其他机械铸件。1989 年，河底铸造厂生产的铸铁下水管成为人民大会堂改造和亚运村修建工程的指定产品。旧街汽车配件厂李光文、兰升、荆拽成、胡计春、田所生研制完成的 ZS04A、ZS05B 双珠式挂车转盘获 1989 年山西省科技进步二等奖。旧街挂车转盘制造厂张祥寿、苏留和、王兆军、赵吉祥、姚更锁组织完成的农用机动三轮车后轿总成获 1992 年山西省科技进步三等奖。阳泉市燕兴散热器厂李秋成、史保堂、史全怀、史晓光、史化进组织完成的 TZR2 柱翼型铸铁散热器。获 1993 年阳泉市科技进步二等奖。旧街汽车配件厂荆贵生、李锁义、赵如祥、赵贵生、荆拽成组织完成的 GZS05AGZS04 高韧性挂车转盘获 1993 年阳泉市科技进步三等奖。阳泉市朝辉箱体铸造有限公司杨五牛、荆建平组织完成的变速箱体精密铸造系列产品获 2006 年阳泉市成果推广及产业化三等奖。

境内其他行业的能工巧匠，由于资料遗失，只有口口相传的零星资料。其中木匠各村均有分布，较为著名的有北舁郭氏、孔南庄孔氏。石匠在各类岩石分布的村落均有传承，较著名的有下章召王氏。泥瓦匠较为著名的有韩庄的胡氏。染匠、毡匠、酿造匠、火药匠等多集中在商贸较为发达的村镇，较著名的有白泉郭氏染坊，河底赵氏“庆记”毡房，小河“益元兴”醋坊、石卜咀“双槐”醋业，汉河沟“裕盛源”酿业，河底要氏火药，平坦刘有昌“三义成”火药铺，甄家庄潘慕智“福兴”火药铺，三泉王高义、砙窑余永年的火药互助组，南杨家庄的烟花厂。窑匠在原材料丰富的村落才有分布，具体又分为砖瓦窑、瓷器窑、砂器窑，砖瓦窑匠以北舁、瓷器窑匠以牵牛镇、砂器窑匠以杨家庄小西庄较著名。编扒匠则多分布在山大沟深、灌木丛生、荆条茂密的旧街偏远山庄窝铺。造纸匠多分布在水源丰富的村落，较著名的有瀑里纸坊。

随着时代的进步，机械化、自动化、数字化工艺的引进，传统手工制造被逐步取代，部分民间手艺尽管作为非物质文化遗产得到保护传承，但也还有一大部分面临失传。

第二章 区总工会

第一节 组织机构

总工会委员会

组织沿革

1976年8月6日，按照阳郊发〔1976〕24号文件精神，建立阳泉市郊区工会筹备领导组，1976年11月29日至30日，召开阳泉市郊区工会第一次会员代表大会，选举产生首届阳泉市郊区工会委员会。1977年3月20日，区委下发阳郊发〔1977〕10号《关于建设郊区工会委员会的通知》，经郊区党委批准，同意建立由郊区首届工会代表会议选举产生的阳泉市郊区工会委员会，标志着阳泉市郊区工会委员会正式成立，隶属于郊区党委主管。此时，全区基层工会组织8个，会员629名。工会组织即工会会员单位基本局限于区营企事业单位。1980年11月10日至11日，郊区工会召开第二次代表大会，选举产生阳泉市第二届工会委员会。1987年7月，郊区工会组织进一步壮大，为便于上下一致，协调工作，阳泉市郊区工会委员会改称阳泉市郊区总工会。郊区总工会根据《中华人民共和国工会法》和《中国工会章程》中关于县级以上工会代表大会，每五年召开一次的规定，至2019年，分别于1987年7月、1992年6月、1999年1月、2004年4月、2014年3月，又先后召开第三至七次工会代表大会，选举产生阳泉市郊区总工会第三至七届委员会。其间，由于人事变动，委员组成进行数次调整。

委员组成

阳泉市郊区工会第一届委员会

高润杰 郭巨锦 高拴来 高胜利 张智财 毕生田 史东鱼（女）史兆瑞 胡秀成 苏富花（女）

阳泉市郊区工会第二届委员会

牛成群 王树忠 史东鱼（女） 毕生田（1984年6月免） 李 宙（1984年6月免）

李根全（1984年6月免） 张智才（1984年6月免） 张掌富（1984年6月免）

胡亥英 侯岐云 贾秀魁（1984年6月免） 高润杰（1984年6月免） 郭巨锦（1984年6月免）

王俊德（1983年4月任1984年3月免） 乔茂德（1984年6月任）李东义（1984年6月任）

李臭怀（1984年6月任）庞庆瑞（1984年6月任）贾天然（1984年6月任）

曹玉金（1984年6月任）葛成孩（1984年6月任）路聚盛（1984年6月任）

阳泉市郊区总工会第三届委员会

王 华 王秋生 牛成群 史广辉 史东鱼（女） 白满贵 刘玉杰 乔茂德 张仁义 张全珍

胡亥英（1992年3月免） 郭新文 高启厚 侯五玉 凌喜胜 阎炳旭 郭凤莲（女）

郭珍寿（1989年8月任） 张凤瑞（女）（1990年11月任） 张双和（1992年3月任）

阳泉市郊区总工会第四届委员会

王玉兴 王害和 史广辉 白益年 田福花（女） 张双和 张凤瑞（女1993年6月免）
张晋举 李向荣（女） 吴宝林 和 金 赵爱明 郭凤莲（女1993年9月任）
郭新文（1993年6月免） 贾思荣 寇运来 阎炳旭 韩金川（1993年6月至1998年8月）
王剑辉（1993年6月至1996年3月） 马成元（1998年8月任）
1995年3月1日替补：王满存 白子斌 付永贵 朱连玺 任银兰（女） 毕慕绪 张 玲 李 福 程秀隆（1996年3月免）
1995年3月1日增补：史巨清 张进信（1996年3月免） 武相昆 郭少敏（1996年3月免） 郭新文（1996年3月免） 曹玉平
1996年3月22日替补：刘贵柱 李跃军 石吉宾 杨志强 史路希

阳泉市郊区总工会第五届委员会

马成元（2001年9月免） 马建文 王建荣 付永贵 史润花（女） 田福花（女） 白润英（女）
刘贵柱 刘瑞生 任银兰（女） 李宝明 毕武田 张登义 杨志强 姜秀英（女）
郭凤莲（女）（2003年6月免） 梁喜芸（女） 韩金川 董吉文
郭善祥（2001年10月任） 余香红（女）（2003年6月任）

阳泉市郊区总工会第六届委员会

田福花（女） 白润英（女） 史长军 付永贵 刘贵柱 任银兰（女）
余香红（女）（2009年4月免）吴凤鸣 李宝明 何宗禄 陈荣昌 张斌武 赵改翠（女）
郭志强 郭善祥 高青彦 樊 华（女） 王庆伟 赵嘉谦 李新福（2010年7月任）
王晓青（2011年9月至2012年12月免） 张春燕（女）（2011年9月任）
李瑞萍（女）（2011年9月任） 胡俊青（2011年9月任） 赵爱荣（2013年6月任）
王俊珍（女）（2013年6月任） 王可剑（2014年2月任）

阳泉市郊区总工会第七届委员会

马军军 王可剑（2018年10月免） 王俊珍（女） 赵爱荣 胡俊青 刘贵柱 张春燕（女）
赵改翠（女） 齐敏芝（女） 任晋忠 石汝廉 冯燕斌 梁素瑞 程慧文 王守刚 梁彩玲（女）
李润平 樊振平 李永平 胡忠文（2017年7月任） 张富英（2018年10任）
王永清（女）（2019年11月任）

工会常务委员会

组织沿革

1976年11月29日至30日，召开阳泉市郊区工会第一次会员代表大会，选举产生首届阳泉市郊区工会委员会，随后举行一届一次会议，选举产生常务委员会主任1名、副主任1名、委员5名。此后，分别于1980年11月11日、1987年7月14日、1992年6月25、1999年1月21日、2004年4月20日、2014年3月19日，选举产生了第二至第七届阳泉市郊区总工会委员会，并随后分别举行了对应的一次会议，选举产生了第二至第七届阳泉市郊区总工会常务委员会及主席、副主席。其间，由于人事变动，又数次对常务委员会组成人员及主席、副主席进行了调整、增替补。

常委组成

阳泉市郊区工会第一届常委会

主　任：高润杰（1976 年 11 月至 1980 年 11 月）

副主任：郭巨锦（1976 年 11 月至 1980 年 11 月）

常　委：高润杰 郭巨锦 高胜利 毕生田 苏富花（女）

阳泉市郊区工会第二届常委会

主　席：高润杰（1980 年 11 月至 1984 年 6 月）

乔茂德（1984 年 6 月至 1987 年 7 月）

副主席：郭巨锦（1980 年 11 月至 1984 年 6 月）

王俊德（1983 年 4 月至 1984 年 3 月）

路聚盛（1984 年 6 月至 1987 年 7 月）

胡亥英（1984 年 10 月至 1987 年 7 月）

常　委：王树忠 史东鱼（女） 胡亥英 高润杰（1984 年 6 月免） 郭巨锦（1984 年 6 月免）

王俊德（1983 年 4 月任 1984 年 3 月免） 牛成群（1984 年 6 月任）

乔茂德（1984 年 6 月任） 路聚盛（1984 年 6 月任）

阳泉市郊区总工会第三届常委会

主　席：胡亥英（1987 年 7 月至 1992 年 3 月）

张双和（1992 年 3 月至 1992 年 6 月）

副主席：郭新文（1987 年 7 月至 1992 年 6 月）

郭珍寿（1989 年 8 月至 1990 年 6 月）

张凤瑞（女）（1990 年 11 月至 1992 年 6 月）

常　委：牛成群 胡亥英（1992 年 3 月免）郭新文 高启厚 郭凤莲（女） 阎炳旭

郭珍寿（1989 年 8 月任）张凤瑞（女）（1990 年 11 月任）张双和（1992 年 3 月任）

阳泉市郊区总工会第四届常委会

主　席：张双和（1992 年 6 月至 1999 年 1 月）

副主席：马成元（1998 年 8 月至 1999 年 1 月常务）

郭新文（1992 年 6 月至 1993 年 6 月）

张凤瑞（女）（1992 年 6 月至 1993 年 6 月）

王剑辉（1993 年 6 月至 1996 年 3 月）

韩金川（1993 年 6 月至 1998 年 8 月）

郭凤莲（女）（1993 年 9 月至 1999 年 1 月）

常　委：张双和 张凤瑞（女）（1993 年 6 月免） 郭新文（1993 年 6 月免） 贾思荣

郭凤莲（女）（1993 年 9 月任） 阎炳旭 赵爱明

韩金川（1993 年 6 月任 1998 年 8 月免） 王剑辉（1993 年 6 月任 1996 年 3 月免）

任银兰（女）（1995 年 3 月替） 张　玲（1995 年 3 月替）

程秀隆（1995 年 3 月替 1996 年 3 月免） 刘贵柱（1996 年 3 月替）
李跃军（1996 年 3 月替） 马成元（1998 年 8 月任）

阳泉市郊区总工会第五届常委会

主　席：马成元（1999 年 1 月至 2001 年 9 月）
郭善祥（2002 年 12 月至 2004 年 4 月）
副主席：郭善祥（2001 年 10 月至 2002 年 12 月常务）
郭凤莲（女）（1999 年 1 月至 2003 年 6 月）
刘贵柱（1999 年 1 月至 2004 年 4 月）
余香红（女）（2003 年 6 月至 2004 年 4 月）
常　委：马成元（2001 年 9 月免） 郭凤莲（女）（2003 年 6 月免） 刘贵柱 任银兰（女）
李宝明 毕武田 白润英（女） 刘瑞生 王建荣 郭善祥（2001 年 10 月任）
余香红（女）（2003 年 6 月任）

阳泉市郊区总工会第六届常委会

主　席：郭善祥（2004 年 4 月至 2010 年 7 月）
王可剑（2014 年 2 月至 2014 年 3 月）
副主席：刘贵柱（2004 年 4 月至 2004 年 9 月）
刘贵柱（2004 年 9 月至 2010 年 7 月常务）
李新福（2010 年 7 月至 2013 年 6 月常务，主持工作）
赵爱荣（2013 年 6 月至 2014 年 2 月常务，主持工作，3 月常务）
余香红（女）（2004 年 4 月至 2009 年 4 月）
胡俊青（2011 年 9 月至 2014 年 3 月）
王晓青（女）（2011 年 9 月至 2012 年 12 月）
常　委：白润英（女） 余香红（女）（2009 年 4 月免） 刘贵柱 任银兰（女） 李宝明
张斌武 郭善祥（2010 年 7 月免） 赵改翠（女）（2007 年任）
李新福（2010 年 7 月任） 王晓青（女）（2011 年 9 月任 2012 年 12 月免）
张春燕（女）（2011 年 9 月任） 李瑞萍（女）（2011 年 9 月任）
胡俊青（2011 年 9 月任） 赵爱荣（2013 年 6 月任）
王俊珍（女）（2013 年 6 月任） 王可剑（2014 年 2 月任）

阳泉市郊区总工会第七届常委会

主　席：王可剑（2014 年 3 月至 2018 年 10 月）
张富英（2018 年 10 月至 2019 年 12 月）
副主席：赵爱荣（2014 年 3 月至 2017 年 7 月常务）
胡俊青（2014 年 3 月至 2017 年 7 月）
胡俊青（2017 年 7 月至 2019 年 12 月常务）
胡忠文（2017 年 7 月至 2019 年 12 月）
王永清（女）（2019 年 11 月至 2019 年 12 月人选）

常　委：王可剑（2018 年 10 月免） 赵爱荣　胡俊青　张春燕（女） 赵改翠（女）
齐敏芝（女） 樊振平　刘贵柱　李永平　胡忠文（2017 年 7 月任）
张富英（2018 年 10 月任） 王永清（女）（2019 年 11 月任）

中共党组及支部

组织沿革

1976 年 12 月，郊区工会委员会正式成立初期，中共党组织尚未健全，曾一度时间与区妇联、团区委设立联合支部委员会。1989 年，区总工会报请区机关党委批准单独成立中共支部委员会，独立开展党的各项工作及组织生活。至 2010 年 7 月，中共阳泉市郊区总工会支部委员会先后进行了数次换届选举，总工会主席作为支部书记候选人先后当选。此后，支部分别于 2010 年 12 月、2013 年 5 月、2018 年 1 月组织三次换届。由于人事机构改革，总工会常务副主席作为支部书记候选人先后当选。

2016 年 10 月，成立区总工会党组，常务副主席兼任党组书记，党组成员由总工会班子成员组成。

人员组成

党支部 1989 年至 2010 年

支部书记：胡亥英 张双和 马成元 郭善祥

支部副书记：郭凤莲（女） 刘贵柱

党支部 2010 年至 2013 年

支部书记：李新福

支部副书记：刘贵柱

党支部 2013 年至 2018 年

支部书记：赵爱荣

支部副书记：刘贵柱

党支部 2018 年至 2019 年

支部书记：胡俊青

党组

党组书记：胡俊青

党组成员：胡俊青 胡忠文 王永清（女）

经费审查委员会

组织沿革

1976 年 12 月 29 日与 1980 年 11 月 10 日，郊区总工会第一、二次会员代表大会召开，由于机构尚未完善，没有同步选举产生相应的经费审查委员会。1987 年 7 月 12 日至 14 日，郊区总工会召开第三次会员代表大会，根据《中华人民共和国工会法》和《中国工会章程》同步选举产生了经费审查委员会。为避免届次混乱，将本次选举产生的经费审查委员会排序为第三届，经费审查委员会委员有 5 人组成，设主任 1 名。此后与工会代表大会同步分别于 1992 年 6 月 25 日、1999 年 1 月 21 日、2004 年 4 月 20 日、2014 年 3 月 19 日，选举产生第四至七届经费审查委员会。其间，由于人事变动，1996年3月22日，郊区总工会四届十一次全委会及2009年12月26日郊区总工会第六届经费审查委员会议，两次对经费审查委员会委员进行了调整。2017年7月25日，郊区总工会召开的七届五次全委会，两次对经费审查委员会委员又一次进行调整。至2019年末，郊区总工会经费审查委员会未做调整。

委员组成

第三届经费审查委员会

主　任：张兴明

委　员：王　慈　史东鱼（女）　陈　涛　张兴明　阎炳旭

第四届经费审查委员会

主　任：史瑞来

委　员：马双喜　王惠珍（女）　田树红　史瑞来　刘贵柱（1996年3月免）
王振涛（女）（1996年3月任）

第五届经费审查委员会

主　任：郭凤莲（女）

副主任：李银义

委　员：马双喜　王晓英（女）　李银义　郭凤莲（女）　郭拴林（女）

第六届经费审查委员会

主　任：余香红（女）（2009年12月免）
赵改翠（女）（2009年12月任）

副主任：董吉文

委　员：余香红（女）（2009年12月免）　董吉文　高计红　郭彦秀（2009年12月免）
郭拴林（女）（2009年12月免）　赵改翠（女）（2009年12月任）
刘保平（女）（2009年12月任）　高洪秀（2009年12月任）

第七届经费审查委员会

主　任：赵改翠（女）

委　员：赵改翠（女）　郭有忠（2017年7月免）　梁军平　姚江涛（2017年7月免）
刘保平（女）　高洪秀（2017年7月任）　卢再庆（2017年7月任）

女职工委员会

组织沿革

1990年根据《中国工会章程》规定和上级工会安排意见及阳郊工发〔1990〕65号文件精神，经区委同意，12月11日召开阳泉市郊区总工会第一次女职工代表大会，选举产生首届女职工委员会。1999年6月18日，郊区总工会第二次女职工代表大会召开，会议以无记名投票选举的方式，选举产生第二届女职工委员会委员。随后召开第二届委员会一次会议，选举产生主任1名、副主任3名。2004年2月11日，郊区总工会二届六次女职工委员会召开，会议以举手表决的方式一致同意余香红担任工会二届女职工委员会主任，同时免去郭凤莲原二届女职工委员会主任职务。2014年3月18日，郊区总工会第三次女职工代表大会召开，会议通过无记名投票等额选举的方式，产生郊区总工会第三届女职工委员会。

委员组成

第一届女职工委员会

主　任：张凤瑞　区总工会副主席
副主任：郭凤莲　区总工会财务负责人
　　　　胡玉兰　区妇联科员
　　　　李向荣　区煤管局工会副主席
委　员：孙荣华　区教育工会副主席
　　　　王晓英　区供销社工会女工干部
　　　　刘丽荣　区卫生局肿瘤防治办主任
　　　　李　华　区交通局工会女工干部
　　　　梁先云　区二轻局干部
　　　　韩秋菊　区乡镇局工会女工干部

第二届女职工委员会

主　任：郭凤莲　区总工会副主席（1999 年 6 月至 2004 年 2 月）
　　　　余香红　区总工会副主席（2004 年 2 月至 2014 年 3 月）
副主任：任银兰　区总工会组织、宣教、女工部部长
　　　　王振涛　区行政办副主任
　　　　孙荣花　区教育工会副主席
委　员：王晓英　区供销社工会副主席、女工委主任
　　　　王继红　区医院工会委员
　　　　史先玲　区法院副院长
　　　　史润花　区煤管局工会副主席、女工委主任
　　　　田福花　区卫生局工会主席、女工委主任
　　　　付　锦　区煤运公司工会委员
　　　　冯义琴　区电视台台长、广电局工会委员
　　　　吴秋梅　平坦卫生陶瓷厂女工委主任
　　　　宋　莉　区文化局副局长
　　　　赵改翠　区总工会民管、生活部部长

第三届女职工委员会

主　任：赵改翠　区总工会经费审查委员会主任
副主任：李晓艳　区总工会宣教女工部部长
　　　　周素勤　区妇女联合会副主席
委　员：王树红　郊区供销合作社科员、工会副主席
　　　　史丽霞　河底镇政府办副主任、人大秘书、工会副主席
　　　　史晓鸿　郊区煤炭运销公司工会副主席

梁艳君　郊区教育局科员、幼教办主任、教育工会副主席

社会主义劳动竞赛委员会

组织沿革

1981 年 12 月 12 日，在改革开放的新形势下，为组织职工积极开展岗位练兵、技术比武等社会主义劳动竞赛活动，协助区委、区政府做好全国、全省、全市劳模和全国、全省五一劳动奖章、奖状获得者的评选、推荐、表彰及管理等具体工作，根据阳泉市劳动竞赛委员会要求，经区委、区人民政府研究决定，成立了阳泉市郊区社会主义劳动竞赛委员会。劳动竞赛委员会组织构成有：区委、区政府主要领导任主任，区委、区政府有关部门和区总工会领导任副主任和委员，劳动竞赛委员会办公室设在区总工会。至 2019 年，由于人事变动，劳动竞赛委员会组成人员进行了多次调整。

委员组成

1981 年 12 月

主　任：李希曾

副主任：高润杰　贾培亮　董存元

委　员：王振家　高二牛　贾思荣　郭巨锦

办公室主任：郭巨锦

1998 年 8 月

主　任：要宜为　区政府副区长

副主任：郭真祥　区政府办主任

马成元　区总工会常务副主席

张根海　区经贸委主任

张五虎　区财贸办主任

委　员：杨承祥　区计委主任

程秀隆　区科委主任

罗树宏　区农办主任

李爱锁　区财政局局长

杨全祯　区统计局局长

卢忠龄　区人事局局长

李根栓　区劳动局局长

梁老虎　区安委会副主任

梁　瑾　区教委主任

白瑞国　区乡镇局局长

马可容　团区委书记

贾秋云　区妇联主席

办公室主任：刘贵柱

2002年2月

主　任：要宜为　区政府副区长
副主任：郭善祥　区总工会常务副主席
　　　　张富英　区政府办公室主任
委　员：张根海　区经贸局局长
　　　　刘海峰　区人事局局长
　　　　王文清　区纪检委副书记
　　　　刘拴柱　区委组织部副部长
　　　　张忠平　区委宣传部副部长
　　　　张　锐　区政法委副书记
　　　　杨承祥　区计划发展局局长
　　　　贾诚义　区财政局局长
　　　　贾日升　区农业局局长
　　　　卢忠龄　区劳动和社会保障局局长
　　　　潘　钰　区统计局局长
　　　　程秀隆　区科学技术局局长
　　　　宋安生　区安全生产监督局局长
　　　　王可剑　区计划生育局局长
　　　　刘贵柱　区总工会副主席
　　　　李　崇　团区委副书记
　　　　王振涛　区妇联主席
办公室主任：刘贵柱

2008年6月

主　任：郭少敏　区委常委、常务副区长
副主任：郭善祥　区人大常委会副主任、区总工会主席
　　　　王文清　区政府办公室主任
　　　　刘海峰　区人事局局长
　　　　刘贵柱　区总工会常务副主席
　　　　王银所　区经济局副局长
成　员：王桃成　区委宣传部常务副部长
　　　　胡德生　区纪检委副书记、区监察局局长
　　　　贾秋云　区直机关工委书记
　　　　段江涛　区发展和改革局局长
　　　　王　胜　区教育局局长
　　　　赵建文　区统计局局长
　　　　杨士臣　区劳动和社会保障局局长

　　　　李秀芳　区妇联主席
　　　　朱建芳　团区委书记
　　　　张仲信　区安监局党总支书记、副局长
　　　　郗文清　区委政法委副书记
　　　　何建亭　区财政局副局长
　　　　樊志林　区科技局副局长
　　　　杨建军　区财政局副局长
　　　　范玉栋　区人口计生局副局长
　　　　王国宏　区环保局副局长
　　　　曹　晋　区劳动竞赛委员会办公室主任
办公室主任：曹　晋

2017年3月

主　任：刘瑞生　区政府副区长
副主任：王可剑　区总工会主席
　　　　郭智英　区政府办公室主任
　　　　鲍俊毅　区人力资源和社会保障局局长
成　员：赵红卫　区纪检委副书记、区监委副主任
　　　　荆　军　区委宣传部副部长
　　　　王书波　区委政法委副书记
　　　　谢五金　区发展和改革局局长
　　　　刘　志　区经济信息化局局长
　　　　石久军　区农业委员会主任
　　　　刘永庆　区科技局局长
　　　　乔永兴　区安全生产监督管理局局长
　　　　史慧明　区财政局局长
　　　　程秀春　区审计局局长
　　　　郭有忠　区统计局局长
　　　　张成林　区环保局局长
　　　　施润平　区卫生和计划生育局局长
　　　　高连富　团区委书记
　　　　张翠花　区妇联主席
　　　　赵爱荣　区总工会常务副主席
　　　　胡俊青　区总工会副主席
　　　　曹　晋　区总工会经济技术部部长
办公室主任：曹　晋

职工技术协作委员会

组织沿革

1991年7月24日，按照上级工会要求，经区委同意，郊区召开阳泉市郊区职工技术协作组织第一次全体会员大会，成立阳泉市郊区职工技术协作组织。选举产生名誉主任1名、主任1名、委员7名，通过了《阳泉市郊区职工技术协作组织试行条例》。职工技术协作组织负责团结组织会员，吸引广大职工，开展群众性的技术协作活动，促进技术进步。1994年7月25日，郊区召开阳泉市郊区职工技术协作组织一届二次全委扩大会议，会议通过《阳泉市郊区职工技术协作组织试行条例》的修改意见，将一次会议通过的《阳泉市郊区职工技术协作组织试行条例》更改为《阳泉市郊区职工技术协会章程》，将技术协作组织的主任、副主任、名誉主任更名为会长、副会长、名誉会长。选举产生新的技术协作委员会组织机构。此后，阳泉市郊区职工技术协作委员会未做调整。

委员组成

1991年7月

名誉主任：张瑞林（1991年7月至1994年7月）

主　　任：郭新文（1991年7月至1994年7月）

委　　员：郭新文 薛志强 曹玉堂 武振邦 冯恩湖 郑德厚 刘贵柱

1994年7月

名誉会长：朱礼厚（女1994年7月起）

名誉副会长：潘换梅 郗建光 李富有 史永明 杨全珍 宋安生 武振邦 胡德珍 李生福

会　　长：韩金川（1994年7月起）

副 会 长：薛志强 曹玉堂 韩瑞普 史金瑞

秘 书 长：刘贵柱

委　　员：韩金川 薛志强 曹玉堂 韩瑞普 史金瑞 刘贵柱 王满存 冯恩湖 郑德厚 赵一鸣 阎玉满 吕成富 阎炳旭 付永贵 王计孩 梁所田 史俊瑞 李根怀 王银柱 马建文 黄济周 赵芝祥 王长生 张　广 王来生 史巨清 胡三小 李玉牛 杜继明 胡仁义 程贵全

困难职工援助工作领导组

组织沿革

2002年12月3日，区总工会与区政府举行首次联席会议。通过《阳泉市郊区关于开展特困职工援助工作的实施意见》。意见决定，为认真贯彻落实全国再就业工作会议精神，深入实践“三个代表”重要思想，进一步加强对困难职工的援助帮扶工作领导，改善困难职工的生活水平，促进本区经济社会和谐发展，郊区成立困难职工援助工作领导组。领导组分别由区委、区政府主要领导任组长，区委、区政府领导和区总工会领导任副组长，有关部门负责人任成员，领导组办公室设在区总工会。至2019年，由于人事变动，困难职工援助工作领导组组成人员进行了多次调整。

组成人员

组　长：要宜为　区政府副区长

副组长：郭善祥　区总工会常务副主席

　　　　卢忠龄　区劳动和社会保障局局长

　　　　王奎明　区民政局局长

成　员：冯可元　区经贸局副局长

　　　　荆保平　区教育局副局长

　　　　史润福　区民政局副局长

　　　　高洪秀　区财政局副局长

　　　　宋晓栋　区劳动和社会保障局副局长

　　　　白子斌　区交通局副局长

　　　　杜俊德　区卫生局副局长

　　　　史先玲（女）　区法院副院长

　　　　齐敏芝（女）　区司法局副局长

　　　　郭凤莲（女）　区总工会副主席

　　　　王世利　区城环局副局长

　　　　吴凤鸣　区国税局副局长

　　　　董吉文　区地税局副局长

　　　　荆致洪　区工商局副局长

　　　　任米存　区信访局副局长

办公室主任：郭凤莲（女）　兼

职工服务中心

组织沿革

2002 年 12 月 3 日，郊区特困职工援助中心在区总工会挂牌成立，担负着对特困职工进行就业帮助、生活救助、法律援助和信访接待 4 项职能。2009 年，更名为困难职工援助中心。2018 年，在推进区总工会改革各项工作中，为拓展服务功能，扩大服务领域，将困难职工援助中心更名为职工服务中心。

人员组成

特困职工援助中心

主　任：赵改翠（女）

困难职工援助中心

主　任：赵改翠（女）（2011 年 8 月免）

　　　　张春燕（女）（2011 年 8 月任）

职工服务中心

主　任：张春燕（女）

内设机构

机构沿革

1976年12月，郊区工会委员会正式成立初期，内设机构只有办公室。中共十一届三中全会后，为适应社会主义现代化建设的需要，工会组织机构日趋完善。内设部门初步形成一室九部的格局，即办公室、组织部、宣教部、生产部、劳保部、保障部、民管部、女工部、财务部、法工部，为全区工会工作的开展奠定组织基础。2002年，经区委批准，阳郊办发〔2002〕6号文件印发了《区总工会职能配置、内设机构和人员编制方案》。至此区总工会内设一室三部，即办公室、综合一部（组织、宣教、女工）、综合二部（财务、经济技术、劳保）、综合三部（民管、法律集体合同、保障工作）。到2005年，区总工会内设机构一直未作变动，其各项职能逐步趋于完备。2018年，为适应工会改革需要，调整优化了内设机构，将区总工会内设机构调整为“五部一室”，即办公室、网络信息宣传部、组织人事女工部、法律生活保障部、财务资产管理部、经济技术劳动部。为拓展服务功能，扩大服务领域，将原来的“困难职工帮扶中心”，更名为职工服务中心。保留职工技术协会、劳动竞赛委员会办公室。

部室负责人

1976年至2002年

办公室：高启厚 郭新文 郭凤莲（女）刘贵柱 崔润清 任银兰（女）赵改翠（女）毕武田

组织部：赵爱民 任银兰（女）李瑞萍（女）

宣教部：白晋文 赵爱民 任银兰（女）

生产部：刘贵柱 崔润清

劳保部：刘贵柱 崔润清

保障部：刘贵柱 崔润清 赵改翠（女）

民管部：刘贵柱 赵改翠（女）李宝明

女工部：任银兰（女） 赵改翠（女）

财务部：郭凤莲（女）李宝明

法工部：赵改翠（女）

2002年至2018年

办 公 室：毕武田 张春燕（女）高卫娟（女）李瑞萍（女）王俊珍（女）

综合一部：赵改翠（女）张春燕（女）李晓艳（女）王俊珍（女）

综合二部：崔润清 李宝明 曹 晋 郭计莲（女）李银梅（女）

综合三部：赵改翠（女）张春燕（女）李宝明 刘维明 王 涛

2018年至2019年

办　　公　　室：段宏霞

网络信息宣传部：王 涛

组织人事女工部：王俊珍（女）

法律生活保障部：张春燕（女）

财务资产管理部：李银梅（女）

经济技术劳动部：曹 晋

附：

部分年度区总工会机关工作人员编制领导职数一览表

表 2-1　　单位：人

年份	总人数			身份构成			学历构成				领导职数		
	合计	男	女	干部	工勤	党员	研究生	本科	大专	大专以下	主席	副主席	部长
1999	10	6	4	8	2	8	—	—	10	—	1	2	5
2003	10	6	4	8	2	8	—	1	9	—	1	2	5
2004	10	5	5	8	2	7	—	1	9	—	1	2	5
2006	10	5	5	8	2	8	—	1	9	—	1	2	5
2007	11	6	5	9	2	9	—	1	10	—	1	2	5
2008	11	6	5	9	2	9	—	2	9	—	1	2	5
2009	10	6	4	8	2	8	—	3	7	—	1	2	5
2010	11	8	3	9	2	9	—	4	7	—	—	1	6
2012	12	8	4	11	1	10	—	5	7	—	—	3	6
2013	13	8	5	12	1	11	—	6	7	—	—	3	6
2018	12	8	4	11	1	10	—	6	6	—	1	3	6
2019	14	8	6	13	1	12	—	8	6	—	1	3	6

第二节　会员代表大会

区工会第一次会员代表大会

会议概况

1976 年 12 月 29 日至 30 日，郊区工会首次会员代表会议召开。参加此次大会的工会会员代表、特邀代表和列席代表共 70 人。阎维新致开幕词，区委副书记张厚堂作了题为《继承毛主席遗志充分发挥工会的无产阶级专政柱石作用》的报告；高润杰在首届工会代表会议上作了汇报。会议对“江青反革命集团”阴谋篡党夺权的罪行进行了批判，组织职工开展了“工业学大庆”运动的经验交流，选举产生了区工会首届委员会。随后召开一届一次会议，高润杰当选为区工会委员会主任。

代表组成

代表 51 人（其中女代表 13 人）

王德贵　张德贵　程东梅（女）　张掌富
高拴来　杨生贵　周有俊　周宪行
潘艮毛　赵二来　闫秀林（女）　郭秀英（女）
史虎元　余汝文　赵所全　余拉贵
张智财　刘改云（女）　张金贵　毕生田
梁爱明　贾秀荷（女）　苏富花（女）　韩春明
白满贵　李志成　杨壮林（女）　史召瑞

王德贵	王锦华（女）	胡秀成	周海生
任丁丑	孙保平	谢　福	史满寿
郭万才	史才和	刘满贵	巩拉弟（女）
高胜利	樊素梅（女）	任瑞萍（女）	余胖妮（女）
光贵成	史东鱼（女）	张拉全	余兆瑞
王七苗	李满寿	李琳琛	

区工会第二次会员代表大会

会议概况

1980年11月10日至11日，郊区工会第二次会员代表大会召开。参加会议应到代表100人，实到代表87人。列席代表5人，女代表15人。区委、区政府领导周国俊、王玉田、王维伦、程兆兰等出席会议，区武装部、团区委、区妇联向大会祝词。高润杰作了题为《为建设四个现代化，开创全区工会工作的新局面》的工作报告，选举产生区工会第二届委员会和出席市工会第九次代表大会的代表。随后召开二届一次会议，高润杰当选为区工会主席。会议通过了关于工作报告的决议。大会号召全区职工坚定不移地贯彻执行党的路线、方针和政策，团结一致，奋发努力，以高度的主人翁姿态，投身到加快四个现代化建设中来，为实现四个现代化做出新的贡献。

代表组成

代表100人（其中女代表18人）

第一组

组　　长：李根全

副 组 长：毕生田

红土岩煤矿：郭存牛 王彦声 刘玉果（女） 曹爱花（女） 付计拴 闫忠贵 王犁牛 武良珠 李计存 高双来 张掌富 闫长寿

水暖器材厂：李胜利 段拉贵 王满元 翟淑芬（女） 张凤英（女） 高胜利 史满寿 程文辉 李晓浇 刘满贵

毡　毯　厂：李根全 苏臭花（女） 光玉芝 杨艮元 高付妮（女）

千亩坪黏土矿：王六全 王球贵 毕生田 王巧文（女）

第二组

组　　长：赵全富

副 组 长：郭千柱

王垅黏土矿：郭千柱 刘成忠 程　锁 荆巧鱼（女） 姚延锦 李爱平（女） 荆玉生 岳坤仁 李乃运 商继明

矾 窑 煤矿：李琳琛 史东鱼（女） 张拉川 张桃元 白金花（女） 任生宝 余拉寿 赵雨孩

矿机修配厂：赵全富 白智义 赵卯元 史占太 郑立新 王海艮 范秀英（女） 史改兰（女） 张智才 王庆昌

土桥沟黏土矿：王同福

第三组

组　　　长：王树忠

副　组　长：袁永安

西南舁联校：高启登 郭七十

西南舁中学：赵占彪

东 村 联校：赵富茂

东村中学：付永智

燕龛联校：贾文新

燕龛中学：张耀典

河底联校：贾秀魁 郭白妮（女） 王明意

中佐中学：袁永安

三郊联校：秦德杨 王玉兰（女） 安　诚

三郊中学：白学艺

荫营联校：贾天然

荫营中学：王树忠 史文华

第四组

组　　长：牛成群

副 组 长：姬海富

白泉联校：郑梦书 李保林 梁双梅（女）

白泉中学：李元秀

杨家庄联校：姬海富 陈红旗 任福宜

杨家庄中学：李　宙

义井联校：牛成群 高秀文 李贻芳

平坦联校：张建国 米秀莲（女）

庙上中学：徐巧贵

辛兴联校：荆照雨

辛兴中学：蔺长寿

旧街联校：荆占库

旧街中学：解发义

李家庄联校：侯岐云 张景云（女） 吕　颖

李家庄中学：庞庆瑞

区工会第三次会员代表大会

会议概况

1987 年 7 月 12 日至 14 日，郊区工会第三次会员代表大会召开。出席会议正式代表 150 人，列席代表 7 人，特邀代表 5 人。其中女代表 40 人。区委副书记梁展华、市总工会副主席

1987年7月12日至14日，参加郊区工会第三次代表大会的代表步入会场

韩振声出席会议并在大会上讲话，区人武部、团区委、区科协以及平定县总工会、盂县总工会、矿区总工会、城区总工会主要领导到会祝词。大会一致通过了乔茂德代表区工会第二届委员会所作的《全区职工积极行动起来，以主人翁姿态，为实现“七五”计划，为振兴郊区献计出力、建功立业》的工作报告，大会以无记名投票方式，民主选举产生了阳泉市郊区总工会第三届委员会和经费审查委员会。随后召开三届一次会议，胡亥英当选为区总工会主席。

代表组成

代表150人，列席代表7人（其中女代表40人）

第一组：（供销社正式代表22人　列席代表1人）

组　长：阎炳旭

副组长：毕振华

成　员：王晓英（女）张春花（女）张敏善 杨书让 王喜怀 侯治国 苗春莲（女）
赵来所 赵　寅 梁　禄 张　镒 尹庆亮 韩传英（女）史明书 李增玉
宋守义 郭先鱼（女）赵玉林 蔺寿壁 荆润来 路聚盛（列席）

第二组：（二轻局、乡镇局，正式代表20人）

组　长：史东鱼（女）

副组长：曹玉堂

成　员：赵海和 任素芳（女）张智财 苏富花（女）白满贵 李　清 王贵全
郝喜连（女）郭千柱 韩秋菊（女）王香翠（女）葛芝玉 阎来成
季双元 乔茂德 李臭怀

第三组：（矿业公司、物资供应总公司，正式代表20人，列席代表1人）

组　长：张仁义

副组长：史广辉

成　员：王益忠 冯志远 李向荣（女）郝桂花（女）余兆瑞 史桂珍（女）
王守福 张三孩 葛风英（女）史通礼 张海林 刘玉牛 张掌富 曹艾华（女）
张　炬 杨晋文 赵素香（女）胡亥英 曹五金（列席）

第四组：（卫生局、交通局，正式代表20人）

组　长：张全珍

副组长：白雅平

成　员：王明生 王万明 阎金兰（女）杜万存 赵绪庭 聂仁义 苗爱田 周建平 孙忠义
潘惟仁 史银元 高昌德 石海山 王秋生 侯丑玉 冯巨保 张　贤 邓虎孩

第五组：（粮食局保险公司、农行、农牧局、广播局、环保局、城建局、水利局、

工商局、税务局、林业局、农机中心、区机关、区工会，正式代表16人，列席代表5人）

组　长：凌喜胜

副组长：刘玉杰

成　员：李如德　张桃花（女）王雪花（女）王雪梅（女）侯五玉　张兴明　王　华　高友田　王　瑛　石全庆　陈　涛　周旭荣　陈丽琴（女）高启厚　贾天然（列席）侯岐云（列席）王树忠（列席）庞庆瑞（列席）李敦义（列席）

第六组：（各联校、正式代表33人）

组　长：牛成群

副组长：王旺谭

成　员：王所存　刘希英（女）冯守仁　高守忠　张世林（女）史桂英（女）冯　增　康有福　赵俊兰（女）谢延举　王国英（女）郭三毛　李秀梅（女）余计成　张翠莲（女）周建玉　谢延登　高银娥（女）吴守全　史魁荣（女）胡锦彦　董占春　刘五三（女）蔺长寿　潘风兰（女）张　孔　荆照雨　刘志芳（女）李伍玉　曹金果（女）郭凤莲（女）

第七组：（各中学正式代表19人）

组　长：谌志让

副组长：王　慈

成　员：高忠霖　付永智　郭东平　任永才　刘守华（女）安　诚　史润云（女）王仓贵　贾香莲（女）王存德　王　志　徐巧贵　张金蝉（女）周继考　梁润生　郭新文　袁建忠

区工会第四次会员代表大会

会议概况

1992年6月24日至25日，郊区工会第四次会员代表大会召开。出席会议正式代表150人，其中女代表37人。会议听取和审议张双和作的题为《以经济建设为中心全面履行工会职能，团结带领全区广大职工为实现我区“八五”计划建功立业》的工作报告；以无记名投票方式，选举产生郊区总工会第四届委员会、经费审查委员会。随后召开四届一次会议，张双和当选为区总工会主席。

1992年6月24日至25日，阳泉市郊区工会第四次代表大会召开

代表组成

代表150人，列席代表8人，特邀代表12人

第一代表团（煤管局、乡镇局、地矿局，正式代表22人、列席代表1人、特邀代表2人）

团　长：李向荣（女）

副团长：吴保林

代　表：李向荣（女） 付　锦（女） 马小玲（女） 李慧敏（女） 范德新 姜九泉 吕成福 史广辉 程银猫 郭存牛 史俊元 苏作金 王文涛 崔润清 胡才所 荆文科 张双和 吴保林 史秀林（女） 朱艮元 郭千柱 张素芬（女）

列席代表：葛成孩

特邀代表：杨俊和 高润杰

第二代表团（二轻局、交通局，正式代表 14 人、列席代表 2 人、特邀代表 1 人）

团　长：寇运来

副团长：白益年

代　表：史富贵 史化鹏 阎秀兰（女） 寇运来 张凤瑞（女） 苏宣堂 孟庆河（女） 王德贵 郭新文 宋兰青（女） 余风花（女） 白益年 史财元 王庆昌

列席代表：史东鱼（女） 白满贵

特邀代表：李益温

第三代表团（教育局，正式代表 36 人、列席代表 3 人、特邀代表 1 人）

团　长：贾思荣

副团长：王公隆

代　表：张振仙（女） 高守忠 吕巨泽 梁　柏 吴守全 郭　增 王振新 蔺　钊 孔祥瑜 程国瑞 刘巨才 余培厚 任景山 梁润生 高　芳（女） 王公隆 杨启栋 王广德 冯守仁 常永德 郭麒麟 王存锁 刘瑞林（女） 段秋贵 王文琰（女） 孙丽萍（女） 郭三毛 王国英（女） 曹玉城（女） 王振奋（女） 邵兰芳（女） 王　志 马双喜 贾思荣 孙荣华（女） 刘贵柱

列席代表：牛成群 王　慈 谌志让

特邀代表：白晋华

第四代表团（供销社、农行、粮食局、物资公司、财政局、税务局、保险公司，正式代表 3 人、列席代表 2 人、特邀代表 2 人）

团　长：阎炳旭

副团长：田树红

代　表：乔茂德 阎炳旭 王晓英（女） 白永莲（女） 王建美（女） 张敏善 王书忠 张艮孩 史广俊 毕瑞花（女） 赵禹林 赵玉芳（女） 李根来 苏茂芳（女） 武宝川 李永胜 吕瑞英（女） 杨　忠 王桂林（女） 高根怀 王玉兴 田树红 赵爱明 和　金 祝青成 李新华（女） 石玉祥 田秀明 王惠珍（女） 史瑞来 雪花（女） 郭凤莲（女） 周绍堂

列席代表：张兴明 陈　涛

特邀代表：郑秉银 潘换梅

第五代表团（卫生局、计生委、公安局、检察院、法院、司法局、环保局、城建局、

农机中心、审计局、广播局、文化局、劳动局、水利局、农牧局、温河灌区、科协，正式代表22人）

团　长：田福花（女）

副团长：崔秀芝

代　表：田福花（女）李素静（女）史志瑞 刘存义 姜贵财 杨怀玉 高志强 崔秀芝 史宝柱 戴宣英（女）赵海瑞 高友田 王　瑛 王雪堂 郭彦秀 李巨才 冯爱明（女）史存宝 李　渊 裴兆铭 李怀义 郭亮所

第六代表团（乡镇企业，正式代表23人、特邀代表6人）

团　长：赵常荣

副团长：王害和

代　表：丁拉牛 李锦春 郭拉锁 李爱平 王国祥 赵常荣 王长生 阎喜元 蔺照金 荆江武 石家庆 赵芝纲 石春生 刘锁才 张晋举 郭宴唐 张鸿福 马所祥 张守福 王秀福 宋振计 郭泉金 王害和

特邀代表：王银柱 梁作义 王敬瑞 荆九来 宋科云 胡亥英

区工会第五次会员代表大会

会议概况

1999年1月20日至21日，郊区工会第五次会员代表大会召开。出席会议正式代表135人。大会听取了马成元作的题为《高举邓小平理论伟大旗帜，认真落实全总十三大精神，团结动员全区职工为实现我区跨世纪宏伟目标而努力奋斗》的工作报告；审议了区总工会第四届经费审查委员会工作报告。以无记名投票方式，选举产生郊区总工会第五届委员会、经费审查委员会。随后召开五届一次会议，马成元当选为区总工会主席。

代表组成

河底镇

代　　表：马成元 史一书 刘锁才 郭玉宝 郭生才 张润孩 郭润兰（女）郭所来 苏东生

特邀代表：李新福 张凤瑞

西南舁乡

代　　表：胡爱锦 高秀万 王财元 毕武田 高益美 马玮华（女）刘金忠

特邀代表：白所福

列席代表：高红彦

东村乡

代　　表：季春元 谢加峰 候双寿 张紫城 潘志昌 王俊每（女）

特邀代表：李跃军

荫营镇

代　　表：刘瑞生 张双和 余保怀 梁所田 王锦文 史青云 张所孩 史计祥 王丑祥 王　义 李拉小 史计花（女）赵艳珍（女）赵自奋 梁昧祥

特邀代表：李维程 蔡启仁 乔懋德

列席代表：胡瑞芳（女）

杨家庄乡

代　　表：李胜英 张永祥 王宏军 贾秉照

列席代表：温　清

燕龛乡

代　　表：赵晋瑞 赵变所 张　芳（女）

列席代表：史矛盾

义井镇

代　　表：郭存明 李锦春 赵润林（女）李　剑 石宏宝 刘顺田 禹宝林 刘贵柱 郗海莲（女）云玉康

特邀代表：石履钰

白泉乡

代　　表：杨志强 李慧婷（女）赵改翠（女）马三孩 张召桃 葛贵平

列席代表：史志宏

三郊乡

代　　表：程秀春 张永平 李十宝 赵淑宏（女）李宝明 史祥寿

特邀代表：卢忠龄 胡亥英

平坦镇

代　　表：张成林 任年富 梁　忠 王永红（女）张建明 赵锁祥 马建文 史通法 任银兰（女）张世英

特邀代表：高润杰

李家庄乡

代　　表：韩明忠 余四平 王春元 阎喜兰（女）路万军 宋五花（女）

特邀代表：刘海峰

辛兴乡

代　　表：郭新文 雷保柱 荆富常

列席代表：荆富荣

旧街乡

正式代表：赵建文 赵贵生 荆高富

列席代表：米钢仁

教　委

代　　表：荆保平 冯双庆 韩计德 靳秀梅（女）郭凤莲（女）张先存 刘培杰 郑志强 孙荣华（女）王　胜 余培厚 梁润生

特邀代表：梁　瑾

列席代表：马双喜

国税局
代　　表：史瑞来
特邀代表：陈　栋 李银义
地税局
代　　表：董吉文
卫生局
代　　表：田福花（女） 杨海栋
交通局
代　　表：白子斌
物资公司
代　　表：王慧明
二轻局
代　　表：王满存 郑仓田
特邀代表：史慧珍（女）
粮食局
代　　表：付永贵
农　行
代　　表：赵春梅（女）
列席代表：武安敬
信用社
代　　表：郭善涌
特邀代表：胡长胜
供销社
代　　表：王建荣 王晓英（女） 杨银栋 刘爱所 崔润清
特邀代表：王福保
煤运公司
代　　表：郭巨锦 付　锦（女） 胡俊平 胡爱青（女）
特邀代表：范德新
列席代表：赵丑林
煤管局
代　　表：武相昆 史润花（女） 李海生
特邀代表：宋安生
乡镇局
代　　表：毕慕绪
特邀代表：白瑞国
温　河

代　　表：李怀义
特邀代表：郭珍寿
耐火集团
代　　表：史玉所
外贸公司
代　　表：韩素玉
石油公司
代　　表：张书珍（女）
列席代表：霍海生
公安分局
代　　表：梁喜芸（女）
郊区医院
代　　表：暴效国
列席代表：王计红（女）
工程公司
列席代表：赵玉娥（女）
区直机关
代　　表：姜秀英（女）　史长军　韩金川　张登义　王振涛（女）
特邀代表：李根拴　李爱锁　曹玉平　杨士臣
列席代表：赵爱明　宋　丽（女）　郭拴林（女）　王雪花（女）

区工会第六次会员代表大会

会议概况

2004年4月19日至20日，郊区工会第六次会员代表大会召开。出席会议正式代表165人。市人大常委会副主任、市总工会主席王七孩，区委副书记、区纪委书记王梦贺出席会议并讲话，区妇联、团区委等到会祝贺。会议听取了郭善祥所作的题为《认真实践“三个代表”充分发挥主力军作用，为我区全面实施“四走四变四集中”战略建功立业》的工作报告；审议并通过了《阳泉市郊区总工会第五届委员会的工作报告》《阳泉市郊区总工会第五届委员会的财务工作报告》《阳泉市郊区总工会第五届经费审查委员会的工作报告》。选举产生阳泉市郊区总工会第六届委员会和第六届经费审查委员会。随后召开六届一次会议，郭善祥当选为区总工会主席。

代表组成

正式代表165人，列席代表6人。

第一代表团（荫营镇，代表31人、列席代表1人）

代　　表：郭善祥　张斌武　王锦文　赵五孩　陈艳青（女）史青云　史成明　史银孩　付永纲
王　义　赵秋所　张昧平　闫保同　王建惠　史润所　李招来　冯满义　闫学红
张满柱　蔡雪梅（女）赵嘉谦　郝存喜　史存喜　冀光远　周富明　郭卫东

崔玉田 马三孩 史辉忠 史胖妮（女） 李财所
列席代表：葛雅琴（女）
第二代表团（河底镇、杨家庄乡，代表21人、列席代表1人）
代　　表：刘贵柱 何宗禄 梁世钟 庞锦平（女） 段海燕（女） 葛润青 郭利敏 朗进标
侯双寿 胡命海 李米栋 李海珠 贾瑞刚 贾秉冬 戎爱明 贾增林 贾存俭
刘王文 董翠文（女） 赵改翠（女） 张　聪
列席代表：李　渊
第三代表团（平坦镇、西南舁乡，代表20人、列席代表1人）
代　　表：余香红（女） 郭志强 高卫娟（女） 雷宝珠 任润元 郝秀萍（女） 赵锁祥
荆春贵 张承文 王文广 张翠花（女） 张笑君 高卯金 高贵银 崔润清
高建英（女） 王锁寿 高建忠 高爱喜 韩金鱼（女）
列席代表：郭彦龙
第四代表团（义井镇、李家庄乡、旧街乡，代表22人、列席代表1人）
代　　表：高青彦 侯德刚 李燕琼（女） 禹宝林 吕　耀 董　荷 李志远 李锦春
郭　鑫（女） 荆世平 靳永祥 任向阳 李宝明 宋明忠 宋玉勤 赵锁祥
闫玉红 李仁照 王海平 杨俊毅 蔺美凤（女） 任银兰（女） 王秀芳（女）
列席代表：张素珍（女）
第五代表团（教育、政法、工交、煤运、供销社，代表34人、列席代表1人）
代　　表：白润英（女） 张富才 王贵宝 张彦辉 梁艳君（女） 王虎全 段梦慧
李若江 傅　锦（女） 贾晓燕（女） 冯素英（女） 郭爱寿 李保福
李美琳（女） 史通真 吕慧芳（女） 刘双富 秦建民 王雨娥（女）
冯可元 梁喜芸（女） 白子斌 李乾元 赵永红 樊　华（女） 苗增元
陈荣常 段满费 马爱生 王树红（女） 刘晓华 郑瑞平（女）
史润花（女） 刘秋平（女）
列席代表：姜秀英（女）
第六代表团（机关工委、卫生局、二院等，代表37人、列席代表1人）
代　　表：史长军 赵爱明 李成全 郗文卿 任换兰（女） 高计红 康建琴（女）
田仁岗 吴长福 胡玉亭（女） 刘存义 史利祥 邹乐晋 白朝辉
曹凤仙（女） 武文礼 郭彦秀 高会民 李卫平 王继红（女） 张元军
谢爱金 王小保 杨子军 郭拴林（女） 董吉文 孔瑞风（女） 马燕俊
吴风鸣 田福花（女） 周　良 侯建强 葛海义 王守刚 郝慧琴（女）
付永贵 苏润萍（女）
列席代表：王秀美（女）

区工会第七次会员代表大会

会议概况

2014年3月18日，郊区工会第七次会员代表大会召开。出席会议正式代表168人，其中女代表56人。会议听取王可剑所作的题为《振作精神再创辉煌 在推进转型跨越发展和全面建成小康社会的伟大实践中建功立业》的工作报告；审议并通过了《阳泉市郊区总工会第六届委员会的工作报告》《阳泉市郊区总工会第六届委员会的财务工作报告》《阳泉市郊区总工会第六届经费审查委员会的工作报告》。选举产生阳泉市郊区总工会第七届委员会和第七届经费审查委员会。随后召开七届一次会议，王可剑当选为区总工会主席。

代表组成

第一代表团（荫营镇21人，旧街乡7人）

团　　长：齐敏芝（女）

副 团 长：王守刚

工作人员：段宏霞 郗慧荣（女）

代　　表：王　斌 王可剑 王李保 王俊珍 史军福 张宝堂 张振国 张瑞平（女） 梁所明 王建芳（女）史利剑 马玉田 任晓明 任素青（女）李爱田 韩义德 赵香志 魏传风 史富明 梁海军 王　涛 荆陆军 付晓娟（女）翟拴柱

第二代表团（河底镇17人，杨家庄乡8人）

团　　长：任晋忠

副 团 长：程惠文

工作人员：史丽霞（女）梁振宇

代　　表：王害和 付素卫 史　忠 冯拽英（女）李银梅（女）陈九来 赵爱荣 高鸿仁 程要所 刘文慧 李双来 侯海文 赵景彪 朱海青 涂盛勇 曹桃花（女） 王爱崇 贾存俭 康晓明 曹　晋 贾利芳（女）

第三代表团（平坦镇11人，李家庄乡13人）

团　　长：马军军

副 团 长：梁素瑞

工作人员：郭爱英（女）张润红（女）

代　　表：王建伟 工彦平 刘贵柱 余拉娥（女）李瑞萍（女）王东红 梁　建 史华印 荆爱平 白树森 王秀芳（女）宋晓文 杨树森 陈忠祥 赵红卫 赵改翠（女） 潘壮平 李卫生 张美珍（女）李素萍（女）

第四代表团（义井镇12人，西南舁乡9人）

团　　长：石汝廉

副 团 长：冯燕斌

工作人员：石海琴（女）李丽花（女）

代　　表：刘顺田 吕凯建 李志远 李晓艳（女） 杨文铵 张拴秀 胡俊青 张仲全 杨丽丽（女）白锁福 李　玺 马卫芬（女）王所寿 张春燕（女）高海军 高爱和 张小芳

第五代表团（区直机关、工交、计划、教育、政法，共37人）

团　　长：樊振平

副 团 长：李润平 吕慧芳（女）

工作人员：李祯元

代　　表：王贵芳（女）张清华（女）李卫芳（女）高会珍（女）高艳红（女）
王建荣 梁军平 史春果（女）任虎林 张　涛 荆华明 郝丽娟（女）
郝慧琴（女）周素勤（女）王东成 王有忠 史祥田 刘宝明 张文斌 张富才
贾春花（女）郭霄跻 梁艳君（女）张福明 张军娥（女）李栓柱 贾晓燕（女）
曹瑞国 解　勇 杨铁福 孔维红 赵国华 郭永明

第六代表团（农业、宣传、财贸、煤运、和泰、耐协，共33人）

团　　长：张宝荣（女）

副 团 长：石仲梁 孙衍慧（女）梁彩玲（女）

工作人员：史晓鸿（女）

代　　表：李　峰 史志宏 郭　庆 石朴志 吴　明 闫计堂 荆　军 何景光 李进梅（女）
姚江涛 高成堂 王　娟（女）王树红（女）刘宝平（女）宋志芳（女）
郭有忠 牛旭东 王文春 刘少玉 李敬生 付建军 闫润斌 曹雯霞（女）
李永平 杨延清 赵富明 曹利平 王永寿

第三章 工会工作

第一节 组织建设

基层工会组织建设

1976 年 12 月，郊区工会成立。此前，根据中共中央关于重新整建工会组织的指示，郊区农机厂、矾窑煤矿、红土岩煤矿、农机具修造厂于 1973 年 5 月在市委和郊区党委的领导下，整建了工会组织，会员 223 人，4 家工会直接由市工会管理。1976 年 8 月，郊区铝矾土矿、机械修造厂、综合厂也相继建立工会组织。区工会成立后，阳泉郊区土桥沟铝矾土矿工会组织也随之成立。届时全区 8 个直属企业全部组建工会，工委委员干部 37 人，新发展会员 406 人，共有会员 629 人。各级工会加强工会组织建设，采取学习班、经验交流会、现场参观等形式，组织工会专职、兼职干部学习理论，学习业务，不断提高工会干部的理论水平和工作能力。矾窑煤矿工会注意抓班组工作和职工的政治思想工作，坚持工会活动，深入班组、深入群众，帮助职工解决实际困难，起到党的助手作用。

1980 年 11 月，郊区工会第二次代表大会召开。基本上具备了全面开展工作的条件。区工会对各基层工会以党的路线、方针和政策为依据，以全国工会九大精神为指导，对照《中国工会章程》采取集中学习，分别解决问题的办法，对全区 8 个厂矿工会，25 个教育工会进行了整顿恢复，从而调整充实工会干部，加强领导班子的建设，建立健全必要的工作机构。全区建立工会组织的单位占应建单位的 94%，工会会员发展到 2111 人，占全区职工总数的 62.9%，为工会工作的顺利开展奠定了良好的基础。

1985 年后，郊区工会结合全国总工会《关于整顿工会基层组织，开展建设“职工之家”活动的决定》精神，在方法上采取全面规划，典型引路，分类指导。在验收标准上坚持严字当头，狠抓基层组织建设，既保证了“整顿建家”活动的进度和质量，又促进了各项工作的顺利推进。三年的整建工作，使全区工会基层组织从落后被动步入正轨，趋于发展，职能作用发挥效果明显。工会组织由 1981 年的 31 个基层工会增加到 96 个，会员由 2111 人发展到 6852 人。

1989 年，阳泉市郊区工会组织召开基层工作会议

1988 年，根据郊区政府提出的《关于在乡镇企业中建立工会的意见》对 13 个乡镇布点，5 个乡镇企业建立起工会，其中，平坦水泵厂工会工作较为活跃。他们的做法和经验受到市总工会的肯定。在全市乡镇企业组建工会工作会

议上，平坦水泵厂厂长韩文忠、工会主席张鸿福分别作典型发言。为了使乡镇企业工会起步正、效果好，区总工会制定《乡镇企业工会工作暂行条例》，为后续乡镇企业工会工作的开展奠定了良好的基础，随后召开全区基层工会工作会议。

1989 年 12 月，全市第二次乡镇企业工会工作会议在郊区召开，西南舁乡、三郊乡、平坦乡、辛兴乡 4 个乡镇被评为“组建工会先进单位”。乡镇企业工会工作在本区形成一个较好的发展势头，一批新型职工队伍正在发展壮大。1991 年，全区乡镇企业工会组织发展到 25 个，平坦水泵厂被市劳动竞赛委员会、市总工会授予“模范企业”称号，青山水泥厂、下千耐火厂等 5 家乡镇企业荣立二等功、三等功。

1989 年 12 月 18 日（阳工发〔1989〕109 号）关于表彰乡镇企业组建工会先进集体的决定，对在组建乡镇企业工会工作中做出显著成绩的郊区总工会授予锦旗一面，奖金 120 元；授予郊区平坦乡、三郊乡、西南舁乡、旧街乡、辛兴乡“组建乡镇企业工会先进单位”称号，各颁发锦旗一面，奖金 100 元；授予郊区平坦水泵厂工会、义井特种水泥厂工会“先进工会”称号，各颁发锦旗一面，奖金 80 元。

1991 年 9 月，在居住分散而乡镇企业比较集中的旧街乡组建了工会工作委员会。

1992 年，荫营镇、河底镇建立乡镇工会工作委员会。郊区区直机关工会成立标志着本区工会组织的进一步完善。

1993 年，郊区总工会大力组建乡镇企业工会。全区 228 家年产值百万元以上的乡镇企业，组建 183 家工会和 1 个私营企业工会。职工会员总数达到 17531 人。13 个乡镇全部建立了乡镇工会工作委员会，工会工作委员会主任由同级党委副书记兼任，领导班子的政治待遇都按规定一次到位。1993 年 10 月中旬，山西省总工会在郊区召开了山西省乡镇企业工会工作经验交流会议，对郊区总工会的工作给予充分肯定。同年郊区总工会被山西省总工会授予“先进县工会”光荣称号。

1994 年以来，郊区总工会注重新经济组织建会工作，努力拓宽工会工作新领域。在此项工作取得突破性进展的基础上，继续坚持“全面规划、突出重点、分类指导、积极发展”的原则，成熟一个组建一个。1995 年共组建 5 个区营企业工会，5 个乡镇企业工会，1 个私营企业工会。到 1996 年底，全区新经济组织建会 238 个，发展会员 26000 余人，被全国总工会评为“新经济组织工会工作先进集体”。1997 年，郊区企业全面改制，70% 的企业工会陷入瘫痪状态。对此，郊区总工会及时出台《大力加强基层工会组织建设的实施意见》。在具体的工作中，一抓工会组织的恢复工作。对兼并、拍卖、租赁、承包、股份合作的企业，凡是工会组织瘫痪、名存实亡的，都重新建立起来；二抓工会组织的重建工作。对新建立的跨村、跨行业、跨所有制的企业集团和原单位一分为几的，逐个把工会重新组织起来，做到工会组织不断层、工会工作不断线；三抓工会组织的新建工作。对企业小而多、职工人数少的小村，以村建立村工会，对个别不够 25 名职工的企业，实行挂靠的办法，和邻近的企业合并为一个工会，对 2 个以上不够 25 名职工的企业，建立联合工会。做到哪里有职工，哪里就必须建立工会组织。1998 年全区共有 341 个基层工会组织，13 个乡镇工委，21 个主管局、公司、区直机关工会，全区共有工会会员 27600 余人。郊区总工会荣获山西省总工会授予的最高荣誉奖“模范县工会”光荣称号。

1999年12月15日，为加强郊区私营企业工会工作，维护私营企业职工的合法权益，建立稳定、和谐的劳动关系，经区委同意，召开郊区私营企业工会首届代表大会，来自全区的36名代表参加会议，选举产生首届私营企业工会委员会。全区私营企业发展到295家。2000年，规模较大的私营企业组建工会74个，新建乡镇企业组建工会15个，职工入会率达到80%以上。工会组织在郊区的进一步发展壮大，尤其是私营企业工会组建工作的突破，对本区企业建立稳定和谐的劳动关系，进一步维护企业职工的合法权益发挥了积极的作用。

2002年，郊区8个乡镇相继成立私营企业工会联合会。经过区乡两级工会共同努力，到年底，全区共有237个乡镇（村）办企业，65个私营企业，1个外资企业建立工会组织，企业组建率和职工入会率分别达到97%和95%，全区共有工会组织405个，会员28474人，有57个较大的工会组织进行社团法人资格登记。全区共建立合格“职工之家”125个，合格“职工小家”752个，有2个合格“职工之家”和1个合格“职工小家”被列入全省先进行列。同时，为进一步加强对村级工会工作的领导，解决村党支部和驻村企业工会的脱节问题，在李家庄乡实行村工会试点基础上，在全区有条件的行政村积极推行建立村级工会联合会，架起了村支部和企业职工之间的桥梁纽带，完善了工会组织管理体制，也创新了基层工会组建格局。全区185个行政村，有122个行政村建立起了村级工会组织，填补了村工会的空白。建立村工会这一创新工作，得到了区委和省、市总工会的肯定。

2004年11月，在市总工会组织的“职工维权记者行”活动中，郊区村级工会的工作在《阳泉日报》《山西工人报》《工人日报》上刊登后，2004年12月5日《人民日报》在第六版醒目位置上刊登了题为《阳泉郊区工会组织进了村》的大篇幅报道，在社会上引起了很大反响，也对郊区工会今后的工作起到了自加压力、永不松懈的鞭策作用。

2005年，重点对在郊区的外来务工人员进行摸底调查并登记造册，共有外来务工人员2143人，其中2126名加入了工会组织。与此同时，按照市私营企业工会联合会的有关安排，重点抓个体工商户的建会工作，继在义东沟装饰城组建工会组织后，分别于6月、9月在荫营集贸市场和河底集贸市场成功组建了工会组织，使广大个体工商户有了自己的“娘家”。当年，郊区总工会被山西省总工会授予工会组建工作先进工会。

2006年，为了贯彻省、市总工会“一条例四规范”的工作要求，郊区总工会率先在全区359个工会组织中开展创建“星级工会组织”的竞赛活动。经过近一年的竞赛，各级工会组织的工作有了较大的提升，经过郊区总工会年终考核验收，达到模范工会的25个，达到先进工会的39个，达到合格工会的278个，不合格的还有17个。当年全区共有工会组织359个，职工31222人，会员30971人。职工入会率达98%。同时，郊区8个乡镇工会全部按照示范乡镇工会联合会的标准成立工会联合会，并被市总工会验收为合格工会组织，走在了全市各县区的前列。义井镇昌达伟业实业集团公司工会被评为“全国模范职工之家”，郊区旧街煤业有限公司工会等7家荣获省“五星级工会组织”，郊区荫营中学工会等20家荣获市“五星级工会组织”，郊区煤炭运销公司工会、郊区玉泉中学工会等26家荣获市“四星级工会组织”，为全区工会的规范化建设起到了积极的作用。当年，被省总工会评为“工会组建工作先进集体”。

2007年，中共阳泉市郊区委员会印发《关于进一步规范和组建村级工会组织的意见》后，对进一步规范和组建村级工会组织起到了决定性的作用。郊区184个行政村全部实现了工会组织全覆盖，其中42个村以无记名投票的方式选举产生了村工会联合会，切实从源头上抓好了农民工的入会工作，为郊区总工会顺利开展工作奠定了扎实的基础，实现了山西省总工会提出的工会组织在农村的“双措并举，二次覆盖”。全区共有基层工会组织（村工会）753个，覆盖法人单位905家，工会会员48490人，职工入会率98%。

为认真贯彻落实胡锦涛总书记对基层工会组织建设提出的“扩大覆盖面、增强凝聚力”的总体要求和省、市总工会关于扩大民主直选范围，最大限度地把农民工吸收到工会组织中来的要求，郊区总工会进一步加大了对非公企业工会的直选工作。11月8日，荫营镇韩庄村昌裕铸业有限公司召开第二次会员代表大会暨二届一次职工代表大会，民主选举公司工会主席，这标志着本区民主直选工会干部工作又向前推进了一步，为进一步加强郊区非公企业民主管理，保障职工合法权益，把企业民主决策、民主管理、民主监督工作落到实处，奠定了扎实基础。

2008年，继续本着工会组建和发展会员工作要实现“两个100%”，即法人单位建会率达到100%、法人单位职工入会率达到100%的原则，与各乡镇进一步核实了新建和改制的所有企业，先后在荫营镇王朝大酒店、荫营集贸市场，西南舁乡的改制企业广泰镁业有限公司、新建耐火公司、恒源耐火公司等企业以及义井镇的装饰城等沿街商场进行了工会的组建和重建工作，发展个体从业人员工会会员2186人。郊区工会的组建率达到了100%，职工入会率达到99%。同年8月15日，省总工会组织部副部长梁志强带队一行6人深入郊区总工会、荫营镇工会联合会、三都村工会联合会检查“一条例四规范”工作的贯彻落实情况，检查组一行通过听汇报、查档案资料等形式，重点就“一条例四规范”的贯彻落实情况进行调研，对本区总工会组建村工会联合会、开展创建“星级工会组织”等创新性的工作给予高度的评价，并对郊区整体工会工作给予充分的肯定。

2009年，郊区总工会建立并完善了基层工会联合会数据库，在各级工会组织中全部建立健全工会工作规范化建设档案，在非公企业中积极开展“双爱双评”活动，工会各项工作迈向新的台阶。同年7月，荫营镇工会联合会、平坦镇工会联合会、西南舁乡工会联合会、河底镇工会联合会、林里村工会联合会、桃林沟村工会联合会被山西省总工会授予“工会工作标兵单位”，并各奖励“维权摩托车”1辆。

2010年，保安煤矿筹建处、坡头煤业有限公司分别召开工会第一次会员代表暨第一届职工代表大会。会议选举产生了工会委员会和经费审查委员会，吸纳工会会员1945人。在6月开展的“工会组建月”活动中，区总工会组织全区8个乡镇工会主席，召开工会组织工作汇报会议，对工会组建工作进行再动员、再部署。截至6月25日，共新建工会38家，发展会员4045人，其中，餐饮服务业工会10家，覆盖法人单位110个，组建率达96%；会员1334人，职工入会率达99%，超额完成了市总工会下达的发展会员2700人的目标任务。

2011年，新增工会组织15个，新增工会会员626人，完成了市总下达郊区的组建任务，并在山西省“工会组建月”活动中，郊区总工会荣获“优胜县区总工会”荣誉称号。为了促进本区运输行业健康、稳定、快速发展，依法保护运输行业与职工合法权益，协调劳动关系，完善职工诉求渠道，凝聚行业力量，对郊区运输行业进行摸底调查，成立了河底镇运输行业工会联合会、荫营镇德运昌物流有限公司运输行业工会。旧街乡各村工会联合会响应乡工会的“四型”争创活动，结合行业特点，积极引导广大职工开展争创“一流工作、一流服务、一流业绩和一流团队”活动，广大工会干部在各自的岗位上建功立业，涌现出一批优秀工会干部，如测石村工会主席荆贵忠、枣园村工会主席藺计平等。他们对工作尽心尽责，是全乡工会干部学习的榜样；昌达伟业集团公司工会、天隆工程材料有限公司工会被市非公企业工会工作委员会授予“阳泉市非公企业十佳先进工会组织”；林里粉末有限公司工会主席冀光远、圣火炉料有限公司工会主席魏传风被市非公企业工会工作委员会授予“阳泉市非公企业十佳先进工会工作者”荣誉称号。

2012 年，全区新发展会员 910 人，新增基层工会组织覆盖法人单位 16 个，圆满完成了市总工会下达的组建任务。在深入开展的“星级工会”组织竞赛活动中，推荐申报省五星级乡镇工会 1 个，市五星级基层工会 8 个，市四星级基层工会 5 个。对全区法人单位、工会组建信息进行采集、核实、录入，健全修改完善“全省工会组织管理系统”数据库，录入基层工会 1359 家，覆盖法人 1757 家。完善录入“全国非公企业法人数据库管理软件”937 家。深入开展“双亮、双争、双评”活动，动员各级工会不断创新活动载体，深入推进企业工会规范化建设，旧街煤矿将设立的工会专线公布到公开栏中，让职工第一时间联系到工会干部。圣火炉料有限公司将会员评议工会主席（副主席）延伸到评议工会干部。“双亮、双争、双评”活动的开展，推动了企业工会特别是非公有制企业工会工作基础的进一步夯实，使工作机制不断完善，工作作风不断改进，以适应不断变化的新形势、新要求。对全区各个行业、企业重新进行了筛选，重点选树一批具有郊区特点的单位作为典型培育对象。并实行区总工会领导包点指导乡镇，乡镇工会主席任第一责任人，督导老典型，挖掘新典型。10 月，在全省工会工作大观摩活动中，区总工会重点培养打造的汉河沟村工会、昌达伟业公司工会接受由省人大常委会副主任、省总工会主席郭海亮带队的全省工会观摩团的检验，并受到高度赞扬和一致好评。

2013 年，区总工会对全区直属企业及 184 个行政村辖区企业建会情况进行全面摸底排查。截至 5 月底，全区正常生产企业 384 家，职工 24104 人，会员 23542 人。在 7 月开展的“工会组建攻坚月”活动中，区总工会将“双措并举、二次覆盖”工作进一步深化延续，新建工会组织 13 个，净增会员 198 人，完成了市总工会下达的目标任务。在组建月活动结束后，建会工作再上新水平，在荫营镇区成立了荫营步行街联合工会，吸纳个体工商户 41 家，会员 97 人。同年荫营镇工会联合会更名为荫营镇总工会。2013 年 11 月 28 日，成立了郊区耐火材料行业工会联合会，覆盖职工近 7000 人，成为全国耐火材料行业首家成立工会联合会的县区。阳泉市人大常委会副主任、市总工会主席王振国，郊区政府副区长刘瑞生、郊区总工会常务副主席赵爱荣及区耐火协会的有关领导出席了会议。会议选举产生了郊区耐火材料行业工会联合会第一届委员会，郊区总工会党支部副书记刘贵柱当选为主席，郊区耐火材料行业协会秘书长王永寿当选为常务副主席，王爱崇、涂盛勇等5人当选为副主席。

为进一步畅通广大职工诉求渠道，切实维护汽车行业企业（包括汽车运输企业、汽车出租企业、汽车维修企业、汽车经销企业等）职工队伍和社会政治稳定，促进汽车行业组建工会工作得到全面落实，按照《中华人民共和国工会法》和《中国工会章程》的有关规定，依法推进郊区汽车行业企业组建工会工作。2013年12月，郊区李家庄乡汽车行业工会联合会成立。张润红当选为李家庄乡汽车行业工会第一届委员会主席。同年，郊区境内5家劳务派遣企业全部建立了工会组织，涉及劳务派遣工864人，筑牢了劳务派遣工在劳务派遣企业及用工单位的“双向维权”屏障。

2014年至2019年，工会组织建设先后采取了同步建、联合建、挂靠建等组建模式，严格按照“三告知、两报告、一宣誓”（企业组建工会之前要向企业党组织、行政和职工分别送达依法建会法律告知文书，企业组建工会要向同级党委和上级工会报告、企业工会代表大会选举结果要向同级党委和上级工会报告，职工入会要举行宣誓仪式）的要求，对中介服务等新经济组织开展组建工会组织工作，连续6年圆满完成了市总工会下达的目标任务。完成了全国总工会数据库农民工的录入工作。一是狠抓基层工会组建工作，努力构建“小三级”工会组织网络。结合基层工会工作实际，围绕建立健全“小三级”基层工会组织网络。区总工会把侧重点放在选好配齐工会主席上，明确乡镇工会、村（社区）工会的组织称谓、职能定位。2019年，全区7个乡镇工会，1个开发区社区服务中心工会全部按时完成组织换届，推进村（社区）工会、企业工会建设，进一步夯实乡镇工会基础，区总工会按照“六有”标准开展“星级工会”创建活动并取得一定成效，全区基层工会组织初步形成了一级带一级，一级对一级负责，上下联动，相互促进的良好工作格局。二是突出重点，稳步推进工会组建和发展会员工作。按照“哪里有职工，哪里就要有工会组织”的原则，在抓好规模以上企业建会的同时，重点抓“区域”，抓“覆盖”。全区企业法人单位建会率达93%以上，职工入会率达93%以上，努力实现工会组织的全覆盖。主要做法是抓非公企业建会工作，把25人以上企业非公企业建会作为重点领域，转变建会方式，实行重点帮助和督查。抓八大群体入会工作，重点推进1026名大货车司机集中入会，2019年6月21日，河底镇率先完成了415名货运司机入会，随后荫营镇、西南舁乡、李家庄乡也相继成立运输行业工会，杨家庄乡以山西通宝鑫能物流有限公司为依托，将零散的大货车司机登记入会，旧街乡以村工会为依托，将大货车司机登记入会，全区共有931名货运司机加入工会组织，努力消除空白点。年底，新建工会组织26家，发展会员1790人，其中农民工522人。为了进一步规范各级工会标准化建设，激发广大工会干部的工作积极性，郊区总工会先后下发了《关于推进全区基层工会规范化建设的实施办法》《郊区总工会规范化建设标准》《郊区乡镇工会规范化建设标准》《郊区村（社区）工会规范化建设标准》《郊区系统工会规范化建设标准》《郊区机关工会规范化建设标准》，以及各基层工会规范化建设考核标准，全面推进郊区基层工会规范化建设并取得初步成效。

郊区总工会

涵盖单位：495 个 基层工会：486 个 职工数：25967 人

女职工数：9695 人 会员数：24924 人 女职工会员数：9173 人

系统工会

涵盖单位：118 个 基层工会：116 个 会员数：7110 人 女会员数：3052 人

名　称	工会主席	涵盖单位（个）	基层工会（个）	会员数（人）	女职工数（人）
财贸系统工会	史慧明	13	13	463	209
教育系统工会	张富才	32	32	1914	1300
农业系统工会	王秀明	15	15	327	138
宣传系统工会	吴　明	7	5	104	53
政法系统工会	吕慧芳	5	5	231	105
区直机关系统工会	周素勤	33	33	1007	403
煤运系统工会	杜海斌	4	4	2569	474
医疗集团工会	赵计明	9	9	495	370

乡镇工会

涵盖单位：377 个 基层工会：370 个 会员数：17814 人 女会员数：6121 人

名　称	工会主席	涵盖单位（个）	基层工会（个）	会员数（人）	女职工数（人）
河底镇工会联合会	赵　军	85	85	3497	1130
旧街乡工会联合会	陈功芝	31	31	766	370
李家庄乡工会联合会	齐瑞新	67	60	3526	1285
平坦镇工会联合会	张建存	28	28	1647	590
西南舁乡工会联合会	王　萌	25	25	1526	303
杨家庄乡工会联合会	胡世勇	20	20	1255	369
荫营镇总工会	史贤良	97	97	5103	1762
开发区社会事务中心	杨　盛	24	24	494	312

图 3-1　2019 年郊区总工会组织机构网络图

工会干部队伍建设

工会干部队伍培训

1983 年，为提高工会干部业务水平，举办为期 3 天的工会干部业务培训班，培训 34 人。

1987 年，全区基层工会主要干部平均年龄 41 岁，比上年下降 4.2 岁，具有高中以上文化程度的占 58%，参加同级党委和按同级副职待遇的占 85%。大多数基层工会班子配备适当，结构合理，人才多样。这些工会骨干中，其中 1 人被全国工会十大命名为优秀工会积极分子，6 人受到省总工会表彰，73 人受到市总工会表彰，460 人受到区工会表彰。

1992 年，为配合区营企业社教工作的深入开展，于 3 月 25 日至 27 日举办了为期 3 天的“工人理论骨干培训班”，全区各级工会专兼职干部和企业抽调的工人理论骨干 100 余人参加了培训。

1993 年，郊区总工会先后举办了 2 期辅导班、学习班，将全国政治生活中的几件大事和中国工会十二大精神融在一起进行学习和辅导。来自全区各行业、各部门、各乡镇的 120 余名专兼职工会干部和工人理论骨干参加学习。

1997 年，郊区总工会举办了企业管理知识培训班，全区 70 余名工会主席和企业领导参加培训。

2000 年 4 月，为增强工会干部政治业务能力，努力提高工会干部整体素质，郊区总工会集中开展面向基层的“千名工会干部岗位培训”活动。培训活动首先在区总工会展开，培训 56 名乡镇工委、各环节局、公司工会干部。而后在各环节工会、乡镇工委的精心组织下全区所有基层工会干部积极投入培训活动中，培训人数达千余人，接受了相应的工会知识内容培训和考试，取得了圆满的效果，从整体上提高了本区工会干部的政治理论水平和业务素质。

2002年，郊区总工会与郊区政府召开第一次联席会议。会上，出台《关于印发〈郊区人民政府与郊区总工会联席会议制度〉的通知》。同年，郊区区委工会工作会议召开，会议出台《中共阳泉市郊区委员会关于进一步加强工会工作的意见》，并表彰10个“模范工会（工委）”、10个“先进集体企业工会”、8个“先进私营企业工会”、43个“模范工会工作者”。这为本区工会在党的领导下，在政府的支持下，进一步强化自身建设，独立自主创造性地开展工会工作，切实履行工会基本职责，起到了积极推动作用。随着本区改革的不断深化，工会工作已摆上党委工作的重要议事日程，创新工会工作领导格局，已成为提升郊区工会工作水平的重要保证，郊区工会的努力工作赢得郊区党委的肯定和认可。

2003年12月30日，郊区政府和郊区总工会召开第二次联席会议。提出《关于在全区各乡镇配齐配强专职工会干部的建议》的议题，强调工会干部的定编、定岗、定职、定责的统一到位，原则上通过配齐配强乡镇专职工会干部的建议，荫营镇、河底镇、平坦镇、义井镇各增加1名工会干部编制，西南舁乡、李家庄乡、杨家庄乡、旧街乡工会干部暂与其他编制兼任。面对本区新建企业的不断涌现和乡镇、村集体企业大面积的产权制度改革，进一步加大了新建企业工会组建和改制企业工会重建的力度，全区新建企业工会组建率为96%，改制企业工会组建率为98%。在组建工会过程中，区总工会进行了工会主席直选的试点探索，荫营镇中酒店采取直选的方式成功选举工会主席。

2004年，区总工会在区国税局会议室举办全区工会干部培训班

2004年，郊区总工会始终坚持派出去、请进来和岗位自学相结合的办法，全面提高广大工会干部的政治业务和理论素质。当年共有268名工会干部参加区以上总工会举办的各类培训学习，环节工会、乡镇工委共举办各类培训班13期，参加培训人数达到1000余人次。在各级工会中，广泛开展了“创建学习型工会，争当知识型干部、争当技术型职工”活动，广大工会干部和职工群众树立了“工作学习化，学习工作化”和终身学习的理念，开阔了视野，更新了观念，提高了政策水平和业务能力。

2006年7月底，郊区总工会在全区8个乡镇全部建立起工会联合会，10月18日至19日，举办基层工会干部培训班。

2007年7月，郊区总工会在全区184个行政村全面组建和规范了村工会组织。为了全面提升村工会干部的理论业务素质，更好地从源头上维护农民工合法权益提供组织保证，9月14日，举办了全区乡村工会干部培训，各乡镇工会主席、副主席，各村工会工作委员会主任200余人参加了培训。市人大常委会副主任、市总工会主席王七孩在开班仪式上讲话，并就工会业务理论知识及建立农村工会的意义等内容进行了认真细致的讲解。郊区总工会相关人员就如何落实好农村工会的各项工作、经济技术与劳动保护等进行了专题讲解。所有参加培训的工会干部进行了基础知识答题考试，并颁发了工会上岗证书，受到了基层广大职工的广泛好评，同时也为新办企业组建工会创造了良好的氛围，进一步提高了工会组织的凝聚力和号召力。

2008年，为了让村工会这一环节工会尽快进入“角色”，真正发挥其应有的作用，在上年9月集中统一培训的基础上，从6月开始，又采取了下乡镇直接授课的方式，在全区的8个乡镇轮流讲课，培训面涉及所有行政村和各重点企业的工会干部650余人，全面提升村工会干部的理论业务素质，受到了基层工会的一致好评。

2010年至2015年，郊区总工会结合自身工作实际，编印了《工会工作实用手册》《职工维权手册》《工资集体协商工作指南》《职工安全手册百问》等近万册学习指导资料，发放到基层工会和职工手中。开展一乡一镇联合培训，邀请上级工会的领导和专家到各培训点进行授课，并组织区总工会机关干部和乡镇工会干部赴井冈山参加理想信念教育培训。

2016年，是省总工会确定的“素质提升年”，为提升各级工会干部履职能力，组织区总工会干部参加市总工会组织的培训学习6期12人次，组织基层工会干部参加省总工会干部培训10期50余人次，组织企业、村工会干部参加区总工会组织的培训5期400余人次。

2018年，积极组织工会干部参加省总工会、市总工会举办的各类培训班。组织各级工会干部65人分两次参加金正昆教授“公务礼仪与有效沟通”讲座、罗援上将作“解读十九大精神——我国周边安全环境与软实力建设”专题讲座。

2019年，新建和改造河底镇、杨家庄、星火金源工贸有限公司、区统计局等9家职工活动室，总投资达到120余万元，使之成为职工精神文化生活的新家园。

2016年，全区基层工会干部培训班开班，图为河底会场照片

社会化工会工作者公开招聘

2018年，阳泉市总工会出台《关于面向社会公开招聘社会化工会工作者实施方案》。为解决当前全市乡镇（街道）工会、行业工会、县区工会干部队伍弱化问题，根据《阳泉市总工会改革实施方案》（阳办发〔2017〕26号），市总工会决定，面向社会公开招聘一批社会化工会工作者，以加强乡镇（街道）工会、行业工会、县区工会干部队伍力量。郊区总工会机关聘用4人，由郊区总工会分配到机关部室或所属产业（系统、行业）工会工作；郊区乡镇工会聘用7人，由郊区总工会分配到下列乡镇工会工作：荫营镇总工会1人、河底镇工会联合会1人、平坦镇工会联合会1人、旧街乡工会联合会1人、西南舁乡工会联合会1人、李家庄乡工会联合会1人、杨家庄乡工会联合会1人。2019年12月，开发区社会事务服务中心工会申请社会化工会工作者编制1人。到2019年底，共有社会化工会工作者12人，区总工会4人、乡镇（开发区）工会8人。在待遇上，严格按照《阳泉市社会化工会工作者管理办法》，为其发放每月2600元的基本工资，缴纳五险一金，使工会干部以专职带兼职、专兼职并行，走向职业化、社会化，最大限度地调动工会干部的工作积极性和主动性，为全区工会工作奠定了坚实的工会干部队伍基础。

工会积极分子的培养和表彰

1976年，郊区工会成立后，动员工会积极分子、广大工会工作者积极参政议政，维护自身合法权益，参与企业民主管理、技术革新等重要工作。同时加大对工会积极分子的培养和培训力度，将工会积极分子的培养工作列入各级工会组织的日常工作之中。

1982年，郊区工会召开第一次工会积极分子和先进工作者代表会议，评选出工会积极分子102人、先进工作者8人、先进集体10个。1983年，在中共十二大精神鼓舞下，区工会各项工作有了较大变化，涌现出一大批工会积极分子和先进工会小组，根据省、市总工会《关于在中国工会十大期间表彰积极分子的通知》精神，12月，召开郊区工会积极分子、先进工会小组经验交流表彰大会。对此进行再次表彰。并同步推荐部分先进接受上级表彰。

附：表彰名单

1982年阳泉市总工会表彰名单

优秀积极分子

旧街公社旧街小学	董占春

优秀工会积极分子

义井联校	牛成群
阳泉市郊区河底公社河底学校	李才广
平坦联校官沟小学	王瑞芳
坪上学校	王虎全
东村公社联合学校	赵富茂
千亩坪黏土矿	胡拉富
红土岩煤矿	潘银苗
阳泉市李家庄公社联合学校	张景云
矾窑煤矿	任生保
阳泉市水暖器材厂	王满元
荫营中学	王树忠

1984年阳泉市总工会表彰名单

先进工会集体

阳泉市郊区毡毯厂工会

优秀工会积极分子

荫营中学	王树忠
辛兴联校	王广德
矾窑煤矿	任生保
荫营联校	孙荣华
河底中学	任永才
白泉乡	张掌富
义井联校	牛成群

千亩坪黏土矿　　王六川

1982年区工会表彰名单

工会积极分子

荫营联校　　王虎全　史爱民　王举廉　赵玲娥（女）
燕龛联校　　李春锁　曹春德　白素珍（女）
河底联校　　李才广　李惠恩　李　祯　李九金
西南舁联校　高祥美　董建华　李银中　高秀英（女）
李家庄联校　白梅亭（女）　王晏文　杨建新　康存珍（女）
平坦联校　　毕贵英（女）　高守忠　王瑞芳（女）　王玉英（女）
旧街联校　　荆秀植　董占春　赵润生
义井联校　　张长庆　魏子英　常永德　张连珠
三郊联校　　安　诚　薛秋生　王玉兰（女）　刘丙生
杨家庄联校　史　福　白玉珍（女）杨　珠
东村联校　　谢延举　高　嵩　马双喜　赵富茂
白泉联校　　李海锦　王计所　梁双梅（女）郑梦书
辛兴联校　　白英凯　王玉川　刘志芳（女）
中佐中学　　程国瑞　光德相
三郊中学　　白学艺　葛民益
东村中学　　谢书良　杨金如
庙上中学　　徐巧贵　张守聪
白泉中学　　马　维　郭水成
荫营中学　　王会如　郗晓波　郭学惠
李家庄中学　庞庆瑞　邵兰芳（女）　梁　瑾
西南舁中学　刘换来　王宝秀
燕龛中学　　刘跃生
杨家庄中学　高毓华
旧街中学　　王　志
辛兴中学　　荆存贵
王垅黏土矿　杜贵生　赵玉芬（女）张进汉　杨王元　康　忠
机修修造厂　胡润保　王锁玉
水暖器材厂　史才和　梁瑞芳（女）　王满元
红土岩煤矿　赵二来　阎贵忠　张掌富　潘银猫
汽矿修配厂　史银厚　郭成堂　范秀英（女）　史召太
矾窑煤矿　　余所拾　史东鱼（女）　白二孩　史桂珍（女）
千亩坪黏土矿　胡拉富　冯爱栋　赵喜贵　任玉锁　王建国
毡毯厂　　　郭彦汝（女）　阎爱兰（女）　阎金喜

先进工作者

荫营联校　　贾天然
河底联校　　贾秀魁
李家庄联校　张景云（女）
平坦联校　　周志善
义井联校　　牛成群
荫营中学　　王树忠
王垅黏土矿　王文元
矾窑煤矿　　任生保

先进集体

河底学校工会小组
大西庄学校工会小组
石卜嘴学校第一工会小组
义东沟学校工会小组
山底学校工会小组
红土岩煤矿第九工会小组
汽矿修配厂第一车间工会小组
矾窑煤矿采煤车间工会小组
千亩坪黏土矿采矿工会小组
毡毯厂后勤工会小组

1983年区工会表彰名单

先进工会小组

北舁中学工会小组	高志中
河底学校工会小组	张书明
辛兴小学工会小组	荆照雨
三都学校工会小组	胡艮中
义东沟学校工会小组	吕巨锋
山底学校工会小组	李拉富
石卜嘴学校工会小组	高守中
李家庄学校工会小组	吕　镇
测石学校工会小组	荆秀植
南窑庄学校工会小组	史爱民
荫营中学工会小组（印刷厂）	胡富所
河底中学工会小组	袁永安
汽配厂一车间工会小组	赵卯元
千亩坪黏土矿采矿二组工会小组	任玉所

红土岩煤矿采煤四工会小组　　任生福
矾窑煤矿采煤一工会小组　　赵雨孩

优秀工会干部

荆子德 牛成群 赵培红 张建国 杨秀艳 贾天然
王存新 李春所 徐巧贵 庞庆瑞 胡长寿

工会积极分子

西南舁公社联校	高启泉 高喜红 高有仓 高宝如
白泉公社联校	郑志强 梁守智 冯　成 郑梦书
燕龛公社联校	高　衡 胡志坚 曹春德
河底公社联校	刘培杰 宋金梅 李才广 李惠恩
辛兴公社联校	张洪元 白荷生 王雨华
三郊公社联校	薛秋生 张广华 马智忠 安　成
义井公社联校	高成华 魏子英 张连珠 赵振清
杨家庄公社联校	白玉珍 杨　珠 赵俊兰
东村公社联校	刘向草 杨崇元 杨仕卿 高　嵩
平坦公社联校	李香兰 王玉英 华桂英 张世林
李家庄公社联校	潘风英 张巧林 张景林 荆秀棠
旧街公社联校	杨启栋 杜永泉 赵保生
荫营公社联校	李爱先 张延军 赵子宜 韩成花 王俊卿
辛兴中学	张风亭
荫营中学	郗仁义 马真元 张素芳 王树忠
白泉中学	马　蔚
旧街中学	王　志
河底中学	史香兰
东村中学	杨金如
三郊中学	崔良田
燕龛中学	史豪强
庙上中学	张大中
杨家庄中学	史五连
李家庄中学	梁　瑾
西南舁中学	王素珍
千亩坪黏土矿	史英明 朱丽军 毕生田 任明文 王六全
红土岩煤矿	王永志 曹庙金 李艮瑞 李宝秀 张掌富
毡毯厂	曹满良 赵巧林 白金喜
汽配厂	史金太 王庆昌 范秀英
野沟煤矿	刘爱亭 张书霞 杜　沛

水暖厂　　　　　刘广珍 光招弟 高胜利
王垅矿　　　　　张进汉 李乃近 杜贵生 康　中
农机厂　　　　　韩九存 王根宽
矾窑煤矿　　　　张拉全 史臭兰 任生保

职工之家建设

整顿建家

根据全国总工会《关于开展整顿基层工会组织，建设“职工之家”活动的决定》，1984年5月开始，郊区工会在全区范围内普遍开展“整顿基层工会，建设职工之家”活动。同时根据建设职工之家的要求，制定实施办法，深入全区各基层工会，从整顿基层工会干部抓起，逐步进行组织机构健全、各项工作制度规范等系列整顿工作。

搞好“建家”工作的关键是整顿，整顿的关键是工会班子。一是抓工会班子建设，普遍进行基层工会组织换届，调整工会领导班子。二是按照“职工之家”的“六条标准”（工会整顿“六条标准”具体内容：1. 建设一个符合“四化”要求，密切联系群众和领导班子及一支热心为群众服务的工会积极分子队伍；2. 站在改革的前列，动员职工努力提高经济效益和社会效益，保证国家任务的完成；3. 组织和动员学习政治、文化、科学技术等，提高职工队伍的素质，在建设一支有理想、有道德、有文化、有纪律的职工队伍中发挥应有的作用；4. 积极参加企事业民主管理，承担起职工代表大会工作机构的任务。在办好社会主义企业事业中充分发挥作用；5. 保障职工福利、维护职工合法权益，为职工说话办事、排忧解难；6. 健全工会组织，加强小组建设，不断完善工会民主生活和民主制度，做民主的模范），培养不同行业不同类型的基层工会典型，召开现场会，推广经验。三是严格要求，评比验收。按照细则先进行自检，根据自检结果，查漏补缺；同步互检，交流经验，最后验收组严格要求，完成验收。通过三年的“整顿建家”，全区工会工作有了显著变化，工会干部平均年龄41岁，比上年下降4.2岁，具有高中以上文化程度的占87%，享受同级党政副职待遇的占90%。全区工会积极分子由上年的11%提高到24%，会员占职工总数的92%，为开创全区工会工作的新局面奠定良好的基础。郊区农机厂是区营企业唯一的一个全民所有制企业，有职工112人，多年来，工会组织一直处于瘫痪状态，被视为全区基层工会的老大难。“整顿建家”工作开始后，郊区工会领导亲自到厂指导“建家”工作，统一党政领导的思想，提高对“家”的认识。首先调整改选工会班子，选举厂支部委员白存元为工会主席后，他决心扭转落后局面，制定建“家”计划，健全了会员档案，追回多年欠拨的经费和会员会费，建立符合本厂实际的小图书室、文化室、电视室、篮球场等，积极主动开展各种竞赛活动，取得党政领导重视和支持，工会组织面貌焕然一新。毡毯厂工会，有职工96人，工会工作活跃，是全区基层工会中的先进单位。在开展“整顿建家”活动中，不满足于现状，按照标准，查漏补缺，从严求实，狠抓职工的思想教育。他们根据本厂青年工人多，文化技术素质低，采取自学和辅导相结合、走出去与请进来相结合的办法，进行“双补教育”。补习文化课、补习技术课，使建家活动既内容丰富，又卓有成效。

从1984年各基层工会开展建设“职工之家”活动开始，至1985年底，郊区基层工会43家，“职工之家”建家数33家，建家完成率76.7%。1986年，由于郊区各级工会组织依照

“抓基层、打基础、上水平、出成绩”的指导思想，在区委、区政府的大力支持下，扎扎实实开展整建工作。全区属于整建的66个基层工会组织，按照“六条标准”，有64个基层工会组织经市、区工会验收达标，颁发了合格证书，占应建总数的98%。根据阳工发〔1986〕23号文件，在整建中，6个单位被市总工会评为模范“职工之家”和先进集体，8人被评为“职工之友”。郊区工会受到表彰，获得“整顿建家”竞赛评比结果（六项竞赛条件同时达到）两县三区组第一名。

1986年，郊区总工会“整顿建家”工作受到阳泉市总工会表彰。其中获得荣誉工会积极分子的是阳泉市郊区区委书记董厚德。优秀工会积极分子是郊区荫营中学谌志让、郊区河底供销社张拉福、阳泉市郊区手工业联合社史东鱼、郊区煤炭运销公司冯爱栋、郊区义井乡联校牛成群、郊区交通局张海忠、郊区供销社闫炳旭、阳泉市矿业公司汽车队吕俊厚、野沟煤矿苗增元、郊区乡镇企业管理局郑耀礼。先进小组是郊区粮食局白泉粮站。先进职工之友是郊区总工会胡亥英、乔懋德。先进车间工会是郊区重机厂铝制品车间。先进职工之家是郊区三郊中学、阳泉市郊区毡毯厂。职工之友是郭凤莲、苗增元、阎炳旭、冯志远、王润玉。当年，郊区工会“整顿建家”合格“职工之家”33个，分别是红土岩煤矿、水暖器材厂、矾窑煤矿、农机修造厂、千亩坪黏土矿、汽车矿山修配厂、王垅黏土矿 、野沟煤矿、毡毯厂、西南舁联校、东村联校、燕龛联校、河底联校、三郊联校、荫营联校、白泉联校、李家庄联校、平坦联校、义井联校、辛兴联校、旧街联校、东村中学、燕龛中学、河底中学、三郊中学、荫营中学、白泉中学、李家庄中学、庙上中学、辛兴中学、旧街中学、粮食局、乡镇局。先进“职工之家”12个，分别是红土岩煤矿、毡毯厂、野沟煤矿、农机修造厂、荫营中学、义井联校、李家庄联校、平坦联校 、李家庄中学、东村联校、三郊中学、白泉中学。

1987年1月24日，阳泉市总工会作出关于表彰先进集体、先进工作者的决定。先进职工之友是郊区毡毯厂工会主席白满贵。职工之友分别是郊区重型机械厂工会主席张智财、郊区总工会干事高启厚、郊区总工会会计郭凤莲、郊区三郊供销社工会主席毕振华、郊区乡镇局工会主席曹玉堂、郊区西南舁供销社工会主席侯治国、郊区平坦联校工会主席冯守仁、郊区东村联校工会副主席赵富茂、郊区旧街中学工会副主席王志、郊区河底联校工会主席张明、郊区实验小学工会主席王慈。特邀工会积极分子是郊区供销社党委书记王福保。当年，郊区工会“整顿建家”验收合格单位32个，分别是区供销社工会、西南舁供销社工会、东村供销社工会、燕龛供销社工会、李家庄供销社工会、杨家庄供销社工会、大阳泉供销社工会、石卜咀供销社工会、白羊墅供销社工会、河底供销社工会、三郊供销社工会、白泉供销社工会、荫营供销社工会、平坦供销社工会、辛兴供销社工会、义井供销社工会、旧街供销社工会、批发贸易公司工会、废旧物资回收公司工会、杨家庄联校工会、杨家庄中学工会、西南舁中学工会、实验小学工会、矿业公司工会、矿业公司车队工会、荫营货栈工会、区农行工会、交通局工会、汽运公司工会、物资供应总公司工会、二轻局工会、水泥预制厂工会。

1988年，郊区总工会对三年“整顿建家”总结表彰。模范职工之家5个，分别是郊区供销社工会、义井联校工会、荫营中学工会、区毡毯厂工会、西南舁供销社工会。先进职工之家10个，分别是区乡镇局工会、白泉中学工会、旧街中学工会、区重型机械厂工会、区矿业公司车队工会、平坦联校工会、东村联校工会、河底联校工会、三郊供销社工会、河底供销社工会。同年，阳泉市总工会再次做出关于表彰工会先进集体、先进工作者的决定，对阳泉市三年“整顿建家”先进进行表彰。先进集体是郊区供销社工会、郊区义井联校工会。先进职工之友是郊区荫营中学工会副主席谌志让、郊区毡毯厂工会主席白满贵。职工之友是郊区重型机械厂工会主席张智财、郊区总工会干事高启厚、郊区总工会会计郭凤莲（女）、郊区三郊供销社工会主席毕振华、郊区乡镇局工会主席曹玉堂、郊区西南舁供销社工会主席侯治国、郊区平坦联校工会主席冯守仁、郊区东村联校工会副主席赵富茂、郊区旧街中学工会副主席王志、郊区河底联校工会主席张明、郊区实验小学工会主席王慈。工会单项先进集体是区总工会财务。信赖职工之家是郊区税务局、郊区河底中学。先进车间工会是铝制品车间、维修工会小组。优秀工会积极分子分别是郊区交通局白益年、郊区物资供应总公司张仁义、荫营中学谌志让、郊区粮食局凌喜胜、郊区教育局王公隆、义井联校牛成群、郊区供销合作社闫炳旭、郊区乡镇局吴宝林、郊区煤炭管理局冯志远、郊区农牧局侯五玉、郊区平坦水泵厂张鸿福、郊区总工会郭新文。

1988年，阳泉市郊区工会召开三年整顿建家总结表彰大会

深入建家

为全面贯彻落实中共十三届六中全会所做的《中共中央关于加强党同人民群众联系的决定》和中共中央《关于加强和改善党对工会、共青团、妇联工作领导的通知》，1990年，郊区总工会发出《关于继续开展建设职工之家活动的通知》，出台《关于深入开展建设职工之家活动的实施意见》，在全区范围开展“深入建家”活动。坚持按照建设职工之家的六条基本要求和验收考评细则，进一步巩固和发展建家成果，因地制宜，务求实效。

1992年，平坦水泵厂工会被省总工会授予“模范职工之家”称号。23名集体和个人受到了市总工会的表彰。

1993年，郊区总工会开展会员评家工作，全区83家基层工会评为“合格职工之家”。各工会组织坚持以“职工之家”为阵地，以提高职工素质为主线，组织职工开展文化补习、业务培训、文化娱乐等活动，全区培训职工达6万余人次。

1994年，郊区总工会为基层工会发放《建设职工之家的六条要求》和《验收细则43条》，经考核，初步确认108个单位建成“合格职工之家”。

1995年，全区125个工会建成合格职工之家，300余个车间、班组建成合格职工小家。

1996年，郊区总工会按照建设职工之家六条标准和43条细则，自下而上开展了会员建家、评家工作，认定一批基层工会具备合格职工之家的条件，统计局工会、荫营供销社工会、水泥预制厂工会、郊区一中工会等125家工会成为合格职工之家。

附:

1996年确认合格职工之家名单

区直机关工会（3家）

郊区统计局工会、郊区计生委工会、郊区法院工会

郊区供销社工会（15家）

郊区东村供销社工会、郊区废旧物资回收公司工会、郊区义井供销社工会、郊区白羊墅供销社工会、郊区平坦供销社工会、郊区辛兴供销社工会、郊区旧街供销社工会、郊区李家庄供销社工会、郊区白泉供销社工会、郊区杨家庄供销社工会、郊区荫营供销社工会、郊区河底供销社工会、郊区三郊供销社工会、郊区西南舁供销社工会、郊区燕龛供销社工会

郊区二轻局工会（3家）

阳泉市荫营重型机械厂工会、阳泉市土桥沟黏土矿工会、郊区水泥预制厂工会

郊区交通局工会（1家）

郊区汽运公司工会

郊区教育工会（33家）

李家庄小学工会、虎桥中学工会、荫营联校工会、荫营二中工会、白泉乡联校工会、白泉中学工会、杨家庄乡联校工会、杨家庄中学工会、三郊乡联校工会、三郊中学工会、西南舁乡联校工会、西南舁中学工会、河底联校工会、河底中学工会、河底职业学校工会、东村联校工会、东村中学工会、燕龛乡联校工会、燕龛中学工会、平坦联校工会、赛鱼中学工会、平坦职业学校工会、义井乡联校工会、义井中学工会、辛兴乡联校工会、辛兴中学工会、旧街乡联校工会、旧街中学工会、郊区一中工会、郊区二中工会、郊区职业学校工会、郊区教师进修校工会、郊区实验小学工会

煤管局工会（3家）

野沟煤矿工会、红土岩煤矿工会、矾窑煤矿工会

郊区直属工会（6家）

郊区公安分局工会、温河灌区工会、郊区国税局工会、郊区粮食局工会、郊区地税局工会、郊区环保局工会

三郊乡工委（16家）

郊区福星耐火厂工会、郊区杨树沟耐火厂工会、郊区辛庄耐火厂工会、郊区西垴耐火材料厂工会、阳泉市东垴耐火骨料厂工会、郊区东垴耐火厂工会、郊区南垴耐火材料厂工会、郊区三郊矾石厂工会、阳泉市晋泰鞋业公司工会、阳泉市第三玛钢厂工会、郊区三都耐火材料厂工会、郊区前洼铝镁砖厂工会、阳泉市第三钢铁厂工会、天津耐火器材厂前洼分厂工会、阳泉市三郊耐火材料厂工会、阳泉市晋阳建材厂工会

义井乡工委（7家）

阳泉市特种水泥厂工会、郊区神峪煤矿工会、阳泉市泊里耐火厂工会、阳泉市电宝工业瓷厂工会、郊区义东沟砖厂工会、郊区白羊墅铁厂工会、郊区义井乡农机厂工会

河底镇工委（1 家）

阳泉市兴华水泥厂工会

荫营镇工委（11 家）

鑫坪煤矿工会、金桥二耐工会、上烟耐火厂工会、华跃耐火厂工会、鞍阳耐火厂工会、天杰总公司煤矿工会、千隆实业总公司耐火厂工会、天杰耐火厂工会、东风耐火厂工会、厚源实业总工会耐火厂工会、老虎沟耐火厂工会

平坦乡工委（6 家）

阳泉市乙炔气厂工会、平坦电石厂工会、平坦水泵厂工会、平坦卫生陶瓷厂工会、大村煤矿工会、官沟煤矿工会

东村乡工委（7 家）

山塔鞋厂工会、东南沟耐火厂工会、阳泉市纺织机械厂工会、红土岩煤矿工会、东盛耐火厂工会、东村农机厂工会、山底矾石厂工会

白泉乡工委（6 家）

西梨庄耐火材料厂工会、林里镁砖厂工会、新兴耐火材料厂工会、下白泉耐火材料厂工会、白泉线材厂工会、东崟耐火厂工会

旧街乡工委（5 家）

旧街汽配厂工会、旧街乡办煤矿工会、旧街交通机械厂工会、旧街安全设备厂工会、旧街挂车转盘制造厂工会

辛兴乡工委（1 家）

辛兴乡煤矿工会

杨家庄乡工委（1 家）

耐酸陶瓷厂工会

1998 年，郊区总工会确认在 1997 年度共有 91 个单位达到“合格职工之家”标准。

区计生委工会、区审计局工会、区检察院工会、区法院工会、区财政局工会、区广播局工会、区行政办工会、区文化局工会、区耐火集团工会、区教育工会、李家庄联校工会、区教师进修校工会、河底联校工会、义井联校工会、河底中学工会、三郊乡联校工会、虎桥中学工会、区一中工会、白泉中学工会、区二中工会、三郊中学工会、平坦联校工会、西南舁中学工会、东村联校工会、区实验小学工会、杨家庄中学工会、杨家庄联校工会、白泉联校工会、荫营联校工会、东村中学工会、义井中学工会、赛鱼中学工会、区粮食局工会、区交通局工会、燕龛供销社工会、杨家庄供销社工会、三郊供销社工会、白泉供销社工会、西南舁供销社工会、河底供销社工会、白羊墅供销社工会、东村供销社工会、李家庄供销社工会、平坦供销社工会、荫营供销社工会、旧街供销社工会、义井供销社工会、辛兴供销社工会、区物资回收公司工会、区水泥预制厂工会、区地税局工会、区野沟煤矿工会、区矾窑煤矿工会、区煤运公司工会、区煤矿设备供应公司工会、河底卫生院工会、义井卫生院工会、李家庄卫生院工会、荫营镇卫生院工会、隆丰实业公司工会、兴华水泥厂工会、辛兴煤矿工会、永华耐火材料厂工会、冯家庄硫铁矿工会、冶金耐火材料厂工会、耐酸陶瓷厂工会、三来食品有限公司工会、平坦电石厂工

会、佳裕实业总公司煤矿工会、佳裕实业总公司硫铁矿工会、平坦水泵厂工会、晋阳碳素厂工会、平坦卫生陶瓷厂工会、石卜咀村水泉沟煤矿工会、富山煤矿工会、郊区官沟煤矿工会、郊区西河煤矿工会、阳泉市乙炔气厂工会、甘河电石厂工会 、东风耐火材料厂工会、鑫坪实业总公司煤矿工会、华耀实业总公司耐火材料厂工会、老虎沟耐火厂工会、天杰实业总公司煤矿工会、千隆耐火材料股份合作公司工会、上烟耐火材料厂工会、天杰实业总公司耐火厂工会、华营矿建公司工会、下白泉耐火材料厂工会、 区煤炭汽车运输公司工会、区石油公司工会。

模范职工之家竞赛

为进一步加强和规范基层工会工作，认真贯彻全国总工会十四大精神、市总工会十三大精神，围绕郊区总工会第六次代表大会确定的目标任务，2004 年 8 月开始，在全区开展创建“模范乡镇工会、模范职工之家和模范职工小家”的竞赛活动。创建活动的考核评选工作要和会员评家活动结合起来，采取实地查、现场听、民主评议、对照打分、逐级申报、逐级验收、综合评定等方法，在全区工会系统广泛开展建设模范职工之家竞赛活动，集中力量指导基层进行规范化建设。

2006 年，按照省总工会提出的示范乡镇工会“源头参与好、组织建设好、履行职责好、指导基层好、服务职工好、围绕大局开展工作好”的“六好”标准开展创建工作，市总工会要求郊区在 8 个乡镇中要有 4 个镇成立示范乡镇工会联合会。为了能进一步发挥 8 个乡镇工会的环节作用，从体制上保证工会组织的发展、巩固和提高，区总工会从大局出发，并征得郊区区委的同意，决定按照示范乡镇工会联合会的标准，在全区的 8 个乡镇全部成立工会联合会。并被市总工会初验为合格工会组织，走在全市各县区的前列。

2007 年，郊区总工会以贯彻落实“一条例三规范”为契机，按照加强村工会标准化建设的要求，截至 7 月，按照省、市总工会有关精神，在全区 184 个行政村全部组建和规范了村工会组织，其中还有 42 个村以无记名投票的方式选举产生了村工会联合会，切实从源头上抓好农民工的入会工作，为顺利开展农村工会工作奠定扎实的基础。

截至 2015 年底，全区共有“全国模范职工之家”1 家：阳泉昌达伟业集团公司工会。“省五星级工会组织”8 家，分别是荫营镇工会、河底镇工会、平坦镇工会、义井镇工会、西南舁乡工会、李家庄乡工会、煤运公司工会、保安煤业公司工会。“市五星级工会组织”20 家、“市四星级工会组织”26 家。“山西省模范职工小家”1 家：山西煤炭运销集团保安煤业有限公司洗选中心洗选二队维修工会小组。“市级模范职工之家”2 家：郊区人民检察院工会、荫营镇三都村工会联合会。

2016 年度，阳泉市模范职工之家为山西通宝鑫能物流有限公司工会、山西煤炭运销集团鸿泰煤业有限公司工会。阳泉市模范职工小家为郊区育英小学工会、阳泉市郊区人民医院内科工会小组、阳泉市郊区地方税务局直属二分局工会小组。

星级工会竞赛

2009 年，郊区总工会紧紧围绕郊区区委区政府提出的“走好五条路子、实现五个突破”目标，充分发挥工会组织在构建“最具实力、充满活力、富有魅力”的和谐郊区中的作用，在全区工会组织中广泛开展创建星级工会组织的竞赛活动。认真贯彻落实省总工会、市总工会有关“一条例四规范”的精神，出台《关于继续开展创建星级工会组织竞赛活动的实施意见》，要求以“组织健全、体系完善、建立机制、提高水平”为主要内容，将星级工会竞赛设一星级、二星级、三星级、四星级、五星级五个层次。

2014年，推荐申报的保安煤业有限公司工会被省总工会认定为“山西省五星级基层工会”，广鑫源耐火材料公司工会、育才小学工会等5家基层工会被市总工会认定为“阳泉市五星级基层工会”，山西三来食品有限公司工会、河底中学工会等7家基层工会被市总工会认定为“阳泉市四星级基层工会”。在进一步深化“三双”活动，全力落实会员“四权”工作的基础上，开展围绕实践“两个信赖”，即职工信赖的职工之家、会员信赖的工会干部，引申开展建设职工之家的活动。

2015年起，坚持以巩固提高“职工之家”为载体，进一步丰富职工文化体育生活，充分激发基层工会活力。各级工会积极开展“会员评家”活动，让“职工之家”真正成为职工的家。至2019年，阳泉昌达伟业集团公司工会被认定为“全国模范职工之家”；荫营镇工会、河底镇工会、平坦镇工会、义井镇工会（2017年5月由阳泉城区托管）、西南舁乡工会、李家庄乡工会、郊区煤运公司工会、郊区保安煤业公司工会被认定为“省五星级工会组织”。此外，认定为“阳泉市五星级工会组织”20家、“阳泉市四星级工会组织”26家。还申报了区检察院、区地税局工会、区开发公司工会等单位阳泉市五星级模范职工之家建设的验收申请。

第二节　宣传教育

职工教育

郊区总工会成立初期，充分发挥工会组织共产主义大学校的作用，结合职工思想、生产和生活实际，对广大职工普遍进行“双基”（党的基本路线和基本国情）教育，形势和政策教育，民主与法制教育，以及“四有”（有理想、有道德、有文化、有纪律），“四职”（职业责任、职业道德、职业纪律、职工技能）等思想政治业务教育，坚定了广大职工的社会主义信念，激发了职工投身改革开放的积极性。1994年，郊区总工会向全区发出《爱国主义教育实施意见》。1996年，又发出《关于组织全区职工深入开展“心系祖国、奉献在岗”为主题的教育活动和推荐评选市区职业道德十佳标兵的通知》。全区上下形成了党委领导、工会牵头、政府部门密切配合的教育格局，职业道德建设逐步纳入两个文明建设的目标管理之中。在创建活动中，一是开展建树岗位标兵活动。各部门、各行业以建树文明行业、文明窗口为主要内容，以纠正行业不正之风为突破口，展开了多种形式的竞赛，涌现出不少爱岗敬业的好职工，鲍计良、刘荣生、樊振平等32位职工受到市总工会表彰，30名职工受到区总工会表彰。二是强化工会教育职能。深入开展职工读书自学岗位成才活动，为职工立足岗位学理论、学文化、学科学、学技术、学管理、学法律创造良好环境。有条件的企业建起职工图书馆、阅览室、开办职工业余学校。1994年3月，工会干部培训班在全区13个乡镇分别举办，每个乡镇4天，参培单位202个，参培人员683人，由区总工会主办，乡镇工委组织，市总工会负责授课，主要培训工会业务知识，通过考试，683人全部取得合格证书。1999年3月，出台了《关于继续开展学习贯彻落实工会十三大精神的意见》，开展“千人中国工会十三大精神和工会业务知识答题竞赛”和“联系实际谈谈如何做好当前工会工作”大讨论并撰写论文活动。2000年4月至5月，再次举办大型培训。先由区总工会举办为期2天的环节工会干部培训班，各大局、公司、区直机关和乡镇的工会干部参加培训，培训内容主要围绕修改后的《中国工会章程》展开，区总工会的专职工会干部担任教师。随后区总工会又深入13个乡镇、30个系统工会和基层工会分别办班、培训基层工会干部，参培人员达到550人。通过培训，广大工会干部提高了认识，增长了知识，为工会工作的顺利开展发挥了积极的作用。2001年4月22日，郊区青山水泥集团有限公司作为全市唯一的一家乡镇企业“职工教育先进典型”在全市进行了经验交流。2003年，结合中共十六大精神主题教育，区总工会出台下发了《关于在全区职工中掀起学习贯彻“三个代表”重要思想新高潮的通知》和《关于认真学习贯彻中国工会十四大精神的通知》，深入基层，加强指导，努力做到一级抓一级，层层抓落实，不断把活动引向深入。2005年，在保持共产党员先进性教育中，先后于5月1日和5月14日到阳泉市晋阳碳素有限公司、华岭耐火材料有限公司等企业开展“保持先进性、服务到企业”的科技、文化、卫生“三下乡”活动，把保持共产党员先进性活动引向深入。2008年，围绕促进全区经济快速发展，大力实施职工素质工程，积极探索和实践新时期工会群众性经济创新活动的有效途径，组织动员广大职工在经济建设的主战场发挥了主力军作用。以“创建学习型组织，争当知识型职工”活动为载体，全力推进职工素质工程。2013年“五一”国际劳动节前后，组织基层工会主席、劳模代表专题学习中共十八大精神和习近平总书记在“五一”劳模座谈会上的讲话，并召开座谈会，要求各级工会组织和广大工会干部要认真学习、深刻领会，切实把思想和行动统一到总书记重要讲话精神上来，落实到具体的工作当中。年初，制定了年度学习计划，逐月规定学习篇目与内容。坚持理论和业务相结合，集体学习和个人自学相结合，每周集体学习一次，个人自学时间不少于48小时，而且都要求记读书笔记，定期写出心得体会，形成了人人学习、个个争先的良好氛围。为进一步引深学习，与区委组织部又联合举办了干部教育大讲堂，特别邀请清华大学副教授张陶伟到郊区授课，围绕国内外经济形势，县域经济发展等问题进行分析讲解。郊区副科级以上干部、劳模代表、工会机关干部和部分重点企业的负责人共400余人参加讲座。2014年，深入开展党的群众路线教育实践活动。区总工会把党的群众路线教育实践活动当作工会自身建设的重要内容和改进作风的有效手段，精心组织，周密安排，一是坚持深入学习，凝聚共识。通过开展扎实认真的学习教育，在思想上行动上达到高度的统一，创新发展党的工运事业的使命感和责任感更进一步增强。二是坚持聚焦“四风”，查摆问题。先后深入8个乡镇、19个村、17个企业进行走访调研，共征集到各类意见建议40余条，在此基础上，召开了民主生活会，领导班子及班子成员针对自身存在的“四风”问题，进行深刻的剖析，找到了原因，制定整改措施。三是坚持注重实效，立行立改。针对存在的“四风”问题，及时设立问题台账，落实整改责任，领导班子成员也晒出问题清单

2015年，阳泉市郊区工会组织工会干部赴井冈山培训学习

并建立整改路线图。四是坚持立足长远，建章立制。在活动的最后阶段，把加强制度建设作为抓好整改落实的关键环节，认真制定“两方案一计划”，并修订完善了10项制度，废止2项，新订3项。努力做到以制度管人管事，以制度规范工作，有效促进了工会机关的内部管理，推动了工会干部的作风建设。2015年，为进一步提高工会党员干部的党性修养，坚定理想信念，郊区总工会于“七一”前组织工会干部赴井冈山开展“加强党性修养，坚定理想信念”专题培训，通过再现革命情景、感悟先烈精神，引导全体工会党员干部从思想源头坚定理想，在灵魂深处锤炼党性，用信念凝聚力量。2016年，开展“两学一做”学习教育。通过学习、调研、民主生活会等多种形式开展活动，并狠抓“四个强化”，推进“两个责任”的落实，着力构建党风廉政建设责任体系，确保党风廉政建设取得新实效。与此同时，深入贯彻省工会十三大会议精神和省总“素质提升年”要求，全面提升全区基层工会干部的业务水平和工作能力，12月8日至16日，举办4场全区基层工会干部培训班，来自全区乡镇、村、企业的工会干部共300余人参加了培训。通过培训，使全区工会干部更好地适应新形势发展的需要，发挥工会组织在全区经济发展中的作用。在全区开展国学国情大讲堂活动，邀请市专家为全区200余名职工进行专题讲座。2019年，开展“不忘初心、牢记使命”主题教育。通过讲党课、抓学习，把主题教育当作一项重要政治任务抓紧、抓实、抓出成效，切实把思想和行动统一到市委和区委的决策部署上来，准确把握活动总体要求和重点任务，扎扎实实推进每个环节工作，推动工会工作再上新台阶，努力实现在不忘初心中真抓实干，在务实创新中凝聚力量。

宣传活动

郊区总工会十分注重涉及广大职工切身利益的相关法律法规宣传。1994年12月9日至15日，全区各级工会组织进行《中华人民共和国劳动法》大宣传，使这一法规真正做到家喻户晓、人人皆知。1995年，收集《中华人民共和国工会法》《中华人民共和国劳动法》《中华人民共和国企业法》等十几部法律法规汇编为《工会干部手册》，向基层工会、企业厂矿发放，在全区职工中广泛开展法律宣传。2001年11月，修改后的《中华人民共和国工会法》颁布后，郊区总工会及时出台《关于认真学习贯彻修改后的工会法的实施意见》，积极组织基层工会开展形式多样的学习宣传活动。并在《郊区报》连续转载该法规。12月4日，在全国第一个法制宣传日，大张旗鼓地开展《中华人民共和国工会法》的宣传活动，发放宣传材料3600份，悬挂宣传标语15条，制作宣传版面12块，并定点设立咨询服务台，现场向职工解答有关法律问题。2005年4月，区总工会在全区企事业单位中开展妇女权益保障知识问卷答题活动，百余名女工参加答题。2009年，积极参加市总工会组织的工会知识竞赛活动。共发放3000余份试题，组织2支队伍参加全市工会知识竞赛活动。同年，从7月开始在企业和村里放映电影15场，并把工会法律、法规内容制成专题片同时放映，极大地丰富了企业职工，特别是农民工的文化生活。2012年，为了不断激发职工的内源力，

2018年12月4日，郊区总工会组织宪法日宣传活动

增强职工的向心力，开展了五月“工人阶级宣传月”活动，调动了广大职工群众的积极性，增强了基层工会组织的凝聚力和感召力。2014 年 8 月，组织文艺宣传队深入三都、林里、坡头、苏家泉、小西庄、上白泉、雅馨园工地、东村、山底、西南舁等 10 余个单位和村庄，为当地农民工送去一场场丰富的文艺专场表演，极大地丰富了农民工的文化生活，同时在演出现场，为农民工送去《农民工维权一看懂》和《职工维权一看懂》口袋书 1000 余册，对提高广大职工群众的维权意识，促进和谐劳动关系的健康发展，起到积极的推动作用，也使他们感受到工会大家庭的温暖。2015 年 3 月 12 日上午，在荫营广场举行阳泉市郊区总工会“维权行动月”宣传咨询活动。区总工会宣教部、女工部、民管法工部等部门开展现场宣传咨询活动，为职工答疑解惑，同时发放《女职工劳动保护特别规定》《山西省企业工资集体协商条例》300 册。2019 年 8 月，为了展现全区广大干部职工在“创卫”工作中的精神风貌，弘扬干事创业的精神和崇尚劳动的品格，在国庆 70 华诞到来之际，联合区委宣传部、区“创卫”办、区文联、区融媒体中心举办“中国梦·劳动美·讲述身边创卫故事”短视频征集活动。

阵地建设

进入 21 世纪后，郊区各级工会组织以“职工书屋”为依托，不断加大文化阵地建设。2009 年，广泛开展建立“职工书屋”活动，年末，共建立职工书屋 15 个，其中市级职工书屋 2 个、一星级“职工书屋”1 个、二星级“职工书屋”2 个、三星级“职工书屋”8 个、四星级“职工书屋”2 个。2010 年 12 月 29 日，区总工会在崇文广场举行仪式为职工书屋配送图书。林里、长岭等 20 个村各配送 1000 册的图书，同时还表彰 8 个区级“职工书屋”优秀示范点和 8 名“职工书屋”优秀负责人。区总工会“职工书屋”被评为阳泉市总工会三星级“职工书屋”。2011 年，在全区新建职工书屋 9 个，并为荫营镇三都村、河底镇山底村、天隆工程材料有限公司等 22 个村工会联合会和企业的职工书屋配送价值 30.4 万余元的图书。2012 年，大力推进基层工会“职工书屋”规范化建设，全区新建“职工书屋”10 个，获得市四星级“职工书屋”称号 2 个，在全市“职工书屋”五年建设成效的表彰中，获得“职工书屋”建设先进单位 3 个，获得“职工书屋”建设先进个人称号 3 人，获得市“职工书屋”建设优秀组织单位称号 1 个。为 28 家企事业单位配送图书、电脑、书柜等物品共计价值 30 余万元。为保安煤矿、华岭耐火公司分别赠送 1 万元的职工书屋援建资金。新建基层职工文化活动阵地 5 个。2013 年，为华岭耐火材料公司、广鑫源耐火材料有限公司、老干局等企事业单位“职工书屋”配送名人名言传记、励志、红色经典著作、历史杂志、文学作品类等书籍，同时还为华岭耐火材料公司、广鑫源耐火材料有限公司配送电脑及书柜。为各乡镇工会、各企事业单位工会的文化活动中心共配送象棋、围棋、棋盘 400 余副，极大地丰富了职工的业余文化生活。2016 年，不断扩大职工书屋建设的覆盖面，新建全国职工书屋 2 家，配备图书 4000 余册。2018 年，继续开展知识竞赛和读书竞赛活动，为基层工会职工书屋配备图书 3000 余册，学习氛围日趋浓厚。2019 年 5 月 21 日，市总工会党组成员、副主席杨海平带领全市工会系统“三基建设”观摩组到郊区观摩工会“三基建设”成果。观摩组先后到冀东水泥有限责任公司、郊区机关事务管理局，查看工会规范化建设档案资料，实地参观职工活动阵地、职工书屋、乒乓球室、健身室、羽毛球场地、篮球场地、职工食堂等。当年，全区新建 3 家职工书屋，分别是审计局机关工会、平坦镇辛兴村工会联合会、西南舁乡星火金源工贸工会。截至 2019 年底，全区已建职工书屋 73 家，配备图书数万册。

文体活动

职工运动会

1988 年 10 月 18 日至 29 日，郊区总工会和郊区体委在区实验小学田径场联合举办首届职工体育运动会，此次运动会竞赛项目有田径、篮球、乒乓球、拔河、射击共 5 项，全区 46 个代表队 900 名职工运动员参加比赛。1993 年 8 月，成功举办阳泉市郊区第二届职工运动会，区委书记王克恭擂响郊区改革开放的战鼓，政府区长段永章点燃了象征 1993 年全区经济收入达到 15 亿元的 15 响礼炮；运动会竞赛项目有田径、篮球、乒乓球、拔河、中国象棋共 5 个大类 11 个项目，全区 13 个乡镇、21 个科级单位的 34 个代表队 1100 名职工运动员参加比赛，其中 5 项 11 人打破首届职工运动会的纪录。同年，组织队伍参加市总工会、市体委、中国人民保险公司阳泉中心支公司联合举办的阳泉市职工庆“五一”、盼奥运越野赛。2006 年 5 月中旬至 7 月中旬，区总工会积极组队参加阳泉市第五届职工运动会，共有 123 名职工参加。区教育局、河底镇分别荣获体育道德风尚奖，区煤运公司男子篮球、三分扣篮分别荣获全市第一名，区教育局男子乒乓球荣获全市第三名。

2007 年，郊区总工会举办“迎奥运 · 庆五一 · 促和谐”圣火杯乒乓球大赛

2007 年 4 月，区总工会举办首届“圣火杯”职工乒乓球大赛。2010 年 5 月 13 日至 14 日，区总工会举办首届“庆五一、促和谐”职工趣味运动会。趣味项目设有滚雪球、步调一致、齐心协力、30 米篮球运动接力和乒乓球，来自全区 16 支代表队、500 余名职工踊跃参加各个项目的比赛。经过激烈角逐，教育系统代表队获得滚雪球、步调一致、30 米篮球运动接力项目的冠军，杨家庄乡代表队获得齐心协力项目的冠军，区直机关工委代表队获得乒乓球项目的冠军，教育系统代表队获得团体总分第一名。该届职工趣味运动会是工会组织贯彻落实科学发展观、全面提升职工素质工程、促进职工身体健康，更好地为全区“三个文明”建设服务的一件大事，是对全区职工队伍精神风采和团队精神的一次大检阅，更是教育职工、点燃激情、增进友谊的一次盛会。2019 年，郊区总工会与区宗教局联合组队 68 人参加全市少数民族运动会。

职工登山健步走

2014 年 4 月 30 日，区总工会在刘备山举办了“千名职工庆五一，重温入会誓词暨纪念建区 30 周年职工登高健步走”活动。全区 8 个乡镇、8 个系统机关及部分企事业单位的近 1200 名职工参加了活动。参赛职工胸戴工会徽章，秩序井然地在刘备山脚下列队，区人大常委会副主任、区总工会主席王可剑领誓，会员们庄重地重温了入会誓词，进一步增强职工的主人翁责任感和工会组织的维权意识。随后，全体参赛职工健步向 4 千米处的刘备山顶进发。经过一个多小时耐力比拼，郊区工商局宋亮、区林业局王海龙等 20 人获一等奖，区地税局史小刚、煤运公司史文俊等 30 人获二等奖，荫营中学宋千寿、荫营镇张宝堂等 50 人获三等奖。2015 年及

2016年，继续开展第二、三届职工登山健步走活动，参与职工人数递增至1600余人。2017年，组织第四届登山健步走活动，1700余名职工群众参加活动。活动分男女奖项，各取前200名。2018年，组织第五届登山健步走活动，72个单位共1841名队员参赛，其中男队员899人、女队员942人。活动分别设男女组前200名给予奖励，并增设401名至800名为鼓励奖。2019年，组织第六届登山健步走活动，全区69家单位的1900余名职工参加活动，经过2个多小时的激烈竞争，产生男女一等奖各20名、二等奖各40名、三等奖各60名、优秀奖各80名，鼓励奖若干名。

职工广播体操大赛

2013年9月29日，在中华人民共和国成立64周年到来之际，为迎接中国工会十六大的召开，充分展示全区职工的精神风貌和时代风采，郊区总工会与郊区文体局在郊区政府广场联合举办全区职工第九套广播体操大型比赛活动。区四套班子领导与来自全区8个乡镇和八大系统的22支代表队共1000余人参加了比赛。经评委打分，最终有12支代表队获前三等奖。其中李家庄乡、荫营镇代表队获一等奖；教育系统、地税局、检察院、财政局代表队获二等奖；郊区信用社、荫营镇一队、交通局、河底镇、机关事务管理局、安监局代表队获三等奖，区直机关工委、财贸系统工委、荫营镇总工会获优秀组织奖。2017年9月26日，再次组织开展“喜迎十九大，欢度国庆节”全区第二届职工广播体操大赛，近2000人参加，活动共有奖项15个。

2013年9月29日，郊区总工会和郊区文体局联合举办全区职工第九套广播操比赛活动

职工健排舞比赛

2008年，区总工会与区文化体育广播电视局、区妇联联合举办了全区职工“红色五月 激情飞扬”全健排舞比赛

2008年，为庆祝改革开放30年，郊区总工会和郊区文体局等6家单位联合举办了“全健排舞”培训班，共有200余名职工参加首期培训，精选20余人参加11月底举行的汇报比赛。2009年，举办了“庆三八、促和谐”全健排舞大赛，区委副书记刘红霞、王丽梅、区政协副主席王振涛等县级妇女领导都参加比赛。2010年，举办全区女职工健排舞、广场舞比赛。2011年4月，举办了“全健排舞”培训班，来自郊区各单位的80余名舞蹈爱好者参加了培训。5月初，与郊区文化体育广播电视局和郊区妇联共同举办“红色五月、激情飞扬”全健排舞比赛，来自全区8个乡镇及区直机关的22支参赛单位500余名职工参加比赛。积极组队参加中国职工文体协会举办的“2011年全国亿万职工全健排舞比赛”，郊区总工会业余全健排舞队荣获中老年组第一名，并获得“全国全健排舞优秀推广单位组织奖”；10月，区总工会、

区文体局、区妇联联合举办郊区首届百姓全健排舞培训班，来自全区各乡镇、村、学校和区直单位的80余名舞蹈爱好者参加培训。

职工羽毛球赛

2014年6月28日，郊区首届“李家庄新村杯”职工羽毛球比赛在李家庄羽毛球馆举行，此次比赛由郊区总工会、郊区文体广电局主办，李家庄村承办，市羽毛球协会协办。此次比赛执行国家体育总局审定的最新《羽毛球竞赛规则》，采用五场三胜制，通过分组循环、定位淘汰决出胜负。来自各乡镇、各系统、单位工会的19支代表队、130余名运动员参加比赛。经过激烈地角逐，荫营镇代表队斩获桂冠，庞大汽车代表队、区煤销集团代表队分获第二、三名。2015年6月9日至11日，由郊区总工会、郊区文体广电局举办的郊区第二届职工羽毛球比赛在山西工程技术学院羽毛球馆顺利进行。此次羽毛球比赛活动有来自区直机关、各乡镇机关及区直企业共22支队伍200余名职工参加了比赛，比赛设团体赛和单项赛，经过紧张激烈的比赛，区直机关工委第一代表队获得团体机关职工组第一名、庞大汽贸集团股份有限公司阳泉分公司代表队获得团体企业职工组第一名；男单青年第一名是张巨彪，男单中年第一名是石久军，男双第一名是米正、吕志勇，女单第一名是赵珍平，女双第一名是王瑞霞、高丽芳，混双第一名是张宏伟、郑瑞平。2016年10月，举办了第三届职工羽毛球比赛，此次羽毛球比赛活动有来自区直机关、各乡镇机关等单位共23支队伍200余名职工参加了比赛，比赛设团体赛和单项赛，经过精彩角逐，义井镇企业职工代表队获得团体赛第一名；男单青年第一名是胡俊业，男单中年第一名是杨斌，男双第一名是赵万军、李建良，男双中年第一名是赵荣、张涛，女单第一名是王萍，女双第一名是赵素萍、侯丽珍，混双第一名是岳帅、郑瑞萍。2017年，组织郊区第四届职工羽毛球比赛。2018年12月7日至8日，郊区第五届职工羽毛球比赛在阳泉技术工程学院羽毛球馆举办。此次羽毛球比赛活动有来自区直机关、各乡镇机关等单位共12支队伍150余名职工参加了比赛，经过精彩角逐，开发区职工代表队获得乡镇团体赛第一名，机关二队职工代表队获得机关团体赛第一名，男单青年第一名是王晓泽，男单中年第一名是杨斌，男双青年第一名是贾新国、胡波，男双中年第一名是张建生、胡忠文，女单第一名是陈星羽，女双第一名是郑瑞萍、赵珍平，混双第一名是胡俊业、王萍。

2014年，郊区总工会举办“迎七一”阳泉市郊区“李家庄新村杯”首届职工羽毛球比赛

职工歌咏赛

1980年6月7日，郊区工会举办全区职工歌咏大赛，同时选拔优秀歌咏队参加市歌咏比赛。1988年9月，参加山西省园丁歌咏大赛的节目获得一等节目奖。2001年4月，郊区总工会组织野沟煤矿职工合唱队和三泉耐火厂职工合唱队参加阳泉市“庆五一”职工大合唱比赛，获三等奖节目，郊区总工会获优秀组织奖。2009年9月，积极组队参加全市职工大合唱比赛。2010年3月，在市总工会举办的首届“女职工之歌”合唱节比赛中，郊区实验小学女职工合唱队获

得银奖，区实验小学音乐教师杨杰三在此次合唱节中获得优秀指挥奖，区煤运公司的啦啦队获得最佳方阵奖。2016 年，成功举办庆祝中国共产党成立 95 周年暨纪念中国工农红军长征胜利 80 周年合唱比赛，参与比赛单位 17 支队伍，人数 2000 余人。

职工演讲赛

1987 年，组织全区职工演讲比赛。同年 10 月，旧街联校教师王会荣职业道德演讲在全市巡回。1990 年，举办纪念“七一”职工演讲比赛。1995 年 9 月，郊区总工会举行“爱岗敬业演讲比赛”，13 名职工感人肺腑的演讲通过电视广播在全区播放。2000 年 3 月 8 日，区总工会女职工委员会在区电视台演播厅举办以“敬业、创新、求实、做跨世纪强者”为主题的演讲比赛。此次比赛共有 11 名选手参加，选手经过全区各系统工会精心选拔，并经区总工会女工委组织预赛，从 28 名选手中筛选而出。在比赛中，各位选手尽情发挥、认真表演，5 名评委严格评分，最后评出一等奖 1 名、二等奖 2 名、三等奖 3 名、优秀奖 5 名。同年 4 月选派 6 名选手参加市总工会举办的女职工演讲比赛，郊区女职工张兆平、张雪洁 2 人摘取了一等奖桂冠。另有 4 名女职工分获二、三等奖。2007 年 1 月 14 日，为深入贯彻落实中共十六届六中全会精神，全面展示新时代女职工的主人翁风采，进一步增强广大女职工在构建社会主义和谐社会中的责任感和使命感，充分发挥女职工在创建和谐社会进程中“平等协商、友好合作、促进发展、共享成果”的作用，发挥广大女职工在构建和谐阳泉、和谐企业、和谐家庭中的作用。根据省、市总工会女职工委员会的安排部署，区总工会女职工委员会举办郊区“庆三八、促和谐、展风采”做新时代女职工演讲比赛。共有 20 余名来自不同战线的女职工参加演讲，并选出 6 名队员代表全区参加市总工会演讲比赛，荣获一等奖 1 名、二等奖 2 名、三等奖 3 名，区总工会荣获优秀组织奖。2014 年 5 月 8 日，举办“中国梦•劳动美•我与改革创新”演讲比赛，来自全区各乡镇、各系统工会的 19 名选手参加比赛。经过激烈角逐，山西煤销集团保安煤业有限公司的梁岸、曹学敏获得一等奖，农业系统工会的史国英、财贸系统工会的王瑞霞获得二等奖，西南舁乡工会的叶丽霞、财贸系统工会的王智获得了三等奖。

2014 年，郊区总工会举办“中国梦 · 劳动美 · 我与改革创新”演讲比赛

其他文体活动

在广泛开展并参与各类大型文体比赛活动的同时，区总工会实时组织开展各类其他文体活动。1980 年 9 月 10 日，举办郊区厂矿男子篮球大赛；1982 年 1 月 14 日，举办郊区职工象棋比赛；同年 4 月 10 日，举办职工书法美术选展活动；7 月 19 日，组织优秀教工到济南北京旅游；10 月，在千亩坪黏土矿举行自行车竞赛。1983 年 9 月，再次进行秋季职工象棋、自行车、球类比赛，全区 360 余名职工参加比赛，荫营联校职工梁喜存获得象棋第一名，荫营联校职工张春元、三郊联校职工张春万获得自行车优胜奖，职工男女篮球第一分别由荫营联校、平坦联校获得，男女乒乓球第一分别由实验小学史秉庆和庙上中学韩淑艳获得。1984 年 5 月，举办全区

职工书法美术展览。同年6月，组织全区职工气枪射击比赛。1985年5月10日，举行郊区第四届职工象棋比赛。1988年6月，组织全区职工珠算比赛。同年9月，全区各基层工会举办迎国庆有奖答题竞赛。1989年5月，再次举办职工书法比赛；并与区安委联合举办劳动保护安全答题竞赛。1995年5月1日，举办庆“五一”国际劳动节、庆中国工会成立70周年的“双庆”文艺活动。上午举行威风锣鼓大赛，下午进行文艺会演。宏源实业公司的威风锣鼓队代表郊区总工会参加市总举办的锣鼓大赛，摘取了一等奖桂冠。1996年3月8日，举办了全区东北大秧歌比赛，纪念“三八”国际劳动妇女节86周年。1997年“七一”中国共产党建党日活动期间，组织工会会员参加“爱祖国、迎回归”书法展活动。2004年4月23日至5月25日，组织全区260名职工参加市总工会举办的首届职工艺术节活动，共获得书法、绘画、摄影、健美操、工装风采、文艺等各类奖项27个，成为三区两县中组织人数最多、获奖最多的县区，区总工会获此次活动优秀组织奖。同年4月29日，为迎接“五一”国际劳动节，进一步活跃全区广大职工的业余文化生活，加强团结，增进友谊，推动全区职工健身益智活动的蓬勃开展，举办了“迎‘五一’职工华牌比赛活动”。2005年4月，为了推动全区职工群众性体育活动的开展，落实全民健身计划，增强职工体质，活跃职工的文化生活，区总工会和区文体局组织参加“南煤杯”全市职工迎五一乒乓球比赛。同时，广泛开展职工文体活动，丰富职工精神文化生活。7月4日至11日，区总工会组织郊区非公企业职工参加全市非公企业文化活动周活动，其中象棋比赛获全市团体第一名。2006年“五一”国际劳动节到来之际，组织全体机关职工和广大基层职工参加了郊区煤炭运销公司第四届青年文化艺术节，文化节共设篮球邀请赛、全家趣味比赛、乒乓球赛、狮脑山长跑越野赛等十余个项目，参赛人数达1000余人；区教育局工会举办郊区教职工第三届乒乓球暨第二届篮球大赛，比赛为期两个余月，参赛人数达400余人次。随后，组队参加阳泉市第五届职工运动会。2007年4月27日至29日，区总工会举办了“迎奥运、庆五一、促和谐、圣火杯”职工乒乓球大赛，共有来自全区区直机关、各乡镇的100余人参加比赛。2008年“三八”国际妇女节前夕，组织“庆三八、迎奥运、学法律、促和谐”大型健身活动，来自全区各条战线的200余名女工参加了活动。“五一”国际劳动节前夕，聘请北京“民族之星”艺术团送上一场精彩纷呈的文艺大餐，丰富了广大职工群众的节日生活。2009年3月，为进一步丰富和活跃职工的文体生活，进一步推动广大女职工建功立业活动的深入开展，进一步唱响“咱们工人有力量，咱们工会有作为”的口号。区总工会女工部组织开展庆“三八”华牌大赛活动。2011年1月，举办桥牌国际大师指导暨阳泉市郊区联谊赛。桥牌世界冠军、国际特级大师福中、孙铭，国家桥牌女队教练鞠传成，国家桥牌男队队员侯勖现场指导。

1996年，郊区总工会举办庆“三八”大秧歌比赛

2010年，为营造创先争优活动氛围，激发党员职工创先争优热情，郊区总工会和郊区文化体育广播电视局在区体育馆联合举办区直机关职工篮球赛和区第四届“信合杯”舞蹈比赛。

全区共有6个系统参加30场篮球比赛，工交系统工会代表队获得第一名，政法系统工会代表队获得第二名，教育系统工会代表队获得第三名；全区共有19家单位500余人参加舞蹈比赛，河底镇小西庄村表演的《昆力奔驰》《回忆》《相约北京》获乡镇全健排舞组第一名；杨家庄乡北村表演的《风含情、水含笑》获乡镇广场组第一名；区煤运公司表演的《四季常青》《原子波尔卡》《爱尔兰之魂》获区直机关组第一名。

2012年，组织全区职工积极参加市“五一新闻奖”优秀新闻作品评选；西南舁中学英语教师代计平荣获“阳泉市职工职业道德建设标兵”；在郊区总工会的综合协调下，举办了由区委、区政府主办，区总工会和区文化局承办的2012年郊区职工男子篮球赛，参加职工达200余人。

2013年，在全区工会组织和广大职工中开展“中国梦·劳动美”大型笔会和书法绘画摄影展活动。全区工会组织和广大职工踊跃参与，共收到参赛书法、绘画及摄影作品150余幅，在初选的基础上有70余幅作品入选参展，其中教育工会张建国的书法《长城诗》、荫营镇总工会刘玉成的书法《大江东去》、教育工会任小军的绘画《江河并非万古流》、义井镇工会联合会吕云的摄影《拔河》等20余幅作品获奖。在全市的“中国梦·劳动美”摄影征文活动中，共选送征文20篇、摄影作品15件。与此同时，全区工会组织开展“阅读强素质、共筑中国梦”职工读书活动。还开展了《你在为谁工作》《同心共筑中国梦》征文活动及“心系农民工、书香进工棚”活动。教育系统工会开展职工读书朗诵会活动。

2014年6月18日上午，大地情深——“群星奖”获奖作品巡演暨“文化惠民在三晋”活动阳泉市专场演出在上千亩坪翼德广场举行，来自郊区上千驾校、山西圣火炉料有限公司、荫营镇机关等单位共千余名职工在家门口欣赏了一场高水准的群众文艺演出。这次参演的14个作品囊括舞蹈、音乐、曲艺、戏剧4大门类，分别为全省各地历届“群星奖”获奖节目，整场演出展现了山西省不同的地方文化风情，展示了群众文化的靓丽风采，赢得了职工群众的热烈掌声。市人大常委会副主任刘志强、市政协副主席赵永红、市委宣传部常务副部长史玉宝、市总工会副主席张建军与区四套班子等领导同职工们一同观看演出。

2016年，开展迎新春送春联活动，组织书法爱好者深入13个村工会及企事业单位，为职工送去春联6000余幅，送“福”字1000余个；举办“书香三八”读书征文活动，全年共选送12篇作品参赛。推进“培育好家风——女职工在行动”主题实践活动，在广大女职工中开展“写家书·传亲情”活动，通过基层女职工的积极参与，共选送35篇亲情家书、10个读书微视频。

2018年，郊区总工会积极开展知识竞赛和读书竞赛活动，为基层工会职工书屋配备图书3000余册，学习氛围日趋浓厚。组织郊区17名女职工参加“巾帼建新功·共筑中国梦”首届女职工摄影大赛，选送摄影作品65幅，有6件作品参加第二届全省职工手工艺精品展评活动。参加市总工会举办的“瀚墨送五一、走进新时代”职工书画展活动，报送职工书画作品64幅。与区文体局联合举办全区职工“汉博能源·和谐杯”第二届职工篮球联赛。

2019年，组织郊区区直机关、各乡镇和相关企业单位共9支队伍120名职工，参加阳泉市“喜迎二青盛会”全民健身季第六届职工运动会的10个项目的比赛。其中健身长跑获得“男子团体”第二名；篮球比赛获得“男子机关事业单位组”季军；象棋比赛获得团体二等奖；华牌比赛获得团体三等奖。

第三节 群众经济技术

合理化建议与技术创新

中华人民共和国成立后，境内的工会组织在市总工会的直接领导下，紧紧围绕党在各个时期的中心任务，不断对职工进行思想政治教育，提高其主人翁责任感。同时，积极组织职工开展社会主义劳动竞赛，在经济建设中做贡献。在抗美援朝运动中，工会发动职工开展以增产捐献，爱国节约为主要内容的劳动竞赛。进入社会主义改造和建设时期，工会又组织职工积极开展技术革新和合理化建议运动，并广泛开展比先进、学先进、赶先进、超先进的劳动竞赛，促进了各项事业的发展。

1976 年郊区工会建立后，工会工作逐步开展，特别是中共十一届三中全会以后，随着党的工作重点转移，郊区同全国一样，进入了社会主义建设新时期，工会组织为适应社会主义现代化建设的需要，为改革开放服务，组织机构日趋完善，工会工作更加广泛。积极开展“我为工厂献一计，帮助企业解难题”等合理化建议活动，使全区形成了全方位、多层次、多形式的劳动竞赛热潮。1986 年 5 月，教育工会会员、郊区实验小学副校长张炬总结出“一条龙”教学法，被省劳动竞赛委员会荣立二等功。1987 年 5 月，郊区重型机械厂“中心碾”改革合理化建议年创价值 12 万元，被省劳动竞赛委员会荣立集体二等功。同年，教育工会会员、郊区实验小学荆保平的教学论文，被省劳动竞赛委员会荣立二等功。至 1993 年底，全区职工提出合理化建议 10300 余条，开展技术攻关 200 余项，直接创经济价值 3500 余万元。

1994 年以来，全区各级工会组织面对改革开放和建立社会主义市场经济体制的新形势，努力把提高劳动者素质，推进企业技术进步作为工会群众生产工作的重要事项来抓，团结动员全区广大职工积极参与、支持和推进企业改革，围绕企业“三改一加强”出谋献策。以经济建设为中心，坚持开展以“一基四本”（基础管理，以人为本，降低成本，运营资本，质量为本）为主要内容的社会主义劳动竞赛，鼓励职工发明创造，组织技术革新和合理化建议活动，为全区经济建设做出了贡献。截至 2002 年底，全区有 10835 名职工提出合理化建议 10968 条，创造经济价值 3780 万元；累计实现“双增双节”总价值 3215 万元；“一基四本”竞赛实现价值 1882 万元。先后有 8 项新产品获山西省百项重大技术成果。

2003 年，郊区总工会下发《关于认真学习贯彻中国工会十四大精神通知》，深入基层、加强领导、努力做到一级抓一级，层层抓落实，不断把竞赛活动引向深入，大力提升了职工的政治素质和思想道德素质，深入开展群众性的经济技术创新活动，积极组队参加全市职工技术大赛，并取得了县区总分第一名的好成绩。当年开展“一基四本”劳动竞赛成果价值实现 974.73 万元，提出合理化建议 13418 条，实施完成 2298 条，创造价值 1699.4 万元。

2015 年，郊区总工会在全区范围内广泛开展以“小发明、小创造、小革新、小设计、小建议”为竞赛内容的群众性经济技术创新活动和“工人先锋号”主题竞赛活动，根据郊区传统采掘业多、地面企业少；零星个体企业多、大型企业少；加工业多、制造业少的实际情况，本着“三个有利于”的原则，即有利于企业生产发展、有利于新型产业兴起、有利于调动职工创新积极性。区总工会要求企业开展“五小”创新创效活动要从小处着眼、从细节入手、从身边做起，使“五小”竞赛活动得到有效开展。全区共有30余家企业参加，向省、市工会申报50项发明成果。如：新型蓄电池桩头附带电源线保险显示快速操作装置、煤矿用隔爆型控制按钮、煤矿用隔爆型三相异步电动机接线盒、高耐磨无节绳托辊等小革新，提高了设备的运行水平，其中煤矿用隔爆型三相异步电动机接线盒、高耐磨无节绳托辊两项小革新创收1100万元。郊区总工会在开展“五小”竞赛活动中，各企业坚持“小、实、活、新”的活动思路，针对生产难题组织开展“五小”活动，取得了明显效果。其中10项成果分别荣获省三等奖1个，市一等奖1个、三等奖3个，鼓励奖5个，结合省、市获奖情况，郊区总工会又拨出专项资金12900元奖励获奖成果。

2016年，郊区总工会制作“五小”竞赛专题片，在市、区电视台播出，宣传开展“五小”竞赛的重要意义，并在全区有条件的企业广泛开展了“五小”竞赛活动，当年有30个小发明、技术革新项目参与了省、市“五小”竞赛评比。在全区“五小”竞赛优秀成果评选活动中，共有优秀成果13项获奖，其中一等奖1个、二等奖6个、三等奖2个，鼓励奖4个。

2017年，郊区总工会在全区有条件的企业广泛开展了“五小”竞赛活动，其中有23项小发明、技术革新项目参与了省、市“五小”竞赛评比，其中获优胜单位1个、二等奖2个、三等奖4个。二等奖分别是郊区华伟汽车电瓶电器配件部甄华伟、山西煤销集团保安煤业有限公司魏彦勇。三等奖分别是山西煤销集团保安煤业有限公司姚建生、冯德军、邓利明、阳泉市天隆工程材料有限公司彭建忠。

2019年，郊区总工会推荐34个项目参加全市“五小”创新竞赛，6个项目在市级获奖，其中一等奖1个、二等奖2个、三等奖3个。

2017年，郊区总工会开展的“五小”竞赛活动成果在山西省企业优秀成果展现场展出

岗位练兵与技术比赛

1976年，郊区工会成立后，坚持把组织职工群众参加社会主义劳动竞赛列入重要工会工作议事日程，积极组织职工群众开展劳动竞赛活动，参加技术比武，开展岗位练兵，提高技术技能，引导职工群众树立“学文化、学知识、学技术”的思想，积极开展职工培训，努力提高职工素质。特别是中共十一届三中全会后，工会充分发挥“纽带”和“支柱”作用，发动广大职工投身于现代化建设事业，广泛开展“双增双节”为主要内容的社会主义劳动竞赛，开展“为四化立功”“学先进、练硬功、登擂台、创水平”的岗位练兵和技术比武，使全区形成了全方位、多层次、多形式的竞赛热潮，1981年12月12日，根据阳泉市劳动竞赛委员会要求，经区委、区人民政府研究决定，成立了郊区社会主义劳动竞赛委员会，办公室设在郊区工会。1988年9月，郊区总工会组织全区职工珠算技术比赛。1991年7月24日，按照上级工会要求，经区委同意，召开了阳泉市郊区职工技协第一次全体会员大会，成立了阳泉市郊区职

工技术协作委员会，负责团结组织会员，吸引广大职工开展群众性的技术协作活动，促进技术进步。截至1993年底，全区“双增双节”总值达7887万余元，有132个集体和个人受到省、市劳动竞赛委员会的表彰，郊区总工会被山西省总工会授予“先进县（区）工会”称号。

1993年、1996年、2002年共3次组织188名有技术特长的职工参加了阳泉市第一、二、三届职工技术大赛，获得金牌1枚、银牌4枚、铜牌4枚，并有35人获“市技术能手”称号。其中，1996年9月，郊区8个团体44名个人，参加了阳泉市第二届职工技术大赛10个专业19个工种的比赛。区卫生局代表队分别获得团体妇女保健第二名和儿童保健第三名；区粮食局代表队获得团体粮油保管第二名；东村卫生院李变玉获得妇幼保健个人第一名，区粮食局徐淑芳获得粮油保管个人第二名，河底卫生院段君慧获得儿童保健个人第三名。1998年，郊区总工会分别获县（区）竞赛一等奖、群众生产工作先进集体，技术比赛团体第六名的好成绩。2002年，在全市第三届职工技术大赛中，郊区共有27支代表队96名选手参加。郊区代表团团长为时任郊区政府副区长、竞赛委员会主任要宜为，副团长为时任郊区总工会常务副主席、竞赛委员会副主任郭善祥，共取得银牌2枚、铜牌2枚、第四名1名、技术能手23名的较好成绩。

2002年，阳泉市第三届职工技术大赛开幕式

2004年3月3日，郊区总工会在区进修校举办首届女职工计算机技能大赛，全区8个乡镇、29个机关企事业单位的88名女职工参加比赛，比赛的主要内容为中共十六大精神、中国工会十四大精神、《中华人民共和国工会法》、《中国工会章程》、《中华人民共和国劳动法》、《中华人民共和国妇女权益保障法》等，形式多样地把法规知识和计算技能测试融为一体，整个大赛秩序井然，公开公正。比赛共决出一等奖1名、二等奖3名、三等奖7名、优秀奖6名。同年，区煤运公司开展了职工技能学习活动，购置各类书籍1000余册，还聘请了有关专家教授讲课，使职工素质有了明显提高。河底镇各煤炭企业，根据新的采煤工艺，组织36名青年技术骨干到太原矿业学校进行为期1年的学习深造，为企业增添了新的活力。

2005年9月22日至11月11日，郊区劳动竞赛委员会和郊区总工会组织全区97名选手，参加了阳泉市计算机、机械、煤炭、电力、建筑、耐火、交通、卫生、财会、金融等10个行业26个工种的比赛，并取得了成功。经过两个多月的激烈角逐，郊区代表团共荣获金牌2枚、银牌3枚、铜牌1枚，总成绩名列全市各县区之首、位居全市总分第四名，并被大赛组委会授予优秀组织奖，郊区耐火专业组被市劳动竞赛委员会荣立一等功。旧街煤矿获“优秀组织单位”称号，晋阳碳素有限公司赵所祥等5人获优秀组织者奖，来自不同战线的15名参赛选手被评为技术能手，使大培训、大练兵、大比武的风气在郊区再掀高潮。同时2005年9月，晋阳碳素有限公司在开展素质攀升工程的过程中，积极开展“质量月”职业业务知识和业务技术比武活动，企业参加人数达230余人，占企业总人数的90%以上，同时组织31个工种进行技能比武，评出了企业技术明星。旧街煤矿、牵牛镇煤矿、鸿泰煤矿、华岭耐火公司等企业实施

“首席员工”、职工井下监督员岗位津贴制。

2008年6月，郊区总工会精心组织8个乡镇、8个主管部门、26家单位和企业，组成了32支代表队166名选手参加了阳泉市第五届职工技术大赛，经过为期两个月余的角逐，郊区代表团以76.07分荣获了全市团体总分第二名的好成绩，其中，荫营中学赵瑞参加的计算机平面设计荣获金牌，荣立山西省一等功，被评为“阳泉市首席员工”，享受三年每月60元的首席员工津贴；郊区千隆机动车驾驶员培训学校张志平参加的汽车驾驶实操教练员比赛荣获银牌，荣立山西省二等功；郊区职业中学姜涛、荫营中学赵瑞、区教师进修学校王丽、李秀萍；开发公司陆和平、千隆驾校张志平6人荣获“阳泉市技术能手”称号；荫营中学以130分的成绩获得计算机平面设计第二名，郊区进修学校以182.45分的成绩获得计算机办公软件应用第二名；同时43名选手还获得了具备颁发高级、中级、初级职业资格证书的认定。2009年，积极发挥职工技协组织作用，广泛开展职工技术“大培训、大练兵、大比武、大创新、大竞赛”活动。

2008年6月，郊区总工会组队参加阳泉市第五届职工技术大赛

2010年，为贯彻落实党的“尊重劳动、尊重知识、尊重人才、尊重创造”的重大方针，继续深入开展全区职工“争创工人先锋号、争当首席员工”竞赛活动，进一步引深职工素质攀升工程，激发广大职工学技术、练硬功、强素质的积极性和主动性，努力推动郊区经济社会又好又快地发展。区劳动竞赛委员会、区总工会、区人力资源和社会保障局、区科技局、区耐火材料行业协会联合举办阳泉市郊区首届耐火材料行业职工技术大赛，在全区职工“大培训、大练兵、大比武”活动的基础上，通过层层比赛，涌现出了一大批岗位技术能手。阳泉市郊区劳动竞赛委员会、郊区总工会决定，为全区首届耐火材料行业职工技术大赛各工种比赛中，获得金牌的张润红等5名选手，授予“阳泉市郊区首席员工”称号，并颁发首席员工津贴，每人500元。

2010年，郊区总工会举办阳泉市郊区首届耐火行业职工技术大赛，图为开幕式现场

2012年，在全区企事业、机关单位中广泛开展“当好科学发展主力军，打好转型跨越攻坚战”劳动竞赛活动，全区开展劳动竞赛的企业105家，参赛职工2.81万人。职工提合理化建议230项，采纳实施115项，创效50万元，总结推广先进操作法1项，创效10万元。建立首席员工制度企业16家，聘请首席员工30人。基层举办技能比赛10项，涉及职工1500余人，参加技术技能培训职工6000余人。

2013年10月28日至29日，郊区总工会和郊区卫生局联合举办卫生系统以“锻炼岗位技能，提高人员素质”为主要内容的技能比武活动。2014 年 7 月 15 日，郊区总工会和郊区卫生局在区人民医院联合举办全区卫生系统基本公共卫生服务及护理知识竞赛，全区共有 40 名大学生村医参加。此次竞赛活动分理论考试和实践技能两种形式进行。实践技能分为单人心肺复苏术、前臂中段开放性骨折伴有动脉出血的止血包扎固定、预防接种 3 个项目。通过此次竞赛活动，进一步激发全区乡村医生及大学生村医的工作热情，促进乡村医生队伍的职业道德和业务水平得到进一步提高，使全区广大人民群众得到更好的预防、保健及医疗服务。

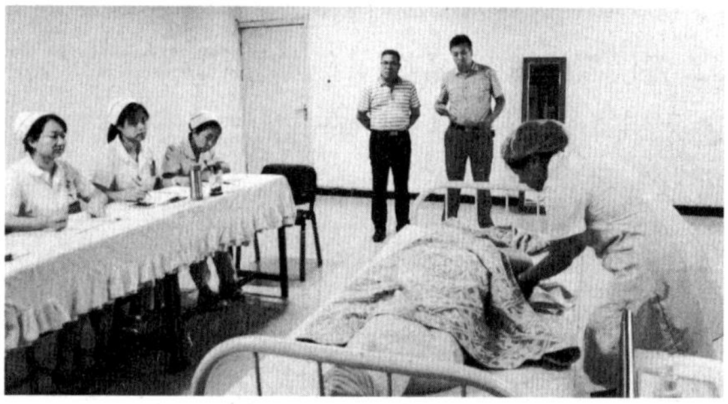
2014 年 7 月，郊区总工会和郊区卫生局联合举办卫生岗位练兵技能竞赛

2019 年 6 月 28 日，为鼓励创业创新，推动郊区形成“双创”浓厚氛围，掀起创业创新的热潮，为全区经济发展和转型升级推动强劲引擎，以优异成绩为中国共产党成立 98 周年献礼，郊区总工会联合区妇联、团区委、区发改委、区教科局、区人社局、区中小企业局联合主办的阳泉市郊区第二届“信合杯”创业创新大赛在区政府东报告厅举行。区委副书记、区长宁文鑫，区委常委、政法委书记张斌武，区人大常委会副主任、区总工会主席张富英，区政府副区长晋炜，区政协副主席杨济才，市妇联副主席苏秀莲，市总工会经济技术部部长王有生应邀出席此次大赛，参加此次大赛的还有企业家代表、创业青年、创业女性共计 160 余人。大赛最终评选出一等奖 1 名、二等奖 2 名、三等奖 3 名、优秀奖 11 名，山西工程技术学院获得大赛项目指导贡献奖。

先进模范评选与管理

1976 年郊区工会成立后，为了弘扬劳动模范的时代精神，关心劳动模范的工作、生活和学习，宣传劳动模范的先进事迹，充分调动广大职工的积极性、主动性和创造性，进一步焕发劳动热情，释放创造潜能，凝聚起同心筑梦的磅礴力量，在全社会形成劳动光荣、知识崇高、人才宝贵、创造伟大的时代新风，使尊重劳动、尊重知识、尊重人才、尊重创造成为广大人民群众的共识和自觉行动，激励和带动全区人民加快全面建设小康社会进程，郊区工会高度重视先进模范评选与管理工作。当年，开展选树劳模、推荐劳模、宣传劳模等活动，组织劳模进行健康体检和疗休养，激发广大职工投身改革开放和经济建设的积极性和主动性，营造学先进、赶先进、争先进的浓厚氛围。

为组织职工积极开展社会主义劳动竞赛活动，协助区委、区政府做好全国、全省、全市劳模和全国、全省“五一劳动奖章”、奖状的评选、推荐和郊区劳模评选表彰、管理等具体工作。1981 年 12 月 12 日，根据阳泉市劳动竞赛委员会要求，经区委、区人民政府研究决定，成立了郊区社会主义劳动竞赛委员会，办公室设在郊区工会，先进模范评选与管理工作更加规范。同时，对当年的省、市先进集体、劳动模范评选工作做了具体安排。1984 年 5 月，白泉供销社饭店、河底供销社、荫营中学分别被省劳动竞赛委员会荣立集体二等功；郊区机关知青综合服务部荣立集体三等功；郊区南小西庄砂货厂厂长任白孩等 8 人荣立个人二等功；郊区千亩坪黏土矿职工王六全等10人分别荣立三等功；郊区人民政府年度企业由亏转盈，总收入1063万元，被省劳动竞赛委员会荣立集体三等功。1992年“五一”国际劳动节前夕，郊区总工会组织劳模召开座谈会，送去工会组织对劳动模范的政治关怀。

进入21世纪后，先进模范评选与管理工作由重点选树推荐转向与管理宣传并重。2004年4月29日下午，郊区劳动竞赛委员会与郊区总工会组织出席省、市五一表彰的先进集体代表和先进个人20余人，召开迎“五一”座谈会。区政府副区长、区劳动竞赛委员会主任郭少敏，区人大常委会副主任、区总工会主席郭善祥参加了座谈会。来自各条战线上的劳动模范就开展本职工作中的成绩、经验和教训等纷纷进行了发言，对区委、区政府的工作也提出了许多好的建议和意见。区人大常委会副主任、区总工会主席郭善祥做了“弘扬劳模精神，共建和谐郊区”的讲话。2006年4月28日，区劳动竞赛委员会、区总工会组织出席省、市“五一”表彰的先进集体代表和先进个人30余人，再次召开了迎“五一”座谈会。区人大常委会副主任、区总工会主席郭善祥参加了座谈会。会后，区总工会还为劳模们发放了荣誉证书及奖金。“五一”国际劳动节来临之际，郊区总工会和郊区劳动和社会保障局联合举办“庆五一、送健康”活动，为2000年以来郊区劳动竞赛委员会、郊区总工会推荐出席市以上的劳动模范、立功人员进行免费体检。

郊区总工会召开2004年度劳动模范座谈会

2008年1月28日，郊区政府与郊区总工会召开了第三次联席会议。区委、区政府有关领导出席会议。区政府办、区人事局、区编办、区财政局等相关部门的负责人参加了会议。区政府副区长、区劳动竞赛委员会主任程继喜主持会议。区总工会主席郭善祥就一年的工作进行通报；会议就区总工会提出的《阳泉市郊区劳动模范管理办法》进行酝酿讨论，与会人员对区总工会的工作给予充分肯定，并提出许多有见地、有价值的意见和建议。会议原则通过并以区政府文件下发《阳泉市郊区劳动模范管理办法》，同时对另外两个协商意见原则通过。区委、区政府领导在会上作重要讲话，对郊区总工会近年的工作给予了高度评价，并就当前新的形势下工会组织如何发挥职能作用提出了殷切的希望，代表政府对会议议题明确表态，承诺尽快组织相关部门予以核实，在最短的时间内配齐工会编制，使全区工会工作进一步走上规范化和制度化。4月29日，按照惯例区总工会举行市级以上劳模座谈会。来自全区不同战线的20余名先进集体和劳动模范代表进行了座谈。区自来水公司、山西圣火炉料有限公司、区检察院、区公安分局等先进集体代表和记功人员畅谈了各自的工作和学习情况。

2009年9月27日，区委、区政府领导会同郊区总工会负责人，前往市级以上困难劳模和部分省级劳动模范家中，部分工厂、企业看望慰问节日期间仍然坚守岗位的一线职工们，为他们送去慰问金和慰问品。

2010年，郊区总工会开展劳模生活状况调查工作。根据山西省总工会《关于开展劳模生活状况及劳模管理情况调查的通知》的要求，区总工会经济技术部对全区的18位困难劳模生活情况进行了摸底调查，并收集他们的困难资料上报市总工会，通过电话联系，填表排查，对37位省级以上劳模的生活状况进行摸底，通过调查，对健在的劳模，已故的和调离的劳模进行归类，建立了更加系统的劳模档案，为劳模管理工作奠定了基础。4月30日上午，区劳动竞赛委员会、区总工会在区政府六楼会议室例行主办“五一”国际劳动节劳模座谈会，区委副书记王丽梅、区人大常委会主任王梦贺、区政协主席要宜为、区政府副区长、区劳动竞赛委员会主任程继喜、区总工会主席郭善祥出席会议。共有32位出席全国、省、市劳动模范和省、市先进集体代表参加会议。5月21日，在河底镇大固庄村会议中心举行“郊区总工会2010年劳模津贴发放仪式”。按照省、市、区劳模管理办法规定，劳动模范从被命名之月起到下一次劳模大会召开前，享受荣誉津贴，时间以3年为限。其中，全国劳模每月120元，省特级劳模每月100元，省劳模每月80元，市劳模每月60元。2007年度获得省、市劳模大会表彰的劳动模范代表马玉田、冯恩湖、余占明等分别介绍了近几年各自的工作情况并表示会继续努力做好本职工作，为全区经济和社会发展做出应有的贡献。11月18日，区总工会紧紧结合基层党组织开展的创先争优活动，组织全区各行各业、各条战线22名国家、省、市三级劳动模范到区人民医院进行免费体检，体检的内容包括内科、外科、B超、心电图等10余项常规检查。

郊区工会举行2010年劳模津贴发放仪式

2013年5月14日上午，郊区总工会“劳模精神在一线，转型跨越勇争先”活动正式启动。全区各行业部分劳模代表、各乡镇系统工会主席40人参加启动仪式。出台《关于开展“劳模精神在一线 转型跨越勇争先”的活动方案》。启动仪式结束后，由省劳动模范、郊区人民医院院长张凤英，市劳动模范、区公安分局纪检组组长史鹏军分别带领两支劳模服务队，先后深入华岭耐火有限公司和窑沟村，为基层一线职工群众开展义诊、送书、法律咨询等服务。同年11月15日，张凤英劳模创新工作室、高秀杰劳模创新工作室和王义长劳模创新工作室挂牌成立。

2014年，郊区总工会以“弘扬劳模精神，建设美好郊区”为主题，举办“五一”劳模宣传月活动。活动期间，投资20万元帮助旧街乡中药种植户省劳动模范王雪和区人民医院中医科市劳动模范史华明，创建了2个劳模创新工作室；在荫营东西大街制作了LED宣传灯箱，对49名劳动模范标兵、优秀干部、优秀企业家、优秀科技人才进行宣传，还为80名当年区级劳动模范进行免费健康体检。在《郊区周刊》上专版刊登了2014年度获得省、市表彰的劳模及先进事迹；在区电视台《郊区新闻》中开辟《劳动者风采》专栏，分层次、分类型、多渠道宣传劳模先进人物事迹，引导全区干部职工向身边劳模先进学习，激励大家立足本职岗位争先创优，积极营造学习劳模、尊重劳模、关爱劳模、争当劳模的浓厚氛围，以劳模先进人物精神引领全区干部职工积极投身全区经济建设主战场，唱响创先争优主旋律。

2019年，郊区总工会在劳模宣传月期间，利用郊区周刊专版、郊区电视台开辟专栏集中宣传劳模先进事迹。推荐申报阳泉市郊区荫营中学校教师聂喜军等3人为山西省劳动模范。对7名市级困难劳模开展生活困难状况调查，为4名全国劳模、19名省级劳模、12名市级劳模进行免费健康体检。为19名在郊区的省级劳模每人发放中华人民共和国成立70周年慰问金600元，共计11400元。

附1：劳动模范、立功个人名录

详见第八章第三节

附2：模范单位（集体）名录

山西省模范（先进）集体

1978年（1个）

学大庆先进企业（1个）

郊区机械修造厂

1982年（3个）

郊区西南舁公社大洼大队

郊区河底公社牵牛镇大队

河底供销社

1986年（2个）

郊区荫营镇三泉村

郊区平坦垴建筑陶瓷厂

1989年（1个）

郊区荫营镇三泉村

1992年（2个）

野沟煤矿采煤三班

郊区荫营镇

1995年（2个）

郊区荫营镇

郊区义井泊里村

1998年（1个）

郊区人民法院经济审判二庭

2001年（1个）

阳泉狮头特种水泥有限公司

2004年（1个）

郊区旧街乡枣园村

2007年（1个）

阳泉煤炭运销分公司郊区公司

2010年（2个）

山西圣火炉料有限公司

阳泉市玉山蔬菜专业合作社

2014年（1个）

阳泉市郊区平坦镇桃林沟村

2019年（1个）

山西煤销集团保安煤业有限公司洗选中心煤泥水班组

阳泉市模范（先进）集体

1980年（7个）

市模范集体（3个）

东村供销社

荫营供销社

东村供销社“三姐妹”百货门市部

市先进集体（4个）

河底供销社生产资料门市部

义井供销社南庄分销店

李家庄供销社侯家沟分销店

粮食局平坦垴粮店

1981年（4个）

市先进集体（4个）

郊区王垅黏土矿

郊区矾窑煤矿

河底供销社

西南舁供销社

1982年（49个）

市十三面红旗（2个）

河底供销社

郊区西南舁公社大洼大队

市模范集体（9个）

郊区河底公社牵牛镇大队
郊区三郊公社三都大队
郊区平坦公社龙凤沟大队
郊区东村公社东村大队
郊区平坦公社农机厂
郊区义井公社义井大队砖厂
郊区荫营公社林场
郊区毡毯厂
荫营中学校
市先进集体（38 个）
白泉供销社饭店
郊区西南舁公社北大西庄大队
郊区西南舁公社高灌站
郊区西南舁公社农机厂
郊区东村公社小沟大队第一生产队
郊区东村公社山底大队煤窑
郊区东村公社大河北大队
郊区燕龛公社程庄大队
郊区燕龛公社红旗煤矿
郊区河底公社大固庄大队
郊区河底公社上章召大队
郊区河底公社水泥厂
郊区三郊公社马庄大队
郊区三郊公社农机厂
郊区荫营公社老虎沟大队
郊区荫营公社矾窑大队
郊区荫营公社桥上大队
郊区白泉公社东古大队
郊区白泉公社林里大队第四生产队
郊区白泉公社农机厂
郊区杨家庄公社南杨家庄大队
郊区杨家庄公社南小西庄大队副业队
郊区杨家庄公社黑土岩大队第二生产队
郊区李家庄公社长岭大队
郊区李家庄公社李家庄大队
郊区李家庄公社综合加工厂
郊区平坦公社魏家峪大队
郊区义井公社小河大队
郊区义井公社义井大队
郊区义井公社义东沟大队第一生产队
郊区辛兴公社桑掌大队
郊区辛兴公社石板片大队
郊区旧街公社测石大队第五生产队
郊区旧街公社路家庄大队羊工组
郊区三郊联校
郊区河底联校
郊区辛兴联校
郊区杨家庄公社卫生院
1983 年（3 个）
市模范集体（2 个）
河底供销社
白泉供销社
市先进集体（1 个）
郊区粮管所杨树沟仓库保管组
1986 年（38 个）
市先进集体标兵（2 个）
郊区荫营镇三泉村
郊区平坦乡平坦堖村建筑陶瓷厂
市先进企业（2 个）
郊区煤炭运销公司
郊区王垅黏土矿
市先进集体（34 个）
郊区义井乡神峪村
郊区荫营镇坪上村煤矿
郊区荫营镇下千亩坪耐火厂
郊区西南舁乡农机厂
郊区西南舁乡东南舁村耐火纤维厂
郊区白泉乡东落菇堰耐火厂
郊区白泉乡下白泉村
郊区河底镇牵牛镇村
郊区河底镇小固庄村
郊区旧街乡挂车配件厂

郊区燕龛乡北庄村
郊区燕龛乡红旗煤矿
郊区辛兴乡农机服务站
郊区辛兴乡煤矿
郊区三郊乡韩庄村
郊区三郊乡前洼村
郊区杨家庄乡北村耐火厂
郊区义井乡义井水泥厂
郊区义井乡王垅耐火厂
郊区河底镇兴华水泥厂
郊区东村乡山底村
郊区东村乡小西庄村
郊区李家庄乡汉河沟村
郊区李家庄乡晋沪服装厂
郊区平坦乡林业站
郊区平坦乡水泵厂
农业银行郊区支行平坦信用合作社
郊区税务局
郊区粮食局
郊区平坦乡联校
荫营中学
郊区北舁学校
郊区河底镇联校
郊区义井乡卫生院
1989 年（33 个）
市模范集体标杆（2 个）
郊区荫营镇
郊区义井乡瀑里村
市模范企业（单位）（2 个）
郊区王垅黏土矿
郊区税务局
市模范集体（29 个）
郊区荫营镇三泉村
郊区荫营镇下千亩坪村
郊区平坦乡平坦垴村
郊区河底镇小固庄村
郊区河底镇下章召村
郊区西南舁乡青山水泥厂
郊区东南舁村耐火纤维厂
郊区东村乡山底村
郊区河底镇牵牛镇村
郊区燕龛乡红旗煤矿
郊区燕龛乡林场
郊区三郊乡三都村农机队
郊区白泉乡下白泉村
郊区杨家庄乡孙家沟村
郊区李家庄乡冯家庄村煤矿
郊区李家庄乡誉远耐火厂
郊区义井乡特种水泥厂
郊区韩庄钢铁厂
郊区旧街乡汽车配件厂
郊区平坦乡西河村奶牛厂
郊区辛兴乡畜牧业站
郊区农业会计函授分校
郊区西南舁供销社
郊区保险公司
郊区河底小学
郊区平坦乡联校
郊区平坦垴幼儿园
郊区广播电视局外线组
郊区科委
1992 年（17 个）
市模范集体标杆（2 个）
野沟煤矿采煤三班
郊区荫营镇
市模范企业（单位）（1 个）
郊区物资供应总公司
市模范集体（14 个）
郊区河底镇
郊区平坦乡
郊区荫营镇三泉村
郊区荫营镇下千亩坪村

郊区平坦乡平坦垴村
郊区义井乡泊里村
郊区河底镇河底村
郊区平坦乡西河村
郊区河底镇牵牛镇村
郊区河底镇下章召村
阳泉市第三钢铁厂
郊区荫营供销合作社
郊区义井乡大阳泉幼儿园
郊区公安分局刑警队
1995 年（11 个）
市模范集体（11 个）
郊区煤炭汽车运输公司
郊区河底镇牵牛镇村
郊区三郊乡韩庄村
郊区三郊村机械化农场
郊区荫营镇下千亩坪村
东风耐火材料厂
阳泉市耐酸陶瓷厂成型车间
郊区平坦乡石卜咀村
郊区荫营供销社桥头商店
郊区财政局
郊区教育委员会
1998 年（11 个）
市模范单位（4 个）
阳泉市特种水泥厂
阳泉市东风耐火材料厂
郊区第一中学校
郊区荫营镇
市模范集体（7 个）
阳泉市矾窑煤矿采煤一队
郊区荫营镇下千亩坪村
郊区河底镇牵牛镇村
郊区白泉乡下白泉村
郊区平坦镇魏家峪村
郊区义井镇瀑里村
郊区公路管理段
2001 年（11 个）
市模范单位（集体）（11 个）
阳泉市野沟煤矿第一采运队
阳泉市耐酸陶瓷有限公司
阳泉市攀宝色素厂
阳泉瀑里高压电瓷有限公司
郊区旧街乡枣园村
郊区荫营镇坪上村
阳泉市兴东肉鸽养殖场
郊区西南舁乡西南舁村千亩果园
郊区第一中学校
阳泉市公安局郊区分局河底派出所
郊区总工会
2004 年（8 个）
市模范单位（集体）（8 个）
郊区煤气热力中心集中供热站
旧街煤矿
阳泉华岭耐火材料有限公司
郊区荫营镇
郊区平坦镇桃林沟村桃林园艺中心
郊区杨家庄乡和谐生态园区
郊区地方税务局河底税务所
荫营中学校
2006 年（8 个）
市先进集体（8 个）
山西天泉煤炭有限公司
阳泉市晋阳碳素有限公司
阳泉市郊区平坦镇西河村
阳泉市郊区义井镇瀑里村
阳泉市郊区煤矿安全技术中心
阳泉市郊区地税局河底税务所
阳泉市郊区环境保护监测站
阳泉市郊区兴村万木原
2007 年（9 个）
市模范单位（5 个）

山西圣火炉料有限公司
阳泉市郊区果业协会
阳泉市郊区人民检察院
阳泉市永恒绿宝农业有限公司
阳泉市和谐生态园
市模范集体（4个）
新华食品厂酿造车间
荫营镇下千亩坪村
郊区自来水公司桃河供水站
阳泉市种鸡场孵化车间
2008年（9个）
市先进集体（9个）
阳泉市郊区荫营镇人民政府
阳泉市郊区人民检察院
阳泉市郊区平坦镇桃林沟村
阳泉市旧街煤矿有限责任公司
阳泉市郊区广播电视局电视台
郊区林业局造林队
郊区教育局教研室
西南舁乡计生服务所
旧街煤炭有限公司综采检修组
2009年（8个）
市先进集体（8个）
三晋鸿泰煤业有限公司
河底镇人民政府
平坦镇辛兴村
阳泉市公安交通警察支队第三大队
阳泉市丰泽耐火材料有限责任公司
区人民检察院办公室
区建设局建筑工程管理站
阳泉市玉山蔬菜专业合作社
2010年（9个）
市模范单位（3个）
郊区总工会
郊区档案局
山西煤炭运销集团阳泉郊区有限公司
市模范集体（6个）
阳泉市三来食品有限公司全粉厂三车间
阳泉市郊区实验小学数学教研组
阳泉市郊区义井镇义东沟村
阳泉市郊区旧街乡佛洼村
阳泉市郊区刘备山绿化管护队
阳泉市瑞峰养殖场
2014年（5个）
市模范单位（2个）
阳泉市郊区荫营镇人民政府
阳泉市下千耐火材料有限公司
市模范集体（3个）
山西煤销集团保安煤业洗选中心队煤泥水班组
阳泉市丰泽恒业耐火材料有限公司成型车间
阳泉市郊区司法局基层科

附3：立功单位（集体）名录

山西省五一表彰

1984年（5个）
省二等功（3个）
阳泉市郊区白泉供销社饭店
阳泉市郊区河底供销社
荫营中学校
省三等功（1个）
郊区机关知青综合服务部
省三等功（国庆）（1个）
砚窑煤矿
1986年（1个）
省三等功（1个）
郊区铝制品厂
1987年（1个）
省二等功（1个）
郊区荫营重型机械厂
1988年（1个）
省二等功（1个）

郊区荫营重型机械厂
1993 年（1 个）
省三等功（1 个）
东风耐火材料厂
1994 年（1 个）
省一等功（1 个）
唐钢耐火厂阳泉下千亩坪分厂
1997 年（1 个）
省二等功（1 个）
阳泉市东风耐火材料厂
1999 年（1 个）
省二等功（1 个）
阳泉特种水泥有限公司
2002 年（1 个）
省二等功（1 个）
阳泉狮头特种水泥有限公司
2005 年（1 个）
省三等功（1 个）
阳泉市郊区农村社会养老保险事业管理所
2006 年（1 个）
省三等功（1 个）
郊区平坦镇西河村
2008 年（1 个）
省一等功（1 个）
郊区平坦镇桃林沟村
2009 年（1 个）
省三等功（1 个）
郊区平坦镇辛兴村
2012 年（1 个）
阳泉市郊区道路运输管理所
2017 年（1 个）
省五一劳动奖状（1 个）
阳泉市华岭耐火材料有限公司
2018 年（1 个）
省五一劳动奖状（1 个）
阳泉市华岭耐火材料有限公司

阳泉市五一表彰

1987 年（9 个）
市二等功（4 个）
郊区荫营重型机械厂
郊区平坦信用合作社
荫营工商管理所
郊区税务局
市三等功（5 个）
义井供销社醋酱加工厂
郊区大村分销店
郊区西南舁供销社
郊区义井乡卫生院精神病专科
郊区西南舁乡卫生院
1988 年（2 个）
市红旗单位（1 个）
郊区平坦中心信用合作社
市先进单位（1 个）
郊区义井乡卫生院
1989 年（1 个）
市优胜集体（1 个）
郊区义井乡卫生院
1990 年（12 个）
市三等功（12 个）
郊区义井卫生院
郊区重型机械厂铝制品车间
郊区荫营供销社百货大楼
郊区物资公司贸易小组
郊区野沟煤矿采煤三班
郊区水暖器材厂铸造车间
郊区水泥预制厂制杆车间
郊区回收公司回收组
郊区荫营货运站推煤机组
郊区物资总公司
郊区平坦水泵厂
郊区荫营供销社
1991 年（6 个）

市模范企业（1个）
平坦水泵厂
市二等功（4个）
青山水泥厂
旧街汽车配件厂
特种水泥厂
唐钢耐火厂下千亩坪分厂
市三等功（1个）
郊区荫营供销社
1992年（2个）
市二等功（1个）
郊区义井乡卫生院
市三等功（1个）
郊区荫营供销社
1993年（7个）
市二等功（2个）
郊区税务局
唐钢耐火厂下千亩坪分厂
市三等功（5个）
郊区煤炭运销公司汽车队
郊区温河灌区耐火浇注料车间
郊区荫营供销社桥头商店
荫营重型机械厂铸造车间
荫营货运站
1994年（4个）
市二等功（2个）
金桥实业总公司第二耐火材料厂
郊区统计局
市三等功（2个）
红土岩煤矿四尺坑口
郊区荫营供销社百货大楼
1996年（8个）
市三等功（8个）
阳泉市旧街汽车配件厂
阳泉市特种水泥厂生产车间
阳泉市兴华水泥厂烘干车间
阳泉市矾窑煤矿第二采煤队
郊区大村煤矿丈八坑
郊区荫营供销合作社
郊区粮食局荫营粮店
郊区第一中学校
1997年（12个）
市一等功（2个）
山西省煤炭运销总公司阳泉分公司郊区公司
郊区区委、区政府
市二等功（3个）
阳泉市郊区锌品厂一车间
阳泉市卫生陶瓷厂科研组
阳泉市郊区老虎沟耐火材料厂技术科
市三等功（7个）
阳泉市上烟耐火材料厂烧成工段一组
阳泉市郊区林里耐火厂成型车间
阳泉市郊区信用合作社联合社
阳泉市郊区地方税务局
阳泉市郊区国家税务局稽查分局
中保人寿保险有限公司阳泉市郊区支公司
阳泉市工商行政管理局郊区分局办公室
1999年（4个）
市二等功（2个）
郊区攀宝色素厂
郊区荫营供销社桥头商店
市三等功（2个）
青山水泥集团总公司水泥车间
郊区教育委员会托幼办公室
2000年（4个）
市五一劳动奖状（1个）
阳泉市青山水泥集团总公司
市一等功（1个）
阳泉市下千耐火材料厂
市二等功（1个）
阳泉市野沟煤矿采运队

市三等功（1个）
郊区荫营镇财政所
2001年（1个）
市三等功（1个）
郊区杨家庄乡人民政府
2002年（3个）
市五一劳动奖状（1个）
郊区千亨实业总公司
市一等功（1个）
阳泉煤炭运销分公司郊区公司
市二等功（1个）
青山水泥有限公司烧成车间
2003年（7个）
市五一劳动奖状（1个）
郊区农村信用合作社联合社
市一等功（2个）
荫营中学校
林里粉末冶金有限公司质检部
市二等功（1个）
郊区人民检察院
市三等功（3个）
狮头特种水泥有限公司科研所
阳泉煤炭运销分公司郊区公司荫营货运站
郊区人民检察院
2004年（1个）
市二等功（1个）
林里粉末冶金有限公司
2005年（7个）
市一等功（1个）
阳泉市千亨实业总公司
市二等功（3个）
阳泉市丰泽耐火材料有限公司
阳泉市郊区安全生产监督管理局
阳泉市晋阳碳素有限公司
市三等功（3个）
阳泉市郊区平坦畜牧兽医中心站
阳泉市郊区公路管理站
阳泉市郊区计划生育服务站
2006年（8个）
市五一劳动奖状（1个）
阳泉市晋阳碳素有限公司
市一等功（1个）
郊区兴材万木原
市二等功（2个）
郊区煤矿安全技术中心
郊区人口计生局
市三等功（4个）
郊区地方税务局河底税务所
郊区环境保护监测站
郊区义井镇瀑里村
郊区公安分局刑警大队
2008年（8个）
市五一劳动奖状（1个）
郊区荫营镇
市一等功（1个）
郊区林业局刘备山造林专业队
市二等功（2个）
郊区人民检察院
阳泉市旧街煤炭有限责任公司
市三等功（4个）
阳泉市旧街煤炭有限责任公司综采检修组
郊区广播电视台
郊区教育局研究室
郊区西南舁乡计划生育服务所
2009年（7个）
市五一劳动奖状（1个）
郊区河底镇
市一等功（1个）
山西三晋鸿泰煤业有限公司
市二等功（2个）
丰泽耐火材料有限责任公司
郊区新北大街建设指挥部

市三等功（3个）

郊区建设局建筑工程管理站

阳泉市玉山蔬菜专业合作社

郊区人民检察院办公室

2012年（5个）

市五一劳动奖状（2个）

阳泉市郊区李家庄乡人民政府

阳泉市郊区教育局

市工人先锋号（3个）

阳泉市郊区玉泉中学校语文教研组

阳泉市郊区住房保障和城乡建设管理局环卫站

山西煤炭运销集团鸿泰煤业有限公司通风科

2017年（1个）

市五一劳动奖状（1个）

阳泉冀东水泥有限责任公司

阳泉市工人先锋号

2008年（2个）

旧街煤炭有限责任公司综采检修组

郊区林业局刘备山造林专业队

阳泉市职工经济技术创新示范岗

2007年（1个）

阳泉市华新食品厂酿造车间

第四节　劳动保护

职工劳动保护

1987年5月，为履行工会“群众监督参与”的职责，规范和推动工会劳动保护工作，更好地维护劳动者的劳动安全卫生合法权益，郊区总工会配合劳动部门对二轻工业局所属企业逐一进行测尘摸底，对尘毒严重超标的单位提出了限期防改措施，在245个地面作业单位和井下作业单位建立劳动保护监督组织，设立95名劳动保护监督员，并颁发了证件。为解决职工特殊情况下用钱困难，各基层工会都建立互助储金会。

1994年后，随着全区大面积兴办乡镇企业，郊区绝大多数企业建立了工会劳动保护监督检查三级网络机构。按照“企业负责、行业管理、国家监察、群众监督”的安全生产管理体制，全区工会监督检查机构从8个发展到178个，人员从28名发展到366名。

1996年，全区新经济组织建会238个，发展会员26000余名。1997年，郊区企业全面改制，70%的企业工会陷入半瘫痪状态。全区各级劳动保护监督检查人员，认真执行党和国家的安全生产方针，按照全国总工会颁布的工会劳动保护监督检查三个条例（工会劳动保护三个条例：《工会劳动保护监督检查员工作条例》《基层工会劳动保护监督检查委员会工作条例》《工会小组劳动保护检查员工作条例》）的规定及省、市总工会的安排，认真履行职责，坚持开展“安康杯”和“安健杯”安全生产劳动保护竞赛，积极协助所属行政部门做好安全生产和职工劳动保护工作，使全区的安全生产工作迈上了一个新的台阶，各类工矿事故发生率呈逐年下降趋势，职工的自我保护能力有了较大的提高。1999年，郊区总工会被市政府授予“群众监督先进集体”光荣称号。

2009年，在全市“安康杯”竞赛活动中，郊区总工会先后申报旧街煤矿、晋阳碳素公司、昌达伟业公司、小营煤矿、自来水公司等26家企业参加全市的“安康杯”竞赛。在市安康杯竞赛领导组验收后，旧街煤矿荣获省“安康杯”竞赛先进单位；旧街煤矿综采一队、三菱车队保修厂、安全部、自来水公司桃河供水站荣获优秀班组称号。在全市开展的“和谐劳动关系建设年”活动中，郊区旧街煤矿、晋阳碳素公司、天隆工程材料公司、自来水公司、煤炭运销公司、煤炭汽运公司6家企业获得了“创建和谐劳动关系模范企业”称号。

2012年郊区总工会劳保部强化基层以“群防、群控、群治”为主要特点的劳动保护机制的建设，坚持开展“安康杯”竞赛活动，参加竞赛活动的各类工矿企业达105家，参与职工2万余人，通过竞赛活动的开展，促进了全区工矿企业的安全生产工作。联合区安监局举办阳泉市郊区首届“安康杯”知识竞赛，配合区安委成员单位联合举行了第十一个全国“安全生产月”咨询日活动，发放各类宣传材料2000余份，参加咨询群众200余人。2013年4月1日，郊区召开安委扩大会议暨全区安全生产工作会议，对2012年度安全生产考核兑现情况进行通报，表彰了2012年度安全生产工作先进单位先进集体和优秀工作者，并对2013年的全区安全生产工作进行部署。区总工会劳动保护部获区安全生产先进集体荣誉称号。

2012年，郊区总工会与区安全生产监督管理局联合举办阳泉市郊区首届“安康杯”知识竞赛

2014年，郊区总工会按照市竞赛组委会办公室下发的竞赛通知，继续开展“安康杯”竞赛活动，对竞赛的活动目标、任务、参赛范围等作出具体明确的规定，郊区积极组织参赛，超额完成市总工会下达的参赛任务，参赛单位达115家，人数29150人。向上级推荐山西省“安康杯”竞赛优秀班组1个，推荐市级优胜班组3个、模范工会1个、先进个人5名。同年10月10日，省总工会劳保部副调研员张春奎为组长的检查组到郊区保安煤业检查指导“安康杯”竞赛情况，在听取汇报后，检查组对郊区“安康杯”竞赛活动的开展情况给予肯定。10月17日，由市总工会副主席张建军带队的市“安康杯”竞赛考核组一行到郊区就2014年组织开展“安康杯”竞赛活动进行检查验收，通过检查，检查组对2家企业的竞赛活动给予充分肯定，特别对企业领导狠抓班组建设的优秀工作方法，坚持“以人为本，文明管理”的创新举措，给予了高度评价。

2015年，郊区总工会积极组织企事业单位开展安全生产“安康杯”竞赛活动，曾连续获得全市“安康杯”竞赛优秀组织单位。一批基层工会被评为市级“安康杯”优胜单位。

2016年，郊区总工会加强对“安康杯”竞赛活动的组织领导，把“安康杯”竞赛活动和企业安全生产标准化建设有机结合起来，重点培育“安康杯”竞赛工作典型，发挥示范引领作用，确定保安煤业、广鑫源耐火材料有限公司、天隆工程材料有限公司3家企业为市级重点参赛企业。全区“安康杯”参赛企业数达20余家，参赛人数达到1500余人，立项数15项，完成数5项。

2019年，郊区总工会劳保部出台了安全生产月活动的实施方案，印制宣传资料2000余份，购买书籍和影像资料8套，深入煤矿、重点企业、学校和社区开展“七进”活动（即：进企业、进车间、进学校、进医院、进机关、进农村、进社区），组织4家煤矿60余人参加市总工会劳保部举办的全市群监员的培训和考核。

群众安全监督

1994年后，随着全区大面积兴办乡镇企业，本区在绝大多数企业建立工会劳动保护监督检查三级网络机构。按照“企业负责、行业管理、国家监察、群众监督”的安全生产管理体制，全区工会监督检查机构178个，人员366名。各级劳动保护监督检查人员，能够认真贯彻执行党和国家的安全生产方针，按照全国总工会颁布的《工会劳动保护监督检查三个条例》的规定，认真履行职责。1996年10月至11月，郊区总工会与区安委、区劳动局共同对基层申报的20个安全生产班组进行验收，其中8个验收为先进安全班组，9个验收为优秀安全班组。

2000年，郊区撤乡并镇机构改革，原先的13个乡镇工会工作委员会随之撤并为8个。同年9月15日，全区新建企业组建工会工作会议召开，郊区新建企业组建工会领导组同时成立，全区新建企业组建工会步伐加快。当年，全区248个新建企业，新建工会228个，发展会员19833人，组建率达92%，职工入会率达98%。2002年，随着私营企业的快速发展，郊区私营企业工会迅速壮大，全区私营企业工会建会65个。为加强领导，全区8个乡镇全部建立了私营企业工会联合会。同年10月，随着村级工会组织的不断壮大，为规范其管理体制，李家庄乡率先在14个行政村建立村级工会工作委员会，随后全区各行政村村级工会工作委员会相继建立。至2004年末，全区185个行政村有122个村建立了村级工会联合会。随着各级工会组织的先后调整健全，工会劳动保护监督检查网络机构更加完善。

2010年4月19日至27日，郊区安委组织区质监局、区劳动局、区卫生局、区总工会及各乡镇经发办，根据市安委阳政安〔2009〕49号文件《关于开展粉尘与高毒物品危害治理专项行动的实施方案》及市安监局《关于开展劳动防护用品专项检查的通知》（阳安监政发〔2010〕5号）的有关规定，按照市安委《关于立即开展全市安全生产大检查活动的紧急通知》（阳政安〔2010〕20号）要求，对全区范围内进行了联合大检查，共检查5个乡镇、14家企业，包括1家煤矿、1家洗煤厂、3家化工生产经营企业、4家机械企业、5家耐火企业，共查出各类隐患49条，其中立即整改的34条，限期整改的15条，下达整改指令书14份。

2010年至2011年，全区各级工会组织督促各企事业单位，认真按照全总颁发的工会劳动保护监督检查《三个条例》规定，整顿健全群众监督网络，煤炭企业完善煤矿井口安全工作站。各企事业单位紧紧围绕以人为本这个中心，以安全理念渗透、安全行为养成为基本点，不断提高广大职工群众的安全意识和安全责任，把安全第一变为每个职工群众的自觉行为。在活动形式上，采取外出学习、以会代训、专业培训、知识竞赛、案例展览等形式，开展安全知识的宣传教育和工作技能等培训，使广大职工的安全知识逐步增强。在素质工程提升上，开展群众性“学练比”活动，把“安康杯”竞赛活动引入单位部门，特别是引入学校，让全区中小学积极参与“安康杯”竞赛活动，形成了全社会参与，从学生教育入手，让安全文化渗透每个角落，达到“你重视、我重视，和谐安康不出事”的目的。在安全生产工作法上，把“尊重人、鼓舞人、培育人、引导人”作为安全文化建设的重要内容，辐射进班组，覆盖到全区，对问题人开展帮教、对困难人进行帮助，把亲情关怀注入安全教育中。圣火炉料公司一分厂制定的“生活+工作+学习≥3”的团结友爱互助办法在全市得到学习和推广。在推进职业卫生工作上，积极与卫生部门、劳动部门协作，开展职业病防治大检查活动，大力宣传普及职业病危害防治知识，让职工充分了解自己在职业病防治中的权利与义务。督促企业认真落实预防、控制、消除职业危害的各项措施，在很大程度上改善了职工的生产作业环境。在安全教育模式上，根据不同行业特点，加强与安监、国土、劳动、工商等部门的协作力度，有针对性地开展安全教育活动。在全区5个煤炭企业设立的4个坑口工作站中，聘请90余名工会劳动保护安全监督检查员，大力开展安全知识的宣传、全方位监督安全操作规程的落实，最大限度地消除了各类安全隐患。2011年，全区基层工会组织职工查出的各类隐患2000余条，整改率达98.7%，有力地促进了全区的安全生产。在全区5个煤矿开展“防瓦斯、防透水、防三违”的排查治理工作，对50余家耐火企业开展了以“提高质量、改善环境”为主题的竞赛活动。郊区总工会与安委会成员单位联合，积极开展全国安全生产月宣传活动，展出展板20余块，发放宣传资料3000余册；与交警支队三大队联合举办了以“迎中博、讲文明、树新风、保安全、保畅通、促和谐”为主题的交通安全宣传月活动，发放各类宣传资料5万余份、制作宣传版面20余块、制作警示宣传匾牌400余块，让交通文明宣传进学校、进企业、进乡村，提高了群众文明交通的意识，使“文明交通行动计划”落到了实处。在班组安全建设上，把班组安全建设列入“安康杯”的重要内容加以考核，大力学习推广了“白国周班组安全管理工作法”等，推动参赛单位对此项工作的落实开展。2010年、2011年，郊区企事业单位申报安全班组8个，通过考核验收班组6个，被市总工会、市安监局命名为第二十二批“优秀安全班组”6个。

2011年，郊区总工会与交警三大队联合开展交通安全宣传活动

2013年6月9日，郊区总工会在郊区体育馆广场开展“安全月宣传”活动。区总工会现场向职工群众发放《农民工维权手册》《中华人民共和国工会法》《中华人民共和国劳动法》等相关资料600余份，并现场接待安全生产和职工维权咨询50余人次。区委常委、区委政法委书记王建华、区人大常委会副主任陈玉俊、区政府副区长刘瑞生、区总工会常务副主席赵爱荣、副主席胡俊青参加了该活动。

2014年6月16日，郊区总工会再次在郊区人民广场开展了“安全月宣传”活动。区委、区政府、区人大、区政协领导参加了该活动。为进一步强化广大职工群众的安全意识，树立安全生产理念，有效防范安全事故发生，积极组织和指导基层工会开展安全月宣传系列活动，促进企业安全生产，提高职工安全文化意识。旧街煤业开展全员安全教育培训，培训人数达600人，并举办安全月文化周职工文艺会演，以生动的形式，强化职工注重安全的意识，体现企业宣传安全的特色，促进了安全生产工作。保安煤业通过安全知识有奖猜谜、安全月职工书画摄影展等形式多样的活动，展现了企业的安全文化建设，以“情系安全”为主题的家属安全联保座谈会，参与安康杯知识竞赛获得第一名。区煤运公司还对做出突出贡献的10名“优秀群监员”进行表彰。

2018年4月13日，郊区总工会组织全体机关干部开展全民国家安全教育日万人百题知识竞赛活动。本次竞赛对增强机关干部国家安全意识，提高国家安全防范意识和能力起到重要作用。6月28日，全国第十七个安全生产月活动之际，区总工会开展“安全生产月”宣传咨询活动，参加全区“安全生产月”活动启动仪式，并现场发放宣传资料300余份，现场接待咨询人数50余人。同时开展安全发展主题宣讲进基层进企业活动，区总工会常务副主席胡俊青、副主席胡忠文深入郊区安全生产重点企业保安煤业和冀东水泥有限责任公司，就“生命至上、安全发展”作主题宣讲，并到企业一线现场为职工发放安全手册和《中华人民共和国工会法》等资料600余份。

2019年6月19日，区人大常委会副主任、区总工会主席张富英、区总工会副主席胡忠文深入文苑小学和坡头煤业有限公司开展安全生产月宣传教育活动，详细了解校园和企业安全落实情况，并为学校和企业送去安全宣传教育手册，安全制度预防知识手册、安全教育警示教育片等相关宣传资料。

第五节　民主管理

职工代表大会

1984年，郊区基层工会开始逐步建立职工代表大会制度，企业、事业单位中的重大问题一般都要提交职工代表大会讨论，涉及职工切身利益的改革方案，工会也都要参与研究决定。区教育工会组织教职工代表民主评议校领导，部分企业工会召开职工代表大会或职工大会民主选举厂长。

1991年，为进一步完善企业经营机制，在郊区水泥预制厂推行共保合同制度，由党支部书记代表企业党组织、厂长代表行政、工会主席代表职工互相签订的《共保合同书》将企业民主管理同厂长的经营管理工作责任目标挂起钩来，同党组织核心领导作用和保证监督作用挂起钩来，使民主管理的内容和任务指标纳入企业年度经营、管理指标体系中，纳入企业党组织建设、精神文明建设中进行考核验收，促进了民主管理形式和内容的统一，调动了全员积极性。其“完善制度、强化职能、搞好企业民主管理”的经验，在全市作介绍，得到了阳泉市总工会的肯定。当年7月，区总工会起草《郊区工业企业职工代表大会实施细则》，在全区工业企业开始实施。

1993年，全区已有84个企业事业单位建立职代会制度。职代会建立后，在完善组织机构、规范行使职权、加强民主管理、实行民主监督等方面做了大量的工作。郊区水泥预制厂、矿业公司车队、煤运公司车队、重型机械厂等单位的职代会，认真参与企业三项制度的改革，对企业的重大决策和改革方案，特别是涉及职工切身利益的大事，都要经职工代表大会讨论和决定，促进了企业改革的深化和经济效益的提高，受到了市、区总工会的表彰和奖励。平坦镇平坦水泵厂在一届五次职代会上通过了罢免厂长的建议，上级党委十分重视，很快做出决定予以免职。区总工会积极开展职工代表培训工作，对全区工业企业事业单位的497名职工代表分期分批进行系统培训，进一步提高职工代表的素质和参政议政的能力，促进了企业民主管理水平的提高。

1994年至1998年，郊区总工会在企业深化改革的过程中，积极探索民主管理的新路子，在强化职代会基础建设的同时，建立和完善了一系列企业民主管理的工作制度和有关规定。转发了市委制订的关于落实“全心全意依靠工人阶级指导方针”和加强工会工作的若干意见。召开企业民主评议领导干部会议，认真贯彻市民主评议企业领导干部工作现场会议精神，成立了郊区民主评议企业领导干部领导组，出台了由区委组织部、区总工会、区经贸委员会、区监察委员会、区财贸办公室、区乡镇局联合发出的《关于加强职工代表大会对企业领导干部民主评议的意见》，评议工作在全区重点企业有步骤地展开。首先在区全民所有制企业进行，在取得经验后，再向区营集体企业全面铺开，并有重点地在乡镇集体企业中开展。建立健全以职代会为基本形式的企事业民主管理制度，促进企业改革的深化。全区60%以上的企业建立了依靠职工办企业的制度和措施，区营企业和部分乡镇企业建立职代会民主评议干部工作制度，业务招待费使用情况向职代会报告制度，至1998年底全区53家区营国有集体企业对128家企业领导进行评议测评。11家乡镇集体企业的34名企业领导进行了评议测评。

1999年至2002年，为认真落实中共中央制定的全心全意依靠工人阶级的指导方针，进一步深化企业改革，促进企业民主管理，针对郊区乡镇企业发展迅速，民主管理工作相对滞后的实际，区总工会提出了加快乡镇企业职工代表大会制度建设，特别是以村办企业职工代表大会制度建设为重点的拓展方向和要求，成立阳泉市郊区推行厂务公开、民主监督制度工作领导组，组织开展民主管理工作。至2002年初，乡办集体企业15家全部建立职代会制度，村办企业建立职代会制度的达到161家，占村办企业总数的75%。各级工会都能通过职工代表大会，组织职工参与企业的民主决策、民主管理、民主监督，保障了职工在企业的主人翁地位，推进了企业的民主政治建设。区供销社系统把职代会民主评议企业领导干部的结果作为年度考核企业班子建设、奖惩任免干部的重要依据，先后对9名不称职的领导进行了调整。到2002年底，全区共有192家企事业单位建立了职（教）代会制度；有21家企业开展了职工代表巡察活动；有60家企业实行了业务招待费使用情况向职代会报告制度；有86家国有、集体企事业单位开展了职代会民主评议企业领导干部工作；有13个企业的工会主席或副主席进入了董事会或监事会。随着企业改制的进一步深入，职工民主管理企业的机制正在日趋完善。

2003年，按照山西省总工会下发的《关于开展培训职工代表工作的通知》（以下简称《通知》），各级工会组织按照《通知》要求，积极采取措施，加大培训力度，采取办班培训、以会代培，送教上门、知识竞赛等多种行之有效、适合企事业单位特点的方式，对职工进行了培训。通过培训，职工参与民主决策、民主管理的素质整体上有了明显提高，职代会的质量得到进一步提升。坚持推进《山西省职工代表大会制度》的贯彻落实，在国有、集体和国有集体控股企业及教育系统全部建立职（教）工代表大会制度的基础上，乡镇企业有115家改制企业进一步建立健全职工代表大会制度，有32家私营企业推行民主恳谈会制度，维护了职工的民主政治权益，促进了改制企业、私营企业的健康发展。

2004年，郊区总工会开展职工代表大会星级竞赛活动，按照分级管理一级抓一级的要求严格落实。当年10月，在全市开展的职工代表大会星级竞赛活动中，青山水泥集团职代会、区煤运公司职代会、旧街煤矿职代会、荫营中学职（教）代会，古城中学职（教）代会通过市总工会的验收，达到四星级标准。另外13个职（教）代会达到市级三星级标准。各企事业单位通过职工代表大会的形式，组织职工参与企事业单位的民主决策、民主管理、民主监督，保障了职工在企业的主人翁地位，推进了企事业单位的民主政治建设。

2005年至2010年，进一步推进职工代表大会标准化建设，构筑了职工代表大会“862”塔形结构，即全区三星级、四星级、五星级职代会分别达到80%、60%和20%。全区259家企事业单位全部建立了职工代表大会和职工大会制度，重点在100人以上的94个企事业单位，抓好职代会的建设。为了加强非公企业的职工代表大会民主管理工作，在非公企业中积极推行民主恳谈会制度，2006年6月23日，在林里粉末冶金有限公司召开郊区私营企业民主恳谈现场观摩会，当年底，全区共有58家私营企业推行了民主恳谈会制度，促进了非公有制企业职工民主管理的健康发展。认真贯彻落实中华全国总工会《关于进一步加强国有企业改制过程中工会工作意见》精神，充分发挥职代会在企业改制中的监督保证作用，坚持企业改制方案必须提交职代会审议，凡涉及劳动合同变更、职工安置分流、解除劳动关系、经济补偿等职工安置方案必须提交职代会审议通过方可实施。至2010年底，全区三星级以上职代会52家，其中旧街煤矿、青山水泥厂、荫营中学3家获五星级职代会；郊区煤炭运销公司、郊区自来水公司、郊区职业中学等19家获四星级职代会；郊区供销社、晋阳碳素有限公司、煤炭汽车运输公司、郊区医院等30家获三星级职代会。

2011年，开始对全区基层工会进行了职工代表实名制摸底，完善职工代表实名制登记制度。开展职工代表优秀提案的收集工作，在2012年全市民主管理职工代表提案工作会议上，郊区申报的14件优秀职代会提案中，5件职代会提案获奖，郊区总工会获优秀组织奖。着力推进区域性、行业性职代会制度建设，郊区耐火材料行业工会联合会，李家庄乡汽车行业工会联合会，西南舁乡果业行业工会联合会将《工资集体合同》交由职代会审议通过。连续几年邀请市总工会分管主席和民主管理部部长到郊区总工会对工会干部和职工代表进行培训，累计培训职工代表600余人次。郊区总工会被山西省总工会评为“职工代表培训先进单位”。郊区玉泉中学、郊区职业中学、山西煤炭运销集团阳泉郊区有限公司荣获山西省四星级职代会。2018年根据《关于对阳泉市2018年全面深化改革企业职代会和职工安置情况进行调查的通知》，积极参与煤炭“去产能”和国有企业改革，依法维护职工合法权益，郊区总工会对2018年鸿泰煤业有限公司“去产能”和职工安置情况进行调查。同年1月28日，鸿泰煤业召开二届十次职工代表大会，实到职工代表38人，举手表决通过《山西煤炭运销集团鸿泰煤业有限公司职工分流安置方案》，经鸿泰煤业股东会、职代会审议通过后施行。

2019年，为深入学习贯彻习近平新时代中国特色社会主义思想和中共十九届三中、四中全会精神，进一步推进落实中国工会十七大关于深化“公开解难题、民主促发展”主题活动的任务要求，充分激发广大职工群众参与企事业单位经营管理的积极性主动性创造性，促进企事业单位健康发展，积极开展“改革创新、奋发有为、职工代表在行动”优秀职工代表提案征集评选活动。活动开展以来，各基层工会积极参与、精心组织，共向市工会推荐优秀职工代表提案 9件。其中阳泉市千隆机动车驾驶员培训学校《关于推进“预约计时培训”工作的提案》荣获山西省优秀职工代表提案。7个提案获市总工会表彰奖励。阳泉市千隆机动车驾驶员培训学校刘银芳《关于推进“预约计时培训”工作的提案》获市一等奖；郊区实验幼儿园史素玲、张娇《关于加强家园共育、促进幼儿发展的提案》获市二等奖；阳泉市第二十中学李乐《关于加强中青年教师的培养的提案》、郊区河底联校刘彦平《关于在教师福利费中单列用于教师体检费用的提案》、郊区文苑小学高芳《关于为了教师身心健康学校应配备健身器材的提案》、郊区杨家庄学校孙巨文《关于减轻教师备课负担从传统教案过渡到电子教案的提案》、郊区河底中学贾倩倩《关于关注教师心理健康的提案》分别获市三等奖。

企务公开

1999 年 4 月 20 日上午，郊区总工会在区宾馆中报告厅召开了全区企务公开动员大会。区营企业负责人、工会主席、各乡镇工会工作委员会主任、副主任、企务公开试点单位工会主席近 70 人参加会议。会上，宣布了郊区推行企务公开民主监督制度工作领导组名单，下发中共阳泉市郊区委员会、阳泉市郊区人民政府《关于在全区企业中推行企务公开、民主监督制度的实施意见》，区委副书记余惠章作重要讲话。全区建立了党委是第一责任人、行政是第一执行人、工作小组是第一操作人、工会和纪检是第一监督人的工作机制。确定了全区乡镇企业厂务公开试点单位，分别是平坦卫生陶瓷厂、荫营坪上煤矿、西南舁青山水泥厂、下白泉第一耐火厂等企业。为了便于操作，区总工会随后出台了推行企务公开、民主监督制度的具体操作步骤。同年 6 月 25 日，又在郊区西南舁乡青山水泥集团总公司召开企务公开、民主监督经验交流现场会，青山水泥集团总公司、区供销社、下白泉一耐进行现场交流，起到典型示范作用。当年，郊区被市总工会评为“企务公开工作先进集体”。

1999 年 6 月，郊区总工会在青山水泥厂召开全区企务公开民主管理经验交流现场会

2002 年，郊区总工会以推行企务公开为突破口，在全区重点选择不同类型的 15 家企业为示范典型，以此带动全区的企务公开工作按照“扩面、延伸、提质、规范”的总体要求不断引向深入。全区共有 237 家企事业单位实行企务公开，其中，国有企业 10 家，集体企业 20 家，事业单位 45 家，乡镇企业 162 家。各级工会组织将推行企务公开作为践行“三个代表”重要思想的具体体现、作为推进社会主义民主政治建设的“阳光工程”。2003 年 4 月，在阳泉市企务公开工作会议上，郊区青山水泥有限责任公司被授予企务公开模范单位，郊区煤炭运销公司、郊区供销合作社、荫营中学、林里粉末冶金有限公司被授予企务公开先进集体，并有 13 人分别代表党、政、工、纪方面被授予企务公开工作先进个人。截至 2009 年，全区 259 家企业事业单位全部实行企（政）务公开制度，主要通过会议公开、版面公开、网络公开，民主评议公开等形式，给职工一个明白、还干部一个清白。共涉及重大决策 68 项，生产经营管理 232 项，职工切身利益 265 项，压缩企业招待费 163 万元，这一企务公开民主管理的形式正在向更加规范化推进。

2010 年至 2019 年，全区国有、集体、集体控股企业和事业单位及部分民营企业在继续推行企（政）务公开制度的基础上，又实行了厂务公开重大问题建议书、报告书、整改通知书、责任追究建议书等“四书”制度，此项工作已步入常态化。

第六节 法律工作

平等协商集体合同制度

1995年8月21日，郊区水泥预制厂在全区率先签订集体合同。随后，集体合同制度首先从“三资”企业和私营企业中进行，在有条件的国营、集体企业确立试点逐步推广。平等协商的内容和签订集体合同的内容基本是一致的，主要包括劳动报酬、工作时间、休息休假、保险福利、劳动安全卫生、女职工特殊保护。平等协商会议成员由企业行政方代表和职工方代表构成。双方代表人数相等，双方各指定一名记录员，记录员不得由协商代表兼任。

1996年7月10日上午，郊区总工会在区宾馆中报告厅召开全区实行平等协商和签订集体合同动员大会。会上宣布阳泉市郊区平等协商签订集体合同领导组名单，下发了中共阳泉市郊区区委办公室转发的市委组织部、市总工会、市劳动局《关于企业建立平等协商制度的暂行办法》和市总工会《关于推行集体合同制度的意见》的通知以及中共阳泉市郊区区委办公室转发的郊区总工会《关于在企业建立平等协商签订集体合同制度的实施意见》的通知，区委副书记皇甫明儒与各乡镇党委副书记签订了实行平等协商和集体合同制度的责任状，并作动员讲话。7月30日上午，在荫营镇上烟耐火厂组织召开了平等协商签订集体合同现场会，参会人员有各乡镇工委主任、副主任或工会干事，各企业主管局工会主席，各乡镇或企业主管局（公司）确定的第一批签订集体合同的厂矿长、经理、工会主席等80余人。1996年、1997年连续两年郊区总工会被市总工会评为“平等协商签订集体合同先进集体”。截至1999年底，全区共有204个企业签订了集体合同，签约率为95%，履约率为80%。2000年11月28日至2002年底，一些改制企业和集体合同陆续到期的企业又有178个进行续签。

1997年，平坦水泵厂举办平等协商集体合同签约仪式

2003年6月26日，全区推行工资集体协商动员会召开。截至12月底，全区共有295家企业通过平等协商签订了工资集体合同，其中单独签订工资集体合同85份，签订区域性工资集体合同17份，覆盖企业163家，签订行业性的工资集体合同3份，覆盖企业47家，走在了全市县区工会工作的前列，荣获“山西省平等协商签订集体合同工作先进集体”称号。

2006年，郊区总工会通过培训、开会、印发文件等形式，对平等协商、签订集体合同和工资集体合同工作的程序、基本要求等做了明确规定，各级工会组织根据本地区、本行业、本企业的特点，按照规定认真开展工作，在此前的基础上规范程序，高起点运作，加大协商、签约和履约的力度，重点提高履约率和履约质量。重点确立职工人数200人以上的10个企业为典型企业（红旗公司、青山水泥有限责任公司、晋阳碳素有限公司、坪上煤矿、旧街煤矿、三菱车队、华岭耐火厂、林里粉末有限责任公司、狮头特种水泥有限责任公司、金石化工有限公司），全部单签工资集体合同，签约率为100%，工资集体合同中，除确立工资支付形式、发放时间、最低工资标准三个基点外，还根据企业实际确定各种工种的工资标准，年增长幅度，养老保险等，多元化维护职工经济利益。200人以下的乡镇企业、民营企业、外资企业等，各乡镇根据实际情况，以乡镇或村为单位签订区域性或行业性工资集体合同，签约率达到100%。荫营镇工委根据本镇企业多，面积大的特点，召集中型企业的厂矿长（经理）、工会主席，就原则性、共性的问题进行协商，签订区域性的工资集体合同，覆盖荫营镇46个企业；供销社工会根据自身行业特点，签订行业性的集体合同和工资集体合同，覆盖全社15个企业。2009年，为了共同抵御国际金融危机给本区企业和职工带来的困难，保障职工具体利益，区总工会号召企业与工会签订“共同约定行动书”，保持了企业与职工的和谐劳动关系创建活动，收到明显成效。

2011年，郊区总工会开展工资集体协商百日攻坚行动，坚持多措并举，合力推进，确保工资集体协商“百日攻坚行动”扎实有效地开展。全区共有220家企业开展工资集体协商，签订工资集体合同212份，覆盖职工10624人，工资集体合同覆盖率达96%。2012年，积极构建和谐劳动关系，在全区建会企业中继续签订工资合同，增加企业及职工覆盖面，并聘请专家教授对基层100余名工资集体协商指导员进行培训。

2013年11月28日，郊区耐火材料行业工会联合会第一次会员代表大会暨一届一次职工代表大会在郊区耐火材料协会会议室隆重召开。来自全区耐火企业的79名代表参加了大会。在随后召开的郊区耐火材料行业工会联合会一届一次职工代表大会上，根据《中华人民共和国工会法》《中华人民共和国劳动法》《中华人民共和国劳动合同法》《集体合同规定》及有关法律法规规定，经双方协商一致，郊区耐火材料行业工会联合会与郊区耐火材料行业协会签订《阳泉市郊区耐火材料行业集体合同》《阳泉市郊区耐火材料行业工资集体协议》《女职工特殊权益保护专项合同》，为有效地维护职工的合法权益提供了有力保证。同年，结合市总工会法工部“六个一行动”活动和平等协商签订集体合同月活动，共签订工资集体合同212份，覆盖职工10624人。

2014年3月，下发了《关于组织开展2014年“工资集体合同协商月”活动的通知》，并召开会议，对活动月的有关事宜进行了安排。聘请了世济律师事务所律师牛良玉作为工资集体协商专职指导员，为开展工资集体协商工作提供法律保障。因企制宜，重在建制，合力推进集体合同和工资集体协商工作。截至9月底，全区共新签、续签工资集体合同58份，覆盖企业220个，覆盖职工16155人。其中单签52份，覆盖职工7787人；签订区域性工资集体合同5份，覆盖企业123个，覆盖职工7015人；签订行业性工资集体合同1份，覆盖企业45个，覆盖职工1353人，签约率为98%。合同的履约率均在85%以上。通过工资集体合同质量成效考核及自查，全区涌现工资集体协商模范单位7个，先进单位12个，达标单位198个。规范运作，重在履约，力求注重平等协商工作的实际效果呈现。在此基础上，通过培训、现场指导等形式，对平等协商、签订集体合同和工资集体合同工作的程序、基本要求等做了明确规定，各级工会组织根据本地区、本行业、本企业的特点，按照规定开展认真细致的工作，在此前的基础上规范程序，高起点动作，加大协商、签约和履约的力度，重点提高履约率和履约质量。工资集体协商的全力推行，规范了企业工资分配机制，及时化解了劳动关系调整过程中的矛盾，保障了职工权益，极大地调动了职工的积极性，增强了企业活力和持续发展的后劲，促进了企业的和谐发展。

2018 年，郊区总工会坚持“全面开展、重点突破、分类指导、因企制宜、重在建制、逐步规范”的工作思路，要求各乡镇工会、各企业工会要加强领导，实施好“四个一”（培育一批、巩固一批、提升一批、推进一批）清单工程。全区企业 137 家，其中，国有企业 3 家，集体企业 24 家，非公及其他企业 110 家，全区共签订工资集体合同 35 份，覆盖企业 137 家，覆盖职工 10511 人。其中单签 27 份，覆盖职工 3721 人；签订区域性工资集体合同 4 份，覆盖企业 58 个，覆盖职工 4647 人；签订行业性工资集体合同 4 份，覆盖企业 52 个，覆盖职工 2143 人，签约率为 100%。合同履约率均在 85% 以上。

2019 年，郊区总工会在认真贯彻中共十九大精神，认真落实中国工会十七大目标任务，按照市总工会的要求，结合区委、区政府的中心工作，因地制宜推进实施企业工资集体协商制度，因势利导开展“集体合同和工资集体协商月”工作。在工作的推进和实施过程中，坚持以“协商法治化、程序规范化、内容合法化、效果明显化”为工作的基本标准，通过业务培训、协商指导、培养典型的办法，逐步使工资集体协商工作得以有效开展，并基本完成全年阶段性目标任务。全区共签订合同 32 份，涉及企业 116 家。其中单签 24 份，覆盖职工 3506 人。区域性合同 4 份，覆盖企业 48 个，覆盖职工 2625 人；签订行业性合同 4 份，覆盖企业 44 个，覆盖职工 1959 人，签约率为 100%。在开展工资集体协商过程中，根据郊区国有、集体企业少，非公有制企业规模小，职工少，经营分散，从业人员多为农民工的实际情况，把大力推行区域性、行业性工资集体协商作为工作突破口，采取“抓两头带中间”的方法，分类指导，分层次推进。对行业性工资集体协商，采取由规模相对大、管理比较规范的企业工会牵头，把经营业务相关和相同的企业通过协调推进工资集体协商工作。对区域性企业工资集体协商，乡镇工会借助乡镇党委、政府的权威性，充分发挥乡镇工会的协调作用，有效推动工资集体协商机制的建立。在推进工资集体协商工作中，以冀东水泥有限责任公司和恒源经贸公司工资集体协商工作规范化建设为典型，组织相关企业工会主席对这两个企业进行学习、观摩、交流，现场翻阅工资集体协商有关档案资料，观看了 PPT，听取汇报，并进行座谈交流，从而使其他企业认识到开展工资集体协商对企业法治化管理的意义和效果，学习到开展工资集体协商的工作方法。在此基础上，举办了全区工资集体协商指导员培训班，邀请市总工会工资集体协商工作指导员李玉魁担任主讲，对各乡镇工会工资集体协商指导员、各企业单位工会主席及职工方协商代表共 50 余人进行了培训，共发放培训资料 50 余册。

法律援助

中共十一届三中全会召开后，郊区工会结合生产和职工的思想实际，加强职工的思想政治工作，动员和组织职工认真学习贯彻落实全会精神，对职工进行了“四化”（农业、工业、国防、科学技术现代化）建设伟大意义及四项基本原则的教育。在郊区区委和市总工会的正确领导下，坚持以“职工为本，主动依法，科学维权”的中国特色社会主义维权观，开展了卓有成效的工作。认真抓好《中华人民共和国工会法》《山西省实施〈中华人民共和国工会法〉办法》《中华人民共和国劳动法》的宣传教育，提高全区职工队伍的法律意识和自身素质。

2010 年 4 月 8 日，郊区总工会、郊区人力资源和社会保障局在郊区体育馆门前，共同举办《中华人民共和国社会保险法》宣传月活动启动仪式。此次活动在阳泉市尚属首次，来自市人力资源和社会保障局、区四套班子成员、区总工会、区人力资源和社会保障局领导及各乡镇分管领导出席仪式。区总工会常务副主席李新福出席启动仪式并讲话。

2011 年 9 月，郊区总工会联合郊区司法局、郊区人社局及各乡镇工会的 30 名精兵强将，共同组建郊区工会工资集体协商指导员队伍，指导员作为职工方的协商代表，直接参与基层工会同企业方进行工资集体协商，解决重点问题。

2012 年 12 月 4 日上午，郊区总工会参加由区法制办在郊区体育馆前组织举办的全国法制日宣传活动。本次活动区总工会领导高度重视，认真部署。结合活动主题，制作法律宣传展板和标语，宣传《中华人民共和国宪法》《中华人民共和国劳动法》和《中华人民共和国工会法》等法律法规。活动现场由分管领导带队，宣教部、法工部工作人员参加，利用展板、标语进行宣传，共发放宣传资料 200 余份，就《中华人民共和国宪法》《中华人民共和国劳动法》和《中华人民共和国工会法》开展咨询活动，现场接受群众咨询 20 余人。

2013 年 12 月 4 日全国法制宣传日，郊区总工会参加由区委依法治区办公室在郊区李家庄新村举办的全国法制日宣传活动。此次活动的主题是“大力弘扬法制精神，共筑伟大中国梦”。区总工会领导高度重视，认真部署，结合主题，宣传《中华人民共和国宪法》《中华人民共和国劳动法》《中华人民共和国工会法》等法律法规。活动现场由分管领导带队，宣教部、法工部工作人员参加，利用展牌、标语进行宣传，共发放宣传资料 200 余份。

2014 年，为使国家首个“12•4”国家宪法日深入人心，不断增强公民宪法意识、法治意识，郊区总工会参加了由区委依法治区办公室在郊区体育馆门前举行的“12•4”首个宪法日宣传活动。这次活动的主题是“弘扬宪法精神，建设法制中国”。活动现场由分管领导带队，宣教部、法工部工作人员参加，活动中发放《职工维权一本通》《农民工维权一本通》等书籍 200 余本。

2015 年 3 月 12 日上午，郊区总工会“维权行动月”宣传咨询活动在荫营广场举行。区总工会宣教部、女工部、民管法工部等部门开展现场宣传咨询活动，为职工答疑解惑，同时发放《女职工劳动保护特别规定》《山西省企业工资集体协商条例》300 册。通过广泛宣传，深入学习，在全社会形成了解法规、知晓法规的浓厚氛围，增强了广大职工学法、懂法、用法、守法意识。健全完善了维权工作机制，全面维护女职工经济、政治、文化、社会权益，督促企业依法规范用工行为，不断改善职工特别是

2013 年，郊区总工会开展维权行动月宣传咨询活动

女职工劳动条件和工作环境，积极构建和谐劳动关系。同年，为了不断增强公民宪法意识、法治意识，区总工会在郊区体育馆门前再次参加由区委宣传部、郊区司法局联合举行的“12•4”国家宪法日宣传活动。

2017 年全国第十六个安全生产月活动之际，郊区总工会开展安全生产月宣传咨询活动，现场发放宣传资料 300 余份，现场咨询人数 20 余人。

2018 年 1 月 26 日，郊区总工会对开展“尊法守法、携手筑梦”服务农民工法律服务活动进行安排部署，组织区总工会机关干部职工学习宪法和各项法律法规，增强了干部职工的宪法意识，培育法制信仰。与此同时，为深入贯彻落实中共十九大精神，增强全民法治观念，推动全社会树立宪法意识，为建设郊区提供法律保障，提高广大人民群众对宪法和法规的知晓率，区总工会在“12•4”国家宪法宣传日当天，在荫营镇华阳正元工贸有限公司、贤亨耐火材料有限公司、西南舁金土耐火材料有限公司、郊区体育馆广场 4 个地点举办农民工法律服务工作宣传咨询服务活动。区总工会联合“山西世济律师事务所”的 3 名资深律师组成服务分队给广大农民工讲解了《中华人民共和国工会法》《中华人民共和国劳动法》《中华人民共和国劳动合同法》《中华人民共和国社会保险法》《中华人民共和国安全生产法》《工伤保险条例》等与农民工日常工作和生活密切相关的内容，并对农民工提出的法律方面的问题进行了细心的解答，现场共发放宣传资料 685 份，惠及农民工 400 余人，现场解答提供法律咨询、解答各类问题 35 件，涉及农民工 276 人。

2019 年，郊区总工会联合山西世济律师事务所开展“尊法守法 携手筑梦”服务农民工公益法律服务行动。服务农民工公益法律服务小分队先后深入吉盛楼饭店、西南舁乡西南舁村、冀东水泥有限责任公司，为职工群众普及《中华人民共和国工会法》《中华人民共和国劳动法》《安全生产法》《工伤保险条例》等相关法律法规，提供法律咨询服务，发放宣传资料 730 余份。

2019 年，郊区总工会联合世济律师事务所开展“尊法守法、携手筑梦”工会律师联合服务农民工行动

第七节 生活保障

送温暖工程

为职工送温暖作为工会的重点工作之一，从 20 世纪 80 年代逐步开展，此项工作主要集中在元旦、春节“两节”期间，组织开展向困难职工进行慰问活动。

1983 年春节期间，郊区总工会积极组织各基层工会开展对伤、亡职工家属慰问，并配合有关部门抓计划生育和法治教育。共慰问伤、亡职工家属 276 人次，发放救济金 4000 余元，以计划生育、职工法制教育为内容更换板报 26 块、组织各类人员座谈会 16 次。这样，进一步密切了工会与职工的关系，扩大了工会在职工中的影响。

1987 年至 1992 年，全区各级工会以经济建设为中心，积极支持和参加改革，为推进本区的改革和生产力发展做出了重大成绩。对半停产企业和亏损企业的职工生活情况进行了调查摸底。向有关方面及时反映并提出切实可行解决问题的意见、建议。郊区总工会在经费紧张的情况下共拿出800元慰问和救济了部分特困职工。与此同时，积极发动基层工会开展“送温暖”活动。1991年春节前后，全区各级工会组织共发放救济款1400元，走访慰问困难职工及其家属340余人次，为职工解决各类实际生活困难500件，使职工深切感受工会组织的温暖和关怀。各级工会组织还积极协助行政努力办好职工集体福利事业，使职工食堂、澡堂、集体宿舍和托幼，医疗卫生条件等得到长足发展，群众性的互济、互助、互帮活动广泛开展，涌现出一批职工生活后勤先进集体和积极分子。1992年元旦、春节期间，动员全区各级工会组织开展了“进万家门、知万家情、解万家难、暖万家心”的访贫问寒送温暖活动，共慰问困难集体56家、困难职工120人，发放困难补助5200元。当年深入化学助剂厂、农机厂等一些困难大的企业为他们出力解困，从物质上、精神上给予扶持、帮助。化学助剂厂涉及转产，筹集资金确有困难，区总工会挤出400元帮助企业启动生产；400平方米的厂房无力维修陷于倒塌，区总工会出面和城建局等单位联系为企业解决了大车间危房维修问题；还帮助企业从外地购回一台锅炉，解决了配套设备不完善，影响正常生产的困难。1991年夏季天气持续高温，区总工会将200公斤白糖等防暑用品分别送到微利企业和亏损企业的车间、班组。同年9月，农机厂职工为完成生产任务加班加点，区总工会又将500公斤白面送到职工手中。

1992年至1999年，郊区总工会将实施送温暖工程，作为稳定职工队伍，深化企业改革的重要举措。建立了双停企业和困难职工生活状况调查统计制度，在定期调查的基础上，及时向区委、区政府和市总工会报送了反映职工生活状况的专题报告，建立困难职工档案制度。截至1999年，全区有贫困职工档案192份，其中特困职工档案70份，建立结对子扶贫工作制度，先后与13个困难企业和316名困难职工结成帮扶对子；建立以职工消费合作社为主要形式的职工互助合作制度；建立了“两节”慰问制度。具体采取上级工会拨一点，区委、区政府给一点，郊区总工会拿一点的方式，共筹集慰问款达80万元，开展“进万家门，知万家情，解万家难，暖万家心”的访贫济困送温暖活动，慰问困难职工2400户／次；同时，在区总工会的号召和带动下，各基层工会也坚持开展了“两节”访贫问寒送温暖活动，几年间，共拿出款物折合人民币120余万元，对3000余户次困难职工进行慰问救济。在做好“两节”访贫问寒送温暖的同时，特别关注职工日常生活中的困难，对患病遭灾职工进行紧急救助。

2000年至2001年，以实施“解困工程”为重点，进一步推动送温暖工程的实施。春节期间，分别筹集资金16.1万元和13.94万元，对全区17个系统工会的469名和477名贫特困职工进行慰问。组织有关部门召开了全区实施“解困工程”专题会议，建立区“解困工程”协调领导组，制定解困措施。2001年，全市实施送温暖工程表彰会上，郊区总工会分别被省、市总工会授予“送温暖工程先进集体”荣誉称号。

2002年12月3日，郊区总工会与郊区政府举行首次联席会议，原则通过阳泉市郊区特困职工援助中心成立及中心资金管理使用办法等其他事项。当日“阳泉市郊区特困职工援助中心”挂牌成立。中心成立后，坚持以职工为中心，扎扎实实解决好职工群众最关心最直接最现实的利益问题、最困难最忧虑最急迫的实际问题。“两节”期间，开展送温暖活动，市、区领导深入基层，慰问困难职工、困难劳模，特别是针对困难职工看病难、子女上学难的问题，积极开展各种形式的援助活动，帮助解决职工的实际困难。共筹集资金6.8万元，对全区473名贫特困职工进行慰问，把党和政府以及工会的温暖送到困难职工的心坎上。2003年4月23日，郊区特困职工救助中心首次举行“赠送再就业工具暨发放救助资金”仪式，为16名下岗特困职工赠送价值2万余元的再就业工具，为20名因大病大灾及子女上学造成生活困难的特困职工发放一次性救助资金2万元。在防治非典型性肺炎这场没有硝烟的战斗中，郊区总工会心系职工，服务基层，为维护职工的安全健康权益，赢得抗击非典的阶段性胜利做出积极贡献。“五一”国际劳动节，郊区总工会为防治“非典”指挥中心，检查站所，12个企事业单位、32名困难劳模和职工，送去价值16000余元的“防非典”药品和物品。在全区机关、企事业和国营、集体企业，以及100人以上的乡镇、私营、外资企业职工中发起了“防非典、献爱心，捐一天工资”活动，共有45个机关事业单位、15家企业、5029名干部职工参加，捐款共计84163元。同年12月30日，区政府和区总工会再次召开联席会议，原则上通过区总工会建立全区救助特困职工长效捐赠机制的建议。出台《阳泉市郊区人民政府关于开展特困职工援助工作实施意见》，成立援助工作领导组，相关成员单位各负其责、各司其职，为保证全区特困职工援助中心的组织到位、责任到位、资金到位、人员到位创造了有利条件，区总工会自觉承担起援助中心日常工作，调查摸底，组织协调，履行职责，对特困职工进行了真情援助，积极推动援助中心工作的健康运行。2004年，对8名大病大灾的困难职工、11名困难职工子女上大学人员进行了救助，并对7名下岗特困职工赠送电焊机、电冰柜、压面机等再就业工具，总价值2.6万元。

2006年6月28日，区特困职工援助大厅暨阳泉市职工大病医疗互助郊区代办处正式挂牌。特困职工援助中心总面积200余平方米，共投入资金18万元。援助中心设立职工来信来访的接待、职工法律援助、特困职工救助、职工大病医疗互助的及时补偿等服务窗口，同时设立救急服务超市，提供米、面、食用油以及日常生活用品、文体用品等实物救济，成为本区工运史上的又一个重要里程碑。2007年至2008年，郊区总工会切实加强特困职工援助中心的规范化建设，逐步建立健全困难职工实名制管理制度，全区困难职工全部实行网络化管理，坚持为职工办实事、办好事，不断改善困难职工的生产生活条件，实现帮扶工作的新突破和新发展，工会帮扶体系长效化建设常抓不懈。2009年更名为郊区困难职工帮扶中心。进一步加强和完善工会困难职工档案的建立和管理工作，全面、真实、及时地掌握困难职工的生活状况，切实做好特困职工援助工作，对特困职工进行全面调查摸底，对771名特困职工进行专项建档，并实行动态化管理，详细划分低保户456户、低保边缘户306户、意外致困户9户，困难职工全部实行网络化管理。2010年，继续致力于为职工群众排忧解难，努力创建“服务型”工会组织。当年，建立援助大厅帮扶小超市，为困难职工提供米面油以及日常生活用品200余种，实现了帮扶工作的一体化运作。5月，依托同福大药店，设立了“爱心大药房”，为全区工会会员、困难职工购药提供优惠和便利。2011年，继续深入实施帮扶工程经常化、长效化，营建职工温馨之家。“两节”之际，积极开展以“心系职工情，温暖进万家”为主题的送温暖活动，为困难职工送去温暖，让困难职工度过欢乐、祥和的“两节”。分别深入侯润平、史文化、靳冰等困难职工以及全国劳模马玉田、王计所等家中进行慰问，同时走访华阳天成有限公司等困难企业，了解实际情况，解决实际问题，真正把党和政府的温暖送入千家万户，让职工真正体会到工会是职工自己的家。2012年开展“面对面、心贴心、实打实、服务职工在基层”活动，成立活动领导小组，制定出台具体实施方案，将工作细化，分包到人头，走出机关接地气，对了解到的50名特殊困难职工发放了近6万元的慰问金及慰问品，为保安煤矿、华岭耐火公司分别赠送1万元的职工书屋援建资金和1万元的慰问金。

2016年，不断深化工会大服务体系建设，提升职工幸福指数。2017年，根据《中共阳泉市郊区区委办公室关于印发〈郊区总工会改革实施方案〉的通知》（阳郊办发〔2017〕81号），将郊区总工会所属事业单位“阳泉市郊区特困职工援助中心”变更为“阳泉市郊区职工服务中心”将送温暖工作由单一救助向全面服务转变。依托工会组织，保证了帮扶工作的公平、公正、精准性，完善困难职工档案，真正让困难职工得到帮助。2018年，在区委、区政府和市总工会的统一安排和部署下，深入基层进行调研，有效提高送温暖的精准性。2019年，“两节”送温暖工作中，走访慰问困难职工及困难农民工57户、困难劳模4户，发放18.3万元的慰问金和面粉、食用油、春联、挂历、年画，各级领导深入困难职工家中慰问、物到、话到、情到，把凝聚着党和政府的真切关怀送到困难职工的心坎上，使困难职工体会到党和政府的关怀。

再就业工程

20世纪末，随着改革开放的不断深入，在企业改制过程中出现了下岗职工和失业人员日渐增多的暂时现象。为妥善解决特殊历史时期的特殊矛盾，全国各地都充分发挥政府、企业、劳动者和社会各方面的积极性，综合运用政策扶持和各种就业服务手段，实行企业安置、个人自谋职业和社会帮助安置相结合，努力帮助下岗职工、失业人员和企业富余人员实现再就业。在此情况下，郊区总工会把促进再就业作为重点工作来抓，要求各基层工会集中力量，形成合力，配合政府和企业行政部门，积极发挥工会的优势，广开就业门路，努力探索再就业的途径和机制。结合企业改革的实际，积极教育引导职工转变择业观念，打破旧的“铁饭碗”思想，理解改革、支持改革，重新树立起生活的信心和勇气。1997年，联合区统计局、区劳动局开展职工基本情况调查，组织8名下岗再就业先进典型报告演讲，大力宣传他们下岗不坠青云志的先进事迹。配合各职能部门及时出台制定深化企业产权制度改革和下岗职工分流再就业工作的政策措施，使应安置对象参加重组有资产，自谋职业有补偿，退休待遇有保障。发挥工会职能优势，积极开展提高技能素质的转岗培训，与政府和企业一道多层次、多渠道帮助下岗职工再就业。

2000年，郊区总工会从职工的实际需要出发，在全区实施以赠送再就业工具为主，变输血为造血，使“送温暖工程”和“再就业工程”有机结合成为“解困工程”。通过摸底调查，做到“四清楚三了解”，即下岗特困户户数、姓名、性别、年龄健康状况清，所在单位、家庭住址清、下岗原因清，家庭基本情况清，了解职工思想动态、了解职工文化技术专业特长、了解职工择业要求。在此基础上，跑市场选项目积极购置就业工具。当年5月1日，在郊区影剧院门前举行了全区为特困职工赠送再就业工具首发仪式。为特困职工赠送的再就业工具共计18个种类、140余套（件），另外还为特困职工搞养殖业提供种兔、种鸡、种鸽等，共投资近4万元，为82户特困职工和100余人提供上岗再就业搞个体经营的条件机会。此次领取“就业工具”的特困职工，郊区总工会发给特困职工证，持证上岗就业，享受“解困工程”专题会议纪要规定的有关优惠待遇。与此同时，郊区总工会提出落实“五个一”（每人包一户特困户、每人为所包户提一条好建议、送一条好信息、办一件实在事、帮助所包户完成一千元以上的收入），搞好“六服务”（为所包户提供协调服务、上门服务、技术服务、产销服务、信息服务、贴息贷款服务）的具体措施。与郊区信用社联合出台了《关于特困职工小额贷款暂行办法》。2001 年，对领取了“再就业工具”的特困职工的经营状况、生活水平、思想动态进行了一次调查摸底，在加大对他们的管理力度的同时，从困难职工的迫切需求出发，切实加大对他们的帮扶力度；继续在搞好“六服务”上下功夫；对原水暖厂职工刘健、重机厂职工苗所林等采取了重点扶持培育典型。2003 年，赠送再就业工具与发放救助资金同时进行。4 月 23 日，区特困职工援助中心在区影剧院门前举行“赠送再就业工具暨发放救助资金”仪式，为 16 名下岗特困职工赠送价值 2 万余元的再就业工具，为 20 名因大病大灾及子女上大学造成生活困难的特困职工发放一次性救助资金共 2 万元。贯彻执行《关于进一步做好下岗失业人员再就业工作的实施办法》有关规定，与区劳动和社会保障局对特困职工的再就业问题给予特别关注，共为 250 余名下岗特困职工办理了再就业优惠证。至 2006 年，连续 6 年多批次为特困职工赠送再就业工具，其种类包括冰柜、电焊机、电烤箱、电饼铛、钉鞋机、理发工具、电子锤、三轮车、和面机、压面机、电烤箱等，共投入资金 12 万余元，为特困职工提供再就业工具 210 余台（套）。同时开展了再就业创业带头人帮扶项目，为 2 名职工发放了每人 2 万元的帮扶金额。2006 年 8 月 30 日《山西工人报》以《工会帮职工帮到点子上，济困送办法送到要紧处》为题，详细报道了郊区工会组织“解困工程”坚持“授鱼”和“授渔”结合，变输血为造血，变救济为助业，让特困职工由此走上自主创业路的先进经验。当年，郊区总工会被省总工会评为“再就业工作先进集体”。

2009 年 5 月 21 日，在郊区体育馆门前，郊区总工会联合郊区劳动和社会保障局、郊区工商联，首次举办主题为“关注民生、促进就业”的大型民营企业招聘周活动。共有 56 个用人单位提供 427 个就业岗位，其中包括机械工人、司机、家政保姆、修理工、文秘等，共接待求职人员 85 人，其中下岗失业人员 23 人，农民工 53 人，大、中专毕业生 9 人。现场有 17 名农民工与用人单位达成了用工意向。

2010 年，郊区总工会举办图书配送暨赠送再就业工具仪式

2010 年，继续做好促进就业的工作。加强与大型企业的联系，了解用工需求，发布招聘信息，与郊区人社局联合举办 2 次再就业招聘会，为农民工就业搭建桥梁。9 月，经过个人报名、层层选拔、培训考核，为富士康输送农民工 64 人。11 月 22 日，组织全区招聘的 106 名劳动预备制学员赴阳煤集团职业培训中心参加专业培训。此次参加专业培训人员通过严格的面试、审核和体检，取得培训资格，与宏厦一建签订劳动合同，实现与阳煤集团其他职工同工同酬。当年，郊区总工会被山西省政府授予“创业就业工作先进集体”称号。

2013 年，郊区总工会与郊区人社局区妇联联合举办阳泉市郊区 2013 年春季招聘会

2012 年，针对郊区耐火行业不景气的现状，郊区总工会在开展“工会就业援助月”基础上，通过举办“春送岗位”现场招聘会，提供再就业工作岗位 400 余个，当天就有 100 余名应聘者现场与所选企业签订就业协议。

2013 年 3 月，郊区总工会再次与区人社局、区妇联联合举办 2013 年春季就业招聘会。吸引景河酒店、昌鑫生物科技、德旭耐火、双欢电控、金隅通达及郊区部分耐火、汽车销售企业共计 40 余家用工单位参加，提供就业岗位 800 余个，涉及电力电气、会计、文秘、营销、餐饮服务、食品加工、汽车修理等 37 个工种。共有 500 余名求职者参加招聘，达成就业意向 300 余人，同时对 400 余名求职者进行职业指导，对 6 家招聘人员困难的用工单位进行招聘指导。另外，委派工作人员对求职者现场讲解有关劳动保障的法律法规政策，现场发放工会宣传资料。

2014 年至 2019 年，通过对有就业意愿的城乡劳动者、有创业愿望的城乡劳动者、高校毕业生就业意向情况进行反复摸底调查并深入企业了解用工需求，共组织类似招聘活动 6 次，区内外数百家农业、工业和商贸企业参加，提供就业岗位数千个，并有数百人在现场达成了就业意向。为全区失业下岗人员及高校毕业生等求职者提供就业平台，使择业者实现就业，用人单位解决空岗难题，从而实现用人单位和择业者的双赢，进而促进郊区和谐社会的建立和经济的快速发展。

金秋助学

“金秋助学”是为切实帮助解决困难职工（农民工）子女上学难问题而创立的资助困难职工和农民工子女完成大学学业的公益品牌活动。郊区此项工作于 2005 年开展，在具体实施过程中，郊区总工会十分注重助学活动的公平性和实效性，做到规范操作、实名制发放、专款专用、公开透明。其享受对象是，凡按《中华人民共和国工会法》依法建立工会组织的郊区各类企事业单位的职工，已登记注册为郊区总工会会员，其子女参加全国统一高考，并被教育部认定的一本、二本（含 C 类）院校录取的学生（2016 年前不含 C 类）。其具备条件是，困难职工共同生活的家庭成员人均收入低于当地最低生活保障标准，以户籍地政府认定的低保户为准；家庭人均收入略高于当地最低生活保障线，但因家庭成员患大病、残疾或遭遇突发性灾害等特殊困难的低保边缘职工。至 2019 年末，全区共有 770 人享受助学政策，全区共发放金秋助学资金 162.6 万元。

2012 年 8 月，郊区总工会举办郊区 2012 年“金秋助学”金发放仪式

2005—2019年郊区总工会“金秋助学”活动一览表

表3-1

年 份	人数（人）	金额（元）	年 份	人数（人）	金额（元）
2005	18	17000	2013	90	180000
2006	32	32000	2014	35	70000
2007	30	30000	2015	86	200000
2008	51	91500	2016	53	181000
2009	55	110000	2017	30	89000
2010	71	142000	2018	25	81000
2011	83	166000	2019	12	38500
2012	99	198000	合计	770	1626000

职工医疗互助

职工大病医疗互助是社会保障体系的完善与补充，也是社会救助体系的重要组成部分。2005年，为发扬工人阶级团结友爱、互助互济的优良传统，根据有关政策和上级工会的要求，郊区总工会在全区开展职工大病医疗互助活动。此项活动，通过职工之间的互相帮助，“聚小钱、办大事”，实现“无病我帮人、有病人帮我”，从而解决职工因患病住院导致生活水平下降或因病致贫的问题，使全区干部职工医疗保障水平从整体上得到提高。8月17日，市总工会召开全市职工大病医疗互助工作动员大会。会后，郊区总工会根据《阳泉市职工大病医疗互助活动实施办法》的总体部署，在全区开始实施该项工作。职工大病医疗互助工作得到区委、区政府的高度重视和支持。9月，郊区总工会紧紧抓住市总工会组织开展的职工大病医疗互助活动这一契机，在区委、区政府的大力支持下，在各有关部门的大力配合下，充分发挥工会职能，积极宣传，广泛发动，迅速在全区掀起职工大病医疗互助工作热潮，全区共有7098名职工参加大病医疗互助活动。职工大病医疗互助金规定为每人每年缴纳36.5元。互助补偿金起付标准为：一次性住院费在5000元至1万元的补偿总费用的10%；1万元至2万元的补偿比例为13%；2万元至3万元的补偿比例为15%；3万元至5万元的补偿比例为17%；5万元至7万元的补偿比例为20%；7万元至9万元的补偿比例为25%；9万元以上的补偿比例为30%。患病职工是工会会员的，在对本人实际补偿金基础上再增加2%。

2006年6月，郊区总工会成立阳泉市职工大病医疗互助郊区代办处，方便基层职工在最短的时间内得到补偿。与此同时，郊区总工会利用报纸、广播、下发宣传资料、制作专题版面等等形式，积极宣传大病医疗互助补偿的有关规定，真正使这一活动成为方便群众、惠泽职工的大好事、大实事。为解决办公难的问题，郊区总工会专门投资购置2台电脑，把所有参加互助活动的职工全部实行网络化管理。并且将互助范围扩大到各有条件的企业，让这件好事惠泽更多的职工群众。当年，在第一期职工大病医疗互助活动中，共为62名患大病的职工给付308924元的补偿金，占互助金总额的120%，其中得到最高补偿金30600元的2人，很大程度上减轻了患大病职工的经济压力，真正发挥了职工大病医疗互助活动“有病人帮我，无病我帮人”的作用。9月，第二期职工大病医疗互助活动顺利开展，全区共有128个单位7906人参加，其中新吸收了6座煤矿的职工562人。2008年1月28日，区政府与区总工会召开第三次联席会议。会议就区总工会提出的《关于增加郊区总工会职工大病医疗互助中心工作人员编制的协商意见》进行酝酿讨论。

2009年，市总工会对职工大病医疗互助金收缴以及互助补偿标准作了新的调整。新规定标准为：每人每年缴纳50元。互助补偿金起付标准为，一次性住院费在1万元（含1万元）以上的补偿总费用的8%，最高补偿额不得超过3万元；慢性病互助补偿金的起付标准为1万元，补偿标准为慢性门诊费用或门诊费用累计和住院交叉治疗费用达1万元（含1万元）以上的补偿总费用的8%，最高补偿额不得超过1.5万元；是工会会员的，在对本人实际补偿金的基础上再增长2%。

2010年，郊区总工会给患病职工付大病医疗补偿金

2019年9月，为了更好地服务职工，职工大病医疗互助更名为职工医疗互助。再次调整了补偿标准。其一次性住院补偿标准是一次性住院费用达1万元（含1万元）以上的，按照医疗保险相关政策报销后个人自付费用的30%比例进行补偿，没有参加医保的职工和参加医保未参加下期医疗互助的职工，互助期已满但是该次治疗还未结束，医疗互助只补偿本期内费用（须达到起付线以上），补偿按照原来的办法执行，最高补偿额不超3万元。门诊大额疾病（慢性病）补偿标准是慢性病人在互助期内发生的住院及医院门诊治疗费用可合并计算累计补偿，住院费用及医院门诊费用累计在1万元（含1万元）以上的，补偿总费用的6%，最高补偿额不超1.5万元。

截至2019年末，共办理15期医疗互助工作，累计参加互助职工126751人，累计收缴互助金额5807768元，累计享受互助职工1736人次，累计受益金额5096065元。

郊区职工医疗互助情况一览表

表3-2

期数	参加单位（个）	参加职工人数（人）	其中困难职工人数（人）	缴纳互助金（元）	享受互助职工人数（人次）	受益金额（元）
第一期	123	7098	261	257380.5	73	515422
第二期	128	7906	137	286308.5	84	492356
第三期	156	11309	187	409693	125	565771
第四期	150	10671	87	388056	152	441211
第五期	126	9420	99	469420	160	375309
第六期	128	9634	161	478480	117	352203
第七期	126	9589	134	476770	118	322796
第八期	137	9762	183	484440	132	431832
第九期	144	9204	188	455380	116	200027
第十期	123	8127	185	402650	194	290603

续表 3-2

期 数	参加单位（个）	参加职工人数（人）	其中困难职工人数（人）	缴纳互助金（元）	享受互助职工人数（人次）	受益金额（元）
第十一期	120	7206	118	357940	100	189005
第十二期	125	6718	—	335900	44	67033
第十三期	122	6678	—	333900	62	83677
第十四期	127	6581	—	329050	130	336308
第十五期	131	6848	—	342400	129	432512

夏季送清凉

2005 年，郊区总工会在两节送温暖的基础上又推出夏季“送清凉”活动。此项活动紧紧围绕夏季安全生产、防暑降温、高温劳动防护、职工生产生活环境、饮食卫生状况等内容，重点走访慰问一线职工，为职工发放清凉用品，同时要求用人单位要切实做好职工的防暑降温工作，根据工作实际合理安排作业内容，提供必要的后勤保障，做到安全在岗、安全作业，确保高温季节一线职工安全度暑和各项工作有序开展。

2008 年及 2009 年 6 月至 8 月，郊区总工会连续两年深入全区重点工程“新北大街”建设工地、区开发公司建筑工地、公安交通警察支队，污水处理工程队及奥运安保期间的检查工作站以及 8 个乡镇，共为一线农民工和有关人员送去价值 15 万余元的白糖、橘子粉、茶叶等防暑用品和日常生活用品，给他们送上了夏日的清凉和党与政府的关怀。

2010 年 6 月，先后深入区所属 20 余个重点企业，看望高温酷暑下奋战在一线的农民工，为他们送上了价值 45300 元的橘子粉、茶叶等防暑用品和有关农民工权益保障方面的学习资料，同时，督促企业加强改善农民工住宿条件、饮食卫生、高温劳动防护等措施，让农民工安全度夏。中秋节期间，组织开展“中秋佳节送亲情、慰问一线农民工”活动，区总工会领导冒雨深入新城大道建设指挥部、双营路建设指挥部、鸿泰煤业有限公司，亲切慰问广大农民工，共为他们送去了月饼、水果等价值 3000 余元的节日慰问品。

2011 年至 2013 年，适逢盛夏酷暑，连续 3 年开展了平安度夏为职工送清凉活动。先后到荫营镇千亨耐火材料有限公司、河底镇山塔工贸公司、双营路建设工地、华岭耐火材料厂、保安煤矿、交警三大队、昌达伟业有限公司、金土耐火材料有限公司、枣园农产品公司等数十个全区重点企业和重点建设项目工地，向坚守在生产、施工一线的职工送去夏日的清凉和组织的温情关怀，慰问职工约 7000 人次，送去毛巾、手套、白糖、冰糖、绿豆、茶叶、橘子粉、饮料等价值近 22.17 万元的慰问品。

2011 年 7 月，郊区总工会组织开展夏季送清凉活动

2014 年至 2019 年，郊区总工会继续开展“关爱职工、夏送清凉”慰问活动。先后深入华

阳正元有限责任公司，德旭耐火材料厂、坡头煤业、交警三大队、昌达伟业有限公司、金土耐火材料有限公司、裕盛源农产品公司、上白泉耐火材料有限公司、保安煤矿、孙家沟供热工程队、鸿泰煤业有限公司、自来水公司、华岭耐火材料有限公司、旧街煤矿、阳泉市贤亨耐火材料有限公司、山西通宝鑫能有限公司、广鑫源耐火材料有限公司、冀东水泥等数十家单位和企业，为奋战在一线的职工和“创卫”服务人员送去绿豆、白糖、冰糖、蜂蜜、柑粉饮料等，价值 87.66 万元的防暑用品，共计 9816 份。

困难职工解困脱困

2015 年，郊区总工会认真贯彻落实全国总工会和省市总工会、上级党委政府关于做好城市困难职工解困脱困工作的重要指示精神，坚持“统筹协调，突出重点，分级负责，精准聚焦”的原则，构建“源头解困、动态脱困、应急救助、常态帮扶”相结合的工作机制，形成政策引导、结对帮扶、社会保障的工作合力，使全区困难职工解困脱困工作收到明显成效。当年，对全区困难职工进行调查摸底，困难职工建档 1908 户。

2016 年，郊区总工会按照《阳泉市困难职工档案管理办法》和《阳泉市城市困难职工解困脱困工作督查办法》，把市总工会困难职工解困脱困实用手册、操作手册、资料汇编等资料发放到基层工会和企业当中，进行宣传指导，并适时在全区工会系统集中开展“清理审核困难职工档案，健全完善帮扶工作信息”专项工作。为了确保困难职工基本信息的真实性、准确性，郊区总工会会同有关部门有针对性地进行核实，对不符合全国总工会建档标准的职工家庭进行了清退。当年注销困难职工 1350 户。

2017 年，区委专门召开常委会会议进行专题研究，成立由区委副书记任组长，13 家区直单位组成的解困脱困工作领导小组，提出了“精准识别、精准施策、精准发力”的解困脱困帮扶策略。为了保证解困脱困工作的有效推进，区委区政府领导和区总工会领导靠前指挥，周密部署，并根据工作进展情况多次召开专项工作会议，研究制定涉及就业创业、医疗帮扶、教育救助、住房保障、社保覆盖、生活救助、社会兜底、扶志扶智、稳定收入等方面的具体措施。区解困脱困工作领导小组责成区总工会，在摸清全区困难职工基本情况的基础上，明确了对困难职工由所在单位的干部进行“一对一”结对子帮扶责任，落实了包联企业 1 个，包联困难职工 20 户，做到精准分类帮扶，实现对在档职工结对帮扶全覆盖。区总工会积极落实上级困难职工帮扶相关政策，对建档立卡的困难职工发放特困职工证，凭证享受减免 50% 的水费、煤气费、取暖费、有线电视收视费。各级医疗机构对困难职工及家庭成员患者入院凭特困职工证优先挂号、住院、安排检查和手术，符合转诊规定的患者优先安排上下转诊。同时，每年定期开展大病救助、助学救助、就业招聘等分类帮扶活动。当年解困 196 户。

2018 年，郊区总工会牵头起草，由区委、区政府两办分别下发《关于进一步做好全区困难职工解困脱困工作的实施意见》《关于建立全区城市困难职工解困脱困工作长效机制的实施办法》，提出在 2018 年至 2020 年，全区完成对所有建档立卡困难职工的解困脱困任务。在明确任务目标和工作职责的同时，把任务进行细化分解，形成层层传导压力、涉及部门都要担当责任的工作格局。

2019 年，郊区总工会与区人社部门联合举办招聘会 2 场，有 60 余名困难职工及家庭成员达成就业意向；区总工会举办2期化妆培训班，培训学员60人。郊区国家级、省级困难职工在档户数降到17户，其中累计脱困365户，注销1579户。

阳泉市郊区困难职工解困脱困工作成效数据报表

表3-3 单位：户

内　容	2015年	2016年	2017年	2018年	2019年	总　计
脱　困	—	125	196	24	20	365
注　销	—	1350	181	25	23	1579
年底在档困难职工数	1908	433	56	38	17	—

第八节　女职工工作

组织建设

历次女职工代表大会

第一次女职工代表大会　1990年根据《中国工会章程》规定和上级工会安排意见及阳郊工发〔1990〕65号文件精神，经区委同意，12月11日召开阳泉市郊区总工会第一次女职工代表大会，出席会议的正式代表51人，区总工会副主席张凤瑞作了题为《充分发挥女职工的作用 为治理整顿和深化改革做贡献》的工作报告，选举产生首届女职工委员会委员共10人，随后召开第一届委员会一次会议，选举产生了主任1名、副主任3名。张凤瑞当选为郊区总工会首届女职工委员会主任。

1990年12月，郊区总工会首届女职工代表大会召开

主　任：张凤瑞　区总工会副主席
副主任：郭凤莲　区总工会财务负责人
　　　　胡玉兰　区妇联科员
　　　　李向荣　区煤管局工会副主席
委　员：孙荣华　区教育工会副主席
　　　　王晓英　区供销社工会女工干部
　　　　刘丽荣　区卫生局肿瘤防治办主任
　　　　李　华　区交通局工会女工干部
　　　　梁先云　区二轻局工会女工干部
　　　　韩秋菊　区乡镇局工会女工干部

第二次女职工代表大会　1999年6月18日，郊区总工会第二次女职工代表大会召开，会议以无记名投票选举的方式，选举产生了第二届女职工委员会委员共14名。随后召开第二届委员会一次会议，选举产生了主任1名、副主任3名。郭凤莲当选为郊区总工会第二届女职

工委员会主任。

2004 年 2 月 11 日，郊区总工会二届六次女职工委员会召开，会议以举手表决的方式一致同意余香红为郊区总工会二届女职工委员会主任，同时免去郭凤莲原二届女职工委员会主任职务。

主　任：郭凤莲（1999 年 6 月至 2004 年 2 月）区总工会副主席
　　　　余香红（2004 年 2 月至 2014 年 3 月）区总工会副主席
副主任：任银兰　区总工会组织、宣教、女工部部长
　　　　王振涛　区行政办副主任
　　　　孙荣花　区教委工会副主席
委　员：王晓英　区供销社工会副主席、女工委主任
　　　　王继红　郊区医院工会委员
　　　　史先玲　区法院副院长
　　　　史润花　区煤管局工会副主席、女工委主任
　　　　田福花　区卫生局工会主席、女工委主任
　　　　付　锦　区煤运公司工会委员
　　　　冯义琴　区电视台台长、广电局工会委员
　　　　吴秋梅　郊区平坦卫陶厂女工委主任
　　　　宋　莉　区文化局副局长
　　　　赵改翠　区总工会民管、生活部部长

第三次女职工代表大会　郊区总工会第三次女职工代表大会于 2014 年 3 月 18 日召开，会议应到代表 57 人，实到代表 57 人。会议通过无记名投票等额选举的方式，产生郊区总工会第三届女职工委员会委员 7 名。随后召开第三届委员会一次会议 ，选举产生主任 1 名、副主任 2 名。赵改翠当选为郊区总工会第三届女职工委员会主任。

主　任：赵改翠　区总工会经费审查委员会主任
副主任：李晓艳　区总工会宣教女工部部长
　　　　周素勤　区妇联副主席
委　员：王树红　郊区供销合作社工会副主席
　　　　史丽霞　河底镇政府办副主任、人大秘书、工会副主席
　　　　史晓鸿　郊区煤炭运销公司工会副主席
　　　　梁艳君　郊区教育局幼教办主任、教育工会副主席

基层女职工组织建设

1990 年，郊区总工会首届女职工委员会成立后，全区基层工会女职工组织的建设工作进入逐步健全阶段。1995 年，中华全国总工会女职工委员会第二次会议作出进一步加强工会女职工组织建设的决议，郊区基层工会女工委员会的组建也有了较大突破，在原有 25 个的基础上发展为 80 余个。1997 年，平坦水泵厂女职工委员会被全国总工会评为女职工工作先进集体。

进入 21 世纪后，根据山西省总工会《关于规范女职工组织建设与工会组织同步组建的意

见》，进一步加强全区工会女职工组织建设，始终坚持女职工组织与工会组织同步筹备、同步审批、同步建立的“三同步”原则，促进全区工会各级女职工组织建设工作。2010年，建立健全了162个女工组织，覆盖女职工5602人。

郊区总工会依据《中华人民共和国工会法》《中国工会章程》《工会女职工委员会工作条例》，坚持工会组织与女职工组织同步建立、同步换届，按照企业、事业和机关工会中有女职工10名以上的应建立女职工委员会，不足10名的可设立女职工委员的规定，进一步加大全区基层女职工组织建设的工作力度。2019年，全区共有女职工组织436个，其中建立女职工委员会的216个，仅设立女职工委员220个，覆盖全区女职工9183人，全区女职工组织应建全建，有效保证了女职工工作的顺利展开。

素质工程

郊区总工会首届女职工委员会成立后，以提升女职工素质为切入点，广泛开展工作。1993年，区总工会组织女职工开展以“五个一”（全年每名女职工增产增收100元，节约开支100元，提一条合理化建议，爱国储蓄100元，为社会、为儿童办一件好事）为主要内容的“学先进、比奉献、赛本领”活动。1999年，利用“三八”契机，开展十五大精神和中国工会十三大精神的宣传教育月活动；围绕“一基四本”开展劳动竞赛，深化巾帼双奉献活动；继续开展“讲三德、创三好”活动。

1999年6月，郊区总工会第二次女职工代表大会召开后，继续实施女职工素质提升工程。2000年，举办庆“三八”郊区女职工“敬业、创新、求实、做跨世纪强者”演讲比赛，演讲者年龄一般不超过45岁，演讲时间不超过10分钟。2001年，全区共有4000余名女职工参加“双增双节”，提合理化建议180条，被采纳82条；机关工会女职工委员会组织女职工向贫困地区捐款、捐物共计700余元，全区共有3000余名女职工参加了岗位立功竞赛活动。2002年在全区广大女职工中广泛深入地开展了以“爱岗敬业、学习成才、姐妹互助、文明家庭”为主要内容的“女职工双文明建功立业”竞赛活动和“五个一”竞赛活动。2004年3月3日，郊区总工会女职工委员会在区进修校举办全区女职工计算机技能大赛，来自全区8个乡镇、29个机关、企事业单位的88名女职工参加比赛，有13名女职工获一、二、三等奖。2007年1月14日，举办“庆三八、促和谐、展风采，做新时代女职工”演讲比赛。共有20余名来自不同战线的女职工参加演讲，最后，角逐出6名队员参加市总工会的演讲比赛并取得好成绩。2008年，“三八”国际妇女节前夕，组织了“庆三八、迎奥运、学法律、促和谐”大型健身活动，来自全区各条战线的200余名女职工参加了这次活动；区煤运公司、区人民医院女工委分别在“三八”国际妇女节期间，组织单位女职工进行了电脑打字、护理业务知识等项目比赛，郊区一中组织全校女教师进行了以“强素质、树形象、为明天”为主题的演讲赛；区法院女工委组织全院女干警就如何加强在新时期发挥女干

2004年3月，郊区总工会女职委在全区开展女职工计算机技能大赛

警的半边天作用进行了经验交流；林里粉末公司女工委对在企业生产建设中涌现出的“三八红旗手”进行了表彰奖励。2009年，在所属基层广泛开展女职工建功立业工程和女职工素质工程，以加强组织自身建设为依托，夯实女工工作基础，切实提高女工组织的工作水平，以提高女职工综合素质为重点，深入开展“女性素质工程”，切实提高女职工创业能力，以“三八”国际妇女节为契机，举办形式多样的庆祝活动，促进女职工文化素质的提高，紧紧围绕“咱们工人有力量、咱们工会有作为”的主题，开展了“四个一”活动，举办了“庆三八、促和谐”华牌大赛，全健排舞大赛，特别是区委副书记刘红霞、王丽梅、区政协副主席王振涛等女领导都参加比赛。2010年，举行了纪念“三八”国际劳动妇女节100周年联谊会。“三八”国际妇女节期间，在市总工会举办的首届“女职工之歌”合唱节比赛中，区实验小学女职工合唱队获得银奖，区实验小学音乐教师杨杰三在本次合唱节中还获得了优秀指挥奖，区煤运公司的啦啦队获得最佳方阵奖。同时还举行全区女职工全健排舞、广场舞比赛。2012年，参加“山西转型跨越发展与女职工的责任和使命”论文评选活动，共报送11篇，获奖6篇。义井镇工会牵头，联合镇妇联、镇残联进行女职工再就业、残疾人再就业、职工技术技能培训6次，培训会员600人次。

2009年3月，郊区总工会举办庆“三八”、促和谐华牌大赛

2013年，郊区总工会第三次女职工代表大会召开，女职工素质提升工作进一步加强。当年，在全市女职工提素建功竞赛成果PPT展示比赛中，区总工会女工委的参赛作品《创新思路、发挥作用、再展女职工风采》荣获大赛一等奖，区实验小学工会女工委的参赛作品《巾帼建功谱新篇》荣获大赛二等奖，阳泉市广鑫源耐火材料有限公司工会女工委的参赛作品《展巾帼风采、炫美丽人生》荣获大赛三等奖。区总工会女工委荣获优秀组织奖。在第103个“三八”国际妇女节来临之际，区总工会女职工委员会在全区女职工中大力开展以“庆三八、展风采、聚人心、建新功”为主题的“凝心聚力促发展、建功立业绘蓝图”宣传教育月活动，全区各乡镇及各系统工会约2000余名女职工参加活动。区总工会女职工委员会举办了“魅力女性、奉献郊区”主题座谈会。郊区煤销公司工会召开优秀女职工表彰大会暨职场女性礼仪讲座等。2014年，在全省“三八”表彰中，区总工会女工委获得山西省先进女职工组织的光荣称号。第104个“三八”国际妇女节来临之际，区总工会在全区女职工中大力开展“中国梦·劳动美——女职工在行动”“三八”主题教育宣传月活动，全区各基层工会2000余名女职工参加了宣传月活动。区总工会女职工委员会举办“庆三八、话发展、促和谐”座谈会。各基层女工组织都开展了丰富多彩的活动，保安煤业公司召开了“三八”先进女职工表彰大会，组织了“阳光心态、幸福人生”演讲比赛，为女职工体检等活动。旧街煤业公司工会组织女职工为井下每位矿工送鞋垫，为矿工送祝福。教育系统工会开展了庆“三八”趣味游戏活动、书法大赛、第九套广播体操比赛、师德报告会、乒乓球、羽毛球、跳绳比赛，教师听写大赛等活动。推荐阳泉市

中嘉磨料磨具有限公司总经理王素娟成为全市十大杰出女职工，郊区荫营镇下烟村书记李秀莲和阳泉市锦丰种植有限公司总经理王雪成为全市五一巾帼标兵，并召开了座谈会，进一步弘扬了女职工时代领头雁精神；组织全区女职工参加全省“书香三八”征文活动，共选送10余篇参加全市及全省的征文活动，有1篇获得全省一等奖。2016年，推进女职工建功立业。锦丰种植有限公司王雪荣获阳泉市十大杰出女职工，荫营中学高润平、郊区医院施志燕、元大养殖场郭海花荣获市“五一”巾帼标兵。郊区地税局直属一分局荣获市“五一”巾帼标兵岗称号，鸿泰煤业女工委荣获市“先进女职工委员会”称号。2019年，为推进家庭文明建设，开展“定家规、立家训——书写家国情怀、弘扬时代新风”系列活动，共选送17个作品参赛。

特殊权益保护

首届女职工委员会在开展女职工特殊权益保护工作方面主要是各基层工会抓了《中华人民共和国妇女权益保障法》宣传贯彻。1993年，组织全区500余名女职工接受培训并参加全市答题竞赛。

1999年，随着郊区总工会第二次女职工委员会的召开，女职工特殊权益保护工作逐步引申。2009年，建起了单亲女职工专项档案，开通“6696063”女职工维权热线电话。同时，在日常工作中采取“随时探访、信息共享、小事基层帮，大事工会管”的帮扶方式，认真做好“一对一”的帮扶工作，帮助广大女职工解决工作生活中的实际困难。开展单亲特困女职工帮扶工作，单亲特困女职工受到资助，累计慰问120余人，资助金额6万元。2010年，开展节能减排活动。为充分发挥女职工在推动企业又好又快和谐发展中的重要作用，女工部紧紧围绕“提一条节能减排合理化建议、做一件节能减排实事、制定一项家庭节能减排计划”的女职工节能减排“三个一”活动，引导广大女职工节能减排到岗位、进社区、进家庭，把节能减排工作贯穿于女职工日常的工作、学习和生活之中，营造“人人养成节能环保的良好习惯、户户参与家庭节能减排活动”的良好氛围。截至当年10月，收集女职工节能减排合理化建议230条，女职工节能减排实事2335件，女职工家庭节能减排实现经济价值70266元。同年，为了全面掌握了解全区特困女职工的基本情况，继续完善了单亲特困女职工的特困档案，对她们工作、学习、生活情况做到了底子清、情况明。依据档案信息，对单亲特困女职工给予安慰和鼓励。同年，会同区人力资源和社会保障局开展女职工特殊保护专项集体合同签订和履约情况专项检查。通过企业自查、查阅台账资料、座谈等形式，对耐火、餐饮等行业共5家单位就男女同工同酬、女职工的“四期”保护、女职工卫生保健、妇科病普查、女职工的教育和培训、女职工劳动保护设施设置、推行生育保险等方面进行调查，被抽查单位都签订了女职工特殊保护专项集体合同，最大限度地维护女职工的特殊权益，广大女职工得到实惠，女职工组织的地位得到提升。使女职工切实感受到了专项集体合同带

2012年，郊区总工会女工部继续开展签订女职工权益保护专项集体合同工作

来的利益和保障，极大地调动了女职工的积极性和创造性。2011 年 7 月 23 日至 25 日，根据全国总工会、省总工会和市总工会女职工委员会实施女职工“关爱行动”活动的安排部署，实施女职工关爱行动。组织全区 173 名女职工参加了女职工特病保险。积极宣传女性保健知识，督促企业落实女职工卫生费和一年一度体检。为年龄在 45 岁至 55 岁之间的 128 名特困单亲女职工、女农民工到阳泉市妇幼保健医院免费进行“两癌”体检。为 20 余名特困单亲女职工进行“两癌”普查体检。连续 3 年累计普查女职工达 291 人次。认真实施女职工关爱工程，为女职工办好事、办实事。继续在全区女职工中开展女职工特病保险活动，全区机关、企事业单位女职工累计投保 973 份，投保人数 893 人，参保金额 19460 元。其中 3 人获得经济补偿。2012 年，在全区女职工中开展“强服务、进基层、讲奉献、建新功”“三八”主题月活动，参加女职工人数达 1000 余人；积极组队参加市总工会举办的女职工“进基层、送关爱、搭鹊桥、送伴侣”联谊活动，参加人数 15 人。继续抓好女职工专项集体合同签订工作，签订女职工专项集体合同 44 份，其中单签专项合同 35 份，区域性合同 8 份，行业性合同 1 份，签订率 100%。覆盖女职工人数 7000 余人。在全国《女职工劳动保护特别规定》宣传之际，深入基层一线、厂矿对女职工进行宣传。举办《女职工劳动保护特别规定》知识竞赛，全区 1000 余名女职工参加竞赛活动，充分调动和激发广大女职工学法、用法的积极性和自我保护意识。在全区重点耐火企业开展女职工从事禁忌劳动情况问卷调查，为女职工禁忌劳动范围标准的研究修订提供依据。与此同时，对困难女职工建档进行动态管理。

2013 年，郊区总工会第三届女职工委员会选举产生后，继续加强女职工特殊权益保护工作。当年，充分利用《女职工劳动保护特别规定》颁布实施一周年之际，组织开展多种形式的学习宣传培训活动，全区共有 5982 名女职工参加相关法律知识竞赛，女职工参赛率达 90% 以上。邀请中华全国总工会女性健康知识讲师团杨本行讲师在保安煤业开展“女职工爱心知识讲座”，引导和帮助女职工建立全新的健康理念。2014，继续开展《女职工权益保护专项集体合同》的签订工作。当年，共签订女职工专项集体合同 48 份，其中单签专项合同 38 份，区域性合同 8 份，行业性合同 2 份。从源头上维护女职工的特殊权益。组织 16 位单身男女参加全市“缘在工会·相约金秋”大型公益相亲会活动。2015 年，根据阳泉市总工会、阳泉市卫生局《关于落实“爱心妈咪小屋”建设的通知》推进女职工“爱心妈咪小屋”的建设。郊区医院“爱心妈咪小屋”于 7 月中旬至 8 月中旬开始筹建，经过一个月的精心准备，小屋建成并投入使用，9 月，被市总工会女工委评选为四星级爱心妈咪小屋，成为被省总工会命名的全省首批妈咪小屋。11 月继续推进妈咪小屋建设，平坦镇爱心妈咪小屋评为二星级爱心妈咪小屋。2016 年至 2017 年，区总工会女工委对全区落实《山西省女职工劳动保护条例》的情况进行调研，共调查企事业 230 家，涉及女职工 8189 人。2019 年，广泛开展女职工维权行动月活动。集中签

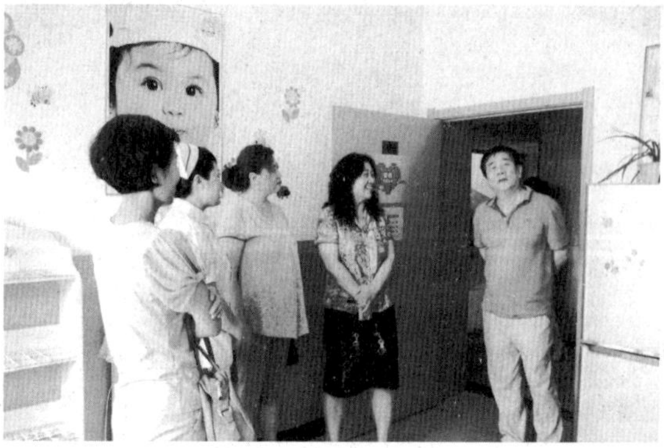

2015 年，市总工会女工部在郊区医院验收爱心妈咪小屋

订女职工权益保护专项集体合同55份，涵盖企业107家。7月，根据《关于推荐申报2019年全市工会爱心托管班的通知》的要求，区总工会女工委全面落实全国总工会、省总关于帮助女职工解决生育后顾之忧的工作精神，进一步推动工会女职工组织做实做细全面两孩政策下女职工维权服务工作，加强工会爱心托管服务工作规范化、专业化、精准化建设。在市总工会女工部的指导帮助下，郊区总工会女工委协同区教育工会，首次试点在郊区实验小学开办职工子女假期“爱心托管班”，20名职工子女受到来自工会的关爱，为女职工解决后顾之忧，提供“心贴心、实打实”的服务。继续落实“爱心妈咪小屋”建设，截至2019年底，累计共建成11家爱心妈咪小屋：荫营中学妈咪小屋、冀东水泥公司妈咪小屋、郊区妇幼站妈咪小屋、荫营镇卫生院妈咪小屋、西南舁卫生院妈咪小屋、通宝鑫能公司妈咪小屋、北庄鑫海种植公司妈咪小屋、西南舁小学爱心妈咪小屋、桃林沟景区妈咪小屋。其中荫营中学妈咪小屋获评市五星级妈咪小屋。荫营镇卫生院妈咪小屋获评市四星级妈咪小屋。

2019年8月，郊区总工会联合区教育局举办让职工放心、助孩子圆梦——郊区实验小学爱心托管班启动仪式

第九节 财务管理

经费收支管理

郊区工会成立初期，工会经费收入主要依靠拨缴与政府补助，年总收入不足10万元；其主要支出集中在行政支出。1988年，郊区总工会下发《关于重申按工资总额拨交工会经费的通知》，要求全区所有工会组织严格按照《中华人民共和国工会法》和全国总工会《关于按工资总额组成规定拨缴经费有关问题的通知》的具体规定，向工会计拨工会经费。当年，工会经费收入大幅增长，总收入168592元，较上年增长75.23%，其中，拨缴经费收入66440元、上级补助44380元、政府补助38000元，其他收入19772元。在收入增长的同时经费支出也相应增长，当年总支出171419元，较上年增长100.88%，其中主要集中在事业性支出29317元、资本性支出50000元，用于购置原区委东院两栋二层小楼。

20世纪90年代后，经费收入进一步增加，为规范各级工会经费使用，把工会经费真正收好、管好、用好。出台《关于转发〈关于县、区拨缴工会经费有关问题的通知〉的通知》《关于印发全国总工会关于〈工会财产管理暂行办法〉的通知》《关于拨缴工会经费的办法规定》和《阳泉市郊区总工会关于工会财务管理的办法》等文件，明确了基层工会经费如何收缴、上解比例等问题，为基层工会上缴工会经费提供了依据。1995年，下发《关于委托区国税局对全区企业收缴工会经费规定的通知》，规定自1995年1月1日起，对区营企业、乡镇企业私营外企应上解各级工会的经费（包括系统、局、公司、乡镇工委）统一委托国税局收缴。并按照山西省总工会《关于乡镇企业工会经费留解比例的规定》，乡镇企业基层工会留用工会经费的 60%，上解区总工会 40%，区总工会再按有关比例向上级工会上解和向乡镇工委回拨。当年，工会经费收入再次大幅增长，总收入 439312 元，较上年增长 96.03%，其中，拨缴经费收入 199665 元，上级补助 29333 元，政府补助 208000 元，其他收入 2314 元，收入增长主要为政府补助。在收入增长的同时经费支出也再次增长，当年总支出 340418 元，较上年增长 87.75%，其中主要集中在行政支出 205557 元。

进入新世纪后，坚持以收缴经费为财务工作重点，不断夯实工会工作物质基础。认真落实《山西省实施〈中华人民共和国工会法〉办法》，与财政税务联系实现了统一代扣工会经费问题，使全区行政及企事业单位的工会经费收缴工作步入正常轨道。与此同时，开展财务竞赛，实行财务“一票否决”制度，加强基层工会预、决算报表的审核，形成了工会经费收缴的激励制约机制。1999 年 6 月，和区财政局联合下发《关于拨缴工会经费的办法规定》，按照法律规定将财政拨款的机关、事业单位的工会经费，按照全部职工工资总额的 2% 列入财政年度预算，凡由财政拨款的机关、事业单位的工会经费采取直接划拨方式，由区财政局按照全部职工工资的 2%，将工会经费的 40% 拨给区总工会，区总工会按比例上解上级工会。2004 年，区总工会下发《关于乡镇工委经费返还使用的办法》，要求乡、镇工委要独立开户，独立建账。7 月，下发《关于进一步加强工会工作和委托区地税局依法收缴工会经费的通知》，于当年 8 月起委托区地税局对全区企业工会经费进行收缴。2004 年及 2005 年，连续两年收入分别增长 143.12% 和 132.59%；其收入增长 2004 年集中在拨缴经费收入和上级补助收入，2005 年集中在拨缴经费收入。2006 年，与区地税局、区审计局联合下发《关于开展 2006 年财务检查的通知》。当年，工会经费收入又一次大幅增长，总收入 3869647 元，较上年增长 205.35%，其中，拨缴经费收入 3625213 元、上级补助 198000 元；收入增长主要为拨缴经费收入。在收入增长的同时，经费支出加大对下级的补助、职工活动、行政支出和其他支出，当年总支出 2885620 元，较上年增长 360.80%，其中职工活动支出 94550 元、行政支出 1444413 元、补助下级支出 204325 元、其他支出 169595 元。2007 年 7 月，区总工会下发《关于认真贯彻落实中华全国总工会、财政部〈关于财政拨款的行政事业单位工会经费有关问题的通知〉的通知》，确保财政拨款的行政事业单位工会经费及时足额到位。当年经费总支出 4120685 元，较上年增长 42.80%，其中主要集中在行政支出 2354834 元。2009 年至 2010 年，在完善相关财务管理制度和会计岗位责任制的基础上，督促所属单位按进度、足额上解税务部门工会经费。在区直机关、事业单位中全部实行了财政代扣的办法，2% 全部提取到区总工会、1% 上解上级，其余的 1% 是区总验收后返还各单位；在企业方面，继续与区地税局通力合作，代征经费工作不断完善，征缴工作进入正常运行轨道。在经费支出管理上本着确保重点、兼顾一般、收支平衡的原则，切实把好了经费“收、管、用”的关口，形成了经费收得及时、管得清晰、用得合理的工作局面。2010 年经费支出再次大幅增长，当年总支出 5955581 元，较上年增长 82.21%，其中主要集中在补助下级支出 1552160 元、资本性支出 1982657 元，用于泉中花园购买商品房发展工会第三产业。2013 年，继续加大依法收缴力度，确保经费收入稳定增长。把经费收缴作为财务工作的重点，分析新情况，解决新问题，目标明确、措施有力，经费收缴较快平稳增长，当年地税代收工会经费 272 万元，财政划拨 292.98 万元，完成全年经费收缴任务。2016 年，持续抓好工会财务、工会经费管理，不断优化工会经费支出结构，对乡镇以及规模以上企业工会经费的扶持力度持续增加，制定出台了职工福利发放制度，对工会经费分类进行审计监督，促进本级工会收好、管好、用好工会经费。当年总支出 2949504 元，较上年增长 43.93%，其中主要集中在补助下级支出 1592740 元。2019 年，工会经费总收入 5999867 元，较上年增长 48.01%，其中，拨缴经费收入 4154740 元、上级补助 1652695 元、其他收入 192432 元；总支出 3057018 元，较上年增长 29.44%，其中职工活动支出 256613 元、维权支出 450944 元、业务支出 221179 元、行政支出 667894 元、资本性支出 43768 元、补助下级支出 1380400 元、其他支出 36220 元。

部分年份区总工会经费收入一览表

表 3-4

年 份	总收入（元）	年增长率（%）	拨缴经费（元）	上级补助（元）	政府补助（元）	其他（元）
1987	96211	—	58286	7200	26000	4725
1988	168592	75.23	66440	44380	38000	19772
1989	122962	-27.07	73579	46502	—	2881
1992	197565	—	108492	86230	—	2843
1993	240660	21.81	109970	45000	55600	30090
1994	224108	-6.88	134379	25000	63800	929
1995	439312	96.03	199665	29333	208000	2314
1996	297385	-32.31	173752	46000	75800	1833
1997	365206	22.81	134626	120760	108000	1820
1998	303543	-16.88	192421	29334	81000	788
2002	489665	—	236870	40666	190700	21429
2003	368436	-24.76	322065	45333	—	1038
2004	544848	143.12	447643	93333	—	3872
2005	1267272	132.59	1038146	152281	55680	21165
2006	3869647	205.35	3625213	198000	—	46434
2007	3180482	-17.81	2121136	1009862	—	49484
2008	3868045	21.62	2744394	870690	—	252961
2009	4131204	6.8	2659781	1218117	—	253306
2010	3374133	-18.33	1515431	1703389	80000	75313
2011	3657429	8.4	1613303	1538491	470000	35635
2012	3208951	-12.26	1440222	1586536	—	182193
2013	3548394	10.58	1689311	1846639	—	12444
2014	3024401	-14.77	1931096	1060552	—	32753
2015	3245691	7.32	1744326	1363748	—	137617
2016	5106732	57.34	2537099	2418036	—	151597
2017	4151972	-18.7	3098438	992756	—	60778

续表 3-4

年 份	总收入（元）	年增长率（%）	拨缴经费（元）	上级补助（元）	政府补助（元）	其他（元）
2018	4053743	-2.37	3253621	745303	—	54819
2019	5999867	48.01	4154740	1652695	—	192432

部分年份区总工会经费支出一览表

表 3-5

年份	总支出（元）	年增长率（%）	职工活动（元）	维权支出（元）	事业支出（元）	业务支出（元）	行政支出（元）	专项资金（元）	退休费（元）	资本性支出（元）	补助下级（元）	其他支出（元）	上解经费（元）
1987	85336	—	—	—	3374	12602	36334	—	—	—	2860	—	30166
1988	171419	100.88	—	—	29317	7479	20437	—	—	50000	2400	219	61567
1989	140408	-18.09	—	—	12615	5848	37173	—	—	—	1900	4518	78354
1992	162505	—	—	—	8518	21429	54899	—	—	—	11701	3958	62000
1993	288220	77.36	—	—	6739	53473	63023	—	2362	—	932	111691	50000
1994	181316	-37.09	—	—	9079	36597	70407	—	6042	—	—	4191	55000
1995	340418	87.75	—	—	17452	33134	205557	—	5922	—	1700	6653	70000
1996	385982	13.38	—	—	13217	32983	234202	—	9075	—	5342	14163	77000
1997	352659	-8.63	—	—	23856	27791	194917	1661	8312	—	6000	10122	80000
1998	416722	18.17	—	—	14074	58610	246071	—	—	—	11000	5967	81000
2002	532137	—	13329	—	—	74458	351431	—	—	—	4100	3819	85000
2003	595591	11.92	19361	—	—	111209	128250	128250	—	—	111745	6776	90000
2004	589880	-0.96	29061	—	—	254440	107921	—	—	—	8156	302	190000
2005	626212	6.16	29681	—	—	178547	126256	—	—	—	61406	322	230000
2006	2885620	360.8	94550	—	—	220059	1444413	—	—	—	204325	169595	752678
2007	4120685	42.8	81445	—	—	233027	2354834	—	—	—	107504	242338	1101537
2008	3144948	-23.68	188054	—	—	298710	224118	—	—	—	620400	327054	1486612
2009	3268529	3.93	52392	—	—	638102	318474	360521	—	—	136240	326079	1436721
2010	5955581	82.21	463400	556455	—	556187	499397	—	—	1982657	1552160	345325	—
2011	4434283	-25.54	312707	584735	—	1200951	545639	—	—	795633	628195	366423	—
2012	3112357	-29.81	173807	496300	—	679806	438176	—	—	564870	432478	326920	—
2013	4086887	31.31	556966	661987	—	880554	734305	—	—	306929	563000	383146	—
2014	2990278	-26.38	337837	966480	—	209027	699481	—	—	89014	529245	159194	—
2015	2049233	-31.47	259712	783852	—	275041	356360	—	—	—	349800	24468	—

续表 3-5

年份	总支出（元）	年增长率（%）	职工活动（元）	维权支出（元）	事业支出（元）	业务支出（元）	行政支出（元）	专项资金（元）	退休费（元）	资本性支出（元）	补助下级（元）	其他支出（元）	上解经费（元）
2016	2949504	43.93	124814	562476	—	267526	255971	—	—	120723	1592740	25254	—
2017	2006720	-31.96	190891	327801	—	184672	292335	—	—	7969	998080	4972	—
2018	2361781	17.69	271518	325361	—	187411	515905	—	—	188201	861971	11414	—
2019	3057018	29.44	256613	450944	—	221179	667894	—	—	43768	1380400	36220	—

固定资产管理

1976 年，区工会成立后，郊区政府分配给 2 间办公室办公。随着各基层工会组织的不断壮大，原有的 2 间办公室已不适应工会工作的开展，1988 年 5 月，经郊区政府副区长郝爱生主持，由区总工会主席胡亥英和区武装部部长曾庆忠、区行政办主任石守荫签订协议，区总工会购买区武装部原办公楼，位于郊区区委东院两栋办公楼作为区总工会的办公场所。区总工会资本性支出 50000 元，购置原区委东院两栋二层小楼，该二楼占地 212 平方米，建筑面积 354 平方米。区总工会不仅有了自己独立的办公场所，固定资产也集聚增加。随着固定资产的逐年增加，为减少工会资产的损坏和流失，区总工会不断完善和加强对工会资产的监管措施。具体实行物随人走、责任到人，财务部门负责固定资产的验收、登记、保管、调配、检查，确保资产的安全和完整。对固定资产的购置，严格审批制度，对大宗资产购置，采取集体研究制度。

进入 21 世纪后，不断加强对工会固定资产及低值易耗品的日常管理，建立登记簿、备查簿，办理出入库手续，按年度对本单位全部固定资产进行全面清查盘点，真正做到责任到人，相互牵制，确保了资产安全完整不流失。2004 年 9 月，郊区荫营镇区建设进入新的时期，郊区总工会的办公地点在拆迁范围。郊区建设局对郊区总工会的办公楼进行重新丈量后得出结论总建筑面积 495.56 平方米，总占地面积 680.66 平方米。经区委、区政府同意，由区政府副区长要宜为与郊区粮食局和郊区总工会协调，区总工会以 165 万元购置郊区粮食局粮油贸易中心作为区总工会新的办公地点，该办公楼建筑面积为 5 层，1462.67 平方米，占地面积为 1276.67 平方米。2008 年，固定资产总值 4913954.3 元，做到账实相符。

2012 年，按照上级工会关于工会财务规范化建设的有关精神，郊区总工会制定出台《阳泉市郊区总工会财务管理制度》，其中对固定资产制定具体的管理办法。明确了固定资产的范围及分类，细化了固定资产的计价规则，所有固定资产增加验收入库，按物登卡、凭卡记账。对库存的固定资产，按照不同资产的使用说明和存放要求进行保管。固定资产的领用办理出库手续，填写固定资产出库单。对固定资产的处置，填写处置报批单，据单入账。建立健全了固定资产的购置预算、计划采购、验收入库、账卡登记、调拨领用、报废报损、变卖投资、清查盘点等日常管理制度，并按年上报固定资产增减变动表，强化了固定资产管理。当年固定资产清查，资产总值 5822789.22 元，做到账实相符。

2013 年 7 月，为加强工会固定资产的管理，维护工会资产的安全与完善，提高固定资产的使用效益，摸清家底，根据《中华人民共和国工会法》和《工会固定资产管理办法》，对本级工会固定资产进行全面清查。所有固定资产按各办公室在用情况进行登记造册，由使用保管人签字，达到账实相符、责任到人、物尽其用的目的。

2014 年 5 月，根据山西省总工会《关于县级以上工会和省级产业工会资产清产核资工作的方案》，对各类资产进行了全面清查、登记，并对各类资产进行账务与实物核对查实。不动产留存所有证照，动产依次建账、建卡、登记编号。对清查出的个别资产盘盈和盘亏、报废及坏账等损失进行了分类排队，经集体研究提出处理意见。

2016 年 4 月 7 日，根据区财政局《关于开展 2016 年郊区行政事业单位国有资产清查工作的部署及培训的通知》，派出专人参加了全区的相关培训，再一次对本级国有资产进行了全面清查。

2019 年，继续开展对固定资产进行常规年度清查。年末固定资产总值 6964053.39 元，其中，房屋及建筑物 375.11 万元、专用设备 3.42 万元、一般设备 296.46 万元、图书 20.86 万元、其他固定资产 0.55 万元，做到账实相符。

财务竞赛获奖

区工会建立初期，在经费使用财务管理方面始终坚持为基层工会服务、为职工群众服务、为工运事业服务的方向，积极开展工会财务竞赛，区总工会在收、管、用工会经费方面采取改革措施，在深化建家和开展工会财务工作竞赛活动中，连续 5 年被阳泉市总工会评为“财务先进集体”。1998 年被山西省总工会授予“财务先进集体”光荣称号。

2005 年 6 月，郊区总工会被山西省总工会评为全省工会财务工作“先进集体”。2007 年 6 月，被山西省总工会评为“工会资产统计工作先进集体”。2011 年 4 月，阳泉市总工会授予郊区总工会 2010 年度工会财务工作竞赛一等奖。2013 年，规范财务管理制度，确保经费审查工作稳步进行，陆续对 8 个乡镇工会、教育工会及煤运公司工会开展了基层工会财务规范化达标检查指导，以及星级工会经审会创建活动，积极推动工会财务竞赛工作。

第十节　经费审查监督

组织建设

1987 年 7 月 12 日，郊区总工会召开第三次会员代表大会，选举产生经费审查委员会。为了方便日后顺利开展工作，遂将此次经费审查委员会的届次确定为第三届，第三届经费审查委员会由张兴明、王慈、史东鱼、陈涛、阎炳旭 5 人组成，张兴明任经费审查委员会主任。1992 年 6 月 24 日，召开区总工会第四次会员代表大会，选举产生第四届经费审查委员会。第四届经费审查委员会由马双喜、王惠珍、田树红、史瑞来、刘贵柱 5 人组成，史瑞来任经费审查委员会主任。1996 年 3 月 22 日，在郊区总工会四届十一次全委会上免去刘贵柱的区总工会经费审查委员职务，替补王振涛为经费审查委员。1999 年 1 月 20 日，召开区总工会第五次会员代表大会，选举产生第五届经费审查委员会。第五届经费审查委员会由马双喜、王晓英、李银义、郭凤莲、郭拴林 5 人组成，郭凤莲任经费审查委员会主任，李银义任副主任。2004 年 4 月 19 日，召开区总工会第六次会员代表大会，选举产生第六届经费审查委员会。第六届经费审查委员会由余香红、董吉文、高计红、郭彦秀、郭拴林 5 人组成，余香红任经费审查委员会主任，董吉文任副主任。2009 年 12 月 26 日区总工会组织召开第六届经费审查委员会议，替补赵改翠、高洪秀、刘保平等 3 名委员并补选赵改翠为经费审查委员会主任。2014 年 3 月 18 日，召开区总工会第七次会员代表大会，选举产生第七届经费审查委员会。第七届经费审查委员会由赵改翠、郭有忠、梁军平、姚江涛、刘宝平 5 人组成，赵改翠任经费审查委员会主任。2017 年 7 月 25 日，在区总工会召开的七届五次全委会上，高洪秀、卢再庆替补郭有忠、姚江涛为经费审查委员会委员。郊区总工会经费审查委员会自选举产生以来，不断加强自身建设，积极开展审查审计工作，至 2019 年末，区总工会经费审查委员会主任由兼职变为专职，5 名委员全部达到大专以上学历，3 人具有会计专业证书，具备从业资格的专业人员占委员总数的 60%，经审干部的整体素质进一步提高，专业能力进一步增强，年龄结构进一步优化，可操作性更强。

在加强区总工会经费审查委员会组织自身建设的同时，基层工会经费审查委员会组织建设也按照“三同时”原则，与工会委员会换届同时考察、同时报批、同时选举产生。各基层经费审查委员会人数均占同级工会委员会人数的 20% 以上。1988 年 12 月，阳泉特种水泥厂在组建工会的同时成立经费审查委员会，陆文斗任经费审查委员会主任。1993 年 11 月，区粮食局在组建工会的同时成立经费审查委员会，程转存任经费审查委员会主任。为了提高各级经审委员的整体素质，采取“走出去、请进来”、现场会观摩、交流经验等灵活多样的方式方法，2016 年至 2018 年，共举办经审工作培训班 5 期，培训各级工会经审干部 260 人次，组织 40 余人次参加了省总工会、市总工会的各种经审干部培训。使经审干部的整体素质、专业能力进一步提高。截至 2019 年，全区应建经审会 486 个，已建 486 个，组建率达到 100%，专兼职经审干部 1448 人，基层工会经费审查委员会组织建设初步形成了上下贯通、全面覆盖的经审工作组织网络体系。

2016 年，郊区总工会举办经审工作培训班

工作职责

1987 年 7 月，郊区总工会第三届经费审查委员会选举产生后，按照《中华人民共和国审计法》《中华人民共和国工会法》《中国工会章程》《基层工会经费审查委员会工作条例》等规定，制定阳泉市郊区总工会经费审查委员会的主要工作职责，并在经审实践工作中不断加以充实和完善。其具体职责：（1）经费审查委员会代表工会会员对工会各项经费的收支和财产管理进行审查和监督，检查在财务工作中贯彻执行党委、政府和上级工会有关方针、政策、指示、决议的贯彻落实情况；（2）审查是否按规定向会员公布账目和在会员代表大会上报告财务收支情况；（3）审查工会预算、决算的编制是否正确合理、使用是否完善，是否坚持严格执行各项财务管理制度，确保预算经费切实、可行；（4）宣传国家的财经政策和工会的财务管理制度，坚决同铺张浪费、贪污盗窃、私设小金库等违反财务制度和纪律的现象做斗争，保证工会

经费的合理使用，如发现有贪污、铺张浪费等违反财务纪律的行为，要及时向工会委员会和上级工会报告；（5）审查拨交经费是否足额，有无欠拨、漏拨现象，上解经费是否截留，开支是否符合规定，手续是否健全，有没有违反财经制度的问题；（6）在工会组织机构变动和财务人员调动时，负责监督有关工作人员办理交接工作；（7）接受上级工会经费审查委员会的工作指导。

郊区总工会经费审查委员会在履行上述职责任务的同时，对基层工会的财务工作进行指导和监督检查，充分发挥审查、帮助、督促的作用。

重要工作

1987 年 7 月郊区总工会第三届经费审查委员会成立后，认真贯彻全国总工会《各级工会经费审查委员会组织通则》和《基层工会经费审查委员会工作条例》等规定，进一步加强对工会经审工作的领导，实行预决算制度。至 1992 年 6 月，每年对经费收支预决算进行审查，并积极开展基层工会经费和财务审查检查工作，使工会经费在使用上始终坚持正确的方向，为职工群众服务，为工会建设服务，为工会事业服务。

1992 年 6 月至 1999 年 1 月，随着郊区工运事业的发展，郊区总工会经费审查委员会立足于“抓基层、打基础、抓实际、上水平”，在经费的审、帮、促方面下功夫，并采取措施，经费收入明显增长。1995 年，下发《关于委托区国税局对全区企业收缴工会经费规定的通知》，规定自 1995 年 1 月 1 日起，对郊区范围内的区营企业、乡镇企业、私营企业、外资企业应上解各级工会的经费（包括系统、局、公司、乡镇工委）统一委托国税局收缴，并按照山西省总工会《关于乡镇企业工会经费留解比例的规定》，乡镇企业基层工会留用工会经费的 60%，上解区总工会 40%，区总工会再按有关比例向上级工会上解和向乡镇工会委员会回拨。从而使工会经费在使用上更加合理，为郊区工运事业的蓬勃发展奠定了坚实的基础。

1999 年 1 月至 2004 年 4 月，郊区总工会经费审查委员会贯彻“全面审计，突出重点”的工作方针，以预算执行为重点，加大本级年度预算执行情况的审查审计力度，充分发挥经费审查委员会的审查监督职能。年初，根据工作计划，对本级工会经费预算执行情况进行审计，经审委员会采取核对账表，抽查财务凭证等审计方法，对工会经费的预决算控制指标执行情况、执行过程和结果、财务核算情况进行监督和评价，及时提出意见和议，促进财务管理的规范化，同时积极开展基层工会经费和财务审查检查工作。1999 年 6 月，与郊区财政局联合下发《关于拨交工会经费的办法规定》，按照规定将郊区财政拨款的机关、事业单位的工会经费，按照全部职工工资总额的 2% 列入财政年度预算，采取直接划拨方式，由郊区财政局按照全部职工工资总额的 2% 进行划拨，将工会经费的 40% 拨给郊区总工会，郊区总工会按比例上解上级工会。

2004 年 4 月至 2009 年，郊区总工会经费审查委员会积极贯彻《中华全国总工会关于加强工会经费审查监督工作的意见》，运用有效的制度和方法，认真开展经费审查工作，使全区的经审工作有了新的发展。一是认真学习，加强宣传，提高认识。通过学习《中华人民共和国工会法》，特别是学习《各级工会经费审查委员会组织通则》《基层工会经费审查委员会工作条例》《中华全国总工会关于加强工会经费审查监督工作的意见》等法律法规，进一步提高思想认识，推动全区经审工作发展。二是加强对本级经费使用的审查监督工作和对下一级经审工作的指导服务。年初召开经费审查委员会全体会议，对区总工会本级经费上年度收支决算和本年度收支预算全面进行审查，提出意见和建议，并在工会全体委员会上做出报告，从而确保工会经费的收缴、管理和使用依法有序。积极开展对下一级工会经费收支情况的检查审查监督工作。重点审查工会财务制度是否健全；经费收入是否真实、是否合理合法、是否及时足额提取上缴、有无截留或转移、有无漏解欠解经费现象；上级工会补助资金和救济、帮困送温暖等专项资金是否专款专用；工会资产管理制度是否健全等，通过审查，进一步指导基层工会合理使用工会经费。三是加强经审组织自身的业务建设。通过“走出去、请进来”、以会代训等多种方式方法对从事工会经审工作的人员进行多方面的业务培训学习，从整体上提高经审队伍的思想政治和业务水平。2007 年 11 月，区总工会经费审查委员会召开座谈会，全区 10 个单位工会的经费审查委员会主任，就当年本级工会经费的收支情况、工会资产基本情况、经审组织状况、开展经费审查工作的基本情况、经审工作的主要做法和成功经验、经审工作中存在的问题等做了认真的汇报，省总工会和市总工会领导参加会议并对区总工会经费审查工作给予充分肯定和高度评价。2009 年，本级年度预算执行情况良好，经费收入 413.12 万元，创历史新高。

2010 年至 2014 年 3 月，郊区总工会经费审查委员会切实加强对本级工会经费预算执行情况的审查审计，加大对下级工会经费收支情况的审计监督力度，同时，把制度建设作为建立健全工会经费审查监督机制的一项根本措施来抓，进一步加强经费审查工作制度建设。根据市总工会经费审查委员会印发的《阳泉市总工会经费审查工作“四规范”等级标准考核办法》，先后制定《郊区总工会经费审查工作考核细则》《郊区总工会经费审查委员会年度经费预算执行情况审计监督暂行办法》《郊区总工会经费审查委员会对下级工会经费审计监督暂行办法》《郊区总工会经费审查工作规范化建设百分考核办法》等规定，立足郊区实际，建立和完善《经费审查委员会工作管理制度》《经费审查委员会工作职责》《工会经费审查干部廉洁自律制度》《经费审查工作档案管理制度》，使郊区总工会经费审查工作逐步走上规范化、制度化、科学化的轨道。其间，郊区总工会经费审查委员会对本级和基层工会共 31 个单位工会经费进行审查审计，共下发审计通知 31 份、审计意见书 31 份，提出审计意见和建议 85 条，各基层工会对提出的意见和建议也进行了认真的整改，审计整改率为 100%。对漏欠工会经费进行了查处，追缴经费 10 余万元。

2014 年 3 月至 2019 年，郊区总工会经费审查委员会不断加大审计力度，坚持把工会经济活动置于经费审查组织的有效监督之下。一是主动开展并积极配合阳泉市总工会经费审查委员会对本级工会经费的审查审计工作。二是突出审计重点，创新审计工作方式。三是制定年度审计方案，积极开展对下一级工会经费收支情况的审计，促进各级工会收好、管好、用好工会经费。郊区总工会经费审查委员会共对 45 个基层工会的工会经费使用情况进行了审查审计，在审计过程中纠正了个别工会在支出账务处理中出现的报账单据不规范，审批报账手续不完善等问题，共下发审计通知 45 份，审计意见书 45 份，发现问题 141 个，提出审计意见和建议 141 条，各基层工会对提出的意见和建议也进行认真的整改，审计整改率达 100%。2015 年 4 月，全市工会经费审查工作规范化建设座谈会在郊区召开。郊区总工会经费审查委员会以题为“强化经费审查组织建设 依法履职监督职能 切实为工会工作开展保驾护航”专题片的形式汇报了郊区工会经费审查工作规范化建设工作情况，受到上级领导和与会人员的一致好评。2015年7月，郊区总工会经费审查委员会对劳动模范大型广告工艺牌匾宣传活动费用进行了单项审计，并出具了审计报告。此项费用原预算造价273224元，审计预算造价241246元，通过审计核减费用31978元。2016年10月，郊区总工会经费审查委员会对荫营中学工会经费使用情况进行延伸审计；对阳泉市第二人民医院工会爱心妈咪小屋专项资金进行专项审计。2017年10月，对山西煤炭运销集团保安煤业有限公司工会经费使用情况进行了延伸审计；对郊区总工会拨付阳泉市郊区旧街乡路家庄村村民委员会扶贫款使用情况进行了专项审计。2018年9月，对玉泉中学工会经费使用情况进行了延伸审计；对郊区人民医院“高技能人才（劳模）创新工作室”创建补助经费专项资金进行专项审计。2019年7月，郊区教育局工会经费审查委员会对8个基层工会经费使用情况开展审计。与此同时，郊区总工会经费审查委员会对受检工会的资产管理和经费使用方向，使用比例进行指导，促进基层工会经费和工会资产的规范操作，在服务全区工会工作大局中，充分发挥了经费审查组织的积极作用。

2015年，阳泉市工会经审工作规范化建设座谈会在郊区召开

2014年至2018年，郊区总工会经费总收入1958.24万元。其中上解经费收入1256.44万元，上级补助收入658.04万元，其他收入43.76万元。经费总支出 1235.74万元。其中用于职工活动和维权支出415.07万元，用于补助下级工会支出433.18万元，用于加强自身建设及开展业务工作支出112.37万元，用于区总机关行政管理和基建方面支出252.60万元，用于其他支出22.52万元。

2019年郊区总工会经费总收入706.86万元，总支出305.7万元。2019年度经费结余401.16万元，期末滚存结余1263.86万元。

在2009年度全市工会经费审查工作规范化建设活动中，郊区总工会经费审查工作荣获二等奖；在2012年度、2013年度、2014年度，全市工会优秀审计项目评选活动中，郊区总工会经费审查委员会报送的《关于对山西煤炭运销集团阳泉郊区有限公司工会2011年至2012年财务收支管理及经费绩效情况的审计》《关于对阳泉市郊区城乡建设开发公司工会2010年至2012年财务收支管理及经费绩效情况的审计》《关于对山西煤炭运销集团阳泉郊区有限公司工会2013年度财务收支情况的审计》分别荣获一、二等奖。2014年12月，被中华全国总工会经费审查委员会授予“全国工会经费审查工作先进集体”荣誉称号。

第四章 乡镇工会

第一节 荫营镇总工会

镇情概况

荫营镇是阳泉市郊区区委、区政府所在地，是全区政治、经济、文化中心。属工业主导型城市近郊乡镇，是著名的煤铁之乡、耐火材料之乡和迓鼓之乡。1990年、1995年两度获得“中国乡镇之星”称号，属全国58家小城镇综合示范镇之一。荫营因自古灌木丛生，绿树成荫而得名。又传西汉汉高祖三年（公元前204年），汉将韩信、张耳率兵攻打赵国（今河北省井陉县微水镇一带），路经此地，见沟深树茂，易于隐蔽，便在此安营扎寨，荫营因此得名。荫营又分上下，下荫营独立成村，上荫营囊括桥上、街上、坪上、老虎沟、后沟五村。中华人民共和国成立后，在此屡设乡镇，故借此名。

荫营镇位于北纬37° 54′ 36″～38° 01′ 27″，东经113° 30′ 12″～113° 40′ 31″。地处阳泉市郊区中部，东与平定县巨城镇接壤，南邻李家庄、杨家庄两乡，西接平坦镇，西北与河底镇相连，东北与西南舁乡为邻。东西最大距离15千米，南北最大距离13.5千米，总面积103.30平方千米。镇政府驻桥上村，距阳泉市区约11.8千米。

镇域地处刘备山脉与秋林山脉的交汇地带。地形全部为丘陵土石山区。地势西高东低，最高点为西部的刘备山，海拔1272.6米，最低点为东部的河谷地带，海拔700米。年平均气温10.9℃。最热7月平均最高气温28.8℃，最冷1月平均最低气温-10℃。年平均降水量537毫米。境内河流有荫营河、三泉河在白泉汇流后由西向东注入温河，属季节性河流。境内矿产资源丰富，有煤炭、铝矾土、硫铁矿、石灰石等。

清代，荫营（今上、下荫营）、三泉、千亩坪（上、下千亩坪）等主村属平定州安平乡三贤都，烟里（今上、下烟）属安平乡白泉都；中华民国时期均属平定县第四区；1948年8月属阳泉市二区。1953年5月至1956年2月置上荫营、下荫营、千亩坪、三泉4个乡，属阳泉市二区（区驻后沟）。1956年3月，二区改名为荫营区，上荫营、下荫营2个乡合并称荫营镇；三泉乡、千亩坪乡和荫营镇均属荫营区；1958年9月撤乡镇改设荫营人民公社；1961年4月，划归市直；1963年，荫营人民公社划归阳泉市荫营区（今阳泉郊区）；1984年5月，实行乡镇建制，改称荫营镇人民政府；2001年乡镇撤并调整后，三郊乡和白泉乡并入荫营镇。2019年末，辖坪上、街上、后沟、老虎沟、桥上、下荫营、矾窑、上千亩坪、下千亩坪、上烟、下烟、南窑庄、三泉、上白泉、下白泉、林里、东梁庄、西梨庄、段家庄、河北、山头、鸡洼、东落菇堰、西落菇堰、窑沟、三都、三郊、杨树沟、火石岩、东垴、南垴、西垴、韩庄、前洼、后洼、辛庄、马庄、小庄38个村民委员会及下荫营村、老虎沟村、后沟村、街上村、南窑庄村、荫营煤矿社区、下荫营文苑社区、下荫营瑞丰社区、老虎沟社区5个农村社区4个城市社区。辖区总人口59484人，乡村人口40032人，男性30156人、女性29328人；人口出生率7.21‰，人口死亡率4.76‰，人口自然增长率2.45‰；人口密度每平方千米645.20人。

中共十一届三中全会后，荫营以集体乡镇企业为主体的经济得到了迅速发展，形成了以耐火材料工业为龙头，煤炭、铝矾土、硫铁矿、铸造、建材、化工、机修、运输、农业、商业和饮食服务业等十二大行业协调发展的产业布局。1992年全镇农村社会总产值完成21500万元，社会总收入完成20400万元，实现利税总额3840万元。全镇生产性固定资产原值13810万元。其中，乡镇企业完成总产值21000万元，占全镇总产值的97.7%；乡镇企业总收入完成19200万元，占全镇社会总收入的94.2%；乡镇企业实现利税3705万元，占利税总额的96.5%。人均收入达1309. 3元。1993年末，全镇共有乡镇企业679个，从业人员共12586人，占全镇农村总人口的50.8%。其中，镇办企业12个，从业人员1042人；村办集体企业120个，从业人员9561人；个体、私营企业547个，从业人员1983人。撤并前的三郊乡乡办、村办、个体企业186个，其中乡办企业4个，村办企业55个，个体企业127个。从业人数3900人占到全乡人数的25%。至1992年底，全乡农村经济总收入为9128万元，乡镇企业总产值为7210万元，全乡人均收入1027.2元。撤并前的白泉乡共有乡村级企业68个，职工4668人，其中乡办企业2个，职工159人；村办企业66个，职工4509人。拥有主要设备271台（座）， 其中拔丝机5台、压力机33台、大碾和混料碾58台、跑道锤22台、倒烟窑79座、车床30台、刨床22台、钻床21台、铸造设备1套。全乡工农业总收入达到4891.95万元，其中乡村企业总产值为5576.6万元；人均纯收入927.3元，人均收入千元以上的村2个。至2019年，全镇规模工业企业包括阳泉新瑞昌机械有限公司、阳泉市贤亨耐火材料有限公司、阳泉市下千耐火材料有限公司、山西亿通鼎新建材有限公司、阳泉市华硕耐火材料有限公司、阳泉市广凯机械制造有限公司、阳泉市丰泽永进耐火材料有限公司、阳泉金隅通达高温材料有限公司、山西阳泉华岭耐火材料有限公司、山西圣火炉料有限公司、阳泉市上白泉耐火材料有限公司等115家，全部从业人员平均1537人，工业收入39100.4万元。规模以上服务业包括阳泉市郊区瑞丰物业管理处、山西阳泉西河滩粮食储备库、山西煤销集团晋煤物流阳泉有限公司、山西阳泉国家粮食储备库、阳泉通泰博运输有限公司5家，从业人员486人，营业收入40366.30万元。全镇耕地面积3.87万亩，粮食总产量5474.4吨，全镇税收收入完成2.8亿元，同比增长18.9%；固定资产投资任务8亿元，固定资产投资完成12.1亿元，完成全年任务的151.25%；规模以上企业工业总产值完成10.8亿元，同比增长13.14%；招商引资签约完成18亿元，同比增长20%。

组织沿革

民国26年（1937）12月，平定（路北县）为组织工人支援抗日战争，在境内各区成立了工人救国会，上荫营街上村中共党支部设有工会委员，此为荫营镇工会的早期组织。解放战争开始后，原各区的工人救国会改称工会联合会。

1992年，荫营镇工会工作委员会成立，属一级工会组织，为区总工会直属。工会工作委员会先后由镇党委副书记程秀隆、张宏元、刘瑞生、李文军、张斌武任主任，张晋举、梁所田、史锁寿、王宝仁任副主任或干事。1993年8月20日，撤并前的三郊乡工会工作委员会成立，史巨清任工委主任，张计所任副主任，王永平、史锦华、张淑清任委员。当年全乡有工会组织13个。1995年7月10日，根据三郊乡工会委员会补选工委副主任的报告，史锦华任三郊乡工会工作委员会副主任。此后，由于职务调整，乡工委主任由程秀春、段江涛担任；张永平任工委干事。1993年7月21日，中共白泉乡委员会成立工会工作筹备领导组，副书记张进信任筹备组组长，副乡长孙存晓、企管站站长马宏任副组长，组宣委员王所娥、企管站工作人员杜计明为成员。8月30日，白泉乡工会工作委员会成立，张进信任工委主任委员，马宏任副主任，王雨娥、王李宝、杜计明任委员。全乡有工会组织10个。此后，由于职务调整，乡工委主任由杨志强担任，史咸青任工委干事。

2006年7月31日，荫营镇第一届工会联合会成立，余惠敏任工会联合会主席，段宏霞任副主席，史咸青、蔡兴奋、史怀珠、王永清、闫保同、张喜燕任委员；张宝堂任经审委主任，冀光远、张喜燕任委员。2008年6月21日，因工作变动，余惠敏辞去荫营镇工会联合会主席职务，王永清、闫保同辞去荫营镇工会联合会委员职务。2008年9月，补选镇人大主席石久军任工会联合会主席，田建忠、陈艳青当选为荫营镇工会联合会委员。2013年6月20日，荫营镇总工会成立，由镇人大主席齐敏芝任荫营镇总工会主席，段宏霞任副主席，史咸青、王华、孔雪梅、史军福、田义国任委员；张宝堂任经审委主任，张喜燕、王建芳任委员；孔雪梅任女工委主任，张喜燕、王建芳任委员。2016年5月，由镇人大主席光华任总工会主席。2019年6月20日，补选镇人大主席史贤良任总工会主席。年末，基层工会97家，工会涵盖企业97家，工会会员数5103人。其中女职工数1762人。

荫营镇历届工会主席副主席一览表

表4-1

组织沿革及届次	姓 名	性别	工会职务	任职时间	行政职务
荫营镇工会工作委员会	程秀隆	男	主 任	1992年至1996年3月	党委副书记
	李维程	男	主 任	1997年10月至1998年4月	党委副书记
	李文军	男	主 任	2000年12月至2003年6月	党委副书记
	张斌武	男	主 任	2003年6月至2006年7月	党委副书记
荫营镇工会联合会	余惠敏	男	主 席	2006年7月至2008年6月	武装部部长
	段宏霞	男	副主席	2006年7月至2013年6月	—
	石久军	男	主 席	2008年9月至2013年6月	人大主席
荫营镇总工会	齐敏芝	女	主 席	2013年6月至2016年5月	人大主席
	段宏霞	男	副主席	2013年6月至2019年12月	—
	光 华	男	主 席	2016年5月至2019年6月	人大主席
	史贤良	男	主 席	2019年6月至2019年12月	人大主席

2019年底荫营镇总工会基层工会组织建设一览表

表4-2 单位：人

工会名称	建会时间	职工人数	会员人数	女职工数	工会主席
荫营镇餐饮业联合工会	2006年	405	405	209	李小沙
郊区货运行业荫营工会委员会	2019年	126	126	16	任晓明

续表 4-2

工会名称	建会时间	职工人数	会员人数	女职工数	工会主席
后沟村工会联合会	2008 年	209	209	126	史双义
三都村工会联合会	2008 年	409	409	128	史桂梅
上千亩坪村工会联合会	2008 年	213	213	102	胡素红
山头村工会联合会	2008 年	2	2	1	胡召明
西垴村工会联合会	2008 年	174	174	61	韩义德
街上村工会联合会	2008 年	232	232	83	史志明
矾窑工会联合会	2008 年	172	172	64	余成政
前洼村工会联合会	2008 年	169	169	70	杜润才
后洼村工会联合会	2007 年	122	122	59	胡香贵
东垴村工会联合会	2008 年	162	162	66	李双元
林里村工会联合会	2008 年	150	150	62	王艳蕾
东梁庄村工会联合会	2009 年	99	99	33	王会芳
上白泉村工会联合会	2008 年	129	129	73	马建明
下白泉村工会委员会	2007 年	13	13	4	李根兰
下千亩坪村工会委员会	2007 年	21	21	12	张江涛
下荫营村工会委员会	2007 年	22	22	11	史铁锁
下烟村工会委员会	2007 年	24	24	12	梁元春
上烟村工会委员会	2007 年	8	8	3	蔡桐菁
小庄村工会委员会	2007 年	3	3	1	赵炳路
马庄村工会委员会	2007 年	3	3	1	张满柱
火石岩村工会委员会	2007 年	4	4	0	范海荣
东落菇堰村工会委员会	2007 年	8	8	2	刘艳青
西古村工会委员会	2007 年	5	5	1	郑海田
老虎沟村工会委员会	2007 年	34	34	26	史俊平
西梨庄村工会委员会	2007 年	3	3	1	史有明
杨树沟村工会委员会	2007 年	7	7	2	杨　英
辛庄村工会委员会	2007 年	2	2	1	任素青
鸡洼村工会委员会	2007 年	3	3	1	史润来
坪上村工会委员会	2007 年	28	28	8	王涛财
河北村工会委员会	2007 年	3	3	1	王润根
南窑庄村工会委员会	2007 年	6	6	1	王刘喜
段家庄村工会委员会	2007 年	3	3	0	段贵永
桥上村工会委员会	2007 年	13	13	6	史卫孩
窑沟村工会委员会	2007 年	6	6	2	郭　宁
韩庄村工会委员会	2007 年	7	7	2	王巧花
三郊村工会委员会	2007 年	23	23	6	史美玉
三泉村工会委员会	2007 年	68	68	8	甄国棋
南垴村工会委员会	2007 年	13	13	2	刘涛平
后沟村耐火材料股份有限公司工会委员会	—	57	57	12	王虎亮
三和耐火材料厂工会委员会	—	8	8	2	任文平
阳泉市贤亨耐火材料有限公司工会委员会	2005 年	113	113	22	史广泽

续表 4-2

工会名称	建会时间	职工人数	会员人数	女职工数	工会主席
阳泉市聚源今美工贸有限公司工会委员会	2007年	29	29	12	余连平
华鑫起重机械厂工会委员会	—	24	24	5	史建忠
天泉洗煤厂工会委员会	—	42	42	9	赵丽萍
三都晋玉能源发煤站工会委员会	—	24	24	10	温　博
贺近顺工贸有限公司工会小组	—	9	9	1	栗　玲
阳泉市鸿瑞炉料有限公司工会小组	—	13	13	5	李美萱
三都双全加油站工会小组	2009年	6	6	4	黄海宏
阳泉市郊区千隆机动车驾驶员培训学校工会委员会	2007年	53	53	20	张益红
阳泉市华惠炉料厂工会委员会	2002年	30	30	10	张便娥
阳泉市千隆耐火材料有限公司工会委员会	—	13	13	3	张润喜
阳泉市郊区千隆泰兴炉料厂工会委员会	—	42	42	10	张斌辉
阳泉市千瑞丰农业有限公司工会委员会	—	25	25	10	张海平
阳泉市银慧耐火材料厂工会委员会	—	39	39	13	张振慧
阳泉市华西耐火厂工会委员会	—	6	6	1	王建春
阳泉市华亿成耐火厂工会委员会	—	4	4	0	李晓平
阳泉市鑫顺达工贸有限公司工会委员会	—	10	10	0	李松英
阳泉市街上耐火材料有限公司工会委员会	—	39	39	13	史晓明
阳泉市华耀昱祥耐火材料有限公司工会委员会	—	18	18	8	崔玉田
阳泉市圣火炉料有限公司工会委员会	2004年	125	125	48	王　刚
阳泉市恒祥耐火材料有限责任公司工会委员会	2007年	35	35	6	陈功英
阳泉市宝龙源耐火材料厂工会委员会	—	36	36	9	杜彦军
阳市前峰不定型耐火材料厂工会委员会	—	28	28	6	王玉英
阳泉市宝泰耐火材料厂工会委员会	—	11	11	0	陈麟杰
阳泉荣世宝工贸有限公司工会委员会	—	38	38	8	李子英
阳泉郊区慧丰耐火材料厂工会委员会	—	17	17	8	马利强
阳泉郊区鸿起耐火材料厂工会委员会	—	11	11	4	马燕青
阳泉市万亨耐火材料有限公司工会委员会	—	7	7	3	王　玉
通鑫耐火材料厂工会委员会	—	15	15	3	李文英
东辰耐火材料厂工会委员会	2007年	7	7	0	张海花
阳泉市林里耐火材料有限公司工会委员会	2010年	58	58	10	张美花
东梁庄耐火厂工会委员会	2007年	30	30	0	梁亚浓
阳泉市东泉耐火材料有限公司工会委员会	2007年	54	54	9	王海荣
华平耐火公司工会委员会	2007年	24	24	6	梁润平
阳泉市上白泉耐火材料有限公司工会委员会	—	56	56	16	马宝堂
阳泉市千亨实业总公司工会委员会	—	150	150	26	张秋保
阳泉市下荫营耐火材料有限责任公司工会委员会	—	4	4	1	郭卫东
阳泉华润燃气有限公司工会委员会	2013年	184	184	40	邱晓晶
山西华阳正元工贸有限公司工会委员会	2005年	19	19	7	王　斌
阳泉叁玖建筑工程有限公司工会委员会	2019年	5	5	1	陈　岗
山西阳泉鑫盛瓷业有限公司工会委员会	2019年	39	39	15	郗换明
阳泉市瑞林物业服务有限公司工会委员会	2016年	29	29	14	李润金
山西阳泉华岭耐火材料有限公司工会委员会	2006年	121	121	31	余云波

续表 4-2

工会名称	建会时间	职工人数	会员人数	女职工数	工会主席
山西冠津通工贸有限公司工会委员会	2019 年	8	8	3	王慧琴
阳泉市兆基炉料有限公司工会委员会	2019 年	17	17	4	马慕利
阳泉市星正电子科技有限公司工会委员会	—	2	2	1	甄华伟
阳泉市志垚耐火材料有限公司工会委员会	2019 年	58	58	8	王智文
三泉服务区工会委员会	2018 年	20	20	0	甄国棋
阳泉益润泉建筑工程有限公司工会委员会	2019 年	21	21	2	武军红
阳泉市茂盛工贸有限公司工会委员会	2019 年	23	23	5	王卫娟
阳泉市兴业建筑工程监理有限公司工会委员会	2019 年	8	8	2	商桂鸿
阳泉优耐佳耐火材料有限公司工会委员会	—	15	15	3	史志强
山西兆鲲招标代理有限公司工会委员会	—	13	13	6	梁　雅
长治市洪安保安服务有限公司阳泉分公司工会委员会	—	67	67	14	马艳云
山西煤销集团晋煤物流阳泉有限公司工会委员会	—	41	41	6	李　榛
合　　计		5103	5103	1762	

会员代表大会

第一次会员代表大会

会议概况

2006 年 7 月 31 日，荫营镇工会联合会第一次会员代表大会召开。本次大会应到正式代表 65 人，参加选举代表 58 名。会议听取《荫营镇工会联合会第一次会员代表大会筹备工作报告》，通过了《代表资格审查委员会建议名单》《荫营镇工会联合会第一次会员代表大会代表资格审查报告》《荫营镇工会联合会第一次会员代表大会选举办法（草案）》。听取并审议余惠敏所作的《抓住机遇 立足实际 突出重点 为开创工会工作新局面而努力奋斗》的工作报告。

本次会议采用无记名投票方式选举荫营镇工会联合会委员会委员和经费审查委员会委员，通过其他事项采用举手表决的方式。镇党委书记刘瑞生出席会议并作重要讲话。会议结束后，区人大常委会副主任、区总工会主席郭善祥，镇党委书记刘瑞生为新成立的荫营镇工会联合会举行隆重的揭牌仪式。

组织机构

荫营镇工会联合会委员会

主　席：余惠敏

副主席：段宏霞

委　员：蔡心奋　王永清（女）　史咸青　史怀珠　闫保同

荫营镇工会经费审查委员会

主　任：张宝堂

委　员：冀光远　张喜燕

第二次会员代表大会

会议概况

2013 年 6 月 14 日，荫营镇工会联合会第二次会员代表大会召开。大会听取并审议了荫营镇人大主席、镇工会联合会主席齐敏芝代表上届工会所作的《服务大局 主动作为 构建和谐为开创全镇工会工作新局面而努力奋斗》的工作报告，审议了《荫营镇工会经费审查委员会工作报告》和《工会财务工作报告》，通过了《荫营镇工会第二次会员代表大会选举办法（草案）》。62 名会员代表选举产生了荫营镇总工会第二届委员会主席 1 名、副主席 1 名，委员 5 名。选举产生了荫营镇总工会第二届工会经费审查委员会主任 1 名，委员 2 名。新当选的荫营镇总工会主席齐敏芝在大会上进行了表态发言。

组织机构

荫营镇总工会委员会

主　席：齐敏芝

副主席：段宏霞

委　员：史咸青　王　华　田义国　孔雪梅　史军福

荫营镇总工会经费审查委员会

主　任：张宝堂

委　员：张喜燕　王建芳

荫营镇总工会女职工委员会

主　任：孔雪梅

委　员：张喜燕　王建芳

主要工作

组织建设

抗日战争时期，街上村从事挖煤、冶铁业人数较多，为配合抗日活动，秘密组建了“工人抗日救国会”（以下简称工会），梁三牛任工会主席。在进行生产的同时，组织工友开展不同形式的支援抗战活动。

1992 年 10 月，荫营镇工会工作委员会提出：企业建立工会，应从各公司、企业实际出发，主要是组织职工开展社会主义劳动竞赛，改善经营管理，推进技术进步，搞好安全生产，提高经济效益和社会效益，开展职工文化生活，加强精神文明建设，使职工不断提高工人阶级意识和主人翁观念，为荫营镇的经济翻番，做有益的工作。1993 年 12 月 29 日，各村副书记，各成立工会组织的厂（矿）长、工会主席、工会会计在镇政府五楼会议室召开会议，一是学习全国总工会十二大会议精神，二是传达荫营镇工会工作委员会关于全镇工会系统开展创建“职工之家”活动的安排意见，三是学习工会财务制度及工会建账的有关事宜和具体账务处理。1996 年，全镇企业持续开展“双增双节”和“合理化建议”的活动，实现价值共计 320 万元，提合理化建议 3120 人，200 余项。1999 年，镇工会在贯彻中国工会十三大精神的过程中提出了“三个结合”（贯彻大会精神与邓小平理论、工会自身建设、建设标准较高的宽裕型小康镇相结合）的要求，在全镇工会组织中开展了健全制度，提高整体素质为主要目标的“三定三保三推动”（为工会组织和干部定职责、定制度、定目标；保证工会组织健全、保证工会干部待遇合理，保证工会经费严格管理；推动工会自身建设上台阶，推动企业经济快发展，推动企业整体素质上水平）规范管理。当年全镇8个试点企业达到有组织、有制度、有方案、有园地、有队伍的“五个一”的建设标准。2000年4月15日，荫营镇工会表彰先进工会7个，分别是坪上煤矿工会、上烟耐火厂工会、老虎沟耐火厂工会、街上煤矿工会、金桥耐火厂工会、上千耐火厂工会、华营商贸公司工会；企务公开先进单位3个，分别是上烟耐火厂、坪上煤矿、街上煤矿；优秀工会主席12人，分别是街上煤矿史计祥、上烟耐火厂王丑祥、老虎沟耐火厂王义、坪上煤矿李拉小、金桥耐火厂史青云、上千耐火厂张所孩、下烟耐火厂梁昧祥、华营商贸公司程志刚、街上耐火厂史成明、后沟耐火厂任拴成、矾窑耐火厂张有栋、机关工会王锦文；优秀工会工作者14人，分别是坪上村党总支副书记赵保平、老虎沟村党支部副书记史俊平、街上村党总支副书记史鸣放、矾窑村党总支副书记余保怀、上烟村党总支副书记赵慕禄、下千村党总支副书记张瑞萍、上烟耐火蔡启仁厂厂长、坪上煤矿矿长赵五孩、街上煤矿矿长史德忠、街上耐火厂厂长史永记、南窑庄矾石矿矿长张富生、三泉耐火厂工会主席冯进秀、上烟耐火厂办公室主任王刚、镇工委干事史志亮。9月10日，荫营镇工会下发《关于对工会主席、副主席工作调动备案的通知》和《关于对工会工作进行百分考核的通知》，要求各村、各企事业不得随意调动工会主席、副主席工作。确因工作需要调整的，必须写出专门报告，报请上级工会备案，严格按照有关法规程序办理。《考核》分8项，即工会组织整顿、新建工作（10分），建立健全工会档案（5分），集体合同签订、续签、履行（15分），企务公开、职代会制度（20分），群众生产劳动竞赛（10分），实施“送温暖工程”和劳动保护工作（10分），工会经费收管用（20分），工会建家活动和日常工作（10分）。

2002年，镇工会把新建企业组建工会和完成组织换届整顿工作作为重点，将集体和集体控股企业的集体合同签订和私营企业的工资协商谈判作为重点列入其中。完成女工委建设情况问卷调查20份，职工民意调查问卷50份。2004年2月19日，荫营镇工会出台了成立村级工会的决定。具体职责是协助镇工会在各企业开展各项活动，如组建工会、完善协调企业和职工的劳动关系，搞好调查研究和宣传发动等工作。

2005年，镇工会推进“工会工作规范建设年”活动，把非公有制企业和个体商户组建工会作为工会工作重点，以林里粉末冶金有限公司、华岭耐火材料有限公司、圣火炉料有限公司、下白泉耐火材料有限公司、千隆耐火材料有限公司、丰泽耐火材料有限公司等10个重点企业为突破口，以下荫营、街上、下白泉、林里等7个村工会联合会为示范村，按照“哪里有职工，哪里就有工会组织”的原则，推动村工会联合会达到“十有”（有机构、有人员、有牌子、有印章、有制度、有活动、有场地、有合同、有档案、有作用）建设标准。2005年，各企业成立了工会劳动保护监督检查组织机构，组织开展群众监督检查和劳动保护宣传教育培训。2006年，荫营镇工会联合会成立，继续推进“创建学习型组织，争做知识型职工”活动。2007年，镇工会联合会重点加强服务、维权、帮扶、组织、保障五大体系建设，建立健全“创争”目标考核制度。2008年11月，中华全国总工会基层组织建设部部长郭稳才、基层组织建设部综合处副处长黄敬平在省、市、区总工会领导陪同下，到荫营镇三都村调研村工会组织建设工作。同年，荫营镇工会联合会出台了全镇工会工作及星级工会考核办法，重点对村工会联合会和申报的企业三星级以上工会采取听汇报、查资料、座谈会等方式进行考核，总分100分（其中组织建设15分、民主管理工作15分、法律和集体合同制度15分、经济技术和素质工程10分、劳动保护10分、生活保障10分、宣传教育10分、女职工工作10分、工会财务工作5分）。2009年，荫营镇在全镇工会组织中开展了创六型（学习型、有为型、法制型、服务型、活力型、实力型）工会为主题的竞赛活动。

2010年4月，镇工会联合会撰写的《浅谈如何做好新时期乡镇工会工作》获阳泉市工会优秀调研成果、优秀论文三等奖。同年，荫营镇工会联合会出台《“创建学习型班组，争当知识型职工”素质攀升工程实施方案》。2011年，镇工会联合会提出了“保星、争星、创新、创型”的八字方针开展创建活动。2012年，镇工会联合会按照“抓重点，促一般；抓创新，求特色；树典型，带整体”的工作思路，对照“六好乡镇工会”（工会组织健全好、履行基本职责好、主席发挥作用好、职工爱企爱岗好、党政重视支持好）和“五星级工会”（组织健全、维权到位、工作活跃、作用明显、职工信赖）标准，重点对镇工会财务管理、档案资料、困难职工信息库进行了规范化建设，开展了“面对面、心贴心，实打实服务职工在基层”活动和“十个一”（ 学会一门新技术、提出一项好建议、创新一项操作法、刷新一项新纪录、研发一项新成果、开发一件新产品、推广一项新工艺、转化一项科研成果、攻克一项技术难关、完成一项技术革新）技术创新活动。2013年6月14日，荫营镇工会成功召开第二次会员代表大会，选举产生了新一届工会班子成员，荫营镇工会联合会正式升级为荫营镇总工会。镇、村、企三级工会网格化建设，实现了工会组织网络动态管理和考核。2014年，是山西省总工会确定的“依法维权年”，荫营镇总工会对各类企业进行摸底登记，各村工会对所辖企业工会会员进行登记造册，重点单位都建立了工会台账。同时，按照“党建带工建，工建促党建”的要求，巩固和完善基层工会组织，抓好外来务工人员入会工作，大力开展“一条例四规范”建设，开展竞赛和模范村工会评选活动及“星级工会组织竞赛”活动。2015年，镇总工会按照“两个普遍”（依法推动企业普遍建立工会组织、依法推动企业普遍开展工资集体协商）的要求，抓组建，强基础，扩大工会覆盖面。2016年，镇总工会抓住省总“素质提升年”的有利契机，以创建“六有工会”（有依法选举的工会主席，建设心系职工、善于维权、开拓进取的骨干队伍；有独立健全的组织机构，完善工会委员会、经费审查委员会、女职工委员会等组织；有服务职工的活动载体，满足职工的多样化需求；有健全完善的制度机制，实现工会工作的群众化、民主化、制度化、法治化；有自主管理的工会经费，真正用于服务职工和工会活动；有会员满意的工作绩效，切实让职工群众感受到工会是“职工之家”）为总目标，以会代训，围绕“两学一做”（学党章党规、学系列讲话，做合格党员）为总目标开展工会工作。2018年，组织全镇工会学习《中华人民共和国工会法》《中国工会章程》《山西省乡镇（街道）工会规范化建设指导意见》《山西省村（社区）工会规范化建设指导意见》，习近平总书记重要讲话精神特别是关于工人阶级和工会工作的重要论述。9月，以全镇所有的村级工会和企业工会为调查对象，对其组织建设、权益保障、民主管理、劳动保护、工会法律经济技术、职工文化体育以及工会财务和经费审查等工作进行了统计，填报2018年度基层工会调查表55份、2018年度基层以上工会调查表1份，对2018年度基层工会调查表进行了统一编号和存档，并将所有数据上传到了中华全国总工会。2019年12月10日，镇总工会对街上、后沟等12个村工会联合会，坪上、三郊、三泉3个村工会，贤亨、圣火等13个企业工会进行了智慧工会系统实名制录入工作培训，完成了智慧工会的注册和信息录入。未参加培训的村和单位填写了阳泉市工会组织基本情况登记表、阳泉市基层工会职工（会员）基本情况登记表和阳泉市基层工会干部基本情况登记表。至年末，100人以上企业全部建立了工会组织并完成了智慧工会信息录入工作。

队伍建设

1992年，邓小平南方谈话发表之后，郊区乡镇企业进入快速发展期。10月15日，荫营镇工会工作委员会出台了《关于在全镇实业总公司、镇直公司、企业建立工会组织的意见》。《意见》指出，1992年全镇大中型企业42个，从业人员达到了7352人（外包工、合同工、季节工小企业用工除外），已成为振兴农村经济的主要支柱，构成工人阶级的成分，组建乡镇企业工会工作，促进乡镇企业发展，成为当时企业面临的一项重要任务。据不完全统计，1993年，荫营镇在区总工会注册工会达到45个（原荫营镇23个、原三郊乡12个、原白泉乡10个）。1994年，部分企业成立劳动调解委员会。9月，金桥二耐成立女职工委员会。同年底，原荫营镇有工会24个，有工会的企业职工人数4044人、会员人数3107人。1996年10月9日，原荫营镇第37个企业工会——华营矿机公司工会成立。1997年，随着分税制的实施和企业产权制度的实行，乡镇企业由繁荣转为衰落，小型企业被拍卖，被“三角债”拖垮，企业被迫破产，全镇60%的企业处于停产半停产状态。1998年，全镇企业迎来第一次工会换届潮。1999年，新建工会5个，23个工会组织进行换届调整，所有集体企业成立厂务公开领导组。2000年，荫营镇私营企业工会联合会成立，刘瑞生任工会主席，梁所田、朱应杰、史志亮、张瑞珍任委员。2001年3月30日，镇工会新一届工作委员会成立，主任李文军，副主任史咸青，委员霍宏武、张永平、史金果。2003年，随着“强工、兴农、促三产”战略继续实施，荫营镇第一个服务业企业工会——郊区镇中酒店工会成立。2004年，随着耐火产业的技术革命和环境保护的加强，一大批不达环保指标的企业被迫关闭。更多的农民走出家门，外出务工，维权问题逐步显现。2月19日，荫营镇工会出台了成立村级工会的决定。要求各村要成立3～5人的基层工委，其中各村专职副书记为镇工委任命的村工委主任，委员由本村大型企业的工会主席担任。

2005年，全镇村工会联合会21个，企业工会54个，会员8107人，职工8136人，职工入会率99%，各企业成立了工会劳动保护监督检查组织机构。4月，荫营镇工委被授予“模范工委”称号；民营企业家乔国强、史永记、郭玉玺、史银孩被评为“关爱职工好老板”；街上村工会联合会、下荫营村工会联合会、林里粉末冶金有限公司工会、华岭耐火材料有限公司工会、下白泉耐火材料有限公司工会被评为“模范职工之家”。2006年1月，荫营镇工会被阳泉市总工会授予模范乡镇（街道）工会。2月，被区委、区政府授予群团工作先进集体。3月，被省总工会评为2005年度先进乡镇街道工会。

2007年，全镇有村工会联合会13个，村工会工作委员会25个，企业工会43个，会员17470人。4月18日，在郊区总工会六届四次全委（扩大）会暨表彰会上，荫营镇工会联合会被评为乡镇工会联合会达标单位；林里粉末冶金有限公司乔国强、华岭耐火材料有限公司史永记、圣火炉料有限公司史通昭、昌裕冶炼有限公司周玉成、千隆耐火材料有限公司张学友被评为“全心全意依靠职工办企业的好老板”；街上村工会联合会、林里村工会联合会、下荫营村工会联合会被评为“模范村工会联合会”；林里粉末冶金有限公司工会被评为“三星级工会组织”；华岭耐火材料有限公司工会、圣火炉料有限公司工会、千隆耐火材料有限公司工会、小营煤矿工会被评为“二星级工会组织”；三都村工会联合会主席史军福、旭日化工有限公司工会主席王斌被评为“优秀工会工作者”。7 月 30 日，为切实维护农民工合法权益，荫营镇 38 个村全部组建工会工作委员会，史忠寿等 38 人为村工会工作委员会主任。9 月，阳泉市首家村工会联合会——林里村工会联合会成立，拉开了郊区组建村工会联合会的序幕。11 月，昌裕铸业有限公司民主直选工会主席，标志着区总工会民主直选工会干部工作又向前迈进了一步。2008 年 4 月 28 日，镇工会对 2007 年度做出突出成绩的 5 个模范村工会、8 个优秀企业工会、3 名优秀女工委主任、十佳优秀工会主席、20 名优秀工会干部进行了大张旗鼓表彰奖励。2009 年 8 月 7 日，宝鸡市渭滨区石鼓镇工会干部一行 20 人到林里村工会联合会参观学习，林里村工会联合会主席与参观人员进行了工作交流，并查看了工会档案资料，参观了活动阵地建设。同年 10 月，荫营镇工会联合会被山西省总工会授予“山西省乡镇（街道）工会标兵单位”和“阳泉市劳动关系和谐乡镇”称号。在区总工会六届六次全委扩大会议上，林里村工会联合会和林里粉末冶金有限公司工会获模范职工之家，史军福被评为优秀工会工作者，乔国强、郭虎明被评为全心全意依靠职工办企业的好经理，华耀耐火材料公司职工李存祥被评为热爱企业的好职工，华阳天成化工有限公司工会和丰泽耐火材料有限公司工会被评为四星级工会组织，千隆耐火材料有限公司工会和华耀耐火材料有限公司工会被评为三星级工会组织。2010 年，成立荫营镇企务公开领导组，石久军任组长，侯秉戬、李敏任副组长，段宏霞、蔡心奋、史怀珠、陈艳青、史咸青为成员。同时成立荫营镇劳动竞赛领导组，石久军任组长，梁素瑞、侯秉戬任副组长，段宏霞、蔡心奋、史怀珠、陈艳青、史咸青为成员。领导组下设办公室，办公室设在镇工会办公室。3 月，荫营镇工会联合会决定任各村大学生村官为村工会联合会和工会工作委员会副主席兼企业联络员。12 月，荫营镇工会联合会被阳泉市总工会授予五星级乡镇（街道）工会。

2011 年，荫营镇工会联合会被山西省总工会授予山西省五星级乡镇（街道）工会。2013 年，长远物流有限责任公司工会和荫营镇步行商业一条街工会成立，新发展工会会员 220 人。2014 年，荫营镇新组建工会 5 个，共发展会员 545 人。2015 年，镇总工会按照“两个普遍”（依法推动企业普遍建立工会组织、依法推动企业普遍开展工资集体协商）的要求，新组建工会组织 3 个，共发展会员 124 人。同年，三都村工会代表全区接受了市总工会的检查验收。年底，全镇有村工会联合会 13 个，村工会工作委员会 25 个，有企业工会 153 个。2016 年，镇总工会发展基层工会组织 3 个，会员 304 人，其中阳泉市郊区瑞丰物业管理处 152 人、阳泉市瑞林物业服务有限公司 122 人、阳泉市兴东肉鸽养殖场 30 人。2017 年，华润燃气有限公司、华岭耐火材料有限公司等 13 家重点企业召开会员代表大会进行换届，实现了工会工作的顺利延续和新老交替。2018 年，根据郊区总工会《关于开展 2018 年“工会组建月”暨“货车司机入会集中行动”的通知》，对荫营镇 213 名货车司机基本信息进行了登记，为下一步货车司机入会奠定了基础。2019 年，新建工会组织 7 个，新发展会员 350 余人。

职工培训

1994年，镇工委聘请区总工会会计李宝明对全镇24个企业工会统一讲授工会账目管理。其中单独设工会账目企业2个，其余22个企业没单独设账，财务人员由企业会计代管。全镇15个企业建立学校，达到了有教室、有桌凳、有制度，18个企业成立48个技术攻关小组，62名职工外地学习进修，工会主席、副主席、会计60人进行为期4天脱产培训，5名班组长参加了区举办的技术培训，聘请58名外地国营厂矿专家进行“传帮带”。1999年，全镇企业共组织各类学习活动20余次，参训职工达到800余人。组织“安康杯”活动竞赛，开展了各项活动，维护了企业的稳定。2001年，镇工委利用下乡座谈、联系工作等有利时机，为基层工会发放了《工会干部手册》《中华人民共和国工会法》《企业工会工作条例》等有关法律、法规书籍80余册。同时，镇企两级工会干部骨干参加了市、区总工会3次大型培训。培训内容有创造学、平等协商签订工资集体合同等。

2006年，荫营镇工会联合会在参加阳泉市第四届职工技术大赛中获优秀组织奖。2007年6月，区总工会特邀北京医科大学妇产科主治医师、中华全国总工会爱心健康知识讲座团成员李秀梅在后洼、林里2个村举办了女职工爱心健康知识讲座。9月，荫营镇38名村工委主任参加了市总工会举办的乡镇工会干部、工会理论骨干培训。2008年6月21日，镇工会联合会全体成员、各村、各企业工会主席68人参加了培训。内容包括工会的产生与发展，会员的权利与义务，基层工会作用的发挥，工会组织建设及基层工会必备档案资料，经济技术和劳动保护工作，如何规范签订集体合同、工资集体协议、维护职工合法权益，如何开展职工大病医疗互助、金秋助学、帮扶慰问困难职工，如何促进企业职代会建设，规范召开职工代表大会等。

2010年5月15日，镇工会联合会全体成员、各村工会联合会主席、村工会工作委员会主任、重点企业工会主席、主管会计71人在镇六楼会议室进行了培训。镇人大主席、工会联合会主席石久军主持，镇纪检书记常征、政法委书记李晓东也一同参加培训。9月20日，镇工会和镇劳保所邀请阳泉市食品总厂高级工程师冯水萍、王洁在镇会议室就蛋糕、面包、烧饼加工技术和《中华人民共和国食品卫生法》等内容进行了为期7天的农民技能培训，全镇共89名农民工参加，并领取培训合格证。12月30日，荫营镇工会联合会代表队获全市职工工会知识竞赛三等奖。

2012年4月15日，荫营镇召开工会干部培训暨2012年工会工作会，各村、各企业工会主席和大学生村干部100余人参加会议。会议特邀省总工会十二大代表、阳泉滨河西社区党支部书记、社区主任兼工会主席石桂花结合自身工作经验，围绕“如何当好一名合格的工会主席”和“如何在新形势下创新工会工作”两个课题，介绍了滨河西社区工会的经验做法。

2013年，林里、三都、前洼、上千亩坪工会主席到李家庄、汉河沟和滨河西社区工会进行现场观摩学习。12月，13个重点村工会联合会主席和重点企业工会主席参加了区总工会干部培训大会。2014年7月，荫营镇总工会召集38个村工会主席和重点企业工会主席召开会议，就以村建档工作、工会开设专户、省总核实困难职工等工会重点工作进行安排部署。2015年，镇总工会针对工会干部业务能力弱，工会工作不能扎实开展的问题，经常组织工会干部“走出去”参观学习，坐下来认真讨论，有针对性地开展各类研讨培训，不断提高工会干部的业务能力和综合素质。2016年12月，镇总工会组织38个村和20个重点企业工会主席集中培训，区总工会主席、副主席分别授课。2018年，镇总工会组织相关人员参加了全市新闻宣传工作培训、高级月嫂培训。2019年，镇总工会组织“工会帮扶管理系统”中的困难职工及家庭成员、零就业家庭成员先后参加了市总工会举办的育婴月嫂、养老护理、按摩保健技能培训以及区总举办的化妆及礼仪培训。为提升工会干部的能力和水平，突出理论教育和专业化能力，工会干部先后参加了工会组织、工资集体协商工作、阳泉市工会干部特色教育培训等。12月10日，镇总工会对28个基层工会组织进行“智慧工会”培训。

劳动竞赛

1996年，小菜营煤矿专利产品“黑金塔筛选机”在1996年北京国际科技展览会上获金奖。1999年，全镇工会开展了“提一条合理化建议、搞一个技术革新、钻一项业务技能、参一项技术比武、开一场专场讨论、夺一项竞赛红旗”的“六个一”竞赛活动。老虎沟耐火厂在学习邯钢经验活动中，严格实行成本倒推，把任务下达到各个车间，实行内部市场化考核，当年节约资金50万余元，节约部分由企业按百分之九的比例奖给车间和职工，仅机动破碎一个车间就得奖金8000元。厚源耐火厂利用二耐闲置的设备生产高档砖，产值较上年有新的增加。上千耐火厂、下烟耐火厂、上烟耐火厂等企业，开展节水、节电、节煤，废旧砖回收利用，增产增效活动收效明显。煤矿企业利用选煤设备进行分类加工，每吨煤增收40元。东风耐火厂、下千耐火厂认真听取、收集职工提出的建议和意见，制定成文，使企业管理走向科学化的轨道。全镇各企业广大职工共提出合理化建议198项，人数达到600余人次，直接为企业创造价值240万余元。2001年，海峰耐火厂史有太发明创造的新式移动窑炉，不仅节约了能源，还为治污增产提供借鉴，年创价值达到200万余元。全镇全年有2000余人提出合理化建议项目达到500余项，创造价值上千万元。2005年11月，在阳泉市第四届职工技术大赛总结表彰大会上，荫营镇华岭耐火材料有限公司耐火成型工李保青被评为阳泉市首席员工、荣记山西省一等功；化验工史改英荣记山西省二等功；丰泽耐火材料有限公司黄田林荣记山西省二等功。2011年，圣火公司史润生获山西省劳动竞赛委员会个人二等功。

“五小”竞赛

“五小”（小发明、小创造、小革新、小设计、小建议）活动是20世纪80年代共青团中央发起的在企业团组织和青年中开展的生产竞赛，旨在引导青年从“小”做起，立足本职岗位，在生产实践中发挥聪明才智，动脑筋，想办法，解决生产岗位上存在的问题。2015年，荫营镇三泉村、东梁庄村、上白泉村积极参与，申报了4个发明创造项目。2016年，三泉村甄华伟、东风耐火材料有限公司闫振刚、后沟三和耐火材料有限公司任虎平3个人共申报6项“五小”竞赛项目。2017年，荫营镇连续3年参加省总、市总开展的“五小”创新竞赛活动中，当年共涉及企业3家，三泉村甄华伟的专利项目在山西省展览馆进行了展出。

职工维权

1994年，镇工会广泛开展了“职工之家”创建活动。一是爱厂如家，收到合理化建议135条，采纳107条，创造价值60万元；二是双增双节增加收入135万元；三是开展“三学”（学文化、学技术、学管理）活动。当年全镇有5个企业的“职工之家”通过验收，达到了一室一堂一场地的建设标准。12月，各村副书记、工会主席参加了“职工之家”现场会，与会人员参观了矾窑耐火厂、金桥二耐、街上煤矿、上千耐火厂的“职工之家”。1999年，镇工会以“典型引路、整体推进”的方法，推行平等协商签订集体合同制度的落实。全镇共有28家工会合同期满，续签合同工作全面铺开。老虎沟耐火厂、桥上村耐火厂、上烟耐火厂等企业加强对耐火烟尘治理，改善企业工作环境，有效保障工人身体健康安全。2005年3月，荫营镇工会开展平等协商签订工资集体合同及续签工作，其中76家企业签订了区域性工资集体合同，6家企业签订了单项工资集体合同，签约率达到98%，并对到期的集体合同全部进行了续签。5月23日下午，市总工会女工部部长葛玉清、劳保部部长王宝保到荫营镇华岭耐火材料有限公司和镇中酒店分别通过问卷调查、听取汇报、现场调研、召开座谈会的形式，对企业工会在维护和保障女职工特殊权益及劳动安全卫生等方面情况进行调研，指出企业在安全、职工维权、卫生、体检、持证上岗等方面存在的问题和不足，对维护广大女职工的特殊权益和健康发展起到了积极的推动作用。此后各企业成立了工会劳动保护监督检查组织机构，组织开展群众监督检查和劳动保护宣传教育培训，组织职工预防事故和职业病。8月，全国政协提案工作委员会副主任倪豪梅、全国总工会经济建设部部长王持栋，在省总工会副主席冀中时的陪同下亲临林里粉末冶金有限公司就厂务公开和职工权益保护进行调研。2006年，镇工会以“主动要约，维护职工的劳动权利和经济权利”为主题，开展工作，单签工资集体合同6份，行业性工资集体合同1份，覆盖4个煤矿；区域性工资集体合同1份，覆盖耐火及其他企业54个，签约率98%。2007年，单签工资集体合同4份，行业性工资集体合同1份，覆盖4个煤矿，区域性工资集体合同1份，覆盖耐火及其他企业38个，签约率98%。2008年，镇工会联合会继续开展“推行平等协商集体合同制度和工资集体协商”活动，签订集体合同和工资集体合同38份，女职工权益保护专项集体合同25份。2012年，镇工会督促指导煤销万德金属材料公司、圣火炉料有限公司、华阳正元化工有限公司工会与企业单独签订了集体合同和工资集体合同，而且镇工会与经发办签订了全镇耐火行业工资专项集体合同，覆盖企业34家，覆盖职工5380名。

2013年，镇总工会继续在全镇开展了平等协商和签订工资集体合同工作，华岭耐火材料有限公司、华润燃气有限公司、圣火炉料有限公司、华阳天成化工有限公司工会与企业单独签订了集体合同和工资集体合同及女职工权益保护专项集体合同，同时镇总工会与镇经发办签订了全镇耐火行业工资集体合同，覆盖企业34个，覆盖职工5380人。10月接受了市总工会的观摩和验收。2014年，是山西省总工会确定的“依法维权年”，荫营镇总工会对各类企业进行摸底登记，各村工会对所辖企业工会会员进行登记造册，重点单位都建立了工会台账。工作的重点是打造三都村、上白泉村、上千亩坪村、圣火炉料有限公司、华阳正元化工有限公司、华岭耐火材料有限公司6家工会单位为典型单位。牵头签订了全镇区域性工资集体合同，覆盖企业97个，覆盖职工6656人。签订工资集体合同、集体合同、女职工权益保护专项集体合同，督促企业落实山西省最低工资标准，推动建立和完善工资支付保障和正常增长机制。2015年，镇总工会配合区女工部在体育馆门前举办了女职工劳动保护条例大型宣传活动，发放宣传资料500余份。3月，荫营镇总工会牵头与镇经发办签订了全镇耐火区域性工资集体合同，覆盖企业32个，覆盖职工2860人。华阳正元化工有限公司、山西圣火炉料有限公司、华岭耐火材料有限公司等企业都单独签订了工资集体合同、集体合同和女职工权益保护专项集体合同。2017年3月，镇总工会牵头签订了全镇区域性工资集体合同，覆盖企业97个，覆盖职工2456人。华阳正元化工有限公司、圣火炉料有限公司、华岭耐火材料有限公司等单位单签工资集体合同、集体合同和女职工权益保护专项集体合同，维护了广大职工的合法权益。

职工帮扶

1994年，全镇救济特困职工20余人，救济金额1万余元。1999年，对特困职工送钱捐物进行帮扶，全镇累计捐款捐物折合人民币3000余元，有的企业为解决困难职工子女上学难，还发放了救济金。坪上、街上、老虎沟等村的集体企业，为达到一定年龄，为企业作出较大贡献的职工办理了养老保险，解除了他们的后顾之忧。

2005年，在全镇开展的“百名党员下基层，扶贫济困献真情”“一对一”帮扶活动中，东梁庄耐火厂困难职工梁素英、东崟耐火厂困难职工张润兰得到救助。2006年，郊区总工会为林里粉末冶金有限公司的尹爱兰和鸿义耐火公司梁永连每人送去1桶食用油、1箱方便面及200元现金。2007年，荫营镇工会联合会为全镇15名特困职工每人送去白面1袋、油1桶，现金150元。2008年1月30日，荫营镇的3名困难劳模和20名特困职工得到了区工会的救助。其中，省劳动模范段发宝收到慰问金2000元、市劳动模范孙礼金和史所寿分别收到慰问金1000元；为各煤矿和企业中收入微薄、家境贫寒、子女上学负担重、身患重病等20名特困职工，分别送去慰问金300元、面粉1袋、食油1桶。2013年，荫营镇困难职工帮扶站建立。按照市、区总工会要求，在镇政府111办公室成立了全市第一批镇总工会设立的困难职工帮扶站，配备了工作人员和专用电脑，制作了帮扶版面和帮扶工作流程图，购买了帮扶物资和用品，对困难职工实行电子档案管理，实行帮扶工作创新化、常态化和制度化。同年，镇总工会对身患尿毒症和癌症的职工进行了摸底调查，将41名困难职工的各类资料向区总工会进行了申报。对全镇6名省、市困难劳模救助11000元，对中央财政救助的10名特困职工进行了申报和公示，救助金额5600元。年底前还为40余名特困职工开展送温暖帮扶活动。杨树沟村亿源种植专业合作社收到市区总工会创业资金4万元。2014年，对全镇36名特困职工和困难劳模发放慰问金21000元，面粉和油等慰问品36份。2015年，镇总工会规范帮扶站建设，帮扶工作实行网络化管理，将上报的困难职工信息全部录入管理系统，建立了困难职工信息库，实现了帮扶工作动态化、长效化管理。当年救助困难职工58人，发放困难职工帮扶救助资金2万元。2016年，在夏送清凉活动中，对下千耐火公司203名职工、华岭耐火材料有限公司185名职工、华阳正元化工有限公司63名职工进行了慰问。在“两节”送温暖活动中，对全镇申报的32名特困职工进行生活救助。

2017年，对全镇6名困难劳模进行了摸底申报，对他们进行体检和慰问。2018年1月，镇总工会完成了辖区内的1名全国劳模、1名省级劳模、6名市级劳模《生活状况调查表》的填报工作。7月，对荫营镇“工会帮扶工作管理系统”上的所有人员进行了重新摸排，根据困难职工认定标准，清理不符合建档条件的困难职工档案6份，规范完善困难职工档案2份，新增困难职工档案4份。2019年1月，镇工会共接待已录入工会帮扶工作管理系统里的困难职工咨询100余人次，受理申请17人，符合申请13人，发放帮扶金额40600元。同时，给困难劳模送去了慰问金和面粉、油、对联、挂历等慰问品。3 月 4 名职工全部领到特困职工证，其子女上学、就医、水电煤气取暖等方面获得持续性资助。8 月，镇工会开展了专项医疗救助工作，困难职工郭卫东获得中央财政资金医疗救助 1 万元。

金秋助学

2005 年，镇工会为荫营粮站困难职工王保平的儿子王文慧和南窑庄教师史翠英的儿子张晓飞分别送去区总工会“金秋助学”金各 1000 元。2007 年，全镇 6 名学生享受“金秋助学”金 9000 元，其中区总工会 6 人，市总工会 1 人；2009 年 2 万元，区总工会 8 人，市总工会 1 人；2012 年 4.8 万元，区总工会 24 人；2013 年 6.6 万元，区总工会 25 人，市总工会 4 人；2014 年 3 万元，区总工会 15 人；2015 年，除了对当年 26 名大学生发放金秋助学金外，还对 2014 年资助过的 8 名在校困难职工子女又进行二次资助，共计 7.1 万元。2017 年 4 万元，其中区总工会 12 人，市总工会 2 人；2018 年区总工会 21 人，市总工会 4 人；2019 年区总工会 3 人。

职工大病医疗互助

2005 年，为了减轻患大病职工的经济压力，真正发挥职工大病医疗互助活动“有病人帮我、无病我帮人”的作用，荫营镇工会按照省、市、区总工会的精神执行职工大病医疗互助政策。2006 年，小菜营煤矿 50 名职工缴纳职工大病医疗互助金。同年，阳泉市职工大病医疗互助中心对矾窑煤矿侯三保补助 21190 元。2007 年，镇机关、鑫坪煤矿、小菜营煤矿、老虎沟煤矿、华营煤化的 457 名职工缴纳大病互助金 16680.5 元。2014 年，华阳正元化工有限公司 60 名职工缴纳互助金 1600 元。2015 年，华阳正元化工有限公司 50 名职工缴纳互助金 1500 元。

职工文化

搞好职工文化工作，开展形式多样的文化活动，有利于密切工会和群众的联系，使各级工会切实成为党联系职工群众的桥梁和纽带。2005 年，镇工会组队参加了“南煤杯”全市职工迎“五一”乒乓球比赛，男子单打冯学敏以第七名的优异成绩，闯入全市前八强。女子团体以绝对优势名列全市第三名。在市总工会举办的非公企业职工文化活动周中，镇工会组队参加了象棋和歌手 2 项比赛。象棋比赛经过为期 4 天半 9 轮角逐，荫营镇工会雄居全市 17 个团体之首，夺得本次象棋比赛桂冠。同时象棋运动员苗千柱、张二牛、葛岺孩分别以第二、四、六名的好成绩名列前茅。在歌手比赛中，坪上幼儿园教师贾敬英的《祖国，你好》获二等奖。

2006 年 4 月 21 日至 23 日，荫营镇工会举办了“华营杯”迎“五一”乒乓球比赛，荫营镇联校一队、桥上村代表队、荫营镇机关一队分获团体前三名；李永存、史燕辉、马真元分获男子单打前三名；史晓彤、赵海英、史利丽分获女子单打前三名；下荫营村、前洼村、辛庄村获优秀组织奖。26 日，“华营杯”学习社会主义荣辱观，共建和谐荫营演讲比赛结束，荫营镇联校王彦芳获一等奖；荫营镇联校余永珍、三郊中学李雅琴获二等奖；荫营镇联校王燕青、杜礁、任丽文，三郊中学白雪、刘晓德，三泉中学葛海华、甄园园，三郊村高丽萍、下白泉村李根兰获三等奖；荫营镇联校、三郊中学、三泉中学获本次活动优秀组织奖。

2007 年“三八”国际妇女节节前，林里粉末冶金有限公司段素琴在区总工会举办的“庆三八、展风采”演讲比赛中获优秀奖。4 月 25 日，镇工会和团委在郊区广场联合举办荫营镇青年职工 “迎五一、庆五四”才艺展示大赛，22 个基层单位选送的节目进行了角逐，下白泉村的舞蹈《和谐中国》获一等奖，三郊中学的独舞《春天奏鸣曲》、矾窑村的小品《风波》获二等奖，老虎沟煤矿的歌伴舞《红红的日子》、圣火炉料有限公司张礼清的独唱《三百六十五个祝福》、华岭耐火材料有限公司的《交谊舞》获三等奖，同时还评出优秀奖4名和优秀组织奖5名。荫营镇工会联合会在郊区总工会举办的迎奥运、庆“五一”、促和谐“圣火杯”职工乒乓球大赛中获得团体总分第一名。2009年 “五一”国际劳动节，镇工会举办工会干部知识竞赛活动。9月6日，举行了全镇工会干部知识竞赛活动颁奖仪式，评出一等奖6名、二等奖8名、三等奖10名、优秀奖10名及优秀组织奖3名。

2010年5月8日，荫营镇工会联合会、镇团委、镇文体站联合举办了趣味运动赛，20支参赛队的400余人参加了齐心协力拔河、袋鼠跳、步步为营、滚雪球、踩气球、步调一致6项比赛。三泉村、山头村、三都村代表队获拔河赛团体前三名；华阳天成公司、山头村、林里村代表队获袋鼠跳团体前三名；韩庄村、华阳天成公司、西垴村代表队获步步为营团体前三名；华阳天成公司、林里村、前洼村代表队获滚雪球团体前三名；坪上村、前洼村、南窑庄村代表队获踩气球团体前三名；林里粉末公司、三泉村、南窑庄村代表队获步调一致团体前三名；三郊村、下白泉村、丰泽耐火公司、上烟村、下烟村、三都村代表队获得优秀组织奖。2012年5月，镇工会在街上村举办了“唱响荫营明珠城、转型跨越促发展”十佳歌手大赛，评出了荫营镇十佳歌手及3个优秀组织单位。在区总工会和安监局联合开展的安康杯知识竞赛中，镇工会代表队获第一名。2013年，镇总工会收集职工书法、绘画、摄影作品117幅，报送区总工会参加“中国梦 劳动美”作品38幅。其中刘玉成的作品《念奴娇·赤壁怀古》获书法一等奖；葛庆的《朱熹诗》和史彦伟的对联获书法二等奖；王世丽的《“四带”战略》和史克云的楹联获书法三等奖，胡月的《山水画》获绘画三等奖，王华的《汗滴禾下土》获摄影作品三等奖；11名职工的作品获优秀奖，15名职工的作品获纪念奖，荫营镇总工会被区总工会授予优秀组织奖。此外，还组队参加了全市工会干部知识竞赛和全区第九套广播体操比赛，镇机关代表队获全区广播体操比赛一等奖，上白泉村工会代表队获三等奖，镇总工会获本次比赛活动的优秀组织奖。2014年，镇总工会组织摄影爱好者到辛庄、刘备山等地现场采风，征集优秀摄影作品30余幅。三都村史克云和史志强的书法、绘画作品报送山西省总工会进行展览，获得了省总工会颁发的优秀奖。组织镇机关职工70人参加全区组办的千人健步登刘备山活动，其中有7人获奖。3名职工参加区总工会组织的“中国梦，劳动美”演讲比赛，获优秀奖。6月28日，全区“迎七一”职工羽毛球大赛在李家庄新村羽毛球馆举行，荫营镇代表队获大赛冠军。9月，荫营镇总工会在林里敬老院开展了系列公益活动。一是荫营步行街商业联合工会玫瑰园造型理发师免费为老人理发；二是由青年志愿者义务清扫敬老院环境卫生；三是由镇总工会协调基层工会文艺人员编排了16个文艺节目，现场为老人们演出。区委常委、统战部部长、镇党委书记张斌武，镇人大主席、总工会主席齐敏芝参加此次活动。2015年“六一”儿童节前，镇总工会为白泉中学和上烟八一小学的学生送去了文具和图书等慰问品。7月28日，在三都村开展了职工书法、摄影大赛，65幅以“中国梦劳动美最美荫营”为主题的优秀摄影作品从不同角度和不同侧面展现了美丽和谐的荫营风貌。10月21日，镇总工会在后洼村举办了“庭院风情绿色家园”荫营镇荣世宝杯职工趣味运动比赛，18支来自基层工会的代表队共89名队员参加了定点投篮、当面锣对面鼓四人接力赛、齐心协力绑腿向前冲、面对面背靠背夹球走、男女混合跳绳 5 个项目的比赛。

2016 年，镇总工会组织镇机关全体职工和部分村工会干部参加了全区第三届登高健步走活动，10 余人取得名次。2 支队伍参加全区第三届职工羽毛球比赛，获优秀组织奖。在三都村开展了“两学一做”书画作品展。“九九”重阳节，在窑沟村篮球广场举办机关职工趣味运动赛，共 8 支代表队 48 名运动员参加了比赛。8 支代表队依次参加了趣味保龄球、足球射门、面对面背靠背夹球走、滚铁环接力赛、飞毽接力 5 个项目的趣味赛。镇经委和农委代表队并列第一名，联校代表队荣获第二名，党政办代表队荣获第三名。

2017 年，荫营镇总工会参加了郊区总工会举办的健步走登山活动，20 余名队员获奖。郊区举办的职工羽毛球比赛中荫营镇共 10 人参加，取得了团体二等奖。全区第二届职工广播体操大赛，全镇 86 名队员获二等奖。国庆节前，为喜迎中共十九大召开，共创国家卫生城镇，镇总工会在上千亩坪村举办了的全镇职工健身操大赛，有村、企业、厂矿共计 21 支代表队 650 名职工参加。2018 年，荫营镇总工会组队参加郊区第五届职工羽毛球比赛，获团体三等奖。4 月 28 日，在区总工会举办的“庆三八、迎奥运、学法律、促和谐”健身活动中，荫营镇运动员张二梅获全区踢毽比赛第一名，秦新苏获第二名，任琳获跳绳比赛第五名。2019 年 4 月，镇总工会组织机关全体人员参加了郊区“迎五一”第六届职工登高健步走活动。5 月，星正电子科技有限公司、吉盛楼饭店参加了郊区“信合杯”创业创新大赛。6 月，阳泉华润燃气有限公司《关于建立职工企业年金》和千隆驾校《关于推进“预约计时培训”工作建议》2 个提案获得了全市优秀提案奖。7 月，付永刚的《紫气东来》和《雪降千峰吉祥年》2 幅国画作品参加“中国梦·劳动美——与共和国同成长、与新时代齐奋进”职工书法、美术、摄影展览。9 月，组织职工参加阳泉市郊区庆祝中华人民共和国成立 70 周年合唱比赛，取得金奖，并代表郊区参加了阳泉市职工合唱比赛，取得铜奖。另外，还参与了荫营镇“巾帼心向党，赞歌献祖国”红歌会、“改革创新、奋发有为”大讨论演讲比赛、纪念中国计生协成立 39 周年“5·29”趣味活动、庆祝中华人民共和国成立 70 周年广场舞大赛等。

职工书屋

1994 年，全镇 5 家企业新建图书室或阅览室，新增图书 2000 册。2008 年，荫营镇工会联合会发出“全民读书”活动的通知，要求围绕“打造阳泉新北区，建设荫营明珠城”，将“全民读书”活动、庆祝改革开放 30 周年与“创建学习型组织，争做知识型职工”活动和文明村镇、文明家庭创建活动相结合，开展形式多样的读书活动，如图书夜市、评选我最喜爱的十大好书、奥运知识竞赛、藏书与阅读推荐书目、经典诗文朗诵、读书与人生征文。2009 年 5 月，荫营镇总工会成立全市首家职工书屋，地点设立在荫营镇机关工会 111 办公室，单位职工数 119 人，场地面积 10 平方米，配置 2 台电脑、图书管理员 2 名、网络管理员 1 名，藏书 5000 册，有政治理论、经济管理、文学艺术、实用技术、政策法律、综合科教 6 大类，报纸杂志 30 余种。2012 年 12 月，荫营镇职工书屋被阳泉市总工会授予“职工书屋”建设先进单位。同年，为前洼村、窑沟村、华岭公司工会共配备 3 万元图书，职工书屋实行对外借阅，开展了读书竞赛活动。2013 年，为规范镇、村“职工书屋”建设，为前洼村、窑沟村、上千亩坪村、华岭耐火材料有限公司工会共配备 4 万元图书。2016 年，购置书柜 2 个，争取图书 500 余册。截至 2019 年，全镇共有职工书屋14个，街上、下荫营、上千亩坪、下千亩坪、下烟、三泉、三都、杨树沟、前洼、上白泉、林里、西梨庄、窑沟、山头、后洼，累计藏书31500余册。

服务保障

1994年，新增街上煤矿、鞍阳耐火厂、下烟耐火厂食堂3个，投资1万余元；新建后沟耐火厂、上千耐火厂澡堂2个，投资1.8万元；金桥一耐、二耐、金沪耐火厂每月为职工发放澡票、理发票。新增篮球场1个，新增羽毛球、乒乓球等小型场地12个。1996年，东风耐火厂和坪上煤矿为职工购买了养老保险和医疗保险。2001年，多数企业建立了各种保险制度，建立了各项规章制度，改善了职工的生产条件，绝大多数企业职工能领到劳保防护用品，享受劳保福利。“五一”国际劳动节前后，上白泉二耐，金桥二耐等企业慰问贫困职工，坪上煤矿、街上企业在“七一”前后组织职工外出旅游。

依靠职工办企业，充分调动职工的积极性，发挥职工的主力军作用，为企业发展建言献策。2004年，鑫坪煤矿被市总工会评为“安康杯”竞赛优胜企业，荫营镇的小菜营煤矿和林里粉末冶金有限公司两个单位申报参加了“安康杯”竞赛活动的评比，并分别制定了各自的竞赛实施方案。

2008年，13个500人以上的基层工会联合会第一次接受上级工会的补助2万元／个。2009年8月6日，区总工会主席郭善祥、常务副主席刘贵柱到荫营镇圣火炉料有限公司、林里耐火材料有限公司、丰泽耐火材料有限公司进行慰问，为奋战在企业生产一线的职工，送去了400余份防暑用品和学习资料。2012年，镇工会慰问了圣火炉料公司，送去慰问品50份。2012年，镇工会组织华岭耐火公司、下千耐火公司、圣火炉料公司等6家企业参加全区春季就业招聘会，为下岗职工和失业人员提供就业岗位300余个。2013年，荫营镇总工会开展“劳模精神在一线，送法律到企业”活动，深入阳泉市华岭耐火材料有限公司发放宣传资料300份；开展“劳模精神在一线，送健康到农村”活动，会同二院大夫到窑沟村进行义诊，现场为职工群众提供健康咨询；开展“劳模精神在一线，送文化进校园”，“六一”国际儿童节期间，为下千亩坪学校孩子们送去价值1300元的图书和学习用品。同年，为下烟河坡电厂、前洼村、老虎沟村放映电影共6场，为华岭耐火材料有限公司、河坡电厂、长远物流有限责任公司、华阳正元化工有限公司一线职工送去防暑用品共计135份，价值约1.5万元。华阳正元化工有限公司53名职工缴纳职工大病医疗互助金1590元。同年7月，为了各村工会联合会更好地开展工作，镇总工会将统一为砚窑、西垴、后洼、东垴、山头5个村工会联合会配备相机各1台。2014年，对鑫盛瓷业有限公司的一线职工进行了慰问，送去了各类防暑用品85份。2015年，镇总工会为13个村工会联合会分别配备了1台惠普打印机；在夏送清凉活动中，对三都村贤亨耐火公司185名职工和上白泉耐火材料有限公司98名职工进行了慰问；荫营镇总工会对基层工会的经费支持力度不断加大，对辛庄村打造红色旅游，构建晋东小延安，建设职工活动室下拨工会经费5000元，对三都村承办的中国梦劳动美最美荫营书法摄影大赛活动下拨经费1万元，对后洼村承办的全镇荣世宝杯职工趣味运动会比赛下拨工会经费1万元，对街上村举办的元旦职工文体活动下拨工会经费5000元，保障了基层工会活动的正常开展。2016年，为13个村工会联合会配备了照相机和笔记本电脑、惠普打印机。在2017年夏季的“送清凉”活动中，对贤亨耐火材料有限公司170人和下白泉鑫汇通商贸有限公司76名企业员工进行了慰问，送去了绿豆、白糖、蜂蜜等防暑用品。2019年7月，镇总工会给新成立的货运行业工会会员们送去了绿豆、白糖、茶叶等消暑物品。

骨干企业工会

圣火炉料有限公司工会

公司概况

阳泉市圣火炉料有限公司创立于2000年12月6日，为一家与韩国CLOVERCO公司共同出资组成的中外合资企业，其前身为天津耐火器材厂前洼分厂。公司成立后，前洼耐火厂为山西圣火炉料有限公司一分厂，三郊耐火厂为山西圣火炉料有限公司二分厂。公司位于荫营镇前洼村东，毗邻207国道，占地面积2万平方米。先后与洛阳耐火材料研究院、武汉科大、河南科大、西安建筑科技大学等科研院所签订技术合作协议。公司大专以上管理和技术人员11人，外聘高级工程技术顾问2人，各类初、中、高级职称人员17人。2003年，公司加入了中国耐火材料行业协会，并取得了自营进出口企业资格和ISO 9001：2000质量管理体系认证证书；2006年5月，完成了ISO9001质量体系认证的换证工作。公司先后被评为先进外资企业、先进集体、纳税大户、科技工作先进集体、“三八”创业示范基地，并被授予山西省质量信誉A级标准证书、热心社会公益事业最佳实践奖。

公司主要生产设备：颚式破碎机6台、球磨机4台、对辊机1台、雷蒙磨1台、干碾机3台、湿碾机6台、400吨压力机3台、315吨自动压力机4台、300吨压力机5台、260吨压力机1台、200吨压力机3台、160吨压力机4台；91米、165米的高温多功能隧道窑3条，脱硫脱硝湿电除尘设备1套，以及耐火材料检验检测设备32台（套）。

主要产品有高铝质、黏土质系列耐火制品以及各种不定型耐火材料等，其中高荷低蠕变高铝砖、不烧电炉顶砖、高密度低气孔黏土砖是公司的拳头产品，广泛应用于冶金、建材、化工、电力等行业。80%的产品内销全国各地，20%远销美国、英国、韩国、日本、新加坡、南非、意大利、比利时、加拿大、叙利亚、德国、巴基斯坦、泰国、菲律宾等国家和地区。

2019年，公司有职工160余人，其中党员6人，女党员1人。工业总产值5657.8万元，固定资产6191.8万元，营业收入3931万元。

组织沿革

1993年10月，天津耐火器材厂前洼分厂工会成立，隶属于三郊乡工会工作委员会。杜四孩任工会主席，陈锐直、杜银才任委员；陈恭直任经审委主任，杜四小、陈臭孩任委员。1998年12月，天津耐火器材厂前洼分厂（前洼耐火厂工会）工会换届，陈富元任工会主席，杜营才、杜世恩任委员；陈功直任经费审查委员会主任，杜文川、胡小平任委员。

2000年，隶属于荫营镇工会委员会。2004年4月，山西圣火炉料有限公司第一届工会委员会成立。闫学红任公司工会主席，陈富元任副主席，杜正义、陈燕军、宋利利任委员；陈富元任经审委主任，陈燕军、宋利利任委员。2004年10月，因工作调动，闫学红辞去工会主席一职。2004年11月，宋利利接任工会主席，其他成员不变。2006年7月，隶属于荫营镇工会联合会。2009年1月，公司第二届工会委员会成立，魏传风任工会主席，陈忠华、胡宝红、杜开所、杜永昶、王刚为委员；蔡桐萍任经费审查委员会主任，王刚、刘军为委员；陈忠华任女工委员会主任，段转林、高丽琴任委员；成立了企务公开领导组，魏传风任组长，王刚、任秀员任委员。此外，还成立了职工学校和劳动竞赛委员会。2013 年 6 月，隶属于荫营镇总工会。2019 年，更名为阳泉市圣火炉料有限公司工会，工会主席仍由魏传风担任。

职工代表大会

2004 年 4 月，公司第一届第一次职工代表大会通过了《阳泉市圣火炉料有限公司安全生产责任书（草案）》。2006 年 4 月，公司第一届第三次职工代表大会通过了《阳泉市圣火炉料有限公司劳动保护、女工保护规定（草案）》。2008 年 3 月 31 日，公司第一届第五次职工代表大会通过了《集体合同》《工资集体合同》《女职工特殊权益保护专项合同》。2012 年，公司召开第二届第二次职工代表大会，通过了《阳泉市圣火炉料有限公司职工培训学习规定》。2016 年，公司召开职工代表大会，会议审议通过了《劳动者职业健康权益告知书》。

主要工作

职工培训。由工会牵头，以公司职工学校为阵地，以提高员工各项理论素质建设为目标，公司采取“送出去、请进来”内、外培训相结合的形式和办法，不定期举办各种业务知识培训，重点打造学习型和有为型工会。2005 年，公司特聘电脑教师利用晚上时间，对企业 10 名员工进行了计算机初级培训，提高了员工的素质，并作为录用和竞聘重要岗位的条件之一。2007 年 12 月，全区 20 个耐火企业检验（化验）人员在公司进行了为期 4 天的培训，参培人员 40 余人，内容包括质量技术监督基础知识、化学分析知识、化学检验相关知识、专业岗位实际操作知识，对考试合格者颁发国家劳动和社会保障部国家职业技能鉴定证书。2008 年，邀请市农广校举办了农民工法律等相关知识培训，培训职工 210 人，占职工总数的 91.3%。2009 年，公司组织窗口部门经营部及后勤部门 50 余人员参加了金正昆礼仪知识培训。2010 年，组织了“四部一室”及分厂管理人员 20 余人，参加了计算机基础知识培训，提高了各部门统计人员数据报表电子化能力。2011 年，公司对财务人员进行报关知识和 AUTOCAD 培训，适应出口业务的需要；同年 10 月，公司工会组织相关安全管理人员参加安全培训，并领取相关证书。2012 年 3 月至 2019 年 12 月，先后派员 40 人次，参加电工专业、电焊工、起重设备特种作业、超载、企业管理、安全培训、职业卫生、电气自动化、节能减排等省、市级的培训；同时公司自组职工安全培训 30 余次，防火演练 5 次；累计各类培训费用 50 万余元。此外，公司工会积极打造“巾帼创业示范基地”建设，加强女职工的专业技术，以适应不同工作的需要。

职工维权。公司成立以来，一直秉持“三不欠”（不欠工资、不欠国家税收、不欠贷款利息）的原则，每年 3 月是公司召开职工代表大会的时期，平等协商签订工资集体合同和女工专项合同是职工代表大会的最重要议题之一。每年“三八”国际妇女节，公司广泛征求女职工意见，鼓励广大女职工参与企业管理，开展猜谜语、跳舞、唱歌、评选优秀媳妇等丰富多彩的活动。“五一”国际劳动节期间公司领导、工会领导与职工代表进行定期或不定期地征求意见，尽量满足职工诉求。

2000 年公司人均月工资 750 元，2010 年人均月工资 1500 元，2019 年人均月工资达到了 2500 元左右。2005 年至 2019 年，重大工伤、残疾认定、工伤赔付累计 21 人，支付治疗费用

14 万元，公司补助、赔偿 110 万元。

职工帮扶。公司工会组织、工会主席关心职工疾苦，倾听职工呼声，反映职工的意愿和诉求；督促公司按照集体合同有关规定严格执行劳动工资、工作时间、社会保障、职业安全卫生、女职工和未成年工特殊保护等各项法律法规；积极解决职工提前借款、困难职工补助、残疾职工照顾、金秋助学工程、救灾捐款、深入基层送清凉、送温暖、工伤事故补助、赔偿等事务，切实为职工们排忧解难。先后安置残疾职工 6 人。

职工文化。山西阳泉圣火炉料有限公司工会成立以来，每年都要开展内容丰富、形式多样的职工文化活动。全公司所有部门参加的活动有：正月初一拔河比赛，已举办 6 届；正月十五元宵晚会，已进行七届；“十一”红歌大赛，已举办两届；大型圣诞篝火晚会，已举办四届。公司所有领导和全体女职工参加的活动有“三八”联欢会，已举办 7 届。党团员及入党积极分子参加的有庆祝“七一”演艺活动，已举办 20 届。此外，每年夏季公司出资组织全体职工和部分家属进行旅游活动，增进公司、工会、职工之间团结友爱之情。2007 年 4 月，公司工会承办了由郊区总工会举办的“圣火杯”职工乒乓球赛，项目有男子单打、女子单打、混合双打、团体比赛等。参赛单位为各乡镇工会联合会、区直各企事业单位工会，采取“分区对抗制”的办法进行。12 月 24 日，公司举办了“迎新年、贺圣诞、促和谐、谋发展”篝火晚会。区、镇领导，部分村企耐火同仁与公司全体员工共 600 余人参加了晚会，晚会在大合唱《圣火工人有力量》中拉开了帷幕。

劳动保护。根据职工的劳动场所、职业特点，规定应当配备的劳动保护、防护用品，包括安全帽、防尘帽、防尘口罩、防护眼镜、防护面具、手套、工作服、洗衣膏等，均按照不同工种、不同岗位进行分别发放，并保存有相关的记录和台账；对采购的劳动防护用品要求供货方必须具有安全生产许可证、产品合格证和安全鉴定证。对特种作业人员要求必须具有专业上岗证和职业技能证书；每年拿出 15 万元为一线职工办理了各类意外保险等。公司还在危险地段设立了警示标志和安全网。每年定期组织职工进行体检，并联系专业监测机构对公司的环境职业危害因素进行监测。

安康杯竞赛。公司本着贯彻落实“安全第一、预防为主、综合治理”的原则，以“安康杯”为平台进行班组建设活动，制定本公司的“安康杯”竞赛计划、实施方案。利用板报专栏、标语等形式进行广泛宣传，使广大职工都主动参与“安康杯”竞赛活动；并进行安全知识的考核评分，促进员工学习安全知识的积极性，提高安全生产意识，防患未然，做到警钟长鸣。先后有 6 个优秀班组受到表彰，向市、区上级工会部门申报 2 个优秀班组，有 5 名安康杯知识竞赛的优秀员工被表彰。

荣誉表彰。在阳泉市第二届职工技术比武活动中，二分厂成型机长赵春雷取得了第五名的好成绩。在 2010 年郊区首届耐火行业职工技术比武大赛中，公司选派的成型工种小组代表队取得了团体第一名的优秀成绩，4 名参赛选手均被郊区总工会、郊区科技局、郊区劳动局等部门授予首席员工、技术能手称号，另一名参加化验工种比赛的选手也取得了第五名的好成绩；公司在年终总结表彰大会上又对这些佼佼者给予了隆重嘉奖。2011 年，公司职工史润生被山西省劳动竞赛委员会荣记个人二等功。

贤亨耐火材料有限责任公司工会

公司概况

阳泉市贤亨耐火材料有限责任公司的前身为三都村耐火厂，始建于1976年，于2002年改制为股份制企业。公司位于阳泉市郊区荫营镇三都村东，占地面积22000平方米，建筑面积15000平方米。公司有职工160余人，其中大专以上管理和技术人员6人，外聘高级工程技术顾问2人，各类初、中、高级职称人员20人。2002年，取得质量管理体系认证证书。同年6月，公司建成郊区第一条60米隧道窑。2013年至2018年，连续6年被评为区镇纳税大户。2019年，公司成功研发浇钢砖喷涂技术，增加了耐火产品的抗热震性。

公司主要生产设备有油压机6台，其中600吨1台，400吨2台，200吨2台，80吨1台；压力机10台，其中300吨6台，400吨1台，315吨2台，160吨1台；雷蒙磨粉机4台，破碎机8台、混泥碾机5台；2条天然气隧道窑，长度均为60米；配备完整的破碎生产线，生产设备全部实现半自动且部分全自动化。

主要产品以各种材质的浇钢砖为主，同时生产高铝砖、焦炉用砖。其中浇钢砖主要供应太钢、东北特钢集团（北满、大连）有限公司、内蒙古北方重工有限公司、山东通裕集团有限公司、中行上大高温合金材料有限公司等，国外主要供应美国GT公司，日本NKK、鹿岛钢厂、兴亚耐火，以及俄罗斯、欧洲等国家和地区。

2019年，公司年生产能力为30000吨，年产值6000万元，工业总产值4193.9万元，营业收入3474.2万元。

组织沿革

1993年，三都耐火厂工会成立，隶属于三郊乡工会工作委员会。史祥寿任工会主席，张义昌、侯米栋任委员；史富贵任经审委主任，史歪全、史军福任委员。1998年，厂工会换届，史祥寿任工会主席，史春生、史军福任委员；史富贵任经审委主任，侯米小、史建平任委员。2000年，隶属于荫营镇工会。2002年企业改制为股份制，更名为阳泉市贤亨耐火材料有限责任公司。2005年6月16日，阳泉市贤亨耐火材料有限责任公司工会成立，召开第一次会员代表大会，选举史祥寿为工会主席、段河清为副主席，史胖妮为委员；选举贾忠孩为经审委员会主任，史秀文、史拉贵为委员；选举史胖妮为女工委员会主任，张花平、郭秋果为委员；史所财任企务公开领导组组长，侯米栋、史富贵任委员；会员代表41人。2006年7月，隶属于荫营镇工会联合会。2013年6月，隶属于荫营镇总工会。同年8月16日，召开第二次会员代表大会。史祥寿继续任工会主席、贾忠海任副主席，史俠丽任委员；史俠丽任经审委员会主任，史拉贵、史玉成任委员；余瑞青任女工委员会主任，张花平、侯慧芳任委员；史所财任企务公开领导组组长，侯米栋、侯存才任委员；会员代表45人。

职工代表大会

2005年6月，公司第一次职工代表大会召开，会议通过了《阳泉市贤亨耐火材料公司企业职工小发明奖励制度》。2013年8月，公司召开第二次职工代表大会，审议通过了《阳泉市贤亨耐火材料有限公司人才引进保障制度》。

主要工作

职工培训。为打造学习型、创造型工会，公司工会以不断提高员工理论素质为目的，采用内、外培训相结合的形式办法，不定期举办各种业务知识培训、安全知识培训、法律知识培训，截至2019年，共培训10余次、防火演练2次、劳动竞赛6次，培训职工1900余人次。

职工维权。维护职工合法权益，促进企业健康发展是公司每年职工代表大会的重要议题。公司相继成立女职工委员会、劳动争议调解委员会等，按照集体合同有关规定，认真执行劳动工资、工作时间、社会保障、职业安全卫生、女职工卫生保护等规定。公司职工福利待遇从未间断，人均月工资连续多年保持在3000元左右。

职工帮扶。公司工会不断加大对困难职工的帮扶力度，为困难职工开辟绿色通道，在提前借款、困难职工补助、残疾职工照顾、金秋助学工程、救灾捐款、工伤事故补助、赔偿等事务的办理中，总是先行一步。2005年至2019年，累计救助人数160余人次，累计金额8万元。企业工会每年都要走访慰问村内80周岁以上老年人，累计发放慰问金6万余元。截至2019年，重大工伤、残疾认定、工伤赔付累计2人，支付安置、治疗费用200万元，公司补助、赔偿80万元。

职工文化。工会自成立以来，每年坚持举办车间劳动模范评选、岗位技能比赛、安全知识竞答、广场舞表演等活动，同时积极参加村工会组织的各项文艺宣传和文明评选活动，以丰富职工业余文化生活。如正月初一的拔河、乒乓球、拱猪、象棋、摆山等比赛，以及各类趣味活动；元宵节的街头文艺表演、歌舞晚会；参与“三八”国际妇女节村文明家庭、优秀村民、好婆婆、好媳妇评选；“迎国庆，颂党恩”红歌合唱赛等庆祝活动。

劳动保护。为了加强对全体职工的劳动保护，公司每年为190余名职工投入30万元购买意外伤害险，利用板报专栏、标语等形式进行安全生产宣传，引导职工认真学习安全生产和职业健康知识技能，自觉遵守公司有关制度和操作规程，实现隐患排查治理常态化、制度化、规范化。

华润燃气有限公司工会

公司概况

阳泉华润燃气有限公司成立于2007年9月25日，位于下烟村东南，厂区距义白路0.5千米。注册资金5000万元，其中香港华润燃气投资有限公司出资3750万元（占75%），山西天燃气有限公司出资1250万元（占25%）。2008年3月开始建设，6月16日通气投产。2019年，有会员240人，其中党员33人，女党员12人。公司多次获得全国AA级纳税企业、山西省经济效益先进外商投资企业、山西省履行社会责任先进外商投资企业、安全生产先进企业、区十强企业、纳税大户等殊荣。

生产设备有门站2座，CNG（压缩天然气）母站1座，压缩子站2座，标准站2座，LNG（液化天然气）站1座，年销气量达1亿立方米。

主要经营项目有天然气，煤层气，煤制气管道安装输送、供应，调压站建设，危险货物运输，汽车CNG的开发利用，工商业用气供应，天然气加工等。

组织沿革

2013年2月1日，阳泉华润燃气有限公司第一届工会委员会成立，隶属于荫营镇总工会。选举卢慧君为工会主席，苏晓金为副主席，王志芳、郭青青、王洪鄂、黄建军、甄永钰为工会委员；选举王志芳为经费审查委员会主任，杨素芳、郑美蓉为委员；选举郭青青为女职工委员会主任，李晶、杨亚慧为委员。2017年8月17日召开第二次工会会员代表大会进行换届。选举邱晓晶为工会主席，王志芳、王婷婷、冯学佳、张新海、郭青青为委员；选举王志芳为工会经费审查委员会主任，王静、郑美蓉为委员；选举郭青青为女职工委员会主任，王娇娇、李晶为委员。

职工代表大会

2018年5月9日，阳泉华润燃气有限公司第二届一次职工代表大会召开。大会应到代表36人，实到34人，请假2人。会议审议通过了《华润（集团）有限公司企业年金方案（草案）》和《华润燃气控股有限公司企业年金方案实施细则（草案）》。

2018年12月7日，阳泉华润燃气有限公司第二届二次职工代表大会召开。大会应到代表64人，实到代表61人，请假3人。会议审议通过了《阳泉公司2018年度薪酬梳理调薪方案》。

主要工作

职工培训。2016年，公司工会与人力资源部积极配合，采取线上线下、内外结合等多种培训形式，有计划地开展培训。2017年起，公司培训体系有新人序列、专业系列、技能序列、管理序列四类。2018年11月，公司开展第一届岗位技能比武大赛，设置CNG充装、客户服务中心服务作业标准化、抢险维修3个竞赛项目，共19人参赛。2018年12月，华润大学APP为一线员工配置岗位技能课程，并组织线上线下考核，共182人通过认证。2019年，公司员工毕驰田、梁俊、齐烨3人参加了山西省第三届燃气行业“山西燃气集团杯”职工职业技能安全评价师竞赛，取得优异成绩；70余名员工参加了城镇燃气经营企业从业人员继续教育培训学习。至年底，累计参训1054人次，累计费用近50万元，基本实现全员培训。

职工帮扶。每到中秋、春节、夏季，公司领导都会前往场站慰问在岗职工。每逢职工生日，公司工会提前送上生日蛋糕券。2018年，客户服务部温小军的父亲突发心肌梗死，手术费用高达10万余元，工会会员捐款12900元。

文化活动。公司工会先后组织开展了篮球比赛、羽毛球比赛、歌咏比赛、“三八”国际妇女节线上主题活动、“六一”国际儿童节福利院慰问活动、区域公司趣味运动会等活动。2014年12月5日，工会组织职工进行羽毛球比赛。2015年6月，公司工会举办迎“七一”职工篮球赛，共有7支队伍参赛。2016年，公司工会举办了迎“五四”职工篮球赛。同年，公司篮球队在华润燃气山西大区举办的“燃梦杯”比赛中，获得团体第二名。2017年，公司工会组织员工前往阳泉市平定县主铺掌村红岩岭玉皇洞进行户外拓展。2018年，在1895电影主题咖啡馆开展观影活动。2019年，在汉河沟草莓采摘园进行草莓采摘。4月29日，70余名员工参加了由阳泉公司工会、团总支组织并承办的阳泉区域公司“不忘初心 谱青春华章 展时代风采”趣味运动会。9月24日，公司举办了“辉煌七十载 百歌颂中华” 歌咏比赛，共有159人参加。

劳动保护。每年定期组织职工进行体检，同时针对体检常见的问题开展线上咨询；2019

年开始，每季度向全体女职工发放劳动保护用品。

华岭耐火材料有限公司工会

公司概况

山西阳泉华岭耐火材料有限公司的前身为老虎沟耐火厂，始建于 1956 年。1998 年，更名为山西阳泉华岭耐火材料有限公司。2004 年，迁址阳泉市白泉工业园区。2005 年，组建了阳泉市耐火材料研究所，并与洛阳耐火材料研究院、武汉科技大学签订了全面技术合作协议，共同组建了“产学研”基地。2017 年 6 月，公司实施高端人才战略，与丰钢耐火签订战略合作协议，引进了教授 1 人、博士 1 人、高级工程师 3 人。公司已通过 ISO 9001：2000 国际质量体系认证，取得自营进出口权。先后被评为科技示范企业、省科技先导型企业、省技术创新先进企业、省高新技术企业、省科技型先进民营企业、省专精特新企业。

公司主要生产设备：颚式破碎机 3 台、球磨机 2 台、圆锥破碎机 2 台、雷蒙磨 2 台、湿碾机 4 台、630 吨压力机 4 台、400 吨压力机 9 台、108 米的隧道窑 3 条、脱硫脱硝除尘设备 1 套、在线监测系统 1 套、耐火材料检验检测设备 32 台（套）。

公司主要产品有热风炉用低蠕变高铝砖、低蠕变黏土砖、低蠕变红柱石砖；莫来石砖、刚玉莫来石砖；电炉顶用高铝砖，盛钢桶用高铝砖，水泥窑用抗剥落高铝砖、硅莫砖、大型碳素焙烧炉用高铝砖及玻璃窑用低气孔率黏土砖等。其中热风炉用低蠕变高铝砖、高荷软高铝砖获省科技进步二等奖；微膨胀高铝砖列入国家级火炬计划项目；碳素焙烧炉用特种高铝砖取得国家专利。公司先后参与了 16 个牌号产品国家标准的起草，其中普通高铝砖 LZ-48 等 9 个、低蠕变高铝砖 DRL-155 等 7 个牌号。公司产品主要销往中冶、金隅、中钢、太钢、河钢、沁新能源、阳煤化工、索通碳素等大中型企业，30% 的产品出口到日本 JFE 炉材、澳大利亚力拓矿业、印尼青山钢铁等国际企业，是国内、国际石油、化工、冶金、建材、电力等行业，用铝硅系耐火制品的重点生产企业之一。

2019 年有职工 150 余人，其中党员 7 人。年产铝硅系耐材 5 万吨，工业总产值 5224 万元，固定资产 6241 万元，营业收入 6401 万元。

组织沿革

1998 年，山西阳泉华岭耐火材料有限公司工会成立，隶属于荫营镇工会委员会。王义任第一届工会主席，张承信、杨满栋为委员；史世忠任经费审查委员会主任，戍春材、史喜鱼为委员。2006 年 3 月 8 日，成立女职工委员会，史艳芳为女职工委员会主任，赵香志、史慧青为委员，会员 122 人。同年 7 月，隶属于荫营镇工会联合会。2013 年 6 月，隶属于荫营镇总工会。2014 年，公司工会换届，选举余云波为工会主席，王会堂为副主席，王文堂、余东、刘丽萍为委员；选举史艳芳为经费审查委员会主任，史慧琳、李月霞为委员。

职工代表大会

1998 年，山西阳泉华岭耐火材料厂第一届第一次职工代表大会召开。2003 年 8 月，公司召开职代会，通过了《工资集体合同》。2004 年，山西阳泉华岭耐火材料有限公司第二届第二次职工代表大会通过了《山西阳泉华岭耐火材料有限公司劳动保护规定（草案）》。2011 年 9 月，公司召开职代会，通过了《女职工权益保护专项集体合同》。

主要工作

职工培训。2005 年 9 月 22 日至 11 月 11 日，公司成功举办由区劳动竞赛委员会和区总工会组织全区 97 名选手参加的阳泉市 10 个行业 26 个工种的比赛。同年，公司工会认真开展“创建学习型组织，争当知识型职工”活动，利用集中学习和班前会议相结合的形式，对各个岗位员工进行工作责任制和技术规范规程的专项培训。2006 年，公司选派史永卫、张晓刚、王培刚三名高中毕业生到武汉科技大学进行耐火材料专业本科代培。2010 年 11 月，华岭公司承办了由阳泉市郊区耐火材料行业协会、阳泉市郊区科技局、阳泉市郊区总工会、阳泉市郊区劳动竞赛委员会、阳泉市人力资源和社会保障局主办的阳泉市郊区首届耐火材料行业职工技术大赛。2013 年，全厂职工进行了安全、质量、技术等培训。

职工维权。公司工会成立以来，通过公司公开栏、广播等形式向职工宣传各类维权知识，对于职工工资，坚持“月月发放、不欠职工工资”的原则，并与企业签订工资集体合同，保证了职工的权益。每年为职工缴纳职工工伤保险累计 120 万元。2006 年 8 月，荫营镇卫生院妇科大夫为女职工进行健康体检。2007 年 6 月，特邀北京著名医生、教授进行劳动健康知识培训。2009 年 3 月，市计生委为全厂职工进行免费体检。

职工文化。公司工会成立以来，经常开展内容丰富、形式多样的职工文化活动。2006 年 3 月 8 日，举办女职工歌舞联欢，公司全体女职工参加，并购置娱乐用品和奖品 5000 元。2007 年 6 月，公司职工参加了工会组织的舞会。

劳动保护。公司根据职工的劳动环境、职业特点，每年用于购置劳动保护、防护用品的资金约 6 万元，包括安全帽、防尘帽、防尘口罩、防护眼镜、防护面具、手套、工作服、洗衣膏等，按照不同工种、不同岗位进行分别发放。

千隆机动车驾驶员培训学校工会

学校概况

阳泉市郊区千隆驾校创建于 1994 年 7 月，为上千亩坪村出资建设的具有独立企业法人资格的集体所有制驾驶员培训学校，位于上千亩坪村东，距 207 国道 1 千米，占地面积 7 万平方米。该校先后与荫营中学、郊区职业高中、阳泉工程学院订立合作协议。其中大专以上管理和技术人员 10 人，外聘高级工程技术顾问 1 人，各类级别职业教练员 29 人。2003 年 6 月 20 日，取得中华人民共和国营业执照及中华人民共和国道路运输经营许可证。先后被评为省运管系统文明诚信驾校、驾培行业星级学校、驾培行业合格驾校、先进单位，市运管系统先进驾校优秀单位，郊区先进集体，获驾培行业进步奖、市广电局精神文明组织奖等。

主要设施设备：理论教学模拟用电脑 50 台、业务用电脑 8 台、汽车驾驶模拟器 10 台、理论教学用多媒体投影仪 2 台、理论教学电教磁板 1 套、整车解剖模型 1 台、透明塑料整车模型 1 台、IC 卡计时仪 29 台、电教板 21 块、小型教练车 21 辆、电动中巴车 2 辆、大小考车 14 辆、业务用车辆 2 辆。

2019 年有职工 49 人，其中党员 2 人，女党员 1 人。固定资产 900 万元，营业收入 192 万元。

组织沿革

2007 年 4 月，山西省阳泉市郊区千隆机动车驾驶员培训学校工会成立，隶属于荫营镇工会联合会。同时召开第一次会员大会暨职工大会，选举张彦芳为驾校工会主席；大会通过了《阳泉市千隆驾校安全生产责任书（草案）》《阳泉市千隆驾校劳动保护、女职工保护规定（草案）》。2013 年 6 月，隶属于荫营镇总工会。

主要工作

职工培训。2007 年开始，全校教职工进行了每年不少于 7 天的脱产安全教育及业务素质培训，内容包括安全驾驶从这里开始、什么是好的教练员、安全意识的培养、驾驶人员心理知识培训。驾校每月组织教练员安全例会培训 3 次，每年组织防火演练、突发事件急救 1 次；累计各类培训费用 20 万余元。在阳泉市运管系统第一届职工技术比武活动中，教练员刘银芳取得了第二名的好成绩。2008 年 6 月，精心组织选手参加了阳泉市第五届职工技术大赛，经过为期两个多月的角逐，学校张志平参加的汽车驾驶实操教练员比赛荣获银牌，荣记山西省二等功并荣获“阳泉市技术能手”光荣称号。每年“三八”国际妇女节，学校广泛征求女职工意见，鼓励广大女职工参与企业管理，开展猜谜语、跳舞、唱歌等形式丰富多样的活动，同时评选出优秀女职工。

职工维权。驾校成立以来，每年春季通过平等协商签订工资集体合同和女职工特殊权益保护专项协议。2000 年公司人均月工资 800 元，2010 年人均月工资 1100 元，2019 年人均月工资达到了 1750 元左右。对教练员要求必须具有专业上岗证和职业技能证书。并拿出 384.7 元给一线职工办理了工伤意外保险等。驾校工会连续 5 年为郊区高三考生提供考试用具价值 2 万元，2013 年安置残疾职工 1 人。

华阳正元工贸有限公司工会

公司概况

山西华阳正元工贸有限公司前身为山西旭日化工有限公司，创立于 2003 年 8 月。位于上烟村西部土桥沟，毗邻国道 307 复线，占地面积 9 万平方米。公司还控股山西正午文化传媒有限公司、阳泉标成物贸有限公司、奥亚物贸有限公司、阳泉金敖小额贷款有限公司、快递公司等 5 个公司，兼并企业有河底硫铁矿，公司涉及 5 个产业。公司先后被评为省和谐劳动关系模范企业、市安全生产模范企业、区纳税大户。

公司建有年产 5 万吨硫酸产品生产线 2 条，年产 2 万吨萘系减水剂产品生产线 1 条，年产 1 万吨聚羧酸减水剂产品生产线 1 条。兼营销售硫酸、盐酸产品。产品广泛用于制造、电力、建筑、化工、食品等行业。公司建有党支部、工会等党群组织。

2009 年，因环保问题企业停产。有职工 60 人，其中女职工 14 人。工业总产值 501 万元，固定资产 2319 万元，营业收入 774 万元。

组织沿革

2005 年 8 月，山西旭日化工有限公司工会成立，隶属于荫营镇工会委员会。2006 年 7 月，隶属荫营镇工会联合会。2009 年 5 月，变更为山西华阳天成化工有限公司工会。2012 年 3 月，更名为阳泉华阳正元化工有限公司工会。2013 年 6 月，隶属于荫营镇总工会。2014 年 12 月，变更为山西华阳正元化工有限公司工会。2017 年 8 月，变更为山西华阳正元工贸有限公司工会。共建有工会小组 9 个，工会会员 60 人，职工入会率 100%，其中女会员 14 人。

山西华阳正元工贸有限公司工会组建于 2005 年 8 月，王斌任工会主席，崔爱平、孟全爱、张卫英、李文环为委员；张卫英任经费审查委员会主任，史亥和、王所平为委员。2010 年 3 月 28 日，公司工会换届，王斌任工会主席；史亥和、崔爱平、孟全爱、王所平、陈晶晶、李文环为委员；陈晶晶任经费审查委员会主任；王所平、崔爱平为委员。2014 年 3 月 28 日，公司工会再次换届，王斌任工会主席；史亥和、崔爱平、孟全爱、王所平、陈晶晶、李文环为委员；陈晶晶任经费审查委员会主任，王所平、崔爱平为委员。2018 年 3 月 30 日，山西华阳正元工贸有限公司工会第四次会员大会召开，王斌任工会主席，史亥和、孟全爱、王所平、陈晶晶为委员；陈晶晶任经费审查委员会主任，王所平、史换存为委员。

职工代表大会

公司每年召开职工大会对集体合同、工资集体合同及女职工权益保护专项集体合同进行审议，对合同的条款进行修订，对到期的合同进行续签，审议公司工作报告，对公司计划任务、考核方案、发展方向、投资方向以及职工利益分配等进行讨论。

主要工作

公司工会按照“促进企业发展，维护职工利益”的原则，以企业生产经营为重点，建立职工之家；在生产班组开展劳动竞赛、安康杯竞赛、创建学习型企业等活动，参与安全生产管理监督，推动企业劳动条件和作业环境的改善，保证企业连续 12 年安全生产。

公司工会对困难职工进行走访登记，摸底排查，及时给予帮助。对特别困难的申报上级工会进行救济，对职工伤病、婚丧嫁娶，坚持进行慰问。每年为全体职工办理大病互助，为女工进行体检。每逢春节、中秋节给职工发放粮油补助。

虽然企业发展中有极其困难时期，但职工的工资没有拖欠，各项活动的开展没有间断。每年元旦、“三八”国际妇女节组织召开座谈会，对工作表现突出的个人进行了奖励；“五一”国际劳动节、“五四”青年节期间，举办文体活动比赛；“七一”中国共产党建党日组织党员和职工代表外出学习；春节前举办公司联欢会，以丰富职工文化生活。

2010 年，被市总工会授予四星级职代会。2011 年，被省工会授予“和谐劳动关系模范企业”称号。2013 年，达到了区五星级工会考核标准，被市总工会授予“基层工会标兵单位”称号。

林里耐火材料有限公司工会

公司概况

阳泉市林里耐火材料有限公司建于 2001 年，其前身是林里耐火厂，位于林里西南面，北靠近玉泉路。公司固定资产 2000 万元，注册资金 1230 万元，占地面积 2 万平方米。从业人员 100 余人，工程师 5 人，技术员 20 人，各级质量管理人员 18 人，外聘高级工程师 2 人。公司取得了 ISO 9001：2000 国际认证、中华人民共和国进出口企业资格证书、质量管理合格证书以及山西省耐火材料技术检验监督部门的连续多年产品检验合格单位证书，连年被评为市区产品质量信得过企业、重合同守信用企业。

生产设备有颚式破碎机 3 台，矸碾机 4 台，圆锥 2 台，雷蒙磨 2 台，球磨机 2 台，湿碾 3 台，400 吨、315 吨、200 吨、160 吨等各种型号压力机共 12 台，震动压砖机 2 台，烘干窑炉线 1 条，隧道窑生产线 1 条。

产品有各种型号各种规格的黏土质、高铝质、磷酸盐不烧砖和不定型耐火材料制品，是化工建材、电力、陶瓷等行业必不可少的建筑材料，广泛运用于炼钢、炼铁窑炉、热风炉、玻璃窑炉、水泥窑炉、炼焦窑炉等。产品在首钢、马钢、包钢占有一定销售份额，还远销美国、法国、意大利、日本、韩国、新加坡、菲律宾等国家和地区。产品获得全国新产品新技术评比银奖。

组织沿革

1993 年 10 月，林里耐火厂工会成立，隶属白泉乡工会工作委员会。王先成任工会主席，王绍云任副主席，王培业、王兰文、王爱云任委员，王跃威任经审委主任，王喜柱、王和平任委员。1996 年 10 月，林里耐火厂工会换届，王跃威任工会主席，王邵云任副主席，王培业、王兰文、郑香芬任委员；王爱花任经审委主任。2000 年，隶属荫营镇工会委员会。2006 年 7 月，隶属荫营镇工会联合会。2010 年 5 月，阳泉市林里耐火材料有限公司工会成立，2013 年 6 月，隶属荫营镇总工会。王义红任工会主席至 2019 年。

主要工作

为了丰富公司职工的文化生活，调动公司职工工作的积极性，激发工作热情，提高工作效率，每年的“三八”国际妇女节和“五一”国际劳动节都要开展“亲近自然、劳逸结合、强健体魄、增进凝聚力”为主题的工会活动；还组织员工开展读书活动、棋类友谊赛、羽毛球健身活动、绑腿接力跑、拔河比赛等。公司不定期进行安全检查，按时召开安全例会，开展安全隐患排查。利用公告栏公示和网络群发职工维权知识，确保职工的合法权益。

千隆耐火材料有限公司工会

公司概况

阳泉市千隆耐火材料有限公司前身为千隆实业总公司耐火材料厂，创建于 1983 年 2 月。公司位于上千亩坪村北，毗邻 207 国道，占地面积 26000 平方米。1998 年 12 月 10 日，千隆实业总公司耐火材料厂进行第一次改制，更名为千隆耐火材料股份有限公司。2003 年 2 月，千隆耐火材料股份有限公司进行第二次企业改制，更名为阳泉市千隆耐火材料有限公司。同年被省质量技术监督局和耐火材料质量监督检验站评为高铝质耐火制品，连续五年监督检验合格单位，被省工商行政管理局和市政府评为重合同守信用单位，被省乡镇企业管理局评为质量信得过产品单位。2004 年，通过 ISO 9001：2000 质量体系认证。电路顶用高铝砖，高炉用高铝砖分别通过国家冶金工业部验收，并取得了生产许可证。

公司主要设备有颚式破碎机 3 台，冲击式破碎机 1 台，双轮对辊机 1 台，球磨机 2 台，干碾 2 台，湿碾 3 台，除尘设备 1 套，400 型压力机 2 台，315 型压力机 3 台，160 型压力机 3 台，98 米高温隧道窑 1 条，脱硫脱硝除尘设备 1 套。

公司主要产品有电炉顶用高铝砖、一般高铝砖、高炉用高铝砖、热风炉用高铝砖、黏土砖、低蠕变莫来石砖、低气孔黏土砖、磷酸盐砖、钢纤维耐磨砖以及各种不定形耐火材料，广泛应用于冶金、建材、化工、电力等行业。产品销往太钢、石钢、首钢等一些大型钢厂，以及江苏、天津、山东、广东、黑龙江等地，还销往俄罗斯、蒙古国、韩国、日本、菲律宾、印度尼西亚等国家，出口量达 5000 余吨。

组织沿革

1993年10月16日，千隆实业总公司耐火材料厂工会成立，隶属于荫营镇工会工作委员会。张所孩任工会主席，张保牛任副主席，张所明任委员；张臭存任经审委主任，张润玉、张吉长任委员。1998年12月10日，千隆实业总公司耐火材料厂工会更名为千隆耐火材料股份有限公司工会，张所孩任工会主席，张瑞鸿任副主席，张保牛为委员；张臭存任经审委主任，张润玉、张润喜为委员。2003年2月，张所孩由于工作原因辞职，同时千隆耐火材料厂股份有限公司工会更名为阳泉市千隆耐火材料有限公司工会委员会，张昧平任工会主席，张吉长任副主席，张保牛任委员；张润喜任经审委主任，张永红、张新生任委员。2006年7月，隶属于荫营镇工会联合会。2009年1月，公司工会召开第四次会员代表大会，选举张昧平为工会主席，张永红为副主席，张臭存为委员；选举张润喜为经审委主任，张永红、张新生为委员。2013年6月，隶属于荫营镇总工会。因环保因素和耐火行业的不景气，阳泉市千隆耐火材料有限公司于2013年8月停产，工会组织解散。

职工代表大会

1993年10月13日，公司第一届第一次职工代表大会召开，通过了千隆耐火材料厂有关工会各项制度；2000年6月召开了第二届第三次职工代表大会，通过了《集体合同草案》；2006年4月，公司召开第三届第二次职工代表大会，通过了《阳泉市千隆耐火材料有限公司劳动保护规定（草案）》《工资集体合同草案》《集体合同草案》《女职工特殊权益保护专项合同草案》。

主要工作

每年春节、“三八”国际妇女节、中秋节等节日为职工发放米、面、油等福利，折合现金约10万元；投资15万元用于购置劳动保护、防护用品；为100余名职工购买工伤险6万余元。2011年，公司与河南知名企业合作，对公司化验人员进行了长达一个月的培训，对一线操作人员进行不定期培训学习。2012年重阳节，公司投资3万余元用于各种庆祝活动。截至2013年，累计各类培训次数达50余次，培训人次达到1500人次，费用100万余元；工伤赔付、残疾认定等，累计赔付约15人次，赔付及治疗费用为32万余元。组织职工开展乒乓球、篮球、歌唱比赛50余次活动，组建威风锣鼓队，累计投入资金50万余元。

阳泉市第三钢铁厂工会

企业概况

阳泉市第三钢铁厂前身为韩庄铁厂，始建于1984年，位于韩庄村西，毗邻207国道，占地面积2.5万平方米，属村办集体所有制企业。阳泉市第三钢铁厂下设炼铁厂、炼钢厂、铸造厂、轧钢厂，拥有职工1000人，其中外聘高级工程师3人、中高级机师22人。拥有固定资产6000万余元。1992年4月，被市委、市政府评为模范集体；1993年5月，被市府授予“1992年度乡镇企业发展贡献突出”奖，被评为省农科教结合典型单位，被评为区级红旗单位、先进企业和一级信用度企业。8月，国家计量局颁发三级计量合格证书。1994年4月，在阳泉市立功竞赛活动中荣立集体一等功；10月，农业部授予厂长王计所“全国乡镇企业家”称号。1995年4月，国务院授予王计所“全国劳动模范”称号； 5月，被市委、市政府授予“阳泉市第三钢铁厂创利税 200 万元企业”称号；同年，省委书记胡富国考察该厂。1997 年，随着全国钢铁市场低迷，各地铁矿石、焦煤产能调整，以及乡镇集体企业改制，阳泉市第三钢铁厂被迫停运。

主要设备有：55 立方米高炉 1 座、1.5 吨侧吹转炉 1 座、5 吨电弧炉 1 座、400×2 轧机，250×8 轧机各 1 列。

主要产品：L8-L10 炼铁钢，Z 14- Z 34 铸造铁，4 " -5 " 钢锭，8 ～ 15 千克 / 米轻轨、60×60×5 角钢、Φ12- 中 18 圆钢、螺纹钢、3 " -12 " 铸铁管。其中 8 千克 / 米、12 千克 / 米轻轧钢填补了山西省的轻轧产品空白。1996 年 12 月，阳泉市第三钢铁厂生产的“柏山牌”12 千克 / 米轻轨被山西省经济贸易委员会、山西省质量管理协会评为山西名优产品。

1995 年，年产生铁 10000 吨，钢材 8000 吨，铸铁管 6500 吨。收入过亿元，上缴利税 200 万元。1997 年，工业总产值 9544 万元，销售收入 9281 万元。产品主要销往江苏、浙江、陕西、山东、广东等地。

组织沿革

1993 年 5 月，阳泉市第三钢铁厂工会成立，隶属于三郊乡工会工作委员会。选举王林冲为工会主席，史巧凤为副主席，王润宝、王银所、胡石小、胡开元、胡秀兵为委员；选举王桂铎为经审委主任，王黑宝、胡新民为委员。1997 年，由于企业停产关闭，工会组织解散。

主要工作

阳泉市第三钢铁厂工会成立后，相应成立各分厂工会，并建立健全工会各项管理制度，以保障职工的合法权益，做到按季度借支、年底总兑现，依据制度按时发放劳动保护用品。积极开展安全生产教育，采取“走出去、请进来”的方式，加强职工岗前培训。帮助困难职工排忧解难，凡 60 岁以上的离岗职工每月有 10 元的补助；对 1994 年煤气中毒工伤事故和 1996 年机车坠崖工伤事故均进行了赔偿。1992 年，钢铁厂邀请俄罗斯、哈萨克斯坦等六国艺术团在阳泉市体育馆举办经济联谊会暨九二金秋国际杂技艺术活动表演。1993 年农历正月十六日，厂工会承办了三郊乡钢花杯文艺会演。1994 年，厂工会主席王林冲被郊区总工会评为优秀工会积极分子；1996 年，王计所被阳泉市委、市政府评为优秀农民企业家。

东风耐火材料厂工会

企业概况

1986 年，下荫营村投资近 1000 万元兴建东风耐火厂。该厂位于下荫营村东，阳泉市第二人民医院旧址西南侧，占地面积 3 万平方米，固定资产 4500 万元。公司下设 4 个生产车间，1 个质量检测中心，1 个新产品研发中心。1993 年，被评为省农科教结合典型单位。1996 年 8 月 28 日，该厂被评为省级科技先导型企业。1997 年 7 月，被农业部和省乡镇局分别确认为国家和省中型二档乡镇企业、被中国战略策划中心授予“山西省乡镇企业综合实力百强企业”称号；被山西省劳动竞赛委员会记集体二等功 1 次；获得山西省工商行政管理局“守合同重信用企业”证书。2001 年，工业总产值 2834 万元，工业增加值 820 万元，产品销售收入 2250 万元。2002 年，企业改制为民营企业，更名阳泉市东风耐火材料有限公司。2008 年，因环保被迫停产。

公司拥有 1 条滑板砖生产线、1 条高铝砖生产线、4 座环保节能窑。年综合生产能力 30000 吨。公司主要设备 1 台雷蒙磨、2 台球磨机、2 台破碎机、3 台混料碾、1 台 630 吨压力机、2

台400吨压力机、2台200号压力机、1台液压机、1台制氮机、2座氮气炉、3台磨床等。产品销往攀钢、武钢等国家大中型钢铁企业。2002年，按净资产1000万元，以村委49%、企业51%的比例改为股份制企业。公司投资800万元，对倒烟窑进行改造，修建了2座抽屉窑，购置2米两段煤气发生炉1座，实现燃气烧砖。

主要产品有501铝碳滑板砖、钢玉铸口砖、莫来石铸口砖、高铝质砖、镁碳砖、电炉顶砖（65、75、85）等连铸三大件系列高档耐火材料。其中，501铝碳滑板砖通过省科委组织的成果鉴定；钢玉铸口砖获山西省科技进步一等奖、中国新技术新产品博览会金奖、全国星火计划成果暨专利技术展销会金奖、北京国际发明展铜奖、第七届全国发明展银奖、蒙古国乌兰巴托商工贸产品博览会金奖；莫来石铸口砖获中国专利技术博览会金奖、山西省乡镇企业产品展销会金奖；连铸三大件系列高档耐火材料通过长城（天津）质量体系认证中心GB/T 19002标准质量体系认证。

组织沿革

1993年10月16日，东风耐火厂工会成立，隶属于荫营镇工会工作委员会。刘佳田任工会主席，刘臭孩任副主席，赵自奋、苗富成任委员；苗新生任经审委主任，阎晓卫、赵拉寿任委员。1998年12月16日，东风耐火厂工会换届，刘臭孩任工会主席，赵自奋、史永太为委员；闫晓卫任经审委主任，赵拉存、闫永忠任委员。2003年，更名为东风耐火材料有限公司工会。2006年7月，隶属荫营镇工会联合会。2013年6月，隶属于荫营镇总工会。

主要工作

工会牵头，以公司职工活动室为阵地，以提高职工各项理论素质建设为目标，不定期举办各种业务知识培训，化验中心人员赴洛耐院进行培训，对质检人员进行了ISO质量认证培训。为方便职工就餐，减轻职工家庭生活负担，公司成立职工食堂以及菜园、苹果园、葡萄园等福利小组。夏天为职工发放解暑福利，冬季为职工发放过冬蔬菜。有乒乓球、篮球、拔河等比赛，增进了公司、工会、职工之间团结友爱之情。

小菜营煤矿工会

企业概况

阳泉市荫营煤炭工业公司小菜营煤矿为荫营镇镇办集体所有制企业，创建于1986年。有职工180人。拥有固定资产99万元，年产值200万元，创利税70万元左右。该矿煤炭储量750万吨，井田面积0.085平方千米，可采煤层为15号煤，其煤质各项指标为灰份17.6%、全水份1.02%、挥发份9.31%、全硫份1.12%、固定碳72.35%，发热量为6700大卡/千克。年产原煤5万吨，全部运输由绞车提升，为合理利用资源，在开采中，该矿以产炭为主，同时进行就地加工。2008年，小菜营煤矿工业总产值1462.8万元。

组织沿革

1995年4月6日，郊区小菜营煤矿工会成立，隶属于荫营镇工会工作委员会，史四胖任工会主席，王连胜、刘跃善、范素英任委员；张自英任经审委主任，刘朴苟、赵存贵任委员。2006年7月，隶属荫营镇工会联合会。2013年6月，隶属于荫营镇总工会。

主要工作

1996年，小莱营煤矿专利产品“黑金塔筛选机”在1996年北京国际科技展览会上获金奖。2004年，小莱营煤矿申报参加了“安康杯”竞赛活动的评比，并具体制定了竞赛实施方案。2006年7月，区总工会“送清凉 送安全 送健康”活动拉开帷幕，调研组一行到小莱营煤矿了解农民工的生产生活情况，并送去防暑用品和《农民工进城务工维权手册》，同时要求小莱营煤矿改善农民工作业、生活环境，切实改善和提高农民工的生产生活条件。

村工会

三都村工会联合会

村情概况

三都村位于阳泉市郊区荫营镇北，距镇政府4千米。东与三郊、杨树沟为邻，南与矾窑接壤，西与关家峪、任家峪为伴，北与苇泊、前洼相望。白盂（白羊墅至盂县）铁路沿村而过，阳盂公路与铁路平行延伸。矿产资源主要有煤炭、铝矾土、铁矿、硫磺、黏土，农作物有玉米、谷子。全村总面积为4.57平方千米，其中耕地面积2303.13亩，村民居住占地面积为0.92平方千米。2018年3月，三都村党总支升格为党委。2019年，全村总户数1350户，人口为2885人，其中，史、侯、段姓居多。“两委”班子成员共7人，交叉任职3人，党员110人，工会会员542人。人均经济收入1.2万元。辖区企业11个，分别为阳泉市贤亨耐火材料有限公司、华佳发煤站、天泉煤炭有限责任公司、聚源今美工贸有限公司、贺近顺商贸有限公司、恒韵耐火材料厂、诚和生鑫工贸有限公司、麒麟不定型耐火材料厂、恒世达煤炭销售有限公司、三都能源发煤站、三都加油站。先后被评为全国民主法治示范村、全国第五批传统村落保护村、全国乡村治理示范基地、首批全国妇联基础组织建设示范村、全国计划生育协会工作先进单位、全国示范农家书屋、省级民主法治示范村、省级文明村、省级卫生村、省级国防教育示范村、市级先进基层党组织、阳泉市模范职工之家等荣誉。三都村农家书屋被国家新闻出版署广电总局评为全国示范农家书屋。

组织沿革

2007年9月29日，阳泉市郊区荫营镇三都村工会联合会成立，隶属于荫营镇工会联合会。史军福任工会联合会主席，史桂梅任副主席，史祥寿、郝存喜、史寿元为委员；史桂梅任经费审查委员会主任，史寿元、郝存喜为委员；工会会员560人。2013年6月，隶属于荫营镇总工会。同年9月25日，三都村工会联合会召开第二次会员代表大会，选举村党总支副书记史军福兼任工会联合会主席，史桂梅任副主席，史祥寿、史寿元、郝存喜为委员；史桂梅任经费审查委员会主任，史寿元、郝存喜为委员；工会会员556人。2014年12月，因村委换届选举，三都村工会联合会主席史军福当选为三都村村委会主任，工会主席一职空缺。2015年1月2日，三都村工会联合会召开全委会，补选产生三都村工会联合会主席，由三都村党总支副书记史桂梅兼任，副主席由村委委员史书明担任，史祥寿、郭锦涛、孙润清、赵巨琴、冯成强为委员；经费审查委员会主任史书明，委员史保玉、孙润清。选举孙润清为女职工委员会主任，史侠丽为副主任，余瑞清、段江凤、武晓晶为委员。

职工代表大会

2007 年 9 月 29 日，阳泉市郊区荫营镇三都村工会联合会召开第一次会员代表大会暨职工代表大会。代表 36 人，会上讨论通过并签订了《三都村工会联合会区域性集体合同》《三都村工会联合会区域性工资集体合同》和《三都村工会联合会区域性女职工特殊权益保护专项集体合同》，覆盖企业 13 家。2008 年至 2019 年，每年 1 月，分别对到期的《三都村工会联合会区域性集体合同》《三都村工会联合会区域性工资集体合同》和《三都村工会联合会区域性女职工特殊权益保护专项集体合同》进行续签。

主要工作

制度建设。为保障职工合法权益，维护安全生产秩序，三都村工会联合会制定完善了三都村工会职责和义务，工会主席、副主席、委员的主要职责，工会开展活动制度，经费审查委员会工作职责，工会女工委员会工作职责，工会职工代表大会职责制度，工会劳动保护监督检查员工作职责，工会劳动争议调解委员会工作职责，工会女职工委员会学习制度，三都村集体合同履约责任制等 30 余项职责制度。

档案资料。2008 年 11 月，中华全国总工会基层组织建设部部长郭稳才、基层组织建设部综合处副处长黄敬平在省、市、区工会领导陪同下，调研三都村工会组织建设工作。郭稳才指出，三都村工会联合会能够严格按照“六表四薄三合同一制度”进一步规范完善村工会档案资料，有效地维护了本辖区职工的合法权益，赢得了广大职工的认可。2015 年，按照上级工会有关实名制会员登记的文件要求，村工会联合会派专人对村内所有驻地企业的 560 名会员进行实名制登记，摸清全村工会会员基本情况，为每个会员发放会员证，基层企业建会率和职工入会率均达到 100%。2019 年，为了进一步规范会员的会籍管理，村工会联合会将下设所有的工会组织和职工会员信息在全国工会数据采集系统上进行实名制统计，边采集、边核实、边录入、边汇总，实行动态数据化管理。

职工帮扶。三都村工会联合会、企业工会通过调查走访，及时了解和掌握困难职工、特困职工实际情况，建立困难职工档案，有针对性地开展“送温暖，献爱心”活动，对生病住院和生活困难的员工进行走访慰问，并送上米、面、油等生活慰问品和慰问金。同时，积极争取上级工会的补助资金，给予困难职工一定的经济补助。此外，通过生活救助、医疗救助、法律援助等方式，救助、慰问困难职工共计 390 余人次，累计发放慰问金和物资共计 17.8 万元；接待政策咨询、信访 40 余人次。截至 2019 年，全村有低保户 173 户、五保户 6 人，656 人享受养老补助，41 人享受残疾人护理补贴。

维权平台。三都村工会联合会建立“监督 + 调处 + 援助 + 普法”合力工作机制，形成全方位、多角度、零距离的工会维权一体化工作体系。完善法律咨询体系、畅通法律援助渠道、健全调解组织网络，倾听职工诉求，打造多样化维权平台，更好地维护职工合法权益，促进工会工作提质增效。村工会加大对企业厂务公开工作的监管力度，定期检查各企业涉及职工切身利益的问题，及时利用板报、宣传栏等形式进行公开，使职工全面了解企业的发展方向、日常运作。三都村工会联合会、企业工会按照《中华人民共和国工会法》《中华人民共和国劳动法》有关规定，按时给职工发放劳保用品，保护职工的身体健康，对女职工应该享有的特殊权益进行了最大限度的保护。

职工文化。2011年6月，三都村工会联合会积极争取资金建设职工书屋1间，总面积约60平方米，共有书柜7组，书桌8张，共计藏书2500余册，种类涉及政经、科技、生活、文化、少儿、党建杂志、报纸、电子音像制品等，全天候无偿向职工开放；建设文化广场1个，面积1.2万平方米，配备各类健身器材12套；建成“三治”文化长廊64米。村工会联合会定期组织职工开展实用技术、创业技能、法律法规、思想道德等各类培训学习活动。组织职工参加书法绘画展、农耕文化展、主题摄影展、书法交流笔会、古碑文展、农民书法大赛等展览宣传活动，多渠道传播优秀传统文化。招募职工宣传志愿者和文艺演出骨干，组建广场舞表演队、威风锣鼓队、秧歌队、红歌合唱队、民乐队、文艺演出宣传队等6支活动团体，经常开展技能比武、文体比赛、趣味活动、农民文艺晚会、街头民间文艺宣传、文化艺术节、红歌大家唱、广场舞展演、网络红歌传唱、千人红歌会等各种健康向上的文化宣传活动，丰富职工业余文化生活。

2009年2月，中共荫营镇委员会、荫营镇人民政府授予三都村工会联合会“先进集体”称号。2014年2月，情景歌舞《小二黑新传》荣获由中共阳泉市委宣传部、阳泉市文化广电新闻出版局举办的阳泉市2014年《百花迎春》群众文艺会演优秀节目铜奖。2015年3月，舞蹈《福地龙腾翰墨香》荣获由中共阳泉市委宣传部、阳泉市文化广电新闻出版局举办的阳泉市2015年《百花迎春》群众文艺会演优秀节目铜奖。8月，逛鼓《说唱三都》荣获由中共阳泉市郊区区委宣传部、阳泉市郊区文学艺术界联合会、阳泉市郊区文化体育广播电视局联合举办的阳泉市郊区首届曲艺小品大赛三等奖。2016年4月，阳泉市总工会授予阳泉市荫营镇三都村工会联合会“阳泉市模范职工之家”称号。5月，村服装秀《锦绣墨韵》在阳泉市郊区“三节”活动领导组举办的2016年群众文艺会演中获一等奖。2017年1月，中共荫营镇委员会、荫营镇人民政府授予三都村工会2016年度群团工作先进集体。

上千亩坪村工会联合会

村情概况

上千亩坪村位于阳泉市郊区荫营镇东，距镇政府2.7千米，东临下千亩坪，西接矾窑，南与南窑庄相邻，北靠杨树沟。207国道路经村南，阳五高速荫营口位于村东部。全村总面积1.88平方千米，其中耕地面积271.8亩。矿产资源主要是铝矾石，农作物有玉米、谷子等。全村762户，总人口1540人，其中农业人口1150人，村民多系张姓。支、村“两委”班子成员6人，交叉任职3人，党员72人，工会会员500余人。辖区内有耐火企业4个，分别为阳泉千禾工贸有限公司、阳泉市千隆盛源耐火材料有限公司、阳泉市郊区银慧骨料厂、阳泉市华惠炉料厂；休闲农业观光旅游企业1个，即山西千百绿生态农业有限公司；驾驶员培训企业2个，分别为阳泉市郊区千隆机动车驾驶员培训学校和阳泉市千安行驾驶员服务中心；养殖场1个，即阳泉市郊区万丰养鸡场。人均经济收入12000元。2014年被省旅游局等4家单位评为山西最美旅游村，2016年被司法部、民政部评为全国民主法治示范村，2017年被省政府评为美丽宜居示范村，2019年被市文化和旅游局评为乡村旅游示范村。

组织沿革

2007年9月27日，阳泉市郊区荫营镇上千亩坪村工会联合会成立，隶属于荫营镇工会联合会。张振国任工会联合会主席，张昧平任副主席，胡素红、张彦芳、张新生为委员；张选和任经费审查委员会主任，张海会、张润喜为委员；工会会员505人。2010年12月23日，村第二届工会联合会换届，张振国任工会联合会主席，张昧平任副主席，胡素红、张彦芳、张新生为委员；张选和任经费审查委员会主任，张海会、张润喜为委员；工会会员509人。2013年6月，隶属于荫营镇总工会。2015年1月10日，因张振国、张昧平辞职，张海会工作调动，村工会联合会召开了第二届第二次会员代表大会，胡素红任工会联合会主席，张益红任副主席，张彦芳、张新生为委员；张选和任经费审查委员会主任，张润喜、张扬为委员。

职工代表大会

2007年9月27日，阳泉市郊区荫营镇上千亩坪村工会联合会召开第一次会员代表大会暨职工代表大会，代表31人，会上签订《上千亩坪村工会联合会区域性集体合同》《上千亩坪村工会联合会区域性工资集体合同》和《上千亩坪村工会联合会区域性女职工特殊权益保护专项集体合同》，覆盖企业6家，职工505人。2008年至2019年，每年1月，分别对到期的《上千亩坪村工会联合会区域性集体合同》《上千亩坪村工会联合会区域性工资集体合同》《上千亩坪村工会联合会区域性女职工特殊权益保护专项集体合同》进行续签。

主要工作

档案资料。2007年，建立健全上级来文、组织建设、换届资料、大病互助等档案。2008年，建立会员实名制登记。2009年，建立特困职工、再就业、职工活动、维权、职代会等档案，做到辖区内非公企业和个体户底数清，及时登记、及时入会，建会率和职工入会率均达到100%。工会组织和会员信息全部输入工会系统，实行动态化管理。

职工培训。村工会联合会成立后，采用多种方式搭建各类就业和学习平台，将就业岗位信息第一时间发布到村务公示栏或村微信群、QQ平台，让村民及时掌握就业信息，了解市场动向。村工会联合会积极联系上级有关部门不定期对职工进行各类培训，组织下岗失业、无业、待业人员参加就业培训、岗位招聘活动等。每年有老年人健康养生讲座、妇女儿童保健讲座等。2013年8月，英英职校免费为该村职工进行工艺编织技能培训。2019年，邀请荫营镇安监站对村企业进行安全生产培训等。累计培训次数20余次，参培职工达到600人次。

职工帮扶。2008年，村工会联合会成立困难职工帮扶站，通过调查摸底为多名困难职工建立档案资料，开展慰问关心困难职工工作。在“送岗位、送助学、送温暖”等帮扶救助活动中，每逢重要节日，村工会都要为困难职工每人送上1袋米、1袋面、1桶油及100元慰问金。对符合条件的困难职工办理农村最低生活保障。截至2019年，慰问困难职工累计1100 余人，慰问金额约12万元；每年发放养老金涉及人数约230人，金额约为35万元；合作医疗补助涉及900余人，补助金额约11万元，免费接送学生，每年费用约5万元；老年人及村民等福利涉及1100 余人，约60万元。截至2019年，全村低保户134户、五保户1人，335人享受养老补助，22人享受残疾人护理补贴。

职工维权。定期开展职工维权宣传工作及维权知识讲座。免费为困难女职工提供法律援助，真情服务女职工，最大限度地保护她们的合法权益和特殊利益。

职工文化。2008年，村工会联合会在村委会二楼建职工书屋1间，总面积约60平方米。

2018年，对职工书屋进行重新整理，共有书柜13组，书桌8张，藏书4000余册，涉及20多个门类，“职工书屋”实行每周至少35小时向职工开放，可以方便职工随时免费借阅。建设文化广场2个，面积1.78万平方米，配备各类健身器材5套、篮球架1副、乒乓球台2个；组建健身队、戏迷爱好者等活动团队2个，约30人，丰富职工的业余文化生活。多次举办“三八”文艺晚会、元宵、春节联欢会、消夏文艺会演等大型文艺演出。2008年、2009年、2012年，被镇政府评为春节文艺节目会演二等奖；2008年5月，被镇工会联合会授予“模范村工会”称号。2015年1月，舞蹈《俏媳妇》获郊区“三节”活动春节群众文艺会演一等奖；2018年3月，获区首届“益智杯”中国象棋赛团体第五名；8月，镇政府授予“全民健身周系列活动”优秀组织奖和象棋团体赛冠军称号，同月，荫营镇全民健身周系列活动——踢毽赛和跳绳赛，在村翼德文化广场举办，全镇共400余人参加。

街上村工会联合会

村情概况

街上村位于荫营镇西，距镇政府500米。东与桥上相接，西与坪上近邻，南与汉河沟接壤，北与老虎沟、后沟相连。全村总面积4平方千米，其中耕地9.76亩、林地160.7亩、未利用地2229亩，荫营西大街贯穿村中。主要矿产资源为煤炭，主要农作物为玉米、谷子、豆类等作物。2019年，全村900余户，常住人口2200余人，户籍人口1860人，其中农业户口360人，村民多系史、武、王姓。支村“两委”班子成员5人，交叉任职1人。党员69人，其中女党员11人，工会会员246人。人均经济收入1.5万元。先后被评为阳泉市文明村、民主法制示范村、阳泉市郊区基层党组织建设先进集体、残疾人工作先进村。

组织沿革

抗日战争时期，本村从事挖煤、冶铁工人较多，为配合抗日活动，秘密组建了“工人抗日救国会”（以下简称工会），梁三牛任工会主席。在进行生产的同时，组织工友开展不同形式的支援抗战活动。20世纪90年代后期，村集体、个体企业数猛增，为维护劳动者权益，各企业成立工会组织，其中史金全任矽砖厂工会主席、史永记任耐火厂工会主席、史计祥任煤矿工会主席。2002年，各企业工会合并以村成立工会工作委员会，隶属于荫营镇工会委员会，史鸣放任村工会联合会主席。2005年至2007年，史跃强任工会联合会主席。隶属于荫营镇工会联合会。2007年9月29日，阳泉市郊区荫营镇街上村工会联合会成立，史跃强任工会联合会主席，武素英任副主席，史计祥、史金全、史成明任委员；史少忠任经费审查委员会主任，史建明、史象军任委员；工会会员543人。2010年，村工会联合会召开第二次会员代表大会进行换届，史利剑任工会联合会主席，史桃寿任副主席，史润所、武保明、史成明任委员；史凤兰任经费审查委员会主任；工会会员482人。2013年6月，隶属于荫营镇总工会。2014年，村工会联合会召开第三次会员代表大会进行换届，史利剑任工会联合会主席，史桃寿任副主席，史润所、武保明、史成明任委员；史凤兰任经审委主任；工会会员356人。2017年11月，街上村工会联合会召开第四次会员代表大会进行换届，史志明任工会联合会主席，史桃寿任副主席，史润所、史跃强、武义明任委员；史凤兰任经费审查委员会主任；工会会员246人。

职工代表大会

2007年9月29日，阳泉市郊区荫营镇街上村工会联合会召开第一次会员代表大会暨职工代表大会。会上签订了《街上村工会联合会区域性集体合同》《街上村工会联合会区域性工资集体合同》《街上村工会联合会区域性女职工特殊权益保护专项集体合同》。2008年至2019年，每年分别对到期的《街上村工会联合会区域性集体合同》《街上村工会联合会区域性工资集体合同》《街上村工会联合会区域性女职工特殊权益保护专项集体合同》进行续签。

主要工作

档案资料。2007年，村工会联合会成立后，逐步完善文件资料、组织建设、换届资料、大病互助等档案，建立会员实名制登记，建立特困职工、再就业、职工活动、维权、职代会等档案，工会组织和会员全部录入计算机系统，实行动态化管理。

职工帮扶。每年春节慰问60岁以上的困难职工，并为每户带去500元慰问金。每年9月，开展"金秋助学"活动，对考上二本以上大学的职工子女，给予每人2000元助学帮扶。截至2019年，累计帮扶职工子女72名大学生。对家庭困难的职工，为其向上申请助学金，累计帮扶7名困难职工子女跨入大学门槛。40周岁以上的所有职工，每人每年享受8000元养老保险补助。对符合条件的困难职工办理城市最低生活保障，全村低保户211户，享受残疾人护理补贴14人。

职工维权。本村村民史计明，在煤矿工作期间得了硅肺病，村工会与其所在企业多次协调，为他争取到6万元的补偿金。

职工文化。在村委会二楼建立职工书屋1间，总面积约50平方米，共有书柜5组，书桌4张，藏书2300余册，全天候无偿向职工开放；室内各类健身器材8套，建成"中国梦""推进美丽乡村建设"雕塑2座。每年举办元宵文艺会演、九曲黄河阵、七月二庙会文艺会演等大型文艺演出。2019年，在荫营镇举办的广场舞比赛中获一等奖。其他体育竞技比赛如乒乓球、羽毛球等多个项目取得优异成绩。

后沟村工会联合会

村情概况

后沟村位于阳泉市荫营镇西，距镇政府200米。南与街上相背，东南面延伸到圪蚤梁，与黄沙堰、上烟、下荫营接壤，西与坪上毗邻，北与矾窑相接，东与老虎沟相连。荫营西大街穿村而过。境内矿产资源主要有煤炭、铁矿、黏土。全村总面积1.04平方千米，无耕地。2019年，全村住户797户，总人口1720人，常住人口2900人，其中农村人口101人，村民大姓有任、史、刘、韩姓。支村"两委"班子成员5人，交叉任职3人，党员51人，其中女党员16人，工会会员518人。辖区内共有3家企业，分别为阳泉市后沟耐火厂材料公司、阳泉市厚鑫源骨料厂、阳泉市世纪恒业经贸有限公司；养殖场3个，各存栏100余头，年出栏180头。人均经济收入11000元。后沟村先后被评为山西省体育先进村、阳泉市文明生态村、阳泉市郊区宽裕型小康村及平安村等。

组织沿革

2007年9月29日，阳泉市郊区荫营镇后沟村工会联合会成立，隶属于荫营镇工会联合会。任喜忠任工会联合会主席，史双义任副主席，任宝堂、任永金、任虎平为委员；史和平任经费审查委员会主任，韩秀清、郭改兰为委员；工会会员518人。2013年6月，隶属于荫营镇总工会。延续至2019年未变。

职工代表大会

2007年9月29日，阳泉市郊区荫营镇后沟村召开第一次会员代表大会暨职工代表大会，代表31人，会上学习了《中华人民共和国工会法》《中华人民共和国劳动法》《女职工劳动保护特别规定》，签订了《后沟村工会联合会区域性集体合同》《后沟村工会联合会区域性工资集体合同》《后沟村工会联合会区域性女职工特殊权益保护专项集体合同》。2011年至2019年，每年1月，对到期的《后沟村工会联合会区域性集体合同》《后沟村工会联合会区域性工资集体合同》《后沟村工会联合会区域性女职工特殊权益保护专项集体合同》进行续签。

主要工作

制度建设。为保障职工权益、维护安全生产秩序，村工会联合会制定完善了后沟村工会职责和义务，工会开展活动制度，经费审查委员会工作职责、工会女工委员会工作职责、工会职工代表大会职责制度、工会劳动保护监督员工作职责等职责制度，全面保障职工合法权益，为调动职工工作积极性提供坚实制度保障。村工会组织适时加大对企业厂务公开工作的监管力度，定期检查、督促企业的一些重大决策、涉及职工切身利益的问题，及时利用板报、宣传栏等形式进行公开，使职工全面了解企业的发展方向、安全生产及日常工作情况。

档案资料。2007年，建立健全文件资料、组织建设、换届资料、大病互助等档案。2008年3月，对会员进行实名制登记。2009年，建立特困职工、再就业、职工活动、维权、职代会等档案，做到辖区内非公企业和个体户底数清，及时登记、及时入会，建会率和职工入会率均达到100%。2018年，工会组织和会员全部输入计算机系统，实行动态化管理。

职工帮扶。2018年，成立社区困难职工帮扶站，通过调查摸底，为8名困难职工建立档案资料。在“金秋助学”活动中，为2名考上大学的困难职工子女申请助学金，对15名符合条件的困难职工办理城市最低生活保障。每年春节来临之际，开展慰问困难职工活动，为他们送上米、面、油及慰问金，每年累计金额3100元。截至2019年，全村低保户140户，220人享受养老补助，13人享受残疾人护理补贴。

职工文化。2007年10月1日，村工会组织会员参加义务劳动，清理垃圾、打扫街道路面。年底，村工会联合会与耐火厂工会联手组织全体职工参加“庆元旦”桥牌赛、象棋赛等。2008年2月，村工会联合会组织开展了“庆元宵，迎奥运，促和谐”大型文艺活动，有秧歌、威风锣鼓、舞狮、小品、相声、独唱、趣味赛等。“三八”国际妇女节，村工会联合会与村妇代会、计生协会联合举办了一场文艺活动，演出中间穿插工会知识、《中华人民共和国妇女权益保障法》等知识问答。2016年，村工会联合会建立职工书屋1间，总面积约20平方米，共有书柜3组，书桌2张，藏书1000余册，周六日无偿向职工开放；建设文化广场1个，面积2500平方米，配备各类健身器材5套，乒乓球台2个；建成“社会主义核心价值观”文化长廊63米；组建广场舞表演队、红歌合唱队、锣鼓队、文艺演出宣传队4支活动团体。每年正月十九开展文体比赛、趣味活动、民间文艺、街头民间文艺宣传、红歌大家唱、广场舞展演等各种健康向上的文化宣传活动。2018年，新建乒乓球室1间，面积120平方米，每日有数名职工参加乒乓球训练。

前洼村工会联合会

村情概况

前洼村位于阳泉郊区荫营镇北，距镇政府5.7千米。东与南垴、火石岩隔路相望，南与三郊相接，西与后洼、三都、苇泊为邻，北与上章召、韩庄接壤。阳大铁路、阳五高速沿村而过。主要矿产资源有铝矾土、黏土，农作物有玉米、谷子。全村总面积为1.7平方千米，村民居住占地面积为0.04平方千米，其中耕地面积472.74亩。2012年，前洼村党支部升格为党总支。2019年，全村总户数341户，常住人口为800余人，村民陈姓、杜姓居多。“两委”班子成员共3人，交叉任职3人，党员45人，村民代表17人，工会会员511人，其中女会员120人。人均经济收入1万元。辖区企业7个，分别为山西圣火炉料有限公司、阳泉市恒祥耐火材料有限公司、山西鑫盛源耐火有限公司、阳泉市宝泰耐火材料厂、阳泉宝能炉料有限公司、阳泉市盛天宇耐火材料厂、阳泉瑞盛丰达耐火材料有限公司。先后被评为农村人居环境改善先进集体，乡村清洁工程文明村、模范村，配合重点工程先进集体。

组织沿革

2007年9月28日，阳泉市郊区荫营镇前洼村工会联合会成立，隶属于荫营镇工会联合会，杜润才任工会联合会主席，杜秀琴任副主席，史通宝、陈功英、陈园园、杜海明为委员；杜海明任经费审查委员会主任，杜艳清、陈功英为委员；工会会员510人。2013年6月，隶属于荫营镇总工会。至2019年，无任何变动。

职工代表大会

2007年9月28日，阳泉市郊区荫营镇前洼村工会联合会召开第一次会员代表大会暨职工代表大会，代表31人，会上，通过平等协商签订《前洼村工会联合会区域性集体合同》《前洼村工会联合会区域性工资集体合同》《前洼村工会联合会区域性女职工特殊权益保护专项集体合同》，覆盖企业7家，即山西圣火炉料有限公司、阳泉市恒祥耐火材料有限公司、山西鑫盛源耐火有限公司、阳泉市宝泰耐火材料厂、阳泉宝能炉料有限公司、阳泉市盛天宇耐火材料厂、阳泉瑞盛丰达耐火材料有限公司，职工511人。2008年至2019年，每年1月，分别对到期的《前洼村工会联合会区域性集体合同》《前洼村工会联合会区域性工资集体合同》《前洼村工会联合会区域性女职工特殊权益保护专项集体合同》进行续签。

主要工作

制度建设。为保障职工合法权益，调动职工的工作积极性，前洼村工会联合会制定完善了前洼村工会职责和义务，工会主席、副主席、委员的主要职责，工会开展活动制度，经费审查委员会工作职责，工会女职工委员会工作职责，职工代表大会职责制度，工会劳动保护监督检查员工作职责，工会劳动争议调解委员会工作职责，工会女工委员会学习制度，前洼村集体合同履约责任制等30余项职责制度。

档案资料。2015年，村工会联合会对村内所有驻地企业511名会员进行实名制登记，全面摸清全村工会会员基本情况，并为每个会员发放会员证，建会率和职工入会率均达到100%。

2019 年，为规范会员的会籍管理，村工会联合会将下设所有的工会组织和职工会员信息在全国工会数据采集系统上进行实名制录入。

职工帮扶。村工会联合会、企业工会通过调查走访，建立困难职工档案，有针对性地开展“送温暖、献爱心”活动，对生病住院和生活困难的员工进行走访慰问，并送上米、面、油等生活慰问品和慰问金，同时积极争取上级工会的补助资金，救助、慰问困难职工共计 100 余人次，累计发放慰问金和物资共计 9.8 万元；接待政策咨询、信访 10 余人次。2008 年得到市总资助学生 1 名。截至 2019 年，全村有低保户 11 人、五保户 1 人，220 余人享受养老补助，12 人享受残疾人护理补贴。

职工文化。2006 年，在荫营镇工会举办了“华营杯”迎“五一”乒乓球比赛中，村工会获本次活动优秀组织奖。2011 年 1 月，前洼村工会联合会争取资金，建设职工书屋 1 间，总面积约 24 平方米，共有书柜 5 组，书桌 4 张，共计藏书 2000 余册，每周一次无偿向职工开放。建设文化广场 2 个，面积 2000 平方米，配备各类健身器材 8 套、乒乓球台 2 个；建成“尊老爱幼”文化长廊 45 米。组织 40 名职工文艺宣传志愿者和文艺演出骨干，组建广场舞表演队、文艺演出宣传队等 2 支活动团体，开展文体比赛、趣味活动、广场舞展演。2014 年春节，举办了职工健步行活动，500 余人参加此次活动。2016 年 8 月，6 支队伍及工作人员共计 80 余人参加了职工篮球比赛。2017 年 8 月，村工会联合会举办了职工文体活动比赛，60 余人进行各个项目的角逐。2019 年 1 月，村工会组织职工进行拔河比赛，共有 6 支队伍 120 余人参与。

上白泉村工会联合会

村情概况

上白泉村位于阳泉市郊区荫营镇东，东南与下白泉、窑沟毗邻，西北与林里、鸡洼、西梨庄、东梁庄接壤。距镇政府 5 千米。国道 307 复线直通东西，义白一级公路横贯南北，国道 207、玉泉路交会于此。全村总面积 2.28 平方千米，其中耕地面积 500 余亩。2008 年，上白泉村党支部升格为党总支。2019 年，全村总户数 464 户，常住人口 1200 余人，村内有郑、王、田、马四大姓。“两委”班子成员共 4 人，交叉任职 1 人，党员 56 人，工会会员 512 人。驻地企业主要有上白泉耐火材料有限公司、上白泉不定型耐火厂、阳泉市安顺通公司、阳泉市兆瑞贸易公司、阳泉市鑫盛运输有限公司、阳泉市天宇瑞通有限公司等。

组织沿革

2007 年 9 月 28 日，阳泉市郊区荫营镇上白泉村工会联合会成立，隶属于荫营镇工会联合会。主要由 1 个主干企业工会和 3 个工会小组组成，田东明任工会主席，马志强任副主席，田桂平、马建明、刘秋明为委员；王世明任经费审查委员会主任，田来所、郑建忠为委员；田桂平任女职工委员会主任，田秀琴、段俊芬为委员；工会会员 367 人。2008 年 11 月，田东明因工作调整不再担任工会主席，马建明任工会主席。2013 年 6 月，隶属于荫营镇总工会。至 2019 年未变动。

主要工作

档案资料。2007 年，完善文件资料、组织建设、换届资料等档案。2008 年，建立工会会员实名制登记档案。2009 年，建立特困职工、职工活动、维权职代会等档案，摸清辖区内非公企业和个体户底数，及时登记、及时入会。2014 年，建立工会工作台账。2015 年，完成了剩余劳动力摸底工作。2019 年完成了工会会员网上系统录入。

职工培训。村工会联合会成立后，连续多年举办编织、小食品制作等职业技能培训，协同企业工会组织无业人员参加就业培训、岗位招聘活动。2010 年 11 月 28 日，村联合工会与上白泉耐火厂工会组队参加了阳泉市郊区劳动竞赛委员会和阳泉市郊区总工会联合举办的“阳泉市郊区首届耐火材料行业职工技术大赛”，取得了第二名的好成绩。

职工帮扶。每年春节来临之际，开展“冬送温暖”活动，慰问困难职工活动，为他们送上米、面、油等慰问品。与区、镇总工会联系，开展“夏送清凉”活动，为本村耐火企业职工送茶、白糖及防暑用品。先后帮助 10 余名困难职工申请困难补助。在“金秋助学”活动中，为 8 名考上大学的困难职工子女申请助学金，累计金额 2.4 万元。截至 2019 年，全村有低保户 40 余人、五保户 4 人，400 余人享受养老补助，20 余人享受残疾人护理补贴。

职工文化。村工会联合会建立职工书屋 1 间，面积 36 平方米，共有书柜 5 组，书桌 2 张，藏书 1000 余册，周一到周五对外开放；建设文化广场 1 个，面积 1000 平方米，配备各类健身器材 20 套；组建了 1 支广场舞表演队，每年春节及庙会期间与村委会共同组织开展文艺会演、趣味比赛等丰富多彩的文化体育活动。同时积极参加上级组织的各项活动，“五一”国际劳动节期间，都要参加郊区总工会组织的“迎五一职工登高健步走活动”。2013 年 9 月，作为郊区唯一组队的村级联合工会，参加了“阳泉市郊区总工会广播体操比赛”，取得了良好的成绩。

林里村工会联合会

村情概况

林里村位于阳泉市郊区荫营镇东，距镇政府 3.5 千米。东临上白泉村，西接南窑庄村，南与上烟村、下烟村相邻，北靠鸡洼村。村南有 307 复线，村北有 207 国道。全村总面积 2.8 平方千米，其中耕地面积 776 亩。矿产资源主要是铝矾土，农作物有玉米、谷子等。2019 年全村总户数 790 户，总人口 1613 人，其中农业人口 1372 人，村民以王姓为主。支、村“两委”班子成员 6 人，党员 71 人，村民代表 38 人，工会会员 300 余人。人均经济收入 11000 元。辖区内有耐火企业 3 个，分别为阳泉市林里耐火材料有限公司，阳泉银宇新材料有限责任公司，阳泉市林里昌盛耐火材料厂。

组织沿革

2007 年 9 月 17 日，阳泉市郊区荫营镇林里村工会联合会成立，隶属于荫营镇工会联合会。王李保任工会联合会主席，阳泉市粉末冶金有限公司副总经理冀光远任副主席，王义红、王伟、王艳蕾为委员；经审委员会主任由赵秋贵兼任，委员由赵春云、史志兰兼任；工会会员 300 余人。2013 年 6 月，隶属于荫营镇总工会。此后，本村工会工作均由村委主任代理，开展相应的工作。工会班子不再健全。

职工代表大会

2007 年 9 月 27 日，阳泉市郊区荫营镇林里村工会联合会召开了第一次职工代表大会，会上签订《林里村工会联合会区域性集体合同》《林里村工会联合会区域性工资集体合同》《林里村工会联合会区域性女职工特殊权益保护专项集体合同》，覆盖企业 2 家。覆盖职工 300

人。2008 年至 2019 年，每年 1 月，分别对到期的《林里村工会联合会区域性集体合同》《林里村工会联合会区域性工资集体合同》《林里村工会联合会区域性女职工特殊权益保护专项集体合同》进行续签。

主要工作

档案资料。2007 年，建立健全文件资料、组织建设、换届资料、大病互助等档案。建立会员实名制。2009 年，建立特困职工、再就业、职工活动、维权、职代会等档案，做到辖区内非公企业和个体户底数清，及时登记、及时入会，实行动态化管理。

职工培训。村工会联合会积极联系上级有关部门不定期对职工进行各类培训，包括美容美发、按摩、足疗、手工艺编织、面点制作、护理等，累计达到 500 人次。

职工帮扶。在“送岗位、送助学、送温暖”等帮扶救助活动中。开展慰问活动，为困难职工送上米、面、油及慰问金。截至 2019 年，接受慰问品或慰问金累计 1000 余人次，金额达到 15 万元。申请并办理农村低保户 70 余户，五保户 4 人，享受养老补助 290 余人，享受残疾人护理补贴 28 人。

职工文化。2008 年，村工会联合会在村戏台院内建立职工书屋 1 间，总面积约 50 平方米，共有书柜 10 组，书桌 6 张，藏书 3800 余册，实行每周一至周六向职工开放或免费借阅；建设文化广场 1 个，面积 1000 平方米，配备各类健身器材 14 套，乒乓球台 3 个；建成文化长廊 50 余米；组建健身队、戏迷爱好者 2 支活动团队，多次举办“三八”座谈会，“元宵”文艺会演等大型文艺演出。2009 年，村职工书屋申报了全市三星级书屋。

第二节　河底镇工会联合会

镇情概况

河底镇自古就是平定州北地区的政治、经济、文化活动中心和商品集散之地。清代宝泉分局曾奉旨在河底村青龙山下“龙口”设炉铸钱，币称“咸丰通宝”。相传河底古有金水湖，湖中有青龙，故古称青龙镇。后又因地形较低，明万历年间改名为河底。该镇驻设河底，故用此名。

该镇位于北纬 37° 56′ 20″～38° 04′ 11″，东经 113° 27′ 45″～113° 36′ 42″。地处阳泉市郊区北部，东南与荫营镇接壤，西南与平坦镇由王兰山相隔，西北由盂县路家村镇和牛村镇环抱，东北过凤凰山与西南舁乡相连。辖区东西最大距离 12.8 千米，南北最大距离 14 千米，总面积 103.04 平方千米。镇政府驻河底村，距区政府驻地荫营约 10.2 千米，距阳泉市中心 22.2 千米。

该镇地处刘备山脉北麓及温河沿岸的秋林山脉，地形全部为山地丘陵，西部山区海拔较高，达 1000～1100 米，由西向东逐级降低，中部河底村海拔 850 米左右。年平均气温 10.3℃，年降水量 542.4 毫米。境内有 3 条季节性河流，温河自西北向东南贯穿北部境内，燕龛河由西南向东北越盂县汇入温河，苇泊河源起刘备山向东北汇入温河。境内资源丰富，有煤炭、硫铁矿、铝矾土、石灰石、石膏、白云石等。

清朝称河底镇，属平定州安平乡三贤都；民国时期称河底，属平定县四区；1948 年 7 月划归阳泉市二区（今郊区），1953 年 5 月至 1956 年 2 月置苇泊、牵牛镇、任家峪 3 乡，属阳泉市二区；1956 年 3 月，二区改名为荫营区，撤并 3 个乡改设河底镇，属荫营区；1958 年 9 月改称河底人民公社；1961 年 4 月，划归市直；1963 年，该公社划归阳泉市荫营区（今阳泉郊区）；1984 年 5 月，实行乡镇建制，改称河底镇人民政府；2000 年撤乡并镇后，由原河底镇、东村乡、燕龛乡合并组建而成。2019 年末，辖河底、中佐、龙光峪、里龙光峪、苇泊、上章召、下章召、河南、任家峪、邓家峪、关家峪、固庄、小固庄、牵牛镇、东村、东南沟、苏家泉、大河北、小河北、五架山、北小西庄、山底、小沟、红土岩、猪头垴、武家庄、燕龛、曹家掌、西沟、程庄、北庄、郊里共 32 个村民委员会和武家庄村、固庄村、固庄煤矿社区 2 个农村社区 1 个城市社区。辖区总人口 37538 人，乡村人口 31288 人，总人口中男性 19544 人，女性 17994 人；人口出生率 4.99‰，人口死亡率 5.07‰，人口自然增长率 -0.08‰；人口密度为每平方千米 419.69 人。

在改革大潮的推动下，该镇大胆实施改造地下、提高地上、发展地面经济的战略方针，乡镇企业迅猛发展。至 1992 年底，全镇已有镇办企业 11 个，村办企业 101 个，个体企业 302 个。全镇乡镇企业年产值达到 18063 万元，实现集体积累 3510 万元，上缴国家税金 815 万元，人均收入 1213 元。撤并前的东村乡社会经济总收入达到 6498 万元，乡镇企业总产值达到 637 万元，农民自营收入达 945 万元；社会经济总收入的平均增长幅度达 26.4%，农民自营收入占社会经济总收入的 14.5%；全乡实现利税总额 489 万元，生产性固定资产原值达 2480 万元。全乡人均收入达 974 元，人均存款达 1500 元，人均收入千元以上的村有 4 个。全乡共有企业 46 个，从业人员共 3690 人，占全乡农村总人口的 26.2%，其中乡办企业 3 个，村办企业 37 个，从业人员 3385 人；个体企业 6 个，从业人员达 114 人。撤并前的燕龛乡共有乡村集体企业 13 个，其中煤炭企业 7 个，加工企业 3 个，轻工企业 2 个，运输企业 1 个。从业人员达 1233 人，占全乡总人数的 35%。全乡拥有固定资产 1673 万元。主要生产煤炭，水泵、火炉、水管、各种机械配件等。1992 年全乡农村经济总收入达 4013 万元。工农业总产值 3517.7 万元，人均收入 1320.3 元，上缴利税 159 万元。至 2019 年，全镇规模工业企业包括阳泉市聚鑫耐火材料有限公司、阳泉天隆工程材料有限公司、阳泉市中广核太阳能有限公司等 86 家，全部从业人员平均 922 人，工业收入 34946.7 万元。全镇耕地面积 3.47 万亩，粮食总产量 3693.6 吨。实现财政总收入 2574 万元，同比下降 25.7%（受区域划分影响）；公共财政预算收入 1274 万元，与上年持平；完成固定资产投资 49680 万元，完成年度任务 71%；规模以上工业总产值 15941 万元，同比增长 226.78%；规模以上工业增加值 4817.58 万元，同比增长 207.66%；招商引资完成 21913 万元，完成既定任务的 73%。

组织沿革

河底镇工会组织最早组建于乡镇撤并前。1993 年 11 月，乡镇撤并前的燕龛乡最早成立工会组织，成立初期名称为燕龛乡工会工作委员会，属一级工会组织，为区总工会直属。主任由曹海联担任，赵全富、史慧芳为工会工作委员会委员，经费审查委员会主任由史爱明担任，曹继宏、史玉才为经费审查委员会委员。此后由于工作变动，工会工作委员会主任分别由乡党委副书记史虎生、赵晋瑞担任，史矛盾为工委干事。同年，乡镇撤并前的河底镇、东村乡工会工作委员会也同时成立，同属一级工会组织，为区总工会直属。河底镇工会工作委员会先后由镇党委副书记李福、赵富民、史一书、刘郁珍任主任，苏东生为工委干事；东村乡工会工作委员会先后由乡党委副书记贾小楼、季春元任主任，王俊每为工委干事。2001 年，河底镇工会工作委员会由梁世钟任副主任。2002 年 4 月，河底镇私营企业工会联合会成立，选举产生工会联合会组成人员，刘郁珍任工会联合会主席，史耀平、梁世钟、郭海峰、庞锦萍为委员。2003 年，河底镇工会工作委员会由镇党委副书记何宗禄任主任。2004 年 12 月，由于人事变动，梁忠和替补为工会委员会副主任。

2006 年 7 月 27 日，河底镇工会联合会第一次会员代表大会召开，选举王军军为工会主席，梁忠和为副主席，李米栋、王有才、郭海峰、杨爱生、潘红梅、李双来为委员；郭俊平为经费审查委员会主任，段海燕为经费审查委员会副主任、女职工委员会主任，白青平为经费审查委员会委员、女职工委员会委员，潘红梅为女职工委员会委员。2008 年 7 月，由于人事变动，赵银贵替补为工会联合会主席；赵治北替补为副主席。2009 年 7 月，因工作变动，郭彦斌替补为工会副主席。2011 年 7 月，因工作变动，史丽霞替补为工会副主席。

2013 年 6 月 15 日，河底镇工会联合会第二次会员代表大会召开，选举任晋忠为工会主席，史丽霞为副主席，任晋忠、史丽霞、周云山、牛翔、陈九来、高鸿仁、王害和 7 人为工会联合会委员，郭俊平、郭秀花、史彩云为经费审查委员会委员，郭俊平为经费审查委员会主任。2016 年 6 月，因人事调整变动，赵军、郭彦斌、刘海花替补为河底镇第二届工会联合会委员，赵军替补为河底镇第二届工会联合会委员、主席；段海燕替补为河底镇工会联合会第二届经费审查委员会委员。同时由于人事变动，葛秀文替补为工会委员会副主席。

2019年，河底镇工会联合会下设河底村、东村、牵牛镇、山底村、苇泊村 5 个村工会联合会，中佐村、固庄村、上章召村等 27 个村工会委员会，阳泉天隆工程材料有限公司、阳泉市广鑫源耐火材料有限公司等 49 个企业工会，1 个运输行业工会联合会，1 个机关工会委员会，1 个镇工会联合会，共 85 个基层工会组织，涵盖单位 85 个，共发展工会会员 3497 人，其中女会员 1130 人。

河底镇历届工会主席副主席一览表

表 4-3

组织沿革及届次	姓　名	性 别	工会职务	任职时间	行政职务
工会工作委员会	李　福	男	主　任	1993 年 11 月至 1997 年 2 月	党委副书记
	史一书	男	主　任	1998 年 6 月至 2000 年 12 月	党委副书记
	刘郁珍	女	主　任	2000 年 12 月至 2002 年 6 月	党委副书记
	何宗禄	男	主　任	2003 年 6 月至 2006 年 7 月	党委副书记
	梁世忠	男	副主任	2001 年 1 月至 2004 年 12 月	—
	梁忠和	男	副主任	2004 年 12 月至 2006 年 7 月	—
第一届联合会工会	王军军	男	主　席	2006 年 7 月至 2008 年 7 月	武装部部长
	梁忠和	男	副主席	2006 年 7 月至 2008 年 7 月	—
	赵银贵	男	主　席	2008 年 7 月至 2013 年 6 月	人大主席

续表 4-3

组织沿革及届次	姓　名	性 别	工会职务	任职时间	行政职务
第一届联合会工会	赵治北	男	副主席	2008 年 7 月至 2009 年 7 月	—
	郭彦斌	男	副主席	2009 年 7 月至 2011 年 7 月	—
	史丽霞	男	副主席	2011 年 7 月至 2013 年 6 月	—
第二届工会联合会	任晋忠	男	主　席	2013 年 6 月至 2016 年 6 月	人大主席
	史丽霞	男	副主席	2013 年 6 月至 2016 年 6 月	—
	赵　军	男	主　席	2016 年 6 月至 2019 年 12 月	人大主席
	葛秀文	女	副主席	2016 年 6 月至 2019 年 12 月	—

2019 年河底镇工会联合会基层工会组织建设一览表

表 4-4　　单位：人

工会名称	建会时间	工会主席	职工人数		会员人数	
			总数	女职工数	总数	女会员数
河底村工会联合会	2006 年 7 月	刘海花	356	163	356	163
中佐村工会委员会	2006 年 7 月	高建利	10	5	10	5
苇泊村工会联合会	2010 年 4 月	苏利花	330	146	330	146
龙光峪村工会委员会	2006 年 1 月	李小红	9	3	9	3
里龙光峪村工会委员会	2018 年 2 月	程艳文	10	1	10	1
上章召村工会委员会	2006 年 7 月	韩珍珍	39	16	39	16
下章召村工会委员会	2006 年 7 月	郑书泉	15	2	15	2
河南村工会委员会	2006 年 7 月	王建红	33	13	33	13
任家峪村工会委员会	2018 年 1 月	任海卫	20	11	20	11
邓家峪村工会委员会	2006 年 7 月	邓小宝	22	8	22	8
关家峪村工会委员会	1996 年 2 月	张海珍	21	9	21	9
固庄村工会委员会	2006 年 7 月	任丽慧	17	3	17	3
小固庄村工会委员会	2006 年 7 月	刘永胜	9	1	9	1
牵牛镇村工会联合会	2007 年 1 月	李晓红	400	126	400	126
东村村工会联合会	2006 年 7 月	侯海文	121	39	121	39
东南沟村工会委员会	2006 年 7 月	李所鱼	13	8	13	8
苏家泉村工会委员会	2004 年 4 月	闫明珠	13	3	13	3
大河北村工会委员会	2006 年 7 月	李青虎	6	2	6	2
小河北村工会委员会	2006 年 7 月	王建军	10	6	10	6
五架山村工会委员会	2006 年 7 月	韩银双	21	5	21	5
小西庄村工会委员会	2006 年 7 月	李海峰	8	1	8	1
山底村工会联合会	1992 年 3 月	李肇胜	130	65	130	65
小沟村工会委员会	2006 年 7 月	张建生	8	1	8	1
红土岩村工会委员会	2002 年 7 月	高有军	12	3	12	3
猪头垴村工会委员会	2006 年 7 月	赵素青	5	2	5	2
武家庄村工会委员会	2006 年 7 月	武彩英	82	44	82	44
燕龛村工会委员会	2006 年 7 月	程芝莲	15	8	15	8
曹家掌村工会委员会	2006 年 5 月	曹石慧	26	9	26	9

续表 4-4

工会名称	建会时间	工会主席	职工人数		会员人数	
			总数	女职工数	总数	女会员数
程庄村工会委员会	2006 年 6 月	郭建忠	14	8	14	8
北庄村工会委员会	1995 年 5 月	刘文忠	11	5	11	5
郊里村工会委员会	2014 年 11 月	杨义贵	20	9	20	9
西沟村工会委员会	2006 年 7 月	刘晓军	5	2	5	2
河底镇人民政府	—	赵　军	56	23	56	23
河底镇运输行业工会联合会	2011 年 6 月	刘海花	571	1	571	1
郊区速凝剂厂工会	2005 年 11 月	—	13	3	13	3
兴盛物业服务有限公司工会委员会	2016 年 7 月	—	32	18	32	18
河底砖厂工会委员会	—	—	107	30	107	30
晋盛源石油压裂支撑剂有限公司工会委员会	2012 年 4 月	史　忠	5	2	5	2
天隆工程材料有限公司工会	2004 年 6 月	王害和	114	25	114	25
苇泊汽车修理厂工会委员会	—	史满金	33	13	33	13
天隆净水材料有限公司工会委员会	2019 年 1 月	邓雪花	42	4	42	4
云鹏养殖场工会委员会	2010 年 5 月	郑书泉	13	8	13	8
运鑫通商贸有限公司工会委员会	—	—	6	2	6	2
华美工艺品厂工会	2010 年 5 月	张丽花	12	12	12	12
峪样建筑工程有限公司工会委员会	2009 年 12 月	张亚素	27	0	27	0
广鑫源耐火材料有限公司工会委员会	2009 年 12 月	邓红霞	61	25	61	25
和进源耐火材料有限公司工会委员会	—	张玉孩	9	2	9	2
郊区乡村食府工会委员会	—	张义明	9	7	9	7
宏昌胜机械制造有限公司工会联合会	2015 年 4 月	王福珠	24	9	24	9
牵牛镇村食品加工小作坊工会委员会	—	黄海英	55	44	55	44
焕鑫煤炭洗选有限公司工会委员会	—	周太平	30	14	30	14
冬春蔬菜专业合作社工会委员会	2006 年 8 月	侯海文	183	88	183	88
七凤帝玫瑰种植专业合作社工会委员会	—	李小红	12	7	12	7
翔宇耐火厂工会委员会	2006 年	谢进忠	21	6	21	6
家荣耐火厂工会委员会	—	谢延波	2	0	2	0
科兴耐火厂工会委员会	—	谢会金	5	1	5	1
金宇耐火材料股份有限公司工会委员会	—	李书明	4	1	4	1
王者石油支撑剂有限公司工会委员会	—	李所林	10	2	10	2
利君耐火材料厂工会委员会	—	谢丽军	3	2	3	2
晶磊鑫耐火材料有限责任公司工会委员会	2006 年	李计平	4	0	4	0
金湾耐火材料厂工会委员会	2006 年	李书明	6	1	6	1
汇鑫华泰耐火材料厂工会委员会	2006 年	李会平	6	1	6	1
永富耐火材料厂工会委员会	2006 年	杨彦红	6	0	6	0
永顺耐火材料厂工会委员会	2006 年	王彦明	22	1	22	1
金牛耐火材料厂工会委员会	2006 年	杨连喜	2	0	2	0

续表 4-4

工会名称	建会时间	工会主席	职工人数		会员人数	
			总数	女职工数	总数	女会员数
佳世通建材有限公司工会委员会	—	朱玉峰	9	0	9	0
龙溪伟业耐火材料厂工会委员会	—	杨润兵	2	0	2	0
聚保裕耐火材料有限公司工会委员会	2009 年	李保良	3	0	3	0
吉星耐火厂工会委员会	2009 年	刘香昌	5	1	5	1
海博耐火材料厂工会委员会	2009 年	李海拴	6	2	6	2
海珍养猪场工会委员会	2009 年	李海峰	5	1	5	1
拉怀养猪场工会委员会	—	李拉怀	2	0	2	0
金凤凰养殖场	—	宋变果	3	1	3	1
恒驰贸易有限公司工会委员会	—	宋长青	3	0	3	0
北小西庄三星陶土厂工会委员会	2009 年	李文武	2	0	2	0
李六宝耐火材料厂工会委员会	2009 年	李六宝	3	0	3	0
小西庄隆鑫炉料厂工会委员会	—	李贵生	4	0	4	0
远洋耐火材料厂工会	2009 年	刘建生	5	3	5	3
晋云耐火材料有限公司工会委员会	—	张青平	17	5	17	5
璞鑫耐火材料厂工会	2010 年 5 月	高爱忠	32	1	32	1
宏泉印刷厂工会委员会	2010 年 7 月	张青平	16	13	16	13
富强养殖专业合作社	—	—	6	1	6	1
占海洗煤厂工会委员会	2010 年 5 月	姜占成	20	1	20	1
北庄鑫海种植专业合作社工会委员会	2015 年 12 月	白青海	6	5	6	5
森达康农业开发中心工会委员会	2016 年 3 月	杨义贵	32	18	32	18

工会代表大会

工会联合会第一次会员代表大会

会议概况

2006 年 7 月 27 日，河底镇工会联合会第一次会员代表大会召开。参加此次代表大会的正式代表 33 名（其中：工会专职干部和积极分子 18 名，占代表总数的 54.55%；先进模范人物 5 名，占代表总数的 15.15%；一线职工 7 名，占代表总数的 21.21%；科技知识分子 3 名，占代表总数的 10%。其中女职工代表 7 名，占代表总数的 20%；非党职工代表 7 名，占代表总数的 9.09%），列席代表 10 名。河底镇党委委员、武装部部长王军军作题为《抓好重点工作，提高维权能力，团结动员全镇广大职工为实现“十一五”规划建功立业》的工作报告。选举产生了河底镇第一届工会委员会委员、经费审查委员会委员，王军军当选为镇工会联合会主席，梁忠和当选为副主席。镇党委书记张富英作重要讲话。

组织机构

河底镇工会联合会委员会

主　席：王军军

副主席：梁忠和

委　员：李米栋　王有才　郭海峰　杨爱生　潘红梅　李双来

河底镇工会经费审查委员会

主　任：郭俊平

副主任：段海燕

委　员：白青平

工会联合会第二次会员代表大会

会议概况

2013 年 6 月 15 日，河底镇工会联合会第二次会员代表大会召开。参加此次代表大会的正式代表 58 名（其中：工会专职干部 34 名，占代表总数的 58.62%；先进模范人物 4 名，占代表总数的 6.9%；一线职工 12 名，占代表总数的 20.69%；科技知识分子 8 名，占代表总数的 13.79%，其中女职工数 16 名，占代表总数的 27.59%；非党职工 11 名，占代表总数的 18.97%）。镇工会副主席史丽霞作《工会工作报告》；镇妇联主席张晓敏代表群团组织致贺词；镇经发办主任周云山代表镇资格审查委员会作代表资格的审查报告。选举产生了河底镇第二届工会委员会委员、经费审查委员会委员，任晋忠任工会联合会主席，史丽霞任副主席。镇党委书记段拥军作重要讲话。

组织机构

河底镇工会联合会委员会

主　席：任晋忠

副主席：史丽霞

委　员：周云山、牛翔、陈九来、高鸿仁、王害和

河底镇工会经费审查委员会

主　任：郭俊平

委　员：郭秀花、史彩云

主要工作

工会组织建设

河底镇工会联合会通过加强基础设施建设和工会组织建设，强化基层工会职能。2006 年 7 月 27 日，镇工会联合会第一次会员代表大会召开，选举产生首届工会联合会，并成立了经费审查委员会。随着改革开放的不断深入，河底镇辖区私营企业和个体工商户开始增多，一些个体工商户以村为依托，加入村联合工会，由村级工会管理。2006 年，相继成立河底村工会联合会、山底村工会联合会、东村村工会联合会、牵牛镇村工会联合会和苇泊村工会联合会。辖区内 27 个村成立了工会工作委员会。2009 年，阳泉市郊区河底镇工会联合会获得了阳泉市劳动竞赛委员会颁发的“五一劳动奖状”；被市总工会评为“阳泉市模范乡镇工会”；被省总工会授予“五星级乡镇工会”“省级工会标兵单位”称号。2010 年，镇工会联合会把加强组织建设作为工作重点，按照区总工会提出的创建星级乡镇（街道）工会标准，相应成立工会经费审查委员会、女职工委员会。2011 年，阳泉市郊区河底镇工会联合会被省总工会授予“五星级乡镇

工会”称号。2013 年 6 月 15 日，河底镇工会联合会召开第二次会员代表大会，完成换届选举工作，选举产生新一届工会领导班子。2014 年，辖区内村支“两委”换届后，各基层工会组织人员有了新变化，针对这一情况，6 月至 7 月，镇工会集中时间，集中力量，将全镇 32 个村基层工会全部完成换届，配齐配强工会主席、委员，完善工会组织，并健全了各项管理制度。2015 年 4 月，新建了宏昌胜机械制造有限责任公司工会委员会。2016 年，新建基层工会组织共 3 个，分别是河底村的银河兴盛物业有限公司工会委员会、牵牛镇村的食品加工小作坊工会委员会、郊里村的森达康农业开发中心工会委员会。新增会员 162 人，真正做到了哪里有企业、哪里有职工，哪里就要组建工会。2017 年，河底镇工会联合会在北庄鑫海种植合作社建立了“妈咪小屋”。9 月 19 日上午，市总工会女工部部长葛玉琴到阳泉市北庄鑫海种植专业合作社对妈咪小屋进行授牌。葛部长了解实际情况，然后实地查看了“妈咪小屋”的建设情况，并对合作社提出了很好的建议和意见。此妈咪小屋成为该镇首家建成的“妈咪小屋”，该镇在维护女职工的合法权益方面迈出了一大步，上了一个新的台阶。2018 年 8 月，镇工会新建了一个基层工会，即阳泉市七凤帝玫瑰种植专业合作社工会，新增会员 30 人。2019 年，河底镇工会联合会以工会建会和职工入会为工作重点。按照区总工会“组织建设月”活动的安排，根据“广普查、深组建、全覆盖”的要求，镇工会积极开展工会组织管理工作，加强工会组织和工会会员的实名制登记，组织各村工会对辖区所有私营企业和个体经营摊点逐一进行摸底登记和核实，并将工会组织和会员全部输入计算机，实行动态化管理。至 2019 年末，镇工会联合会共有基层工会 88 个，会员总数达 2429 人，入会率 100%。镇工会联合会达到四星级工会联合会，辖区内有 2 家企业工会、1 家村工会联合会达到“四星级规范化”工会合格单位，4 家企业工会、2 家村级工会达到“三星级规范化”工会合格单位。

职工素质提升

河底镇工会联合会多次选派工会干部参加省、市、区总工会和相关部门举办的各种培训学习，河底镇工会联合会也通过以会代训、讲座等形式举办基层工会干部和工会积极分子培训，提高工会干部的理论水平和业务能力。2008 年 10 月，举办了基层工会干部培训班，聘请了郊区总工会各部部长，就工会组织建设、女工宣传教育、民主管理、劳动保护、法律工作、生活保障等方面内容进行了培训，有 54 名工会干部参加了培训并通过了考试。同年 5 月 3 日，镇工会、团委联合举办庆“五一”、迎“五四”党工团知识竞赛；同年 7 月，组织参加了郊区安监局和郊区总工会组织的知识竞赛；参加了国家安监总局和全国总工会组办的“职业病防治法”知识竞赛，获得了优秀组织奖和纪念奖。2013 年 6 月 17 日，河底镇女职工委员会参加中华全国总工会举办的《女职工劳动保护特别规定》知识竞赛活动，镇工会副主席史丽霞获省优秀奖。2015 年 7 月底，组织职工参加全省“我要上讲堂”职工读书交流活动，史丽霞所录视频获得了省总工会第一名的好成绩。2016 年 9 月 13 日，组织全镇基层工会 20 余人参加了郊区总工会组织的国学国情培训班；12 月 9 日，镇工会组织 32 个村的工会主席以及各企业的工会主席、副主席共 50 余人参加了“全区基层工会干部培训”，通过培训，提高了基层工会人员的素质，使他们明确了工会的任务，增强了他们的工作的针对性。开展“五小”竞赛活动，弘扬创新精神。2016 年，广鑫源在全市“五小”竞赛活动中，申报了 PL550 型立式冲击破碎机（巴马克）项目。2018 年 10 月 10 日至 15 日，镇工会干部参加了省总的培训。“职工书屋”星级创建工作有了新提高，其中牵牛镇村、河底村职工书屋达到四星级标准，东村村、固庄村达到三星级标准，邓家峪村、山底村、里龙光峪村、天隆工程材料有限公司达到二星级标准。

职工权益维护

河底镇工会联合会将维护职工合法权益作为工作重中之重。按照上级《关于进一步加强职工维权工作的意见》，镇工会结合实际突出重点，健全组织，夯实基础，积极开展维权工作。2008 年 4 月，通过宣传、督查、组织，全镇 32 个行政村级工会、17 个企业工会都与相对应的行政主体签订了企业集体合同、工资集体合同、女职工特殊权益保护专项集体合同，签订率和续签率达到 95% 以上。2011 年 4 月 25 日、30 日，结合河底村、苇泊村、北庄村传统庙会进行了工会法、合同法宣传活动，共计发放资料 2000 余份，回答群众咨询 120 人次，其次对集体合同，工资集体合同进行了整理和续签。2013 年，组织企业签订《工资集体合同》和《女职工权益保护专项集体合同》。2014 年 10 月 21 日，市总工会第二督查组来到河底镇非公企业阳泉德旭耐火器材有限公司就“依法维权年”行动进行督查检查。2018 年 10 月 27 日，镇工会干部、广鑫源工会主席及北庄鑫海种植合作社工会主席，参加了郊区总工会组织的工资集体协商知识培训。

困难职工帮扶

河底镇工会联合会一直把帮扶困难职工作为一项重要的工作职责，并建立困难职工档案，掌握特困职工的家庭收入、子女读书、患病就医、下岗再就业和权益保障等方面的实际困难，采取积极措施，给予及时的关心和帮助。

坚持开展“两节”送温暖活动，为困难职工发放慰问金，送去米、面、油等物资。2009 年初，该镇基层共有 20 名困难职工进行了困难申报，并得到了区总工会每人 300 元的帮扶资金和油、面、水果等物品的大力帮助，同时，各企业根据自己实际情况，对困难职工开展了送温暖活动。2014 年，镇工会慰问困难职工 35 名。2015 年“两节”期间，慰问 55 名困难职工，12 名患大病的困难职工得到上级工会的救助。

积极开展“金秋助学”活动，为困难职工办实事。2009 年，为 9 名困难职工子女争取“金秋助学”帮扶，获得了郊区总工会帮扶资金共计 1.8 万元；2010 年，镇工会联合会为 9 个困难职工家庭子女争取“金秋助学”1.8 万元，解决了 9 名大学生入学难、上学难的问题；2012 年，镇工会联合镇计生办为 11 个困难职工家庭子女上大学争取“金秋助学”金 2.2 万元，解决了 11 名大学生的入学难问题；2013 年，慰问困难职工 36 人，并为 12 名困难职工子女上大学、7 名困难职工子女上高中提供助学帮助；2014 年 9 月，镇工会帮助 17 家困难家庭大学生解决上学难的问题；2016 年，镇工会为 2 个困难职工的子女办理了“金秋助学”，帮助他们解围解困；2015 年 8 月，开展金秋助学，12 名困难职工的子女考上大学得到救助，同年 10 月，郊区总工会开展了第二次金秋助学，15 名困难职工的子女得到救助。

组织开展“职工大病医疗互助”活动，提高职工的医疗保障，解决职工看病的后顾之忧。2009 年 9 月，开展了“第五期职工大病医疗互助”活动，组织全镇 210 名职工参加了大病互助。2011 年，镇工会组织 132 名职工参加了大病互助活动，缴纳互助金 6600 元；2012 年，镇工会组织220名职工参加了大病互助活动，缴纳互助金11000元；2013年，开展第九期大病互助，全镇共有19个基层工会236人参加这项活动，共缴纳互助金11800元；2014年11月，开展第十期大病医疗互助，66人参加，缴纳互助金3300元，其中12名大病困难职工得到市、区总工会救助。2016年，开展了第十二期职工大病医疗互助活动，组织54名职工参加了大病互助，并上交互助金2700元。2017年，开展了第十三期职工大病医疗互助活动，共有45名职工参加了大病互助，上交互助金2250元。2018年，镇工会开展第十四期职工医疗大病互助活动，组织42名职工参加了大病互助，缴纳互助金2100元。

开展“送清凉”活动，关心关爱职工，为他们送上防暑用品。2011年6月22日，区总工会在山塔工贸有限公司举行了“送清凉”活动发放仪式。2013年8月，区总工会为河底砖厂和天隆工程材料有限公司送去80份防暑用品；2014年7月31日，区政协主席王如生、区人大常委会副主任、区总工会主席王可剑等领导一行6人，到阳泉德旭耐火材料有限公司、阳泉晋盛源石油压裂支撑剂有限公司看望慰问一线职工，为在酷暑高温下坚守工作的全体职工送去绿豆、白糖、蜂蜜等防暑降温物品；2015年7月，配合郊区总工会为天隆、广鑫源奋战在一线的220名职工送去防暑降温物品；2016年8月9日，区、镇两级工会到阳泉天隆工程材料有限公司、阳泉市璞鑫耐火材料厂，为188名一线职工送去防暑用品，表达了工会对职工的关心和关爱；2018年8月15日，区总工会领导和镇工会领导到阳泉市广鑫源耐火材料厂、璞鑫耐火厂为160余名一线职工送去防暑用品，表达了工会对职工的关心。

2008年，镇工会组织机关职工进行了抗震救灾捐款活动，总计捐款1190元；组织机关职工给河底村困难职工捐款2330元；2009年11月，该镇遭遇罕见雪灾后，为农业、工业受损户捐款530元，充分体现了镇机关职工的爱心。与此同时，镇工会与镇团委举办了“迎国庆、献爱心”活动，走进镇敬老院，为老人们清扫卫生、擦洗玻璃，进行了简单的健康检查、理发，并进行了慰问演出。

2013年“三八”国际妇女节，镇工会为镇机关17名全体女职工缴纳特病保险，共计缴纳476元。同年6月9日，对8人患癌症尿毒症的困难职工开展专项救助；2015年，“三八”国际妇女节期间镇工会为镇机关共32名女职工（含正式职工、临时女工）缴纳“女职工特病保险”，同年9月，7名患大病花费5万元以上的职工得到专项医疗救助；2016年，镇工会出资700元为机关的35名女职工缴纳“女职工特病保险”。2018年，镇工会出资28868元为49名机关职工进行了体检。

职工文化活动

2009年，镇工会与镇文化站共同举办了“华牌大赛”，来自全镇各村的100名选手参加了比赛。2011年“三八”国际妇女节期间，镇工会联合会同镇妇联联合举办了“魅力女性，快乐巾帼”全健排舞比赛；4月初，组织7人参加区总工会举办的“全健排舞”培训班，通过这些舞蹈骨干深入全镇各村、企业进行推广，培训骨干80余人，使“全健排舞”走进了乡村企业；5月，山底村、河底村、固庄村3个基层工会组织了3支队伍参加了全区“红色五月激情飞扬”全健排舞比赛，固庄代表队以全场最高分获金奖，山底村、河底村分别获银奖、铜奖，囊括了此次大赛的乡镇组的所有奖项；“五四”青年节，镇工会联合团委共同举办了“唱响心中最红的歌”庆祝建党90周年青春红歌赛；10月11日至14日，镇工会选派12名基层工会文艺骨干参加了由区总工会和区文体局联办的首届“百姓健康舞”培训班。2013年3月6日，镇工会举行了庆祝“三八”国际妇女节103周年暨“贡献十八大，巾帼展风采”表彰会，共表彰了先进集体和先进个人60余人。3月8日，举行了庆祝“三八”国际妇女节趣味赛。同年，组织职工参加全市基层职工文艺骨干培训（交谊舞、国标）；参加区总工会开展的“实施四带战略、实现转型跨越”职工书画展；参加全区职工广播操比赛，获得三等奖。2014年4月29日，组织60名职工参加区工会组织的登高健步走活动。同年6月22日，参加阳泉市郊区“李家庄新村”杯首届职工羽毛球比赛；8月20日至26日，举办2014年金秋农民篮球赛。2015年6月，组队参加郊区总工会组织的第二届职工羽毛球比赛。2016年2月26日，镇工会举办了镇机关职工华牌大赛，共38名选手报名参赛。同年3月7日，镇机关组织女职工进行了跳绳比赛，有34名女职工报名参加；9月2日，工会举办了镇机关职工羽毛球比赛，共有48名选手参加，12名获奖；10月28日至30日，镇工会组织15人参加了区总工会组织的全区羽毛球比赛，通过3天激烈而紧张的比赛，该镇温东升进入全区男单第六名。同年，在全区开展以提升职工素质为主题打造全员大学习大格局系列活动中，河底村的征文《“工匠精神”的学习价值》和《国学》视频、固庄村的征文《为什么要弘扬工匠精神》均获奖。

骨干企业工会

天隆工程材料有限公司工会

企业概况

阳泉天隆工程材料有限公司前身是阳泉市兴华水泥厂，始建于1970年，属镇办集体所有制企业。厂区位于河底镇苇泊村公路边。主要生产325号、425号矿渣水泥，年生产能力5000吨。2002年，阳泉市兴华水泥厂与石家庄天隆公司联合运作，组建为阳泉天隆工程材料有限公司，主要生产膨胀剂、早强水泥、耐酸高强水泥等产品。2004年，天隆公司建成年生产15万吨特种水泥生产线，并把公司建设成为一座环境优美的现代化花园式工厂。2011年，公司先后投资1000万余元，进行了环保深化治理节能项目改造工程，将用电设备全部改装变频节能装置、将原静电除尘设备改造成离线装置的布袋除尘设备、增加了低碳四嘴燃烧器、SCR（选择性催化还原系统）等系列环保设备，将原有中空窑生产工艺改造成全国最先进的节能环保预热分解新型干法生产线，并对厂区进行绿化、美化，企业实现了安全、清洁、节能减排、达标生产，为公司成为全国特种工程材料规模较大、品种最全的生产基地奠定了坚实的基础。阳泉天隆工程材料有限公司成为华北地区规模较大的一家集特种工程材料和新型工程材料研究、开发、生产、销售、服务为一体的大型企业，成为硫铝酸盐胶凝材料和铝酸盐胶凝材料两大系列国家标准的主要起草单位，中国特种混凝土工程材料协会副理事长单位。公司先后被评为“山西省高新技术企业”　“质量信誉AA级企业”和山西省环保厅认定的“环保行为评价二级（蓝色）企业”，山西省人民政府命名的“守合同、重信用”企业，荣获“山西省著名商标”“山西省名牌产品”等称号。

公司2条工艺先进的窑外预热分解新型干法生产线，生产全过程严格按ISO 9001进行质量管理，全年产能可达15万吨，产值1.2亿元。主要生产高水充填和净水剂用铝酸钙两大系列产品，产品品种齐全，具体品种达十余种，并可根据用户要求，生产特种性能的非标产品。进入新世纪后，依托企业技术中心和研究所的科研力量，致力于新材料的研究、开发和生产，已成功开发出硫铝酸盐系列的高水充填材料和铝酸盐系列的水处理剂用铝酸钙胶凝材料和各级别的 SAC（CSA）胶结料、 SAC 快硬速凝基础材料，部分产品还填补了省内外同行业空白，产品畅销全国各省、市、自治区，多种产品还走出国门，打入国际市场，远销美国、俄罗斯、日本、韩国、英国、南非等国家和地区，以优质的产品和优良的服务而享誉海内外。

本公司拥有多项科技成果，曾获国家级科技进步奖、发明奖 6 项，国家专利 3 项，与中国建筑材料科学研究总院、新型材料研究院、铁道部科学研究院、中国矿业大学等国内多所知名院校、科研单位保持着信息、技术交流与合作，拥有阳泉市建筑材料研究所和企业技术中心等科研机构。各类技术人员 50 余人，其中具有中等以上学历的 20 余人，高级工程师 6 人，工程师 16 人，并配置了质量检验设备 40 余台（套）。检验设备先进，技术力量雄厚，具有新型工程材料“开发—设计—生产—质量管理—售后服务”的完备体系。

公司立足科技创新，以市场为导向，视质量为生命，得到了长足发展，通过了“ISO 9001：2008 质量管理体系”认证、“安全生产标准化三级”企业认证，先后获得了山西省科技厅颁发的“高新技术企业”和山西省质监局评定的“质量信誉 AA 级企业”以及山西省环保厅认定的“环境行为评价蓝色企业”“清洁生产企业”等殊荣，硫铝酸盐和铝酸盐两大系列产品荣膺“山西省名牌产品”称号，是山西省政府命名的“守合同、重信用”企业。2019 年，总产值 6454.2 万元，固定资产 3009.4 万元，营业收入 6123.3 万元，上缴税金 69.1 万元，职工人数 131 人。

组织沿革

阳泉天隆工程材料有限公司工会组建于 1989 年，工会名称沿用企业联合运作前的名称，为阳泉市兴华水泥厂工会委员会，隶属于区总工会。当年 6 月，召开了第一次工会会员代表大会，选举产生首届工会委员会，刘锁财当选为工会主席，张礼堂当选为工会副主席，郭保财、郭所来、阎桂花当选为委员；郭所来当选为经费审查委员会主任，荆小牛、李文静当选为经费审查委员会委员。1998 年 12 月，召开了第二次工会会员代表大会，选举产生第二届工会委员会，刘锁财当选为工会主席，赵建文当选为工会副主席，王联喜、周林凤、郭所来当选为委员；郭所来当选为经费审查委员会主任，王剑英、杨俊文当选为经费审查委员会委员。隶属于河底镇工会委员会。2004 年 8 月，联合运作后的天隆工程材料有限公司，召开工会会员代表大会，选举产生公司第一届工会委员会，王害和当选为主席， 史慧书、王存元当选为委员。胡宝财当选为经费审查委员会主任，靳海生、程晓娜当选为经费审查委员会委员。2006 年 7 月，隶属于河底镇工会联合会。2011 年 7 月，选举产生第二届工会委员会，王害和再次当选为主席，史慧书、王存元当选为委员；胡宝财当选为经费审查委员会主任，李海军、程晓娜当选为经费审查委员会委员。工会会员 131 人，职工入会率为 100%。

主要工作

公司工会以组织技术革新、增产节约、节能减排、安全教育、文体活动、职工福利等为工会主要工作内容，遵循依法办事、平等协商的原则，代表职工与企业先后签订了《集体合同》和《工资专项集体合同》。2005年开始，先后举办了阳泉天隆公司工会庆五一迎五四职工文体活动，还专门组建了“职工活动室”，为企业职工配备了乒乓球、篮球活动器材和健身器材，极大地推动了企业精神文明建设。2006年，区总工会授予公司工会“模范职工之家”称号。2009年9月，工会与公司行政领导为减轻职工负担，针对员工子女专门出台了《援助公司员工子女上大学的实施方案》。方案规定凡本公司在册员工，其子女考取被教育部批准的高等院校录取的本科专科学生，均可按每人每学年2000元的标准补助，直至完成学业。2014年9月，公司又制定了对职工子女就读高中、中专、中等专科学校给予每人500元助学援助的规定，援助金额累计达40万余元。

开展“夏送清凉冬送温暖”活动，在盛夏为了确保职工身体健康，不仅给每个职工发放茶叶、绿豆，白糖等防暑食品，还组织专人为一线职工熬送绿豆汤。同时心系员工冷暖，下大力气改善职工的生活、工作条件，不断提高员工的福利待遇，关心和解决员工生活中遇到的实际困难。公司每年都要拿出部分款项，帮助遇到困难的家庭渡过难关，而且逢年过节，又拿出部分物资如米、面、油等慰问贫困家庭和残疾人家庭。多年来，累计救助金额20万余元。福利待遇方面实现了劳动工伤保险全覆盖、农村合作医疗全覆盖、带薪休假制度，劳保福利、节假日福利、年终福利、季节性福利俱全，给全体员工交养老保险，使职工老有所养、老有所依，解决了员工的后顾之忧，使员工切实感受到天隆大家庭的温暖，提高了员工的幸福指数。

广鑫源耐火材料有限公司工会

企业概况

阳泉市广鑫源耐火材料有限公司位于固庄村，建于2004年4月。是山西省高新技术企业，也是阳泉市最大的集烧结、生产、科研、工程服务为一体的不定形耐火材料主导企业。公司辖2个分厂、1个研究所（阳泉市不定形耐火材料研究所）、1个施工分公司、3个办事处。公司占地面积1.5万平方米，建筑面积8500平方米。有各类生产线9条，专业检测设备36台（套），均为国内领先水平。

公司成立以来，始终奉行“科技是第一生产力”的宗旨，加大科研投入和研发力度，自主研发的高炉喷煤催化助燃剂、锂电池正极材料磷酸铁锂、高温节能均质材料等产品，在同行业内很受欢迎，得到用户的一致好评。科技产品的不断研发，提高了产品附加值，取得了良好的经济效益。公司年产各类耐火产品6万吨，主要有高炉喷煤催化助燃剂、烧结莫来石浇注制品、烧结铝镁尖晶石浇注制品、大中型高炉出铁沟浇注料、中间包干性工作衬、钢包耐火浇注料、轻质浇注料、有水炮泥、无水炮泥煅烧超微细高岭土、陶粒砂等六大类共计60个品种，其中2项填补省内空白，4项填补市内空白。产品广泛用于冶金、化工、石油、机械制造等领域，在冶金工业中用量最大，占总产量的50%～60%。主要销往东北、华东、华中地区，包括鞍山钢铁集团公司、抚顺新钢铁有限责任公司、武汉钢铁集团公司、本溪钢铁（集团）有限责任公司、江苏恒耐集团等大中型钢铁公司。公司集销售、施工、维护为一体，为客户提供一条龙服务，并为国家高温行业打下良好技术基础。

为了更好地服务于钢铁和高温行业，提高技术研发能力，公司于2004年10月和2005年1月分别在辽宁省鞍山市和抚顺市成立广鑫源办事处，扩大销售网络。2006年1月，驻江苏省常州市办事处挂牌成立。同年，投资400万元新建了阳泉市不定形耐火材料研究所，是一家集信息交流、科学研究、技术培训，产品研发、产品推介、项目策划、岗位招聘为一体的服务机构，至2014年已经服务全国500余家中小企业，其中当地中小企业110家。2007年，公司“技术研发中心”正式挂牌。2008年与河南科技大学建立了“产学研”合作机制，使公司自主研发能力有了很大提升。2010年，为了更好地对用户进行售后服务，公司斥资600万元成立了鞍山分公司，主要负责东北地区钢铁公司的施工和维护。2011年，公司自行研发并申报了“自动添加黄油机”等5项专利。

公司成立以来，先后被市政府评为阳泉市优秀企业、先进集体，被区政府评为振兴传统产业先进集体。2010年，被山西省中小企业局授予“山西省最具社会责任中小企业”荣誉称号；2011年被工信部授予“第二批国家中小企业公共服务示范平台”称号。

2014年，有从业人员162人，其中工程技术人员52人；资产总计5074.5万元，营业收入2028.1万元。2019年，有从业人员75人。

组织沿革

阳泉市广鑫源耐火材料有限公司工会委员会成立于2009年，隶属于河底镇工会联合会。当年11月，召开了第一次工会会员代表大会，选举产生企业首届工会委员会，胡晋泉当选为工会主席，刘敬波当选为工会副主席，李钢元、张爱军、张长生当选为委员；郭润牛、王新平、李遇春当选为经费审查委员会委员。2013年4月，召开第二次工会会员代表大会，选举产生第二届工会委员会，涂盛勇当选为主席，邓红霞当选为副主席，李遇春、刘敬波、李钢元、史军义、王计宝当选为委员。李遇春、刘敬波、王计宝当选为经费审查委员会委员。2015年4月，召开第三次工会会员代表大会，选举产生第三届工会委员会，邓红霞当选为主席，刘敬波当选为副主席。

主要工作

阳泉市广鑫源耐火材料有限公司工会委员会建会以来，以增产节约和组织时政宣传、安全教育、文体活动、职工福利等为工会工作内容。其间，在上级工会的大力支持下，设立了图书室，积极参加工会组织的“五小”（小发明、小创造、小革新、小设计、小建议）竞赛、金秋助学、困难职工帮扶等各项活动，还定期召开职工代表大会，进行集体合同、工资集体专项合同、女职工特殊权益保护专项集体合同的签订，定期进行工资集体协商，厂务公开等，让广大职工积极参与到企业的发展中来。

2012年，在上级工会的大力扶持下，建立了图书室，藏书1500余册，有育儿类、小说类、生活类、健康类、历史类等，种类繁多满足了职工们的广泛需求。图书馆内还添置了围棋、象棋，职工们在闲暇可以聚在一起活动，不但丰富了广大职工的业余生活，而且为提高广大职工的整体素质起到了重要作用。

“五小”竞赛活动方面。该厂职工李钢元，在工作中认真负责，勤勤恳恳，在生产的小细节中屡次进行技术革新，他主创的“巴马克叶轮重复使用革新技术”，参加了阳泉市“五小”竞赛活动；2015年被山西省授予“五一劳动模范”称号。

困难职工帮扶工作方面。该厂职工张文军，1977年生，从小体弱多病，2009年被确诊为肾衰竭，每天要进行两次药物透析，这对他本来不富裕的家庭更是雪上加霜。工会为他申请了工会系统的困难职工帮扶，凭医院的结算清单每年对他的医疗费用进行一定程度的分担，让他真正感受到了党的温暖，社会主义大家庭的优越性。

德旭耐火材料有限公司工会

企业概况

阳泉德旭耐火材料有限公司原名称为阳泉德旭耐火器材有限公司，位于上章召村，为上海奉广网络科技有限公司于2006年2月投资兴建的高档不定型耐火材料高新技术企业，年生产能力20万吨。厂区面积15万平方米，总投资11000万元。公司成立后，高度重视技术创新和产品质量，大力实施“科技兴企、人才强企”的经营战略，采用国际领先检测仪器，建成无机非金属研究所和质量检测中心，并与河南洛阳耐火材料设计研究院、武汉科技大学、鞍山焦化耐火材料设计研究院建立了长期合作关系。产品种类齐全，主要有回转窑烧段高铝料、合成镁铝尖晶石、莫来石、白刚玉、亚白刚玉、致密刚玉及铝酸盐水泥耐火浇注料、化学结合耐火浇注料、黏土结合浇注料、低水泥耐火浇注料、新技术耐火浇注料等多个系列上百个品种。产品主要用于冶金、建材、化工、石油等行业。企业已获得自营出口权，销售网络遍布全国，产品还远销美国、欧洲、日本、东南亚等国家和地区。

2011年，由盂县一私人业主以3500万元的价格接手该公司，企业名称仍然沿用原名称。主要生产回转窑烧成矾石料。2019年，总产值3399.8万元，固定资产3480.1万元，营业收入3399.8万元，上缴税金595.3万元，职工人数9人。

组织沿革

公司于 2009年10月10日正式成立工会委员会，名称为阳泉德旭耐火器材有限公司工会委员会，隶属于河底镇工会联合会。当年12月通过选举产生第一届工会委员会，单位员工杨阳德当选为工会主席，刘素萍当选为副主席，高海玉、王红星、朱海清为委员；顾育红为经费审查委员会主任，王红星、王爱英为委员。2014年2月20日，公司通过选举产生第二届工会委员会，朱海清当选为主席，王满拉当选为副主席，委员史建丽、高海玉、郭全玉；经费审查委员会主任由赵瑞担任，委员张璐、安琪；女职工委员会主任由史建丽担任，委员马建丽、曹雪。

主要工作

组织建设。公司于2009年正式成立工会组织。为了便于开展工作，组建了7个工会小组。工会小组有利于更好地组织和动员职工履行工会“建设、教育、参与和维护”四大职能，并围绕企业工作开展各项活动。

职工培训。为完善思想文化建设，2015年工会建立德旭人才学校并由单位各个部门负责人进行内部培训，由工会组长上台讲述经历经验，并且每月进行两次职工培训。其中，新环保法、新仲裁法和新安全生产法的培训，强化了安全意识，红线意识，确保责任层层落实。

职工生活。2014年至2015年，公司为困难职工发放救济金，加强对困难职工、病伤职工的关心和帮助。职工家属如有红白喜事，公司都会进行慰问，给予职工相应的资助。召开职工代表大会，在职代会上工会代表职工与企业续签《集体合同》《工资集体合同》《女职工权益保护专项集体合同》等，督促企业按时发放工资，维护职工薪酬福利。企业领导进行走访慰问及“五必谈、五必访”。坚持开展“夏季送清凉”活动，给全体职工发放白糖和绿豆等降温品。

组织体检活动。对全厂职工的身体状况有所了解，公司全体职工缴纳了职工大病医疗互助金，为广大职工提供了坚实的医疗保障。

职工文化。2011 年举行庆“五一”国际劳动节活动，组织开展各种文化体育娱乐活动，充分体现职工积极向上的精神风貌和团队精神。2013 年 3 月，举行工作目标实施表彰大会。2014 年，建立员工读书活动室，创建“职工书屋”，以读书活动提升素质。积极参加上级工会活动，公司于 2014 年至 2015 年参加迎“七一”职工羽毛球比赛，并取得团体第三名的荣誉。

红旗实业有限公司工会

企业概况

阳泉红旗实业有限公司原名阳泉市燕龛红旗煤矿。矿区位于燕龛东九坪，建于 1974 年，为原燕龛乡办集体所有制企业。井田面积 0.63 平方千米，地质储量 625 万吨，可采储量 305 万吨。可采煤层 3 层，总厚度 11.2 米。主采 15 号、12 号、9 号煤层，平均厚度分别为 7 米、1.6 米、2.6 米，距离地面垂直深度平均 84.44 米，为优质无烟煤。低灰、低硫、高发热量，经国家煤炭科研单位检验为 A 级标准。煤质标准为灰分 12.3%、含水分 1.51%、全硫分 0. 51%、挥发份 11.6%、固定碳 83.49%、发热量 7920 千卡 / 千克。有 3 个坑口，采用斜井开拓，井下采煤方法为炮采，工作面区段运输为煤溜运输，大巷运输为无极绳绞车运输，各坑口均实现机械通风。年生产能力 15 万吨。1993 年有职工 326 人，其中各类专业技术人员 94 人；各类技术工人全部经专业培训合格后持证上岗。有固定资产 585.5 万元，生产原煤 16.28 万吨，年产值 1012.5 万元，实现利税 132.5 万元。被省煤炭厅评为通风管理先进集体。建矿至 1993 年，共生产原煤 240 万吨。1994 年，兼并乡汽车队，改制为带有集体性质的红旗实业有限公司。2000 年，随乡镇撤并，改属河底镇人民政府所辖。公司有 3 股组成，分别为河底镇人民政府、红旗矿集体基金会、红旗矿职工合股基金会。是河底镇的红旗单位，是郊区的纳税大户。2008 年 12 月，在煤炭资源整合中停产关闭。

组织沿革

阳泉红旗实业有限公司工会成立于 1993 年，当时随其企业原名称为红旗煤矿工会，隶属于燕龛乡工会工作委员会。当年 11 月，选举产生工会委员会，王联志当选为主席，史道贵、史晋平当选为委员；经费审查委员会主任由曹金猫担任，委员曹润福、王保怀。1999 年 7 月，红旗煤矿改制为红旗实业有限公司，选举产生公司第一届工会委员会，胡海玉当选为主席，田双虎、胡宝珍当选为委员；经费审查委员会主任由田双虎担任，委员付翔、曹道金。2000 年，隶属于河底镇工会委员会。2005 年 12 月，选举产生公司第二届工会委员会，党支部书记李米栋当选为主席，田双虎、白青平当选为委员；经费审查委员会主任由田双虎继续担任，委员白保平、曹道金。2006 年 7 月，隶属于河底镇工会联合会。2008 年，随着公司关停工会组织解散。

主要工作

依法建立工会组织，完善工会各项制度。坚持完善职代会制度，职工劳动保护制度。1999

年工会主席被矿行政办公会议免职，《山西工人报》以此追踪报道，在上级工会组织的干预下，按照《中华人民共和国工会法》及《工会章程》的有关规定，很快召开会员代表大会，选举产生工会委员会和经费审查委员会。

开展女职工座谈会。2005 年和 2006 年，连续 2 年召开座谈会，女工们通过畅谈自己的工作、感想，促进交流和学习。

开展职工文化生活。一是组织职工开展拔河比赛、走方块队，让职工感觉到忙中有闲、闲中有乐、乐中有趣；二是开展庆“三八”活动。2004 年 3 月 8 日，组织职工在公司大院进行踩气球、走跳板、做游戏等活动比赛，内容丰富多彩，形式别致多样，特色鲜明；三是开展庆祝“五一”国际劳动节活动。公司工会组织职工进行拱猪、拔河、打乒乓球比赛，并对参与活动比赛的前三名进行奖励，发放纪念品。

金属镁有限责任公司工会

企业概况

河底村办集体企业“河底金属镁厂”，1995 年 5 月建成投产，年生产金属镁 1000 余吨，年产值 1000 万元到 2000 万余元，年上缴税收 100 万元左右，企业职工 127 人，厂长杨银和，党支部书记王晋平，1997 年 6 月改制为民营企业“阳泉市河底金属镁有限责任公司”，董事长杨银和，总经理杨秋生。

组织建设

1999 年 3 月，阳泉市河底金属镁有限责任公司工会委员会经郊区总工会批准正式成立。3 月 15 日召开第一次会员代表大会，选举产生工会委员会，主席刘润林，副主席王明拴，委员郭计莲；同时选举产生经费审查委员会，刘小肉任主任；女职工委员会主任郭计莲。

主要工作

创建学习型工会，提高职工素质。金属镁生产要求知识技术高，职工素质强。公司从生产实际出发，建立了职工书屋、综合活动室、学习教育培训班，购买收集各类书籍 2800 余册，印制了金属镁知识问答书 500 余本，发给每位职工自学，并利用公司聘请的太原技术员在培训班讲课辅导，这一举措在职工中形成了强烈的学习热潮，职工们在综合素质、业务技术能力等方面明显提高。金属镁生产原料配比是关键技术，每天的配方都是由聘请的技术员根据原料化验出的含量数据，计算出配方进行配料生产。通过学习，几名勤学好问、刻苦钻研的职工，在刘润林的带领下，依据长期从事配料操作的经验和书本上的配料公式，结合技术员的配方，推算研究出更加简便易懂、容易掌握、便于操作的配方公式，得到了技术员的认可，从此几位职工也掌握了配方技术。

推进民主化管理，推行工资协商。为了推进民主化管理，有效落实工会工作“参与职能、维护职能”，工会提出了“企业发展靠职工，职工生存靠企业”的理念，要求职工积极建言献策，主动参与维权，人人提建议。仅建会当年就收到公司职工提出的 68 条意见、建议，其中 23 条建议被公司采纳接受。其次，建立和完善职工代表大会制度。公司每年按期召开一次职工代表大会，审议通过集体合同草案、工资协议草案、劳动保护规定，特别是职工福利待遇等涉及职工权益的有关方案和规章制度。另外，工会积极参与公司的经营、管理、决策、维权等各项工作，为建立稳定和谐的企业劳动关系，率先在民营企业中推行职工工资平等协商谈判制度。2000 年 11 月 29 日，全市职工工资协商谈判现场会在郊区召开，会上公司介绍了自己的做法和体会，公司总经理杨秋生作为企业方首席代表与职工方代表进行现场谈判，签订了《河底金属镁厂工资集体合同》，这一举措受到了参会人员的肯定。市人大常委会副主任、市总工会主席董建堂，市政府副市长陈继光，市劳动局局长陈银昌，郊区区委副书记余惠章，区政府副区长王鸿昌及有关部门负责人参加了会议。

开展文体活动，活跃文化生活。搞好“职工之家”建设，公司投资购置了象棋、麻将桌、音响、乒乓球案、篮球架等文体活动设施，在职工中广泛开展喜闻乐见、丰富多彩的文体活动。每年阴历腊月十八都要举行职工扑克、象棋、唱歌、乒乓球、拔河、篮球等各项竞赛活动，极大地调动了职工的积极性，提升了职工的精气神，促进了企业的精神文明建设。

关心职工生活，帮扶困难职工。关心、关怀、关爱职工生活，从企业职工倒班，劳动生产不便回家吃饭的实际出发，工会与公司领导商定，办起了职工食堂，为职工提供免费就餐服务，贯彻落实《中华人民共和国劳动法》有关规定，为职工发放高温补贴，加班工资、节假日高工资等各种福利。在实施“送温暖工程”中，按照区总工会要求，调查了解摸清了困难户情况，建立了困难户档案，开展了“献爱心、送真情、感党恩”捐款捐物活动，职工踊跃参加，主动伸出援助之手。每年中秋节、春节，工会和公司都要到 4 户困难职工家看望慰问，给他们送去月饼、水果、米、面、粮油以及 500 元 / 户的慰问金。公司对职工的关心，不仅进一步增强了职工的主人翁责任感，也激发了职工的劳动热情，发挥了职工的主力军作用。

牵牛镇村煤矿工会

企业概况

阳泉市郊区牵牛镇村煤矿建于 1968 年，为村办集体所有制煤矿。矿区面积 2.85 平方千米，地质储量 2643 万吨，可采储量 1715 万吨。可采煤层 4 层，总厚度 11 米。主采 15 号、12 号、9 号、8 号煤层，平均厚度分别为 6 米、2 米、1.7 米和 1.3 米，距离地面垂直深度平均 90 米，为优质无烟煤。煤质标准为灰分 11.13%、全水分 0.51%、全硫分 1.98%、挥发份 9.38%、固定碳 78.98%、发热量 7306 千卡 / 千克，含矸率 2%。有 6 对坑口，采用斜井开拓，采煤方法为高落式炮采，工作面区段运输为绞车提升，大巷运输为调绞单钩串车，各坑口均实现机械通风。年生产能力 37 万吨。1993 年有职工 623 人，固定资产 606 万元，生产原煤 30.5 万吨，年产值 2645 万元，实现利税 269 万元。生产至 2009 年 10 月，在煤炭资源整合中停产关闭。

组织沿革

2003 年 2 月牵牛镇村煤矿工会委员会成立，隶属于河底镇工会委员会。工会主席赵小亮，委员周道红、郭满金。周保同、谢大闵、周海光任经费审查委员会委员。2004 年 8 月，工会组织调整，赵小光任工会主席，周道红、郭满金任委员；周保同任经费审查委员会主任，谢大闵、周海光任经审委员。2006 年 1 月，选举产生第二届工会委员会，工会主席赵小亮，委员周道红、郭满金。2006 年 7 月，隶属于河底镇工会联合会。2009 年，工会组织解散。

主要工作

煤矿工会成立以来，围绕中心，服务大局，履行职能，努力开展工会各项工作和活动，在企业改革发展稳定中发挥了积极作用。

完善档案资料。逐步整理和完善组织建设、换届、职工信息等有关工会工作的档案资料。

完善工会制度。坚持完善职代会制度，实行平等协商、集体合同制度，职工劳动保护制度。

丰富职工文化。开展劳动技能竞赛，调动广大职工劳动积极性。开展象棋、拔河、乒乓球、篮球等体育比赛和文艺演出，丰富职工的业余文化活动。

困难职工帮扶。建立困难职工档案，采取经常性救济和节日走访慰问相结合，坚持开展“送温暖”活动，帮助职工排忧解难。

里龙光峪村煤矿工会

企业概况

阳泉市郊区里龙光峪村煤矿位于里龙光峪村西馒头山脚下石（盆口）阳（泉）公路北侧的石岩沟。始建于 1952 年（原 23 股民生矿），有 2 个坑口，为村办集体所有制煤矿。地质储量 160 万吨，井田面积 0.686 平方千米。可采煤层为 12 号、15 号煤层，总厚度为 7 米，距地面垂直高度 50 米，属优质无烟煤。煤质标准为：全水份 84%、灰份 14.66%、挥份 15.83%、固定碳 68.51%、发热量 6919 千卡 / 千克。

建矿至 20 世纪 60 年代末，采用原始的作坊式开采，年产量仅几百吨。20 世纪 70 年代后，采用斜井开拓。井下采煤方法逐步改进为电钻开采，短臂式落煤，木质支护。工作面区段运输为调度绞车接力运输，大巷运输为主绞车有轨运输。两个坑口分别用 55 千瓦和 20 千瓦机械主扇通风，坑口的进风井口为运输提升井，回风井口为安全出口。年生产能力 9 万吨。20 世纪 80 年代时，产量逐年上升，至 1986 年时，产量达到 10 万吨。至 1993 年时，煤矿在册职工 210 人（包括外包工人），其中各类专业人员 45 人；固定资产 308 万元、总收入 516 万元、上缴各种税费 60 万余元。煤矿主要设备有 55 千瓦、20 千瓦主扇各 1 台、干变 2 台、电机 15 台、开关 30 台。产品除自销外另与郊区煤炭运销公司统销结合销售。

之后，为了节省煤炭资源煤矿执行了“珍惜资源、限定产量、改进采法、提高效益”的 16 字方针，加大了技术设备的投资力度，购进了先进的筛选设备，提高了产品的附加值。2000 年后，虽然产量逐年有所回落，至 2008 年产量降到 4 万吨左右，但总收入仍达到 1895 万元。同年 10 月，根据煤炭资源整合政策，煤矿彻底封口关停。

组织沿革

里龙光峪村煤矿工会成立于 1992 年，隶属于区总工会。当年 12 月，选举产生第一届工会委员会，程拉存当选为主席，程满堂当选为副主席，程妹寿、赵虎孩、曹六当选为委员，王东所当选为经费审查委员会主任，程瑞平、程吉才当选为经费审查委员会委员。2000 年，选举产生第二届工会委员会，王东所当选为主席。隶属于河底镇工会委员会。2006 年，选举产生第三届工会委员会，程巨堂当选为主席。隶属于河底镇工会联合会。

主要工作

里龙光峪村煤矿工会成立后，选举产生了工会委员会，并完善工会内部组织机构，按期组织换届。2008 年 11 月，煤矿政策性关闭，为了维护职工的合法权益，工会积极与煤矿协调给每位职工足额发给工资，并多发给 400 元安置费。

由于煤矿工作的特殊性，每年在年初复产时，工会都要配合郊区安监局进行岗前安全培训，特殊工种人员定期轮训。随着经营规模不断扩大，煤矿启用外包工，外包工劳动合同和培训工作也定期组织。工会协调帮扶工伤职工办理残疾证及经济补偿，给困难职工、工伤子女安排后勤工作岗位，并每年进行慰问。农历腊月十八、正月十五都要组织文体活动，庆祝一年来的风调雨顺、平安稳定。在全矿上下共同努力下，煤矿所在村先后被区委、区政府授予“千万元村”“十二强村”；被市委、市政府授予“文明村”“文明生态示范村”“和谐发展乡村”；被省委、省政府授予“省级体育先进村”“省级文化活动室”“省级信用村”等光荣称号。

山塔鞋业股份有限公司工会

企业概况

山塔鞋业股份有限公司位于山底村南，原名为山塔鞋厂，属村办集体所有制企业。1984 年 1 月，在大力发展乡镇企业的政策指引下，山底村投资新建橡胶厂，于本年 12 月底投产，从业人员 40 余人。1988 年为扩大生产，提高质量，外聘原天津橡胶厂退休师傅，厂名更改为山塔鞋厂，从业人员 80 余人。1993 年、1997 年村投资技改，扩大规模，改进生产工艺，1998 年企业改制，由集体企业改为股份制企业，更名为山塔鞋业股份有限公司，从业人员 100 余人。成为福利企业，减免税收。2002 年职工 119 人，其中残疾人 47 人。2015 年 4 月企业停产半停产退出福利企业。

组织沿革

1998 年，山塔鞋业股份有限公司工会组织开始组建，隶属于东村乡工会工作委员会。具体工作由企业班子成员潘志昌负责。2000 年 1 月，工会组织正式成立，隶属于河底镇工会工作委员会。选举产生第一届工会委员会，李海珠当选为主席，潘红梅当选为副主席，鲍喜寿、王明利、高瑞英当选为委员，鲍志涛当选为经费审查委员会主任，谢东贵、张秋贵当选为经费审查委员会委员。2002 年 6 月，选举产生第二届工会委员会，李海珠当选为主席，高瑞英当选为副主席，王明利当选为委员，张润芝当选为经费审查委员会主任，张秋贵、张爱平当选为经费审查委员会委员。2006 年 7 月，隶属河底镇工会联合会。2014 年 4 月，选举产生第三届工会委员会，李海珠再次当选为主席，曹桃花当选为副主席，鲍喜寿、高永军、陈宝红、高贵虎、鲍慧文、王俊英、张宝英当选为委员，鲍元珍当选为经费审查委员会主任，张秋贵、高恒文、陈杰、施艳红当选为经费审查委员会委员。2015 年 6 月，选举产生第四届工会委员会，李海珠再次当选为主席，施艳红当选为副主席，鲍元珍再次当选为经费审查委员会主任。

主要工作

开展“夏送清凉”活动。2011 年 6 月 22 日，郊区总工会在该公司举行了“送清凉活动”发放仪式，受到了一线职工的欢迎和称赞。

开展职工帮扶。2014 年 1 月 12 日，区总工会常务副主席李新福率队到河底镇山塔工贸有限公司开展春节前慰问送温暖活动。送上慰问金 5000 元，提前向公司职工送上了春节的祝福。同年 7 月 12 日，区总工会常务副主席李新福再次率班子成员在镇人大主席、工会主席赵银贵陪同下，前往河底镇山底村山塔工贸有限公司并走进车间班组慰问一线职工，区、镇工会领导向公司职工发放“防暑防护用品”，受到广大职工的热烈欢迎。山塔鞋厂职工杨玉凤丈夫潘健患重病尿毒症，其家庭上有父母、下有子女，一家5口人，生活十分困难，上级工会大病救助潘健（尿毒症）帮贫济困13次。

河底预制厂工会

企业概况

阳泉市河底预制厂，1985年建成投产，年产槽板4000立方米。1997年，改制为私营独资企业。该厂建厂初期，坚持“以质量求生存”的经营理念，首先聘用了一批技术人才，培养技术骨干，技术力量雄厚。有职工20人，其中管理、技术人员5人，占地面积1.17万平方米，主要产品有预应力楼板、钢筋混凝土排水管、空心砌块等水泥预制构件。实行厂部统一管理，下设生产车间、维修车间；后勤管理下设财务、技术、质检3个科室，实行现代化企业管理制度，干部、员工以考核为准，优胜劣汰，来提高员工的整体素质。同时紧跟时代的发展，积极开发新工艺新产品，1998年投资40万元建起3套离心悬辊制管机、150吨压力成型机1台，形成了综合利用系列产品，并打入了建材市场，在同行业中独领风骚，一如既往地站在了建材产品市场的最前列。被纳入国家“星火计划”示范点，取得了阳泉市政府颁发的乡镇企业管理基础工作整顿验收“一级企业”的光荣称号，并多次被市政府、郊区工商局命名为重合同守信用单位。阳泉市河底预制厂主要原材料一直利用荫营煤矿自燃煤矸石废渣，通过利用煤矸石生产预制构件，既变废为宝，减少了环境污染和农田土地的占用，又为社会创造了经济效益，为三废综合利用开辟了新的途径。

组织沿革

2010年5月1日，阳泉市河底预制厂召开了第一次工会会员代表大会，选举产生第一届工会委员会，刘文慧当选为主席，郭海平、史三毛当选为委员，李润孩、葛芝本、李先鱼当选为经费审查委员会委员。随后相继成立劳动保护工作委员会、女职工委员会等专门工作机构，工会工作也步入快速发展时期。

主要工作

阳泉市河底预制厂工会组织成立后，以组织建设、宣教女工、民主管理、法律集体合同、经济技术工作、劳动保护工作、生活保障工作和财务管理等为工会工作主要内容。

加强工会组织建设。工会委员会做到有工会会员花名表、有工会委员会牌子、有独立印章和制度，工会会员证全部发放，认真开展“一条例四规范”的学习。广泛开展宣教及女工工作。在工会组织成立的同时，企业也成立了女职工委员会组织，全面加强女职工思想作风建设，不断提高女职工综合素质，切实维护女职工合法权益。开展纪念“三八”节活动，为女职工办实事办好事；按时签订女职工特殊权益保护专项集体合同。完善民主管理，坚持每年召开一次职代会。大力宣传平等协商集体合同和工资集体协商工作，所签合同程序规范，无违法、违规条款，合同整理齐全留档。组织职工经济技术创新。积极组织职工学习业务知识，老员工带新员工，互相帮助，互敬互爱。加强职工劳动保护，特别注重安全生产和劳保工作，定时发放劳保用品和夏季消暑物品；并为职工连续两年交纳工伤保险；2012 年，组织了“安康杯”竞赛活动，大力开展安全生产月活动；开展岗位安全自查活动，班组积极开展“三个一”活动，以“读一本安全生产书、记一次事故教训、提一条安全建议”为主要内容的竞赛活动，以此来激发广大职工学习安全生产知识的主动性和积极性。做好职工生活保障。每年为困难职工办实事办好事，建立健全困难职工实名制管理档案，并申请上级工会救助。连续 3 年组织职工参加职工大病互助活动。有实名制档案。严格财务管理。按照工会法有关规定，严格执行财务纪律，按时足额交纳工会经费。

河底速凝剂厂工会

企业概况

阳泉市河底速凝剂厂位于郊区河底镇，始建于 1981 年。厂区占地面积 16300 平方米，是一家专业的水泥混凝土速凝剂专业生产厂家，是山西省生产规模较大的混凝土添加剂综合生产企业。1992 年，该厂生产的速凝剂注册商标“争时”牌，是山西省阳泉市知名商标。2004 年，产品通过了 ISO 9001：2000 质量体系认证。“争时”牌速凝剂主要用来加快水泥砂浆及混凝土特别是喷射混凝土的凝结和硬化速度，提高混凝土早期强度，多用于铁路、公路、隧道、各类矿山井巷和硐室以及水电、军工、人防等地下工程的喷射混凝土的喷浆支护，也适用于要求快凝快硬的地面建筑工程，其各项指标均符合国家标准。该厂曾多次被市政府命名为“纳税大户”“优秀企业”“重合同守信誉单位”。2019 年，固定资产 200 万余元，有职工 20 余人，其中高级技术人才 1 人、中级技术人才 3 人。年产量 3000 吨。

组织沿革

2004 年 6 月，阳泉市河底速凝剂厂工会成立，隶属于河底镇工会工作委员会。经选举产生第一届工会委员会，刘虎林当选为主席，王爱文、张爱平当选为委员，光先梅当选为经费审查委员会主任，丁翠兰、刘文平为经费审查委员会委员。工会组织成立后，生产组的 8 名工人与包装组 9 名工人合编为该厂工会下属的工会小组，由刘虎林兼任组长。2006 年 7 月，隶属于河底镇工会联合会。至 2019 年，工会委员会机构进一步完善，设主席 1 人，继续由刘虎林担任；工会经费审查委员会有 3 人组成，分别是葛巧华、魏童童、马玮，主任由葛巧华担任。工会委员会下设工会办公室，有专职人员 2 人，分别是刘文生、刘润林，负责根据工会委员会及其主席的指示承办工会的日常工作。

主要工作

2005 年至 2010 年，以组织技术革新、增产节约和组织时政宣传、安全教育、文体活动、职工福利等为工会主要工作内容。

2011 年至 2015 年，工会工作重点主要集中在“整顿建家”、文体读书、职工生活、班组安全建设方面，并推动职工技术比武和民主管理方面的工作。

2016 年至 2019 年，在继续抓好职工生活、文体宣传和劳动保护工作的同时，下功夫在加强和完善工会组织建设、职工民主管理、集体合同、劳动保护、经济技术等工作机制方面进行积极的探索并取得突破性的进展。其间，出台《职代会民主监督工作制度》《企务公开工作管理规定》《职工代表巡查制度实施细则》《创建学习型企业实施方案》以及日常工作管理等一系列规章制度。签订六轮集体合同及工资集体合同，平等协商工作基本规范。

龙兴化工有限公司工会

企业概况

阳泉龙兴化工有限公司原址位于阳泉市郊区西河村，主要从事包膜二氧化钛颜料及氯化聚乙烯产品的生产。该公司前身为阳泉市攀宝色素厂，始建于1995年，并于1996年底投入试产。2001年底，根据上级政府文件精神，该厂进行了机构改革，改制成为有限公司，即阳泉龙兴化工有限公司。该公司创建之初就本着科技兴企的原则，大力发展企业。先后引进国内专利产品“包膜二氧化钛”及国内先进成熟技术水相法生产氯化聚乙烯，进行生产经营。这两种产品广泛应用于建材、塑料、油、涂料、油墨、橡胶等行业，可以相辅相成，有效利用销售渠道进行销售，取得了良好的效果。在全国建立了10余个销售网点，产品行销全国各大城市，得到了用户的一致好评，经济效益也连年上升，2005年实现产值3980万元，收入3600万元，利税120万元。企业连续被评为市、区高新技术先进企业，并于1998年列入省“星火计划”项目，2000年列入国家“星火计划”项目及“山西省高新技术企业”。公司重视产品技术及质量，常年与合作单位北京友和科技有限公司及安徽省化工研究院建立培训、技术服务、技术开发等方面的合作关系，进一步提高产品质量以及开发新的产品系列。同时重视科学管理，2002年公司积极组织准备，进行了1SO 9001：2000质量管理体系的认证工作，顺利通过认证，取得了认证资格证书，为公司迎接新的挑战迈出了坚实的步伐。2018年公司搬迁至阳泉郊区苇泊工业园区，占地面积17000平方米，转型为生产新型环保型PVC建材为主的制造型民营企业，公司由传统的中小型化工生产企业向“环保、创新、科技”型建材企业转型发展。公司以“建设华北地区最大新型建材工业园”为发展目标，引进先进的技术、管理人才，并运用传统制造业与先进互联网产业相结合的销售模式，将生产和贸易并行经营，使企业成为现代化新型环保的科技型民营企业，实现企业的成功转型。2019年，该公司现有固定资产1300万元，年产能力8000吨，年产值8500万元，可创利税1400万元。从业人员58人。

组织沿革

1998年，阳泉龙兴化工有限公司工会成立，工会名称沿用当时企业名称，为阳泉市攀宝色素厂工会委员会，隶属于平坦镇工会工作委员会。当年12月，选举产生第一届工会委员会，王文广当选为主席。2005年，更名后的阳泉龙兴化工有限公司工会，相继成立劳动保护工作委员会、工会经费审查委员会、工会女职工委员会等专门工作机构，基层分工会工作也步入快速发展时期。当年10月，首次采用竞选演讲、无记名投票、差额选举等方式，直接选举产生工会小组长以上的工会各级专兼职干部（工会主席的产生方式改为同级党委提名、会员代表大会等额选举）。工会工作报告、工会财务工作报告和工会经费审查工作报告在工会会员代表大会上审议通过。2006年7月，隶属于平坦镇工会联合会。2018年，隶属于河底镇工会联合会。到2019年，阳泉龙兴化工有限公司工会委员会委员由3人组成，其中主席1人、由王文广担任，副主席1人，由王祥担任；工会经费审查委员会主任1人，女职工委员会主任1人，工会下设工会办公室，有专职人员 1 人，负责根据工会及其主席的指示承办工会的日常工作，并承担公司的日常管理工作。职工入会率为 100%。

主要工作

1998 年，阳泉龙兴化工有限公司工会成立后，首先开始推行集体合同制度，签订集体合同。到 2002 年，以组织技术革新、增产节约和组织时政宣传、安全教育、文体活动、职工福利等为工会工作主要内容。为推动劳动竞赛活动，先后设立了劳动竞赛委员会、评选劳动模范委员会等专门组织。

2002 年至 2005 年，工会工作重点主要集中在“整顿建家”、文体读书、职工生活、班组安全建设方面，并推动职工技术比武和民主管理方面的工作。其间，建立职工互助储金会；创办职工图书室，成立劳动保护和女职工委员会；举办 3 次职工单项技术活动；参与同级党委进行的干部考察评议活动，并开始以职工代表团组长会议的形式审议企业有关职工福利方面的方案。

2005 年至 2019 年，在继续抓好职工生活、文体宣传和劳动保护工作的同时，下功夫在加强和完善工会组织建设、职工民主管理、集体合同、劳动保护、经济技术等工作机制方面进行积极的探索并取得突破性的进展。其间，出台《职代会民主监督工作制度》《企务公开工作管理规定》《职工代表巡查制度实施细则》《创建学习型企业实施方案》以及日常工作管理等一系列规章制度。建立并坚持不懈地落实职代会民主评议领导干部制度。组织职工代表审议、修改、通过有关住房出售、工资调整、职工奖惩、职工休假、职工退养、内部改制、医疗保险、困难职工援助、计划生育奖励、试用期员工管理等关乎职工切身利益的议案。创办工会内刊《会员天地》，搭建网络“工宣平台”。主办或会同企业行政共同举办技术比武、首席员工考评。连年组织职工文体竞赛等活动。创立职工书屋、职工活动室，为职工缴纳各种福利及保险，积极参加上级工会及村委会举办的各项活动。

村工会

河底村工会联合会

村情概况

河底村是河底镇人民政府所在地，是全镇政治经济文化中心，全境面积 4.74 平方千米，村落面积 1.25 平方千米，耕地面积 3322.45 亩，常住人口 8300 余人，户籍人口 4846 人。东与上章召村、下章召村、河南村相邻，西与牵牛镇村、山底村、东村村相连，南与中佐村、苇泊村相连，北与苏家泉、猪头垴村相交，村落整体呈块状分布。明清属平定州安平乡三贤都；民国时期属平定县四区；1948 年 7 月划归阳泉市四区，1953 年 5 月置河底镇，属河底镇；1958 年 9 月，改称河底人民公社，属河底公社；1984 年 5 月，实行乡镇建制，改称河底镇人民政府，属河底镇。农业以种植玉米、谷物、豆类为主。阳五、京昆高速从村中穿过，地理位置优越，交通便利。

组织沿革

2009 年河底村工会联合会成立，隶属于河底镇工会联合会。当年 12 月 25 日，河底村工会联合会第一次会员代表大会召开，大会选举产生河底村工会联合会第一届委员会，工会联合会主席由陈九来担任，委员刘文慧、王秋菊、刘润喜、刘虎林，经费审查委员会主任由要会平担任，委员王爱文、王桃孩。2012 年 7 月 24 日，河底村工会联合会第二次会员代表大会召开，选举产生河底村工会联合会第二届委员会，工会联合会主席继续由陈九来担任，委员刘文慧、刘润喜、刘虎林、光先梅，工会经费审查委员会主任继续由要会平担任，委员王爱文、王桃孩。2015 年 7 月 25 日，河底村工会联合会第三次会员代表大会召开，大会选举产生河底村工会联合会第三届委员会，工会主席由刘海花担任，工会副主席由刘卯贵担任，委员刘文慧、光先梅、胡艳红，经费审查委员会委员要会平、程宝梅、王爱文。

主要工作

完善档案资料。2009 年，建立文件资料、组织建设、换届资料、大病互助等档案。同年建立会员实名制、特困职工、再就业、职工活动、维权职代会等档案，做到企业工会和个体户底数清，及时登记、及时入会，及时发展工会组织，建会率和职工入会率均达到 100%。工会组织和会员全部输入电脑，实行动态化管理。

困难职工帮扶。通过调查摸底为 10 名困难职工建立档案资料，慰问关心困难职工。凡是困难职工所需求的，都要积极努力去协调，帮助他们解决实际困难，做好“春送岗位、夏送清凉、秋送助学、冬送温暖”等帮扶救助活动。开展“金秋助学”活动，为 4 名考上大学的困难职工子女申请助学金，对符合条件的困难职工办理城市居民最低生活保障。每年春节来临之际，开展慰问困难职工活动，为他们送上米、面、油及慰问金，救助人数 96 人。2014 年，共结对帮扶 10 户困难职工，慰问品折合人民币 5000 元。为进一步提高职工的医疗保障水平，2004 年至 2014 年，在辖区范围内共开展 9 期职工大病医疗互助活动，为符合规定条件的职工逐一登记办理。

职工维权工作。搭建就业平台，将上级反馈的就业岗位信息第一时间发布公示栏，让有就业需求的居民在家门口就能看到就业信息。举办 10 场职业技能培训，组织下岗失业、无业、待业人员参加就业培训、岗位招聘活动。2014 年 5 月，召开女职工维权行动启动会，真情服务女职工，最大限度地保护好女职工的合法权益和特殊利益，定期开展女职工维权宣传工作及维权知识讲座。

职工文化活动。“职工书屋”总面积约 20 平方米，共有书柜 6 组，藏书 3000 余册，涉及多个种类，为广大职工提供学习平台。“职工书屋”实行全天候向职工开放，可以方便职工随时免费借阅。开展丰富多彩的文化体育活动，组建健身球队、威风锣鼓队、枫叶秧歌队、激情广场大家唱等活动团队，丰富职工业余文化生活。每年举办新春联欢会、消夏文艺会演等大型文艺演出。

东村村工会联合会

村情概况

东村村为河底镇所属行政村，位于河底镇人民政府驻地北 3.5 千米处。地理坐标为北纬 38° 01″，东经 113° 33″，东至东南沟村，西至红土岩村，南至苏家泉村，北至山底村。村域面积约 3.25 平方千米，耕地 2844.52 亩，人口 2238 人。原村名淖泥，因地处山沟泥潭而得名。后以地处盂县城东南面，易名东村。明崇祯年间李姓从盂县南关迁此居住。明清属盂县招贤乡牵牛镇堡，中华民国时期属盂县二区，抗日战争爆发后一度属平定路北县；新中国成立初期，该村划归阳泉市，并在该村设第五区；1953 年，牵牛镇设乡，该村属牵牛镇乡；1956 年，该村设乡，该村属此乡；1961 年，设河底市直人民公社，该村属河底公社；1969 年，该村设人民公社，该村属东村公社；1984 年，公社改设为乡，该村属东村乡；2000 年，乡镇撤并，该村属河底镇。村落整体呈块状分布。农业以种植玉米、谷物、豆类为主，新建日光温室大棚、蛋鸡养殖园区。主要村办企业为采矿业和制造业等。文物古迹关帝庙为区级文物保护单位。该村传统庙会的时间为农历四月初四。主要交通干道霍牵线和东五线。

组织沿革

1999 年，东村村工会成立，隶属于东村乡工会工作委员会。3 月 27 日，召开会员代表大会选举产生东村村工会委员会，工会主席由村党支部副书记王存寿兼任，副主席由侯荣华担任。下设东村耐火厂工会小组，阳泉市纺织机械厂工会小组，东村煤矿工会小组。2000 年，隶属于河底镇工会委员会。2006 年 7 月，隶属于河底镇工会联合会。2009 年 12 月 15 日，东村村工会联合会成立，召开第一次会员代表大会，选举侯荣华任工会联合会主席，李书文为副主席，王书芳为委员。工会联合会下设阳泉市冬春蔬菜专业合作社工会，及各厂矿工会小组。2015 年 5 月 23 日，召开第二次会员代表大会，选举村党支部书记侯海文兼任工会联合会主席，侯建文任副主席。谢风珍任工会委员。2019 年底，有工会会员 316 人，其中女会员 232 人。

主要工作

完善档案资料。村工会组建后，2007 年，建立文件资料、组织建设、换届资料、大病互助等档案。2008 年 3 月，建立会员实名制登记档案。2009 年，建立特困职工、再就业、职工活动、职代会等档案，做到辖区内非公企业和个体户底数清，及时登记、及时入会。及时发展工会组织，建会率和职工入会率均达到 100%。工会组织和会员全部输入计算机，实行动态化管理。

困难职工帮扶。2011 年，为村 2 名困难职工孩子争取“金秋助学”资金每人 2000 元，2013 年，通过调查摸底为 1 名因病致困职工建立档案资料，慰问关心困难职工，争取大病补助 1 万元。凡是困难职工所需求的，都要积极努力去协调，帮助他们解决实际困难，做好“春送岗位、夏送清凉、秋送助学、冬送温暖”等帮扶救助活动。开展“金秋助学”活动，为 4 名考上大学的困难职工子女申请助学金，对符合条件的困难职工办理城市居民最低生活保障。每年春节来临之际，开展慰问困难职工活动，为他们送上米、面、油及慰问金，救助人数 96 人。2014 年，共结对帮扶 10 户困难职工，慰问品折合人民币 5000 元。2004 年至 2013 年，开展 9 期职工大病医疗互助活动，为符合规定条件的职工逐一登记办理。2014 年，共有 51 人参加职工大病医疗互助，为 1 名患病职工办理阳泉市职工大病医疗互助补偿。

职工维权工作。搭建就业平台，将上级有关部门反馈的就业岗位信息第一时间发布到社区公示栏，让有就业需求的居民在家门口就能看到就业信息。举办 6 场职业技能培训，组织下岗失业、无业、待业人员参加就业培训、岗位招聘活动。2014 年 5 月，召开女职工维权行动启动会，真情服务女职工，最大限度地保护好女职工的合法权益和特殊利益，定期开展女职工维权宣传工作及维权知识讲座。2014 年 6 月，免费为 1 名困难女职工提供法律援助，解决邻里纠纷。

职工文化活动。2010 年，村工会联合会建立“职工书屋”，总面积约 30 平方米，共有书柜 5 组、书桌 6 张，藏书 3000 余册，涉及多个种类，为广大职工、提供学习平台。“职工书屋”实行全天候向职工开放，可以方便职工随时免费借阅。2012 年 12 月，被市总工会评为“职工书屋”建设先进单位。开展丰富多彩的文化体育活动，组建职工太极拳队、威风锣鼓队、女职工秧歌队等活动团队，丰富职工业余文化生活。每年举办新春联欢会、消夏文艺会演等大型文艺演出。

苇泊村工会联合会

村情概况

苇泊村是河底镇所属行政村，在河底镇人民政府驻地南 1.3 千米处，西靠阳盂公路，东临上章召，是河底镇一行政大村，也是新农村建设重点村，村域面积约 3.91 平方千米，耕地 1193.92 亩，人口 1938 人。因古代村南村东河沟长有芦苇，故名苇泊。金大定年间张姓首迁此立村。明清属平定州安平乡三贤都；民国时期属平定县四区；1948 年 7 月划归阳泉市四区，1953 年 5 月置苇泊乡，属苇泊乡；1956 年 3 月，撤乡设河底镇，属河底镇；1958 年 9 月，改称河底人民公社，属河底公社；1984 年 5 月，实行乡镇建制，改称河底镇人民政府，属河底镇。村落整体呈块状分布。农业以种植玉米、谷物、豆类为主。天齐庙为市级文物保护单位。该村传统庙会的时间为农历三月二十八。主要交通干道包括阳石线与滴苇线。市内公交车通往并设站。多年来该村按照“生产发展、生活富裕、乡风文明、村容整洁、管理民主”的要求制定实施新农村建设总体规划，使全村的新农村建设真正地惠及广大村民。

组织沿革

苇泊村工会组织于 2003 年组建并开展工作，隶属河底镇工会委员会。工会领导先后由村支班子成员兼任。2003 年至 2007 年，由张玉贵负责，隶属河底镇工会联合会；2008 年至 2012 年，由史志刚负责；2013 年至 2014 年，由史满喜负责。2005 年 7 月 20 日，依照《中华人民共和国工会法》和《中国工会章程》的规定，在上级工会的帮助指导下，在本村党组织的积极支持下，召开村工会第一次会员代表大会，选举产生了村第一届工会委员会和经费审查委员会，并报上级工会审批，予以批复。第一届工会联合会主席为郭瑞才，副主席为张国斌，委员为苏利花、白艳平、张润虎；经费审查委员会委员为苏利花、张国斌、白艳平。2018 年，工会组织进行调整，史瑾文担任工会联合会主席。2019 年，工会组织进行再次调整，苏利花担任工会联合会主席。

主要工作

苇泊村工会组织成立后，从完善档案资料入手，不断加强工会组织建设。2013 年，建立文件资料、组织建设、换届资料、大病救助等档案。坚持不懈开展困难职工帮扶工作。同年，成立困难职工帮扶站，通过调查摸底为 1 名困难职工建立档案资料，慰问关心困难职工。凡是困难职工所需求的，都要积极努力去协调，帮助他们解决实际困难，做好“春送岗位、夏送清凉、秋送助学、冬送温暖”等帮扶救助活动。2015 年至 2017 年，通过调查摸底为 7 名困难职工建立档案资料，并获得救助金，其中 4 名为金秋助学，2 名为大病救助，1 名为困难职工。

全力开展维权工作。搭建就业平台，将上级反馈的就业岗位信息第一时间发布到村公示栏，让有就业需求的村民在家门口就能看到就业信息。并多次举办了职业技能培训，组织下岗失业、无业、待业人员参加就业培训、岗位招聘活动。广泛开展文化活动。2018 年，村建立了“农家书屋”，总面积约 25 平方米，共有书柜 3 组、书桌 6 张，藏书 2000 余册，涉及多个种类，为广大村民提供学习平台，“农家书屋”实行定时开放，可以方便村民随时免费借阅；其间还建立了“老年活动室”“戏迷活动室”，面积约为 40 平方米，为老年人提供了免费的娱乐场所，大大丰富了老年人的生活。除此以外还开展了丰富多彩的文化体育活动，每年举办新春联欢会、消夏文艺会演等大型文艺演出。

山底村工会联合会

村情概况

山底村位于山西省阳泉市郊区河底镇西北的将军岭山脚下，故称山底村。地理位置为北纬 38 °01′01″～38 °08′29″，东经 113 °30′30″～113 °32′37″。面积近 7.57 平方千米。东与东村、武家庄相连，西与小沟村、盂县路家村镇、榆林垴村、大黄沟村、寨垴村、青崖头村、滴水崖村毗连，南与牵牛镇村、红土岩村相连，北与盂县路家村镇付家垴村、贾家垴村、赵家垴村、牛村镇沟东村、南流村相接壤。2019 年底，村居民 1245 户，总人口 3120 人。耕地面积 2130.87 亩，村支“两委”干部 5 人。交通十分便利，区级滴苇路穿村而过，东与国道 G5 区级牵霍线相接，西与国道 239 线相连。半小时到达区政府、阳泉北站。山底村处在太行山主峰越霄山南腹地，属土石山区，山岭、沟、凹、坡、崖、坪、垴、湾相间排列。地势西高东低，海拔最高处将军岭将军墓址 1050 米，最低东河坪深井 820 米，气候四季分明。山底古称“德胜村”，春秋时属伊仇犹国，战国时属晋国，后属赵国，民国 9 年（1920）属山西冀宁道盂县第二区，1953 年 4 月划入阳泉市第二区，1956 年 3 月属阳泉市荫营区山底乡，1961 年属河底人民公社，1963 年 2 月属东村人民公社，2000 年 12 月合乡并镇属阳泉市郊区河底镇管辖。土地、水资源较贫乏，矿产资源相对丰富，有煤炭、石灰石、矾石耐火黏土、铁汞、硫磺、白云石。煤炭、石灰石储量较大，煤炭、矾石已开发利用。

组织沿革

山底村工会于 1992 年 3 月建立，隶属于郊区总工会，1993 年 11 月，隶属于东村乡工会工作委员会。在村党支部领导下安排一名副书记高鸿仁负责此项工作。首先，在山底煤矿建立工会组织，后在山底矾石厂、山塔鞋厂建立工会组织，工会会员 30 余人。2000 年，隶属于河底镇工会委员会。2004 年 6 月，组建工会工作委员会。主任继续由高鸿仁担任，副主任由张银怀担任，委员由张国光、张变梅、李海珠组成；同时组建经费审查委员会，主任由鲍元珍担任，委员由刘鹏寿、武海生组成。2006 年 7 月，隶属于河底镇工会联合会。2007 年 10 月 31 日，召开山底村工会联合会第一次会员代表大会，选举产生了第一届工会联合会组成人员，工会主席由高鸿仁担任，副主席由张银怀担任，委员张变梅、陈计明、李海珠；经费审查委员会主任由鲍元珍担任，委员刘鹏寿、武海生。村工会工作步入正规化。为实现全村企业工会全覆盖，在 2010 年 5 月村漾泉源水厂、民营企业阳泉市璞鑫耐火厂、阳泉市鲁晋耐火厂都召开首次会员代表大会，建立了企业工会组织。组织村后勤、个体工商户建立了工会小组。同年 7 月，召开山底村工会联合会第二次会员代表大会，选举产生了新一届工会联合会组成人员，工会主席继续由高鸿仁担任，副主席由王会平担任，委员张莲凤、陈计明、李海珠，经费审查委员会主任继续由鲍元珍担任，委员武海生、张连鼎。同时成立女职工委员会，主任由张莲凤担任，副主任由杨翠云担任，委员潘红梅、曹桃花、曹瑞芳。2014 年 5 月，阳泉市晋云耐火厂建立了工会组织。2015 年 8 月，召开山底村工会联合会第三次会员代表大会，选举产生了第三届工会联合会组成人员，工会主席继续由高鸿仁担任，副主席由潘计红担任，委员张莲凤、高志林、李海珠，经费审查委员会主任由李肇胜担任，委员武海生、张连鼎，女职工委员会主任继续由张莲凤担任，委员潘红梅。2018 年 1 月，召开山底村工会联合会第四次会员代表大会，选举产生了第四届工会联合会组成人员，工会主席由李肇胜担任，经费审查委员会主任由武海生担任，委员张先如，女职工委员会主任继续由张莲凤担任，委员张宝清。至 2019 年，山底村范围内企业全部建了工会组织。会员达 550 名，其中女会员 200 名。

主要工作

山底村工会联合会坚持党的领导，加强组织建设，牢记职工利益无小事这一理念，全面履行工会职能。2008 年村工会按照“六好村工会”标准，积极开展村工会组织规范化建设，发挥工会组织的作用，做好职工思想政治工作，正确处理各种关系，按要求选拔思想素质过硬、文化程度高、热心工会工作、有能力的职工进入工会委员会，并进行培训，以会代培。大胆探索工会工作新途径，夯实基础，在企业建立“职工之家”“职工书屋”，增强工会组织吸引力和凝聚力。

加强源头管理。2008 年度村工会、山底煤矿工会被镇工会评为“优秀工会组织”，村工会主席高鸿仁、煤矿工会主席李瑞明被评为“优秀工会主席”。2011 年 12 月，村工会主席高鸿仁被区总工会授予“优秀工会工作者”光荣称号。2015 年 4 月，对全部会员进行实名制登记，做到心中有数。努力建设学习型、服务型、创新型工会组织。在创建星级工会活动中，经区、镇工会验收，煤矿工会、璞鑫工会评为三星级工会，山塔鞋厂工会评为四星级工会。

职工培训。作为企业管理的基础，通过企业班组建设，将企业的经营管理、质量提升、技术创新、降低成本等措施落在实处。煤矿工会在班前会上进行培训，教育职工规范操作、安全生产，鞋厂在各车间开展“岗位技术”培训、业务技术培训等活动。璞鑫耐火厂组织职工开展抓安全、比质量，抓干劲、比贡献活动，都收到了很好的效果。2010 年初在各企业开展“大培训、大练兵、大比武”竞赛活动，为职工搭建展示才能的平台，璞鑫耐火厂通过这一活动大大提高了打砖产量，并保证了生产质量。

职工维权。村企工会紧扣广大职工劳动经济权益，民主政治权益、精神文化三个方面，把工会所有的维权服务有机结合起来，从职工最直接、最关心、最现实的问题出发，依法维权。煤矿建会以来，坚持每年给职工发放福利，促进村各企业正常给职工兑现，不拖欠工资。扎扎实实为职工群众做好事、办实事、解难事，积极构建社会主义和谐劳动关系。始终牢记职工利益无小事这一理念，针对企业职工对依法维权概念不清的情况，安排专门时间给职工讲解《中华人民共和国劳动法》《中华人民共和国工会法》《山西省农民工权益保护条例》，使职工学到了法律知识，不断巩固和谐稳定的劳动关系。充分发挥工会组织维护职能，建设职能，参与职能，教育职能，把维护职能放在首位，让大家知道劳动者的权益有哪些，拿起法律武器来保护自己，确实维权。并提出了“农民工有困难找工会”，使职工的合法权益得到保护。

职工帮扶。在帮贫济困工作中力求好事办实，实事办好，抓住上级工会“夏送清凉、冬送温暖”“大病互助”“救助特困户”“金秋助学”等契机，扎实开展帮贫济困送温暖活动。帮助职工群众解决在生产、生活中面临的困难问题，给大病特困户送温暖，山塔鞋厂职工杨玉凤丈夫潘健患重病尿毒症，其家庭上有父母、下有子女，一家5口人，生活十分困难。村、企业工会高度重视，报区、镇工会列入了重点救助对象，登门慰问送温暖，主动服务，从经济上、精神上给予了大力帮助，使其渡过难关。全家人很感激工会组织给予的救助，把党的温暖送到家。截至2019年底，郊区总工会“夏送清凉”两次慰问鞋厂职工，大病救助潘健（尿毒症）帮贫济困13户次，“金秋助学”10人，近100名职工参加了第六期至第九期大病互助活动。

职工文化。2008年初村工会建立了“职工之家”，2009年郊区总工会赠图书近1000册，与村“农家书屋”合并，建立了“职工书屋”，山底煤矿工会、山塔鞋厂工会同时建立“职工之家”。力求把“职工之家”建成“温暖之家、文明之家、和谐之家”。组织职工开展喜闻乐见、丰富多彩的文体活动，给广大职工、文艺爱好者搭建平台，让大家展示自己文化才能。村工会联合青年团、妇代会先后建立女职工“旱船表演队”“威风锣鼓队”。曾参加市、区街头文艺表演，均获一等奖。煤矿锣鼓队、舞龙队、脑阁、骑驴等节目，鞋厂舞龙队、秧歌队、旱船队，各企业都有文艺队伍，利用节假日、庙会开展活动。以“职工之家”为依托，积极开展一系列活动，活跃了职工文化生活，达到了相互沟通、增进团结，增强了工会凝聚力、向心力、战斗力的目的。

2006年村工会、妇联组织女职工开展跳绳比赛。以企业、村民小组报名参加，参赛人员150余人。2008年参加区总工会“三八”国际妇女节跳绳、踢毽活动。女职工周翠如获跳绳比赛第一名，韩小丽获跳绳比赛第二名。2010年5月参加郊区总工会“庆五一”职工趣味运动会。参加了30米篮球运球接力赛。2011年3月，参加阳泉市“五一文化奖”书法、美术、摄影作品评选活动。2011年5月参加郊区总工会组织的“全健排舞”比赛，获银奖。2012年4月参加镇工会“庆五一”迎接十八大“固矿杯”拔河赛。阳泉市璞鑫耐火厂组队参加并获奖。2013年9月参加区总工会组织的全区广播体操比赛，获三等奖。2015年4月参加区总工会第二届职工登高健步走活动，取得好成绩，潘慧平等4人获前20名。同年4月参加镇工会组织的象棋大赛，刘根锁、张二苗参加，张二苗获第八名。2018年4月，村工会组织“扑克50K大赛”，各企业及群众组织参加。2018年、2019年参加镇元宵节街头文艺会演，村女职工威风锣鼓队获第一名。

牵牛镇村工会联合会

村情概况

牵牛镇村是河底镇所属行政村，位于河底镇人民政府驻地西北3.3千米处。村域面积约4.50平方千米，耕地2048.29亩，村落整体呈块状分布。全村划分为11个村民小组，1196户，农业人口2652人。据考明洪武间周姓始祖迁此居住。明清属盂县招贤乡并在此设牵牛镇堡，中华民国时期属盂县一区，抗日战争爆发后一度属平定路北县；中华人民共和国成立初期，该村划归阳泉市，属第四区；1953 年，牵牛镇设乡，该村属牵牛镇乡；1956 年，设河底镇，该村属河底镇；1961 年，设河底市直人民公社，该村属河底公社；1984 年，公社改设为乡镇，该村属河底镇。该村毗邻京昆高速出口，地理位置十分优越。村境内矿产资源丰富，其中陶瓷业历史最为悠久。主要企业从事煤炭和陶瓷加工，“千牛”牌耐酸坛 1982 年评为山西省优质产品。农业以种植玉米、谷物、豆类为主。文物古迹玉皇阁为区级文物保护单位。该村传统庙会的时间为农历七月二十五。

组织沿革

2003 年 2 月，牵牛镇村工会联合会成立，隶属于河底镇工会工作委员会。工会会员代表大会选举产生村工会委员会，工会主席由村党总支副书记刘来金兼任，委员赵小亮、周太平、王福珠、王喜珠、付贵鱼、付素卫。2006 年 7 月，隶属于河底镇工会联合会。2007 年 10 月，工会会员代表大会选举产生第二届村工会委员会，主席由付素卫担任，副主席由赵小亮担任，委员王福珠、付贵鱼、李拉成，经费审查委员会主任由赵小亮担任，委员付贵鱼、李拉成。2015 年 3 月，工会会员代表大会选举产生第三届村工会委员会，工会主席由党总支副书记李晓红兼任，副主席由副书记黄海英兼任。2019 年有工会会员 500 人，其中男会员 380 名、女会员 120 名。

主要工作

牵牛镇村工会联合会成立后，不断完善档案资料。建立文件资料，组织建设、换届资料、大病互助等归类建档。2015 年建立会员实名制登记档案，同时建立特困职工、职工活动档案。

全力帮扶困难职工。2015 年，由专人负责对入会的职工进行细致摸排，凡达到职工困难标准的，就积极为他们申报救助，累计帮扶困难职工达 50 人次。逢年过节开展各类慰问困难职工活动，慰问人数达 100 余人。

丰富职工文化生活。2010 年，创立职工（农家）书屋，面积约 200 平方米，存书量达到 1 万余册。职工（农家）书屋全天候开放，免费借读。2012 年 9 月，被评为“全国示范农家书屋”称号。丰富职工的业余文化生活，深入挖掘传统历史曲目，失传多年的古典历史街头剧“大头和尚戏柳翠”经过重新整理和编排，成功申报为区级非遗，并到各地区巡回表演。

第三节　平坦镇工会联合会

镇情概况

平坦镇地处桃河上游，伴随桃河上游小流域治理，生态环境逐年改观，境内有国家 4A 级自然风景区翠枫山景区，是全区主要的生态大镇。2006 年度至 2007 年度，被山西省授予“省级文明和谐乡镇”称号，2008 年被郊区区委、区政府授予“红旗单位”称号。2014 年，荣获全区“红旗单位”荣誉称号，被市委农村工作组授予“扶贫移民搬迁工作先进集体”。该镇古有众水汇潭，平衍光鉴，故名平潭。后为书写方便将“潭”改为“坦”，今称平坦。平坦又分平坦街和平坦垴村，因镇政府原址临近此地，故而得名。

该镇位于北纬 37° 47′ 00″ ～ 37° 57′ 02″，东经 113° 23′ 54″ ～ 113° 34′ 08″。

地处阳泉市郊区西南部，属地与矿区、城区、开发区及阳煤集团交错，是典型的“城中之镇”，东、东北与李家庄乡、荫营镇毗邻，南与寿阳尹灵芝镇、平定冶西镇接壤，西与旧街乡相连，北与盂县路家村镇及河底镇为邻；辖区东西最大距离 16 千米，南北最大距离 18.2 千米，总面积 105.92 平方千米，是全区面积最大的乡镇。镇政府驻辛兴村，距郊区政府驻地约 16.8 千米，距阳泉市区约 10.6 千米。

该镇地处桃河南岸的七岭山脉及北方山山脉与刘备山山脉交会地带。地形属丘陵山区，地势起伏较大，特别是西部区域荒山荒坡面积较大，平均海拔 800 米，最高处庙梁山 1363.9 米。年平均气温 10℃，平均降水量 56 毫米。桃河自西向东将境域一分为二，北有芦湖河、马家坡河、蒙村河、洪城河，南有桑掌河，均汇入桃河。境内矿产资源丰富，有煤炭、砂石、硫铁矿等资源。

清代，平潭镇（今平坦街）、平潭垴（今平坦垴）、南山、蒙村（今庙上、大村、半坡等村）等主村属平定州升中乡赛兴都，甘河等村属安平乡白泉都。中华民国时期属平定县第四区。中华人民共和国成立初，平坦镇大部分村归平定县及阳泉工矿区一区所辖；1961 年 4 月，该镇部分生产大队划归市直人民公社，即矿区人民公社，后改称北大街人民公社；1963 年，划归阳泉站上区（今城区）；1969 年 1 月，划归阳泉市荫营区（今阳泉郊区）；1970 年 1 月划归阳泉市城区；1972 年北大街人民公社改称平坦公社，1978 年重新划归阳泉郊区；1980 年，后山由桃林沟分出，改名富山大队；1984 年 5 月，实行乡镇建制，改称平坦乡人民政府；1993 年 4 月，阳泉市成立经济技术开发区，平坦乡平坦垴村划归开发区。1996 年 5 月，乡改镇，又改为平坦镇；2002 年撤乡并镇，原平坦镇和原辛兴乡合并为新的平坦镇，辖 38 个行政村、59 个自然村。2017 年 5 月，富山、西河、石卜咀、大村、半坡、庙上、北头咀、前庄、赛鱼、官沟、大南沟、小南沟、南山、老坪掌、吴家掌、马家坡、神堂咀、石板片（高家垴）18 个村由矿区托管。2019 年末，辖桃林沟（大南庄）、龙凤沟、甘河、魏家峪（南沟、梁家沟、石圪叠、狐子窝）、李家山、侯家山、芦湖、张家岩、桑掌、中庄、龙门、常家山（石家山、周家山、崔家庄、阳坡岩）、东西畛（圪驼、高家垴）、辛兴（大西垴）、坡头（马圈垴、维凹）、北垴（白泉岩）、西上庄（杨家沟）、后峪（岳家沟、新庄、窑沟、东坡）、曹里（曹梁）、长吉岭（王七岭）20 个行政村 42 个自然村。辖区总人口 9651 人，乡村人口 3984 人，总人口中，男性 4611 人，女性 5040 人，人口出生率 7.06‰，人口死亡率 5.81‰，人口自然增长率 1.25‰；人口密度为每平方千米 91.11 人。

中共十一届三中全会后，在改革开放的推动下，乡办、村办企业及个体工商户迅速崛起。主要有煤炭、冶金、机械、化工、建材、食品、轻工、运输和服务行业。截至 1992 年底，全乡集体企业发展到 85 个，其中工业企业 50 余个，个体企业 400 余个。生产品种 30 余种，其中有 10 余种产品获市以上名优产品称号。1992 年全乡农村经济总收入达到 13082 万元，乡镇企业总收入 9814 万元。人均纯收入 1076.9 元，人均收入超千元的村有 7 个。撤并前的辛兴乡各项副业得到蓬勃发展。乡村企业达到 24 个，从业人数 1260 人。全乡 1992 年社会总收入 2831 万元，其中，乡镇企业总产值 2291 万元。人均收入 678.7 元，人均收入过千元的村 1 个。到 2019 年，全镇规模工业企业包括山西阳泉郊区神堂煤业有限公司、山西阳泉郊区坡头煤业有限公司、阳泉惠通机械制造有限公司等28家，全部从业人员平均617人，工业收入16449.2万元。规模以上服务业是阳泉太旧博特道路养护工程有限公司，从业人员63人，营业收入7700.1万元。全镇耕地面积1.17万亩，粮食总产量374.3吨。财政收入计划完成3000万元，实际完成3004万元，完成任务的100.1%，同比增长15.3%；固定资产投资计划7.5亿元，实际完成12.7亿元，完成169.3%，同比增长20.9%；规模以上企业增加值完成12185.7万元，同比增长39.1%。

组织沿革

平坦镇工会组织最早组建于乡镇撤并前。1989年11月，乡镇撤并前的辛兴乡最早成立工会组织，成立初期名称为辛兴乡工会工作委员会，属一级工会组织，为区总工会直属。主任由张积堂担任，副主任由刘计生担任，王作义、赵福祥、雷宝珠为工会工作委员会委员，经费审查委员会主任由刘计生担任，石树祥、武保福为经费审查委员会委员。此后由于工作变动，工会工作委员会主任先后由乡党委副书记任忠义、张宝荣、李小明、郭新文担任，王君慧任工委干事。1993年9月，乡镇撤并前的平坦乡工会工作委员会也随后成立，属一级工会组织，为区总工会直属。先后由乡党委副书记郭少敏、陈玉俊、张成林、石汝廉、郭志强任主任，杨晓珍为工委干事。2002年4月，平坦镇私营企业工会联合会成立，选举产生工会联合会组成人员，郭志强任工会联合会主席，史华昌、刘海涛任副主席，高卫娟、吕枝盛、王家义为委员。

2006年7月7日，平坦镇工会联合会第一次会员代表大会召开。会议应到代表33名，实到31名，采取无记名投票、差额选举的方式，选举刘王文为平坦镇工会联合会主席，郭爱英为平坦镇工会联合会副主席，王家义、荆素红、荆兵红、赵锁祥、雷保珠5人为平坦镇工会联合会委员；同时采取等额选举的方式，选举郝秀萍为平坦镇工会联合会经费审查委员会主任，张海燕、荆春贵2人为经费审查委员会委员。

2013年6月14日，平坦镇工会联合会第二次会员代表大会召开。会议应到代表31名，实到28名，采取无记名投票、差额选举的方式，选举马军军为平坦镇工会联合会主席，郭爱英为平坦镇工会联合会副主席，王彦平、赵君健、荆兵红、李汝军、王建伟5人为平坦镇工会联合会委员；同时采取等额选举的方式，选举郝秀萍为平坦镇工会联合会经费审查委员会主任，冯晓丽、王彦平2人为经费审查委员会委员。2015年7月，由于领导调整，刘文峥替补为平坦镇工会联合会委员，并替补为主席。2016年6月，李晓东替补为平坦镇第二届工会联合会委员、工会主席。2017年11月，由于领导调整，张建存、程建芬、李英英当选为平坦镇工会联合会第二届委员会委员；杨红霞、李英英当选为平坦镇工会联合会经费审查委员会委员，张建存当选为平坦镇工会联合会第二届委员会主席。

平坦镇历届工会主席副主席一览表

表4-5

组织沿革及届次	姓　名	性别	工会职务	任职时间	行政职务
工会工作委员会	郭少敏	男	主　任	1993年11月至1996年1月	党委副书记
	陈玉俊	男	主　任	1997年3月至1998年4月	党委副书记
	张成林	男	主　任	1998年9月至2000年12月	党委副书记

续表 4-5

组织沿革及届次	姓　名	性别	工会职务	任职时间	行政职务
工会工作委员会	石汝廉	男	主　任	2000 年 12 月至 2002 年 1 月	党委副书记
	郭志强	男	主　任	2002 年 1 月至 2006 年 7 月	党委副书记
第一届工会联合会	刘王文	男	主　席	2006 年 7 月至 2013 年 6 月	人大主席
	郭爱英	女	副主席	2006 年 7 月至 2013 年 6 月	—
第二届工会联合会	马军军	男	主　席	2013 年 6 月至 2015 年 7 月	人大主席
	郭爱英	女	副主席	2013 年 6 月至 2019 年 12 月	—
	刘文峥	男	主　席	2015 年 7 月至 2016 年 6 月	—
	李晓东	男	主　席	2016 年 6 月至 2017 年 11 月	—
	张建存	男	主　席	2017 年 11 月至 2019 年 12 月	—

2019 年底平坦镇工会联合会基层工会组织建设一览表

表 4-6　　单位：人

工会名称	建会时间	工会主席	职工人数	会员人数	农民工会员数
平坦镇工会委员会	2006 年 7 月	马军军	46	46	0
辛兴村工会联合会	2007 年 10 月	白树森	453	453	193
桃林沟村工会联合会	2007 年 10 月	李乃珠	165	165	124
龙凤沟村工会	2007 年 7 月	荆亨财	15	15	15
魏家峪村工会	2007 年 7 月	梁　建	63	63	63
甘河村工会	2007 年 7 月	丁根泉	17	17	17
李家山村工会	2007 年 7 月	张延文	6	6	6
侯家山村工会	2007 年 7 月	刘怀军	8	8	8
张家岩村工会	2007 年 7 月	王保珍	13	13	13
长吉岭村工会	2007 年 7 月	麻银祥	7	7	7
龙门村工会	2007 年 7 月	吕玉翔	11	11	11
曹里村工会	2007 年 7 月	张彦宏	5	5	5
后峪村工会	2007 年 7 月	张东贵	6	6	6
西上庄村工会	2007 年 7 月	雷义忠	8	8	8
北堖村工会	2007 年 7 月	王有义	12	12	12
中庄村工会	2007 年 7 月	白建平	39	39	39
桑掌村工会	2007 年 7 月	张卫平	36	36	36
坡头村工会	2007 年 7 月	赵修功	15	15	15
常家山村工会	2007 年 7 月	姚海平	19	19	19
芦湖村工会	2007 年 7 月	荆常忠	21	21	21
东西畛村工会	2007 年 7 月	王建明	17	17	17

续表 4-6

工会名称	建会时间	工会主席	职工人数	会员人数	农民工会员数
山西阳泉郊区神堂煤业有限公司工会	2008 年 6 月	李汝军	318	318	318
山西阳泉郊区坡头煤业有限公司工会	2001 年 5 月	王建伟	289	289	289
阳泉市桃林园艺中心工会	2008 年	荆先花	26	26	26
阳泉市龙兴化工有限公司工会	1998 年 12 月	王文广	58	58	—

工会代表大会

工会联合会第一次会员代表大会

会议概况

2006 年 7 月 7 日，平坦镇成立工会联合会，召开了第一次会员代表大会，应到代表 33 名，实到 31 名，会议采取无记名投票、差额选举的方式，选举产生了平坦镇工会联合会委员会。选举刘王文为镇工会联合会主席，郭爱英为镇工会联合会副主席，王家义、荆素红、荆兵红、赵锁祥、雷保珠 5 人为镇工会联合会委员；同时采取等额选举的方式，选举产生了平坦镇工会联合会经费审查委员会。选举郝秀萍为经费审查委员会主任，张海燕、荆春贵 2 人为经费审查委员会委员。

会议高度评价镇工会过去几年来的工作，对各基层工会高举邓小平理论伟大旗帜，忠实实践“三个代表”重要思想，全面履行维权职责，切实保护、调动和发挥广大职工的积极性和创造性，为全镇各项事业的发展所做的贡献给予了充分肯定。会议认为，工作报告提出的今后工会工作的指导思想、奋斗目标和工作任务，完全符合镇工会工作的实际。会议指出，在新一届工会联合会领导班子的带领下，全镇各基层工会一定能适应新的形势、新的要求，以高度的责任感和使命感，圆满完成大会赋予的各项任务，实现该镇工会工作新的发展。

会议要求，各基层工会一定要把“三个代表”重要思想作为工会工作的根本指导，把维护职工合法权益作为工会组织的第一职责，把促进发展作为工会工作的根本任务，把密切联系群众，真心实意为职工服务作为工会工作的根本要求，把与时俱进、开拓创新、求真务实、干事创业作为工会工作的根本动力，振奋精神、坚定信心，进一步开创全镇工会工作的新局面。

组织机构

平坦镇工会联合会

主　席：刘王文

副主席：郭爱英

委　员：王家义　荆素红　荆兵红　赵锁祥　雷保珠

平坦镇工会联合会经费审查委员会

主　任：郝秀萍

委　员：张海燕　荆春贵

工会联合会第二次会员代表大会

会议概况

2013 年 6 月 14 日，平坦镇工会联合会第二次会员代表大会召开。根据《中华人民共和国工会法》《中国工会章程》规定，镇工会联合会第二次会员代表大会代表名额拟定为 31 名。代表中，工会专职干部为 17 名，占代表总数的 55%；积极分子 6 名，占代表总数的 20%；先进模范人物 1 名和一线职工 2 名，占代表总数的 10%；科技知识分子 3 名，占代表总数的 10%；其他方面 2 名，占代表总数的 5%。其中，女职工代表 6 名，占代表总数的 20%。会议应到代表 31 名，实到 28 名，采取无记名投票、差额选举的方式，选举马军军为平坦镇工会联合会主席，郭爱英为平坦镇工会联合会副主席，王彦平、赵君健、荆兵红、李汝军、王建伟 5 人为平坦镇工会联合会委员；同时采取等额选举的方式，选举郝秀萍为平坦镇工会联合会经费审查委员会主任，冯晓丽、王彦平 2 人为经费审查委员会委员。

会议高度评价镇工会过去几年来的工作，对各基层工会高举邓小平理论伟大旗帜，忠实实践“三个代表”重要思想，全面落实科学发展观，认真履行维权职责，切实保护、调动和发挥广大职工的积极性和创造性，为全镇各项事业的发展所做的贡献给予了充分肯定。会议认为，工作报告提出的今后工会工作的指导思想、奋斗目标和工作任务，完全符合平坦镇工会工作的实际。会议指出，在新一届工会联合会领导班子的带领下，全镇各基层工会一定能适应新的形势、新的要求，以高度的责任感和使命感，完成大会赋予的各项任务，实现全镇工会工作新的发展。

会议要求，各基层工会一定要认真学习贯彻中共十八大精神，全面落实省总十二届五次全委会、市总十四届六次全委会议精神，高举中国特色社会主义思想伟大旗帜，坚持以邓小平理论、“三个代表”重要思想、科学发展观为指导，坚持走中国特色社会主义工会发展道路，以凝心聚力，服务经济建设为目标，以调查研究，服务职工群众，构建和谐劳动关系，加强职工文化建设，提高自身能力水平为重点，突出在六个方面展示新作为，以全新的姿态，团结动员广大职工带头实施四带战略，为推进全镇转型跨越新发展，全面建成小康社会而努力奋斗。

组织机构

平坦镇工会联合会

主　席：马军军

副主席：郭爱英

委　员：王彦平　赵君健　荆兵红　李汝军　王建伟

平坦镇工会联合会经费审查委员会

主　任：郝秀萍

委　员：冯晓丽　王彦平

主要工作

组织建设

平坦镇工会组织组建较晚，但基层工会组织建设在 20 世纪 80 年代就已经开展。早在 1989 年 12 月，全市乡镇企业工会工作会议上，该镇就被评为“组建工会先进单位”。2003 年，强化工会干部的定编、定岗、定职、定责的统一到位，镇工会增加 1 名专职干部编制。2006 年 7 月，平坦镇工会联合会成立后，镇工会本着“哪里有职工，哪里就必须组建工会组织”的原则，多次深入各新建企业，以下发宣传资料、播放《中华人民共和国工会法》讲座等形式，积极宣传组建工会组织的重要性，并同时宣传签订集体合同、工资集体合同的必要性等等，最大限度地保护了广大职工参加工会组织的权利。全镇共建工会组织 26 个，职工 2983 人，会员 2864 人，入会率达到 96%。

2013 年开始，镇工会充分依靠和发挥村党支部现有阵地的综合效能，在辖区内 38 个村先后建立了工会组织。其中，桃林沟、西河、前庄、大村、辛兴 5 个村建立了村工会联合会，2017 年 5 月，西河、前庄、大村由矿区托管，本镇保留桃林沟、辛兴 2 个村级工会联合会。村工会基本做到了有牌子、有场地、有制度、有会员基本信息档案；村工会主席由村党支部书记或副书记兼任，做到了办事有人员、管理有制度、活动有阵地。2018 年，为解决工会干部队伍弱化问题，根据《阳泉市总工会改革实施方案》，面向社会公开招聘 1 名社会化工会工作者，加强了工会干部队伍力量。截至 2019 年，全镇村级工会组建率达 100%；发展农民工会员达 3658 名。全镇还有基层企业工会组织 19 个，职工 2283 人，会员 2283 人，入会率达到 100%。建会企业工会组织运行良好，广大职工要求工会组织维护他们合法权益的愿望更加迫切，工会组织也能及时反映职工的意愿和呼声，教育引导职工识大体、顾大局，为改革、发展、稳定做出了一定的贡献，树立了工会组织良好的社会形象。

职工维权

镇工会将建立健全平等协商签订集体合同、工资集体合同制度和职代会制度，作为工会维护职工合法权益、调整企业劳动关系的两根主管道。一是抓好平等协商机制的建立健全。尽力做到了凡企业决定涉及职工切身利益的重大问题，都由工会或职代会与用人单位进行平等协商，充分听取职工群众的意见和建议，坚持由工会代表职工就企业的工资分配制度、工资分配形式、工资收入水平等事项与企业进行平等协商，签订专项的集体合同。每年 3 月，镇工会召集所有建立工会组织的企业的业主和工会主席，进一步协商规范工资集体合同文本内容和各项条款，采取区域性和行业性两种形式，签订工资集体合同。二是抓好集体合同的质量。凡是到期续签的合同，坚决杜绝照搬照抄现象，真正从实际出发、因地制宜、灵活多样，尽量细化合同条款内容，使之具体可行、易于操作。与此同时，还加强了对合同的动态管理，把合同的履行情况，作为企业企务公开中不可缺少的一项内容，定期不定期地向上级工会汇报，积极争取党、政领导的支持、营造“党政工”齐抓共促的工作氛围。三是抓好职代会履行制度。镇工会以贯彻落实《山西省职工代表大会制度》为新的起点，针对本镇职代会质量不高，与现代企业制度结合不够好等问题，进一步深化职工代表大会制度的规范化和实效性，积极推进了全镇企业民主决策、民主监督、民主管理水平的提高。

在搞好工资集体合同签订的同时，还协同镇煤管站、镇经发办等部门深入各企业，就生产安全设施，生产环境等进行了实地考察，与各企业厂（矿）长深入交谈，从最大限度上切实维护了职工利益，保障了职工的民主权利不受侵犯，做到了有备无患。截至 2019 年，村工会联合会全部签订了区域性集体合同，职工参与工资分配和获得合理劳动报酬的权益得到了很好的保障。职工民主管理制度得以巩固，健全以职工代表大会为基本形式的企事业单位民主管理制度，保障职工参与管理和监督的民主权利，不断扩大职代会建制面。7个企业建立了职代会（职工大会）制度，与此同时，狠抓企业企务公开工作，努力形成党、政、纪、工、群众齐心协力抓公开的良好局面，确保企业公开工作真实有力、及时有效地开展。通过公开，使广大职工了解“家底”，在维护职工利益的同时更好地维护了企业的整体利益。2009年，镇工会被省总工会授予“先进乡镇工会”光荣称号，并奖励“大运”牌维权摩托车一辆。

职工帮扶

按照“党政所谋、职工所需、工会所能”的原则，镇工会积极协助党委政府解决困难职工的生产生活问题，牢固树立“职工利益无小事”的思想，努力帮助解决困难职工的生产生活问题，做到权为职工所用，情为职工所系，利为职工所谋，实现职工的愿望，满足职工的需求，通过办实事活动凝聚职工力量，激发职工热情，提升工会形象。一是切实组织好每期职工大病医疗互助活动，帮助职工解决看病难、看病贵问题。二是扎实开展好每年的送温暖活动，及时把党委、政府和工会的温暖送到了困难职工家庭，增强了困难职工克服困难，做好工作的信心，确保了职工队伍的稳定，真正体现了工会是“职工之家”。桃林沟全面实行新型农村合作医疗制度，成立了卫生医疗站，让职工真正得到病有所医。女55岁、男60岁的村民退休后每月可领取到800元到1600元不等的退休金。坚持每年为村民发放白面、大米、油等生活用品，让职工真正得到衣食无忧。对困难职工展开帮扶行动，每年年底对当年因病因灾造成困难的家庭给予3000元至30000元不等的补助，每年春节村工会都要向困难职工伸出援助之手，排忧解难，帮困扶贫。史喜娥、史亨森、史亨林、刘连萍等困难职工都是受到帮扶的对象。到2019年，年均投入帮扶资金200万余元，共使100余名困难职工摆脱困境，工会的桥梁纽带作用得到了充分发挥。三是开展金秋助学活动。协助党委政府解决困难职工子女上学难的问题，使困难职工感受到社会主义大家庭的温暖，促进和谐社会的发展。镇工会将开展工会服务与全国总工会的“面对面、心贴心、实打实服务职工在基层”活动有机结合，访民情，解民意，面对面与职工交流，心贴心做职工朋友，实打实为职工服务，最大限度地帮助他们协调解决实际困难。

素质提升

镇工会围绕促进本镇经济快速发展，大力实施提升职工素质工程，积极探索和实践新时期工会群众性经济创新活动的有效途径，组织动员广大职工在经济建设中发挥主力军作用。以“创建学习型组织，争当知识型职工”活动为载体，全力推进职工素质工程。要求各基层工会把“创争”活动作为提高职工素质的重要形式，加强领导，精心设计活动内容，科学制定“创争”规划，精心培育先进典型，建立健全目标考核制度。特别是晋阳碳素有限公司在开展职工素质攀升工程的过程中，于2006年9月开展了“质量月”职工业务知识和业务技术比武活动，企业参加人数达230人，占企业总人数的90%以上。同时组织31个工种进行技能比武，评出了企业技术明星，增强了职工学业务、学技术的自觉性。2009年5月27日，区总工会到平坦镇举办工会干部培训班，为该镇工会干部“充电”。除此之外，还积极参加市、区总工会组织的各项活动，在“南煤杯”全市职工迎“五一”乒乓球比赛、阳泉市非公企业职工文化活动周举办的5个项目的比赛、阳泉市第四届职工技术大赛电力行业的比赛以及阳泉市第二届职工运动会的比赛中，镇工会都积极组织队伍参加并取得优异成绩。在市、区总工会组织的历次学习、培训等活动中，也都积极组织人员参加并获得了好评，使职工们进一步增强了苦干实干的意识，同时也增强了他们的荣誉感和使命感。开展“新家园、新生活、新风尚”教育活动，加强对职工的技能培训，努力提高会员素质。开展技能技巧和创业培训多次，培训人员100余人，培训内容包括面食甜点、生日蛋糕、化妆技巧、创业计划、设计、规划，创业的经营方式、创业的一些法律常识等。

思想教育

镇工会以实践中国特色社会主义工会发展道路活动当作头等政治任务，摆在突出位置，下大力气狠抓落实。组织广大工会干部统一思想，认真学习，深刻领会中共十八大的精神实质，准确把握工会发展道路的科学内涵。通过举办学习宣传实践中国特色社会主义工会发展道路宣讲、征文、业务知识培训等项活动，教育广大工会干部坚定理想信念，始终把中国特色社会主义工会发展道路，当作工会发展前进的根本方向。始终把促进发展作为工会的根本任务，紧紧抓住服务经济建设这个中心，把广大职工的思想和行动统一到党委、政府的决策上来，用共同的理想凝聚职工，“创建学习型组织，争做知识型职工”深入人心，最大限度地调动和发挥广大职工投身改革的巨大热情和创造活力；辛兴村工会兴办职工书屋，提高会员的文化科技素质。积极鼓励职工读书、用书，学习科学文化知识的热情，进一步活跃和丰富工会文化生活，改善村联合工会文化环境，提高广大职工整体素质和文明程度，促进村经济协调发展。努力营造浓厚的文化氛围，打造精品工程、亮点工程，提高了广大职工文化素养，进一步改善村风民风，开展“好婆婆”“好媳妇”“五好家庭”评选活动，促进了家庭和睦，树立了文明和谐的村风，为村联合工会的职工营造一个理想的家园。

文体活动

坚持承办好镇党委、政府主办的文体活动。积极组织职工参加象棋、扑克、篮球、乒乓球、拔河、文艺晚会等各种文明、健康、向上的活动，不断丰富职工的业余文化生活，让广大职工在活动中受到教育和启发，增进团结与友谊，充分展示职工的精神风貌。以辛兴村工会为例，积极开展娱乐活动。村工会组织文艺队，在庙会期间和农闲之余以及节假日举办活动，给群众送上精彩的文化大餐。不断拓展活动形式，如联村文艺展演、趣味运动会、组织观看爱国主义教育电影、“两节”期间组织文艺队和群众开展民间艺术活动，组织秧歌、锣鼓、腰鼓等民间艺术活动。使工会组织在社会主义精神文明建设中的主力军作用得到充分发挥，工人阶级团结友爱、无私奉献的精神得到充分体现，工会组织的活力明显增强。

骨干企业工会

平坦泵业公司工会

企业概况

平坦泵业公司始建于1970年，成立初期是一个维修农机具的小作坊，上至厂领导下至工人都是平坦公社所管辖各大队的青年农民，当时属社队企业，厂名叫平坦农机厂。厂址在平坦垴12队的一条山沟里，前面是青年路和洪城路的交叉处，后面是金属回收公司和打靶场，后来这里修了两栋高层叫洪城国际。当时的厂容厂貌极其简陋。通过10余年打拼，企业有所发展，职工人数增加，有了小高炉和机加工，并开始生产制造水泵。1984 年公社和大队恢复了乡村建制，1985 年改革大潮骤起，平坦农机厂在前进与后退、发展与关闭间抉择。此时，国家机械部出台水泵生产的严格标准，各项检测手段和项目缺一不可。关键时刻，平坦乡党委政府做出了关键决定，对厂党政班子进行了全面整顿，将阳泉市郊区平坦农机厂更名为阳泉市平坦水泵厂。在新班子的带领下，建立健全了各项规章制度、 岗位责任制，并集资修建了试泵站、理化室、计量室，购置完善了各种检测设备、仪器、计量器具，成立了新产品技术攻关组，按照新产品图纸，当年就生产出了新型号的LS-80-65-160水泵，并获得阳泉市优秀新产品奖（1991年获农业部优质新产品证书）。经过一年的努力，先后领取了标准化验收合格证、全面质量管理验收合格证、企业全面整顿验收合格证、产品采用国际标准验收合格证和国家计量局二级计量合格证，为后来领取机械电子工业部颁发的全国工业产品许可证打下了坚实的基础。随后成为中国泵业协会成员厂、山西省离心泵定点生产厂家。1993 年，企业共有职工 220 人，其中各类专业技术人员 50 人，拥有固定资产 520 万元， 年产值 4000 万元，上缴利税 30 万元。1999年，改制后更名为阳泉市平坦泵业公司。此后，厂区拍卖，进行房地产开发，建起了洪城国际。拍卖所得一部分还贷，一部分安置职工，一部分留给镇政府。

组织沿革

阳泉市平坦水泵厂工会组建于 1988 年，隶属于区总工会。当年 5 月 5 日，召开第一次工会会员代表大会，选举产生第一届工会委员会，张鸿福任工会主席，王秀英、王成善任副主席，史华斌、孙连珍、冯瑞勤、李卫东任委员；王成善兼经费审查委员会委员，王秀英兼女工委员会委员。1989 年 9 月 25 日，增补李永芬、史华斌为工会副主席，李良臣、李义祥为委员；王成善继续兼经费审查委员会委员，李永芬兼女工委员会委员。1992 年 2 月 14 日至 16 日，阳泉市平坦水泵厂召开第二次工会会员代表大会，选举张鸿福为工会主席，王银、李丽平为工会副主席，荆向华任组织委员、李富春任经费审查委员、李银成任宣传委员、丁长命任安全委员、王玉林任卫生委员、吴官章任文体委员。1992 年 10 月 25 日，因张鸿福病故，增补张世瑛为工会主席。1993 年 7 月 29 日至 31 日，阳泉市平坦水泵厂召开第三次工会会员代表大会，选举张世瑛为工会主席，王银、李丽平为工会副主席，李丽平兼女工委员，荆向华任组织委员、李永芬任经费审查委员、李银成任宣传委员、丁长命任安全委员、王玉林任卫生委员、吴官章任文体委员。1993 年 9 月，隶属于平坦乡工会工作委员会。1996 年 3 月 30 日，因李丽萍离厂、李永芬退休，增补李艾瑞为副主席兼女工委员，张建国为经费审查委员。1996 年 5 月，隶属于平坦镇工会工作委员会。1997 年 7 月 31 日，因王玉林退休，增补杨桂梅为卫生委员。1999 年 4 月 13 日，更名后的平坦泵业公司工会换届，选举王银柱为工会主席，王银、杨桂梅为工会副主席，张建国为经费审查委员会主任，李会先、史贤龙为经费审查委员会委员。

主要工作

加强组织建设。1987 年 10 月，厂支部书记陪同市、区总工会领导，到外地进行了参观、考察、学习。回来以后便成立了工会筹备小组，并亲自担任组长。党支部把重视和支持工会工作放在了重要位置，同时，区总工会多次派人进厂帮助工作，并且送来了 300 元筹建工会的活动经费。1988 年 5 月 5 日，平坦水泵厂工会成立，成为阳泉市乡镇企业中最早成立工会的企业。当时全厂共有职工210人，工会会员190人，占全厂职工的90%以上。召开了第一届第一次职工（会员）代表大会，选出了主席、副主席，并根据工会章程健全了女工委员等各个委员的岗位责任制及规章制度。同年，在全市乡镇企业组建工会工作会议上，厂长韩文忠、工会主席张鸿福分别做了典型发言。

发挥工会职能。充分发挥工会的四项职能，实行职工代表大会制度，每年召开一至两次会员代表大会和职工代表大会。工会主席和女职工委员进入厂委会，参与管理工作，凡涉及职工切身利益的重大问题以及企业的重大决策都要经过职代会讨论通过。从始至终，通过参政议政意见箱和职代会的提案，企业共收集合理化意见建议300余条，采纳100余条。并先后成立了女职工委员会和劳动争议调解委员会。并规定每月10日为工会委员会例会，11日为女职工委员会例会。

1993年，厂领导擅自降低职工工资，引起职工不满，影响正常生产。7月下旬，乡党委政府每天上午在水泵厂召集干部进行整顿。7月29日、30日、31日，工会在整顿的同时，连续3个下午召开了第四届第五次职工代表大会，并邀请了郊区总工会和平坦乡党委、政府领导参加了会议，经过职工代表充分慎重地酝酿讨论，通过了罢免厂长职务的议案，发挥了职代会的作用。8月，山西省农科教会议在阳泉市召开，该厂成为重点企业，接受与会者的参观。8月11日，市委书记、市长带领各地领导来厂参观，副省长王文学题词“平泵在前进”。10月14日，山西省乡镇企业工会工作会议在郊区召开。当天下午，山西省总工会副主席王德珩到厂进行了考察。1996年7月，工会主席代表职工和厂部签订了集体合同。同年7月30日，在郊区总工会平等协商签订集体合同经验交流现场会上介绍了工作经验。

建立以厂长、工会主席为主的职工教育委员会，采取“请进来、走出去”的方式，先后聘请有关专家教授及工程技术人员到厂举办各种培训班30余期，并派出200余人次赴沈阳、南京、太原、北京等地国营对口企业和大专院校进行培训。并对全厂职工进行了文化课的补习，使职工普遍达到了初中文化水平。150余人取得了各类合格证、结业证，40余人取得了初、中级技术职称，工程师、会计师、统计师有7人，助理工程师17人，会计员、技术员20余人。还购置了彩电、录放机、各类专业录像带30余套，建立了藏书6000余册的图书室、阅览室和职工活动室。全厂职工人手一本《中华人民共和国工会法》《中华人民共和国劳动法》和《中华人民共和国妇女权益保障法》，分别定期组织学习。1994年7月25日，在阳泉市总工会召开的乡镇企业职工教育经验交流会上作了经验介绍。

在上级工会的指导下，建立健全了工会、职代会、女职工委员会的各种规章制度。改善了职工的生产生活条件，调动了职工的生产积极性。在维护职工利益、解除职工后顾之忧方面作了大量工作，建立了理发室、洗衣室、医疗室，并购置了理发、医疗、洗衣机等设备和工具器械。1991年3月，水泵厂邀请市中医院蒋院长到厂洽谈，协助水泵厂建立医务室，并派驻医生1名，药品由中医院提供，解决了职工头疼脑热、感冒发烧及轻微的工伤，使之不再外出求医，驻厂医生亲自去伤病职工家中送药、打针、输液。仅医疗室1项，每年开支1万余元，定期为在职职工和退休老职工进行全面体检，首次体检就为女工高某查出了子宫肌瘤，使其尽快做了切除手术，恢复健康，不定期地为职工打防疫针并发放预防感冒的板蓝根冲剂等。

1988年由工会牵头、厂内出资为30余名老职工一次性趸交了退休养老保险金，男55岁、女45岁退休后，可以每月到保险公司领取男40元、女35元的养老金。1996年又为后来入厂的职工趸交了退休养老保险金。

改造扩建男女澡堂，尤其是女澡堂拆除浴池，全部安装了淋浴器，设立更衣箱方便职工更换衣服。建立食堂，从根本上解决了职工的吃饭问题，厂里还派出职工专门学习烹饪，学成后回来在食堂炒菜做饭。从1992年12月开始，每月为职工过集体生日，凡是当月过生日的工人，由工会事先统计出人数，通知食堂，集中为其改善生活。还方便了客户用餐及业务洽谈。

在上级工会支持帮助下，厂工会还建立起自己的经销部，除返还工厂成本和70%的利润外，工会和经销部每年拿出5万元改善职工生活，暑天为职工购买并发放白糖、茶叶、西瓜、绿豆等防暑用品，中秋节分月饼，秋冬季为职工购买大葱、土豆等过冬菜。逢年过节都有礼品，对于退休老工人和病残职工，派车由工会委员把礼品亲自送上门。女工陈某某，由于眼疾不能上班，工会女职工委员会主任便亲自把慰问品和全厂职工为其捐助的1100元现金送到她手中。

1994年5月，该厂司机荆建平去大同送水泵回来时，途中遭遇车祸，不幸以身殉职。工会主席、副主席及全体工会委员全部出动，配合厂部书记、正副厂长、厂医处理事故和善后，工会委员和中医院的武大夫、闫大夫轮流在亡者家中陪伴其母亲和妻子，其母几次昏厥，都由大夫进行急救，女工委员照顾。除按照规定应得的赔偿外，全厂职工在厂部和工会的号召下，捐款4890元，工会资助了1000元，用于其小女儿以后入学和医疗，使其家属深受感动。除此之外工会先后看望有病职工和家属200余人次，参加处理职工婚丧大事30余起，调解家庭纠纷和厂内劳动争议10余起，深受职工好评。

为丰富职工的文化体育生活，设立了图书室、阅览室、职工活动室和娱乐场地，购置了各种文体活动器材，如台球、乒乓球、羽毛球、球网、球拍、球案，组建了男女篮球队，经常外出参加篮球比赛。每天下午下班以后，举办舞会，组织职工跳交谊舞，阳泉市总工会和市水泵厂经常派人来教授，另外还组织时装表演和歌舞演唱。结合毛泽东主席诞辰、共产党“七一”诞辰、元宵节、“三八”国际妇女节、“五一”国际劳动节、“九九”重阳节举办形式多样、丰富多彩的各种活动，如：升国旗、唱歌、猜谜、诗朗诵、演讲、拔河、射击，结合生产进行劳动比武竞赛。1993年7月13日，省总工会女工部部长蔚树彬到厂指导工作。同年8月29日，省总工会组织部部长到厂考察。1996年7月18日，山西省、市、区人大、妇联、工会、劳动厅到厂考察，并观看了由女工委员会组织的女职工大秧歌表演。1995年6月，为迎接中国共产党成立74周年，由支部、厂委、工会共同举办形式多种风格多样的纪念活动，如财务科比赛珠算和点钞及财务会计知识答题，邀请了银行、税务、区总工会的领导参加。销售科进行销售业务知识比赛，分必答、共答、抢答和即兴问答的方式。机加工进行组装单级水泵比赛，并邀请市水泵厂副厂长杜天宝、郊区总工会主席张双和、全总许松林教授参观指导，进行点评，决出名次，予以奖励，并将总结经验予以推广。7月1日早上，全厂职工统一着装举行升旗仪式，并举行搬叶轮接力赛跑及踩气球、喝啤酒趣味比赛。下午又举行了唱红歌、诗朗诵等活动，活跃了全厂职工的气氛。1993年至1997年还多次组织职工分批外出旅游，增强职工爱厂敬业、增产增收的信心。

从1989年开始，平坦水泵厂工会连续多年被市区总工会授予“工会工作先进集体”“先进职代会”“生活后勤文明单位”“乡镇企业工会工作模范单位”“模范职工之家”等光荣称号。1992年，山西省总工会命名该厂为阳泉市首家乡镇企业“模范职工之家”。1996年12月，厂工会被省总工会评为山西省“职工读书自学活动先进集体”、“先进女职工委员会”。1997年1月，根据1996年全市开展企业职工素质状况调查活动，撰写了题为《加强职工教育培训是促进企业发展的原动力》的调查报告。获得了市委宣传部、市总工会、市经委、市职工思想政治工作研究会一等奖。同年，厂女职工委员会被中华全国总工会评为“先进女职工委员会”。

卫生陶瓷厂工会

企业概况

阳泉市卫生陶瓷厂原名为石卜咀村耐火厂。始建于1972年4月，1973年竣工投产，是石卜嘴村办集体所有制企业。初期厂区，投资50万余元，占地面积约15000平方米，建筑面积约13000平方米，从业人员30余人，主要生产路沿砖和普通耐火钢砖。1976年耐火厂转产，改为卫生陶瓷厂。主要生产民用卫生陶瓷，产品品种有四大类、12个规格、80余个型号。该厂以质量争市场，抓技改求发展，1990年至1993年累计投资280万元，建成一条90米长隔烟隧道窑，配备了煤气发生站，安装了旋风除尘器，建成一道先进的管道注浆新工艺。产品质量在国家建材部级行业评检中，由B级产品跨入A级行列，并荣获省和市乡镇企业优质产品称号，产品畅销18个省、市、自治区，深受用户好评。1993年，企业共有职工350人，拥有固定资产520万元，年产量20万件，年产值350万元，上缴税金30万元。1996年，卫生陶瓷厂受大环境的制约，发展缓慢，产品滞销，经济效益逐年下滑，陷入了举步维艰的境地。1997年改制为股份制企业。2000年，中共阳泉市委、市政府立足本地资源优势，在大力发展新型建材五大产业群体的产业结构调整的战略下，为尽快扭转企业被动局面，进行招商引资，当年4月12日，将卫生陶瓷厂以租赁方式，出租于广东佛山裕华公司生产，后由于资金困扰、拖欠严重停业。2002年，陶瓷厂由村组织200余人进行生产，效益有所回升。2003年，城镇化建设占用此厂。由诚远房地产开发有限公司负责给村新建陶瓷厂，地点位于十垴沟掌，占地面积3万余平方米，于2005年搬迁，同年正式投产使用。2008年，阳煤集团房地产总公司进行棚户区改造工程，将村窑沟、十垴沟、虎尾沟以及新建卫陶厂一起占用。导致村卫生陶瓷厂停产关闭，结束了生产卫生洁具30多年的历史。

组织沿革

阳泉市卫生陶瓷厂工会于1993年10月13日成立，隶属于平坦乡工会工作委员会。马建文任工会主席，杨载贵任副主席，冯国权、荆升文、吴秋梅任委员，荆福善任经费审查委员会主任，杨拉荣、刘金兰任经费审查委员会委员。1996年5月，隶属于平坦镇工会工作委员会。2006年7月，隶属平坦镇工会联合会。

主要工作

强化职工培训教育，提升职工业务素质。厂工会成立后，积极组织职工开展安全知识学习培训和各类职业技能培训，把安全理论学习与安全生产实践融合在一起，有效提高职工的职业技能水平和安全生产理念。为职工建立“职工之家”，开办图书室，创办工会简报，举办乐器培训班，组织文化艺术节，组织职工家属红色旅游，最大限度地调动和发挥广大职工投身改革的巨大热情和生产积极性，为改革发展稳定建功立业。1998 年被区总工会确认为 1997 年度“合格职工之家”。

扎实抓好基层工会基础工作，切实维护职工合法权益。根据《中华人民共和国工会法》的要求，重点规范工会组织建设，充分发挥基层工会重要作用。基本做到了管理有制度、遇事有人管，工会组织有机构、有人员、有牌子、有场所。工会积极主动督促厂方按时发放职工劳保用品和安全防护用品；与劳动部门协调，先后为两名工伤职工争取到每人 3 万元的经济补偿。1999 年率先开展乡镇企业厂务公开试点。广大职工对工会的认同感和归属感明显增强，工会组织及时反映职工的意愿和呼声，主动维护职工合法权益。教育和引导广大职工识大体、顾大局，为改革、发展、稳定做出了积极贡献，树立了工会组织良好的社会形象。针对工会中女职工多的特点，组建女职工委员会，在生产实践中充分发挥半边天的作用，为企业发展做出贡献。

推进工资集体协商，提高职工福利保障。工会积极参与企业民主管理，维护职工合法权益，在生产实践中进行技术攻关，组织职工积极参与生产管理、质量控制，开展劳动竞赛活动。本着以基层为重，职工为本的工作理念，力求全面服务职工需求，动员全体职工参加了养老保险；每年由工会牵头按时签订集体合同和工资集体合同，进行工资集体协商，努力提高职工工资待遇；先后对有困难的工伤家属给予粮油、衣物等物质帮扶；对因病出现困难的职工荆富如给予现金帮扶，开展爱老助残活动，对烈军属、残疾人、老干部、老年人、困难户，工会组织上门慰问和爱心捐助，参与社会贫困救助等各项活动。

辛兴乡煤矿工会

企业概况

辛兴乡煤矿始建于 1979 年，为乡办集体所有制企业，位于辛兴村，煤炭储量 382.45 万吨，煤种为无烟煤，煤质优良，其煤质各项指标为灰份 13.87%，全水份 1.29%，挥发份 6.73%，固定碳 78.29%，全硫份 0.46%，发热量 7262 大卡 / 千克，含矸 1%。产品适用于取暖及化工、锅炉用煤。煤炭主要供阳泉发电厂及河北、山东、北京、天津等地使用，煤炭外销为汽车运送和通过煤站发运。该矿装备较优，有摩擦式金属支柱 700 余根，煤电钻 5 台，井口装有 30 千瓦 4-72-N016B 离心抽出式主扇和 22 千瓦日产离心抽出式主扇各 1 台，主井口装有 1 台 JTR-1.2 单滚筒 75 千瓦提升绞车，坑下有 1 台 JD-11.4 型调度绞车，有 1 吨矿车 100 个。年产原煤 5 万吨。运输能力可达 10 万吨。1988 年 6 月，该矿新建煤加工厂，生产蜂窝煤。同年投产，年产蜂窝煤 92 万块，收入达 6.44 万元。1990 年 12 月，开始扩建改建工程，次年添置先进运输设备，改扩建煤田储量为 192.2 万吨，年生产能力由 5 万吨提高到 8 万吨。年产值将达 180 万元，收入 280 万元，创利 56 万元。型煤厂增设第二条蜂窝煤生产线，以扩大生产，满足用户需要。同时，3 号煤下的 6 号、8 号煤层的主副暗斜井及各采区运输，回风大巷竣工。1993 年，年产煤炭达 10 万吨，共有职工 198 人。其中，各类专业技术人员 55 人。拥有固定资产 338 万元。年产值 167 万元，创利税 35.3 万元。2001 年辛兴乡建制撤销，与平坦镇合并辖区，辛兴乡煤矿划归平坦镇管辖。2008 年 10 月，按照山西省关于关闭煤矿有关政策，矿井实施关闭，企业职工向社会分流。

组织沿革

辛兴乡煤矿工会成立于1989年6月14日，隶属于区总工会，11月，改属辛兴乡工会工作委员会。雷宝珠任工会主席，雷宝兰任工会副主席，石家庆、荆效郡、荆存弟任委员，赵文任经费审查委员会主任，刘慧仙、王文慧任经费审查委员会委员。煤矿先后在1993年、1999年进行换届，工会人员未变动。2000年，隶属于平坦镇工会工作委员会。2006年7月，隶属于平坦镇工会联合会。2007年7月辛兴煤矿工会进行了工会换届工作，选举雷保兰为辛兴煤矿工会主席，穆显义为辛兴煤矿工会副主席，荆效邦、任文祥、张连连当选为辛兴煤矿工会委员。刘慧仙当选为辛兴煤矿工会经费审查委员会主任，荆卫平、赵东长当选为经审委委员。

主要工作

加强培训教育，提升职工素质。工会定期组织职工开展学习培训，根据行业特点，重点进行安全生产培训和各类职业技能培训，把安全理论学习安全生产实践有机结合起来，有效提高职工的安全生产观念，促进职工职业技能水平的提高，实现企业安全和生产双提升。每个职工积极投身到煤矿安全生产工作当中，为企业发展、增产增效及社会稳定做出积极贡献。

夯实基层工会基础，维护职工合法权益。工会是党联系职工群众的桥梁和纽带，是职工群众合法权益的代表者和维护者。根据《中华人民共和国工会法》的要求，不断规范工会组织建设，增强基层工会活力，基本做到了工会有机构、管理有制度。工会积极主动为职工维权，督促矿方按时发放职工劳保用品和安全防护用品，有效保护职工身体健康和生命安全；积极与劳动部门协调，为工伤职工争取应得的经济补偿；全力维护职工合法权益，使职工自身权益得到保护，树立了工会“娘家人”的形象。

积极开展工资集体协商工作，为职工全力争取福利待遇和工资保障。工会作为为职工说话做主的娘家人，代表职工与企业方进行工资集体协商并签订工资集体合同。与此同时，先后对有困难的工伤家属进行粮油、煤炭、衣物等物质支助；对因病出现困难的职工张胖锁给予2000元的现金帮助；坚持开展“冬送温暖、夏送清凉”活动，为职工发放春节礼品及防暑降温用品，有效拉近党与群、工会与职工的血肉亲情关系。

晋阳碳素有限公司工会

企业概况

阳泉市晋阳碳素有限公司于1987年12月建成投产，当初名称为晋阳电碳厂，是阳泉市郊区前庄村办集体所有制企业。厂址位于前庄村，厂区占地面积5900平方米。主要产品有煅炭、电极糊、电解用阳极糊等。产品除本省销售外，还远销湖北、湖南、黑龙江、辽宁等省市，被阳泉市政府评为“市乡销售系统一级企业”。20世纪90年代，面对市场的大量需求和企业的现状，该厂投资200万元，购置大中型设备20台件，形成了原料破碎、粉粒球磨、搅拌成型、提升输送的生产流水线。年产值达到700万元，年收入500万元，创利税30万元。1993年，全厂共有职工70人，其中各类技术人员15人。拥有固定资产102万元。年产量达6400吨。1998年，厂址搬迁至平坦镇半坡村，企业进行全面改制，由前庄、半坡、大村3个村联合办企，组建阳泉市晋阳碳素有限公司。职工人数增加到300人，其中管理、技术人员35人，拥有固定资产

2300 万元，成为郊区亿元企业。2019 年，随着市场需求的变化，产品以精为主，全厂共有职工 70 余人，其中各类技术人员 20 人。年产值为 1000 万元，年收入 900 万元，创利税 60 万元。

组织沿革

阳泉市晋阳碳素有限公司工会组织成立于 1995 年 12 月 30 日，工会组织名称沿用当时企业名称，为晋阳电碳厂工会委员会，隶属于平坦乡工会工作委员会，赵所祥任工会主席。1996 年 5 月，隶属平坦镇工会工作委员会。1999 年 12 月 30 日，晋阳电碳厂工会换届，选举赵所祥为工会主席，荆拉果为工会副主席，程光义、程杰、赵华、程桂花为委员，选举李宏祥为经费审查委员会主任，程桂义、程杰、赵华为经费审查委员会委员。2003 年 12 月，公司工会组织再次换届，赵锁祥继续担任工会主席，荆拉果任副主席，李奉忠、王海义、史秋怀、程建刚、程贵清、乔志明为委员；荆拉果任经费审查委员会主任，赵志强、乔志明为经费审查委员会委员。2006 年 7 月，隶属于平坦镇工会联合会。

主要工作

职工维权。为让职工安心工作，给职工上了医疗保险和养老保险，解决了职工的后顾之忧。2006 年，对平等协商、签订集体合同和工资集体合同工作的程序、基本要求等做了明确规定，由工会牵头，根据本企业的特点，按照规定职工方与企业方认真开展平等协商工作，签订集体合同和工资集体合同，努力提高职工工资待遇。在此基础上规范程序，高起点运作，加大协商、签约和履约的力度，重点提高履约率和履约质量。

职工培训。自工会组织成立后，大力实施提升职工素质工程，积极探索和实践新时期工会群众性经济创新活动的有效途径，组织动员广大职工以“创建学习型组织，争当知识型职工”活动为载体，全力推进职工素质工程。职工每年进行专业技术学习和考核，开展互帮互学等活动，2005 年 9 月，公司在开展素质攀升工程的过程中，积极开展了“质量月”职工业务知识和业务技术比武活动，企业参加人数达 230 余人，占企业总人数的 90% 以上，同时组织 31 个工种进行技能比武，评出了企业技术明星，增强了职工学业务、学技术的自觉性。通过形式多样的培训学习活动，提高了职工整体素质与业务水平，为企业发展奠定了坚实基础。参加了阳泉市组织的职工比武大赛，工会主席赵所祥获优秀组织者奖。2009 年，参加了全市组织的“安康杯”竞赛活动。在全市开展的“和谐劳动关系建设年”活动中，获得了创建“和谐劳动关系模范企业”称号。公司工会多次获得市区镇好评，被评为优秀单位和先进单位，并获得市五星级企业工会的称号。

贫困帮扶。为困难职工及特困职工建档，每年进行送温暖活动，由工会组织为大病职工及社会公益活动进行捐款，每年不限时的进行职工走访谈心献爱心活动，制定并出台了困难职工救助和职工子女考上大学奖励的规定。企业还专门为职工制定了一项特殊政策，凡本企业职工父母去世的，工会都到家进行慰问，并发放补助金 500 元。

文体活动。为了进一步增强企业的凝聚力，工会组织职工积极开展各项文体活动，经常组织篮球赛、乒乓球赛等，还专门修建了标准的篮球场，购置了带球架的乒乓球案等，专为职工活动使用，每逢节假日企业还组织文艺队参加市区镇会演，每年“七一”组织职工进行歌咏比赛，丰富了职工精神文化生活，提升了企业整体形象。

三来食品有限公司工会

企业概况

山西三来食品有限公司始创于20世纪80年代中期，是民用食品制作和农产品加工企业。公司总部位于山西省阳泉市矿区西河路。公司拥有马铃薯全粉加工和食品加工2个生产分公司及销售科研（厨源）分公司。就业职工达140余人，公司占地面积18000平方米，并在省内外合作建设了马铃薯种植产业联盟基地与蔬菜种植基地。公司及其产品先后被认定为“山西省科技型中小企业”“山西省农产品加工重点龙头企业”“中国地域十大名小吃代表品牌企业”“山西省质量信用AAA级标准企业”。公司注册的“三来”“老妮儿”商标被认定为“山西省著名商标”和“山西省名牌农产品”。公司旗下马铃薯全粉公司年生产全粉系列产品近1万吨，其产品在国内同行业中属佼佼者，可与进口产品相媲美，是国内数十家大型知名食品企业的薯粉原料指定供应商，在华南、华中地区久负盛名。公司特别注重科技创新和科技研发，通过技术中心研发出“马铃薯制品预拌粉”“马铃薯薯条预拌粉”“马铃薯薯泥预拌粉”“马铃薯高膳食预拌粉”“马铃薯红豆糕”“马铃薯曲奇饼”等多种马铃薯全粉延伸产品。公司直属食品分公司主要生产各种中西式糕点，及阳泉市地标食品“阳泉压饼”“老妮儿”系列烘焙、蒸制、油炸类食品，在省内及周边地区美誉度极高，深受市场消费者的欢迎。其使用的加工原料（米、面、油等）全部与国内知名厂家直接对接，所生产的产品麦香味突出，口感极佳，安全放心。2019年，营业收入5634.34万元，资产总额6877.77万元，利润总额872.67万元，上缴税金193.10万元。公司将不断适应市场需求，坚持科技引领带动作用，积极建设“三来”农产品加工科技园区 ，使公司成为省内外经济行业和创造商业价值的科技型食品制造企业。

组织沿革

公司于1999年成立工会，隶属于平坦镇工会工作委员会。工会主席一直由郝银担任，副主席由王宏杰担任，委员杨建政，经费审查委员会主任由王彦文担任，委员任丽芳，一直未进行工会换届工作。2006年7月，隶属于平坦镇工会联合会。

主要工作

公司于1999年成立工会后，做了大量工作。

积极开展工资集体协商工作，提高了职工的工资、福利待遇（春节、中秋节等节日均发放福利，夏季发放防暑降温用品）。同时也使职工把单位当成家，更好地服务公司、服务大众。

公司每年在“三八”国际妇女节期间组织女职工举办联欢活动，表演唱歌、跳舞、说相声等节目，同时为女职工发放福利。公司有在职孕期和哺乳期的女职工，单位也会给予一定的补助。

加强“职工之家”建设，1998年，被区总工会确认为“合格职工之家”。2014年，被市总工会认定为“阳泉市四星级基层工会”。

每年在公司生产淡季的时候，工会都要组织职工外出旅游，举办团建活动，增强大家的凝聚力、向心力。“五一”国际劳动节期间组织职工进行劳模评比、开展文体活动，增强大家的工作积极性。公司职工遇到困难的时候，大家捐资，对困难家庭进行了帮助。

官沟村煤矿工会

企业概况

官沟村煤矿属村办集体所有制企业，建于1986年，主要开采3#、6#、8#、12#、15#煤田，煤田储量120万吨，是优质无烟煤生产基地，产品深受周边河北、山东等省、市、地区工业化工用户和民用生活用户的欢迎，该矿地处阳泉市城矿结合部，距307国道线0.5千米，地理位置优越，交通运输便利。1993年，企业职工150人，其中各类专业技术人员28人，年产9万吨。2008年10月，按照山西省关于关闭煤矿有关政策，矿井实施关闭，企业职工向社会分流。

组织沿革

官沟村煤矿工会成立于1993年，隶属于平坦乡工会工作委员会。当年10月，召开第一次工会会员代表大会，选举安玉庆为工会主席，王庚红为工会副主席，张存堂为委员，籍福祥为经费审查委员会主任，白卫平为经费审查委员会委员。1996年5月，隶属于平坦镇工会工作委员会。同年9月，再次召开工会会员代表大会，补选张承文为工会主席。1999年12月，召开第三次工会会员代表大会，进行工会委员会换届工作，会议选举张承文为工会主席，张建明为工会副主席，籍福祥为委员，籍福祥为经费审查委员会主任，王庚红、杨占国为经费审查委员会委员。2006年7月，隶属于平坦镇工会联合会。

主要工作

官沟村煤矿工会成立后，致力于维护职工利益，提高职工工资、福利待遇，积极参与区、乡和村举办的各项文体活动，对困难职工进行帮扶，对莘莘学子进行助学奖励。

切实维护职工利益。召开职工代表大会，签订工资集体合同，提高职工工资待遇和福利待遇。坚持每年为职工发放白面、大米、油等生活用品，让职工真正做到衣食无忧，按工种按时发放劳保用品，为职工安全提供物质保障。

推进职工素质提升。紧紧结合企业实际，大力开展全员培训，积极推进职工素质提升，培训内容包括《中华人民共和国工会法》《中华人民共和国劳动法》《中华人民共和国安全生产法》《煤矿安全规程》等法律法规；通过各项培训，激发了广大职工努力学习的兴趣，增强了职工的安全生产意识，营造了钻研业务技能的良好氛围；组织引导职工积极开展企业民主管理、职工安全素质、企业文化建设，增强了企业的凝聚力和战斗力。

开展帮困扶贫助学奖励。对困难职工展开帮扶行动，每年对因病因灾造成困难的家庭给予经济补助，为困难职工排忧解难，帮困扶贫，先后为8户困难职工提供资金物质救济，充分发挥工会娘家人的作用，从2003年起对考入各类专科以上院校的学子给予1000元至3000元不等的助学奖励，鼓励他们学业有成，回报社会。

积极参加文体活动。参加平坦镇煤炭系统组织的夏季职工篮球比赛，每逢春节、元宵节都要举办文艺会演、歌咏比赛，让职工上台展示才艺，丰富职工群众文化生活。同时组织煤矿全员分批次旅游，共计1000人次，形成了文明健康向上的生活习惯，激发他们在工作实践中的主动性和创造性。积极参加区、镇、村举办的各项文体活动，增强职工之间的交流和沟通。

魏家峪煤矿工会

企业概况

魏家峪煤矿始建于20世纪70年代，隶属于平坦镇魏家峪村，属村办集体所有制企业。矿区地质储量200万吨。1980年，煤矿进行全面整顿，配备了新的领导班子，并投资100万元，大力进行矿井改建与技术改造，技改后矿井产量、产值、利税均大幅提高，职工人数增加到190人。90年代，煤矿年产原煤达到10万吨左右。该矿位于城市近郊，交通便利，地理位置优越，煤炭指标优质，深受河北、山东、天津等周边省、市、区工业与民用客户的青睐。1999年，为适应企业发展需要，村办企业改制，魏家峪村成立了阳泉市佳裕实业总公司，总公司下属4个公司8个企业，该煤矿归总公司管辖。2008年，村办集体企业由于资源政策等各方面因素，先后关闭，村集体主要以农业产业发展为主，从事乡镇工业生产人员转向农业生产战线。

组织沿革

1993年9月18日，魏家峪煤矿工会成立，隶属于区总工会。工会第一届委员会由3人组成，工会主席由梁忠担任，委员王方礼、孙美林。同时成立经费审查委员会，经费审查委员会主任由黄益本担任，委员黄在雁、李克玉。工会会员168人。1993年9月，改属平坦乡工会工作委员会。1996年5月，隶属于平坦镇工会工作委员会。1999年，村办企业改制，成立了阳泉市佳裕实业总公司。同年11月8日，总公司成立工会组织，选举产生了总公司第一届工会委员会，梁忠当选为工会主席，梁成銮、高卫当选为副主席，王华荣当选为委员；同时选举产生经费审查委员会，黄益本当选为经审委主任，姜润果、荆海梅、梁美红、孙美林当选为经审委委员，会员276人。2006年7月，隶属于平坦镇工会联合会。

主要工作

企业工会组织成立后，根据《中华人民共和国工会法》《中国工会章程》、阳泉市乡镇企业暂行规定等法律法规，工会组织建立健全了各项制度。为适应社会主义现代化经济建设需要，企业工会充分发挥自己的职能，参与企业发展，维护职工权益，使煤矿企业健康有序发展壮大。20世纪90年代，煤矿被阳泉市郊区区委、区政府先后授予百强企业，先进集体荣誉称号。

为适应企业发展、搞好精神文明建设、丰富职工文化生活、协助企业发展壮大、开拓创新、深化改革，从煤矿工会成立至佳裕实业总公司工会成立，工会积极组织职工先后举办了五届农民运动会，运动会项目有篮球、乒乓球、拔河、跳绳、象棋、扑克、趣味等比赛。工会组织负责为参赛运动员购买服装、颁发奖品，购置体育器材，极大地丰富了职工文化生活，使职工真正感受到了工会大家庭的凝聚力。

工会组建至2005年，先后修建约800平方米职工福利大楼，配置男女澡堂、锅炉房，铺设暖气设备，共计300余平方米。修建4个篮球场，其中2个是标准场地，购置4台乒乓球案及羽毛球拍等，为职工修建了洗衣房、理发屋，免费为职工洗衣、理发，每年定期为职工发放工作服2套及胶鞋、手套、洗衣剂、肥皂等劳保福利用品，极大地满足了职工劳动生产工作需求。

积极开展送温暖活动，工会组织每年拨付专款救济困难职工，对困难职工关照爱护，送去米、面、油等慰问品，帮助其解决生活困难，让困难职工感受到工会组织的温暖。

2008年，村办集体企业由于资源整合政策等各方面因素，煤矿关闭，企业职工转向农业生产战线，至2019年全村在职人员80余人，农民工成为工会组织的重要组成部分，工会组织向村民开放农家书屋、文化娱乐设施，组织农民参加安全教育、技术培训和文化娱乐活动，全面提高工会活力，在新时代建立健全维权新机制、新措施，构建和谐劳动关系，为全村发展奠定扎实基础。

龙兴化工有限公司工会

（详见第四章第二节）

神堂煤业公司工会

（详见第六章第五节）

坡头煤业公司工会

（详见第六章第五节）

村工会

桃林沟村工会联合会

村情概况

山西省阳泉市郊区平坦镇桃林沟村，位于城郊接合部，属阳泉生态新城区域。2016年合并郊区杨家庄乡大南庄村后，村域面积拓展为3.72平方千米，与甘河村、魏家峪村、冯家庄村、李家庄村相邻。居住人口1606人，其中农业人口1036人。有着得天独厚的区位优势和交通优势，通往全国各地十分便利，出晋入冀，朝赴暮归，是晋冀旅游大网中一颗耀眼夺目的明珠。该村向北经太旧高速到达山西省会城市太原119千米，向南经石太高速到达河北省会城市石家庄112千米，距全国四大佛教圣地之一五台山180千米；距全国名村昔阳县大寨村仅有39千米。即使到首都北京坐高铁也只用两个半小时。

桃林沟村历史悠久，晋赵文化的古风抚摸过她，晋商文化的营养滋润过她，红色文化的乳汁哺育过她，集体主义的光芒照耀过她。改革开放特别是进入新时代后，全村干部群众在村党组织带领下，依托煤炭资源推动经济转型，大力发展以休闲农业和新型工业为重点的集体经济，全面推进社会各项事业发展，桃林沟蜕变为美丽、和谐、富足、幸福的“桃花源”。

村基础设施完善，主要公用设施有舞台、篮球场、停车场；主要活动场所有老年活动室、健身园、图书室、党员活动室、老年日间照料中心、便民服务大厅。

“两委”班子成员由8人组成，党员71名，村民代表30人（其中党员、村民代表交叉的8人）。先后获得“全国文明村”“全国先进基层党组织”“全国生态文化村”“全国尊老敬老模范村”“中国美丽休闲乡村”等荣誉称号，2014年4月被评定为国家AAAA级旅游景区，2019年6月被山西省人民政府授予“山西省AAA级乡村旅游示范村”称号。村办企业（单位）有万方商砼有限公司、太阳石建筑材料有限公司、时光桃林旅游开发有限公司、桃林园艺中心；建有民俗文化园、家风馆、乡村故事馆、走染坊记忆馆、古州家风馆等文旅项目；招商引资项目有果蔬交易市场、童立方体能俱乐部、马术俱乐部、悦洋水世界、桃林欢乐世界；2017年并村帮扶原杨家庄乡大南庄村后，实施开发了田园综合体项目。

组织沿革

桃林沟村工会联合会于2007年成立，隶属于平坦镇工会联合会。当年10月，召开工会会员代表大会，选举史亨军任工会主席，史亨友、史亨丰为委员；同时选举产生经费审查委员会，赵瑞萍任主任，史华彪、史润勇为委员。2008年，因工作需要，经村党支部会议研究并报上级工会同意，桃林沟村工会联合会于12月25日召开了全体委员会会议。会议应到7人，实到7人。通过举手表决的方式一致通过李乃珠替补为村工会联合会主席，赵瑞萍替补为村工会联合会副主席，李汝军替补为村工会联合会委员，史润勇替补为村工会联合会经费审查委员会主任，史小露替补为经费审查委员会委员。此后至2019年，村工会联合会一直未进行调整。联合会包括桃林沟村委会工会、桃林园艺中心工会、太阳石建筑材料有限公司工会、时光桃林旅游公司工会；每个工会设主席1名，委员2名；职工入会率达90%。

主要工作

桃林沟村工会联合会成立后，始终秉承“六有”标准，即有依法选举的工会主席、有独立健全完善的制度机制、有服务职工的活动载体、有健全完善的制度机制、有自主管理的工会经费、有会员满意的工作绩效。认真履行职能，努力开展工作，不断规范自身建设。

推进职工素质提升。紧紧围绕企业中心，大力开展“创争”活动，积极推进职工素质提升工程，开办素质培训班，培训内容包括《中华人民共和国工会法》《中华人民共和国劳动法》《中华人民共和国妇女权益保障法》等，通过培训，激发了广大职工努力学习的兴趣，营造了钻研业务技能的良好氛围。

丰富职工文化生活。村工会联合会建起了职工活动中心、职工书屋、健身园等文化活动场所，成立了锣鼓队、秧歌队、腰鼓队等文艺队伍；每逢两节都要举办文艺会演，让职工上台展示才艺，以全村发展为题材，大家自编自演了小品、歌舞、三句半等，活跃群众文化生活。村民自发组织的业余晋剧团，学员全部为晋剧爱好者，他们在业余时间勤学苦练，每逢节日期间，都会为村民上台献艺，工会专门为他们购置了音响，添置了座椅、器材等设施设备。丰富的文化生活让职工在娱乐中学到更多的致富本领，形成了文明健康向上的生活习惯，同时激发他们在新农村建设中的主动性和创造性。传统庙会期间，村工会组织开展农民运动会，增强基层工会之间、职工之间的交流和沟通，活跃职工文化生活。

切实维护职工利益。全面实行新型农村合作医疗制度，成立了卫生医疗站，让职工真正病有所医。女55岁、男60岁的村民退休后每月可领取到800元到1600元不等的退休金。坚持每年为村民发放白面、大米、油等生活用品，让职工真正做到衣食无忧。对困难职工展开帮扶行动，每年年底对当年因病因灾造成困难的家庭给予3000元至30000元不等的补助，每年春节村工会都要向困难职工伸出援助之手，排忧解难，帮困扶贫。史喜娥、史亨森、史亨林、刘连萍等困难职工都是受到帮扶的对象。至2019年，年均投入帮扶资金200万余元，共使100余名困难群众摆脱困境，工会的桥梁纽带作用得到了充分发挥。2009年，被省总工会授予“先进村工会”光荣称号，并奖励“大运”牌维权摩托车1辆。

辛兴村工会联合会

村情概况

辛兴村位于阳泉市西部，距离市区大约 7 千米，是阳泉市郊区平坦镇政府所在地，307 国道沿村而过，距青银高速入口仅 4 千米，交通十分便利。毗邻阳煤集团新景矿，面积 8.4 平方千米，常住人口 2336 人，其中在册人口 818 户、1680 人。

辛兴村村支“两委”共 7 人。共有党员 66 名，村委会下属 10 个村民小组，村民代表 44 人。进入 21 世纪后，先后获得先进党组织，新时代文明实践站先进集体、星级文化活动中心、市级文明村，省、市级全面小康新农村，工会工作先进单位等荣誉称号。

村内自然环境良好，风景秀丽，圣泉寺享誉省内外，寺周古柏参天，苍翠挺拔，圣泉环绕。基础设施完善，街道全部硬化、亮化、绿化、美化；村内建有老年活动室 2 处，广大老职工真正实现老有所养、老有所乐；村内设医疗卫生机构 1 所，还建有党员远程教育网和欧盟网、健身房、图书室、棋牌娱乐室、歌舞厅等文化娱乐场所，各种健身设施齐全。

组织沿革

辛兴村工会联合会于 2007 年成立，隶属于平坦镇工会联合会。当年 10 月，村工会联合会第一次会员代表大会召开，选举产生工会联合会委员 5 人，石树祥任主席，王宝德任副主席，石存福、贾春玲、江宏为委员。同时选举产生首届经费审查委员会，刘扣孩为主任，任海洲、穆玉莲为委员。2010 年、2013 年、2016 年工会组织按期进行换届，白树森任村工会联合会主席，石文新任副主席，江宏、任海舟、李英英为委员。靳建平任经费审查委员会主任，荆小琴、白昱为委员。2019 年，村工会联合会第五次会员代表大会召开，选举产生工会联合会委员 4 人，石文新任主席，李英英任副主席，江宏、任海舟、李英英为委员。同时选举产生经费审查委员会，靳建平为主任，荆小琴、白昱为委员。

主要工作

兴办职工书屋，提高职工的文化素质。鼓励职工读书、用书，学习科学文化知识，进一步活跃和丰富职工文化生活，改善村联合工会文化环境，提高广大职工整体素质和文明程度，促进村经济协调发展。努力营造浓厚的文化氛围，打造精品工程、亮点工程，提高广大职工的文化素养，进一步改善村风民风，开展“好婆婆”“好媳妇”“五好家庭”评选活动，促进家庭和睦，树立文明和谐的村风，为村全体职工营造一个理想的家园。

开展“新家园、新生活、新风尚”教育活动，加强对职工的技能培训，努力提高职工素质。开展技能技巧和创业培训多次，参培人员 100 余人，培训内容包括面食甜点、生日蛋糕、化妆技巧、创业计划、设计、规划，创业的经营方式、创业的有关法律常识等。

积极开展娱乐活动。村工会组织文艺队，在庙会期间和农闲之余以及节假日举办活动，给群众送上精彩的文化大餐。不断拓展活动形式，如联村文艺展演、趣味运动会、组织观看爱国主义教育电影、两节期间组织文艺队和群众开展民间艺术活动，组织秧歌、锣鼓、腰鼓等民间艺术活动。

帮扶救助困难群体。工会把排民忧、解民难作为帮助他们办实事的出发点，树立科学的发展观，坚持面向群众、及时帮扶、快捷准确、拾遗补缺、高效务实的工作原则，充分发挥工会组织的桥梁和纽带作用，切实履行工会组织的维权职能，把困难职工帮扶工作落到实处。2006年，为激励更多的学子上进学习，对考入一、二、三本的大学生，均享受奖学补助金。体察民情，积极开展“送温暖，献爱心”活动。每年春节前夕，工会干部都要为困难职工送去慰问金及慰问品。对患重大疾病和粮食收成效益不好的困难群众给予适当的救助，解决他们的生活困难，帮助他们渡过难关。

第四节　义井镇工会联合会

镇情概况

义井镇紧邻阳泉市区，是典型的城郊结合型乡镇，素有“城中之镇”的美称。义井自古井多泉甘，村民渴求安居乐业，故得名乂井，后演变为义井。1990年1月城区车辆厂出土的北宋政和六年（1116）墓志砖刻有“乂井村”字样。镇政府驻设于此，故用此名。

该镇位于北纬37° 48′ 59″～37° 51′ 46″，东经113° 31′ 08″～113° 40′ 31″。地处阳泉市郊区东南部，东与平定县巨城镇相连，南有平定县冠山镇、冶西镇环抱，西与平坦镇为狮脑山所隔，北与城矿区交错；辖区东西最大距离13千米，南北最大距离5千米，总面积41.47平方千米。镇政府驻义东沟村，距区政府驻地荫营约14.6千米，距阳泉市区中心约3.4千米。

该镇清代属平定州升中乡义羊都。中华民国时期，西峪，西峪掌、杨家庄、牛家峪、圪套属平定县第三区（区驻广阳），白羊墅、王垅、圪台、石家庄属平定县第四区（区驻辛兴），其余村均属平定县第一区（区驻县城）。1950年3月至1953年，白羊墅、圪台、王垅、石家庄属平定县第五区（区驻移穰），泊里、小河、河下等村属平定县城关区（区驻十字街）。1953年至1958年设白羊墅乡，属平定县直辖。1961年4月，镇部分生产大队划归市直人民公社，即义井人民公社；1963年，划归阳泉市站上区（今城区）；1969年1月，该公社划归阳泉市荫营区（今阳泉郊区）；1970年1月再划归阳泉市城区；1978年重新划归阳泉市郊区；1984年5月，实行乡镇建制，改称义井乡人民政府；1993年4月，阳泉市成立经济技术开发区，义井乡王垅村划归开发区。1996年5月，义井乡撤乡设镇为义井镇。2017年5月，由阳泉市城区托管。2019年末，辖义东沟、义井、小河、瀑里、白羊墅、圪台、河下、南庄、大阳泉、神峪、西峪等12个村民委员会（牛家峪、西峪掌并入义东沟）。辖区总人口3.2万人，人口密度为每平方千米501.37人。

中共十一届三中全会后，该乡坚持以经济建设为中心，合理调整产业结构，积极发展多种经营，初步形成了以农业为基础，以工业为支柱，农、林、牧、副、工、商、建、运全面发展的城郊型经济格局。至1992 年底，全乡有建材、耐火材料、煤费、化工、轻工、冶金、机械、交通运输、商业、饮食、服务业以及饮料等12个行业、371个集体所有制企业。其中，乡办企业9个，村办企业105个，个体企业发展到257个，乡镇工业产品发展到56个系列300余个品种，其中5个企业7个品种达到市或市以上优质产品。1992年底，全乡社会经济总收入10733万元，其中，乡镇企业总产值9107万元。全乡人均收入900.6元，社会经济总收入千万元以上的村有6个。至2019年末，山铝耐火、南煤煤矸石砖厂、山西昌达伟业建材集团、永茂成洗配煤等一批投资大、效益好的企业成为义井镇企业发展的“龙头”。瑞光合成、太行机械、中然建材、义兴装潢、晋华通碳素厂、漾泉机电安装等一批低耗能、低污染的新兴企业逐步成熟，发展壮大。

组织沿革

义井镇工会成立于 1993年 9月，成立初期名称为义井乡工会工作委员会，属一级工会组织，为区总工会直属。1996年 5月，义井乡撤乡设镇为义井镇，工会组织名称也随之更名为义井镇工会工作委员会。其间，先后由乡党委副书记李维程、镇党委副书记王可剑、王光荣、郭存明、高清彦任主任；郗海莲为工委干事。2002年 5月，义井镇私营企业工会联合会成立，选举高清彦任工会联合会主席，戴彦宏、侯德刚、张胜强、张淑玲为委员。2006年 7月，召开义井镇工会第一次会员代表大会，成立义井镇工会联合会。同年 10月，民主选举刘郁珍担任工会联合会主席，侯德刚担任工会联合会副主席，周良观、吕耀、李建强、陈冬至、李艳琼 5人为工会联合会委员；王如祥为经费审查委员会主任，李延、刘贵军为经费审查委员会委员。2009年 5月，补选石汝廉为镇工会联合会主席；刘顺田、冯建胜为镇工会联合会委员。2013年 7月，义井镇工会联合会召开第二次会员代表大会，选举石汝廉为工会主席，石海琴为副主席。2016年 6月，由于领导调整，姬磊替补为义井镇第二届工会联合会委员、工会主席。2018年 8月，义井镇工会联合会召开第三次会员代表大会，此次大会到会正式代表有 46名，女会员代表 17人，大会选举产生了新一届工会主席、副主席、工会委员、经费审查委员会主任及委员，女职工委员会主任及委员。此次大会选举镇人大主席姬磊为工会主席，选举石海琴、王如祥、吕志文、张竹青为副主席，选举王如祥为经费审查委主任，选举石海琴为女职工委员会主任。由于义井镇工作调整，姬磊调离，2019年 12月 4日召开了三届二次全委会进行主席替补，镇人大主席刘贵军替补为工会主席。

2019年，义井镇工会联合会下设瀑里村、小河村、义东沟村、白羊墅村 4个村工会联合会，10个村工会委员会，3个企业工会委员会，1个机关工会委员会，共 18个基层工会组织，共有会员 904人。辖区内一些 25人以下的企业以村为依托，加入村工会，由村工会管理。

义井镇历届工会主席副主席一览表

表 4-7

届 次	姓 名	性 别	工会职务	任职时间	行政职务
工会工作委员会	李维程	男	主 任	1993 年 9 月至 1996 年 1 月	党委副书记
	王光荣	男	主 任	1996 年 1 月至 1997 年 3 月	党委副书记
	王可剑	男	主 任	1997 年 3 月至 1998 年 5 月	党委副书记
	郭存明	男	主 任	1998 年 5 月至 2000 年 1 月	党委副书记
	高清彦	男	主 任	2000 年 12 月至 2006 年 7 月	党委副书记
第一届工会联合会	刘郁珍	女	主 席	2006 年 7 月至 2009 年 5 月	人大主席
	侯德刚	男	副主席	2006 年 7 月至 2013 年 7 月	—
	石汝廉	男	主 席	2009 年 5 月至 2013 年 7 月	人大主席

续表 4-7

届　次	姓 名	性 别	工会职务	任职时间	行政职务
第二届工会联合会	石汝廉	男	主　席	2013 年 7 月至 2016 年 6 月	人大主席
	石海琴	女	副主席	2013 年 7 月至 2018 年 8 月	—
	姬　磊	男	主　席	2016 年 6 月至 2018 年 8 月	人大主席
第三届工会联合会	姬　磊	男	主　席	2018 年 8 月至 2019 年 12 月	人大主席
	刘贵军	男	主　席	2019 年 12 月起	人大主席
	石海琴	女	副主席	2018 年 8 月起	—
	王如祥	男	副主席	2018 年 8 月起	—
	吕志文	男	副主席	2018 年 8 月起	—
	张竹青	女	副主席	2018 年 8 月起	—

2019 年义井镇工会联合会基层工会组织建设一览表

表 4-8　　单位：人

工会名称	工会主席	职工人数		会员人数	
		总数	女职工数	总数	女会员数
义井镇工会联合会	刘贵军	774	302	774	302
圪台村工会委员会	王长明	26	12	26	12
义井村工会委员会	方瑞祥	26	11	26	11
瀑里村工会联合会	刘顺田	159	44	159	44
牛家峪村工会委员会	张玉连	8	2	8	2
白羊墅村工会联合会	周胜忠	78	18	78	18
义东沟村工会联合会	杨文铵	166	54	166	54
大阳泉村工会委员会	李喜燕	54	22	54	22
南庄村工会委员会	李保田	47	17	47	17
神峪村工会委员会	吕艾萍	9	4	9	4
西峪掌村工会委员会	吕燕华	8	4	8	4
河下村工会委员会	葛惠银	77	42	77	42
西峪村工会委员会	王鸿珍	44	19	44	19
王家峪村工会委员会	吕志文	16	8	16	8
小河村工会联合会	石玉贵	118	29	118	29
瀑里炉料有限公司工会	吕巨堂	70	23	70	23
阳泉市顺泰和工贸有限公司工会	杨成河	49	7	49	7
山西金源工程材料有限公司阳泉分公司工会	白锁福	60	10	60	10

职工代表大会

义井镇区域性职工代表大会建制于 2007 年。第一届一次区域性职工代表大会于 2007 年 4 月召开，辖区非公企业 18 家。会上，签订了《义井镇区域性集体合同》《义井镇区域性工资集体合同》《义井镇区域性劳动安全卫生集体合同》《义井镇区域性女职工特殊权益保护专项集体合同》。2013 年 4 月，召开义井镇二届一次区域性职工代表大会，多家非公企业续签《义井镇区域性集体合同》《义井镇区域性工资集体合同》《义井镇区域性女职工特殊权益保护专项集体合同》《义井镇区域性劳动安全卫生集体合同》。2018 年 4 月，召开义井镇三届一次区域性职工代表大会，职工代表 40 人，辖区 25 人以上非公企业 5 家，签订或续签《义井镇区域性集体合同》《义井镇区域性工资集体合同》《义井镇区域性女职工特殊权益保护专项集体合同》《义井镇区域性劳动安全卫生集体合同》。

主要工作

工会组织建设

2006 年 7 月，义井镇工会联合会成立后，通过加强基础设施建设和工会组织建设，强化基层工会职能。2007 年 7 月，义井镇工会在辖区相继成立义东沟村工会联合会、圪台村工会联合会、义井村工会联合会、瀑里村工会联合会、白羊墅村工会联合会、大阳泉村工会联合会等 10 个工会联合会，2010 年 7 月又相继成立牛家峪村工会委员会、神峪村工会委员会、西峪村工会委员会、西峪掌村工会委员会。随着经济建设的不断深入，义井镇辖区非公企业开始增多，一些 25 人以上企业开始逐步成立工会，义东沟村砖厂、阳泉市顺泰和工贸有限公司、山西金源工程材料有限公司阳泉分公司工会等 25 人以上的企业统一纳入义井镇工会联合会进行管理。25 人以下的小企业则以各村为依托，加入各村联合工会，由各村工会管理。与此同时，按照区总工会提出的创建星级乡镇（街道）工会标准，相应成立工会经费审查委员会、女职工委员会。2018 年 8 月 8 日，义井镇工会联合会召开第三次会员代表大会，完成换届选举工作，选举产生新的工会领导班子。按照《关于开展会员评议职工之家活动实施意见》的要求，镇工会结合实际工作情况制定本单位的实施方案，组织 14 个村基层工会开展会员评议职工之家活动，经过村工会的测评，群众满意度都达 90%。2019 年，义井镇工会以企业建会和职工入会为工作重点。按照区总工会“组织攻坚月和八大群体入会”活动的安排，根据“广普查、深组建、全覆盖”的要求，镇工会广泛开展工会组织网格化管理工作，加强工会组织和工会会员的实名制登记，组织村工会对辖区所有非公企业和外卖点、快递点、临街市场、大货车司机等逐一进行摸底登记和核实，并将工会组织和会员全部输入计算机，实行动态化管理。年底，义井镇工会联合会共有基层工会 18 个，会员 904 人。

职工素质提升

2007 年后，随着工会组织的健全，义井镇工会联合会多次选派干部参加市、区总工会和相关部门举办的各种短期培训班培训学习，镇工会也通过以会代训、讲座等形式举办基层工会干部和工会积极分子培训班，提高工会干部的理论水平和业务能力。2014 年，镇工会联合会组织基层工会干部 30 余人，在企业中开展了“创建学习型组织，争做知识型职工”活动和争创“五一文明岗”活动。通过知识竞赛的形式，工会干部认真学习《中国工会章程》和《中华人民共和国工会法》等。2018 年 11 月，全总召开工会十七大后镇工会采取集中学习、个人学习、书写心得体会等形式，组织工会干部认真学习贯彻会议精神，与此同时系统学习了工资集体协商、职代会制度、大病医疗互助操作、《山西省乡镇（街道）工会规范化建设指导意见》和《山西省基层工会规范化建设指导意见》等。2019 年 4 月，镇工会选派 1 名优秀基层工会干部参加省总工会在太原举办的工会理论知识业务培训。同年 10 月，选派 2 名基层工会干部参加市总工会特色培训。

职工权益维护

义井镇工会联合会将维护职工合法权益作为工作重中之重。2019 年，镇工会把关心职工就业需求，维护职工就业权利，努力促进职工就业作为首要任务。在日常工作中，镇工会收集整理各类就业招聘信息，开展“春送岗位”招聘活动，组织人员到各村广场进行张贴发放，为失业人员，特别是就业困难和零就业家庭提供就业服务。根据上级工会“工资集体协商月”活动安排，镇工会积极在辖区内开展宣传活动，向辖区居民发放《中华人民共和国宪法》《中国工会章程》《山西省农民工权益保护条例》《山西省工资集体协商条例》等相关法律法规。同时，依据有关法律、法规，规范和促进集体合同、工资集体合同的签订和履行，同时指导和帮助职工签订劳动合同。

困难职工帮扶

义井镇工会一直把帮扶困难职工作为一项重要的工作职责，每年支出一定的经费用于救助困难职工，同时还建立困难职工档案，掌握特困职工的家庭收入、子女读书、患病就医、下岗再就业和权益保障等方面的实际困难，采取积极措施，给予及时的关心和帮助。每年春节前夕，开展“两节”送温暖活动，为困难职工发放慰问金，送去米、面、油等物资。2016 年“三八”国际妇女节期间为全镇女职工送上一份“女职工特病保险”。对原工会帮扶系统内 60 余人一一核实情况，并按上级工会要求集中开展困难职工档案重新申报审核工作。在每年举行的“金秋助学”活动中，配合区总工会对困难职工家庭子女进行资助，圆梦校园。为提高职工的医疗保障，2007 年至 2019 年，连续开展职工大病医疗互助活动。

职工文化活动

义井镇工会着重从“职工书屋”、“职工之家”建设和开展文娱体育活动方面，丰富职工文化生活。广泛开展了寓教于乐、健康有益的文体活动，更好地满足了广大职工日益增长的精神文化需求。镇工会积极组织职工参加区总工会组织的登山活动和篮球比赛、乒乓球赛，并取得了良好的成绩。2010 年，在小河村和义东沟村相继建立“职工书屋”，各有图书 4000 余册，种类丰富，所有图书实行每天面向职工开放，供职工免费借阅，为广大职工提供学习平台。2019 年，义井镇工会在镇机关一楼成立了职工之家活动室，活动室分为图书室和乒乓球室，不仅为职工们提供了休闲放松场所，同时起到了服务职工，凝聚人心的重要作用。

骨干企业工会

山西金源工程材料有限公司阳泉分公司工会

企业概况

山西金源工程材料有限公司阳泉分公司位于阳泉市城区义井镇小河村西。前身为阳泉狮头特种水泥有限公司（原阳泉特种水泥厂），于 1987 年 6 月建成投产。占地面积 5.1 万平方米，员工 452 人，资产总值 11557 万元，采用回转窑干法工艺。主要生产销售钰牌硫铝酸盐系列特种水泥，年生产规模 30 万吨。隶属于太原狮头水泥股份有限公司，是国有控股上市公司。其下属企业包括：阳泉狮头特种水泥五渡分公司，生产普通水泥；预制分厂，生产轻质隔墙板、蔬菜大棚骨架、路缘石等构件产品；塑料分厂，生产塑料编织包装袋；印刷分厂，从事各种印刷品；供水站，年产30万吨生活及工业用水。企业投产后，依托资源优势、开发特色产品、建造市场网络，实现规模经营。产品填补了省内空白，完成了星火计划项目生产。近20种硫铝酸盐系列特种水泥。其中1项获山西省“名牌产品”，2项获国家“发明专利”，3项获阳泉市“科技进步奖”。钰牌商标获阳泉市“知名商标”和山西省“著名商标”。企业于2003年被中国农行山西省分行认定为“AA级信用度企业”；2004年被评为阳泉市和山西省“守合同重信用企业”。2006年10月，由山西金源工程材料有限公司阳泉分公司整体接受职员、租赁厂地设备、设施。公司重组后，内分设制备、烧成、制成三大车间，有供销、财务、机电设备、化验、后勤、环保、安全、保卫、公司办八科一室，并有公司党支部、工会、青年团、女工办等机构组织。公司依靠山西优质的矾石、石灰石、煤炭资源，依托中国建材院以及多家高等院校的科研优势，充分发挥自身科研团队的优势，以及完善的试验条件，建立校企合作典范。凭借丰富的工程材料生产经验、可靠的工程材料质量、良好的售后服务享誉业界。公司各类产品在高铁、高速公路、机场跑道、城市道路及地铁、海港、隧道、桥梁、煤矿、有色金属矿山、大型预制构件等工程上得到广泛应用。并多次获得“山西名牌”和“国家名牌”。产品销往全国27个省市自治区，并出口英国、法国、韩国、东南亚等。2013年至2019年，公司先后获得义井镇人民政府授予的安全生产先进集体、先进集体单位、保治理先进单位。2019年该公司实际产量24830吨，收入1828万元，纳税121万元。

组织沿革

该公司1987年6月建成投产，1988年9月建立工会，隶属于郊区总工会。当时有职工260名，会员225名，共分8个小组，工会委员会由5人组成，工会主席李锦春，下设女工委员和经费审查小组，财务独立，制度基本落实。随着企业的巩固发展，企业名称的变更，产权制度改革和经济结构调整，工会工作在不同阶段各有侧重。从了解考查到研究协商，从制定方案至组织运作，以及报批审核，完善程序，直至规范运行，工会都参与其中，发挥了积极作用，工会会员由原来的225名增至398名。1993年9月，隶属义井乡工会工作委员会。1996年5月，隶属于义井镇工会工作委员会。

2006年10月，因诸多原因，特种水泥厂整体出租给山西金源公司进行生产经营。金源公司注入流动资金400万元复产复工。并逐步解决所欠职工工资136万元和养老保险费189万元，维持了生产的正常运营，稳定了职工队伍；安装技改环保设备，维持了正常企业生产。2006年7月，公司工会隶属于义井镇工会联合会。2013年6月，公司工会重组，成立山西金源工程材料有限公司阳泉分公司工会，6月23日召开了第一次会员代表大会，正式代表19名，选举产生了首届工会委员会，工会主席由周良观担任，同时选举产生经费审查委员会和女职工委员会。

主要工作

抓好基础工作，推动生产经营健康发展。建厂初期，职工队伍来源主要是刚刚放下锄头的农民和刚走出校门的学生，且知识水平参差不齐，工会与企业党政领导认真分析研究，安排部署，采取走出去、请进来和开办职工学校的方式对职工进行培训教育，职工学校在补习初中文化课的基础上，开设了机械基础、机械制图、钳工工艺等专业技术课程，通过培训，使全厂青工普及和巩固了初中文化，并有50余名职工领取了职高毕业证书，为提高职工队伍素质奠定了基础。在加强职工培训的同时，建立健全各项规章制度，工会积极主动参与其中进行源头管理和维护，并在制定、出台、宣传、贯彻、实施的过程中密切与行政配合。在日常生产经营活动中，工会团结带领广大职工积极开展科学实验、技术创新和技术改革活动。利用当地资源优势，以化验室为基地，大胆革新试验，先后开发研制了十几种硫铝酸盐系列新型建材产品，其中快硬硫铝酸盐水泥创名牌产品，超高强水泥和高水速凝单浆料获得发明专利，超高强硫铝酸盐水泥荣获山西省百项重大技术难题攻关一等奖，发挥了企业的科技优势和名牌影响。与此同时，工会积极组织广大职工开展业余创作、演讲演唱、知识竞赛、文艺联欢、简易体育运动等多种形式的文体娱乐活动，创办《特水厂报》，努力提升企业文化。在历次的抗洪救灾、抗击非典、爱心助残等捐助和无偿献血等社会公益活动中，特水职工都是积极参与、热情奉献。另外，工会不忘对工伤、重病、丧亲丧偶、特困职工的慰问探望，体现了工会的关怀和企业大家庭的温暖。1995年，职代会制度建立健全后，进一步规范了企业民主管理，生产经营计划指标、重大基建和技改项目、职工工资调整改革、企业产权和体制变动等重要事项都要经职代会讨论通过。公司重组后，工会组织开展了“查隐患、杜三违、保安全、促生产”的自查自纠活动，加强安全生产管理，层层签订安全责任书，努力形成“人人讲安全、事事讲安全、时时讲安全”的良好安全氛围；积极组织广大职工开展劳动竞赛活动降本增效，在全公司范围内开展以“六赛”（赛成本、降消耗，赛产量、夺第一，赛质量、创优质，赛安全、零事故，赛纪律、争先锋，赛精神、比贡献）为主题的劳动竞赛活动。通过“六赛”，产值产量均有不同程度的提高，工业用煤、电、水的单位产品成本大大降低，综合能耗有了较大幅度降低。与此同时，工会创办《公司简报》，努力提升企业文化。

参与体制改革，促进企业经济结构调整。1997年，特种水泥厂进行了企业产权制度改革，作为郊区的企业改制重点单位，从清财核资、界定产权、设置和募集股金到民主选举产生董事和监事，工会从中做了大量工作，经股东代表大会选举，工会主席当选为监事会主席。从乡办集体企业到有限责任公司，从乡镇企业职工到持股的公司股东，不论企业性质还是职工身份都在发生变化，但是工会工作的性质和任务没有变，在这一阶段，除了履行正常的工会职责以外，公司多次召开职工代表和股东代表联席会议，讨论和研究企业的重大问题，收集代表们的合理化意见和建议100余条，落实率达65%。同时，在这一时期内，工会协助行政领导进行了多方面的考查和探索，寻求以扩大规模为主的经济结构调整目标，并落实了10万吨特种水泥生产线（第3号回转窑）项目。

突出维护职能，确保企业和职工利益双赢。2000年5月，企业并入太原狮头水泥股份有限公司，成为国有控股子公司，并于2001年8月实现了股票上市。从此，企业性质和职工身份又一次发生转换。但是，不论如何变换，突出维护职能永远是工会的天职，也是工会工作的第一要务。面对乡镇企业与国有企业之间职工身份差异和悬殊这一现实，工会开始考虑职工的终身利益问题。经过深思熟虑，与企业党政领导、集团公司及地方政府有关部门取得联系后，亲手直接操作，办理职工小城镇户口农转非和社会统筹养老保险，依法履行《集体合同》和《工资集体合同》。当养老保险费交费发生困难时，工会毫无保留地向企业领导提出要求和建议，共同研究解决的办法。同时，对工伤职工的安置，大病职工的救助，以及女职工的特殊利益保护等诸方面，工会都义不容辞地进行协调解决，同时，工会在干部队伍调整，稳定职工思想情绪等方面做了大量的深入细致的工作。公司重组后，工会以关心职工生活、为群众办好事实事为己任，经常深入一线，和公司职工进行谈心，认真了解职工家庭的生活、工作状况，并登记备案；对困难职工进行了全面摸排、建档，定期对病困职工进行帮扶。在夏季为职工发放高温补贴，煮绿豆汤、发放夏季降暑福利。指导职工与企业签订劳动合同，关心弱势群体，依法协助和督促行政做好工资、劳动安全卫生和社会保险工作，办好职工福利事业。反映职工呼声，努力为职工排忧解难。

昌达混凝土搅拌站工会

企业概况

昌达混凝土搅拌站隶属于山西昌达伟业建材集团，占地面积19000平方米，拥有职工230余名，其中，本科以上学历60名。该企业本着“高起点、高技术、高标准”的发展宗旨，依靠“人才兴企、科技兴企”两大发展战略，成为集生产、试验、销售为一体的专业混凝土公司。2019年，拥有2个搅拌站、4条混凝土生产线，年生产能力达180万立方米。企业运送设备能力匹配先进，有混凝土搅拌车42辆、散装车3辆、泵车6辆、车载泵3台、地泵2台、专用加油车1辆，总资产达1.4亿元；企业生产工艺先进，可以生产轻质、抗渗、膨胀、早强、抗冻等普通和特种混凝土，其质量与服务赢得了广大用户的信赖，混凝土配比不断优化，产品质量符合国家规定标准，符合国家在混凝土方面倡导的高工作性能、高强度、高耐久性、低水泥用量的“三高一低”方针，产品通过ISO 9001质量和ISO 4000环境管理体系认证，而且通过科技创新，将属于三废的煤矸石、碎石屑、粉煤灰应用到商品混凝土生产并获得成功，通过山西省资源综合利用产品认定，成为全国第一家享受免税政策的民营商品混凝土企业。企业管理运转规范，引入了ERG管理系统和GPS卫星定位系统，对原材料入厂、生产过程、试验检验、车辆调配、成品出厂运输、工地浇注等实施了全过程计算机监控，相关的管理工作实现了全程信息化办公，极大地提升了企业的生产能力、运输能力和管理能力。ERG管理系统和GPS卫星定位系统成功应用，被阳泉科技局推荐为山西省企业信息管理先进单位。

组织沿革

2007年8月28日，阳泉昌达混凝土搅拌站工会成立，隶属于义井镇工会联合会。同时召开首届一次工会会员代表大会暨职工代表大会。采用竞选演讲、无记名投票、差额选举等方式，选举产生首届工会委员会。黄鹏当选为主席，王丽萍、张军全当选为副主席；同时选举产生经费审查委员会。工会委员会下设工会办公室。同时成立了女职工委员会、劳动竞赛委员会、劳动争议调解委员会等相应的工作机构，各生产车间均成立了工会小组并选举产生了小组长，有会员720人。至2019年，工会组织未作变动。

主要工作

为丰富职工的文化生活、增强职工的凝聚力和向心力，在公司的大力支持下，建设了高标准职工文娱活动区，不仅配备了电脑、电视、音响、幻灯仪等，而且篮球场、乒乓球室等体育设施齐全，为工会开展活动提供了良好的条件。

工会发挥职能作用，切实维护职工利益，为职工办实事办好事。工会先后代表职工与公司管理层就职工社会保险、劳动保护、劳动报酬、职工民主权利、女职工特殊权益等相关事宜进行协商，签订了集体合同和工资专项集体合同，积极参与制定劳动保护标准及职工的福利标准，保证职工的劳动用品和福利足额定时发放到位，为职工争取正当合法权益，创造了良好的工作环境和条件。

平时公司职工家中遇到天灾人祸，重病住院或子女上学，工会领导都要亲自探望并给予资助，每年这部分开支都在数万元。工会还积极开展大病医疗救助工作，建立健全困难职工档案，关心职工身心健康。在“五一”国际劳动节、国庆、元旦等重大节日，工会都要安排慰问特困职工的活动。

工会以创建模范职工之家为载体，扎实工作，关心职工群众，充分调动了职工的积极性和创造性，真正做到组织健全、工作活跃、作用明显、职工信赖，受到公司职工的真诚欢迎。工会每年组织职工参加各类培训约 30 次，观看电视教育片 12 场次，办主题墙报、板报 20 余期，职工一入职，就对他们进行“解放思想、创新理念、与企业和谐共进”的企业理念教育。组织职工开展各种形式的技术培训和岗位练兵的劳动竞赛活动，对技术过硬的职工给予奖励，使全体职工都能掌握一门以上的职业技能。做到了全员参与安全生产管理，重新订立了安全管理制度，和职工签订了安全生产责任状，并组织相关人员到各生产现场查隐患、促管理，把各类事故消除在萌芽状态。发挥职工主观能动作用，增强职工主人翁意识，为较好完成公司各项任务奠定了基础。在积极参加上级工会组织的“安康杯”竞赛活动评比中，被评为民营企业第二名。公司工会顺利通过了四星级标准验收。通过扎实有效的工作，将职工之家打造成职工自己的温馨之家，既维护了职工的合法权益，又促进了企业的和谐稳定发展，成为企业发展的好帮手，受到了广大职工的衷心拥护，也得到了社会的充分肯定。2008 年 3 月，工会被阳泉市总工会授予“模范职工之家”的荣誉称号；2009 年 10 月，被山西省总工会授予“四星级工会”荣誉称号；2010 年 1 月，被义井镇工会联合会授予“工会工作先进集体”荣誉称号；2010 年 4 月被阳泉总工会授予“非公企业先进工会组织”的荣誉称号。

瀑里炉料有限公司工会

企业概况

阳泉市瀑里炉料有限公司成立于 1978 年，其前身是一家村办企业，名为瀑里耐火厂，随着改革开放的进一步深入，企业实行股份制改组，成为股份制有限责任公司，董事长石文刚，统一社会信用代码为 911403117598309159。公司位于阳泉市城区义井镇瀑里村，占地面积 54000 平方米，企业在职职工 150 人。产品以服务特殊钢耐材为主，行销全国主要特殊钢铁企业，远销美国、日本、韩国、德国、俄罗斯、意大利等国家。年产量 10000 吨，销售额 4500 万余元，在特钢耐材的生产、技术、市场方面居于全国前列。进入 21 世纪后，该公司提出了“做浇钢精品，铸世纪耐材，打造百年强企”的宏愿，制定出五年打造 1 亿元、实现利税 2000 万元的五年规划目标。以“制造智能化，管理数字化，产品全系化，企业品牌化”为实现路径，领跑行业先锋。

组织沿革

随着改革开放的进一步深入，阳泉市瀑里炉料有限公司工会委员会于1997年6月成立，会员102人，李剑担任第一任工会主席。2004年，根据《中华人民共和国工会法》有关规定，选举李志远担任第二任工会主席。隶属于义井镇工会工作委员会。2006年7月，隶属于义井镇工会联合会。2019年，吕巨堂担任工会主席，企业职工70人，工会会员70人，入会率100%。

主要工作

根据《中华人民共和国工会法》总则第六条的明确规定，紧紧围绕工会的四大职能开展工作。积极维护广大职工的经济效益和民主权益；吸引和组织职工投身企业经济建设和改革，努力完成企业生产任务，发挥广大职工参政议政作用，组织职工参与国家和社会事务活动，不断提高职工的思想政治觉悟、文化素质和业务操作技能，充分发挥工会组织的职能作用，着力维护广大职工的经济权益，培养职工互帮、互助、互学的大局意识，建立与企业发展相适应的主体架构，为企业工会发展奠定坚实的基础。第二届工会组织调整后，紧跟企业发展步伐，为广大职工排忧解难。在搞好职工维权、利益维护的同时，广泛开展职工思想教育、安全培训和技能比武，组织职工参加各项社会活动。坚持每年开展“三八”国际妇女节群众体育活动。“五一”国际劳动节、“五四”青年节劳动技能培训和青年职工业务交流。按期发放劳保用品和季节性福利。为防止夏季一线职工中暑，工会组织后勤人员为每班职工送绿豆汤，发放防暑降温防护药品。充分表达了对广大职工的关心爱护。2018年11月，职工孙凤海因交通事故造成沉重的医疗负担，由于其本人家庭十分困难，无法承担医疗费用，企业工会发出捐助倡议，广大职工积极主动勇于捐献，一个星期内收到个人捐款18000余元，企业工会捐助5000元，解决了孙凤海所面临的实际困难。2018年夏季，企业工会组织职工成功举办阳泉市城区政府救灾防灾应急演练，主持并举行阳泉市环保比武会，阳泉市瀑里炉料有限公司建厂四十周年庆典。2019年1月1日，举办阳泉市瀑里炉料有限公司第一届“团结杯”职工越野赛。

义东沟村砖厂工会

企业概况

1980年10月，义东沟村投资50万元，筹建山沟口轮窑砖厂。占地16675平方米，修建22门轮窑1座，60米干燥洞5条；从太原砖厂引进350制砖机生产设备1套，设计年生产红砖1000万块。包括运输、装卸安排就业人员180人。1982年5月，砖厂试产；6月，正式投入生产。1985年，企业由吕巨联承包。当年1月至3月，对生产设备进行了彻底检修。更换了350挤出机；增加1台搅拌机，2台60型推土机，改变了此前依靠人力推土的状况，提高了土场的供土能力。聘请阳钢退休工人、实践经验丰富的老钳工张玉田跟踪指导机械维修。4月复产到年底，生产红砖1200万块，产值达50万元，上缴税金5万元。1986年新增2台旧机床、1台旧刨床、1台25毫米摇背钻床等维修设备，培养了专职维修人员。1987年，因土场采土渐远，安装108米皮带输送机1台，机械化生产程度不断提高。同年，在山西省组织的砖瓦评比大赛中，该厂生产的红砖，因具备质量好、边角齐整、材质环保的优点，得到了相关专家的认可，荣获此次评审的二等奖。至 1996 年，砖厂从业人员达 110 人，年产红砖 1200 万块，上缴税金 6 万元，固定资产达到 123.6 万元。1997 年，实行股份制改组，一定范围内提高了职工的主人翁意识和责任性。1999 年，又恢复村集体经营模式。2005 年后，由于该厂的土资源日渐枯竭，配套设施也已超设计服役年限，处于停顿运营状况。当年 9 月，村委投资 1000 万余元，占地面积 16000 平方米动工筹建的大红沟隧道窑粉煤灰砖厂竣工投产。该厂拥有固定资产 1187 万元，建有 115 米隧道窑两条，80 米干燥洞（窑）2 条，从业人员 130 人。引进了武汉市建筑机械材料厂生产的 JEK50/50-30 型双级真空制砖流水生产线，采用塑性成型，隧道窑烧制工艺，实现了从配料成型到出装窑等机械化流水作业。主要生产标准精煤灰烧结砖，设计年生产量 4100 万块。阳泉市人民政府授予义东沟砖厂“守合同、重信用”企业称号。2008 年，产量达 3700 万块，收入 710 万元，上缴税金 60 万元。

组织沿革

2010 年成立砖厂工会委员会，隶属于义井镇工会联合会。高爱林为工会主席，工会会员 62 人。

主要工作

工会积极开展劳动关系矛盾排查、劳动争议调解等工作，把问题和隐患化解在基层；积极为职工特别是困难职工提供多种形式的生活救助，千方百计地为职工群众排忧解难，不断提高工会帮扶工作的针对性和实效性，开好职代会、工会会员大会，让职工参与企业管理，开展经济技术创新劳动竞赛活动及节能降耗活动，加强职工政治思想、职业道德和文化技术业务素质教育，深入开展“咱们工人有力量、咱们工会有作为”主题教育，提高职工思想道德和文化技术业务素质，为企业发展发挥积极作用。

村工会

义东沟村工会联合会

村情概况

义东沟村位于市区东南部，距市中心约一千米，北是南大街，义泉街穿村而过，东南与阳泉一中为邻，南部与平定县鹊山、小峪村接壤，规划中的中环快速路穿村而过，地理位置优越。全村占地面积 2.5 平方千米，户籍人口 3230 人，总居住人口 11000 余人，行政村周边有虹玮小区、万年花城、陶然社区、南苑学府小区、义井煤矿家属区、高压电瓷厂家属区等。

组织沿革

2004 年 7 月，义东沟村成立了村工会委员会，隶属于义井镇工会工作委员会。张奋增任工会主席，杨文安、李鹏斌任委员；付成任经费审查委员会主任，杜瑞卿、张计祥任委员。2006 年 7 月，隶属于义井镇工会联合会。2007 年 9 月，义东沟村工会联合会由装潢厂工会、瓷厂工会、砖厂工会、装饰城工会 4 个工会组成。共有工会会员 524 人。9 月 26 日，召开工会会员代表大会，选举产生了村工会联合会，村工会经费审查委员会。同时成立女职工委员会、劳动保护监督检查委员会、劳动争议调解委员会。2012 年、2018 年，依据《中华人民共和国工会法》相关规定，按时进行了换届。

职工代表大会

2013 年 4 月，成立区域性职工代表大会。第一届区域性职代会有职工代表 33 人，会上签订《义东沟村区域性集体合同》《义东沟村区域性工资集体合同》《义东沟村区域性女职工特殊权益保护专项集体合同》，覆盖非公企业 3 户、职工 110 人。2014 年至 2019 年，每年 4 月，分别对到期的《义东沟村区域性工资集体合同》等专项合同进行续签。

主要工作

完善档案资料。2007 年开始，逐步完善文件资料、组织建设、换届资料等档案。2008 年 3 月，进行会员实名制登记。2009 年，建立特困职工、再就业、职工活动、职代会等档案，做到辖区内非公企业底数清，及时登记、及时入会、及时发展工会组织，建会率和职工入会率均达到 100%。工会组织和会员全部输入计算机，实行动态化管理。

困难职工帮扶。每年春节来临之际，开展慰问困难职工活动，为 20 余户特困村民发放慰问金，为 30 余家困难户、大病致贫户发放白面、食油，开展"金秋助学"活动，2008 年至今累计发放助学金 26.9 万元。

职工维权工作。搭建就业平台，兴建市场，扩展就业渠道。积极参加上级工会举办的职业技能培训，组织下岗失业、无业、待业人员参加就业培训、岗位招聘活动。开展女职工维权宣传工作及维权知识讲座，及时化解女职工家庭纠纷，真情服务女职工，最大限度地保护好女职工的合法权益和特殊利益。

职工文化活动。开展丰富多彩的文体活动，如"三八"国际妇女节举办女职工联欢会，夏季举办街头文体活动，传统庙会期间，放电影、唱大戏等，广大职工积极参与。工会为职工文体活动提供场所及设施、设备，新增了红歌会、毽子队、广场舞等活动队伍。展现了职工的精神风貌，通过举办文体活动，丰富了职工的文化生活。2011 年，村工会获郊区全健排舞比赛第二名。2011 年杨文铵被评为郊区总工会先进工作者，2012 年张奋增被评为郊区总工会先进工作者。

白羊墅村工会联合会

村情概况

白羊墅村位于横穿太行山脉的太行八陉第五陉西端，隶属于阳泉市城区义井镇，是晋东地区周氏发祥地。素有中共创建第一城——阳泉市东大门之称，曾为阳泉解放开门之战发生地，红色资源丰厚。地域面积 8 平方千米，东与平定县乱流村接壤，西与圪台村相连，南与小河村及平定县王家庄村毗邻，北与路家山村及庙堰村相邻。户籍人口 1547 人，居住人口 2200 人，分 5 个村民小组。

组织沿革

2002 年，白羊墅村工会成立，隶属于义井镇工会工作委员会。当年 8 月，召开会员代表大会选举产生白羊墅村工会委员会，工会主席为周胜忠，副主席为周洪，委员为周祥典；周子利任经费审查委员会主任，周昌典、周温任委员。2006 年 7 月，隶属于义井镇工会联合会。2007 年 3 月 20 日，再次召开会员代表大会选举产生白羊墅村新一届工会委员会，工会主席为周益忠，副主席为周胜忠。2010 年 4 月 20 日，白羊墅村工会联合会成立，召开第一次会员代表大会，选举周胜忠任工会联合会主席，张美鱼为副主席，2013 年 4 月 23 日，召开第二次会员代表大会，选举周胜忠任工会联合会主席，张美鱼为副主席。2018 年 10 月，召开第三次会员代表大会，选举周胜忠为工会联合会主席，周崇祯为副主席。

职工代表大会

2010年4月20日，召开第一次区域性职工代表大会，会上签订了《白羊墅村区域性集体合同》《白羊墅村区域性工资集体合同》《白羊墅村区域性女职工特殊权益保护专项集体合同》，覆盖非公企业5户，职工50人。截至2019年末，每年分别对到期的《白羊墅村区域性集体合同》《白羊墅村区域性工资集体合同》《白羊墅村区域性女职工特殊权益保护专项集体合同》进行续签。

主要工作

困难职工帮扶。工会通过调查摸底为 3 名困难职工建立档案资料，慰问关心困难职工。凡是困难职工所需求的，都积极努力去协调，帮助他们解决实际困难，做好“春送岗位、夏送清凉、秋送助学、冬送温暖”等帮扶救助活动。开展“金秋助学”活动，为 1 名考上大学的困难职工子女申请助学金，对符合条件的困难职工办理城市最低生活保障。每年春节来临之际，开展慰问困难职工活动，为他们送上米、面、油及慰问金，救助人数 20 人次。为进一步提高职工的医疗保障水平，为符合规定条件的职工逐一进行健康登记。为 3 名患病职工办理大病医疗互助补偿。

职工维权工作。搭建就业平台，将上级反馈的就业岗位信息第一时间发布到村民微信群、张贴到村公示栏，让有就业需求的居民在家门口就能看到就业信息。举办 4 场职业技能培训，组织下岗失业、无业、待业人员参加就业培训、岗位招聘活动。开展女职工维权宣传工作及维权知识讲座，最大限度地保护好女职工的合法权益和特殊利益。

完善档案资料。2007 年，完善文件资料、组织建设、换届资料、大病互助等档案。2008 年 3 月，建立会员实名制登记。2009 年，建立特困职工、再就业、职工活动、职代会等档案，做到辖区内非公企业和个体户底数清，及时登记、及时入会、及时成立工会组织，建会率和职工入会率均达到 100%。工会组织和会员全部输入计算机，实行动态化管理。

职工文化活动。村工会联合会建立了职工之家，桌椅、电脑、投影仪配套设施齐全，方便职工学习培训。开辟文化活动室，配备各类藏书 2000 余册，购买象棋、围棋、扑克牌等娱乐物品，为广大职工提供学习娱乐平台。开展丰富多彩的文化体育活动，组建篮球队、锣鼓队、秧歌队、老年健身操队等，丰富职工业余文化生活。每年都举办职工自娱自乐的文艺活动，深受群众的好评。

瀑里村工会联合会

村情概况

瀑里村位于阳泉市市区东部，区域面积 3.9 平方千米，耕地 1454 亩，常住人口 5000 余人，其中户籍人口 1266 户 2800 余人。阳泉第一种鸡场和阳泉市蔬菜种植基地落户于此，拥有瀑里炉料有限公司、澳法合成材料有限公司、锐光合成材料有限公司 3 个出口创汇外向型企业。曾多次荣获市、区、镇“红旗村”“红旗单位”称号。

组织沿革

2007 年 6 月 30 日，成立村工会联合会，隶属于义井镇工会联合会。同时召开第一次会员代表大会，选举产生村工会联合会，工会主席由村支部委员董素红担任、副主席由村支部委员刘顺田担任。之后，召开第二次会员代表大会，所选主席和副主席未变。2018 年 9 月 10 日，召开第三次会员代表大会，选举村支部委员刘顺田担任工会联合会主席，董素红任副主席。2019 年，有工会会员 159 人，其中女会员 44 人。

职工代表大会

2013年4月，成立区域性职工代表大会。第一届区域性职代会有职工代表40人，会上签订《瀑里村区域性集体合同》《瀑里村区域性工资集体合同》和《瀑里村区域性女职工特殊权益保护专项集体合同》《瀑里村区域性劳动安全卫生集体合同》，覆盖非公企业 6 户，职工 120 人。2014 年至 2019 年，每年 4 月，分别对到期的《瀑里村区域性集体合同》《瀑里村区域性工资集体合同》《瀑里村区域性女职工特殊权益保护专项集体合同》《瀑里村区域性劳动安全卫生集体合同》进行续签。

主要工作

困难职工帮扶。每年春节来临之际，开展慰问困难职工活动，2013 年为 30 余户特困村民送去慰问金 1 万余元，为困难户、大病致贫户发放白面、食油 20 余家，开展“金秋助学”活动，2009 年为考上大学的学生发放助学金 1.3 万余元，为全体职工缴纳郊区新型合作医疗保险，并坚持每年为符合规定要求的职工免费体检两次。

完善档案资料。2007 年，完善文件资料、组织建设、换届资料、大病互助等档案。2008 年 3 月，建立会员实名制登记。2009 年，建立特困职工、再就业、职工活动、职代会等档案，做到辖区内非公企业底数清，及时登记、及时入会、及时成立工会组织，建会率和职工入会率均达到 100%。工会组织和会员全部输入计算机，实行动态化管理。

职工维权工作。搭建就业平台，将上级反馈的就业岗位信息第一时间发布到村公示栏，让有就业需求的村民在家门口就能看到就业信息。积极参加上级工会举办职业技能培训，组织下岗失业、无业、待业人员参加就业培训、岗位招聘活动。2018 年至 2019 年，每年“三八”国际妇女节来临之际，都要组织女职工开展多种形式的维权活动，真情服务女职工，最大限度地保护女职工的合法权益和特殊利益，定期开展女职工维权宣传工作及维权知识讲座。

职工文化活动。为加强职工的思想政治和科技文化教育，提高职工整体素质，由工会牵头，组织广大职工积极参与，举办一系列文体活动，包括节日的街头宣传、“三八”国际妇女节的知识竞赛、庙会的卡拉 OK 比赛、职工才艺展演等等，展现了职工的精神风貌。通过举办文体活动，丰富了职工的文化生活，发现和培养了一批文艺体育骨干，创作了一批文艺精品。

第五节　李家庄乡工会联合会

乡情概况

李家庄乡是紧邻市区的一个典型的城郊结合型乡镇，以二、三产业为主，经济与社会建设全面推进。是阳泉市及郊区确定的城市化建设先导区、新型产业集聚区、开放创新实践区。该乡李家庄村因李姓首迁此地，始名李家寨，清朝易名为李家庄。2010 年之前，乡政府驻设该村，故以此命名。

该乡位于北纬 37° 51′ 16″ ～ 37° 55′ 05″，东经 113° 33′ 41″ ～ 113° 38′ 28″。地处阳泉市郊区中南部，属城郊结合带，东连杨家庄乡，南抱开发区，西邻平坦镇，北接荫营镇；辖区东西最大距离 7.6 千米，南北最大距离 4.9 千米，总面积 16.22 平方千米。乡政府驻汉河沟村，距区政府驻地荫营约 4.8 千米，距阳泉市区约 6.5 千米。

该乡地处桃河流域和温河流域的分水岭上，地形大部为低缓的黄土丘陵，海拔 750 ～ 800 米。属北温带大陆性季风气候，四季分明。年平均气温 11.6℃，最热 7 月平均最高气温 29℃，最冷 1 月平均最低气温 -9.5℃。年降水量为 550 毫米左右，无霜期 160 ～ 170 天。沟汉汇水于李家庄河后流入桃河。境内矿产资源丰富，主要有煤炭、硫铁矿、矾石矿、黏土矿等。

清代，五渡（今上、下五渡）等村属平定州升中乡义阳都，桃坡、冯家庄等主村属安平乡白泉都；中华民国时期均属平定县第四区。中华人民共和国成立初，该乡大部分村归阳泉工矿区一区所辖；1961 年 4 月，划归市直人民公社，即李家庄人民公社；1963 年，划归阳泉站上区（今城区）；1969 年 1 月，该公社划归阳泉市荫营区（今阳泉郊区）；1984 年 5 月，实行乡镇建制，改称李家庄乡人民政府；1993 年 4 月，阳泉市成立经济技术开发区，上五渡、下五渡、河坡 3 个行政村划归市经济技术开发区。2015 年 4 月，长岑、侯家沟、驼岑头 3 个村由阳泉市经济技术开发区托管。至 2019 年末，辖李家庄、冯家庄、汉河沟、黄沙岩、大西庄、柳沟、余积粮沟、甄家庄、桃坡、桑堰、石马沟 11 个村民委员会及李家庄村、汉河沟村、甄家庄村、冯家庄村、李家庄社区 4 个农村社区和 1 个城市社区。辖区总人口 14427 人，男性 7316 人，女性 7111 人；人口出生率 6.67‰，人口死亡率 4.46‰，人口自然增长率 2.20‰；人口密度为每平方千米 889.40 人。

中共十一届三中全会后，该乡注重科技投入，积极稳妥地调整产业结构，兴工致富。地面企业相继崛起，化工小区已初具规模，一个以化工、耐火、建材、采矿、包装 5 个行业为骨干的工业体系基本形成。李家庄化学材料厂、柳沟硫酸厂、侯家沟三晋化工厂、上五渡高纯氧化铁厂等化工系列产品已列入省、市、区星火计划。商业、饮食、服务、加工、建筑安装、针织、缝纫等企业不断壮大。全乡有工商企业 197 家，其中乡办企业 14 家、村办企业 183 家、个体企业 10 家。职工人数 3889 人，各类专业技术人员 35 人。拥有固定资产 3745.94 万元。1992 年工农业总收入达 6921 万元，乡镇企业总产值 8018 万元，农民人均纯收入 1001.2 元，人均纯收入超千元的村 5 个。至 2019 年，全乡有规模工业企业包括阳泉市恒正混凝土有限公司、山西立博线缆有限公司等 12 家，全部从业人员平均 263 人，工业收入 7557.9 万元。规模以上服务业包括阳泉市瑞源汽车运输有限公司、阳泉市瑞源物流有限公司、阳泉市交通集团有限公司、阳泉市郊区保安服务有限公司 4 家，从业人员 1043 人，营业收入 22361.7 万元。耕地面积 236.09 公顷，粮食总产量 16 吨。公共财政预算收入完成 5797 万元，固定资产投资完成 111837 万元，规模以上企业工业总产值完成 4618 万元。

组织沿革

李家庄乡工会组织组建于1993年9月，成立初期名称为李家庄乡工会工作委员会，属一级工会组织，为区总工会直属。工会工作委员会主任先后由乡党委副书记安福宝、任向阳担任。2000年10月26日，李家庄乡工会工作委员会领导调整，乡武装部长韩明忠任主任，余四平任副主任。2002年4月30日，成立李家庄乡工会联合会，任向阳任乡工会联合会主席。同年5月22日，李家庄乡私营企业工会联合会成立，选举任向阳任私营企业工会联合会主席，王斌武、郭鑫、杨中刚为委员。

2006年7月31日，召开李家庄乡工会第一次会员代表大会。民主选举张海刚为工会联合会主席，郭鑫为副主席，王先玲、宋明忠、董存玺为委员，吕新燕为经费审查委员会主任，张冬云、韩占清为经费审查委员会委员。2008年7月，石仲梁替补为工会联合会主席。2011年7月5日，因工作变动，王常青替补为工会联合会主席，张润红替补为工会联合会副主席。

2013年6月13日，李家庄乡工会联合会召开第二次会员代表大会，选举产生第二届工会联合委员会，梁素瑞当选为工会主席，张润红当选为副主席，王先玲、王小芳、宋晓文当选为委员，吕新燕当选为经费审查委员会主任，张建芳、葛贵平当选为经费审查委员会委员，李小莉任女职工委员会主任，王艳、张润红任女职工委员会委员。2016年6月，因工作变动，冯燕斌替补为工会联合会主席。2018年1月，因工作变动，齐瑞新替补为工会联合会主席。

2019年，李家庄乡工会联合会下设李家庄村、冯家庄村、汉河沟村、甄家庄村4个村工会联合会及1个汽车行业工会联合会，7个村工会委员会，1个机关工会委员会，1个货运司机行业工会委员会。基层工会组织60个，涵盖67个单位，共发展工会会员3505人，其中女会员1282人。

李家庄乡历届工会主席副主席一览表

表4-9

组织沿革及届次	姓　名	性别	工会职务	任职时间	行政职务
乡工会工作委员会	安福宝	男	主　任	1993年9月至2000年10月	党委副书记
乡工会工作委员会	韩明忠	男	主　任	2000年10月至2001年3月	武装部部长
乡工会工作委员会	任向阳	男	主　任	2001年3月至2002年4月	党委副书记
乡工会联合会	任向阳	男	主　席	2002年4月至2006年7月	党委副书记
乡私营企业工会联合会	任向阳	男	主　席	2002年5月	党委副书记
乡第一届工会联合会	张海刚	男	主　席	2006年7月至2011年7月	政法书记
乡第一届工会联合会	王常青	男	主　席	2011年7月至2013年6月	人大主席
乡第一届工会联合会	郭　鑫	男	副主席	2006年7月至2013年6月	—
乡第一届工会联合会	张润红	女	副主席	2011年7月至2013年6月	—
乡第二届工会联合会	梁素瑞	男	主　席	2013年6月至2016年6月	人大主席
乡第二届工会联合会	冯燕斌	男	主　席	2016年6月至2018年1月	人大主席
乡第二届工会联合会	齐瑞新	男	主　席	2018年1月至2019年12月	人大主席
乡第二届工会联合会	张润红	女	副主席	2013年6月至2019年12月	—

2019年李家庄乡工会联合会基层工会组织建设一览表

表4-10　　单位：人

工会名称	工会主席	职工人数		会员人数	
		总数	女职工数	总数	女会员数
李家庄乡工会联合会	齐瑞新	3505	1282	3505	1282
李家庄村工会联合会	王学锦	666	339	666	339
冯家庄村工会联合会	王秀芳	602	245	602	245
汉河沟村工会联合会	宋晓文	559	166	559	166
甄家庄村工会联合会	陈忠祥	503	232	503	232
黄沙岩村工会委员会	韩占清	312	61	312	61
大西庄村工会委员会	张海平	50	10	50	10
柳沟村工会委员会	李国珍	9	3	9	3
桃坡村工会委员会	杨俊科	15	5	15	5
余积粮沟村工会委员会	庞所银	9	4	9	4
桑堰村工会委员会	冯素花	8	4	8	4
石马沟村工会委员会	王永祥	8	1	8	1
汽车行业工会联合会	张润红	674	179	674	179
李家庄乡货运司机行业工会委员会	郭　斌	39	0	39	0
阳泉市郊区李家庄乡人民政府机关工会委员会	左云霞	51	33	51	33

职工代表大会

李家庄乡区域性职工代表大会建制于2006年。第一届一次区域性职工代表大会于2007年5月召开，辖区内有非公企业16家参加。会上签订了《李家庄乡区域性集体合同》《李家庄乡区域性工资集体合同》《李家庄乡区域性劳动安全卫生集体合同》《李家庄乡区域性女职工特殊权益保护专项集体合同》。2013年4月、2018年4月，分别召开李家庄乡二届一次、三届一次区域性职工代表大会，多家非公企业续签《李家庄乡区域性集体合同》《李家庄乡区域性工资集体合同》《李家庄乡区域性女职工特殊权益保护专项集体合同》《李家庄乡区域性劳动安全卫生集体合同》。

主要工作

工会组织建设

李家庄乡工会组织组建后，不断加强组织建设。2002年10月，率先在全乡14个行政村成立了村级工会工作委员会，架起了村支部和企业职工之间的桥梁纽带，完善了工会组织管理体制，也创新了基层工会组建格局，此项工作全市首创。2006年7月，李家庄乡工会联合会成立后，通过加强基础设施建设和工会组织建设，强化基层工会职能。2006年8月，李家庄乡工会在辖区相继成立李家庄村工会联合会、冯家庄村工会联合会、汉河沟村工会联合会、甄家庄村工会联合会。随着经济建设的不断深入，李家庄乡辖区非公企业开始增多，一些25人以上企业开始逐步组建工会，汽车行业工会联合会、李家庄乡货运司机行业工会委员会等25人以上统一纳入李家庄乡工会联合会进行管理。25人以下小企业则以各村为依托，加入各村联合工会，由各村工会管理。与此同时，按照区总工会提出的创建星级乡镇（街道）工会标准，相应成立工会经费审查委员会、女职工委员会。2012年10月13日，全省工会工作观摩团到该乡汉河沟村工会联合会观摩，省人大常委会副主任、省总工会主席郭海亮对该乡工会工作给予高度评价。2013年7月8日，李家庄乡工会联合会召开第二次会员代表大会，完成换届选举工作，选举产生新的工会领导班子。按照《关于开展会员评议职工之家活动实施意见》的要求，乡工会结合实际工作情况制定本单位的实施方案，组织11个村基层工会开展会员评议职工之家活动，村工会的测评，群众满意度都达90%。同年12月，依法推进李家庄乡汽车行业企业组建工会工作，乡汽车行业工会联合会成立。2015年1月8日，省总工会组织部部长李忠贵带领省总工会验收组对该乡工会联合会创建“五星级乡镇工会”工作进行考核验收，并给予高度评价和肯定。2018年，为解决工会干部队伍弱化问题，根据《阳泉市总工会改革实施方案》，面向社会公开招聘1名社会化工会工作者，加强了工会干部队伍力量。2019年，李家庄乡工会以工会建会和职工入会为工作重点。按照区总工会“组织攻坚月和八大群体入会”活动的安排，根据“广普查、深组建、全覆盖”的要求，乡工会广泛开展实施工会组织网格化管理工作，加强工会组织和工会会员的实名制登记，组织村工会对辖区所有非公企业和外卖点、快递点、临街市场、大货车司机等逐一进行摸底登记和核实，并将工会组织和会员全部录入计算机，实行动态化管理。年底，李家庄乡工会联合会共有基层工会60个，会员总数达3526人。

职工素质提升

2007年后，随着工会组织的健全，李家庄乡工会联合会多次通过选派干部参加市、区总工会和相关部门举办的各种短期培训班培训学习，乡工会也通过以会代训、讲座等形式举办基层工会干部和工会积极分子培训班，提高工会干部的理论水平和业务能力。2016年，乡工会联合会组织基层工会干部30余人，以知识竞赛的形式，认真学习《中国工会章程》和《中华人民共和国工会法》等有关法律法规。2018年11月，全国总工会十七大召开后，乡工会采取集中学习、个人学习、撰写心得体会等形式，组织工会干部认真学习贯彻会议精神，与此同时系统学习了工资集体协商、职代会制度、职工大病医疗互助活动相关知识、《山西省乡镇（街道）工会规范化建设指导意见》和《山西省基层工会规范化建设指导意见》。2019年5月20日至24日，配合郊区总工会在李家庄乡汉河沟村举行了为期5天的化妆技能培训。每年定期在全乡举行“五小竞赛”，提升职工技能素质。

职工权益维护

李家庄乡工会联合会将维护职工合法权益作为工作重中之重。2019年，乡工会把关心职工就业需求，维护职工就业权利，努力促进职工就业作为首要任务。在日常工作中，乡工会收集整理各类就业招聘信息，开展“春送岗位”招聘活动，工作人员到各村广场进行张贴发放，为失业人员、特别是就业困难和零就业家庭提供就业服务。根据上级工会“工资集体协商月”活动安排，乡工会积极在辖区内开展宣传活动，向辖区居民发放《中华人民共和国宪法》《中国工会章程》《山西省农民工权益保护条例》《山西省工资集体协商条例》等相关法律法规。同时，依据有关法律、法规，规范和促进集体合同、工资集体合同的签订和履行，指导和帮助职工签订劳动合同。2012 年，乡汽车行业工会联合会，将《工资集体合同》交由职代会审议通过。

困难职工帮扶

李家庄乡工会一直把帮扶困难职工作为一项重要的工作职责，每年支出一定的经费用于救助困难职工，同时还建立困难职工档案，掌握特困职工的家庭收入、子女读书、患病就医、下岗再就业和权益保障等方面的实际困难，采取积极措施，给予及时的关心和帮助。每年年初，开展“两节”送温暖活动，为困难职工发放慰问金，送去米、面、油等物资。每年开展“夏送清凉”活动，为高温作业下的职工送上绿豆、白糖、茶叶等防暑用品。在每年举行“金秋助学”的活动中，配合区总工会对职工家庭困难子女进行资助，圆梦校园。为提高职工的医疗保障，2007 年至 2019 年，共开展 13 期职工大病医疗互助活动。

职工文化活动

李家庄乡工会着重从“职工书屋”“职工之家”建设和开展文娱体育活动方面，丰富职工文化生活。广泛开展了寓教于乐、健康有益的文体活动，更好地满足了广大职工日益增长的精神文化需求。乡工会积极组织职工参加区总工会组织的登山活动、篮球比赛和乒乓球赛，并取得了良好的成绩。2010 年，在李家庄村和汉河沟村相继建立“职工书屋”，有图书 6000 余册，种类丰富，所有图书实行每天面向职工开放，供职工免费借阅，为广大职工提供学习平台。2013 年 9 月 29 日，在中华人民共和国成立 64 周年到来之际，为迎接中国工会十六大的召开，充分展示全区职工的精神风貌和时代风采，组队参加郊区总工会与区文体局在郊区政府广场联合举办的全区职工第九套广播体操大型比赛活动，获一等奖。2014 年 6 月 28 日，配合区总工会在李家庄村羽毛球馆组织承办郊区首届“李家庄新村杯”职工羽毛球比赛。2019 年，李家庄乡工会在乡机关一楼建立了“职工之家”活动室。

骨干企业工会

誉远耐火材料厂工会

企业概况

誉远耐火材料厂始建于 1977 年，是隶属于李家庄乡的集体所有制企业。1993 年，企业有职工 130 人，其中，各类技术人员 5 人。采用 300 吨、500 吨摩擦压力机及成型球磨机、重型碾粉碎，配料、成型达到半机械化程度。主要生产耐火砖，年产 4000 吨。兼营粉末冶金，年产 335 吨。产品销往张家口、石家庄、保定、邢台等地。粉末冶金销往市粉末冶金厂。年产值 135 万元，销售收入 131.65 万元，上缴利税 17.89 万元。1997 年 10 月 11 日，企业改制，职工 32 人，主要生产骨料、粉末冶金，改制后年产量 140 吨，销售收入三四十万元，2005 年，石马沟拆迁占用土地，企业关停。

组织沿革

该公司 1977 年建成投产，1988 年 9 月建立工会，隶属于郊区总工会。1989 年 6 月 14 日，召开会员代表大会，选举产生工会委员会和经费审查委员会，王辙任工会主席，王翠凤、毕富田为工会委员。毕富田任经费审查委员会主任，郭秀英、杨智广为经费审查委员会委员。工会会员 126 人。1993 年 9 月，隶属于李家庄乡工会工作委员会。2002 年 4 月，隶属于李家庄乡工会联合会。

主要工作

切实搞好合理化建议活动。紧紧围绕企业开展技术创新、提高经济效益、改善职工生活等做了大量工作，发动广大职工提合理化建议，并发放了调查问卷。这些活动的开展，一方面促进了职工与企业的互动和交流，发挥了职工主人翁的地位和作用，同时又极大地促进了企业的发展。

全力做好维护职工权益及思想疏导工作。按照劳动合同各项规定，及时维护职工的合法权益，在资金相对紧张的情况下，通过多方努力，保证了职工工资的及时发放和劳保用品的及时供给。不拖欠职工工资，稳定了职工思想，调动了职工积极性，企业呈现良好的发展势头。

在生产任务比较紧张的情况下，公司抽出一些资金购置乒乓球台、电视机、音响、篮球架等文体用品，活跃了广大职工的文化娱乐生活。组织先进职工和青年团员抽出一定时间开展了企业文化消防平安、职业道德标准学习与知识答卷活动。进一步提高了自我防范和行为意识，激发了广大职工的工作热情。

汉河沟煤矿工会

企业概况

汉河沟村煤矿位于石太铁路沿线边缘，是阳泉市郊区靠近市区最近的自然山村，已有百余年的煤炭开采历史。1993 年，企业共有职工 400 人，其中，各类专业技术人员 45 人。拥有固定资产 120 万元。煤炭地质储量为 800 万吨，可服务 30 年。该矿生产的煤，其各项煤质指标：全水份 2.91%、灰份 15.22%、挥发份 9.54%、全硫份 1.20%、固定碳 74.46%、发热量 6987 大卡 / 千克。随着社会生产的发展，煤矿生产由原来的人工挖掘、畜力簇运，发展到半机械化采掘、矿车运输的。该矿年产原煤已由原来的 1 万吨发展到 8 万吨左右。2010 年 5 月，按照山西省关于关闭煤矿有关政策，对矿井实施关闭，企业职工向社会分流。

组织沿革

2006 年成立汉河沟煤矿工会委员会，隶属于李家庄乡工会联合会。宋崇琴为工会主席，宋振润、姜海平、姜斌兵、张金芬为工会委员。闫俊秀任经费审查委员会主任，姜海平、赵有贵为工会经费审查委员会委员。工会会员 378 人。

主要工作

加强职工队伍教育。工会坚持把形势任务教育贯穿全年和生产经营全过程，激励干部职工始终保持良好的精神状态。利用多种形式和渠道将企业发展的理念讲到位，根据企业总体部署，制定长远发展目标及具体措施、办法。工会结合实际工作开展以“新形势、新目标、新起点、新征程”“忠诚事业、承担职责、艰苦奋斗、清廉奉献”等为主题的教育活动，激发了职工的工作热情，紧迫感、职责感、使命感普遍增强，有力地促进了钻井生产。

积极慰问帮扶职工。在春节期间、“五一”国际劳动节期间以及中秋至国庆“两节”期间广泛开展帮扶救助送温暖活动，慰问重病职工家庭、买断人员、困难职工家属、退休老职工并送上慰问金。组织专业人员，对野外施工队伍的生活设备、设施进行检查，对有关隐患及时整改，加强食堂饮食卫生安全，宣传预防疾病和防暑降温知识，开展职工心理咨询，关心和保证职工身心健康。

甄家庄曙光化工厂工会

企业概况

阳泉市曙光化工有限责任公司原为甄家庄村办企业，冠名阳泉市曙光化工厂。1984年，由时任阳泉市科委副主任、本籍人士潘慕贤牵线搭桥，同阳泉市科委应用技术研究所洽谈合作，并同阳泉市应用技术研究所工程师王毓敏合作建立科研生产联合体。利用村境露头废弃的风化煤为主要原材料，用化学物理技术方法提取腐殖酸加化工原料中草药配置而成。1985年建成投产，生产销售“843”康复剂农药，主要用于各种果树腐烂病（主治苹果腐烂病、柑橘树脚腐病，青梅、桃树的流胶病、梨树干腐病等）。杀菌效果好，治愈率在90%以上，一次涂后，不必再涂。新生组织逐年延伸，并且具有病疤组织愈合快、无公害等特点。“843”灭菌灵，对果树腐烂病、轮纹病、白粉病和蔬菜霜霉病有特效，同时对果树、蔬菜、粮田作物由真菌、细菌引起的多种病害，具有预防和抑制功能，渗透性强，耐雨水冲刷，促进生长，增强树势且不易产生药害。建厂初期，厂址在村委会大院窑洞，由一口大锅生产到半机械、机械化生产，人员由原来建厂初期的8人增加到50余人，由单一产品发展到系列产品，发货运输由初创期的自行车拖运，到规模生产后的火车集装箱发货，销售量由几箱（瓶）发展到334吨。1987年，为降低生产成本，购置了注塑机、合模机等，将外购的铁皮包装罐，改用自产的塑料包装罐，由此组建了塑料车间。1991年，厂进行技改扩产，1992年迁址到该村原铁木加工厂院内，新建了制药车间，更新了反应釜、锅炉，添置了色谱分析仪、微量水分仪等，购置了运输车辆，办起了职工浴室。产品在单一的杀菌剂生产线基础上，增加了杀虫剂粉剂生产线，生产经营三大系列6个品种，均按标准化生产，成为工业和信息化部（原化工部）定点生产农药企业，产品获农业农村部（原农业部）登记备案。2.12%腐殖酸铜水剂（843康复剂）产品获陕西省农产品博览会金奖。产品2.12%腐殖酸铜水剂（腐烂净）荣获省优质产品称号，并连续多年被评为省、市重合同、守信用单位。“843”商标为阳泉市知名商标、山西省著名商标。产品销往山西、山东、河北、陕西、甘肃、辽宁、浙江、河南、四川、湖南、湖北、黑龙江、福建、吉林、青海、北京、天津、重庆、宁夏回族自治区、内蒙古自治区等20多个省、市、自治区，取得了较好的经济效益和社会效益，创下了新业绩，铸就了新辉煌。经20余年的发展，年生产“843”康复剂300余吨，产值270万余元，利税60万余元，总资产达到了199万余元，其中固定资产100万余元，企业职工50余人，其中专业技术人员8名，中级以上职称5名，初级职称3名。公司设有三科两室两部：供销科、生产技术科、财务科；办公室、化验室；产品开发部、市场部。主要生产设备有0.5吨至1吨搪瓷反应釜3台，0.8吨常压锅炉1台，1吨蒸汽锅炉1台，灌装机1台，塑料注塑机1台，塑料挤出机2台，吹瓶机1台，塑料破碎机3台，空压机1台，乳油半自动灌装机1台，色谱分析仪、微量水分仪等。1997年，以建立“产权清晰、政企分开、权责明确、管理科学”的现代企业制度为目标，以有限责任公司运作的形式，以完善法人治理结构，明晰产权规范运作和优化股权结构为重点，对集体企业进行规范完善，使企业真正成为自主经营、自负盈亏、自我约束、自我发展的法人实体和市场竞争主体。1998年，曙光化工厂整体改制，根据山西博丰审计事务所的评估报告，企业净资产为81万元。其中，甄家庄村集体股52.8万元，占65%；阳泉市应用技术研究所股13万元，占16%；企业职工股15.2万元，占19%。企业冠名为阳泉市曙光化工有限责任公司。2003年2月，曙光化工厂二次改制，集体股以36.4万元出让，由三泉籍人士王智文、甄艺花，本村人士潘喜平购买，集体企业变为民营企业，随后职工股也实行了转让。企业经营至2010年，全村整体搬迁后歇业。

组织沿革

阳泉市曙光化工有限公司工会成立于2000年，是成立工会较早的企业，隶属于李家庄乡工会工作委员会。当年11月选举产生首届工会委员会，工会主席由潘晓东担任，委员孙海常、潘晓丽；杨海军任经费审查委员会主任。2002年4月，隶属于李家庄乡工会联合会。2007年，工会组织换届，陈忠祥担任主席，甄艺红担任副主席，潘晓丽为委员。

主要工作

阳泉市曙光化工有限责任公司工会在上级工会的指导下，突出和深化“组织起来、促进发展、依照法规、切实维权、协调关系、构建和谐”的工作主线，激发广大职工的劳动热情和创造潜能，努力提升员工队伍素质。把促进经济建设发展作为第一要务，充分调动和发挥广大职工的积极性、创造性和聪明才智，组织开展本单位劳动竞赛活动，在公司内掀起劳动竞赛高潮，通过劳动竞赛提高职工的整体素质和管理水平，为实现年度经营目标而努力奋斗。

广泛开展职工合理化建议、技术革新、发明创造等群众经济技术创新活动，使之与提高职工素质相结合。进一步规范和完善职代会制度，认真履行、落实职代会各项职权，加大工会源头参与力度，充分发挥工会在管理中的特殊作用。

大力发展和谐劳动关系。加强学习，提高职工代表的集体协商能力，提高平等协商的质量，组织好平等协商工作，对《集体合同》《工资集体合同》的签订和履约情况实行民主监督。

认真做好劳动争议调解工作。充分发挥劳动争议调解委员会的作用，及时研究处理公司内部劳动关系中存在的重大问题及热点问题，积极参与劳动争议案件的调解和处理。

畅通职工利益诉求渠道。做好职工群众来信、来访、来电接待处理，发挥“调解员”“宣传员”的作用。

深入抓好群众性经济技术创新活动，举办职工职业技能大赛。为职工搭建施展才华的舞台和拓宽一线工人升职的出路。

做好劳动模范先进人物的推荐评选工作，建立各项评先活动的考核评分制度，做到评先活动有据可依。组织评选表彰年度先进团队、劳动模范、金牌工人和创新能手，认真做好各级先进模范人物的评选推荐工作。

加强工会宣教工作，不断满足职工多层次的精神文化需求。通过板报、宣传栏大力宣传公司改革发展的新风貌，以及发生在职工身边的劳动模范、先进生产者、优秀管理者的先进事迹。

阳泉市华新食品厂工会

企业概况

阳泉市华新食品厂，建于1994年3月，厂址在李家庄乡甄家庄村。由陈守忠、李素萍夫妇投资开办。由当初的家庭作坊，逐步发展成为山西东部地区规模最大、品种最多的私营酿醋企业。企业占地面积4000平方米，建筑面积2200平方米。酿醋技术经验丰富，实验检测设备齐全，拥有国内先进的流水线。有全日制职工33人，其中高、中级专业技术人员8人，企业总资产133.86万元。生产的“六合”牌绞股蓝养生醋属国家专利产品。陈醋、老陈醋系列产品秉承了山西省千年酿造之渊源，沿袭传统酿造工艺，产品以其独有的“绵、酸、香、甜、鲜”口感而著称，并以质优、卫生、安全、营养、保健而深得消费者的青睐。该厂在2006年4月获ISO 9000国际质量体系论证，同年该厂“六合”商标获山西著名商标。

2007年年收入583万元，上缴利税36.6万元，实现利润175万元。同年华新食品厂投资1600万元扩大生产规模，占地面积3333.4平方米，建设8000平方米的生产车间及万吨绞股蓝生产线。2008年7月竣工投产。

绞股蓝养生醋以山西的传统配料和酿醋工艺，配以优良蜂蜜和绞股中药液特制而成。在原材料选配、曲种制作、蒸熟入料、缓慢发酵、高温接火、淋醋、缸储脂化及绞股蓝制药，蜂蜜配制配比等多道工序方面履有创新，工艺技术成熟、可靠、先进、流程设计合理，选用装罐设备及清洗设备可靠、适用。

绞股蓝养生醋在1994年全国第一届国际保健节被评为向国际推荐的中国优质保健品；1995年参加了联合国在北京举办的第四次世界妇女大会的妇女儿童用品展销会，在140余家参展企业的产品中名列销售量第六名；1996年在山西省“名优特新”产品评比中入选“名优产品”之列。

2010年甄家庄村整体搬迁，为了使企业继续办下去，传承山西醋文化，该厂与李家庄乡汉河沟村强强联合，迁厂至汉河沟村，更新冠名为阳泉市裕盛源农产品开发有限公司。

组织沿革

阳泉市华新食品厂工会成立于2000年，是成立工会较早的企业，隶属于李家庄乡工会工作委员会。当年11月选举产生首届工会委员会，工会主席由陈守忠担任，委员贾宝明、齐有存；贾宝明兼任经费审查委员会主任。2002年4月，隶属于李家庄乡工会联合会。2007年，工会组织换届，工会主席由史永福担任，委员潘先鱼、潘丑维。工会经费审查委员会由陈守荷担任主任，委员潘先鱼、赵香莲；工会女职工委员会由冯海芳担任主任，委员赵香莲、白金莲。

主要工作

阳泉市华新食品厂工会工作以构建和谐企业、促进企业发展为主题，以服务大局、服务职工为根本、以建立健全良好的沟通互动机制为前提，以加强工会建设为重点，以提高工会干部维权能力和水平为关键，以创新工作方式为途径，最大限度地调动各方面的积极性，在企业发展和工作稳定的大局中充分发挥工会的积极作用。

进一步推进民主管理，调动和发挥全体职工的积极性和创造性，不断提高职工综合素质，不断增强凝聚力和积极开拓进取的精神。

发挥工会组织的“桥梁”和“纽带”作用，及时反映并积极帮助解决职工在工作、生活中出现的难点和热点问题，主动为职工排忧解难。

深入开展送温暖活动，为公司创造稳定、和谐的工作氛围，职工生日期间送上礼物表示祝福，关心困难职工，做好职工的沟通、交流工作。全心全意服务职工，坚持为职工办好事做实事。

积极开展有益于职工身心健康的文体活动，组织职工踊跃参加各项活动。

山西立博线缆有限公司工会

企业概况

山西立博线缆有限公司是专业生产电线电缆的企业，市公司成立于2011年1月13日，公司注册资金1.08亿元，地处中国最大的无烟煤基地—阳泉，位于郊区黄沙岩村东北侧，厂区占地面积约6万平方米。公司以北200米是307复线，周边道路交通条件便利。

公司经营范围包括制造、销售电线电缆、拔丝、电缆料、电磁线；制造、销售、安装煤矿安全智能系统，销售、修理消防器材，修理电缆，销售螺旋钻杆、外平钻杆、钻头，消防工程，建筑机械设备租赁；输送带更换、修复、接头硫化，滚筒包胶，带式输送机安装，研发、制造、销售、维修、安装筛分设备、筛板、筛篮、筛分备件，公司自产产品的出口业务及所需原辅材料、设备的进口业务。公司设计生产能力为电线电缆5万吨。

公司在2014年荣获“山西省著名商标”“山西省专精特新企业”称号；2015年荣获“山西省民营科技企业”称号和高新技术企业等荣誉证书。

2019年度公司的销售收入为4600万元，产品产量持续维稳；2020年度公司的销售收入为2080万元，税收收入完成情况逐年递增。

组织沿革

山西立博线缆有限公司工会委员会成立于2018年，隶属于李家庄乡工会联合会。12月24日公司召开第一次工会会员大会，选举产生了第一届工会委员会委员和经费审查委员会委员，王英任工会主席，工会会员30人。

主要工作

公司工会组建后，紧密围绕改革发展的主题，开展安全生产、优质服务，全力维护职工的根本利益，积极开展竞赛活动，推行厂务公开，抓好宣传教育工作，切实加强工会自身建设，进一步解放思想，更新观念，发挥工会组织的优势，全面完成年度的各项工作任务。

做好日常情况的了解掌握，有针对性地开展好引导教育，及时掌握职工思想动态，使职工心情舒畅地工作在本职岗位上，充分调动和发挥职工工作的积极性、创造性，为公司改革发展任务的完成、职工队伍更加稳定奠定坚实的基础。

围绕中心，开展各项竞赛活动。坚持把握竞赛活动主题，突出竞赛活动重点，注重竞赛活动实效，做好计划、宣传、指导、服务、考核、检查，使竞赛活动组织得力、有序开展、扎实推进、成效显著。

以维护职工利益为着力点，积极为职工排忧解难、办实事。公司工会突出维护职能，积极参与涉及职工切身利益的重大问题的讨论，充分反映和表达职工的意见与建议，从规章制度上做好维护。公司成立了劳动保护监察小组，坚持定期或不定期地参与安全隐患的检查、处理，并将查出的问题及时报告给车间和公司，立即进行整改。

坚持和完善以职代会为基本形式的民主管理和民主监督制度，切实落实职工参与民主管理的权利。工作中，按照厂务公开制度和民主管理制度的要求，及时做好厂务公开的落实工作，并加大了“源头”参与和“全过程”参与，对公司行政工作安排、资产经营责任制实施方案、组织机构设置方案、工资分配方案以及职工关心、关注的其它问题，都要组织职工代表进行了充分讨论并召开职工大会通过。

村工会

李家庄村工会联合会

村情概况

李家庄村位于阳泉市近郊，是全乡最大的行政村，毗邻阳泉市经济技术开发区，是阳泉市区北大门、郊区南大门。新城大道、李荫路、泉中北路三条城市主干道穿村而过，交通条件便利，全村总面积 3 平方千米。

从 2006 年开始，按照市委、市政府“千亿阳泉、百万新城”的部署和区委、区政府“打造阳泉新北区、建设荫营明珠城”的目标，围绕乡党委、政府“打造阳泉新城首善之乡、宜居生态之乡、新型产业之乡、和谐文明之乡”的要求，为彻底改善村民居住环境，李家庄村开始实施了总投资 5 亿元的旧村改造、新村建设工程。工程于 2014 年竣工，拆迁户 927 户，建设完成占地面积 350 亩、建筑面积 30 万平方米、住宅楼 52 幢、安置房 2713 套的一座新村小区。

2019 年，全村总户数 1458 户，户籍人口 3379 人，实际居住人口 8000 余人。

为方便村民日常生活、丰富村民精神生活，村集体累计投资 1200 万余元，完成配套了商业底商 1000 平方米、餐厅 800 平方米、计生服务室 200 平方米、人口文化大院 1500 平方米、卫生所 300 平方米、多功能会议室、老年活动中心 700 平方米、农家书屋、老年书画室、室内体育活动室、健身场馆 700 平方米、文化活动广场、健身活动场地、观景台总面积 1 万余平方米。绿化累计投资 480 万余元，小区绿化面积达到 5 万平方米。煤、电、气、暖等各种配套设施均已完善。投资 86 万元安装了视频监控设备，实现了小区全覆盖、无死角。

为增加集体经济收入，拓宽增收渠道，投资 130 万元建设完成了 670 平方米羽毛球馆，12860 平方米集餐饮、住宿、健身为一体的综合服务楼和 11000 平方米的临街商业底商，全村初步形成了以三产服务业为主的经济结构模式。村集体收入主要有商业底商、生生酒店租赁费、卫生费、车辆管理费、租赁及其他收入，每年收入约 774 万余元。

从 2018 年 2 月全面开展集体资产清产合资工作，对集体经济组织的资产、资源、资金以及债权、债务等进行了清理，确认了资产状况，明确了经营性净资产值、资源性资产值、总资产净值。通过集体经济组织成员确认办法，成员身份确认 1975 人，户数 975 户。

“万达广场”及“奥特莱斯”项目分别坐落于李家庄村，是集时尚购物中心、精品商业街区住宅为一体的城市综合体，项目建成后，将成为阳泉市的新地标、新名片。

组织沿革

2007 年 9 月李家庄村成立了村工会联合会，隶属于李家庄乡工会联合会。共有工会会员

1986人，工会代表120名。9月26日，召开工会会员代表大会，选举产生了村工会联合会、经费审查委员会、女职工委员会，同时成立了劳动保护监督检查委员会、劳动争议调解委员会。2016年，依据《中华人民共和国工会法》相关规定，按时进行了换届。

职工代表大会

2015年8月，成立区域性职工代表大会。第一届区域性职代会有职工代表127人，会上签订《李家庄村区域性集体合同》《李家庄村区域性工资集体合同》《李家庄村区域性女职工特殊权益保护专项集体合同》，覆盖非公企业3户，职工110人。2014年至2019年，每年4月，分别对《李家庄村区域性集体合同》等文本进行续签。

主要工作

李家庄村工会联合会自2007年建立后，按照上级工会“组织起来、切实维权”的工作方针，不断加强“五大体系”建设，充分发挥工会在全乡改革、发展、稳定的积极作用。

村工会建设有为型、学习型、法治型、服务型、活力型、实力型等“六型”工会。村驻地企业7个，其中独立建会的企业2个，分别是大众汽车出租公司工会、山西华建公司工会（该工会组织在公司总部），5家企业成立工会小组，并纳入村工会联合会。

村工会组织职工开展了丰富多彩、健康向上的各种活动，如篮球比赛、拔河比赛等活动。并积极参加上级工会组织的各项活动，组织了64人的太极扇表演队、100人健身球表演队、80人的百姓健康舞表演队等，在市、区组织的比赛中获一等奖和优秀奖，在郊区总工会组织的全健排舞比赛中获金奖和最佳服饰奖。村工会建设200平方米职工书屋，配齐各类书籍7000余册、报刊20种、音像制品80套、可上网电脑2台。结合村工会实际，把职工书屋设在村文化活动中心，与先前建好的村民棋牌室、村民体育活动室、多功能活动室并在一起，满足职工丰富多样的科普、文化、体育、娱乐活动需要。

建立高标准的“职工书屋”，点燃了工友读书、用书、学习科学文化知识的热情，进一步活跃和丰富了职工的文化生活，改善职工文化环境，提高职工整体素质和农村文明程度，促进农村经济社会协调发展。

冯家庄村工会联合会

村情概况

冯家庄村地处城市近郊，区域面积1.8平方千米，距市中心4平方千米，是郊区通往市的要道，李荫路穿村而过。有住户675户，总人口1287人，党员42人，村民代表 27人，村“两委”成员7人。多年来，村党总支、村委会在上级党委政府的带领下，认真落实党的各项方针、政策，利用地理优势，先后招来了多家大小微企商业，至今有90余户注册落地在此区域。冯家庄村工会联合会在上级党、政、工会的领导下，积极开展并做好工会的各项工作，为企商业安全生产、优质服务、诚信经商、完成上级交给的各项任务发挥了重要作用，为每年实现安全生产、税收完成、企商业规模的扩大奠定了良好的基础。冯家庄村工会联合会辖阳泉市双环电控设备厂，阳泉市北郊钢材市场，旺达彩钢、汇鑫源彩钢、阳泉市三江工程机械设备有限公司等工会组织及小微企业90余家。工会会员共计764名。

组织沿革

冯家庄村企业联合工会于2004年3月10日成立，隶属于李家庄乡工会联合会。工会主席王秀芳，副主席王满金，委员杜宜忠、郭鸿江，女职工委员马小琴、赵红卫。

冯家庄村工会联合会于2007年10月正式成立。10月27日，召开工会会员代表大会，选举产生了村工会联合会委员会，经费审查委员会，女职工委员会。同时成立了劳动保护监督检查委员会、劳动争议调解委员会。2013年、2019年依据《中华人民共和国工会法》相关规定，按时进行了换届。

职工代表大会

2015年7月，召开区域性职工代表大会。第一届区域性职代会有职工代表33人，会上签订《冯家庄村区域性集体合同》《冯家庄村区域性工资集体合同》《冯家庄村区域性女职工特殊权益保护专项集体合同》，覆盖非公企业5户，职工790人。2014年至2019年，每年4月，分别对《冯家庄村区域性集体合同》等文本进行续签。

主要工作

抓基础工作，制度建立健全。村工会在做到"六有"（有班子、有队伍、有场所、有牌子、有印章、有制度）的基础上，认真制定了"六表四簿一制度"（"六表"即村工会组成人员基本情况登记表、企业工会组成人员基本情况登记表、村所属企业基本情况登记表、村所属企业工会会员登记表、农民工源头入会登记表、困难职工登记表；"四簿"即工会会议记录簿、职工来访登记簿、帮扶情况登记簿、开展活动登记簿；"一制度"即村工会工作制度），并且仔细填写。工会会员764人，农民工源头登记入会486名。按照有关文件的类别，分类装档。具体包括六表四簿一制度、大会资料、上级来文、组织机构及工会各项制度、工会资料、集体合同等。每年，村党总支书记郭子军都要在春节后召集各企商业负责人，召开会议，听取他们的发展思路及需要的帮助，鼓励他们把企业做好做强，受到了企业的好评。

加强阵地建设，硬件建设。设立了专门工会办公室。购买了电脑，制作了工会牌，更新了宣传版面，刻了印章。工会的各项工作步入正规化轨道。同时将职工的图书馆、活动室、篮球场作为职工文化活动的主要阵地。逐步完善职工书屋，将职工书屋作为工会文化事业的一部分。2016年，工会向上级积极争取资金，利用村文化活动场所办起了名副其实的职工书屋，藏书2400册。

职工文体活动。村工会联合会成立后，把组织和引导职工开展文体活动，作为一项经常性的工作。积极组建各种业余文艺宣传队伍。通过组织和发动职工开展各种业余文化活动，使职工文化生活日益丰富多彩。结合实际组织和发动职工开展为政治服务、为生产服务的文化宣传活动，用文艺的形式宣传中国共产党的中心任务，宣传生产捷报、好人好事。同时每逢元旦春节举行街头文化活动及重要节日举办文艺演出，活跃职工文化生活。2009年7月10日，举办了"想唱就唱"活动，受到了广大职工及全村村民的一致好评。每年正月十六，组织女职工参加计生政策的宣传。坚持每年举办乒乓球、拱猪、象棋职工大赛，并设立一、二、三等奖。2010年，对三江公司和村里的单亲家属给予救助。2014年4月14日，乡工会组织为李家庄乡的杨茜捐款3081元。2017年至2018年在庙会期间，举办区域企业工会联合会"金秋篮球比赛”，增进了友谊，比出了风格。坚持多年来在村庙会、“七一”中国共产党建党节、春节期间连续举办“工会是我家”才艺展示活动，极大地鼓舞了广大职工参与工会活动的积极性，使全体村民的精神面貌焕然一新。

组织职工积极参加上级工会举办的各类文体及职工技能比赛并组织职工外出学习参观。参加了省内组织的到优秀企业、村庄的观摩学习，提升职工的综合技术素质。2008 年至 2014 年，村里拿出一部分资金对贫困职工的子女上学进行奖励。制定积极的奖励制度，对子女考入一本大学的家庭奖励 1000 元，二本大学的奖励 500 元。坚持开展每年的“两节”慰问活动，将工会组织的温暖传递到每名职工当中。2015 年参加了职工计算机培训，职工上岗培训等。关心职工生活，组织开展送温暖活动。

汉河沟村工会联合会

村情概况

汉河沟村位于北纬 37° 53′ 45″～37° 55′ 07″，东经 113° 32′ 39″～113° 33′ 57″。地处阳泉市西北部，郊区政府所在地荫营镇南部，隶属于李家庄乡。东北部与李家庄乡黄沙岩村相邻，东部与李家庄乡冯家庄村相连，南部与冯家庄村、平潭镇桃林沟村、魏家峪村相交，西部与平潭镇魏家峪村相接，西北部与平潭镇大村相靠，北部与荫营镇辖区相依。村域范围东西最宽约为 2.02 千米，南北最长约为 2.53 千米，总面积约为 2.30 平方千米。东南距阳泉市区约 4 千米，北距郊区政府驻地约 4 千米。

1947 年以前属平定县，1948 年 8 月划归于 1947 年 5 月 4 日建立的阳泉市。1949 年 9 月阳泉市改设为阳泉工矿区，属工矿区第三区，1952 年 4 月阳泉工矿区改设为阳泉市，属阳泉市第一区，1953 年 4 月属阳泉市第一区冯家庄乡，1956 年 1 月属阳泉市站上区甘河乡，1958 年 9 月撤乡改设为人民公社后，属阳泉市矿区人民公社，1960 年 3 月属阳泉市北大街人民公社，1961 年 4 月属阳泉市李家庄人民公社，1963 年 2 月属于阳泉市站上区李家庄人民公社，1969 年 1 月属阳泉市郊区李家庄公社，1984 年 5 月实行乡（镇）村制，属李家庄乡。2019 年末，全村户籍总人口 718 人，总人口中，男性 360 人，女性 358 人，人口出生率 8.36‰，人口死亡率 9.75‰，人口自然增长率 -1.39‰。人口密度为每平方千米 590 人。

中共十一届三中全会后，积极发展农村经济，发展村办企业 5 家、个体运输业和个体工商业 20 家，从业人员 400 余人。1996 年全村经济总收入 3050 万元，村办企业总产值 1941 万元，人均纯收入 4228 元。与此同时，根据村地下资源逐渐枯竭的实际，积极调整产业结构，特别是中共十八大以后，大力发展集体经济。2010 年 4 月，依托集体积累资金成立郊区盈诚小额贷款公司，注册资金 5500 万元；11 月，建成景河酒店并开业。2011 年 1 月组建大中成安机械施工有限公司，4 月成立金谷种植专业合作社，7 月组建中安石油压裂支撑剂有限公司。2012 年 5 月，兼并原华新食品厂重组裕盛源农产品开发有限公司。2013 年 1 月，以租赁承包的经营方式成立郝志峰农产品开发有限公司。2014 年 1 月，成立景河成品油销售有限公司。2018 年 6 月，成立山西艾施丹生物科技有限公司。2019 年，全村经济总收入达 4800 万元，人均纯收入达 1.8 万元。2018 年 7 月，被司法部、民政部授予“全国民主法治示范村”称号；同年 10 月，被中国生态文化协会授予“全国生态文化村”称号；2019 年 12 月，被国家林业和草原局命名为第一批“国家森林乡村”；2020年11月，被中央文明委授予“全国文明村镇”称号。

组织沿革

汉河沟村工会组织成立于1992年3月，名称为“宏源实业公司工会”，隶属于李家庄乡工会联合会。宋崇吉任工会主席，宋五花、宋麦银、宋振计、宋振吉为委员。2006年12月，宋明忠任工会主席。2007年10月24日，汉河沟村工会联合会第一次会员代表大会召开，选举宋明忠任工会联合会主席，姜海平任副主席，张金芬、宋润生、宋玉生为委员；张金芬任经费审查委员会主任，姜斌兵、史宝荣为经费审查委员会委员。

2012年5月，工会联合会进行换届选举，产生了第二届工会联合会，选举宋晓文任工会联合会主席，姜斌兵为副主席，张金芬、宋千红、宋振润、宋云忠、赵虎为委员；姜斌兵任经费审查委员会主任，张金芬、闫俊秀为委员。张金芬任女职工委员会主任，闫俊秀、赵秋丽为委员；工会联合会共有会员585人。

主要工作

工会联合会在村党支部和上级工会的领导下，独立开展工作，履行工会职能，积极发挥桥梁纽带作用。按时召开职工代表大会，组织学习、宣传《中华人民共和国工会法》《中华人民共和国劳动法》《中华人民共和国妇女权益保障法》，增强职工的安全防范意识、卫生健康意识、维权意识和自我保护能力。工会注重文化建设，建立了“职工书屋”和“职工之家”。在各种节日期间，开展“送温暖”慰问走访活动，竭尽所能为职工谋福利，为职工群众办实事，办好事，帮助职工排忧解难，使职工全力工作，无后顾之忧。2009年4月，村职工之家被郊区总工会命名为“模范职工之家”；2011年12月，村工会联合会被郊区总工会评为“先进工会标兵单位”；2012年2月，村工会联合会被市总工会评为“阳泉市十佳村（社区）工会”。

随着经济转型跨越发展，村成立了大中成安机械施工公司、中安石油压裂支撑剂有限公司、裕盛源农产品开发有限公司、盈诚小额贷款公司、景河酒店等企业，壮大了工会组织。工会坚持“以人为本”的工作方针和依靠职工办企业的理念，不断强化职工的主人翁意识和干事创业的热情，广大职工群众以对企业高度负责的精神，积极投身生产以及精神文明建设。工会深入开展经济技术创新和提合理化建议、争先创优、劳动竞赛等活动，并发动职工钻研技术，发奋工作，在生产经营中发挥作用。工会大力开展帮扶工作，将30余户困难职工列入救助对象，进行送温暖活动，并定期组织全体职工免费体检，保障职工身体健康。在职工子女助学方面，对考入大专以上学校的职工子女，一次性分别给予1000元至3000元的助学金。与此同时，连续9次为职工续缴养老保险，为60岁以上的退休职工每月发放790多元的养老金，解决职工和群众后顾之忧。

为了增强职工的凝聚力和向心力，工会把精神文明建设和工会创建活动结合起来，积极组织各工会（小组）开展多种形式的文化体育活动。每年组织职工春节联欢会，各企业职工以各种表演形式讴歌本村的发展变化，其他节日也要举行各种联谊活动，活跃职工生活，提高职工素质。

为进一步深化民主管理工作，各基层工会认真落实《企务公开和民主监督工作的规定》，每季度将公开内容上报村工会联合会，工会组织人员定期或不定期地进行抽查和检查，与各基层工会目标考核挂钩，使企务公开工作真正落到实处。通过组织各项知识技能竞赛活动，培养广大职工的学习兴趣，营造钻研业务技能的良好氛围，引导职工主动参与社会主义新农村建设。

2012 年 10 月 13 日，全省工会工作大观摩汇报会在汉河沟村举行。其间，省人大常委会副主任、省总工会主席郭海亮对汉河沟村的工作进行调研，并给予充分肯定。

甄家庄村工会联合会

村情概况

甄家庄村原址地处北纬 37° 52′ ～53″，东经 113° 35′ ～36″，东连柳沟、西接李家庄，南与桃坡毗邻、北与余积梁沟相依，总面积 2 平方千米。耕地面积 1600 亩。民国 37 年（1948）8 月由平定县划归阳泉市，1956 年至 1958 年曾置甄家庄乡，现迁至珍宝园小区。

为成就市委、市政府“千亿阳泉、百年新城”之大计，助推漾泉大道建设，本村实施全村整体搬迁，搬迁工作于 2010 年 11 月初开始搬迁截至 2016 年 6 月底全村搬迁工作全部完成。

珍宝园小区于 2012 年 4 月奠基，于 2016 年 11 月竣工，东临宁波北路、西临新城大道、南临平阳街、北临漾泉大道，地理条件优越。珍宝园小区总投资约 10 亿元，共占地 190 亩，建筑面积 25.44 万平方米，有高层住宅 17 栋、综合服务楼 1 栋、幼儿园 1 栋和 2 个地下停车场。小区内设有住宅区、党群服务中心、小区卫生综合服务中心、文化活动中心、文化活动广场、妇女之家、老年活动中心、日间照料中心、珍宝园游泳健身中心、珍宝园幼教园、羽毛球馆、餐厅、戏迷协会等一系列公益设施，实现了“老有所养、病有所医、学有所上、住有所居”等民生事业全覆盖。小区绿化面积达 5 万平方米，道路硬化面积约 12.2 万平方米，亮化配套使用 LED 节能灯，全村居民全部使用水冲式家用卫生厕所，2 所公厕，均为水冲式厕所，厕所粪污排入化粪池，经过村地下管道，排入城市管网。饮用水是自来水，煤气、暖气为市里联网。甄家庄村党群服务中心下设社保服务、民政服务、党员管理、物业服务等日常管理服务窗口，并成立了绿化队、联防队、水电队、卫生队等，其中卫生队有专业人员 46 名，配备清运垃圾车 3 辆、洒水车 1 辆、在小区内设置垃圾桶 200 个，另配备可分类垃圾箱 50 个，垃圾做到日产日清，保持小区内外环境卫生和楼内卫生干净整洁，垃圾实现统一收集统一清运。生活污水排放有序，统一经村污水井排入城市管网。甄家庄村已建成了一个基础设施齐全，村容村貌整洁、优美的绿色家园，曾多次受到各级政府的好评。2019 年，总户数 846 户，其中农户 587 户，非农户 259 户；总人口 1588 人，其中农户 1184 人、非农户 404 人，隶属于郊区李家庄乡。

组织沿革

2007 年 10 月 8 日，在乡工会的帮助指导下，按照《中国工会章程》有关程序进行，通过法定程序，成立了甄家庄村工会联合会，隶属于李家庄乡工会联合会。同时选举产生工会经费审查委员会，大会选举陈忠祥为工会联合会主席，陈伟伦为副主席，杨建宝、潘晓丽、甄艺红为委员；梁小云为经费审查委员会主任，贾银花、杨建宝为经费审查委员会委员。

主要工作

甄家庄村工会联合会成立于 2007 年 10 月，在各级党委、政府的正确领导下，确定了以马克思列宁主义、毛泽东思想、邓小平理论和“三个代表”重要思想为指导，以提高职工的安全保护意识为原则，以推进企业民主管理、职工素质提高、完善企业文化建设为目标，维护广大职工的总体利益、合法权益，改善劳动者劳动报酬，以最大限度调动广大劳动者的生产积极性，增强职工的凝聚力和战斗力。甄家庄村工会联合会下设2个企业工会（阳泉市华新食品厂工会、新深在村型煤厂聚金工会）。经过多年来的努力与探索，工会工作已经步入正轨，各项制度也逐步完善。

建立健全村工会工作制度，明确职责，每年召开一次村工会联合会会议，每年至少开展4次工会活动，并做好会议记录；严格按照《中华人民共和国工会法》《中华人民共和国劳动法》《中华人民共和国劳动合同法》等法律，规范职工权利与义务、明确劳资关系，杜绝性别歧视，多给女职工以关怀，提高女职工在生产、生活中的地位，同时签订全员劳动合同，尽量减少不必要的矛盾纠纷，对于不可避免的矛盾，村工会都要公平、公正地进行调解，力求将矛盾解决在最基层，杜绝越级群访、上访事件的发生，加强各企业工会领导者的学习，扩大知识结构，提高自身的业务素质，增强为职工谋利益的能力。

企务公开是企业民主化管理工作的立足点。从村工会成立以后，无论是人事变动、岗位竞聘、评先评优，还是经费的使用、职工福利的发放，都做到了公开条件、公开规定、公开政策，让干部职工根据自身条件公平竞争。同时，村工会将决策结果上墙公示，使各个工作环节透明，便于职工监督，使干部职工能够最大限度地参与企业的各项管理工作，真正体现其主人翁的地位。

“两节”到来之际，在李家庄乡组织的欢度春节大型文艺会演中，由村工会会员利用业余时间自编自导自演的舞蹈受到了观众的一致好评，获得了李家庄乡文艺会演第一名的好成绩。在街头文艺表演中，村职工除献上自己亲手做的花灯外，还表演了诙谐、夸张的民间文艺节目，博得了群众的阵阵欢笑，使大家度过了欢乐、祥和的“两节”。

“三八”国际妇女节，工会女职工在女工主任的带领下积极参加了各项庆“三八”活动，有拔河、跳大绳、跳小绳、转呼啦圈、踢毽子、绑腿跑等，让她们充分享受属于自己的节日。

2010年4月青海玉树发生地震，村工会联合会积极号召各个工会为玉树灾区捐款献爱心。

2010年5月1日，开展了“迎五一、庆五四”座谈会，与会职工代表踊跃发言，积极讨论，共同庆祝属于自己的节日。

2010年6月中旬，村工会联合会与华新食品厂工会，组织了一场别开生面的职工篮球比赛，广大职工积极参与，给比赛带来了更多的看点。

经常下户，及时了解职工的生活疾苦，采取得当措施对其进行帮扶。

每年春节前，村支“两委”班子以及工会联合会主要领导给困难职工、伤残职工、工亡家属等人送去慰问金或慰问品，并详细了解他们的生活状况，鼓励他们勇于克服困难，要对美满生活充满信心。

对于职工来访，做好详细记录，经村领导商议后迅速做出答复，办事雷厉风行，决不拖拉。

第六节 西南峪乡工会联合会

乡情概况

西南峪乡清《盂县志》载名为西南峪堡，明《盂县志》载名为南榆。明称南榆（属盂县招贤四都），清称西南榆，清末又演变为西南峪。乡政府驻此，故以此命名。是一个以农业为主的乡镇。2006年，确定为“山西省科普示范基地”。2008年，中国果品流通协会授予西南峪乡“中国优质苹果基地百强乡镇”称号。

该乡位于北纬37° 58′ 30″～38° 05′ 00″，东经113° 35′ 35″～113° 40′ 59″。地处阳泉市郊区东北部，东邻平定岔口乡，南连荫营镇，西接河底镇，北靠盂县牛村镇、仙人乡；辖区东西最大距离9.3千米，南北最大距离12.5千米，总面积57.99平方千米。乡政府驻西南峪村，距区政府驻地荫营约12.6千米，距阳泉市区约25.9千米。

该镇地处温河沿岸的秋林山脉，地形属土石山区，山峦起伏，沟壑纵横，地势西北高东南低。以西南峪至东林尖村一线为分水岭，海拔850米至950米。年平均气温10℃，年降水量471.8毫米。其东部广大地区沟汊汇于岔口河，西部汇于温河。境内有铝矾土、白云石、石灰石、黏土等矿产资源，其中铝矾土为全国最优质矿藏。

清代属盂县招贤乡，中华民国时期属盂县二区，1941年至1947年属盂县三区，1948年属盂县十一区。中华人民共和国成立初期，西南峪归盂县东村区管辖；1953年至1954年西南峪下设两个乡镇：东南峪乡（辖大洼村、东南峪村、郊山村、石窑堖村）、西南峪乡（辖五里庄村、西南峪村、霍树头村、大西庄村、小西庄村、辛庄村、马庄村、韩庄村）；1956年，雨下沟村、张家井村从平定县划归到西南峪乡管辖；1958年成立人民公社，小西庄村划归东村公社管辖，辛庄村、马庄村划归三郊公社管辖；1959年，北峪村、孔南庄村、代家庄村、王家庄村、杜家庄村、咀子上村、东林尖村划归西南峪管辖；1984年，改设为乡。2001年撤乡并镇乡镇建置未发生变化。2019年年末，辖张家井、大洼、东南峪、西南峪、郊山、石窑堖、五里庄、雨下沟、霍树头、北大西庄、北峪、孔南庄、代家庄、王家庄、杜家庄、咀子上、东林尖共17个村民委员会。辖区总人口12909人，总人口中男性6741人，女性6168人，人口出生率6.43‰，人口死亡率4.69‰，人口自然增长率1.47‰。人口密度为每平方千米222.60人。

西南峪乡是一个传统农业乡镇。中共十一届三中全会后，全乡乡办企业发展到7家、村办企业74家、个体企业84家。从业人员4788人，占全乡劳力总数的64.5%。全乡农村经济总收入为6796万元，乡镇企业总产值为5496.9万元，全乡人均收入940.2元，财政收入414.2万元。与此同时，该乡根据当地自然条件，抢抓国家退耕还林的优惠政策，大力调整产业结构，以三峪果业专业合作社为龙头，快速发展林果产业。至2019年年末，耕地面积2.30万亩，粮食总产2934.7吨；水果种植面积10987.5亩，主要品种是苹果，年产量5237.8吨。全乡规模工业企业包括阳泉市星火鑫源铸造材料厂、阳泉市腾辉耐火材料厂、阳泉市金土耐火材料有限责任公司、阳泉市郊区新建不定型耐火材料厂、阳泉市星火金源工贸有限公司等65家，全部从业人员平均474人，工业收入20054.5万元。全乡公共财政预算收入完成2443万元，规模以上工业总产值完成2.7亿元，固定资产投资完成1.26亿元。均开创全乡历史最高水平。

组织沿革

西南舁乡工会成立于1993年9月，成立初期名称为西南舁乡工会工作委员会，属一级工会组织，为区总工会直属。先后由乡党委副书记郭新文、乡党委副书记史路希、乡人大主席、党委副书记胡爱锦、乡党委副书记王永平、乡党委副书记张翠花任主任；高秀万、马银怀、马玮华、张笑君任副主任或干事。2002年4月，西南舁乡私营企业工会联合会成立，选举王永平任主席，张笑君、马玮华、郭强、聂志恒为委员。2006年7月西南舁乡工会召开了第一次会员代表大会，改为西南舁乡工会联合会。高波为工会联合会主席，李志强为副主席，王所寿、王彦珍、高建忠为委员；李凤林为经费审查委员会主任，李铁兵、李永明为委员。此后，由乡人大主席张翠花任西南舁乡工会联合会主席；李丽花任副主席。2011年6月，武建明、张永生、高爱和替补为西南舁乡工会联合会第一届工会委员会委员，武建明担任主席。2013年6月14日，召开西南舁乡工会联合会第二次会员代表大会，冯燕斌当选为西南舁乡工会联合会主席。2016年6月，由于领导调整，王海平、李秀清替补为西南舁乡第二届工会联合会委员，王海平替补为工会联合会主席，李秀清替补为经费审查委员会主任。2019年5月，由于人事变动原因，王萌、张有忠替补为西南舁乡工会联合会第二届工会委员会委员，王萌替补为工会联合会主席。

西南舁乡工会成立初期，下辖17个村，40余家企业。经过20多年的变迁、发展，2019年该乡下辖17个村，100余家企业。职工队伍壮大到3000余名。共有基层工会组织27个，其中村工会联合会3个，村工会14个、果业行业工会联合会1个、货运行业工会联合会1个、乡机关工会1个、企业工会7家，职工共计1526人，会员1526人。

西南舁乡历届工会主席副主席一览表

表4-11

组织沿革及届次	姓　名	性别	工会职务	任职时间	行政职务
工会工作委员会	郭新文	男	主　任	1993年9月至1995年11月	乡党委副书记
	高秀万	男	副主任	1993年9月至1995年11月	企业管站站长
	史路希	男	主　任	1995年12月至1998年7月	乡党委副书记
	马玮华	女	副主任	1995年12月至1998年7月	乡企业管站
	胡爱锦	男	主　任	1998年8月至2000年12月	乡人大主席
	马玮华	女	副主任	1998年8月至2000年12月	乡办公室
	王永平	男	主　任	2001年1月至2002年5月	乡党委副书记
	张笑君	男	副主任	2001年1月至2002年5月	乡团委书记
	张翠花	女	主　任	2002年6月至2006年6月	乡党委副书记
	张笑君	男	副主任	2002年6月至2005年4月	乡团委书记
	马玮华	女	副主任	2005年5月至2006年6月	乡妇联主席
私营企业工会联合会	王永平	男	主　席	2002年4月至2002年6月	乡党委副书记
第一届工会联合会	高　波	男	主　席	2006年7月至2007年12月	乡武装部长兼政法书记
	李志强	男	副主席	2006年7月至2007年11月	乡团委书记
	李丽花	女	副主席	2007年11月至2008年12月	乡办公室

续表 4-11

组织沿革及届次	姓　名	性别	工会职务	任职时间	行政职务
第一届工会联合会	张翠花	女	主　席	2008 年 1 月至 2011 年 5 月	乡人大主席
	李丽花	女	副主席	2008 年 1 月至 2011 年 5 月	地方志
	武建明	男	主　席	2011 年 6 月至 2013 年 2 月	乡人大主席
	李丽花	女	副主席	2011 年 6 月至 2013 年 2 月	—
第二届工会联合会	冯燕斌	男	主　席	2013 年 5 月至 2016 年 4 月	乡人大主席
	李丽花	女	副主席	2013 年 5 月至 2016 年 4 月	—
	王海平	男	主　席	2016 年 5 月至 2019 年 3 月	乡人大主席
	李丽花	女	副主席	2016 年 5 月至 2019 年 3 月	乡妇联主席
	王　萌	男	主　席	2019 年 4 月至 2019 年 12 月	乡人大主席
	李丽花	女	副主席	2019 年 4 月至 2019 年 12 月	—

2019 年西南畀乡工会联合会部分基层工会组织建设一览表

表 4-12　　　　　　　　　　　　　　　　　　　　　　　　单位：人

工会名称	建会时间	工会主席	职工人数		会员人数	
西南畀村工会联合会	2007 年 1 月	张晓芳	174	174	174	174
东南畀村工会联合会	2007 年 9 月	王三存	85	85	85	85
大洼村工会联合会	2007 年 1 月	张永生	169	169	169	169
张家井村工会委员会	2007 年 1 月	刘彦清	54	54	54	54
郊山村工会委员会	2008 年 2 月	王寿明	24	24	24	24
石窖垴村工会委员会	2008 年 2 月	高忠元	10	10	10	10
五里庄村工会委员会	2008 年 2 月	王秀金	27	27	27	27
雨下沟村工会委员会	2008 年 2 月	高瑞兰	14	14	14	14
霍树头村工会委员会	2008 年 2 月	高爱珍	54	54	54	54
大西庄村工会委员会	2008 年 2 月	史俊英	95	95	95	95
北畀村工会委员会	2007 年 1 月	胡军伟	45	45	45	45
孔南庄村工会委员会	2008 年 2 月	孔玉梁	15	15	15	15
代家庄村工会委员会	2008 年 2 月	任林转	17	17	17	17
王家庄村工会委员会	2008 年 2 月	王金芬	86	86	86	86
杜家庄村工会委员会	2008 年 2 月	安晓洁	53	53	53	53
咀子上村工会委员会	2008 年 2 月	付慧青	13	13	13	13
东林尖村工会委员会	2008 年 2 月	武继和	24	24	24	24
阳泉市金土耐火材料有限责任公司工会	2009 年 5 月	张有忠	49	49	49	49
阳泉市恒源耐火材料厂工会	2008 年 9 月	高便梅	30	30	30	30
阳泉市新建不定型耐火材料厂工会	2008 年 9 月	王建生	13	13	13	13
西南畀乡果业行业工会联合会	2018 年 2 月	李有珠	268	268	268	268
阳泉市运输行业工会联合会	2019 年 12 月	高鹏程	206	206	206	206

续表 4-12

工会名称	建会时间	工会主席	职工人数		会员人数	
阳泉市星火金源工贸有限公司工会	2019 年 12 月	武振华	104	104	104	104
阳泉市鲁中耐火材料有限公司工会	2005 年 9 月	封立杰	28	28	28	28

工会代表大会

工会联合会第一次会员代表大会

会议概况

2006 年 7 月 27 日，西南舁乡工会联合会第一次会员代表大会召开。参加此次大会的工会会员代表 37 名，列席代表 10 名，西南舁乡武装部部长高波作题为《突出工会职能服务改革大局 努力开创我乡工会工作新局面》的工作报告。选举产生了西南舁乡第一届工会联合会委员会委员，经费审查委员会委员，高波当选为乡工会主席。乡党委书记程秀春作了重要讲话。

组织机构

西南舁乡工会联合会委员会

主　席：高　波

副主席：李志强

委　员：王所寿　王彦珍（女）　高建忠

西南舁乡经费审查委员会

主　任：李凤林

副主任：李铁兵

委　员：李永明

工会联合会第二次会员代表大会

会议概况

2013 年 6 月 14 日，西南舁乡工会联合会第二次会员代表大会召开。参加会议应到代表 33 人，实到代表 33 人，列席代表 15 人，其中女代表 11 人，区总工会张春燕部长出席了会议，乡妇联向大会祝词。冯燕斌作题为《抢抓机遇谋发展、提高服务促和谐、团结带领广大职工为全乡经济发展贡献力量》的工作报告；选举产生了西南舁乡工会联合会委员会，冯燕斌为西南舁乡工会联合会主席。会议通过了关于工作报告的决议。

组织机构

西南舁乡工会联合会委员会

主　席：冯燕斌

副主席：李丽花

委　员：王彦珍（女）　高海军　高爱和

西南舁乡经费审查委员会

主　任：李凤林

副主任：王秀红

委　员：李永明

主要工作

组织建设

西南舁乡工会成立后，一直以中国特色社会主义维权观为指导，按照“扩大覆盖面，增强凝聚力”的指示精神，以“组织起来、切实维权”为工作方针、以发展壮大工会组织建设为根本要求、以服务职工群众为根本宗旨、以扩大工会组织影响力为根本目标，工会工作一直走在了全区的前列，工会组织建设有了长足的发展。

西南舁乡企业工会组织建设历史悠久，从1989年开始，该乡的青山水泥厂就成立了工会，并在维权和服务职工工作上发挥了极其重要的作用，1989年12月，全市第二次乡镇企业工会工作会议在郊区召开，西南舁乡被评为“组建工会先进单位”。1993年9月乡工会工作委员会成立，为工会工作的进一步开展搭好了台，铺好了路。同年10月，东南舁村不定型耐火材料厂、东南舁耐火纤维厂、东南舁振东耐酸瓷厂、蓝晶石耐火材料厂成立工会。同年11月，北大西庄水泥厂、大洼村第二耐火材料厂、霍树头耐火厂、金属镁厂、西南舁耐火材料厂、浇注料水泥制品福利厂、西南舁矾土矿成立工会。1996年8月，青山铝矾土矿成立工会。1998年12月，西南舁乡机关工会、西南舁咀子上村陶土厂工会成立。1998年组织青山水泥集团总公司、东南舁耐火纤维厂、东南舁蓝晶石耐火材料厂、北大西庄水泥厂、大洼村第二耐火材料厂、霍树头耐火厂、阳泉市金属镁厂、西南舁耐火材料厂、浇注料水泥制品福利厂、青山耐火材料有限公司、西南舁乡耐火材料材厂11家企业工会换届，工会工作得到了顺利开展。2000年8月，又在本乡的阳泉市青建耐火材料厂成立工会。2002年4月，为了总体规范管理私营企业工会，西南舁乡成立私营企业工会联合会，王永平任主席。2005年，在该乡的第一个外商引资企业——鲁中耐火材料有限公司成立工会。

2006年7月，根据区总工会的统一安排，乡工会召开第一次会员代表大会，成立了西南舁乡工会联合会。乡工会联合会成立后，着手规范17个村工会组织建设，通过宣传发动、走访动员，2007年下半年首先在西南舁村、东南舁村、大洼村、张家井村、北舁村等5个条件成熟的村筹备成立了村工会联合会，选举产生了工会联合会委员会。2008年上半年，积极响应郊区总工会加大基层工会组建力度的号召，西南舁乡工会召开动员会，并下村协调，4月在剩余的12个村成立了村工会工作委员会，由乡工会提名，大村由副书记担任工委主任，小村由书记担任工委主任，至此，西南舁乡村工会组织建设已基本完善，覆盖率达100%，解决了一直以来各村工会无人办事的情况，保证了有阵地、有人员，为工会工作的开展搭好了平台、打好了基础。2008年下半年，本着哪里有企业、哪里就有工会的原则，响应郊区总工会加大企业工会筹建力度的号召，扩大会员入会范围，2008年9月又在阳泉市广泰镁业有限公司、阳泉市恒源耐材料厂、阳泉市新建火材料有限公司3个重点规模企业成立了工会，为乡基层工会组织规范化建设迈出第一步。

2009年，西南舁乡工会以区总工会的“一条例三规范”（《企业工会工作条例》《山西省乡镇（街道）工会工作规范》《山西省基层工会工作规范》《阳泉市村（社区）工会工作规范（试行）》）竞赛活动和星级工会创建活动为载体，深入开展“六好（落实政策法规好、工会自身建设好、履行基本职责好、指导帮助基层好、服务职工群众好、围绕中心工作好）、十有（有阵地、有人员、有牌子、有制度、有桌子、有椅子、有档案、有电脑、有版面、有公章）”工会创建活动。西南舁乡工会组织基层工会主席进行观摩学习，不仅在西南舁乡参观大洼村、西南舁村等好的工会组织，还“走出去”观摩荫营镇工会、三都村工会、郊区林里粉末厂、郊区三菱车队工会5个工会标兵，通过参观学习，比照自己找差距、找不足，真正把工作落到实处，为推动全乡的工会工作的整体水平打下了基础。年底，大洼村工会、西南舁村工会、张家井村工会获得了区先进单位，恒源耐火材料厂、新建耐火材料有限公司获得了区星级工会组织。阳泉市广泰镁业有限公司工会获得了区五星级工会组织。西南舁乡工会在建设基层工会组织的同时也不断完善自身建设，充实了档案，配备电脑等硬件设施，版面制度上了墙，2009年，由于乡工会积极开展乡、村、企三级工会联动创建活动，在村级工会组织建设方面、在企业工会星级创建方面、乡工会规范化管理方面都上了一个新台阶，年底被省总工会评为“山西省乡镇（街道）工会标兵单位”，2010年2月被市总工会评为“阳泉市乡镇（街道）工会标兵单位”，12月被市总工会评为“五星级乡镇（街道）工会”。

2010年4月，又在该乡的百人以上规模企业阳泉市金土耐火材料有限公司成立了工会。2012年6月，针对该乡致力于果树发展，建立万亩无公害果品基地，果农数量大幅度地增加，初具规模的情况，乡工会按照郊区总工会加大农民工入会和工会会员二次覆盖的要求，通过几个月宣传发动，走访果农，于4月成立了西南舁乡第一个行业工会——西南舁乡果业行业工会联合会，办公地点设在西南舁乡，极大地规范了该乡的行业基层工会组织。2013年6月西南舁乡工会联合会进行了换届工作，召开了第二次会员代表大会，选举产生新一届工会委员会成员。2019年9月，按照市、区总工会的加大“八大行业”的入会力度文件要求，西南舁乡召开了西南舁乡货运行业工会联合会第一次会员代表大会，做到会员应入尽入，尽可能扩大工会会员范围。同年11月，该乡的招商亿元企业星火金源工贸有限公司成立工会。

农民工源头入会登记

2008年，根据区总工会突出重点，扫除盲点，发展壮大工会组织的要求，以农民工、临时工、外用工为主要对象，最大限度地把各类从业人员组织到工会组织中来的文件精神，西南舁乡工会组织17个村把农民工、临时工、外用工吸收到各自的村工会，吸纳农民工会员1300余人。

网格化建设

2013年下半年开始，依据上级工会文件精神，为了健全工会组织体制和运行机制，提高工会工作的能力和水平，工会组织体制、运行机制和活动方式不断创新，实现工会工作网格化管理，形成横向到边、纵向到底的组织网格，实现工会组织的全覆盖、工会管理的新跨越。西南舁乡工会从上到下划分成三级网格，乡镇的一级网格，负责对全乡的网格管理，村工会是二级网格，负责对各村片区和管理，三级网格是各村企业和片区。各村根据人口多少划分片区，大村划三四个不等，小村划一两个不等，并给每个片区安排专人负责，每个环节都有工作站，都有人管理。到2015年初，西南舁乡工会网格化工作已经基本完善，做到了“一企一档，一片一册”，建立基层工会组织电子信息档案和方案信息档案，并实行数据动态化管理，数据实时更新，各项工作都能正常开展。

高秀杰劳模工作室创建

2014 年 5 月，为了充分发挥劳动模范和高技能人才在本行业技术创新和高素质职工队伍建设中的示范带动作用，结合阳泉市各级工会组织广泛开展创建“劳模（高技能人才）创新工作室”活动，努力搭建先进创新平台，打造高技能人才先进工作团队，激发职工创新热情，提升职工技能水平，结合该乡发展万亩无公害果品基地发展方向，西南舁乡工会建立了以高秀杰为核心的劳模工作室，专门研究果树种植的十大技术。高秀杰劳模创新工作室是由熟悉果业技术的 6 名技术人员组成的一支专业骨干团队，平均年龄 50 岁，40% 是中共党员，全部是专业技术人才。工作室在西南舁乡果园腹地，便于团队搞技术研究，工作室配备有电脑、桌椅、文件柜，各种工作制度上墙，各种专业技术书籍和工作室文件资料齐全。工作室目标任务，·是大力推广本地区的果树生产十项技术即果园生物覆盖技术、果实套袋技术、高光效树开技术、铺反光膜技术、病虫害连片综合防治核技术、增施有机肥、节水灌溉技术、疏花疏果技术、人工授粉或果园放蜂、穴贮肥水等果园旱作技术。二是积极开展果农的技术交流和业务培训工作，保证每年培训 4 次至 6 次，参加人员争取达到 600 人至 800 人，本乡的果业有职称的技术人员由原来 38 人上升到 152 人，保证 60 亩有一个专业技术人员，为本乡培养一批懂技术会管理的农民专业技术人员。三是全乡果园面积 9300 亩，挂果面积 3100 余亩，果品产量 300 万千克，五年之内达到 600 万千克以上。力争果品一级果达到 70% 以上。全乡人均果达到 450 千克左右，全乡人均果品收入达到 1800 元。

工会干部职工培训

西南舁乡工会自建会以来，一直致力于工会干部职工的培训工作，基层工会干部由于村换届或其他原因，队伍不稳定，更换频繁，往往刚换上的工会主席，不长时间就调动了，针对乡镇这种情况，又因为工会理论知识的更新，使基层工会干部掌握新的工会理论知识，乡每年组织基层工会干部进行培训，每次培训都邀请上级工会专业老师进行授课，培训方法也形式多样化，或请老师来讲课，或外出参观学习进行培训，或以会代课进行培训等，极大地提升了工会干部职工的业务素质和思想政治素质。与此同时，还积极组织基层工会主席参加市、区总工会组织的省城外地培训，抓住机会“走出去”，学习外面的先进经验。

果农培训

2012 年 4 月，果业行业工会联合会成立后，乡工会为了全乡果树行业的发展壮大，协同果业工会每年对全乡的果农进行不定期免费培训，邀请果树专家到该乡进行授课，并到果园实地进行果树修剪、疏花疏果等技术培训，为该乡的果业提质发展思路提供了保证。果业工会还不定期地组织果农到外省进行参观学习，学习先进的果树种植技术、经验，受到了果农的一致好评。至 2019 年，累计培训场次 30 余次，培训果农 3000 余人，组织外出参观 10 余次，参加人数 1000 余人。果树面积从最初的几千亩发展到 1.2 万亩，年产苹果约 1000 万公斤。

职工文化生活

全乡各级工会组织为了丰富职工、农民工文化生活，不断增强职工凝聚力、战斗力，每年乡工会除组织代表队参加郊区总工会组织的羽毛球、健步走等各项运动比赛外，还组织各基层工会开展形式多样的文化活动。除每年春节期间各村组织的传统文艺活动外，西南舁村工会组织的职工乒乓球比赛、大西庄村工会组织的全村农民工趣味运动赛、代家庄村工会组织的象棋、扑克比赛、霍树头村工会的农历正月十七农民工文艺晚会、金土耐火材料有限公司工会组织的职工拔河比赛，都极大地丰富了职工的业余文化生活。2018 年，乡工会组织了首届秋季农民工趣味运动赛，2019 年组织了全乡的庆祝中华人民共和国成立 70 周年红歌比赛。

在开展丰富多彩的文体活动的同时，不断加强阵地建设。乡工会致力于加强工会阵地建设，为工会工作提供一个发展平台，提高“职工书屋”“职工之家”的建设、管理、使用水平，使之成为职工精神文化生活的新家园。先后健全完善乡工会、西南舁村工会、东南舁村工会“职工之家”建设，建立了以星火金源、大洼村、西南舁村、东南舁村、大西庄村、郊山村工会等一批设备齐全、利用率高的职工书屋，还在全乡各企业广建图书角，让职工有一个放松、充电、学习的地方。职工文化在基层生根发芽，在职工中开花结果，工会品牌效应日渐显现。2017 年，又精心打造西南舁乡工会职工之家，为了更好地服务职工，为职工营造良好的学习、活动环境，7 月初，乡工会开始建设集读书、娱乐、学习、培训为一体职工之家，充实了电视、图书、桌椅等硬件设施，更好地丰富职工的文化生活。

智慧工会工作

为了加强基层工会建设，实现智慧工会网上办公，推进“互联网 + 工会”工作，推进基层工会组织和工会会员管理，加大基层工会组织建设，扩大工会有效覆盖，切实发挥“智慧工会”服务职工平台作用，实现工会网上工作的数据化、线性化和网格化。根据上级工会文件要求，2019 年 10 月，对全乡的工会会员进行了智慧工会服务系统实名制录入工作，极大地规范了会员的管理，为工会下一步工作提供了平台。

“四送”工作

乡工会组织成立后，面对职工群体的变化、职工需求的多元化，积极探索建立为职工办好事、做实事、解难事的工作机制，使职工有更多的获得感。一是开展春送岗位活动，每年四五月乡工会和乡劳保所联合开展春送岗位活动，利用西南舁村庙会期间进行宣传活动，引来众多待业人员的咨询，做到了不出村就能找到工作，收到了好的效果。二是开展夏季送清凉活动。落实好区总工会的送清凉活动企业的报送工作，累计为 20 余家企业和单位中从事高温作业、露天施工的职工送去了各种防暑用品，受到职工的好评，也体现了工会作为娘家人的关爱。三是开展金秋助学活动。每年 8 月是高考学子收获的季节，也是贫困学生为高额学费发愁的时候，为了不让一个困难职工的孩子因学费上不起学，乡工会下村、下企摸排登记，真正把需要帮助的困难职工报回区总工会，做到一个不落，使寒门学子圆了大学梦。截至 2019 年底共救助 67 人。四是开展“两节”送温暖活动，每年都做好年底困难职工的报送工作，累计帮扶职工约 150 人次。与此同时，积极组织开展职工大病医疗互助工作，累计缴纳互助金 10750 元。全乡共计 3 名患病职工享受补偿金 1.5 万余元。

维权工作

乡工会一直把维护职工合法权益及构建和谐劳动关系作为重要工作来抓，认真研究新问题，协调解决新矛盾，收到明显成效。坚持完善以职工代表大会为基本形式的企业单位民主管理，推进企务公开制度化、规范化、程序化。稳步推进工资集体协商和集体合同制度，20世纪初，西南舁原乡办企业青山水泥有限公司拖欠职工工资一案，涉及职工200余人、资金39万余元，长期得不到解决。2009年，乡工会积极协商，排除各种干扰，积极对拖欠工资情况进行了清理，到同年6月已有18万元工资款兑现，其余的通过劳动部门解决，彻底解决了这一损害职工利益的问题。从2010年开始到2019年底，乡工会每年签订耐火材料行业性工资集体合同，三年一签集体合同和女职工权益保护合同，覆盖企业56家、职工800余人，合同履约率85%。

骨干企业工会

青山水泥有限公司工会

企业概况

西南舁乡青山水泥厂（后变更为阳泉市青山水泥有限公司）是山西省乡镇水泥行业中规模较大的企业之一。是全国水泥行业的会员厂，山西省建材行业的理事单位。该厂始建于1983年，属乡办企业。当时，全厂拥有固定资产1300万元，职工420人。其中经济师2人、工程师5人、助理工程师6人、技术员25人。年产量5万吨，年产值780万元，创利税54万元。该厂采用先进的回转窑煅烧工艺生产“青梅”牌水泥，始终为客户提供良好的产品和技术支持，公司有专业的销售、技术团队和健全的售后服务。“青梅”牌水泥靠质量占领市场，凭信誉产销两旺，产品连年获奖，连续数年无压库，经济效益与日俱增。

面对市场竞争，厂领导不断推陈出新，制定了一系列行之有效的质量管理办法。提高职工的业务素质，加强职工的质量管理意识。厂里设立了质量监督检验机构，班组配备了25名质量管理检验工，质量检验工经过专业培训，领取有关部门颁发的操作合格证，持证上岗率达到100%。在工序管理上，制定了工序指标23项，确定质量控制点21个，坚持“事先控制，把关堵口”的原则，从原材料进厂到水泥出厂，整套工序严格管理，一丝不苟。化验室定时检验结果，并及时反馈到生产现场和有关部门，使工序质量始终处于较佳的受控状态。厂里还应用数理统计等科学办法，探索和掌握质量波动规律，有效地杜绝了质量事故的发生。此外，厂里不惜重金大胆引进了微机配料先进技术，使产品合格率到达了85%。

与此同时，厂领导和各车间负责人经常走访用户，广泛征求用户对水泥性能、包装质量等方面的意见，进行及时改进，真正做到了想用户所想、急用户所急，树立了良好的企业信誉，形成了自上而下的质量管理体系。“青梅”牌水泥，成为“阳泉市知名商标”，山西省“著名商标”；被阳泉市消费者协会授予“消费者协会推荐产品”称号；青山水泥厂，成为阳泉市“百强企业”，成为山西省实施《中华人民共和国产品质量法》先进单位；被山西省科学技术厅授予“高新技术企业”；多次被市、区授予“重合同、守信誉”单位和“一级信誉企业”“十强企业”等荣誉称号，“青梅”牌425号、525号水泥连年获得市优、省优、部优称号。青山水泥厂连续6年获得农业部质量优胜奖，连续多年荣获农业部水泥行评行检“产品质量优胜企业”称号，获得国家建材局优质产品，被授予全国水泥行业“十佳优胜企业”称号。傲然挺立在市、区中心的宾馆大楼，工会大厦、工贸大楼、检察院、法院大楼使用的全是青山水泥厂的水泥，青山水泥厂声名远扬，时任省委书记胡富国在青山水泥厂调研时，为青山水泥厂题字“青山风采”。

青山水泥厂于1996年后改名为青山水泥集团。2000年12月8日，为了推进企业体制改革，促进现代企业制度的实现，经职工股东代表大会讨论通过，决定进行内部改制，由原来的股份合作制集体企业改组为有限责任公司。至2003年10月，企业经营管理不善，资金周转困难，乡政府按照当时的政策，进行企业改制，改制后青山水泥厂归属公司董事长白锁福，2004年，企业举步维艰，白锁福把青山水泥厂转卖给临汾人黄学才，后黄学才将企业转让给黄学刚，2005年，黄学刚正式接管青山水泥厂，青山水泥厂从此辉煌不再，日渐走向衰败。2008年，阳泉市郊区人民政府（阳郊政发〔2008〕第5号文件）作出了关于对青山水泥有限责任公司予以关闭的决定，职工被分流，推向市场。

组织沿革

阳泉市青山水泥厂工会于1988年5月组建成立，隶属于郊区总工会。1989年5月24日，厂里召开了第一次工会会员代表大会，选举产生了第一届工会委员会委员5名，分别是李玉牛、刘天顺、高卯金、王贵福、刘瑞珍（女）。第一届工会经费审查委员会委员3名，分别是刘天顺、高成周、高德元。经第一届工会委员会第一次会议讨论通过，李玉牛任第一届工会委员会主席，刘天顺任组织委员，高卯金任劳保委员，王贵福任财务委员，刘瑞珍任女工委员。经第一届工会经费审查委员会第一次会议讨论通过，刘天顺任第一届工会经费审查委员会主任，高成周、刘德元为委员。

1993年9月，该属西南异乡工会工作委员会。1998年7月26日，青山水泥厂工会召开第二次会员代表大会。选举产生第二届工会委员会、经费审查委员会。高秀万任工会主席，郭长明任组织委员，高卯金任劳保委员，王贵福任财务委员，高素英任女工委员。经费审查委员会主任郭长明，委员高成周、高德元。

2001年10月27日，青山水泥厂工会召开第三次会员代表大会，选举产生第三届工会委员会、工会经费审查委员会。高卯金任工会主席，高金元任组织委员，孔祥英任劳保委员，郭长明任财务委员，高素英任女工委员。高玉福任经费审查委员会主任，高成周、张军明为委员。

2004年9月，青山水泥厂工会召开第四次会员代表大会，选举产生第四届工会委员会，高卯金任工会主席，郭长明任工会副主席，委员王贵金、高捧福、高秀宏、高成周、高素英，经费审查委员会主任高捧福，委员高成周、高明才。

2005年1月，青山水泥厂工会会员发展到174人，分8个小组，工会委员5人。高卯金任工会主席，高金元任组织委员，高玉明任劳保委员，财务委员郭长明，女工委员高素英。经费审查委员会主任高捧福，委员高成周、王军红。

2006年7月，隶属于西南异乡工会联合会。截至2013年，工会委员会由5名委员组成，其中主席1人、组宣委员1人、劳保委员1人、女工委员1人、财务委员1人。经济审查委员会由3人组成，其中主任1人、委员2人。工会会员共有248人。工会组建十余年来，在上级总工会和企业党总支的坚强领导下，在公司广大职工的大力支持下，积极履行维护、参与、建设、教育的基本职能，坚持依法治会，突出维护职工合法权益，工会工作有了较大的发展。

主要工作

青山水泥厂工会自组建之日，在上级工会和公司党总支的领导下，始终把维护职工合法权益，改善企业环境，促进企业健康发展作为出发点与落脚点，围绕企业发展大局，不断探索新形势下工会工作新思路，新途径，新方法，在实践中总结，在总结中完善，把工会工作与职工的思想实际，企业的经营管理有机地结合起来，努力开创了工会工作的新局面。

充分发挥职工参与，民主监督职能。工会始终坚持实行职工代表大会这个民主管理的基本制度。根据企业实际，召开职代会进一步修改、完善、签订和续签集体合同，不断开展民主议事、民主评议干部活动。利用会议、简报等多种形式，把职工普遍关心的热点、难点问题不定期向职工公布，密切了干群关系，保证了生产经营稳步发展。

充分发挥职工在生产建设中的主力军作用。工会始终以经济建设为中心，紧密配合公司的中心工作，以班组基础管理、人本管理、成本管理、质本管理、资本管理为主要内容，广泛开展多种形式的劳动竞赛活动，充分发挥工人阶级在两个文明建设中的作用。

开展职工教育，提高职工素质。公司职工全部来自农村，政治觉悟不高，文化素质偏低，特别是进入改革开放以来，在市场经济条件下，职工文化素质偏低已经不能适应形势的需要。为此，工会组织紧紧围绕企业发展大局，把加强职工教育，提高职工素质作为重点工作常抓不懈。积极配合公司组织职工培训，举办财务、机电等各类专业技术培训，职工素质明显提高。

深入开展精神文明创建活动，激发职工爱岗敬业意识。在抓生产建设的同时，厂里十分重视精神文明建设创建工作。1998 年以来，整顿了文体队，组建了通讯组，投资 6 万元建起了露天剧场、体育场，经常利用节假日开展多种形式的文体活动。每年举办知识竞赛，技术比武、演讲活动。1999 年举办“青山杯”企业管理知识竞赛，2000 年举办“岗位是我家”征文活动。2001 年举办大型春节联欢晚会，极大地丰富了企业职工的文化生活。

加强工会建设，促进工会工作有效开展。由于乡镇企业职工流动性较大，工会及时对基层组织进行整顿，重新调整精神文明建设领导组，民主监督小组，成立了企业公开领导组和相应的工作机构。在发展会员、整顿组织纪律的同时，注重抓工会干部的学习教育，不定期组织学习《中华人民共和国工会法》《中华人民共和国劳动法》《中国工会章程》等法规和上级部门有关文件，不断提高工会干部的政策水平和业务能力，有效地促进了工会工作的开展。

1996 年 4 月，青山水泥厂工会在建设阳泉立功竞赛活动中荣立集体一等功；1998 年 3 月，被阳泉市郊区总工会授予“先进工会”称号；2000 年 3 月，被郊区总工会授予“模范基层工会”称号；2002 年 2 月，被西南舁乡工会工作委员会、西南舁乡人民政府授予“工会工作先进集体”称号；2002 年，被中共阳泉市郊区委员会授予“先进企业工会”称号；2002 年 8 月，被中共阳泉市委授予“阳泉市先进工会委员会”称号；2003 年 1 月，被郊区人民政府授予“2002 年度安全生产先进集体”称号；2004 年 3 月，被阳泉市总工会、阳泉市安全生产监督管理局、阳泉市卫生局、阳泉市安全生产办事处授予 2003 年“安康杯”竞赛优胜企业称号；2004 年 4 月，被阳泉市劳动竞赛委员会授予“五一劳动奖状”；2004 年 12 月，被阳泉市总工会授予“四星级职工代表大会”荣誉称号。2005 年 3 月，被郊区人民政府授予“2004 年度安全生产先进集体”称号；2005 年 3 月，被阳泉市郊区总工会授予“模范职工之家”称号；

2005年11月，被阳泉市总工会授予“四星级职工代表大会”荣誉称号；2007年3月，被阳泉市郊区总工会授予“二星级工会组织”称号。

金土耐火材料有限责任公司工会

企业概况

阳泉市金土耐火材料有限责任公司位于郊区西南舁乡东南部的大洼村，属现代化耐火材料生产企业，厂区占地面积7.4万平方米，注册资金5691万元，拥有职工66名。公司主要经营、生产销售定型、不定型耐火材料、新型耐火合成原料、净水剂，铝矾土加工，及经营公司自产产品的出口业务。主要生产设备有11座天然气环保窑炉、高效巴马克破碎设备2台、圆锥破碎机1台、5R雷蒙磨4台、全自动1250T高效液压压力机1台、干粉搅拌机1台，以及8000平方米全封闭不定型自动化生产线1条。公司多条流水生产线能满足生产各种规格的轻质莫来石、高铝矾土骨料和细粉以及浇注料等产品。生产规模达15万吨，年销售收入6000万元以上。年上缴国家税金600万元，是阳泉市郊区较大的耐火原料生产企业，产品通过ISO 9001:2015质量管理体系认证，并连续荣获第四、五、六届省市铝硅质耐火原料博览会金奖。公司拥有自营产品出口权，在天津设立贸易出口分公司，产品遍布全国并远销欧盟以及东南亚国家和地区。2017年6月13日、2018年5月31日、2019年7月30日，连续三年获得由河南省耐火材料行业协会、山东省耐火材料行业协会、辽宁省非金属矿工业协会、山西省耐火材料工业协会、浙江省耐火材料行业协会、贵州省耐火材料行业协会联合颁发的第四届、第五届、第六届铝硅质耐火原料博览会金奖；2018年5月29日，被山西省科技厅认定为“全国科技型中小企业”。

2006年以来，金土耐火材料有限公司按照区委、区政府确定的耐火行业转型跨越的发展思路，在乡党委、乡政府的指导帮助下，利用华润天然气引入该乡的有利时机，先后投资3600万元，及时改造新建了6座年产10万吨均化合成原料和高品位矾土的新型窑炉，全部采用天然气烧成工艺，使金土耐火成为全乡第一家环保达标企业。2014年，金土继续加大环保投入，增加除尘设备，增高窑炉，减少排放污染。改造火嘴，节约天然气，总投资达180万元。截至2019年，公司累计投资6800万元，配套增容1750千瓦变压器，引进最先进1250吨全自动液压压力设备，生产各种优质均化合成料，生产的产品全部采用天然气煅烧而成，提升了耐火产品的附加值，成为华北地区最大的合成原料基地，系阳泉市郊区耐火行业首屈一指的龙头企业。2019年，总产值3820.2万元，固定资产4415.8万元，营业收入3756.2万元，上缴税金32.2万元。

组织沿革

金土耐火材料有限公司工会成立于2001年，是成立工会较早的企业，隶属于西南舁乡工会工作委员会。初期成立工会小组，工会小组组长张海兵、副组长高海川。劳动调解委员会主任张有宝，委员高锁明、王永兵。女职工委员会主任高雅萍，委员王建珍、高素红。2004年，工会小组组长高海军、副组长张拴秀。女职工委员会主任高小英、副主任孙晓燕、高铁妮。2006年7月，隶属于西南舁乡工会联合会。2010年，由于企业的不断发展壮大，也为了响应上级工会的“哪里有企业，哪里就有工会”的号召，大力宣传，在上级工会的指导下，经过精心准备，于5月召开了金土耐火材料有限公司工会第一次会员代表大会，成立了工会委员会，高海军当选为工会主席，高小英当选为副主席，委员张有忠、张拴秀、高峰萍。经费审查委员会主任由郭长明担任。女职工委员会主任由高小英担任，委员翟变凤、葛丽红、王建珍。2017年12月至2019年底，张有忠任工会主席，孙婷婷任副主席。

主要工作

金土耐火材料有限公司自工会组织成立后，充分发挥职工参与、民主监督职能、按期召开职代会。及时签订集体合同和工资集体合同。

开展各种活动，加强企业文化建设。工会把企业文化建设作为精神文明建设有效地融合在一起，在职工中开展形式活泼、主题健康的各种活动，通过举办演讲比赛、征文活动和知识竞赛以及丰富多彩的文体活动，宣传企业精神和企业核心价值观，加强职工精神文明建设。同时，通过开展创先争优和主题教育等创建活动，不断丰富和完善企业文化理念，使之成为指导职工行为的准则规范。

组织技术培训，提高职工素质。采取各种鼓励措施，调动职工的工作积极性，大胆地把有魄力，有才干的年轻人提拔到关键的工作岗位上来，并给予优厚的工薪。为了让职工不断增加知识，提高素质，除了在自己厂开办培训班外，还经常组织一些技术管理人员去外地参观学习或进行职业培训，确保自己的企业在市场竞争中保持旺盛的活力，为企业的转型发展奠定了坚实的基础。

截至2019年，工会组织先后到当地学校开展“阳光助学”活动，为他们送去书包、笔、课本等学习用品。当年6月1日，被大洼小学授予“捐资助教、大爱无疆”锦旗。

恒源耐火材料厂工会

企业概况

阳泉市郊区恒源耐火材料厂，成立于2003年12月，是一个科技型民营耐火企业。企业地处山西省阳泉市北郊的西南舁乡大洼村，傍依207国道、阳五高速、京昆高速，东连河北省石家庄市，西接山西省太原市相接，距太旧高速公路、京太铁路线20千米，交通十分便利。恒源耐火材料厂共有职工80人，其中高级工程师2人、工程技术人员10人，占地面积86000平方米，固定资产6800万余元。主要产品及生产线有轻质莫来石、高铝矾土煅烧、集料加工、压力成型、不定型浇注料、预制件制造等五大类别。其中，轻质莫来石煅烧生产线占地65000平方米，4座环保天然气窑炉，年产铝土原料35000吨、轻质莫来石3000吨。集料加工生产线占地7200平方米，有6条自动化骨料细粉加工生产线，年生产集料30000吨。冶金废料回收利用生产线，年回收分解量5000吨。压力成型生产线占地面积2000平方米，定型制品混碾生产线两条，年生产定型产品1万吨。浇注料生产线有铝、镁、炭3种不定型3条自动化生产线，年生产浇注料5万吨。预制件制造线占地面积2400平方米，有2条生产线、4座环保天然气梭式窑炉，年生产各类中高档大中型预制件8000吨。公司建有高炉喷注耐火工程研究中心1个、非金属材料实验室1个、产品创新平台1个，拥有五种精特新技术即特种高温料技术、环氧树脂自流料技术、冶金转炉快速修补水基大面料技术、高炉在线喷补料技术、资源再利用创新技术，是公司新的增长亮点。公司建有除尘治理设备6套，脱硫，脱硝，静电湿法抓捕工艺处理线1条，实现无污染化生产。截至2019年，公司积极营造水、电、气、路、地优势环境。狠抓内部管理，以国际质量认证为中心，强化企业质量意识，实现了产品系列化，生产自动化，质量稳定化，市场前置化。

组织沿革

恒源耐火材料厂工会于2004年成立，隶属于西南舁乡工会工作委员会。当初工会组织以小组形式开展工作。组长由高爱书担任，副组长由高来喜担任，委员张铁牛、王润香、郭晓婷、马卫芬。经费审查委员会主任由张海明担任，副主任由张六十九担任，委员高玉怀、王怀小、高拉小。女职工委员会主任由马卫芬担任，副主任由魏壮丽担任，委员翟变芬、郭晓婷、仇明妮。2006年7月，隶属于西南舁乡工会联合会。2008年9月，成立了工会委员会，召开了恒源耐火材料厂工会第一次会员大会，选举产生了工会委员会和经费审查委员会。工会主席由高爱书担任，副主席由王玉拴担任，委员张海明；经费审查委员会主任由郭开明担任，委员马卫芬、翟便芬。同时选举产生女职工委员会，主任由翟便芬担任，委员高便梅、仇明妮。2010年，工会组织机构进行调整，工会主席由马卫芬担任，副主席由高玉福担任，委员张海明，经费审查委员会主任由郭开明担任，女职工委员会主任由高彩虹担任，委员高便梅、仇明妮。2013年，工会组织机构再次进行调整，工会主席由郑辛生担任，副主席由赵海存担任。2016年6月，工会组织机构进行第三次调整，高便梅任新一届工会主席，魏壮丽任副主席，张丽娟、王俊生、郭计川为委员。

主要工作

恒源耐火材料厂从工会组织成立至2019年，全面行使各项社会职能，着力加强工会维权、机制维权、组织维权、帮扶维权、保障维权五大体系建设，取得了明显成绩。

厂务与工会形成合力。多年来，厂务在全力支持工会独立开展工作的前提下，进一步加强了对工会的领导，把工会工作纳入厂建目标体系，以厂建代工建，以工建促厂建，实现了厂工共建。厂领导及时听取工会工作汇报，研究解决一些工会工作中遇到的问题，重新修订并完善了一系列工会工作职责和制度，逐步建立起了“厂委重视、各方配合、工会运作、职工参与”的工作格局。

组织制度健全规范。厂工会始终遵循“组织起来、切实维权”的工作要求，最大限度地把职工吸纳到工会中来。厂工会配有健全的组织机构，包括工会委员会、经费审查委员会、女职工委员会、劳动争议调解委员会。这些机构在开展工会工作的过程中，不仅协调了企业与职工之间的关系，及时化解了矛盾纠纷，而且为企业向良性方向发展提供了支持和保证。同时，自身工作也得到了充分发展。从场地开辟、活动开展、管理注册、档案资料、制度建设、实名登记等方面入手，使工会的职能得到充分发挥。

注重维权突出实效。厂工会始终坚持“组织起来，切实维权”的工作方针，引导职工加强民主管理、民主监督，切实保证职工的主人翁地位，坚持开展平等协商、签订集体合同和工资集体协商工作，切实维护职工的合法权益，实现了企业效益与职工工资福利的双赢。2008年、2009年，恒源耐火材料厂工会被西南舁乡工会联合会授予“星级工会创建先进集体”称号。工会主席马卫芬被授予“优秀工会干部”称号。

华腾耐火材料有限公司工会

企业概况

阳泉市华腾耐火材料有限公司始建于1971年，原名西南舁乡建筑材料厂。1976年更名为西南舁乡耐火材料厂，属乡办企业。1997年，为了推进企业体制改革，促进现代企业制度的建立，西南舁乡耐火厂经过改制成为私营企业，由郭润喜任厂长。2003年，企业更名为青建耐火材料有限公司。2014年，再次更名为阳泉市华腾耐火材料有限公司。公司位于中国最大的优质耐火原料基地——中国山西省阳泉市郊区西南舁乡207国道边，交通便利。公司注册资金320万元，总资产近1500万元，拥有各类耐火专家和科研技术人员10余名。公司依托得天独厚的铝矾土资源优势，成为集原料、煅烧、加工、生产和销售为一体的耐火材料专业生产企业。 随着市场的发展、技术的不断更新，公司多年来抓技术创新和产品质量，设备日臻完善，品种规格不断推陈出新。公司秉承标准化的生产、严格的质量管理、灵活的经营理念，为用户提供集生产、销售、施工、售后一体化的全面服务。本公司主要生产各种规格优质铝矾土、均化料、烧结合成铝镁尖晶石、各种规格优质铝矾土骨料和细粉、各类型浇注料及磷酸盐免烧砖等。

该企业2000年被阳泉市环保局授予“主要污染物排放达标企业”称号；2001年被区政府授予“重合同守信用单位”称号；2002年被山西省财政厅授予“会计基础工作规范化达标单位”称号。

组织沿革

阳泉市华腾耐火材料有限公司工会组建于1989年，工会名称沿用企业改制前的名称，为阳泉市郊区西南舁乡耐火材料厂工会委员会，隶属于郊区总工会。当年11月，召开了第一次会员大会，选举产生企业首届工会委员会，郭拉锁当选为工会主席，高贵元、高怀栋、郭智文当选为委员。1993年9月，隶属于西南舁乡工会工作委员会。1998年12月，选举产生第二届工会委员会，王拉寿当选为主席，王爱昌、王启明当选为委员。王智瑞当选为经费审查委员会主任，王海明、王俊明当选为经费审查委员会委员。2000年8月6日，召开企业改制后的工会会员大会，高仓忠当选为工会主席，孔志红当选为副主席，高贵元当选为委员。同时选举产生经费审查委员会，主任郭彦慧，委员高来元、孔志红。2006年7月，隶属于西南舁乡工会联合会。2008年，青建耐火材料厂工会组织进行了换届选举，高仓忠再次当选为工会主席，孔志红当选为副主席，高贵元当选为委员。同时选举产生经费审查委员会，主任郭彦慧，委员高来元、孔志红。

主要工作

组织工作。工会成立后，就注重加强组织建设，健全组织机构，完善硬件设施，建立健全了工会工作制度及工会岗位职责，完善了民主管理网络图及民主管理制度和工会劳动保护监督检查工作制度、学习制度。制订工会工作计划，夯实基础工作，为工会各项工作的顺利开展奠定了基础。

民主管理。多年来，企业工会紧紧围绕公司生产经营目标，注重发挥职工群众的主力军作用，从政治上保证职工的主人翁地位，增强了企业的向心力和凝聚力；从制度上加强企业民主管理，坚持凡是涉及企业改革发展的重大事项，关系职工切身利益的重大问题，都提交职代会进行审议决定，畅通了职工参与企业经营管理的渠道；从职能上维护职工的合法权益，极大地调动了广大职工投身生产经营建设的积极性和创造性。在企业上下形成了党委领导重视、行政领导支持、职工当家作主的良好格局。

坚持厂务公开，企业对厂务公开的广度、深度、内容和形式做了进一步的扩展，凡是职工群众关心的事情，从形式、程序等方面进行了规范，促进工作不断向纵深发展。

宣传教育。多年来，企业工会始终把党的主题教育和企业文化建设紧密结合起来，结合企业生产经营和职工思想实际，组织广大职工，举办联欢会、座谈会、报告会等。通过这些形式多样、内容丰富的宣传教育活动，引导广大职工解放思想，转变观念，为企业发展献计献策。此外，公司结合单身职工多的状况，利用工作之余举办丰富多彩的文化体育活动，如乒乓球、拔河、趣味运动赛等活动，同时完善了职工活动室和阅览室，丰富职工的业余文化生活。

劳动保护与群众经济技术。工会组织职工认真贯彻执行《工会劳动保护监督检查员工作条例》《基层工会劳动保护监督检查员工作条例》《工会小组劳动保护检查员工作条例》《中华人民共和国安全生产法》，参与公司安全管理制度、危险源辨识等制度的修改和完善工作；定期或不定期组织职工代表巡查安全规章制度的执行和各级管理人员安全职责的落实情况，积极组织职工开展查隐患、反违章活动，组织参加了职工职业健康体检；工会紧密围绕公司党委主题教育和企业生产经营大局，重点开展了劳动竞赛、技能大赛、合理化建议征集和先进操作法等群众性经济技术创新竞赛活动。

职工帮扶。建立健全困难职工档案，及时掌握困难职工家庭生活状况，并对其实行动态管理，积极争取上级的帮扶政策，把困难职工及时上报上级工会，给予补助，企业工会还协调企业领导走访先进个人、困难职工 26 人次，发放慰问金、慰问品 1 万余元。

鲁中耐火材料有限公司工会

企业概况

阳泉市鲁中耐火材料有限公司是郊区西南舁乡继区委六届二次全体扩大会议之后，认真贯彻落实区委、区政府“四走、四变、四集中”战略，积极采取“以情感人、以诚引资、诚信高效、共谋发展”措施的第一个招商引资企业。是由山东淄博市鲁中耐火材料有限公司在西南舁乡张家井村投资兴建的一个较大的环保型企业。公司于 2004 年投资建设年产 5 万吨硬质黏土熟料（焦宝石、铝矾土）生产基地。是焦宝石产业结构调整的精品工程、重点项目和示范企业，项目占地 30 万平方米，计划总投资 3000 万元。当年 7 月破土动工，一期工程于 2005 年 1 月点火运营。公司原料以山东省淄博市硬质黏土及山西铝矾土为主要煅烧原料并生产各种不定型材料及耐火砖制品，公司窑体为矩形立窑和隧道窑，采用天然气作为燃料，清洁环保，产品具有体积密度高、杂质含量少、理化性能稳定、耐火温度高、品种多样化等特点，广泛用于耐火材料、铸造、坩埚、陶瓷、耐火纤维各种窑炉使用制品等制造行业。公司设备精良，主要有颗粒粉体自动化配料生产线、流体自动化配料生产线、自动化包装设备、智能工业装备、自动化生产系统及各类非标设备等。公司以“建专业企业，创知名品牌”为目标，积极进取、创新实干，为各行业提供优质的原材料。公司积累了丰富的经验，致力于为所有的客户提供技术先进、品质高的产品。经验丰富的工程技术人员，为用户提供高品质的技术支持和售后服务。

组织沿革

2005 年，阳泉市鲁中耐火材料有限公司工会成立，隶属于西南舁乡工会工作委员会。9 月 27 日，召开了第一次会员大会。选举产生首届工会委员会。赵辉当选为工会主席，杨志泉当选为副主席。同时选举产生经费审查委员会，并成立了女职工委员会、劳动竞赛委员会、劳动争议调解委员会等相应的工作机构。

2006 年 7 月，隶属于西南舁乡工会联合会。2008 年 9 月 26 日，公司工会召开了第二次会员大会，选举产生第二届工会委员会和经费审查委员会。赵辉再次当选为主席，杨志泉也再次当选为副主席。

主要工作

阳泉市鲁中耐火材料有限公司工会在公司的支持下，为丰富职工文化生活做了大量工作，投入了高标准职工文娱活动区，不仅配备了电脑、电视、音响、投影仪等，而且健身室、乒乓球室等体育设施齐全，为工会开展活动提供了完善的硬件设施。

工会发挥职能作用，切实维护职工利益，为职工办实事办好事。工会先后代表职工和公司管理层协商，与企业就职工社会保险、劳动保护、劳动报酬、职工民主权利、女职工特殊权益等按期签订了集体合同和工资集体合同，积极参与制定劳动保护标准及职工的福利标准，保证职工的劳动用品和福利足额定时发放到位，为职工争取正当合法权益，创造了良好的工作环境和条件。

公司所有职工，家中遇到重病住院或者子女上学，工会领导都亲自探望并给予资助，年均开支数万元。工会还积极开展职工大病医疗互助工作，建立健全困难职工档案，关心职工身心健康。在“五一”国际劳动节、国庆、元旦等重大节日，工会都要开展慰问特困职工的活动。

工会以创建模范职工之家为载体，扎实开展工作，关心职工群众，充分调动职工的积极性和创造性，真正做到了组织健全、工作活跃、作用明显、职工信赖，受到职工的高度赞誉。工会每年组织职工参加各类培训 10 余次，新职工入职，对他们进行“解放思想、创新理念、与企业和谐共进”的企业理念教育，做到全员参与安全生产管理，修订安全管理制度，和职工签订安全生产责任书，并组织相关人员到各生产现场查隐患、促管理，把各类事故消除在萌芽状态。发挥职工主观能动作用，增强职工主人翁意识，为完成公司各项任务奠定了基础。

星火鑫源铸造材料厂工会

企业概况

阳泉市星火鑫源铸造材料厂创建于 2010 年 5 月，地址位于阳泉市郊区西南舁乡大西庄村，占地面积 13333.4 平方米。是生产经营矾土煤矸石砂粉的私营企业，设计年生产能力 6 万吨，从业人员 52 人。企业主要生产“星火”牌矾土煤矸石砂粉，是有色金属熔模精密铸造用的主要材料，主要用于精密铸造、军工、航天、机械等行业。该企业于 2015 年 8 月 19 日在上海股权交易中心成功挂牌上市，成为全国首家精密铸造材料莫来石砂粉行业挂牌企业（股权代码：206598）。同时经省级认定为资源综合利用技术并颁发证书，同时经省科技厅认定为山西省民营科技企业。2018 年星火鑫源收入达 5490 万元，纳税 537.85 万元。2019 年，总产值 3544 万元，固定资产 2638.6 万元，营业收入 3542.7 万元，上缴税金 25.7 万元，从业人员 38 人。

组织沿革

阳泉市星火鑫源铸造材料厂工会委员会，隶属于西南舁乡工会联合会。第一次会员大会于 2013 年 1 月召开，参加会员 52 人。会上依法选举产生出工会委员会委员武振华、孙玉民、佘海忠、王兴国、郭津津 5 人，武振华当选为工会主席，孙玉民、佘海忠当选为工会副主席，同时选举经费审查委员会委员孙玉民、王兴国、郭津津 3 人。工会于 2019 年合并于星火金源工贸有限公司工会委员会。

主要工作

职工文化。公司工会在上级党委及工会的领导下全心全意为职工谋福利，打造企业职工之家，营造良好的企业职工文化，先后建立职工书屋、职工活动室，配有乒乓球、跑步机等健身器材，丰富职工的文化活动；重新装修职工食堂、洗浴间，给公司职工创造健康卫生的工作环境，宣传企业先进管理思想和制度文化，培养良好的企业文化氛围。在“三八”国际妇女节，为女职工送上节日的祝福，组织拔河比赛，增强职工的团队意识。多次组织职工外出参观学习，引进先进的工会工作经验，更好地开展工作。

劳动竞赛。鼓励职工积极响应并参加上级工会组织的各类竞赛活动，参加郊区“信合杯”创新创业大赛，取得“取暖节能、创业创新优秀奖”；积极参加阳泉市“五小六化”竞赛活动。

职工培训。工会每年不定期对职工进行培训工作，针对企业发展的新动向，实时开展新的技术岗位培训，让职工接受先进的知识和智慧企业的发展动向，更好地参与到企业的发展当中，真正成为企业的主人。公司工会还联合公司安全健康环保部，组织开展应急消防演练培训活动，增强职工防灾救灾意识和知识，确保企业全年零事故发生。

职工维权。企业工会在上级工会的指导下，把维护职工的合法权益及构建和谐劳动关系作为着重点，认真研究新问题，协调解决新矛盾，收到明显的成效。坚持完善以职工代表大会为基本形式的企业民主管理，推进企务公开制度化、规范化、程序化。稳定推进工资集体协商和集体合同制度，按期签订集体合同和工资集体合同。

服务职工。为了关爱职工的身体健康，也为了降低职工职业病的发病率，工会与企业协调不定期地为职工进行体检，保证职工身心健康。

广泰镁业有限公司工会

企业概况

阳泉市广泰镁业有限公司前身阳泉市金属镁厂（西南舁金属镁厂）地处石太高速阳泉市郊西北，厂区紧靠国道 207 线，始建于 1988 年，厂区位于西南舁莽岭阳坡。建厂初期厂长刘金忠，职工 208 人。建筑面积 5000 余平方米，固定资产总值 700 万余元，是山西出口创汇基地之一，属西南舁村集体企业。该厂利用本地资源采用国外“硅热法”炼镁的先进工艺技术和国内先进机械设备生产金属镁产品。产品主要销往国内外，国外主要是日本。

建厂初期，年产结晶镁 85.6 吨，产值 143.5 万元。1995 年，企业效益进入高峰，年产量达 631.5 吨，产值达 2130 万元，收入达 2200 万元，实现利税 300 万元，职工增至 450 人。1995 年至 1996 年，本企业连续两次排名区 20 强企业第 13 名。厂长获劳模标兵称号、市劳动模范、区乡镇企业家标兵、区科技先进工作者等荣誉称号。

2002年，改制更名为阳泉市广宏畅镁业股份有限公司，2003年3月，根据阳泉市委市政府出台的《关于加快乡镇企业产权制度改革步伐的若干意见》金属镁厂由集体企业改制为民营企业，由高八猫负责经营。由于设备老化资金短缺等原因，于2006年11月停产。2007年9月经阳泉市亚美集团公司评估并收购，成立阳泉市广泰镁业有限公司。2009年12月企业就处于停产状态，2011年1月由于市场原因，公司关停，职工推向了社会。

组织沿革

阳泉市广泰镁业有限公司工会，隶属于西南舁乡工会联合会。成立于1993年，其名称沿用当时企业名称，为阳泉市金属镁厂工会委员会。同年召开会员大会，选举产生首届工会委员会和经费审查委员会，高老虎当选为主席，高玉英当选为副主席，高拉生、高建民、高戊子当选为委员；高建忠当选为经费审查委员会主任，高计牛、高保仓当选为经费审查委员会委员。1998年12月，工会组织换届，选举产生阳泉市金属镁厂第二届工会委员会和经费审查委员会，刘金忠当选为主席，高玉官当选为副主席，高巧转、高秀金当选为委员；高建民当选为经费审查委员会主任，高拉生当选为经费审查委员会委员。

2008年9月27日，阳泉市广泰镁业有限公司工会第一次会员大会召开。选举产生公司新一届工会委员会和经费审查委员会，郭长明当选为主席，高秀元当选为副主席，高建明当选为委员；高计所当选为经费审查委员会主任，高建军、高田仓当选为经费审查委员会委员。

主要工作

组织建设。2008年，新一届工会委员会成立后，一直致力于加强工会组织建设工作，完善了组织机构，包括工会委员会、经费审查委员会和女职工委员会。配备了独立的工会办公室，硬件设施齐全，充实完善了各种工会资料，建立完善了各种工会工作制度，工会版面、制度有序上墙，为工会工作搭好平台，营造良好的工作氛围。

文体活动。为了活跃企业文化气氛，提高职工的工作积极性，增强职工的主人翁责任感，以企为家，工会不定时组织文体活动。2008年6月，举办了的职工乒乓球比赛，参加人数50余人。2009年，组织了职工拔河比赛，有6个车间的参赛队参加了比赛。

职工维权。工会成立后，企业工会积极发挥组织起来、切实维权的作用，切实为职工办好事、办实事。根据职工反映，广泰镁业有限公司2006年改制以前原阳泉市广宏畅股份有限公司还拖欠150余名职工近一年的工资，80万余元。工会接到反映后，组成专人小组，对拖欠职工工资一事进行了全面了解，并积极和新任企业领导协商解决历史遗留问题。经过3个月的努力，经工会和企业多次协商，2018年底，职工工资问题终于得以解决，80万余元的工资全部发放到位，得到了职工的一致好评。为了进一步保证职工的利益不受侵害，工会主席牵头代表职工和企业签订了集体合同与工资集体合同，职工权益得以保障。

职工帮扶。认真落实扶贫帮困政策，加大帮扶力度。工会组织通过走访、调查形式，充分了解贫困职工的实际情况，并做好信息登记工作。每年除为职工争取上级工会的救助资金外，还在春节、中秋节给职工发放慰问品，在暑期发放防暑用品，职工获得较高的福利待遇，困难职工也得到了郊区总工会和厂工会的帮助与关爱，极大地提高了职工的生产积极性，真正体现了工会组织在企业的重要作用。

职工服务。为了关爱职工的身体健康，也为了降低职工职业病的发病率，工会与企业协调不定期地为职工进行体检，保证职工身心健康。通过工会积极争取，公司还为职工上了三险，解决了职工的后顾之忧。

星火金源工贸有限公司工会

企业概况

阳泉市星火金源工贸有限公司，坐落于阳泉市郊区西南舁乡西南舁村，成立于2016年5月，注册资金1000万元，是阳泉市重点招商引资民营企业。主要生产、销售冶金石灰等产品。主要用于钢厂脱硫、造渣。公司采用具有国际领先技术的环保高效节能并流式双膛竖窑技术。至2019年，总产值16273.5万元，固定资产10239.5万元，营业收入16142.6万元，上缴税金224.4万元，职工人数57人。

组织沿革

阳泉市星火金源工贸有限公司工会委员会，隶属于西南舁乡工会联合会。2019年12月13日，阳泉市星火金源工贸有限公司工会委员会召开第一次会员大会，会上依法选举产生了工会委员会和经费审查委员会，武振华当选为工会主席，李晓丹当选经费审查委员会主任。

主要工作

组织建设。阳泉市星火金源工贸有限公司工会成立后，一直致力于加强工会组织建设工作，人员上完善了组织机构，场地上有专门的工会工作室，不仅配备了电脑、桌椅等硬件设施，还充实完善了各种工会资料，工会版面、制度有序上墙，为工会工作搭好平台，营造良好的工作氛围。2019年，为了更好地服务职工，为职工营造良好的业余环境，投资建设了集读书、娱乐、学习、培训为一体的职工之家，充实了健身器材、图书、投影仪、桌椅等硬件设施，丰富了职工的文化生活。为了提高职工素质，企业工会多次组织职工外出参观学习，引进先进的工会工作经验，更好地开展工作。

职工文化。一是建立职工书屋，充实了职工书屋书籍，完善了职工书屋的各种制度，为职工提供了业余时间学习的活动场所，受到职工的好评。二是建立了职工活动室和职工娱乐室，配齐了健身器材、乒乓球桌等各种活动器材和象棋、围棋、扑克牌、唱歌器材等娱乐设施，让职工业余时间有一个放松、交流、增进感情的场所，也为培养职工的个人爱好提供了方便。三是开展各项文体活动，组织唱歌联欢活动，增强职工凝聚力和向心力。“三八”国际妇女节期间还开展慰问女职工活动，召开女职工茶话座谈会，为女职工送上节日的祝福，也体现了企业对女职工的关爱。鼓励职工积极响应并参加上级工会组织的各类竞赛活动，参加郊区“信合杯”创新创业大赛，余热利用进行冬季取暖节能项目获得阳泉市郊区第二届“信合杯”创业创新大赛优秀奖；积极参加阳泉市“五小六化”（小发明、小创造、小革新、小设计、小建议，竞赛群众化、管理智能化、内涵科学化、人才高端化、成果产业化、服务多元化）竞赛活动，取得了阳泉市工会“五小竞赛”三等奖。

职工培训。工会协助企业每年不定期对职工进行培训，让职工接受先进的知识，了解智慧企业的发展方向，让职工更好地参与到企业的发展当中，真正成为企业的主人。工会还联合公司安全健康环保部，组织开展应急消防演练培训活动，增强职工防灾救灾意识和知识，确保企业全年零事故发生。

职工维权。在上级工会的指导下，在职工中广泛宣传、发动，工会代表职工主动和企业进行平等协商，签订了集体合同和工资集体合同，极大地维护了职工的合法权益，保障了公司职工的稳定性和工人的福利待遇，促进了企业的稳定长远运转。工会积极组织职工参加全区的安康杯竞赛活动，旨在通过活动，推动企业全员安全生产责任制进一步落实，群众性安全生产活动和企业安全文化建设进一步深入，职工安全责任意识进一步增强。

职工帮扶。主动联系上级工会，在炎热的夏季为职工送来了茶叶、冰糖、绿豆、雨伞、水杯、毛巾等消暑用品。按时给职工发放手套、防尘口罩。在春节来临之际为每个职工充话费。建立困难职工档案，平时职工家中遇到天灾人祸、重病住院和子女上学等问题，工会都会亲自探望并给送上一定的慰问金。把党和政府的关怀和温暖送到广大困难职工的心坎上。

服务职工。为了关爱职工的身体健康，也为了降低职工职业病的发病率，企业工会不定期地为职工进行体检工作，保证职工身心健康。

蓝晶石耐火材料厂工会

企业概况

东南舁蓝晶石耐火材料厂始建于 1985 年 6 月，是东南舁村依托矾石资源在村筹建的地面企业。由太原市高新技术开发中心工程师设计，河南包成山工程队承建，占地面积 4000 平方米，建筑面积 1820 平方米，初期总投资 120 万元。蓝晶石系列产品由洛阳耐火材料研究院高级工程师高振昕和山西省高新技术开发中心高级工程师高树森共同研发，经双方协商同意在东南舁村耐火厂（蓝晶石耐火厂前身）率先批量生产蓝晶石系列制品。

东南舁蓝晶石耐火材料厂为进一步扩大生产、保证质量，1992 年 4 月，从山东淄博购置 630 吨压力机 1 台，对提高产量、稳定质量、开拓市场起到了必不可少的作用。当时固定资产增至 169 万元，年产量 2100 吨，年产值 270 万元，实现利税 79 万元，企业职工 220 人。2009 年底，由于经济市场的影响和企业管理不善，该厂关停。

组织沿革

东南舁蓝晶石耐火材料厂工会，隶属于西南舁乡工会工作委员会。成立于 1993 年 10 月。当年 10 月 11 日，根据《中华人民共和国工会法》《中国工会章程》《阳泉市乡镇企业工会工作暂行条例》的有关规定，阳泉市蓝晶石耐火厂工会召开了第一次会员大会，选举产生了阳泉市郊区蓝晶石耐火厂第一届工会委员会和经费审查委员会。选举王拉寿为工会主席，王爱昌为工会副主席，委员王智瑞、王凤莲、王瑞士；选举王赐俊为经费审查委员会主任，王在连、王宝金为经费审查委员会委员。1998 年 12 月召开了第二次会员大会，进行了换届选举，王拉寿继续任工会主席，委员王爱昌、王启明，王智瑞任经费审查委员会主任。2006 年 7 月，隶属于西南舁乡工会联合会。2009 年，工会组织机构调整，工会主席由王秀明担任。

主要工作

组织建设工作。东南舁蓝晶石耐火材料厂工会成立后，加强组织建设工作，完善了组织机构，健全了工会各项制度，为各项工作的开展搭建了平台，有效地发挥了工会组织的桥梁纽带作用，为企业与职工之间架起连心桥。为更好地履行工会的职责，主动敞开各种渠道，让广大职工及时反馈生活和工作问题。通过每星期例会、每月职工代表座谈会、公司报刊、宣传栏、早会等，让职工随时了解企业的方针、政策、各类规章制度和公司发展动态；积极倡导公平、公正、公开的企业管理理念，随时与职工沟通交流，了解职工的思想动态，倾听职工的心声。通过各种沟通形式，让职工说出心中想说的话，让职工有话能说，有话敢说，有话有地方说，从而调动了职工工作的积极性、主动性，营造了一个宽松和谐的民主氛围，促进企业健康发展。

慰问帮扶工作。工会以关心职工生活、为群众办好事办实事为己任，努力为职工排忧解难，做到既维护企业的整体利益，又维护了职工的具体利益。工会领导经常深入生产一线，认真了解职工的生活、工作状况；主动到医院探访患病职工，关心职工身体健康状况，增强企业的凝聚力；对家庭生活困难的职工建立困难档案、给予资金帮助，帮助职工度过生活困难，累计帮扶困难职工 20 名。在天气炎热的夏季，免费给职工提供饮料、西瓜、凉茶、防暑降温药品等；“三八”国际妇女节期间，为了让女职工过上开心的节日，公司特地购置金龙鱼油、大米、饮料等慰问生产一线女工，将温暖送到了女职工心坎上。

开展丰富多彩文体活动。工会以开展职工喜闻乐见的文体活动为载体，着力营造良好的企业文化氛围，推动企业文化建设。为增进感情、加大经验交流的机会，工会组织主动联络附近区域其他企业一起组织职工开展篮球友谊赛、职工长跑比赛，这一系列形式多样、内容丰富、注重实效的文体活动极大地增强了企业的凝聚力和向心力，对内陶冶了职工情操，增强了职工团队合作意识，对外弘扬了企业精神，展现了企业风貌，营造了一种轻松和谐向上的企业文化氛围。

职工维权工作。维护职工合法权益是工会的基本职责，工会把职工利益放在首位，把维护职工权益作为己任。一是平等协商和企业签订集体合同和工资集体合同，维护职工合法权益。二是工会组织以服务工人为宗旨，定期召开职工大会，讨论职工工作生活中的具体问题，提出解决对策。如伙食、生活工作环境等问题，并及时与企业领导对接，协商解决。三是在企业中开展“安康怀”竞赛活动，在竞赛中提升安全意识，营造良好健康的工作环境。四是配合乡村工会进行不定期安全生产大检查，有效防止安全事故的发生。

村工会

西南舁村工会联合会

村情概况

西南舁村为西南舁乡所属行政村，该村还辖石桥峪沟 1 个自然村，是西南舁乡政府所在地。位于郊区东北部，距郊区政府所在地 13 千米。东临东南舁、五里庄，南接大洼，西至河底镇下章召，北靠霍树头，村域面积 8 平方千米，耕地 4409 亩，全村总人口 2980 人。其中农业人口 2700 人。明《盂县志》载名为南榆，清《盂县志》载名为西南舁堡。明称南榆，属盂县招贤四都。因榆义不雅，清末又演变为西南舁。清代属盂县招贤乡，中华民国时期属盂县二区，1941 年至 1947 年属盂县三区，1948 年属盂县十一区。中华人民共和国成立初期，西南舁归盂县东村区管辖；1953 年至 1954 年西南舁设乡，该村属西南舁乡。1958 年成立人民公社，该村属西南舁公社。1984 年，公社改设为乡，该村属西南舁乡。村落整体呈块状分布。农业以种植玉米、谷物、豆类为主。村办企业有矾石厂、耐火材料厂、镁厂等。玉像寺为市级文物保护单位。西南豸烈士陵园为市级爱国主义教育基地。该村传统庙会的时间为农历四月初九。主要交通干道为国道207线和白杨线。市区公共汽车通往并设站。

组织沿革

西南豸村工会联合会成立于2007年10月，隶属于西南豸乡工会联合会。10月17日，村工会联合会召开第一次会员代表大会。选举产生了西南豸村工会联合会第一届委员会委员、经费审查委员会委员，高建忠当选为村工会主席。其间，补选大学生村官张建强为工会副主席。

2009年4月20日，工会联合会召开第二次会员代表大会，选举产生了西南豸村工会联合会第二届委员会、经费审查委员会，高爱和当选为工会主席，大学生村官张蔚然当选为副主席。2012年1月，张蔚然不再担任副主席职务，同年2月补选张小芳为副主席。2018年12月，高爱和不再担任主席职务，次年1月补选高鹏程为主席。至2019年，村工会组织机构未做调整。

西南豸村工会联合会下辖9个企业，职工人数612人（包括个体），会员人数602人（包括个体），入会率达98%。随着时代的发展，近几年该村在外打工人数增多，工会会员随时在减少。但西南豸村工会联合会充分调动在职职工的工作积极性，推进企业民主管理，提高职工素质，推进企业文化发展，保障安全生产，从而增强了职工的凝聚力和战斗力，对维护和促进全村的稳定起到了积极的作用。

主要工作

抓基础工作，建立健全各项制度。村工会在做到“六有”（有班子、有队伍、有阵地、有制度、有牌子、有印章）的基础上，按照上级工会关于创建“模范村工会”的具体要求，制定了“六表四簿一制度”（村工会组成人员基本情况登记表、企业工会组成人员基本情况登记表、村所属企业基本情况登记表、村所属企业工会会员登记表、农民工源头入会登记表、困难职工登记表，工会会议记录簿、职工来访登记簿、帮扶情况登记簿、开展活动登记簿，村工会工作制度）并且认真填写，农民工源头登记684人，其中会员602人。2008年汶川大地震后，工会会员积极捐款19845元；村工会先后组织大型活动6次；慰问困难职工38名，慰问金额3600余元。同时，按照有关文件的类别，分类装档。

加强阵地建设，硬件建设。配备了专门工会办公室，购买了电脑，制作了工会牌，更新了宣传版面，刻了印章。工会的各项工作步入正规化轨道。同时将职工的图书馆、活动室、村舞台、广场作为职工文化活动的主要阵地。逐步完善职工书屋，将职工书屋作为工会文化事业的一部分。2016年，工会主席高爱和积极向上级工会争取资金，利用村文化活动场所办起了名副其实的职工书屋。设专职工作人员1人，藏书5000册。

职工文体活动。村工会联合会成立后，把组织和引导职工开展文体活动，作为一项经常性的工作。积极组建各种业余文艺宣传队伍。通过组织和发动职工开展各种业余文化活动，使职工文化生活日益丰富多彩。结合实际组织和发动职工开展为政治服务、为生产服务的文化宣传活动，用文艺的形式宣传中国共产党的中心任务，宣传生产捷报，宣传好人好事。同时每逢元旦春节举行街头文化活动，重要节日举办文艺晚会，活跃职工文化生活。2009年7月10日，为丰富职工的精神生活，举办了“想唱就唱”活动，受到了广大职工及全村村民的一致好评。

同年正月十七，组织女职工参加了计生政策的宣传。同年，举办了西南舁村第一届职工乒乓球大赛，乡党委书记郭满仓参加了这次活动。2014 年，举办了“工会是我家”的才艺展示，2017 年 7 月，举办了西南舁村第二届职工乒乓球大赛暨西南舁村工会庆七一“郎牌特曲”邀请赛。此后，职工文艺活动内容丰富，形式多样，出现了百花齐放，百家争鸣的新局面。以自编自演节目为主，通过讲形势、唱红歌、传捷报、鼓干劲，极大地鼓舞了广大职工参与工会活动的积极性，使全体村民的精神面貌焕然一新。2007 年，代表西南舁乡参加了阳泉市郊区“信合杯”全健排舞大赛。2008 年 7 月，村焊工高千寿、高拴虎、高爱玉在平定二电厂参加了职工技能比赛的焊工类比赛。2013 年 3 月 10 日，组织部分女职工参观了新会电子有限公司。

关心职工生活，组织开展送温暖活动。2008 年至 2014 年，村里拿出部分资金对贫困职工的子女上学进行慰问。制定奖励制度，对该年度考入一本大学的家庭奖励 5000 元，二本大学的奖励 3000 元。坚持开展每年的两节慰问活动，将党的温暖送到每个职工心中。

大洼村工会联合会

村情概况

阳泉市郊区西南舁乡大洼村，位于阳泉市郊区东北部，镶嵌在黄土高原与太行山之间，地质为土石丘陵区，海拔 936 米。东与红岭村、郊山村毗邻，北与乡政府所在地西南舁村接壤，总面积约 4.1 平方千米。距 207 国道 2 千米，阳五高速出口 10 千米，京昆高速出口 4 千米，交通十分便利。中华人民共和国成立前，大洼村属盂县所辖；中华人民共和国成立初期，归盂县东村区管辖；1953 年至 1954 年东南舁设乡，该村属东南舁乡；1958 年成立人民公社，该村属西南舁公社；1984 年，公社改设为乡，该村属西南舁乡。2019 年，农业人口 940 人。耕地面积 1200 亩，生态林地 1500 亩、荒山荒坡 3000 亩，有较好的土地资源。

大洼村古来以农耕为业，传统的农作物主要有玉米，谷子、小麦、高粱，蔬菜有山药、红薯、萝卜、白菜、北瓜、豆角等。明朝后期起，有铁矿石采掘。地下资源非常丰富，藏有铝矾土、黏土、石灰石等多种矿产资源。20 世纪 60 年代开始开采铝矾土、矿石，铁矿石和铝矾土矿石是本村主要的矿产资源。2019 年，有企业 6 个，其中集体企业 1 个、私营企业 5 个，主要以矿石开采和加工制造耐火系列产品为主。

多年来，村支“两委”班子团结一心，带领广大干部群众，高举邓小平理论伟大旗帜，忠实践行“三个代表”重要思想，以科学发展观为统领，以经济建设为切入点，以建设社会主义新农村为目标，充分发挥资源优势，着力实施耐火园区建设，强化环境治理和生态文明建设，使全村经济和社会各项事业得到持续发展。大洼村以“加强基层党建引领作用，走好‘五旅’融合发展之路”为目标，推行“党员提建议，群众问话题，社团来解疑”的党群团大共议工作运行机制，积极探索乡村治理新路径，大力推动产业多元发展，努力开创“产业强村，农业稳村，三产活村、生态靓村、文化兴村”的发展新格局。

大洼村坚持以“绿水青山就是金山银山”的发展理念推动农村人居环境改善和资源型经济转型发展，打造田园综合体，围绕改善人居环境，建设北方江南特色小镇大洼新村，建设玉龙山休闲山庄，建成华北第一漂高山玻璃水漂流项目，发展乡村旅游，社会各项事业均取得了较好的成果。2019 年，村委会成立了老槐树旅游开发公司，景区投入运营以来，累计接待游客

10万人次，实现旅游收入200万元。景区安排了本村50余名工作人员，实现了在家门口就业的目标，同时也赢得了社会各界和上级党委、政府的高度认可，走出了一条综合治理，配套改造、整体提升、科学推进的特色美丽乡村建设的新路子。大洼村先后被市区命名为“文明生态创建先进村”“新农村建设推进村”“红旗村”“文明村”“乡村旅游示范村”“阳泉市十佳美丽乡村”等。

组织沿革

大洼村工会于2004年成立，成立初期为大洼村工会工作委员会，隶属于西南舁乡工会工作委员会。当年3月，大洼村工会召开会员代表大会，选举张引寿为大洼村工委主任，张永生为副主任，委员高拉怀、高六十一；同时产生经费审查委员会，选举高拴牛为主任，张连花、张秀生为委员。女职工委员会主任由张连花担任，委员张爱花、高小云。2006年7月，隶属于西南舁乡工会联合会。工会以邓小平理论和“三个代表”重要思想为指导，全面贯彻落实科学发展观，深入学习贯彻中共中央关于工人阶级和工会工作的一系列重要指示精神，坚定不移地走中国特色社会主义工会发展道路，按照“扩大覆盖面、增强凝聚力”的要求，认真落实“组织起来、切实维权”工作方针，工会各项工作稳步推进，呈现出蓬勃发展的良好态势。2007年10月，召开了大洼村第一次会员代表大会，选举产生了村工会第一届联合会委员会。张永生为工会主席，高海军为副主席，委员张引寿、高贵明、张海兵。2012年，由于工作需要，工会组织进行替补选举，补选高杰为副主席，委员张秀文、张连花、张彦平。选举张秀文为经费审查委员会主任，委员张海卫，张彦平。至2014年，大洼村工会联合会旗下的各工会认真贯彻执行有关工会工作的法律、法规、规章和政策，工会工作开展得有声有色。

主要工作

大洼村有企业工会6个，村工会全力抓好企业工会组织建设，企业工会建会率达100%。大洼村工会联合会，按照工会职能，积极参与公司的民主管理；加强工会组织建设，搞好工会积极分子的培训教育工作。积极开展群众性的劳动竞赛、合理化建议、职工文化教育，组织开展职工文化体育活动，监督干部职工福利待遇的落实，在维护职工的合法权益，维护职工的切身利益等方面，做了大量工作。

深入发动，广泛宣传，营造了工会工作的良好氛围。以中共十八大精神为指导，高举邓小平理论伟大旗帜，深入实践“三个代表”重要思想，树立科学发展观，认真学习贯彻中共十八大会议精神，紧密结合大洼村实际，按照年初制定的工作目标，与时俱进、开拓创新、扎实推进，工会工作取得了新的进展。

注重强化工会工作机制，推进工会工作规范化、制度化。针对企业工会干部流动性较大的特点，及时督促和指导企业做好工会改选配备工作，按民主程序选配新的工会干部。根据上级工会的要求，提出具体的工作目标、任务和要求，做到年初有计划、年终有检查总结。坚持年度召开工作总结部署会议，总结工作，布置任务。季度召开例会汇报工作，互通信息，相互学习。采用各种形式，培训工会干部，提高工会干部的素质。工会班子概况、工会目标任务、会员权利、义务、工会四项社会职能等制度全部上墙公布，使工会工作有方向、有目标。

抓“维权”，发挥工会作用。维权是工会重中之重的工作。必须维护好职工的合法权益，才能把职工的积极性引导好、保护好、发挥好。工会始终把这种理念贯穿到日常工作中去。针对维权工作中的突出问题，通过推行平等协商、集体合同以及职代会制度和送温暖活动，维护职工的合法权益，调动职工的积极性。

抓活动载体，增强工会活力。村工会根据区总工会的部署和要求，召开由各单位负责人和工会主席参加的会议，主要领导亲自到会作动员报告，工会干部作具体的业务指导。把贯彻学习落实科学发展观作为工作的首要任务。利用集中学习和业余自学等多种形式，把职工注意力和思想精力引入学习中来。完善矛盾调处和困难帮扶机制，健全困难职工档案，加强动态管理。抓好困难职工建档工作。对外出务工人员家属慰问联系做到及时帮助协调处理，尽量减少外出务工人员的后顾之忧。开展好工会普法工作，重点学习宣传《中华人民共和国工会法》《中华人民共和国劳动合同法》《劳动合同法实施条例》《中华人民共和国就业促进法》《中华人民共和国劳动争议调解仲裁法》等法律法规，全面做好工会工作。

维护好职工权益，落实好各项措施。积极创建平安和谐企业劳动关系，着力维护好职工民主权益。实施厂务公开、职代会建制专项行动，制定下发了《关于开展厂务公开标准化建设的实施方案》，规范企业深入开展厂务公开工作，已建会的生产企业实现厂务公开民主管理全覆盖。积极推进职代会制度建设，提高企业特别是非公有制企业职代会的建制率和覆盖率。

东南峄村工会联合会

村情概况

东南峄村位于太行山中段西麓，山西省阳泉市郊区北，西南峄乡人民政府驻地东 1.8 千米处。地理坐标北纬 38° 02′，东经 113° 64′，海拔最高龙得垴 1097 米，最低红南沟 784 米，总面积 3.71 平方千米。东南峄村北靠五里庄、雨下沟，东连郊山、石窖垴，南依红岺、大洼，西偎乡政府驻地西南峄。属北温带气候，四季分明，年平均气温约 10℃，无霜期 180 天，年降雨量 500 毫米左右，主要集中在七八月。丘陵地貌，黄土、红土、褐土构成土壤结构，耕地为山地梯田，全村耕地面积 1828 亩，宜林地面积 1200 亩。中华人民共和国成立前，属盂县所辖；新中国成立初期，归盂县东村区管辖；1953 年至 1954 年该村设乡级政府即东南峄乡，该村属东南峄乡；1958 年成立人民公社，该村属西南峄公社；1984 年，公社改设为乡，该村属西南峄乡。村落整体呈块状分布。农业以种植玉米、谷物、豆类为主。村办企业矾石、耐火材料系列产品，熟矾石系本市出口商品。文物古迹天齐庙为区级文物保护单位。该村传统庙会的时间为农历六月二十五。主要交通干道为乡道西南峄至石窑垴线。2019 年，全村 451 户、1087 人，除 1 人为壮族外，居民全部为汉族。

组织沿革

1993 年 10 月，依据《中华人民共和国工会法》《中国工会章程》，东南峄蓝晶石耐火厂、东南峄耐火纤维厂、东南峄振东耐酸瓷厂、东南峄不定型耐火厂 4 家集体企业相继成立了工会委员会和经费审查委员会。蓝晶石耐火厂工会主席王拉寿，经费审查委员会主任王赐俊；不定型耐火厂工会主席王润元，经费审查委员会主任王步钦；耐火纤维厂工会主席王拴福，经费审查委员会主任王智山；振东耐酸瓷厂工会主席王海玉，经费审查委员会主任王先锁。2007 年 9 月 18 日，在乡工会的帮助指导下，通过法定程序，成立了东南峄村工会联合会，隶属于西南异乡工会联合会。同时选举产生工会经费审查委员会和女职工委员会，选举王锁寿为工会主席，王奇明为副主席，委员王桃英；选举王奇明为经费审查委员会主任，委员王海清、王文全；选举王桃英为女职工委员会主任，委员李文彦、王凤莲。2016年1月，由于工作需要，东南异村工会联合会进行替补选举，补选王三存为工会主席，王天慧为副主席，王晋才为经费审查委员会主任。

主要工作

加强组织建设。东南异村工会联合会自2007年建立后，按照上级工会“组织起来，切实维权”的工作方针，不断夯实工会基础工作，加强工会组织规范化建设，完善组织机构。一是加强硬件设施建设，设立了固定工会工作场所，配齐了桌椅电脑等办公用品，悬挂标识牌，做到有场所，有标识。二是完善各种工会工作制度，并把各项制度上墙，做到工会工作有规可依。三是努力建设职工之家，为职工营造良好的学习、娱乐氛围，为工会服务职工搭建平台。经过多年完善，建设成了“六有”（有场所、有制度、有牌面、有人员、有活动、有作为）工会，规范了工会组织，也让职工感受到了娘家人的温暖。四是不断加强村所属企业工会的建设，2009年，就有12家村属企业建立工会委员会和工会小组，让工会组织不断延伸，真正使工会的职能落到实处。

帮扶工作。东南异村工会自成立以来，一直致力于困难职工的帮扶工作，对全村困难职工都进行建档立卡，实行动态管理。每年上级的帮扶指标包括金秋助学和“两节”慰问工作都积极争取，累计帮扶困难职工30余名。同时，村工会积极和村委协调，每年为村里考上大学的困难学生家庭送上5000元的慰问金，让学生能顺利读大学。年底还为困难家庭送去米、面、油等慰问品。村工会不仅在物质上帮扶困难职工，还积极联系，为他们提供就业信息，从根源上解决困难，截至2019年，帮扶困难职工80名，通过村工会的帮扶，村、企业的困难职工基本脱困解困。

职工文化活动。在开展职工文体活动方面，一是建强文化阵地，丰富职工群众精神文化生活。以建设“职工书屋”为载体，配齐各类书籍4000余册，为职工提供素质提升的空间，还规范书屋的各类制度，让职工书屋有效运行。二是建立职工活动室，配齐象棋、华牌、跑步机等各类活动器材，让职工业余时间有活动的场所，一定程度上杜绝了农村下班没事干参与赌博的现象。三是开展文体活动，丰富职工生活。村工会每年正月和庙会期间开展街头文艺表演，2018年6月，村工会开展了主题为“拼搏、奋进、和谐、健康”的东南异村趣味运动会，项目包括锣鼓队表演、拔河比赛、踩气球比赛、运气球比赛、集体唱红歌比赛，全村各企业、各村民小组都参与，让村民、职工娱乐之余，精神面貌更加向上，工作热情更加高涨，更好地投入工作中去。

培训工作。村工会一直致力于职工培训工作，组织职工经常参加乡工会组织的培训参观学习活动，学先进、找不足，在学习中完善自己，提高自己。同时积极联系培训机构，为村民开展培训学习工作，其中果农专业技术培训，烹饪、按摩、化妆等技术培训受到职工好评，让村民及职工在提升自身素质的同时，更好地体现自身价值。

职工维权工作。村工会一直以来把维护职工合法权益放在首位。积极推行平等协商签订工资专项集体合同制度；每年积极组织职工进行“安康怀”竞赛活动，提高全体职工安全生产知识水平和能力、安全生产各项指标等，不断推进各企业单位的安全生产工作和安全文化建设，提高全村职工的安全生产意识，最终降低各类事故的发生率和各类职业病的发病率，保障职工身体安全。

第七节　杨家庄乡工会联合会

乡情概况

杨家庄乡是一个传统农业乡镇，是阳泉市郊区转型跨越发展中崛起的一个小乡镇。杨家庄因姓氏聚居而名。1948 年，以润济大王庙为界分为两村（南、北杨家庄）。乡政府驻设于北村，故用此名。

该乡位于北纬 37° 50′ 59″～37° 55′ 29″，东经 113° 36′ 42″～113° 43′ 00″。地处阳泉市郊区东部，东与平定县巨城镇接壤，南接义井镇，西与李家庄乡交界，北邻荫营镇。辖区东西最大距离 8.1 千米，南北最大距离 9 千米，总面积 25.98 平方千米。乡政府驻北杨家庄村，距区政府驻地荫营约 11.7 千米，距阳泉市区约 11.5 千米。

该乡地处绵山山脉主脉，地形大部属丘陵土石山区，地势西高东低，起伏不大，海拔 600 米至 850 米。年平均气温 10.6℃，年平均降水量 490 毫米。以大西庄为分水岭，其北沟汇入荫营河，南汇入桃河。矿产资源丰富，主要有铝矾土、石灰石、硫铁矿等，其中石灰石资源最为丰富。

清代，白家庄、路家山等主村属平定州升中乡义羊都，杨家庄（今南、北杨家庄）、小西庄等村属安平乡白泉都；中华民国时期属平定县第四区，1950 年 3 月至 1953 年 4 月属平定县第六区；1953 年 4 月划归阳泉市二区。1953 年 5 月至 1956 年 2 月置杨家庄、南小西庄、黑土岩 3 乡，属阳泉市二区；1956 年 3 月二区改名为荫营区，南小西庄 2 个乡（撤销杨家庄乡）属荫营区；1958 年 9 月撤乡并入白泉人民公社，属市直辖。1963 年 2 月设杨家庄人民公社，属于荫营区；1969 年 1 月，荫营区改名为郊区，属郊区。1984 年 5 月改称杨家庄乡人民政府。2015 年 4 月，路家山、张家洼 2 个村由阳泉市经济技术开发区托管。2018 年，大南庄由平坦镇桃林沟村兼并。至 2019 年末，辖南杨家庄、北杨家庄、桐花树、齐家岩、孙家沟、小西庄、白家庄、黑土岩、杏树坡、高垴庄、庙岑共 11 个行政村及孙家沟 1 个农村社区。辖区总人口 9286 人；总人口中，男性 4676 人，女性 4610 人，人口出生率 5.97‰，人口死亡率 5.45‰，人口自然增长率 0.51‰；人口密度为每平方千米 357.40 人。

杨家庄乡是郊区主要产粮区之一，主要农作物为玉米、谷子、豆类等。改革开放后，该乡坚持以农业为基础，大力发展乡镇企业。1993 年，乡办企业 5 家，村办企业 67 家。南小西庄的砂货在 1981 年获省优质产品，北杨家庄的耐酸瓷板砖 1992 年获市优质产品，1990 年获省行业优秀产品，全乡 1992 年工农业总收入 4080 万元，乡镇企业总产值 4289.3 万元；人均纯收入 887 元，人均收入超千元的村 2 个。至 2019 年，耕地面积 702.13 公顷，粮食总产 823.4 吨。全乡规模工业企业包括阳泉市泰耀工贸有限公司、阳泉市中嘉磨料磨具有限公司、阳泉冀东水泥有限责任公司、山西晋东新能液化天然气有限公司、阳泉博润公路工程有限公司等 44 家，全部从业人员平均 201 人，工业收入 4113.2 万元。规模以上服务业包括阳泉速达通快递有限公司、阳泉市阳五高速公路投资管理有限公司、中建阳泉基础设施投资有限公司、山西通宝鑫能物流有限公司、阳泉冀东物流贸易有限公司、阳泉永顺物流有限公司 6 家，从业人员 666 人，营业收入 30074.2 万元。全年财政税收完成 8500 万元；规模以上总产值 87684.6 万元，同比增长 16.2%；增加值 29425.3 万元，同比增长 16.2%；固定资产投资完成 3529 万元。

杨家庄乡物华天宝，人杰地灵，基础完善，资源丰富，有铝黏土、石灰石等。2019 年有各类企业 50 家、规模企业 3 家。主要工业产品有水泥、耐酸砖、耐火砖、氧化钙、轻质保温耐火材料、磨料磨具、砂货制品等。储量丰富的资源有铝黏土、石灰石等，驻地有经营历史 40 余年的国有企业山东铝业公司阳泉矿（简称五〇一矿）。有 2 条供气管路，是郊区最早引进天然气的乡镇，5 个企业已正常使用天然气烧成工艺，3 个村实现民用天然气。电力供应充足，全乡新增 110 千伏变电站 1 座，公用配电变压器 23 台，低压供电线路 23 条，10 千伏供电线路 4 条，配变容量 3625 千伏安。水资源相对丰富，市政工程娘子关提水管线穿越境内，钻探深井 11 眼，日出水量可达 5000 吨以上。生态环境相对较好，全乡有效植被覆盖面积约 1.5 万亩。

组织沿革

杨家庄乡工会成立于 1993 年 9 月，成立初期名为杨家庄乡工会工作委员会，属一级工会组织，为郊区总工会直属。先后由乡党委副书记贾增田、白瑞国、李胜英和乡人大主席刘王文任主任；温清、郭秋忠、董翠文、史建生任副主任或干事。2002 年 4 月，杨家庄乡私营企业工会联合会成立，刘王文任私营企业工会联合会主席。

2006 年 7 月 13 日，召开杨家庄乡工会联合会第一次会员代表大会，选举马大刚为工会主席，温清为副主席，康晓明、李仁君、闫玉祥为工会联合会第一届工会委员，史建生为经费审查委员会主任，白宏伟、孙巨义为经费审查委员会委员。同年，因工作变动，补选史咸宙为工会主席。2008 年 6 月 19 日，因工作变动，补选赵红卫为工会主席，梁振宇为工会副主席。2009 年 7 月，因工作变动，补选程惠文为工会主席。2011 年 6 月，因工作变动，补选要秀宇为工会主席。2013 年 7 月 27 日，召开杨家庄乡工会联合会第二次会员代表大会，选举程惠文为工会主席，梁振宇为副主席，康晓明、李永军、闫玉祥为委员，赵瑞萍、李丽、康晓明为经费审查委员会委员，赵瑞萍为经费审查委员会主任。2016 年 6 月，因人事调整变动，选举王勇为杨家庄乡工会联合会第二届工会主席。2017 年 1 月，因工作变动，补选郑俊琴为第二届工会副主席。2019 年 12 月 30 日，因工作变动，补选胡世勇为杨家庄乡工会联合会主席。

2006 年，杨家庄乡工会联合会第一次会员代表大会成立之时，全乡辖 14 个村，企业 20 余家，会员 2600 余名。2019 年，杨家庄乡工会联合会辖小西庄村、北杨家庄村、南杨家庄村 3 个村工会联合会，黑土岩村、白家庄村、齐家岩村、孙家沟村等 8 个村工会委员会，拥有阳泉永顺物流有限公司、山西通宝鑫能物流有限公司、阳泉冀东水泥有限责任公司、阳泉市振华陶瓷有限公司等 8 个企业工会，1 个机关工会委员会，共 20 个基层工会组织，发展工会会员 2240 人。

杨家庄乡历届工会主席、副主席一览表

表 4-13

组织沿革及届次	姓　名	性别	工会职务	任职时间	行政职务
工会工作委员会	贾增田	男	主　任	1993 年 11 月至 1996 年 7 月	党委副书记
	白瑞国	男	主　任	1996 年 7 月至 1999 年 3 月	党委副书记
	李胜英	男	主　任	1999 年 11 月至 2001 年 2 月	党委副书记
	刘王文	男	主　任	2000 年 2 月至 2006 年 7 月	人大主席
	温　清	男	副主任	1993 年 11 月至 2001 年 3 月	—
	郭秋忠	男	副主任	2001 年 3 月至 2001 年 11 月	—
	董翠文	女	副主任	2001 年 11 月至 2006 年 7 月	—
私营企业工会联合会	刘王文	男	主　席	2002 年 4 月至 2002 年 6 月	人大主席
第一届工会联合会	马大刚	男	主　席	2006 年 7 月至 2006 年 12 月	人大主席
	温　清	男	副主席	2006 年 7 月至 2008 年 6 月	—
	史咸宙	男	主　席	2006 年 12 月至 2008 年 6 月	武装部部长
	赵卫红	男	主　席	2008 年 6 月至 2009 年 7 月	人大主席
	梁振宇	男	副主席	2008 年 6 月至 2013 年 7 月	—
	程惠文	男	主　席	2009 年 7 月至 2011 年 6 月	人大主席
	要秀宇	男	主　席	2011 年 6 月至 2013 年 7 月	人大主席
第二届工会联合会	程惠文	男	主　席	2013 年 7 月至 2016 年 6 月	人大主席
	梁振宇	男	副主席	2013 年 7 月至 2017 年 1 月	—
	王　勇	男	主　席	2016 年 6 月至 2019 年 11 月	人大主席
	郑俊琴	女	副主席	2017 年 1 月至 2019 年 12 月	—
	胡世勇	男	主　席	2019 年 11 月	人大主席

2019 年底杨家庄乡工会联合会基层工会组织建设一览表

表 4-14　　单位：人

工会名称	建会时间	工会主席	职工人数	会员人数
北杨家庄村工会联合会	2007 年 1 月	冯满存	522	510
南杨家庄村工会联合会	2007 年 1 月	张云祥	493	483
小西庄村工会联合会	2007 年 1 月	王海军	468	462
黑土岩村工会委员会	2006 年 7 月	张　聪	12	12
齐家岩村工会委员会	2006 年 7 月	李秀珍	7	7
白家庄村工会委员会	2006 年 7 月	王爱寿	4	4
杏树坡村工会委员会	2006 年 7 月	郭　亮	8	5
桐花树村工会委员会	2006 年 7 月	刘保明	6	6
庙岭村工会委员会	2006 年 7 月	杨海生	7	7
高垴庄村工会委员会	2006 年 7 月	白宏伟	3	3
孙家沟村工会委员会	2006 年 7 月	冯拽英	25	25

续表 4-14

工会名称	建会时间	工会主席	职工人数	会员人数
阳泉永顺物流有限公司工会	2016 年 2 月	谢富喜	31	31
山西通宝鑫能物流有限公司工会	2015 年 6 月	王玉寿	51	41
阳泉祥瑞耐火材料有限责任公司工会委员会	2013 年 3 月	刘　璇	57	34
阳泉冀东水泥有限责任公司工会	2012 年 2 月	张建新	274	274
阳泉市中嘉磨料磨具有限公司工会	2015 年 6 月	王建林	165	144
阳泉市森茂钢结构加工中心工会委员会	2014 年 5 月	梁晓斌	16	14
阳泉市丰泽恒业耐火材料有限公司工会	2007 年 1 月	王爱崇	141	125
阳泉市振华陶瓷有限公司工会	1999 年 7 月	贾存俭	85	85

工会代表大会

工会联合会第一次会员代表大会

会议概况

2006 年 7 月 13 日，杨家庄乡工会联合会第一次会员代表大会召开。参加此次大会的正式代表 33 名，列席代表 11 名，大会听取和审议了温清作的题为《扩大覆盖面、增强凝聚力、团结动员广大职工为实现“十一五”规划建功立业》的工会报告。选举马大刚为杨家庄乡工会联合会主席，温清为杨家庄乡工会联合会副主席，康晓明、李仁君、闫玉祥为工会联合会委员，史建生为经费审查委员会主任，白宏伟、孙巨义为经费审查委员会委员。

组织机构

杨家庄乡工会联合会委员会

主　席：马大刚

副主席：温　清

委　员：康晓明　李仁君　闫玉祥

杨家庄乡工会经费审查委员会

主　任：史建生

委　员：白宏伟　孙巨义

工会联合会第二次会员代表大会

会议概况

2013 年 7 月 27 日，杨家庄乡工会联合会第二次会员代表大会召开。参加会议应到代表 27 人，实到代表 27 人，列席代表 4 人，其中女代表 7 人，乡妇联向大会祝词。程惠文作了题为《立足乡情、发挥职能、努力开创杨家庄乡工会工作新局面》的工作报告；选举产生了杨家庄乡工会联合会第二届委员会，程惠文为杨家庄乡工会主席，梁振宇为杨家庄乡工会副主席。并选举产生第二届经费审查委员会，赵瑞萍为经费审查委员会主任。

组织机构

杨家庄乡工会联合会委员会

主　席：程惠文

副主席：梁振宇

委　员：康晓明　李永军　闫玉祥

杨家庄乡工会经费审查委员会

主　任：赵瑞萍（女）

委　员：李　丽（女）　康晓明

主要工作

工会组织规范化建设

2006年7月，在杨家庄乡工会联合会成立之际，乡工委本着“哪里有职工，哪里就必须组建工会”的原则，通过广泛宣传，深入新建企业走访摸底，调研协商，最大限度地保护了广大职工参加工会组织的权利。截至杨家庄乡第一次会员代表大会召开时，全乡已建工会组织28个，职工2676人，会员达到了2600个，入会率达到了97%，建会企业工会组织运行良好，工会工作进一步规范化。2006年，张家洼村、路家山村、大南庄村、黑土岩村、杏树坡村等14个村，通过宣传发动，陆续成立村工会委员会，由乡工会提名，大村由副书记兼任工委主任，小村由书记兼任工委主任。2007年下半年，小西庄村、南杨家庄村、北杨家庄村等3个条件成熟的村又筹备并成立了村工会联合会，选举产生了工会委员会委员。至此，杨家庄乡村工会组织建设圆满完成，建会率达到100%，保证了每个村都有工会的阵地，有工会工作人员，为工会工作的开展搭好了平台，奠定了基础。2013年3月，阳泉冀东水泥有限责任公司工会委员会成立，新增会员253人。2013年3月，阳泉祥瑞耐火材料有限责任公司工会委员会成立，新增会员35人。2013年7月，杨家庄乡工会联合会召开了第二次会员代表大会。从该乡集体企业全面改制和新建企业不断涌现的实际出发，切实加大了改制企业工会重建和新建企业工会组建的力度，进一步规范了企业因零、散、乱而缺乏有效约束机制的现状。全乡共有工会联合会3家，私营企业独立工会14家，会员1880人，入会率达到了94%。2014年5月，阳泉市森茂钢结构加工中心工会委员会成立，新增会员25人。2015年，新建企业工会2家，分别为山西通宝鑫能物流有限公司、中嘉磨料磨具有限公司，新发展会员200余人。2016年2月，阳泉永顺物流有限公司工会成立，新增会员36人。

工会职工素质提升

杨家庄乡工会组建后，一直致力于提高职工素质，积极探索和实践新时期工会群众性经济创新活动的有效途径，组织动员广大职工在经济建设的主战场发挥主力军作用。一是以“创建学习型组织、争当知识型职工”活动为载体，全力提升职工素质。截至2019年底，先后组织职工参与培训约140次，加强了职工的政治思想、职业道德和文化技术业务素质教育，提升了职工素质。二是以开展职工技术比武为契机，积极为职工更多地参与技术交流搭建平台。按照市、区劳动竞赛委员会的竞赛要求，每年都会组织企业职工参加各种劳动竞赛，并取得了优异成绩。其中，阳泉冀东水泥有限公司在2017年被阳泉市劳动竞赛委员会授予“阳泉市五一劳动奖状”，2018年荣获阳泉市“五小”竞赛优秀成果三等奖。三是开展经常性的问卷调查。每年“三八”国际妇女节，都会组织广大女职工进行妇女权益保障知识问卷答题，并举办丰富多彩的活动，如学习插花、剪纸、化妆培训，让女职工在寓教于乐中增长知识，提高素质。

职工文化生活

乡工会把满足职工美好需要作为工会的重要使命，通过开展各种活动和举办各类文体比赛，努力营造积极向上的文化氛围。每年乡工会都会积极组织职工参加区工会举办的羽毛球、健步走等各项活动比赛，形成职工文化建设新常态。2010年5月13日至14日，组队参加区总工会举办的首届“庆五一、促和谐”职工趣味运动会，获得齐心协力项目的冠军。同年，组队参加区总工会举办的第四届“信合杯”舞蹈比赛，北杨家庄村表演的《风含情、水含笑》获乡镇广场组第一名。2017年，在郊区工会举办的职工广播体操比赛中，机关职工取得了第一名的好成绩。同时，乡工会还联合各村、各企业举办全乡职工篮球赛、乒乓球赛、华牌比赛等一系列文体活动，不断拓展和延伸该乡职工文化的内涵和领域，增强基层职工文化活力。2006年8月，举办了杨家庄乡全民篮球赛。2006年10月，在和谐生态园举办了杨家庄乡“和谐杯”职工乒乓球比赛。2008年9月27日，该乡举办了“庆奥运、迎奥运”华牌比赛，来自全乡各行政村及企事业单位的22支职工代表队参与了活动。2018年举办“工会杯”职工篮球赛，各村、各企业职工参加了比赛。2019年，乡工会建起了职工活动中心，并配备了跑步机、乒乓球桌、动感单车等健身设施，让职工在工作之余，增强身体素质。除此之外，每年春节、中秋等重要节日，乡机关、各村、各企业都会举办各具特色的文艺表演，极大地丰富了职工们的业余文化生活。

工会阵地建设

一直以来，乡工会都致力于加强工会阵地建设，积极推动各村、各企业建立“职工书屋”“职工之家”。先后健全完善乡工会、阳泉冀东水泥有限公司工会的“职工之家”，此外，还建立了北杨家庄村、黑土岩村、小西庄村、庙岭村等一批设备齐全、利用率高的职工书屋，极大地丰富了职工们的文化生活，让他们有一个放松、充电、学习的地方。以“职工书屋”“职工之家”为阵地，大力开展职工群众喜闻乐见、生动活泼、健康向上的活动，不断提高职工的思想道德水平和科学文化素质，弘扬民族优秀文化，唱响时代主旋律。

困难职工帮扶。乡工会积极为政府、企业分忧解难，急职工所急，想职工所想，办职工所盼，深入开展“春送岗位、夏送清凉、秋送助学、冬送温暖”活动。一是开展春送岗位活动。每年的春季招工季，乡工会都会积极帮忙宣传本乡企业的招工情况，帮需要的人找到满意的岗位。至2019年，乡工会累计帮54人找到了工作，同时也将春送岗位成为常态化活动。二是开展夏送清凉活动。每年夏季，乡工会都会为从事高温作业、露天施工的一线职工送去各种防暑用品，给他们带去了关心和关爱。至2019年，累计慰问20余家企业。三是开展金秋助学活动。金秋助学是工会服务职工的一个品牌工作，是工会密切联系职工的具体体现。每年8月高考录取时，乡工会便会积极宣传，让每一个困难职工的孩子不会因为学费而上不起学。通过下村、下企业调查走访，把真正困难的职工报回区总工会，让每一位寒门学子圆了他们的大学梦。截至2019年底共救助24人，累计发放助学金72300元。四是开展“两节”送温暖活动。每年年底，乡工会都积极为困难职工进行申报，累计帮扶职工约113人，累计发放帮扶资金101620元。除了“四送”工作外，乡工会还积极组织开展了职工大病医疗互助工作，给患病职工送去一份保障，得到了广大职工的一致好评。

“弱势”的一方，保障他们的权益是工会维权的重要内容。一直以来，乡工会都切实维护职工的劳动权、工资报酬权、社会保障权，监督企业依法维护职工的生命安全权，切实保障职工的生命安全和身心健康。稳定推进工资集体协商和集体合同制度，深入开展“安康杯”竞赛等安全生产活动，加强专题教育培训，强化基层督促指导，在全乡安全生产工作中发挥了重要作用。

骨干企业工会

阳泉冀东水泥有限责任公司工会

企业概况

阳泉冀东水泥有限责任公司是金隅冀东水泥（唐山）有限责任公司投资的全资子公司，2009年9月正式成立，注册资本3.85亿元，总投资13亿元，员工301人，总占地面积604亩。该公司拥有一条日产4500吨熟料新型干法水泥生产线，配套9兆瓦纯低温余热发电系统，可年产熟料150万吨，水泥200万吨。2019年正在建设的利用水泥窑协同处置危险废物项目也已进入调试阶段。该公司主要生产“盾石”牌P•S•A32.5、P•042.5、P•042.5（低碱）、P•052.5强度等级的水泥产品，产品广泛用于阳泉、太原、石家庄区域的工业、民用高层建筑、大型桥梁、公路交通等重大工程，深受当地及周边客户的好评。

建厂伊始，企业就高度重视环保治理方面的工作，累计环保投资已达到1.42亿元，主要集中在污染物排放治理、厂区环境绿化提升、危废协同处置等方面。2010年，企业投资3760万元安装了80台高效袋式收尘器，确保对生产系统粉尘排放进行有效控制。2013年12月，完成熟料烧成系统烟气脱硝工程，通过低氮燃烧器改造、分级燃烧以及SNCR烟气脱硝等措施的落实，有效地降低氮氧化物的生成和排放，每年可减排氮氧化物1290.8吨。2018年初，企业对水泥包装车间收尘器、集尘罩进行了改造。2019年，完成熟料库底收尘器改造，减少了颗粒物的排放。

阳泉冀东水泥有限责任公司为积极创建绿色工厂，2018年至2020年累计投资1240万余元，2019年公司绿化面积共14.41万平方米，绿化率达35.82%。为响应阳泉市打赢蓝天保卫战及“夏季攻坚”行动实施方案，阳泉冀东水泥有限责任公司积极开展环保提档升级改造工作，基本实现无组织颗粒物零排放，获得了省、市环保监管部门认可，2019年被列入阳泉市首批重污染天气预警期间豁免企业名单。在差异化错峰生产期间，环保创效6000万元以上。

“创新驱动，绿色发展”是阳泉冀东水泥有限责任公司始终坚持的发展理念。2019年公司积极推进绿色制造发展，通过开展“绿色工厂”的建设，进一步完善了生产制造环节绿色低碳体系、形成了供、产、销的绿色产业链，通过引进水泥专家优化控制系统和设备智能在线管理系统为开端，逐步实现“智能化工厂”建设。同时，公司积极打造“绿色矿山”，按照减量化、再利用、资源化、零排废的原则，综合开发利用石灰石资源，科学配比，精准搭配，利用工业企业产生的固体废弃物，发展循环经济，承担国有企业应有的社会责任。同时阳泉冀东水泥有限责任公司注重民生问题，2018 年起始终主动承担着冬季供暖期间黑土岩新村的供热工作。

组织沿革

阳泉冀东水泥有限责任公司工会于 2012 年 2 月组建成立，隶属于杨家庄乡工会联合会。当年 2 月 18 日上午，公司工会召开第一次会员代表大会，选举产生了阳泉冀东水泥有限责任公司第一届工会委员会和经费审查委员会，孙志一任工会主席，邹本辉任组织委员，刘卫华任生产委员，王默奇任女工委员，陆文亮任文体宣传委员，谢群任经费审查委员会主任。

此后，工会组织按期换届，选举产生第二届工会委员会，工会主席由王俊华担任，经费审查委员会主任由谢群担任。

2017 年 3 月 30 日，工会组织再次换届，选举李文顺为阳泉冀东水泥有限责任公司工会第三届委员会主席，陆文亮为副主席，马宝为组织委员，梁鹏超为安全生产委员，谢群为经费审查委员会主任，左丽君为女职工委员会主任。

2018 年 6 月，阳泉冀东水泥有限责任公司工会召开了第四次会员代表大会。会上，选举产生了第四届工会委员会和经费审查委员会。张建新任本届工会主席，陆文亮任副主席，王彦祥任经费审查委员会主任。

主要工作

阳泉冀东水泥有限责任公司工会自 2012 年 2 月成立后，在公司及上级工会的坚强领导下，在全体干部职工的共同努力下，坚持引领广大职工听党话、跟党走，坚持与企业发展同心共向，大力弘扬企业文化，全心全意服务职工群众，全面加强职工思想道德建设，动员广大职工实干担当，在助推中心工作、职工素质建设、企业民主管理、职工凝聚力建设、工会自身能力建设等方面积极发挥作用，为企业健康稳定发展提供有力支持。

夯实基础，不断健全基层群众组织。工会本着服务职工、增进沟通、凝聚共识、促进发展的原则，及时调整企业工会分会设置，不断完善工会组织机构，健全各类制度，使工会工作做到了人员到位、责任明确，层层有人抓、事事有落实。

加强教育，不断促进职工队伍建设。工会针对企业青年员工多的特点，着力在职工素质提升、业务能力提高方面开展工作，通过创新舞台、拓宽渠道，始终抓紧学习教育不放松。一是紧密结合安全一级标准化和专项管理达标工作，以企业大讲堂、集中培训、演习演练等形式带动广大职工加强学习，不断提高职工的业务素质和理论修养。二是以外出学习等形式，吸收借鉴其他单位好经验、好做法。取人之长，补己之短，为公司发展培养创新型实用性人才。三是创新工会服务方式。从公司实际出发，不断创新开展符合自身特色的工会工作。通过数据统计分析、问卷调查、典型剖析、职工座谈等形式了解职工需求，推进职工技能提升。不断扩建完善职工健身活动场所，为职工铺设塑胶篮球场；改善职工就餐环境，发放食堂满意度调查问卷，及时调整食堂饭菜种类。同时，工会还积极推进职工书屋建设，为职工提供良好的阅读环境。

积极发挥民主参与、民主决策、民主管理、民主监督职能，确保职工各项民主权利的落实。一是落实职代会制度。落实以职代会为基本形式的民主管理制度，通过每年召开两次职工代表大会，通报公司经营情况，充分发挥职工参与、监督企业管理的作用。二是坚持开展厂务公开。对企业发展的重要决策、人事任免、企业经营管理方面的重要内容、涉及职工利益方面的重大事项、企业党风廉政方面的重要内容等通过橱窗、文件、报刊等予以公开，便于职工民主监督。三是开展合理化建议活动。年终集中开展合理化建议活动，让每位职工根据一年来公司运行情况，把有利于公司发展的想法、建议展示出来，为公司完善管理、堵塞漏洞、提高效益做出了积极贡献。

发挥优势，团结引领广大职工建功立业。深入开展经济技术创新、创先争优评比和劳动技能竞赛等活动，组织动员广大职工钻研业务、发奋工作，在公司的生产经营中发挥了良好作用。

规范专项管理达标考核。进一步深化细化专项管理达标内容，按照“示范型”标准开展专项管理达标创建活动。工会从年度创建规划到具体工作实施，从制度建设、现场管理、环境美化、素质提升等方面着手，加大综合整治力度，通过对标先进、考核检查、评比奖罚等措施全面提升达标标准。紧密结合公司美化亮化工作，持续推进专项管理达标工作的有效开展，促进了公司生产优质、稳定、高效、低耗运行，为公司环境治理、规范服务、生产经营取得良好业绩奠定了基础。

深入开展创争活动，发挥榜样带动效应。工会通过开展创先争优活动，促进企业管理创新、技术创新，全面提高了职工综合素质，增强职工岗位竞争实力。通过年度评比与奖励，评选出公司优秀员工、先进集体、先进班组、工会积极分子等多项先进集体和先进个人，激发了职工的积极性，增强了职工的荣誉感。职工通过不懈努力，荣获“工会先进工作者”等荣誉。通过开展“创争”活动，营造了积极向上的发展氛围。

加强职工安全监督和劳动保护工作。工会积极配合安环部，紧密结合安全一级标准化工作，组织策划“安康杯”系列活动，开展“安全培训”，组织开展征集“安全征文”“安全知识竞赛”等活动。不断加强职工安全教育，提高职工安全意识，促进安全生产，进一步提高了公司职工的安全意识和责任感，为提高公司整体安全生产管理水平创造良好氛围。

坚持开展“送温暖”活动，积极为职工排忧解难。在上级工会的指导下，坚持开展为职工“送温暖”活动，始终把困难职工作为重点帮扶对象，切实解决职工的生活困难。工会多次慰问走访生病、住院职工和困难职工，为职工发放端午、中秋等节日福利，每年春节，工会组织与公司领导带头深入一线慰问节日期间仍然坚守在工作岗位上的职工，给大家送去祝福和慰问品，让大家除夕时节吃上热腾腾的饺子；夏天送上饮料、西瓜等防暑用品，并提供绿豆汤。

建立职工健康档案，坚持每年组织全体职工进行体检。工会把职工健康作为头等大事，每年组织职业病筛查、常规健康体检。2019 年经过筛选，选择医疗条件更好的医院为职工体检，真正关心职工健康，得到职工的一致肯定。

保护女职工合法权益。对女职工孕期、产期、哺乳期的一切待遇，严格按有关规定执行，每年坚持为女职工进行妇女病专项体检，开展女职工合理化建议，坚持开展“三八”国际妇女节慰问活动，较好地维护了女职工的合法权益。2015 年，根据阳泉市总工会、阳泉市卫生局《关于落实“爱心妈咪小屋”建设的通知》，推进女职工“爱心妈咪小屋”的建设，不断完善“爱心妈咪室”设施，为孕期哺乳期女职工提供更好的服务。

工会充分发挥桥梁纽带作用，坚持开展内容丰富、形式多样、健康向上、喜闻乐见的文体活动。先后参与了阳泉区域秋季运动会和技能大赛，受到各公司干部职工的一致好评。通过认真准备，在各项活动中均展现出阳泉公司良好风貌。

坚持正确导向，提升工会宣传水平。顺应媒体格局变化趋势，把握正确导向，推进工会宣传工作多媒体融合利用，大力推进“互联网 +”工会建设，不断提升运用网络服务职工的水平，综合运用微信群、OA 平台等形式，积极打造网上网下结合的工会工作新格局。

山西通宝鑫能物流股份有限公司工会

企业概况

山西通宝鑫能物流股份有限公司于 2013 年 3 月 18 日成立，位于山西省阳泉市郊区杨家庄乡小西庄村（207 国道旁），为现代物流仓储服务企业。公司为了早日实现阳泉市晋东区域中心城市的新兴战略目标，推动绿色低碳，推进绿色发展，壮大节能环保产业。山西通宝鑫能智能仓储物流园项目分两期开展建设，项目一期为 LNG 汽车物流园，二期为智能仓储物流园。一期项目已于2013年3月在阳泉小西庄开工建设，完成投资1.5亿元，并于2016年建成投入使用。二期项目着手进行前期手续完善，二期智能仓储物流园主要将围绕大型仓储物流配送、智能物流企业孵化、高科技物流信息等经营板块开展运营，配套建设智能车源中心、货运班车总站、生活服务中心、服务管理中心等，积极探索无车承运人运营模式，实现“互联网 + 物联网”的高效应用。园区的建设、运营和发展将紧紧围绕 “有、能、新”三个字发展。

2019 年，项目依托已建成的一期 LNG 汽车物流园，已与中国海油、陕汽重卡、潍柴动力、中通通信、晋能集团、格盟国际等 10 多家国内外知名企业建立了长期稳定的合作关系。下一步，将继续依托和放大现有的资源优势，明确产业定位，实现快速发展。

园区按照功能和货物类别分区管理，标识明显，配套齐全，服务到位，通过完善仓储存储、运输配送、配载装卸、安装售后、流通加工、结算服务、企业孵化、信息服务、配套服务、辐射拉动十大功能，力求打造功能强大、布局合理、配置优化的大型物流园区。

物流园区服务功能全面提升，智能化、现代化不断推进，管理水平和运营效率全面提高，综合服务能力和创新能力显著增强，物流园区将成为阳泉市最大的智能化物流园区，基本形成布局合理、层次分明、功能先进、集聚集约、绿色低碳的物流园区体系。

组织沿革

山西通宝鑫能物流股份有限公司工会正式成立于 2015 年，隶属于杨家庄乡工会联合会。6 月 22 日，召开第一次会员代表大会，选举产生了工会委员会和经费审查委员会。王宝军任工会主席，王玉寿任副主席，史保明任经费审查委员会主任委员。由于王宝军工作变动，公司工会于 2017 年 7 月 15 日召开会员代表大会，补选王玉寿为工会主席，胡晓丽、郑金娥、王丽为工会女职工委员会委员。截至 2019 年 12 月，山西通宝鑫能物流股份有限公司工会共有会员 120 名，其中女会员 30 名。

主要工作

山西通宝鑫能物流股份有限公司工会成立后，每年都在职工生日当天送上礼物。山西通宝鑫能物流有限公司工会，始终把职工冷暖放在心上，每年进行一次免费健康体检，每月组织开展一次走访慰问活动，职工婚丧嫁娶都送去一丝问候和一份关怀。遇到有困难的职工，工会第一时间送去关怀，并多次号召全体职工捐款，切实解决困难职工的燃眉之急。按照“一条例三规范”（《企业工会工作条例》《山西省乡镇（街道）工会工作规范》《山西省基层工会工作规范》《阳泉市村（社区）工会工作规范（试行）》），推进“职工之家”建设，2016年度被评为阳泉市模范职工之家。

每年“三八”国际妇女节期间，工会都会积极争取公司所属各部门女职工参与公司组织的户外旅游，在旅游过程中，女职工们加强了交流，增强了团体意识，体现了女职工良好的精神风貌。2015年，根据阳泉市总工会、阳泉市卫生局《关于落实“爱心妈咪小屋”建设的通知》，推进女职工“爱心妈咪小屋”的建设。

阳泉市丰泽恒业耐火材料有限公司工会

企业概况

阳泉市丰泽恒业耐火材料有限公司成立于2007年3月，坐落在阳泉市郊区杨家庄乡白家庄村，207、307国道交叉于此，交通运输十分便利。企业主要生产耐火材料制品，是化学工业部第二设计研究院指定的生产焦炉用砖的专业生产厂家，也是全国焦化、冶炼行业用耐火材料的专业生产厂家之一，拥有员工260余人。随着公司的不断发展壮大，耐火产品质量大幅提升，产品产量逐年提高，迅速成长为本地区耐火支柱产业的主干企业，成为国内专业生产、销售焦炉、碳素炉及冶金行业等高温窑炉用耐火材料的大型重点厂家之一。公司占地面积160亩，固定资产7000万元，年生产各类耐火制品10万余吨，拥有天然气全自动隧道窑生产线4条，大型生产设备170台（套）。在“科技领先、质量为本”经营理念的推动下，专门设立了耐火材料新产品研发中心，培养和造就了一支专业的科研团队，担负新产品研究开发；配置了成套的具有国内先进水平的耐火材料检验、检测设备，担负产品自检自测，使产品质量得到了有效地检测和控制。规模化的生产和强有力的技术保障为产品质量的全面提升奠定了基础，凭借优质的产品和周到的服务赢得了良好的口碑和声誉。产品主要销往国内大型钢厂、焦化厂，部分产品一度远销美国和东南亚一些国家。公司已成为焦炉用硅砖、黏土砖产品国家标准起草单位之一，连续多年被化二院指定为专业生产耐火材料的生产厂家，并与多家大型焦化、钢铁集团企业建立起了长期合作关系。

组织沿革

2007年10月，阳泉市丰泽恒业耐火材料有限公司工会经杨家庄乡工会联合会批准正式成立，隶属于杨家庄乡工会联合会。10月20日召开第一次会员代表大会，选举产生了第一届工会委员会和经费审查委员会，王爱宗任工会主席。2012年10月，召开第二次会员代表大会，王爱宗连任工会主席。2017年因公司停产放假，未进行换届，直至2018年复产，工会工作恢复正常。2019年有工会会员192人。

主要工作

公司工会成立以来，为建立和谐的劳动关系，维护职工的合法权益，按照《中华人民共和国劳动法》规定，在平等协商的基础上签订了《集体合同》《工资集体合同》《女职工特殊权益保护专项集体合同》《劳动安全卫生集体合同》，根据公司实际情况，本着提高职工的专业素质和文化素质的宗旨，定期或不定期组织职工进行培训学习，使职工在思想上、行动上都表现出了高涨的生产积极性，营造出了心情舒畅、工作愉快的良好氛围。

为进一步激发全员的工作热情，促进企业的精神文明建设，公司每年“三八”国际妇女节为女职工发放纪念品并组织职工文艺汇演，开展拔河比赛、乒乓球赛、羽毛球赛等一系列活动，并将每年征订的报纸杂志供广大职工阅读，既增强了职工的团队意识，展现了职工主人翁的精神风貌，又极大地丰富了职工的精神文化生活。

阳泉市中嘉磨料磨具有限公司工会

企业概况

阳泉市中嘉磨料磨具有限公司创建于2007年，位于山西省阳泉市郊区杨家庄乡庙岭村，其前身为玉琳磨料磨具有限公司，2019年有职工180余人，是山西省最大的树脂砂轮出口基地。

该企业立足于科技创新，产、学、研一体，与国家磨料磨具磨削研究所、河南工业大学材料学院联合进行树脂砂轮产品的研发及制造，2019年已获国家专利8项。

从2011年起，阳泉市中嘉磨料磨具有限公司被山西省科技厅、山西省财政厅、山西省税务局等部门联合授予“山西省高新技术企业”证书，2015年被山西省科技厅授予“民营科技企业”证书。

该企业拥有国内先进的自动化生产设备，并建立了完整的原材料质检体系，采用世界先进和科学的检验检测手段，对产品质量进行多道把关，使产品达到国内外先进水平，2019年已取得ISO 9001质量体系认证和德国MPA产品安全认证。企业技术研发中心先后被阳泉市科技局认定为“阳泉市工程技术研究中心”，被山西省中小企业局认定为“山西省中小企业技术中心”。该企业生产的中嘉牌、金世特牌、华戈牌、HOPPLING GREAT等系列树脂磨具因其优良的品质性能和强有力的市场竞争力，已得到国内外众多客户的普遍认可，远销美国、加拿大、俄罗斯、巴西、印度、巴基斯坦、意大利、新加坡、韩国等40多个国家和地区。企业生产的崋戈牌砂轮、HOPPLING GREAT砂轮先后获得山西省著名商标和山西省名牌产品称号。尤其是注册的“CUTOP”国际商标，在新的营销模式助力下，已逐渐成为阳泉市中嘉磨料磨具有限公司在北美、东欧市场的主打品牌，当地市场占有率已达25%以上，并且在专利技术研发应用的推动下，国外市场占有率逐年提升。

组织沿革

阳泉市中嘉磨料磨具有限公司工会，隶属于杨家庄乡工会联合会，2015年6月10日，阳泉市中嘉磨料磨具有限公司第一次会员代表大会召开，选举产生了工会委员会和经费审查委员会，王建林当选为工会主席，石建红当选为工会副主席、经费审查委员会主任。2018年6月召开了第二次会员代表大会，进行了换届工作，大会选举王建林继续任工会主席，石建红继续任工会副主席、经费审查委员会主任。

主要工作

加强职工队伍教育。工会坚持把政策宣传贯穿于全年和生产经营全过程，激励干部职工始终保持良好的精神状态。利用多种形式和渠道将企业的发展和面临的困难宣讲到位，根据企业总体部署，制定长远发展目标及具体措施、办法。

以劳动竞赛为载体，调动职工积极性。工会组织根据单位自身的特点，开展形式多样、各具特色的职工经济技术创新活动，并取得了一定效果。7 月，在乡工会牵头下，企业开展了“安康杯”安全生产知识竞赛，150 余名职工参加了竞赛。公司总经理王素娟成为全市十大杰出女职工。

以送温暖为载体，为困难职工办实事。送温暖活动是工会心系职工、帮助困难职工的有效途径，也是工会增强凝聚力的重要措施。工会积极筹措资金，在节日期间共走访慰问特困职工 14 户，为他们送去了温暖。

开展文娱活动，丰富职工文化生活。为加强职工的思想政治和文化教育，提高职工整体素质，多年来，工会积极组织职工参与乡工会举办的一系列文体活动，比如参加职工篮球赛和乒乓球赛。通过参与职工文体活动，丰富了职工的文化生活，发现并培养了一批文体骨干。

阳泉市振华耐酸陶瓷有限公司工会

企业概况

阳泉市振华耐酸陶瓷有限公司始建于 1985 年，占地面积 24616 平方米，职工定员 68 人。企业位于阳泉市郊区杨家庄乡南杨家庄村，是中国工业防腐蚀技术协会常务会员单位，是全国最早生产耐酸陶瓷的企业，是生产耐酸陶瓷规模最大、品种最全的专业厂家。企业拥有两条国际领先水平的意大利西蒂辊道窑，1000 吨自动压力机，天然气清洁烧成，自动化流水生产线微机控制，生产技术精湛，工艺设备优良，质量可靠，产品一流，遍销全国各省、市、自治区，并出口到缅甸、斯里兰卡、蒙古国、韩国、刚果等国际市场。中国防腐蚀协会授予其“为人类控制腐蚀对环境、资源的保护做出积极贡献”单位，产品曾多次获奖，率先通过了 ISO 9000 质量管理体系认证，被授予“质量信得过产品”称号。2007 年底“双吉”品牌在同行业中首家荣获“山西省著名商标”。

该企业年产 10000 吨耐酸砖的生产线项目，于 2016 年 11 月进行环境保护设施验收，2017 年正式投产。2019 年，该企业又投资 200 万余元新建脱硫脱硝塔及在线监测系统，并于 2020 年 6 月取得了国版排污许可证，成为山西省第一批重污染天气 B 级绩效企业，真正实现了低碳经济的良性循环。

组织沿革

阳泉市振华耐酸陶瓷有限公司工会成立于 1999 年，是杨家庄乡成立工会较早的企业，隶属于杨家庄乡工会工作委员会。工会主席贾存俭，副主席刘拉娥。2004 年、2009 年、2014 年、2019 年，公司工会经历 4 次换届，贾存俭一直连任工会主席，隶属于杨家庄乡工会联合会。职工的入会率达 100%。

主要工作

阳泉市振华耐酸陶瓷有限公司工会成立以后，以组织职工开展技术革新、时政宣传、安全教育、文体活动为主要内容，每年组织职工参加“五一”文体活动，积极鼓励职工参与岗位技术技能大赛。此外，近几年多次组织职工旅游，在旅游过程中，职工们加强交流，相互扶持和协作，增强了团体意识。工会积极主动关心贫困职工的生活，为真正贫困的职工争取了上级的困难补助。

阳泉市耐酸陶瓷有限公司工会

公司概况

阳泉市耐酸陶瓷厂建于1983年，总投资60万元，占地面积17372平方米，企业位于阳泉郊区北杨家庄村。1984年，企业正式投产，主要产品150×150×20mm、150×150×15mm、150×75×15mm耐酸砖，注册商标“百合”牌。1992年村集体再次投资300万元改扩建陶瓷厂，在原有产品的基础上，新增了异型耐酸砖、T-3耐酸砖、150×150mm、150×200mm、200×300mm印花釉面砖、75×75mm广场砖，形成了年产T-3耐酸砖3000吨、板型耐酸砖5000吨、釉面砖30万平方米的较大生产能力。1997年企业改制，耐酸陶瓷厂改称为阳泉市耐酸陶瓷有限公司。

阳泉市耐酸陶瓷有限公司的百合牌耐酸砖，曾获1996年第三届国际各行业产品畅销产品博览会暨荣誉评审会“优质产品金奖”，获韩国国际展览中心1996年第三届国际各行业产品畅销产品博览会暨荣誉评审会“国际金奖”，并出口韩国。百合牌耐酸砖获1996年北京星火计划实施十周年暨“八五”农业科技攻关成果博览会“优秀项目”，获全国星火计划成果向中西部转移暨内蒙古科技洽谈会“金奖”。百合牌耐酸陶瓷砖获1999年中国国际农业博览会“名牌产品”。2003年6月中国质量检验协会建材专业委员会公告称百合牌耐酸砖为“国家权威检验达标、国家质量检测合格产品”，称企业为“全国建材行业质量诚信先进示范企业”，当年8月中国建筑材料流通协会评审阳泉市耐酸陶瓷有限公司为产品质量售后服“无投诉单位”。2004年1月，75×75mm广场砖被中国质量检验协会建材专业委员会评审为“全国建材行业质量可信产品”。2005年9月中国经济质量保证中心授予百合牌耐酸砖为“中国知名品牌”，当年北京中国建筑材料流通协会称企业为“建材行业质量、信用、节能示范单位”。2013年，因经营不善，公司破产倒闭。

组织沿革

2007年，阳泉市耐酸陶瓷有限公司工会成立，隶属于杨家庄乡工会联合会。贾秉召任工会主席，贾宏林任副主席，贾新明、杨宝兰、孙金花为委员。贾增荷为经费审查委员会主任，贾宝金、贾秉冬为委员。2012年召开第二次会员代表大会，选举产生第二届工会委员会，贾宏林当选工会主席，贾新明当选副主席，杨宝兰、孙金花、杨磊为委员。选举杨磊为经费审查委员会主任，杨建平、孙金花为委员。

主要工作

坚持厂务公开。把职工普遍关心的问题，涉及职工切身利益的问题进行公开。公开职工福利发放、困难职工帮扶等多个方面，为职工参与企业管理、推进企业民主管理创造了条件。

加强职工关怀。贴近生产，贴近职工，坚持在重大节日期间，为坚守在一线岗位的职工送去节日的祝福。如春节送米面、端午送粽子、中秋送月饼等，有力调动一线职工安全生产的积极性。

开展文体活动。为丰富职工文化生活，提高职工整体素质，多年来，由乡工会牵头，企业广大职工积极参与各项文体活动，展现了工人阶级的精神风貌，陶冶了职工的情操，发现并培养了一批文艺、体育骨干，创作了一批文艺精品。

村工会

北杨家庄村工会联合会

村情概况

北杨家庄村位于阳泉郊区东南部，毗邻阳五高速公路，交通便利，是杨家庄乡政府所在地。四周环山，西低东高，以粮为主，四周与本乡白家庄村、黑土岩村、南杨家庄村相邻，村域面积 2.8 平方千米。2019 年有耕地 1600 亩，其中退耕还林地 520 亩。截至 2020 年底，全村 700 户，总人口 1560 人，其中农业人口 1380 人，非农业人口 180 人。村内主导产业以工业为主，2019 年有阳泉市五里沟工贸有限公司、阳泉市凯发保温耐火材料有限公司、阳泉市骏峰工贸有限公司三家企业。

北杨家庄村曾荣获省“千万元村”“体育先进村”称号以及区“文明村”“红旗村”“平安创建先进村”“模范村”称号。

组织沿革

2007 年，北杨家庄村工会联合会成立，隶属于杨家庄乡工会联合会。第一次会员代表大会采用无记名投票的方式，选举产生北杨家庄村第一届工会联合会委员 5 人，张志强任主席，李仁君任副主席，贾宏林、贾存明、武燕霞为委员。选举产生第一届工会经费审查委员会委员 3 人，贾秉亮任主任，冯书金、荆桂花为委员。2014 年召开第二次会员代表大会，以无记名投票方式投票产生第二届工会委员会，李永军当选工会主席，冯满存当选工会副主席，委员为贾军贵、荆桂花、武燕霞。选举荆桂花为经费审查委员会主任，贾军贵、武燕霞为委员。

主要工作

工会组织规范化建设。配备了独立的村工会办公室，制作了工会牌，建立了工会制度，刻制了工会印章。建有各种公共活动室：KTV 视听室、乒乓球室、舞蹈室、阅览室、书画室、上网室等，将其作为职工文化活动的主要阵地。

职工文体活动。村工会把组织和引导职工开展文体活动，作为一项经常性的工作，每年正月十五元宵节的闹红火和七月二十七传统庙会的文艺会演已成为本村常规性的大型文体活动，年年办，年年出新。在各节假日，还适时地开展篮球、乒乓球、羽毛球比赛和书画展、健身操、广场舞等活动。2010 年，在全区第四届“信合杯”舞蹈比赛中，该村表演的《风含情、水含笑》获乡镇广场组第一名。

困难帮扶救助。工会向困难职工伸出援助之手，排忧解难，帮困扶贫。了解职工生活情况，为职工解决实际困难。对困难职工进行慰问，及时送去组织的关怀和温暖；对考入高中、大学的困难家庭子女，也给予了 500 元、1000 元、3000 元不同档次的救济。

广泛宣传工会政策。为进一步扩大工会组织的覆盖面，吸纳更多职工加入工会，提升工会的影响力。每年村工会工作人员为村里各厂职工发放工会宣传材料，详细介绍入会流程和加入工会组织可以享受的福利政策、优惠服务等内容。通过宣传，辖区内职工对工会组织有了更详细、更直观的了解和认识。

南杨家庄村工会联合会

村情概况

南杨家庄村位于阳泉东北处，距离市区6千米，距区政府7千米，紧邻阳五高速东出口，毗邻漾泉大道、冀东路、义白路，属建设中的生态新城新北区。相邻的村有本乡的北杨家庄村、黑土岩村、白家庄村、齐家岩村、孙家沟村、小西庄村，西面与李家庄乡的大西庄村接壤，北面与荫营镇下白泉村为邻。村域面积约3.2平方千米，土地1400亩，其中耕地800亩、园区储备地416.2亩。2019年底统计，全村1004户，总人口2200人，其中农业人口1352人，非农业人口848人。村内主导产业以工业为主，2019年有振华耐酸陶瓷有限责任公司、阳泉市保利金属制品厂两家企业。

南杨家庄村曾荣获省“体育先进村”“卫生村”称号和区“文明村”“红旗村”“第十强村”“宽裕型小康村”“平安创建先进村”“模范村”称号。

组织沿革

南杨家庄村工会委员会于1996年筹建，由村党总支委派王所云负责组建。工会成立后，王所云任主席。隶属于杨家庄乡工会工作委员会。2006年7月，隶属于杨家庄乡工会联合会。2007年，南杨家庄村工会联合会成立，召开第一次会员代表大会，选举康晓明任工会主席，赵星任副主席，贾增林、贾存俭、贾秉荣为委员。选举产生第一届工会经费审查委员会，贾增林为主任，贾利芳、王所云为委员。2014年召开第二次会员代表大会，选举产生第二届工会委员会和经费审查委员会，张云祥当选工会主席，贾立文当选工会副主席，委员为贾东祥、贾存俭、贾秉荣；选举贾利芳为经费审查委员会主任，戎秀玉、王晓磊为委员。

主要工作

工会组织规范化建设。建成了村工会办公室，制作了工会牌，建立了工会制度，刻了工会印章。建有各种公共活动室：KTV视听室、乒乓球室、健身室、阅览室、聊天室、书画室、上网室、餐厅、澡堂、卧室等，将其作为职工文化活动的主要阵地。

职工文体活动。村工会联合会成立后，把组织和引导职工开展文体活动，作为一项经常性的工作，充分利用元宵节、庙会等节日契机，举办一系列丰富多彩的娱乐活动。尤其是元宵节晚上的文艺会演，村里各厂矿自编、自导、自演的村办文艺晚会，从1996年正月元宵节开始举办至2019年，已连续举办了23届，是村里每年的重大文化活动，是村民最畅快愉悦的时刻。举全村各单位之力，节目精彩纷呈，堪称村晚的“春晚”。还有陶瓷厂的交谊舞、耐火厂的舞龙、制钉厂的跑旱船……均给人们留下了深刻而美好的记忆，让职工享受精神文化生活，成为一道乡土文化大餐。在庙会期间，村工会举行职工篮球比赛，不光邀请村里各企业职工参加，还邀请村外企业进行友谊赛。1997年11月，在省级体育先进村篮球赛中荣获男子第二名。2012年，荣获区男子篮球赛乡镇级第三名。在2015年荣获区赛冠军。在历次赛中，还荣获两次亚军。

困难帮扶救助。工会向困难职工伸出援助之手，排忧解难，帮困扶贫。了解职工生活情况。分别给贾世民、贾计宝等人资助救济款和米面油。使困难群体摆脱困境，将工会的关怀送到群众心中。

广泛宣传工会政策。为进一步扩大工会组织的覆盖面，吸纳更多职工加入工会，提升工会的影响力。每年村工会工作人员都为村里各厂职工发放工会宣传材料，详细介绍入会流程和加入工会组织可以享受的福利政策、优惠服务等内容。通过宣传，辖区内职工对工会组织有了更详细、更直观的了解和认识。

小西庄村工会联合会

村情概况

以砂货产品闻名遐迩的阳泉市郊区杨家庄乡小西庄村，坐落于阳泉东北部207国道边，距市区7千米，义白一级公路直通村前，具有优越的交通环境和发展空间。小西庄村总人口1311人，共671户，耕地800亩。村党总支下设3个支部，总支委员3名，党员51名，村民代表48名。村委会辖7个居民小区，全村各种组织机构健全，有着良好的工作机制和可靠的政治保证。

该村有通宝鑫能物流有限公司、煜祥砂货、东旭砂货等民营企业，流动餐厅、汽车运输和服务行业蓬勃发展。

组织沿革

小西庄村工会委员会于1996年筹建，由村党总支委派闫玉祥负责组建，隶属于杨家庄乡工会工作委员会。2006年7月，隶属于杨家庄乡工会联合会。2007年，小西庄村工会联合会第一次会员代表大会召开，选举产生小西庄村工会联合会，王才生任主席，王海军任副主席。2014年召开第二次工会会员代表大会，选举产生第二届工会委员会，王海军当选为工会主席，郝海建当选为工会副主席。

主要工作

加强工会组织建设，不断规范工会工作。工会作为党联系职工的桥梁和纽带，村工会加强自身队伍建设，培养发展意识、团结意识，掀起了以“创建学习型党组织”“打造品质之村、构建幸福家园”为专题的学习热潮，全力助推党总支各项既定决策的落实，通过组织学习、培训、创优，进一步提升了工会干部的整体素质。同时，根据实际，广泛宣传、充分发动，深入企业、加快组建村内企业工会，吸纳会员。建立和完善工会各项制度，充分发挥劳动争议调解、社会保障和安全生产监督人员的工作实效，为村工会规范化建设奠定了坚实的基础。

发挥工会职能，维护职工权益。随着经济的不断发展，各类非公有制企业的不断注入村庄，村工会联合会加强安全监督和劳动保护工作，安排专人负责，积极参与企业的民主管理、协调劳动关系、开展安全生产培训、组织进行安全隐患排查等活动，及时签订安全生产责任书，引导职工加强自我保护。强化合同履行情况的监督检查，社会保障工作人员及时跟踪职工的薪资发放、医保社保缴纳情况，有效地维护了职工的合法权益。

发挥工会组织优势，团结激励广大职工为经济发展建功。村工会按照乡工会的部署，组织开展了先进性教育、劳动竞赛、业务培训等活动，发动职工钻研业务、奋发工作，在村经济建设中发挥了独特作用。一是积极开展职工先进性教育活动和“工人先锋号”创建活动，大力宣传先进人物的感人事迹，努力营造“当先进、学先进”的浓厚氛围。二是加强对农民工的技能培训，做好推荐职业技能和下岗职工再就业工作，推进工会职工法律援助。三是进一步完善建设“农家书屋”“多功能活动室”“室外文化广场”等职工宜学宜乐场所，通过各种自我学习、培训交流的活动，全方位提高职工的理论素养和实际业务技能。

关心职工生活，努力为职工办实事、办好事。村工会积极开展送温暖活动，济困扶贫、义务劳动、发动社会力量，全方位关心关爱职工。牢固树立服务基层、服务职工的观念，努力为职工办实事、办好事。村工会对村民及困难职工主动上门探望、慰问，2018 年春节走访慰问了低保户、残疾人、贫困职工，为他们送去组织的关心与温暖，送去慰问金及慰问物品，为村民排忧解难，帮助他们渡过难关。

2019 年雨季，暴雨让一些村民的生活一度陷入困难。因为雨势庞大，村庄内地势低矮房屋浸水严重，部分房屋大水已淹到了床沿上，村工会了解到农民工的实际困难，撤离了部分水灾严重的村民，把他们安置在村避难安置点，为他们送上了水、方便面等，第一时间保障了他们的生命财产安全。同时为农民工的财产损失及地里所种农作物损失作登记，积极组织工作人员进行灾后自救、保障受灾职工生活以最快速度恢复正常。

开展多种形式的文体活动，丰富职工文化生活。村工会联合妇代会等开展一些喜闻乐见、丰富多彩的文娱活动来凝聚人心、激发活力。成立老年舞蹈队、戏曲队等，利用重大节日契机举办大型元宵节文艺活动等，丰富村民及职工的文化生活。工作闲暇之余，既锻炼身体，又丰富了业余生活。通过形式多样的文娱活动，活跃了村民的文化生活，同时也提升了本村的文化品位，激发了职工的积极性、主动性和创造性。

第八节 旧街乡工会联合会

乡情概况

旧街乡煤炭资源丰富，铸造业历史悠久，是阳泉的煤炭及铸造之乡。古时，此地是太原府通往京城的必经之路，村庄较大，今村周围许多地名（如东城坡、西城坡、将台垴等）说明古代是个小集镇，有街道，得名新旧街，后简称旧街。乡政府驻设于此，故借此名。

该乡位于北纬 37° 50′ 13″～37° 58′ 07″，东经 113° 19′ 00″～113° 26′ 19″。地处阳泉市郊区西南部，东与平坦镇相连，南、西与平坦镇及寿阳县尹灵芝镇交界，北与盂县南娄镇为邻；辖区东西最大距离 11 千米，南北最大距离 16.2 千米，总面积 86.38 平方千米。乡政府驻旧街村，距区政府驻地荫营约 26.9 千米，距阳泉市区约 20.7 千米。

乡域地处北方山山脉七岭山脉主脉。地形属中山砂页岩山区，重峦叠嶂，山高沟深。地势由南北向中部桃河谷地逐级降低，北部的水草山，海拔 1495.6 米，为郊区最高点；南部的麻地梁，海拔 1340 米，桃河河谷海拔 873 米，为境域最低点。全乡年平均降水量 540.2 毫米，平均气温 10.1℃，无霜期 160 天左右。保安河汇流于桃河，桃河自西向东穿境而过。境内矿产资源主要是煤炭，属于沁水煤田阳泉优质无烟煤，拥有井田面积 15.5 平方千米，保有地质储量 1.9 亿吨。

清代属平定州升中乡赛兴都。中华民国时期，除测石、柳渠属平定县第三区外，其余村属平定县第四区。1950 年至 1953 年属平定县第四区，1953 年至 1956 年设旧街、保安、簸箕掌、测石4个乡，属辛兴区，1956年至1958年又改设旧街、测石2个乡，属平定县直辖，1958年9月，两乡合并为旧街乡人民公社，属平定县直辖（路家庄、梁家庄2个村于1956年由寿阳县划来）。1971年4月划归阳泉市城区，1978年1月又划归郊区。1984年5月实行乡村制，改称旧街乡人民政府。2005年，实行移民并村，梁家庄村并入旧街村。2019年末，辖旧街、测石、柳渠、枣园、南沟、阳坡、阳窑、保安、后山、闫家庄、虎峪、新庄窝、高岑、簸箕掌、佛洼、路家庄、新店17个村民委员会。辖区总人口6443人，总人口中男性3318人，女性3125人，人口出生率6.34‰，人口死亡率5.10‰，人口自然增长率1.24‰。人口密度为每平方千米74.59人，是郊区人口稀疏的乡镇。

中共十一届三中全会后，随着乡村企业的蓬勃发展，交通、建筑、农用矿山安全设备已成为该乡的主要产品；各种型号的挂车转盘、轮毂和建筑机械配件，畅销全国20多个省、市、自治区。1993年，全乡共有乡镇企业170家，其中乡办企业3家，村办企业6家，个体企业161家。从业人员达1130人，约占全乡总人数的16.6%。农村经济总收入达2193万元，乡镇企业总产值达2215万元，人均收入为629.2元，上缴国家利税115万元。至2019年，该乡耕地面积1.1万亩，粮食总产1290.7吨。全乡规模工业企业包括山西煤炭运销集团保安煤业有限公司、阳泉力宇煤层气利用有限公司、山西煤炭运销集团旧街煤业有限公司、阳泉市扬德煤层气利用有限公司等15家，工业收入9133.7万元。规模以上服务业有阳泉市垃圾处理厂，从业人员95人，营业收入541.1万元。

组织沿革

旧街乡工会成立于1993年9月，成立初期名称为旧街乡工会工作委员会，属一级工会组织，为区总工会直属。先后由乡党委副书记贾日升、赵建文，副乡长李宝生、副书记李仁照任主任；赵常荣任副主任、米钢仁任工委干事。2002年4月，旧街乡私营企业工会联合会成立，选举产生工会联合会组成人员，李仁照任工会联合会主席，刘海涛任工会联合会副主席，王海平、董海亮、马润才任委员。同时选举产生工会经费审查委员会，荆富荣为经费审查委员会主任，黄春生、赵晓丽为经费审查委员会委员。

2006年7月召开了第一次会员代表大会，改为旧街乡工会联合会。选举产生第一届工会联合会组成人员，王勇任工会联合会主席，王海平任工会联合会副主席，王俊珍、杨俊毅、荆宝瑞任委员。同时选举产生工会经费审查委员会，荆富荣为经费审查委员会主任，姚生文、赵爱萍为经费审查委员会委员。2008年7月，由于工作变动，乡人大主席闫立宏替补为工会主席，王俊珍任工会副主席，孙海珠、翟栓柱为委员。2011年6月，又因领导变动，乡人大主席王书波替补为旧街乡工会联合会主席。2013年6月14日，召开旧街乡工会联合会第二次代表大会。选举产生了第二届工会联合会委员会，王守刚当选为旧街乡工会联合会主席，郗慧荣任副主席，付晓娟、周宝君、蔺计平为委员。同时选举产生工会经费审查委员会，荆富荣再次任经费审查委员会主任，翟拴柱、荆桂花为委员。2016年6月，由于领导调整，马润才替补为旧街乡第二届工会联合会委员、工会主席。2019年11月，陈功芝替补为旧街乡工会联合会第二届委员会委员、工会主席。

旧街乡工会成立后，经过20多年的变迁与发展，截至2019年底全乡共组建工会组织32

个（其中工会联合会 2 个、基层工会 30 个），全乡工会会员 1284 人，职工入会率达到 100%。

旧街乡历届工会主席副主席一览表

表 4-15

组织沿革及届次	姓 名	性别	工会职务	任职时间	行政职务
工会工作委员会	贾日升	男	主 任	1993 年 9 月至 1995 年 8 月	党委副书记
	赵建文	男	主 任	1995 年 8 月至 1998 年 6 月	党委副书记
	李宝生	男	主 任	1998 年 6 月至 2000 年 12 月	副乡长
	李仁照	男	主 任	2000 年 12 月至 2006 年 7 月	党委副书记
	赵常荣	男	副主任	1993 年 9 月至 1998 年 6 月	—
私营企业工会联合会	李仁照	男	主 席	2002 年 4 月至 2002 年 6 月	党委副书记
第一届工会联合会	王 勇	男	主 席	2006 年 7 月至 2008 年 7 月	武装部部长
	王海平	男	副主席	2006 年 7 月至 2008 年 7 月	—
	闫立宏	男	主 席	2008 年 7 月至 2011 年 6 月	乡人大主席
	王俊珍	女	副主席	2008 年 7 月至 2013 年 6 月	—
	王书波	男	主 席	2011 年 6 月至 2013 年 6 月	乡人大主席
第二届工会联合会	王守刚	男	主 席	2013 年 6 月至 2016 年 5 月	乡人大主席
	郗慧荣	女	副主席	2013 年 6 月至 2019 年 12 月	—
	马润才	男	主 席	2016 年 5 月至 2019 年 11 月	乡人大主席
	陈功芝	女	主 席	2019 年 11 月至 2019 年 12 月	乡人大主席

2019 年底旧街乡工会联合会部分基层工会组织建设一览表

表 4-16 单位：人

工会名称	建会时间	工会主席	职工人数	会员人数
旧街村工会联合会	2007 年	翟栓柱	514	514
枣园村工会联合会	2007 年	蔺计平	502	502
南沟村工会委员会	2007 年	闫润红	26	26
新庄窝村工会委员会	2007 年	董永鹏	4	4
簸箕掌村工会委员会	2007 年	杨润秀	4	4
高岭村工会委员会	2007 年	姚金生	6	6
佛洼村工会委员会	2007 年	赵扣锁	27	27
阳窑村工会委员会	2007 年	荆永祥	25	25
保安村工会委员会	2007 年	黄卯生	32	32
阳坡村工会委员会	2007 年	白生全	6	6
虎峪村工会委员会	2007 年	胡永明	21	21
闫家庄村工会委员会	2007 年	赵生义	6	6
路家庄村工会委员会	2007 年	姚凤莲	5	5
后山村工会委员会	2007 年	杨瑞明	8	8
测石村工会联合会	2007 年	杨计平	389	389

续表 4-16

工会名称	建会时间	工会主席	职工人数	会员人数
柳渠村工会联合会	2007 年	荆陆军	3	3
新店村工会联合会	2007 年	荆桂花	9	9
阳泉市地海煤炭洗选有限公司工会委员会（测石）	2016 年	赵瑞钧	23	14
阳泉市华远精铸有限公司工会（测石）	1989 年	赵　刚	30	19
阳泉市锦丰种植有限公司工会委员会（测石）	2016 年	闫艺清	12	6
阳泉市郊区泓泉供水站工会委员会（测石）	2012 年	田宝祥	6	4
阳泉市金源筛网生产厂工会委员会（柳渠）	2012 年	王海花	21	16
阳泉市融昇园农业公司工会委员会（保安）	2018 年	史润喜	25	20
阳泉市保安龙泉沟绿色生态园工会委员会（保安）	2015 年	白云生	6	3
阳泉市虎泉供水有限公司工会委员会（虎峪）	2012 年	杜昌福	20	13
阳泉市顺荣升机械厂工会委员会（南沟）	2008 年	孙建华	10	9

工会代表大会

工会联合会第一次会员代表大会

会议概况

旧街乡工会第一次会员代表大会于 2006 年 7 月 27 日至 28 日在旧街乡政府召开，出席会议的正式代表 31 人，列席代表 9 人。大会的主要任务是通过民主选举产生第一届工会委员会和经费审查委员会；确立以后三年工会工作的目标是坚持以邓小平理论和“三个代表”重要思想统领工会工作全局，认真贯彻中共十六届五中全会和郊区总工会六届三次全委会会议精神，紧紧围绕经济结构调整和社会各项事业全面发展的大局，坚定不移地落实党的全心全意依靠工人阶级的指导方针，忠实履行维护职工合法权益的基本职责，着力推进维权机制建设，努力为职工群众办实事办好事，全面加强工会自身改革和建设，全力提升新时期该乡工会工作水平，团结动员广大职工群众，解放思想，争先发展，干事创业，为把该乡建设成为经济强乡、生态大乡、文明新乡而努力奋斗。全乡工会工作必须突出重点，做到“有所为、有所不为”，突出重点，就是要突出乡党委和政府工作的重点、职工群众关心的重点、关系改革发展稳定大局的重点；就是要从工会的性质和特点出发，找准郊区总工会服务大局的切入点，把工会力所能及的、有优势的、别人替代不了的工作作为重点，从而理出该乡应该抓的工作，体现该乡的特色和优势，更好地发挥工会组织的桥梁和纽带作用。

组织机构

旧街乡工会联合会委员会

主　席：王　勇

副主席：王海平

委　员：王俊珍　杨俊毅　荆宝瑞

旧街乡工会经费审查委员会

主　任：荆富荣

委　员：姚生文　赵爱萍

工会联合会第二次会员代表大会

会议概况

旧街乡工会第二次会员代表大会于 2013 年 6 月 14 日在旧街乡政府召开，出席会议的正式代表 35 人。大会的主要任务是听取和审议旧街乡工会第一届委员会工作报告，讨论并决定全乡工会工作任务；听取和审议旧街乡工会第一届委员会财务工作报告；听取和审议旧街乡工会第一届委员会经费审查工作报告；选举产生旧街乡工会第二届委员会领导机构。

组织机构

旧街乡工会联合会委员会

主　席：王守刚

副主席：郗慧荣

委　员：付晓娟　周宝君　蔺计平

旧街乡工会经费审查委员会

主　任：荆富荣

委　员：翟拴柱　荆桂花

主要工作

乡工会坚持用邓小平理论和“三个代表”重要思想武装广大职工的头脑，充分调动他们的积极性和创造性，在推动经济结构调整，推进科技创新，实现全乡经济发展目标中发挥了工人阶级的主力军作用。深入开展群众性经济技术创新活动，抓住创建“学习型班组”“学习型企业”的契机，组织和引导广大职工立足本职，钻研业务，掌握新知识、新技能，开展具体而生动的竞赛活动，进行岗位大练兵，多次积极组队参加全市职工技术大赛，并取得了较好成绩，有力地推动了全乡企业向科技型、节能型、环保型、效益型迈进。不断引深天泉公司创建学习型企业活动，收到了良好效果。本乡工会集体和个人多次被省、市、区评选为先进模范集体和先进模范个人，充分展现了新时期工人阶级的崇高品质和精神风貌。

全乡工会组织紧随旧街乡不断加快的经济建设步伐，应时而动，顺势而行，把维护职工权益作为“第一责任”，推动了维权机制的建立健全。坚持推行平等协商签订集体合同制度，营造“党政工”齐抓共促的工作机制，做好集体合同的签订、续签工作。把推行工资集体合同作为重中之重，以非公有制企业为重点，在全乡企业普遍推行工资集体协商专项合同制度，通过召开专题动员会，精心部署，迅速推进，全乡 7 家企业全部通过平等协商签订了工资集体合同，走在了全区工会工作的前列，受到郊区总工会表彰。坚持和完善职工代表大会制度，积极推进《山西省职工代表大会制度》的落实，针对该乡集体企业进行大面积改制、非公有制经济发展迅速的实际，切实加强改制企业、非公有制企业的民主管理工作。在推进职代会制度建设的同时，推广了旧街农机加工厂的民主恳谈会经验，全乡私营企业推行了民主恳谈会制度。对企务公开工作进行责任定位，按照“扩面、延伸、提质、规范”的总体要求不断引向深入。

全乡工会组织积极为政府分忧解难，急职工所急，想职工所想，办职工所盼，认真履行帮扶困难职工“第一责任人”的职责，密切党和职工群众的血肉联系，维护改革发展稳定的大局。乡工委积极筹集资金，对困难职工进行“两节”慰问。旧街煤矿更是把关心帮助困难职工作为一项重要工作来抓。华远公司工会在发挥自身力量帮扶困难职工的同时，积极争取外援，长期资助因子女上学造成生活困难的特困职工，发放帮扶资金。深入开展“安康杯”“安健杯”竞赛活动，建立和完善工会劳动保护监督检查网络，有效促进了全乡煤炭、铸造行业劳动安全制度的落实，有力地维护了职工的权益。

乡工会充分发挥“前沿指挥所”作用，面向基层，服务职工，切实加强工会组织自身建设，工会工作水平进一步提升。坚持“哪里有职工，哪里就必须组建工会”的原则，从本乡集体企业大面积改制的实际出发，切实加大改制企业工会重建的力度。发展工会会员，从而使全乡工会组建率达 100%，职工入会率达到 98%。

经常性开展丰富多彩的文娱体育活动，知识竞赛、职工象棋赛、扑克赛、乒乓球赛，尤其是每年一度的“安康杯”篮球赛开展得更是如火如荼，切实增强了工会组织的凝聚力。各项工会工作顺利开展，多次获得先进荣誉表彰，推动了该乡工会整体工作水平的提高，这是乡党委、政府和社会各界高度重视和大力支持的结果；是该乡各级工会组织在上级工会指导下，在探索中前进、在创新中发展、在挑战中与时俱进的结果；是该乡工会干部和广大职工在改革中奉献、在竞争中拼搏、在创业中建功的结果。

面对职工群体的变化、职工需求的多元化，乡工会组织以“职工的需求为导向”，以普遍受惠为基础，以工会所能为条件，探索建立为职工办好事、做实事、解难事的工作机制，使职工有更多的获得感。

一是开展“暖心”慰问活动，二是开展夏季送清凉活动，三是开展金秋助学活动，四是开展两节送温暖活动，五是为了丰富职工的文化生活，增强凝聚力、战斗力，每年都参加区工会组织的羽毛球、健步走等各项比赛，乡工会还积极配合乡党委、政府组织了 2016 年全乡趣味运动会、2017 年全民运动会、2018 年篮球比赛、2019 年红歌比赛、迎元旦“健步走”活动、“锦丰杯”烹饪技能大赛，极大地丰富了职工的文化生活、增强了职工的身体素质及团队合作精神，职工综合素质也得到了明显提升。

按照“哪里有职工，哪里就要组建工会”的建会方针，始终坚持把工会的组建、会员的发展、作用的发挥作为工会组织的基础性工作来抓。进一步完善了党委、政府机关、企事业单位工会组织，既方便了工作的开展，又充分调动了基层工会的积极性。截至 2019 年，全乡共组建工会组织 32 个（其中工会联合会 2 个、基层工会 30 个）。全乡工会会员 1284 人，职工入会率 100%。全乡有全国劳模 1 人，省级劳模 1 人，市级劳模 5 人。

骨干企业工会

阳泉市金源筛网生产厂工会

企业概况

阳泉市金源筛网生产厂始建于 2006 年 1 月，是依据国家有关法律、法规成立的个人独资企业。原企业位于山西省阳泉市郊区旧街乡柳渠村。由于交通不便，为了更好地促进企业发展，迁新址于测石村（307 国道旁）。占地 4200 平方米，建筑面积 2000 平方米。注册资金 200

万元，拥有职工26人，其中技术人员3名。

随着支护技术的迅速发展，煤巷锚杆支护技术在阳泉市快速发展与应用，其中螺纹钢树脂锚杆支护是现行运用最为广泛的煤矿锚杆支护技术，主要用于煤矿煤巷的支护，还可以同其他构件联合形成各种联合支护，如锚杆、钢筋网、钢筋钢带、各种蝶形钢带支护。本厂生产的系列支护产品有国家矿用产品安全标志证书，MSGM-235/16、18、20、22的麻花式树脂锚杆金属杆体、MSGLW-335/16、18、20、22的无纵肋螺纹钢式树脂锚杆金属杆体、MSGLD-335/16、18、20、22的等强度螺纹钢式树脂锚杆金属杆体，MSGLW-500/18、20、22的无纵肋螺纹钢式树脂锚杆金属杆，以及用于矿山支护的各种配件产品，各种托盘、蝶形托盘、加固托盘、菱形网等，可根据具体的采矿地质条件联合使用，具有很强的使用性、可靠性和安全性。

该厂科学民主管理、生产设备精良、技术力量雄厚、工艺先进合理，集生产销售为一体。作为一家独资企业，一直坚持艰苦创业、从严管理、诚信为本，以现代化的生产技术和完善的管理体系，以质量可靠、交货及时、服务优良、价格优惠赢得了客户的好评和市场占有率。该厂以“精益求精、产品零缺陷”的经营理念为目标，全心全意为用户服务。

组织沿革

阳泉市金源筛网生产厂工会于2012年成立，隶属于旧街乡工会联合会。当年8月16日，公司工会召开了第一次会员大会，选举产生了阳泉市金源筛网生产厂第一届工会委员会和经费审查委员会。耿爱珍任工会主席，荆建军、张永生为委员，杨海鹰任经费审查委员会主任，王海花、荆海军为委员，耿爱珍任女职工委员会主任。

主要工作

组织建设工作。阳泉市金源筛网生产厂工会成立后，加强组织建设工作，完善了组织机构，健全了工会各项制度，为工作的开展搭建了平台，有效发挥工会组织桥梁纽带作用，在企业与职工之间架起连心桥。厂工会把表达和维护广大职工利益作为工会工作的出发点和落脚点，为更好地履行工会的职责，通过例会、职工代表座谈会、宣传栏等，让职工随时了解企业的方针、政策、各类规章制度和发展动态；积极倡导公平、公正、公开的企业管理理念，随时与职工沟通交流，了解职工的思想动态，倾听职工的心声。通过各种沟通形式，让职工说出心中想说的话，让职工有话能说、有话敢说、有话有地方说，从而调动职工工作的积极性、主动性，营造一个平等、宽松、和谐的民主氛围，促进企业健康发展。

慰问帮扶工作。工会以关心职工生活、为群众办好事、办实事为己任，努力为职工排忧解难，做到既维护企业的整体利益，又维护职工的具体利益。工会领导经常深入生产一线，认真了解职工的生活、工作状况，主动关心职工身体健康状况，增强企业的凝聚力；对家庭困难的职工建立困难档案，给予资金救助，帮助职工解决生活困难。在天气炎热的夏季，免费给职工提供饮料、西瓜、凉茶、防暑降温药品等；每年夏季、中秋节、过年企业都会给职工发放福利，切实将温暖送到了职工心坎上。

开展丰富多彩的文化活动。工会以开展职工喜闻乐见的文化活动为载体，着力营造良好的企业文化氛围，推动企业文化建设。积极组织职工参加乡工会举办的篮球赛、趣味运动会等各项活动，加大与附近单位经验交流的机会，极大地增强了企业的凝聚力和向心力，对内陶冶了职工情操，增强了职工团队合作意识，对外弘扬了企业精神，展现了企业风貌，营造了一种轻松和谐向上的企业文化氛围。

职工维权工作。工会把职工利益放在首位，以维护职工权益为己任。一是平等协商签订工资集体合同和集体合同，为职工各项权益提供保障。二是工会组织以服务职工为宗旨，定期召开职工大会，讨论职工工作生活中的具体问题，提出解决对策，如伙食生活、工作环境等问题，并及时与企业领导对接，协商解决。三是在企业中宣传、学习安全生产知识，营造良好健康的工作环境。四是配合乡村工会进行不定期安全生产大检查，有效防止安全事故的发生。

阳泉市华远精铸有限公司工会

企业简介

阳泉市华远精铸有限公司（旧街汽车配件厂）位于旧街乡旧街村。1985 年，阳泉市旧街汽车配件厂建成，主要生产汽车挂车用转盘和搅拌机用齿卷。至 20 世纪 90 年代，汽车挂车转盘市场出现疲软，企业效益有所下滑。为使企业能够良好运行，1996 年，与旧街乡办交通机械厂、矿山安全设备厂、宏兴机械厂改制合并重组为阳泉市旧街铸造集团有限责任公司。但因管理不善等因素，到年末解体停业。1997 年初，汽车配件厂改制为阳泉市华源精铸有限责任公司。2007 年，与杭州精工铸造有限公司合作经营。投资 100 万余元购进一套 V 法铸造设备，转产叉车配重，公司更名为阳泉市华远精铸有限公司，企业也逐步走出了困境。2008 年，从业人员 105 人，固定资产 291.3 万元，铸造能力达到 3 万吨，实际年产量 1.9 万吨，工业总产值 8826.6 万元，主营业务收入 9066.1 万元。2012 年 7 月后，为提高产品质量和产量，改善工人劳动环境和减小劳动强度，进一步优化环保设施和强化环保效果，该公司投资 300 万余元与江阴华天科技开发有限公司合作，对生产线进行改造升级，于 2013 年 3 月完工投产。经过试生产，产品质量、产量、经济效益及环保指标，都超出了预期目标。年末，产量达到 13044 吨，产值 4533 万元，收入达到 4350 万元，上缴税金 143 万元。

组织沿革

阳泉市华远精铸有限公司工会组建于 1989 年。工会名称沿用当时企业名称，为阳泉市旧街汽车配件厂工会，隶属于郊区总工会。当年 6 月，召开第一次工会会员大会，选举产生第一届工会委员会，李碰银任工会主席，荆玉孩、杨世才、赵果花、马存德任委员。此后，王长生替补为工会主席。1993 年 9 月，隶属于旧街乡工会工作委员会。1994 年 7 月，阳泉市旧街汽车配件厂召开第二届工会会员大会，选举赵贵生为工会主席，阎如义、荆玉芳为委员；蔺银寿为工会经费审查委员会主任，赵瑞军、孙润生为经费审查委员会委员。1998 年 12 月，企业改制后召开阳泉市华源精铸有限公司第三次工会会员大会，选举赵贵生为工会主席，孙润生、王改梅为委员；蔺银寿为工会经费审查委员会主任，翟金柱为经费审查委员会委员。2006 年 7 月，隶属于旧街乡工会联合会。

主要工作

阳泉市华远精铸有限公司工会组建于 1989 年 6 月，工会名称沿用当时企业名称，为阳泉市旧街汽车配件厂工会。工会组建后，在公司上级工会的坚强领导下，在全体干部职工的共同努力下，企业工会坚持引领广大职工听党话、跟党走，坚持与企业发展同心共向，大力弘扬干事文化，全心全意服务职工群众，全面加强职工思想道德建设，动员广大职工实干担当，在助推中心工作、职工素质建设、企业民主管理、职工凝聚力建设、工会自身能力建设等方面积极发挥作用，为企业健康稳定发展提供有力支持。

不断健全基层工会组织。企业工会着眼服务职工、增进沟通、凝聚共识、促进发展的原则，根据行政机构设置和工作需要，本着便于工作的原则，及时调整企业工会分会设置，不断完善工会组织机构，健全各类制度，使工会工作做到了人员到位、责任明确，层层有人抓、事事有落实。

不断促进职工队伍建设。着力在职工素质提升、业务能力提高方面开展工作，通过创新舞台、拓宽渠道，始终抓紧学习教育不放松。紧密结合安全一级标准化和专项管理达标工作，以企业大讲堂活动、集中培训、演习演练等形式带动广大职工加强学习，不断提高职工的业务素质和理论修养。陆续开展了生产操作、党建、安全、消防、宣传等多方面培训，通过理论知识宣传、知识竞赛、突发情况应急演练等手段，提升职工整体素质。以外出学习等形式，吸收借鉴其他单位好经验、好做法。取人之长，补己之短，为公司发展培养创新型实用性人才。创新工会服务方式。从公司实际出发，不断创新开展符合自身特色的工会工作。通过数据统计分析、问卷调查、典型剖析、职工座谈等形式了解职工需求，不断提升职工技能，为职工提供更加完善的宿舍、食堂、活动场地等服务。

积极开展各项活动。工会通过开展创先争优活动，促进企业管理创新、技术创新，全面提高职工综合素质，增强职工岗位竞争实力。通过年度评比与奖励，评选出公司优秀职工、先进集体、先进班组、工会积极分子等多项先进集体和先进个人，激发了职工的积极性，增强了职工的荣誉感。通过开展丰富多彩的文化活动，营造了积极向上的发展氛围。

荣盛机械有限公司工会

企业简介

荣盛机械有限公司（原旧街交通机械厂）是隶属于郊区旧街乡的集体所有制企业，始建于1972年。改革开放以来，该厂依靠科技兴厂，使原来的小型农机厂扩展成为闻名全市的交通机械厂和交通部全挂车系列转盘的定点生产厂家。1993年有职工170人，各类专业技术人员22人，占到全部职工人数的12%。拥有固定资产120万元，厂房占地面积达9600平方米，年产值460万元，上缴利税9.7万元。该厂主要生产各种吨位的全挂车轮毂和BC10-20吨各类型号的系列半挂车、牵引座，特别是新型JT851B，QCA-8型轮毂和SZ4-12型转盘，系大吨位挂车的理想配件，产品均属球墨铸铁。1989年该厂生产的“ZP”系列全挂车转盘，规格有JTZP02、JTZP06、JTZP10型3种型号，于当年正式通过部级鉴定。ZP系列全挂车转盘是国内首次开发的全挂车新型系列产品，居国内先进水平，产品行销全国20多个省、市、自治区。1996年，随着企业体制改革的深入进行，铸造行业也开始发生重大变化。旧街乡办交通机械厂与汽车配件厂、矿山安全设备厂、宏兴机械厂改制合并重组为阳泉市旧街铸造集团有限责任公司。但因管理不善等因素，到年末解体停业。1997年初，交通机械厂兼并宏兴机械厂，改制更名为荣盛机械有限公司。1999年，阳泉市荣盛机械有限责任公司将企业抵给农村信用社经营，农村信用社承包给个人经营后，先后更名为阳泉市昌信达有限责任公司和阳泉市玉锦机械有限责任公司，最终于2002年停产关闭。

组织沿革

荣盛机械有限公司工会组建于1990年。工会名称沿用当时企业名称，为阳泉市交通机械厂工会，隶属于郊区总工会。当年12月，召开第一次工会会员大会，选举产生第一届工会委员会，荆江武任工会主席，张根焕为副主席，赵爱生、赵改花、杜云生任委员。1993年9月，隶属旧街乡工会工作委员会。1994年7月，阳泉市旧街汽车配件厂召开第二次工会会员大会，选举荆江武为工会主席，蒋锋昌、赵改花、杜云生为委员；高河为经费审查委员会主任，杨林孩、王玉海为经费审查委员会委员。1998年12月，企业改制后召开荣盛机械有限公司第三次工会会员大会，选举姚元政为工会主席，赵云生、杜云生、籍存寿、赵义祥为委员；王海东为工会经费审查委员会主任，赵改花、董利平为经费审查委员会委员。2002年，随着企业停产关闭，工会组织自行解散。

主要工作

工会组建后，团结凝聚全公司职工，始终把职工冷暖放在心上。职工婚丧嫁娶都送去一丝问候和一份关怀，遇到有困难的职工，工会第一时间送去企业的关怀，同时号召全体员工多次捐款，切实解决了困难职工的燃眉之急。每年“三八”国际妇女节期间，工会都会积极争取公司所属各部门女职工参与公司组织的户外旅游，在旅游过程中，女职工们加强了交流，增强了团体意识。

鑫瑞达铸造有限公司工会

企业简介

鑫瑞达铸造有限公司（原矿山安全设备厂），始建于1992年，主要产品为斜流式通风机，年生产能力500台。1996年，随着企业体制改革的深入进行，铸造行业也开始发生重大变化。与旧街乡办交通机械厂、汽车配件厂、宏兴机械厂改制合并重组为阳泉市旧街铸造集团有限责任公司。但因管理不善等因素，到年末解体停业。1997年初，矿山安全设备厂改制更名为阳泉市鑫瑞达铸造有限责任公司。2004年10月，阳泉市鑫瑞达铸造有限责任公司转产汽车箱体，但仍连续亏损，在此情况下，与杭州精工铸造有限公司联营，组建为阳泉精工铸造有限公司，主要生产叉车平衡重，至2006年成为年收入过亿元企业。

组织沿革

鑫瑞达铸造有限公司工会组建于1998年，当年12月，召开鑫瑞达铸造有限公司工会会员大会，选举耿成生为工会主席，杨所祥为委员；荆富生为经费审查委员会主任，姚军明为经费审查委员会委员。2004年，阳泉市鑫瑞达铸造有限责任公司工会组织因企业联营，与新组建的阳泉精工铸造有限公司工会合并。

主要工作

工会组建后，紧密围绕企业战略发展目标，努力完成上级布置的工作任务，把工作落到实处，认真组织实施。加强工会组织建设与管理，抓好工会规范化运作，积极完成各项工作。健全工会会员实名制档案，出台各项规章制度，建立活动场所、学习场所，维护职工的合法权益，关心职工生活。努力为职工排忧解难，为困难职工提供帮扶救助。

开展文体活动。每年元旦、元宵节、组织职工自编自演文艺节目。商业淡季组织职工开展下棋、踢毽子、羽毛球比赛等一系列活动，既丰富了职工生活，又增强职工的团队精神。

坚持培训学习。鼓励和支持职工学习文化知识，钻研业务技术，增强职工专业知识，提高专业水平。通过岗位培训、安全培训、理论学习等一系列活动，每位职工的业务素质都有很大的提高。

关注困难职工。关爱职工生活，帮助困难职工。积极组织职工捐款、捐物。工会及时送去米、面和现金进行帮助慰问，使每位困难职工家庭感受到工会的关心和帮助。

保安煤业公司工会

（详见第六章第四节）

旧街煤业公司工会

（详见第六章第四节）

村工会

旧街村工会联合会

村情概况

旧街村位于乡政府所在地，是旧街乡政治、经济、文化发展中心，古称凤凰城，由圪套、旧街、弯里、姚门底组成。清代属平定州升中乡赛兴都。中华民国及中华人民共和国成立初期，属平定县第四区。1953 年至 1956 年设辛兴区，区下辖旧街、保安、簸箕掌、测石 4 个乡，该村属旧街乡，1956 年至 1958 年又改设旧街、测石 2 个乡，属平定县直辖，该村属旧街乡。1958 年 9 月，两乡合并为旧街人民公社，属平定县直辖，该村属旧街人民公社。1971 年 4 月，随旧街公社划归阳泉市城区，1978 年 1 月又划归郊区。1984 年 5 月实行乡村制，改称旧街乡人民政府，该村属旧街乡人民政府。2005 年，梁家庄并入该村。2019 年底，全村总户数 378 户，其中农业户 320 户、非农户 81 户，总人口 840 人。实际居住人口已达 2300 余人。全村总面积 12217 亩（其中：梁家庄村面积 10087 亩），总耕地面积 950 亩，退耕还林 383 亩，传统产业是种植业，以种植玉米、谷子为主。太旧公路、307 国道穿村而过，石太铁路、测石火车站一河之隔，全乡唯一的 所九年制寄宿学校在此设立，交通便利，环境优美。

组织沿革

2007 年 11 月，旧街村工会成立，隶属于旧街乡工会联合会，由旧街村党支部副书记翟栓柱兼任工会主席，荆拽芝、尹丽文为委员；赵义祥为经费审查委员会主任，赵长庆、荆拽芝为经费审查委员会委员。经过几次换届，所有人一直连任。至 2019 年，工会会员 658 人，其中女会员 291 人。

主要工作

一是组织建设规范化。组建工会、发展会员，做到不漏户、不漏会员，对流动性大的会员及时登记、及时发展入会。建会率和会员入会率达到 100%，每年召开区域性会员代表大会，通过规范组建标准、完善服务设施、明确工作职责、健全运行机制、加强队伍建设，努力将旧街村工会联合会建设成为覆盖全面、组织健全、服务到位、工作活跃、职工信赖的工会组织。每年年初制定年度工作计划，通过走访调研、召开座谈会等形式，密切与职工的联系，及时了解职工诉求，帮助解决实际问题。

二是文体活动多样化。旧街村工会委员会不断探索社会化工作手段，充分调动村民群众的积极性，利用村委会的活动场所，组织开展工会活动，做好工会工作。工会积极组织群众业余文娱活动，定期开展多彩多样的寓教于乐、村民群众喜闻乐见的文体活动，丰富群众业余文化生活。积极调动女会员，使之成为旧街村工会工作的重要组成部分，旨在展示女会员良好的精神风貌和岗位建功的典型事迹。

三是困难帮扶。为困难职工伸出援助之手，开展医疗互助、帮扶救助等工作，使困难职工摆脱困境，将工会的关怀送到职工心中。

四是广泛宣传工会政策。为进一步扩大工会组织的覆盖面，吸纳更多职工加入工会，提升工会的影响力。每年村工会工作人员都要为村里各厂职工发放工会宣传材料，详细介绍入会流程和加入工会组织可以享受的福利政策、优惠服务等内容。通过宣传，使辖区内职工对工会组织有了更详细、更直观的了解和认识。

枣园村工会联合会

村情概况

枣园村是桃河上游主干支流保安沟较大的村，位于旧街乡人民政府驻地西北 4.5 千米处。村域面积约 7.59 平方千米，耕地面积 1136.98 亩，退耕还林 870 亩。全村由 4 个自然村组成，有 283 户、696 人，农民人均纯收入 12000 元。

清代属平定州升中乡赛兴都。中华民国及中华人民共和国成立初期，属平定县第四区。1953 年至 1956 年设辛兴区，区下辖旧街、保安、簸箕掌、测石 4 个乡，该村属保安乡。1956 至 1958 年又改设旧街、测石 2 个乡，属平定县直辖，该村属旧街乡。1958 年 9 月，两乡合并为旧街人民公社，属平定县直辖，该村属旧街人民公社。1971 年 4 月，随旧街划归阳泉市城区，1978 年 1 月又划归郊区。1984 年 5 月实行乡村制，改称旧街乡人民政府，该村属旧街乡人民政府。

1997 年以来，枣园村支村“两委”在党总支书记马玉田的带领下，充分发挥枣园村依山傍水、无污染的优势，按照“山水田林路综合治理，农林牧菜果全面发展”的思想，发扬“宁愿苦干，不愿苦熬”的精神，大胆创新，与时俱进，以发展经济、为民办实事，促进全村共同富裕为根本目的，干群团结一致，大干苦干，完成了预定的各项目标，取得了较好成绩，使昔日贫穷落后的枣园村实现了一年一变样，三年大变样，成为乡、区、市的红旗单位和先进村，同时马玉田书记在 2005 年荣获了“全国劳动模范”荣誉称号。枣园村已形成大雨不发洪、小雨不下山、山上生态林、山腰经济林、河川建大棚的青山绿水景象。

组织沿革

2007 年 10 月，枣园村工会联合会成立，隶属于旧街乡工会联合会。枣园村党支部副书记藺计平兼任工会主席，杜晓宁、藺述伟为委员；藺保军任经费审查委员会主任，杜晓宁、藺述伟任经费审查委员会委员。经过几次换届，所有成员一直连任。至 2019 年，工会会员共有 225 人。

主要工作

加强组织建设。利用每年开展的建会攻坚月活动，组建工会，发展会员，做到不漏户、不漏会员，对流动性大的会员及时登记、及时发展入会。建会率和会员入会率达到100%，每年召开区域性会员代表大会，总结安排工会工作。通过规范组建标准、完善服务设施、明确工作职责、健全运行机制、加强队伍建设，努力将枣园村工会联合会建设成为覆盖全面、组织健全、服务到位、工作活跃、职工信赖的工会组织。

举办文体活动。枣园村工会联合会不断探索社会化工作方式，充分调动村民群众的积极性，形成服务村民群众的整体合力，利用村委会的活动场所，组织开展经常性的工会活动，共同做好工会的工作。积极组织群众业余文娱活动，定期开展多彩多样的寓教于乐、村民群众喜闻乐见的文体活动。组建锣鼓队、秧歌队、乐器队、广场合唱队、太极拳队等掀起文化娱乐健身热潮，丰富群众业余文化生活。为突出女职工在各项工作中不可或缺的重要作用，充分调动女职工的工作积极性、主动性，枣园村工会联合会开展女职工提素建功竞赛活动，旨在展示女职工良好的精神风貌和岗位建功的典型事迹。

建立健全困难职工帮扶机制。建立困难职工群众档案，开展医疗互助、帮扶救助等工作。以送温暖工作为载体，认真开展困难职工群众摸底调查，为困难职工群众办实事。

第九节 开发区社会事务服务中心工会联合会

中心概况

阳泉市郊区开发区位于北纬37° 41′～37° 40′，东经113° 00′～114° 10′，地处郊区南部区域。南邻阳泉市城区、平定县，西接阳泉市矿区，北与李家庄、杨家庄两乡接壤。东西最大距离10.9千米，南北最大距离4.07千米。阳泉市郊区开发区社会事务服务中心（后简称社务中心）驻地平坦垴村与李家庄村交接地段。

1993年2月，阳泉市委、市政府将当时隶属于李家庄乡上五渡、下五渡、河坡3个村以及平坦乡的平坦垴村和义井镇河坡村组建阳泉市经济技术开发区，区域面积10.56平方千米。1996年1月，被省政府批准为省级经济技术开发区。2015年5月1日，郊区李家庄乡侯家沟、长岭、驼岭头3个村，杨家庄乡张家洼、路家山2个村，平定县巨城镇庙堰村，一并托管与阳泉市经济技术开发区，共计8.63平方千米区域面积，区域面积扩大到19.19平方千米。2017年7月6日，省政府下发《关于同意阳泉市经济技术开发区扩区的批复》，同意开发区扩区有关事宜。2018年5月，阳泉市郊区开发区社会事务服务中心成立，原开发区所属村、社区的社会职能划归郊区。2019年末，中心下辖上五渡、下五渡、王垅、河坡、平坦垴、侯家沟、长岭、驼岭头、张家洼、路家山、庙堰11个行政村及康达、惠泽、居馨、新澳城、桃源、东城水岸、银龙、盛世新城、御康、宏苑、新泉、大华12个社区，总人口约10万人。

组织沿革

1994年，阳泉市经济技术开发区成立工会筹备委员会。1998年5月，阳泉市经济技术开发区第一届工会成立。2004年、2009年、2014年分别召开了阳泉市经济技术开发区第二、三、四次工会会员代表大会。2018年5月，阳泉市郊区开发区社会事务服务中心成立，阳泉市经济技术开发区所辖11个村、12个社区的社会职能全部划归郊区开发区社会事务服务中心。社区及村工会工作作为社会事务同时移交中心。2018年7月5日，经郊区总工会阳郊工发〔2018〕25号文件批复，阳泉市郊区开发区社会事务服务中心工会联合会成立，属一级工会组织，为郊区总工会直属。杨盛、孙琳、高瑞清、荆明星、胡永明为阳泉市郊区开发区社会事务服务中心工会联合会筹备组成员，杨盛任筹备组组长。随后，召开阳泉市郊区开发区社会事务服务中心工会联合会第一次会员代表大会，选举产生第一届工会联合会、经费审查委员会和女职工委员会。杨盛当选为工会主席，孙琳当选为副主席，荆明星、高瑞清、胡永明为委员；高瑞清当选为经费审查委员会主任，荆明星、胡永明为委员；王丽萍当选为女职工委员会主任，张雅芝、李靖为委员。2019年，开发区社会事务服务中心工会联合会下辖涵盖21个基层工会，共有工会会员504人。

主要工作

2018年，社务中心工会联合会全部完成在职职工智慧工会云服务平台信息录入工作，其中社务中心机关应录入20人，实录19人，下辖11个村录入243人（包括村支“两委”、联防队、绿化、物业、幼儿园等工作人员），12个社区录入147人，共计录入409人。同年，社会事务服务中心工会联合会在山西工程技术学院体育馆举办阳泉市郊区开发区第一届职工羽毛球比赛暨趣味活动。2019年11月，在山西工程技术学院体育馆举办阳泉市郊区开发区第二届“体彩杯”职工运动会，共计260余人参加，对前8支队伍（庙堰村、下五渡村、社务中心、上五渡村、河坡村、桃源社区、康达社区、王垅村）的80人进行奖励。同年，还组织职工30余人观看了电影《铁血阳泉》；基层工会50余人参加了郊区总工会第六届职工登高健步走活动。

社区工会

康达社区工会

社区概况

康达社区位于阳泉市郊区开发区天津街3号，于2005年10月成立，社区办公面积1179.71平方米，距郊区开发区社务中心2千米。辖区东起虹桥路以西，西至宁波路以东，南至大连街北，北至福州街以南，面积0.45平方千米，辖住宅楼79栋。2018年5月，社区社会职能划归郊区开发区社务中心。2019年，社区总户数4539户，人口10991人。“两委”班子成员共10人，有党员239人，社区代表5人、工会会员103人。

康达社区工会先后被阳泉市总工会和山西省总工会分别授予“先进基层工会”“阳泉市工会‘职工书屋’建设先进单位”“阳泉市五星级工会”“阳泉市十佳社区工会”“阳泉市困难职工帮扶示范站点”“五一巾帼标兵岗”“职工文化活动阵地示范点”“五星级爱心妈咪小屋”“山西省‘六有’工会红旗示范单位”等荣誉称号。

组织沿革

2010年6月7日，康达社区工会委员会成立，隶属于阳泉市经济技术开发区管委会工会。冯雪梅任工会主席，冯瑞琴任副主席，刘星、马丽沙、胡建坡、刘晋萍、岳华为委员；李雪红任经费审查委员会主任，赵爱清、董长春为委员。下设社区机关工会、非公企业联合工会、个体工商户联合工会3个直属基层工会，覆盖43家非公企业和264家个体工商户，工会会员737人，工会组建率和职工入会率达到双百。

2013年9月4日，康达社区第二届工会委员会成立，王秀琳任工会主席，李彦平任副主席，冯瑞琴、李雪红、冯素红为委员；吕志华任经费审查委员会主任，张路钢、王燕朝任委员；冯素红任女职工委员会主任，冯瑞琴、李雪红为委员。工会会员504人。

2018年5月，改属郊区开发区社会事务服务中心工会联合会。当年5月15日，康达社区第三届工会联合会委员会成立，李彦平任工会主席，冯素红任副主席，冯瑞琴、吕志华、马丽沙为委员；冯瑞琴任经费审查委员会主任，史金凤、武杨丽为委员；马丽沙任女职工委员会主任，冯素红、吕志华为委员。工会会员150人。

主要工作

制度建设。为保障职工的合法权益，康达社区工会制定完善《康达社区工会职责和义务》《工会主席、副主席、委员的主要职责》《工会开展活动制度》《经费审查委员会工作职责》《工会女职工委员会工作职责》《职工代表大会制度》《工会劳动保护监督检查员工作职责》《工会劳动争议调解委员会工作职责》《工会女职工委员会学习制度》9项职责制度。

档案资料。2013年，建立文件资料、组织建设、换届资料、大病互助等档案。2014年，建立会员实名制档案。2017年，建立特困职工、再就业、职工活动、职代会等档案，做到辖区内非公企业和个体户底数清，及时登记、及时入会，建会率和职工入会率均达到100%。

职工培训。社区工会成立后，不断加大职工技能培训。2015年，对29名下岗失业人员进行了再就业培训，其中13名下岗失业人员和农民工实现再就业。2016年，社区工会主动搭建下岗失业妇女培训转移平台，实现妇女再就业23人。2018年5月，社区工会联合康达医院开展健康义诊活动，免费检查60余人次，解答健康咨询问题100余人次，发放宣传资料100余册。同年7月，组织开展关爱母婴健康知识讲座，培训60人次。2019年5月，社区工会邀请家庭宣讲员进行家庭教育公益讲座，40余名家长参与。同年8月，邀请阳泉市三院护士长为社区职工开展心肺复苏健康知识讲座，培训50人次。

职工帮扶。社区工会始终以帮扶困难职工为首任。2010年7月，在康达小公园举办就业招聘会，帮助无业人员尽快就业；建立了困难职工“帮扶救助超市”、退休职工日间照料中心，对困难职工实施救助。2011年，针对暂住人口子女入学难、看病难等问题，社区工会及时与辖区单位沟通协商，使其子女就近入学就医，让其享受到社区居民的同等待遇。2012年，工会动员各方面力量和资源优势，开展“共驻共建、资源共享”活动。2013年，与12家单位签订了“联建共创”和用工协议。当年中秋节，对14名困难职工进行生活救助。2014年9月，对1名困难大学生进行金秋助学慰问。同年12月，对17名困难职工予以生活救助，发放省财政专项资金2万元。2015年，对辖区5户符合条件的困难家庭落实了城市居民最低生活保障，对13名特困职工进行了一帮一结对子帮扶。同年重阳节，租赁1600平方米的专用场地，成立了“开发区康达社区家乐养老服务中心”，参加登记活动的60岁以上老人318名，中午就餐的39名，深受广大老年人的欢迎。2016年，在“送温暖、献爱心”活动中对生活困难的13名职工进行走访慰问，并送去米、面、油等慰问品和慰问金，共计1万元；同时，积极争取上级工会的补助资金，给予困难职工一定的经济补助。同年10月，挂牌成立了社区“五点半课堂”，为孩子们提供因父母上班或打工而不能正常接送的学生课业辅导、兴趣辅导等有益的活动，前后有30名学生受益。

职工维权。康达社区工会建立“监督＋调处＋援助＋普法”合力工作机制，形成全方位、多角度、零距离的工会维权一体化工作体系。2010年7月，工会设立康达社区职工法律援助服务台，邀请律师在远东大厦举办了法治专题讲座。2011年，对点式楼30余家住户因噪声问题进行了法律援助。2015年，成立“社区教育学校”，通过举办讲座、开展活动等形式，关注青少年成长，预防青少年犯罪。2016年，通过法律教育和开展社会咨询，调解民事纠纷28起。2019年3月，康达社区工会在康达小区开展了“3·15”国际消费者权益日宣传活动。

劳动保护。2012年，为2家私营企业办理了小额贷款。2013年，开展下岗失业人员摸底工作。2014年，开展区域性工资集体协商，与17家私营企业签订区域性工资集体合同。2018年3月，社区工会到辖区内商铺宣传消防安全知识，发放资料50份；5月，通过宣传标语、公告栏张贴宣传海报等多种形式向广大居民宣传普及防灾减灾知识；7月，邀请辖区片警为青少年开展了暑期安全知识讲座；12月，结合辖区安全的实际情况，对辖区内的商业网点和个体经营户开展了安全隐患排查工作。2019年8月，为切实做好寒假期间中小学学生安全教育工作，社区工会为辖区中小学学生开展安全知识专题讲座；10月，在辖区范围内，通过发放宣传册、张贴温馨提示等方式，进行防盗窃、防诈骗等治安防范知识宣传。

职工文化。2010年6月，社区工会建成职工书屋1间，总面积25平方米，书柜12个，书桌4个，共计藏书1000余册，由专人管理，有规范的借阅管理制度，为职工学习知识、提高素质搭建平台。2015年8月，建立“爱心妈咪小屋”，为哺乳期女职工提供私密、安全、卫生的哺乳场所，先后服务女职工百余人。2010年至2019年，社区工会先后参加各类比赛6次，其中演讲、全健排舞、象棋赛各1次，羽毛球赛3次。特别是2017年，社区工会组织6个节目参选全国社区春晚，获全国网络春晚优秀组织奖。此外，还参加了2届阳泉市春晚，并获得优秀表彰。

惠泽社区工会

社区概况

惠泽社区位于阳泉市郊区开发区西，于2005年10月成立，距郊区开发区社务中心1.6千米。东与康达社区为邻，南与滨河东社区接壤，西与大华社区相依，北与御康社区相靠。社区总面积为0.32平方千米，社区办公楼建筑面积530平方米，所辖居民楼73栋。2018年5月，社区社会职能划归郊区开发区社务中心。2018年10月，惠泽社区党支部升格为党总支。2019年，社区总户数2342户，人口为6850人。“两委”班子共7人，交叉任职2人，有党员151人，社区居民代表60人，工会会员150人。社区先后被评为全国创建学习型家庭示范社区、山西省综合减灾示范社区、山西省省级充分就业星级社区、山西省防震减灾示范社区、山西省先进警务室、阳泉市环境保护先进单位、阳泉市一类社区、阳泉市十星级示范社区、阳泉市绿色社区、阳泉市科普示范社区、阳泉市三八红旗集体、阳泉市环保先进单位、阳泉市优秀科普示范社区。

组织沿革

2012 年 6 月 3 日，阳泉市经济技术开发区惠泽社区工会委员会成立，隶属于阳泉市经济技术开发区管委会工会委员会。靳素连任工会主席，张珠花任副主席，杨志英、焦武斌、李宝转为委员；毕映峰任经费审查委员会主任，杨志英、章水木为委员；赵一任女职工委员会主任，文荣英、王海荣为委员。工会会员 150 人。

2017 年 12 月 8 日，阳泉市郊区开发区惠泽社区工会委员会换届，靳素连任工会主席，岳华任副主席，张伟、姚丽芳为委员；白贵仙任经费审查委员会主任，赵海红为委员；仇艳霞任女职工委员会主任，姚奕伶为委员；工会会员 200 人。2018 年 5 月，改属郊区开发区社会事务服务中心工会联合会。

主要工作

制度建设。惠泽社区工会于 2017 年制定完善《惠泽社区工会职责和义务》《工会主席、副主席、委员的主要职责》《工会开展活动制度》《经费审查委员会工作职责》《工会女工委员会工作职责》《职工代表大会制度》《工会劳动保护监督检查员工作职责》《工会劳动争议调解委员会工作职责》《工会女职工委员会学习制度》9 项职责制度，全面保障职工合法权益。

档案资料。2012 年，完善文件资料、组织建设、换届资料、大病互助等档案，并建立会员实名制档案。2017 年，建立特困职工、再就业、职工活动、维权职代会等档案，做到辖区内非公企业和个体户底数清，及时登记、及时入会。2019 年，社区工会组织和会员全部按要求录入智慧工会系统，实行动态化管理。

职工培训。2018 年 9 月，社区工会联合鼎诚齿科开展以“泉新泉意、关爱牙齿、口腔健康、全身健康”为主题的爱牙知识培训讲座，100 人次参加；12 月，特邀山西省红十字护理志愿者服务队阳泉一院分队为社区 60 余名职工开展心肺复苏健康知识讲座。2019 年 4 月，聘请阳泉市郊区心语青少年心理咨询服务中心高素珍讲师为社区 50 名女职工开展以“传承家风家训弘扬传统美德”为主题的讲座。

职工帮扶。2015 年，社区有困难职工 2 人，全部建档立卡。2016 年，在“送温暖、献爱心”活动中，社区工会对这 2 名困难职工进行走访慰问，发放慰问金共计 1000 元；积极争取上级工会的补助资金，给予困难职工一定的经济补助。截至 2019 年，惠泽社区城镇低保户 6 户，享受养老补助 23 人，享受残疾人护理补贴 9 人。

劳动保护。2017 年 6 月，社区工会对社区沿街店面、辖区单位、建筑工地等进行安全生产大检查并宣传安全生产的重要性，同时在辖区内开展防汛安全隐患排查与整治工作；8 月，社区在辖区内开展以“快乐迎暑假、安全谨记心”为主题的假期安全教育宣传互动活动。2018 年 5 月，社区工作人员通过悬挂标语、公告栏张贴宣传海报等多种形式向广大居民宣传普及防灾减灾知识；7 月，为了提高辖区内青少年的安全防范意识和自我保护意识，确保其度过一个安全、欢乐的暑期生活，社区开展暑期青少年安全教育宣传活动；在辖区范围内，通过散发宣传册、张贴温馨提示等方式，进行防盗窃、防诈骗等治安防范知识宣传。8 月，社区工会 5 名会员在辖区内开展食品安全宣传活动，7 人为青少年进行汛期安全知识宣传。9 月，社区开展国庆节前安全工作部署工作。11 月，社区对辖区内沿街商铺进行消防安全隐患排查。2019 年

3月，10名工作人员到辖区内开展“3·15”国际消费者权益维护宣传。5月，7名工作人员对辖区内商铺进行消防安全知识宣传。6月，7名工作人员在小区内开展安全生产知识宣传活动。12月，社区工会结合辖区安全的实际情况，对辖区内的商业网点和个体经营户开展了安全隐患排查工作。

职工文化。2015年5月，惠泽社区组建象棋爱好者活动团队1支，参与人数30人。2016年3月，惠泽社区组建成立惠泽彩虹文化社团1支，参与人数115人。同年，社区联合惠泽彩虹文化社团在市广播电视台演播大厅举办了庆祝中国共产党成立95周年红色华诞文艺晚会。2017年至2019年先后参加羽毛球比赛2次。

居馨社区工会

社区概况

居馨社区位于阳泉市郊区开发区西，于2009年5月成立，距郊区开发区社会事务服务中心200米。东临泉中路，北面与奥林花园衔接，南面与银龙社区为邻，社区总面积为0.04平方千米，社区办公楼建筑面积225.47平方米，所辖居民住宅楼61栋。2018年5月，社区社会职能划归郊区开发区社务中心。2019年，社区总户数2478户，常住人口为6720人。“两委”班子共8人，交叉任职1人，有党员57人，社区居民代表60人、工会会员50人。社区先后被评为第三次全国经济普查先进集体、省计划生育基层群众自治示范村（居）、阳泉市综合减灾示范社区、阳泉市文明社区、第二十批市级文明社区、区文明社区、人口和计划生育工作先进单位。

组织沿革

2012年6月12日，阳泉市经济技术开发区居馨社区工会委员会成立，隶属于阳泉市经济技术开发区管委会工会委员会。张威任工会主席，万晓湘任副主席，史海霞、丁丽芳、李卫萍、杜玲丽、张海云、李露为委员；工会会员50人。

2017年12月30日，阳泉市郊区开发区居馨社区工会委员会成立，张威任工会主席，付娟任副主席，任瑞萍、丁丽芳、李卫萍、杜玲丽、张海云、庞敏、刘少青、张方方为委员；工会会员60人。2018年5月，改属郊区开发区社会事务服务中心工会联合会。

主要工作

制度建设。2012年，为调动职工工作积极性，社区工会制定完善《居馨社区工会职责和义务》《工会主席、副主席、委员的主要职责》《工会开展活动制度》《经费审查委员会工作职责》《工会女职工委员会工作职责》《职工代表大会制度》《工会劳动保护监督检查员工作职责》《工会劳动争议调解委员会工作职责》《工会女职工委员会学习制度》《居馨社区集体合同履约责任制》10项职责制度。

档案资料。2012年，完善文件资料、组织建设、换届资料、大病互助等档案。同年，建立会员实名制档案。2017年，建立特困职工、再就业等档案，做到辖区内非公企业和个体商户底数清，并建立了台账。

职工培训。2018年、2019年，社区工会共组织职工培训和活动16次，内容涵盖女性健康、安全生产、政治宣讲、防火防汛、遇险处置，参与单位有金缘酒店、社区卫生所等，受益职工近百人。

职工帮扶。截至2019年，社区工会慰问困难职工6人，对生病住院和生活困难的职工发放慰问金200元，为5户困难职工家庭送去米、面、油、鸡蛋等生活慰问品，城镇低保户4户，享受残疾人护理补贴10人。

职工文化。社区共组建戏迷协会、心连心合唱队、美英文化艺术旗袍协会、桃河之声合唱队4支活动团体，参与人数分别为12人、60人、15人、50人。先后获阳泉市群众文化惠民活动阳泉市公大杯“舞炫山城”广场舞大赛优秀奖、阳泉市郊区开发区首届文化节广场舞比赛一等奖、阳泉市郊区开发区“创文创卫”系列活动“体彩杯”羽毛球比赛冠军、“体彩杯”第二届职工趣味运动会优秀组织奖。

宏苑社区工会

社区概况

宏苑社区位于开发区东，于2005年10月成立，距郊区开发区社会事务服务中心2千米。辖区东起307国道，南接上五渡村，西至虹桥路，北至山西工程学院，占地0.35平方千米，社区办公楼建筑面积700平方米，所辖居民楼114栋。2018年5月，社区社会职能划归郊区开发区社会事务服务中心。2019年，宏苑社区总户数5859户，人口为12323人。“两委”班子成员共9人，党员4人，社区代表4人。社区先后被评为全国综合减灾示范社区、山西省综合减灾示范社区、省级第三批绿色社区、省级充分就业星级社区、计划生育基层群众自治示范村（居）、第二次全国经济普查先进集体、阳泉市地震安全示范社区、爱国卫生先进单位、阳泉市充分就业社区、阳泉市社区商业示范社区。

组织沿革

2005年，阳泉经济技术开发区西区宏苑社区工会委员会成立，隶属于阳泉市经济技术开发区管委会工会委员会。赵文萍任工会代理主席，邢俊梅任代理副主席。2018年5月，改属郊区开发区社会事务服务中心工会联合会。截至2019年未换届。

主要工作

社区工会建有书屋1间，总面积8平方米，书柜有4组，共计藏书200余本。2017年至2019年，社区工会组织开展各类宣传活动7次，内容涵盖春季防火、防汛安全排查、平安社区建设、健康安全等。举办知识讲座2次，即心肺复苏健康知识讲座和防汛技巧讲座。走访慰问百岁老人、失独家庭（五龙中堂小区梁改英）、困难家庭（石秀英）、低保户（翟义生）共4户，为梁改英送去米、面等生活用品，帮其打扫卫生擦玻璃；为石秀英捐款5640元（市水利局98名党员捐款3240元，中心血站12名党员捐款1200元，商业银行大连街支行2名党员14名员工捐款900元，黄河新闻网阳泉频道记者邵国宝个人捐助300元）；为翟义生捐款1500元，参与单位有社区党支部、家政服务中心、辖区驻地单位、郊区卫计局、市中心血站。携手驻区单位商业银行大连路支行举办“春蕾助学”爱心基金发放仪式1次，为6名困境儿童捐助现金600元。社区城镇低保户37户，五保户4人，享受养老补助3人，享受残疾人护理补贴14人。参加各类文体活动3次，其中“二矿杯”毽球赛1次（女子组获第五名，男子甲组获第六名），“双拥杯”联谊乒乓球比赛2次（2018年获第六名，2019年获第三名）。

新泉社区工会

社区概况

新泉社区位于阳泉市郊区开发区南，于2016年12月成立，距郊区开发区社会事务服务中心2.5千米。东与上五渡村为邻，南与桃北东街接壤，西与半山公馆相望，北与大连街相靠。社区总面积为0.515平方千米，社区办公楼建筑面积800平方米，所辖居民楼42栋。2018年5月，社区社会职能划归郊区开发区社务中心。2019年，社区总户数3500户，人口为6228人。“两委”班子成员共9人，交叉任职1人，党员2人，社区代表20人，工会会员12人。社区被评为区“文明社区”荣誉称号。

组织沿革

2016年，阳泉经济技术开发区西区新泉社区工会委员会成立，隶属于阳泉市经济技术开发区管委会工会委员会。周继红代理工会主席，石星月代理副主席，并负责具体工作。2018年5月，改属郊区开发区社会事务服务中心工会联合会。

主要工作

档案资料。2018年，建立文件资料、组织建设等档案。2019年，建立会员实名制档案。2019年，工会组织和会员信息全部输入工会系统，实行动态化管理。

职工培训。2017年，社区工会参加上级工会组织的培训3次，涉及文化产业、社区气象、“扫黄打非”进基层；2018年自行组织培训3次，分别是“群众大课堂”基层文艺培训、妇女居家灵活就业技能培训、“携手筑健康 社区建和谐”健康知识讲座，参与人数百余人。2019年，开展各类培训、讲座12次，内容涵盖儿童安全教育、金融服务、西点制作、小儿推拿、体育指导、爱眼护眼、妇女“三会”建设、基层计生专干、消防演练、《中华人民共和国反间谍法》、反家庭暴力、消防器材使用等，特别邀请工行阳泉滨河支行、英英职校、慧视力、滨河物业单位参与，参与群众300余人。

劳动保护。2017年至2019年，开展安全生产宣传12次，其中2017年1次，2018年5次，2019年6次，涉及消防、禁毒、禁烟、地质灾害防范、幼儿秋季传染病、安全用电、金融服务、3.15维权、文明祭祀、防汛、电信诈骗等。

职工文化。社区工会组建了友爱文化社团1个（30人）、春之声模特队1支（20人），举办文艺会演8次，内容涉及庆元宵、戏曲慰问、欢乐过“六一”国际儿童节、“中秋团圆月”、中华人民共和国成立70周年、新年联欢等，市豫剧团、聪明树幼儿园、江山物业德融花园项目部等单位参与。参加体育运动活动7次，获“恒城佳业杯”象棋赛第三名，“益智杯”中国象棋赛第二名，获优秀奖和优秀组织奖4次。

大华社区工会

社区概况

大华社区位于阳泉市郊区开发区之南，于2009年5月成立，距区郊区开发区社会事务服务中心8.3千米。东与北山西路为界，南与大连街相通，西至东沟路，北与山水林语小区相靠，社区总面积为0.2平方千米，社区办公楼建筑面积200平方米，所辖居民楼76栋。2009年5月，大华社区党委成立。2018年5月，社区社会职能划归郊区开发区社务中心。2019年，社区总户数5017户，人口为12600人。“两委”班子成员共9人，党员5人，社区代表1人。先后被评为人口和计划生育基层群众自治示范村（居）、山西省综合减灾示范社区、阳泉市国家安全人民防线工作基层先进集体。

组织沿革

2010年6月29日，阳泉市经济技术开发区大华社区工会委员会成立，隶属于阳泉市经济技术开发区管委会工会委员会。胡秀琴任工会主席，任永强任副主席，王秀芳、张建宁、周继红为委员；工会会员126人。2018年5月，改属郊区开发区社会事务服务中心工会联合会。

主要工作

档案资料。2012年，建立文件资料、组织建设、换届资料等档案。2015年，建立会员实名制档案。2016年，建立特困职工、再就业、职工活动等档案，做到辖区内非公企业和个体户底数清，及时登记、及时入会。2019年，工会组织和会员信息全部输入工会系统，实行动态化管理。

职工培训。2014年至2018年，大华社区工会联合祥爱医院、“蓝丝带”、开发区消防大队、培训机构、蓝天救援队就孕前优生、产后修复、消防安全、再就业、紧急救援与疏散逃生知识对社区职工进行培训。2015年至2019年，大华社区工会共开展安全生产宣传7次，内容包括“3·15”国际消费者权益维护、交通安全、消防、防盗窃防诈骗等。

职工帮扶。2015年，帮扶困难家庭1户、因病致贫家庭4户，慰问困难家庭21户。2016年，帮扶残疾家庭2户、因病致贫家庭3户、困难家庭33户，临时救助1户。2017年，帮扶困难残疾家庭1户、因病致贫家庭2户、困难党员2户、其他困难家庭14户，中秋慰问困难家庭6户。2018年，慰问帮扶残疾家庭3户、因病致贫家庭5户。2019年，帮扶困难家庭3户。5年长期帮扶1人，除了为困难户送米、面、油慰问品和慰问金外，还在社区范围内开展捐款捐物、帮其打扫卫生、收拾屋舍等活动。

职工文化。2011年至2019年，大华社区工会先后参与上级工会组织的各类活动5次，分别为中国共产党成立90周年“恒诚嘉业”象棋赛、“精诚杯”庆“三八”卡拉OK赛、羽毛球赛、广场舞大赛、“体彩杯”职工运动会；社区组织的大型活动3次，有2013年端午节举办的扑克、运乒乓球、踩气球、品粽子等比赛和2019年春节文艺会演、迎新春、送春联、赏灯、闹灯活动、“改革创新 奋发有为”演讲，参与人数近200人。

村工会

上五渡村工会

村情概况

上五渡村位于阳泉市郊区开发区西，距郊区开发区社会事务服务中心1.5千米。东与下五渡村为邻，南与桃河接壤，西与平坦垴村相望，北与侯家沟村相靠。与207国道相邻。全村总面积为3平方千米，村民居住面积为0.2平方千米。1993年，由郊区李家庄乡划归阳泉市经济技术开发区。2018年5月，村社会职能由经济技术开发区划归至郊区开发区社会事务服务中心。2019年，全村总户数1354户，人口为3591人，其中，杨、毕、石姓居多。“两委”班子成员共9人，党员55人，村民代表61人，工会会员125人，会员代表49人。该村先后被评为国家级园林小区、山西省老龄工作委员会敬老文明村、山西省爱国卫生运动农村改厕先进村、阳泉市社会管理综合治理平安创建示范村、阳泉市农村党风廉政建设先进村、阳泉市经济技术开发区卫生村、阳泉市开发区社会治安综合治理平安村。

组织沿革

1994年2月5日，阳泉市郊区开发区上五渡村村工会委员会成立，隶属于阳泉市经济技术开发区管委会工会委员会。石济志任工会主席，石广庆任副主席，杨禄泰、杨先萍、刘风莲为委员；李慧荣任经费审查委员会主任，杨素花、石涛志为委员；毕映芳任女职工委员会主任，石慧辉、周素梅为委员。工会会员100人。

2010年12月，阳泉市郊区开发区上五渡村第二届工会委员会成立，石广庆任工会主席，赵秀华任副主席，石守英、冯利军、周桂忠为委员；毕映芳任经费审查委员会主任，石桂花、杨永达为委员；赵秀华任女职工委员会主任，路秀荣、石玉花为委员。工会会员125人。2018年5月，改属郊区开发区社会事务服务中心工会联合会。

会员代表大会

1994年2月，阳泉市经济技术开发区上五渡村（五鑫实业总公司）工会召开第一次会员代表大会。石济志、杨禄泰、石广庆、毕映芳、杨先萍、刘风莲当选为第一届工会委员会委员；李慧荣、杨素花、石涛志当选为第一届经费审查委员会委员。

2010年12月，阳泉市郊区开发区上五渡村工会召开第二次会员代表大会。石广庆、赵秀华、石守英、冯利军、周桂忠当选为第二届工会委员会委员；毕映芳、石桂花、杨永达当选为第二届经费审查委员会委员。

主要工作

制度建设。为保障职工权益，上五渡村（五鑫实业总公司）工会委员会制定完善了《上五渡村工会职责和义务》《工会主席、副主席、委员的主要职责》《工会开展活动制度》《经费审查委员会工作职责》《工会女职工委员会工作职责》《职工代表大会制度》《工会劳动保护监督检查员工作职责》《工会劳动争议调解委员会工作职责》《工会女职工委员会学习制度》《上五渡村集体合同履约责任制》等各项职责制度。

档案资料。1994年至2010年，建立文件资料、组织建设、换届资料、大病互助等档案，建立再就业、职工活动、维权职代会等档案。2019年，建立会员实名制档案，工会组织和会员信息全部输入工会系统，实行动态化管理。

职工帮扶。村工会成立后，每年为职工发放洗衣粉、毛巾、手套等劳保用品。2014年，为特困单亲女职工子女资助1200元。2015年，开发区总工会救助本村生活困难女职工2500元。2016年，工会协助村委筹资525万余元，为601名职工群众进行了工资兑现；为符合条件的300名职工群众办理了社会养老保险；以无息借款的方式为13名困难职工家庭户办理养老保险；对老弱伤残职工，由集体定期发放养老金和伤残补助金；建立10万元帮扶专项基金，主要用于帮助待岗青年劳动就业培训；对困难职工家庭实行动态管理，为6户困难职工家庭办理了特困家庭证；在扶助济困活动中，为3名患重病职工家庭资助2000元，为4户考入大学的困难职工家庭子女资助1.4万元。2017年，开发区总工会为本村困难职工生活资助1000

元，“两节送温暖”生活救助金7200元；村工会为病患职工毕根生组织捐款8111.2元。2009年至2019年先后为考入大学的131名同学发放助学金22.36万元。2016年至2019年，每年庙会、春节为60岁以上老人发放米、面、油等福利共计56万余元。

职工培训。2000年至2019年，每年举办家教学堂，包含健康知识、家庭教育、剪纸知识、消防安全、创业就业、月嫂培训（40余人）、交通安全教育讲座、防震减灾安全教育讲座等。

劳动保护。2008年，举办安全知识活动月讲座，并到辖区进行安全知识宣传。2013年，为提高女职工自身素质、维护职工合法权益，工会开展了《中华人民共和国妇女权益保障法》《中华人民共和国劳动合同法》《女职工保健工作规定》《女职工劳动保护特别规定》等相关法律法规的宣传活动。2014年、2016年，开发区消防大队对本村职工进行消防安全教育，并进行实地演练。2018年、2019年，在王母脑山林区进行防火知识宣传。

职工文化。2008年，组建腰鼓队，每逢庙会、“三八”妇女节都积极参与本村举办的艺术展演活动。2009年，村工会组织排演了舞狮、跑旱船、锣鼓、大头娃娃、西游记等民间文艺节目，到各个小区进行巡演，还参加开发区组织的街头文艺表演。2010年村工会建设职工书屋1间，总面积60余平方米，并配备了书柜、电脑、桌椅、报架、照明等基础设施，书屋存书量达到150余种2000余册，音像制品30余种100余张，涉及政治、科技、医药、文化、经济、少儿读物、小说读物、体育运动等种类。2012年开始，每年举办群众文化艺术节，包括广场舞、健身操、摄影、象棋、书法、绘画、剪纸、手工艺品等。2013年，村里投资购买晋剧乐器，配备了音响设备，让戏迷们在闲暇时吹拉弹唱。当年还参加了开发区元宵节文艺演出。

组织职工多次参加各类比赛，最早的是1995年参加了开发区总工会组织的篮球比赛。先后获奖5次，即2005年非公企业职工文化活动周优秀团体奖，2009年庆“七一”“旗帜礼赞”歌咏比赛一等奖、2010年“五龙杯”职工乒乓球男子团体比赛第二名、2013年“银隆杯”篮球赛优秀组织奖、2019年趣味运动会团体冠、亚军。

下五渡村工会

村情概况

下五渡村位于阳泉市郊区开发区东，距郊区开发区社会事务服务中心2千米。东与河坡、驼岭头村为邻，南与桃南东路连接，西与上五渡村紧邻，北与侯家沟、长岭村接壤。207国道和大连街贯穿环绕。全村总面积为2平方千米，村民居住面积为0.4平方千米。1993年，由郊区李家庄乡划归阳泉市经济技术开发区。2018年5月，村社会职能由经济技术开发区划归郊区开发区社会事务服务中心管辖。2019年，全村总户1080户，人口为3009人，其中，杨、韩、米姓居多。“两委”班子共8人，交叉任职2人，有党员68人，村民代表43人。辖区有企业1家，即阳泉市科达文化艺术有限责任公司。先后被评为省级平安村、市级文明村、市级抗洪抢险先进集体。

组织沿革

1994年10月，阳泉市郊区开发区下五渡（五龙实业总公司）成立阳泉市五龙实业总公司工会筹备组，李银志任工会筹备组组长，杨素达、王润生任工会筹备组副组长。之后村工会工作一直由村副书记兼任。工会组织隶属于阳泉市经济技术开发区管委会工会委员会。2015年3

月，村副书记杨承发兼任工会主席，张宏强任副主席，胡蓉芳、任卫芳、姚晶晶为委员；工会会员 25 人。2018 年 5 月，改属郊区开发区社会事务服务中心工会联合会。

职工大会

2015 年 3 月 1 日，阳泉市郊区开发区下五渡村工会召开职工大会。应到代表 25 人，实到 25 人，会上审议通过集体合同草案和工资集体合同草案，并签订了集体合同和工资集体合同。

主要工作

制度建设。2018 年，为了全面保障职工合法权益，下五渡村工会制定完善了《工会委员会工作制度》《工会主席工作职责》《工会会员管理制度》3 项职责制度。

档案资料。2018 年完善文件资料、组织建设、大病救助等档案。建立会员实名制，做到及时登记、及时入会，职工入会率达到 100%。2019 年，工会组织和会员信息全部输入工会系统，实行动态化管理。

职工培训。2016 年至 2019 年，村工会先后开展各类培训 3 次，分别是家园共育知识讲座《智慧家长·智慧爱》《如何让孩子爱上学习》与卫生健康知识讲座。

职工帮扶。2016 年，村工会职工王瑞平的孩子因病住院，导致生活困难，工会组织职工及党员累计捐款 3610 元。2015 年至 2019 年先后为 4 名考上二本以上的困难职工子女发放大学生助学金 5500 元。截至 2019 年，全村城镇低保户 125 户，享受“老干部、老社员”补助 184 人，享受残疾人护理补贴 27 人。

劳动保护。2015 年至 2019 年，每年正月初一为一线职工发放方便面、火腿肠、牛肉等慰问品。夏季为本单位职工发放白糖、绿豆、蜂蜜等防暑用品。开展安全生产知识宣传和培训 2 次。

职工文化。2015 年 6 月，村工会积极争取资金建设职工书屋 1 间，总面积约 35 平方米，共有书柜 8 组、书桌 1 张，共藏书 1819 册，全天候无偿向职工开放。2018 年，村工会建设文化广场 1 个，面积 1000 平方米，配备各类健身器材 12 套。村工会组建广场舞表演队、威风锣鼓队、人偶表演队和秧歌队等 4 个活动团体，参与人数 200 人。2017 年，在桃林沟广场舞比赛中，获二等奖。在开发区 2017 年“强体魄 聚人心 共发展”职工羽毛球比赛中，获优秀组织奖。2018 年，获阳泉市郊区开发区首届文化节广场舞二等奖。2017 年、2018 年，连续 2 年组织女职工开展庆“三八”联欢会。

平坦垴村工会

村情概况

平坦垴村位于阳泉市郊区开发区西，距郊区开发区社会事务服务中心 0.1 千米。东与上五渡村为邻，南至城区青年街，西与洪城路，北与李家庄村、侯家沟村相依。泉中路穿村而过。全村总面积为 3.2 平方千米，村民居住面积为 0.8 平方千米。1993 年，由郊区平坦镇划归阳泉市经济技术开发区。2018 年 5 月，村社会职能由经济技术开发区划归郊区开发区社务中心管辖。2018 年 5 月，平坦垴村党总支升格为党委。2019 年，全村总户数 1238 户，人口为 2469 人，其中，李、王、张姓居多。“两委”班子成员共 6 人，交叉任职 5 人，党员 115 人，村民代表 58 人。人均经济收入 1.2 万元。该村先后被评为阳泉市及郊区达标村、卫生村、计划生育优秀村、安全村、文明村、先进集体。

组织沿革

1994 年 12 月 13 日，阳泉市郊区开发区平坦垴村（市宝潭实业总公司）成立“阳泉市宝潭实业总公司工会筹备组”，李玉臣任工会筹备组组长，李翠英、王国祥任工会筹备组副组长。16 日，阳泉市开发区平坦垴村（市宝潭实业总公司）召开第一次工会会员代表大会。选举李翠英、王国祥、赵金贵、张贵祥、李延泽为第一届工会委员会委员。李乃军、胡凤莲、魏盈芬为第一届经费审查委员会委员。工会组织隶属于阳泉市经济技术开发区管委会工会委员会。后期，工会工作均由村党支部副书记兼任。2018 年 5 月，改属郊区开发区社会事务服务中心工会联合会。

主要工作

制度建设。2019 年，为保障职工合法权益，平坦垴村工会委员会制定完善了《工会工作委员会工作制度》《工会主席、副主席、委员的主要职责》《工会会员管理制度》《工会开展活动制度》《职工代表大会制度》5 项职责制度。

档案资料。2010 年，建立大病互助等档案。2015 年，建立职工活动等档案。2018 年，建立特困职工等档案，建会率和职工入会率均达到 100%。2019 年，工会组织和会员信息全部输入工会系统，实行动态化管理。

职工帮扶。2012 年平坦垴村帮扶困难职工 5 人；2013 年帮扶 60 人；2015 年帮扶 15 人；2018 年帮扶 21 人，同年，为 1 名新入学大学生申请金秋助学金 3000 元。截至 2019 年，全村城镇低保户 234 户，享受养老补助 203 人，享受残疾人护理补贴 53 人。

劳动保护。2008 年，工会会员参加安全知识活动月讲座，并到辖区进行安全知识宣传。2013 年，为提高女职工自身素质、维护女职工合法权益，工会开展了《中华人民共和国工会法》《中华人民共和国妇女权益保障法》《中华人民共和国劳动合同法》《女职工保健工作规定》《女职工劳动保护特别规定》等相关法律法规的宣传活动。2018 年，在辖区进行消防知识宣传。2019 年，在猫脑山林区进行防火知识宣传；开展了“提高安全意识，谨防电信诈骗”的安全知识宣传活动；在辖区内开展防汛安全隐患排查与整治工作。

职工文化。2014 年，工会组织职工开展跳绳、踢毽比赛。2015 年，村工会在“强健体魄、阳光生活”2015 年“博毽杯”山西省毽球锦标赛业余组平推毽男子三人赛中获第八名，同年 3 月 8 日，组织职工参加了健身操表演。2016 年，在“‘强健体魄、阳光生活、共享青运’2016 年山西省毽球锦标赛”中获道德风尚奖。

河坡村工会

村情概况

河坡村位于阳泉市郊区开发区东，距阳泉市郊区开发区社会事务服务中心 3.5 千米。东与王垅村为邻，南与义东沟接壤，西面与下五渡交界，北面紧靠百度云计算中心。全村总面积约 1.5 平方千米，村民居住面积约为 0.13 平方千米。1993 年，由郊区李家庄乡划归阳泉市经济技术开发区。2016 年，城中村改造，本村整体拆迁，在旧村东侧建设新村，总面积约 6 万平方米。2018 年 5 月，村社会职能由经济技术开发区划归郊区开发区社务中心管辖。2019 年，全村总户数367户，人口为821人，其中武姓居多。“两委”班子成员共5人，交叉任职1人，党员21人，村民代表9人。先后被评为区优胜单位、文明卫生村、综治治理先进单位。

组织沿革

1994年5月，经阳泉市经济技术开发区批准成立了河坡村下属集体所有制企业亨河实业总公司，随后成立亨河实业总公司工会委员会，工会主席由村委会副主任武克忠兼任。2010年9月25日，免去武克忠工会主席职务，选举支部副书记武四长为河坡村工会主席。2018年5月，改属郊区开发区社会事务服务中心工会联合会。

主要工作

档案资料。2010年，建立文件资料、组织建设、换届资料等档案，2018年建立会员实名制。做到辖区内非公企业和个体户底数清，及时登记、及时入会，建会率和职工入会率均达到100%。2019年，工会组织和会员全部输入工会系统，实行动态化管理。

职工文化。2011年5月，建设职工（农家）书屋1间，面积约20平方米，设施基本齐全。制定了职工（农家）书屋管理员岗位职责、管理制度和借阅制度，有专门的借阅登记表登记书籍，职工（农家）书屋书目共计2000余种。1995年至2019年，村工会参加上级工会组织的文体活动3次，分别是篮球赛、象棋赛、羽毛球团体赛；开展困难职工送温暖、道德模范评选表彰、“平等协商、签订集体合同和工资集体协商月”活动各1次。

长岭村工会

村情概况

长岭村位于阳泉市郊区开发区东北，距郊区开发区社会事务服务中心3千米，东临义白路，西接阳泉工程技术学院，南连天成集运，北接漾泉大道。207国道南北贯通。全村总面积1.2平方千米，退耕还林地58.2亩，确权土地14.35亩，农业以种植枣树、金银花为主。2015年5月，由郊区李家庄乡托管到开发区。2018年5月，村社会职能划归郊区开发区社务中心。2019年，全村总户数582户，总人口1150人。支村“两委”8人，交叉任职1人，村民代表25人。村副业主要以民营经济发展为主，私营工业企业10家。三产商业户20余家，驻地企业有浩普华鑫电气公司，云泉岩土公司。2018年被评为省级创卫示范村。

组织沿革

该村在1996年成立企业工会，工会组织隶属于阳泉市经济技术开发区管委会工会委员会。2007年10月，成立了第一届村工会联合会，毕丰年任工会主席，郄丽珍为委员。2018年5月，改属郊区开发区社会事务服务中心工会联合会。

主要工作

村工会联合会成立后，每年的元宵节、庙会期间，村工会都要与妇联、计生、团支部积极配合，举办群众文艺晚会和消夏晚会；对考取大专、本科的大学生进行奖励；先后帮助困难大学生申请金秋助学金1万元。2010年，建成了职工书屋、职工活动场所，面积达40余平方米，职工书屋藏书1万余册，种类丰富，村民、会员定期借阅。2018年至2019年，在全市创建卫生城市的工作中，村工会配合村委会对群众进行创建国家卫生城市宣传、教育，清除村内外垃圾、整理平整场地、铲除小广告。添置了健身器材。2019年，组织职工参加了社务中心举办的羽毛球比赛；同年，村工会对会员进行了系统注册登记。

第五章 系统工会

第一节 区直机关系统工会

系统概况

1971年5月，中共阳泉市郊区第一次党代会后，实行“一元化”的领导体制。1973年年初，中共阳泉市郊区委员会建立区直机关党总支委员会。1976年10月，中共阳泉市郊区委员会、阳泉市郊区革命委员会工作机构合署办公，区委设立区直属机关（总支）党委。1978年年末，中共阳泉市郊区委员会下属9个党委、314个党支部，有党员6160名。1984年3月，区直属机关（总支）党委改为机关党委。5月24日，根据中共阳泉市郊区委员会办公室下发的阳郊委办发〔1984〕4号文件决定启用“中共阳泉市郊区直属机关委员会”印章。1987年10月，区直属机关党委内设办公室。1997年9月，根据郊区机构改革的“三定”方案，区直属机关党委列为区委的工作部门。进入21世纪后，机构改革逐步加快，为提高机关工作效率，该区按照行业或工作属性设立政法、工交、财贸、农业、教育、宣传、计划及区直机关八大系统党委，负责机关党建及工会等工作的开展，党委书记由区委及区政府各部门退居二线的领导担任。2001年7月，区直机关党委改为中共阳泉郊区直属机关工作委员会。下设机关工会、机关团委、机关女工委，统一负责区直机关的党建、工会、青年团及女工工作。截至2002年，所属机关单位21个。2013年4月，八大系统先后进行合并调整，撤销工交、计划系统，部分单位与区直机关系统合并。截至2019年12月，区直机关工委所属机关单位33个，干部职工共有987人。

组织沿革

1976年区直机关党委成立之初，由于工会组织未健全，其工作职能由区直机关党委代管。1992年12月20日，正式成立区直机关工会工作委员会，属一级工会组织，为郊区总工会直属。工会工作委员会设主任1名、副主任2名。韩金川任工委主任，曹玉平、宋莉任副主任。1997年3月，增补史长军为工会工作委员会副主任。机构改革后，区直机关党委于2000年率先完善工会组织，1月18日，选举产生第一届工会委员会，第一届委员会设主席1名、副主席2名。姜秀英任工会主席，史长军、郝慧琴任副主席，郭栓林、毕武田为委员；王军花任经费审查委员会主任，刘计萍、郭有忠为委员。2004年2月，工交系统也随之完善工会组织，选举产生工会委员会，王雨娥任工会主席，李新福、宋安生任副主席，季春元、王万寿、王学昌、郑瑞平为委员，冯可元任经费审查委员会主任，杨玉明、史润花为委员。2004年11月，由于人事变动，选举梁淑英任区直属机关工作委员会工会主席。2011年9月7日，同样由于人事变动，李润平替补为区直属机关工作委员会工会主席。2012年9月14日，计划、工交系统工会由于领导调整，陈守润担任计划系统工会主席，梁淑英担任工交系统工会主席。2013 年 4 月，撤销工交、计划系统，部分单位与区直机关系统合并，工会组织也同时合并。2017 年 1 月 12 日，合并后的区直属机关工作委员会工会组织重新调整，陈守润任工会主席。2019 年 8 月，由于工作变动，周素勤替补为区直属机关工作委员会工会主席。截至 2019 年年底，下辖二级工会组织 33 个，涵盖单位共 33 个，工会会员 1007 人，其中女会员 403 人。

区直机关系统历届工会主席副主席一览表

表 5-1

届　次	姓　名	工会职务	任职时间	行政职务
工会工作委员会	韩金川	主　任	1992 年 12 月至 1993 年 04 月	机关党委副书记
	曹玉平	副主任	1992 年 12 月至 1997 年 10 月	行政办公室副主任
	宋　莉	副主任	1992 年 12 月起	文化局科员
第一届	姜秀英	主　席	2000 年 1 月至 2001 年 11 月	机关党委书记
	梁淑英	主　席	2005 年 9 月至 2011 年 8 月	机关党委副书记
	李润平	主　席	2011 年 9 月至 2017 年 1 月	机关工委副书记
	史长军	副主席	2000 年 1 月至 2004 年 9 月	机关党委副书记
	郝慧琴	副主席	2000 年 1 月起	计划委员会科员
	陈守润	主　席	2017 年 1 月起	机关工委书记
	周素勤	主　席	2019 年 8 月起	机关工委书记

2019 年区直机关部分基层工会组织建设一览表

表 5-2　　单位：人

工会名称	建会时间	工会主席	职工人数		会员人数	
			总数	女职工数	总数	女会员数
区委办工会	—	—	18	8	18	8
政府办工会	—	—	26	5	26	5
人大工会	2019 年 7 月	潘　钰	18	4	18	4
政协工会	2017 年 5 月	刘金文	15	4	15	4
纪委工会	—	—	89	45	89	45
组织部工会	—	—	21	9	21	9
统战部工会	—	—	7	3	7	3
机关工委工会	—	—	6	6	6	6
编办工会	—		11	6	11	6
团委工会	—	—	3	2	3	2
妇联工会	—	—	4	4	4	4
总工会机关工会	2015 年 6 月	胡俊青	19	11	19	11
科协工会	—	—	5	4	5	4
信访局工会	—	—	5	2	5	2
发改局工会	—	—	25	12	25	12

续表 5-2

工会名称	建会时间	工会主席	职工人数		会员人数	
			总数	女职工数	总数	女会员数
人社局工会	1992 年 2 月	毕卫宏	66	35	66	35
住建局工会	1987 年 8 月	葛海义	80	15	80	15
卫健体育局工会	1987 年 5 月	闫计堂	88	55	88	55
档案馆工会	—	—	10	6	10	6
交通运输局工会	1985 年 8 月	刘王文	98	33	98	33
应急管理局工会	1987 年 1 月	段江华	108	24	108	24
机关事务局工会	2018 年 5 月	任虎林	102	24	102	24
能源局工会	—	—	17	8	17	8
退役局工会	—	—	12	5	12	5
医保局工会	2019 年 11 月	张宏伟	29	19	29	19
生态环境局工会	—		29	9	29	9
审批局工会	2019 年 8 月	董利军	13	9	13	9
党史研究室工会	—	—	5	3	5	3
城乡建设发展总公司工会	1999 年 5 月	贾秀红	58	25	58	25
合 计	—	—	987	395	987	395

主要工作

区直机关工会成立后，紧紧围绕“组织、引领、服务职工，全力投入中国特色社会主义建设，积极维护机关职工合法权益”的工会职责，大力发挥桥梁纽带作用，为区直机关各项工作和队伍建设的跨越发展做出显著成绩。

完善基层工会组织建设。区直机关工会在区总工会和区直机关工委的正确领导下，坚持以马克思列宁主义、毛泽东思想、邓小平理论、“三个代表”重要思想、科学发展观、习近平新时代中国特色社会主义思想为指导，围绕中心、服务大局，认真履行工会职责，充分发挥工会“组织职工、引导职工、服务职工、维护职工合法权益”和党联系职工群众的桥梁纽带作用，不断探索工会工作的新办法、新思路，完成工会安排的各项工作。到 2019 年年末，区直机关工会在各局、办都建立工会小组，发展每名机关职工入会，实现组织建会和职工入会无空白、全覆盖。建立完善机关职工代表大会制度，实行民主管理，重要工作事项、重大财务支出、先进评选奖励，都要经过职工代表大会或职工大会民主审议通过。

提升机关职工综合素质。以大力提升机关职工素质为抓手，相继组织开展了“三讲”教育、“三个代表”重要思想教育、保持共产党员先进性教育、学习实践科学发展观、创先争优、“三基”工程建设、社会主义法制理念教育、中国共产党的群众路线教育、“三严三实”教育、“两学一做”教育、“不忘初心、牢记使命”主题教育和习近平新时代中国特色社会主义思想学习等活动，增强机关职工思想政治素质。切实把握新形势下对工会工作的新要求，紧密联系实际情况，积极开展创建学习型机关、学习型组织、学习型职工活动。采取集中学习和自主学习相结合，广泛组织开展岗位业务知识和科学文化知识学习培训，着力提高职工的业务素质和科学文化素质。同时，积极加强对职工的社会公德、职业道德、家庭美德、社会主义核心价值观教育，通过学习和思想政治教育工作，广大干部职工的政治思想觉悟进一步提高，工作责任心进一步加强。通过开展思想政治教育工作、党风廉政教育工作，不断增强干部职工认真贯彻执行党的路线、方针、政策的自觉性，培养干部职工清正廉洁、克己奉公、全心全意为人民服务的思想，形成了敬业奉献、公正清廉、求实创新的新局面。

发挥工会组织监督功能。健全工会组织的各项民主制度，加强同干部职工的密切联系，经常下基层了解情况，定期召开工会委员会议，研究部署工会工作，为职工办实事，为群众排忧解难，使工会真正成为能够代表职工利益、反映职工要求和愿望的、职工信赖的娘家人。始终坚持政务公开，无论是经费使用，还是职工福利发放，都做到了公开透明，便于职工监督，使职工能够最大限度地参与各项管理工作，真正体现了民主管理。

维护机关职工合法权益。努力为干部职工排忧解难，使工会真正成为职工之家。为切实维护好干部职工的权益，特别是为充分调动妇女干部职工的工作积极性，从关爱妇女的角度出发，每年督促各基层工会积极组织干部职工体检和女职工专项体检，解除了干部职工的后顾之忧，发挥了“半边天”的作用。持续坚持对职工“六必访”（职工生病住院必访、直系亲属丧事必访、婚产必访、家庭不和必访、生活遇有重大困难必访、家庭发生意外事故必访）制度，对职工的婚丧嫁娶进行慰问、看望；每逢春节，都对退休职工和困难职工进行慰问和探访；每遇职工生病或住院，都委托工会成员前去看望，使干部职工随处感受到工会组织的温暖。

丰富机关职工文化生活。竭诚为广大干部职工服务，是工会工作的出发点和落脚点。区直机关工会把关注干部职工身心健康作为重要任务加以贯彻落实，不断满足干部职工发展的需要。为保证广大干部职工以健康的身心投入工作中，积极组织广大干部职工参加各种活动。2011 年 1 月，组织“四老人员”困难职工帮扶“感恩行动”；2011 年 7 月，举办“七一”慰问贫困党员送温暖活动；2014 年 6 月，组队参加“李家庄新村”杯首届职工羽毛球比赛；至 2018 年 6 月，参加第五届职工羽毛球比赛；2016 年 7 月，组织机关职工参加庆祝中国共产党成立 95 周年暨庆祝中国工农红军长征胜利 80 周年合唱比赛；2017 年 9 月，举办机关职工广播操比赛；2019 年 7 月 5 日，举办庆祝中国共产党成立 98 周年暨“读家书、忆党史、守初心、担使命”传承红色基因诵读大赛；2019 年 9 月 21 日，举办“翰墨飘香赞祖国”书法培训；2019 年 8 月，成立阳泉市郊区机关“东方红”合唱团，并多次举行演唱活动；2019 年 9 月组织机关职工参加中华人民共和国成立 70 周年合唱比赛等多种形式的职工文体活动，丰富职工文化生活，陶冶职工情操。

基层工会

应急管理局工会

单位概况

1969 年 1 月，荫营区革命委员会撤销，郊区革命委员会成立。区革命委员会实行党政合一的体制，称“一元化领导”。机构设置有办事组、政治工作组、治安保卫组、生产指挥组。本区的安全生产监督管理由生产指挥组承担。1987 年 10 月，设煤炭工业管理局；人员编制 40

人；内设办公室、行政科、财务科、工会、安监科、技术科；下辖郊区煤矿安全技术培训中心。1997 年，更名为煤炭工业局。2001 年 7 月，不再保留煤炭工业局，组建郊区安全生产监督管理局，并挂郊区煤炭工业局牌子。2019 年，按照《阳泉市郊区机构改革方案》（阳郊发〔2019〕1 号）将区安全生产监督管理局（区煤炭工业局）的安全生产监督管理、煤矿安全监督管理职责、以及区政府办公室的应急管理职责、市公安局郊区分局的消防管理职责、区民政局的救灾职责、市国土资源局郊区分局的地质灾害防治、区水务局的水旱灾害防治、区农业委员会的草原（地）防火、区林业局的森林防火、区地震局的震灾应急救援等相关职责进行整合，组建区应急管理局，作为政府工作部门，于当年 2 月挂牌成立，加挂区地方煤矿安全监督管理局牌子，办公地点位于阳泉市城区泉中北路 6 号。不再保留区安全生产监督管理局（区煤炭工业局）。

组织沿革

煤炭运销公司和煤炭工业管理局属于一套班子、两块牌子，1987 年 10 月工会成立，为郊区工会直属，冯志远任工会主席、李向荣任副主席。1995 年 7 月，工会换届，武相昆当选主席，史润花任副主席，史德贵、姜九泉、胡书成、乔永新、苗增元为委员；付启忠任经费审查委员会主任，郭瑞兰、毕翠平为委员。1999 年 8 月，工会再次换届，程贵全当选为主席，韩箴、苗增元、张拉林、李海生为委员；韩箴任经费审查委员会主任，高丽、高计平为委员。进入 21 世纪，隶属于郊区工交系统工会。2007 年，选举赵钦泰为安全生产监督管理局工会主席、史润花为副主席。2013 年 4 月，划归区直机关系统工会。2017 年 3 月，赵银贵当选为郊区安全生产监督管理局工会第三届委员会主席，窦爱梅当选为副主席兼女职工委员会主任；李胜伟当选为经费审查委员会主任。2019 年 9 月 26 日，成立郊区应急管理局工会，召开会员代表大会选举产生工会委员会，王志刚、张小春、周亚龙、段江华、高计忠当选为阳泉市郊区应急管理局工会委员，段江华当选为工会主席；周亚龙、王志刚、高计忠当选为经费审查委员会委员，周亚龙当选为经费审查委员会主任。张小春当选为女职工委员会主任。2019 年年末共有会员 108 名，其中男会员 84 名、女会员 24 名。

主要工作

2000 年后，应急管理局即原煤炭工业局和原安全生产监督管理局工会，工作逐步步入正轨，每年开展“送温暖、献爱心”捐款活动，积极参加郊区总工会和郊区文化局联合举办的“迎五一”第一届到第四届职工登高健步走活动。组织职工参加阳泉市郊区“益智杯”中国象棋比赛，阳泉市郊区广播体操比赛，组织职工观看电影《黄埔军人》，接受爱国主义教育。鼓励职工参加市文化局举办的“翰墨颂五一、走进新时代”全市职工书画展览活动，每年举办趣味职工运动会，极大地丰富了职工的文化生活。

2016 年组织开展了“安全生产月华润杯”燃气安全进校园知识竞赛、“部门一把手话安全”访谈等活动。在郊区电视台和《阳泉日报·郊区周刊》同时开设安全生产宣传栏目，在人民政府广场和崇文广场的户外大型电子屏连续播出了《安全你我他》《职业卫生与健康》《安全知识》《安全月活动》等各类安全生产专题节目，取得了良好的宣传效果。

2017 年，对全体干部职工开展了 8 期专项业务知识轮训，培训人数 580 余人次。组织安全监管执法人员参加国家安全监管总局、省、市安监局举办的2017年安全监管视频专题讲座和网络学院培训，参培人数80余人次。组织乡镇安监人员、驻矿安监员、安全监管执法人员260人次参加了政治理论、法律法规及专业知识培训。全区有2737名企业职工通过了安全生产业务知识培训、考核。安全生产月活动期间，通过主题宣讲进企业、双重预防机制业务知识培训、生产安全事故警示教育、安全主题竞赛、安全生产宣传咨询日、“全民话安全”和“安全发展记者行”、身边隐患大家查、事故应急预案演练等活动，广泛开展安全生产法律法规宣传，进一步增强了全民安全意识。区电视台抽调精干力量加大安全生产方面的报道，在《郊区新闻》中优先安排安全生产方面的内容，并在中午12点新闻后播出《坚守安全红线》全国安全生产月主题宣教片。《郊区周刊》共刊登各类宣传报道20余篇（领导调研、考察检查、各类会议、各单位各部门工作情况等）；刊登关于安全生产工作的图片6张，出版安全生产专版1块，为提高全区各级领导安全生产责任意识、促进全区安全生产扎实推进营造了浓厚氛围。深入开展“两学一做”学习教育活动、“维护核心见诸行动”主题教育活动、“融会贯通、学以致用，把学习习近平总书记重要讲话精神引向深入学习交流”活动等，每个活动的开展，都做到了明确责任，加强领导，成立领导小组，制定活动实施方案，召开动员大会，搞好宣传发动，精心组织，落实责任，强化措施，确保活动扎实开展，取得实效。中共十九大后，认真开展了学习贯彻落实工作，主要开展了精准扶贫，全体职工撰写学习中共十九大习近平总书记报告心得体会，参加“我是安监执法员我承诺”等活动，组织全体职工去武乡县八路军太行纪念馆进行革命传统教育，深入西南舁乡石窨垴村开展宣讲中共十九大精神，访贫问寒、扶贫对接工作。

2018年，为加强应急救援体系建设，充分发挥各级应急救援指挥中心的职能作用，专门成立应急管理办公室，与“110”“120”等应急平台建立事故通报机制，形成全区统一的生产安全事故应急救援信息系统，确保在第一时间掌握事故伤亡等情况，为领导决策提供依据。强化重大危险源监控管理，实行生产安全事故应急处置评估，严格应急举报和值班值守制度，继续加大查处生产安全事故力度，参与应急救援、调查处理、协调生产安全事故4起。修订完善了《阳泉市郊区生产安全事故应急预案》《阳泉市郊区安全生产监督管理局生产安全事故应急预案》《阳泉市郊区安全生产监督管理局非煤矿山生产安全事故应急预案》《阳泉市郊区安全生产监督管理局危险化学品生产安全事故应急预案》《阳泉市郊区煤炭工业局煤矿生产安全事故应急预案》等预案，并经专家评审通过，其中《阳泉市郊区生产安全事故应急预案》报区政府申请备案。《阳泉市郊区安全生产监督管理局生产安全事故应急预案》《阳泉市郊区安全生产监督管理局非煤矿山生产安全事故应急预案》《阳泉市郊区安全生产监督管理局危险化学品生产安全事故应急预案》《阳泉市郊区煤炭工业局煤矿生产安全事故应急预案》分别以阳郊安监发〔2018〕91号、92号、93号以及阳郊煤发〔2018〕142号文件进行备案。当年为13家企业进行了应急预案备案。截至年末，全区部门和企业共开展应急演练62场。对全区煤矿、非煤矿山、冶金等工贸行业、危险化学品等行业的相关企业进行了防汛应急专项检查与应急管理预防性检查。并督促规模以上企业及6个非煤矿山企业与市救护大队签订了救护协议。对全体干部职工开展了13期专项业务知识轮训，培训人数达680余人次。组织13名公职人员参加了市局组织的安全生产监管岗位干部专业基本能力测试考试，参考率和考试合格率100%。组织全局执法人员共计50余人次分批分次参加了国家、省、市安监局和煤炭工业局举办的年度资格培训、安全监管视频专题讲座及网络学院的培训和考试等。组织24名公职人员参加了国家工作人员无纸化在线学法用法，组织了《中华人民共和国宪法》《中华人民共和国监察法》的培训学习与考试。组织全体职工进行了“全民国家安全教育日万人百题知识竞赛”答题活动。80余人分期分批参加了市局组织的煤炭监管信息平台的业务集训和考试。全区煤矿全员培训2413人。组织各乡镇书记、乡镇长、分管乡镇长、安监站全体人员和局机关全体干部职工参加了“立责于心保安全、履责于行促发展”的安全生产专题培训。在安全生产月期间，举行了“安全生产月”活动启动仪式暨第二届安全生产书画展，各乡镇、各部门结合各自安全生产工作重点任务，积极通过电视、广播、报刊、网络、微信、手机客户端等媒体，广泛进行安全宣传。区安委办深入7个乡镇、区安委会成员单位、有关企业，开展了“生命至上、安全发展”为主题的访谈活动。全区各乡镇、各部门、各企业共制作宣传图板100余块，设立现场安全生产宣传咨询台20余个，27个部门、企业，出动宣传队伍200余人，吸引了1500余名群众到场咨询，发放各种宣传资料2万余份，组织应急演练10余场，6月20日，区安委办在《阳泉日报郊区周刊》刊发安全生产月专版，为进一步提升全民安全意识和防范能力，交流传播安全生产正能量，共同营造“关爱生命、关注安全”的良好社会氛围发挥了积极的作用。

2019年10月25日，组织职工到应急救援大队驻地，开展了志愿献血活动，共有42人向市中心血站献血16800毫升。结合精准扶贫工作，全局职工多次到石窖垴村开展扶贫慰问活动，为石窖垴村捐赠1台笔记本电脑，价值5800元；2台落地电扇价值800元；购买小米60公斤、价值600元；购买苹果2050公斤，价值10160元；购买双孢菇260公斤，价值2600元，共计价值19960元。结合创卫网格值守，进一步提升了全体干部职工“不忘初心、牢记使命”的宗旨意识。3月，对接帮扶开发区东城水岸社区，组织干部职工到该社区集体劳动5次，为该社区捐赠电脑1台、彩色打印机1台、塑料垃圾桶20个。为荫营镇西大街道路交通整治拨款2万元，并每周参加荫营镇坪上村创卫劳动。7月至10月，组织全体职工每天分3组参加了日昱城小区创卫攻坚“双清双管”工作。“重阳节”组织退休职工体检，送去局工会对离退休人员的关怀。

人力资源和社会保障局工会

单位概况

1969年1月，荫营区革命委员会撤销，郊区革命委员会成立。区革命委员会实行党政合一的体制，称“一元化领导”。机构设置有办事组、政治工作组、治安保卫组、生产指挥组。本区的人事、劳动等管理职能由政治工作组和生产指挥组承担。1980年7月，设人事局。1984年年初，郊区人民政府由派出性机构改为独立行使区（县）级政权职能的机构。劳动人事局随之设立。1989年5月，劳动局与人事局分设。劳动局人员编制15人，内设办公室、劳动仲裁室、劳动监察室、计划调配室、矿山监察室、锅炉监察室、劳保监察室；下设劳动服务公司、养老保险所、失业保险所。人事局人员编制7人，内设办公室，下设人才交流服务中心、社会保险所。2001年7月，在劳动局的基础上组建了新的劳动和社会保障局。2010年2月将原区人事局、原区劳动和社会保障局的职责整合，设立阳泉市郊区人力资源和社会保障局，正科级建制，为阳泉市郊区人民政府工作部门。2019 年 3 月机构改革，区人力资源和社会保障局机关行政编制 14 名，内设办公室、社保基金监督股（财务资金管理股）、人力资源综合股（行政审批管理股）、事业单位管理股、工资福利股、劳动关系仲裁股、社会保险股。下设区公共就业和人才服务中心、养老保险中心、城乡居民养老保险中心、失业保险中心、劳动人事争议仲裁院、劳动保障监察综合行政执法队、工伤保险中心、开发区社会保险中心 8 个事业单位。职工 66 人。

组织沿革

阳泉市郊区人力资源和社会保障局工会委员会隶属于区直机关系统工会。1992 年 2 月 20 日，区劳动局工会召开首次会员大会，选举史存保担任工会主席，张登义、付启惠为工会委员，区劳动局工会正式成立。2001 年 7 月，区劳动局改名为区劳动和社会保障局。次年 1 月 21 日，局工会组织调整，选举孔祥麟担任工会主席，高会明、贾世焱为委员；王秀文为经费审查委员会主任，马永才、王继红为委员。隶属计划系统工会。2010 年 2 月区人事局与区劳动和社会保障局整合为阳泉市郊区人力资源和社会保障局，同年 12 月，召开第二次工会会员大会，选举产生第二届工会委员会，张清华任工会主席，张志刚为副主席，刘计萍、毕卫宏、杨喜敏为委员，刘计萍为经费审查委员会主任，任娅宁、胡俊艳为经费审查委员会委员。2013 年 4 月，划归区直机关系统工会。2019 年 10 月 25 日召开郊区人力资源和社会保障局工会第三次会员大会，选举产生第三届工会委员会，毕卫宏、康洁、李燕玲、王国睿、郝雪珍当选为工会委员会委员，毕卫宏当选为工会主席，康洁当选为副主席；王国睿、李燕玲、康洁当选为郊区人力资源和社会保障局第三届经费审查委员会委员；王国睿当选为经费审查委员会主任；康洁、郝雪珍、李燕玲当选为郊区人力资源和社会保障局第三届女职工委员会委员，康洁当选为女职工委员会主任。

主要工作

区人力资源和社会保障局工会自成立后，在阳泉市郊区总工会以及历届局党组织的指导下，坚持党的领导，围绕劳动人事、社会保障等人社中心工作，锐意进取，开拓创新，努力发挥自身组织优势，维护职工在政治民主、经济生活和精神文化三个方面的合法权益，开展多元化的工会活动，切实履行了工会的职责。

强化组织建设，按期换届选举。自 1992 年工会组织成立后，先后分别于 2010 年 12 月、2019 年 10 月组织换届选举。其间，对因人事变动造成的工会组织短缺，及时进行增补，切实保证了工会工作的顺利开展。

关心职工生活，维护合法权益。2014 年 9 月，组织全局职工进行体检，监督职工的年休假制度，加班补助制度，福利制度等职工权益的落实。

关注弱势群体，慰问困难职工。2019 年 3 月，对该局困难职工进行了走访入户慰问，并送去慰问金共计 4000 元；8 月，对该局困难职工再次进行了走访入户慰问，并送去慰问金 500 元。

开展文体活动，丰富职工文化。2017 年 3 月，开展了庆“三八”文艺表演活动。5 月，利用“五四”青年节开展了“寻革命足迹、走革命道路”为主题的健步走活动。9月，组织职工参加郊区总工会、郊区文化局联合举办的2017年职工广播体操比赛。

住房和城乡建设管理局工会

单位概况

1984年，郊区人民政府由市政府派出性机构成为独立行使县区级政权职能的机构，区城乡建设环境保护局成立。1987年3月，区城乡建设环境保护局分设为区城乡建设局和区环境保护局。2001年7月，区城乡建设局和区环境保护局再次合并，并且不再保留住房制度改革办公室、爱国卫生运动委员会办公室、城镇管理委员会办公室，其职能并入区城建环保局。2003年，阳泉市郊区城建环保局分设为阳泉市郊区建设局和阳泉市郊区环境保护局，均为正科级政府组成部门。2010年2月，区建设局更名为阳泉市郊区住房保障和城乡建设管理局，隶属于阳泉市郊区人民政府，系机关事业单位。到2019年，局内设办公室、计财股、农村环境整治办、工程站、安监站、质监站、房管股、市政股、园林股、环卫站10个职能股室，城管行政执法大队、环卫园林处、路灯所3个下属单位和人防办、墙改办2个代行政府职能单位，共15个部门。全局共有职工79名。设党组1个，党组成员4名。局党组下设1个党支部，党支部下设3个党小组，党员51人（预备党员2人）。局工会现有工会会员79人。

组织沿革

1987年8月，局工会成立，为区直属工会。选举产生第一届工会委员会，王瑛任第一任工会主席，胡玉琴、白朝辉任委员。1990年7月，局工会召开第二次会员大会，选举张树为工会主席。2001年12月，城建环保局工会召开第三次会员大会，选举霍存贵为工会主席，田彦平、贾卫国、邱建平、张泉清为委员；同时选举产生工会经费审查委员会，李海民任主任，杨清元、阎秀萍为委员。隶属于郊区计划系统工会。2005年6月，局工会召开第四次会员大会，选举任虎林为工会主席，葛海义为副主席，刘宝明、李兰英、王拴所为委员；同时选举产生局工会经费审查委员会，刘宝明任主任，李兰英、王拴所为委员。2010年7月，局工会召开第五次会员大会，再次选举任虎林担任工会主席，葛海义为副主席，刘宝明、李兰英、王拴所为委员；同时选举产生局工会经费审查委员会，刘宝明任主任，李松斌、史慧敏为委员；选举产生局工会女职工委员会，李兰英任主任，宋红涛、卢喆为委员。2013年4月，划归区直机关系统工会。2018年1月，郊区住建局工会调整，葛海义增补为工会主席，刘宝明增补为副主席；宋红涛、卢喆增补为委员；宋红涛增补为女职工委员会主任，曹侯霞增补为委员。

主要工作

局工会成立后，围绕“组织、引领、服务住建局全体职工，全力投入中国特色社会主义建设，积极维护职工合法权益”的工会职责，大力发挥工会桥梁纽带作用，关心职工生活，倾听职工呼声，维护职工利益，团结带领全局职工构建“共创、共建、共享”的工作氛围，为推进住房和城乡建设事业科学有序发展提供新动力。

强化基层工会基础建设，进一步提升工会工作的引领作用。按照市、区工会“活跃基层工作年”“十项重点工作”等部署，坚持以“党的创新理论”主题宣讲活动为引领，以“践行领袖嘱托，率先蹚出新路”系列活动为契机，采取“整体推进、优化提升”的工作方法，加强工会基础建设。局工会以“建起来、转起来、活起来、亮起来”工作为切入点，强化职工对工会组织的认可度，促进大家自觉参与工会活动。收好、管好、用好工会经费，不断夯实工会持续发展的物质基础。工会财务管理中，坚持“制度化、规范化”建设，全面提升局工会财务工作管理水平。

强化基层工会组织建设，进一步提升工会组织的服务能力。坚持党政工共建，围绕局中心工作，突出重点，抓规范、激活力、促提升。做好局工会主席选配和工会换届选举工作，配齐配强工会班子，努力建设政治坚定、责任感强、职工拥护、作风优良的工会队伍。按照局党组统一部署，践行初心使命，强化落实见效，不断激发工会组织的生机活力。

强化干部队伍建设，进一步提升工会干部的综合素质。组织广大工会干部、职工群众深入学习中共十九大，中共十九届二中、三中、四中、五中全会精神，深入学习贯彻习近平总书记视察山西重要讲话、重要指示及“三篇光辉文献”精神，提升干部的政治素质和理论水平。组织单位职工对《中华人民共和国工会法》《中国工会章程》《中国工会审计条例》等工会法律、法规进行学习，推动全体职工认识工会、了解工会、重视工会、支持工会，努力营造工会工作开展的良好氛围。同时积极参加郊区总工会“职工大讲堂”培训系列活动，加强工会干部业务培训，提升组织能力、协商能力、业务能力。心贴心做好职工思想工作，切实为职工说话办事，使服务中心工作、服务发展、服务职工成为工会干部的自觉行动。

开展帮扶和维权工作，进一步服务职工办实事。按照《中华人民共和国工会法》《中国工会章程》《山西省实施〈中华人民共和国工会法〉办法》《山西省职工劳动权益保障条例》《山西省女职工劳动保护条例》《山西省总工会关于服务职工经费支出若干问题的具体规定》等法律法规，在市、区总工会的指导和局党组的领导下开展帮扶和维权工作。一是在维权方面，发挥桥梁纽带作用，维护职工合法权益。二是在帮扶方面，积极为单位和职工争取更多帮扶慰问名额，做好困难职工帮扶等工作，做好困难职工群众的“娘家人”。三是在服务方面，按照规定，定期开展职工体检，节假日慰问困难职工、离退休职工等系列活动，务实开展帮扶和维权工作，切实为单位和职工办实事、做好事、解难事。

务实建立职工维权长效机制，切实为干部职工解除后顾之忧。做好法规宣传和思想疏导工作，把握职工思想，反映职工心声，畅通职工利益诉求渠道，方便职工就地就近反映利益诉求。引导职工理性合法表达利益诉求，提高职工学法、用法、依法维护合法权益的意识和能力。建立完整的维权长效工作机制，根据实际情况形成领导重视，工作支持，工会运作、齐抓共管、分工协作的工作格局，切实为干部职工解除后顾之忧。

丰富职工文化生活，进一步增强单位职工凝聚力。整合单位资源，将荣誉陈列室、展览墙和图书阅览室融为一体，使广大职工在读书、阅览、接受文化熏陶的同时，增强单位荣誉感，助推职工为单位发展献力献策；利用单位走廊、楼道空间等，增设文化墙，营造“学习型单位”创建氛围；组织职工积极参加市、区总工会组织的健步走、歌咏比赛、广播操比赛等系列活动，丰富职工业余生活；积极为职工搭建发挥业余特长平台，组织参加市、区摄影、羽毛球等比赛，2020 年由职工全程参与拍摄的“小路灯照亮大民生”微视频，获得区党员微视频观摩交流活动三等奖；在“三八”国际妇女节期间，组织开展知识竞赛、趣味比赛、扑克牌大赛等系列活动，丰富文化生活，展现女性风采；在冬至、元旦、春节等特殊节日，组织职工开展“包、尝”饺子活动，在“共包、共尝”饺子的同时，增强职工向心力。局工会在丰富职工文化生活工作中，开动脑筋，集思广益，为大家搭建平台，全心全意为职工服务。

区直属机关事务服务中心工会

单位概况

1969 年 1 月，荫营区革命委员会撤销，郊区革命委员会成立。区革命委员会实行党政合一的体制，称“一元化领导”。机构设置有办事组、政治工作组、治安保卫组、生产指挥组。本区的行政事务由办事组承担。1979 年 5 月，成立行政科，归阳泉市郊区人民政府办公室管理。1986 年 8 月，设机关行政事务办公室，人员编制 49 人；内设办公室、财务科、后勤科；下属单位有小车队、修理厂。2001 年，更名为阳泉市郊区人民政府机关事务管理局。2009 年 3 月 13 日，阳泉市郊区人民政府机关事务管理局更名为阳泉市郊区机关事务管理局，根据实际工作职责设置机关车队、机关修理厂、机关食堂、机关文印中心 4 个内设机构，规格均为股级。2017 年 12 月 8 日，阳泉市郊区机关事务管理局内设党务办公室、办公室、纪检监察室、计划财务科、节能安全科、综合维修科、机关车队、车辆保养中心、机关餐饮中心。下属事业单位阳泉市郊区人民政府招待所。2018 年根据需要将纪检监察室和党务办公室合并，机关车队和车辆保养中心合并，内设机构变更为 7 个，2019 年 6 月，成立公车服务中心，履行原车辆服务中心职责。2019 年 2 月 28 日，阳泉市郊区机关事务管理局挂牌更名阳泉市郊区直属机关事务服务中心。8 月，经区编办批准为区委直属事业单位，正科级建制，编制数 105 人。内设主要有综合办公室、党务办公室、公车服务中心、餐饮服务中心、计划财务股、节能股、综合维修股、公共服务股、国有资产管理股、消防安全股、档案图书室 11 个股室。截至 2019 年年末，在职干部职工 87 人（其中事业干部 26 人、行政工人 39 人、事业工人 22 人），退休职工 45 人。

组织沿革

区直机关事务服务中心设立前，工会工作一直由 1 名单位副职协调开展。2018 年 5 月，成立区直属机关事务服务中心工会，工会名称沿用当时单位名称，为阳泉市郊区机关事务管理局工会委员会，隶属于区直机关系统工会，会员 86 人，其中女会员 16 名。随后召开会员代表大会，选举产生工会委员会、经费审查委员会及女职工委员会。工会主席由任虎林担任，副主席由王晓娟担任，委员史燕辉、杜海瑞、张迎春；经费审查委员会主任由史燕辉担任，委员杜海瑞、张迎春；女职工委员会主任由王晓娟担任，委员史翠平、张燕洁。工会委员会下设 2 个工会小组。至 2019 年年末，工会组织未做调整。

主要工作

阳泉市郊区机关事务管理局工会成立后，以“改革发展、创新服务”为指导思想，以“快乐工作、健康生活”为出发点，团结广大干部职工，紧紧围绕党的中心任务和局工作重点，从提高队伍整体素质入手，认真履行工会职能，切实维护职工的合法权益，努力为职工多办实事，积极开展形式多样的主题活动和精神文明创建活动，为加快郊区机关后勤保障事业的发展提供了有力支撑。

打造职工之家。为满足职工的业余文化生活，让职工在工作之余拥有个读书、运动、休闲的场所，局工会购置了各类书籍和运动健身器材，分别设立了阅读区、活动区，全方位打造环境舒适、设施齐全的“职工之家”。

争创巾帼建功。工会女工委以维护女职工合法权益为根本任务，关心爱护女职工，认真做好相关工作，不断提升幸福指数。一方面积极开展日常关怀，为女职工提供乳腺、宫颈癌筛查等妇科体检，举办女职工生活座谈会，加强对女职工的“三德、四自”（社会公德、职业道德、家庭美德和自尊、自信、自立、自强）教育。另一方面充分调动女职工的积极性，鼓励她们投身到创新和发展中去，争创“巾帼建功示范岗”，树立女性良好形象，加强妇女队伍凝聚力。2019 年 3 月，局会务组被区妇女联合会授予“巾帼文明岗”称号。

加强文化建设。工会注重文化建设，做到文化活动内容与形式的统一，从工会工作与业务工作的集合点上入手，以内容指导形式，用形式丰富内容，搞好各项文体活动，不断提升干部职工团结力、向心力和凝聚力。2018 年举办“庆元旦·迎新年”联欢活动；2019 年开展“健康自信”体育竞技、“中国梦·劳动美”技能比赛、“歌舞载梦想、后勤铸辉煌”联欢活动。

2018 年，中心工会组织职工联欢

2019 年，中心工会组织职工技能比赛

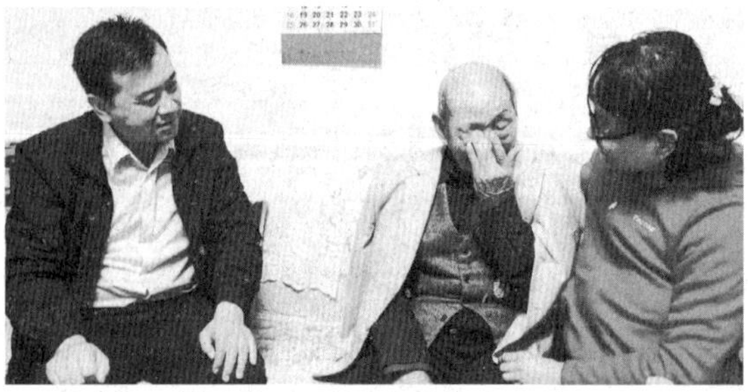

2019 年，中心工会组织慰问困难职工

注重职工关怀。工会努力把关心职工身心健康落到实处，积极组织职工进行体检，关注职工日常福利，在规范执行工会经费支出管理要求的前提下，多次上门看望生病职工，慰问老职工，关心年轻职工，每逢职工生病住院都主动上门看望慰问，亲属病故总要派人致哀吊唁，帮助解决丧葬中的实际困难。

卫生健康和体育局工会

单位概况

1978 年，郊区始设卫生局。1980 年，设计划生育办公室，由卫生局代管。1985 年 3 月，卫生局与计划生育办公室分设。2015 年，根据省、市卫生计生机构改革的要求，按照改革方案和郊区卫生计生局“三定”（定机构、定编制、定职能）方案，圆满完成卫生计生机构改革，组建成立了区卫生和计划生育局。2019 年 3 月，根据《阳泉市郊区机构改革方案》的文件要求，组建阳泉市郊区卫生健康和体育局，负责全区卫生健康和体育管理工作。区卫体局下属事业单位有区疾控中心、区妇幼保健计划生育服务中心、区卫生健康综合行政执法队、区计生协会、区业余少体校、区公共卫生服务中心。内设科室有办公室、疾病预防控制和职业健康股、医政医管和中医药政股、家庭发展和妇幼老龄健康股、体育股、行政审批管理股。

组织沿革

卫生健康和体育局工会成立于 1987 年，为区直属工会。工会名称沿用当时单位名称，为区卫生局工会委员会。当年 5 月 3 日，选举产生第一届工会委员会，张全珍当选为主席，胡新生当选为副主席，李宝明、杜俊德、崔丽清当选为委员。1992 年 3 月，工会组织换届，田福花任工会主席，史志瑞任副主席，刘存义、刘荣生为委员。此后由于工作变动，由刘丽荣任工会主席。21 世纪，划归郊区计划系统工会。2004 年 3 月，工会组织换届，田福花重新任工会主席，刘存义、张红卫为委员，王换云任工会经费审查委员会主任，葛秀琴、梁丽君任经费审查委员会委员。2005 年 12 月，下属卫生监督所工会成立，张爱明任工会主席，胡彩红、程晓霞为委员，胡彩红任经费审查委员会主任。2013 年 4 月，划归区直机关系统工会。2017 年 12 月 8 日，经郊区总工会阳郊工发〔2017〕40 号文件批复，重新组建阳泉市郊区卫生和计划生育局工会委员会，邓秀芬、葛占斌、荆存玉、胡彩红、王喜平、张涛、史丽霞、李云来、李长君、冯昭晖、赵志武、付永毅、刘秀琴、郭瑞生为阳泉市郊区卫生和计划生育局工会筹备组成员，邓秀芬任筹备组组长，葛占斌任筹备组副组长。同月，召开会员代表大会，选举产生区卫生和计划生育局新一届工会委员会，葛占斌、史丽霞、张涛、胡玉亭、魏秀文、程晓霞、李云来、李长君、冯昭晖当选为阳泉市郊区卫生和计划生育局工会第一届委员会委员，葛占斌当选为工会主席，史丽霞当选为副主席；史丽霞、王贵芳、张志萍、葛秀琴、吴倩当选为经费审查委员会委员，史丽霞为经费审查委员会主任；张涛、魏秀文、蔺素花、程晓霞、刘秀琴当选为女职工委员会委员，张涛为女职工委员会主任。2019 年，阳泉市郊区机构改革，组建阳泉市郊区卫生健康和体育局，工会组织领导再次调整，闫计堂担任主席。

主要工作

区卫生健康和体育局工会成立后，以提升全民健康为工作目标，夯实基础，完善措施，优化服务，不断建立健全工会工作制度，不断加强工会自身建设，努力提高组织职工、凝聚职工、服务职工的能力。

组织认真学法，增强职工维权意识。组织广大职工认真学习《中华人民共和国工会法》《中华人民共和国劳动法》《中华人民共和国民法典》，参加区总工会组织的各项知识答题活动，提高了职工整体素质，增强职工维权的意识，并结合行业特点组织职工认真学习《中华人民共和国母婴保健法》《中华人民共和国传染病防治法》等法律法规，使医务工作者明确法律赋予的权利和义务，提高了依法行政、依法从业的能力。

履行维护职能，建好“职工之家”。1996 年，合并前的计生委工会被区总工会确认为合格职工之家。搞好职工文化娱乐生活，促进职工身心健康。多次组织职工参加“登高健步走”活动，推动职工健身活动持久深入开展。与妇委会联合组织开展主题为“贯彻十九大 展巾帼风采”“庆‘三八’国际妇女节”暨“党员活动日”系列活动，通过开展知识竞赛、趣味赛、拱猪比赛等各项活动，进一步增进了各部门职工之间的交流与了解，增强了同事之间的友谊与感情，不断提升干部职工团结力、向心力和凝聚力。

坚持把组织职工群众参加社会主义劳动竞赛列入工会工作议事日程，积极组织职工群众开展劳动竞赛活动，参加技术比武，开展岗位练兵，提高技术技能，引导职工群众树立“学文化、学知识、学技术”的思想，积极开展职工培训，努力提高职工素质。1996 年 9 月，合并前的区卫生局工会组队参加了阳泉市第二届职工技术大赛。分别获得妇女保健团体第二名和儿童保健团体第三名的好成绩。2013 年 10 月 28 日至 29 日，配合区总工会联合举办卫生系统以“锻炼岗位技能，提高人员素质”为主要内容的技能比武活动。2014 年 7 月 15 日，与郊区人民医院再次联合举办了全区卫生系统基本公共卫生服务及护理知识竞赛，全区共有 40 名大学生村医参加。此次竞赛活动分理论考试和实践技能两种形式进行。实践技能分为单人心肺复苏术、前臂中段开放性骨折伴有动脉出血的止血包扎固定、预防接种 3 个项目。

关心职工生活，实施送温暖工程。主动了解职工群众的疾苦，急职工之所急，想职工之所想。全心全意为职工办实事，为职工排忧解难，定期不定期地对困难职工进行慰问。开展职工大病医疗互助活动，发挥职工团结互助的作用。积极参与区委、区政府和区总工会组织的各种捐赠活动，为灾区和困难职工送去温暖。

交通运输局工会

单位概况

1969 年 1 月，荫营区革命委员会撤销，郊区革命委员会成立，区革命委员会实行党政合一的体制，称“一元化领导”。机构设置有办事组、政治工作组、治安保卫组、生产指挥组，交通运输管理工作由生产指挥组负责。1976 年 6 月，撤销办事组、政治工作组、生产指挥组，设立办公室、工交办公室、农业办公室、文教办公室、计划委员会；1981 年 6 月，工交办公室改设经济委员会；交通运输管理工作先后由工交办公室、经济委员会负责。1984 年年初，郊区人民政府由派出性机构改为独立行使区（县）级政权职能的机构。同年，始设交通局。2008 年全国实行税费改革，交通规费停止征收，交通局职能由规费征收向行业管理逐步转化。2010 年 10 月郊区交通局正式更名为阳泉市郊区交通运输局。2019 年年末全局下设办公室、安教法规股（行政审批管理股）、财务管理股、公路建养管理股（区国防动员委员会交通战备办公室）、道路运输管理股（地方海事处）。共有编制人数 72 人，在编 60 人。

组织沿革

交通运输局工会于 1984 年开始筹建，为区直属工会。当年 10 月，成立工会筹建组。1985 年，工会组织正式成立，工会名称沿用当时单位名称，为区交通局工会委员会。当年 7 月 12 日，选举产生第一届工会委员会，王秋生当选为主席，白维平当选为副主席，侯丑玉、冯巨保、李花花当选为委员。1988 年 7 月 13 日，选举产生第二届工会委员会，白益年当选为主席，史才元当选为副主席，李花花、阎书明、贾小平当选为委员。1994 年，由于领导工作变动，选举白子斌担任工会主席。1999 年 8 月 4 日，工会组织换届、选举产生第三届工会委员会，白子斌当选为主席，杨玉明当选为副主席，李花花、张海忠、侯三宝当选为委员。白雅平当选为经费审查委员会主任，张玉军、张玉华当选为经费审查委员会委员。2000 年，划归郊区工交系统工会。2011 年，工会组织进行调整，石仲梁担任主席，荆华明任工会副主席。2013 年，工会组织再次进行调整，刘王文兼任工会主席。2013 年 4 月，划归区直机关系统工会。截至

2019 年，阳泉市郊区交通运输局工会会员有 100 人，其中女会员 33 人。

主要工作

区交通运输局工会成立后，贯彻执行党的路线、方针、政策，最大程度地把职工组织到工会中来，维护和保障职工的合法权益，充分发挥党联系职工群众的桥梁纽带作用，努力实现工会工作创新与发展，为郊区交通运输局开展各项工作做出了贡献。

完善基层工会组织建设。积极发展单位职工入会，不断提高工会组织创新、协调、服务等方面的能力，认真组织落实“巾帼文明号”和“工人先锋号”等创建活动，增强工会吸引力和凝聚力。加强工会组织规范化建设，成立各部门工会小组，建立健全了职工代表大会制度，重大工作事项及评奖评优，都要通过职工代表大会或职工大会民主审议，促进单位管理决策科学化、民主化。

提升职工综合素质。工会成立以来高度重视职工素质培养，配合党总支大力开展学习型组织创建活动，利用“学习日”集中组织职工学习党的先进理论、深入学习中共十九大精神、学习贯彻习近平新时代中国特色社会主义思想；借助互联网平台和在线直播教育，学习交通工作政策法规，学习业务知识和理论知识，提高干部职工的思想政治水平和业务素养。

开展帮扶和维权工作。开展困难职工摸底帮扶工作，汇编困难职工花名册，落实困难职工帮扶制度，及时解决职工医疗、生活、子女上学和法律援助等方面的困难；开展职工大病医疗互助工作，建立郊区交通运输局职工大病医疗互助档案，互助档案纳入人数累计 1000 余人次，累计缴纳互助金 7 万余元；关注职工身心健康，开展离退休人员、在职人员体检和慰问活动；开展“职工之家”建设活动，为职工谋福利，特殊节假日向职工发放大米、食用油、鸡蛋等生活用品；积极维护女职工的合法权益。

举办文体活动提升职工精神面貌。设立图书室，举办乒乓球、象棋、拔河以及合唱等各类文体活动，丰富职工的业余精神文化生活。2013 年 9 月 29 日，组队参加郊区总工会与郊区文体局在郊区政府广场联合举办的全区职工第九套广播体操大型比赛活动，并获得三等奖；2016 年开展纪念中国工农红军长征胜利 80 周年红歌合唱比赛；2018 年开展“迎五一”职工健身文化体育活动；2019 年举行“迎五一”职工文体活动，通过这些活动，促进上下级之间的沟通，增强职工的集体主义观念，营造团结友爱的工作氛围，使职工能够以更加饱满的热情投入交通工作的总目标中。

城乡建设发展总公司工会

（互见第六章第一节）

第二节　教育系统工会

系统概况

中华人民共和国成立后，郊区教育事业蓬勃发展，教育主管部门逐步健全。1954 年 10 月，本区首届人民代表大会选举产生的区人民政府时称阳泉市第二区人民政府，始设文卫股。此后相继改设文卫科、文教局。1969 年 1 月，荫营区革命委员会撤销，郊区革命委员会成立，区革命委员会实行党政合一的体制，称“一元化领导”。机构设置有办事组、政治工作组、治安保卫组、生产指挥组。其中，政治工作组取代区人民委员会的文卫部门。1976 年 6 月，撤销政治工作组等，设立文教办公室。1981 年 9 月召开阳泉市郊区第九届人民代表大会，成立阳泉市郊区人民政府。政府部门开始完善，设教育局。1992 年 10 月，教育局改称教育委员会。2001 年 7 月，教育委员会又更名教育局。与此同时，机构改革步伐加快，为提高机关工作效率，本区按照行业或工作属性设立教育等八大系统党委，负责机关党建及工会等工作的开展，党委书记由区委及区政府各部门退居二线的领导担任。其中教育系统下辖全区所有普通中小学、职业学校、幼儿园等教育机构。至 2002 年，全区共有普通中小学 154 所，其中普通高中 2 所、综合高中 1 所、初级中学 18 所、小学 132 所；普通中小学教职工 3046 人；中小学生 34675 人。职业学校 8 所，其中区职教中心 1 所，乡镇职业学校 7 所，教职工 168 人，在校生 1556 人。幼儿园（班）128 个，其中独立幼儿园 78 所，幼儿教师 642 人，在园幼儿 7838 人。2019 年 2 月 27 日，郊区教育科技局举行揭牌仪式，郊区原教育局和郊区原科技局经过机构改革重新整合。年末，全区共有中小学校、幼儿园 136 所，其中普通高中 2 所，区职业高级中学 1 所，九年一贯制学校 4 所，单办初中 8 所，小学 24 所，幼儿园 97 所，在校中小学生 19354 人，幼儿 6008 人，教职工 1933 人。教育工会下属基层工会 30 个，工会会员 1933 人。

组织沿革

1990 年以前，郊区教育系统没有统一的工会组织，各学校工会受当地乡镇工会组织领导和管理。1991 年 10 月，郊区教育系统工会委员会成立，为区总工会直属。各乡镇联校、中学共 36 个基层工会委员会统一接受领导和管理，当年教育系统工会会员达 2132 名。2018 年 1 月，阳泉经济技术开发区教育事务移交郊区，阳泉市第十中学校工会、阳泉市第二十中学校工会、阳泉经济技术开发区小学联校工会 3 个基层工会随之归属郊区教育工会统一管理。截至 2019 年，郊区教育系统工会联合会下辖 30 个基层工会，有工会会员 1933 人。30 个基层工会各设兼职工会主席 1 人，组宣、民管、女工、文体、劳保等委员 3 至 5 人，在区教育工会和学校党组织领导下，独立开展工作。

1991 年，阳泉市郊区教育工会首次代表大会召开

2018 年，中国教育工会阳泉市郊区第五次代表大会召开

郊区教育系统历届工会主席副主席一览表

表 5-3

届 次	姓 名	性别	工会职务	任职时间	行政职务
一	贾思荣	男	主 席	1990 年 10 月至 1992 年 12 月	副局长
	王公隆	男	副主席	1990 年 10 月至 1992 年 12 月	—
	孙荣华	女	副主席	1990 年 10 月至 1992 年 12 月	幼教科长
二	张 玲	男	主 席	1992 年 12 月至 1998 年 6 月	人事科长
	荆保平	男	主 席	1998 年 6 月至 1999 年 6 月	—
	白润英	女	主 席	1999 年 6 月至 1999 年 9 月	—
	周举贤	男	副主席	1992 年 12 月至 1998 年 11 月	—
	孙荣华	女	副主席	1992 年 12 月至 1999 年 9 月	—
三	白润英	女	主 席	1999 年 9 月至 2008 年 2 月	—
	张富才	男	副主席	1999 年 9 月至 2008 年 2 月	—
	孙荣华	女	副主席	1999 年 9 月至 2005 年 5 月	—
四	樊振平	男	主 席	2008 年 2 月至 2018 年 1 月	—
	张富才	男	副主席	2008 年 2 月至 2018 年 1 月	—
	梁艳君	女	副主席	2008 年 2 月至 2018 年 1 月	—
五	张富才	男	主 席	2018 年 1 月起	—
	马海滨	男	副主席	2018 年 1 月起	—
	梁艳君	女	副主席	2018 年 1 月起	—

2019 年教育系统部分基层工会组织建设一览表

表 5-4　　单位：人

工会名称	建会时间	工会主席	职工人数	会员人数
荫营中学工会	1980 年	张文斌	205	205
郊区职业高级中学工会	1987 年 7 月	郭霄跻	113	113
实验小学工会	1982 年	史祥田	49	49
育才小学工会	2009 年 12 月	李 丽	59	55
育英小学工会	2008 年	李庆华	37	37
文苑小学工会	2014 年 4 月	闫招龙	45	45
实验幼儿园工会	2004 年	郭拉娥	42	26
文苑幼儿园工会	2014 年 5 月	李富花	37	13
阳泉市第十中学工会	2008 年 11 月	刘素琴	180	147
荫营第二中学工会	1981 年	余素明	103	103
河底中学工会	1983 年	郝建国	95	63
白泉中学工会	1983 年	赵小平	25	29
三泉中学工会	1986 年	王 鹏	29	29
三郊中学工会	1983 年	张 贤	49	46

续表 5-4

工会名称	建会时间	工会主席	职工人数	会员人数
西南舁中学工会	1982 年 9 月	胡瑞忠	43	44
平坦中学工会	1987 年 9 月	荆卫海	36	36
阳泉市第二十中学工会	1985 年	陈守江	82	82
杨家庄学校工会	2010 年 1 月	孙巨文	55	55
桃苑学校工会	2004 年	荆贵清	50	50
燕龛学校工会	2008 年 12 月	曹保平	—	31
开发区联校工会	2004 年 4 月	刘　静	—	65
荫营联校工会	1983 年	史香银	162	149
河底联校工会	1983 年	刘彦平	122	122
平坦联校工会	1983 年	姚红梅	45	44
杨家庄联校工会	1980 年 1 月	贾珍宝	—	31
李家庄联校工会	1980 年	梁一轮	28	28
西南舁联校工会	1983 年	高贵寿	76	74
教师进修学校工会	1986 年 3 月	田爱寿	14	14

主要工作

持续提升教师素质。依托各校“职工书屋”创建学习型工会，开展“多读书、读好书”活动，引导教师撰写读书心得、教育论文、感悟随笔等，许多优秀作品在《山西教育》《阳泉教育》《阳泉教育报》等刊物发表。2018 年，组织了全区中小学校（园）长“书香校园读书”活动，校（园）长带头读书，每天读书不少于 1 小时、每月撰写一篇不少于 1000 字的读书心得。坚持通过师德演讲，教师承诺，评选“学生满意的教师”“师德标兵”等多种形式强化师德宣传教育。2013 年 8 月，组织评选 10 名“最美乡村幼儿教师”。实施职业技能提升工程，经常性组织三笔字、书画、课堂教学技能，信息技术与课堂教学整合能力等业务竞赛活动，多次组织参加市、区职工技能竞赛。李素红、李丹霞、贾美英、高慧芳被教育部授予“全国优秀教师”称号；贾美英被山西省总工会授予“五一巾帼奖”。

丰富教职工文体活动。深入实施教师健康工程，2000 年起，有计划、有组织地开展教职工健身活动，保证每名教师“人手一件活动工具、人人掌握一项健身技能、人人每天活动一小时”。多次组织教职工开展广播操、羽毛球、篮球、乒乓球等体育竞赛和中国象棋、华牌比赛。2009 年起，每三年举办一次教职工健康运动会，参与人数达 3900 余人次。积极组织参加区工会举办的篮球、乒乓球、羽毛球、广播操、全健排舞等比赛，共获得 5 个第一名、5 个第二名、6 个第三名。2019 年，组队参加区“和谐杯”第三届职工篮球赛，获甲 C 组冠军，并代表郊区参加“市政杯”篮球赛，获甲 B 组第四名。举办了 2 届教职工书画摄影展。2019 年，组织了“新时代、新风采——美丽教师”教职工文艺演出。2019 年，组织职工参加郊区市、区“歌颂祖国七十载，共筑伟大中国梦”合唱比赛，获市级二等奖、区级机关组第一名。积极组织为教职工免费体检，用切实行动为教职工健康保驾护航。

2018年，郊区教育局"非遗进校园"传统剪纸培训

2019年，郊区教育局开展"庆三八传承传统文化，编织美好生活"手工培训

维护教职工合法权益。2002年，区教育工会成立"全区教师爱心扶贫帮困互助会"，通过会员教师自愿的捐资办法筹集资金，对患大病和因病致贫教师进行资助。至2006年，共筹资15万元，资助全区205名患大病教师和因病致贫教师，此项工作受到市总工会的高度评价，并在全市范围内推广。从2003年起，全区教师参加了医疗保险，彻底解决了教职工医药费报销难的问题。2007年，教师爱心扶贫帮困互助会停止运行。严格落实困难职工帮扶政策，积极开展"送温暖""金秋助学"等扶贫济困活动，截至2019年，全区共有480余名困难教师得到慰问和救助。积极完善职工大病医疗互助制度，全区教职工参加市职工大病医疗互助率达95%以上。维护女教职工特殊权益，每年"三八"国际妇女节期间，均要组织开展庆祝"三八"国际妇女节、"巾帼建功""女职工素质自我达标"竞赛等活动。关注离退休教师生活，坚持每年春节、重阳节对离退休的教职工进行慰问，把党和政府的温暖送到每一位教师心中。2019年，区教育工会严格落实省、市、区工会关于创办工会爱心托管班的有关要求，指导区实验小学创办了全区第一个"暑期爱心托管班"，招收20名学生，挑选6名素质高、业务精的语文、数学、英语学科教师为学生上课，为职工解除了假期照管孩子的后顾之忧。区教育局、区实验小学爱心托管班被市教育局、市总工会分别授予"2019年工会爱心托管工作优秀组织奖"和"阳泉市首批工会爱心托管班"。

推进学校民主管理。区教育工会出台了《阳泉市郊区教职工（代表）大会工作规程》，通过强化培训，加强指导，发挥教代会在学校民主管理中的积极作用。开展星级教职工（代表）大会创建活动，共创建五星级教代会5个、四星级教代会7个。2010年9月，玉泉中学教代会被评为市级"五星级"教代会。

全面提升工会工作水平。区教育工会坚持把加强工会自身建设作为保持工会组织充满活力、经久不衰的重要手段，坚持依法建会、依法治会，促进了教育工会组织标准化，工作规范化。坚持对工会干部进行工会业务培训，组织工会干部参加市、区两级工会组织的业务培训。经常性深入基层，对基层工会换届选举、工会工作程序、财务管理与使用等进行督促指导。开展创星达级活动，共创建五星级工会组织7个、四星级工会组织10个、三星级工会组织5个。推进"模范教职工之家"建设，树立了河底中学、玉泉中学等"模范教职工之家"典型，3个基层工会获得区级"模范职工之家"称号，1个基层工会获得市级"模范职工之家"称号。

基层工会

荫营中学工会

学校概况

阳泉市郊区荫营中学，隶属于郊区教育局，位于下荫营村。始建于1958年，为初级中学。最初设在后沟村任家大院，首届招生200名。1962年，学校师生利用课余时间和节假日，自己动手凿石烧砖，在下荫营红土垴修建教室4间、办公室6间和宿舍10间。1964年被评为阳泉市先进集体。1965年改名为阳泉市第三中学（红卫三中），1970年恢复原名，并开始设立高中班。1979年，理科重点班有18名学生考入大专院校。1980年被确定为全区重点高中后，从中佐中学、杨家庄中学调入8名骨干教师，充实加强了师资力量。1982年撤销初中班，改为三年制单办高中。1989年更名为阳泉市郊区第一中学，2001年8月复称荫营中学。

1984年至1993年，区政府先后两次共投资390万元，新建教学楼1幢、办公楼1幢、教职工宿舍楼2幢、学生宿舍楼3幢。学校占地面积21836平方米，设有物理实验室2个、化学实验室2个、生物实验室1个；还设有语音、电化、美术、音乐专用教室及图书室、阅览室、校办印刷厂等。1997年开始有学生考入清华、北大等名牌大学。2001年9月，学校科学大楼兼校门建成。2002年8月，学生公寓大楼建成并投入使用。2003年，区委、区政府实施了捐资助教活动，接受社会各界捐款1400余万元，总投资近3000万元，建起了400米标准塑胶运动场、10个综合活动教室，拓展东部操场近2000平方米，建设了6个篮球场和20个乒乓球台。同年高考中，本科达线率位居全市第一，尖子生总数居全省首位，8名同学被清华、北大录取。2004年，首创阳泉市高考达线人数突破500人大关的学校历史，创下高考尖子生人数居山西省第一、达线率和达线人数为阳泉市最高的纪录。高考二本以上达线率46.5%，升学率90%，位居山西省同类学校前列。

2008年9月，郊区举行了为荫营中学二期改扩建工程现场捐款仪式，社会各界捐款1981.4万元。至年末，学校占地面积77372平方米。有综合教学大楼、办公大楼、艺术活动大楼、科学大楼、学生公寓、规模型餐厅、标准400米全塑胶体育场、省一级图书馆、电子阅览室、购物商场及45个多媒体教室、32个球类运动场、15个音体美专用教室，为16轨制高级中学。有教职工188人，其中享受政府名师津贴5人，国家、省、市学科带头人、骨干教师、教学能手21人，学历合格率100%。在校学生2594人。累计考入清华、北大的学生31人，保持了连续12年有学生考入清华、北大的纪录。至2019年，学校有教职工205人，教学班50个，在校学生2480余人。学校先后荣获“国家民主管理先进集体”“教育部国防教育示范校”“山西省示范高中校”“山西省文明学校”“山西省德育示范学校”“体育传统项目学校”“三晋名校”等称号。学校工会委员会共有委员11人，经费审查委员会共有委员4人。

组织沿革

1980年，荫营中学工会正式成立，为郊区工会直属。谌志让任工会主席。1983年，荫营中学工会进行换届，王树忠任工会主席，湛志让任副主席，委员叶素芳、史文华、石丙旭，工会经费审查委员会由樊振平、贾云秀、王福寿组成，樊振平任主任。1990年，荫营中学工会进行换届，余培厚任工会主席，张学魁任副主席，委员石丙旭、周所堂、杨芝萍。1990年10

月，划归郊区教育系统工会。1996 年，荫营中学工会换届，余培厚任工会主席，张学魁任副主席，委员石丙旭、周所堂、杨芝萍。2001 年，荫营中学工会换届，余培厚任工会主席，张学魁任副主席，委员石丙旭、周所堂、杨芝萍。2003 年，荫营中学工会换届，石丙旭任工会主席，委员杨金如、周所堂、杨芝萍。2005 年，荫营中学工会换届，张文斌任工会主席，张虎任副主席，委员姚素琴、周所堂、苗青山、李保福；李保福任经费审查委员会主任，高云忠、王胜利、武凤英为委员。2011 年，荫营中学工会换届，张文斌任工会主席，姚素琴任副主席，委员王卫星、杨金如、李素琴；王卫星任经费审查委员会主任，石国庆、李素琴为经费审查委员会委员。2017 年，荫营中学工会换届，张文斌任工会主席，姚素琴任副主席，委员王卫星、苗青山、石国庆；王卫星任经费审查委员会主任，石国庆、杨素花、宋森健为委员。

主要工作

荫营中学工会成立后，一直致力于为全校教职工服务，重点开展了以下工作。

开展工会日常工作。每年利用元旦、春节、妇女节、教师节等开展座谈会、登山、外出参观等活动，丰富职工业余生活，增强团队凝聚力。积极为教职工谋福利，2011 年起，响应上级工会号召，每年组织教职工免费体检，有效地保护了教职工身体健康。每年组织教职工参加大病医疗互助，为教职工解决后顾之忧。关心贫困教职工，坚持每年开展为困难职工送温暖活动，为困难职工送去慰问品、慰问金，使他们感受到学校和工会的关怀。

完善工会各项制度。荫营中学工会成立以来，严格按照上级工会要求，逐步建立完善各项工作制度，认真组织开展工会各项工作，推动工会工作的规范化、制度化建设。学校工会先后被评为区级“五星级”工会、“五星级”教代会，“爱心妈咪小屋”被评为省级“五星级”妈咪小屋。

参加上级各项活动。组队参加区工会组织的“五一”登高健步走活动，积极参加区教育工会组织的教职工趣味运动会、教师节文艺汇演和广播操、篮球、乒乓球、羽毛球比赛等，并取得优异成绩，在 2019 年全区教职工三人制篮球赛中，获女子组第一名，男子组第六名；2019 年 4 月，在区总工会组织的迎“五一”职工登高健步走活动中，17 名教职工分获一、二、三等奖及优秀奖。

组织开展劳动竞赛。学校工会坚持每年与学校教务处、政教处联合开展教育教学技能竞赛，得到了学校领导和广大教师的大力支持。通过技能竞赛，提升了教师专业技能，锻炼了年轻教师，涌现出一批年轻、有潜力的优秀教师。2008 年 6 月，精心组织选手参加了阳泉市第五届职工技术大赛，经过为期两个多月的角逐，该校赵瑞荣获计算机平面设计金牌，荣记山西省一等功，被评为“阳泉市首席员工”，享受三年每月 60 元的首席员工津贴，并获“阳泉市技术能手”光荣称号；该校以 130 分的成绩获得计算机平面设计团体第二名。

郊区职业高级中学工会

学校概况

阳泉市郊区职业高级中学位于阳泉市区古城路，是区政府主办的一所融职业教育、成人教育和综合高中教育为一体的学历教育与职业培训并举的中等职业学校。始建于 1987 年 6 月。1989 年 9 月成为山西省合格职业学校，1995 年 11 月建成为省级重点职业中学，1997 年扩建为

“阳泉市郊区职业教育中心”，2001 年 8 月定名为“阳泉市古城中学校”，实行一所学校、两块牌子，招收综合高中班。学校以文化课为基础，以专业课为主导，以实训课为途径，注重实践技能训练，致力于“双师型”教师队伍建设。学校坚持内抓管理上质量，外抓就业找市场，横联企业搞培训，上挂高校送人才，多资格入学，多平台教学，多证书毕业，多渠道升学就业，加强校企合作，实现优势互补，充分发挥职业教育在经济建设和社会发展中的重要作用。在综合高中实施高一扎实打基础，高二选修抓渗透，高三合理搞分流的教育模式，并开展校企合作订单式定向在职培训、校企合作订单式定向转移培训等形式的短期培训。2004 年 6 月被确定为阳泉市农村劳动力转移培训基地。

学校占地面积 3.4 万平方米，建筑面积 2.7 万平方米。有校园网、图书室、物理实验室、生化实验室、财会模拟室、舞蹈训练室、琴法训练室、餐饮实训室、教师电子备课室、两个多媒体电教室、三个计算机教室等先进的教学设施。2019 年，有在校学生 976 人，教职工 113 人。学校先后荣获“全国依法治校示范学校”“山西省教育系统先进集体”“山西省依法治校示范学校”“山西省文明学校”“山西省创建平安校园先进集体”等称号。2019 年，学校工会共有会员 113 人，工会委员会共有委员 5 人。

组织沿革

1987 年 6 月，郊区职业高级中学校建校并成立工会，王耀威负责学校工会工作，为郊区总工会直属。1989 年 10 月，召开第二次工会会员代表大会，史通真当选为工会主席，杨坑、高芳为委员。1990 年 10 月，划归郊区教育系统工会。1993 年 9 月，召开第三次工会会员代表大会，史通真再次当选为工会主席。1993 年 9 月至 2010 年 1 月，史通真连续任郊区职业高级中学工会第四届、第五届工会主席。2010 年 1 月，召开第六次工会会员代表大会，郭霄跻当选为工会主席。2016 年 12 月，召开第七次工会会员代表大会，郭霄跻当选为工会主席。

主要工作

郊区职业高级中学校工会成立后，重点开展了以下工作。

组织劳动竞赛。从 1996 年起，学校工会组织教职工开展公开课、优质课等教学技能竞赛，组织了“教学能手”“骨干教师”评选。2008 年 6 月，精心组织选手参加了阳泉市第五届职工技术大赛，经过为期两个多月的角逐，本校姜涛荣获“阳泉市技术能手”光荣称号。至 2019 年，学校拥有省级教学能手 6 人，市级教学能手 12 人，市级骨干教师 8 人，区级学科带头人 10 人，区级骨干教师 6 人。

开展文体活动。1994 年起，学校工会积极组织教职工参加郊区教育工会及郊区总工会举办的书法、绘画展评比赛和象棋、华牌、乒乓球、篮球、羽毛球、广播体操等比赛，并取得优异成绩。2014 年 9 月，组队参加全区教育系统职工篮球比赛，获团体总分第一名。2016 年 9 月，组队参加全区教职工趣味运动会，获团体总分第二名。2017 年 10 月，组队参加全区教职工广播操比赛，获团体总分第一名。2018 年 9 月，组织教职工排练的节目《红红火火》，参加全区庆祝教师节文艺会演，获优秀奖。

维护职工权益。自学校工会成立以来，积极开展扶贫济困活动，组织教职工为灾区人民捐衣、捐物、捐款，对困难职工定期补助。1993 年至 2019 年，学校工会平均每两年为教职工进行一次免费体检。

实验小学工会

学校概况

阳泉市郊区实验小学建于1981年，隶属于郊区教育局，位于荫营镇东大街，占地面积12006平方米，建筑面积6372平方米。1990年确定为山西省首批示范小学。1991年开始实行小学教学“三算”实验，1992年开始实行小学音乐五线谱教学实验，1993年开始实行小学英语教学实验，同年被验收为阳泉市首批规范化学校。2002年，下荫营小学并入阳泉市郊区实验小学。2004年被省教育厅命名为“山西省义务教育示范学校”。

学校建立后，先后被评为省“关心下一代工作先进集体”、省“语言文字规范化示范校”、市“文明学校”、市“现代教育技术实验示范校”、市“基础教育先进集体”、区“素质教育示范校”、区“基础教育课程改革实验示范校”、区“教学质量先进学校”等。2019年，有18个教学班，学生834人，教职工49人，其中高级职称1人，中级职称20人，初级职称26人，大专以上文化程度占95%，其中省级学科带头人及骨干教师8人，市、区学科带头人及骨干教师25人。

组织沿革

1983年12月，郊区实验小学正式成立工会组织，为郊区工会直属。1984年1月，实验小学工会召开第一次会员大会，选举王慈为第一届工会主席，王志进任副主席，委员赵俊、毕慕洁、史丙庆。1990年10月，划归郊区教育系统工会。1994年至1995年，牛忠锁任工会主席。1995年至2000年，王七所任工会主席。2000年至2002年，史同生任工会主席。2002年至2008年，曹瑞国任工会主席。2008年至2019年，史祥田任工会主席。有会员49人，会员入会率100%。工会委员会委员3人，经费审查委员会委员1人、女职工委员会委员1人。

主要工作

学校工会成立后，在上级工会组织和学校党支部的领导下，切实维护教职工合法权益，为教职工谋福利，配合学校党支部、行政开展各项活动。

发挥教育职能，提高教职工素质。历届工会组织积极发展新教职工入会，入会率达100%。利用集会、广播、墙报等方式组织教职工学习《中华人民共和国工会法》《中国工会章程》《中华人民共和国教师法》《中华人民共和国义务教育法》等法律法规，积极鼓励教职工参加各类进修，提高自身专业素质。教育引导全体会员热爱学校、热爱教育工作，顾全大局，学会合作，和睦相处。

开展日常工作，为职工谋福利。每年利用元旦、春节、“三八”国际妇女节、教师节等重要节日和时间节点，组织座谈、登山活动、外出参观等形式多样、内容丰富的工会活动，努力营造和谐向上的工作氛围。严格落实工会相关规定，为教职工谋福利，关心贫困教职工，积极开展送温暖工作。2019年8月，区实验小学工会爱心托管班正式开班，成为全区首个爱心托管班，招收学生20名，切实解决职工子女暑假期间无人看护的问题。学校工会以此为契机，继续坚持以职工需求为导向，进一步优化广大职工的服务体验，畅通与职工的联系渠道，做让职工暖心、放心、安心的娘家人和贴心人。

推行校务公开、加强民主管理。学校工会组织积极参与学校管理，强化民主评议、民主管理工作，如教职工评优选先、晋职晋级、各种制度的制订、学校经费的审议、领导干部的述职评议、绩效的分配等，组织召开教代会，民主审议通过学校的各种决定，增强学校各项工作的透明度，努力提高学校民主管理水平。2013 年阳泉市总工会被评为“五星级基层工会”。

落实服务职能，关心职工生活。关注教职工身心健康，配备会员活动室，购买了文体活动器材设备，组织各类文体活动，每年组织一次职工运动会，利用元旦、教师节等节日组织教师联欢会。教职工的红白喜事，工会前往关怀；教职工及配偶生病住院，工会前往探望，组织职工进行健康体检，建立会员健康档案，时刻关注教师身体健康。

2015 年获全区第三届教职工健康运动会团体第三名，乒乓球赛第二名；2018 年获全区第四届教职工健康运动会团体第六名。

育才小学工会

学校概况

郊区育才小学成立于 2009 年，是由原荫营煤矿子弟小学、荫营镇坪上小学、荫营小学、老虎沟小学、桥上小学、矾窑小学（3 ～ 6 年级）6 所学校合并而成的一所区直属公办小学。也是郊区政府 2009 年为民办实事的重点工程之一。学校占地面积 38 亩，建筑面积 8100 平方米，全框架结构 3 层，局部 4 层。建有标准 200 米环形跑道体育场，300 平方米水冲式厕所，配有直饮式净化水饮水设备。工程总投资 2500 余万元，教学楼及操场硬化绿化等配套费用 1500 余万元。学校安装有校园广播系统，班班配备多媒体教学设备，拥有学生计算机教室、教师电子备课室、图书室、舞蹈室、美术室、乒乓球室等专用教室。2019 年，学校有教职员工 59 人，学生 900 余人。工会会员 55 人，工会委员会委员 5 人、经费审查委员会委员 3 人。

组织沿革

育才小学工会成立于 2009 年 12 月 25 日，隶属于郊区教育系统工会。刘宝明任第一届工会主席，后连任第二届工会主席。2019 年 10 月，育才小学工会召开第三次会员大会，选举李丽为第三届工会主席。

主要工作

2009 年育才小学工会伴随着育才小学成立应运而生，成立伊始秉持“紧紧依靠教职工促进学校发展”的工作理念，集民智、聚民力、解民忧，充分发挥“维护、建设、参与、教育”四项职能，努力将工会建设成为教职工的充电学园、活动乐园、生活家园、合作生态园的“四园”目标。

夯实基点，强化组织建设。挑选热衷于工运事业的领导、教师充实到工会组织中，形成强有力的为教职工服务的合力。从第一届的艰辛探索，到第二届的秉承创新，再到第三届的乘势而上，彰显着工会组织的凝聚力和战斗力，努力成为为教职工竭诚服务的“娘家人”。

关注热点，厚植为民情怀。常思群众之苦，常想群众之盼，畅通民主渠道，唤醒教职工的民主意识，孕育“工会是我家，建设靠大家”的浓郁风气。博雅书屋、乒乓球室、健身房满足教师文体活动需求，让他们有更多的获得感、幸福感、职业荣誉感。

凸显亮点，为学校辉煌发展添光加彩。2014 年 1 月被阳泉市总工会授予“五星级基层工会”

称号；2012 年 5 月被郊区总工会授予“安康杯竞赛优胜单位”称号；2015 年 10 月，在阳泉市总工会“点对点”民主管理现场会上代表郊区总工会作经验介绍；2012 年 9 月在全区教职工文艺会演中荣获一等奖；2015 年 10 月，在全区第三届教职工健康运动会上荣获团体第七名、趣味比赛第五名、羽毛球比赛第六名；2017 年 9 月，在全区第 33 个教师节教职工书画比赛中获优秀组织奖；2017 年 10 月，在全区教职工广播操比赛中获三等奖和优秀组织奖；2018 年 8 月，在全区第四届教职工健康运动会中获团体第五名；2018 年 9 月，在全区教职工文艺会演中荣获二等奖；2019 年 7 月，在全区教职工三人制篮球赛中获女子组第六名。

育英小学工会

学校概况

郊区育英小学位于阳泉市固庄煤矿新区，于 2008 年 8 月由原固庄煤矿子弟学校小学部和任家峪中心小学合并重组而成。2019 年 9 月苇泊小学并入育英小学。学校有教职工 37 人，学生 276 人，8 个教学班。育英小学工会有会员 37 人。

组织沿革

育英小学工会于 2008 年正式成立，隶属于郊区教育系统工会。曹瑞国任第一、第二届工会主席，李庆华任第三届工会主席。

主要工作

育英小学工会成立后，重点开展了以下工作。

组织开展文体活动。2008 年起，工会每年组织体育周活动，积极组织教职工参加学校以及上级工会、部门举办的乒乓球赛、篮球赛、拔河赛、健康运动会等文体活动。2009 年组织女职工参加郊区总工会举办的全健排舞大赛。2009 年被评为学习贯彻《中小学教师职业道德规范》先进集体。2012 年 9 月，节目《阳光大道》在郊区教职工文艺会演中获二等奖。

切实保障教职工利益。育英小学工会成立后，始终把关心关怀困难教职工作为工会工作的重要内容，积极为困难教职工排忧解难，把工会的温暖传递到每一位困难教职工。每年“三八”国际妇女节组织女教师联欢活动，并为全体女教师送上节日祝福。定期组织教职工进行健康体检，时刻关注教职工身心健康，用实际行动维护教职工切身利益。

文苑小学工会

学校概况

阳泉市郊区文苑小学成立于 2013 年 9 月，坐落于郊区荫营文华苑小区，是郊区直属的一所三轨制全日制小学。学校占地面积 13000 平方米，建筑面积 5785.7 平方米，综合教学楼为主体三层、局部四层框架结构，建有图书室、阅览室、音乐教室、舞蹈教室、美术教室、科学实验室、计算机教室、心理咨询室、阶梯教室等，项目规划总投资 1200 万元。2013 年招生 279 人。学校教职工 37 人，其中国家级优秀教师 1 人，省级骨干教师、教学能手 2 人，市级学科带头人、骨干教师、教学能手 9 人，区级学科带头人、骨干教师、教学新秀 14 人，名师人数占教师总数的 67.5%。中级教师 8 人、占教师总数的 21.6%，初级教师 29 人。2019 年，学校有在校学生 824 人，18 个教学班，教职工 45 人。学校工会委员会下设 4 个工会小组，共有会员 45 人。

组织沿革

2014年4月25日，文苑小学工会正式成立，隶属于郊区教育系统工会。在第一次工会会员大会上，选举闫招龙为工会主席，高芳、荆毅平、延双梅、史慧秀分别担任工会副主席、组织委员、宣传委员和文体委员。同时还选举产生了经费审查委员会和女职工委员会。

主要工作

文苑小学工会成立以来，本着发挥学校工会在协调维护教师合法权益、当好参谋、服务学校中心工作、送温暖扶贫帮困、开展文体活动凝聚人心等职能，积极开展工作。组织全体教职工参加职工大病医疗互助活动，定期开展教职工文体活动，丰富职工的校园生活。2017年10月获全区教职工广播操比赛一等奖。

实验幼儿园工会

园情概况

阳泉市郊区实验幼儿园始建于2002年8月，坐落在郊区瑞丰花园小区中心。是郊区第一所区直幼儿园，为原区实验小学附属幼儿班与下荫营幼儿园合并后的新建园，2002年有幼儿288名，教职工22名，教学班8个，其中大班3个、中班3个、小班2个。占地面积为2500平方米，固定资产总价值为567704元。2019年有在园幼儿244名，教职工42人。工会会员26人。

组织沿革

2004年，郊区实验幼儿园召开第一次工会会员大会，正式成立郊区实验幼儿园工会委员会，隶属于郊区教育系统工会。选举郭拉娥为工会主席，后连任第二届工会主席。

2019年11月，召开第三次工会会员大会进行换届，选举葛艳丽为工会主席。

主要工作

郊区实验幼儿园工会成立以后，积极开展各项工作。

丰富职工文体活动。为教职工购买活动器械，包括跳绳、毽子、乒乓球台、瑜伽垫、健身器材等，组织教职工每天不少于1小时的体育活动。建立了“职工书屋”，购买了各类图书供职工阅读。重要节日组织教职工联欢等活动。

积极参加各类活动。2008年3月8日，工会组织全体教职工及家属51人参加“三八”登高望远活动，登上阳泉狮脑山，参观百团大战纪念碑。2009年3月5日，全体女教职工及36名幼儿参加由区妇联、区文体局联合主办的“健康锻炼每一天，幸福生活一辈子”庆“三八”全健排舞比赛，获一等奖。

切实关心职工生活。职工结婚、职工及亲属生病住院，工会组织都会在第一时间送去问候。2007年被评为“山西省三八红旗集体”。

文苑幼儿园工会

园情概况

郊区文苑幼儿园成立于2013年8月，是郊区第二所区直幼儿园，是区委、区政府2013年为民办的两大实事之一“优化幼教资源配置”的重点工程，学区范围主要是荫营南区新建住宅小区，解决新增城镇人口的幼儿入园问题。幼儿园占地面积2860平方米，建筑面积1735平方米，投资340万元，可容纳200名幼儿入园。2019年有幼儿272人，教职工37人。

组织沿革

2014 年 5 月，文苑幼儿园正式成立工会组织，隶属于郊区教育系统工会。6 月 17 日，召开第一次工会会员大会，选举产生由李富花、赵春燕、郝新卉、赵雪英、黄海霞 5 人组成的文苑幼儿园第一届工会委员会，李富花当选为工会主席。

主要工作

文苑幼儿园工会成立后，重点开展了以下工作。

组织技能竞赛。从 2014 年起，文苑幼儿园工会组织开展“教师专业技能”“教师才艺”等竞赛活动。2017 年，在庆祝第 33 个教师节教职工书画比赛中荣获优秀组织奖；在区教职工广播操比赛中荣获二等奖和优秀组织奖。

开展文体活动。2014 年起，每年组织教职工参加区教育工会举办的乒乓球赛、象棋赛、趣味运动比赛等文体活动。2018 年，在全区庆祝第 34 个教师节教职工文艺汇演中荣获“二等奖”。

维护教职工利益。幼儿园工会成立以来，每遇教职工家庭婚、丧、嫁、娶、产假、患病等，都会组织进行慰问，送去关心；对工作和生活有困难的教职工尽最大努力提供帮助，协调解决困难。教职工产假期间，除正常的产假外，尽量在工作时间、工作量上给予帮助照顾，使教职工感受到集体的温暖。定期对幼儿园工作开展情况进行考察了解，及时提出合理化建议，促进幼儿园和谐发展。开展扶贫济困，2015 年，在向受灾和贫困群众“送温暖、献爱心”社会捐款活动中捐款 700 元。

阳泉市第十中学工会

学校概况

阳泉市第十中学校是一所九年一贯制学校，初中部创建于 1994 年，小学部创建于 2001 年。学校有教学班 67 个，学生 2932 人，有教职工 180 人。学校工会有会员 147 人，工会委员会共有委员 5 名。

组织沿革

2008 年 11 月，召开第一次工会会员代表大会，选举产生第一届工会委员会，路寿堂任工会主席。隶属于开发区工会。2011 年 11 月，路寿堂当选为第二届工会主席。2014 年 11 月，召开第三次工会会员代表大会，选举产生第三届工会委员会，路寿堂当选为工会主席，刘素琴为副主席。2017 年 8 月，召开第四次工会会员代表大会，选举产生第四届工会委员会、经费审查委员会和女职工委员会，刘素琴当选为工会主席，程润斌为副主席；吴国育为经费审查委员会主任；周兰坤为女职工委员会主任。2018 年 5 月，划归郊区教育工会。

主要工作

阳泉十中工会成立后，重点开展了三项工作。

开展文体活动。学校工会成立以来，每年都在教师节、妇女节、元旦组织歌咏会、乒乓球赛、象棋赛、拔河比赛、趣味运动会、健步行等文体活动。2019 年组队参加全区教职工乒乓球赛和三人篮球赛，分别获得团体第五名和男子组第七名。

维护职工利益。帮助患重病教师申报职工大病互助补偿金，为困难职工发放一次性补助、每年召开退休教职工座谈会。

健全完善制度。学校工会成立以来，不断完善各项工作制度，推动工会工作的规范化。2018年，进一步制定和规范了《阳泉十中工会管理办法》《阳泉十中工会教职工福利费管理使用办法》，严格按照省市要求比例收取会员会费。

荫营第二中学工会

学校概况

阳泉市郊区荫营第二中学校位于阳泉市郊区荫营镇中兴南路7号。始建于1981年，由坪上、街上、桥上、后沟、老虎沟、下荫营、矾窑村集资50万元修建，初设教学班22个，首次招生862人。1983年新建了办公楼。1984年获得市委、市政府“振兴教育”奖匾1块。1990年，荫营镇投资新建1幢4层教学楼。1992年，整修了实验室、仪器室、音美教室、阅览室和文体活动室，购置了各类文体器材、教学仪器和1.5万册图书资料。1996年配备了微机室，实现软硬件设施的安全配套。2004年，区、镇政府出资完成了“拆火炉、上暖气”工程。2006年购置了40台计算机加入城域网，并建起了3个多媒体教室。

1996年以来，学校中考成绩连续多年名列全区前茅，先后被评为“阳泉市文明学校”“阳泉市德育示范学校”“阳泉市科技示范校”“山西省文明学校”等。2003年被评为“山西省示范初中”。2005年4月被评为山西省“法治教育先进单位”。2006年6月被评为“山西省依法治校示范校”，11月被评为阳泉市“平安文明学校”，12月被评为阳泉市“绿色学校”。

1994年改名为荫营镇中学，2001年恢复原名，2008年，荫营煤矿子弟学校中学部并至荫营二中。2010年更名为阳泉市郊区荫营第二中学校。2019年，学校共有24个教学班，在校学生1147人，工会会员103人。

组织沿革

荫营第二中学工会成立初期隶属于郊区工会，1990年10月，划归郊区教育系统工会。1981年至1994年6月，吴守全任第一届工会主席。1994年7月至1999年6月，王忠礼任第二届工会主席，余素明任副主席，委员温志春、黄国红、娄丽丽、宝宏亮、史明杰。1999年6月至2015年6月，王忠礼任第三届工会主席，余素明任副主席，成立了经费审查委员会，高云忠任主任，委员李鹏、郑建平。2015年6月，召开第四次工会会员代表大会，选举余素明为工会主席，史慧铭为副主席，委员温志春、黄国红、娄丽丽、宝宏亮，选举吴利锋为经费审查委员会主任，委员李鹏、任丽文。

主要工作

学校工会成立后，致力于丰富职工业余生活，成立了柔力球队、篮球队、乒乓球队、象棋队、舞蹈队等，各项活动开展如火如荼。2009年7月，在全区首届教职工健康运动会上获团体总分第三名；2012年8月，在第二届教职工健康运动会上获乒乓球比赛第四名。学校工会还积极组织教职工参加“五小”（小发明、小创造、小革新、小设计、小建议）竞赛。开放了职工书屋，不定期慰问困难教职工，让教职工感到工会大家庭的温暖。

河底中学工会

学校概况

河底中学位于河底村。始建于1958年，原名中佐中学，校址设在中佐村寿宁寺。1964年和1965年中考成绩曾连续名列全市榜首。“文化大革命”期间改称东方红中学。1970年开设农机、卫生、师训3个高中职业班，1971年开设普通高中班。从1977年恢复高考到1987年高中部被撤销，共有51人考入大专院校，250人考入中等专业学校。

1981年，河底镇开始在河底村和中佐村之间新建中学校舍。1983年第一期工程竣工迁入新址，更名为河底中学。1987年成为单办初中学校。1989年实现“一无两有三配套”。1989年，学校被省教育厅验收为山西省首批示范初中。1990年，学校参加了联合国驻亚太地区办事处组织的《提高中学生学习质量联合革新计划》（简称中学JIP），并坚持10年之久。1992年被评为“山西省德育工作先进集体”，1998年5月被省教育厅命名为“山西省农村办学红旗单位”。在全国“中华魂”读书活动中，王丰同学获国家级二等奖，在人民大会堂受奖。

2008年，固庄煤矿子弟学校中学部并入河底中学。2019年，燕龛学校初中部并入河底中学。2019年，学校有12个教学班，学生446人，教职工95人。工会共有会员63人，工会委员会委员5人，经费审查委员会委员3人。

组织沿革

1981年9月，河底中学前身中佐中学成立工会，为郊区工会直属。1983年并校，学校更名为河底中学，工会也随之更名为河底中学工会，工会委员会由李驹、袁永安、程国瑞、史太平、季润林组成，李驹担任工会主席，袁永安任副主席。1984年6月，工会组织进行调整，选举产生新一届工会委员会，任永才任主席，袁永安任副主席，委员程国瑞、史所玉、史太平、郭向京、刘守花。此后程国瑞替补为工会主席。1990年10月，划归郊区教育系统工会。1994年，工会进行换届，王国璋任工会主席，委员苏二白、季润林、吴利锋。2008年，工会进行换届，张建爱任工会主席，委员丁三孩、季润林、史银花。2012年，工会进行换届，刘占田任工会主席，委员赵毅明、张晓庆、史银花、刘建生；史义源任经费审查委员会主任，张德孝、郝建国为委员。2018年，工会进行换届，郝建国任工会主席，委员刘建生、王满红、贾倩倩、马彩霞；杨昆雁任经费审查委员会主任，张海斌、任小军为委员。

主要工作

河底中学工会成立后，重点开展了以下工作。

开展文体活动。1985年起，河底中学工会每年都会在妇女节、元旦、教师节等节日期间组织乒乓球赛、跳绳赛、象棋赛、拱猪赛、踢毽赛、拔河赛、趣味运动会、文艺展演等文体活动，丰富和活跃职工文体生活。2012年，由刘玉花、李军红、李秀英、李爱民、光育芳5名教师参演的节目《校园歌曲联唱》，在区教职工文艺会演中获得好评。2015年，组队参加区教职工健康运动会，获乒乓球比赛项目第一名。2018年，在全区庆祝第34个教师节教职工文艺会演中，刘玉花等教师参演的《千千阙歌》被评为优秀节目。2019年，组队参加郊区教职工乒乓球比赛，获团体第一名。

开展“送温暖”活动。自学校工会成立起，每年都积极开展为困难职工送温暖活动。从2012年起，每年定期对困难教职工进行帮扶。

维护教职工权益。2008年起，积极响应上级工会号召，每年为教职工免费体检。积极协助、督促学校推行校务公开，推进民主管理。2002年起，学校提高认识、加强领导、统一思想、积极行动，坚持开展校务决策公开工作，为教职工创造一个和谐、公平、愉悦的工作环境。

白泉中学工会

学校概况

白泉中学始建于1958年，位于郊区荫营镇上白泉村，服务半径6千米，有6个教学班，在校学生115人，教职工29人。工会会员29人。

组织沿革

20世纪50年代，白泉中学建校，随之成立工会组织，为郊区工会直属。1979年10月，韩军负责工会工作。1983年，工会组织换届，选举产生新一届工会委员会，李宙任主席，白瑞忠任副主席。1984年9月，工会组织再次换届，选举产生第三届工会委员会，韩存法任主席，委员郭肇堂、冯书明、马维、王润元、史锁存、梁双梅。1985年11月，杜汝堂替补为工会主席。1990年10月，划归郊区教育系统工会。1992年9月，白泉中学第四次工会会员代表大会召开，郭增当选为工会主席。2000年10月至2019年12月，赵小平当选为第五届至第八届工会主席。

主要工作

白泉中学工会成立后，重点开展了以下工作。

组织劳动竞赛。从1996年起，白泉中学工会组织教职工开展“公开课”“优质课”“教学能手”“骨干教师”等各项竞赛。至2019年，29位教职工中，拥有省级教学能手1人，市级教学能手1人，市级骨干教师1人，区级学科带头人6人，区级骨干教师3人。

开展文体活动。学校工会积极组织教职工参加区、镇举办的书法、绘画、乒乓球、象棋、篮球、歌咏、广播体操比赛等文体活动，并取得优异成绩。2014年9月，组队参加荫营镇“镇中杯”乒乓球团体赛，夺得团体总分第六名。2016年9月，组队参加区教职工羽毛球团体赛，获团体总分第八名。2018年9月，诗朗诵《教师说》在全区庆祝教师节教职工文艺会演中获三等奖。在2018年第四届趣味运动会上，取得团体总分第十二名。

维护教职工权益。2000年以来，每年为教职工进行免费体检；积极开展扶贫济困活动，给灾区人民捐衣、捐物，还对困难教职工定期补助，帮助贫困人群。

三泉中学工会

学校概况

三泉中学始建于1985年，是荫营镇镇办初级中学，位于郊区荫营镇三泉村。2019年，学校有教职工29人，教学班4个，在校学生139人。工会会员29人，工会委员会委员5人，经费审查委员会委员1人。

组织沿革

1986年，三泉中学第一届工会委员会成立，为郊区工会直属，王素文任工会主席。1990年10月，划归郊区教育系统工会。1992年，工会进行换届，梁民田任工会主席，委员郭世存、郭双河、梁富明。2003年，工会进行换届，郭世存任工会主席，委员王秋平、葛海花、王鹏、韩宁宁；赵宝福任经费审查委员会主任。2016年，工会进行换届，王鹏任工会主席，王振文任工会副主席，委员史卫莲、王小丽、袁少平；赵子庆任经费审查委员会主任。

主要工作

三泉中学工会成立后，重点开展了以下工作。

发挥教育职能，提高教职工素质。历届工会组织积极培养新教职工入会，入会率达 100%。通过召开教代会、广播、墙报等方式组织教职工学习《中华人民共和国工会法》《中国工会章程》《中华人民共和国教师法》《中华人民共和国义务教育法》等法律法规，鼓励教职工进修，关心年轻教职工进步，教育全体教职工热爱学校、热爱本职工作、顾全大局、学会合作、和睦相处。与学校行政联合组织开展技能竞赛，培养出王晓英、葛雅琼、李文娟等省级教学能手，杨建伟、白兰芳、林元等市级教学能手，还有区级学科带头人、骨干教师近 20 人。

组织文体活动，丰富文化生活。每年在“三八”国际妇女节、元旦组织教职工开展各类文体活动。积极组织参加上级各类文体竞赛和活动。2015 年，组队参加全区教职工健康运动会，取得了团体第六名的好成绩。2018 年，教职工自排自演节目——三泉迓鼓《报名》，在全区庆祝教师节教职工文艺会演中获三等奖。2019 年 9 月底，组织全体教师参加庆祖国七十华诞文艺演出。

献爱心“送温暖”，保障教职工权益。自学校工会成立以来，每年都积极开展为困难教职工“送温暖”活动，为教职工送去党和政府的温暖。长期帮助患重病教师，积极申请上级帮扶资金。学校工会积极响应上级工会号召，组织教职工进行免费体检，有效保护教职工身体健康。

三郊中学工会

学校概况

阳泉市三郊中学始建于 1971 年，原址坐落于三郊村南，开始只招收高中班，1980 年开始招收初中班，始成为完全中学。20 世纪 80 年代初重新选址建校，于 1986 年建成，并于当年迁入新校址，面向所辖区域招收初中班。2019 年，学校有教学班 9 个，学生 347 人，教师 49 人。工会会员 46 人，工会委员会委员 5 人，经费审查委员会委员 3 人。

组织沿革

1983 年，三郊中学成立工会组织，为郊区工会直属。首届工会委员会由白学艺、崔良田、史正芳、陈秀元、赵静芳组成，白学艺任主席，崔良田任副主席。1984 年 3 月，三郊中学工会组织换届，工会委员会由王润玉、崔梁田、史正芳、李艮苟、刘春华组成，王润玉任主席，崔良田任副主席。1986 年，三郊中学正式迁入新校区，王润玉继续任工会主席。1990 年 10 月，划归郊区教育系统工会。1992 年，工会换届，蔺钊任工会主席，委员史润云、史原孩、郭秋生。2000 年，工会换届，张一斌任工会主席，委员史润云、郭秋生、胡忠元、张贤。2015 年，三郊中学工会换届，张贤任工会主席，王原平任工会副主席，委员史志刚、李永花、马燕兆；史艳芬任经费审查委员会主任，张鹏、朱会云为委员。

主要工作

三郊中学工会成立后，积极组织教职工开展劳动竞赛，联合教务处、政教处，开展课堂教学技能、班主任能力等竞赛，锻炼了教师，提升了教师专业素质。积极组织开展文体活动。利用“三八”国际妇女节、元旦等节日组织教职工开展乒乓球赛、跳绳比赛、象棋比赛、拱猪比赛等文体活动。1986 年 7 月，被市总工会评为“先进职工之家”。2011 年起，每年为教职工进行免费体检，有效保护教职工身体健康。2019 年，组队参加郊区教职工乒乓球比赛，取得了团体第四名的好成绩。积极开展送温暖活动，为困难职工送物、送钱、送温暖。

西南舁中学工会

学校概况

西南舁中学始建于 1958 年。2019 年，学校有 3 个年级，7 个教学班，教职工 44 人，在校学生 206 人。工会会员 43 人，工会委员会委员 5 人，设立经费审查委员会、女职工工作委员会。

组织沿革

1982 年 9 月，随着基层单位工会组织恢复，西南舁中学成立工会组织，为郊区工会直属。1983 年，召开第一次工会会员大会，选举产生第一届工会委员会，委员会由王宝秀、刘换来、高汤云组成，王宝秀任主席，刘换来任副主席；同时选举产生经费审查委员会，李海明任主任。1990 年 10 月，划归郊区教育系统工会。1995 年 9 月，郭捧英任工会主席。2002 年 9 月，召开第三次工会会员大会，选举产生孔祥玉、王在华、段巧花组成的第三届工会委员会，孔祥玉当选工会主席，段巧花当选女职工委员会主任。2012 年 9 月，召开第四次工会会员大会，孔建忠当选工会主席。2016 年 9 月，召开第五次工会会员大会，会议选举产生由胡瑞忠、李义平、高全明、张美云等人组成的第五届工会委员会，胡瑞忠当选为工会主席。

主要工作

工会成立后，重点开展了以下工作。

关心教职工健康，扶贫济困献爱心。为因病致困教职工争取上级资金帮扶，先后对多名教职工开展送温暖活动，重大节日、教职工及其家属生病住院给予组织关怀。并积极响应上级要求给灾区人民捐衣、捐物。

开展文体活动，丰富教职工业余生活。2002 年以来，工会每年组织开展丰富多彩的文体活动，举办了趣味运动会、歌咏会、乒乓球赛、篮球赛、羽毛球赛、拔河比赛、象棋赛、围棋赛等文体活动，丰富了教职工的业余文化生活。

平坦中学工会

学校概况

阳泉市郊区平坦中学前身为平坦镇赛鱼中学，创建于 1987 年，2004 年 8 月与辛兴中学合并，成立平坦中学，是平坦镇唯一一所寄宿制初级中学。2019 年，学校有 5 个教学班，170 余名学生，36 名教职工。工会会员 36 名。

组织沿革

1987 年 9 月 1 日，平坦镇庙上中学、甘河中学、石卜咀中学合并重组成立平坦镇赛鱼中学，属于四轨三年全民制镇办寄宿制初级中学。同年学校成立工会组织，隶属于郊区总工会，徐巧贵当选为第一届工会主席，高守忠、李珍荣、张守聪、郭爱文、白凤梅、赵俊杰为委员。1990 年 10 月，划归郊区教育系统工会。1994 年 9 月，赛鱼中学工会换届，赵俊杰当选为工会主席，委员祁桂芳、荆秀敏、白凤梅、张改娥、张宝平、荆卫海。2002 年 9 月，荆秀敏任工会主席。2004 年 8 月，辛兴中学并入赛鱼中学，赛鱼中学正式更名为平坦中学。10 月 21 日，平坦中学第一次工会会员大会召开，选举产生了荆秀敏、荆卫海、杜瑞英、王东海、王丽桐、张改娥、郝有才 7 人组成的平坦中学第一届工会委员会，荆秀敏当选为工会主席。2011 年 9 月 20 日，平坦中学召开第二次工会会员大会，会议选举荆卫海、张宝平、张改娥、王东海、王丽桐、杨风英为第二届工会委员会委员，荆卫海当选为工会主席。

主要工作

平坦中学工会成立后，积极配合教育教学工作，多次开展教职工岗位比武、师德师风建设、捐款捐物、扶贫济困、职工维权、职工慰问、举办各类文体竞赛等活动，为学校的发展做出了应有的贡献。

阳泉市第二十中学工会

学校概况

阳泉市第二十中学校原名阳泉市郊区李家庄学校，前身为虎桥中学（李家庄中学），是一所九年一贯制学校，始建于 1985 年。2016 年更名为阳泉市第二十中学校。2019 年，学校有 21 个教学班，在校学生 800 余人，教职工 82 人。学校有区级以上教学能手、骨干教师、学科带头人 33 人，教师研究生学历 7 人，本科学历 48 人，专科学历 26 人。工会会员 82 人。

组织沿革

1985 年，阳泉市郊区虎桥中学成立，同年成立了虎桥中学工会，先后隶属于郊区工会、开发区工会。首次工会会员大会选举梁柏为第一届工会主席，委员张进忠、闫瑾、闫智明。1997 年，第二次工会会员大会召开，选举张进忠为虎桥中学第二届工会主席，委员黄清田、闫瑾、史凤英。1999 年，虎桥中学更名为李家庄中学。2000 年，李家庄中学工会召开会员大会换届，选举黄清田为李家庄中学第三届工会主席，委员闫秋元、杨瑞林、王秀红。2005 年 9 月，李家庄中学组建为九年一贯制学校。同年，李家庄学校工会换届，选举石莹璋为李家庄学校第四届工会主席，委员陈守江、周献昀、苏丽娜、闫秀琴。2014 年，李家庄学校工会换届，选举陈守江为李家庄学校第五届工会主席，委员王瑞刚、赵四珍、周献昀、史小宝、兰艳云、苏丽娜。2018 年 5 月，划归郊区教育工会。

主要工作

组织技能比赛。自工会成立以来，开展了教职工“三笔字”比赛，爱党、爱国、爱岗敬业朗诵比赛，课堂教学大比武，共有 1500 余人次获奖，其中，杨瑞林老师被评为山西省学科带头人，多人被评为市、区学科带头人、骨干教师、教学能手。

开展文体活动。为丰富教职工精神生活，强健教职工体魄，学校工会多次组织唱红歌、棋牌、球类等比赛活动和教职工运动会。2007 年，获市总工会组织的职工乒乓球赛“优秀组织奖”。

扶贫济困。学校工会组织教职工开展了扶贫济困活动，为灾区人民捐物。2016 年“送温暖、献爱心”捐款 1460 元。坚持开展困难职工救助活动。

维护教职工利益。坚持每年为教职工进行体检，组织职工参加大病互助，慰问患病教职工。工会积极开展工作，解决教职工工作中遇到的问题，经过多方努力为教职工解决了 2016 年以来应有的增加的农村教师乡镇补。

2006年、2008年两次被郊区教育工会授予“先进工会”称号。2008年，石莹璋被郊区教育工会评为“先进工会工作者”。

杨家庄学校工会

学校概况

杨家庄学校，原名杨家庄中学，1968年建校，位于阳泉市郊区杨家庄乡北杨家庄村。2010年9月按照阳泉市郊区撤点并校工作要求杨家庄中学与北杨家庄村、南杨家庄村、黑土岩村三所小学合并改制为九年一贯寄宿制学校，更名为杨家庄学校。学校有教学班14个，学生500余人，教职工55人。工会会员55人。

组织沿革

1983年，撤点并校前的杨家庄中学工会成立，隶属于郊区工会。1984年7月，工会组织调整，工会委员会由史玉连、史秀富、高建华组成，史玉连任主席。1990年10月，划归郊区教育系统工会。2010年10月，杨家庄学校工会成立，周崇旭任工会主席。2018年3月，杨家庄学校工会进行换届，孙巨文任工会主席。

主要工作

杨家庄学校工会在郊区教育工会和校党支部的领导下，在全体教职工的大力支持下，按照“工会规范化建设”的各项要求，紧紧依靠广大教职工，努力开展工会各项工作，发挥桥梁纽带作用，在积极参与学校民主管理、抓好骨干教师队伍建设、关心教职工的精神生活和物质生活、促进学校教师队伍整体素质的提高等方面做了大量的工作，为学校教育改革和发展作出了贡献，同时也加快了工会自身的规范化建设。

规范组织建设。工会十分重视组织发展工作，在编教职工入会率达100%。重视对工会委员的学习培训，积极学习《中华人民共和国工会法》《中国工会章程》，了解工会性质及有关依法治校，推行校务公开实施方案方面的知识，提高工作能力。重视教工之家建设，开辟教工之家、温馨之家，开放乒乓球活动室、图书阅览室，购置各种活动器械和器材，为全体教职工营造温馨的活动环境。

做好宣传教育工作。组织开展“创建学习型组织、争做智慧型教师”活动，配合学校开展以岗位练兵、技能竞赛、校本培训等为主题的教研活动。积极开展丰富多彩的工会活动，活跃了教职工的精神文化生活。

发挥维护职能。学校有关教职工切身利益的决策、活动，工会都参与源头管理，召开教职工大会，充分听取教职工的意见、建议，使决策更贴近教职工的实际。协助行政做好“校务公开工作”，参与制订“校务公开方案”，参与学校重大决策的过程，如学校规划、师德教育、职称评定、合理化建议、评优评先等，加强了学校决策的民主化。努力维护教职工的合法权益，每年工会经费的预算使用、工会主要活动的安排和组织、教师体检、困难教职工的帮扶补助、探望慰问有病住院的教职工、开展“爱心助学”活动等，工会都认真细致做好工作，为教职工办好事、办实事。围绕各种传统节日，组织各类有益身心喜闻乐见的文体活动，活跃身心，陶冶情操。

桃苑学校工会

学校概况

桃苑学校是由旧街中学与旧街联校11所学校合并组成的九年一贯制学校，成立于2004年9月。2019年，学校有教学班16个，学生450余人，教职工50人。学校工会共有会员50人，工会委员会委员3人，设主席1人、委员2人。

组织沿革

2004年9月，桃苑学校工会在原旧街乡教委工会和旧街中学工会的基础上合并成立，归郊区教育工会领导。

原旧街乡教委（旧街联校）工会主席先后由荆占库、赵醒铎、杨启栋、张永清等担任。原旧街中学工会主席先后由解发义、王志、孙喜生等担任。

2004年，桃苑学校工会第一次会员大会召开，选举产生了桃苑学校第一届工会委员会，荆贵清为工会主席。此后荆贵清连任第二届、第三届工会主席。

主要工作

桃苑学校工会成立后，重点开展了以下工作。

组织教学技能竞赛活动。从2004年起，桃苑学校工会协助学校教务处组织各学科教研组开展听评课、教师书法大赛、多媒体教学展示竞赛活动等。牵头创办校刊《桃苑》，成为本校教师、学生文化交流的平台，是刊登教师、学生习作的阵地，被区教育局评为“十佳校刊”。

组织文体活动。桃苑学校工会组织教师开展乒乓球赛、象棋赛、跳绳赛等文体活动，每年元旦组织教师联欢联谊会，春季组织教师开展户外登山徒步游活动，丰富教职工文化生活。积极组织教职工参加上级工会组织的各类文体活动。

关心教职工生活。教师生病看望慰问，给生活困难教师送去温暖。工会积极组织教师参加全市职工大病医疗互助活动，参与率达100%。

积极参与学校管理工作。桃苑学校工会注重激发全校教职工的工作热情，积极参与学校管理，做好校务公开，保障教职工权益，激发教职工工作干劲，为学校的长远发展建言献策。

燕龛学校工会

学校概况

燕龛学校创建于1970年，校址在燕龛乡曹家掌村，原为高级中学，1972年起招收初中班。1982年，学校迁址到燕龛村，同时撤销高中班，成为乡镇主办的初级中学校。2008年，组建为九年一贯制学校。2019年，初中部撤并至河底中学。2019年，工会会员31人，工会委员会委员3人。

组织沿革

2008年8月，燕龛中学和燕龛中心小学合并为燕龛九年一贯制学校。12月，燕龛学校第一次工会会员大会召开，选举曹保平为工会主席，史素莲、史凯军为委员。2013年12月，燕龛学校第二次工会会员大会召开，曹保平当选工会主席，史素莲、史凯军为委员。2018年12月，燕龛学校第三次工会会员大会召开，曹保平继续当选工会主席，史素莲、史凯军为委员。工会组织隶属郊区教育工会。

主要工作

燕龛学校工会成立后，重点开展了 3 项工作。

推进民主管理。多年来，学校工会一直坚持教职工大会制度，坚持校务公开、推进民主管理，积极主动组织教职工参与学校民主决策、民主管理和民主监督，尤其是学校发展中的一些大事、要事，在每次决定之前，都广泛征求教职工的意见和建议，充分体现教职工的主人翁地位。

开展文体活动。学校工会紧紧围绕学校工作中心，发挥工会这一群众组织的特点和优势，组织开展了丰富多彩的文体活动。组织“三八”国际妇女节趣味竞赛活动、开展“元旦”体育系列活动、参加区教职工篮球赛等。2018 年 9 月，王杰文老师独唱节目《咱老百姓》荣获区庆祝第 34 个教师节教职工文艺会演“优秀奖”；2018 年 8 月，燕龛学校教职工荣获区教职工健康运动会团体第八名。

关心教职工生活。维护教职工的合法权益是学校工会的基本职能和重要工作。对于涉及教职工合法权益的有关问题，工会及时向有关部门提出建议和意见，主动参与涉及教职工切身利益的改革方案的制定，切实维护教职工的合法权益。坚持慰问困难家庭，对教职工生病住院、直系亲属病故进行慰问。

开发区联校工会

单位概况

阳泉市经济技术开发区联校工会成立于 2004 年，2018 年前属阳泉市总工会管理，2018 年开发区社会事务划归郊区管理后，成为郊区教育工会下属基层工会。2019 年，联校下属小学 3 所，公办幼儿园 1 所，集体办幼儿园 7 所，民办幼儿园 16 所，共有学生 1600 余人、幼儿 3200 余人。工会会员 65 人，工会委员会委员 8 人。

组织沿革

2004 年年初，开发区联校成立工会筹备组，4 月，开发区联校第一次工会会员大会召开，选举产生由刘静、高晶、刘淑兰、杨瑞云、石海文 5 人组成的第一届工会委员会、李珺、刘瑞华组成的第一届经费审查委员会。刘静当选工会主席，高晶为副主席。2017 年 12 月，开发区联校工会第二次会员大会召开，选举产生由刘静、吴敏、余丽华、梁俊才、朱瑞华 5 人组成的第二届工会委员会，刘静当选为工会主席。

主要工作

开发区联校工会成立后，重点开展了 4 项工作。

组织劳动竞赛。从 2004 年起，开发区联校工会组织开展“教师技能大赛”“优质课竞赛”等各项竞赛活动。

开展文体活动。2004 年起，开发区联校工会每年都不定期地发动基层学校，组织教职工开展歌咏赛、乒乓球赛、篮球赛、拔河比赛等文体活动。2019 年，组队参加郊区教育工会举办的三人制篮球赛，获男子组第一名。

扶贫济困。工会成立以来，积极开展扶贫济困活动，给灾区人民捐衣、捐物，帮助特困户累计 20 余人次，金额在 3 万元以上，并长期帮助学校一位重病患者，还对困难职工定期补助。

维护教职工权益。2004年起，开发区联校工会积极配合有关部门调解处理劳动保护、社会保险等纠纷。每年坚持对各学校情况进行考察了解，及时提出合理化建议。

荫营联校工会

单位概况

荫营镇联合学校前身为后沟完全小学，成立于1966年5月。2000年5月，原荫营镇、白泉乡、三郊乡3个乡镇合并后，组建成立荫营镇联合学校。2019年，联校下属5个学校、21个幼儿园（其中包括私立幼儿园1所），有教职工162人，教学班31个，在校学生749人。工会会员149人。

组织沿革

1966年5月，荫营镇教育委员会工会成立，马树儿承担日常工会工作。1983年，召开首届工会会员代表大会，选举产生第一届工会委员会，委员会由贾天然、刘家祥、王智仈、史成保、段春元、赵存官、赵维芝、王吉鱼、张满寿、刘翠英、苗登瀛、王贵明、王昌明、桑志胜、陈愈组成，贾天然任主席，刘家祥任副主席。为郊区工会直属。1984年4月，再次召开工会会员代表大会，选举产生第二届工会委员会，委员会由贾天然、杨来水、史爱民、张满寿、孙藻花、甄华民、王杏秀组成，贾天然再次任主席，杨来水任副主席。1988年1月，第三次召开工会会员代表大会，选举产生第三届工会委员会，委员会由王旺潭、吴守全、高铁牛、孙云花、刘云生、王胖小、赵存官组成，王旺潭任主席，吴守全任副主席。1990年10月，划归郊区教育系统工会。同月，召开第四次工会会员代表大会，选举产生第四届工会委员会，委员会由王存所、王长命、王有忠、王素文、史文瑞、任秀兰、刘之晓组成，王存所任主席。

与此同时，1983年，撤并前的三郊联校工会成立。当年，召开工会会员代表大会，选举产生首届工会委员会，委员会由安成、王生琴、张广华、王旺潭、李敦义、刘德、蒋来元组成，安成任主席，王生琴任副主席。1984年6月，三郊联校工会组织调整，工会委员会由李敦义、王生琴、马超尘、安成、王旺潭、刘德、蒋来元组成，李敦义任主席，王生琴继续任副主席。1986年1月，三郊联校工会再次调整，工会委员会由李敦义、王生琴、马超尘、张广华、蒋来元、林诚、姜渊寿、陈功敏、高秀英组成，李敦义继续任主席，王生琴、林诚任副主席。1983年，撤并前的白泉联校工会成立。当年，召开工会会员代表大会，选举产生首届工会委员会，委员会由郑梦书、郑富保、李宝林、李海锦、杜汝瑞、梁双梅、梁子善、冯成组成，郑梦书任主席，郑富保、李宝林任副主席。

2007年11月，荫营镇联校工会进行第五届工会换届工作，王虎全任工会主席，后连任第六届工会主席。2011年11月，荫营联校举行第七届工会换届工作，王有忠任工会主席。2017年12月，荫营联校举行第八届工会换届工作，史香银任工会主席。

主要工作

荫营联校工会成立后，广泛组织职工开展丰富多彩的文体活动，并多次在市区获奖。2017年10月，在全区教职工广播操比赛中获一等奖。2018年3月，在阳泉市总工会组织的“五小”（小发明、小创造、小革新、小设计、小建议）竞赛中获“阳泉市‘五小’竞赛优胜奖”。2018年8月，在郊区第四届教职工健康运动会上获团体第一名。2019年7月，在全区教职工乒乓球比赛中获第三名、在三人制篮球赛中获女子组第二名。

河底联校工会

单位概况

阳泉市郊区河底镇联合学校工会成立于1982年，至2019年年底共有会员122人，入会率100%。工会委员会委员4人，下设工会小组4个。

组织沿革

1983年，河底联校工会成立，隶属于郊区工会。当年，召开工会会员大会，选举产生首届工会委员会，委员会由贾秀魁、胡德忠、王明意、杨志勇、史香兰组成，贾秀魁任主席，胡德忠任副主席。1984年6月，河底联校工会组织调整，工会委员会由胡德忠、杨志勇、郭三毛、刘万贵、李惠恩组成，胡德忠任主席。

1983年，撤并前的东村联校工会成立，隶属于郊区工会。当年，召开工会会员大会，选举产生首届工会委员会，委员会由赵富茂、高嵩、谢延举、杨崇光、任贵蓉、王德明、李文栓组成，赵富茂任主席，高嵩任副主席。1984年6月，东村联校工会组织调整，工会委员会由赵富茂、高嵩、李文拴、李拉富、杨崇光、任桂荣、王德明组成，赵富茂继续任主席，高嵩继续任副主席。1983年，撤并前的燕龛联校工会成立，隶属于郊区工会。当年，召开工会会员大会，选举产生首届工会委员会，委员会由曹春德、高志、史玉保组成，曹春德任主席。1983年10月，燕龛联校工会组织调整，工会委员会由曹春德、宋林鱼、胡拴林组成，曹春德继续任主席。

1990年10月，以上工会划归郊区教育系统工会。2000年9月，因撤乡并镇，东村乡联校、燕龛乡联校合并至河底联校。2008年9月，燕龛联校又并至九年一贯制的燕龛学校。河底联校工会主席先后由张明、郭三毛、刘向军、胡志坚、段梦慧、王东成、刘彦平担任。

主要工作

在长期的工作实践中，河底联校工会坚持在学校党组织和上级工会的领导下，在联校行政领导和广大教职工的支持下，紧紧围绕学校的中心开展工作，全心全意依靠广大教职工办好工会，代表和维护教职工的合法权益，认真履行好工会的基本职责，为学校的改革、发展和稳定做出了贡献。河底联校工会结合组织特点，创造性地开展工作，在上级组织的各项活动中均取得优异成绩，得到了上级工会组织的充分肯定。工会每年组织教师进行体检，为退休教师举办欢送会，受到广大教职工的拥护和信赖。2005年被郊区总工会授予“四星级工会”称号。

平坦联校工会

单位概况

平坦联校成立于1959年9月。2019年，学校下属完全小学2所、独立幼儿园5所，有教职工45名，学生168名，在园幼儿197名。

组织沿革

平坦联校工会建会于1983年，隶属于郊区工会。当年，召开工会会员大会，选举产生首届工会委员会，委员会由高明旺、张建国、周志善、毕贵英、荆瑞年、姚汝恩、胡向东组成，高明旺任主席，张建国任副主席。1985年1月，平坦联校工会组织调整，工会委员会由王守彦、高守忠、张世林、周志善、王玉兰、郭海兰、赵文恩组成，王守彦任主席，高守忠任副主席。同时选举产生经费审查委员会和女职工委员会，经费审查委员会由周志善、高明旺、郭海兰组成，周志善任主任；女职工委员会由王玉兰、王玉英、史通慧组成，王玉兰任主任。此后，冯守仁替补为工会主席。

1983 年，撤并前的辛兴联校工会成立，隶属于郊区工会。当年，召开工会会员大会，选举产生首届工会委员会，委员会由吴守恩、荆子德、荆照雨、王广德、荆卯生、姚立臣、刘芝芳组成，吴守恩任主席，荆子德、荆照雨任副主席。1984 年 6 月，辛兴联校工会组织调整，工会委员会由吴守恩、荆子涛、荆照雨、刘志芋、王广德、王雨华、荆卯生组成，吴守恩继续任主席，荆子涛、荆照雨继续任副主席。

1990 年 10 月，以上工会划归郊区教育系统工会。2001 年 3 月，随着撤乡并镇工作的开展，联校在郊区教育工会、联校党政的组织领导下，召开了工会会员大会暨教工大会，完成了平坦联校工会组织和教工大会的换届工作，调整工会委员，并重新分工，强化了组织建设，为工会工作的开展、为联校民主化管理起到保障和促进作用。2018 年 6 月，召开第八次工会会员大会，选举姚红梅为第八届工会主席。2019 年，工会有会员 44 人，工会委员会委员 5 人，经费审查委员会委员 3 人。

主要工作

平坦联校工会成立后，一直实行民主管理，参与联校重大事项的审议、决议，紧紧围绕联校中心工作，密切配合，上下齐心，以“保障教职工利益、促进学校民主管理、实现教职工愉快工作”为目标，扎实开展各项工作。

实施教职工健康工程。2003 年至 2019 年，平坦联校工会定期组织全体教职工参加体检，建立教职工健康档案，时刻关注教职工身心健康。

丰富职工文化生活。利用元旦、“三八”国际妇女节等重大节日，组织开展教职工才艺展、健步走、广场舞比赛、看电影、包饺子等活动，既丰富了教职工业余文化生活，又增强了团队的凝聚力，愉悦身心，促进教师快乐工作。2018 年 8 月，组队参加郊区第四届教职工健康运动会取得骄人的成绩，获 4 个单项奖，综合排名进入中上游。2018 年教师节，节目《中国歌最美》在郊区教职工文艺会演中荣获一等奖。2019 年 7 月，组队参加全区教职工三人制篮球赛，挺进 8 强。

切实发挥服务职能。积极响应上级爱心互助号召，全员参加市职工大病医疗互助活动，参与率 100%，使教职工中因大病致贫的家庭得到相应救助。看望生病住院教师，对去世教师家庭进行慰问，时刻关心教职工疾病，用实际行动保障教职工权益。

杨家庄联校工会

单位概况

杨家庄乡联合学校工会成立于 1980 年 10 月，建会时会员人数 86 人（其中女 41 人），占到教职工总人数的 80%。2002 年、2010 年、2019 年，杨家庄联校所辖小学共进行 3 次撤点并校、初中集中办学，2019 年，所辖学校只有小西庄小学 1 所完全小学，会员人数也随之减少到 31 人。

组织沿革

1980年10月，杨家庄联校第一届工会委员会成立，隶属于郊区工会，姬海富任工会主席。1983年，杨家庄联校工会组织调整，工会委员会由侯荣抠、康有福、段秋贵、任福义、张富民、孙建国、王淑元组成，侯荣枢任主席，康有福任副主席。1984年4月，杨家庄联校工会换届，工会委员会由侯荣枢、康有福、段秋生、胡五小、赵俊兰、王振兴、冯占小组成，侯荣枢继续任主席，康有福继续任副主席。此后，段秋贵替补为工会主席。后连任第三届、第四届工会主席。1990年10月，划归郊区教育系统工会。1995年5月，召开第五次工会会员大会进行换届选举，史改明任工会主席。后连任第六届工会主席。2004年4月，召开第七次工会会员大会进行换届选举，贾春花任工会主席。后连任第八届工会主席。2015年11月，召开第九次工会会员大会进行换届选举，贾珍宝任工会主席。

主要工作

加强民主管理。杨家庄联校工会在校党组织领导下，积极参与学校工作，推动民主化管理，通过教职工大会、校务公开等形式，组织教职工参与本单位民主决策、民主管理和民主监督，无论是规章制度、教师考评方案的制定，还是评优选先、评模晋级、职称评审等，都认真听取全体教职工的意见和建议，并接收教职工监督，充分发挥了教职工的主人翁作用。

开展文体活动。杨家庄联校工会每年组织广播体操、大合唱、乒乓球赛、羽毛球赛、书法、绘画等文体活动和竞赛，活跃了职工文化娱乐生活，增强了全体教职工的向心力和集体荣誉感。

积极开展“送温暖”活动。杨家庄联校工会每年都要走访困难职工，送去慰问金和慰问品，并协助解决实际困难。对患大病教师和因病致困的教师家庭，工会干部带头签订帮困扶贫协议，积极为生病教师申请大病互助基金，在生活和工作上予以照顾，从物质上给予帮助，使教职工感受到组织的温暖，进一步激发工作积极性。

李家庄联校工会

单位概况

李家庄联校成立于1959年。2019年，联校下属小学1所，村办幼儿园5所，私立幼儿园3所，有教职工28人。2019年，工会会员28人，工会委员会委员6人，经费审查委员会委员3人。

组织沿革

1980年，李家庄联校工会正式成立，隶属于郊区工会。蔺长寿任工会主席。1983年，李家庄联校工会组织调整，工会委员会由侯岐云、冯守仁、吕颖、杨秀艳、张景云、史宝珠、白玉景组成，侯岐云任主席，冯守仁任副主席。1984年9月，李家庄联校工会再次调整，工会委员会由侯岐云、吕颖、潘芬兰、杨秀艳、张学云、史宝珠、郭其林组成，侯岐云继续任主席，吕颖任副主席；同时选举产生经费审查委员会，经费审查委员会由吕颖、郭其林、杨秀艳组成，吕颖兼任主任。1985年，郭麒麟任工会主席。1990年10月，划归郊区教育系统工会。1996年至2002年，郭红任工会主席。2002年9月至2003年8月，李巨才任工会主席。2003年9月至2006年8月，周贵生任工会主席。2006年9月至2015年8月，闫谨任工会主席。2015年9月至2017年10月，赵修成任工会主席。2017年11月，李家庄联校工会换届，选举梁一轮为工会主席，潘瑞芬为工会副主席，委员张俊青、付素芳、王学红、高改兰。姜永明为经费审查委员会主任，宋玉红、张燕平为委员。张俊青为女职工委员会主任，潘瑞芬、付素芳、王学红、高改兰为委员。

主要工作

李家庄联校工会成立后，致力于为教职工服务，重点开展了以下工作。

开展好日常工作，为教职工谋福利。每年元旦、“三八”国际妇女节、教师节等组织职工开展座谈会、文体娱乐等各项活动。为教职工谋福利，关心贫困教职工，积极开展送温暖工作。

2015年以来完善工会各项制度，规范工会组织建设。2015年10月，工会建立“教工之家”，主要以教师学习为主，在元旦、“三八”国际妇女节、教师节进行座谈、娱乐、健身活动。

积极参加上级工会组织的各项活动，如区教育工会组织的中小学教职工篮球比赛，趣味运动会、教师节文艺会演、教职工广播操比赛等，并取得良好成绩。2019年，在区教职工篮球赛中荣获“优秀组织奖”。

组织教学基本功竞赛。每年工会都会与学校教务处、政教处联合组织教师开展竞赛粉笔字、硬笔书法、普通话、朗诵、书画等教学基本功比赛，得到了学校领导和广大教师的大力支持，通过比赛淬炼并加强了教师的基本功。

积极开展送温暖活动。校工会每年都积极开展困难教职工送温暖活动，给困难教职工送物、送钱、送温暖；看望生病住院教师；慰问离休老干部曹中元，帮助退休教师解决医药费问题。

为教职工进行体检。2011年起，校工会积极响应上级工会的号召，每年10月为全校教职工进行免费体检，有效地保护了教职工的身体健康。每年组织教职工参加大病医保、职工大病医疗互助，为教职工解决了后顾之忧。

2017年至2019年年末，联校工会每年组织教师积极参加夏季运动会（教师趣味运动项目），坚持每天锻炼一小时，以广播操、乒乓球、羽毛球、跳绳、走步为主，加强教师健身运动，落实教师健康工程，促进了教师身心健康。

西南舁联校工会

单位概况

西南舁联校成立于1959年，地处阳泉市郊区北部，服务于全乡17个行政村。2019年，联校辖2所中心小学，10所幼儿园，在校学生324人，幼儿101人，教职工76人。工会会员74人。

组织沿革

20世纪80年代初期，随着基层单位工会组织恢复，西南舁联校成立工会，隶属于郊区工会。1983年，选举产生西南舁联校第一届工会委员会，工会委员会由郭七十、高云川、王在中、高五孩、高志中、李银忠、王秀元组成，郭七十任主席，高云川任副主席。1984年9月，西南舁联校工会委员会调整，工会委员会由王在中、高云川、高志中、王秀元、李银忠、郭海柱、张云宪组成，王在中任主席，高云川任副主席。1990年9月，西南舁乡教委第二次工会会员大会召开，选举产生第二届工会委员会，王在忠当选工会主席。1990年10月，划归郊区教育系统工会。1998年9月，高满云担任工会主席。2003年9月，第三次工会会员大会召开，王瑞金当选工会主席，高云中、孔彦军、高满云为副主席。2006年9月，第四次工会会员大会召开，选举产生由高贵寿、孔彦军、刘秀果、高海红、王俊华、郭永军、武年英、马海云组成的第四届工会委员会，高贵寿当选为工会主席，刘秀果、孔彦军为副主席。2012年9月，第五次工会会员大会召开，选举产生由高贵寿、孔彦军、高玉新、高海红、王俊华、郭秀红、武年英、王彦斌组成的第五届工会委员会。高贵寿当选为工会主席，高玉新、孔彦军为副主席。2016年9月，第六次工会会员大会召开，选举产生由高贵寿、高玉新、高海红、王俊华、郭秀红、武年英、王彦斌组成的第六届工会委员会。高贵寿当选为工会主席，高玉新为副主席。

主要工作

西南舁乡联校工会成立后，重点开展了3项工作。

努力提高职工素质。从2015年起，每年组织教职工开展“两笔字”比赛，提高职工钢笔字和粉笔字书写水平，推动学校的文风建设。

组织开展文体活动。2011年起，工会每年不定期组织趣味运动会、歌咏会、乒乓球赛、篮球赛、羽毛球赛、拔河比赛、广播体操比赛等丰富多彩的文体活动，活跃了职工业余生活，凝聚了人心，营造了积极向上的良好氛围。

有效保障教职工利益。积极响应上级要求开展献爱心活动，组织教职工为灾区、贫困地区捐资捐物。积极开展送温暖活动，为困难教职工争取上级资金帮扶，先后帮助13名教职工脱贫，在重大节日、教职工及其家属生病住院期间给予组织关怀。建立了“职工书屋”和“爱心妈咪小屋”，切实履行工会服务职能。

教师进修学校工会

学校概况

阳泉市郊区教师进修学校始建于1976年，原校址在河底镇程庄村，现校址在阳泉市郊区荫营东大街3号。学校以实施本地区中小学教师继续教育工作为主要任务，并具有与教师教育相关的管理、研究、服务和教育信息资源开发与利用等职能。2019年，学校有教职工14人。工会会员14人，工会委员会委员3人。

组织沿革

1985年以前，阳泉市郊区教师进修学校工会由郊区教育局机关工会代理。1986年正式成立工会组织，隶属于郊区工会，12月，召开第一次工会会员大会，选举产生第一届工会委员会，梁润生任工会主席，张林全任副主席，委员张跃典。后梁润生连任第二届、第三届、第四届工会主席。1990年10月，划归郊区教育系统工会。2016年12月，召开第五次工会会员大会，田爱寿当选为工会主席，张惠、周巧玲为委员，曹新平为经费审查委员会主任。

主要工作

以教师职业道德建设为重点，加强教职工队伍建设。签订师德承诺书，严格落实师德考核制度，实行违反师德行为“一票否决制”。

依法维护教职工合法权益，不断推进学校民主建设。积极开展扶贫济困活动，给灾区人民捐款捐物，慰问帮助困难患病退休教职工。

强化学习，不断提升教职工的思想业务素质。组织教职工集体学习，坚持定主讲人、定学习时间、定学习内容，写学习心得体会、写学习笔记的“三定两写”学习制度。2008年6月，精心组织选手参加了阳泉市第五届职工技术大赛，经过为期两个多月的角逐，本校王丽、李秀萍荣获“阳泉市技术能手”光荣称号，学校以182.45分的成绩获得计算机办公软件应用第二名。

积极参加各项活动，增强教职工的凝聚力。组织教职工参加教育工会举办的教职工健康运动会、羽毛球、乒乓球、篮球、象棋、广播操等各项比赛活动。

第三节 财贸系统工会

系统概况

进入21世纪，机构改革逐步加快，为提高机关工作效率，本区按照行业或工作属性设立政法、工交、财贸、农业、教育、宣传、计划及区直八大系统党委，负责机关党建及工会等工作的开展，党委书记由区委及区政府各部门退居二线的领导担任。其中财贸系统下辖财政局、经济局、审计局、粮食局、供销合作社、国有资产运营中心及部分税务金融部门单位。2013年4月，撤销工交、计划系统，部分单位与财贸系统合并。截至2019年12月，财贸系统所属机关单位包括统计局、财政局、审计局、工业信息化局、中小企业服务中心、商务局、税务局、市场监督管理局、和泰煤业、供销合作社、玉泉投资。

组织沿革

进入21世纪，财贸系统成立后，系统工会工作委员会也随之成立，属一级工会组织，为区总工会直属。主任由系统党委书记兼任，依次为李根栓、卢忠龄。2012年9月14日，财贸系统工会工作委员会进行领导调整，杨金元担任财贸系统工会工作委员会主任。此后，因工作变动，孙衍慧担任财贸系统工会工作委员会主任。2019年5月，财贸系统工会联合会再次进行领导调整，史慧明担任财贸系统工会联合会主席。至2019年年末，财贸系统工会联合会未做变动。

2019年财贸系统部分基层工会组织建设一览表

表5-5　　单位：人

工会名称	建会时间	工会主席	职工人数		会员人数	
			总数	女职工数	总数	女会员数
阳泉市郊区工业和信息化局工会委会	2002年	史军民	12	3	12	3
郊区中小企业服务中心工会	2017年	王晋斌	9	1	9	1
阳泉市郊区市场监督管理局	2019年3月	刘海涛	94	44	87	40
阳泉市郊区统计局工会	—	郭艳玲	33	26	16	14
国家税务总局阳泉市郊区税务局工会委员会	2019年1月	王燕飞	133	56	133	56
阳泉市郊区审计局工会	1990年1月	关翠云	40	29	40	29
阳泉市郊区商务局工会	2019年	高子超	16	7	16	7

续表 5-5

工会名称	建会时间	工会主席	职工人数		会员人数	
			总数	女职工数	总数	女会员数
阳泉市郊区财政局工会	1991 年 12 月	郭利青	69	39	69	39
阳泉市郊区供销社工会	1985 年	曹　洁	11	5	11	5
阳泉市郊区和泰煤业工会	2013 年 7 月	周　杰	51	11	51	11

主要工作

财贸系统工会这些年来在区总工会和财贸系统党委领导下，积极协调并督促各基层工会开展工会工作，组织引领全体职工加强思想政治建设，提高思想政治觉悟，促进本职工作。督促各基层工会创建“职工之家”，为职工提供学习、娱乐、交流场所；协调各基层工会参加郊区总工会组织的迎“五一”刘备山登高健步走活动，在该活动中税务局、财政局、市场局等单位都有职工进入前十名，取得好名次；积极参加工会组织的各种活动，如羽毛球比赛、篮球比赛、长跑比赛、健身操比赛等，在全市工会组织的长跑比赛中郊区财政局的 4 名职工获得了三等奖，在 2019 年全区迎国庆健身操比赛中财贸系统代表队获得了第二名的好成绩。

基层工会

阳泉农村商业银行股份有限公司工会

公司概况

阳泉农村商业银行股份有限公司前身为阳泉市郊区农村信用合作联社，成立于 1951 年 5 月，同年 10 月。郊区部分农民集资建立起辖区内第一家农村信用合作社——河底镇任家峪信用社，此为郊区信合社的雏形。1958 年人民公社化后，信用社与人民银行营业所合并，组成公社银行。1959 年，公社银行被撤销，信用社、营业所分开。1987 年 12 月，郊区信用合作联社成立。1996 年 8 月，根据国务院颁发《关于农村金融体制改革的决定》，同年 10 月 28 日，山西省农村金融体制改革领导小组召开全省电话会议，正式宣布山西省农村信用社与中国农业银行脱离行政隶属关系，农村信用社由农村金融体制改革领导小组及其办公室领导，并接受人民银行的监管。郊区联社在市人行的牵头下，协调与联社的人员、资金、财产等划分事宜。按照有关规定，存款准备金等上存资金全部划转人行，并按合作制原则对各项业务加以规范，农村信用社进入了自我管理、独立发展的新阶段。2019 年，在区农村信用合作联社的基础上筹建阳泉农商银行。同年 9 月 20 日，山西银保监局下发了同意筹建批复，准予筹建阳泉农商银行。10 月 16 日，召开创立大会暨第一次股东大会，实现了“当年启动、当年批筹、当年创立、当年挂牌”，成为山西省首家以最大股本规模单体改制的农信机构、国有资本占比近半数的机构。2019 年年末，全行注册资本 19 亿元，辖 1 个营业部、8 个支行、43 个分理处、15 个储蓄所，在册员工 854 人，服务辖域内 70 万名城乡百姓，资产规模突破 206 亿元。

该行始终坚守定位，回归本源，把支持“三农”（农业、农村、农民）、小微、实体、民营、乡村振兴作为责任担当和核心价值所在。始终坚持改制不改姓，始终“姓农、姓小、姓土”，把服务挺在最前面，全面落实省政府“惠农惠民财政补贴资金一卡通发放”工程，深入实施 3

年新增80亿元金融服务乡村振兴战略，有效破解民营小微企业融资难融资贵问题，有力助推“最多跑一次”改革，凭借着“一张蓝图绘到底”的定力和“一锤一锤钉钉子”的韧劲，奋勇走出一条不忘初心、不变匠心、普惠金融服务惠民利民的新征程，发展成为做业务最实、与民企最亲、离百姓最近的银行，努力让普惠金融服务触及每一位阳泉老百姓，着力打造成为“老百姓家门口的银行”。2015年度被阳泉市郊区区委、区政府授予“千万元纳税大户”荣誉称号，2018年度被阳泉市委宣传部授予“思想政治工作先进单位”荣誉称号，2019年被省联社授予“金融精准扶贫贡献奖”荣誉称号。

组织沿革

阳泉农村商业银行股份有限公司一直与郊区农行联合成立工会组织，隶属于郊区总工会。1996年5月，工会与郊区农行分设，其组织名称沿用当时企业名称，为阳泉农村信用合作联社工会委员会，划归郊区财贸系统工会。至2008年，工会一直挂在人力资源部。同年10月，召开阳泉市郊区农村信用合作联社第一次工会会员代表大会，选举产生了工会委员会、经费审查委员会、女职工委员会。荆瑞当选为工会主席，鄯丽琴、史秀清、吴双吉、路海娥、高计花、张曙明为委员；鄯丽琴为经费审查委员会主任，路海娥、吴双吉、高计花、张曙明为委员；史秀清为女职工委员会主任，董晓蓉、姚秋芬、贾建英、郭海珍为委员。2011年1月，工会组织进行领导调整，何景光任工会主席。2018年7月，召开阳泉市郊区农村信用合作联社第二次工会会员代表大会，郗建军、赵卫红、关一朋、赵秋萍、姚计明、荆旭东、李芬玉、鄯丽琴当选为阳泉市郊区农村信用合作联社工会委员会委员，郗建军为工会主席；关一朋、胡俊生、李芬玉当选为阳泉市郊区农村信用合作联社工会经费审查委员会委员，关一朋为主任；赵秋萍、董莉芳、马艳萍当选为阳泉市郊区农村信用合作联社工会女职工委员会委员，赵秋萍为主任。2019年12月27日，经郊区总工会阳郊工发〔2019〕60号文件批复，阳泉市郊区农村信用合作联社工会委员会变更为阳泉农村商业银行股份有限公司工会委员会。

主要工作

公司工会成立后，充分发挥“维护、建设、参与、教育”四项基本职能，团结带领广大职工，扎实开展工会工作，健全各项工作机制，切实维护职工权益，努力为职工办实事、办好事，充分发挥了桥梁纽带作用。2009年5月，被郊区总工会评为“模范职工之家”“四星级工会组织”荣誉称号；同年12月，又被市总工会评为“四星级职工（代表）大会”荣誉称号。

完善工会组织建设。组织新职工学习工会基本知识，了解工会的基本职责、性质、任务和作用，引导他们主动入会。2019年年末，公司工会会员有854人。阳泉农商行工会委员会根据《中国工会章程》的有关规定，结合阳泉农商行实际制定了工会会员管理制度、职工理事及监事制度、工会经费预算决算管理制度、工会培训制度、困难职工帮扶工作制度、职工代表大会制度、工会经费审查委员会工作制度，并将以上制度严格执行及落实，促进了公司各项指标完成。

严格按照《中华人民共和国工会法》《中国工会章程》《工会会计制度》《工会预算管理办法》的有关规定，规范，使用工会经费，加强工会经费收支管理，将更多的工会经费用于为职工服务和开展工会活动中，维护职工的合法权益，增强工会组织服务职工的能力。2012年接受区总工会经费审查委员会的工会经费审计，对审计发现的问题做到了即查即改。

做好选树劳模、推荐劳模、宣传劳模工作，大力弘扬劳模精神、劳动精神、工匠精神，充分调动广大职工的积极性、主动性和创造性，进一步焕发劳动热情，释放创造潜能，凝聚起同心筑梦的磅礴力量。1978 年 5 月企业职工王桂林，1981 年 5 月企业职工李润梅，1982 年 5 月平坦信用社李润梅、庙上信用社荆履鸿分别被评为山西省劳动模范。2009 年 5 月，联社王春玉获山西省五一劳动奖章。

开展职工技能培训，提高员工业务素质。2009 年，在阳泉市开展的职工技术素质提升，争创“工人先锋号”活动中，义井信用社获市“工人先锋号”光荣称号。2011 年 3 月 1 日，在山西省“转型跨越杯”劳动竞赛阳泉分会场启动仪式上，联社赛鱼信用社被市总工会授予“市级工人先锋号”、被省总工会授予“省级工人先锋号”。

建立了“职工小家”“读书角”“妈咪小屋”。2019 年 3 月，所属李家庄信用社的四星级“妈咪小屋”被市总工会评为阳泉市十佳妈咪小屋。

完善职工保障体系，关心职工生活。公司工会成立后，为全体职工上了医疗保险，并对困难职工及退休职工每年进行慰问并发放慰问金。2018 年，为重病职工王海忠带去慰问金 2 万元；2019 年，工会组织全行职工为患大病职工张建明进行捐款，3 天时间共计捐款 54755 元，工会送去 30000 元帮扶金。对去世职工及职工家属去世进行走访慰问，让职工真正体会到“职工之家”的温暖。

组织开展献爱心活动，努力承担社会责任。2000 年 12 月 11 日，配合区总工会开展“送温暖工程”和“再就业工程”有机结合的“解困工程”，联合出台了《关于特困职工小额贷款暂行办法》，帮助特困职工解决就业启动资金，为职工让利 13 万元。2016 年根据区委、区政府文件要求参与五里庄村扶贫工作，2017 年通过易地搬迁、医疗资助、产业帮扶、务工帮扶等已经全部脱贫。2018 年，市残联组织“爱在阳泉暖心守护”暨为贫困残疾儿童爱心捐赠活动，公司工会组织积极响应号召，为贫困残疾儿童捐赠 100 套学习用品，包括书包、文具、书籍。“六一”国际儿童节到来之际，响应区委“关爱未来、助教助学”捐资助教慰问活动，累计捐助慰问金 7000 元。

组织开展全员健身活动，丰富职工文体生活。多次组织职工举办文艺会演、职工运动会、技能大赛、演讲比赛、知识竞赛等活动。2009 年，全市金融系统春节文艺会演获得优秀组织奖。2013 年 9 月 29 日，在中华人民共和国成立 64 周年到来之际，为迎接中国工会十六大的召开，充分展示公司职工的精神风貌和时代风采，组队参加郊区总工会与区文体局在郊区政府广场联合举办的职工第九套广播体操大型比赛活动，获三等奖。

财政局工会

单位概况

1969 年 1 月，荫营区革命委员会撤销，郊区革命委员会成立，区革命委员会实行党政合一的体制，称“一元化领导”。机构设置有办事组、政治工作组、治安保卫组、生产指挥组，财政管理工作由生产指挥组负责。1969 年 11 月，设财贸办公室，财政管理工作由财贸办公室负责。1984 年年初，郊区人民政府由派出性机构改为独立行使区（县）级政权职能的机构。同年，始设财政局。2015 年以来，多年在市、区目标责任考核中评为“优秀”，连续 11 年获区红旗单位称号，2018 年被省财政厅授予“三基建设”先进典型称号，并在 2019 年被命名为省级文明单位。2019 年年末，有职工 73 人，其中中共党员 37 名，高级职称 1 人，中级职称 18 人，下设 21 个股室（中心）。

组织沿革

1991 年，区财政局工会成立，为郊区总工会直属。当年 12 月，选举产生第一届工会委员会，王惠珍任工会主席，高贵珠、张连玉任副主席。1995 年 12 月，郊区财政局工会召开第二次会员大会，选举郭栓林任工会主席。1999 年 12 月，郊区财政局工会召开第三次会员大会，选举郭栓林任工会主席。21 世纪，划归郊区财贸系统工会。2010 年 2 月 8 日，选举产生第四届工会委员会，郭利青当选为主席。2019 年 5 月 13 日，选举产生第五届工会委员会，郭利青再次当选为主席，解新元当选为副主席；胡俊华当选为经费审查委员会主任，李富梅、贾海源为委员；高彦俊当选为女职工委员会主任，高利芳、荆枝盈为委员。

主要工作

职工大会。建立健全职工大会制度，实行民主管理，每年召开一次职工大会。重要工作事项、重大财务支出、先进评选奖励等，都要经过职工大会民主审议通过。

职工之家建设。财政局工会高度重视“职工之家”建设，在场地和办公场所本就局促的情况下，把六楼改建成为职工的活动场所，配备了羽毛球、乒乓球、跑步机等设施，将原有的会议室通过改造建成职工书屋并制定相关规章制度，为丰富职工书屋的内容，广泛听取征求职工意见，在原有征订各类杂志书籍的基础上，通过联系新华书店，更新阅读刊物和书籍 1500 余册，为职工不断提供更新知识源泉。

关爱女工健康。每年“三八”国际妇女节，为体现财政局工会对女性职工的关心和爱护，局工会根据财政系统工作实际特点，会同区二院体检医院专家特别量身定做了体检方案和体检项目，对全系统女性职工进行健康检查，这一举措已持续 12 年，得到女职工的一致好评。

财务账制建设。按照郊区总工会和工会账务的要求，经局领导同意并支持建立工会经费专项账户，由解新元兼任会计，收入支出明细账簿凭证齐全，做到财务独立核算。严格落实工会经费由工会主席“一支笔”审批的制度，从严做到每笔工会经费用到实处。

职工文体活动开展。财政局工会按照区总工会的要求积极参与区总工会组织的各项活动，组建了乒乓球队、羽毛球队、篮球队、健身操队等队伍，尤其是乒乓球队和羽毛球队几乎每星期都要有小范围的活动。不仅如此，每到“五一”国际劳动节、“七一”中国共产党建党节、“十一”国庆节这些重大节日，局工会都积极参与市里组织的各种文化活动，通过活动来展示财政队伍风采增强财政队伍凝聚力。2017 年开展了“财政人、财政情、财政梦”诗歌朗诵会和征文比赛；2018 年“三八”国际妇女节期间开展了“巧手庆三八”手工作品展；“五四”青年节期间开展了走进大寨健步走活动；“七一”中国共产党建党节期间开展了书香财政读书活动。连续多年参加郊区总工会“五一”国际劳动节组织的刘备山登高健步走活动，都有职工进入前十名，王瑞霞等 4 名职工参加全市工会组织的长跑比赛获得了三等奖。局梦之队羽毛球队已连续 3 年获得了全区羽毛球比赛第三名的好成绩，局篮球队积极参加每年的篮球联赛，都取得了佳绩。2019 年“五一”国际劳动节期间还在郊区体育馆举办了首届财政职工趣味运动会，提升了职工的凝聚力。在 2019 年全区迎国庆健身操比赛中，获得了第二名的好成绩，极大地丰富了职工的文化生活。

公益活动开展。财政局工会组织系统内广大干部职工以创建省级文明单位为契机，从自身做起，做到严格遵守交通法规，不闯红灯、不逆行、不乱倒垃圾、不乱涂乱画，规范自己的言行，争做文明市民。在节日期间开展“送温暖”活动，关心群众冷暖是工会工作永恒的话题，每年元旦、春节局工会组织走访离退休人员，并发放慰问金，及时了解他们的生活情况，帮助特殊职工群体解决生活中的实际困难。特别是局职工任双凤，孩子常年患病，局工会积极展开帮扶活动，责成专人为她联系医院和办理大病医疗保险手续，使她感受到了工会的温暖。每年及时为全局职工交纳大病统筹医疗基金，使长期有病人员得到了及时的医疗救助。还开展了捐资助学结对子活动，为三郊村的一名孤儿发放送温暖基金，还及时把米面粮油、猪肉、越冬物品及扶贫款送给帮扶的高垴庄 5 户贫困农民，帮助他们摆脱贫困，把党的关怀落到实处。

注重素质提升。财政职工坚持把习近平新时代中国特色社会主义思想武装全系统党员干部作为最大的政治任务，真正让每个干部职工入心入脑，学以致用，进一步增强四个意识，坚定“四个自信”（道路自信、理论自信、制度自信、文化自信），做到“两个维护”（坚决维护习近平总书记党中央的核心、全党的核心地位，坚决维护党中央权威和集中统一领导），在思想上、政治上、行动上与党中央保持高度一致，做到理解政策不走偏、执行政策不走样、落实政策不打折。针对工作面临的新形势，进一步强化宗旨观念，局工会采取集中学习和举办专业培训、财政大讲堂等多种形式促进职工教育。

工业和信息化局工会

单位概况

1969 年 1 月，荫营区革命委员会撤销，郊区革命委员会成立，区革命委员会实行党政合一的体制，称“一元化领导”。机构设置有办事组、政治工作组、治安保卫组、生产指挥组。1976 年 6 月，撤销办事组、政治工作组、生产指挥组，设立办公室、工交办公室、农业办公室、文教办公室、计划委员会。本区经济工作先后由生产指挥组、工交办公室负责。1981 年 6 月，工交办公室改设经济委员会。2001 年 7 月，经济委员会更名为经济贸易局。2004 年，经济贸易局更名为经济局。2010 年，经济局又重新更名经济商务信息化局。2017 年，经济商务信息化局再次更名经济和信息化局。2019 年 3 月，机构改革，最后确定为工业和信息化局。2019 年年末，有编制 12 人，其中公务员编制 10 人、事业编制 2 人，设局长 1 人、副局长 2 人。

组织沿革

工业和信息化局工会成立于 2002 年。工会名称沿用当时单位名称，为郊区经济贸易局工会委员会，隶属于郊区工交系统工会。当年 3 月 28 日，选举产生第一届工会委员会，周仁彰当选为主席，郑瑞萍、王锁仓当选为委员。王锁仓当选为经费审查委员会主任，白世英、赵乃淼当选为经费审查委员会委员。2004 年 12 月，王银所替补为郊区经济局工会主席。2013 年 4 月，划归区财贸系统工会。2019 年 3 月，由于人事变动，补选史军民为工业和信息化局工会主席。

主要工作

工业和信息化局工会，积极建立职工之家，维护职工的合法权益，团结和动员职工共谋工信局事业发展。根据《中华人民共和国工会法》和《中国工会章程》有关规定，不断完善工会组织。

工会关心职工的疾苦，倾听和反映职工的呼声和要求，努力帮助职工解决实际困难，积极协调企业与职工的劳动关系，维护职工的合法权益。工会组织开展扶贫济困送温暖活动，建立特困职工档案，完善职工生活保障机制。每逢节假日都对他们进行慰问帮助。组织职工开展以互帮、互学、互济、互爱、互助为主要内容的建设职工之家活动。

审计局工会

单位概况

阳泉市郊区审计局成立于 1983 年 11 月。成立之初，人员编制 9 人，内设办公室、工交基建审计股、商业财经审计股、行政事业审计股，下属单位有区审计事务所。2019 年，内设办公室、财政行事股、经济责任股、社保农业企业股、固定资产投资股、法律审理股 6 个机构。共有在编在岗职工 18 人，编外职工 22 人。

组织沿革

1990 年 10 月，阳泉市郊区审计局工会成立，隶属于郊区计划系统工会，郭彦秀任工会主席，史所梅、史秀珍为委员。2013 年 4 月，划归郊区财贸系统工会。2019 年 4 月，阳泉市郊区审计局工会召开第一次会员大会，选举产生第一届工会委员会，关翠云、刘宝平、王亚楠当选为阳泉市郊区审计局工会委员会委员，关翠云当选为工会主席；刘宝平、王亚楠、赵珍平当选为阳泉市郊区审计局工会经费审查委员会委员，刘宝平当选为主任。年末共有工会会员 40 人，其中女会员 29 人。

主要工作

审计局工会坚持聚焦上级工会工作系列部署，紧紧围绕审计工作改革发展中心，进一步健全和完善工会的参与监督机制，切实履行职能，积极推进局机关的各项建设。突出以职工满意为标准，服务机关干部职工，确保干部职工身心健康，提高干部职工的主人翁意识，进一步团结动员机关广大职工开拓创新、服务大局，力求营造富有活力、积极向上的工作环境。

加强工会组织建设。围绕全局工作重点，根据局党组和上级工会的工作部署，制定工会工作计划，积极开展工会日常工作，引导每位干部职工主动入会，扩大和加强局工会组织建设，实行会员登记制，实现干部职工入会有资料、入会无空白、入会全覆盖。

切实维护职工合法权益。认真宣传和贯彻《中华人民共和国审计法》《中华人民共和国工会法》等，努力维护职工的合法权益。加强财务管理，收好、用好、管好工会经费，管理好工会资产。主动为职工说话办事，听取干部职工的意见、要求和建议，引导广大职工积极支持工会的工作，自觉遵纪守法、敬业爱岗、顾全大局、团结协作、争先创优。

持续提升全体干部职工素质。发挥工会的自身特点和优势，以大力提升干部职工素质为抓手，协助局党组做好全局干部职工的思想政治工作。坚持以习近平总书记重要讲话精神为指导，组织学习中共十九大及十九届历次全会等精神，抓好作风纪律建设，坚决落实全面从严治党。鼓励和支持干部职工学习工会、审计专业知识，加强职工职业道德建设，努力造就一支理论知识棒、工作水平高，富有敬业和开拓精神的高素质职工队伍。

深入开展“送温暖”活动。关注职工冷暖，进一步做好元旦、国庆、春节慰问等活动；与局党组一起对困难职工进行慰问，及时关心职工生病住院、家里的红白喜事并做好组织服务工作；落实职工的休假、体检、意外伤害保险、大病统筹等事项，协调和疏导其在工作、家庭、生活三者之间的矛盾；坚持深入基层，定时到联系帮扶村开展扶贫帮困活动；倡导干部职工积极开展送温暖、献爱心等社会捐助和精神关爱等活动。

丰富干部职工精神文化生活。充分发挥机关工会文化阵地作用，设立完善“三室”（图书室、党员活动室、文体活动室）“两廊”（党建、文化走廊）文化建设；采取干部职工喜闻乐见的形式，利用“三八”国际妇女节、“五一”国际劳动节、“十一”国庆节等重大节日，广泛开展各种积极向上，健康有益的文体活动，为构建和谐机关发挥工会组织作用，推动审计各项工作开展。

区中小企业服务中心工会

中心概况

2004年8月，经区人民政府决定，阳泉市郊区中小企业局（民营企业局）成立，为区政府正科级事业单位，与经济局合署办公。2006年列为参照公务员法管理单位。2019年根据《关于阳泉市郊区工业和信息化局所属事业单位调整规范化的通知》，单位更名为阳泉市郊区中小企业服务中心（阳泉市郊区民营企业服务中心），为正科级事业单位，编制16名。内设办公室、统计监测股、项目融资股、创业辅导股。组织开展全区中小企业的创业辅导、人才培训、管理咨询、融资促进、技术推广、法律咨询等服务活动，构建创业创新和小微企业培育成长服务机制。组织全区中小企业开展国际、国内合作与交流，参加国际国内大型展会和市场拓展活动。组织开展全区中小企业发展状况和服务需求调查研究。

组织沿革

2017年7月11日，经郊区总工会阳郊工发〔2017〕22号文件批复，阳泉市郊区中小企业服务中心工会成立，名称沿用当时单位名称，为阳泉市郊区中小企业局工会委员会，隶属郊区财贸系统工会。程俊英、齐丽英、候金才为阳泉市郊区中小企业局工会筹备组成员，程俊英任筹备组组长。此后，召开第一次工会会员大会，选举产生第一届工会委员会，齐丽英、程俊英、候金才当选为阳泉市郊区中小企业局工会第一届委员会委员，齐丽英为工会主席；李武贤、王晋斌、史利明当选经费审查委员会委员，李武贤为主任。2018年12月，由于人事变动，局工会委员会主席由王晋斌担任。至2019年年末，中心共有会员9人，其中女会员1人。

主要工作

工会成立后，紧密围绕维护职工合法权益，丰富职工生活，全力服务中小企业，倡导正能量、新风尚，积极开展工会工作，充分发挥桥梁纽带作用，为服务中小企业工作做出了一定成绩。2017年6月28日，组织职工参加了区委组织部、团区委组织的“喜迎党的十九大，不忘初心跟党走”主题知识竞赛活动、2018年9月28日组织职工参加了团区委等部门组织的“学习宪法精神，牢记青春使命”学宪法知识竞赛活动。2019年9月30日，组织职工参加了全局开展的“迎国庆诗歌朗诵活动”。丰富了职工的文化生活，激励广大职工积极向上、乐观进取。

税务局工会

单位概况

1984 年年初，郊区人民政府由派出性机构改为独立行使区（县）级政权职能的机构，财税独立。同年，始设税务局。1994 年 5 月，根据山西省人民政府 41 号文件通知，阳泉市郊区地方税务局与阳泉市国家税务局成立并分设，实行垂直管理。2018 年 7 月 20 日，国家税务总局阳泉市郊区税务局（后称区税务局）挂牌成立，标志着阳泉市郊区国家税务局、阳泉市郊区地方税务局正式合并。2019 年年末，税务局下辖直属一分局、直属二分局、荫营税务分局、平坦税务分局、河底税务分局、李家庄税务所、西南舁税务所 7 个派出机构。共有在编干部 133 人。

组织沿革

1987 年，税务局工会组织成立，隶属于郊区总工会。当年 7 月，选举产生首届工会委员会，郗建光当选为工会主席，陈涛当选为工会副主席，张钧、胡润来、高存娥当选为工会委员。国地税分离后，1994 年，郊区地税局工会成立，隶属于郊区总工会。同年 12 月 25 日，选举产生第一届工会委员会，董吉文当选为工会常务副主席，吕艾英、郭晓峰、张存所、刘培钧当选为工会委员，高存娥当选为经费审查委员会主任，冯彩云、冯召明当选为经费审查委员会委员。1995 年 4 月，国税局补选崔静平为工会委员会委员。1997 年 6 月 17 日，郊区地税局工会组织换届，董吉文当选为工会主席，史万才当选为副主席，赵志芳、吕爱英、段栋章当选为工会委员，高存娥再次当选为经费审查委员会主任，冯彩云、冯召明当选为经费审查委员会委员。21 世纪，同时划归郊区财贸系统工会。2015 年 2 月 5 日，郊区地税局工会再次组织换届，赵睿任主席；冯昭明为经费审查委员会主任；赵志芳为第一届女职工委员会主任。同年 12 月 31 日，郊区国税局工会也组织换届，吕志勇当选为郊区国税局工会第三届委员会主席；凌怀强当选为郊区国税局工会第三届经费审查委员会主任；郗瑞琴任第一届女职工委员会主任。2016 年，杨慧田、卢再庆、翟亭替补为郊区地方税务局工会第三届工会委员会委员，杨慧田替补为工会主席，卢再庆替补为副主席，张红梅替补为经费审查委员会主任。2017 年 3 月 13 日，卢再庆替补为郊区地方税务局工会第三届委员会主席，杨慧田替补为副主席。2018 年，国家税务总局阳泉市郊区税务局工会成立。当年 12 月 19 日，选举产生第一届工会委员会，杨永刚、田静、杨彦明当选为国家税务总局阳泉市郊区税务局工会委员会委员，王燕飞为工会主席，翟亭为副主席；郭秀霞、王子建当选为国家税务总局阳泉市郊区税务局工会委员会第一届经费审查委员会委员，李文宝选举为经费审查委员会主任；张晓宁、李雪香当选为国家税务总局阳泉市郊区税务局工会委员会第一届女职工委员会委员，田静选举为女职工委员会主任，李雅娜选举为副主任。2019 年年末，工会会员 133 人，其中女会员 56 人。

主要工作

局工会成立后，围绕“组织、引领、服务干部职工，全力投入中国特色社会主义建设，积极维护干部职工合法权益”的工会职责，大力发挥桥梁纽带作用，为区局各项税收工作和队伍建设跨越发展做出显著成绩。

提高政治觉悟，筑牢忠诚底色。牢固树立税务机关首先是政治机关，必须旗帜鲜明讲政治的理念，始终把思想建设放在首位，始终坚持“双学”，理论武装头脑，业务不断求精，党组带头学、股室自学、全员参与学，学习、实践、改进、提升，循环往复。在全体职工中持续开展社会主义核心价值观教育、“五五”普法教育、理想信念教育，补足精神之钙，并组织学习《中华人民共和国工会法》及相关法规，不断增强工作的原则性和创造性，提高对工会法的认识，依法保护自己的合法权益。

健全组织体系，打造“信赖之家”。机构改革后，一如既往注重工会工作。召开工会会员代表大会，成立新一届工会委员会，依法进行了工会法人资格登记。积极创建“模范职工之家”，当好干部职工的“贴心人”，打造干部职工的信赖之家。建立健全工会工作制度，加强自身建设，认真履行维护职能，职工入会率100%。工会委员会及各专职部门，立足本职岗位，定期研究工会工作，积极献言献策，关心职工利益，维护职工的合法权益。

积极营造氛围，打造“学习之家”。为让每个职工在自己的岗位上创先、创优、创水平，围绕税收工作，推进学习型机关建设。持续开展执法资格考试、业务能手比武、岗位班前、班后半小时学习等活动，开展创建星级党支部、创建文明单位、创建青年文明号“三创”活动，组建党员、青年团员、巾帼妇女三支突击队，在组织税费收入、优化营商环境、落实减税降费等各项工作中攻坚克难。同时，充分发挥先进的示范和导向作用，通过报告会、座谈会、简报等形式，大力弘扬先进典型积极进取、争创一流的时代风采和崇高品格，形成了学赶先进、崇尚先进的良好氛围。

实施关爱工程，打造“温馨之家”。关心干部职工身心健康，加强职工食堂管理，保证入口安全，每年组织职工体检，促进身体健康，举办心理辅导、健康讲座，及时排忧解难。推行“五问”制度，凡“家庭有困难必问、干部职工生病必问、家庭有婚丧大事必问、重大节日必问、干部职工有思想情绪必问”，让干部职工感受到“家”的温馨。参加职工大病医疗互助活动，有效分担和解除了大家的后顾之忧，生日蛋糕、过节福利，让职工充分感受到了工会组织家的温暖。人性化的决策和亲情式的管理，融洽了同事之间、上下级之间的关系，增强了干部职工的归属感、使命感、幸福感。

搭建活动平台，打造“活力之家”。充分发挥党、工、妇、团等组织的作用，积极搭建多元化的素质展示平台。举办“强健组织聚人心 立足岗位建新功”主题报告会、新时代“中国梦”主题宣讲会、青年创业故事分享、青年干部演讲比赛等，激励广大干部职工展示风采、建功立业。参加阳泉市税务系统运动会、合唱比赛，举办新春联欢会，展示干部职工的才艺情操。同时，依托单位办公区域打造干部职工图书室、健身房、荣誉室、税务文化墙、廉政文化走廊。形式多样的工会活动，锻炼了干部职工的身体素质，陶冶了情操，培养了顽强拼搏的作风，增强了队伍的活力，形成了良好的税务文化氛围。

市场监督管理局工会

单位概况

1984年年初，郊区人民政府由派出性机构改为独立行使区（县）级政权职能的机构，职能机构相继完善。同年，始设工商行政管理局；1989年5月，设标准计量局。1997年4月改称质量技术监督局，与工商行政管理局一度系统垂直管理，分别称相应分局；2011年8月，设食品药品监督管理局。2019年，由原市工商行政管理局郊区分局、市质量技术监督局郊区分局、区食品药品监督管理局为主，整合价格、盐务、知识产权监管等职能组建区市场监督管理局。2019年年末，该局下设股室11个，市场监管所7个，共有职工94人。

组织沿革

市场监督管理局成立相对较晚，但合并前的单位早前成立了工会组织，隶属于郊区财贸系统工会。2004年10月，阳泉市工商行政管理局郊区分局工会成立，刘顺刚任工会主席，史跃平任副主席，李进梅、刘惠平、陈守芳为委员，李进梅任经费审查委员会主任，刘惠平、陈守芳为委员。2012年3月14日，工会组织换届，李进梅、宋茂春、张胜勇、郭素刚、史耀灵当选为郊区工商局工会第二届委员会委员，李进梅当选为主席，宋茂春当选为副主席；宋茂春、张晓飞、潘丽芳当选为郊区工商局工会第二届经费审查委员会委员，宋茂春当选为主任。2018年9月18日，阳泉市工商行政管理局郊区分局工会组织换届，选举刘海涛为工会主席。吴渊、王紫瑶为委员；张秀果当选为经费审查委员会主任，梁瑛、王旭锦当选为经费审查委员会委员；闫阿芳当选为女职工委员会主任，胡月、梁艳当选为委员。市质量技术监督局郊区分局、区食品药品监督管理局工会均按规定设立了工会组织，在各级工会的领导下扎实开展了相关工作。

主要工作

市场监督管理局工会机构在各级工会的组织领导下，动员职工参与改革建设和机关管理，开展职工教育和维护职工合法权益工作，发挥了工会的桥梁和纽带作用。

维护职工合法利益和民主权利。健全完善工会组织，强化职工思想政治建设，切实维护职工合法利益。在上级工会指导下，每年组织职工参加职工大病医疗互助活动。2019年，聘请了专业律师，为职工维权提供帮助，保障了职工的合法权益；向职工发放宣传资料，充分维护职工的民主权利；在日常工作中，收集困难职工信息，及时开展慰问工作；创建职工之家，购买了书籍和文体用品等，丰富职工业余生活。2014年4月30日，组队参加郊区总工会在刘备山举办的“千名职工庆‘五一’，重温入会誓词暨纪念建区30周年职工登高健步走”活动，局职工宋亮获一等奖。2019年12月31日，组织干部职工在刘备山举办“凝心聚力、共迎新年”健步走活动。此次活动是区市场监督管理局成立以来，举办的第一次迎新活动。每年邀请法律、消防等专家为职工开展法律知识和安全知识培训，开展安全设施设备维护，保障职工人身安全。

动员和组织广大职工群众积极参加改革和建设。与党组织联合开展了思想教育活动。组织召开集中宣讲会议，与职工定期开展谈心谈话活动，鼓励广大干部职工树立正确世界观、人生观、价值观，努力学习业务知识、提高为人民服务的本领，在本职岗位上勤业敬业，将自身工作融入社会主义改革和建设光辉事业中来；组织全体执法人员开展案件评比、业务竞赛等活动，引导职工热爱本职工作、在平凡的工作岗位上做出不平凡的业绩。

参与机关的民主管理。鼓励职工积极参与机关事务管理，引导职工发挥主人翁精神，关注单位各项建设，积极参与机关各项决策，尤其是参与到事关职工切身利益的重大决策部署中去。督促机关严格按照《中华人民共和国工会法》等法律法规，维护职工合法权益。定期召开工作会议，对反映的问题进行收集，提出意见和建议，充分发挥工会民主参与、民主监督的作用。

教育职工不断提高思想道德素质和科学文化素质。号召广大干部职工订阅党报党刊和业务知识等各类书籍，提高职工政治理论水平，以理论指导实际工作；通过为职工购买业务书籍、组织集中培训、安排脱产培训等方式，提高职工业务水平。同时，组织业务骨干编写了业务实操指南，帮助职工利用业余时间进行业务知识的学习；每年组织职工开展业务现场观摩学习活动，引导职工形成比、学、赶、超的良好氛围；同时，探索利用新媒体开展精神文明建设宣传工作，增强凝聚力、向心力、战斗力，建设一支“召之即来、来之能战、战之必胜”的市场监管队伍。

供销合作社工会

单位概况

1985 年 3 月，区供销合作社成立，原由阳泉市供销合作社管理的该区境内 15 个基层供销社划回。合计在册人数 1141 人，门店柜组 252 个，全部流动资金 1082.5 万元。1985 年 12 月，郊区废旧物资回收公司成立。1992 年又先后组建了郊区供销社购销公司、郊区供销社服务公司、郊区供销社汽车修理厂。至 1993 年年底，郊区供销社设职能科室 8 个，有直属公司 3 个、修理厂 1 个、社属食品加工厂 4 个、调味品酿造厂 5 个、饮食服务店 8 个、制鞋厂 1 个、地板砖厂 1 个、房屋装潢队 1 个，共有职工 1270 余人（包括亦农亦商人员），资产总额 3187.8 万元，年销售总额 7197.2 万元，实现利润 45.7 万元。1994 年年底，大阳泉供销合作社并入义井供销合作社，同时组建了经贸公司。1995 年，汽修厂并入废旧物资回收公司。1998 年，服务公司关闭，1999 年，经贸公司并入义井供销合作社。2004 年，区社机关 25 人（包括退休人员 6 名）按全额拨款事业单位定编进入郊区财政（后定为参照执行公务员管理单位）。同年，下属基层社开始了以“转换职工身份、变革用工制度”为主要内容的改制。经过两年多的操作，至 2008 年年底，部分基层社、公司的体制发生了较大变化。义井供销合作社改制为阳泉市义井供销社有限公司，李家庄供销合作社改制为李家庄供销社有限公司，河底供销合作社改制为河底供销社有限公司，辛兴供销合作社改制为辛兴供销社有限公司，旧街供销合作社整体转为个人企业（社名未改），郊区物资回收公司改制为阳泉市郊区恒兴物资回收有限公司。全系统共有职工 351 人，从业人员 786 人。门店柜组 267 个，全部流动资产 2048.9 万元。2019 年年末，在编人员 11 名。内设机构 6 个，分别是办公室、财务室、财统股、社有资产管理委员会办公室、乡镇供销社管理股和合作指导股。有基层中心供销社 14 个，其中，集体所有制属性 9 个，私营股份制属性 5 个，分别是荫营、三郊、白泉、燕龛、东村、西南舁、杨家庄、平坦、白羊墅、河底、李家庄、义井、辛兴和旧街 14 个基层社。社属控股参股企业 4 家，分别是阳泉市郊区恒兴物资回收有限公司、阳泉桃林沟果蔬交易市场有限公司、阳泉农心乐商贸有限公司和阳泉市嘴上食品加工有限责任公司。领办参办农民专业合作社 3 个，分别是阳泉丰盈园种植专业合作社联合社、阳泉市北庄鑫海种植专业合作社和阳泉市杨家庄蛋鸡饲养专业合作社。全区下属建材市场、城乡便利店、电商体验店、惠农服务站和综合服务社等各类网点共计 82 个。本年度，郊区供销社完成社会商品零售总额 3.6 亿元。

组织沿革

区供销社工会成立于 1985 年，隶属于郊区工会。当年 10 月，选举产生第一届工会委员会，阎炳旭当选为主席，周荷莲当选为副主席，高尚、张拉福、王建荣当选为委员。下辖西南咼供销社工会、东村供销社工会、燕龛供销社工会、李家庄供销社工会、杨家庄供销社工会、大阳泉供销社工会、石卜咀供销社工会、白羊墅供销社工会、河底供销社工会、三郊供销社工会、白泉供销社工会、荫营供销社工会、平坦供销社工会、辛兴供销社工会、义井供销社工会、旧街供销社工会、批发贸易公司工会、废旧物资回收公司工会共 18 家基层工会。1992 年 7 月 4 日，工会组织换届，选举产生第二届工会委员会，阎炳旭再次当选为主席，王建荣、张敏善当选为副主席，王晓英、史广俊当选为委员。1995 年 4 月，工会组织进行届中调整，朱联玺补选为工会委员、主席，史迎春补选为工会委员、副主席，潘建平补选为工会委员。1997 年 6 月 4 日，工会组织换届，选举产生第三届工会委员会，王建荣当选为主席，王晓英、史迎春当选为副主席，李永胜、陈银全、郝立春当选为委员；武宝川当选为经费审查委员会主任，史化镇、侯喜才当选为经费审查委员会委员。下辖东村供销社工会、废旧物资回收公司工会、义井供销社工会、白羊墅供销社工会、平坦供销社工会、辛兴供销社工会、旧街供销社工会、李家庄供销社工会、白泉供销社工会、杨家庄供销社工会、荫营供销社工会、河底供销社工会、三郊供销社工会、西南咼供销社工会、燕龛供销社工会共基层工会 15 家。21 世纪后，划归郊区财贸系统工会。 2003 年 11 月 18 日，选举产生第四届工会委员会，陈荣常当选为主席，王树红当选为副主席，段满贵、李吉瑞、马爱生当选为委员；史化镇当选为经费审查委员会主任，史跃志、赵有生当选为经费审查委员会委员。至 2019 年，联社工会机构未作变动，下辖基层工会组织由于企业改制大多解散。

主要工作

1985 年工会成立后，发动广大职工积极投身于现代化建设事业。1988 年，注重“职工之家”的常建常新，增加了智力、文体方面的投资，购置了各类图书、报纸杂志、文艺器材，支出 2 万元。利用“三八”国际妇女节、“五四”青年节、“七一”中国共产党建党节、国庆等节日和班后时间，开展丰富多彩的文体活动，培养广大职工“爱会如家”的观念。积极开展整顿建家、深入建家、模范职工之家竞赛、星级工会竞赛等活动，以巩固提高“职工之家”为载体，进一步丰富职工文化体育生活，使“职工之家”真正成为职工的家。郊区供销社工会及所有基层社工会经上级工会验收后，被分别命名为“模范职工之家”“先进职工之家”“星级职工之家”。1994 年，工会主席阎炳旭被山西省总工会评为“优秀工会积极分子”。

建立职代会制度，广泛开展企务公开实行民主监督，建立党委是第一责任人、行政是第一执行人、工作小组是第一操作人、工会和纪检是第一监督人的工作机制。在加强民主管理，发挥群体作用的基础上，让职工登上参政议政舞台。东村供销社在推行主任任期目标的过程中，这个社的工会组织积极参与了基数测算、方案审批、分配制度、机制改革、责任书签约等方面的工作，做到了来自职工口中、落实职工头上，显示了主人翁地位，发挥了主人翁作用。按照区总工会随后出台的推行“企务公开、民主监督”制度具体操作步骤，严格实施企务公开实行民主监督。把职代会民主评议企业领导干部的结果作为年度考核企业班子建设、奖惩任免干部的重要依据，先后对 9 名不称职的领导进行了调整。1999 年 6 月 25 日，在全区“企务公开、民主监督”经验交流现场会上进行了现场交流。2003 年 4 月，在阳泉市企务公开工作会议上，被授予企务公开先进集体。2010 年，被评为三星级职代会。

全面推行平等协商和集体合同制度。2003 年 6 月 26 日，全区召开推行工资集体协商动员会后，郊区供销社工会根据自身行业特点，签订了行业性的集体合同和工资集体合同，覆盖了全社 15 个企业。2004 年，全区供销社系统企业改制全面展开，全区各基层社的改制方案均由职工代表大会反复讨论、反复修改后实施，切实保障了企业改制中职工的切身利益。充分发挥了工会组织在企业改制中的民主监督作用。

坚持把组织职工群众参加社会主义劳动竞赛列入工会工作议事日程，积极组织职工群众开展劳动竞赛活动，参加技术比武，开展岗位练兵，提高技术技能，引导职工群众树立“学文化、学知识、学技术”的思想，积极开展职工培训，努力提高职工素质。1988 年 7 月，组队参加市工会女工比武竞赛，派出 12 名选手参加，有 3 人获得了较好名次。基层工会共组织技术比武 40 余次，参加人数达 600 余人，有 100 人被评为单位的单项标兵，大部分成为业务骨干。1986 年至 1993 年，先后组织职工参加“迎国庆”“迎七一”全系统第一至三届职工技术比武。比赛项目包括捆啤酒、珠算、拉面、扯布、量布、称糖、点钞、数纸等。经过比赛，荫营供销社获得团体第一名，河底供销社、李家庄供销社分别获得团体第二名和第三名。荫营供销社刘锁柱的拉拉面、李家庄供销社路秀兰的算盘总账等分获个人单项优胜奖。1988 年，在两个文明建设和“爱岗创优争最佳”活动中，有 9 人被评为最佳营业员，31 人被评为优秀营业员，4 个基层工会被评为先进组织。1989 年，选派骨干参加区委组织部主办的高中文化补习班，有效提高职工的文化素质。

组织多种多样的文体活动，丰富职工的业余文化生活。1988 年，充分发挥工会的优势，利用黑板报、学习园地、墙报、简报、广播、文化室等形式，采取吹拉弹唱等方法；开展生动活泼、讲求实效、深入人心的宣传活动。使广大职工思想境界得到充实提高，转变了旧观念，开阔了新视野。荫营、东村、白泉、三郊、河底、辛兴等基层工会活动尤其活跃，全系统开展形势时事讲演 20 次、理想教育 20 次，收到了良好的效果。1992 年，组队参加全区财贸系统首届职工运动会，分别参加华牌、象棋、拔河、田径、球类等项目比赛，荣获大会组委会颁发的优秀组织奖。1994 年 1 月，组队参加全区纪念毛泽东主席一百周年诞辰文艺会演，队伍阵容庞大、表演水平精湛，受到观众及评委的称赞。1995 年 8 月，组织 15 个基层社，派出街头文艺队、锣鼓队、彩旗队及彩车队在荫营大街集会庆祝恢复中华全国供销总社。同年 9 月 1 日下午，组队参加全区纪念抗日战争胜利 50 周年歌咏大赛，获得二等奖。2009 年 9 月，组队参加阳泉市供销社举办的庆祝中华人民共和国成立 60 周年“迎国庆、颂祖国”歌咏赛，荣获二等奖。

关心困难职工，坚持开展“两节”慰问活动。先后对荫营供销社韩俊生、白泉供销社梁秉芳、义井供销社李有章、李家庄供销社侯喜才、河底供销社史凤玉进行慰问，将党的温暖送到困难职工的心坎上。2002 年，认真贯彻国务院发布的《城乡居民最低生活保障条例》配合上级工会对系统 130 名职工落实了低保政策。对企业改制中产生的各类社会矛盾得到有效化解。

和泰煤业有限公司工会

（互见第六章第五节）

第四节 农业系统工会

系统概况

进入21世纪，机构改革逐步加快，为提高机关工作效率，本区按照行业或工作属性设立政法、工交、财贸、农业、教育、宣传、计划及区直八大系统党委，负责机关党建及工会等工作的开展，党委书记由区委及区政府各部门退居二线的领导担任。其中农业系统下辖民政局、水利局、农业局、林业局、农业机械化发展中心、畜牧业发展中心、自来水公司、温河灌区等部门单位。2013年4月，撤销工交、计划系统，部分单位与剩余系统合并。截至2019年12月，农业系统所属机关单位包括地产公司、温河灌区、防灾减灾中心、林业局、民政局、残疾人联合会、晋泉水务有限公司、水利局、农业农村局、自然资源局、农业技术推广中心、农业机械化发展中心、畜牧业发展中心、经营管理办公室、蔬菜中心15个部门单位，干部职工共有328人。

组织沿革

进入21世纪，农业系统成立后，系统工会工作委员会也随之成立，属一级工会组织，为郊区总工会直属，主任由系统党委书记兼任。2012年9月14日，农业系统工会工作委员会进行领导调整，郭存明担任系统工会工作委员会主任。2018年3月，农业系统成立工会联合会，王秀明担任系统工会主席。至2019年，农业系统工会委员会未做变动。基层工会15个，工会会员327人，其中女会员138人。

2019年农业系统基层工会组织建设一览表

表5-6　　单位：人

工会名称	建会时间	工会主席（负责人）	职工人数		会员人数	
			总数	女职工数	总数	女会员数
阳泉市郊区农业系统工会联合会	2018年3月	王秀明	328	138	328	138
阳泉市郊区水利局工会委员会	1984年6月	李　峰	30	12	30	12
阳泉市郊区林业局工会	1984年1月	李彦青	21	10	21	10
阳泉市郊区自然资源局工会委员会	2009年8月	王秀美	47	17	47	17
阳泉市郊区民政局工会	2005年5月	任海鹰	33	19	33	19
阳泉市郊区自来水公司工会	2003年3月	高会珍	93	38	93	38
阳泉市郊区残疾人联合会工会	2007年5月	王守刚	6	3	6	3
阳泉市郊区温河灌区管理站工会	1976年1月	葛东红	4	0	4	0
阳泉市郊区农业农村局工会	1987年5月	史志宏	39	14	39	14
阳泉市郊区农业机械化发展中心工会	1984年7月	王建英	18	9	18	9
阳泉市郊区农广校工会	1984年7月	王　燕	4	2	4	2
阳泉市郊区畜牧业发展中心工会	2001年12月	商建芳	6	2	6	2
阳泉市郊区蔬菜中心工会	1980年12月	梁建鸿	8	3	8	3
阳泉市郊区农技中心工会	2002年9月	李秋芳	13	7	13	7
阳泉市郊区农村事务管理中心工会	1987年1月	贾丽敏	6	2	6	2

主要工作

农业系统工会联合会成立以来，在区总工会的正确领导下，以《中华人民共和国工会法》为指导，严格落实党的全心全意依靠工人阶级的根本指导方针，充分发挥广大职工的主力军作用，进一步加强基层民主制度建设，维护了农业系统职工队伍和社会政治稳定，发挥了工会的桥梁和纽带作用，促进了全区“三农”工作不断取得新成效。

基层民主政治建设方面：围绕“全心全意依靠工人阶级”的根本指导方针，不断强化基层民主政治建设，动员农业系统广大职工积极投身于改革、建设和发展的伟大实践中。各基层工会组织建立和完善了职工代表大会制度、政务公开制度。进一步维护了职工的民主参与权、民主决策权、知情权、监督权，维护了职工的劳动权利和经济利益，并促进了本系统的党风廉政建设。

建设“职工之家”方面：以“建家维权促进工作”的思想为指导，基层工会建立了8个“职工之家”，完善了相关的活动制度、配套设施，改善了基层工会的工作条件，增强了工会的社会基础地位。

开展实施送温暖工程方面：各基层工会组织积极维护困难职工群体，完善工作制度，实行动态管理，及时给予帮扶。每年元旦、春节等节日，各单位领导都和工会干部一起到困难职工家中走访慰问，把党和政府的温暖、工会组织的关心送到职工心中。

开展职业道德教育方面：各基层工会组织根据工作实际，利用有利时机，采取办培训班、专题讲座、交流会、知识竞赛等形式进行职工职业道德宣传教育，开展“为群众服务、为基层服务”活动，开展了“创建学习型机关、争当学习型职工”活动，不断强化职工职业道德教育，提高职工业务工作水平。

开展群众性文体活动方面：系统工会联合会和各个基层工会组织在元旦、春节、“三八”国际妇女节、“五一”国际劳动节、“五四”青年节、“七一”中国共产党建党节、国庆节期间，结合实际，响应上级工会号召，积极组织单位职工举办茶话会、春游、健身登山、大合唱等活动，举办华牌、篮球、乒乓球、羽毛球等比赛活动。2014年5月8日，在全区“中国梦·劳动美·我与改革创新”演讲比赛中，本系统职工史国英获得了二等奖；2016年7月在郊区庆祝中国共产党成立95周年暨中国工农红军长征胜利80周年合唱比赛获得优秀奖；2016年10月获得区第三届职工羽毛球团体赛第六名；2017年9月参加区第二届职工广播体操比赛获得优秀组织奖；2019年8月参加区“和谐杯”篮球赛获得机关组第三名；2019年9月参加区庆祝中华人民共和国成立70周年合唱大赛获得优秀组织奖。

基层工会

农业农村局工会

单位概况

1969年1月，荫营区革命委员会撤销，郊区革命委员会成立，区革命委员会实行党政合一的体制，称“一元化领导”。机构设置有办事组、政治工作组、治安保卫组、生产指挥组，农业生产工作由生产指挥组负责。1976年6月，设农业办公室，农业生产工作由农业办公室负责。1984年年初，郊区人民政府由派出性机构改为独立行使区（县）级政权职能的机构。

同年，始设农牧局。1997 年 9 月，农牧局更名农业局。2009 年 12 月，改称农业委员会。2019 年 2 月，机构改革，改称农业农村局。年末，该局下属单位有畜牧业发展中心、农业机械化发展中心、农业技术推广中心、蔬菜中心、农村事务管理中心、山西省农业广播电视学校阳泉市郊区分校、扶贫开发中心、乡村治理办、人居办、农业综合行政执法队、农业园区 11 个单位，正式在编职工 70 人（其中女职工 19 人）。

组织沿革

农业农村局工会成立于 1985 年。工会名称沿用当时单位名称，为郊区农牧局工会委员会，隶属于郊区工会。1987 年 3 月 2 日，选举产生第一届工会委员会，侯五玉当选为主席，王雪梅当选为副主席，荆履益、董有成、裴兆铭为委员。2000 年后，划归郊区农业系统工会。同年 1 月 15 日，农业局工会成立，高宏美当选为主席，光育蓉、孔瑞芬为委员。2006 年 5 月，张伟任农业局工会主席，2011 年 1 月王秀明负责农业委员会工会工作，2013 年 6 月史志宏负责农业委员会工会工作，2019 年 2 月史志宏负责农业农村局工会工作。

主要工作

农业农村局工会认真学习贯彻《中华人民共和国工会法》，围绕“全心全意依靠工人阶级”的根本指导方针，结合工作实际，积极开展各项有利于构建和谐机关，促进健康发展的工会工作。

强化学习教育，提高职工队伍整体素质。工会立足于建设一支“有理想、有道德、有文化、有纪律”的职工队伍，采取多种形式，根据党在各个时期的不同要求，开展政治理论学习教育活动，开展共产主义的理想教育活动，开展业务培训活动，学习党的路线、方针、政策和法律法规、工会文件及会议精神，提高了会员的思想道德素养、法律素养、业务素养、科学文化知识素养，全局职工队伍的综合素质不断提高。

健全民主机制，维护全体职工合法利益。坚持和完善职工代表大会制度、政务公开制度。发挥职工的主观能动性，积极组织职工参与机关民主管理。积极搜集职工反映的问题及合理化建议，反映职工的意愿，维护职工的合法利益，充分调动了职工的工作积极性。

关心职工生活，增强工会组织的凝聚力。本着“群众利益无小事”的理念，认真解决职工关心和迫切需要解决的问题。坚持定期组织职工进行体检，保障职工的身体健康。坚持搞好职工的福利，关心职工的疾苦，办起了职工浴室，遇职工家庭婚丧嫁娶、生病住院和其他困难情况，局工会领导都组织人员前去慰问走访，尽力予以解决，使职工切实感到集体的关怀和温暖，增强了工会的凝聚力。

办好职工之家，丰富职工的业余生活。购置 500 余册图书，建起了“职工书屋”，设置了乒乓球场地，经常利用各种有利时机，开展群众性文体活动，元旦、春节期间举办联谊茶话会、华牌、象棋、乒乓球比赛活动；“三八”国际妇女节期间组织女职工春游活动；“五一”国际劳动节、“五四”青年节期间组织职工参加健步登山活动和诗朗诵比赛活动；“七一”中国共产党建党节、国庆期间组织职工参加红歌大合唱活动，其他时间还积极组织职工参加区级各项篮球、羽毛球、乒乓球等比赛活动。丰富了职工的业余生活，陶冶了情操，促进职工的身心健康。

倡导爱岗奉献，提升“三农”工作水平。工会团结动员广大职工开展了“学技术、强技能、比奉献”活动，局畜牧中心张新文业务精通，2017 年 10 月荣获山西省动物卫生监督技能大比武个人一等奖，2019 年 3 月入选 2018 年度山西省“三晋英才”支持计划青年优秀人才。2019 年 8 月被阳泉市委、市政府授予阳泉市青年优秀人才称号。此外，还在职工中开展了创先争优活动，在服务农民、服务农业、服务农村方面充分调动了职工群众的积极性、主动性、创造性，有力地促进了全区“三农”工作的全面提升。

林业局工会

单位概况

1969 年 1 月，荫营区革命委员会撤销，郊区革命委员会成立，区革命委员会实行党政合一的体制，称“一元化领导”。机构设置有办事组、政治工作组、治安保卫组、生产指挥组，林业生产工作由生产指挥组负责。1976 年 6 月，生产指挥组撤销，设农业办公室，林业生产工作由农业办公室负责。1984 年年初，郊区人民政府由派出性机构改为独立行使区（县）级政权职能的机构。同年，始设林业局。1987 年，人员编制 25 人，内设办公室、林政管理站、营林站、森林病虫防治检疫站、林业技术推广站、林业建设基金征收站、中心苗圃。2019 年年末，该局下设办公室、营林规划室、林政检疫站、技术推广站、森林派出所，自收自支事业单位有中心苗圃 1 个，在职在编职工共有 19 人。

组织沿革

林业局工会成立于 1987 年，隶属于郊区总工会。当年 5 月 3 日，选举产生第一届工会委员会，魏玉恒当选为主席。陈丽琴当选为副主席，李瑞连、张峰、王四毛当选为委员。1996 年 9 月 3 日，选举产生第二届工会委员会，张斌武当选为主席。李瑞莲、张智英当选为委员。2000 年后，划归郊区农业系统工会。至 2019 年年末工会未进行调整。

主要工作

完善基层工会组织建设。在局内设工会小组，发展每名正式职工入会，实现组织建会和职工入会无空白、全覆盖。工会小组完善职工代表大会制度，实行民主管理，动员和组织广大职工积极参加经济建设，努力完成中共十九届五中全会提出的“推动绿色发展，促进人与自然和谐共生”的林业人目标。

重视职工素质提升。教育职工不断提高思想道德、技术业务和科学文化素质，以习近平新时代中国特色社会主义思想为指导，树牢绿水青山就是金山银山的理念，聚焦蓝天、碧水、净土三大保卫战、全区森林防火“零火情”，构建“六型机关”（政治型、学习型、创新型、务实性、廉洁型、活力型），开展“五整治五严禁”（整治文风不正，严禁粗疏错漏；整治社会不严，严禁会纪松懈。整治责任缺失，严禁为官不为；整治办事无章，严禁随意乱为；整治纪律松弛，严禁自由散漫）作风整改等活动，增强林业职工思想政治素质。定期召开机关干部职工大会，积极参加山西好干部在线学习，宣传贯彻中共十九届五中全会精神，从办公室到防火办，每个科室都注重提高职工业务素质，高效精准地展开林业工作，有力地推进全局队伍高质量建设。2007 年被山西省林业厅评为全省林业系统政风行风评议先进单位。

开展帮扶和维权工作。发挥工会服务局内职工的职责，工会作为职工的代言人，在林业局内广泛推行、民主管理，每位机关干部职工积极参与民主决策、民主管理、民主监督。在节假日或特殊节日期间，单位组织慰问离退休老林业人、受伤职工和贫困老党员，了解解决职工生活问题的同时，积极为离退休职工、受伤职工服务。加强女职工干部特殊权益的保护，开展职工身体健康检查，使女职工疾患得以及时治疗，保证女职工的身体健康。积极与政府沟通退役军人转业事项，解决退役转业到本单位的军人工作上生活上的问题。

丰富职工的文娱文化生活。元旦、春节等节日时，工会组织职工表演节目、聚餐，调动职工的积极性；在庆祝建党之际，全局举办红歌诵唱比赛，提升职工红色精神培养。

抓好工会经费的收、管、用，确保工会资产保值增值。加大工会信息反馈和调查研究工作，总结经验、查找差距、探索新思路，不断推进工会工作迈上新水平。

自然资源局工会

单位概况

1981 年 9 月，召开阳泉市郊区第九届人民代表大会，成立阳泉市郊区人民政府。政府职能部门相继完善。1982 年 12 月，设土地管理办公室。1988 年 3 月，土地管理办公室改称土地管理局。1991 年 1 月，设地质矿产管理局。2001 年 7 月，不再保留地质矿产局、土地管理局，组建国土资源局。2008 年，国土资源局由系统垂直管理，称阳泉市国土资源局郊区分局。2019 年，在原市国土资源局郊区分局的基础上组建阳泉市郊区自然资源局。该局下设办公室、自然资源调查监测股、空间生态修复管理股、国土空间用途管制与耕地保护股、国土空间规划股、所有者权益开发利用股、矿产资源、地质勘查与测绘管理股、行政审批管理股、法规督察执法股，共有职工 45 人。

组织沿革

自然资源局工会成立于 2001 年。工会名称沿用当时单位名称，为郊区国土资源局工会委员会，隶属于郊区农业系统工会。当年 12 月 21 日，选举产生第一届工会委员会，王秀美当选为主席，闫立萍、徐庆霞当选为委员，苗兰当选为经费审查委员会主任，王海林、张素芬当选为经费审查委员会委员。2019 年 12 月，王秀美、赵新明、张亚婷当选为阳泉市郊区自然资源局第一届工会委员会委员，王秀美当选为工会主席；赵新明、史文秀、冯世超当选为经费审查委员会委员，赵新明当选为主任；张亚婷、史文秀、刘会当选为女职工委员会委员，张亚婷当选为主任。

主要工作

2001 年至 2019 年，局机关工会在局党组的正确领导下，坚持以毛泽东思想、邓小平理论、“三个代表”重要思想、科学发展观和习近平新时代中国特色社会主义思想为指导，认真学习贯彻中共十九大精神，按照党建带工建的要求，充分发挥工会的桥梁和纽带作用，积极抓好职工队伍建设，努力推进单位民主管理、民主监督，切实维护全体职工的合法权益，丰富职工的文体活动，帮助职工解决实际困难，为创建和谐团队发挥了积极的作用。

推进多项措施，保障职工利益。工会组织是单位联系职工的重要桥梁。局工会按照局党组的要求，认真做好为全体职工服务的各项工作，积极组织职工参加职工大病医疗互助活动，解决职工后顾之忧，每年上半年组织全体职工进行健康体检，为职工筑起身体健康屏障，在重大节假日比如春节、中秋节等，按照上级部门和相关文件规定向职工发放慰问品。

开展文体活动，丰富职工生活。为活跃全体干部职工的文化生活，加强职工间的沟通和交流，增进职工间的团结和友谊，工会积极响应上级党委的安排部署，组织职工积极参与歌咏比赛、羽毛球比赛、篮球比赛和健步走等活动。

加强理论学习，发挥工会教育功能。为了使职工熟悉党的方针政策，了解机关工会工作，工会委员除了做好业务工作外，一方面利用工会委员会学习、传达上级工会有关文件精神；另一方面积极配合机关党组织加强对职工的政治理论学习和自然资源新政策的学习，使全体职工在自学、讨论、相互交流的过程中，共同学习，共同进步。

自来水公司工会

（互见第六章第二节）

温河灌区管理站工会

（互见第六章第三节）

第五节　宣传系统工会

系统概况

进入21世纪，机构改革逐步加快，为提高机关工作效率，本区按照行业或工作属性设立政法、工交、财贸、农业、教育、宣传、计划及区直八大系统党委，负责机关党建及工会等工作的开展，党委书记由区委及区政府各部门退居二线的部分领导担任。其中，宣传系统先后下辖区委宣传部党支部、区计划生育局党支部、区新闻办公室党支部、阳泉郊区编辑部党支部、区文化体育局党支部、区广播电视局党支部、区文物旅游局党支部等。2013年4月，撤销工交、计划系统，部分单位与剩余系统合并。截至2019年12月，宣传系统所属单位党组织包括区委宣传部党支部、区委党校党支部、区文联党支部、区文化和旅游局党总支、区融媒体中心党支部5个基层党组织，干部职工共有109人。

组织沿革

进入21世纪，宣传系统成立后，工会工作一直由系统党委书记组织开展。2012年9月14日，宣传系统工会工作委员会进行领导调整，张宝荣担任系统工会工作委员会主席。该工会组织属一级工会组织，为郊区总工会直属。至2019年，宣传系统工会委员会共有基层工会4个，工会会员109人，其中女会员53人。

2019年宣传系统基层工会组织建设一览表

表5-7　　　　单位：人

工会名称	建会时间	工会主席	职工人数		会员人数	
			总数	女职工数	总数	女会员数
区委宣传部工会委员会	1993年6月	高莉芳	12	5	12	5
区文化和旅游局工会委员会	1988年8月	杨雨才	31	16	31	16
区融媒体中心工会委员会	1986年5月	吴　明	54	27	54	27
区委党校工会委员会	2011年6月	武舍鱼	12	5	12	5

主要工作

宣传系统工会联合会成立后，不断加强工作组织建设和职工队伍建设，充分发挥党建带动优势，致力增强工会组织的向心力、凝聚力，有效提升为全区中心工作、大局工作服务的质量和水平。特别是统筹推进理论武装、新闻宣传、文化建设、文明实践、文艺繁荣等，守正创新、主动作为、勇开新局，为全区争做转型发展表率、打造城乡融合样板提供思想保证、舆论支撑、道德滋养和文化条件。根据业务性、专业性强的特点，系统工会联合会和各基层工会积极动员组织全体会员参加各类活动，完善工会职能，推进工会工作系统化、规范化。

着力做好规范建会工作。系统联合会成立后，通过摸底调查、协商，本着科学设置、规范运行、推进工作的原则，至 2019 年，系统共重新建立基层工会 4 个。工会组织的设立充分考虑了机构改革单位名称更换、人员变动调整、组织活动便利、管理运转符合规程等情况，为做好新时期工会工作奠定了组织保障。各基层工会均建立健全了组织机构、人员职责等，加快了制度化、规范化工会建设步伐，有效推动了工会各项工作的开展。

本着切实为职工办实事、解难事的宗旨，多年来，系统工会加强调查研究，及时了解广大职工的所需所求，积极为他们解困解忧。帮助 3 名困难职工申请了大病救助，为 6 名符合条件的职工申请了困难职工帮扶，帮助 4 名职工子女办理了“金秋助学”资助金。同时，大力开展职工联谊座谈、走访慰问等活动，使广大职工感受到了温暖和鼓舞。

系统工会充分利用现有的资源和专业优势，设立了职工党员之家、文体活动中心、职工书屋、女职工之家、巾帼示范岗、志愿者服务等工作室，踊跃开展“工会先锋号”、“服务献爱心”、“党员先锋岗”文明单位创建等活动，让广大职工有归属感、荣誉感和自豪感。大力倡导职工对精神文化的追求，提升了职工的自我健康和安全意识，丰富了职工的业余文化生活，初步建立起了良好的社会支持网络，发挥了服务职工的职能作用。

基层工会

文化和旅游局工会

单位概况

1984 年年初，郊区人民政府由派出性机构改为独立行使区（县）级政权职能的机构。同年设文化体育局。1985 年 1 月，撤销文化体育局，成立文化局、体育运动委员会。2001 年 7 月，不再保留文化局和体育运动委员会，组建了文化体育局。2010 年 2 月，整合原广播电视局部分职能，改设文化体育广播电视局。2016 年，恢复文化局名称。2019 年，机构改革，与区文物旅游局整合组建文化和旅游局。年末，该局下设办公室等职能科室，共有职工 35 人。

组织沿革

文化和旅游局工会成立于 1988 年。工会名称沿用当时单位名称，为区文化局工会委员会，隶属于郊区总工会。当年 8 月 12 日，选举产生第一届工会委员会，武爱栓当选为主席，余秋栋、冯爱民当选为委员。2000 年后，划归宣传系统工会。2013 年 3 月至 2019 年 4 月，郊区文化局副局长闫计堂分管工会工作。2019 年 5 月至年末，郊区文旅局三级主任科员要伟洁负责工会工作。

主要工作

提升工会自身建设。局机关工会高度重视加强机关干部职工的思想建设，组织职工认真学习宣传贯彻中共十八大、中共十九大及习近平总书记重要讲话精神和中央关于工会工作的一系列重要指示，坚持用中国特色社会主义理论体系、社会主义核心价值体系和中国特色社会主义工会发展理论引领机关干部职工，建设工会干部队伍，提高机关工会干部对工会工作重要性的认识，提升了工会干部服务意识和责任意识，切实服务职工，维护职工合法权益，不断焕发工会组织的生机活力。

组织参加各类活动。利用该局文化和旅游的行业优势，陆续组织了歌咏比赛、广场舞培训、舞蹈展演、瑜伽培训、国学大讲堂等一系列丰富多彩的文化活动，丰富了职工的业余文化生活；同时积极组织职工参加区登高健步走比赛、羽毛球赛、乒乓球赛、篮球赛、朗诵比赛、读书日活动、书画展览、应急演练等区级各类活动，在丰富职工生活的同时，增长了职工的生活常识。

关心职工日常生活。对困难职工进行摸底，在春节期间工会对困难职工、退休党员进行走访慰问，向他们送上了局领导和局工会的关爱和温暖。在职职工与退休职工生病住院时，局机关工会对生病职工进行探望和慰问，在员工家庭遇到婚丧事宜时，局领导和工会对遇事职工给予关心、照顾和帮助，让职工真正感受到工会的温暖。

开展精准扶贫帮扶。局机关工会以精准扶贫为契机，动员全局职工，积极对扶贫对接村进行对口帮扶。一是进行党员对口入户帮扶。了解贫困户的诉求，帮助贫困户解决困难。二是利用区文化和旅游的行业优势，在杨家庄乡高垴庄村开展春节送对联、下乡慰问演出，帮助和指导高垴庄村举办各类晚会、活动等，受到了村民的欢迎。三是在高垴庄村开展消费扶贫，动员全体职工购买高垴庄村贫困户种植的红薯、南瓜、小米、玉米面等农产品。四是动员全局职工，对高垴庄村进行专项扶贫捐款，共计 6800 元。

融媒体中心工会

中心概况

1969 年 1 月，荫营区革命委员会撤销，郊区革命委员会成立。1970 年 9 月，设广播站。1985 年 10 月，广播站改称广播电视局。2010 年 2 月，广播电视局部分职能由文化体育局整合，广播电视局改称广播电视台。2019 年，机构改革，与编辑部整合组建为融媒体中心。年末，该中心办公室、新闻部、专题部、周刊部、制作部、技术部、人事财务部、播出部、资料室，共有职工 54 人。

组织沿革

融媒体中心工会成立于 1986 年。工会名称沿用当时单位名称，为区广播电视局工会委员会，隶属于郊区总工会。当年 5 月 3 日，选举产生第一届工会委员会，刘玉杰当选为主席，李巨才当选为副主席，刘舍柱、王贵明、任爱萍当选为委员。1994 年 9 月至 2003 年 6 月，冯义琴兼任工会主席，高金、吴明为委员。此间，工会组织划归郊区宣传系统工会所属。2003 年 6 月至 2017 年 6 月，吴明任工会主席。2017 年 6 月至 2019 年 12 月，张俊勇负责工会工作。

主要工作

积极争取资金支持，组建了阳泉市郊区融媒体中心，已形成报纸、电视、微信公众号、阳郊融媒4个宣传平台。2019年，全媒体交互式虚拟演播室、非编用磁盘阵列、非线编辑系统等相继交付投入使用，节目制作播出水平迈上新台阶。融媒体指挥中心内部装修全部完成，调度大屏系统、直播推流、网络二级等保、电视播出墙等系统安装调试到位，并投入运行，新媒体App定制开发工作正在进行中。拥有专业工作室1个，专业工作人员21名。

积极改进工作作风，创新新闻宣传方式，大力参与“四力”实践、“走转改”新闻竞赛等活动，先后开辟“新时代 新气象 新专栏”“启航百年路 奋斗新征程”“学党史 悟思想 办实事 开新局”“我为群众办实事”“聚焦重点工程”“项目建设年郊区在突破”“时代先锋”“打好污染防治攻坚战”“走向我们的小康生活”“精准扶贫 你我同行”“蓝天保卫战 我们在行动”等10多个宣传专栏，及时跟踪报道、生动形象地宣传了全区的重点项目、亮点工作和幸福故事。2019年以来，共播发新闻3400余条，刊登各类文字稿件2700余条（篇）；“郊区之窗”微信公众号推送信息6300余条，关注人数达6000人以上，成为全区新的主流媒体。有200条新闻篇被市级以上媒体采用、转发，实现了新闻宣传全覆盖，把党和政府的新思想、新政策、新理念、新成果送到了广大干部群众中。

以城郊型新时代文明实践示范区建设为目标，区融媒体中心工会和区委宣传部工会、区总工会联合，持续推动新时代文明实践中心建设全国试点不断向纵深发展，项目化建设初见成效。开展志愿服务项目申报工作，推动志愿服务由“单一活动”向“特色项目”转变，“青春实践、志愿先行”大学生项目共开展4期，100余名在校大学生参与活动；心理援助项目落地困境儿童最集中的北舁村，共开展集中活动7次，“一对一”服务20余次；“艺动新风尚”公益演出3场；“七彩珍宝园”群众社团走进了敬老院。结对省文明办开展“五个上门”（职工生病卧床要上门看望、红白喜事要上门帮忙、矛盾纠纷要上门劝解、有不满情绪要上门疏导、有突发事件要上门了解）志愿服务活动，职工参与人数达1000人以上。

严守底线红线，确保各类节目安全播出。组织动员广大职工，坚持硬件软件“两手抓”，为安全播出提供有效保障。2019年以来，投资更换了部分主供电线路，同时争取专项资金，架设了中心配电室到九楼电梯机房电梯供电专线，及时消除了用电安全隐患。刘备山转播台接收、发射设备采购项目启动后，及时购置了不间断电源1台、数字电视发射机1台、卫星接收天线1套，并顺利通过相关部门验收。为做好安全播出，杜绝事故发生，先后召开安全部署会7次，适时开展安全播出技术检修、事故处置演练等20余次，健全完善《机房制度》《值机人员职责》、《安全播出预案》等工作制度，提出具体要求，将思想认识、工作职责落实到了人头。在春节、全国两会、国庆节等安播重要时段、重要节点，主要领导和安播技术人员深入转播现场蹲点，加强安全播出工作的监督检查、指导，较好完成了各阶段节目播出监控监查、安全报告等工作。

第六节　政法系统工会

系统概况

进入 21 世纪，机构改革逐步加快，为提高机关工作效率，本区按照行业或工作属性设立政法、工交、财贸、农业、教育、宣传、计划及区直八大系统党委，负责机关党建及工会等工作的开展，党委书记由区委及区政府各部门退居二线的领导担任。其中政法系统下辖政法委、法院、检察院、公安分局、司法局 5 个部门单位。至 2019 年，八大系统先后进行合并调整，但政法系统基本未做变动。政法系统共有干部职工 234 人。

组织沿革

进入 21 世纪，政法系统成立后，系统工会工作委员会也随之成立，属一级工会组织，为区总工会直属。2002 年 12 月，政法系统成立第一届工会工作委员会，姜秀英任政法系统工会工委主任，吕慧芳、梁喜芸、刘双富任副主任，郭彦珑、秦建明、赵爱明任工会工委委员，吕慧芳任工会工委常务副主任兼女工负责人，王存寿任政法系统工会工委经费审查委员会主任，李建华、郑瑞秀任工会工委经费审查委员会委员。2012 年 9 月 14 日，政法系统工会工作委员会进行领导调整，张锐担任政法系统工会工作委员会工会主席。2013 年 4 月，由于工作变动，吕慧芳替补为政法系统工会主席。至 2019 年，政法系统工会委员会未做变动。基层工会 4 个，涵盖单位 4 个，工会会员 234 人，其中女会员 105 人。

区政法系统历届工会主席副主席一览表

表 5-8

届次	姓名	性别	职务	任职时间	备注
一	姜秀英	女	工会主任	2002 年 12 月至 2007 年 8 月	—
	梁喜芸	女	工会副主任	2002 年 12 月至 2012 年 1 月	—
	刘双富	男	工会副主任	2002 年 12 月至 2020 年 6 月	—
	张　锐	男	工会主席	2012 年 9 月起	—
	吕慧芳	女	工会主席	2013 年 4 月起	—

2019 年区政法系统基层工会组织建设一览表

表 5-9　　单位：人

工会名称	建会时间	工会主席	职工人数	会员人数
政法委工会	2019 年 12 月	岳长庆	11	11
区法院工会	1988 年 1 月	任东晓	130	130
区检察院工会	1988 年 1 月	孟秀红	64	64
区司法局工会	1988 年 1 月	王爱昌	29	29

主要工作

政法系统工会成立后，认真落实围绕“组织起来，切实维权”的工作方针，坚持学习贯彻马克思列宁主义、毛泽东思想、邓小平理论、“三个代表”重要思想、科学发展观及习近平新时代中国特色社会主义思想，以提升职工素质为主旋律，大力发挥联系群众桥梁纽带作用，为建设更高水平平安郊区、法治郊区和政法队伍建设做出显著成绩。

积极开展思想政治教育，提升政法机关队伍的整体素质。政法系统工会立足于建设一支有理想，有道德，有文化，有纪律的政法队伍，在开展“三个代表”重要思想学习教育、科学发展观学习教育、“不忘初心、牢记使命”主题教育、群众路线教育、“三严三实”专题教育、“两学一做”学习教育等一系列活动中，始终以党建带工建，在不断强化思想建设、政治建设、作风建设中，使政法系统党员干部增强了“四个意识”，坚定了“四个自信”，做到了“两个维护”，并落实到政法各项工作，为建设更高水平平安郊区、法治郊区积蓄了强大动力。

完善组织建设，夯实基层组织基础。深入推进“三基建设”，持之以恒抓工会组建和会员发展，实现了系统所属工会组织全覆盖，并按要求完成换届工作。全面提升基层工会规范化建设，以“六有”（有班子、有队伍、有载体、有制度、有经费、有绩效）工会建设为标准，推进基层工会规范化建设，确保基层工会组织合法有效，工会组织充满健康活力。工会组织加强自身制度化、规范化、专业化建设，多措并举，提高了工会组织的群众化、民主化水平，激发了工会工作活力，同时结合自身发展的实际情况，突出抓维权、抓参与、抓实效、抓职能创新，有效地推进了工会的民主管理以及素质工程建设，提高了工会干部队伍的战斗力和保障力，增强了政法队伍的凝聚力和向心力。

积极开展推进职工素质提升。政法系统各基层工会不断加强阵地建设，提高“职工书屋”“职工之家”的建设、管理和使用水平，使之成为职工精神文化生活的家园，并在此基础上组织开展“道德大讲堂”、法律知识讲座、知识竞赛、书法竞赛等活动。

积极参与组织各项文体活动，丰富员工的文化生活。积极响应郊区总工会号召，组织并参加郊区总工会组织开展的各项文体活动，如羽毛球比赛、登高健步走、乒乓球比赛、篮球比赛等活动。通过这些形式多样、内容丰富、注重实效的文体活动，进一步丰富了广大政法干警的业余文化生活，极大地坚定了政法干警的自信心，增强了团队合作意识和顽强拼搏意识，弘扬了政法精神，展现了政法风貌，逐渐营造出了一种温馨和谐、积极向上的学习氛围和文化氛围。

开展帮扶和维权工作。发挥工会服务职工的职责，建立困难职工档案，健全和完善困难职工帮扶体系，对困难职工及其家属生病伸出援助之手，送去慰问金和慰问品，及时开展生活救助。在职工权益保障维护方面，落实职工的休假、体检、意外伤害保险、大病统筹等。开展在传统节日慰问职工，职工过生日送生日蛋糕等暖心活动，走访慰问老干部、老党员和离退休人员，帮助孤寡老人，积极开展学雷锋志愿活动等。

基层工会

公安分局工会

单位概况

1969年1月，荫营区革命委员会撤销，郊区革命委员会成立，区革命委员会实行党政合一的体制，称“一元化领导”。机构设置有办事组、政治工作组、治安保卫组、生产指挥组，治安保卫组取代公安、检察、法院。1973年6月30日，根据市委常委会阳发〔73〕99号决定撤销治安保卫组，成立市公安局郊区分局。局机关设在荫营东大街，内设秘书股、治安股、政保股和荫营、河底2个派出所。1976年8月增设政工股和李家庄派出所。1978年1月组建义井、平坦派出所。11月设经文保股。1980年2月，根据1979年《中华人民共和国刑法》《中华人民共和国刑事诉讼法》增设预审股、行政股、刑警队。1981年内设机构改为科、室。1983年10月设信访科、西南舁派出所和旧街派出所。1984年5月，设白泉派出所。1985年7月，设消防科，1985年12月设看守所，武警阳泉支队郊区中队同时成立。1988年2月设三郊、东村、杨家庄、燕龛、辛兴5个派出所。1989年1月设法制科、林业公安科。1990年3月设信息科、档案科。1993年6月设统计科。1994年7月，撤销信息科、统计科、信访科、行政科、档案科、林业公安科，设立暂住人口管理科。8月成立巡警队。1998年4月成立工商税务派出所。1999年7月，根据1997年《中华人民共和国刑法》《中华人民共和国刑事诉讼法》修正案实行侦审合一，撤销预审科，其职能并入刑警队，同年设立经济犯罪侦查科。2000年7月成立公路巡警队。10月，成立林业派出所，撤销荫营矿、固庄矿2个企业派出所，改设警务站。2002年3月撤销暂住人口管理科，5月撤销东村、燕龛、三郊、辛兴、白泉派出所及荫营、固庄2个警务站，同月撤销公路巡警队。2003年1月，恢复荫营矿派出所、固庄矿派出所建制；2月，撤销工商税务派出所，设立计财装备科、“110”指挥中心、督察队和信访科；6月，设立防范和处理邪教问题办公室；10月，刑警大队机构升格为副科级，政工科改为政治处，设立计算机监察科。2008年，内设机构变更，内保科并入治安科改称治安大队，指挥中心与办公室合并统称指挥中心，信访科并入法制科改称法制大队，督察队与政治处、纪检委合并改称纪检政治督察大队，政保科与防范和处理邪教问题办公室合并改称政保大队，经济犯罪侦查科改称为经济犯罪侦查大队，计算机监察科改称网络监察大队，计财装备科改称计财装备大队，巡警队改称巡警大队，消防科改称消防大队。至2019年12月，划归阳泉市公安局。

组织沿革

1987年8月，为了维护职工的合法权益，加强对职工的思想政治教育和文化技术教育，建设一支有理想、有道德、有文化、有纪律的职工队伍，充分发挥工人阶级在社会主义两个文明建设中的主力军作用，根据《中国工会章程》，联系实际，郊区公安分局向郊区总工会提出成立“阳泉市公安局郊区分局工会委员会”的申请。同月，郊区总工会批准郊区公安分局成立工会组织，隶属于郊区总工会。1988年阳泉市郊区公安分局工会成立，当年1月，召开第一次工会会员代表大会，选举产生阳泉市郊区公安分局第一届工会委员会，程瑜当选为工会主席，邓全海、杨珍秀当选为副主席，李印周、阎林柱、张晓明、窦德堂当选为委员。此后，工会主席由崔秀芝担任，副主席由梁喜芸担任，委员秦永烈、杨新让。1995年9月，由于领导调整，梁喜芸主持工会工作。2000年后，划归郊区政法系统工会。2006年1月，又因领导工作变动，政治处主任段维平替补为工会主席。2008年3月及2012年11月，再因领导工作变动，先后由政治处主任赵前进、梁颖君先后替补为工会主席。

主要工作

开辟活动阵地，建设职工之家。为全面贯彻落实中共十三届六中全会决定和中共中央《关于加强和改善党对工会、共青团、妇联工作领导的通知》，1990年，根据区总工会《关于继续开展建设职工之家活动的通知》及《关于深入开展建设职工之家活动的实施意见》，广泛开展“深入建家”活动。1996 年，按照建设职工之家六条标准和 43 条细则，开展了会员建家、评家工作，被区总工会认定为合格职工之家。

开展岗位练兵，提高技术技能。引导干警树立“学文化、学知识、学技术”的思想，积极开展干警培训，努力提高干警素质。1988 年 8 月 1 日下午，在区招待所会议室举行庆“八一”法律知识竞赛。1991 年 5 月 4 日下午，在区武装部会议室举办法律知识问答和卡拉 OK 比赛。1992年11月16日，组队参加全市公安派出所练兵比武竞赛，获团体第一名。2004年3月3日，组队参加郊区总工会在区进修校举办的首届女职工计算机技能大赛，局女干警梁照丽获得一等奖。2005 年 3 月 25 日下午，郊区分局举办先进性教育活动知识竞赛。2011 年 4 月 20 日，举办以“阳光在我心中”为主题的演讲比赛。2014 年 8 月 18 日下午，举办“警民情、中国梦”演讲比赛。2017 年 6 月 28 日下午，举办法治教育暨国学文化大讲堂，以弘扬中华民族文化精髓，丰富警营文化，提升民警精神境界。同年 7 月 20 日，开展“学英模事迹、向英模看齐”为主题的演讲比赛。2018 年 1 月 24 日下午，组队参加阳泉市公安局“不忘初心为人民 、牢记使命勇担当”主题演讲比赛，获得比赛第一名。同年 7 月，组织民警开展以“重温光荣革命历史、争做新时代民警”为主题的荐书、读书活动。

选树先进典型，弘扬劳模精神。2000 年，市劳动竞赛委员会为河底派出所杨慧文荣立三等功。2004 年，为荫营派出所李维茂荣立二等功。2006 年，郊区公安分局刑警大队，成功破获了“7·12”“7·13”两起抢劫杀人案，抓获 2 名犯罪嫌疑人，铲除了一个重大治安隐患，有力地打击了犯罪分子的嚣张气焰，维护了人民群众的生命财产安全，为平安郊区创建做出了重大贡献，受到郊区区委、区政府和广大人民群众的高度赞誉。市劳动竞赛委员会为郊区分局刑警大队荣立集体三等功；为张广宏、贾世尧、史惠明、刘峰荣立个人三等功。2010 年，市劳动竞赛委员会为史鹏军荣立三等功。

关心干警生活，传递组织温暖。坚持开展两节慰问，特别是针对困难干警看病难、子女上学难的问题，积极开展了各种形式的援助活动，帮助解决干警的实际困难。2003 年 1 月 10 日上午，深入烈士傅忠义家中看望慰问其父母及女儿，给他们送去新春的祝福。2006 年 3 月 20 日上午，分局经侦大队副大队长周晓兵和内保大队副科级侦察员史晓玲因患严重疾病住院治疗，工会一班人带头倡导开展捐款献爱心活动，广大民警珍惜战友情、同志爱，一呼百应，雷厉风行，发扬一方有难、八方支援的崇高团队精神，纷纷伸出援助之手，踊跃捐款计 37600 元。2008 年春节前夕，深入因公牺牲民警、原平坦派出所副所长李金祥家进行慰问。2009 年 1 月 15 日至 16 日，前往患病民警冀桂林、王永利、史卫平、胡大刚、张青春家中看望，并送去慰问礼品。2016 年 2 月 4 日，深入因公负伤民警程建军、因公牺牲民警李金祥、因病去世民警李志林和困难民警史全林、张来栓等家中，送去慰问金和新春祝福。2017 年 1 月 25 日，深入困难民警史全林、张来栓、崔维生、张玉英、周建龙、因公负伤民警程建军、因病去世民警李志林、因公牺牲民警李金祥等家中，送去慰问金和新春祝福。

开展文体活动，丰富干警生活。1985 年 8 月 26 日至 29 日，召开第二届干警运动会，全体公安干警及各乡镇公安员、治安队员共 100 余人参加运动会。此次运动会规模大、项目多，有田径、球类、摩托车、射击，还有刑警队擒拿格斗基本功表演，共19个项目。运动会充分体现了官兵一致，4名局领导身先士卒，以普通干警的身份参加比赛。8月29日下午，为取得好成绩的57名运动员颁发奖状和奖品。至1993年，成功举办十届运动会。1989年2月27日，正值元宵节期间，组织20余名干警，排练出形式多样、内容丰富多彩的文艺节目，深入8个乡镇村庄为群众演出，用生动的艺术形象宣传法制、教育群众，同群众一起欢度元宵佳节，凝聚维护社会治安力量，进一步密切警民关系，提高了广大群众维护社会治安安全的自觉性。同年3月1日，干警为来自全区各条战线的320名劳动模范、先进集体代表和区委、区政府的领导奉献了一台自编自演、丰富多彩的文艺节目。1991年3月3日，郊区分局组织文艺骨干深入农村开展慰问演出，警民同台献艺，共度元宵佳节。同年6月19日上午，组织150名干警的合唱队，参加区直机关党委举办的“七一党旗颂”歌咏比赛，局领导亲自组织，亲自参加演唱，在全体干警共同努力下，以9.9分的好成绩获得比赛第一名。同年6月21日上午，组织首届青年干警运动会。1999年5月6日，组织青年民警开展了首届卡拉OK歌手大赛，经过认真评选，评出6名获奖选手。2003年2月15日，在阳泉市首届“金盾杯”美术、书法、摄影作品展览会上，分局选送的石志刚、姜秀军的书法作品入围此次展会。此后，干警书法美术作品多次参加展赛。2010年10月11日至15日，郊区分局代表区政法系统组队参加郊区区直机关职工篮球比赛，取得第二名的好成绩。2012年5月3日下午，举办了以“践行核心价值观，永葆党的纯洁性，用激昂的青春热情喜迎党的十八大”为主题的庆“五四”乒乓球比赛。比赛中，参赛选手人人各施绝技，奋力拼搏。经过激烈角逐，治安大队大队长郑海生敢打敢拼，勇夺冠军，刑警大队史红伟和巡警大队大队长张海明分别荣获亚军和季军。2013年8月2日下午，组织民警开展健步走活动。至2015年共组织4届“健步走”活动。2016年10月28日至30日，组队参加阳泉市郊区总工会举办的第三届职工羽毛球比赛，获得团体第七的好成绩，分局工会获得优秀组织奖，王俊获得单项赛男子单打第四名，史小兵、王向红获得混双第五名，曲晓刚、史晓阳获得男子双打第六名，孔维红、张丽荣获得女子双打第七名。2017年1月14日至15日，参加阳泉市郊区举办机关职工“迎新春”羽毛球团体赛，获得团体第四名的好成绩。同年4月27日，为庆祝“中共第一城”阳泉建市暨阳泉市公安局建局70周年，阳泉市公安局在阳泉宾馆报告厅组织了以《人民公安向前进》为主题的合唱比赛。郊区分局精心组织、认真排练，以最好的状态参加比赛，最终获得全市公安系统比赛一等奖。2018年7月31日，在“八一”建军节到来之际，组织开展“铭记军旅路　奋楫新航程”宣传活动。组织看守所民警与武警战士共同开展了象棋、桌球、体能比赛等丰富多彩的警营文化活动，展示了军警浓厚的鱼水情、战友情。2019年1月4日，组织民警相聚城市广场，健步走向矿区法院，以实际行动倡导科学健身方式和生活理念。

加强经费管理，完善规章制度。2016年，针对局工会组织未领取工会法人资格证书，未单独设立工会账簿，未独立开设银行账户，工会经费的收支在行政账中核算，由此导致工会活动与行政活动相混淆，不符合《中华人民共和国工会法》《基层工会法人资格登记办法》规定的实际情况。积极组织整改，弥补欠账，迅速完善了相关管理制度。

人民检察院工会

单位概况

1978年12月24日，中共阳泉市委决定成立阳泉市郊区人民检察院。1980年1月26日，阳泉市郊区人民检察院正式成立并挂牌办公，下设办公室、接待室、一科（刑事检察科）、二科（法纪检察科）、三科（经济检察科）。时有干警20人，办公地点为原郊区政府大院。1981年9月，设立区人民检察院党组和检察委员会。1982年一科、二科、三科分别更名为刑事检察科、法纪检察科、经济检察科。1984年，改接待室为控告申诉检察科。1985年7月，增设监所检察科。1988年8月，成立经济、法纪罪案举报站，日常业务由控告申诉检察科负责。9月，设郊区税务局检察室。1989年1月，为完善检察机关的内部制约监督机制，撤销刑事检察科，分设刑事侦查检察科（批捕科）、刑事审判检察科（起诉科）。2月，设立综合档案室。1991年5月，设郊区工商局检察室。至1993年底，相继设立批捕科、起诉科、经济检察科、法纪检察科、监所检察科、控告申诉检察科、办公室、举报中心和税务检察室、工商检察室，全院有干警29人。1994年1月，设民事行政检察科。1995年9月，撤销郊区工商局检察室。1997年12月，撤销郊区税务检察室。1999年1月，成立反贪污贿赂局，建制为正科级，之后，原经济检察科被撤销。同时，刑事侦查检察科、刑事审判检察科更名为审查批捕科、审查起诉科。2000年8月，成立法警队。2002年，设政工科，配备专职思想政治工作人员。部分内设机构名称变更：审查批捕科更名为侦查监督科，审查起诉科更名为公诉科，法纪检察科更名为渎职侵权检察科。2007年11月，渎职侵权检察科更名为反渎职侵权局。2008年，为建立健全惩治和预防腐败体系，成立职务犯罪预防科。2012年12月，迁至荫营江正大街新建技侦大楼，总建筑面积为9000余平方米。至2019年，院内设5个部门即办公室、政治部、第一检察部、第二检察部、第三检察部。中央政法编制为37人，实有在编干警31人，其中，中共党员26名，占干警总数的76%；硕士学位干警5人，本科学历干警24人，大学专科学历干警7人，员额检察官13人。

组织沿革

1987年8月10日，郊区检察院向郊区总工会提出筹建检察院工会委员会的申请。并成立筹备组，组长由副检察长史宝珠担任，成员由办公室主任石吉宾、监所检察科科长郑魁英、经济检察科负责人贾金祥、会计崔丽娟组成。1988年1月，院工会委员会召开第一次工会会员大会，院工会正式成立，史宝珠任工会主席，委员甄秉铎、崔丽娟。工会组织隶属于郊区总工会，2000年后，划归区政法系统工会。2002年6月，院工会组织换届选举，刘双富当选为工会主席。2015年10月，院工会召开第三次会员大会，选举张福明担任工会主席，贾军敏担任工会经费审查委员会主任，王建文担任女职工委员会主任。2017年5月12日，刘伟替补为工会委员，邵鹏芳替补为工会女职工委员会委员。2019年8月，工会组织换届选举，孟秀红、魏振泽、聂玲莉、邵鹏芳、田瑶、郑志明当选为阳泉市郊区人民检察院第四届工会委员会委员，孟秀红当选为工会主席；郑志明、魏振泽、聂玲莉当选为经费审查委员会委员，郑志明当选为经费审查委员会主任；田瑶、聂玲莉、邵鹏芳当选为女职工委员会委员，田瑶当选为女职工委员会主任。

主要工作

区检察院工会成立后，组织、引领、服务广大干警职工，全力投入中国特色社会主义建设，积极维护干警职工合法权益，为郊区检察院开展各项工作和队伍建设跨越发展做出显著成绩。

完善基层工会组织建设。区检察院建立工会小组，发展每名干警职工入会，实现组织建会和民警职工入会无空白、全覆盖。区检察院建立完善民警职工代表大会制度，实行民主管理。重要工作事项、重大财务支出、先进评选奖励，都要经过职工大会民主审议通过。

干警职工素质提升。以大力提升民警职工素质为抓手，院工会立足于建设一支“有理想、有道德、有文化、有纪律”的机关干警队伍，结合自身特点，采取多种形式加强干警们的思想政治教育、职业道德教育和业务培训，使干警们充分适应整体的发展形势，以认真的态度积极参与到本院的各项建设中，进一步提高了干警们的业务水平和业务操作能力，促进了干警队伍整体素质的提升。采取岗位大练兵，参加山西省在职干部在线教育学习和中国检察网络教育学院网上在线学习，提高干警的法律和专业业务素质，有效地促进各项检察工作的开展，有力地推进队伍正规化建设。抓实调研促提升，充分展示检察形象。2004 年、2005 年连续两次荣获全省基层检察院规范化管理建设示范院称号；2007 年和 2009 年两次荣获全国先进基层检察院称号；2015 年荣获全省案件管理示范院称号；2016 年荣获全省科技强检先进院称号；2017 年荣获“全国百佳检察门户网站”称号，同年该院办理的一起案件被最高检评为全国基层检察院优秀民事行政诉讼监督案件；2018 年在第二届全国检察机关信息化网上轻应用作品征集活动中成为全省唯一入选团队，连续 13 年保持市级文明单位称号，连续 12 年被区委区政府授予红旗单位称号。至 2019 年，6 名干警分别入选全市检察机关案件质量评查、检察理论调研人才库和全省检察机关刑事检察人才库，1 名干警获得全国优秀理论成果一等奖，2 名干警分别获得山西省优秀调研成果二等奖和三等奖，4 名干警的调研文章荣获山西省委政法委、省法学会小微课题研究奖。

开展帮扶和维权工作。发挥工会服务干警职工的作用，充分了解和掌握工会会员的基本信息，对全院在职的工会会员进行了实名制采集登记。建立困难干警和职工档案，健全和完善困难职工帮扶体系，对困难职工开展生活救助。2019 年，为在职去世的法警队队长办理优抚金、遗属补助和抚恤金。在干警职工权益保障维护方面，建立从优待警长效机制，落实干警职工的休假、体检、意外伤害保险、大病统筹。聘请职业心理医生和组建兼职心理健康辅导员，开展心理咨询、心理健康专题讲座，并将心理训练纳入民警职工日常教育训练工作，及时疏导他们在工作、家庭生活和情感上的不良心理状况。积极争取卫生主管部门和有关医疗机构的支持，开辟“绿色通道”，为因公负伤、患危重疾病的民警职工实施快速救治。

丰富干警职工文化生活。设立荣誉陈列室、纪念墙等，组建各类文体队和兴趣小组，为干警职工参与文化活动提供便利条件。积极开展各项文化活动，通过读书征文、书法、美术、摄影及乒乓球、羽毛球比赛等多种文体形式，丰富民警业余生活，有效缓解民警精神压力。

人民法院工会

单位概况

1975 年 2 月，阳泉市郊区人民法院成立。建院初期，全院仅有 7 名工作人员，设办公室、民事审判庭2个工作机构，办公场所为38平方米的一个农村院落。负责审理郊区辖区内的一审民事案件，也受理了少量的刑事自诉案件，公诉刑事案件仍由阳泉市中级人民法院审理。1980年3月，设立刑事审判庭，负责审理辖区内的所有一审刑事案件。1983年，依据中央政法委的指示精神，郊区人民法院被授予审理严重刑事案件和判决死刑的权利。1982年2月，郊区法院设立经济审判庭，主要负责审理辖区内的一审经济案件。1983年，在本区平坦公社设立平坦人民法庭，与民事审判三庭合署办公，负责辛兴、义井、平坦、旧街4公社所辖村的民事案件审理。1984年，在本区河底镇设立河底人民法庭，负责审理河底、东村、西南舁、燕龛4个乡镇及苇钢、固庄煤矿、河底3个居民区的一审民事案件。1987年7月，设荫营人民法庭，负责审理荫营镇、白泉乡、杨家庄乡及荫营地区、荫营煤矿和三泉地区3个居民区的民事案件。1991年2月，法院设立政工科，主要负责全院政治思想工作，同时设立了执行庭，负责全院判决生效的一审案件的执行工作。1991年6月，法院设立告诉、申诉庭和行政审判庭，分别负责案件立案、来访接待申诉、再审工作和行政案件的诉讼工作。1993年3月，法院设立经济调解中心，负责全区简单的经济案件的调解工作。1995年10月设立计划生育法庭，运作三年后于1998年2月撤销。1997年5月，设立经济审判二庭。1998年3月，郊区法院设立经济审判三庭，运作8个月后于同年11月撤销。1998年9月，根据上级指示精神，将告诉、申诉庭更名为审判监督庭。同月，成立立案庭，负责全区各类案件的立案工作，同时受理群众来信来访。2001年1月，郊区法院将经济审判二庭变更为执行二庭，旨在加强执行工作。2001年3月，撤销荫营、平坦两个人民法庭。2002年3月，法院政工科更名为政治处。2002年8月，法院成立司法警察大队。2003年3月，法院再度设立平坦人民法庭，与民事审判二庭合署办公。2005年，法院设立义井巡回法庭，负责审理义井、杨家庄两乡镇的一审民事案件。2008年8月，法院设立未成年人案件综合审判庭，审理未成年人刑事、民事案件。至2015年，全院有正式编制的干警56名，内设办公室、政治处、监察室、立案庭、刑庭、民一庭、民二庭、民三庭、行政庭、审监庭、未成年人案件综合审判庭、执行一庭、执行二庭、法警大队和河底、平坦、义井三个基层人民法庭，共17个办公、办事、办案机构。法院办公大楼位于荫营东大街，总建筑面积达7180平方米。2019年，为提升办案效能，推进内设机构改革，内设机构由原来的17个减为8个，保留河底、平坦、义井3个派出法庭，干警职工130名，其中干警59名，员额法官数由原来的17名增加为21名。办公大楼搬迁至江正大街，总建筑面积达13000平方米。

组织沿革

1988年1月，郊区人民法院工会组织成立，隶属于郊区总工会。首任工会主席为任东晓，委员刘满贵、张丽华。2000年后，划归郊区政法系统工会。至2019年，工会组织一直未做调整。

主要工作

积极强化教育学习机制，提高全员素质。院工会积极协助院党组从强化社会主义法治理念教育，深入开展机关效能建设活动入手，狠抓机关作风建设，以建设学习型机关为目标，确立了“学习与工作相结合”的理念。一是坚持定期政治学习，传达上级文件精神，引导职工树立正确的人生观、世界观、价值观。二是积极参加区总工会组织的各项学习、培训，提高工会成员的政治和业务素质。三是认真开展争先创优和向先进人物学习的活动。为激励斗志，弘扬正气，树立典型，形成比、学、赶、帮、超的氛围，组织开展了向优秀法官胡国运学习的活动，同时开展办案能手、办案标兵、调解能手等岗位争先创优活动。

关心干警疾苦，扎实为会员办实事、办好事。充分发挥干警的主观能动性，不仅在工作上压担子，而且在生活上关心他们，切实帮助其解决实际困难，把工会办成真正的干警之家。根据本院有关特殊困难慰问金制度的新规定，工会及时了解特困干警的思想动态，注重关键时帮助他们解决实际困难。凡院内干警职工遇有婚丧产假，工会都会组织人员前去慰问，春节前由院领导带队对离退休职工和军烈属进行探访。考虑到院部分干警职工家不在阳泉又尚未成家的实际情况，在春节期间，由院领导或工会领导出面请大家吃团圆饭，让这些家在外地的单身职工切身感受到法院大家庭的温暖。

组建各种文体活动，丰富干警的业余文化生活。为了让干警的业余生活更加丰富多彩，多方面培养干警职工的兴趣爱好。一是积极参加市、区组织的各项文体活动。组织干警积极参加市法院举办的球类竞赛，区里举办的乒乓球比赛、书画展览等活动，并获得了市法院羽毛球竞赛冠军和区直机关趣味运动会多项比赛优秀组织奖的好成绩。二是突出节日主题活动。2019 年“三八”国际妇女节期间，落实“走出去”战略，组织妇女干部外出进行调研，对口学习考察，放松身心，增进感情。三是积极开展各项活动，成功举办 4 届法院职工运动会，运动会设置篮球、乒乓球、羽毛球、拔河等团体项目，受到广大干警的热烈欢迎。

热心公益事业，切实推动扶贫帮困工作。在院党组的领导下，院工会积极响应上级法院、和郊区总工会有关“送温暖、献爱心”的活动号召，积极开展公益事业。一是做好扶贫村的对口帮扶。按照缺什么帮什么的原则，确定了对 4 个社区帮扶重点，本着真心帮、实意扶的原则，在能力范围内进行了帮扶活动。二是大力组织开展捐款捐物活动。至 2019 年，院工会共筹得全法院干警扶助金捐款近万元，已全部上缴省法院，并根据区民政局的通知精神，发动全体干警职工积极投身“送温暖、献爱心”扶贫捐款捐物活动，得到了全院上下的一致响应。党组书记、院长王忠强等院领导带头捐献，共捐衣 14 件。

第七节　医疗集团工会

集团概况

2017 年，郊区加快推行医疗卫生体制改革，整合区域医疗卫生资源，由阳泉市第二人民医院（阳泉市郊区人民医院）1 个总院和荫营镇卫生院、河底镇卫生院、平坦镇卫生院、李家庄乡卫生院、杨家庄乡卫生院、西南舁乡卫生院、旧街乡卫生院 7 所分院组建成立郊区医疗集团。区医疗集团法人登记和医保打包付费协议如期签署，医疗集团新组建人力资源、财务管理等 8 个管理中心和医学检验、消毒供应等 8 个服务中心。在编职工 381 人。

组织沿革

2019 年 8 月，在新组建的医疗集团的同时，工会组织同步进行集团化改组，集团总院赵计明具体负责集团工会工作。集团向总院及各分院分配工会代表名额，总院及各分院通过民主选举的办法先后产生了工会会员代表，集团工会开始筹建，属一级工会组织，为郊区总工会直属。至2019年年末，基层工会8个，集团工会会员395人，其中女会员370人。

2019年医疗集团基层工会组织建设一览表

表5-10　　单位：人

工会名称	建会时间	工会主席	职工人数	会员人数
第二人民医院工会	1960年	张元军	220	220
荫营镇卫生院工会	1985年1月	杨海栋	41	41
河底镇卫生院工会	1983年1月	樊秀清	45	45
平坦镇卫生院工会	1985年9月	杨海花	38	38
李家庄乡卫生院工会	1985年9月	张美莲	18	18
杨家庄乡卫生院工会	1985年9月	刘秀琴	12	12
西南舁乡卫生院工会	1985年7月	史东红	13	13
旧街乡卫生院工会	1985年7月	贾利娟	8	8

主要工作

医疗集团组建后，集团从加强工会组织建设入手，全力开展工会工作。首先对集团职工进行摸底调查，搞清工会会员底数，其次迅速介入集团工会联合会的前期筹建工作，医疗集团向总院及各分院分配工会代表名额，总院及各分院通过民主选举的办法先后产生了工会会员代表。

2017年至2019年，组织职工参加郊区总工会举办的第四至六届登山健步走活动、全区第二届职工广播体操大赛。积极参与农村精准扶贫，签约家庭医生，做好医疗保障。配合区总工会对困难职工及家庭成员患者入院凭特困职工证优先挂号、住院、安排检查和手术，符合转诊规定的患者优先安排上下转诊。

基层工会

阳泉市第二人民医院工会

医院概况

阳泉市第二人民医院（阳泉市郊区人民医院）始建于1951年。当时，阳泉工矿区第二区公所在后沟村建立了机关卫生所，设门诊和药房，有医务人员7名。1956年，改称阳泉市荫营人民医院，增设化验室，有医务人员16名。1961年，市政府投资在南窑庄村修建平房4排40间，荫营区人民医院迁至南窑庄新址。1962年4月，荫营区人民医院改称阳泉市第二人民医院，隶属于阳泉市卫生局，分设内儿科、外妇科、放射科和化验室。1966年12月改称贫下中农医院。1968年10月迁至白毛梁。1972年建立院属制药厂，主要生产四环素、庆大霉素、中草药提取液等，供本院临床使用，兼有少量外销。1975年1月恢复原名。1985年投资100万元，新建四层门诊大楼1幢，建筑面积3286平方米。1996年4月，市政府将阳泉市第二人民医院全建制移交郊区政府，成立阳泉市郊区人民医院，并保留阳泉市第二人民医院的牌子。移交后的阳泉市第二人民医院规格、级别不变，属一所医院、两块牌子。2003年4月，阳泉市委、市政府将二院改建为专门收治非典型肺炎病人的“阳泉市SARS病医院”，并修建了3个病区即发热门诊区、疑似病区和确诊病区。同年8月6日市委、市政府决定，将防治“非典”定点医院归属阳泉市郊区人民医院，恢复综合医院建制管理。2005 年 8 月，由市卫生局在旧址新建传染病区，占地面积 7258 平方米。2006 年 6 月，医院整体搬迁至郊区政府大楼。2007 年 4 月，通过国家二级甲等医院评审。同年 10 月，与中国人民解放军白求恩国际和平医院结为友好医疗联合体。2017 年，本区推行医疗卫生体制改革，整合区域医疗卫生资源，阳泉市第二人民医院与乡镇卫生院组建郊区医疗集团，该院成为集团总院。2019 年年底全院在职职工 220 名，临时用工人员 150 名，全院设立 14 个职能科室、15 个临床科室、6 个医技科室。

组织沿革

阳泉市第二人民医院成立初，工会组织尚未健全，所属职工参加市级和区级机关工会委员会的组织和活动。20 世纪 50 年代末，参加驻荫营各机关单位（包括粮站、税务所等）建立的工会组织，隶属于市工会。1960 年，院工会委员会正式组建，胡子忠任工会主席，王琴和任组织委员，卜祥占任财务委员，下设 2 个工会小组，曹慧联、王瑞青分别担任小组长。“文化大革命”期间，院工会一度被迫停止活动。1979 年春，院工会恢复活动，由苗玉堂、史玉琳、任新民、卜祥占、张凤英组成第二届工会委员会，苗玉堂任主任（后改称主席）、史玉琳任副主任（后改称副主席），工会组织为郊区工会直属。1986 年 11 月，院工会委员会换届，由史玉琳、王升九、唐文源、阎亚宏、赵焕平组成第三届工会委员会，史玉琳任主席，王升九任副主席。并首次选举产生了院工会经费审查委员会，由卜祥占、田秀英、张智英任委员。1990 年，史玉琳调离，王升九主持工会工作。同年成立院工会女职工委员会，主任王玉莲，委员任桂英、施焕瑜。1991 年施焕瑜调离。1997 年 5 月，院工会委员会划归郊区总工会管理。9 月，召开第二次职工代表大会暨第四次工会会员代表大会，选举产生了第四届工会委员会，暴效国任主席，张秋万任副主席，唐文源、张智慧、王计红任委员，并选举产生了由张智英、张玉金、张艳花组成的工会经费审查委员会。2002 年 5 月 17 日，召开第五次工会会员代表大会，选举产生第五届工会委员会组成人员，张元军任主席，付军、王计红任副主席，分别分管组织和宣传工作，王计红兼任女工委员，张智慧、张艳梅任委员；选举产生了经费审查委员会，王晓军任主任，张玉金、张艳花任女工委主任。2006 年 12 月 26 日至 28 日，召开第三次职工代表大会暨第六次工会会员代表大会，选举产生了第六届工会委员会组成人员，张元军任主席，付军任副主席并分管组织工作，王计红、张智慧、张艳梅任委员；同时选举产生了经费审查委员会，王晓军任主任，张玉金、张艳花任委员。2008 年 12 月 15 日，召开第四次职工代表大会暨第七次工会会员代表大会，选举产生了新一届工会委员会，张元军任主席，杨满堂、葛晓芳任副主席，王文拴、施志燕、吕慧英、史荀存任委员；经费审查委员会主任王旭，委员李志刚、赵水芳。2019 年 8 月，工会组织着手进行集团化改组。

主要工作

阳泉市第二人民医院工会组织始终围绕医院中心工作，积极协助党政领导做好群众的思想政治工作，经常深入群众开展调研，积极向院领导反映职工心声，在职工群众中进行共产主义理想教育和职业道德教育。时时处处为职工着想，为职工多办实事。2015 年，根据阳泉市总工会、阳泉市卫生局《关于落实“爱心妈咪小屋”建设的通知》，推进女职工“爱心妈咪小屋”的建设。医院“爱心妈咪小屋”于 7 月中旬至 8 月中旬开始筹建，经过一个月的精心准备，小屋建成并投入使用。9月，被市总工会女工委评为四星级“爱心妈咪小屋”，省总工会命名全省首批“妈咪小屋”。工会还扶危济困，帮助职工克服困难。坚持开展退休职工、困难职工节日慰问活动。2019年重阳节，对医院全部退休职工进行了节日慰问，人数达100余人。

坚持职工代表大会制度，保障职工切实享有民主权利，涉及职工切身利益的绩效考核制度，职称评聘制度都通过职代会审议和通过，保障了全院职工享有民主权利，使医院民主管理和民主监督落到实处。

积极开展形式多样，丰富多彩，寓教于乐的文体活动。每年春节期间都举办扑克、象棋、拔河、羽毛球等比赛，参与面广，人数多。2009年2月，协助医院举办首届阳泉市“二院杯”中国象棋、华牌比赛，获得比赛特殊贡献奖。2012年、2014年、2019年，三次举办红歌、书法、摄影、征文比赛和手工艺品展，参与职工200余人次，作品300余件，极大地丰富了职工业余文化生活。2014年至2019年，组队参加了郊区总工会组织的五届刘备山庆“五一”职工登高健步走活动、两届职工广播体操大赛和“庆祝建党95周年暨纪念红军长征胜利80周年”合唱比赛。

注重职工素质提升，积极鼓励职工利用业余时间学习，提高自身素质，并对自学成才者给予奖励。积极参加上级工会举办的技术比武，2002第三届技术大赛李燕琴获技术能手称号；2005年第四届技术大赛获团体第五名；2008年，第五届技术大赛获团体第四名；任晓霞获心肺复苏单项第二名。工会还多次举办院级职工岗位技术比武，通过比武更好地规范了技术操作，提高了职工的技术水平和业务能力。2013年11月，为进一步激发广大职工学技术、提硬功、强素质的积极性和主动性，在全社会大力营造“尊重劳动、尊重知识、尊重人才”的良好氛围，为全区经济的转型跨越发展和全面建成小康社会提供强大的人才和智力支持，郊区劳动竞赛委员会、郊区总工会授予本院韩永斌、任晓霞“阳泉市郊区首席员工”荣誉称号，授予施志燕、黄秀芳“阳泉市郊区优秀技术能手”荣誉称号。2014年7月15日，配合郊区总工会和区卫生局联合举办了全区卫生系统基本公共卫生服务及护理知识竞赛，全区共有40名大学生村医参加。此次竞赛活动分理论考试和实践技能两种形式进行。实践技能分为单人心肺复苏术、前臂中段开放性骨折伴有动脉出血的止血包扎固定、预防接种3个项目。通过此次竞赛活动，进一步激发了全区乡村医生及大学生村医的工作热情，乡村医生队伍的职业道德和业务水平得到进一步提高，使全区广大人民群众得到更好的预防、保健及医疗服务。2016年，推进女职工建功立业，施志燕被评为五一巾帼标兵。

荫营镇卫生院工会

医院概况

荫营镇卫生院始建于1953年，先后归区卫生局、区卫生和计划生育局主管。2017年，本区推行医疗卫生体制改革，整合区域医疗卫生资源，组建成立郊区医疗集团，该院成为集团分院。成功创建国家级“2016—2017年度群众满意的乡镇卫生院”。该院辖区面积111.62平方千米，下辖38个村、49个卫生所，总院位于荫营镇老虎沟村，为国家一级甲等医院、爱婴医院，劳动保障局认定的城镇职工医疗保险、工伤医疗保险定点医疗机构。到2019年，总院建筑面积为2453平方米，设有8个临床科室和4个医技科室，病床共60张，万元以上的设备有

5台，主要设备有200毫安X光机、心电图、B超、半自动生化仪等；并常年设中医按摩专科，该院结合传统治疗方法，采用牵引、按摩、磁敷及中医药疗法，对颈椎病、腰椎间盘突出症、肩周炎、中风引起半身不遂、骨质增生效果明显。共有在编职工41人（编制为51人），非在编40人，实际人数为81人。在编38人为专业技术人员；其中副主任医师2人、主治医师8人、主管护师7人、医师14人、护师6人、检验师1人、非在编40人。承担着辖区9万余人口的基本医疗、基本公共卫生服务任务，并承担行政部门委托的卫生管理职能，是一所突出中医、智障医养特色的基本医疗服务、基本公共卫生服务全面高质量开展的镇卫生院。

组织沿革

1985年10月，荫营镇卫生院成立第一届工会委员会，隶属于郊区工会，杨海栋任工会主席。每隔五年召开一次工会会员大会，杨海栋连续担任工会主席。2017年12月，医院民主选举杨海栋任工会主席，陈卫卫任工会副主席。2019年8月，按郊区医疗集团分配名额民主选举杨海栋、陈卫卫、李云来、赵改瑞、苗晓琴、窦文斌、史海燕、任晓英、史彩霞、李玲玲、张利平11名工会代表，参加医疗集团工会会员代表大会。

主要工作

在医院党委和上级工会的领导下，依照《中华人民共和国工会法》和《中国工会章程》独立开展工作，充分发挥党群联系的桥梁与纽带作用；坚持工会四项职能和“两个维护”的有机结合；动员和组织职工搞好医院的发展建设，增强医院、科室和职工的凝聚力。执行职工代表大会决议和上级工会决定，代表和组织职工参与医院的民主管理和民主监督，定期召开职工代表大会，审议院内的重大决策。做好每年对领导干部的民主测评、民意调查工作。负责职工代表大会的日常工作，检查、监督职代会决议的执行和提案的落实，进一步推进院务公开。组织工会委员、职工代表培训学习，围绕医院的中心工作，深入临床第一线，组织职工代表考察，为医院的发展建设献计献策。发挥工会的教育职能，对职工进行思想政治教育，支持、鼓励职工学习、掌握科学技术文化和管理知识，提高职工综合素质；树立“爱院、爱岗、敬业”精神，增强职工主人翁责任感。参与协调劳动关系和调解劳动争议，做好职工的信访、调解工作，与行政和有关部门，协商解决涉及职工的切身利益。督促有关法律、法规的贯彻执行，协助和督促行政全面做好劳动保险、劳动保护及医疗补充保险，维护职工的合法权益，最大限度地提高职工的福利待遇。做好“职工之家”的建设、先进“职工之家”的评选、表彰和管理工作，认真总结和积极推广建设“职工之家”的先进经验。开展“爱心妈咪小屋”建设，2016年6月14日，接受市总工会女职工委员会检查验收。组织开展有益于职工身心健康的文化活动，坚持开展具有增强团队精神的“天使杯”系列文体比赛，进一步丰富职工的业余文化生活，提高职工思想道德和文化修养。不断加强工会自身建设，发展工会积极分子队伍，做好新会员的入会和教育工作。收好、用好、管理好工会经费及其固定资产。积极、主动、认真地完成党委、政府交给的各项工作任务。

河底镇卫生院工会

医院概况

河底镇卫生院始建于1954年10月1日。先后归区卫生局、区卫生和计划生育局主管。

2017年，郊区推行医疗卫生体制改革，整合区域医疗卫生资源，组建成立郊区医疗集团，该院成为集团分院。所属河底镇中心卫生院、东村分院、燕龛分院共3所卫生院。辖区面积111.62平方千米，下辖32个村卫生所，承担着4万余人口的基本医疗、基本公共卫生服务以及全区肢体、精神病患者的康复、托养的综合性卫生服务任务，同时承担行政部门委托的卫生管理职能。集团分院位于河底镇河底村，为国家一级甲等医院、爱婴医院，劳动保障局认定的城镇职工医疗保险、工伤医疗保险定点医疗机构。中心院建筑面积为15955平方米，病床共60张。设有9个临床科室和3个医技科室。共有在编职工45人（编制为49人），其中专业技术人员41人，检验师2人，治疗师1人，中药士1人。非在编43人。实际人数为88人。成为一所突出肢体康复、精神康复、医养结合和基本医疗服务、基本公共卫生服务全面高质量开展的郊区北部中心卫生院。先后评为山西省群众满意卫生院、中医药特色卫生院、国家级群众满意的乡镇卫生院。2018年，经区政府批准设立阳泉市郊区康复中心，并成为山西省康复医学专科联盟理事单位；2019年，成为山西省精神专科联盟成员单位、阳泉市中医专科联盟理事单位、阳泉市胸痛区域中心联盟成员单位。

组织沿革

1983年10月，河底镇卫生院成立第一届工会委员会，隶属于郊区工会，李素静任工会主席。每隔五年召开一次工会会员大会，李素静连续担任多届工会主席。2008年1月，李卫红担任院长期间，由于李素静接近退休年龄，民主选举樊秀清任新一届工会主席，王保明任工会副主席，王瑞琴为委员；单黎阳任经费审查委员会主任，樊乃平任经费审查委员会副主任，张玉静任经费审查委员会委员并兼女职工委员会主任。2017年，医院工会民主选举，樊秀清再任工会主席，张玉静任副主席。2019年8月按郊区医疗集团分配名额，民主选举樊秀清、张玉静、王晓燕、王保明、单黎阳、杨秀红、史海丽、温建云8人为工会代表，参加医疗集团工会会员代表大会。

主要工作

河底镇卫生院工会委员会在上级工会及卫生院党支部领导下严格按照《中国工会章程》《中华人民共和国工会法》及医院各项规章制度的有关规定，行使职权开展工作。

维护职工权益，积极参与民主监督和民主管理。每年定期召开一次职工大会暨工会会员大会，总结汇总医院一年各项工作开展完成情况、工会经费使用情况等事项，为医院的改革、发展、稳定献计献策。坚持党政工联席会议制度，实行院务公开，重大问题集体协商解决；定期向职工发放征求意见卡，征求职工对医院发展建设的意见和建议。

形式多样加强培训，提高医护业务技能。全院开展医学教育实践培训活动；院内每月进行一次业务大查房，对存在的重点、难点问题及时解决；采取“走出去、请进来”的方式，提高整体业务素质；积极参与区医疗集团举办的各种医疗活动。1996年9月，参加了阳泉市第二届职工技术大赛，本院段君慧获得儿童保健个人第三名。2013年11月，为进一步激发广大职工学技术、体硬功、强素质的积极性和主动性，在全社会大力营造“尊重劳动、尊重知识、尊重人才”的良好氛围，为全区经济的转型跨越发展和全面建成小康社会提供强大的人才和智力支持，区劳动竞赛委员会、区总工会授予本院樊秀清、王瑞琴“阳泉市郊区首席员工”荣誉称号，授予史翠莲“阳泉市郊区优秀技术能手”荣誉称号。

抓好职工文化建设，积极开展各种文体活动，活跃职工文化生活，增强职工的凝聚力。完善“职工之家”建设，订阅书报刊物，购进体育器械，设置体能锻炼室；加强医德医风教育，严格遵守执行医疗行业“九不准”（不准将医疗卫生人员个人收入与药品和医学检查收入挂钩；不准开单提成；不准违规收费；不准违规接受社会捐赠资助；不准参与推销活动和违规发布医疗广告；不准为商业目的统方；不准违规私自采购使用医药产品；不准收受回扣；不准收受患者“红包”），切实为患者服务；在“三八”国际妇女节、“5·12”国际护士节、医师节举办座谈会让全体职工感受到了组织的温暖，增强了爱岗敬业责任感；积极开展户外拓展活动，在庆祝中华人民共和国成立70周年之际，感受中国人民 70 年奋斗历程，院工会组织职工进行爱国主义教育活动，瞻仰百团大战纪念碑、烈士纪念碑建筑群，参观百团大战纪念馆、并合唱《歌唱祖国》，增强了职工的爱国情怀和民族自豪感、向心力，展现了全体职工良好精神风貌，营造了健康向上的文化氛围。

开展“送关怀献爱心”活动，增强职工向心力，工会组织做好广大职工的贴心人。落实职工生日送生日蛋糕制度，让职工切实感受到工会组织对自己的体贴与关怀；坚持做好“送关怀、献爱心”活动，增强职工向心力，每年对退休职工进行走访慰问，为他们送上医院的关爱、祝福和米、面、油慰问品，让他们感受到医院这个大家庭带来的温暖；对困难或患病职工，医院工会及时进行慰问，送去米、面、油等慰问品及慰问金。

平坦镇卫生院工会

医院概况

平坦镇卫生院始建于1958年，先后归区卫生局、区卫生和计划生育局主管。2017年，郊区推行医疗卫生体制改革，整合区域医疗卫生资源，组建成立郊区医疗集团，该院成为集团分院。承担辖区 1.5 万名常住人口的基本医疗、基本公共卫生服务，是一所具有专科特色的综合性乡镇基层医疗服务机构。2019 年，有职工 38 人，其中在职在编职工 24 人。建筑面积约为 1695 平方米，设有病床 50 张；门诊设有内科、外科、妇科、中医科、口腔科、预防保健科、儿童保健门诊、公共卫生科等临床科室以及 B 超、心电图、检验、放射、药房等辅助科室。

组织沿革

平坦镇卫生院于 1985 年 9 月成立第一届工会委员会组织，隶属于郊区工会，选举石海山为工会主席。2001 年，石海山因到龄退休，选举杨生富接任工会主席。2006 年工会委员会组织换届，选举王宏锐为工会主席，裴海新为经费审查委员会主任，2015 年工会委员会再次组织换届，选举杨海花担任工会主席。2019 年 9 月，民主选举冯昭晖、杨海花、张莉为区医疗集团工会代表，参加医疗集团工会会员代表大会。

主要工作

平坦镇卫生院工会委员会在上级工会及卫生院党支部领导下严格按照《中国工会章程》《中华人民共和国工会法》及医院各项规章制度的有关规定，行使职权开展工作。

加强民主管理，开展民主监督，积极维护职工权益。院工会积极参与医院民主管理，定期召开职代会，总结各项工作开展完成情况、工会经费使用情况等事项，为医院的改革、发展、稳定献计献策，体现了职工参与医院建设的责任和能力；坚持党政工联席会议制度，实行院务公开，重大问题集体协商解决；鼓励职工积极建言献策，听取职工的心声，了解职工的合理诉求，尽力解决职工的困难，为职工安心工作创造良好的环境。

搭建学习平台，创造学习条件，提高医务人员的服务技能。全院开展医学继续教育线上线下培训活动，采取“请进来、走出去”的形式，派出业务骨干到上级医院参加各项学习培训，与市三院、口腔医院组建医联体，邀请专家来院坐诊，开展健康教育活动等，以传帮带的形式提高医务人员的整体素质，积极参与区医疗集团举办的各种医疗卫生活动。

积极开展职工文体活动，增强职工的凝聚力，丰富职工的业余生活。充分利用“三八”国际妇女节、元旦等节日举办文体竞赛活动、集体登山活动等，活跃职工的文化生活，展示职工的精神风貌，加强职工之间的团结协作能力和集体观念意识；加强医德医风教育，严格遵守执行行业“九不准”，切实为患者服务。

开展“送温暖、献爱心”活动，增强职工向心力。工会组织把关心职工、做好职工贴心人、凝聚职工向心力，始终作为院工会工作的方向和目标。坚持每年对全院职工进行一次全面的健康体检，切实保护职工身体健康。坚持开展“送温暖、献爱心”活动，每年对退休职工进行走访慰问，为他们送上医院领导和工会组织的关爱，让他们感受到医院这个大家庭带来的温暖。

李家庄乡卫生院工会

医院概况

李家庄乡卫生院始建于1958年。先后归区卫生局、区卫生和计划生育局主管。2017年，郊区推行医疗卫生体制改革，整合区域医疗卫生资源，组建成立郊区医疗集团，该院成为集团分院。承担所辖区域1.5万名常住人口的基本医疗、公共卫生服务，是一所突出精神科特色、综合医疗服务高质量开展的乡卫生院。郊区精神卫生防治办公室设在该院。2019年，有在编职工18人。医师9名（其中副主任医师1人、主治医师3名、医师5名），护师6名（主管护师3名，护师3名），主管技师1名，检验师1名，药剂师1名。卫生院建筑面积为2633平方米，设有综合病区，病床30张；门诊设有内科、外科、妇科、中医科、口腔科、精神科、预防保健科、儿童保健门诊、公共卫生科等临床科室以及B超、心电图、检验、放射、康复、量表、综合药房等辅助科室。

组织沿革

李家庄乡卫生院于1985年9月成立第一届工会委员会组织，隶属于郊区工会，选举潘维仁担任工会主席。1995年，潘维仁因办理退休，选举王凯接任工会主席。2006年工会委员会组织换届，选举张美莲为工会主席，葛国秀、刘玉萍为委员，葛国秀为经费审查委员会主任，尹建平、张海燕为经费审查委员会委员。2019年8月，民主选举高桂兰、张海燕、马岚、李文庆为区医疗集团工会代表，参加医疗集团工会会员代表大会。

主要工作

为了适应医院发展的需要，依法建立和谐稳定的劳动关系，维护职工和医院的合法权利，规范双方的行为，合作共事，共谋发展。根据《中华人民共和国劳动法》《中国工会章程》《中华人民共和国工会法》，以及医院各项规章制度的有关规定，多次广泛征求各方及职工代表的意见，反复修改，对职工聘用与培训、劳动报酬、工作时间、休息休假、保险福利、劳动安全卫生等内容进行规范，并经院工会代表职工与院行政平等协商，与临时用工人员签订了《李家庄乡卫生院劳动合同书》。院工会积极参与医院民主管理，每年定期召开一次职工大会暨工会会员大会，总结汇总医院一年各项工作开展完成情况、工会经费使用情况等事项，为医院的改革、发展、稳定献计献策。坚持党政工联席会议制度，实行院务公开，重大问题集体协商解决；定期向职工发放征求意见卡，征求职工对医院发展建设的意见和建议。

形式多样加强培训，提高医护业务技能。全院开展医学教育实践培训活动；院内每月进行一次业务大查房，对存在的重点、难点问题及时解决；采取“走出去、请进来”的形式，提高整体业务素质；积极参与区医疗集团举办的各种医疗活动。2013 年 11 月，为进一步激发广大职工学技术、提硬功、强素质的积极性和主动性，在全社会大力营造“尊重劳动、尊重知识、尊重人才”的良好氛围，为全区经济的转型跨越发展和全面建成小康社会提供强大的人才和智力支持，区劳动竞赛委员会、区总工会授予本院石彩红、赵晓瑞“阳泉市郊区优秀技术能手”荣誉称号。

开展丰富多彩的活动，抓好职工文化建设，积极开展各种文体活动，活跃职工文化生活，增强职工的凝聚力。完善“职工之家”建设，订阅书、报等刊物，购进体育器械，设置体能锻炼室；加强医德医风教育，严格遵守执行行业“九不准”（不准将医疗卫生人员个人收入与药品和医学检查收入挂钩、不准开单提成、不准违规收费、不准违规接受社会捐赠资助、不准参与推销活动和违规发布医疗广告、不准为商业目的统方、不准违规私自采购使用医药产品、不准收受回扣、不准收受患者“红包”），切实为患者服务；在“三八”国际妇女节、“5·12”国际护士节、医师节举办座谈会让广大职工感受到了组织的温暖，增强爱岗敬业责任感；积极开展户外拓展活动，在庆祝中华人民共和国成立 70 周年之际，为加强对职工的爱国主义教育，增强职工的民族自豪感，增强工会组织的向心力，展现全院职工良好精神风貌，积极营造健康向上的文化氛围，院工会组织全体职工到狮脑山开展以实践体验为主的爱国主义教育活动，瞻仰百团大战纪念碑、烈士纪念碑建筑群，参观百团大战纪念馆并组织《歌唱祖国》大合唱。

切实保护职工身体健康，医院每年组织安排职工到阳泉市第一人民医院健康体检中心体检，共 53 人，部分职工在体检中发现问题，及时进行了治疗。每年在每个职工生日之际，工会为职工送上生日蛋糕，让职工切实感受到医院对大家的体贴与关怀。关心退休老职工。中秋节和“九九”重阳节对全体退休老职工进行慰问，院领导与退休职工进行亲切交谈。关心职工生活特别是困难职工生活是工会义不容辞的责任，每年春节期间医院领导都要走访看望困难残疾职工郭海庆，为他送上医院的关爱、祝福和米、面、油等慰问品及慰问金，让他感受到医院这个大家庭带来的温暖。

西南舁乡卫生院工会

医院概况

西南舁乡卫生院位于西南舁乡西南舁村，是郊区卫生局、郊区卫生和计划生育局所属的乡镇卫生医疗机构。2017 年，本区推行医疗卫生体制改革，整合区域医疗卫生资源，组建成立郊区医疗集团，该院成为集团分院。所辖村卫生室 18 所，乡村医生 27 人。承担辖区 17 个行政村、5981 户、12947 人的基本医疗、公共卫生服务，医疗服务辐射 2.8 万余人。2019 年，乡卫生院占地 3888 平方米，建筑面积 1876 平方米，其中业务用房 1800 平方米，设置病床 40 张，开设内科、儿科、眼科、耳鼻喉科、中医科、精神科、全科医疗科、公共卫生管理科8个科室。全院在编职工13人，其中高级职称1人、中级职称4人、初级职称6人，技师1人，科员1人。特岗全科医师1人。返聘人员及临时用工18人。

组织沿革

西南羿乡卫生院工会委员会，于1985年7月组建，隶属于郊区工会。同年9月3日，院工会召开第一次会员大会，选举产生第一届工会委员会，主席由中共党支部书记代专才兼任。时有会员21人。1990年3月，院工会召开第二次会员大会，代专才连任工会主席，时有会员31人。1995年4月，院工会召开第三次会员大会，选举史东红为工会主席，时有会员31人。2000年3月，院工会召开第四次会员大会，史东红连任工会主席，时有会员30人。2005年4月，院工会召开第五次会员大会，史东红连任工会主席，时有会员30人。2010年5月，院工会召开第六次会员大会，郭瑞生当选工会主席，时有会员30人。2015年5月，院工会召开第七次会员大会，史东红当选主席，时有会员30人。2019年8月，隶属于郊区医疗集团工会。

主要工作

为扩大工会覆盖面，维护患者的合法权益，调动和保护职工参与群众满意乡镇卫生院建设的积极性和主动性，工会积极做好各项工作。

不断扩大组织覆盖面和工作覆盖面，及时掌握职工人数及情况，重点抓好院临时用工人员的入会工作，最大限度地把在该院工作的职工吸纳到工会中，提高职工入会率。

为企业服务、为职工服务。积极发动职工群众，认真学习《中华人民共和国工会法》《中华人民共和国劳动法》等涉及职工切身利益的国家法律法规。搞好法律维权服务，为职工提供法律咨询和法律培训，切实维护职工合法权益。

加强分类指导，培育好先进典型，不断总结、交流、推广典型经验，带动面上工作，促进工会工作整体水平的提高。加强宣传和信息工作，并对他们的工作业绩和奉献社会的义举进行宣传报道。在医院行政和职工之间的桥梁纽带作用得到进一步的强化，职工通过工会掌握医院相关动态、反映自身诉求、提出合理化建议。医院通过工会宣传医院文化、公布分配方案、关心职工生活。真正实现医院与职工的互利共赢，医院的凝聚力得到极大的加强。

关心职工的疾苦，倾听和反映职工的呼声和要求，努力帮助职工解决实际困难，积极协调医院与职工的劳动关系，维护职工的合法权益。关心职工的工作生活，帮助医院改善管理，履行社会责任，组织开展职工喜闻乐见、丰富多彩的业余文化活动。紧紧围绕工作中心，组织发动职工开展多种形式的劳动竞赛活动，努力提高职工的业务素质，促进医院各项工作的开展。针对职工的实际需求，不断拓宽服务领域，完善服务手段，提高服务效果，切实帮助职工解决一些实际问题。2016年6月14日，接受市总工会女职工委员会“爱心妈咪小屋”建设验收。

组织开展扶贫济困送温暖活动，建立完善职工生活保障机制。每逢节假日都对职工进行慰问帮助。组织员工开展以互帮、互学、互济、互爱、互助为主要内容的建设职工之家活动。

杨家庄乡卫生院工会

医院概况

杨家庄乡卫生院是区卫生局、区卫生和计划生育局所属的乡镇卫生医疗机构。2017年，本区推行医疗卫生体制改革，整合区域医疗卫生资源，组建成立郊区医疗集团，该院成为集团分院。承担辖区 8657 个常住人口的基本医疗、公共卫生服务。2019 年，辖区 6 个行政村、11 个村卫生所（包括代管 3 个，并村 2 个），乡卫生院占地 2971 平方米，尚未完成改扩建。设置病床 20 张，开设内科、中医科、全科医疗科、药房、影像、公共卫生管理科 6 个科室。全院在编职工 13 人，其中高级职称 1 人、中级职称 4 人、初级职称 6 人，科员 2 人。临时用工 7 人。

组织沿革

杨家庄乡卫生院工会委员会，于 1985 年 9 月组建。9 月 1 日，院工会召开第一次会员大会，选举产生院工会委员会，主席王玉娥。2010 年 5 月，院工会召开第二次会员大会，王变林当选为工会主席。2017 年 12 月，卫生院工会召开第三次会员大会，刘秀琴当选为工会主席。2019 年 8 月，隶属于医疗集团工会。

主要工作

不断扩大组织覆盖面和工作覆盖面，及时掌握职工人数及情况，重点抓好院临时用工人员的入会工作，最大限度地把该院工作的职工吸引到工会中，提高职工入会率。

为医院服务、为职工服务。积极发动职工群众，认真学习《中华人民共和国工会法》《中华人民共和国劳动法》等涉及职工切身利益的国家法律法规。搞好法律维权服务，为职工提供法律咨询和法律培训，切实维护职工合法权益。

加强分类指导，培育好先进典型，不断总结、交流、推广典型经验，以点带面，促进工会工作整体水平的提高。医院通过工会宣传医院文化、公布分配方案、关心职工生活，真正实现医院与职工的互利共赢，医院的凝聚力得到加强。

积极开展形式多样、丰富多彩、寓教于乐的文体活动及教育活动。1996 年组织职工上狮脑山参观百团大战纪念碑；2002 年组织党员及优秀职工参观西柏坡红色革命根据地，举办党性教育 2 次；2005 年响应乡政府号召参加在狮脑山举办的纪念百团大战大合唱活动；在“三八”国际妇女节、护士节、国庆、医师节、年底组织职工开展唱歌、趣味体育、知识竞赛等各种各样的文体活动，极大地丰富了职工的业余文化生活。

注重职工素质提升，积极鼓励职工利用业余时间学习，提高自身素质，并对自学成才者给予奖励。积极参加上级工会举办的知识竞赛、技术比武。卫生院工会还多次举办院级职工岗位技术比武，安全应急演练、消防应急演练、突发事件应急演练等，通过比武、演练更好地规范了技术操作，提高了职工的技术水平、业务能力及应急能力。

关心职工的疾苦，倾听和反映职工的呼声和要求，努力帮助职工解决实际困难，积极协调医院与职工的劳动关系，维护职工的合法权益。2009 年至 2015 年，单位工会每年慰问因病困难职工王香云，送去慰问品，并组织职工为王香云捐款 1100 元，使职工感受到工会温暖。2015—2016 年为职工苏计才申报郊区总工会“两节”送温暖困难职工，并为苏计才申报职工大病互助补偿金，解决其因心脏病、起搏器植入术之后造成的生活困难。2014 年以来每年组织职工参加乡民政开展的扶贫济困送温暖活动，累计捐款 3600 余元。

旧街乡卫生院工会

医院概况

旧街乡卫生院位于旧街乡旧街村，是区卫生局、区卫生和计划生育局所属的乡镇卫生医疗机构。2017 年，郊区推行医疗卫生体制改革，整合区域医疗卫生资源，组建成立郊区医疗集团，该院成为集团分院。承担辖区 17 个行政村、2400 户、6300 名常住人口的基本医疗、公共卫生服务，医疗服务辐射 1.8 万余人。2019 年，全乡有村卫生室 17 所，乡村医生 17 人。乡卫生院占地 2200 平方米，建筑面积 950 平方米，其中业务用房 840 平方米，设置病床 20 张，开设内科、预防保健科、耳鼻喉科、中医科、精神卫生专业、全科医疗科、公共卫生管理科 7 个科室。全院在编职工 8 人，其中高级职称 1 人、中级职称 3 人、初级职称 2 人，科员 1 人，职员 1 人。特岗全科医师 1 人。返聘人员及临时用工 8 人。

组织沿革

旧街乡卫生院工会委员会，于 1985 年 7 月成立。同年 9 月 3 日，院工会召开第一次会员大会，选举产生院工会委员会，主席由中共党支部书记赵绪庭兼任。1990 年 8 月，旧街乡卫生院召开第二次工会会员大会，赵绪庭连任工会主席。1995 年 9 月，召开第三次工会会员大会，选举产生院工会委员会，荆三扣当选工会主席。2000 年 10 月，召开第四次工会会员大会，杜青云任工会主席。2005 年 9 月，召开第五次工会会员大会，杜青云连任工会主席。2010 年 10 月，召开第六次工会会员大会，杜青云再次当选工会主席。2015 年 5 月，召开第七次工会会员大会，杜青云又一次当选工会主席。2018 年 12 月，卫生院工会民主选举贾利娟任工会主席。2019 年 8 月，按郊区医疗集团分配，民主选举贾利娟、赵智美为工会代表，参加医疗集团工会会员代表大会。

主要工作

1985 年，医院工会组建后，在上级工会和卫生院党支部领导下，围绕卫生院中心工作，带领全体职工创新工作，加强工会组织建设，增强为职工服务的意识。深入群众，倾听和传递职工的呼声，充分发挥工会委员的作用，及时收集职工普遍关心的热点问题，对重要的情况通过院委会、职工大会等及时反映，并积极提出建议和意见。

关注职工身心健康，组织开展慰问活动，对在职人员以及家属生病住院、困难职工进行慰问，让职工时时刻刻感受到组织的关怀和温暖。注重职工素质提升，鼓励职工积极参加上级工会举办的技术比武，进一步激发广大职工学技术、提硬功、强素质的积极性和主动性，在全社会大力营造“尊重劳动、尊重知识、尊重人才”的良好氛围。2013 年 11 月，郊区劳动竞赛委员会、郊区总工会授予该院职工杨瑞文“阳泉市郊区优秀技术能手”荣誉称号。2017 年，杨瑞文参加阳泉市中医药大赛，获得优胜奖。加强职工的思想教育，强化广大职工的主人翁意识。2018 年 7 月 1 日，院工会组织全体职工在百团大战狼峪战役纪念碑草帽山上，开展以“两学一做”为主题的爱国主义教育活动，并参加红歌比赛，在红色圣地草帽山上接受革命历史熏陶，增强职工的民族自豪感，增强工会组织的向心力，展现全院职工良好精神风貌。为职工参加各类文体活动创造必要的条件，充分调动职工参与活动的积极性和主动性，利用“三八”国际妇女节、“5·12”国际护士节、医师节举办座谈会让广大职工感受到了组织的温暖，增强爱岗敬业的责任感。每年组织职工参加乡政府组织的冬季健步走活动，极大地丰富了职工的业余文化生活。

第六章 区属企事业单位工会

第一节 城乡建设发展总公司工会

企业概况

阳泉市郊区城乡建设发展总公司位于阳泉市郊区荫营镇，成立于1999年5月，隶属于阳泉市郊区人民政府，属差额拨款事业单位，人员编制35人。按照《阳泉市郊区从事生产经营活动事业单位改革实施方案》（阳郊办发〔2018〕47号）文件精神，公司正在进行事业单位转企改制工作。公司下辖阳泉市兴富华房地产开发有限公司、阳泉市扬帆建筑工程有限公司、阳泉市利丰煤气有限公司3个独立核算、自主经营、自负盈亏、具有独立法人资格的国有独资企业。公司多次被市、区授予“先进集体”“十强企业”“红旗单位”等称号。

阳泉市兴富华房地产开发有限公司位于阳泉市郊区雅馨园，成立于1989年7月，原名郊区乡镇建设开发公司，企业性质属全民所有制企业，2010年更名为阳泉市兴富华房地产开发公司，2016年更名为阳泉市兴富华房地产开发有限公司，同时企业性质改制为国有独资企业。资质等级三级，注册资金2200万元，经营范围房地产开发经营，是郊区唯一一家自主经营、独立核算的国有房地产开发企业。一直以来，公司在区委、区政府的正确领导下，紧紧围绕上级发展战略，本着“质量为本，用户至上”的管理方针，坚持“锐意进取，奋勇前行，精益求精，稳中求进”的企业精神，紧跟形势，抢抓机遇，先后开发建设了郊区政府住宅楼、开发区集贸市场、瑞丰小区、平坦垴住宅小区、桃林沟住宅小区、南区新城淑华园、文华园、雅馨园，南区中兴大道等项目，建筑面积累计80余万平方米，完成投资约15亿元，为郊区的经济发展和城镇化建设做出了应有的贡献。2016年被郊区区委、区政府授予“千万元纳税大户”光荣称号。随着企业的发展壮大，截至2019年，公司拥有职工45 人，年开发能力10余万平方米。

阳泉市扬帆建筑工程有限公司位于阳泉市郊区雅馨园，成立于1992年7月，原名阳泉市郊区建筑工程公司，企业性质属全民所有制企业，2016年更名为阳泉市扬帆建筑工程有限公司，同时企业性质改制为国有独资企业。资质等级建筑工程施工总承包二级，注册资金2000万元，经营范围包括房屋建筑工程施工，室内装饰，是郊区唯一一家自主经营、独立核算的国有建筑施工企业。多年来，公司坚持“群策群力、开创未来、注重细节、追求完美”的管理理念，公司先后承建了职业中学教学楼、住宅楼、开发区集贸市场、瑞丰小区、平坦垴住宅小区、桃林沟住宅小区、柳沟住宅小区、荫营中学学生公寓楼及改扩建工程、桃河治理工程、供热站、荫营河治理工程、崇文广场、育才小学、二院病房大楼、档案局办公楼等80余项工程，竣工面积100余万平方米。2018年4月被阳泉市建筑协会评为“2017年度优秀建筑施工企业”。2019年4月被阳泉市住建局评为“2018年度阳泉市骨干建筑业企业”。截至2019年，公司拥有职工 42 人，年均完成施工产值 8000 余万元。

阳泉市利丰煤气有限公司位于阳泉市郊区荫营镇雅馨园，成立于 2001 年 4 月，原名阳泉市郊区煤气热力中心，企业性质属全民所有制企业，主要承担郊区荫营地区的供暖、供气任务。2011 年 4 月，根据市政府要求，郊区热力与市热力中心进行整合，因经营范围变更，公司名称变更为阳泉市利丰煤气中心。2016 年，根据公司发展需要，更名为阳泉市利丰煤气有限公司，企业性质改制为国有独资企业，注册资金 400 万元。2019 年按照阳泉市委、市政府关于整合燃气行业的工作部署和要求，依照阳泉市国有资产管理委员会和阳泉市郊区人民政府于 2018 年 12 月 27 日签订的并购整合协议，阳泉市利丰煤气有限公司与阳泉市煤气有限责任实施了资产并购整合，并购整合工作于 2019 年 5 月底全部完成。

组织沿革

公司于 1999 年开始筹建工会委员会，当年 5 月 11 日，召开工会会员代表大会，选举产生了第一届工会委员会。同时选举产生了经费审查委员会、女职工委员会，邹乐晋当选为主席，工会为区总工会直属。2000 年后，划归计划系统工会。2008 年 3 月，公司工会组织换届，选举产生第二届工会委员会，李卫芳当选为主席，史玉所、任喜荣、邹春雷、高飞云当选为委员，史玉所同时当选为经费审查委员会主任，李千喜、王振志当选为经费审查委员会委员。2013 年 4 月，划归区直机关系统工会。2016 年 3 月，选举产生第三届工会委员会，贾秀红当选为主席，史志玲当选为经费审查委员会主任，闫海丽当选为女职工委员会主任。到 2019 年，工会组织结构未作调整。公司工会共有会员 60 名，工会委员 5 名（主席 1 人、委员 4 人），职工入会率 100%，所有会员全部录入智慧工会系统，实现了规范化管理。

主要工作

公司自工会组织成立后，在区总工会的指导帮助下，主动适应改革发展新趋势，积极调整工作思路，不断完善职工代表大会制度，通过职工代表大会，组织职工参与企业的民主决策、民主管理、民主监督，保障了职工在企业的主人翁地位，推进了企业的民主政治建设。随着企业改制的进一步深入，职工民主管理企业的机制日趋完善。

充分发挥工会维权职能。做到知法用法，依法维权。工会委员注重相关法律知识学习，特别是对《中华人民共和国工会法》做到了先学一步，学深悟透，并在提高自身法律意识基础上，做好法律的宣传和教育工作，引导职工学法、知法、守法、用法，提升其依法维护权益的意识和能力。推行工资集体协商制度，根据《山西省企业工资集体协商条例》相关规定，从维护职工权益、营造和谐劳动关系出发，在全体干部职工的广泛参与下，推行实施了工资集体协商制度。2003 年 6 月 26 日，全区推行工资集体协商动员会后，加快平等协商工资集体合同的签订。2014 年 3 月，根据区总工会《关于组织开展 2014 年“工资集体合同协商月”活动的通知》，因企制宜，合力推进集体合同和工资集体协商工作。

不断完善企务公开内容。工会组织将推行企务公开作为践行“三个代表”重要思想的重要体现、作为推进社会主义民主政治建设的“阳光工程”。通过会议公开、版面公开、网络公开、民主评议公开等形式，公开企业营业收支、经营情况，给职工一个明白、还干部一个清白。工作透明度高，有效提升了全体职工参与公司发展的主人翁意识和服务意识。

2015 年起，坚持以巩固提高“职工之家”为载体，进一步丰富职工文化体育生活，充分激发工会活力。配套完善了图书阅览室，购置了乒乓球、羽毛球、篮球等体育用品。并且组织职工积极参加区总工会组织的各项文体活动。积极开展“会员评家”活动，让“职工之家”真正成为职工的家。2019 年，通过了阳泉市五星级模范职工之家建设的验收。

工会积极落实全心全意为人民服务的宗旨，将工会工作落实到实实在在的行动当中，2005 年开始，配合区总工会在两节“送温暖”的基础上又推出夏季“送清凉”活动，深入建筑工地组织慰问工地一线工人，中秋节给全体职工发放慰问品，切实让职工感受到公司大家庭的暖心关怀。从 2011 年开始，坚持开展“金秋助学”活动，鼓励职工做好子女的教育培养，到 2019 年，共助学职工子女 17 人次，发放助学资金 43000 元。2017 年开始，经与公司协商，为全部在岗职工免费办理了团体意外伤害保险，每年根据实际情况发放困难帮扶资金，截至 2019 年，共帮扶困难职工 26 人次，发放帮扶资金 32500 余元。

鼓励职工钻研业务技能，大力开展职工技能培训。对初级、中级以上专业技术人员予以资金鼓励、侧重提拔，改善公司的工作及学习氛围，更好地带动公司的各项工作。对各类专业技术人员每年都进行继续教育培训，提升业务水平，积极派出员工参加省、市行业协会组织的培训活动，学习行业先进经验，助力企业更好更快发展。

第二节　自来水公司工会

企业概况

阳泉市郊区自来水公司成立于 1999 年 8 月 13 日，是区政府在原有荫营镇供水站基础上组建的社会公益类自收自支事业单位，实行企业化管理。主要承担荫营镇区、李荫路沿线、下白泉——下烟河坡电厂沿线、铝氧厂和平坦镇、旧街乡局部的生产生活供水任务和荫营河污水管网管护任务。经营范围包括企事业单位和居民生产生活用水的供给；消防、环保、景观、绿化等用水的供给；纯净水、矿化水等生产销售；供排水管网建设和管护维修；供水资源规划、开发、利用；水质检测；中水回收利用；水暖安装工程及建材销售等。2019 年，公司在册职工 93 人，供水管网 32.79 千米，年供水量 300 万立方米左右，受益人口约 6 万人。

组织沿革

为了维护职工的合法权益，促进企业健康发展，公司于 2003 年 3 月开始筹建工会委员会，隶属农业系统工会。同年 6 月召开工会会员代表大会，选举产生了第一届工会委员会、经费审查委员会和女职工委员会，白朝晖当选为主席，贾小平当选为副主席，郭宝明、张艳珍、王万元当选为委员，贾小平当选为经费审查委员会主任，郭宝明、张海红当选为经费审查委员会委员。2009 年 5 月，选举产生第二届工会委员会，张海红当选为主席，王耀彬当选为副主席，王海宁、史晓伟、闫喜寿当选为委员，杨磊当选为经费审查委员会主任，王海宁、王慧斌当选为经费审查委员会委员。2013 年 5 月，选举产生第三届工会委员会，高会珍当选为主席，史晓伟当选为副主席。2018 年 5 月，选举产生第四届工会委员会，高会珍再次当选为主席，史晓伟也再次当选为副主席。至 2019 年，公司工会共有会员 93 名，工会委员 5 名（主席 1 人、副主席 1 人、委员 3 人），职工入会率 100%，所有会员全部录入智慧工会系统，实现了规范化管理。

主要工作

公司自工会组织成立后，在区总工会的指导帮助下，主动适应改革发展新趋势，积极调整工作思路，不断完善职工代表大会制度，通过严格履行工作职责，充分发挥职代会的民主决策、民主管理、民主监督作用，全力依法维护职工权益。

推行工资集体协商制度。根据《山西省企业工资集体协商条例》相关规定，从维护职工权益、营造和谐劳动关系出发，在全体干部职工的广泛参与下，推行实施了工资集体协商制度。每年坚持进行工资集体协商，对保障职工合法权益，促进企业发展发挥了积极作用。职工的工资及福利待遇经工会与公司集体协商，确定职工工资不低于全省工资指导线标准，调整幅度与公司经营效益相挂钩。

不断完善企务公开内容。公司工会对企务公开工作非常重视，坚持年初有计划，年终有总结，并结合行业特点，从完善公开内容、规范公开程序、建立公开制度入手，积极开展形式多样、行之有效的企务公开工作，通过“企务公开宣传栏”“中层以上管理人员每周例会”形式，公开企业营业收支、经营情况，工作透明度高，有效提升了全体职工参与公司发展的主人翁意识和服务意识。

全力发挥工会维权职能。做到知法用法，依法维权。工会委员注重相关法律知识学习，特别是对《中华人民共和国工会法》做到了先学一步，学深悟透，并在提高自身法律意识基础上，做好法律的宣传和教育工作，引导职工学法、知法、守法、用法，提升其依法维护权益的意识和能力。

努力做好关怀职工工作。2013年开始，坚持开展“企业助学”活动，鼓励职工做好子女的教育培养。到2019年，共助学职工子女18人次，发放助学资金19000元。2017年，配套完善了图书室、浴室，对职工免费开放。2018年，为职工购买了坐姿推肩训练器和伸腿训练器等健身器材；同年开始，经与公司协商，为全部在岗职工免费办理了农银团体意外伤害保险。从2019年开始，向职工发放面值110元的生日蛋糕卡，切实让职工感受到公司大家庭的暖心关怀。建立困难职工档案，每年根据实际情况发放困难帮扶资金。截至2019年，共帮扶困难职工68人次，发放帮扶资金4万余元。开展自愿捐助活动，先后组织全体干部职工向患脑瘤的特困职工张健和孩子患白血病的郭淑娟捐款救助，捐款金额17000余元。

大力开展职工技能培训。以会代训，每月组织营业、检修、抄表、收费等岗位职工参加业务学习例会，有效提高窗口部门人员的供水服务能力。鼓励职工钻研业务技能，对初、中级以上专业技术人员除工资福利待遇方面侧重外，优先任命为科室负责人，更好地带动部门工作。每年对水质检测人员和财务人员进行岗位继续教育培训，提升业务水平。积极派出员工参加省供水协会组织的行业培训交流活动，学习行业先进经验，助力企业更好更快发展。

第三节　温河灌区工会

企业概况

1975年10月2日，经郊区革命委员会决定，正式成立温河灌区管理委员会。1982年，阳泉市水利局将温河灌区定为事业单位企业化管理。1985 年 7 月，温河水利工程指挥部与温河灌区管理委员会进行了工程移交。1986 年 11 月，由阳泉市水利局主持，郊区水利局、温河灌区参加，对温河引水工程进行了竣工验收。1988 年，区政府将温河灌区管理委员会定为正科建制。2002 年，温河灌区管理委员会更名为阳泉市郊区温河灌区，编制为 9 人，其中正科 1 人、副科 2 人。2003 年，根据上级有关精神将温河灌区定性为准公益性事业单位，由自收自支事业单位变更为差额补贴事业单位，同时灌区内部进行了“管养分离”体制改革。灌区管理人员，负责油瓮水库防洪、上下游防汛和灌区的日常管理事务；原供水科人员从灌区管理人员中剥离出来，成立供水站即养护队，负责灌区的维修养护和供水经营。2011 年 1 月 18 日，根据阳泉市郊区人民政府直属事业单位清理规范意见的通知，阳泉市郊区温河灌区更名为阳泉市郊区温河灌区管理站，为正科级建制，核定科级领导职数 1 正 2 副。经费来源为财政补助，核定编制 9 名，人员编制结构为管理人员 3 名，专业技术人员 4 名，工勤人员 2 名。主要职责：（1）参与制定整个灌区水资源开发利用保护规划，组织制定灌区的水资源保护方案。（2）负责温河油瓮水库的整治和保护。（3）负责整个灌区水资源保护方案的实施。（4）负责协调处理灌区范围内水事纠纷和各类违法案件。2017 年 12 月 7 日，根据阳泉市郊区机构编制办公室关于调整编制的通知，阳泉市郊区温河灌区管理站编制数为 5 名，人员编制结构为管理人员 2 名，专业技术人员 3 名。至 2019 年，未发生变动。

组织沿革

1985 年 8 月，温河灌区管理站成立第一届工会，为区总工会直属，谢延登任工会主席。1987 年 7 月，温河灌区工会组织换届，选举谢延登任工会主席，李怀义任工会副主席，杨付卯、李小玉、高川喜任委员。1992 年 5 月，温河灌区工会改选，选举李怀义任工会主席。1999 年 7 月，温河灌区工会改选，李渊任工会主席。此后，温河灌区工会隶属农业系统工会。2017 年 5 月，温河灌区工会改选，葛东红任工会主席。

主要工作

温河灌区工会成立后，围绕“组织、引领、服务灌区职工，积极维护职工合法权益”的工会职责，大力发挥联系群众桥梁纽带作用，为灌区各项工作和队伍建设做出了显著成绩。

在灌区职工能力素质提升上，相继组织开展了对马列主义、毛泽东思想、邓小平理论、“三个代表”重要思想、科学发展观及习近平新时代中国特色社会主义思想的学习，通过不断学习进一步统一思想、凝聚共识。中共十九大后，在职工中积极开展各类学习培训和教育活动，共开展各类学习教育活动 6 次、警示教育 4 次、培训 3 次。通过不断的学习教育，增强了职工的能力素质，达到转变工作作风的效果。

发挥工会服务职工的职责，积极开展困难帮扶活动。建立困难职工档案，健全和完善困难职工帮扶体系，对困难职工开展慰问。2017 年至 2019 年，共慰问困难职工 6 人次，金额 15000 元。积极开展职工捐款活动，2019 年抗击新冠肺炎及“送温暖、献爱心”活动中共捐款 1200 元。

丰富职工文化生活，设立温河水情教育基地。温河灌区有郊区“红旗渠”之称，是郊区人民勤劳、智慧的体现。温河灌区管理站利用原会议室，改造建成温河水情教育基地，通过图片、实物的展示，以再现回顾当年温河水利工程建设的场景，弘扬温河精神，激励当代青年。

第四节 煤炭运销有限公司工会

公司概况

山西煤炭运销集团阳泉郊区有限公司（简称郊区公司）是由山西煤炭运销集团出资2000万元全资控股的子公司。中华人民共和国成立后，境内煤炭运销得以长足发展。20世纪60年代前，煤炭运输主要靠马车运往白羊墅和赛鱼站。1968年，荫营货运站建成。1984年6月，本区煤炭运销公司成立，对全区煤炭的运销统一协调管理。1986年，区煤运公司汽车队成立，1989年，荫营货运站汽车队成立，两车队年货运量可达800万吨。1991年11月，可整列发运煤炭的上烟发煤站开通运行。至此，本区煤炭运销全方位体系基本构成，运销能力大大增加。2003年，总投资1.5亿元，三晋鸿泰煤业有限公司开始兴建。2004年，在原阳泉市旧街煤矿的基础上，与阳泉市郊区旧街节能降耗研发协会、山西天泉煤炭有限公司合股组建阳泉市旧街煤炭有限责任公司，投入资金1.2亿元进行了年产30万吨原煤改扩建工程建设。同年11月26日，省煤管局正式下文批准保安煤矿开工建设。2007年7月，三晋鸿泰煤业及旧街煤炭改扩建工程先后正式投产。2010年，保安煤矿如期建成主、副井提升运输系统、通风系统、供电系统、给排水系统及地面配套设施，进入调试运转。同年4月，阳泉洁能煤层气开发有限公司组建。2013年10月16日，阳泉煤销恒源经贸有限公司注册成立。2018年，按照《阳泉市郊区化解煤炭过剩产能工作方案》要求，继续推进煤炭供给侧结构性改革，完成鸿泰煤业有序退出任务。截至2019年年底，山西煤炭运销集团阳泉郊区有限公司共有在册职工654人，资产总额17.50亿元，拥有恒源经贸、洁能煤层气两家全资子公司及控股煤炭企业保安煤业、旧街煤业。公司以全面推进公司转型改革为根本点，以提高发展质量和效益为立足点，以建立内涵式质量效益型企业为切入点，不断深化改革，加快发展，逐渐形成集专业化后勤服务、燃气经营、新能源项目开发于一体的现代化服务企业。连续多年被评为“山西省诚信单位”“山西省模范企业”“阳泉市重信用守合同企业”“集团公司标兵单位”“郊区十强企业”等称号。

组织沿革

公司于1994年开始筹建工会委员会，为区总工会直属工会。当年9月，召开公司工会会员代表大会，选举产生了第一届工会委员会，同时成立了经费审查委员会。其中赵丑林当选为主席，牛淑辰、李向荣当选为副主席，张三孩、史广辉、吕成福、高吉利、高新元当选为委员，任进驰当选为经费审查委员会主任，岳立艾、武雪平当选为经费审查委员会委员。1996年1月，召开公司工会第二次会员代表大会，选举产生了第二届工会委员会，同时成立了经费审查委员会。其中苗存锁当选为主席，窦吉堂、王香琴、李富荣当选为委员，阎书明当选为经费审查委员会主任，窦吉堂、王秀琴当选为经费审查委员会委员。2001年9月，公司工会组织换届，选举产生第三届工会委员会，其中赵蒙敏当选为主席，付锦当选为副主席，周小平、葛先锋、段世豪、赵永红、张宏、赵卫平、刘少玉当选为委员，周小平同时当选为经费审查委员会主任，李复俊、李新花当选为经费审查委员会委员。2001年12月25日，补选王建民为第三届工会委员会主席。2002 年 11 月，增补樊华、史俊明为煤运公司第三届工会委员，樊华担任工会主席。2004 年 9 月 2 日，增补栾晓波、苗增元、张九艮、杨俊毅、李复俊、戴文忠、荆建军、朱全福 8 人为煤运公司第三届工会委员，栾晓波担任工会主席。2007 年 9 月，选举产生第四届工会委员会，栾晓波再次当选为主席，吴康华当选为副主席，赵永红、荆建军、李复俊、朱全幅、苗增元、张久银、郝素萍、李玉萍、任维国、李海生当选为委员，周小平再次当选为经费审查委员会主任，李新花、闫利峰当选为经费审查委员会委员。2007 年 11 月 12 日，补选梁彩玲为第四届工会委员会主席。2011 年 3 月，增补段辉为公司工会委员并当选为工会副主席。2015 年 5 月 20 日，补选杜海滨为第五届工会委员会主席。到 2019 年，公司工会联合会下设基层工会 4 个，公司工会共有会员 2569 人，其中女会员 474 人。工会共有专职工会干部 14 名，兼职工会干部 19 名。各基层工会均办理工会法人资格登记，按时换届。组织体系完整，各工会均有工会主席 1 名并按照同级副职配备，工会内设经审委员会、资格审查委员会，民主管理委员会、劳动争议委员会、劳动保护监督检查委员会、女职工委员会。工会干部队伍依次参加了上级工会的各种培训，具备了工会工作基本能力，完善了工会干部队伍建设工作。

煤炭运销集团阳泉郊区有限公司历届工会主席副主席一览表

表 6-1

届　次	姓 名	性别	工会职务	任职时间	行政职务
第一届	赵丑林	男	主　席	1994 年 9 月至 1996 年 1 月	副经理
	牛淑辰	男	副主席	1994 年 9 月至 1996 年 1 月	—
	李向荣	女	副主席	1994 年 9 月至 1996 年 1 月	—
第二届	苗存锁	男	主　席	1996 年 1 月至 2001 年 9 月	—
第三届	赵蒙敏	男	主　席	2001 年 9 月至 2001 年 12 月	—
	王建民	男	主　席	2001 年 12 月至 2002 年 11 月	—
	付　锦	女	副主席	2001 年 9 月至 2007 年 9 月	—
	樊　华	女	主　席	2002 年 11 月至 2004 年 9 月	—
	栾晓波	男	主　席	2004 年 9 月至 2007 年 9 月	纪检书记
第四届	栾晓波	男	主　席	2007 年 9 月至 2007 年 11 月	纪检书记
	吴康华	女	副主席	2007 年 9 月至 2011 年 3 月	—
	梁彩玲	女	主　席	2007 年 11 月至 2014 年 1 月	纪检书记
	段　辉	男	副主席	2011 年 3 月至 2014 年 1 月	—
第五届	梁彩玲	女	主　席	2014 年 1 月至 2015 年 5 月	纪检书记
	段　辉	男	副主席	2014 年 1 月至 2019 年 12 月	—
	杜海滨	男	主　席	2015 年 5 月至 2019 年 12 月	—

2019 年煤炭运销公司基层工会组织建设一览表

表 6-2 单位：人

工会名称	建会时间	工会主席	职工人数	会员人数
保安煤业公司工会	2010 年	张亚平	1478	1478
旧街煤业公司工会	1990 年	空　缺	620	620
恒源经贸公司工会	2015 年	胡秀青	268	268
洁能煤层气公司工会	—	—	—	—

主要工作

工会成立后，坚持党建带工建，努力消除薄弱区域和空白点，不断扩大工会组织的覆盖面，根据公司党组织架构，优化设置工会的组织架构，最大限度地把新入职的职工吸收到工会组织中。积极协助党委选好配强工会领导班子，不断优化结构，充实新生力量，拓宽工会干部来源，加强基层工会工作力量。充分发挥职代会民主管理、民主监督职能，建立上情下达下情上递的信息管理机制，坚持每年召开职工代表大会，审议年度工作报告，确保了职工代表审议制度的常态化；坚持审议涉及职工利益的重大制度和方案，确保制度的合理性和可行性，保障了职工的切身利益。会上还签订了《工资集体合同》《集体合同》《女职工特殊保护专项集体合同》，有效地保障了职工的合法权益。按照管理规范化和企务公开制度化的要求，在公司院内明显位置设立了固定的企务公开栏，定时公布需要公开的企业经营内容，推进企务公开进程，维护职工利益。真正做到了将企务公开融入企业管理、企业改革和制度建设之中，充分保障职工对经营管理、改革发展的知情权、参与权、表达权、监督权。

公司工会切实加强文化建设，最大限度地发挥企业文化的感染力、涵养力和凝聚力。通过开展丰富多彩的文体活动，满足职工精神文化的需要，增进职工身心健康，使职工能以更加饱满的热情和充沛的体力完成工作任务。每年坚持开展以“迎新春”职工文艺汇演、趣味运动会、体育比赛、文艺竞赛等活动为主要内容的文化活动；多年来，为活跃职工的文化生活，提高职工们的审美情趣，工会组织紧紧围绕时代特色，先后开展了演讲比赛、歌唱比赛；书法、美术、摄影展；文化走廊建设；“重回革命圣地”“五四”越野赛；庆祝中国共产党成立 90 周年“永远跟党走”大型文艺演出；职工趣味运动会、团体舞比赛、职工篮球、乒乓球、羽毛球比赛等多种喜闻乐见的文体活动。2011 年，公司排演的大型晚会“永远跟党走”被郊区区委选中，在全区演出并同步电视直播；2011 年公司排演大型歌舞《你是一个好人》参加阳泉市道德模范颁奖晚会；2013 年和 2019 年公司承办“阳泉郊区春晚”并出演多个节目。

日常工作中，工会组织坚持以“安康杯”竞赛为载体，举办了煤矿多岗位技能竞赛、“手指口述”安全工作法竞赛、公路票据竞赛、财会人员技能竞赛、办公室技能竞赛等一系列活动。多年来，公司持续组织了“财会人员培训”“公路业务培训”“办公自动化及写作培训”“领导干部廉洁培训”等一系列契合企业发展实际的培训工作，真正促进了全员素质的提高。公司工会把走访看望和慰问生病住院职工、丧亲职工家属、特困职工和离退休职工作为一项制度长期坚持，在广大职工群众最需要帮助的时刻，切实让职工体会到工会组织的温暖；坚持开展“金秋助学”活动，对考取大学的职工子弟给予奖励。长期坚持在“三八”妇女节、“八一”建军节、“九九”重阳节等特殊节日里，开展节日慰问工作，使职工切实感受到集体的温暖；坚持对每一位过生日的职工送生日蛋糕以表示关爱和祝贺。工会在每年都会成立困难职工摸底调查组，对全系统各单位的困难职工进行走访，充分地了解致困原因，掌握家庭情况，并形成困难职工登记档案，向他们宣讲帮扶政策，争取早日实现脱贫。工会连续多年组织全公司职工自愿参加大病医疗互助。同时，工会组织还通过定期体检、设立医疗站点、增设体育锻炼场所等一系列工作，全面构建职工身体保障体系。郊区公司工会在上级工会的指导和支持下，紧紧围绕服务经济、服务发展、服务企业这条主线，最大限度地发挥工会组织服务经济、服务职工的重要作用。郊区公司工会先后被山西省总工会授予“五星级基层工会”“四星级职代会”称号，被阳泉市总工会授予“五星级职代会”，被阳泉市劳动竞赛委员会授予“五一劳动奖状”等一系列荣誉称号。

基层工会

保安煤业公司工会

企业概况

保安煤业是郊区公司投资控股的现代化新型矿井，是阳泉市“百项重点工程”之一。矿井位于郊区旧街乡境内，矿井井田面积 14 平方千米。矿井从 2005 年 5 月正式开工，项目累计完成投资 13.7 亿元，矿井采掘系统、通风系统、瓦斯抽采系统、防治水系统、防尘及防灭火系统、安全生产监控系统、供电系统、主提升系统、井下运输系统、地面生产系统等全部按设计要求建设到位。矿井于 2011 年 9 月 20 日正式进入联合试运行阶段，2012 年 7 月 9 日顺利通过省煤炭厅组织的竣工验收，2013 年 6 月完成矿井“六证”，正式转为生产矿井。主采沁水煤田 8 号、9 号、15 号煤层，地质储量 19364 万吨，可采储量 9657.2 万吨，服务年限 50.4 年，设计生产能力 150 万吨 / 年，投资概算 11.22 亿元，工业厂区占地面积为 16 公顷。公司注册资本金 5.2 亿元，股比结构为山西煤炭运销集团阳泉郊区有限公司占 51% 股份；山西煤炭运销集团公司占 20% 股份；山西世德能源集团有限公司占 17% 股份；靳承祥占 12% 股份。2019 年，总产值 41654.5 万元，固定资产 179794.6 万元，营业收入 36401.7 万元，上缴税费 3158.6 万元，从业人员 1478 人。

组织沿革

保安煤业公司工会于 2010 年成立，为区煤炭运销有限公司工会及旧街乡工会联合会双重所属。当年 3 月 8 日，召开公司工会会员代表大会，选举产生了第一届工会委员会和经费审查委员会。赵玉琴当选为主席，牛旭东、郭其敏、梁丽娟、荆三源、韩红梅、丁亚楠当选为委员，张建伟当选为经费审查委员会主任，刘新艳、蔺建萍当选为经费审查委员会委员。2012 年 9 月，公司召开第二次会员代表大会，牛旭东当选为工会主席，高军富、刘新艳、蔺苏平、韩红梅、梁丽娟、丁亚楠、石鸿翔当选为委员。2015 年 7 月，因工作调整，经公司第二届第五次会员代表大会表决通过，增补张亚平为工会委员并当选工会主席，增补范荣海、高峰为工会委员。

主要工作

保安煤业工会在上级工会和公司党委的大力支持下，以维护职工合法权益、发展和谐劳动关系为主线，狠抓职工劳动关系建设，关心职工物质利益和精神利益，维护职工队伍稳定，提高企业凝聚力，为企业转型跨越发展贡献力量。多次被上级工会授予“模范职工之家”“安康杯”竞赛优胜单位等荣誉称号。

加强工会组织建设，提高工会组织战斗力。保安煤业工会建立完善各项制度，最大限度地把广大职工组织到工会中来，为企业转型跨越发展贡献力量。2019 年会员发展到 1604 人。公司工会实现了“有班子、有牌子、有印章、有制度、有计划、有活动、有档案、有经费”；在基础建设工作中，进一步完善档案资料、建立健全工会各项制度，提升工作水平、密切联系职工群众，主动依法维权，主动与职工交朋友，做好服务职工群众的工作，发挥工会的桥梁纽带作用，努力推动工会组织建设再上新台阶。

开展职工维权工作，维护职工合法权益。工会依照《工会工作条例》规定，指导和帮助职工签订劳动合同，建立和完善集体合同、职工代表大会、企务公开、劳动保护监督、劳动争议调解、帮扶困难职工等工作机制和制度，并按照《中华人民共和国劳动法》《中华人民共和国工会法》《女职工特殊保护条例》等有关规定，在平等、公平、协商一致的基础上代表职工与企业方签订《集体合同》《工资集体合同》《劳动安全卫生合同》《女职工特殊权益保护专项集体合同》，并以《集体合同》条款为依据，在职工社会保险、劳动安全卫生、休假等方面进行了认真落实，使职工的合法权益得到保障。每年年底对困难职工进行摸底调查，对所有困难户登记造册、建立困难职工档案，通过对困难职工的走访调查，动态、真实地掌握困难职工第一手资料，使帮扶工作做到了“扶有对象、帮有目标、不留死角”，真正使困难的职工得到帮扶，把帮扶资金落到了实处。坚持做好福利发放工作，中秋、春节前夕，向全矿干部职工发放米、面、油等福利，为职工欢度佳节提供物质基础，使广大职工的利益，得到了切实维护。按照《保安煤业企务公开工作实施方案》，不断调整、完善公开内容和公开形式，从企业经营目标、企业年度规划、重要决策事项、重大工程项目的招投标、干部职工招聘、财务预决算、经济责任制及考核结果、职工工资福利资金的使用、物资采购招标、安全账户的管理考核等方面对广大职工进行公布，增强了企业管理的透明度，为职工知情参政创造了条件，推进了企业民主管理，密切了干群关系，提高职工参与企业管理的积极性。不断加强女工工作的组织和领导，切实维护女职工合法权益、充分发挥女职工在创建和谐企业中的积极作用。严格执行对女工身心健康、权益维护和女干部选拔任用以及孕期、哺乳期女工劳动保护和休息、休假等方面的规定。女职工委员会定期组织女职工进行妇科病健康体检，还经常举办女职工礼仪知识培训、爱心讲座、心理健康讲座等活动，保障了女职工的合法权益。

积极推进职工素质提升工程，推动企业文化建设。每年定期动员职工参加全员培训、专项培训，为加强职工文化设施建设，在公司党委的大力支持下，工会投资 60 万元建立了“职工书屋”。占地 200 平方米，室存书籍 7000 余册，各种电子书籍影像资料百余种，为职工创造了良好的读书环境和学习条件。2012 年 11 月被市总工会授予三星级“职工书屋”荣誉称号。与此同时，装修了乒乓球室、台球室、并在广场内增添了休闲长椅等设备。不断探索职工书屋建设、管理、使用的规范程序，并结合实际引导职工开展多种形式的读书活动，更好地发挥职工书屋作用。

积极开展“五小”竞赛活动，激活企业发展内动力。2015 年以来，工会把以“小发明、小创造、小革新、小设计、小建议”为内容的“五小”竞赛活动作为工会工作的亮点，把“五小”竞赛打造成为在经济新常态下彰显工会新作为的重要工作品牌。工会积极引导企业内部管理、推动技术创新，深入挖掘广大职工智慧和潜能，不断激发职工立足本职、创新创效的热情，进一步提升了职工自主创新能力，积极为企业“节支降耗，增收创效”做贡献。制定了《“五小”创新竞赛活动实施方案》，建立健全了活动组织机制，成立了“五小”创新竞赛活动领导小组，公司党委书记为活动组组长，实施方案下发至各部室、中心、队组，使活动的每一个步骤、每一个环节都能落到实处；健全职工“五小”活动技术指导体系，公司明确了工会为牵头组织部门，并成立了技术指导组，负责“五小”活动的技术指导；健全完善了职工“五小”活动的组织评审奖励机制，公司工会负责公司“五小”创新竞赛活动的组织实施及上报工作，领导小组及技术委员会委员负责活动的总体考核评选及表彰。将“五小”活动作为企业降本增效的重要工作来抓，广泛开展活动的组织宣传发动、组织实施、考核评选、总结表彰等工作，领导小组定期召开“五小”活动推进会，定期开展成果评选；全力引导和树立以“五小”攻关带动科技进步的责任意识，积极调动广大职工参与活动的积极性，充分利用板报、会议等形式，对“五小”创新活动进行广泛宣传和动员；相关部门各司其职，分别负责组织协调、技术指导、宣传发动、资料收集、成果上报、效益测算等具体工作。公司还按照综合考评结果设立奖励等级，并将项目择优上报上级工会，参加由市总工会组织的“阳泉市五小创新竞赛活动”。

旧街煤业公司工会

企业概况

山西煤炭运销集团旧街煤业有限公司，原旧街煤矿，为集体所有制乡办企业，地处阳泉市郊区旧街乡测石村。井田属沁水煤田，北与阳煤集团新景矿交界，东与坡头煤矿相邻，南、西紧邻 307 国道、太旧高速公路。井田面积 1.5036 平方千米，批准开采 3 号、8 号、9 号煤层，开采方式为立井。3 号、8 号煤层已采完，只开采 9 号煤层，保有地质储量 512.01 万吨，可采储量 230.24 万吨，服务年限为 4 年。产品主要为低硫、中灰、高发热量优质无烟煤。矿井始建于 1979 年，1984 年 6 月建成（年产 9 万吨）。2004 年 4 月进行年产 30 万吨技术改造，2007 年 7 月 28 日全面竣工验收并投入生产。2009 年煤炭资源整合工作中被省政府确定为年产 60 万吨单独保留矿井，名称变更为山西煤炭运销集团旧街煤业有限公司。2014 年 12 月 31 日经市煤炭工业局批复 60 万吨 / 年技改项目竣工验收，2015 年 4 月 10 日经市煤炭工业局阳煤政发〔2015〕59 号文批复转为生产矿井，2016 年 12 月 19 日经阳泉市郊区环境保护局以阳郊环函〔2016〕152 号文通过竣工环保验收。公司证照齐全，核定产能 60 万吨 / 年。2019 年，总产值 19262.2 万元，固定资产 46382.7 万元，营业收入 19184.5 万元，上缴税费 471.1 万元，从业人员 620 人。

组织沿革

旧街煤业有限公司工会于 1990 年成立，工会名称沿用当时企业名称，为旧街煤矿工会委员会，为郊区总工会直属，当年12月5日，召开企业第一次工会会员代表大会，选举产生了第一届工会委员会，阎喜元当选为主席，黄计扣、黄二牛当选为委员。1993年，隶属旧街乡工会工作委员会。1994年7月，召开企业第二次工会会员代表大会，选举产生了第二届工会委员会，荆高富当选为主席，杨白牛当选为副主席，荆彩林、荆拉银、解冰当选为委员，李广生、荆永富、赵二胖当选为经费审查委员会委员。1998年12月6日，召开企业第三次工会会员代表大会，选举产生了第三届工会委员会和经费审查委员会，荆高富当选为主席，荆秀春当选为副主席，闫传胜、侯勇、杨世万当选为委员，荆丽琴当选为经费审查委员会主任，黄玉书、闫传胜当选为经费审查委员会委员。2002年10月9日，工会组织换届，选举产生第四届工会委员会，杨俊毅当选为主席，荆秀春当选为副主席，苗永花、赵满生、荆保平当选为委员，闫传胜当选为经费审查委员会主任，荆丽琴、尹占威当选为经费审查委员会委员。2005年8月13日，工会组织换届，选举产生第五届工会委员会，杨俊毅再次当选为主席，闫传胜、杨有财、黄玉书、荆丽琴、赵改萍、杨海鹰当选为委员，闫传胜再次当选为经费审查委员会主任，姚惟池、苗永花当选为经费审查委员会委员。2006年7月，隶属旧街乡工会联合会。2008年5月5日，选举产生阳泉市旧街煤炭有限责任公司新一届工会委员会，孙海珠当选为主席，杨俊毅、荆丽琴、杨有财、杨海鹰、黄玉书、苗永花当选为委员，杨海鹰当选为经费审查委员会主任，苗永花、赵彩虹当选为经费审查委员会委员，为区煤炭运销有限公司工会及旧街乡工会联合会双重所属。2012年10月29日，山西煤炭运销集团旧街煤业有限公司工会委员会召开第二次会员代表大会，刘少玉当选为主席，杨有才、崔爱军、荆丽琴、翟金柱、苗永华、赵文斯当选为委员，翟金柱当选为经费审查委员会主任，苗永花、赵彩虹当选为委员，荆丽琴当选为女职工委员会主任，赵改平、任玉红当选为女职工委员会委员。2015年7月25日召开山西煤炭运销集团旧街煤业有限公司二届四次会员代表大会，因刘少玉工作调整变动，补选马建明为第二届工会主席，张锁贵、赵建斌为第二届工会副主席。2017年1月14日召开山西煤炭运销集团旧街煤业有限公司第三次会员代表大会，马建明当选为主席，张锁贵、赵建斌当选为副主席，崔爱军、荆丽琴、翟金柱、胡越当选为委员，翟金柱当选为经费审查委员会主任，荆国花、赵彩虹当选为委员，荆丽琴当选为女职工委员会主任，赵改平、任玉红当选为女职工委员会委员。2018年1月26日马建明工作调整变动、2018年3月29日赵建斌工作调整变动，工会主席、副主席空缺。

主要工作

在上级工会的领导下，在公司行政的支持下，工会积极主动开展工作，最大限度把每一位职工吸收到工会组织中来，充分发挥职代会民主管理、民主监督职能。每年定期召开职工代表大会，让职工参政议政，为企业经营和发展献计献策；收集和反映职工的建议和意见；转达企业对职工的要求；代表职工与企业方签订《集体合同》《工资专项集体合同》《劳动安全卫生专项集体合同》《女职工特殊保护专项集体合同》，最大限度地维护职工的合法权益。

公司工会深入推进企业文化建设。拓展文化宣传渠道，在生产厂区、办公楼等区域张贴安全生产宣传标语、将安全小故事制作成宣传画张贴在人行通道、将写有安全警句格言的牌板树立在任务楼前，把“安全第一”的企业文化理念融入日常工作中去。2007年8月成立了旧街煤业有限公司职工培训中心，有独立办公场地，教学场地，具备多媒体教学设施等现代化教学条件，拥有专业和兼职教师16人。多媒体教室可容纳25人，大型教室可容纳200余人。多年来，中心不断探索煤矿安全培训途径和方法，积累了丰富的培训经验，拥有一支由专业教师、兼职教师组成的学历高、煤矿安全实践经验丰富的教师队伍。形成了以安全培训为重点，短期培训与学历教育相结合的多层次办学路子，构建了煤矿安全培训、业务培训、干部培训、安全技能提升互为依托、共同发展的全方位、多层次、多形式的培训支撑体系。培训中心的投入使用，提升了职工素质，使职工更好地为公司服务。2009年4月建起职工图书室，各类藏书共计3000余册，丰富了职工精神文化生活、通过读书学习提升了职工素质、加强了企业文化建设。开展形式多样的文体活动，满足职工健康向上的精神需求，成功举办了“安康杯”安全知识竞赛、篮球赛；“传承‘五四’薪火 展现旧街风采”“五四”文体活动；“迎五一”健步走；“学党史、守初心、攀高峰、争一流”登山活动；积极参与旧街乡全民健康周、“迎元旦”全名健康健步走；在中华人民共和国成立70周年之际，积极参加上级公司组办的《歌唱祖国歌唱党、筑梦改革新征程》职工歌咏比赛获得二等奖，在中国共产党成立100周年职工歌咏比赛中获优秀奖；组织全体职工学唱《晋能控股之歌》。丰富了职工业余文化生活，增强了凝聚力，激发了进取精神，提升了职工文化品位，促进了企业的和谐健康发展。

加强职工之家建设，切实维护职工合法权益。公司工会始终牢记职工利益无小事，主动深入职工工作生活中，倾听职工心声，把解决好职工的生产生活问题作为头等大事来抓。注重职工身体健康，每年组织全体职工进行体检，为特殊工种人员建立职业健康档案，为女职工进行妇科、“两癌”筛查体检，让职工及时了解自己的身体状况，有效预防疾病发生，确保职工身体健康。每年对困难职工进行走访慰问，了解致困原因，向他们宣讲帮扶政策，让广大职工感受到工会组织的温暖。坚持开展“金秋助学”活动，对考取大学的职工子弟给予奖励。连续多年组织职工参加职工大病医疗互助活动，发扬职工之间团结友爱、互助互济的优良传统。每年国际妇女节都要为在岗女职工发放《致女职工的一封信》和200元的节日慰问金，通过张贴宣传标语、发放宣传图册、答题等形式，切实提高女职工的法律意识、自我保护意识和维权意识，使女职工身心健康得到有力保障；积极开展劳动竞赛，在每年6月全国安全月活动期间，开展安全知识竞赛、自救器盲戴、电钳工等技术比武等活动，不仅培养了职工们的协作能力，还增强了团队意识。积极参加社会活动，为助力文旅企业渡过难关参加“六个一”活动，鼓励身边朋友及家人参与活动，促进旅游消费，助力市场振兴；响应阳泉市献血办关于开展“抓经济保民生促发展，献热血树形象促和谐”全市无偿献血活动的倡议，组织职工进行“无偿献血，健康你我”的无偿献血活动。

旧街煤业工会在上级工会的指导和支持下，紧紧围绕安全生产这一中心，充分发挥桥梁纽带、参谋助手作用，旧街煤业公司工会2005年12月被山西省总工会授予“模范职工小家”称号，2006年1月被阳泉市总工会授予“模范职工之家”称号，2006年2月被阳泉市郊区总工会授予“模范职工之家”称号，2009年3月被阳泉市总工会授予“五星级职工（代表）大会”称号，2009年5月被阳泉市总工会授予“阳泉市2008年度工会劳动保护先进集体”称号。2011年5月被山西省总工会授予“工人先锋号”称号，2011年12月被阳泉市郊区总工会授予“先进工会标兵单位”称号，2012 年 3 月被阳泉市总工会授予“五星级基层工会”称号，2017 年 4 月被阳泉市总工会授予“工人先锋号”称号。

旧街煤业公司于 2009 年 1 月被阳泉市人民政府授予“2008 年度煤炭工作先进单位”称号，2009 年 2 月被乡政府党委授予“红旗单位”称号，2009 年 2 月被阳泉市郊区委员会与阳泉市郊区人民政府授予“安全生产先进单位”称号，2009 年 2 月被阳泉市郊区人民政府授予“2008 年度安全生产先进集体”称号。

鸿泰煤业公司工会

企业概况

山西煤炭运销集团鸿泰煤业有限公司位于平坦镇中庄村，相邻阳煤二矿，交通便利。鸿泰煤业从 2003 年开始筹建，2007 年正式投产运营，初步设计生产能力 15 万吨 / 年，在 2009 年山西省煤矿企业兼并重组整合中以 45 万吨 / 年予以单独保留，并于 2010 年 12 月 30 日开始升级改造，2013 年 6 月 26 日通过阳泉市煤炭工业局 45 万吨 / 年兼并重组整合项目竣工验收。矿井井田面积 1.6093 平方千米，批准开采 3 号煤层，平均厚度 2.58 米。2014 年，有职工 608 人，资产总额 2.81 亿元，注册资本 7500 万元。至 2017 年 10 月底，井下采掘工作全部结束，进入矿井回收阶段。2018 年，按照《阳泉市郊区化解煤炭过剩产能工作方案》要求，继续推进煤炭供给侧结构性改革，完成鸿泰煤业有序退出任务。

组织沿革

2006 年 8 月 20 日，经区总工会阳郊工发〔2006〕37 号文件批复，鸿泰煤业有限公司工会成立，当时名称为鸿泰煤矿工会委员会，隶属区煤炭运销有限公司工会。2008 年 5 月 16 日，召开公司工会会员代表大会，选举产生了第一届工会委员会和经费审查委员会，郝素平当选为主席，周玉珠当选为副主席，白建军、荆建文、王俊峰当选为委员，周玉珠当选为经费审查委员会主任，赵军民、付建军当选为经费审查委员会委员。2012 年，工会主席的产生方式为同级党委提名、会员代表大会等额选举，并开始将工会工作报告、工会财务工作报告和工会经费审查工作报告列为工会会员代表大会的必审范围。工会委员会下设经费审查委员会、女职工委员会、劳动争议调解委员会、劳动保护监督检查委员会、劳动法律监督委员会等五委以及工会办公室，有专兼职人员 7 人，负责根据工会委员会及其主席的指示承办工会的日常业务，职工入会率为 100%。

主要工作

公司工会组建后，认真贯彻全国总工会十四大精神、市总工会十三大精神，围绕郊区总工会第六次代表大会确定的目标任务，开展创建“模范职工之家和模范职工小家”的竞赛活动。积极组织时政宣传、安全教育、文体活动、劳动竞赛、企务公开活动、发放职工福利、开展扶贫帮困、班组安全建设工作，创办职工图书室、活动室，并推动职工技术比武和民主管理等方面的工作。先后被市总工会授予“先进职工之家”“安康杯”竞赛优胜企业、市五星级基层工会、市五星级职代会、市总工会“模范职工之家”等多项荣誉称号。

每年定期组织召开职代会，审议通过签订《工资专项集体合同》《劳动安全卫生集体合同》《集体合同》《女职工特殊权益保护专项集体合同》，建立并坚持不懈地落实职代会民主评议领导干部制度。组织职工代表审议、修改，充分发挥工会组织的监督作用。实施“首席员工”职工井下监督员岗位津贴制，进一步促进了职工素质的提高，强化了企业的安全生产。2018年1月28日，召开二届十次职工代表大会，实到职工代表38人，举手表决通过《山西煤炭运销集团鸿泰煤业有限公司职工分流安置方案》。经鸿泰煤业股东会、职代会审议通过后施行。

荫营货站工会

企业概况

山西省煤炭运销总公司阳泉分公司郊区公司荫营货运站始建于1965年，是全民所有制企业。2002年，有职工90余人，货运站占地面积3350平方米，固定资产800余万元，拥有煤炭专用线2223米，煤场储煤量6万～8万吨，滑坡式货位6个，平台货位26个，低货层5个，可同时接卸35辆车。该货站主要经营无烟煤、电煤、块煤以及接卸各种零散货物，年转运能力80万吨。主要设备有140型推煤机2台，50型铲车3台，140型洒水车1辆，已形成雄厚的竞争能力和较强的运转能力。1994年至2002年，连续被省、市评为先进单位。2007年，因荫营南区扩建，货站搬迁至阳泉郊区三都村，并入山西省煤炭运销总公司阳泉分公司郊区公司华佳发煤站。2016年，华佳发煤站划归阳泉市燕龛煤炭有限责任公司。

组织沿革

1988年，组织换届，冯志远任工会主席，史锁金任委员。此后，先后由余祥、张三孩替补为主席，隶属区煤炭运销有限公司工会。

主要工作

按照上级工会“一条例四规范”的工作要求，积极开展创建“星级工会组织”竞赛活动。2008年度，被区总工会授予“三星级工会组织”荣誉称号。

积极推行企务公开制度，实行“企务公开重大问题建议书、报告书、整改通知书、责任追究建议书”“四书”制度。站工会“关于推进企务公开民主管理情况的调研”获 2011年度全区工会优秀调研成果、优秀论文三等奖。

发动广大职工以站为家，开展“双增双节”劳动竞赛，完成上级工会下达的工作任务。推煤机组在机械设备老化、该单位又没有设备维修技术人员的情况下，班组全体职工提出故障不过夜、大修不出厂、老设备做新贡献的口号，群策群力，修旧利废保证了机械设备的正常运作。

维护职工的合法权益，为职工办事。1988年，工会组织换届后，工会干部虚心听取职工意见，扎扎实实为职工办事并妥善解决了单位女职工孕产期旷工被开除事件。

为了丰富职工的业余文化生活，在行政领导的支持下，利用多余的人员和设备，进行适量对外有偿劳动创收，贴补工会经费，为职工购买文体器材、文化书籍，丰富职工文化生活。在条件允许的情况下，组织职工就近旅游。组织参加上级工会组织的各项活动，结合单位实际，开展力所能及的文体活动，参加人数占职工总数的60%。

关心职工生活，坚持每年与后勤合作，从外地运回两三万公斤蔬菜，解决职工冬储蔬菜。坚持逢年过节看望老职工。职工张银孩、张文孝因病家庭困难，工会及时予以500元救济，体现了工会组织的温暖。

为推动企业的安全文化建设和班组安全建设，加强劳动卫生工作的群众参与和监督检查力度，促进企业安全生产管理水平和职工的自我防护能力水平全面提高，积极参加全区“安康杯”竞赛活动。检装班组荣获全区 2010 年至 2011 年“安康杯”竞赛优秀安全班组奖。

阳泉神火选煤运销有限公司工会

企业概况

阳泉神火选煤运销有限公司在阳泉市郊区煤炭运销公司上烟货站（发煤站）原址组建。上烟货站成立于 1991 年，隶属郊区煤炭运销公司，为全民所有制企业。成立初期有职工 120 人，其中各类专业技术人员 10 余人。固定资产 66.6 万元。主要设备有货场、煤仓、自用铁路等。主要业务是承担郊区乡镇煤矿煤炭的发运任务。1992 年 2 月，新建的煤炭集装站投入试运行后，为全区煤炭外运做出了重要贡献。2001 年 8 月，企业重组，由山西省煤炭运销总公司、阳泉分公司、阳泉煤炭运销分公司和郊区公司等 4 家股东共同出资，在阳泉市工商行政管理局注册登记为阳泉神火选煤运销有限公司。公司总股本 3086 万元，员工 130 人，年计划销售收入 6000 万元，实现利税 500 万元。公司拥有铁路专用线路 2 条，共 1500 米；装车筒仓 3 座，贮量达 1 万吨；平台货位 25 个，年发运能力 150 万吨。公司以现代化选煤厂为主，年入洗原煤 90 万吨，出洗精煤 50 万吨。生产系统集中控制，煤泥水闭路循环。主要产品有高炉喷粉煤、洗中块、洗小块，是阳泉煤运系统最大的加工洗选基地。2019 年主营业务收入 13593.3 万元，从业人员 126 人。

组织沿革

阳泉神火选煤运销有限公司重组前工会组织已经健全，名称为上烟货站工会，隶属区煤炭运销有限公司工会，于 1996 年成立。当年 1 月 6 日，召开企业工会会员代表大会，选举产生了第一届工会委员会。张三孩当选为主席，王根寿当选为副主席，靳文科、王小波、张翠壹当选为委员。胡秀青当选为经费审查委员会主任，靳文科、王小波当选为经费审查委员会委员。2001 年，随企业所属变更，工会组织也隶属阳泉市煤炭运销有限公司工会。企业重组后工会组织相应调整，重新组建阳泉神火选煤运销有限责任公司工会委员会，工会主席先后由赵卫平、戴文忠、任卫国、王熠担任。2018 年 8 月，阳泉神火选煤运销有限责任公司工会委员会换届，选举产生新一届工会委员会组成人员，刘瑞东、高雪青、郗晓圆、张志刚、王晋生当选为阳泉神火选煤运销有限责任公司工会委员会委员，刘瑞东当选为阳泉神火选煤运销有限责任公司工会委员会主席；王晓哲、李傲雪、王晓刚当选为神火选煤运销有限责任公司工会经费审查委员会委员，王晓哲为阳泉神火选煤运销有限责任公司工会经费审查委员会主任；李傲雪、任婕、张维当选为阳泉神火选煤运销有限责任公司工会女职工委员会委员，李傲雪为阳泉神火选煤运销有限责任公司工会女职工委员会主任。

主要工作

公司工会组建后，全面贯彻落实省总十届五次全委会、市总十三届二次全委会和区工会六次代表大会精神，加强工会组织建设和两个维护机制建设。

组织工作方面，重点提高职工入会率；公司工会做到有机构、有牌子、有印章、有人员、有场所、有档案、有制度、有活动；实行例会制度，及时总结和交流近期创建星级工会组织的有关工作，提出工作中存在的不足，安排当前上级的有关工作事项。2007 年，被区总工会命名为“二星级工会组织”荣誉称号；2008年，被区总工会命名为“三星级工会组织”荣誉称号；2009年，被区总工会命名为“四星级工会组织”荣誉称号。

法律和集体合同工作方面，建立平等协商机制达到100%，签订、续签、修订集体合同（工资集体协议）达100%。

民主管理工作方面，建立完善职工代表大会制度，民主恳谈会制度。根据企业的实际情况实行企务公开制度，把职工群众关注的工资分配、奖金发放、业务招待费使用、大宗原材料采购、评先评模和民主评议领导干部等热点问题，定期进行公开，接受职工群众的监督，提高民主管理工作的实效性。2008年，被区总工会命名为四星级职工（代表）大会；2009年，被市总工会认定为四星级职工（代表）大会。

宣教工作方面，组织广大职工开展学文化、学技术、学科学、学业务活动，不断提高职工素质，建设“四有”职工队伍；结合形势，开展喜闻乐见的文体娱乐活动，活跃职工文化生活。

女工工作方面，组织开展“三八”国际妇女节纪念活动，每年至少为女职工办实事办好事1至2件。

生活保障方面，建立健全“送恒温”机制；开展好两节期间的“送温暖”活动；建立健全困难、特困职工档案；开展“一帮一”结对子活动。

经济技术、劳动保护工作方面，围绕企业工作重点，开展群众性经济技术工作，双增双节、合理化建议活动；围绕企业技术难点开展技术攻关，注重发现和培养职工经济技术能手；对职工进行安全生产、技术素质的培训教育；建立工会安全生产监督检查机构，做到有制度、有人员、有活动、有检查、有落实、有档案，确保安全生产工作落到实处；把热爱岗位、无私奉献、敢于吃苦，在经济建设和其他工作中成绩突出的职工选树到区工会、区竞赛委员会，让劳模精神在社会中形成学习的氛围。

矿业公司车队工会

企业概况

阳泉市郊区矿业公司车队始建于1974年，隶属郊区煤炭运销公司，为集体所有制企业。1993年，有职工280人，其中各类技术人员39人。固定资产780万元。拥有各种大小运输汽车104辆。车队占地面积10492平方米，建筑面积2437.74平方米。该车队主要经营长、中、短途一般物资的运输；兼营汽车修理、汽车配件销售。年周转量1580万吨千米，货运量70万吨。年销售额380万元，上缴利税60万元。

组织沿革

1986年，车队成立工会组织，为郊区工会直属。有会员89名，工会主席由史广辉担任。当年，召开了第一次工会会员代表大会，正式选举产生了新一届工会委员会。1991年3月，召开企业第二次工会会员代表大会，选举产生第二届工会委员会及工会经费审查委员会。会员发展到253名，专职工会干部1名，兼职工会干部6名。下设行车、修理、后勤3个工会分会，20个工会小组。1994年，工会组织改属郊区煤炭运销有限公司工会。

主要工作

1984年车队下放郊区时，车队正处于严重的困境之中，债台高筑，管理混乱，人心思散、士气低落，信心不足。在区委、区政府的领导和支持下，新的车队领导班子和工会组织，经过认真调查研究，感到造成企业困境的根源在于忽视了民心，失去了广大职工的支持。为此，经过统一思想，决定首先稳定人心，以真心换同心，稳定经济，冲出低谷。经过深入细致的思想政治工作，经过全队干部职工三个月的共同努力，1984年年底，企业除弥补亏损外，还创利润6万余元。随着形势的发展，进一步加强企业民主建设，充分发挥工会组织的职能，保证职工当家做主。1986年，车队首次通过民主选举产生了职工代表，召开了建队以来的第一次职工代表大会，正式选举产生了车队的新领导班子，通过了车队的各项规章制度。职工代表大会对车队的前途进行了规划和研究，提出合理化建议30余条。当年车队创利润88万元，成为建队以来的经济效益最高水平。1988年，车队又召开了第二次职代会，职工代表事前参与酝酿，事中参与决策，事后参与监督。1989年，对党员进行了一次全面的民主评议，在评议方法上，由民意测验等背靠背评议，发展到群众评议面对面，既看到成绩，又提出不足，共评议出合格党员29名，模范党员15名，其中出席公司先进7名。

车队自始至终十分尊重职工的政治地位。从1985年开始，车队党、政、工同心协力，步调一致地在职工中加强思想政治工作，并在职工中大力开展“五爱”即爱中国共产党、爱祖国、爱人民、爱科学、爱劳动，争做“四有”即有理想、有道德、有文化、有纪律的活动。通过这些活动，极大地提高了广大职工的积极性，涌现出一大批积极分子，工会组织对积极分子采取办班培训。通过分工负责到人、工作上压担子等形式，进行重点培养教育，保质保量地把工人中的积极分子及时输送到党团组织中，车队党团组织从工人中吸收预备党员5名，团员18名。注重从工人中选拔人才，把从工人中选拔以工代干人才看作是依靠群众的具体表现。1987年至1990年，车队从工人中选拔的科室干部17人。为提高广大工人的素质，积极支持工人群众走自学之路。至1990年，1人大专毕业，3人中专毕业，2人继续攻读大专，1人当年又考上了大专，评定为经济师的2人，助理统计师2人，统计员2人，助理工程师5人，技术员3人，医士1人。关心职工利益，努力解除职工的后顾之忧。在抓好生产的同时，努力为职工做了7件好事。解决了职工上下班难的问题，配备了专用接送车，开设了澡堂，改建了部分职工宿舍，车队单身职工宿舍基本上达到了旅馆化，车辆冬季预热和职工冬季取暖用上了暖气，成立了知青门市部，解决了职工子女的待业问题，硬化了车队停车场地。与此同时，利用“三八”国际妇女节、“五一”国际劳动节、“五四”青年节、“十一”国庆节等节日，组织开展丰富多彩的文体活动。先后获区女子拔河第二名、区煤管局歌咏比赛第二名、区煤管局象棋比赛第二名、乒乓球比赛第二名的成绩。

山西煤销集团晋煤物流阳泉有限公司工会

企业概况

山西煤销集团晋煤物流阳泉有限公司原企业名称为阳泉市郊区煤炭运销公司汽车队，成立于1986年，坐落在阳泉市郊区荫营镇下千亩坪村东。距市区6千米，依阳井线与207国道、307国道相连，紧邻天黎高速荫营出入口，距太原、石家庄均为100千米，距首都北京390千米，到天津港550千米。

该车队是山西省煤炭运销系统规模最大的煤炭汽车运输企业，占地36000平方米，拥有韩国产“现代”载重汽车35辆，国产“东风”载重汽车40辆，总吨位1433吨，年发运能力100万吨，固定资产总量3200万元，注册资本5000万元，1996年被国家认定为AA级运输企业。公司拥有先进的计算信息网络系统，生产经营、管理活动全方位实行计算机管理。公司以“信誉第一”为服务宗旨，竭诚为社会各界提供优质运输服务，晋煤外运年平均达到100万吨，为国家和地方经济建设做出了突出贡献。1999年、2000年连续两年被省总公司评为“十佳运输企业”“最佳运输企业”，1997年至2002年连续6年被省总公司评为“双文明先进单位”。至2002年累计完成货运量363.7万吨，周转量35727.3万吨千米，实现总收入12842.3万元，创利润183.7万元，上缴税金426.4万元。2012年2月，位于荫营镇南窑庄村的荫营货站车队并入。

2013年2月1日，企业重组为晋能控股煤业集团阳泉公司的控股公司，公司注册资金5000万元，分别由阳泉公司出资2600万元，占比52%；阳泉郊区公司以净资产出资1500万元，占比30%；三晋长远公司出资900万元，占比18%。公司更名为山西煤销集团晋煤物流阳泉有限公司。经营范围扩大为装卸、搬运；提供货物运输信息，物流代理服务；存车服务；二类汽车维修、大中型货车维护、修理及专项维修；道路普通货物运输；销售煤炭及其代储、代销，销售汽车零配件、轮胎、铸锻件及通用零部件。2019年，公司下设12个部室，即党群工作部、纪检监察室、综合办公室、财务部、法务部、市场营销部、运力服务部、物流总调部、贸易部、安全保障部、环保部、车辆服务部；挂靠车辆车队45个，共有车辆3000余部，年末从业人员123人，主要营业收入27851.7万元。公司紧紧围绕晋能控股集团“创新、绿色、卓越、高效”的企业精神，按照本公司“做强主业、做实辅业”的经营思路，深入贯彻实施晋煤物流“四统一”（统一合同、统一承运、统一开票、统一结算）管理举措，加快公司市场化发展进程。公司运用互联网与“晋能管理云平台”网络系统、北斗定位系统深度融合的信息管理手段，推进调度管理、结算管理、车辆在途监控、物流信息收集、对外运输业务；通过一系列创新发展的有力举措，深挖潜力，提质增效，努力提升企业核心竞争力。历年来，公司被山西省工业厅评为山西省煤炭行业非煤产业“先进企业”、被集团授予“模范集体”、多次被阳泉公司授予“先进集体”“环保先进单位”荣誉称号。

组织沿革

山西煤销集团晋煤物流阳泉有限公司重组前工会组织已经健全，名称为阳泉市郊区煤炭运销公司汽车队工会，隶属于郊区煤炭运销有限公司工会。20世纪末，召开企业工会会员代表大会，选举产生了第一届工会委员会。李富荣、吕成富、赵永红先后任工会主席，白瑞花任工会委员。2013年2月，企业重组后工会组织相应调整，重新组建山西煤销集团晋煤物流阳泉有限公司工会委员会，隶属晋能控股煤业集团阳泉公司工会。选举产生第一届工会委员会，郭忠阳当选为主席，吴金花当选为女职工委员会主任。2015年6月，工会组织换届，选举产生山西煤销集团晋煤物流阳泉有限公司第二届工会委员会，赵卫平当选为主席，阎晓军当选为经费审查委员会主任，吴金花再次当选为女职工委员会主任。

主要工作

2004年，认真践行“三个代表”重要思想，充分运用两个维权机制，使职工利益得到更好的维护，使工会的作用得到充分的发挥，把广大职工的积极性充分调动起来，投身到全区改革、发展、稳定的工作大局中。在职代会制度建设方面，公司把评议领导干部作为干部任用的重要条件之一，并将业务招待费向职代会报告，领导干部汽车油耗、通信费用、工资奖金等逐月进行公开公布，置于广大职工的监督之下（仅汽车油耗一项每月就节约4000元左右），收到很好的效果。在集体合同和工资集体合同工作方面，根据上级工会年初工作安排，2003年3月份开展了签订集体合同和工资集体合同协商月活动，对2003年到期的集体合同和工资集体合同进行续签，续签率达100%。职工工资增长了15%，职工福利待遇也增长了5%，进一步改善了职工的劳动工作环境，极大地调动了公司全体职工的积极性。

2005年，以“三个代表”重要思想和中共十六届三中、四中全会精神为指针，以提升工会工作规范建设水平为目标，以加强组织建设为基础，以强化两个维权机制建设为关键，以提高职工素质为重点，以服务职工、服务基层为根本，努力实现工会工作整体水平的提高，进一步增强工会的维权能力，提高工会工作的实效。

2008年，工会组织以邓小平理论、“三个代表”重要思想和科学发展观为指导，深入贯彻中共十七届三中全会精神，坚持“组织起来、切实维权”的工作方针，按照郊区总工会六届五次全委会确定的工作目标，紧紧围绕全区改革、发展、稳定的大局，努力推动党的全心全意依靠工人阶级根本指导方针的贯彻落实，动员和组织广大职工充分发挥主力军作用，为郊区实现“走好五条路子，实现五个突破”目标做出了积极的贡献。被区总工会评为“模范职工之家”；被市总工会认定为“五星级职工（代表）大会”。

2013年，新组建山西煤销集团晋煤物流阳泉有限公司工会委员会，继续加强组织建设，根据《中华人民共和国工会法》《企业工会工作条例》的规定，把推进基层工会组织和发展会员作为工作重点，在公司党政的领导和支持下，着手在全公司开展基层工会职工入会工作。2015年6月，工会组织按时换届，内部组织日趋完善。

2019年，坚持以习近平新时代中国特色社会主义思想为指导，全面贯彻落实中共十九大精神，聚焦新时代工会工作改革创新，认真履职、主动作为，围绕中心发挥作用。依法维护职工权益。严格按照上级公司要求，工会代表职工与公司行政方分别签订了《工资集体合同》《集体合同》《女职工特殊权益保护合同》3项合同，有效地保障了职工的合法权益。抓实困难职工帮扶救助。积极开展困难职工摸底调研，向困难职工宣讲帮扶政策。春节前夕，公司负责人和工会工作人员先后对6户困难职工群众进行了走访慰问，为他们送去慰问金600元，体现了企业的温暖和关爱，树立了良好的企业形象。持续推进民生工程建设。“三八”国际妇女节，召开了女职工座谈会，并为每人发放了200元的津贴；“六一”国际儿童节，开展了“关爱未来、助教助学”慰问活动，为南窑庄小学捐赠助学金5000元；“八一”中国人民解放军建军节，为每名退役军人发放了200元的慰问品，送上了节日关怀和真切祝福，将组织的温暖送到职工的心坎上，让职工切实感受了企业的关怀，广大职工的幸福感不断增强。关心关爱职工健康。组织开展了每日健身广播操活动，引导广大干部职工养成良好健身习惯，不断提高身体素质；组织公司全体职工进行健康体检，妇女专项体检一次，体检率达100%，及时帮助职工了解自身的健康状况，较好地预防和控制疾病的发生，从而确保职工的身心健康；继续开展了第十五期大病医疗互助活动，112名职工参加，互助金额共计5600元，职工参保率达100%，将组织的温暖送到职工的心坎上，让职工切实感受到了企业的关怀，广大职工的幸福感不断增强。增加职工福利。根据《山西省总工会关于服务职工经费支出若干问题的具体规定》和《关于调整基层工会逢年过节慰问标准和方式的通知》等文件精神，严格按照标准进行米、面、油等慰问品的发放；在炎热的夏季来临之际，为职工送去防暑降温物品；根据《阳泉市计划生育奖助优待及社会保障暂行办法》文件精神，对符合条件的退休职工给予2000元的奖励。提升职工队伍整体素质。认真组织职工学习习近平新时代中国特色社会主义思想和中共十九大精神，及时传达上级公司有关决策部署，引导和教育职工树立正确的人生观、价值观和世界观，进而增强做好新时代工会工作的责任感和使命感，公司为职工创建了图书室，配备各类图书200余册，给职工提供良好的学习读书氛围。不断丰富职工知识结构，全面提升整体素质。为丰富职工业余文化生活，激发拼搏进取精神，公司设立了篮球场、健身场，组织职工参加市公司组织的"五一"职工登山活动、"安康杯"篮球比赛、职工书法、美术、摄影展览。取得了篮球比赛第二名、在市公司组织的庆祝中国共产党成立98周年，"不忘初心跟党走，我们都是追梦人"演讲比赛中获得个人三等奖；在国庆前夕，组织广大干部职工唱响《我和我的祖国》，用嘹亮歌声热烈庆祝中华人民共和国成立70周年。在市公司"歌唱祖国歌颂党、筑梦改革新征程"庆祝中华人民共和国成立70周年职工歌咏比赛中荣获集体二等奖，汇聚起了强大的企业发展正能量。

恒源经贸公司工会

企业概况

阳泉煤销恒源经贸有限公司位于荫营镇三泉村，隶属于山西煤销集团阳泉郊区有限公司，于2013年10月16日注册成立，注册资金300万元，有职工342人。公司紧邻新城大道，交通便利。成立后，公司始终秉持"质量第一服务至上"的工作理念，以"快捷、精准、高效、到位"为服务宗旨，大力实施精细化管理、科学化经营、市场化运作、规范化操作、集约化作业，不断创新开拓，追求卓越。历经发展，完善了包括综合办公室、财务部、企管部、人力资源部、安保服务中心、餐饮服务中心、租赁服务中心、物资供应中心、物业服务中心、生态养殖中心等"三部一室六中心"职能部门的机构设置，逐步建成了集餐饮、物业、安保、车辆管理、生态养殖为一体的综合贸易公司，以剥离山西煤炭运销集团阳泉郊区有限公司3个煤业公司后勤服务工作为切入，面向社会提供衣、食、住、行等全方位、专业化、高品质的后勤保障服务。公司先后获得区级、市级精神文明工作先进单位、省级青年文明号、青年安全示范岗等荣誉。2019年，从业人员268人。

组织沿革

恒源公司工会成立于2015年，隶属于郊区煤炭运销有限公司工会。当年2月，召开企业第一次工会会员代表大会，选举产生了第一届工会委员会。公司副经理史俊明当选为主席。工会组织组建后不断健全和完善组织网络，夯实工会工作的组织基础。工会以提高入会率为前提，以建立完善各项制度为着力点，最大限度地把广大职工组织到工会中来，为企业转型跨越发展贡献力量。在做好常态性工作的同时，认真抓好企业工会规范化建设工作。严格按照《中华人民共和国工会法》《中国工会章程》等法律法规要求，完善内部工会组织体系，建立健全工会组织制度、工作制度、民主制度，很好地处理了工会与企业党组织、行政和上级工会组织的关系，形成规范有序、运转高效的工作秩序，为加强工会工作奠定了坚实和牢固的基础。至2016年，工会组织进行了两次调整，先后由总会计师王岩红、胡秀青担任工会主席。至2019年，职工入会率为100%。

主要工作

坚持职代会制度。恒源工会自成立以来始终坚持职工代表大会制度，不断扩大职代会的内容、完善职代会的职能，确保企业民主管理健全发展。依据《职工代表大会条例》，按照规定程序，规范召开了阳泉煤销恒源经贸有限公司一届一次至八次职代会，审议通过了公司行政方的工作报告，表彰年度先进班组、劳动模范、先进工作者。

加强职工维权。恒源工会以关心职工生活，为群众办实事为己任。进一步规范了工资集体合同的签订手续，维护职工合法权益；积极开展与职工谈心谈话活动，了解职工家庭生活、工作情况，努力为职工排忧解难；合理利用企务公开形式，让职工及时了解企业的经营状况，将职工们对工作的合理化建议传达给企业方，让职工们积极参与到企业的建设中来，有力推动了和谐企业的建设。

扎扎实实做好扶贫慰问工作。工会始终坚持“当好职工娘家人”的工作方针，从实际出发解决困难员工的实际困难。由工会主席亲自带队深入困难职工家庭走访，了解困难职工家庭状况，开展各时段的困难职工慰问活动。

关爱职工，为职工争取各项福利。公司工会关心职工的身体健康状况，自工会组织建立伊始至今，坚持每年为全体职工进行健康体检。并将职工的体检结果进行汇总，对职工的健康状况以及体检中发现的问题认真记录，建立健康档案，并及时反馈给每位职工，便于职工全面了解自己的身体状况，做到有病及早治疗，无病做好预防。工会积极开展关爱女工活动，于每年“三八”国际妇女节来临之际，为公司全体女职工发放福利金，组织女职工开展专题活动。工会从关心职工身心健康入手，开展暑期高温送清凉活动。为班组配备了藿香正气水、仁丹等降温消暑药品，同时安排餐饮部门为就餐职工熬制绿豆汤，表达了公司工会对职工的关爱，确保了夏季安全生产的顺利进行。做好拥军工作，“八一”中国人民解放军建军节赴驻地部队慰问，送上慰问品，同时为公司退伍军人发放慰问品。工会一直十分重视职工劳动保护，各岗位职工均配备有工作制服，餐饮、安保人员还有符合本岗位劳动保护要求的劳保服装，并根据各岗位需求，按时发放胶皮手套、线手套、帆布手套、雨鞋等劳保用品，根据气候转换，及时发放夏季消暑药品、冬季护手霜等物品。

积极开展群众性的文化体育活动。开展了每日健身广播操活动，鼓励职工积极锻炼身体。每年“五四”青年节，举办职工趣味运动会，锻炼职工的体魄，丰富职工业余生活。举办了国庆歌咏比赛、朗诵比赛、征文活动。

围绕公司的生产经营情况，开展群众性的技术比武活动。工会牵头，协同餐饮等相关部门举办了5届职工厨艺大赛。比赛项目分为烹饪和面点两大类，参赛选手均为来自公司各服务中心的餐饮服务人员，推进了各服务中心学技能、学知识的良好风气，不断巩固和提高现有的餐饮服务技术水平。工会主办了6届地面安全消防应急演练，提高了职工的地面安全知识和意识，让每位职工都更好地掌握消防知识及突发事故应急处理知识，检验和提升了职工的专业技能水平，增强职工在日常工作中遇到紧急事故时的应急处置能力，在公司面临突发事故时，能够统一指挥，及时有效地整合人力、物力、信息等资源，构造“集中领导、统一指挥、反应灵敏、运转高效”的安全应急体系。2010年，阳泉市郊区首届耐火材料行业职工技术大赛，公司职工王跃芳获化验工种技术能手。

回馈社会献爱心，积极开展公益活动。工会在每年“六一”国际儿童节赴驻地三泉小学、幼儿园慰问，送上慰问品与节日的祝福，鼓励孩子们好好学习、全面发展。工会于每年9月开展了“金秋助学”工作，对职工子女考学情况进行了摸底，对符合资助条件的职工进行资助，发放应届生4000元、往届生2000元的助学金。在每年的重阳节，工会都积极弘扬社会主义核心价值观，传承“孝”文化，践行“尊老、敬老、爱老、助老”的传统，组织青年职工代表到周边敬老院，对敬老院的生活环境进行集中清理，为老人带去慰问品及节日的祝福，让老人们感受到了来自社会的关爱。

第五节　和泰煤业公司工会

公司概况

2008年，区政府认真贯彻落实省、市精神，大力推进实施煤矿企业兼并重组整合，从根本上解决煤炭发展中的问题，完成了郊区煤矿的资源整合与兼并重组。2009年7月，山西阳泉郊区和泰煤业公司成立，为区政府出资6000万元组建的地方国有煤炭企业。下属神堂、坡头、牵牛山、和泰荫营4个煤业子公司，批准生产能力255万吨/年。其中神堂煤业为90万吨/年、坡头煤业为45万吨/年、牵牛山煤业为60万吨/年、和泰荫营煤业为60万吨/年。公司井田面积24.64平方千米，批准生产能力255万吨/年。保有储量11164万吨。公司实行董事会领导下的总经理负责制。依据《中华人民共和国全民所有制工业企业法》及《和泰煤业有限责任公司章程》，成立了董事会、监事会，任命了董事长、监事会主席和总经理，公司设9部2室。按照省、市煤炭主管部门要求，公司已于2012年9月完成了主体企业定级申报工作，定为山西省丁级煤炭企业。至2013年底，除牵牛山煤业和和泰荫营煤业一直未开工建设外，神堂煤业、坡头煤业均已进入技改建设。2018年，按照《阳泉市郊区化解煤炭过剩产能工作方案》要求，和泰荫营煤业、牵牛山煤业一直处于停工停建状态。2019年11月29日，山西省煤炭行业化解过剩产能验收工作领导组对和泰荫营煤业关闭工作进行全面验收。经验收合格，山西阳泉郊区和泰荫营煤业正式关闭退出。牵牛山煤业暂时保留。年末，公司共有在册职工945人，其中公司51人、神堂煤业514人、坡头煤业380人。

组织沿革

2013年7月，经和泰煤业有限公司党政研究决定，成立山西阳泉郊区和泰煤业有限公司工会，隶属于郊区财贸系统工会。李永平、赵志杰、曹鹏隆组成公司工会筹备组。当年8月20日，召开公司工会第一次会员代表大会，选举产生了第一届工会委员会和经费审查委员会。

李永平当选为主席，王香莲当选为副主席，胡宝珍、刘仲迎、李汝军、王建伟、曹鹏隆当选为委员，王香莲当选为经费审查委员会主任，刘素萍、邓学敏当选为经费审查委员会委员。工会委员会下设工会办公室，有兼职人员1人，负责根据工会委员会及其主席的指示承办工会的日常业务，并承担公司计划生育日常管理工作。2018年5月18日，召开公司工会第二次会员代表大会，选举产生了第二届工会委员会和经费审查委员会。周杰当选为主席，王香莲当选为副主席，刘仲迎当选为委员，王香莲再次当选为经费审查委员会主任，邓学敏、皇甫慧敏当选为经费审查委员会委员。第二届工会委员会下设工会办公室，有专职人员2人，负责根据工会委员会及其主席的指示承办工会的日常业务，并承担公司计划生育日常管理工作。职工入会率达100%。

和泰煤业公司历届工会主席副主席一览表

表6-3

届　次	姓　名	性别	工会职务	任职时间
第一届	李永平	男	主　席	2013年8月至2018年5月
	王香莲	女	副主席	2013年9月至2018年5月
第二届	周　杰	男	主　席	2018年5月至2019年12月
	王香莲	女	副主席	2018年5月至2019年12月

2019年和泰煤业公司基层工会组织建设一览表

表6-4　　单位：人

工会名称	建会时间	工会主席	职工人数	会员人数
神堂煤业公司工会	2008年6月	李汝军	514	514
坡头煤业公司工会	2010年5月	王建伟	380	380

主要工作

2013年至2018年，工会工作重点主要集中在“整组建家”、文体宣传、职工生活、班组安全建设方面，并推动职工提高专业技能和增强民主管理方面的工作。其间，建成职工图书室、健身房；成立劳动保护和女职工委员会；参加上级单位组织的各项活动。

2018年至2019年，在继续抓好职工生活、文体宣传和劳动保护工作的同时，下功夫在加强和完善工会组织建设、职工民主管理、集体合同、劳动保护、经济技术等工作机制方面进行积极的探索并取得突破性的进展。建立并坚持不懈地落实职代会民主评议领导干部制度。连年组织职工文体竞赛竞技等活动。建立职工书屋、职工活动室。

基层工会

神堂煤业公司工会

企业概况

山西阳泉郊区神堂煤业有限公司的前身是阳泉市郊区神堂煤矿。神堂煤矿位于阳泉市赛西路旁、307复线以北、平坦镇神堂咀村口，2001年11月建成投产，隶属于阳泉市郊区平坦镇桃林沟村，从业人员200余人，其中高级工程师2人，中级管理、技术人员30余人，特殊工种作业人员50余人。主导产业为煤炭开采，生产规模30万吨/年，批准开采3号、6号、8号、9号、12号、15号煤层，井田面积2.2727平方千米，截至2007年底，保有地质储量1800多万吨。煤矿设计主采9号煤层，斜井开拓，主斜井倾角20°，井筒断面8.36平方米，支护形式为半圆拱荒料石砌碹，主提升为一部JTP-1.6型单滚筒提升绞车，滚筒直径1600毫米，滚筒宽度1200毫米；提升最大速度3.06米/时，电动机型号JR127-8型，功率130千瓦；采用单钩串车混合提升，承担原煤提升和材料下放任务，矿车采用MG1.1-6B型标准矿车。2010年5月，对主井运输大巷1000余米的运输提升系统进行改造，由原来的单钩串车提升改造为刮板和皮带输送提升。井下回采工艺为炮采，工作面原煤经SGB-420/30型刮板输送机运送至运输顺槽的两部SGB-420/30型刮板输送机上，在采区运输巷直接接入1tU型矿车，经JD-11.4型和JD-25型调度绞车接力运输至洞底车场。矿井通风方式为中央并列抽出式，副井井口安装两台4-72-11 № 20B型155千瓦离心式通风机。矿井实际进风量为每分钟1833立方米，实际回风量为每分钟1910立方米，有效风量每分钟1709立方米，有效风量率为93%，矿井负压600帕，等积孔为1.55平方米。矿井安装两台2BE3-40型抽放泵，配套电机功率为90千瓦，瓦斯抽放量为每分钟8.75立方米。

山西阳泉郊区神堂煤业有限公司隶属于山西阳泉郊区和泰煤业有限公司，企业性质为地方国有控股企业，山西阳泉郊区和泰煤业有限公司控股51%，杭州坐望实业有限公司占股31.12%，阳泉市郊区平坦镇农村综合便民服务中心占股9.38%，阳泉市郊区平坦镇官沟村村民委员会占股5.61%，阳泉市郊区平坦镇辛兴村村民委员会占股2.89%。该公司是经山西省煤矿企业兼并重组整合工作领导组办公室2009年批准的兼并重组整合矿井，由原阳泉市郊区神堂煤矿、阳泉市郊区官沟村煤矿、阳泉市郊区辛兴煤矿、阳泉市郊区辛兴二景煤矿兼并重组整合而成。2009年12月15日山西省国土资源厅换发了采矿许可证，批准开采3号、6号、8号、9号、12号、15号煤层，批准生产规模90万吨/年，井田面积4.0139平方千米。2011年6月12日，山西省煤炭工业厅以《关于山西阳泉郊区神堂煤业有限公司兼并重组整合矿井开工建设的批复》批准，于2011年8月正式立项开工建设。2016年7月22日，阳泉市煤炭工业局批准转为生产矿井，年核定生产能力为76万吨。自批准之日起开始进行联合生产试运行，经过三个余月试生产运行，阳泉市郊区煤炭工业局按照煤矿复产验收内容和标准进行资料核查和井上井下现场检查。经验收符合省、市复产验收标准，经区政府批准于2016年10月24日下达复产通知，煤矿正式投入生产。公司组织机构健全，按规定配备了矿长、总工程师、安全副矿长、生产副矿长、机电副矿长、通风助理，同时配备了地测防治水副总工程师、机电副总工程师、“一通三防”副总工程师、采掘副总工程师；矿井安全生产管理机构健全，设立了生产技术科、地质测量科、防治水办公室、科技环保科、调度指挥中心、安全检查科、安全监控中心、通风科、机电运输科等职能管理部门，配齐了专职安全管理人员，持有安资证的安全生产管理人员（含专业技术人员）和特工种人员符合煤炭相关专业学历、职称（技能）要求，基本满足安全生产需要。2019年，总产值11947.6万元，固定资产43129.8万元，营业收入12161.4万元，上缴税费1266.1万元，从业人员514人。

组织沿革

阳泉市郊区神堂煤矿工会，隶属于平坦镇工会联合会。2008 年 6 月 6 日，召开第一次会员代表大会，会议应到代表 31 名，实到 26 名，采取无记名投票、差额选举的方式，选举李汝军为神堂煤矿工会主席，史华荣、史通忠、史亨生、史华晓为神堂煤矿工会委员；选举史通忠为神堂煤矿工会经费审查委员会主任，史秀萍、史照军为经费审查委员会委员。

山西阳泉郊区神堂煤业有限公司工会于 2014 年 11 月 21 日成立，为和泰煤业公司工会及平坦镇工会联合会双重所属。李汝军当选为工会主席，史满柱、翟润平、严利福、郭志清当选为工会委员，史满柱当选为工会经费审查委员会主任，史秀萍、杨海鹰当选为经费审查委员会委员。

2019 年 10 月 26 日，神堂煤业有限公司工会进行了工会换届工作，选举李汝军为工会主席，史满柱、翟润平、严利福、张庆虎为工会委员，史满柱为工会经费审查委员会主任，林天荣、蒋元才为经费审查委员会委员。

主要工作

以人为本，夯实安全生产基础。开展以“我与和谐矿区建设，我与本质安全”为主题的职工论坛；在“安全生产月”活动中，组织开展职工安全知识竞赛。通过宣传教育，让职工真正认识到安全工作无小事，认识到良好的安全局面要靠每个职工来创造和维护，只有做到“人人想安全，个个抓安全，处处重安全”，才能形成良好的安全氛围。抓好安全资格培训，工会组织安全技术等科室，从抓好所有的工种和班组长以上的安全资格培训为基点，建立严格的考试制度，每年对职工进行强制性安全资格考试，为考试合格者颁发安全资格证书，否则不准上岗，使职工从思想上、安全知识技能上筑起一道牢固的安全防线。2011 年，公司机电科荣获市级“安全生产先进班组”称号。2015 年 9 月 17 日，公司成立“神堂煤业群众安全监督网”和“井口工作站”。群众安全监督网下设综采、机电、通风、掘进、安全和地测防治水、运输机运 6 个安全监督检查分站，并在职工代表中特聘煤矿安全群众监督员 11 名。

围绕主题，开展“安康杯”竞赛活动。利用多种形式，搞好宣传发动工作，使广大职工充分了解“安康杯”竞赛的目的、意义、主题和考核标准，让公司职工人人知晓，积极参与。2012 年，通风科荣获全市“安康杯”竞赛“先进单位”称号。协调矿委在全矿设立队组“月安全”奖励机制，大力开展安全生产年活动。在采掘、机运、通风各队组中开展学习“白国周班组”实践活动。充分发挥科队领导、外聘人员的知识和技术特长，组织他们利用周五安全活动日讲授安全生产知识。建立“安全生产监督员”制度，在工会会员当中选聘“安全生产监督员”，开展岗位安全自查和身边无事故活动，真正做到“三防”和杜绝安全事故。

用安全文化和安全理念引领班组建设。一是建文化长廊，在井上和井下人员行走集中的道路和巷道两旁悬挂安全漫画和警示标语，让职工随时、随处都能接受安全知识教育和温馨的安全提示，做到潜移默化。二是开辟阅报栏、板报栏、滚动电子屏。这些阵地始终紧紧围绕安全生产这个中心，坚持不懈地进行安全生产宣传教育，让职工牢固树立安全第一思想，提高对安全生产的认知度，营造良好的“关注安全、关爱生命”的舆论氛围。三是创造和谐的工作环境和亲和力。将职工的全家福镶嵌在班前会议室的宣传栏内，让每个职工在入井前增强“遵章守纪、正规操作、安全上岗、平安回家”的思想意识，让“关注安全，关爱生命”“生命至上、安全为天”的安全理念，深入班组成员和每位职工心中。

建机制，维护职工合法权益。为了充分体现知识和技能的应有价值，让技术水平高的职工真正得到实惠，建立了评选“首席员工”制度。2009年7月，工会组织评选首批“首席员工”6名，分别为采煤队耿爱萍、掘进队翟润平、机运队王志华、机电队荆子清、运输队李桃孩、通风队郝艾军。给职工提供学习技术展示才能的平台，教育职工钻研技术，争做知识型职工，使职工干一行、爱一行、专一行、精一行，形成矿兴我荣、矿衰我耻的新风气。重视职业病防治工作，认真贯彻执行《中华人民共和国职业病防治法》，坚持每年为接触煤尘、噪声、有毒有害物质等的职工进行体检，保障职工身心健康，使他们以健康的体魄更好地投入矿山的生产建设中来，为企业稳定发展做贡献。2017年9月6日，工会牵头成立神堂煤业公司劳动保护监督检查委员会，依法对职业病防治等工作进行监督，维护职工职业卫生合法权益。

推进工资集体协商，积极开展献爱心送温暖活动。工会牵头进行工资集体协商，签订工资集体合同，努力提高职工工资待遇。2019年7月19日，工会协调公司成立劳动人事争议调解委员会，并指导调委会明确了各项工作职责，规范了各项工作纪律、工作制度。组织对工伤或困难职工家庭进行送温暖或帮扶活动。积极申请上级工会，先后对史亨森、荆志敏等多名因病或各种原因致贫致困的职工进行帮扶救助；结合“金秋助学”活动，积极向上级工会申请对本矿任俊华、赵瑞文等困难职工子女的金秋助学金，使困难职工及其子女感受到社会主义大家庭的温暖和基层工会组织对困难职工的帮助和关爱。

2011年12月，矿工会被阳泉市郊区总工会评为“先进工会标兵单位”。2012年，工会主席李汝军荣获全区“优秀工会工作者”称号。2014年3月16日，公司召开职工代表大会，全票推举机运队队长王志华出席全市劳模表彰大会。同年，胡运友运输组荣获“阳泉市转型综改试验区建设劳动竞赛活动典型集体”称号。机运队队长王志华、机电科副科长史华荣、安全员陈国海，荣获“阳泉市转型综改试验区建设劳动竞赛活动典型个人”称号。

坡头煤业公司工会

企业概况

阳泉市郊区坡头煤矿位于平坦镇坡头村，1998年建矿，为区营煤矿。井田面积0.5平方千米，保有储量553.32万吨，设计生产规模9万吨/年，煤矿开采3号煤层。2009年，根据山西省煤矿企业兼并重组整合工作领导组办公室〔2009〕71号文件，批准为单独保留矿井，投资基建、提升产能，更名为坡头煤业有限公司。公司主体为山西阳泉郊区和泰煤业有限公司，公司属地为阳泉市郊区平坦镇。基建工程于2011年1月开工，2016年5月通过竣工验收，2016年7月正式转为生产矿井。矿井井田面积1.0657平方千米，批准开采3号、8号、15号煤层，开采储量463.26万吨，生产能力45万吨/年，服务年限7.9年。2017年被评为省二级标准化矿井，2018年被评为国家一级安全高效矿井。2019年，总产值12410万元，固定资产13025.4万元，营业收入11008万元，上缴税费925.3万元，从业人员380人。

组织沿革

坡头煤业工会成立于2010年，为和泰煤业公司工会及平坦镇工会联合会双重所属。当年

5月，组织召开坡头煤业第一次会员代表大会，选举产生第一届工会委员会和经费审查委员会，王建伟担任工会主席，田军民、王雨岗为工会委员，陈善凯为工会经费审查委员会主任，赵家华、姚宗明为经费审查委员会委员；2013年7月，坡头煤业召开第二次会员代表大会，选举产生第二届工会委员会和经费审查委员会，王建伟再次担任工会主席，田军民、王雨岗为工会委员，姚宗明为工会经费审查委员会主任，赵家华、赵传帅为经费审查委员会委员。

主要工作

坡头煤业工会组建后，按照上级工会和工会工作的要求，结合公司实际，认真履行各项职能，积极开展各项工作，较好地实现了建会以来提出的各项工作目标。

健全工会组织机构，完善工会管理制度。以新建企业工会组建为起点，搞好工会规范化建设，认真贯彻《企业工会工作条例》逐步完善工会各项工作责任制度。2010年5月，组织召开了首届一次会员代表大会，选举产生了首届工会委员会，健全了工会的组织机构，保证工会各项工作的顺利开展。

发挥工会职能，积极开展劳动保护工作。督促安全管理部门，搞好职工岗前劳动保护和职业病防治培训工作，要求安全管理部门按时按规定发放劳动保护用品、防暑降温饮料，逢年过节的福利、慰问品做到按时发放。

积极开展走访慰问和送温暖活动。在上级工会的支持下，根据“金秋助学”的相关内容，积极帮助6名困难职工子女获得金秋助学金12000元。春节期间帮助4名病残人员，发放米、面、油及慰问金。通过一系列活动，让职工充分感受到了组织的温暖。

开展丰富多彩的文体活动。为丰富广大职工的业余文化生活，组织职工积极参加驻地村委举办的元宵节歌咏比赛，参加平坦镇农民运动会，并取得了较好的成绩，还组织职工参加了延安红色旅游，接受革命传统教育，通过这些活动的开展，增强了工会活力，调动了职工的工作热情。

组织职工参加各项培训，提高全员综合素质能力，进行健康体检活动，确保职工队伍稳定，并积极参加“安康杯”竞赛活动。

第六节　汽车运输公司工会

企业概况

郊区汽车运输公司位于荫营镇白毛梁，成立于1971年，原名郊区汽车队。时有职工20名，4吨解放牌汽车5辆。以外运铝矾土和煤炭为主，当年完成货运量1.5万吨，货物周转量8万吨千米。次年9月更名为郊区汽车运输队。1976年有货车10辆，职工27人。1983年，货车增加到34辆，总吨位324个吨位，同时更名为郊区汽车运输公司。隶属于郊区交通局，为全民所有制专业运输企业。1985年购置三菱牌大吨位货车25辆，货车达到59部，总吨位增加到720个吨位，年货运量完成95万吨，货物周转量928万吨千米，运输收入达到300万元。1988年，进行第一轮承包，实行经济考核，车辆发展到60辆，职工达110人。进入20世纪90年代，尽管市场疲软，但到1993年，企业经营效益达到高峰。按照劳动部门介绍就业、自谋职业和自愿组织生产的就业方针，实行固定工、临时工、合同工等多种形式的用工制度，使职工队伍不断壮大，共有职工 140 人。年货运量为 65 万吨，货物周转量 550 万吨千米，运输收入 200 余万元，创利税 60 万元。此后，随着市场经济的建立和改革开放的深入，企业经历了放权让利和承包经营阶段。但体制不顺、机制不活、产权不清、权责不明、政企不分、管理不善、经济效益不佳等问题逐步显现并加重。1997 年 6 月，伴随全区企业改制，企业实行了关停破产，企业职工部分向社会分流。

组织沿革

郊区汽车运输公司工会组建于 1984 年 12 月，当月召开了第一次工会会员代表大会，选举产生了第一届工会委员会，工会主席由公司副经理冯巨宝担任，副主席由史财元担任，委员由阎所柱、邓虎孩、阎书明 5 人组成。1987 年，召开了第二次工会会员代表大会，选举产生了公司第二届工会委员会，工会主席由史财元担任，委员由阎所柱、邓虎孩、宋岚青组成。

主要工作

郊区汽车运输公司工会从组建开始，在区工会、区交通局工会的直接领导下，自始至终贯彻为企业谋发展，为职工谋利益、争权益，真正起到了桥梁和纽带作用，呈现出企业以职工为主人，职工以企业为家的团结、奋进的良好局面，谱写出企业党、政、工“三位一体”，目标明确，相互支持，共谋发展的崭新篇章。1985 年 1 月，召开第一次职工代表大会，审议通过了公司经理所作的 1984 年度公司运营、收支情况和 1985 年的工作安排部署，就此职工代表提出了具有建设性的建议，充分体现了职工当家做主的优越性。1988 年，公司在区委、区政府和区交通局的领导下，实行了经济承包责任制，公司由支部率领、行政主导、工会参与，制订了各科室以职工个人工资与经济效益挂钩的经济责任承包的实施细则，并在方案出台后由职代会审议通过后监督执行。此方案的制订，由于采取了党、政、工三位一体的制订方式，因此方案制订的方向明确，经济效益指标明确，各项效益指标的成本消耗、考核指标明确，职工福利、职工权益、职工工资效益挂钩指标明确。经济责任制的实行，激发了广大干部职工管理生产的积极性和主动性，使公司的经营发展和经济效益连续 6 年取得了显著成绩。1989 年，为扩大运输生产，又从寿阳汽车运输公司购进 9 辆三菱大型车辆。截至 1993 年，公司拥有三菱大货车 24 辆、东风拖挂车 38 辆，总计营运车辆 62 辆，职工人数增加 120 余人，进入公司经营发展和经济效益最为辉煌的时期。此间，职工利益也相应得到保障，特别是一线司机的工资得到了成倍增加，部分司机月工资拿到 2000 余元。1989 年元旦后，由于河北路段修护，造成营运车辆严重堵塞，直接影响了公司车辆的正常营运。为找回损失，公司党支部、行政、工会共同研究，决定春节不放假，利用运输车辆少的空隙强行快运，公司干部跟车上路，工会督促后勤部门做好保障，为解决司机家属过年的后顾之忧，购买了大米、白面、食用油、鸡蛋、粉条等年货，并送至每位司机的家中。赢得了广大职工及外界的好评，同时激发了司机职工的劳动热情，夺得当年首季开门红。

1988 年，公司工会在公司会议室设立了“职工之家”活动室，为职工之家订阅报纸杂志，并出资 2700 余元，购置了电子琴、吉他、二胡、板胡、唢呐、笛子等音乐器材，供职工业余学习和娱乐。同时与区交通局工会合作，每年举行一次大型文体竞赛，活动项目包括篮球、乒乓球、跳绳、拔河、下象棋、扑克、歌咏、晋剧清唱、小品、成语接龙、自编自演小型舞蹈、小型歌剧、书法等竞赛活动，并组织评委进行评选，按名次给予奖励。公司精神文明建设得到长足发展，促进了企业职工爱党、爱企业、爱岗位多做贡献的“三爱一贡献”建设。公司上下形成了以厂为荣、以厂为家的生机勃勃的文明景象。

第七节 物资公司工会

企业概况

阳泉市郊区物资供应总公司始建于1984年3月，隶属区政府、市物资局双重领导。为全民所有制企业。

公司位于荫营镇下千亩坪村，占地面积为35300平方米。主要经营木材、钢材、汽车、各种化工、建材、机械、电器产品，兼营木、铁器加工、租赁、运输、印刷。公司下设金属材料公司、木材公司、化工轻工公司、建筑材料公司、机电设备公司、物资贸易中心、汽车经销处、废金属回收公司。附设木、铁器加工厂、印刷厂、汽车配件部、车队等15个直属企业。

改革开放后，企业效益逐年提升。1986年至1991年连续6年获省级“治安安全验收合格单位”，1990年被评为市级“思想政治工作优秀企业”，1991年被命名为“市级文明单位”，1992年被市委、市政府评为“模范企业”。1992年，年物资销售额达到5125万元，实现利税94万元。职工人数增加到350人，具有中级技术职称3人、初级技术职称22人。固定资产500万元。此后，随着市场经济的建立和改革开放的深入，企业经历了放权让利和承包经营阶段。但体制不顺、机制不活、产权不清、权责不明、政企不分、管理不善、经济效益不佳等问题逐步显现并加重。到20世纪90年代后期，基本处于停产或亏损状态。1997年后，伴随全区企业改制，企业实行了关停。企业职工部分向社会分流。

组织沿革

物资供应总公司工会成立于1985年，直属郊区工会。当年4月，选举产生第一届工会委员会，张仁义当选为主席，梁林双当选为副主席，杨晋闻、高翠萍、石增福、赵素香、史广义当选为委员，分别负责组织、宣传、生产、女工、劳保工作。1987年7月，隶属于郊区总工会。1997年6月，选举产生第二届工会委员会，王海生当选为主席，王慧明、赵新红当选为委员。杨青山当选为经费审查委员会主任，刘玉兰、韩海英当选为经费审查委员会委员。

主要工作

从1984年郊区物资公司成立到20世纪90年代中期，郊区物资公司工会组织机构健全，运行规范，经历了企业从计划经济到市场经济的转变，经历了企业发展的辉煌和没落，在此期间，工会组织在企业的发展中发挥了积极作用。特别是20世纪90年代初期，随着国家改革开放大幕的开启，郊区物资公司工会顺应时代潮流，发挥工会组织桥梁纽带的积极作用，物质文明和精神文明建设工作“两手抓、两手硬”，取得了丰硕的成果。

开展政治理论学习。物资公司工会经常组织所属公司的领导干部和机关工作人员学习党中央，省、市、区的文件精神，不断提升其政治理论水平，形成良好的学习氛围。

办好工会职工之家。公司建立了职工之家，建立了工会专栏宣传园地，介绍工会工作、文体活动、合理化建议、学比赶超等，反映了职工精神风貌，获得职工好评。

开展形式多样的活动。“三八”国际妇女节给公司女工发放慰问品；开展职工篮球比赛，物资公司篮球队在郊区举办的篮球比赛中取得了良好的成绩；国庆节参加郊区机关企业歌咏比赛，并获得一等奖；元旦、春节举办职工联欢会、春节联欢会；开展职工书画展等，通过举办活动，丰富了企业干部职工的文化生活，增进了干群关系，凝聚了职工人心。

为职工谋福利。夏季给职工发防暑降温福利，秋天给职工发蔬菜水果，过年给职工发工作衣等福利，让职工充分享受到公司工会大家庭的温暖。

成立了物资公司歌舞团。20 世纪 90 年代初，郊区物资公司歌舞团成立，并成为阳泉地区有名的歌舞团，其演出范围覆盖到阳泉市三区两县，并走出阳泉、山西，扩展到外省进行演出，所到之处，物资公司歌舞团大力宣传党的改革开放富民政策，倡导新风尚，传递正能量；该团多次参加省、市、区文艺演出，其“煤海之星”“抬花轿”等节目多次获得大奖。

开展送温暖活动。到了 20 世纪 90 年代中期，郊区物资公司随国企改革的深入，步入没落的阶段，企业经营不景气，职工流失而成为特困企业。在此期间，物资公司工会在郊区总工会的帮助下，每年春节前夕，对公司困难职工进行送温暖慰问活动，给公司困难职工送去米、面、油等生活必需品，帮助其渡过难关，并给职工送技术、送再就业工具等，一定程度上帮助物资公司困难职工重拾信心，走上自主创业的道路，当好“娘家人”。

第八节　毡毯厂工会

企业概况

阳泉市毡毯厂始建于 20 世纪 50 年代，原名河底混合社，厂区位于河底镇河底村，面积 6600 平方米，是一个集体所有制民用加工企业。成立初，属阳泉市手工业管理局管辖。1970 年，市革委将此划归本区，属区革委工交办主管。1971 年 2 月，更名为河底红升综合厂。6 月，又更名为河底红卫综合厂。1976 年，引进地毯生产技术，手工生产出口地毯，1978 年再次更名为阳泉市毡毯厂。20 世纪 80 年代初，区工交办改设区经济委员会，郊区手工业合作社联合社、阳泉市郊区第二轻工业局相继成立，该厂先后由此管辖。从此，企业效益开始提升，企业经营效益达到高峰。按照劳动部门介绍就业、自谋职业和自愿组织生产的就业方针，实行固定工、临时工、合同工等多种形式的用工制度，使职工队伍不断壮大。企业共有职工 120 人。其中各类技术人员 30 人。拥有固定资产总额 120 万元。主要生产设备有织毯机 40 台、擀毡机 2 台、平花机 1 台、缝纫机 50 台、包缝机 50 台、锁边机 50 台，年产地毯 4000 平方米、毛毡 4 万余条，年产值 320 余万元，创利税 90 万元。1986 年，该厂又重新引进上海第 24 服装厂的技术和设备，生产“天王星”牌夹克衫。1988 年，“天王星”牌夹克衫因销路不畅而转产。次年，在产品效益低落的情况下，又重新引进开发氮酮（渗透剂）化学产品，经过近两年时间的试制，基本获得成功。1991 年，厂名改为阳泉市化学助剂厂。1994 年后，随着市场经济改革的深入发展，企业经历了放权让利和承包经营阶段。但体制不顺、机制不活、产权不清、权责不明、政企不分、管理不善、经济效益不佳等问题逐步显现并加重，该厂处于停产状态。1998 年，以“企业推向市场，职工身份置换”为总体指导思想，抓住政策机遇，该厂经过法定程序后破产。

组织沿革

毡毯厂工会成立于1976年8月，当时随其企业原名称为阳泉市红卫综合厂工会，隶属于郊区工会。当年11月，选举产生第一届工会委员会，郑芝英当选为主席，李志成当选为副主席，白满贵、葛俊明、苏富花当选为委员，分别分管组织宣传、劳动竞赛和女职工工作。1981年末，召开工会第二次会员代表大会，选举产生第二届工会委员会，李根荃当选为工会主席，胡长寿当选为副主席，白满贵、郭彦茹、阎金喜当选为委员。1984年6月，选举产生第三届工会委员会，白满贵当选为主席，胡长寿当选为副主席，阎金喜、王爱香、苏富花当选为委员，分别负责宣传、组织、女职工、财务工作。1987年7月，改属郊区总工会。1991年，选举产生第四届工会委员会，闫秀兰当选为主席，赵林转当选为副主席，王增群当选为委员。1998年，随企业破产，工会组织解散。

主要工作

组织建设

1976年，根据中共中央关于重新整建工会组织的指示，在阳泉市委和郊区党委的领导下，在全区率先进行整建工会组织。1981年10月，在上级工会的协助下，开始组织整顿，根据工会组织的特点，工会委员在原有3人的基础上增加到5人，分别设置政工、生产、后勤、女工等工作岗位，做到事事有人抓、有人管。至1985年，企业共有职工96人，其中女职工59人，企业工会会员79人，其中女会员40人，工会会员占全厂职工总数的82.3%。认真贯彻落实上级工会关于整顿工会基层组织，开展建设“职工之家”活动精神，开展“整组建家”，顺利通过市、区工会的检查验收。1986年7月，被市总工会评为“先进职工之家”。

职工培训

狠抓职工的思想教育，提高职工整体素质。采取学习班、经验交流会、现场参观等形式，组织工会专职、兼职干部学习理论，学习业务，不断提高工会干部的理论水平和工作能力。组织青年职工进行文化、技术双补。在文化补课中，与驻地学校取得联系，聘请语文、数学教师各1名，利用早晚时间进行集体补课；在技术补课中，聘请大学生郑师傅进厂进行技术辅导。通过双补，全厂80%的职工成绩合格，文化、技术水平明显提高。

劳动竞赛

大力开展社会主义劳动竞赛，发挥先进模范的带头作用，促进企业改革及各项工作的开展。工会组织对在经济体制改革、技术革新中，敢于发明、敢于创造、贡献突出的职工予以积极鼓励支持，充分发挥他们的骨干带头作用。1985年，制毡车间主任曹满艮面对原材料涨价的不利因素，组织职工大胆改革，节能挖潜，所在车间评为先进集体；维修小组史海梅，超额完成年度生产任务。

职工生活

坚持节日慰问活动，及时解决职工生活中的困难。职工张素英因公受伤住院，工会领导及时到医院看望。职工李正保受伤，工会主席李根全在医院陪侍。职工朱艳华病重，工会及时请医送药。外地女职工高换林住宿困难，工会想办法为其解决困难。开发厂区空地，组织职工种菜，改善职工生活。

职工文体

进一步活跃职工的文化生活，组织职工开展文化学习和读书活动。1984年，积累资金400元，购置了图书、象棋、跳棋及乒乓球、羽毛球等文体活动器材，开辟了厂文化室。1985年，厂通过行政开支400元，添置了乒乓球台、康乐棋，完善了文化室的设施。职工利用文化室看报读书、玩棋打球，提高了青年职工读书学习的自觉性，丰富了企业文化生活。组织了篮球队、乒乓球队，两次参加了全区的象棋比赛，并取得好成绩。坚持每月为职工包1至2场电影。

第九节　农机厂工会

企业概况

农机厂始建于1970年10月，是一个全民所有制农业机械制造企业。成立初，属区革委工交办主管。1971年1月1日，与河底农机修造厂合并，起名为“711”农机厂。1973年6月，“711”农机厂又分为原先的两厂。20世纪80年代初，区工交办改设区经济委员会，郊区手工业合作社联合社、阳泉市郊区第二轻工业局相继成立，农机厂先后由此管辖。

该厂位于荫营镇杨树沟村南，白毛梁北，207国道旁。企业先后生产小型拖拉机（红旗牌）及拖车，农用喷灌快速接头，机耕犁，牛头刨床，铸钢零配件，汽车修理，建筑用冷轧螺纹钢加工等，丰产沟机耕梨产品曾销往原忻州地区，雁北地区运城地区及吕梁地区和内蒙古自治区。企业机械制造设备有车床、铣床、龙门刨床、磨床、大型摇臂钻床等通用设备30台套，离心铸造建筑用落水管生产线。1992年，该厂投资120余万元，新建冷轧螺纹钢生产线。该产品是国家计委下文，在建筑、公路用钢材方面替代光面钢筋的必推产品，产品能够节约大量钢材，提高混凝土强度。

改革开放后，企业效益逐年提升。1993年，企业经营效益达到高峰，按照劳动部门介绍就业、自谋职业和自愿组织生产的就业方针，实行固定工、临时工、合同工等多种形式的用工制度，使职工队伍不断壮大，共有职工110人，其中各类技术人员13人。拥有固定资产总额121万元。先进设备包括机加工设备77台、锻压设备6台、机动车辆修理专用设备21台，铸造设备16台，年工业产值达130万元。年产冷轧螺纹钢8000吨，年产值2400万元，创利税60万元。1994年以后，随着市场经济的建立和改革开放的深入，企业经历了放权让利和承包经营阶段。但体制不顺，机制不活、产权不清、权责不明、政企不分、管理不善、经济效益不佳等问题逐步显现并加重。1996年底，区农药厂职工全部并入后，职工人数增为250余人。1998年，加大改革力度，以“企业推向市场，职工身份置换”为总体指导思想，抓住政策机遇，依法破产，依法重组。该厂因资金短缺、产品品种少、销售不畅等问题停产。2000年末，依法破产，企业职工向社会分流。

组织沿革

农机厂工会成立于1973年5月。工会成立初期工作由聂智祥负责。1976年12月，隶属于郊区工会。1982年2月3日，召开工会第二次代表大会，选举产生第二届工会委员会，李臭怀当选为工会主席，胡润保当选为副主席，郭桃英、王锦华、韩永生当选为委员。1984 年 6 月 27 日，选举产生第三届工会委员会，其中白存元当选为主席，胡润保当选为副主席，王根虎、史富贵、王锦华当选为委员。1985 年 4 月，选举产生第四届工会委员会，其中白存元当选为主席，张福林当选为副主席，高金翠、史富贵、王根虎当选为委员。1986 年，选举产生第五届工会委员会，其中史富贵当选为主席。1987 年 7 月，隶属区总工会。1992 年 6 月，选举产生第六届工会委员会，其中史梅青当选为主席。2000 年末，企业破产，工会组织解散。

主要工作

组织建设

20 世纪 80 年代，郊区农机厂作为区营企业唯一的一个全民所有制企业，有职工 112 人，但工会组织一直处于瘫痪状态，被视为全区基层工会的老大难。“整顿建家”工作开始后，郊区工会领导亲自到厂指导“建家”工作，统一了党政领导的思想，提高了对“家”的认识。首先调整改选了工会班子，选举厂支部委员白存元为工会主席后，他决心扭转落后局面，制定建“家”计划，健全了会员档案，追回了多年欠拨的经费和会员会费，建立符合本厂实际的小图书室、文化室、电视室、篮球场等，积极主动开展各种竞赛活动，取得党政领导的重视和支持，工会组织面貌焕然一新。

职工帮扶

1991 年 9 月，厂职工为完成生产任务加班加点，工会组织积极争取上级工会支持，将 500 公斤白面送到职工手中。1992 年元旦、春节期间，配合全区工会组织开展“进万家门、知万家情、解万家难、暖万家心”的访贫问寒送温暖活动，深入困难职工家中，为他们出力解困，从物质上、精神上给予扶持和帮助。

第十节　水暖器材厂工会

企业概况

水暖器材厂始建于 1956 年，原名河底农机修造厂，是一个集体所有制机械制造企业。成立初，属阳泉市手工业管理局管辖。1970 年，市革委将此划归本区，属区革委工交办主管。1971 年 1 月 1 日，与阳泉市农业机械修造厂合并，起名为“711 农机厂”。1973 年 6 月，“711 农机厂”又分为原先的两厂。河底农机修造厂更名为郊区机械修造厂，在开发生产气门、阀门等新产品后，1975 年更名为阳泉市水暖器材厂。20 世纪 80 年代初，区工交办改设区经济委员会，郊区手工业合作社联合社、阳泉市郊区第二轻工业局相继成立，水暖器材厂先后由此管辖。

该厂位于河底镇河底村，厂区占地面积 16900 余平方米。该厂主要生产各种规格的中、低压阀门，产品广泛用于冶金、建材、化工以及民用建筑等，其中“截止阀”荣获 1989 年市优产品称号。该厂还具备生产耐磨铸造工艺条件，生产制造铬、锰、钼耐磨球、模板、衬板。该产品适用于水泥制造、耐火、粉料加工等企业，产品销往东北三省及河北、山西等省。

改革开放后，企业效益逐年提升，企业经营效益达到高峰。按照劳动部门介绍就业、自谋职业和自愿组织生产的就业方针，实行固定工、临时工、合同工等多种形式的用工制度，使职工队伍不断壮大。共有职工 170 人。其中各类技术人员 12 人。拥有固定资产总额 97 万元。主要生产设备有 0.5 吨铸钢炉 1 座，冲天炉 1 座，机械加工 6140 车床 2 台，616 车床 17 台，万能铣、牛头刨、摇臂钻 13 台，锻焊设备 10 台，热处理退火炉 2 台，辅助设备 6 台，检测、化验设备 6 套。年产各种规格的中、低压阀门 1 万套，年加工制造铬、锰、钼耐磨球、模板、衬板 300 余吨。年产值 230 余万元。1992 年，该厂投资 200 万元，用于耐磨铸造中心技改工程。其主要产品耐磨球、衬板耐磨性能比普通铸球提高 6 倍至 8 倍，产品含铁量大幅度降低，在电力、水泥、耐火等行业有较为广阔的市场。年产达 3000 吨，产值达 750 万元，创利税 160 万元。1994 年以后，随着市场经济改革的深入发展，该厂经历了放权让利和承包经营阶段。但体制不顺、机制不活、产权不清、权责不明、政企不分、管理不善、经济效益不佳等问题逐步显现并加重。1995 年，因经营不善被迫停产。1998 年，加大改革力度，以“企业推向市场，职工身份置换”为总体指导思想，抓住政策机遇，依法破产，依法重组，该厂经过法定程序后破产，职工向社会分流。

组织沿革

水暖器材厂工会成立于 1976 年 8 月，当时随其企业原名称为郊区机械修造厂工会，隶属区工会。当年 10 月，选举产生第一届工会委员会，其中程文辉当选为主席，高胜利当选为副主席，李清、王满元、刘秀珍当选为委员，分别分管组织宣传、生产劳动竞赛、劳保福利、女工工作。1981 年 12 月，选举产生第二届工会委员会，其中高胜利当选为主席，李晓浇当选为副主席，王满元、李连怀、刘秀珍当选为委员。1984 年 4 月，选举产生第三届工会委员会，其中高胜利当选为主席，李晓浇当选为副主席，王满元、李连怀、刘秀珍当选为委员。会员总数 124 名。1987 年 7 月，隶属区总工会。1998 年，随企业破产，工会组织解散。

主要工作

1976 年，根据中共中央关于重新整建工会组织的指示，在阳泉市委和郊区党委的领导下，在全区率先进行整建工会组织。与此同时采取学习班、经验交流会、现场参观等形式，组织工会专职、兼职干部学习理论，学习业务，不断提高工会干部的理论水平和工作能力。工会注意抓班组工作和职工的政治思想工作，坚持工会活动，深入班组、深入群众，帮助职工解决实际困难，起到了党的助手作用。开展“整顿建家”工作，组织会员认真学习上级工会“整顿建家”的文件，对照“六条标准”逐一检查不足，1986 年，企业成为全区 33 个合格“职工之家”之一，针对企业职工文化素质普遍偏低、工余时间无事生非的现象，工会购买了适应企业学习的各类技术图书及政治、历史、文艺、小说等方面的书籍，购置了各种文体器材，如篮球、羽毛球、象棋、扑克、康乐棋等，供职工休闲活动，有效改变了职工过去说话不文明、待人没礼貌的坏习气，凝聚了人心，丰富了职工文化生活，

充分发挥工会组织替职工说话办事，为职工排忧解难的作用。在企业经济条件的允许下，拿出一定资金投入职工食堂建设，配备高素质炊事员，做到少花钱、巧花钱、多办事，保证职工的饭菜质量好、成本价格低；为职工到外地购买面粉、蔬菜和副食品，保障职工的生活需求，对遭遇灾难的职工进行实时救助，坚持逢年过节对老弱病残、退休职工和烈军属的慰问，把工会组织的温暖传递到职工心中。

充分发挥职代会在民主管理企业中的决策作用。1985年6月，召开首届职工代表大会，通过了厂长工作报告和职代会条例，向全厂职工发出了倡议书，号召全体职工积极投身到企业改革和民主管理企业中去，充分发挥职工民主理财和当家做主的作用。有效激发广大职工为“四化”而奋斗的热情。

第十一节 铝制品厂工会

企业概况

铝制品厂始建于1956年，原名阳泉市红旗农具厂，是一个集体所有制机械制造企业。成立初，属阳泉市手工业管理局管辖。1970年，市革委将此划归本区，属区革委工交办主管。1971年6月，阳泉市红旗农具厂改名为红旗铝制品厂和郊区农业机具修造厂（郊区矿山机械修造厂），挂两块牌子。1983年，红旗铝制品厂和郊区农业机具修造厂又更名为阳泉市荫营重型机械厂和阳泉市红旗铝制品厂。其间，区工交办改设区经济委员会，郊区手工业合作社联合社、阳泉市郊区第二轻工业局相继成立，该厂先后由此管辖。

该厂厂区位于荫营镇街上村。占地面积2万余平方米。先进生产设备有铸、锻、焊等各种机械加工设备和民用铝制品加工设备34台（部）。主要生产两大系列产品，一类是加工制造用于耐火行业的机械设备，如轮碾机、提升机、振动筛和160吨至630吨的压力机等6个系列产品，一类是民用铝制品，如锅、瓢、盆、壶等。产品销往河南、大同、和顺、左权、平定、盂县等省、市、县的100多家企业。

改革开放后，企业效益逐年提升。该厂生产的民用稀土铝合金铸锅和耐火砖护灶分别荣获省优、市优产品称号。1985年被评为郊区十个红旗单位之一。1991年，荣获“市级先进企业”称号。1992年，该厂投资200万元，实施630吨压力机技改项目。该项目是全省“八五”期间机械行业重点技改项目，是耐火产品实现上档次、上质量的短线机械产品。1993年，企业经营效益达到高峰。按照劳动部门介绍就业、自谋职业和自愿组织生产的就业方针，实行固定工、临时工、合同工等多种形式的用工制度，使职工队伍不断壮大。共有职工172人。其中各类技术人员20人。拥有固定资产80.5万元。年产值210万元，创利税20万元。1994年以后，随着市场经济改革的深入发展，该厂经历了放权让利和承包经营阶段。但体制不顺、机制不活、产权不清、权责不明、政企不分、管理不善、经济效益不佳等问题逐步显现并加重。同时由于受资金影响，及企业管理存在的问题等原因，产品销售不畅，经营出现连续亏损。1996年，依法实施了破产。随后，利用破产后的资产，与同时破产的新型农药厂、啤酒瓶厂重新组建了荫营耐火机械制造有限公司。2000年，重新组建的荫营耐火机械制造有限公司也因经营困难而停产或自行解散，职工向社会分流。

组织沿革

铝制品厂工会成立于1973年5月，当时随其企业原名称为郊区矿山机械修造厂工会。工会成立初期工作由张智财负责。1976年12月，隶属区工会。1981年11月19日，召开工会第二次代表大会，选举产生第二届工会委员会，其中史银厚当选为工会主席，张智财当选为副主席，范秀英、王金锁、韩根所、白智义、王庆昌当选为委员，分别任组织、宣传、文体、生活委员。此后，王庆昌替补为工会主席，刘玉虎替补为工会副主席。1987 年 7 月，隶属区总工会。1996 年，随企业破产，工会组织解散。

主要工作

协调各方关系，稳定工会组织。

厂工会成立后，为了进一步搞好基层工会工作，企业始终保持了工会组织的稳定性，一直由经验丰富的、职工信任的领导担任工会主席和委员。工会主席经常和党政领导通气，把职工对企业决策的意见及时向上反映，起到了党的助手作用。对于厂长的决定、决策，积极组织和发动职工认真贯彻实施，工会主席是当然的厂务会成员，是工厂管理委员会成员，又是各分厂的主要领导，工会主席也是厂领导组成员。这样在企业许多重要会议和重大问题决策上都有工会领导人参与，既增强了行政工作的透明度，又便于监督，使党政工关系进一步融洽。工会在举办涉及面大的活动中，都要请党政负责人出面参加。由于工会积极主动各方大力支持，厂工会的工作充满活力，同时也加深了职工对工会组织的信任。1986 年 7 月，被市总工会评为“先进车间工会”。

建设职工之家，开辟活动阵地。

1990 年，全面贯彻落实中共十三届六中全会决定和中共中央《关于加强和改善党对工会、共青团、妇联工作领导的通知》、全面落实郊区总工会《关于继续开展建设职工之家活动的通知》和《关于深入开展建设职工之家活动的实施意见》，广泛开展“深入建家”活动。坚持按照建设职工之家的六条基本要求和验收考评细则，进一步巩固和发展建家成果，因地制宜，务求实效。工会组织坚持以“职工之家”为阵地，以提高职工素质为主线，组织职工开展文化补习、业务培训、文化娱乐等活动。1994 年，按照区总工会为基层工会发放的《建设职工之家的六条要求》和《验收细则 43 条》，完善“职工之家”。1996 年，经考核，被确认为“合格职工之家”。

加强民主管理，发挥职代会作用。

在推行经济承包责任制的实践中，积极发挥了职代会的作用，不仅把职代会看作是行政工作的帮手；而且实实在在把职代会当作行政工作的后盾和主心骨，坚持请职代会参政议政，按时召开职代会，定期向职代会报告工作，对于涉及企业生产经营方面的重大决策，工厂方针目标、生活福利、劳保待遇方面的重大决策，以及重要的规章制度建立或修改，均由职代会审议讨论落实，从而加强了民主管理，发挥了职工的主人翁作用。使企业工作健康地向前发展，出现了人心顺、决策快、效益增、干群拧成一股劲的喜人局面。

爱厂、爱家、爱职工、开展各种有益活动。

组织开展职工劳动竞赛活动。1986 年 5 月被山西省劳动竞赛委员会记三等功。同年，本厂“稀土合金铸铝锅”获山西省优秀新产品奖。为使企业求生存、求发展，改变企业产品单一的现象，坚持每年创一项新产品。在 1988 年一次熔炼新工艺生产工业铸铝件的基础上，1989 年又与北京有色金属铸造厂联营生产铸工业铝件，为铝制品的生产闯出了一条新路。为搞好这项工作，工会主席张智财、委员王庆昌担任了主要领导和技术指导。他们带领有关技术人员一道，克服各种困难，圆满完成任务，为企业的生存与发展做出了贡献。1989 年，面对资金紧缩企业要过三年紧日子的情况，工会积极组织职工开展了增收节支活动，挖掘企业内部潜力，克服浪费现象，发扬工人阶级勤俭节约、艰苦奋斗的美德，精打细算，堵塞漏洞，到年底全厂节约各项费用 5 万余元，增收 7 万余元。为给职工创造良好的工作环境、生活环境，使他们树立以厂为家的思想，工会从小事做起。一是加强食堂管理，让职工吃得可口；二是新建、改建、扩建职工宿舍，让职工住得舒适；三是职工卫生所积极创“三优”，即优良秩序、优美环境、优质服务，建立了岗位责任制，职工访病治病下车间、到家中，保障了职工的身体健康；四是托儿所积极贯彻党的教育方针，工会为职工幼儿增设玩具，识字课本，聘请有专业知识的人员为幼儿讲故事学画画，解除了职工的后顾之忧。除此之外。坚持每年开一次职工运动会，举办多次篮球、乒乓球、象棋、拔河比赛，进一步丰富职工的业余文化生活，加强了两个文明的建设。

第十二节　水泥预制厂工会

企业概况

水泥预制厂始建于 1972 年，原名水泥制杆厂，是一个集体所有制建材企业。成立初，属区革委工交办主管。1980 年，水泥制杆厂更名为待业青年电杆厂。次年 6 月，区经济委员会成立，该厂由此接管。此后，郊区手工业合作社联合社、阳泉市郊区第二轻工业局相继成立，该厂先后由此管辖。

该厂位于荫营镇三郊六米桥，厂区占地面积 13000 余平方米。建材产品生产机械配套。主要设备有离心机、冷拔机、混料机、吊装机、对焊机、涨拉机、振动机等 77 台。主要产品有 6～15 米水泥电杆、煤矸石矿用支架等，主要用于邮电、通信、电力和县乡煤矿等行业。该厂生产的重八米线杆获省优产品称号，轻质煤矸石矿用支架荣获市科技进步等获，1991 年被评为市级先进企业。

改革开放后，企业效益逐年提升、达到高峰。按照劳动部门介绍就业、自谋职业和自愿组织生产的就业方针，实行固定工、临时工、合同工等多种形式的用工制度，使职工队伍不断壮大。1993 年，共有职工 110 人。其中各类技术人员 13 人。年产水泥电杆 5000 根、煤矸石矿用支架 4000 套，年产值 140 万元，创利税 10 万元。1994 年以后，随着市场经济的完善和改革的深入，该厂经历了放权让利和承包经营阶段。但体制不顺，机制不活、产权不清、权责不明、政企不分、管理不善、经济效益不佳等问题逐步显现并加重，企业效益日趋下滑。到 2000 年，水泥预制厂实行“经营者买断企业，职工买断工龄”的办法，由该厂 5 名经营者以净资产 7.7 万元买断，并与职工脱离劳动合同关系后再次采取职工竞争上岗就业的方式，进行了资产重组，完成了企业的股份制改造。2001 年，企业更名为阳泉市科益建材有限公司。

组织沿革

水泥预制厂工会成立于 1976 年，隶属区工会。1984 年选举产生第一届工会委员会，其中杨三怀当选为主席，王德贵、梁玉文当选为委员。1987 年 7 月，隶属区总工会。此后，梁玉文替补为工会副主席。1992 年 12 月，选举产生第二届工会委员会，其中李铁牛当选为主席，王李贤、王付才当选为委员，王建中当选为经费审查委员会委员。

主要工作

组织建设

1976年，根据中共中央关于重新整建工会组织的指示，在阳泉市委和郊区党委的领导下，在全区率先进行整建工会组织。与此同时采取学习班、经验交流会、现场参观等形式，组织工会专职、兼职干部学习理论，学习业务，不断提高工会干部的理论水平和工作能力。工会注意抓班组工作和职工的政治思想工作，坚持工会活动，深入班组、深入群众，帮助职工解决实际困难，起到了党的助手作用。厂工会建立初期，从建立“职工之家”入手，着力开展工会工作。1987年，被郊区工会验收为“整顿建家”合格单位。1990年，全面落实郊区总工会《关于继续开展建设职工之家活动的通知》和《关于深入开展建设职工之家活动的实施意见》，广泛开展“深入建家”活动。坚持按照建设职工之家的六条基本要求和验收考评细则，进一步巩固和发展建家成果，因地制宜，务求实效。工会组织坚持以“职工之家”为阵地，以提高职工素质为主线，组织职工开展文化补习、业务培训、文化娱乐等活动。1994年，按照区总工会为基层工会发放的《建设职工之家的六条要求》和《验收细则43条》，完善“职工之家”。1996年，经考核，被确认为“合格职工之家”。

职工维权

1991年，为进一步完善企业经营机制，在全区率先推行了共保合同制度，由党支部书记代表企业党组织、厂长代表行政、工会主席代表职工互相签订的《共保合同书》将企业民主管理同厂长的经营管理工作责任目标挂起钩来，同党组织核心领导作用和保证监督作用挂起钩来，使民主管理的内容和任务指标纳入企业年度经营、管理指标体系中，纳入企业党组织建设、精神文明建设中进行考核验收，促进了民主管理形式和内容的统一，调动了全员积极性。其“完善制度、强化职能、搞好企业民主管理”的经验，在全市作了介绍，得到了阳泉市总工会的肯定。1993年，建立了职代会制度。职代会建立后，在完善组织机构、规范行使职权、加强民主管理、实行民主监督等方面做了大量的工作。职代会认真参与企业三项制度的改革，对企业的重大决策和改革方案，特别是涉及职工切身利益的大事，都要经职工代表大会讨论和决定，促进了企业改革的深化和经济效益的提高，受到了市、区总工会的表彰和奖励。1995年8月21日，在全区率先签订集体合同，实行平等协商会议制度。集体合同的内容主要包括劳动报酬、工作时间、休息休假、保险福利、劳动安全卫生、女职工特殊保护。平等协商会议成员由企业行政方代表和职工方代表构成。双方代表人数相等，双方各指定一名记录员，记录员不得由协商代表兼任。

第十三节　千亩坪黏土矿工会

企业概况

千亩坪黏土矿始建于1971年，包括同时建成的土桥沟黏土矿。是一个集体所有制非煤矿产企业，原属区工交办管辖。20世纪80年代初，区工交办改设区经济委员会，郊区手工业合作社联合社、阳泉市郊区第二轻工业局相继成立；千亩坪粘土矿先后由此管理。1987年2月，区政府决定实行行业归口管理，千亩坪黏土矿划归区乡镇局管理。该矿矿区位于荫营镇千亩坪村。主要产品是特级、一级、二级、三级、四级铝矾土熟料。改革开放后，企业效益逐年提升。1993 年，企业经营效益达到高峰，此后，随着市场经济的建立和改革开放的深入，企业经历了放权让利和承包经营阶段。但体制不顺，机制不活、产权不清、权责不明、政企不分、管理不善、经济效益不佳等问题逐步显现并加重。基本处于停产或亏损状态。1997 年后，伴随全区企业改制，企业实行了关停。企业职工部分向社会分流，部分向区煤炭运销公司所属企业等转移。

组织沿革

千亩坪黏土矿工会成立于 1976 年 8 月，当时名称为上千亩坪铝矾土矿工会委员会，隶属区工会。当年 10 月，选举产生首届工会委员会，其中张金贵当选为主席，毕生田当选为副主席，史召瑞、梁艾民、刘改荣当选为委员，分别负责组织宣传、劳保福利、女工工作。1981 年 10 月 28 日，选举产生第二届工会委员会，其中毕生田当选为主席，史英明当选为副主席，许年艾、王秋贵、王建国当选为委员。1984 年 4 月 23 日，选举产生第三届工会委员会，其中葛成孩当选为主席，高秀仓当选为副主席，王建国、史英明、苗润兰当选为委员，分别负责组织宣传、劳动保护、女工工作。1987 年 7 月，隶属区总工会。1997 年，随企业关停，工会组织解散。

主要工作

1976 年，根据中共中央关于重新整建工会组织的指示，在阳泉市委和郊区党委的领导下，在全区率先进行整建工会组织。与此同时采取学习班、经验交流会、现场参观等形式，组织工会专职、兼职干部学习理论，学习业务，不断提高工会干部的理论水平和工作能力。工会注意抓班组工作和职工的政治思想工作，坚持工会活动，深入班组、深入群众，帮助职工解决实际困难，起到了党的助手作用。企业工会组建后，从建立“职工之家”入手，着力开展工会工作。1982 年、1984 年，矿职工胡拉富、王六全分别被阳泉市总工会表彰为优秀工会积极分子；胡拉富、冯爱栋、赵喜贵、任玉锁、王建国被区总工会表彰为优秀工会积极分子。1986 年，被郊区工会验收为“整顿建家”合格单位。

组织企业职工广泛开展社会主义劳动竞赛。在具体比赛中，小组人与人比干劲、比安全、比出勤、比贡献，看谁干劲大、看谁安全好、看谁出勤多、看谁创造的财富多。通过比看，涌现了年过半百不服老的组长任玉锁、拉车十年不松套的拉车工阎广兴。1984 年 5 月，矿职工王六全被山西省劳动竞赛委员会荣立三等功。

1982 年 10 月，配合区总工会组织举办了全区职工自行车竞赛，取得优异成绩。1983 年 9 月，组队参加了全区秋季职工象棋、自行车、球类比赛，矿职工刘五福获得象棋第五名的优异成绩。

第十四节　王垅黏土矿工会

企业概况

王垅黏土矿始建于 1972 年，是一个集体所有制的区营非煤矿产企业，原属阳泉市城区管辖，1976年划归郊区，先后隶属区革委工交办、区经委主管。1984年4月，成立郊区手工业合作社联合社；1986年，成立阳泉市郊区第二轻工业局，和区手工业合作社联合社合署办公；王垅黏土矿先后由此接管。1987年2月，区政府决定实行行业归口管理，该矿划归区乡镇局管理。

该矿位于义井镇王垅村。矿区面积达247000平方米。该矿生产的高铝生矾石、高铝熟矾石，其中特级、一、二、三级品种齐全，严格按照国家标准GB 8356—87检测，质量稳定可靠。铁铝矾石品位高，质量好，该产品可作为炼铝、耐火材料的高铝原料和特种水泥的优质原料。该矿在白羊墅车站设有3个货场，年发运量达5万余吨，形成了从采矿、造料、到煅炼、装运、计量、发货等一条龙生产线，使企业具有了雄厚的基础。产品销往全国十多个省市的大耐火厂。

改革开放后，企业效益逐年提升。1991年及1992年，连续两年被市政府命名为“重合同、守信用单位”。1993年，企业经营效益达到高峰。共有职工300人，固定资产300万元，年产值122万元，产量1.5万吨，上缴利税23.7万元。此后，随着市场经济的建立和改革开放的深入，企业经历了放权让利和承包经营阶段。但体制不顺、机制不活、产权不清、权责不明、政企不分、管理不善、经济效益不佳等问题逐步显现并加重。至20世纪90年代后期，基本处于停产或亏损状态。1997年后，伴随全区企业改制，企业实行了关停。企业职工部分向社会分流。

组织沿革

王垅黏土矿工会成立于1976年，直属区工会。1981年12月11日，召开工会第二次代表大会，选举产生第二届工会委员会，其中王文元当选为工会主席，郭千柱当选为副主席，李万运、孟庆何、赵桂英当选为委员，分别任文体、组织、生活委员。次年1月15日，区总工会批复，同意矿工会组成成员，并调整郭千柱任主席，王文元任副主席。1984年6月，选举产生第三届工会委员会，其中郭千柱当选为主席，康忠当选为副主席，霍喜庆、赵桂英、杜贵生当选为委员，分别负责文体、生活、组织工作。1987年7月，隶属区总工会。1996年8月，选举产生第四届工会委员会，其中霍喜庆当选为主席，杨王元当选为副主席，李云梅、耿二孩、武恕元当选为委员。1997年，企业实行关停，工会组织随之解散。

主要工作

组织建设

1976年，根据中共中央关于重新整建工会组织的指示，在阳泉市委和郊区党委的领导下，在全区率先进行整建工会组织。与此同时采取学习班、经验交流会、现场参观等形式，组织工会专职、兼职干部学习理论，学习业务，不断提高工会干部的理论水平和工作能力。工会注意抓班组工作和职工的政治思想工作，坚持工会活动，深入班组、深入群众，帮助职工解决实际困难，起到了党的助手作用。

职工培训

1991年，组织劳动竞赛2次，参加人数230人；组织党的基本知识测验和社会主义法规竞赛，参加职工215人。在广大职工提高学法、用法、守法的基础上，全年经济指标超额完成，安全生产网络体系逐年完善。当年，该矿被区公安分局、区经委、区保险公司验收为治安安全先进单位。当年培训各种技术人才、管理人员30余人，组织各类业务技术培训学习6次，参加人数50人。组建了车间、班组、后勤管理人员思想政治工作网，在提高职工文化素质的基础上，不断加强职工的思想政治教育。

职工维权

充分发挥工会组织民主管理，当家做主的地位。年初矿职工民主审议企业的各项管理制度、经济指标完成项目和企业经费预算方案，把企业的管理交给广大职工，把指标完成任务落实到基层车间、班组，让职工掌握生产进程，开展质量、品种、效益管理年活动，在全矿形成企业为职工办实事，解难事，职工在实践中创品牌的协调关系。

职工帮扶

坚持开展帮扶困难职工。1984年上半年，矿职工段千林身患重病，导致家庭经济困难，但他未向组织提出申请救济，仍然坚持工作，矿工会及时发现后迅速给予帮助。

第十五节　土桥沟黏土矿工会

企业概况

土桥沟黏土矿始建于1971年，原与同时建成的千亩坪黏土矿合并经营。是一个集体所有制非煤矿产企业，原属区工交办管辖。20世纪80年代初，区工交办改设区经济委员会，郊区手工业合作社联合社、阳泉市郊区第二轻工业局相继成立；土桥沟黏土矿先后由此管理。1987年2月，区政府决定实行行业归口管理，土桥沟黏土矿跟随千亩坪黏土矿划归区乡镇局管理。1992年，土桥沟黏土矿从千亩坪黏土矿分出，复归郊区第二轻工业局管理。

该矿矿区位于荫营镇下荫营村土桥沟。建矿初期，铝矾土矿储藏量30万吨，开采年限近10年。该矿实行产、运、销一条龙的经营机制，还在白羊墅车站设有固定的货位和经营场所。主要产品是特级、一级、二级、三级、四级铝矾土熟料。产品主要销往唐山、大连、潍坊、首钢等钢铁企业。

改革开放后，企业效益逐年提升。1993年，企业经营效益达到高峰，共有职工70人。其中采矿技术员3人。拥有固定资产72万元。年生产能力3万吨，产值120万元，创利税20万元。1994年以后，随着市场经济改革的深入发展，区营企业经历了放权让利和承包经营阶段。但体制不顺，机制不活、产权不清、权责不明、政企不分、管理不善、经济效益不佳等问题逐步显现并加重。全区区营企业中，只有土桥沟黏土矿略有盈余。1998年，区营企业加大改革力度，以“企业推向市场，职工身份置换”为总体指导思想，抓住政策机遇，依法破产，依法重组。该矿因资金短缺、产品品种少、销售不畅等问题停产。2000年，依法破产，企业职工向社会分流。

组织沿革

土桥沟黏土矿工会成立于1976年，隶属区工会。当年12月，选举产生第一届工会委员会，其中史召瑞当选为主席，杨壮林、王满贵当选为委员。1987年7月，隶属区总工会。2000年，随企业破产，工会组织解散。

主要工作

1976年，根据中共中央关于重新整建工会组织的指示，在阳泉市委和郊区党委的领导下，在全区率先进行整建工会组织。与此同时采取学习班、经验交流会、现场参观等形式，组织工会专职、兼职干部学习理论，学习业务，不断提高工会干部的理论水平和工作能力。工会重点抓班组工作和职工的政治思想工作，坚持工会活动，深入班组、深入群众，帮助职工解决实际困难，起到了党的助手作用。厂工会建立初期，从建立“职工之家”入手，着力开展工会工作。1996年，经考核，被确认为“合格职工之家”。

第十六节　矾窑煤矿工会

企业概况

矾窑煤矿始建于20世纪60年代，是一个集体所有制煤炭企业，原属阳泉市手工业管理局管辖。1970年，市革委将此划归郊区，属区革委工交办主管。1971年2月，更名为红卫煤矿。6月，又恢复原名。20世纪80年代初，区工交办改设区经济委员会，郊区手工业合作社联合社、阳泉市郊区第二轻工业局相继成立；矾窑煤矿先后由此接管。1987年2月，区政府决定实行行业归口管理，矾窑煤矿划归区煤运公司管理。10月，区煤炭工业管理局成立，矾窑煤矿隶属该局主管。

该矿矿区位于荫营镇矾窑村。地质储量为218万吨，井田面积为0.36平方千米，可采煤层为3号、9号、12号和15号煤。其煤质指标为全水份5.20%、灰份14.09%、挥发份16%、全硫份0.5%、固定碳68.41%、发热量为6882大卡/千克。主要是人工炮采、矿车运输，年设计能力为9万吨。该矿所产原煤适用于工业企业和民用，通过公路和荫营货站转运外销。

改革开放后，企业效益逐年提升。1993年，企业经营效益达到高峰，共有职工216人。固定资产488万元，年产值147.6万元，创利税64万元。1994年后，根据国家煤炭产业结构调整政策，不断加大对煤矿的整改力度，逐步关停资源枯竭、不符合安全生产条件的煤矿，到2008年，矾窑煤矿尽管为政府保留企业但停止生产。同年，区政府认真贯彻落实省、市精神，大力推进实施煤矿企业兼并重组整合，从根本上解决煤炭发展中的问题，完成了郊区煤矿的资源整合与兼并重组。该矿由山西煤炭运销集团阳泉郊区有限公司所属主体矿井兼并整合，职工也随之转移或向社会分流。

组织沿革

矾窑煤矿工会成立于1973年5月。工会成立初期工作由史东鱼负责。1976年12月，隶属区工会。1981年11月11日至13日，召开工会第二次代表大会，选举产生第二届工会委员会，其中矿出纳统计史东鱼当选为工会主席，车间主任任生保、支部委员余拉寿当选为副主席，史富金、张拉全当选为委员。1984年6月，选举产生第三届工会委员会，其中史东鱼当选为主席，任生保、余兆瑞当选为副主席，史富金、张拉全当选为委员。1987年7月，隶属区总工会。到2008年，该矿由山西煤炭运销集团阳泉郊区有限公司所属主体矿井兼并整合，工会组织随之解散。

主要工作

1976年，根据中共中央关于重新整建工会组织的指示，在阳泉市委和郊区党委的领导下，在全区率先进行整建工会组织。与此同时采取学习班、经验交流会、现场参观等形式，组织工会专职、兼职干部学习理论，学习业务，不断提高工会干部的理论水平和工作能力。工会注意抓班组工作和职工的政治思想工作，坚持工会活动，深入班组、深入群众，帮助职工解决实际困难，起到了党的助手作用。

针对煤矿新职工多老职工少的实际，不断提高职工的生产技术水平，充分发挥老工人的作用，对生产班组人员进行合理搭配，每个班组都配备1至2名有丰富采掘经验的老职工当安全员，通过新老帮带，有效降低了安全事故的发生。与此同时，严格规章制度，完善安全例会制、干部检查巡视制、事故分析制等制度，增强了职工的安全意识，提高了职工的整体素质。

大胆改革，勇于创新。为提高企业经济效益，对车间实行产量、费用、工资承包方法，依据按劳分配的原则，切实保护职工利益，打破平均主义“吃大锅饭”的旧管理模式，改革了病假工资、医药费报销、劳保制度，真正实行多劳多保，按职工对企业的贡献大小确定劳保，促进了职工出勤率。生产任务落实到班组、落实到人头，严格落实集体合同和工资集体协商制度。完善企业文化体育娱乐设施，充分利用职工之家，组织广大职工开展积极向上的文体活动，有效丰富职工的业余生活。

第十七节　野沟煤矿工会

企业概况

野沟煤矿始建于20世纪70年代，是一个集体所有制的区营煤矿，原属阳泉市城区管辖，1976年划归郊区，先后隶属区革委工交办、区经委主管。1984年4月，成立郊区手工业合作社联合社；1986年，成立阳泉市郊区第二轻工业局，和区手工业合作社联合社合署办公；矾窑煤矿先后由此接管。1987年2月，区政府决定实行行业归口管理，该矿划归区煤运公司管理。10月，区煤炭工业管理局成立，野沟煤矿隶属该局主管。

矿区位于石太线（桃河）南部，大阳泉井田东北部边缘，交通便利，地处市北岭新区距白羊墅货煤站6千米，煤炭主要靠汽车运输。野沟煤矿地质构造简单，煤层倾角一般在0°～12°。矿区面积为1.29平方千米。建矿初期，地质储量达1123万吨，可采储量为786万吨，按年产21万吨算，服务年限为32年。煤炭质量上乘，储量丰富，属于沁水煤田的优质无烟煤。企业职工试行招收矿山井下农民轮换工及亦工亦农人员。

改革开放后，企业效益逐年提升，连续多年圆满和超额完成各项经济技术考核指标，曾多次被市、区评为先进单位。20世纪90年代，为使煤炭就地加工，经上级批准，中国煤炭设计规划总院设计，投资341万元，建成了年筛选能力为21万吨的风力选矸厂。1990年9月，进行了试车，原煤经过风选后，分为五级精煤颗粒，即0～6毫米、6～13毫米、13～25毫米、25～50毫米、50毫米以上。筛选产品库储量为0～6毫米，4640吨；6～13毫米，560吨；13～25毫米，80吨；25～50毫米，80吨；50毫米以上，100吨。其产品质量优良，品种多样，经市有关部门检验，定为九级煤。灰分为11.86%、固定炭为78.27%、发热量为750大卡／千克，是做碳素和化工产品的优质原料。该设备技术走出了一条山西省煤炭产品深加工的新路。1993年，企业经营效益达到高峰，年产值达415.8万元，利税102.24万元；职工队伍发展到380人。全员劳动生产率1.81万元。1994年后，根据国家煤炭产业结构调整政策，不断加大对煤矿的整改力度，逐步关停资源枯竭、不符合安全生产条件的煤矿；至2008年，该矿作为政府保留企业仍继续生产。同年，区政府认真贯彻落实省、市精神，大力推进实施煤矿企业兼并重组整合，从根本上解决煤炭发展中的问题，完成了郊区煤矿的资源整合与兼并重组。该矿由山西煤炭运销集团阳泉郊区有限公司所属主体矿井兼并整合，职工也随之转移或向社会分流。

组织沿革

野沟煤矿工会于1982年4月开始筹建，直属区工会。当年10月19日，选举产生第一届工会委员会，其中矿党支部副书记李汝标当选为主席，支部委员李占余当选为副主席，杨风恺、杜沛、葛凤英当选为委员。1984年9月，对工会委员会组成人员进行调整，其中白攀莹任主席，苗增元任副主席，杨风恺、杜沛、葛凤英继续任委员。此后，苗增元替补为工会主席。1987年7月，隶属区总工会。此后，王文涛替补为工会主席。至2008年，该矿由山西煤炭运销集团阳泉郊区有限公司所属主体矿井兼并整合，工会组织随之解散。

主要工作

组织建设

矿工会自1982年组建后，在区委及上级工会的领导下，认真贯彻新时期工会工作方针和中华全国总工会组织工作会议精神，大力开展整建家活动。活动中以中共十二届三中全会为指针，提高认识，统一思想，党、政、工协力建家。具体采取“一学、二访、三回顾”的方法统一思想。一学就是利用每周的工会活动日，组织工会干部和先进积极分子，集中学习中华全国总工会十大文件精神；二访就是组织工会委员到职工当中，听取职工的意见和要求，通过走访，了解群众的心声，找准工会的定位；三回顾就是对工会筹建以来走过的路程，进行经验总结，完善组织机构，使工会组织适应改革的需求，适应“四化”建设的要求。

职工教育

抓学习，提高每个职工的思想认识。每周利用下班时间组织全矿职工进行分组学习有关文件精神，针对职工多数来自农村、文化程度低、技术素质差的实际，工会和矿党支部共同建立了职工读书学习培训班，办起了业余学校，每周学习一次。经过一段时间，职工的文化水平有了明显提高。与此同时，还发动职工为建设文明企业、文明单位做贡献，每人养一盆花、种一棵树，美化矿区环境。“七一”中国共产党建党节，请南庄煤矿的老前辈王满堂给全体党员、团员进行革命传统教育，通过理想道德的教育，职工思想觉悟明显提高。2000年11月23日矿领导参加了阳泉市总工会组织的“推广应用有毒有害化学物质信息卡和开展事故隐患建档跟踪整改”培训班，增强了“安全第一，预防为主”的意识，对搞好职业安全卫生工作的预防，杜绝重大事故的发生起到积极的促进作用。

职工生活

从职工的日常生活做起，整顿职工食堂，一次性投资80.8万元，新建800平方米、能容纳300余人的配套食堂，使职工有了一个舒适漂亮的就餐场所。接着又拿出2.5万元购置了冰箱、红外线烤箱、压面机、河捞机、绞肉机、保温箱、餐桌等大型识备，极大改善了职工就餐条件。合理调配伙食，解决坑下职工的班中餐，每班专设送饭员，送饭下坑口，保证职工吃好，方便了班组生产，获得了职工满意。根据职工代会提出的建议，采取职工集资一部分为职工盖家属宿舍楼。经上级部门批准后，于1988年投资31.2万元新盖一栋1560平方米的住宅楼，解决了27户特困职工的住宿问题。扩建卫生室，改善医疗设施条件，提高医护人员素质。卫生室由原来的1间增加到5间，投资2万余元增设了医疗设施，并选派医护人员轮流到市内各大医院学习和到外地进修，还从外单位调入专业人才充实和加强医疗力量。

精神文明

在办好后勤福利设施的同时，重视职工的文化生活。1988年，投资6万元建起了职工培训中心，投资1万余元建起了一所70平方米的职工之家活动场所。配有图书、棋类、球类、乐器等，丰富了职工的业余生活。经常对职工进行形势、革命传统教育和爱国主义教育。1989年9月，矿工会组织全体职工演唱《没有共产党就没有新中国》《社会主义好》等革命金曲，全矿人人参加，并参加了局、区、市的演唱会。

第十八节 红土岩煤矿工会

企业概况

红土岩煤矿始建于1952年，是一个集体所有制煤炭企业，原属阳泉市手工业管理局管辖。1970年，市革委将此划归本区，属区革委工交办主管。1971年2月，更名为红星煤矿。6月，又恢复原名。20世纪80年代初，区工交办改设区经济委员会，郊区手工业合作社联合社、阳泉市郊区第二轻工业局相继成立，红土岩煤矿先后由此接管。1987年2月，区政府决定实行行业归口管理，红土岩煤矿划归区煤运公司管理。10月，区煤炭工业管理局成立，红土岩煤矿隶属该局主管。

矿区面积2.7平方千米，可采煤层4层，总厚度13.7米，地质储量3600万吨，可采储量1200万吨。矿井年生产能力15万吨。煤质标准是灰份12.95%、全水份1.29%、挥发份11.34%、固定碳76.59%、全硫份0.78%、发热量7220大卡／千克，含矸率2.5%。煤质优良，有害成分低，发热量大，适于民用、化肥工业和其他化学工业燃料及原料。产品除部分为本地区使用外，大部分经公路或铁路外调兄弟省市，其中还有部分产品出口远销国外。采煤方法为短壁炮采，工作面区段运输为刮板输送机，采用及大巷运输为无极绳绞车，各坑口均实行机械通风。

改革开放后，企业效益逐年提升，职工队伍不断壮大。1987年，为提高煤炭质量，投资70万元建成个选煤场，1993年，企业经营效益达到高峰，职工队伍壮大到512人，其中各类工程技术人员13人。固定资产347万元。年产值447万元，年利税98.2万元，全员劳动生产率1.55吨，吨煤成本23.76元。主要生产设备包括刮板运输机SGW-40T 2部、SGWD-22 4部。无级绳绞车JW-950/48 2部、JW-1200/60 2部。主扇风机4-72-11No12D 1台；4-72-11No20B 1台。排水设备（水泵）4DA8×6 2台。1994年后，根据国家煤炭产业结构调整政策，不断加大对煤矿的整改力度，逐步关停资源枯竭、不符合安全生产条件的煤矿。至2008年，该矿尽管为政府保留企业但基本停止生产。同年，区政府认真贯彻落实省、市精神，大力推进实施煤矿企业兼并重组整合，从根本上解决煤炭发展中的问题，完成了郊区煤矿的资源整合与兼并重组。该矿由山西煤炭运销集团阳泉郊区有限公司所属主体矿井兼并整合，职工也随之转移或向社会分流。

组织沿革

红土岩煤矿工会成立于1973年5月。工会成立初期工作由高双来负责。1976年12月，隶属区工会。1982年1月7日，选举产生第二届工会委员会，其中张掌富当选为主席，赵守清、付计拴当选为副主席，高双来、曹爱华、郭存牛、高爱寿、曹庙金、张林海当选为委员。1984年9月，选举产生第三届工会委员会，其中张掌富当选为主席，赵守清、付计拴当选为副主席，张海林、曹庙金、高爱寿、高双来、曹爱花、郭存牛当选为委员。付计拴当选为经费审查委员会主任，赵守清、曹庙金当选为经费审查委员会委员。此后，郭存牛替补为工会主席。1987年7月，隶属区总工会。至2008年，该矿由山西煤炭运销集团阳泉郊区有限公司所属主体矿井兼并整合，工会组织随之解散。

主要工作

组织建设

1976年，根据中共中央关于重新整建工会组织的指示，在阳泉市委和郊区党委的领导下，在全区率先进行整建工会组织。与此同时采取学习班、经验交流会、现场参观等形式，组织工会专职、兼职干部学习理论，学习业务，不断提高工会干部的理论水平和工作能力。工会注重抓班组工作和职工的政治思想工作，坚持工会活动，深入班组、深入群众，帮助职工解决实际困难，起到了党的助手作用。

职工帮扶

长期坚持在元旦、春节、“三八”国际妇女节、“八一”建军节、“九九”重阳节等特殊节日里，开展节日慰问工作，使职工切实感受到集体的温暖。1983年春节，对武拉寿、李娥妮等31名受灾职工、死亡家属进行了困难补助。

职工文体

有效利用职工之家，进一步丰富职工文化体育生活，充分激发工会活力。配套完善了图书阅览室，购置了乒乓球、羽毛球、篮球等健身器材。并且组织职工积极参加区工会组织的各项文体活动。1983年9月，组队参加了全区秋季职工象棋、自行车、球类比赛，矿职工刘玉牛获得乒乓球男子第四名的优异成绩。

第七章 行业工会

第一节 耐火行业工会联合会

行业概况

阳泉市郊区的耐火资源主要集中在东部地区，北至西南舁乡，南到义井镇，东至杨家庄乡，西到平坦镇东部。已探明和开采的铝矾土 7737.27 万吨，耐火黏土 20302.6 万吨。20 世纪 20 年代，就已经有手工业者开采过铝矾土。1950 年，荫营坪上村王智儒创办郊区第一个耐火材料厂，随后耐火材料制品厂发展到 4 个，年生产能力不超过 3 万吨。20 世纪 60 年代至 70 年代，耐火制造业的建设速度加快。1979 年，全区从事耐火原料开采及耐火材料制品的社队达到 64 个，采掘量有 17 万吨，耐火材料制品超过 30 万吨，主要为耐火砖、耐火粉、耐火管、耐火罐等，年创产值 200 余万元，在全区工业总产值中只占不足 2%。

1978 年后，在中央政策的引导下，乡镇企业蓬勃兴起，耐火工业更是突飞猛进。1984 年，下千亩坪耐火材料厂与唐钢耐火厂联营，厂名也改为唐钢耐火厂阳泉下千分厂，这是郊区首家联营企业。到 1990 年，本区耐火企业发展到 166 个，遍布 109 个农村，全区耐火企业形成了以荫营镇为中心的耐火工业小区，耐火工业成为仅次于煤炭工业的第二大支柱产业。1993 年，由 19 个耐火企业组成的郊区耐火集团成立，荫营耐火小区建设被列入国家星火计划。年末，全区共有耐火企业 209 个，其中耐火材料采掘企业 92 个、耐火材料制品企业 117 个，从业人员 23987 人。

1994 年开始，耐火行业迈开了企业产权制度改革的步伐。租赁、承包、拍卖、股份制和股份合作制等多种形式被用于改革实践。按照“择优扶强、扩规上档”的调整思路，以优势产品为依托，以强势企业为载体，以产品升级换代为切入点，以改革传统工艺为突破口，提高产品档次，扩大企业规模，消除环境污染，大力推进耐火窑炉改造。2002 年，耐火工业在全区经济发展总量中占到 20%，在财政收入中占到 19.1%，提供劳动就业岗位 9000 余个。2003 年，全区耐火企业结束了集体经营历史，走上了产权人格化、管理科学化、运行规范化的现代企业管理制度的运行机制。

2005 年 11 月，郊区耐火材料行业协会成立。同年，郊区制定了发展耐火工业的“十一五”规划，强调要做大做强传统耐火产品，推进科技进步，提升产品档次，推动耐火工业园区建设，探索组建耐火企业集团化新方式。至 2006 年末，全区耐火企业整合为 172 家，其中股份制企业 49 家、私营企业 123 家。40% 的企业停产半停产，27 家企业一直处于停产状态。全区耐火工业发展呈现严重的下滑状态。为了遏制耐火工业持续下滑，2007 年，郊区出台《关于加快振兴耐火工业的指导意见》，淘汰限制落后产能，推进企业联合重组，全面加快耐火行业结构调整。至 2008 年，华银耐火材料有限公司联合下白泉耐火材料有限公司一分厂和牵牛镇村耐火厂，组建成立山西华银耐火材料集团有限公司。之后，耐火企业联合重组工作全面展开并取得新突破。2008 年底，华银耐火公司、丰泽耐火公司、恒冠耐火公司、华岭耐火公司 4 家耐火企业联合体正式组建成立并全部进入了实质运作。郊区耐火企业又走向振兴。此后，山西圣火炉料有限公司、阳泉金隅通达高温材料有限公司相继正式投产。2019 年，郊区有各类耐火企业 270 家，其中规模以上耐火企业 11 家。规模以上工业总产值 5.24 亿元，同比上升 11.4%，累计利税总额 3926 万元。

组织沿革

阳泉市郊区耐火材料行业工会联合会于 2013 年成立，是全国耐火材料行业首家成立工会联合会的县区。联合会包括生产经营正常的各类耐火企业工会 86 家，工会会员 6926 人。当年 11 月 28 日，行业工会联合会第一次会员代表大会暨一届一次职工代表大会在阳泉市华岭耐火材料有限公司召开。来自阳泉市郊区耐火企业的 79 名代表参加了大会。阳泉市人大常委会副主任、市总工会主席王振国，阳泉市郊区政府副区长刘瑞生、阳泉市郊区总工会常务副主席赵爱荣及阳泉市郊区耐火协会的有关领导出席了会议。中国耐火材料行业协会向大会发来了贺信，祝贺山西省阳泉市郊区耐火材料行业成立工会联合会。

2013 年，阳泉市郊区耐火材料行业工会联合会第一次会员代表大会、一届一次职工代表大会召开

会议选举产生了郊区耐火材料行业工会联合会第一届委员会。选举郊区总工会党支部副书记刘贵柱为主席，郊区耐火材料行业协会秘书长王永寿为常务副主席，余云波、涂盛勇、李志远、高海军、王爱崇为副主席。在随后召开的郊区耐火材料行业工会联合会一届一次职工代表大会上，区耐火材料行业协会会长史永记作了题为《着力结构调整、加强管理创新、促进郊区耐火材料行业实现新跨越》的工作报告。会上，郊区耐火材料行业工会联合会与郊区耐火材料行业协会签订了《阳泉市郊区耐火材料行业集体合同》《阳泉市郊区耐火材料行业工资集体合同》《女职工特殊权益保护专项合同》，为有效地维护职工的合法权益提供了有力保证。

2015 年，郊区耐火行业召开一届二次职工会员代表大会

会后，市、区领导参加了郊区耐火材料行业工会联合会的揭牌仪式。

2015 年 8 月 7 日，召开阳泉市郊区耐火材料行业工会联合会一届二次会员代表大会暨一届二次职工代表大会，郊区人大常委会副主任、区总工会主席王可剑出席会议并讲话。他指出，郊区耐火材料行业工会联合会成立两年来，为郊区的耐火材料企业和职工做出了一定的成绩，下一步要上下联动继续发挥好桥梁纽带作用，主动参与发挥好参政议政作用，组织引导发挥好职工主体作用，加强服务发挥好维权保障作用，力争取得企业经济发展和职工权益维护实现双赢，为郊区繁荣稳定做出新的贡献。会议以举手表决的方式替补胡俊青、邓红霞、马瑞红、史祥寿、朱海清为第一届耐火材料行业工会联合会委员，郊区总工会副主席胡俊青为郊区耐火材料行业工会联合会第一届委员会主席。

主要工作

送图书到企业。阳泉市郊区耐火材料行业工会联合会成立后，为提高耐火企业职工的整体文化素质，以适应现代市场经济发展的需要，针对企业自身建立职工书屋的条件，分别对华岭耐火公司，广鑫源耐火公司，德旭耐火公司等 6 家企业各配送了价值 5000 元的图书。

开展岗位练兵。为了提高郊区耐火材料行业职工队伍的职业技能素质，行业工会联合会组织职工开展了岗位练兵活动，参加人数达 5800 余人。开展“争创工人先锋号、争当首席员工”竞赛活动。举办了阳泉市郊区首届耐火材料行业职工技术大赛，在全区职工“大培训、大练兵、大比武”活动的基础上，通过层层比赛，涌现出了一大批岗位技术能手。为比赛中获得金牌的张润红等 5 名选手，授予“阳泉市郊区首席员工”称号，并颁发首席员工津贴，每人 500 元。

维护职工权益。按照《中华人民共和国劳动法》《中华人民共和国劳动合同法》《中华人民共和国工会法》等有关法律规定，阳泉市郊区耐火材料行业工会筹备组在郊区总工会领导下，2013 年 9 月，对郊区耐火材料行业协会发出了开展平等协商签订集体合同的要约书，很快得到了郊区耐火材料行业协会的复约书。按照区域协商谈底线，行业协商谈标准的原则，在双方代表人数对等的情况下，经过两次平等协商，就职工工资发放时间，工种岗位工资标准，劳保福利待遇等达成了一致，起草了《郊区耐火材料行业集体合同》《郊区耐火材料行业工资集体合同》《郊区耐火材料行业女职工专项保护合同》的草案，并在郊区耐火材料行业一届一次职工代表大会上通过。2015 年 8 月 7 日，在郊区耐火材料行业一届二次职工代表大会上，对新修订的《阳泉市郊区耐火材料行业工资集体合同》进行讨论并通过。经郊区人力资源和社会保障局审核备案后正式实施，有效地保障了郊区耐火材料行业职工的合法权益。

第二节　李家庄乡汽车行业工会联合会

行业概况

1997 年，伴随李荫路的剪彩通车，2002 年 4 月，阳泉市三江工程机械设备有限公司在李家庄乡李荫路李家庄段最早选址开业。注册资金 1200 万元，经营范围包括零售、代购、代销工程机械及其配件、五金、交电、化工、建材、钢材、汽车配件、润滑油、汽车，汽车销售信息咨询，汽车租赁，工程机械租赁，二手车经销，与汽车相关的信息咨询服务，汽车维修，机动车保险、交强险、意外伤害保险、企业财产保险，道路普通货物运输，展览展示服务，体育组织服务、二手车交易。随后阳泉香山金鑫汽车销售有限公司、山西福银汽车销售有限公司等多家汽车经销企业也先后在沿线入住，李家庄乡李荫路沿线汽车销售行业初具规模。2013 年，依托李荫路的有利位置，行业发展达到高峰，李荫路南起玉泉中学，北到黄沙岩村，入驻企业达 26 家，形成了全市范围内规模较大，品种较全的汽车、农机工程机械市场。有的是品牌产品专营，有的是系列产品专营，经营品种有各种进口、合资、国产的小型轿车、三轮车、农用车、铲车、挖掘机、大型运输车、专用拖板车等，单价数千元至数万元或十万元不等。部分企业还代办购车、办证、维修、保养，甚至筹款，办货，保险等。年成交各类机械上千辆（台）以上，成交金额3亿元。至2019年，由于受汽车市场及李荫路沿途整治影响，部分企业搬迁、注销、合并，李家庄乡李荫路沿线企业减少为15家，所有企业共注册资金25500万元，营业收入98257.1万元，从业职工722人。

组织沿革

根据阳郊工发〔2013〕16号文件《关于进一步推进郊区汽车行业企业组建工会组织的通知》，李家庄乡工会于2013年12月开始组织相关人员开始筹备组建工会相关工作，并于2013年12月26日向区总工会上报筹建李家庄乡汽车行业工会请示，成员单位涵盖20家汽车企业，职工1748人。

李家庄乡汽车行业工会第一次会员代表大会于2013年12月28日召开，选举张润红、潘壮萍、刘惠乐、王凤凤、杨树森、冯佳、史玲玲、王秀珍、郝海涛9人为工会委员会委员，通过举手表决方式选举张润红为李家庄乡汽车行业工会主席，郝海涛、潘壮萍为李家庄乡汽车行业工会副主席；选举经费审查委员会3人，分别是潘壮萍、张建芳、张宾，潘壮萍为经费审查委员会主任。

2018年，李家庄乡汽车行业15家基层汽车企业建立工会组织，覆盖法人单位9家，职工941人。8月9日，工会联合会召开换届选举工作会议，选举张润红、郝海涛、韩嘉欢、曹毅婷、史路钢5人为工会委员会委员，通过举手表决方式选举张润红为李家庄乡汽车行业工会主席，郝海涛、韩嘉欢为李家庄乡汽车行业工会副主席；选举孙洋、史路钢、郝海涛3人为经费审查委员会委员，史路钢为经费审查委员会主任；选举韩嘉欢、曹毅婷、王娟3人为女职工委员会委员，曹毅婷为女职工委员会主任。

截至2019年，有15家建会企业，职工人数672人。原汽车企业26家，因企业注销、合并、搬迁等原因减少11家建会企业。

主要工作

2013年，为进一步畅通广大职工诉求渠道，切实维护汽车行业企业职工队伍和社会政治稳定，促进汽车行业组建工会工作得到全面落实，按照《中华人民共和国工会法》和《中国工会章程》的有关规定，依法推进汽车行业企业组建工会工作。2018年，以“工会组建月”为契机，多措并举，全力推进新建工会。在15家基层汽车企业，全部建立工会组织，覆盖法人单位9家、职工941人。

行业工会联合会组建后，加强职工理想信念教育，学习习近平总书记系列讲话，参加外出培训，扎实开展“两学一做”。在行业职工中广泛开展《中华人民共和国宪法》《中华人民共和国劳动法》《中华人民共和国工会法》等法律法规的宣传教育。定期对职工进行技能培训，组织开展各种岗位练兵与技术比赛，有效提高职工的整体素质。

2014年，结合区总工会组织开展2014年“工资集体合同协商月”活动，不断完善职工代表大会制度，将《工资集体合同》交由职代会审议通过。在涵盖企业逐步推行平等协商工资集体合同制度。加强职工的劳动保护，按企业组织职工定期进行体格检查，定期开展消防等安全教育。

广泛开展文体活动。2014 年至 2019 年，组织职工参加区 6 届“五一”职工健步走活动。2014 年 6 月，所属企业庞大汽车代表队参加郊区首届“李家庄新村杯”职工羽毛球比赛获第二名的优异成绩。2015 年 6 月，庞大汽车代表队再次参加由郊区总工会、郊区文体广电局举办的郊区第二届职工羽毛球比赛，庞大汽贸集团股份有限公司阳泉分公司代表队获得团体企业职工组第一名。

实时开展对困难职工的援助。2015 年至 2017 年，慰问身患重病职工荆彦军。配合区总工会开展的“金秋助学”活动，通过企业出资、职工捐款等形式，资助困难职工家庭子女上大学。2014 年至 2019 年，组织参加郊区总工会与区人社局、区妇联联合举办的春季就业招聘会，为有就业意愿和创业愿望的城乡劳动者、高校毕业生提供就业岗位。

第三节　西南舁乡果业工会联合会

行业概况

郊区西南舁乡位于阳泉市郊区东北部，北与盂县牛村镇相连，东与平定县岔口乡接壤，为三县区交界之地，属暖温带大陆性季风气候，四季分明且冬夏季较长、春秋季偏短，年均气温 10.1℃，年均降水 540.2 毫米，无霜期 160 天左右，生态优势突出。西南舁乡境内多山，地势西北高东南低。平阳高速、207 国道、杨白线、京昆高速 4 条公路穿境而过，区位优势十分明显。全乡占地面积 57 平方千米，下辖 17 个行政村，农户 5130 户，人口 1.3 万余人，耕地面积 2.1 万亩。

20 世纪 90 年代，西南舁乡党委、政府在区委、区政府的正确领导下，结合本乡独特的地理特点、气候条件和农民的种植习惯，把苹果业作为促进全乡农民增收的主渠道和农业种植业结构调整的重头戏来抓，发动全乡大力发展苹果产业，实施西南舁乡苹果战略，建设万亩无公害果品基地，种植面积从最初的几十亩发展到 1.2 万亩。从事水果种植及相关产业人员从原来的几十人发展至 3000 余人。2000 年 9 月，荣获阳泉市青年科技优质水果示范园。10 月，果品在省农产品第二届展销会上荣获银奖和优质奖。2001 年 6 月，为了规范全乡的苹果发展，在政府的主导下，成立西南舁乡果业协会，实现果农自治。与此同时，区委、区政府吹响了发展高效农业的号角，把西南舁乡苹果产业作为区政府重点扶持的农业三大产业之一，在政策上给予大力扶持。2003 年，经国家工商局注册为“三舁”牌。同年，被山西省农业厅授予无公害农产品证书，属全市首家果品认定品牌。2004 年 2 月，荣获中国首届农产品博览会“畅销产品奖”。2008 年，被评为“中国优质苹果基地百强乡镇”。到 2019 年底，西南舁乡 17 个行政村均种植有苹果树，标准化示范园约 2000 亩，品种达到 32 种，全乡挂果 5000 余亩，年产苹果约 1000 万公斤，为阳泉市最大的苹果生产基地。

组织沿革

西南舁乡果业行业工会联合会成立于 2012 年 4 月，该工会联合会在原果业协会的基础上组建，办公地点设在了果业协会。协会会长高秀杰任工会主席，果业协会副会长高寿和任副主席，果农大户高旭子任委员。4 月 26 日，西南舁乡果业行业工会联合会第一次会员代表大会召开。参加本次大会的工会会员代表31名，列席代表10名，西南舁乡果业协会会长高秀杰作了题为《大力发展果树种植，全面增加农民收入》的工作报告。选举产生了西南舁乡果业行业第一届工会联合会委员会成员、经审委员会成员，高秀杰当选为果业行业工会主席；郭海瑞当选为经审委员会主任。至2019年，果业行业工会未进行换届。

主要工作

引进先进技术 西南舁乡果业行业工会联合会自组建以来一直致力于全乡果树发展，立足本地自然条件，积极引导广大果农推广有机旱作理念，如疏花疏果技术、果园免耕技术（生物覆盖、自然生草、地布）、四季修剪技术、绿色防控技术（杀虫灯、黄板、迷向丝、捕食螨）、增施有机肥技术、套袋技术、防雹网搭建技术、旱地节水技术等先进的种植技术，全面提升全乡果品的质量和数量，为果农增收提高了技术保障。

果农培训 西南舁乡果业工会宗旨是服务果农工作，帮助果农经营致富，一切为果农着想。为了提高果农的种植技术，在区乡两级政府的支持下，积极筹集资金，全乡积极开展果农的技术交流和业务免费培训工作，保证每年常规培训4次至6次。邀请国家果树研究所专家和省果树专家对果农进行实用技术培训，并到果园实地进行果树修剪、蔬花蔬果等技术培训，为本乡的果业提质增效快速发展提供了保证。果业工会还不定期地组织果农到外省进行参观学习，学习先进果树种植技术、经验，受到了果农的一致好评。区农委组建的专家服务队定点在全乡开展技术服务，各村也积极聘请专家实地授课，培养出了一大批果树种植的行家里手。截至2019年底，累计培训场次30余次，培训果农3000余人，真正做到每个果农每年至少能培训1次至2次。组织外出参观10余次，参加人数1000余人。果树面积从最初的几千亩发展到1.2万亩，年产苹果约1000万公斤。

苹果销售推广 传统销售主要是依靠果农自己人扛车拉到市区、邻村走街串巷销售，费时费力，还效果不好。工会组织成立后，果业工会通过和各级政府积极沟通，下大力扩大西南舁乡的苹果的影响力和知名度，利用10月国庆小长假，连续举办了多届苹果采摘节。同时借全乡上下齐心协力打造乡村旅游的东风，果品销售模式发生了巨大转变，采摘的游客数量逐年增多，采摘销售占到总产量的70%以上。在此基础上，积极搭建电子商务平台，培育了北舁、东林尖、代家庄3个农业经纪人，通过线下线上共同发力，销售渠道进一步拓宽，加大了全乡果品销售力度，带动果农增收致富，为苹果产业发展增添了后劲，成为全乡经济发展新的增长点。

劳模工作室 2014年，为了响应全乡的建立万亩无公害果品基地的号召，充分发挥劳动模范的示范引领和骨干带头作用，西南舁乡果业协会及工会组织坚持创新发展理念，大力弘扬劳模精神和工匠精神，果业行业工会联合会建立了高秀杰劳模工作室，旨在充分发挥劳动模范高新技术技能水平，积极引导广大果农学技术、练技能、全力凝聚果农在促进全乡果品创新发展中的智慧力量，培育和造就一支知识型、技能型、创新型的高素质的队伍。高秀杰劳模工作室由熟悉果业技术的6名技术人员组成，在果树提质的十项技术推广上进行了多次试验，并推广到全乡的果树应用上，为全乡苹果发展，果品提质起到了重要的促进作用。

技能比武 为了提高全乡果农的积极性，西南舁乡果业工会在全乡范围内不定期举行果农技能比武大赛，搭建劳动者互鉴、合作交流的大舞台，通过构建“以赛促学、以赛促训、以赛促建”模式，进一步加强果树人才队伍建设，引领全乡形成劳动光荣、技能宝贵、创新伟大的时代风尚，让果农在比赛中互相学习、互补长短，也让全乡果业发展充满了活力。

帮扶工作 西南异乡果业工会多年来非常注重全乡的贫困果农的帮扶工作。一是对全乡果农进行免费的技术支持；二是帮助果农在苹果销售上打开销路，全方位多角度地提供销售途径；三是建立冷库装置，延长苹果的储藏时间，实行反季节销售，增加果农的收入。

第四节 荫营镇餐饮业行业工会

行业概况

荫营镇地处阳泉市郊区区委、区政府所在地，是全区的政治、经济、文化中心，缘于城市周边的特殊地域特点，荫营镇第三产业中，餐饮服务业所占比重很大。随着各项社会事业的进步，荫营镇餐饮行业如雨后春笋般蓬勃发展。镇中酒店、吉盛楼饭店、海香楼私房菜、金土地大酒店、江正大酒店、王朝大酒店等一大批代表全区乃至全市餐饮行业特色的大酒店落户荫营，它们都有各自的特色，满足了不同人群的消费需求。全镇餐饮行业从业单位达 58 家，其中大型餐饮单位 6 家，从业职工总数达 640 人，其中女职工 576 人。在条件成熟的 25 名职工会员以上的大型餐饮业单位单独组建工会，吉盛楼饭店、江正大酒店、海香楼等一批餐饮单位相继组建工会，为荫营镇成立餐饮业联合工会创造了有利条件。

组织沿革

2010 年 7 月 23 日，荫营镇餐饮业联合工会第一次会员代表大会在荫营镇政府六楼会议室顺利召开，39 名会员代表通过直接提名选举的办法，选举产生了荫营镇餐饮业联合工会第一届工会委员会和工会经费审查委员会，这标志着荫营镇餐饮业联合工会正式挂牌成立。工会委员会由 5 人组成，会员代表 39 人，从业职工 640 人。

主要工作

荫营镇餐饮业大型单位全部组建工会，其余各家小饭店全部纳入了镇餐饮业联合工会，实现了餐饮行业职工尤其是女职工的全覆盖。在发挥荫营镇餐饮行业联合工会的作用的同时，最大限度地维护餐饮行业职工的合法权益。在组建餐饮行业联合工会工作取得阶段性成果的基础上，荫营镇工会采取了一系列切实有效的措施，推进了餐饮行业工会向纵深发展。各餐饮企业在建章立制、制作工会版面、完善工会各类档案资料，在工会与企业双方平等协商的基础上签订劳动集体合同。并在合同中明确规定劳动报酬、安全卫生、社会保险等关系职工切身利益的条款，保证合同的可操作性并严格执行，使职工收入与企业经营效益相适应。在组建餐饮行业工会的同时，指导餐饮企业创建和谐、富裕、民主、温馨的职工之家，进一步提升了餐饮行业职工之家建设的水平。部分餐饮企业还专门为职工设置了活动室，保障职工文化、体育活动，给职工过生日，保障职工免费就餐，开展技能比赛，及时救助困难职工，解除了他们的后顾之忧。工会组织积极引导职工为企业发展献计献策，树立爱岗敬业、乐于奉献的精神，实现了企业发展与职工利益的双赢。在推进餐饮企业建会的实践中，在餐饮企业集中的区域组建联合工会，是践行新时代发展要求、落实“组织起来，切实维权”的有效载体，有利于把不同规模的餐饮企业吸收到联合工会中来，最大限度地吸纳餐饮行业职工入会；有利于签订餐饮行业集体合同，维护职工的合法权益；有利于整合餐饮行业资源，促进餐饮业又好又快地发展。

第五节　河底镇运输行业工会联合会

行业概况

河底镇自古就是连接平定、盂县的重要枢纽，207国道、214省道贯穿境内，阳五高速、京昆高速交会过境，交通发达，区位优越。镇政府所在地距阳泉市区20千米，距规划开发的新城区不足10千米，镇区中心距阳五高速入口7千米、距京昆高速入口不足1千米。依托便利的交通优势，运输业相对发达。

20世纪50年代以前，河底境内的货物运输，最初以畜力驮运和畜力木轮大车拉运为主。1954年，小平车已成为农村运输的主要工具。主要从事煤炭、铁货、铁板等货物运输。1955年，燕龛机械厂从天津买回美国制造的“白牌”和“小岛机”汽车两部，开始有了汽车运输。河底硫铁矿开始使用胶轮小平车，此后河底、牵牛镇、东村等大部分村集体及农户都陆续购置了小平车。1956年至1957年，农业合作化高级社时期，河底、邓家峪、牵牛镇等村先后配套起第一批胶轮大车，河底村社员史通成、邓家峪村社员邓秉林、邓元堂、张四苟等先后成为第一代赶车把式。1968年，河底购置了第一台手扶拖拉机，次年又购置了30型、工农7.1型2台拖拉机，1971年又购置小卡斯汽车1台。此后，境内拖拉机、汽车逐步发展。但其时小平车和马拉胶轮车仍是短途和中途运输的最主要工具。中共十一届三中全会后，随着机动车运输的快速发展，村村成立了车队。至20世纪80年代初，马车队全部解散。小平车的短途运输也只偶尔在农村出现。1982年后，运输市场开放，允许农民个人或联户购置大中型汽车或拖拉机从事生产和运输，个体运输专业户迅速兴起。在“有路大家跑车，有河大家行船”的口号下，本镇形成了集体、个体一齐搞运输、开放活跃的运输市场新格局。以河底村光根存创建的通茂运输公司为代表的个体汽车运输企业应运而生。进入20世纪90年代后，推广集约化运输经验，山底等集约化经营车队相继成立，运输业再次掀起高潮。以山底集约化车队为例，1993年，拥有车辆36部、吨位数180吨、货运量25920吨、年运输能力4006405吨千米、从业人员75人。1994年，随着社会车辆大量涌入运输市场，运输市场出现了竞争激烈的局面，运输企业出现了货源不足的问题。1998年后，受金融危机和市场疲软的影响，运输市场出现十分严重的停运、转卖车辆现象，运输业跌入低谷。进入21世纪后，大吨位货车以较快速度增加，运输业进一步发展。至2019年，该镇共有营用货车407辆4742吨位，其中重型货车338辆4121吨位，中型货车69辆621吨位，货运量17.26万吨，货物周转量1324.78万吨千米，从业人员571人。

组织沿革

河底镇依托便利的交通优势，运输业相对发达。进入21世纪后，为充分发挥工会组织的桥梁纽带作用，团结依靠行业职工，促进运输业的健康发展，2011年，该镇运输行业工会联合会成立。当年6月28日，河底镇运输行业工会联合会第一次会员代表大会召开。参加本次大会的行业工会会员代表67名，镇工会主席赵银贵做工会筹备工作报告并致开幕词。会议选举

2019 年，河底镇运输行业工会联合会召开第二次会员代表大会

产生了河底镇运输行业工会联合会第一届委员会成员、经费审查委员会成员，赵银贵当选为行业工会主席，史丽霞当选为副主席，委员由赵银贵、史丽霞、郭秀花、郭海峰、郭利敏、郭彦斌、周云山、高鸿仁、胡晋泉组成，经费审查委员会由史丽霞、郭秀花、郭利敏组成。2019 年，运输业从业人员发展到 571 人，行业工会会员 571 人，入会率达到 100%。为保障工会工作的顺利开展，行业工会按时进行换届。当年 6 月 21 日，行业工会联合会第二次会员代表大会召开。镇工会副主席葛秀文做行业工会第二次会员代表大会筹备工作报告。会议选举产生了河底镇运输行业工会联合会第二届委员会，刘海花当选为行业工会主席，程艳文当选为经费审查委员会委员。

主要工作

为了促进全镇运输行业健康、稳定、快速发展，依法保护运输行业与职工合法权益，协调劳动关系，完善职工诉求渠道，凝聚行业力量，对该镇运输行业进行摸底调查。2011 年，根据《中华人民共和国工会法》和《中国工会章程》的有关规定，经请示河底镇工会联合会的同意，成立了行业工会联合会。按照有关要求，确定了工会会员代表大会代表名额。各车间、班组、科室根据分配名额和要求规定的产生办法，在充分发扬民主、广泛听取群众意见，通过召开车间、班组、科室会议民主选举产生了会员代表。会员代表大会根据《企业工会工作条例》关于企业工会委员设置的规定和上级工会的要求，采用等额选举的办法选举产生了首届行业工会委员会。根据《中国工会章程》关于"各级工会代表大会选举产生同级经费审查委员会"的规定，等额选举产生了行业工会经费审查委员会。行业工会成立后，积极发展工会会员，在对辖区运输行业人员进行摸底的基础上，采取集体入会的方式，广泛吸收员工加入工会，行业会员增加到 571 人，行业员工入会率达到 100%。2019 年 6 月，积极筹备工会换届工作，在上级工会的指导下，完成了工会第二次委员会委员候选人的协商推荐及工会经费审查委员会组成人员初步人选的确定，完成了会议材料准备、会场布置等会前工作，河底镇运输行业工会联合会第二次会员代表大会按时召开，顺利完成了行业工会的换届工作。此外，充分利用行业工会委员会委员在镇工会任职的组织优势，积极参加镇工会开展的职工素质提升、法律维权、困难帮扶、文化生活等工作。

第八章 人 物

第一节 人物传记

工会领导

韩九江（1918—1967）曾用名韩德和，山西省阳泉市郊区荫营镇后沟村人。幼年就读于上荫营两等学校，1945年加入中国共产党。1947年担任村党支部书记，在“华大”工作队的协助下开展土改工作，同年入股同兴磺厂，兴办磺业生产合作社。1947年7月之后担任第三任、第七任、第十任村党支部书记，先后共6年。后任荫营乡党委书记、荫营硫铁矿书记及工会主席。

高润杰（1926—2001）男，汉族，山西省阳泉市郊区西南舁乡西南舁村人。高小毕业，1945年12月加入中国共产党，1946年8月参加工作，区人大常委会副主任，区第一、二届工会主席。

高润杰幼年家贫，全家父母兄妹5人，靠父亲种地维生；他12岁就开始给地主、资本家扛长工、下煤窑；1946年8月至11月，在平定大队4连参加抗日活动；1946年12月至1949年7月，在冀晋部队服役，先后担任副班长、班长、排长；1949年8月至1950年8月，在山西省警备某连任副连长；1950年9月至1951年2月，在中国人民解放军某军速成学校学习；1951年3月至1955年5月，在中国人民志愿军某连任连长；其间，荣获朝鲜民主主义人民共和国军勋章；1955年6月至1963年5月，在中国人民解放军步兵部队服役，先后担任股长、副营长、参谋长；1963年6月至1969年1月，转业回乡，任阳泉市副业生产管理处副处长；1969年2月至1972年6月，在阳泉市五七干校学习；1972年7月至1975年11月，任东村公社革命委员会主任；1975年12月，调区工会后，按照区委安排，积极着手组建区工会组织。1976年11月29日至30日，组织召开了阳泉市郊区工会第一次会员代表大会，选举产生了首届阳泉市郊区工会委员会，他本人当选为首届工会主席。1980年11月10日至11日，区工会第二次代表大会胜利召开，他再次当选为区工会主席。1981年，又当选为郊区人大常委会副主任，至1984年6月。在任郊区工会主席期间，组织职工认真学习马列主义、毛泽东思想，对广大职工普遍进行形势和政策教育、民主法制教育，以及热爱祖国、热爱中国共产党、热爱社会主义的“三热爱”教育。积极开展企务公开，实行民主管理；积极推进职（教）代会制度。特别是中共十一届三中全会以后，工会工作更加广泛。工会充分发挥桥梁和纽带作用，发动广大职工投身于现代化建设事业，广泛开展了“双增双节”为主要内容的社会主义劳动竞赛，开展了为“四化”立功，学先进、练硬功、登擂台、创水平，岗位练兵和技术比武以及“我为厂贡献一计，帮助企业解难题”合理化建议等活动，使全区形成了全方位、多层次、多形式的劳动竞赛热潮。1986 年 6 月，高润杰光荣离休。

王俊德（1923—2008）男，汉族，山西省阳泉市郊区荫营镇韩庄村人，1940 年 1 月参加工作，1953 年 1 月加入中国共产党，第二届区工会副主席。

1932 年 1 月至 1939 年 12 月，先后在原籍读书、务农，曾任村抗日救国会主任；1940 年 1 月至 1947 年 12 月，任私人商会副主任、村民政员；1947 年 12 月至 1957 年 6 月，在平定正太煤铁公司兴隆号采购站务工；1957 年 6 月至 1959 年 4 月，任市商业局榆次采购站人事科秘书；1959 年 4 月至 1961 年 10 月，先后任郊区财贸部商店、商业局副主任、经理；1961 年 10 月至 1962 年 5 月，任市委农村工作部组织部干事；1962 年 5 月至 1966 年 7 月，任西南舁公社党委组织委员；1966 年 7 月至 1968 年 12 月，任荫营区组织人事助理员；1968 年 12 月至 1976 年 8 月，任郊区政工组干部办公室主任；1976 年 8 月至 1979 年 12 月，任郊区革委贫协副主任；1979 年 12 月至 1983 年 2 月，任区委组织部副部长；1983 年 2 月至 1984 年 3 月任郊区总工会副主席。其间，积极推进工会各项制度建设，组织职工积极开展技术革新和合理化建议运动，并广泛开展了比先进、学先进、赶先进、超先进的劳动竞赛，促进了各项事业的发展。成功举办了歌咏大赛、厂矿男子篮球大赛、职工象棋比赛、职工书法美术选展、自行车竞赛等大型文体活动。

路聚盛（1927—1998）男，汉族，山西省阳泉市盂县梁家寨乡偏亮村人，1942 年 8 月参加工作，1944 年 3 月加入中国共产党，第二届区工会副主席。

路聚盛幼年在家乡偏亮村度过；1937 年至 1942 年，在家乡读书和务农；1942 年 8 月至 1947 年 7 月，先后任盂平县第四区小队、盂县大队通讯员；1947 年 8 月至 1948 年 8 月，先后任晋察冀独立二团班长、排长；1948 年 9 月至 1952 年 4 月，在中国人民解放军某部任军械员、指导员；1952 年 5 月至 1954 年 9 月，在山西公安总队二连任指导员；1954 年 10 月至 1956 年 8 月，任阳泉市委组织部组织员；1956 年 9 月至 1958 年 8 月，任阳泉钢铁厂支部书记；1958 年 9 月至 1983 年 7 月，任荫营中学校长、书记；1983 年 8 月至 1985 年 4 月，任郊区总工会副主席。其间，积极推进工会各项制度建设，组织职工积极开展技术革新和合理化建议运动，并广泛开展了比先进、学先进、赶先进、超先进的劳动竞赛，促进了各项事业的发展。成功举办了全区职工象棋比赛，书法、美术展览和比赛，珠算技术比赛，自行车、乒乓球、篮球比赛和职工劳动保护安全知识竞赛，这些活动展示了职工的精神风貌，促进了精神文明建设。1985 年 5 月，任荫营中学调研员，1987 年 10 月离休。

乔懋德（1932—2000）男，汉族，山西省昔阳县白羊峪乡后东峪村人，1952年10月参加工作，1956年7月加入中国共产党，第二届区工会主席。

乔懋德幼年在家乡东峪村度过；1945年至1947年，先后在该村和昔阳县第三高小学习；1948年，在昔阳县大众医院当学徒，此后又返回本村务农；1952年10月至1953年8月，在昔阳县保险公司任职；1953年9月至1954年5月，任昔阳县四区财粮助理员；1954年5月至1958年9月，在阳泉市粮食局工作：1958年9月至1962年9月，任白泉中学团总支书记；1962年10月至1965年8月，任白泉公社组宣委员、副书记；1965年9月至1966年11月，任三郊公社党委书记；1966年11月至1971年2月，任河底公社党委副书记；1971年2月至1975年11月，任三郊中学党支部书记、校长；1975年11月至1984年2月，任荫营公社党委书记；1984年3月，调区工会工作；同年6月，当选为工会主席，至1987年7月。任区工会主席期间，郊区工会组织进一步壮大，他积极组织各基层工会开展对伤、亡职工家属慰问，并配合有关部门抓了计划生育和法制教育。积极推进基层工会职工代表大会制度建设。组织全区职工积极行动起来，以主人翁姿态，为振兴郊区献计出力、建功立业。成功举办了歌咏大赛、厂矿男子篮球大赛、职工象棋比赛、职工书法美术选展、自行车竞赛等大型文体活动。1992年9月退休。

劳动模范

李玉藻（1907—1972）平坦镇甘河村人。1950年1月，李玉藻带头响应党中央的号召，成立了阳泉市第一个生产合作社——甘河礦业社，并担任该社的党支部书记兼主任。其间，他身患胃病，但全身心投入礦业生产，土法上马，继承传统工艺，勇于探索，制作出了“樊李小炉”，使成本降低了43%。他率先采用了风钻采矿，使效率比手工操作提高了7倍多。在经营管理方面，试用工分包制，大大调动了工人的生产积极性。1950年11月，李玉藻在山西省人民政府召开的工农劳动模范大会上，被授予一等劳动模范奖章。1951年，甘河礦业社被全国合作总社评为全国“四大旗帜社”之一，李玉藻被阳泉工矿区和山西省矿务管理局授予劳动模范奖章。1954年，李玉藻先后接待苏联和朝鲜专家对甘河礦业社的参观考察。1955年，李玉藻出席全国礦业合作社表彰大会，受到刘少奇、朱德等中央领导的接见，并合影留念。

史达华（1909—1959）曾名通宣，河底镇燕龛村人。民国26年（1937）参加八路军，同年加入中国共产党。曾任八路军总部侦察营指导员，八路军一二〇师后勤部运输大队大队长、连长。民国36年（1947），组织起燕龛煤铁业社，从事机械工业生产，任阳泉市燕龛村党支部书记，燕龛民生铁厂厂长兼党支部书记。中华人民共和国成立后，历任燕龛村手工业生产联合社主任兼党支部书记，铁业生产合作社主任兼党支部书记，燕龛机械厂厂长兼党支部书记。组织工人研制并生产出境内第一台机械产品——30马力离心式水泵，此后又生产出钻床、车床等成套机械产品。1950年被评为山西省劳动模范，1953年被评为山西省一等劳动模范，1954年、1956年被评为山西省特等劳动模范。

陈福亮（1917—1965）河底镇山底村人。由于其家乡盛产煤炭，具有悠久的冶炼铸造历史，陈福亮从小就对炼铁铸锅耳濡目染，对生产工艺产生了浓厚的兴趣。长大成人后，随同其父，闯荡关东，远赴辽宁本溪一带，打工谋生，从师铁业。“七七”事变后，由于战乱，返回家乡，继续从事冶炼铸造业。

民国34年（1945）8月，陈福亮光荣地加入中国共产党，开始投身革命。在党组织的领导下，他秘密组织山底村20多个铁业手工业者，在圈羊的破窑洞内建成两座铸造土炉，进行手榴弹壳铸造，成为平定（路北）县第一座兵工厂。当时的陈福亮任技术员，他大胆进行了土法制作兵工产品的试验，先后生产出手榴弹壳、82毫米炮弹壳、炮弹叶、地雷壳等多种兵工产品，有力地支援了抗日战争和解放战争。

中华人民共和国成立后，陈福亮所在的山底胜利铁业生产合作社联合本村的福兴炉、同和炉、恒兴炉、联合炉4家私人合伙经营小炉场的手工业者，成立了山底铁业生产合作社。1950年被评为山西省工农业劳动模范。1952年，他大胆进行技术革新，购置25马力煤气机，推广了圆炉化焖铁技术，生产出铸水管、地板、架子锅等产品，山底铁业生产合作社被评为华北五省二市模范生产合作社。1954年，该社建起全省手工业系统第一座8立方米小高炉，日产灰生铁10吨，开辟了土法炼铁生产技术改造新途径。1958年，该社改为国营山底铁厂。此后，他又再次组织工人进行技术改造，先后建起了15立方米高炉和36立方米高炉，使该厂成为当地规模较大的冶炼企业。

李如祥（1911—1976）荫营镇东垴村人。李如祥出生在一个农民家庭。少年时期，他饱受封建制度的压迫，见证了广大农民所经受的痛苦生活。民国32年（1943）8月，在艰苦的抗日环境下，他加入中国共产党，积极投身抗战及中国人民的解放事业。中华人民共和国成立后，在党的领导下，他带领全村农民，开展了社会主义革命和建设的艰苦工作。1951年积极响应党的号召，在东垴村成立了常年性的比较固定的变工组，采取换工变工形式，有效促进了生产发展。1952年，在变工组的基础上又组织起东垴村第一个常年互助组，组内实行劳、畜力和技术互助。在他的带动和影响下，当年全村先后组建了13个互助组，组员达到153户，占总户数的92%。当年冬，他又带头并组织村里的3个互助组在自愿办社的基础上，成立了境内最早的初级农业生产合作社，取名为“前进社”。合作社实行土地入社，统一经营，劳力统一分工参加集体劳动，收益实行按劳分配和土地分红相结合的办法。全社共有30户、101人，38个男劳力、23个女劳力，入社耕地285亩，大小农具210件，牲畜14头，下设3个耕作组、3个副业组。他在办社和耕作上的先进经验被迅速推广，使境内农业生产得到迅速恢复和发展，其先进事迹先后多次受到省、市、区、乡的表彰。1954年，他被选为市人大代表，出席山西省劳模大会。

1956年，全国出现农业社会主义高潮，大规模地由初级社转向高级社。在这个大形势下，李如祥又组织东垴村1个老社（前进社）、3个新社（光明社、先锋社、和平社）及未入社的单干户成立了东垴村高级农业合作社。全村耕地归高级社集体所有，由社员耕种，按照土地分红，耕畜及大型农具全部作价入社，实现了生产资料公有化。

1958年后，随着人民公社化运动的开始，李如祥心系生产发展，充分发挥集体的优势，在搞好农田水利基本建设的前提下，发展工副业生产，为东垴的发展做出了积极的贡献。

“农业学大寨”期间，李如祥充分发扬艰苦奋斗的大寨精神，领导全村人民战天斗地，为改变东垴的面貌，贡献了自己毕生的精力。

1976年9月，李如祥因公出差，在石家庄突发心脏病逝世，享年65岁。李如祥逝世后，东垴村为他举行追悼会，时任阳泉市委副书记的马维华到会致哀，并写下了“忠心耿耿干革命，鞠躬尽瘁为人民”的挽联。

刘有兰（1924—2012）女，阳泉市平定县巨城镇龙庄村人，1938年嫁到杨家庄乡黑土岩村。1944年在黑土岩村参加革命工作，担任村妇救会主任、地下秘密工作者。1948年加入中国共产党。1952年至1977年任村党支部委员和管理委员会委员。1955年组织成立村妇女民兵连，任指导员。1958年至1961年任白泉公社畜牧场党支部书记。1962年至1986年，任村妇代会主任，兼任乡妇联副主任，市、区妇女联合会委员，曾任乡党委委员、区人大常委会委员。

在抗日战争与解放战争时期，刘有兰积极发动广大妇女筹备军粮、制作军鞋，掩护和照顾八路军伤病员，充当信息情报员，粉刷和张贴抗日标语，宣传党的抗日救国政策，有力地支援了抗日武装，为争取抗战的早日胜利贡献力量；中华人民共和国成立初期，她引导妇女解足剪发，解放自己。带领妇女开展扫盲运动，学习文化知识；“农业学大寨”时期，她率领妇女投入生产劳动，掌握农耕技术，大兴农田水利基本建设；中共十一届三中全会后，她积极宣传男女平等基本国策、计划生育政策、新婚姻法等法律法规，引导妇女提高素质，脱贫致富，争做“四有”“四自”新女性，在“两个文明”建设中充分发挥“半边天”的作用。

刘有兰从事革命工作和妇女工作40余年间，脚踏实地、兢兢业业、任劳任怨，受到了父老乡亲的崇敬与爱戴，获得了党和政府的诸多殊荣。1955年获山西省“先进工作者”“劳动模范”光荣称号。1958年至1961年任白泉公社畜牧场书记期间，获省级“先进个人”称号。1960年8月，出席山西省妇女联合会第一次代表大会。1965年8月，出席山西省先进妇联基层组织代表大会。1979年9月，被全国妇女联合会授予“全国三八红旗手”光荣称号，同时获山西省“三八红旗手”荣誉称号。1983年再获殊荣。1980年2月，出席山西省农业先进单位和劳动模范代表会议，并被山西省人民政府授予“劳动模范”光荣称号。

郭占元（1911—1972）义井镇义东沟村人。郭占元自幼在家乡务农，青年时期，除以赶牲口下煤窑驮炭为生外，还摸索蔬菜种植技术，尤其专注韭菜种植和黄瓜培育。

1952年，郭占元积极响应毛泽东主席“组织起来”的伟大号召，为彻底摆脱贫困、走社会主义道路，组织成立了义东沟村第一个互助组，并受到了中共阳泉市委的表彰。同年，他还代表互助组出席了全市劳模大会。

1953年，郭占元根据市委的指示，试办了合作组，并任组长。合作组共14户农民，有8个劳力、3部木轮水车，经营42亩土地，实行水地集体经营，旱地互助耕种，年终按劳分配。这一年，他们每个劳动力年收入达到600余元，体现了合作互助组的优越性。

1954年，郭占元在试办农业合作组的基础上又建立了全村第一个初级农业生产合作社——曙光社，成为阳泉市第一个蔬菜农业合作社，并担任社长。经过一年的努力，合作社不仅取得好收成，而且还有了公共积累。1955年2月12日，他代表义东沟村曙光合作社出席了山西省1954年度农业生产模范授奖大会，获得锦旗1面、双轮双铧犁1部。

郭占元在培育蔬菜品种和科学种田的过程中，积极引导和推广蔬菜新品种，先后试种了优质品种“义字一号”茴子白和“柳条青”黄瓜，以及大白菜等作物，使蔬菜产量由低产变高产，劣质变优质，蔬菜抗病能力也大有提高，收入出现成倍增长，并第一次实现了蔬菜四季常青。因此，1956年2月29日，郭占元出席了在太原召开的山西省农村社会主义建设积极分子大会，被评为劳动模范，受到省政府奖励。1956年，全村4个初级社全部转为高级社，郭占元继任社长。他动员全村97%的农户和养大车的7户农民，都加入了高级社。当时，共有劳力560人，经营耕地1536亩，大牲畜85头，巩固壮大了集体经济。1957年，蔬菜出现了前所未有的丰收，但许多蔬菜销路不畅。为了便于产销两旺，解决销路这一问题，郭占元动脑筋、想办法，组织成立了高级社收菜市场，全社的蔬菜全部经菜场集中并由专人负责收进，对外批发销售。此举不仅供应了城市居民，也大大缓解了产销矛盾。

由于种菜面积逐年扩大，郭占元又领导全体社员发展水利事业。先后修建了深11.5米、直径4米的拦河井1眼，又在麦顶岭、南会两地修建蓄水池2个，蓄水量为730立方米，铺设地下管道2000米。年终集体收入42.30万元，上缴国税5200元，公共积累4.4万元，社员分配26.9万元。同时，还兴建了面积达1200平方米的办公大院，并把铁木电修各业组织起来，组建了专为农业服务的工厂，使高级社的力量迅速发展壮大起来。

1958年3月5日，郭占元代表义东沟村出席了在太原召开的山西省第二次社会主义建设积极分子大会。为了解决水源不足的问题，他又组织社员群众修池蓄水。在村街口兴建了容水量最大的蓄水池——跃进水池，开发了中层地下水源，并在池内养了鱼苗，引水上山后使旱地变成了水地，蔬菜生产更上了一层楼。1959年，蔬菜总产量达到了500万千克，集体收入达50余万元。同年，他代表村集体到北京参加了全国安全生产表彰大会。

1960年，国家处于困难时期，社员日供口粮6两，部分社员得了浮肿病。为渡过难关，郭占元忍痛将集体的30余只羊先后宰杀，分给浮肿病人。

郭占元在任职期间，除发展蔬菜生产、兴修水利外，还组织社员群众开展农田基本建设，先后几年开展拦河造地，特别是改造报马坪造地，均由郭占元亲自规划，合理安排，成为义东沟农田基本建设的开路先锋。1954 年至 1964 年，他多次被阳泉市评为劳动模范，还当选为市人大代表及四届、五届市人民委员会委员。1965 年 3 月 27 日，郭占元代表义东沟大队还出席了在太原召开的山西省农业生产先进集体代表会议，受到省政府表彰。

1969 年，郭占元因病离开了领导岗位，但他身体一有好转，就以一个普通劳动者的身份，继续下田种植蔬菜，把种植蔬菜技术、田间管理、防治病虫害以及育苗和塑料覆盖技术等经验，传授给青年社员，为义东沟培养了许多种菜能手，赢得了广大群众的尊敬。

白云生（1927—1988）山西平定人。1951 年，在义东沟村瓷厂做工。1954 年，随同瓷厂加入村瓷业社。二十世纪五六十年代，企业划归阳泉市重工业管理局统一管理，变为阳泉高压电瓷厂，他被分配在烧成车间当工人，后任科长。1955 年至 1958 年在阳泉高压电瓷厂烧成车间工作期间，为增窑容量，根据产品形状改进匣钵，由 2 种规格增加到 4 种规格，大、小产品搭配套装；新匣钵装产品，小残缺匣钵装磁球和烧粉，使窑容量由装 1.8 吨增加 2.3 吨。全年增产 340 吨，增加产值 3 万余元。1958 年，获山西省先进生产者光荣称号。1982 年退休。

陈凤喜（1912—1979）河北泊头人。1954 年，在阳泉任家峪铸锅厂当铸工。他刻苦钻研技术，开展技术革新。1954 年将沙模工艺改为脱模，减少了 10 道工序。同年又试制成硬模铸锅，提高工效 3 倍。1962、1963 年获山西省先进生产者，1964 年获山西省五好职工。1973 年，在阳泉市任家峪铸锅厂退休。

阎维新（1940—2013）河底镇苏家泉村人。1959 年 9 月参加工作，1966 年 6 月加入中国共产党，小学学历，经济师。中共阳泉市郊区委员会第二届候补委员、第三届委员，阳泉市郊区第十三届和第十四届人民代表大会代表，中共阳泉市第六届党代会代表，阳泉市第十届人民代表大会代表。

1959 年 9 月至 1976 年 5 月，先后在河底公社苏家泉磺厂、河底农具厂、阳泉市机械修造厂、阳泉市郊区农机厂、阳泉市水暖器材厂工作，曾任统计员兼出纳员、革命领导小组副组长、厂长、党支部书记等职。工作中，他坚持干部参加生产劳动，大胆改革，勇于创新，重视发挥技术骨干的积极作用，自力更生、艰苦创业，闯出了一条创新发展企业之路。他把原来以手工生产茶壶、铁锅、铁木农具为主要产品的工厂，改造发展成能够生产各种水泵和粉碎机等农业机械的机器化工厂。由于工作成绩突出，于 1964 年荣获山西省五好职工（省级劳模）称号。1972 年，他为温河水库组织生产了大口径 D 型双吸水泵，又试制成功了小四轮拖拉机，这两项均填补了阳泉市工业生产的空白。特别是在 1973 年阳泉市机械修造厂从郊区农机厂分出后，他面对“一无场地、二无资金、三无定型产品”的困难局面，白手起家，艰苦创业，带领全体职工边建厂、边生产，迎难而上，用3个月就建成新厂并生产出疏水器、小阀门等水暖器材，产品畅销全国。由此企业积累了资金，走出了困境，职工由66人发展到100多人，产值达到百万元，使企业重新焕发了生机。经上级批准，阳泉市机械修造厂更名为阳泉市水暖器材厂，成了区营企业中的先进单位；区政府召开了现场会，推广其成功经验。

1976年6月，调入阳泉市郊区人民政府工作，先后任工交办公室主任、计划委员会副主任、交通局局长、计划委员会主任。1993年6月，当选为郊区第十三届人大常委会副主任；并于1996年起兼任郊区公路建设指挥部常务副总指挥。1998年人大换届后任老区经济建设促进会会长、老年体育协会主席、关心下一代工作委员会主任等职。在多年的工作中，他善思好学、爱岗敬业、严谨务实、勇于创新，为阳泉市郊区的工业、交通、经济和社会发展做出了显著贡献。2000年4月退休。

贾兴庄（1913—1989）阳泉市郊区杨家庄乡北杨家庄村人，幼时家境贫寒，在国民小学读过书，十几岁在家种地并兼学锻工。1954年，加入杨家庄村农具生产联社即锄业社，从事地方名优产品擦生锄板的开坯压生工作。20世纪60年代，企业划归阳泉市手工业管理局统一管理，变为阳泉市五金工具一厂。1961年，任阳泉市五金工具一厂技术革新小组副组长时，他积极配合中央一机部半机械化推广小组大胆革新，用泥捏模、用沙画图、用竹棍做架，制造成功了扁担锤，代替了手工锻打工艺，减轻了体力劳动，推动了生产的发展，被工人誉为“土专家”。1958年，当选为阳泉市政协委员。1964年，荣获山西省五好职工光荣称号。1975年退休。

周光耀（1932—1986）义井镇白羊墅村人。优秀税务干部。1951年，周光耀毕业于阳泉中学，1958年加入中国共产党，1964年被评为山西省劳动模范。历任荫营税务所专管员、副所长、所长，阳泉市税务局副局长等职。

20世纪50年代，周光耀在担任税收专管员时，利用专管工作“眼宽腿长，联系面广”的特点，为企业“搭桥挂钩，穿针引线”，协助企业调节物资余缺，帮助解决产、供、销方面的困难，并总结出了税务专管员“出门三件事，工作抓七环”的工作方法。“三件事”即征收利税，了解企业生产和财务情况，协助纳税单位解决困难；“七环”即产品、供应、销售、成本、征收、管理、检查。仅1954年，他就为企业办好事46件，为企业增加产值27万元，增加财政收入16万元，被群众誉为“活财神”。郊区矿产资源丰富，60年代初，矿产品的年外销量就达30万～40万吨，而且主要是通过十多千米外的白羊墅车站发运的。经过调查后他发现短途运输力量不足，运费较高，严重影响着资源的开发和经济的发展。于是，他向市委、市政府提出在荫营煤矿铁路专线上建荫营货栈的报告。在征得同意后，他又作为货栈工程指挥部的成员参与了工程建设。工程投入使用后，仅此一项一年就节约短途运费176万元。他担任市税务局副局长后，积极倡导并坚持召开政策研讨会，使有关税收的各种问题都能得到及时解决。其间，他还致力于研究全市经济发展战略问题，并通过调查研究，写出一系列调查报告，先后向市委、市政府提出了“阳泉市实现煤气化，对煤矸石进行综合利用，实现热电联供和调整阳泉市产品结构”等四项建议。其中，实现煤气化和煤矸石的综合利用两项建议被采纳实施。

周光耀淳朴正直，平易近人。任阳泉市税务局副局长期间，他走遍了全市三区两县的每一个税务所。他热心同基层干部和群众交朋友，尽力帮助他们解决工作和生活中的实际问题。在参加娘子关提水工程建设时，他和工人们一样风餐露宿，深受人们拥戴。

王树忠（1931—1994）山西介休人，中共党员，中学高级教师，国家体育一级裁判。1953年，毕业于太原师范学校；同年，分配到阳泉市上站小学当教师。1962年加入中国共产党。先后调入阳泉市郊区中佐中学、荫营中学。在中佐中学任体育教师时摸索出严、细、辅、保的教学方法。体育普及工作在阳泉市名列榜首，学校体育运动队在全市比赛中，多次进入前三名。1977年，被山西省革委授予“先进工作者”称号。1988年晋升为中学高级教师。1991年5月，到龄退休。

杨腊果（1943—2011）女，河底镇小河北村人，1958年6月参加工作，1973年加入中国共产党。1958年6月至1962年12月在东村供销社造纸厂当工人，1962年12月至1964年4月在东村供销社饭店从事服务员工作，1964年4月至1976年6月在东村供销社负责百货门市部工作，1976年6月走上领导岗位，担任东村供销社主任、副书记，1985年3月调回区供销合作社，担任纪检审计办公室主任。1998年12月退休，2011年8月22日病逝。

在东村供销社工作期间，她负责百货门市部，为方便群众，服务百姓，她带领门市部另外两名同事，打破集体企业的八小时营业制，想方设法克服个人困难，率先实行节假日、午休、开会、学习、盘点都不关门的全天候营业制，并做到一年四季、始终如一，她们的辛勤付出，不仅使营业额明显上升，同时极大地方便了广大群众的商品购买。在经营模式上，她们破除传统坐商等客的习惯，定期走村串户，送货到农户、到田间、到工地，帮助8个生产大队办起了“红书室”，为农民群众提供了丰富的文化食粮。在经营种类上，按群众需要增设品种，在原百货的基础上，增加了小商品、小药品、年画3个柜台，同时为解决农村群众没地方裁衣、锁边的困难，门市部还增设了量体售布、现场裁衣锁边等业务，极大地方便了群众。在走村串户、送货下乡中，她们发现有的村不通邮，她们就代售邮票，为群众免费代寄信件。为解决群众小宗购买，她们把46种大宗商品实行拆整零售，并送货到家，方便群众购买。酷暑盛夏，群众防暑用的人丹、十滴水、清凉油她们会及时送到田间地头；风雪严寒，群众御寒用的小胶布、润肤油、手套、棉帽她们会及时送到农建工地。逢年过节，她们还对烈军属、五保户上门服务。东村82岁的五保户商根鱼无儿无女，她们经常上门帮助洗衣补裤，其事迹在乡里传为佳话。以杨腊果为代表的“三姐妹”门市部，就是从群众的头疼脑热想起，从百姓所需的针头线脑做起，以小商品大作为，在平凡的岗位上创造了非凡的业绩，她们全心全意为农民服务的事迹享誉三晋，先后在《中国商报》《山西日报》及山西人民广播电台等多家媒体报道。

1974 年至 1984 年，杨腊果连续 10 年被评为出席省、市、区、乡的“先进工作者”和“劳动模范”，1979 年至 1983 年，连续 5 年被评为出席市、区、乡、社的“模范党员”；1979 年至 1984 年，连续 6 年被评为出席省、市、区、社的“三八红旗手”；1979 年被命名为全国的“三八红旗手”；1984 年“五一”国际劳动节，被山西省社会主义劳动竞赛委员会荣记二等功。1978 年 4 月及 1985 年 8 月，两次当选为中共山西省第四、五届代表大会代表；1979 年 10 月及 1980 年 9 月，连续两次出席山西省妇联第五、六届代表大会；1983 年 6 月，出席山西省供销合作社社员代表大会；1981 年及 1983 年分别当选阳泉市第八届，阳泉市郊区第八、九届人民代表大会代表和阳泉市第六届政协委员。

赵培厚（1916—2002）义井镇义东沟村人。幼时在本村小学读书3年，青年时以耕种土地为生，后经人推荐，在阳泉老君庙街长益号药铺当伙计。17 岁，到河南郑州，河北白沟河、获鹿等地的染坊从事染布工作。做雇员搞染布是项苦累活，每年下来，收入无几。民国 26 年（1937），“七七”事变后，由于日本侵略军入侵，染坊生意也随着民族资本的破产而倒闭。无奈之下，只得回家种田卖菜。

解放初期，赵培厚积极响应党的号召，在村里带头参加变工组、互助组、初级农业合作社、高级农业合作社等，并先后担任会计、生产股长、副社长。1964—1967 年，任大队长（村主任）。1968—1975 年，任管理委员会主任。1957—1984 年任党支部副书记。1982 年，主动让贤担任了副大队长，1984 年退休。

赵培厚在农业战线上，几十年如一日，兢兢业业，率领广大干部社员群众为改变义东沟村五岭一坪面貌，组织农田水利基本建设，闸沟改河，扩大改造土地 190 亩，河滩造地 130 亩，旱改水地 358 亩，新建水池 14 个，容水量达 15 万余立方米。并铺设 2 万余米两趟排污管道，把离村 10 余千米的二矿矿井水和污水引回义东沟村菜地，共动用土石方 702.66 立方米，解决了蔬菜生产的供水问题，为蔬菜大幅度增产立了功。

为发展蔬菜生产，赵培厚开展技术改造、科学种田，通过多年的勤奋努力，把蔬菜种植新技术带回义东沟村，并总结出“春抓早、夏抓好、秋排开、冬贮存”的科学种植方法，使蔬菜品种不断增加，逐步实现了蔬菜“四季常青”。他以种菜人想着吃菜人，不断满足市民需求为宗旨，主持制定了蔬菜“五不上市”制度。任职期间，为国家提供各类上市蔬菜 1.75 万亿公斤，不但满足了城乡人民的生活需要，还使义东沟村成为阳泉市闻名的蔬菜生产基地。1955 年以来，在他和社员群众的努力奋斗下，义东沟村多次被评为“山西省农业生产先进单位”，成为全省农业战线上的一面旗帜。

1981 年，年过花甲的赵培厚为了培养年轻干部，不考虑个人得失，主动让贤退居二线；1982 年由大队长调为副大队长，并推荐让年富力强的干部接班上任，自己则努力搞好传帮带，为义东沟村领导班子的顺利交接和后继有人树立了典范。党和人民给予他许多荣誉：1980 年、1982 年，他两次被山西省人民政府授予“农业劳动模范”称号；连续多年被评为市、区、乡劳动模范和优秀党员；还当选为山西省五届、六届人大代表和工矿区二届、三届一次各界会议代表，阳泉市八届、九届人民代表，第八届人大常委会委员，阳泉市第八届政协委员，阳泉市老龄委委员。其模范事迹被载入《中华劳模大典》。他在担任省、市、区人大代表和市政协委员期间，结合本地实际，积极建言献策，履行职责，先后提出提案 40 多件，有不少建议被领导采纳。如关于“关心好菜篮子，安排好菜园子，组织好菜摊子”的建议，被市有关部门采纳，缓解了市民吃菜难问题。

退休后，赵培厚依然为发展义东沟村集体经济发挥余热，坚持不懈地为村里整理了大量文史资料，完整系统地撰写出了蔬菜种植技术、病虫害防治、良种培育和推广等一系列科学种田的经验，使义东沟村种植蔬菜的专业技术得到了不断地改进和提高。

张进德（1934—1988）荫营镇三泉村人。特等劳动模范、优秀企业家。1961 年，张进德加入中国共产党，1966 年担任三泉大队大队长兼支部副书记，1986 年被评为山西省特等劳动模范和阳泉市优秀企业家。后又被选为中共阳泉市六届委员会委员，中共十三大代表。

张进德是农村脱贫致富的带头人。20 世纪 60 年代初，他主动放弃“铁饭碗”，自愿回村改变家乡面貌。三泉村泉眼闭流，土地龟裂，民心思水，他上台第一步就是抓水找水。为了寻找水源，他冒着生命危险带头到挖过煤的废井巷探险；打井时村里购回绞车，当时村里没有人会开，他就亲自操作，一干就是半个月。他带领村民拦河筑坝，引水上山，铺设管道 10 千米，解决了生活用水，完善了水利设施。70 年代初期，村民的生活水平处在贫困线以下，有个小队劳动日分值仅 9 分钱。为了提高分值，他在村里办起了铸造厂、耐火砖厂、砖厂，并扩大了煤窑、加工厂的生产规模，至 70 年代中期，全村总收入达到 80 余万元，劳动日值突破 2 元钱。中共十一届三中全会后，他带领村民，设法变地下副业为地面企业，变采掘业为加工业，并大力发展第三产业，引进竞争机制，实行规模经营，使集体经济有了长足发展。至 1984 年，全村生产总值达到 1330 万元，人均收入 1200 元，被誉为“乡镇企业一枝花”。

在任大队长期间，为了改善村民单调的文化生活，贷款 80 万元，建成影剧院。后来这件事被指责为“资本主义倾向”受到批判，他本人也降职为分管农业的负责人。

张进德性情活泼，酷爱文艺，吹拉弹唱无所不会，尤精评说。任职期间，在村里组建了业余晋剧团、曲艺宣传队、篮球队、拔河队等，并长年坚持活动，使三泉村的文化生活丰富多彩。他曾与三泉村老艺人王勤同台演出，受到好评。他还获得“山西省农村文艺先进工作者”称号。由于积劳成疾，1988 年 5 月 12 日因心肌梗死突发溘然辞世。中共阳泉市郊区区委作出决定，号召全区共产党员开展向张进德学习。

冯十小（1938—2018）阳泉市郊区荫营镇下白泉人，1957 年加入中国共产主义青年团，

1958年和1963年任团支部书记，1960年至1969年先后任生产队副队长4年，队长6年。1970年加入中国共产党，同年任村管委会主任直至1992年改任金泉实业总公司经理。任职期间，以造福于民的热心、开拓进取的精神、坚韧不拔的意志，带领广大干部群众踏上强村富民之路。兴水利、抓农建、搞科研、夺高产，粮食产量达“纲要”、跨“黄河”、过“长江”，农业长足发展。兴建玻璃厂、铸钢厂、浴盆厂、马赛克厂，不断拓宽致富门路。新建二耐、硅砖厂，扩建一耐、矾石厂，形成了“一矿三厂”的主导产业。建店铺兴商业，推动了第三产业的发展。修街道、盖楼房、供基地、建民居，实现了新农村建设的突破性进展，使全村人民过上了安居乐业，丰衣足食的小康生活。1982年至1995年9次荣当区劳模，5次荣当市劳模，多次当选区、乡两级人民代表。1985年当选中共山西省第五次代表大会代表。1986年当选山西省农业战线劳动模范。卸任之后，自办私营永进耐火材料厂，既起了致富带头，又安置了劳力就业。2006年，应民声、顺民意领衔复修了古祠全神庙。2011年荣获阳泉市委授予的百名功勋党员荣誉称号。2018年11月，冯十小因病去世，村“两委”组织人员参加了他的追悼会，并为他致悼词。

杨俊和 （1963—1995）河底镇五架山村人。1983年9月参加工作，当年转为正式工，在阳泉市红土岩煤矿当采煤工，后任班长。他一直奋战在采煤第一线，年年出满勤，天天干满点，带领全班超额完成生产任务。1989年至1991年3年累计生产原煤3.8万吨，超额20%完成了任务。个人3年累计挖煤6088吨，3年完成5年的任务。1992年4月，被中共阳泉市委、阳泉市人民政府授予“劳动模范”称号；同年，荣获“山西省劳动模范”光荣称号。1995年3月2日，煤矿发生安全事故，杨俊和因公献出年轻生命。

王汉声（1945—2015）乳名二牛，河底镇牵牛镇村人。1960年起在村务农，高小文化。1967年至1970年担任村第6、第3生产小队队长。1970年12月加入中国共产党。1970年至1973年，任村党支部委员、革委会副主任，分管农业。1974年至1976年，任村党支部副书记、革委会主任。1976年至1984年任村党支部书记、革委会主任。1984年至1987年，任村党支部书记、村委会主任。1987年至2001年，任村党总支书记、村委会主任，取得经济师职称，1992年还兼任牵兴实业公司总经理，1993年起兼任中共河底镇党委副书记。2000年至2002年，任村委会主任。2003年不再担任村领导职务。2015年6月30日，因病去世。

在担任村总支书记兼村委主任期间，他心系村民、求真务实、艰苦创业；兴村富民、大胆探索、不断创新。把两个文明建设紧密地结合起来，夯实了雄厚的经济基础和物质基础，促进了物质文明建设的健康发展。1994年牵牛镇村跨入“亿元村”行列，1995年、1996年产值收入“双过亿”，1997年全村社会经济总产值、总收入2.6亿元，上缴利税560万元，固定资产额达到5600万元，经济建设取得了丰硕成果。在抓经济建设的同时，他下大力发展村办公益事业，先后拓宽硬化街道5400余米，修建二层住宅150余幢，铺设供水管道1万余米，安装程控电话500余部，修缮了文化古迹“三甲阁”“观音庙”。本着百年大计，教育为本的办学理念，新建起了幼儿园、初中教学大楼、教学设施达到“四化六有八配套”。为繁荣村民的文化事业，修建了大礼堂、露天剧场、商场大楼。安装了闭路电视、加密频道。1995年为395名村民加入社会福利保险。

1982年至1997年，累计23次荣获阳泉市、郊区授予的“劳动模范”“优秀党员”“先进工作者”“优秀干部”“勤劳致富标兵”“尊师重教先进个人”等光荣称号。1991年、1993年，两次由阳泉市劳动竞赛委员会荣记二等功。1994年，山西省人民政府授予他“劳动模范”称号。1995年，山西省人民政府又授予他“乡镇企业功勋”称号。1997年山西省人民政府命名他为“申纪兰式模范公民”。先后当选为中共河底镇第五、六、七、八届，中共阳泉市郊区第二、三、四届，中共阳泉市第八届党员代表大会代表；还当选为河底镇第一、二、三、四、五、六、七届，阳泉市郊区第九、十、十一、十二、十三、十四届人民代表大会代表。

1990年11月参加阳泉市优秀企业家代表团，赴泰国、中国香港地区考察。1995年参加阳泉市人民政府组织的赴美考察团，赴美国等地访问考察月余。1995年11月，牵牛镇村民委员会被民政部授予“全国模范村民委员会”荣誉称号。王汉声代表村民委员会赴京参加了“全国模范村民委员会、街道办事处表彰会议”，在首都人民大会堂，受到国家领导人的亲切接见，并合影留念。

民间工匠

任　容（1868—1917），境内后沟村人，荫营地区民族工商业的杰出代表。清光绪十四年（1888），刚满20岁的任容扮成乞丐，风餐露宿，穿行于任家峪、南峪、山底一带的铁炉业厂，偷偷学会了冶铁铸器的全套技术。回到家里，便与其兄弟们联手办起铁炉，创办了“玉和成”字号。在他的努力下，“玉和成”经营煤炭、铁炉、骆驼运输、铁路货站、商业商贸等业务，商铺达七八十个，买卖遍及华北、内蒙古及南方一些城市，成为本地当时传奇式的人物。在本地拥有土地400余亩，院落12座。清朝末年，在修筑太原至石家庄铁路时，任容捐白银2万两，受到清政府嘉奖，并被授予四品官衔。其间，他在阳泉火车站建立了自己的货站“吉庆站”。1917年，任容到南方考察自己的销货联络点，因坐摆渡遇险受到惊吓，遂染病不起而逝，终年49岁。

史梦梅（1876—1938）境内街上村人。史梦梅3岁丧父，10岁亡母，11岁跟哥哥到村里的冶铁炉厂掮鞴，早出晚归，力不能支。后不堪其苦出走河北保定府，先后在染坊货店当雇工，饱尝艰辛。24岁返回荫营，开始经营冶铁炉厂，发奋致富，成为当地很有名气的装炉好把头，家境也逐渐好转。民国19年（1930）3月，蒋冯阎大战爆发，军政当局向地方摊粮派款，拉夫要差。军阀政府的重压以及战争带来的混乱局面，使炉厂生意难以为继，很快破产。民国 24 年（1935），史梦梅以其在乡里的人缘和威望被推选为上荫营村村主任。他痛恨贫富不均，常为穷苦村民出主意、想办法，摆脱贫困。他顺应民心，支持发展贸易，为荫营办起了“三八集”（逢三、八赶集）。为扩大荫营七月二庙会的影响，他募集资金，亲自主持了荫营龙天庙的重修工程，被荫营人称为“好老汉”。民国 26 年（1937）7 月，日本发动全面侵华战争。史梦梅满怀爱国热情，鼓励儿子史万修参加了八路军。9 日，平定工委派出教五团成员韩九龄回荫营开辟抗日工作。史梦梅在他的动员下，毅然出任荫营村动委会主任，以年过花甲之躯，为抗日救亡奔波效力。民国 27 年（1938）1 月 23 日，由于本村汉奸的出卖，史梦梅被日本侵略军宪兵抓到阳泉。2 月 26 日，史梦梅在阳泉西营盘惨遭杀害，终年 62 岁。

苗信书（1885—1952）小名香元，境内下荫营村人，幼时害过天花，脸上长满疤痕，人称疤香元。苗信书幼时家贫，父母早亡，跟随叔父装锅炉。他天资聪颖，很快掌握了锅炉铸造的全套技术，成为远近知名的锅炉把头，在他青年时就创办了自家的字号“庆元堂”。民国 15 年（1926），他响应荫营富户联合办学之倡议，出资上荫营两等小学，并送自己的子侄入学。保晋公司在平坦垴置地建裕华铁厂（阳钢前身），请苗信书用第一炉铁水铸铭文大铁鼎（丢于“文化大革命”中），回村后又为老君庙铸成醮纸炉（楼）。民国 36 年（1947）农历二月十四日，又为老君庙铸成一对铁狮子。他勤奋好学，人缘好，善应酬，有胆识，抗日战争时期几次出任村主任、副主任。民国 32 年（1943），他经营的炉场和“源泉永”“源成永”等多家炉场为抗日政府铸造了大量手榴弹壳和炮弹壳。1947 年土地改革运动中，他响应政府号召，把自己的土地、财产、炉场全部献给人民。政府根据政策和他本人的表现，将大东炉、二东炉又归他经营，群众戏称他为“开明富农”。他响应政府“增加生产，厉行节约”的号召，加倍劳动，积极铸造手榴弹壳、炮弹壳，支援前线，支援抗美援朝。配合阎治邦研制成功木制鼓风机。他还不断外出传授铸造经验，花甲之年，下徐州支援当地铁厂建设。他的辛勤劳动换来了政府和人民的拥戴。1950 年 11 月，他出席山西省工农业劳动模范大会，省领导为其颁发了奖章和证书。阳泉工矿区供销合作总社为他颁发了书有“献给劳动模范，为社会创造幸福和财富”的奖旗一面。

阎治邦（1913—1967）又名来祥，境内下荫营村人，少年师从燕龛史姓师傅学习木工。他干活勤奋，聪明好学，肯钻研。学成后技术精湛，精于土、木两行。不保守、信用好、乐于助人。从师者十数人，多为贫家子弟。中华人民共和国成立后，他的劳动热情更高，首先在炉主苗信书配合下，研制成功木制鼓风机（风攉轳）。替代了数百年传统使用的牛屎鞲，大大减轻了工人的劳动强度，提高了劳动效率。并很快在荫营及周边普及，被有关媒体称为农民土专家。同时，他帮助村民在水井辘轳上加装了轴瓦，又在系水桶的井绳上加装了“三环套二环”的系水桶机关，既安全又牢固，提高了效率，很受村民欢迎。他还改革了旧时先修房后起墙的传统建筑模式，建成不用墙柱，直接起墙的平房。

1952 年，他联合另外两名木工组织起“治吉聚”的木业互助组。合作化时，他带头参加工农业生产合作社。1958 年，阎治邦加入荫营铁厂，后来又参加了阳泉市农机厂的建设。1967 年病逝，年仅 54 岁。

杨义元（1887—1972）人称观音保，境内东村人。小时在爷爷的言传身教下学到了油漆、绘画、泥塑等技巧。清代末和民国时期，参与境内许多庙宇后期装饰工程。如东村的关圣庙、老君庙、龙王庙，荫营刘备山的刘备庙，白泉林里的关王庙，盂县藏山的赵氏孤儿庙等庙宇的泥塑、壁画都留下了他的技艺。泥塑人物相貌形象逼真，颜料配制独特，保存年代长久不褪色。他的技艺传给他的长子杨黑牛，他带着儿子参加过了不少庙宇漆画等工艺制作，他去世后，他儿子就成了这种工艺的接班人。

张富田（1903—1976）境内大西庄村人。企业经营能手。大西庄村早期从事工商企业的经营者之一。中华人民共和国成立前曾个人经营冶铁，兴办煤窑，在阳泉开办“三和洋行”，在天津口岸开办“太益洋行”。因长期经营铁锅行业，练就了一身验锅绝技。验收几百口大印锅时，他手持一块小石，只要在锅沿上划过，从锅中发出的金属声音中，就可仔细辨别并准确地判断出这口锅有没有砂眼或裂痕，这个沙眼或裂痕在什么位置。他凭借着这一验锅绝技，在当地和天津等地享有盛誉。中华人民共和国成立后他又曾先后在阳泉市手工业生产合作社（阳泉市手工业管理局）、阳泉市金属结构厂工作。1976 年病故，享年 73 岁。

张　芳（1886—1979）境内义东沟村人，青年时就喜爱厨师工作，虽未经过正规的烹饪学校培训，但他在师傅的教导下，善于学习、总结、实践，吸纳众师之长，通过多年的实践和探索，取得了优异的烹饪技术成就，被众人誉为“一代名厨”。民国 13 年（1924），大阳泉村头号富豪“魁盛号”，郗家 17 代主人郗风鸣出殡时，拨款大洋 2 万元，为其举办丧事支用。在前后 49 天的出殡开吊、迎送吊唁宾客期间，曾从平定、阳泉附近请来厨师百余人。灶房全天开的是随流席，张芳作为领桌参与了主厨宴席的制作。据当年目睹者回忆，张芳等几位名厨经过蒸、炖、炸、烤、炒、煮的精工细作，做出了色香味美的几十道精品菜肴。他出众的烹饪技艺和技高一筹的临场发挥，博得了主家和宾客们的一致好评。20 世纪 50 年代，他奔波忙碌，精心为乡镇村民服务，他的厨艺受到餐饮界的认可。每逢亲朋好友聚餐，举办喜宴、家宴、寿宴，或团体宴请聚餐，他都能做出不同价位的精品菜肴，十大件、三八席、二套席、四套席等应有尽有。张芳带徒善于言传身教，要求严格。强调从主料、辅料、制作和特点一招一式学起。培养出徒弟张芝、霍玉红、李振华、赵兴泰、霍巨才、杨实、姬亿、杨鸿棋等 30 余名厨师。他传艺授徒、德艺双馨。在阳泉餐饮界远近闻名，是众人称颂的一代名厨。

任　荣（1904—1979）境内任家峪村人。任荣自幼家境贫困，从 7 岁开始拾铁拣炭，给本村的炉主干杂活，借以糊口度日。

民国 18 年（1929）为维持全家生活，任荣挑起了货郎担，走街窜乡，靠攒下的积蓄，开了小杂货铺，经营油、盐、酱、醋之类。日本侵略军入侵后，店铺因遭劫而倒闭，他被迫务农为生。民国 37 年（1948）3 月加入中国共产党。同年，与任忠和等人组织起“工人合伙炉”，从事铁业生产。1951 年，任家峪建立铁业生产合作社时，他当选为理事会主任。他多次带领社员群众，改进生产工具和设备。为了试制手榴弹壳，他亲自翻山越岭到离村 10 余里地的燕龛，挑回沙来搞试验，终于成功。他善思考、会理财、通管理，掌握了生产主动权，从而使沙模铸锅、铸火炉、铸水管、铸茶壶等新产品试验成功并投入批量生产。同时，他根据社内的生产情况制定了简易的计件工资制度，调动了社员的生产积极性。

1961 年，合并到苇泊钢铁厂的任家峪铁业社又分出来重新建社。当时仅有 140 元资金，厂房工具全无。任荣把家里的木料无偿拿到厂里修建厂房，并带领社员自筹工具，使铁业社的生产迅速恢复。1962 年至 1965 年，任家峪铁业社在生产阳泉名特产品的同时，创出了畅销南方的广锅系列产品。任家峪铁业社转为铸锅厂后，任荣担任厂长。他以厂为家，严于律己，不断改进经营管理，把全部精力用在发展铸锅生产上，铸锅产品行销 20 多个省、市、自治区，赢得了众多用户。他多次被省、市政府授予“先进工作者”称号。

卢殿英（1911—1980）山东省章丘县人，为谋生计，他 14 岁便随父迁徙境内，为矿上打铁。17 岁出徒后，经人介绍独自来到义东沟村，开设铁匠炉，以打铁为生。卢殿英勤思考，善钻研，有创新。不但能打各种铁农具，还会打制刀勺等生活用具及木工用具，当时，义东沟以种菜为主。他根据传统工艺，结合本村地势、土质及菜农劳动习惯，对常用农具进行了改良，使其轻便快捷、得心应手，深得农户好评。产品还供应阳泉市里的铁货店，且常常供不应求。村上常派种菜能手到其他菜区传授种菜技术，同时也带去他打制的整套农具，从而使其声誉远播，慕名求购者众多。他不仅将打铁这门技艺带到义东沟村，还培养出铁工徒弟 10 余人，使其技艺得以传承。

史肇兰（1916—1980）又名史玉来，境内桥上村人，1923 年至 1928 年 6 月在上荫营两等学校上学。1928 年 8 月至 1933 年休学在家。史肇兰与哥哥史肇业一样聪明好学，在彩画上颇有深造。1933 年 8 月至 1935 年在阳泉铁厂（熔化厂）彩画室工作，其间自己设计、自己烧成生产出很多陶瓷产品。这些陶瓷产品上的人物、动物造型栩栩如生、活灵活现、庄重大方，在当时的陶瓷生产界堪称一绝。1947 年 5 月，在太原磁行彩画室工作。1947 年 6 月阳泉解放后一直在阳泉矿务局四矿工作。1980 年 5 月去世，享年 64 岁。

高临义（1911—1982）又名高临卯，境内西南舁村人，他从小爱学习，热爱和精通绘画、油漆和手工艺品制作，是本地一位多才多艺的手工艺人，也是舁上非物质文化的传承人。他能油会画，擅长画竖柜、平柜、炕围等，能在白布上画家堂爷、仙神爷、祖宗爷像，制作纸楼、纸院、纸幡等祭祀用品；特别是在1956年至1973年期间，先后两次为村晋剧团精心制作头戴、皇帽、凤冠、文武官帽、玉带、宝剑、龙凤扇、金字牌等戏曲道具，制作大头娃娃、狮子头等街头文艺道具。最为乡亲们称道的是他为本村正月十五的传统元宵节灯会做出的贡献，他精心绘制宫灯、转灯、头灯、尾灯、十二莲灯，特别是远近闻名的西南舁牌楼灯，工艺精美；他画的龙戏珠、龙凤呈祥、蝴蝶拉瓜、蝙蝠捧寿、连年有余等图案栩栩如生，引人入胜。

高添善（1912—1982）又名高二小，境内西南舁村人，中共党员，初小文化，从小聪明伶俐，勤学好问，对木匠工艺造诣颇深，技艺超群。为村民制门窗做家具，修农具样样精通。与同伴们一起为集体改造了扇车，改制了梅花楼，为村晋剧团割制了全副銮架和刀、枪、剑、龙头拐杖等戏曲道具。特别是放印的印箱做得别有特色。旧戏台视线不好，他带领弟子们采用偷梁换柱的办法进行改造，既拓宽了视线，又没有损坏戏台。他言传身教，带出多名徒弟，他爱好文艺，二胡唢呐、吹拉弹唱，样样精通。

王智儒（1914—1982）境内坪上村人。王智儒幼时家贫，14岁进阳泉保晋铁厂陶瓷厂学徒。20岁赴省城入西北窑厂（今太钢耐火材料公司）打工，因聪颖好学，受到厂长、工程师宫占元的赏识，并委以重任。从此，他逐渐掌握了耐火砖及瓷器生产技术，尤精烧成。

1949年冬，因在烧成时摔伤肺部，王智儒回村养伤。在此期间，他怀着改变家乡落后面貌的热望，拖着伤残之躯考察了本地矿藏分布情况，萌生了在山村开办耐火材料厂的念头。1950年春，他因陋就简，同村民在老虎沟办起一个耐火工厂。次年，工厂因产品滞销而倒闭。他不怕失败，又动员坪上村群众集资办起晋安瓷厂，至1952年又歇业。以上两厂虽未办成，却成为阳泉市农村开办耐火厂的先例。

1955年，王智儒接受桥上村干部的邀请，辞去太钢公职，返回农村，帮助桥上村兴办耐火厂。次年春，由他任技术员的桥上耐火厂建成投产。此后他全面负责企业的技术管理、销售工作，坚持不懈地对企业进行技术改造和扩建，使企业由当初的手工作业逐渐发展为机器生产，成为阳泉市实力最强的村办企业，群众收入也大幅度增长。20世纪50—70年代，桥上村的副业生产一直在全市领先。

桥上耐火厂的开办，对周围乡村起到了很好的示范作用。老虎沟、上烟等村也相继办起了耐火企业，许多村社纷纷聘请王智儒帮助筹建耐火厂。他对上门者有求必应，鼎力相助，而且不讲报酬。经他帮助建起的企业有河底公社耐火厂、三郊耐火厂、南垴耐火厂、后沟耐火厂、矾窑耐火厂、大寨耐火厂等 20 余家。他为此四处奔波，累得多次吐血，待病体稍安，就又出现在工地上。

王智儒十分注重实践，在技术上勇于探索，不断创新。初回村时，他跑遍了阳泉市的山坡沟梁，记下十几万字的勘察笔记，摸清了全市耐火原料分布及其品质情况。他引入铝矾土配方，从而生产出了不同类型的高铝砖，使产品的档次及售价有了很大提高。20 多年里，开发研制出 20 多个耐火新品种，产品在东北电厂、运城盐化局等国营大中型企业畅销不衰。东北电厂的工程师曾摸着桥上耐火厂的产品说："国营耐火厂的产品质量，也不过如此而已。"王智儒还十分热心培养耐火技术人才，对徒弟要求极严且毫不保留。几十年间，共培养出 30 余名耐火技术人才。

张峰玉（1929—1988）又名三孩，境内大西庄村人。1947 年参军，1953 年复员回乡。1955 年至 1956 年任小西庄乡副乡长，1958 年任李家庄公社工业部部长。1959 年回村先后任贫协会副主任、主任、大队副主任等职。1972 年调李家庄公社担任公社拖拉机站站长。他是一个敢闯敢干的能手，凭着一股闯劲和钻研进取精神，成为大西庄村里第一个电工、第一个用锅驼机带动电磨的操作能手、第一个拖拉机驾驶员，他是农村实用技术人才和多面手。

周赞猷（1914—1990）乳名二牛，境内牵牛镇村人。自幼家贫，未能成学。13 岁就在瓷业作坊做工谋生。先小杂，后揉泥，进而学成捏碗匠人（师傅）。

赞猷是本村第一任党支部书记。民国 29 年（1940），中共盂县十三区委驻本村开展工作。赞猷接受党组织的教育和培养，于当年 7 月秘密加入中国共产党，是本村最早的共产党员。民国 30 年（1941）他担任了党小组长。民国 32 年（1942）元月，在中共平定（路北）县七区区委的直接领导和帮助下，牵牛镇村成立党支部，周赞猷担任了首任党支部书记。当时，全国抗日战争处于最艰苦阶段，党的工作仍处于秘密状态。赞猷和党支部一班人，以党员为中坚，以民兵为主力，发动和组织群众，多次胜利完成上级交给的各项任务。中华人民共和国成立后，赞猷担任过村初级农业生产合作社社长、高级农业生产合作社社长、管理区主任、党支部书记、贫下中农代表协会主任等职。他总是自觉以普通一兵身份认真从事每一件工作。1958 年，中共阳泉市委、阳泉市人民政府授予他"劳动模范"奖章。

赞猷平素廉洁厚道，淡泊名利，不苟言笑，勤于务实。花甲之年，仍积极参加村农田基本建设和旧村改造劳动。

杨毓铭（1923—2001）又名传金，境内北杨家庄村人，幼时在国民小学堂读书，十几岁回家种地，经营祖传赁货铺。1947 年从事锄业社下设铁业分社打铁工作。1952 年行业归口、工农分家，加入锄业社从事擦生锄的打瓦工作。1958 年被评为市人大代表，并在同年 11 月任杨家庄农具厂厂长。1971 年试制成功的尖锹、梅花套筒扳手正式列入生产产品的重点。1977 年开始又筹建大型电镀设备。1982 年又重新启动擦生锄的生产。1983 年荣退。

杨小牛（1922—2002）境内东村人，从小在白泉姐夫手中学木匠，学成后，1950 年在河底“三官庙”东阁开了一家木匠铺，主要经营各种木工用品。20 世纪60 年代下放搞技术革新，为家乡发展生产、减小劳动强度、节约开支，创造出一种新式产品——木制鼓风机，主要用在东村、河底一带打铁炉上，同时还给其他生产单位也生产出 20 余台。1956 年响应党的号召，实现公私合营，木器厂划归阳泉二轻局水暖厂。合营后积极工作，多次受到领导表扬，1962 年因病退休回家，晚年期间为寺庙搞过不少画像和古建筑。

史有太（1942—2003）境内桥上村人，无党派人士，乡镇级高级工程师，原郊区海峰保温耐火材料厂厂长，郊区政协第一届至五届政协委员。史有太自幼勤奋好学，聪明伶俐，初中毕业后回村参加集体生产劳动，跟着王智儒师傅学习耐火材料技术，是桥上耐火厂最早的技术员。20 世纪 60 年代，针对农民文化生活单调的问题，他利用业余时间自制幻灯片，传播文化知识。又制作玩具、道具枪械，供村里儿童、少年游戏。史有太参加工作后，潜心研究耐火工艺技术，研制压力机、跑道锤、混碾机等机械设备，改进生产工艺，为降低劳动强度、确保安全生产、产品上档升级做出了积极贡献。史有太多年从事耐火材料的技术工作，致力于耐火工艺的改进，他对耐火机械做了较大改进，对旧式烧成工艺做了改造，成为本地很有名的耐火土专家。1991 年，史有太离开集体企业，自办阳泉市郊区实验耐火材料厂，并研制成功粉煤灰隔热保温砖，填补了省内空白。1994 年创办阳泉市郊区海峰耐火材料厂，大胆革新，自己设计，创造了环保节能效果好、效益高的节能性双车梭式窑，及实用型节能环保短隧道窑两种窑炉，获得国家专利 2 项，该厂被省科技厅命名为“民营科技企业”。

靳　瑶（1928—2013）曾用名宝小，境内大西庄村人，高级技工师。从小家境贫寒，上过几年小学。16 岁就跟着父辈们肩挑砂锅去河北赞皇经商，以维持生计。1948 年在阳泉钢铁厂参加工作，29 岁时晋升为八级车工。1970 年借调阳泉市红星机械厂（阳泉军工厂）攻克枪管膛线技术难题。1972 年先后调任阳泉铝矾土矿机修车间副主任、采剥车间主任、大修厂副主任。1977 年自己设计制造了回转窑生产线的成球盘，实现了块法生产工艺，加快了产品出口创汇步伐。他是工业战线技术能手，具有高级工匠精神。1987 年退休后，又在村里创办了机械加工厂，为村办企业的经济发展提供了有效服务。

郭泰唐（1933—2013）曾用名郭爱鸿，境内下白泉村人，知名的石匠瓦工。自幼受中华民族传统美德的熏陶，青年时期又受为人民服务的思想教育，牢固树立了行善举、助公益的观念。1966 年至 2006 年，坚持四十年如一日，利用业余时间和节假日捡石头、担砖头，起早贪黑铺道路，全村大街小巷都有他大修、小修、反复补修的路面。2006 年，他不顾 73 岁高龄，坚持将供销社门前层间距离过高的台阶重新翻修，方便了老人和儿童行走。他做了一辈子好事，没取一分钱报酬。1992 年之前，企业曾帮他运送材料，以示支持。他曾当选全乡唯一的义务修路为功绩的劳动模范。

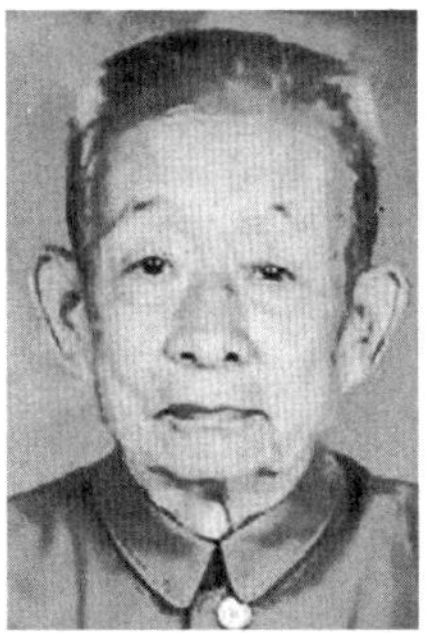

杜润田（1924—2014）境内下白泉村人，高小文化程度。原市农机厂工人，自幼爱学习，肯钻研，熟练地掌握了冶金铸造，机械加工，电器维修，木器制作等多项技术。1959 年至 1965 年，自行设计、安装的电动石磨为白泉、杨家庄、李家庄、义井、荫营 5 个公社的 20 多个大队所用。1965 年成功为大寨安装了高空运输线，受到了陈永贵等领导的热情赞扬。1966 年在本村设计制造了玉米脱粒机、碾米机，受到了市政府表彰奖励。1969 年为本村耐火厂配制了 15 马力电碾，节省了大量开支。白泉公社农机厂采用他的技改建议，生产的大碾质量好、销路宽、利润厚。1985 年他自办个体铸造加工厂，成为本村首个“万元户”。致富不忘社会，先后为太旧高速公路、义平公路、李荫公路、玉泉山关王庙重修等工程捐款资助。1989 年市委、市政府授予他劳模称号。1994 年被省委统战部、省工商局、工商联评为山西省十佳个体经营户。1996 年，市劳动竞赛委员会为他记三等功。

第二节 人物简介

工会领导

郭巨锦 民国 35 年（1946）8 月出生，山西省阳泉市郊区荫营镇三泉村人，1965 年 10 月参加工作，1966 年 8 月加入中国共产党，1976 年 11 月兼任郊区总工会副主席。

1965 年 10 月至 1970 年 12 月为荫营供销社三泉分社负责人，1971 年 1 月至 1975 年 12 月为郊区工交办劳资员，1976 年 1 月至 1980 年 12 月为郊区工交办负责人，1981 年 1 月至 1984 年 1 月为郊区经委办公室负责人（1976 年 11 月至 1984 年 6 月兼任郊区总工会副主席），在兼任郊区总工会副主席期间，充分发挥工会“纽带”和“支柱”作用，发动广大职工投身于现代化建设事业，广泛开展了“双增双节”为主要内容的社会主义劳动竞赛，开展了“为四化立功”“学先进、练硬功、登擂台、创水平”岗位练兵和技术比武，以及“我为厂长献一计，帮助企业解难题”

的合理化建议等活动，使全区形成了全方位、多层次、多形式的竞赛热潮，积极推进基层工会建立职工代表会制度、建立“职工之家”。1984年1月至1989年12月任郊区白泉乡党委副书记，1990年1月至1993年任郊区白泉乡乡长、党委副书记，1993年至1995年12月任郊区白泉乡党委书记，1996年1月任郊区煤运公司副书记。2006年8月退休。

胡亥英 民国36年（1947）6月出生，山西省阳泉市郊区荫营镇韩庄村人，1972年2月参加工作，大学专科，中共党员，1987年6月任郊区总工会主席。

1972年2月至1974年9月任三郊乡韩庄小学民办教师，1974年9月至1979年4月任职郊区宣传队，1979年4月至1980年5月任职区委宣传部，1980年5月至1992年6月任郊区总工会干事、副主席、主席（1989年9月至1990年8月在省总干校学习，1989年9月至1992年12月在山西省委党校函授学院经济管理专业学习），1992年3月至1993年7月任东村乡党委书记，1993年7月至2000年12月任郊区民政局局长，2000年12月离岗退养。2007年6月退休。

在区工会任职期间，多方筹集资金，购置原区委东院两栋二层小楼，郊区总工会有了自己独立的办公场所和固定资产。举办全区首届职工运动会及其他各类文体比赛。组织出台了《关于维护安定团结、努力发展生产的通知》，积极引导广大职工以高度的主人翁觉悟和政治坚定性，旗帜鲜明地反对动乱。组织开展“进万家门、知万家情、解万家难、暖万家心”的访贫问寒送温暖活动。组织开展各类劳动模范的评选、推荐和郊区劳模评选表彰、管理等具体工作。

郭珍寿 民国33年（1944）3月出生，山西省阳泉市郊区东村乡东村村人，1963年7月参加工作，高中毕业，1983年10月加入中国共产党，1989年8月任郊区总工会副主席。

1963年7月至1984年3月先后在小河北、南沟、山底任教，1984年3月至1989年8月任东村乡办公室主任、副书记，1989年8月至1990年8月任郊区总工会副主席（主持工作），1990年8月至2004年2月任温河罐区支部书记。同年3月退休。

在区工会工作期间，按照郊区区委和上级工会的要求，积极推进乡镇企业建立工会组织，千方百计稳定职工队伍，为基层工会和会员做了大量工作。

张凤瑞 民国31年（1942）11月出生，女，山西省阳泉市郊区河底镇河底村人，中师毕业，1962年7月参加工作，中共党员，1990年11月任郊区总工会副主席。

1962年7月至1970年8月在东村、河底任教，1970年8月至1990年11月任河底镇妇联主任、管委会副主任、副镇长，1990年11月至1993年6月任郊区总工会副主席，1993年4月至1993年9月任郊区妇联主任，

1993年9月至1997年5月任郊区妇联主席。1997年11月退休。

在区工会工作期间，推动基层工会女职工委员会的建立，召开了总工会第一次女职工代表大会，成立了“郊区女职工委员会”，开展“进万家门、知万家情、解万家难、暖万家心”的访贫问寒送温暖活动，举办了工会干部理论学习培训，激发了工会干部的工作积极性。

郭新文 1963年8月出生，山西省阳泉市郊区河底镇上章召村人，1981年10月参加工作，大学本科，1987年6月加入中国共产党，1990年12月任郊区总工会副主席。

1981年10月至1983年1月在郊区白泉联校任教，1983年1月至1987年7月任郊区白泉乡团委书记，1987年7月至1990年12月任郊区总工会办公室主任，1990年12月至1993年4月任郊区总工会副主席（1988年12月至1991年11月山西省委党校政治理论专业学习），1993年4月至1996年1月任郊区西南舁乡党委副书记（1994年7月至1994年10月江苏太仓挂职锻炼，1992年8月至1994年12月中央党校函授学院经济专业学习），1996年1月至1998年4月任郊区区委宣传部副部长，1998年4月至2000年12月任郊区辛兴乡党委副书记、人大主席，2000年12月至2003年5月任郊区河底镇人大副主席、主席，2003年5月至2006年6月任郊区李家庄乡党委副书记、乡长，2006年6月至2009年1月任郊区杨家庄乡党委书记，2009年1月至2015年9月任郊区环保局局长，2015年9月至2019年任郊区环保局四级调研员。

张双和 民国33年（1944）10月出生，山西省阳泉市郊区荫营镇下千亩坪村人，1963年9月参加工作，大学专科，中共党员，1992年3月任郊区总工会主席。

1965年至1972年在下千亩村任民办教师，1972年至1977年任下千亩坪村书记、主任，1977年3月至1985年2月任三郊公社革委会副主任、革委会主任、副书记、乡长，1985年2月至1989年6月任东村乡乡长、书记，1989年8月至1991年8月任郊区卫生局局长，1991年8月至1992年3月任杨家庄乡扶贫队队长，1992年3月至1999年1月任郊区总工会主席，同年2月离岗退养，2004年10月退休。

在区总工会工作期间，按照郊区区委和上级工会的精神要求，大力组建乡镇企业工会组织，1993年在原有24个乡镇企业工会组织的基础上发展至207个，壮大了郊区工会职工队伍，并且在全区13个乡镇中都建立了工会工作委员会。同年10月，山西省乡镇企业工会工作现场会在郊区召开。注重职工文化体育活动的开展，举办郊区第二届职工运动会、职工歌咏比赛等，丰富了职工的精神文化生活。为解决工会经费收缴难的问题，经郊区区委同意，委托区国税局代征工会经费，在全省率先实行县区工会经费由税务代征的经费收缴模式。积极向区委区政府争取，把区总工会机关工作人员的工资纳入区财政划拨。

史瑞来 民国32年（1943）9月出生，山西省阳泉市郊区河底镇苇泊村人，高中毕业，1964年10月参加工作，1992年6月兼任郊区总工会经费审查委员会主任。

1964年10月至1965年2月河底公社业余教育视导员，1965年3月至1969年2月在部队服役，历任副班长、班长，1969年3月至1973年11月任阳泉市化肥厂供销员，1973年12月至1984年5月任阳泉市税务局河底税务所历任专管员、所长，1984年6月至1990年3月任郊区税务局河底税务所所长，1990年4月至1994年5月任郊区税务局监察室主任，1994年6月至2000年3月任郊区国税局人事教育股股长（1992年6月至1999年1月兼任郊区总工会经费审查委员会主任），2000年4月至2003年8月郊区国税局工作，2003年9月退休。

韩金川 1953年1月出生，山西省阳泉市郊区李家庄乡黄沙岩村人，1975年1月参加工作，大学专科，中共党员，1993年6月任郊区总工会副主席。

1975年1月至1979年2月在郊区文艺宣传队工作，1979年3月至1985年5月任区政府机关食堂会计员，1985年6月至1989年9月任郊区行政办主任助理，1990年10月至1993年6月任郊区机关党委副书记，1993年6月至1998年6月任郊区总工会副主席，1998年6月至2001年7月任郊区人大法工委主任，2001年7月至2007年9月任郊区档案局局长，2008年1月至2012年12月从老干局离岗退养。2013年1月退休。

在区工会工作期间，主抓工会群众生产、劳动保护和生活保障工作，积极组队参加了阳泉市第1届、第2届职工技术大赛，开展慰问困难企业、困难职工活动。深入企业监督检查安全生产和职工劳动保护工作，1995年郊区总工会被市总工会授予“安健杯”竞赛“先进单位”。1995年至1997年，连续3年被省总工会评为“先进工作者”和“优秀工会干部”。

王剑辉 1955年2月出生，山西省阳泉市郊区河底镇下章召村人，1975年8月参加工作，大学专科，1993年6月任郊区总工会副主席。

1975年8月至1984年7月在河底公社、三郊公社工作，1984年7月至1990年5月任区人大常委会办公室科员，1990年5月至1993年6月任辛兴乡副书记，1993年6月至1996年1月任郊区总工会副主席，1996年1月至2008年1月任郊区区委党史研究室和区地方志办公室副主任，2008年1月离岗退养。2015年2月退休。

在区工会工作期间，分管组织宣传教育工作，大力组建乡镇企业工会，开展工会干部培训教育，参与举办“庆五一”“庆中国工会成立70周年”的“威风锣鼓大赛和文艺汇演”等活动。郊区总工会选送的宏源实业公司的威风锣鼓队代表郊区总工会参加市总举办的锣鼓大赛，取得了一等奖的好成绩。

郭凤莲 1954年1月出生，女，山西省阳泉市郊区李家庄乡冯家庄村人，1970年3月参加工作，大学专科，中共党员，1993年9月任郊区总工会副主席。

1970年3月至1975年8月任冯家庄村民办教师，1975年8月至1980年8月任李家庄乡妇联主任，1980年8月至1992年9月任郊区总工会会计，（1984年9月至1986年12月山西师范大学汉语言文学专业函授学习）1992年9月至1993年8月任郊区三郊乡乡长助理，1993年8月至2003年7月任郊区总工会副主席，1999年1月至2003年6月兼任郊区总工会经费审查委员会主任，2003年9月至2007年10月任郊区政协科教文卫委主任，2007年10月至2009年1月任农业系统书记，同年退休。

在区工会20多年的工作期间，对工会财务工作兢兢业业，认真负责，在工会经费收好、用好、管好上做出了成绩。开展了“千人中国工会十三大精神和工会业务知识答题竞赛”和“联系实际谈谈如何做好当前工会工作”大讨论和撰写论文活动，振奋了全区工会干部的工作积极性。在工会基层组织建设、职工宣传教育及女职工委员会工作中，都发挥了积极的推动作用，多项工作受到上级工会好评。

马成元 1950年1月3日出生，山西省阳泉市郊区西南舁乡霍树头村人，1970年4月参加工作，函授中专，中共党员，1998年8月任郊区总工会主席。

1970年4月至1972年4月任市广播站通讯员、霍树头村村支委、民兵营长，1972年4月至1975年10月在郊区政工组工作，1975年10月至1980年1月任郊区温河水利工程指挥部党委委员、办公室主任、党支部书记，1980年1月至1996年1月任河底镇党委委员、办公室主任、副镇长，1996年1月至1998年7月任三郊乡人大主席，1998年7月至2001年10月任郊区总工会主席，2001年11月至2007年10月任郊区计划系统党委书记。郊区第5次、第6次党代会代表，郊区区委候补委员，郊区十四届人代会代表、人大常委会委员，省工会十大代表。2007年10月离岗退养，2010年1月退休。

在区工会工作期间，提出了“面向基层、心系职工、与时俱进、开拓创新”和“正常工作不耽误，基础工作做扎实，重点工作要突出，特色工作出成绩”的工作思路和要求，出台了《关于继续开展学习贯彻落实工会十三大精神的意见》，召开全区厂务公开民主监督经验交流现场会。为解决区营企业下岗职工再就业的问题，举行了为下岗特困职工赠送再就业工具的发放仪式，并与郊区信用社联合出台了为下岗职工再就业贴息贷款服务的办法，在全区引起了强烈反响，属山西省首创，得到时任中共中央政治局常委、中纪委书记、全国总工会主席尉健行的肯定和赞扬。开展私营企业工资集体协商试行工作，“全市工资集体协商试点工作观摩会”在郊区政府中报告厅召开，郊区私营企业河底金属镁厂工资集体合同在会上签订，得到了与会者好评。郊区总工会被区委、区政府评为“先进集体”“红旗单位”，阳泉市总工会授予全市实施送温暖工程“先进集体”称号，被市委、市政府评为“模范单位”，被山西省总工会授予全省实施送温暖工程“先进集体”称号。他本人荣记阳泉市劳动竞赛委员会二等功。

刘贵柱 曾用名刘贵珠，1957年11月出生，山西省阳泉市郊区荫营镇辛庄村人，1974年8月参加工作，大学专科，中共党员，2004年9月任郊区总工会常务副主席，2011年7月任郊区总工会党支部副书记。

1974年8月至1990年10月郊区荫营中学教师，1990年10月至1999年1月任郊区总工会办公室副主任、主任、常委、生产部部长、劳保部部长、民管部部长、区劳动竞赛委员会办公室副主任，1999年1月至2004年9月任区总工会副主席、区劳动竞赛委员会办公室主任，2004年9月至2010年6月任区总工会常务副主席，2010年6月至2011年7月区委组织部待分配，其间抽调督查平坦镇“四议两公开”工作，2011年7月至2014年3月任区总工会党支部副书记，2017年退休。

在郊区总工会工作的20多年里，对郊区工运事业充满热爱，对工会工作认真负责，狠抓职工企业民主管理和企务公开工作，使郊区企事业单位的职工民主管理上了一个新的台阶；组织基层工会大力开展群众性经济技术活动及岗位练兵、技术比武活动，在参加阳泉市第3届、第4届职工技术比赛中，郊区代表队的成绩名列县区第一；在第5届职工技术比赛中，郊区代表队取得团体总分第二名的好成绩。组织参与了郊区耐火材料行业职工技术比武活动，提高了耐火行业职工学技术、比贡献的工作热情。注重职工劳动保护工作，积极开展企业安全生产监督检查，督促企业不断改善职工劳动条件与环境，努力维护职工的合法权益。起草了《郊区劳动模范管理办法》《郊区总工会机关三定方案》《基层工会百分考核办法》等重大方案并在郊区工会系统得以实施，荣获郊区劳动模范、阳泉市劳动竞赛委员会个人二等功，阳泉市十佳工会主席。

郭善祥 1952年5月出生，山西省阳泉市郊区河底镇上章召村人，1969年2月参加工作，大学专科，中共党员，2002年12月任郊区总工会主席，2003年4月任郊区人大常委会副主任、总工会主席。

1969年2月至1975年3月在部队服役，1975年4月至1990年4月在郊区车队、公交办、汽车运输公司、煤运公司工作，1990年5月至1995年2月任郊区荫营镇副镇长，1995年3月至1997年2月任郊区西南舁乡党委副书记、乡长、乡党委副书记，1997年3月至1997年5月郊区组织部待分配，1997年6月至2001年9月任郊区交通局局长，2001年10月至2002年12月任郊区总工会常务副主席，2003年1月至2003年4月任郊区总工会主席，2003年4月至2007年4月任郊区人大常委会副主任、总工会主席，2007年4月至2008年6月任总工会主席，2008年6月至2010年7月任区人大党组副书记、总工会主席，2012年退休。

在区工会工作期间，主持召开了郊区总工会与郊区政府首次联席会议，出台了《阳泉市郊区委员会关于进一步加强工会工作的意见》《关于在企业改制中加强工会工作的意见》等。

郊区工会组织建设不断创新，维权工作稳步推进，职工代表大会和平等协商集体合同制度健康运行，送温暖工程、金秋助学、大病互助等工作步入规范化、常态化。2004 年在全区 185 个行政村中，建立了 122 个村一级工会组织，是山西省第一家，得到省、市总工会的肯定。2004 年 12 月《人民日报》刊登《阳泉郊区工会组织进了村》的报道，在全社会引起较大反响。积极争取区工会机关工作人员编制，在乡镇工会主席由乡镇人大主席兼任的情况下，增加 1 名乡镇工会专职人员编制，强化了基层组织建设。抓住郊区小城镇建设“东扩西改”工程的机遇，在保证原工会资产完整的基础上，积极争取区委、区政府和上级工会支持，促成郊区政府拨款 80 万元，省、市、区工会投资 80 万元，购买区粮食局粮油贸易公司办公楼，区总工会由原来的 600 余平方米的小二楼变为 2200 余平方米的五层办公大楼，使郊区工会工作上了一个新的台阶。区总工会被评为红旗单位、阳泉市文明单位、山西省先进县工会、山西省平等协商集体合同工作先进单位、全省工会财务工作先进集体、山西省劳动竞赛委员会集体一等功、山西省模范县工会工作标本单位等荣誉。他本人被评为山西省劳动模范。

余香红 1966 年 9 月出生，女，山西省阳泉市郊区荫营镇矾窑村人，1984 年 5 月参加工作，本科，中共党员，2003 年 6 月任郊区总工会副主席、经审委主任。

1984 年 5 月至 1985 年 12 月郊区机关知青服务部任会计，1985 年 12 月至 1996 年 1 月任郊区三郊乡团委书记、东村乡妇联主席、区妇联科员，1996 年 1 月至 1999 年 12 月任郊区白泉乡副乡长，1999 年 12 月至 2003 年 6 月任郊区妇联副主席，2003 年 6 月至 2009 年 4 月任郊区总工会副主席，2009 年 4 月至 2010 年 2 月任郊区区委统战部副部长兼民族宗教事务局局长，2010 年 2 月至 2019 年 4 月任郊区民族宗教事务局局长，2019 年 4 月至 2019 年 12 月任郊区区委统战部正科级干部、党支部书记。

在区工会工作期间，分管组织、宣教、法工、女工、职工援助等工作。狠抓新建企业的工会组建，规范全区工会组织工作，开展“星级工会组织”创建，夯实工会工作基础，先后被省市总工会授予工会组建“先进县工会”“先进单位”称号；拓展工会组织覆盖面，延伸工会组织链条，在全区建立村级工会组织 42 家，2004 年 12 月 5 日《人民日报》刊登《阳泉郊区工会组织进了村》的报道；大力推进工资集体协商工作，荣获“山西省平等协商签订集体合同先进集体”；加大宣传教育培训工作，形成基层工会干部长效培训机制，被市总工会授予“宣传思想工作先进集体”；积极主动协调区直相关单位，首推职工大病医疗互助工作，圆满完成市总工会下达的工作任务；组织丰富多彩的活动，活跃职工精神文化生活，举办迎“五一”职工华牌大赛、“庆七一、颂党恩”演讲比赛、“圣火杯”乒乓球大赛、全区女职工计算机技能大赛等。荣记阳泉市劳动竞赛委员会一等功。

赵改翠 1965 年 4 月出生，女，山西省阳泉市郊区荫营镇下荫营村人，1984 年 9 月参加工作，大学专科，中共党员，2009 年 12 月任郊区总工会经费审查委员会主任。

1984年9月至1986年9月郊区荫营镇下荫营学校任民办教师，1986年9月至1988年7月在平定师范学校（阳泉市郊区教师进修学校）中师专业学习，1988年7月至1988年12月待分配，1988年12月至1989年9月在郊区荫营镇下荫营学校任教，1989年9至1994年5月在郊区荫营镇矾窑学校任教，1994年5月至2009年1月在郊区总工会工作（1995年9月至1998年8月在山西省委党校经济管理专业学习），2009年1月至2009年12月任郊区总工会副科级干部，2009年12月至2019年任郊区总工会经费审查委员会主任、女职工委员会主任。

从事工会工作20多年，先后在办公室、民管部、法工部、女工部、生活保障部、经费审查委员会主任等不同的岗位上认真履行自己的职责，在工作中求实创新、与时俱进、锐意改革，积极主动做好各项工作，开展业务招待费向职代会报告、民主评议干部工作，在全区企业中推行平等协商、签订集体合同工作，维护女职工合法权益，帮扶困难职工、金秋助学、职工大病互助活动工作等，多次受到省市总工会的表彰。2000年5月开展为下岗职工赠送再就业工具工作，在全省首开先河，2002年10月被市总工会评为送温暖工作先进个人，2004年2月被评为郊区劳动模范，2008年3月被市总工会评为优秀工会工作者，4月荣立市劳动竞赛二等功，2010年12月被山西省总工会评为平等协商签订集体合同工作先进个人，2014年12月，被中华全国总工会经费审查委员会授予“全国工会经审工作先进集体”荣誉称号。

李新福 1957年3月出生，山西省阳泉市郊区荫营镇下荫营村人，1976年11月参加工作，大学专科，中共党员，2010年7月任郊区总工会常务副主席。

1976年11月至1984年3月任郊区荫营镇办公室干事，1984年3月至1985年7月任郊区区委办干事，1985年7月至1987年7月在山西大学大专班脱产学习，1987年7月至1988年3月任郊区区委办秘书，1988年3月至1993年7月任郊区平坦乡副乡长，1993年7月至1997年2月任郊区平坦乡党委副书记、乡长，1997年2月至1997年3月任郊区河底镇党委副书记，1997年3月至1998年4月任郊区河底镇党委副书记、镇长，1998年4月至2000年12月任郊区河底镇党委书记，2000年12月至2001年7月郊区区委组织部待分配，2001年7月至2007年6月任郊区交通局党总支书记、局长，2007年6月至2010年6月任郊区人民政府区长助理、党组成员，2010年6月至2010年7月任郊区总工会党支部书记，2010年7月至2013年2月任郊区总工会党支部书记、常务副主席，2017年退休。

在区工会工作期间，按照区委和上级工会工作部署，强化基层工会基础建设，为乡镇工会配备了办公桌、文件柜、电脑等设备；为进一步引深“面对面、心贴心、实打实服务职工在基层”活动，郊区总工会深入企业对特困职工进行慰问，开展了送培训、送图书、送电影“三送”活动，为28家企事业单位配送图书、电脑、书柜等共计价值30余万元；注重新建企业工会组建，大力开展安康杯竞赛和职工劳动竞赛工作，举办阳泉市郊区首届“安康杯”知识竞赛，组织开展了郊区耐火材料行业职工技术比赛活动，举行“红色五月、激情飞扬”全区职工全健排舞大赛，并组队参加了全国比赛，荣获中国职工文化体育协会2011年全国亿万职工全健排舞大赛中老年组第一名，郊区总工会获“全国全健排舞优秀推广单位组织奖”。被山西省总工会授予2011年“工会组建月”活动优胜县（区）称号，被山西省总工会授予组织开展“关爱员工、实现双赢”活动先进单位称号。

胡俊青 1971年1月出生，山西阳泉市郊区荫营镇韩庄村人，1987年12月参加工作，1995年12月加入中国共产党，山西省委党校专科学历。2017年9月任阳泉市郊区总工会党组书记、常务副主席。

1987年12月至1988年11月在阳泉市煤炭运销公司郊区分公司工作，1988年11月至1990年11月在郊区广播电视局工作，1990年11月至1998年8月在郊区交通局工作（1994年9月至1997年7月在山西省委党校经济管理专业函授班学习），1998年8月至1999年5月任郊区旧街乡纪检书记，1999年5月至2003年6月任郊区旧街乡副乡长，2003年6月至2006年6月任郊区旧街乡党委副书记，2006年6月至2007年12月任郊区荫营镇党委副书记兼纪委书记，2007年12月至2011年5月任郊区荫营镇党委副书记，2011年5月至2011年7月由区委组织部待分配，2011年7月至9月任郊区总工会副主席人选、主任科员，2011年9月至2017年7月任郊区总工会副主席、主任科员，2017年7月至2019年任郊区总工会党组书记、常务副主席。

在区工会工作期间，注重职工劳动保护工作，组织基层工会开展“安康杯”竞赛，提高职工自我保护意识，督促企业改善职工劳动条件，促进了企业安全管理。组织企业开展“五小”竞赛活动，开展职工技能比赛。为弘扬劳模精神、工匠精神，新建多个高科技人才（劳模）创新工作室。组织获得全国、省、市的劳动模范到医院进行健康体检。积极开展平等协商签订集体合同工作和企业民主管理工作，百人以上企业全部实行职工代表大会制度并签订工资集体合同。郊区总工会被阳泉市总工会评为“安康杯”竞赛优秀组织单位、职工民主管理先进单位。

王晓青 1977年10月出生，女，山西省阳泉市郊区平坦镇魏家峪村人，1998年1月参加工作，大学本科，中共党员，2011年8月任郊区总工会挂职副主席。

1998年1月至2004年11月在郊区平坦镇政府工作，2004年11月至2013年3月任市总工会民主管理部科员（2011年8月至2012年12月，挂职阳泉市郊区总工会副主席），2013年3月至2017年7月任市总工会民主管理部副主任科员兼纪检监察室负责人，2017年7月至2018年5月任市总工会女职工部主任科员，2018年5月至2018年11月任市总工会女职工部主任科员（主持工作）；2018年11月至2019年任市总工会女职工部部长。

挂职期间，主要采取“全面了解、重在参与”的原则开展工作，摆正自己的位置，当好参谋和助手，积极参与全区大调研，对全区八个乡镇工会联合会、煤运公司、教育系统等培育的先进典型单位进行了实地调研指导，积极主动投入“六个一专项行动”中来，深入试点企业进行指导帮助、跟踪测评、严格把关。为稳定企业劳动关系、构建和谐社会起到了积极的促进作用。

张春燕 1972 年 3 月出生，女，北京房山人，1991 年 8 月参加工作，2006 年 7 月加入中国共产党，中央党校函授本科学历。2011 年 8 月任郊区总工会职工服务中心主任。

1988 年 9 月至 1991 年 7 月在平定师范学校幼师专业学习，1991 年 7 月至 1991 年 8 月待分配，1991 年 8 月至 2004 年 9 月在阳泉矿务局二矿小南坑小学任教，2004 年 9 月至 2011 年 8 月在郊区总工会工作（1994 年 9 月至 2005 年 6 月在山西师范大学汉语言文学专业学习，2006 年 8 月至 2008 年 12 月在中央党校函授学院法律专业学习），2011 年 8 月至 2019 年任郊区总工会职工服务中心主任。

在区工会工作期间，认真做好困难职工的帮扶工作，连续多年开展“爱心助学、圆梦金秋”为主题的助学活动，与人力资源和社会保障局联合举办春季就业招聘会，开展“平安度夏送清凉”活动、“两节”送温暖活动，使困难职工感受到了党和工会组织的关心和温暖，困难职工人数逐年下降，多次受到上级工会的表彰。

赵爱荣 1963 年 9 月出生，山西省阳泉市郊区旧街乡新庄窝村人，1984 年 12 月参加工作，大学本科，中共党员，2013 年 2 月任郊区总工会常务副主席。

1984 年 12 月至 1990 年 11 月在平定县同意煤矿工作，1990 年 12 月至 1993 年 12 月任郊区煤管局科员，1994 年 1 月至 1997 年 2 月任郊区义井镇人民政府煤炭助理，1997 年 3 月至 2000 年 11 月任郊区义井镇人民政府副镇长，2000 年 12 月至 2003 年 4 月任郊区荫营镇党委副书记，2003 年 5 月至 2006 年 5 月任郊区义井镇党委副书记、镇长，2006 年 6 月至 2013 年 1 月任郊区安全生产监督管理局（煤炭工业局）局长，2013 年 2 月至 2014 年 3 月任郊区总工会党支部书记、常务副主席，2014 年 4 月至 2017 年 7 月任郊区总工会常务副主席，2017 年 7 月至 2019 年任郊区总工会非领导职务。

在工会工作期间，狠抓提高职工思想文化素质和技术素质，出台《关于倡导在全区职工中开展读书活动的通知》并发出倡议，为基层工会发放图书 15 种 2500 余册。开展了以“实施四带战略，促进转型跨越”为主题的职工诗词、书法创作活动，举办“中国梦·劳动美”职工书画摄影展和大型笔会，举办全区职工第九套广播体操大型比赛活动，在卫生系统举办“锻炼岗位技能，提高人员素质”为主要内容的技能比武活动，成立了郊区耐火材料行业工会联合会，对郊区工会事业发展起到了推动作用。

王可剑 1958年7月出生，山西省阳泉市平定人，1980年9月参加工作，大学专科，中共党员，2014年3月任郊区人大常委会副主任、党组成员、区总工会主席。

1980年9月至1984年9月在阳泉市肿瘤研究所工作，1984年9月至1991年7月任阳泉市计生委副科长，1991年7月至1993年12月任郊区平坦乡挂职副乡长，1993年12月至1996年1月任郊区平坦乡副乡长，1996年1月至1997年2月任郊区义井乡副乡长，1997年3月至1998年4月任郊区义井镇党委副书记，1998年4月至1998年5月任郊区河底镇党委副书记，1998年5月至2001年7月任郊区河底镇党委副书记、镇长，2001年7月至2002年7月任郊区计生局局长，2002年7月至2006年6月任郊区平坦镇党委书记，2006年6月至2007年4月任郊区政府办公室主任，2007年4月至2007年6月任郊区人大常委会副主任，2007年6月至2014年1月任郊区人大常委会副主任、党组成员，2014年1月至2014年3月任郊区人大常委会副主任、党组成员、区总工会主席人选，2014年3月至2018年8月任郊区人大常委会副主任、党组成员、区总工会主席。同年退休。

在区工会工作期间，紧紧围绕郊区区委、区政府工作中心和市总工会的工作安排，认真贯彻党的全心全意依靠工人阶级指导方针，深入基层开展党的群众路线教育实践活动征求意见座谈会，扎实开展党的群众路线教育实践活动和工会“两学一做”学习教育，组织工会干部赴井冈山开展“加强党性修养，坚定理想信念”专题培训教育。在“工会组建”活动中，采取了同步建、联合建、挂靠建等方式，创新了工会组建模式。2014年在刘备山举办了“千名职工庆‘五一’，重温入会誓词暨纪念建区30周年职工登高健步走”活动并连续举办5届。举办“中国梦·劳动美·我与改革创新”演讲比赛。连续举办5届羽毛球比赛活动。为解决区工会机关和乡镇工会人员少的问题，按照市总工会出台的招聘社会化工会工作者的要求，区工会机关招聘4名，为每个乡镇招聘1名专职工会干部，解决了工会人员不足的困难，为推动郊区工会事业发展做出了贡献。

胡忠文 1973年8月出生，山西阳泉市郊区荫营镇韩庄村人，1996年12月参加工作，2000年6月加入中国共产党，中央党校函授学院本科学历。2017年7月任郊区总工会党组成员、工会副主席。

1996年12月至2004年1月为郊区业余少体校教练（1998年9月至2001年7月山西省委党校经济管理专业学习），2004年1月至2008年6月任郊区旅游开发中心副主任（2004年8月至2006年12月中共中央党校函授学院法律专业学习），2008年6月至2009年1月任郊区文物旅游局副局长，2009年1月至2013年5月任郊区文化体育广播电视局副局长，2013年5月至2017年5月任郊区文化体育广播电视局副局长、主任科员，2017年5月至7月郊区总工会党组成员、副主席人选，2017年7月至2019年任郊区总工会党组成员、副主席。

在区工会工作期间，按照上级工会要求，严格审核困难职工认证资格，积极帮助困难职工解困脱困。组织开展职工乒乓球、羽毛球、篮球等比赛活动，丰富了职工文化生活。在旧街乡路家庄村扶贫工作中，根据村里的实际需要，到河南、太谷等地购买树状月季1000株、玉露香梨树苗4000株，扶持村里产业发展。

马艳军 1973年9月出生，山西阳泉市郊区荫营镇上白泉村人，1992年1月参加工作，2008年7月加入中国共产党，初中学历，在山西省小微企业优秀经营者高级研修班进行在职教育，2018年6月任郊区总工会兼职副主席。

1986年9月至1989年9月在郊区白泉中学读书，1992年1月至1995年3月在郊区上白泉村任会计，1995年4月至2001年7月在阳泉市建虹无机化工厂任会计，2001年8月至2006年1月在阳泉市郊区上白泉不定型耐火材料厂任职，2006年2月至2019年在阳泉市上白泉耐火材料有限公司任职（2018年6月任郊区总工会兼职副主席）。

张宁宁 1985年5月出生，山西阳泉市郊区河底镇固庄村人，2008年10月参加工作，大专学历，2008年7月加入中国共产党，2018年6月任郊区总工会兼职副主席。

2003年9月至2005年6月古城中学上学，2005年9月至2008年6月北京北大方正软件技术学院上学，2008年10月至2019年在阳泉市广鑫源耐火材料有限公司任职（2018年6月任郊区总工会兼职副主席）。

李丽花 1974年7月出生，女，山西省阳泉市郊区荫营镇东坳村人，1998年7月参加工作，大学本科学历，2002年7月加入中国共产党，2018年6月任郊区总工会挂职副主席。

1994年9月至1998年7月在山西农业大学农经系学习，1998年8月至2007年1月在西南舁乡办公室工作，2007年2月至2019年任西南舁乡工会副主席（其间：2018年6月至2019年任郊区总工会挂职副主席）

区总工会挂职期间，在全区推广“智慧工会”App，实行“互联网+工会”工作；组织了全区的第六届职工登高健步走活动；组织职工参加了阳泉市“喜迎二青盛会”全民健身季第六届职工运动会，取得优良成绩；联合文旅局举办了郊区庆祝中华人民共和国成立70周年合唱比赛，并组织乡镇队第一名荫营镇队和机关组第一名教育局队参加了阳泉市总工会“歌颂祖国七十载共筑伟大中国梦”大型合唱比赛，取得了好成绩；联合卫体局举办了郊区2019年“和谐杯”第三届篮球赛。

张富英 1964年4月出生，山西省阳泉市郊区荫营镇马庄村人，1982年7月参加工作，中共党员，中央党校函授本科学历。2018年10月任郊区人大常委会副主任、区总工会主席。

1982 年 7 月至 1985 年 9 月任郊区荫营镇武装干事、武装部副部长，1985 年 9 月至 1987 年 7 月在山西省阳泉市委党校学习，1987 年 7 月至 1993 年 4 月任郊区区委组织部科员，1993 年 4 月至 1996 年 3 月任郊区荫营镇党委委员、组宣委员，1996 年 3 月至 1998 年 6 月任郊区荫营镇副镇长，1998 年 6 月至 2000 年 12 月任郊区政协秘书长，2000 年 12 月至 2003 年 5 月任郊区政府办主任，2003 年 5 月至 2006 年 6 月任郊区河底镇党委副书记、镇长，2006 年 6 月至 2011 年 5 月任郊区河底镇党委书记，2011 年 5 月至 2018 年 10 月任郊区人大常委会副主任、党组成员，2018 年 10 月至 2019 年任郊区人大常委会副主任、党组成员、郊区总工会主席。

在区工会工作期间，紧紧围绕郊区区委、区政府工作大局，发挥工会优势，组织职工群众开展以经济建设为中心的各项竞赛；开展“不忘初心、牢记使命”主题教育，广泛开展“尊法守法携手筑梦”服务农民工公益法律服务行动，努力维护职工群众的合法权益。启动阳泉市郊区工会志的编纂工作并亲自担任主编，为郊区工运事业发展做出了贡献。

王永清 1976 年 11 月出生，女，山西阳泉市郊区荫营镇山头村人，1997 年 8 月参加工作，2000 年 6 月加入中国共产党，中央党校函授本科学历。2019 年 11 月提名郊区总工会副主席人选。

1993 年 9 月至 1997 年 7 月在山西省晋中地方财贸学校商业财务会计专业学习，1997 年 7 月至 1997 年 8 月待分配，1997 年 8 月至 2001 年 3 月在郊区白泉乡人民政府工作，2001 年 3 月至 2009 年 1 月在郊区荫营镇人民政府工作（1997 年 4 月至 2001 年 6 月在山西财经大学会计学专业学习，2003 年 8 月至 2005 年 12 月在中央党校函授学院法律专业学习，2007 年 8 月至 2009 年 1 月在郊区妇联办公室借调），2009 年 1 月至 2019 年 11 月任郊区区委党史研究室、区地方志编纂委员会办公室副主任，2019 年 11 月提名郊区总工会副主席人选。

调入区总工会后，认真学习工会的相关法律法规，熟悉工会工作，尽快进入角色。狠抓基层工会组建工作和发展会员工作，努力构建“小三级”工会组织网络。根据各类工会规范化建设标准，严格开展工会工作年度考核。组织开展省级精神文明单位的创建、申报、验收工作，起草拟定《阳泉市郊区工会志》编纂方案、编纂提纲，提前介入工会志编纂工作，组织开展区工会第八次代表大会的筹备工作。

工会工作者

刘维明 郊区荫营镇下荫营村人，1967 年 11 月出生，大专学历，1982 年 6 月参加工作，区总工会办公室副主任。

1982 年参加工作后，在郊区汽车运输公司工作；1984 年 6 月，调入阳泉市郊区总工会，先后承担后勤及办公室工作。

刘维明坚持工会工作几十年，兢兢业业、勤勤恳恳，一心扑在自己的工作岗位。1997 年 4 月，在“建设阳泉”立功竞赛活动中，荣立阳泉市劳动竞赛委员会个人三等功；2007 年 3 月，被中共阳泉市郊区委员会和阳泉市郊区人民政府授予“劳动模范”光荣称号；2007 年 9 月，荣获山西省总工会从事工会工作二十年纪念奖；2007 年 9 月，被山西省总工会授予“全省优秀工会工作者”荣誉称号。

全国劳动模范

梁作义 民国 24 年（1935）出生，荫营镇下烟村人，随后迁至平坦镇平坦垴村。1950 年，梁作义从白泉高小毕业。1955 年，他加入中国共产主义青年团。1956 年参加中国人民解放军，同年加入中国共产党。1960 年从部队转业到太原大众机械厂。1962 年返乡，任平坦垴大队党支部委员兼民兵营长。1964 年 2 月至 1979 年 1 月，先后任大队书记、主任、副主任。1979 年 2 月任党支部副书记兼村委会主任后，带领全村干部群众，认真贯彻中共十一届三中全会精神，先后办起了铸造厂、砖厂、石棉瓦厂、黏土矿、建筑队等企业，在全市率先推行了以“六定一奖”为主要内容的农业生产责任制，实现了农业增产和工副业增收，走上了共同富裕的道路。1981 年 5 月领导村民建成了全省第一家釉面砖厂（后更名为“山西省阳泉建筑陶瓷厂”）。1985 年 10 月开始，先后组织实施并圆满完成了开发研制“漂珠轻质高强耐火保温砖”“唐三彩及瓷板画”“硫酸废渣红地砖”3 项星火科技项目，前 2 项均获省、市科技进步奖，后 1 项取得了国家发明专利；八大类 100 余个品种的“太行牌”建陶系列产品畅销国内并出口创汇。

1983 年 4 月，梁作义当选为山西省六届人大代表。1987 年 7 月当选为“当代中国优秀农民企业家”，同年 12 月当选为阳泉市人大常委会委员。1988 年 6 月被评选为山西省优秀农民企业家。1989 年至 1993 年度连续被评为郊区劳动模范标兵。1989 年 3 月被评聘为高级经济师，同年 5 月被省委、省政府授予“山西省特级劳动模范”称号；同年 9 月被国务院授予“全国劳动模范”称号，进京参加表彰大会和中华人民共和国成立 40 周年庆祝活动。1990 年 3 月撰写的论文《靠科技进步兴厂，创名优产品夺魁》获山西省企业家协会年会优秀论文奖。1991 年 5 月当选为山西省八届人大代表。1992 年 4 月被省委、省政府授予“山西省劳动模范”称号。

王计所 民国 24 年（1935）10 月出生，阳泉市郊区荫营镇韩庄村人。1949 年韩庄小学毕业后回村务农。1952 年加入中国共产主义青年团。1954 年任村团支部书记。1959 年加入中国共产党。1963 年任生产队队长。1972 年 3 月任大队党支部委员、革委会副主任，分管工副业生产。1975 年 3 月至 1979 年 12 月任大队党支部副书记、革委会主任。1980 年 1 月至 1982 年 1 月任三郊乡农机厂书记、厂长。

1982 年 2 月回村任党支部书记后，带领“一班人”，认真贯彻中共十一届三中全会精神，全面推行农业生产责任制，整顿了铸造厂，新建了糠醛厂。1985 年兼任村委会主任，提出了“地下无资源，地面求发展”的口号，走上了兴工致富的道路。当年投资110万元，建成18立方米小高炉。1987年投资150万元，建成炼钢厂和轧钢厂，正式定名为“阳泉市第三钢铁厂”。同年12月当选为山西省七届人大代表。1987年至1996年连续被评为区劳动模范标兵。1989年5月被授予“山西省劳动模范”称号。1993年投资1600万元，建成了电炉炼钢生产线和55立方米高炉，产品增加到8个系列35个品种，全部达到国家规定标准，所产轻轨有4种型号填补了全省空白。

1994年4月，市劳动竞赛委员会记一等功1次；同年，获山西省劳动竞赛委员会颁发的五一劳动奖章；1995年4月被国务院授予“全国劳动模范”称号，同时被山西省政府授予“特级劳动模范”称号。同年6月被农业部授予“全国乡镇企业家”称号。同年9月被民政部授予“优秀村民委员会主任”称号。1997年5月被授予“山西省精神文明建设模范农民”称号。同年9月辞去所任职务。

马玉田 1953年6月出生，阳泉市郊区旧街乡枣园村人，中专学历，经济师，中共党员，旧街乡枣园村党支部书记兼村委会主任。

马玉田在长期的农村工作中，努力践行“三个代表”重要思想，凭着他“宁愿苦干，不愿苦熬”的精神，按照“山、水、田、林、路综合治理，农、林、牧、菜、果全面发展”的思路，坚持走开发式扶贫之路，以创建“五个好”农村党支部的目标，带领全村干部群众艰苦奋斗，埋头苦干，使贫困落后的枣园村实现了一年一变化、三年大变化，成为阳泉市贫困山区脱贫致富的一面旗帜。连续多年荣获区红旗党支部、农业战线先进集体、旗帜单位、文明村等荣誉称号，2003年被山西省授予“先进集体”称号。

在带领全村干部群众艰苦的创业历程中，他牢牢抓住发展这个执政兴村的第一要务，把经济建设放在中心位置，带领群众发展经济，脱贫致富。从改善生态环境入手，加大基础设施的建设和主导产业的培育。发展了万头规模的养猪基地、3万只蛋鸡养殖基地、2000亩的干果经济林种植基地；建起了纯净水厂、豆制品加工厂等企业，安置了180余个劳力。投资500余万元实施的千亩造地工程、沼气建设工程、无公害蔬菜基地改扩建工程，为循环经济的发展铺平了道路。实施了移民搬迁工程，修建了22栋小二楼，3栋六层的居民楼；硬化了全村的道路并安装了路灯，绿化了道路两侧，使枣园村的面貌发生了根本性的变化，人民生活得到了极大的改善。不仅使村民得到了实惠，而且也为枣园村的经济发展打下了良好的基础。

在发展经济的同时，坚持物质文明、政治文明、精神文明协调发展。为活跃村民的文化生活，组建了80人的农民秧歌队和40人的女子锣鼓队，逢年过节组织丰富多彩文艺活动，建设了2000平方米的村文化中心广场。开设了村广播站，适时报道国家政策和村里的工作，表扬村里的好人好事，批评歪风邪气，成为枣园村的“焦点访谈”。还在全村广泛开展了“文明户”和“十星级文明户”创建活动，在全村形成了加速发展，强村富民的道德风尚，凝聚出了一种“不等不靠，勤奋勤劳，艰苦创业，不屈不挠”的枣园精神。

他骄人的工作成绩得到了党和人民充分肯定，2005年被国务院授予“全国劳动模范”

称号；2007年被山西省社会主义新农村建设新闻人物评选组评为“百名优秀村委会主任”；2008年当选为山西省第十一届人大代表；2009年被市委、市政府授予新农村建设“模范个人标兵”称号。2010年被授予“阳泉市劳动模范”称号。

李乃珠 1961年10月出生，阳泉市郊区平坦镇桃林沟村人，1978年1月参加工作，1992年11月加入中国共产党，函授中专毕业，1994年8月至2019年末任阳泉市郊区平坦镇桃林沟村党委书记兼平坦镇桃林沟联村党委书记。

在长期的农村工作中，他坚持与群众谋发展一条心、干事业一股劲、抓工作一盘棋，共同富裕路越走越宽。他抢抓机遇，筹资异地购买煤矿，又适时对煤矿进行改制，并先后建起金凤凰农业科技有限公司、万方商砼有限公司、太阳石建筑材料有限公司等村办企业。他大胆运筹，购买市区和北京黄金地段写字楼，实现集体资产保值，全体村民充分就业。他与时俱进，积极推进转型跨越，发展乡村旅游业，把发展目光聚焦乡村旅游，2014年4月桃林沟被评定为国家AAAA级景区。他心装百姓，高起点规划，建起“桃林人家”住宅区，村民家家户户住进了新楼房。全村集体固定资产达3亿余元，农民人均纯收入达到1.8万元。

在李乃珠的带领下，桃林沟已初步形成了高新技术产业和传统工矿业并驾齐驱、现代特色农业和休闲旅游业深度融合的村集体经济发展新格局，全村没有发生一起越级上访和违纪违法案件。他秉承“让老百姓幸福”的理念，在他的不懈追求下，昔日闻名的贫困村已经蜕变成为“山顶桃林盖帽、山间松柏缠腰、山下流水潺潺、平地花园环绕、新楼拔地而起、绿色交相辉映”，全村人人有活干、个个有事做，呈现和睦、和顺、和美、和谐的新气象。

一分耕耘，一分收获。2010年4月被国务院授予“全国劳动模范”称号；2011年4月被山西省劳动竞赛委员会授予“山西省十佳新农村建设标兵”称号；2011年7月被中共阳泉市委授予“阳泉市百名功勋党员”称号；2012年2月被中共阳泉市委、阳泉市人民政府授予“2011年度新农村建设模范个人标兵”称号。

省劳动模范

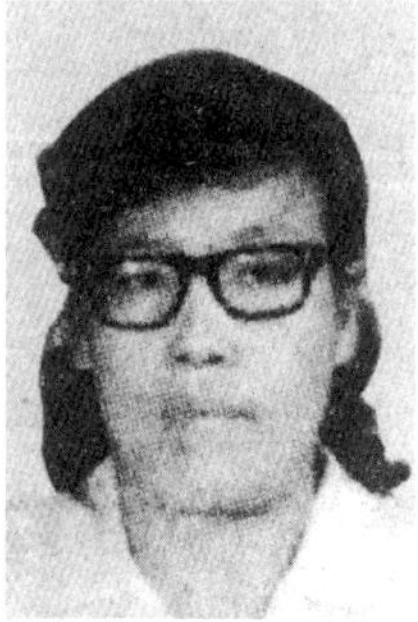

任玉英 民国32年（1943）出生，女，山西寿阳人。1958年，进入石卜咀缝纫社当缝纫工，后任车间主任。当缝纫工期间，钻研技术，学习推广优选裁剪法，精工细作，省时省料，受到顾客欢迎。在国家遭受自然灾害的困难时期，为了企业的生存，给群众用绑腿带对接裤子，用小块布对接衣服，承揽洗染与劳保用品加工、缝新补旧等业务，为企业的生存与发展做出了积极贡献。1963年，获得“山西省先进生产者”光荣称号。

白淑珍 民国28年（1939）1月18日出生，女，高小文化程度，阳泉市郊区平坦镇人。1956年4月参加工作，在阳泉市郊区辛兴信用社任会计。后任该信用社业务员。刚参加工作的7年间，认真钻研业务，勤奋工作，先后办理信贷业务3.7万笔，收付现金590万元，做到账平、款对、无差错。1964年，荣获“山西省六好职工”光荣称号。1993年2月，到龄退休。

王秀莲 民国31年（1942）出生，女，山西平定人。1959年，进入阳泉市北大街公社平坦垴门市部任售货员。1960年加入中国共产党。后任阳泉市煤气公司办公室副主任。在阳泉市北大街公社平坦垴门市部任组长期间，利用节假日和休息时间对8个居民区50户老、弱、病、残居民上门送货1920次，价值9500元；对阳钢、平坦垴等地上门送货1644次，价值240余万元。4年没有休过一个节假，受到了职工群众好评。1964年，荣获“山西省六好职工”光荣称号。

田俊峰 民国19年（1930）出生，经济师，山西沁水人。1952年，进入省人民银行会计科任会计。1965年加入中国共产党。1959年，任阳泉市郊区白泉银行营业所会计、副主任期间，做到日清月结五相符、不错不乱无积压，没有放过一笔人情贷，没有收不回的无效贷款。与所在生产队群众建立团结友善的关系，给军属老人担水2年，直至其儿子复员，给五保户担水一直到去世。组织全社职工坚持每周六到各生产队参加劳动，了解情况，上门服务。遇到天旱缺水之年，每名职工包一户给困难户送水。1964年，荣获“山西省六好职工”称号，1978年，评为山西省劳动模范。

白素莲 民国27年（1938）出生，女，经济师，山西阳泉人。1956年，进入郊区赛鱼商场当售货员。1955年加入中国共产党。后任阳泉市百货公司三矿商店调研员。在担任赛鱼商场售货员期间，工作认真负责，以身作则，扩大销售，积极组织货源，完成各项计划指标。1964年，荣获“山西省六好职工”光荣称号。

苏桂堂 民国31年（1942）1月出生，初中文化程度，机械技师，阳泉市郊区河底镇中佐村人。1957年7月参加工作，在阳泉市郊区中佐铁业社当工人。1971年加入中国共产党。后任阳泉市水暖器材厂厂长。

他刻苦钻研技术，是出名的革新能手。在郊区农机厂、市水暖器材厂工作期间，试制成功了多极水泵、出口铸铁工艺品，新增产值20余万元，改进铸铁茶壶工艺，提高效率两倍。设计的双极泵、多种阀门、闸门、节水阀等20余种产品，都取得明显效益。1977年，被山西省革委授予“山西省在科技工作中做出贡献者”光荣称号。2002年2月退休。

董占春 民国28年（1939）4月出生，初中文化程度，小学高级教师，阳泉市郊区旧街乡新庄窝村人。1958年1月参加工作，在阳泉市新庄窝小学任教师。1960年加入中国共产党。后任阳泉市郊区簸箕掌中心小学校长。1995年，到龄退休。

他扎根山区，教书育人，开展勤工俭学，从1975年起，实现了本校学生的书费、学费、冬季取暖费自给，减轻了山区学生家长的经济负担，连续多年，学生的入学率、合格率、普及率、升学率为全乡第一。1977年，被山西省革委授予“先进工作者”称号；1984年，被山西省劳动竞赛委员会荣记二等功；1985年，再次被山西省授予“先进教育工作者”称号。

刘锁柱 1954年出生，阳泉市郊区荫营镇下荫营村人，小学文化程度。1971年参加工作，在阳泉郊区荫营供销社饭店当工人，后任荫营供销社饭店负责人。在饭店工作期间，积极工作，勤奋好学，苦练蒸、炒、炸、煮烹饪技术，使企业效益连年提升。1977年，在全省大把拉面比赛中获第二名。1978年，荣获“山西省先进工作者”光荣称号。

王占魁 1955年10月出生，阳泉市郊区王垅村人，初中文化程度。1971年参加工作，在阳泉义井供销社当工人。此后在白羊墅供销社任收购门市部组长。其间，他起早贪黑，星期天从未休息过。1977年收购废钢铁300余吨、废金属20余吨、废纸100余吨、家兔1.5万余只，总价值达10万元以上，提前一季度完成了全年的收购任务。1978年，荣获“山西省先进工作者”光荣称号。

毕存娥 1953年5月出生，女，阳泉市郊区李家庄乡李家庄村人，小学文化程度。1971年3月参加工作，先后在桃坡、甄家庄、侯家沟、李家庄等多处门店、分销店当营业员。1976年加入中国共产党。后任李家庄烟酒副食门市部组长。2003年5月，到龄退休。在长期的供销社工作中，她勤勤恳恳，乐于奉献，把供销社事业同农业、农村、农民融为一体，把自身奉献和群众满意凝在一处。在计划经济时期，严格执行党的各项商品供应政策，遇事先想着群众，心中常装着群众，群众优先，社员优先。她服务周到，微笑迎客，宁愿自己麻烦千遍，也不让群众稍感不便。创造并坚持的“盘点不停业”工作法、“工作没有星期天，服务不分上下班”工作信条在全系统推广。在年年完成和超额完成计划任务的前提下，积极参加农业生产劳动和当地重点性生产活动，在劳动中了解发现人民的需求，做好供应。任侯家沟分销店组长期间，经常送货到家户田间、厂矿车间，优质服务，取得信誉，一举扭转了该店的落后面貌，年销售额由4万元增到10万元。由于其出色的工作和超群的业绩，年年被评为单位先进工作者和优秀标兵。曾出席了1978年在太原召开的全省劳动模范表彰大会，获先进工作者称号和省政府颁发的“劳动模范”奖章。1979年被评为市级劳模，获阳泉市革命委员会授予的“劳动模范”奖章。山西省供销社授予“长期从事供销合作事业，为供销合作事业发展做出贡献”荣誉证书和“从事供销工作30年纪念章”。

王桂林 1954年3月出生，女，阳泉市郊区平坦镇人，中专学历，经济师。1969年8月参加工作，在阳泉辛兴信用社任信贷员。其间，1976年加入中国共产党。后任阳泉市郊区平坦信用社副主任。在阳泉辛兴信用社任信贷员期间，先后帮助崔家庄解决了包包账，桑掌、后峪村的圪节账，西上庄的分空问题。完成收储16万元。发放贷款帮助南沟、官沟、小南沟村建起小煤窑3座、砖厂1座，当年收入256万元，比上年增加85万元，每元贷款创价值12元。3个村人均收入达到539元，较上年增加182元。1978年，荣获“山西省先进工作者”光荣称号。2004年3月，到龄退休。

潘莲英 1953年出生，女，阳泉市郊区河底镇山底村人。1971年，在阳泉市郊区东村供销社当营业员。1975年加入中国共产党。后任阳泉市土产公司营业员。在东村供销社工作期间，与3位女职工负责百货门市部，人们称她们为“三姐妹”门市部。其间，经营商品2500余种，盘点不停业，连续9年无差错。坚持每月二三天挑货担到山庄窝铺为群众送货，收购农副产品。1978年，荣获“山西省劳动模范”光荣称号。

李润梅 1949年12月出生，女，初中文化程度，经济师，阳泉市平定县岩会乡移穰村人。1966年参加工作，在平定县岩会供销社任营业员。1983年加入中国共产党。后任赛鱼信用社主任。在信用社工作期间，担负着11个村、39个企业的业务账户和669户社员存贷业务。严格执行会计制度，堵住不合理开支2.1万元。经手办理的业务16.9万笔，收付现金1821万元，未发生任何差错。1981年至1982年，连续两年被山西省评为劳动模范。2001年5月，到龄退休。

杨维增 民国22年（1933）出生，阳泉市郊区平坦镇人。1945年，在阳泉矿务局四矿当工人。1956年加入中国共产党。后任阳泉市平坦农机厂党支部书记兼厂长。1986年任阳泉市郊区西河村副村主任。任阳泉市平坦农机厂党支部书记兼厂长期间，使一家濒临倒闭的企业扭亏为盈，上缴利税年年增长，1980年为9万元，1981年为12万元，1982年为20万元。使企业走向兴旺之路。1982 年，获得“山西省劳动模范”光荣称号。

荆履鸿 民国 27 年（1938）出生，经济师，阳泉市郊区人。1957 年，在阳泉市郊区平坦信用社任业务员。1973 年加入中国共产党。后任阳泉市郊区庙上信用社主任。多年来，他坚持深入农村调查研究，为搞活经济，帮助农民脱贫致富尽心竭力。管辖的 6 个自然村，地处矿区，土地被征用，副业无门路，人均收入只有 120 元，5 年间，他向 6 个村先后发放各种贷款 30 余万元，帮助扩建了 6 个小煤窑、6 个砖厂和运输业、加工业等 10 余个项目。1978 年至 1983 年 5 年中，6 个村的总收入由原年收入 103 万元增加到 3259 万元，年增长 631.2 万元。人均年收入达到 270 元。重点帮助的后进村，人均收入只有 104 元，1981 年亲自帮助恢复了废弃 40 多年的老煤矿，当年收入 45.5 万元，人均收入达到 190 元。1982 年，荣获“山西省劳动模范”光荣称号。

王振华 民国 34 年（1945）出生，女，阳泉市郊区人。中共党员。1964 年，在阳泉市郊区杨家庄联校任教师。1985 年，任阳泉市郊区计划生育委员会主任。当年，阳泉郊区计生工作全省倒数第九。在此情况下，王振华知难而上，接受了“天下第一难”的任务，一年改变了计生落后面貌，六年进入全省先进行列。她常奔波乡村，针对全区被抚养孩子中计划外、多胎抚养严重问题，及时提出处理意见并对 365 名计划外抚养他人孩子者进行了处理。还亲自起草加强对个体、流动户计划生育管理等 9 个文件，完善了计生政策。同时建立健全了区、乡、村三级服务网络和“七簿一卡”“五上墙”及岗位责任制、例会制。全区层层实行了人口目标承包责任制。1991 年，荣获“山西省劳动模范”光荣称号。

潘换梅 1948 年 4 月出生，阳泉市郊区河底镇山底村人。中共党员，山西省委党校政治理论专业函授大专学历，高级会计师，政协阳泉市郊区第六届委员会主席，社会兼职为阳泉市郊区残疾人联合会名誉主席。

1971 年 12 月参加工作，先后担任郊区汽车队会计、调度员。1979 年 7 月加入中国共产党。1983 年 4 月任郊区汽车运输公司经理，1987 年 7 月任郊区交通局局长，1991 年 10 月任郊区财政局局长。1995 年 12 月当选郊区人民政府副区长，1998 年 3 月当选中共阳泉市郊区区委常委、区政府常务副区长，2003 年 4 月任政协阳泉市郊区委员会党组书记、政协阳泉市郊区第六届委员会主席。2007 年 8 月任阳泉市郊区关心下一代工作委员会主任、阳泉市郊区老龄工作委员会主任。

他在区财政局工作期间，率领财政局一班人，认真贯彻中共十六大精神，以经济建设为中心，抢抓机遇，争先发展，深化支出管理，完善财税监督，针对本区财政收入主要来源于乡镇企业的实际，大胆改革传统理财观念，闯出一条“三结合三为主”扶持乡镇企业的道路，狠抓

100个财源建设，保证收入持续增长。1995年，全区财政收入首次突破亿元大关，跨入全省19个亿元县（区）行列，并成为本区财政发展上的里程碑。为进一步加强宏观调控，严格财政信用资金的监督与管理，发挥其扶持生产，培植财源，增加收入的作用，组织制定并实施《关于加强财政信用资金管理的暂行办法》。压缩行政经费，全区公用行政经费连年下降5%；推进事业单位经费管理，每年节约支出20余万元；对公费医疗实行“三定一统两分担”的比例管理；保证了工资发放和支农投资的逐年增长及教育投入的“三个增长”，协调交通、文化、体育事业连年实现收支平衡。1995年3月他被山西省人民政府授予“劳动模范”称号。

张振斌 1953年5月出生，阳泉市郊区荫营镇下千亩坪村人。1969年任村团支部书记，1976年至1978年任村支部委员，分管副业。1979年至1984年10月，任村委会主任。1984年11月任村党支部（总支）书记，兼千亨实业总公司经理、荫营镇党委副书记。

张振斌从担任下千亩坪村党总支书记起，时刻把兴村富民作为自己的第一要务，以高度的责任感和事业心，团结带领全村广大干群开拓进取，勇于创新，投资建成了全市的骨干企业——下千氧化锆厂，大大地增强了全村的经济实力。作为本村经济工作的“领头雁”，他狠抓企业的内部管理，向管理要效益，强管理促发展。在他和同仁的共同努力下，下千耐火厂、下千氧化锆厂两大企业迅速发展，成为全镇、全区乃至全市的骨干企业，收到了较好的经济效益，下千村也发展成为全市一流的经济强村。

由于工作出色，他先后受到了各级的表彰。1991年和1996年他当选为山西省第六届、七届党代会代表。1993年获“山西省优秀乡镇企业家”称号。同年，被山西省劳动竞赛委员会荣记二等功；1995和1998年连续两次获“山西省劳动模范”称号。1997年获“山西省精神文明建设模范农民”称号。他还获得1999年至2000年“阳泉市农业战线劳动模范标兵”，2001年获“阳泉市劳动模范”和“三个一百经济建设功臣”称号。

荆永生 民国31年（1943）出生，阳泉市郊区人，中共党员，中专文化，阳泉郊区农工部长、农办主任。在任期间，他认真组织实施市委、市政府一体两翼战略，全面推进郊区小康建设进程。1995年，11个乡镇、153个村通过了市区验收，成为全市首家达到小康的县区。积极参与全区科技兴区领导组工作，走农科教结合之路，全区的13个乡镇1996年全部成为省科技工作先进乡镇，阳泉市郊区成为全国科技先进县区。1998年，被评为山西省劳动模范。

杨芝萍 1963年出生，女，阳泉市郊区上五渡村人。中共党员，中学英语特级教师，阳泉市外语协会名誉理事长。1981年8月阳泉师范毕业后参加工作，至1983年8月在李家庄中学任教。1983年9月考入山西省教育学院进修，1986年8月毕业后调入荫营中学任教。

从教以来，她爱岗敬业、忠于职守、任劳任怨，对工作认真负责，一丝不苟，把全部心血都倾注于教育事业。她所带班级的高考外语成绩年年名列前茅，并在全国英语竞赛中多次获奖。她勤学自勉，努力提高自身教学水平，先后取得本科、研究生学历，并赴美国进修，取得了由美国文化交流中心颁发的“英语语言和美国文化结业证书”。她潜心钻研，主动承担科研课题的研究，撰写的《走从知识向能力转化的路》、COMMUNICATIVETEACHING、《新课导入研究》等十余篇论文，先后获省、市、区一等奖。她参与编写由山西教育出版社出版的《高一英语练习册》，受到广大师生的好评。另外，她还参与全市初、高中教师英语教学辅导，并在华北地区公开授课1次，市公开授课10多次，作专场报告3场，总结出了“大容量、快节奏、多层次、强激励”的实用高效的教学方法。她撰写的《爱是教育的核心》《解放思想，求真务实，与时俱进》等文章，在《阳泉教育》上发表。

1991年后，她获得“国家级骨干教师”“全国优秀教师”“全国中学生英语竞赛优秀辅导教师”“山西省特级劳动模范”“山西省十大女杰”“省级学科带头人”“教学能手”等荣誉称号。在社会主义劳动竞赛活动中荣记省三等功1次，市一等功2次、三等功1次。连续13年受到省、市、区表彰。她的教学改革成果和先进事迹曾多次被《中国教育报》《山西日报》《山西妇女报》《山西工人报》《山西教育》《阳泉日报》及中国教育电视台、山西电视台、黄河电视台、阳泉电视台等媒体宣传和报道。1998年当选为政协阳泉市郊区第五届委员会委员，2001年被山西省政府授予特级劳动模范，同时当选为中共阳泉市第八、第九届代表大会代表。2002年当选为中国共产党第十六次代表大会代表；同年，被山西省劳动竞赛委员会记三等功。

张凤英 1956年出生，女，阳泉市郊区荫营镇上千亩坪村人，大学本科文化程度，无党派人士，区人民医院神经内科主任，主任医师，业务副院长、院长，阳泉市第九届、十届、十二届人大代表，山西省第八届、九届、十届人大代表。

她幼年勤奋好学，高中毕业后回村务农。1974年被推荐到阳泉卫校读书，1976年毕业后被分配到阳泉市第二人民医院工作。1993年进修于山东医科大学神经内科专业，2000年参加全国高等教育自学考试取得山西中医学院本科毕业证书。参加工作后，她坚持走中西医结合之路，在神经内科这个特定领域积极探索，不懈追求，默默奉献20多个春秋，成长为闻名郊区及邻县的白衣战士。从1993年开始，她先后撰写了《静点尼莫平与置换脑脊液治疗蛛网膜下腔出血》《原发性脊髓空洞症肌电图与神经电图》《硝苯地平缓释片治疗原发性高血压》《辅酶Q10对急性心肌梗塞溶栓后心肌损伤的保护性治疗》等20余篇论文，并在国家和省级医学刊物上发表，受到国内专家同行的好评。

临床实践中，她面向服务主群体，一如既往地注重常见病、多发病的常规治疗，同时向疑难顽症发起挑战，尤其在治疗脑血管意外、糖尿病性肾病、难治性心衰方面独辟蹊径，积累了丰富的经验。针对20世纪90年代初高血压脑出血被列为人类第一杀手，死亡率和残废率极高，发病率呈逐年上升趋势，郊区亦不例外的状况，1994—1997年，她利用业余时间和节假日，翻阅资料，着手制定治疗脑出血病的最佳方案，并通过前期实验得到充实和完善。1998年1月，她主持的《CT立体定向碎吸术并用中药泻下逐瘀汤治疗中大量脑出血临床研究》被市科委批准立项并正式实施。2000年12月省科委评审鉴定认为，该项目具有实用性、独创性和先进性，达到国内领先水平。她的此项科研成果得到专家认可，给众多患者带来福音。1998年至2001年，她接收的300余例脑出血病人大多得到康复，总有效率为98.29%，其中56.67%生活能够自理，31.62%痊愈后重返劳动工作岗位。

她身为医者，竭尽天职，既追求精湛的医术，又追求高尚的医德，心里装着患者的安危，不遗余力为病人排忧解难。危急时刻，她总是抢先出手，救护、诊断、提出方案并组织实施；紧要关头，她总是义无反顾，舍己助人，多次为就诊对象中的孤寡残困者支垫医疗费用、购置生活用品。20多年中，她从未和家人度过一个完整的节假日，经常是才进家门就被叫走，刚刚躺下即被叫起。她言传身教，满腔热情，严于律己，平易近人，深受患者及家属、同事及实习生的褒扬和尊敬。她多次荣获先优称号受到各级表彰，其中1996年被评为“山西省廉洁文明先进个人”，1997年被评为“山西省赵雪芳式白衣战士”，1998年被评为“山西省医德医风先进个人”并当选为区人大常委会副主任（兼职），1999年被评为区十佳医生，2001年5月在全市三个一百评选活动中被评为有突出贡献的优秀人才，并获“山西省劳动模范”称号。2002年被评为“阳泉市三八红旗手”。

王永田 1951年出生，阳泉市郊区人，大专文化，三泉龙江生态养殖园区农民。1998年投资150万元，栽植了6000株赞皇大枣，建成了900平方米的生活区，建成2500平方米的封闭式的机械通风的生猪生产线一条。2000年又投资30万元，完善种猪场600平方米，引入优良原种种猪36头，带动周边农民养猪。2001年，被评为山西省劳动模范。

李　波 1957年出生，山西大同人，中共党员，大专文化，阳泉市全兴电石厂厂长。1998年6月，首先以年租金55万元进行租赁并更名为阳泉市全兴电石厂，1999年又投资90万元合并了中原硫铁矿有限公司电石车间，2000年以700万元一次性买断李家庄电石厂20年经营权，投资280万元进行了环保改造，增容扩建。2000年，企业产值达到2749万元，实现利税192万元。2001年，又投资1000万元进行电石厂二号炉扩建，产值实现1亿元，利税达到900万元。2001年，被评为山西省劳动模范。

王狗蹄 1951年10月出生，平坦镇西河村人，小学文化程度，1981年加入中国共产党，1965年参加工作，历任西河村小队会计、小队队长、大队副主任等职务。1984年至1987年担任西河村村委会主任。1989年起担任西河村党支部书记。

在任西河村党支部书记期间，以他为代表的西河村党政一班人，充分认识“发展是硬道理”的深刻含义，积极解放思想，更新观念，艰苦奋斗，勇于拼搏，先后创建了金石化工有限公司、龙兴化工有限公司、三来食品有限公司等一批科技含量较高的经济实体，逐步形成了三大支柱产业，化工、食品两大行业特色的生产格局，经济步入良性发展的轨道。2001 年经济总收入达到 6800 万元，同比增长 4.6%，实现利税 345 万元，同比增长 4.2%；2002 年经济总收入达到 7400 万元，同比增长 8.8%，实现利税 449 万元，同比增长 30%；2003 年经济总收入达到 9099 万元，同比增长 22.9%，实现利税 559 万元，同比增长 24%。三年上了三个新台阶。

面对改革开放的不断深入和日益激烈竞争的市场经济，他没有居功自傲，而是继续富而思进，抢抓机遇，争先发展，主动调整发展战略。一是以改革为手段，积极进行了企业产权制度改革。二是以创新为突破口，积极进行产品产业结构调整。龙兴公司在结构调整中实现了包膜钛白粉由单一品种向系列产品的开发，并引进了氯化聚乙烯项目。金石化工公司在结构调整中进行了电石增容改造并引进了高岭土项目。三来食品公司开发了马铃薯全粉项目，并建成 2 条生产线，这些新技术、新项目的开发引进，为企业大大增强了发展的后劲。

在经济发展的同时，精神文明建设和社会公益事业也有了明显的进步，全村道路全部实现硬化、绿化，村民全部饮用自来水，广播通讯，有线电视形成网络，文化、教育、卫生事业蓬勃开展。广大村民的生活生存环境有了极大改观。

2001 年、2002 年、2003 年被评为郊区劳模，2001 年被评为阳泉市经济建设功臣，2001 年 4 月被评为阳泉市劳动模范，2003 年获“阳泉市农村小康建设带头人”称号，2004 年荣获“山西省劳动模范”称号。

乔国强 1964 年 1 月出生，晋中市平遥县人，大专学历，高级工程师，阳泉市林里粉末冶金有限公司董事长、总经理，兼任山西省青年企业家协会副会长、阳泉市青年联合会委员、阳泉市光彩事业促进会副会长、阳泉市政协常委、阳泉市郊区政协委员。

1983 年，乔国强毕业于阳泉市轻工业学校，至 1984 年在阳泉市二轻局工作。1984 年考入合肥工业大学粉末冶金专业学习深造 5 年。1989 年被分配到阳泉市交通局工作。

1992 年，乔国强毅然放弃条件优越、待遇优厚的政府机关工作，放弃“铁饭碗”，借贷 25 万元，在白泉乡林里村创办了阳泉市林里粉末冶金厂。经过 4 年的努力拼搏和艰苦创业，至 1996 年，企业固定资产达到 300 余万元，年创利税 30 万元，生产技术和管理经验趋于成熟和完善。他发挥懂得技术、精通业务、善于管理的优势，带领一班人勇立潮头，抢占先机，潜心钻研出一套独特的运用国产设备生产精还原铁粉生产技术，产品供不应求，产销两旺。该项技术获山西省科技进步二等奖，阳泉市科技进步一等奖。他率先在企业中执行高于国家产品质量规定标准的企业生产内控标准，采取独特的营销策略，实行外聘技术专家五年退休制、严格的成本质量控制制度和奖惩严明的报酬激励制度等，为企业增效、职工增收发挥了至关重要的作用，也为公司健康发展奠定了良好的基础。1996 年为适应市场经济的发展要求，他的公司进行了股份制改造，通过科学规范运作，创新了企业经营体制，增强了市场竞争能力。1997 年，他以超人的胆略上马了一、二期改建工程项目，至 2001 年，建成 85 米长隧道窑 4 条，钢带式电炉生产线 1 条，110 千瓦 ×2 的二次精还原电炉生产线 2 条，公司的固定资产达到 1800 万元，还原铁粉年生产能力增加到 15000 吨，年创利税 500 万元，企业规模位居华北地区同行之首。同年，他大胆决策，启动了年产 3 万吨“用铁精矿生产高性能还原铁粉”项目，被列入山西省高新技术产业化推进项目和山西省“1311”规划项目。

乔国强多次受到省、市、区各级政府和部门的表彰。1998 年 5 月被团中央、科技部授予“全国青年星火计划带头人”称号，1999 年 4 月被团省委授予“跨世纪杰出青年人才”“山西省十大青年兴业带头人”称号，1999 年 8 月被团省委、省经贸委授予“山西省杰出青年企业家”称号；2000 年和 2001 年连续被评为市级劳动模范、区级“劳动模范标兵”。2000 年 3 月被市政府批准为享受特殊津贴待遇的专业技术拔尖人才。2004 年荣获“山西省劳动模范”称号。

冯恩湖 1964 年 9 月出生，山西省汾阳县人，1981 年 10 月参加工作，中共党员，大学专科学历，高级工程师。1978 年 10 月在大同煤炭学校学习，1981 年 10 月任红土岩煤矿技术员、生产科长，1986 年 7 月任阳泉市郊区手工业合作联社、二轻局科员，1988 年 1 月任阳泉市郊区水泥预制厂厂长，1992 年 7 月任阳泉市农机厂厂长，1994 年 8 月在山西经济干部管理学院学习，1996 年 8 月任阳泉市土桥沟黏土矿书记，1999 年 10 月任阳泉市特水、狮头特水副总经理，2002 年 4 月任山西天泉煤炭公司副总经理，2003 年 5 月任旧街煤矿、旧街煤炭公司矿长、董事长，2009 年 5 月任保安煤矿筹建处处长、保安煤业公司董事长。后任区煤炭运销公司副经理。

在长期的企业工作中，他十分注重企业的现代化管理及技术改造。在任旧街煤矿、旧街煤炭公司矿长、董事长期间，他多方筹集资金 9000 余万元，对原旧街煤矿矿井进行了 30 万吨技术改造，主立井一斜井装备了现代化的多绳摩擦提升机、高效节能对旋式主通风机，形成了矿井可靠的通风、提升、运输系统；工作面装备了轻型综采、综掘设备，实现了机械化生产；落实“先抽后采、监测监控、以风定产”瓦斯治理十二字方针，实现了瓦斯综合利用；完善了排水、防尘等系统，使煤矿安全装备水平大幅度提高。为振兴区、乡经济做出了突出的贡献。

2005 年他获得市劳动竞赛委员会一等功，同时被市劳动竞赛委员会评为“阳泉市经济技术创新能手”；2006 年被市劳动竞赛委员会和市总工会授予“全心全意依靠职工办企业的优秀经营者”称号；2007 年 2 月被山西省煤炭工业局授予“山西省标准化矿井建设先进个人”荣誉称号，同年荣获“山西省劳动模范”称号。

宋利利 1969 年出生，女，山西太原人，中共党员，大专文化，山西圣火炉料有限公司经营部部长。在山西圣火炉料有限公司经营部任职 3 年间，个人完成销售收入分别为 291 万元、

681 万元和 1220 万元，分别占公司当年销售收入的 16%、34.3% 和 50.6%。她勤钻业务，以诚待客，吃苦耐劳，3 年分别在外出差 150 天、180 天和 120 天。大胆开拓市场，先后发展了南非、韩国、日本等国的 13 家国外客户。2007 年，被评为山西省劳动模范。

王英利 1964 年 9 月出生，女，阳泉市盂县秀水镇人，研究生学历，中共党员，农艺师，阳泉市郊区第七届、第八届政协委员，阳泉市第十次、第十一次党代会代表，山西省第十次党代表会代表，山西省科协第七次代表会代表。1983 年至 1987 年就读于山西农业大学，获农学学士学位，2004 年获山西农业大学农业推广专业硕士学位。1987 年 7 月至 1998 年 9 月在郊区荫营镇任农委副主任，1998 年 9 月至 2003 年 7 月在义井镇任农业副镇长，2003 年 7 月至 2012 年 1 月在区蔬菜中心任主任兼农委副主任，2012 年 1 月调市蔬菜中心任主任职务。

在多年的基层工作中，王英利始终保持朴素的工作作风，勤于实践，敢于创新，大胆献策，热情服务，培养了一批蔬菜科技示范户和典型基地，主持并完成了多个科研课题和项目，带出了一支能吃苦、肯奉献的技术队伍，不仅为阳泉郊区城郊农业、设施农业的发展作出了积极的贡献，而且为阳泉转型发展探索了一条成功的农民就业和家庭增收的新路子。在干部、群众中都留下了极好的口碑。在任政协委员期间，积极建言献策。先后提出《关于加快全区蔬菜产业发展的建议》《关于加大设施蔬菜产业政策扶持的建议》《闲置基地有计划分步骤启动方案》《进一步巩固蔬菜产业发展的意见》等意见或建议，为政府决策提供了第一手宝贵的资料。在政策的带动下，设施蔬菜产业成为郊区农民增收致富的重要产业。在阳泉市郊区蔬菜中心工作期间，率领中心技术人员从标准示范园创建入手，从解决当前管理模式单一、经济效益不高的突出问题入手，积极开展部省级标准园创建工作和新品种、新技术、新型材料试验示范工作，共建设示范基地 7 个，引进“金香玉”等新品种 35 个，郊区设施面积突破 5000 亩，全市设施面积突破万亩。与此同时，坚持把农民培训作为主要工作，对全区重点基地、重点合作社 3000 余人开展实用技术培训，利用田间地头开展新品种展示观摩和新技术现场交流示范培训激发广大菜农学技术、懂技术、凭技术发展的热情和干劲。在工作之余，她专心投入农业科研，2013 年 9 月 29 日她撰写的《阳泉市无公害蔬菜系列生产技术规范研发与应用》获阳泉市科技局成果推广及产业化三等奖；分别以第一或第二作者撰写的《激抗菌 968 微生物发酵剂在温室蔬菜中的应用试验》《阳泉地区蔬菜产业现状及发展方向》《阳泉市食用菌产业现状与发展规划》在一级刊物《农业技术与装备》上发表。

她骄人的业绩，受到了组织的充分肯定。2009 年被山西省政府授予“山西省劳动模范”光荣称号，2010 年再次被省政府授予“山西省设施百万棚行动先进个人”荣誉称号。

宋晓文 1972年11月出生，李家庄乡汉河沟村人，中共党员，大学本科。1992年12月至1995年12月在新疆武警服兵役，1996年1月至2001年11月担任村党支部副书记、宏源实业公司经理，2001年12月担任阳泉市郊区汉河沟村党支部书记兼村委会主任。

在任汉河沟村党支部书记兼村委会主任期间，宋晓文四处筹措资金200万元，修通了通往李荫路的2.7千米通村公路，这条被省交通厅领导称为“二十年先进，三十年不落后”的水泥路。村“两委”班子在他的带领下，围绕经济有序发展，社会和谐安定，百姓安居乐业的目标，大力发展集体经济，加快新农村建设步伐。社会主义新农村建设取得了一系列的骄人成绩，下大力对旧村进行了改造，为村民盖起小二楼50栋，修建住宅楼9栋，总面积8万平方米，总占地面积2.6万平方米。与之配套的文化广场、敬老院、幼儿园、文化活动中心等一系列公益设施全部配套完善。投资为村民打深水井1眼，修建1000立方米水池1个，铺设管路2000米，彻底解决了人畜吃水难、农业企业用水难的问题。坚持带领群众植树造林，绿化荒山荒坡1000余亩。依托307复线打造了300余亩的经济平台，成功引进外商进驻，为长远发展打下了良好的基础。利用集体积累资金，转型发展，创办了阳泉郊区首家小额贷款公司—盈诚小额贷款公司，建设了景河大酒店和蔬菜大棚，组建了机械施工公司，成立了中安石油压裂支撑剂有限公司、裕盛源农产品开发有限公司，为村民增收开辟了新渠道，实现了村办企业的华丽转身和持续发展。为30至54周岁的村民缴纳社会养老保险金9次，60周岁以上的村民每月领取790元的退休金，全部实现了老有所养、病有所医、学有所上、住有所居等民生公益事业全覆盖，先后获得“全国综合治理先进村”“山西省生态文明村”“全省信用文明村”“全省先进党支部”“阳泉市先进支部”等荣誉称号。

2009年，他本人被中共阳泉市委、阳泉市人民政府评为“新农村建设模范个人”；被阳泉市社会主义劳动竞赛委员会授予阳泉市二等功；2010年荣获“山西省劳动模范”称号。

王义长 1965年2月出生，湖北省潜江市人，中共党员，大学本科毕业，高级工程师。1984年9月至1988年7月在武汉科技大学读书，1988年7月至2005年5月在洛阳耐火材料厂历任技术员、技术工长、技术厂长，2005年5月任山西阳泉华岭耐火材料有限公司总工程师。

王义长作为阳泉市郊区外聘的科技人才，将自己所学的科技知识在郊区的经济建设中毫不保留地得以充分发挥。在任山西阳泉华岭耐火材料有限公司总工程师期间，始终坚持站在销售、生产、科研第一线，在销售中找课题，在生产中解决问题。主持开发铝硅系耐火材料新产品10多个，并顺利地转为生产，订货量每年以约40%的速度增长，创利税500余万元，其中2007年开发的大型碳素焙烧炉用高铝砖，获得国家专利，专利号200710185372.6，并顺利转化为生产，当年订货生产13000余吨；2008年开发的红柱石系列耐火材料列为省经委技术创新项目；2009年开发的循环流化床锅炉用耐磨高铝砖列为省经委星火项目，已订货生产2000余吨，同时新开发的刚玉砖、硅莫砖、抗剥落高铝砖、高炉用棕刚玉 -SiC 砖等 10 多个品种都有了批量订货与生产。另外，他主持开发的高致密黏土砖，其显气孔率达到 12% 以下，荷重软化温度达到 1500℃以上，在高炉、玻璃窑等工业窑炉上具有广阔的应用前景；自主研究发明的隧道窑窑车台面砖经过试用，结果砖型合理，安全可靠，使用寿命长，也获得专利批准。

2006 年被山西省劳动竞赛委员会记一等功；2006 年被阳泉市郊区政府授予“优秀科技人才”称号；2008 年被阳泉市郊区政府授予“优秀科技人才”称号；2010 年被阳泉市郊区政府授予“优秀科技人才”称号；同年荣获“山西省劳动模范”称号。

胡培明 1965 年 8 月出生，山西阳泉人，大专学历，中共党员，1983 年 10 月参加工作，高级经济师。1983 年 10 月至 1987 年 12 月任阳泉市平板玻璃厂车间主任，1988 年 1 月至 1992 年 5 月任苇泊汽修厂会计、副厂长，1992 年 6 月至 2001 年 3 月任苇泊汽修厂厂长，2001 年 4 月至 2003 年 6 月任石家庄天隆公司阳泉分公司总经理，2003 年 7 月至 2014 年 12 月任阳泉天隆工程材料有限公司董事长兼总经理。

在阳泉天隆工程材料有限公司任职期间，他坚持以科技创新为抓手，以拓展市场为突破口，为公司实现跨越式发展做出了突出贡献。一是创新产品，多元化发展。组建市级建材研发中心，推出五大系列 22 种新型特种建材产品，成为全国唯一一家特种水泥及工程材料品种最全生产企业，多项产品填补了省内空白，成为“中国特种水泥混凝土工程材料协会副理事长单位”和“特种水泥系列铝酸盐水泥和硫铝酸盐水泥国家标准主要起草单位”，新型工程材料占到总产量的 67%。2011 年、2012 年被省建材协会评为“山西省建材行业质量管理卓越领导者”“山西省建材行业产业结构调整功臣企业家”。二是打造品牌，拓展市场。实现产品畅销国内 18 个省市，并成功扩展国际市场，实现了 1/3 产品远销欧美、日韩等多个国家和地区。三是科技领先，节能创效。投资 2000 余万元建成洁净天然气能源、最新型干法生产线，成为全国唯一使用天然气洁净能源生产特种水泥的建材企业，并成为中国建材研究总院、中材国际研究院的研发合作基地。2010 年至 2013 年，公司销售收入由 5100 万元猛增到 7720 万元，增速达 51.3%；税收由 504 万元增至 765 万元，增长 51.8%；职工人均收入由 17360 元增至 27100 元，净增近万元。

2011 年被省建材协会评为“山西省建材行业产业结构调整功臣企业家”；同年被阳泉市委宣传部，环保局评为“阳泉市十佳环保市民”；2012 年被省建材协会评为“山西省建材行业质量管理卓越领导者”；同年被阳泉市委、市政府评为“阳泉市新农村建设模范标兵”，荣获阳泉市劳动竞赛委员会“阳泉市五一劳动奖章”；2013 年被阳泉市委，市政府评为“阳泉市农业农村工作先进个人”，被省企业家协会评为“山西省优秀企业家”，2014 年荣获“山西省劳动模范”称号。

王　雪 1986 年 4 月出生，女，阳泉郊区人，大学文化，旧街乡测石村种植户。2009 年大学毕业后，她积极响应国家号召，借助国家有利政策方针，艰苦奋斗，自主创业，在中药材

种植业上取得了良好成绩。2010年至2014年，自筹资金1200余万元，建立规模为1万余亩的中药材种植基地，种植黄芩、黄芪、苦参、射干、柴胡等10类药材品种，每亩年纯收入超过2000元。辐射带动全市120个村300余户农民发展中药材种植田2万余亩，4年共收获药材总量37.5万公斤，销售收入达509.9万元。为了提高种植水平和技术，进一步占领市场，她多次前往河北、四川等知名中药材集散地考察学习，聘请山西农业大学、河北安国中药材协会的教授专家，引进先进的标准化种植管理体制(SOP)，模拟中药材野生环境，实施了半人工半野生化种植方法。2011年，她自主研发食药两用产品珠玉二宝和天赋臻品，注册商标为“锦草雅集”，她将该产品向广大农户示范推广，全年为农户增加收入200余万元。开展仿野生黄芩种植中黄酮含量提升的课题研究，开发出的黄芩黄酮总含量高于平均水平。在此基础上，对半夏的生长习性和种植方法进行研究、论证和试验，取得明显成效，于2013年发表了《半夏花粉活性和柱头可授性测定研究》论文。

2010年被阳泉市郊区旧街乡人民政府评为“优秀种养大户”，同年被共青团阳泉市委评为“阳泉市青年创业先锋”，2012年被阳泉市郊区区委组织部评为“阳泉市郊区十大杰出青年”，同年被阳泉市政府评为“阳泉市创业明星”，荣获省政府“山西省三晋创业就业奖”，2014年荣获“山西省劳动模范”称号。

聂喜军 1979年3月出生，山西省昔阳县人，大学本科学历，中学一级教师，中共党员。2004年7月毕业于忻州师范学院，同年8月就职于阳泉市郊区荫营中学。

任教荫营中学后，能根据数学学科的知识特点精研教材及教学模式，在数学新课程改革与发展的新形势面前，实现从传授者到组织者、引导者、合作者的角色转换。他每年所带班级的成绩较以前有明显的改善，特别是2015年创造当时平行班的达线之最，二本以上达线人数31人，达线率60%。教学管理方面，具有自己独特的班级管理模式，在班里起到导航、催发、定向的作用。从“勤”字入手，大胆实施“班级一体、班干一线、老师参与、个人自治”的管理模式，多年的班主任工作得到了学校的肯定、同事的好评以及学生家长的信任，尤其是2014年其所带班级获得省级“先进班集体”荣誉称号。他十分注重提高自己的业务水平，一直积极地参加省、市、区各级部门组织的培训。

2014年，被阳泉市教育局授予市级“优秀班主任”称号；同年，被山西省教育厅授予省级“优秀班主任”；2015年，被阳泉市教育局授予市级“优秀教师”称号；2017年，被阳泉市劳动竞赛委员会授予市级“五一劳动奖章”；2019年4月，被山西省劳动竞赛委员会授予“山西省劳动模范”光荣称号。

胡存玉 1967年1月出生，山西省阳泉市郊区人，初中文化程度。1985年至1989年，在阳泉市郊区老虎沟制钉厂工作；1989年至2004年，任阳泉市华岭耐火材料有限公司工人；

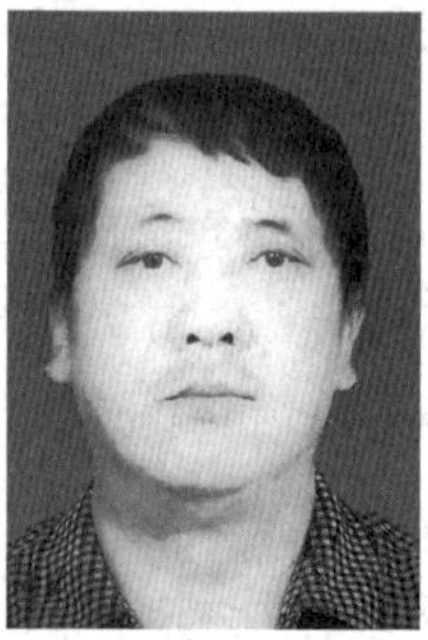

2004 年 3 月，任阳泉市华岭耐火材料有限公司车间主任。

在阳泉市华岭耐火材料有限公司工作期间，经他研磨耐火粉半成品 5 万余吨，创造经济价值 7500 万元，合格率达 98%。他带领球磨机班组全体职工共研磨耐火粉半成品 6 万余吨，加工成品颗粒 36000 余吨，合格率达 98%，为公司创造经济价值 1.2 亿元。由于隧道窑设施设备停运再启动成本消耗巨大，他常年蹲守在生产一线，不间断检查巡视设施设备故障的发生，在他带领下，班组保持 20 余台破粉碎机、泥料碾机等设施设备 24 小时高效运作，为公司减少经济损失数百万元；他放弃节假日、休息日 30 余个，加班加点 500 多个小时，班组从未发生任何安全事故，受到了职工群众和领导的好评；组织班组开展“传帮带”、职工技术培训等活动 20 余次，采用以老带新的模式，每一个作业点都有经验丰富的老师傅带领，他帮助新工人们练习各种控制线路的接线，从理论到实践的训练，使他们的技术业务得到较快提高，高标准地完成公司下达任务指标，为公司科学发展提供有力保障。

2014 年被市委、市政府授予“阳泉市劳动模范”称号。2019 年 4 月，被山西省劳动竞赛委员会授予“山西省劳动模范”光荣称号。

省记功表彰

刘振寰 1958 年出生，主治医师，河北曲阳人，1978 年加入中国共产党。1981 年，毕业于长治医学院；同年分配到阳泉市第二人民医院儿科任医师。后任该院儿科主任。对小儿肺炎进行了深入研究。他的《小儿急性肺炎血液流变及微循环的临床与实验研究》科研成果，1992 年获全国科技创新奖，并获省科技进步二等奖。经大庆市四院、潞安矿务局等 107 所医院推广应用，莨菪碱和肝素治疗小儿重症肺炎，在改善呼吸、心衰方面均取得显著疗效。1986 年又经大量的动物实验和后天性小儿痴呆症的研究，摸索了一套改善脑微循环为主的中西医结合治疗方法，共收治来自 23 个省市的 400 余例痴呆儿，总有效率达 62%，其论文 1990 年被第五届国际小儿神经学术会选用，并邀请去日本参加学术交流。1992 年被收入《中国当代名医辞典》。在国家省级刊物发表及在全国性学术会宣读论文 56 篇，23 篇论文获国家、省级、市级优秀论文。“微循环显微镜在儿科中的应用”获省医药卫生引进先进技术三等奖。1992 年，荣获“山西省劳动模范”光荣称号。1994 年被山西省劳动竞赛委员会授予“五一劳动奖章”。

白锁福 1954 年出生，阳泉市郊区西南舁乡王家庄村人，工程师、经济师。1972 年毕业后分配在阳泉市水咀厂工作，历任技术员、车间主任、副厂长、厂长等职；1989 年调阳泉市青山水泥厂工作，任副厂长；同年 7 月 1 日加入中国共产党；1990 年任厂长；1997 年组建青山水泥集团总公司后任党总支书记、董事长、总经理并兼任西南舁乡副乡长等职；1996 年，被山西省劳动竞赛委员会荣记一等功；1998 年，被区委、区政府授予“劳

模标兵”称号，被市委、市政府授予“劳动模范”“乡镇企业优秀厂长、经理”称号；1999年，再次被区委、区政府授予“劳模标兵”称号，被市委、市政府授予“劳动模范”“拔尖人才”称号。2000年12月，任青山集团党总支书记、董事长。

在任青山水泥集团总公司党总支书记、董事长、总经理期间，团结带领企业一班人，努力实施“人本、成本、科技、规模”四大战略，企业的各项工作取得了显著成绩。全市第一家按ISO 9000族国际标准，通过了国家产品质量认证；学邯钢经验，制定“倒逼成本管理法”，企业经济效益进一步提高；兴办职工学校，长年培训企业员工，职工素质不断提高，在深化企业改革，实现现代企业制度的同时，注重人才的引进和开发，向社会公开招聘了公司总经理，进一步完善了法人治理结构；投资计算机网络，实现了生产控制和企业管理的自动化；不断进行技术改造和新产品开发，小改小革60多个项目，其中5种产品开发项目被市科技委员会授予科技应用成果二、三等奖；实施节能环保30万吨技术改造的规模结构战略性调整方案，实现科技效益型亿元企业，跨入国家建材中型企业行列。

弓月庭 1961年10月出生，山西省原平市大林乡人，研究生学历，1991年7月加入中国共产党。1982年9月至1985年9月，在阳泉市郊区教师进修校任教；1985年9月至1998年8月，在阳泉市荫营中学任教；1998年8月至2001年8月，在阳泉市玉泉中学任校长；2001年8月，任阳泉市荫营中学校长。

在玉泉中学任校长期间，高考本科达线人数由0上升到87人，成为2001年度阳泉市高考质量分析会上做经验报告的两所学校之一。在荫营中学任校长期间，该校考入清华、北大共计26名；本科生达线共计2292名；进入山西省高考文理科前20名共计13人，并于2003年创下了尖子生总数占全省22.5%的山西省最高纪录。成为阳泉市首批省级示范高中校、新课程实验基地校和三晋名校。他任山西省教育行政干部培训中心客座教授，为全省校长培训班，太原市、襄汾县、祁县等教育局校长培训班以及康杰中学、范亭中学、太原师院等作报告百余场。任阳泉市教育工作者协会法人代表、常务副会长兼秘书长，在《阳泉日报》上开辟阳泉市“教育专版”2年，成为阳泉市教育工作宣传的窗口。在《山西教育》《学习与借鉴》等发表教育管理类文章，著作《圣园随感》由炎黄文化出版社出版、《真水无香》由山西人民出版社出版。

1999年被阳泉市教育局、人事局、工会授予“阳泉市优秀教育工作者”称号，2001年被阳泉市委、市政府授予“阳泉市有突出贡献的优秀人才”称号，2001年教育部授予“国家级骨干教育工作者”称号，1999年、2002年山西省教育厅授予“山西省化学学科带头人”称号，2002年山西省劳动竞赛委员会授予山西省一等功，2004年被山西省教育学会、现代教育报社评为“山西省优秀校长”称号，2006年被阳泉市委、市政府授予“享受市政府特殊津贴的拔尖人才”称号，2007年被阳泉市委、市政府授予“阳泉市教育功臣校长”称号。

任保军 1959年11月出生，山东乳山人，在职研究生学历，经济师，1989年1月加入中国共产党。1974年至1976年8月，任市物资局通讯员；1976年8月至1979年6月，在阳泉市郊区东垴村插队；1979年8月至1986年7月，在阳泉矿业公司工作；1986年7月至1991年6月，任阳泉市郊区煤矿安全培训中心主任；1991年6月至1995年6月，任荫营货站站长；1995年6月至2000年12月，任阳泉煤炭运销分公司驻济南办事处主任；2000年12月至2001年12月，任阳泉郊区煤炭运销公司书记；2001年12月至2007年12月，任郊区煤炭运销公司经理、书记；2007年4月，任阳泉市郊区政协副主席；同年12月，任郊区煤炭运销公司经理。

任山西省煤炭运销总公司阳泉分公司郊区公司经理后，公司面对煤炭紧张、公路限载，实体化转移任务繁重，深层次矛盾日益凸现，以及非典疫情的重重困难，作为公司党政一把手，他顾全大局、锐意改革，忠实践行"三个代表"重要思想，团结带领公司全体干部职工励精图治，攻坚克难，2001年至2003年累计完成煤炭销售量960.2万吨，三年平均递增幅度为13%；累计上缴省市专项基金和区能源金25878.3万元，三年平均递增幅度为8.9%；累计实现销售收入47965万元，三年平均递增幅度为39.47%；累计实现利税5701万元，三年平均递增幅度11.1%，为地方经济建设做出了突出的贡献。在两路运销方面，采取了一系列治理整顿措施，严格贯彻连带追究责任制，加大稽查力度，打击"两黑"行为，坚持干部职工交流对调制度，全面实施区域营销，加强煤源质量、成本控制，加强公路、铁路联动机制；在煤源基地建设方面，先后对7个地方煤矿实施了收购、买断、控股，取得开采经营权，加大煤矿管理机制的转变，实现了由松散型、粗放式向紧密型、集约型的逐步过渡；在非煤产业方面，加大在政策上、资金上、业务上的倾斜力度，经济效益明显提升；在企业管理方面，先后通过"三条线""三本"管理制度以及三项制度改革等措施，对各单位、各部门实行了目标考核管理；在党组织建设方面，充分发挥党组织的政治核心作用，以开展评优、评差和加强思想作风建设教育活动为主线，大力加强班子建设、队伍建设、廉政建设，支持党群组织开展一系列的党建、精神文明建设、企业文化构建活动，为企业发展提供了强有力的思想保障。

2002年4月被阳泉市劳动竞赛委员会授予五一劳动奖章，2003年2月被市委、市政府授予"治桃功臣"称号，被郊区区委、区政府授予"经济建设十大功臣"称号，同年4月被山西省劳动竞赛委员会授予劳动竞赛一等功，被阳泉市企务公开领导组授予"企务公开先进个人"称号，被省煤运总公司授予"优秀党务工作者"称号，同年7月被中共阳泉市委授予"优秀共产党员"称号，2004年、2005年被郊区政府授予"劳模标兵"称号，2007年2月荣立阳泉市劳动竞赛委员会一等功。

樊振平 1961年12月出生，山西霍州人，大学本科学历，中学高级教，1986年6月加入中国共产党。1981年7月，临汾师专毕业。同年8月参加工作，在阳泉市郊区荫营中学任教；先后担任荫营中学团委书记、政教处主任、副校长、党支部书记等。1989年7月至1992年7月，北京师范大学在职进修，获得本科学历。2001年8月至2008年1月，在阳泉市郊区玉泉

中学担任校长。2008年2月至2018年1月，任阳泉市郊区教育局纪检组组长、教育工会主席。2018年2月，任阳泉市郊区教育局督学。

长期的教学工作中，他遵循教育规律，优化课堂教学，把备课、上课、辅导、考试、教科研等各个环节视为教学成绩的增长点，取得了优异的成绩。率先把目标教学引入课堂，推动了全校的课堂教学改革，在全校形成了向45分钟要质量要效益的氛围，使课堂教学充满了前所未有的活力。多次在学校、郊区、市、省参加示范课和公开课，均取得满意的效果，在全国中学化学优秀课竞赛评比活动中，荣获山西省一等奖。他不仅善于实践，更注重对教育教学工作的总结，先后撰写教学资料和经验论文多篇。在省级以上获奖多次，其中，参加撰写的《中学化学课时跟踪训练》被科学普及出版社出版发行；参加编著的《高中化学新教材名师导学》一书，被华东师大出版社出版；论文《元素化合物学习浅析》获山西省优秀论文一等奖，并被收入《山西省教育教学改革论文集》；论文《在教育目标指导下，实施中学化学素质教育》获"第三届全国中学化学教学研讨"二等奖；论文《如何进行化学基本概念教学》，在山西省教育年会上交流；主持编写的《玉泉中学学法指导丛书》作为校本课程。他所带学生及班级，在历年高考会考中，均取得优异的成绩，均分合格率名列省市前茅。尤其是2004年高考，所带班级高考升学率达到了80%以上，受到了广大师生和社会各界的称赞。先后被评为省第七届"育人杯"先进个人、省骨干教师、省德育工程建设先进个人、阳泉市高中化学学科带头人等；获得全国中学化学优秀课评比山西省一等奖。2005年获山西省劳动竞赛委员会颁发的"五一劳动奖章"。

段　富　1959年2月出生，大专学历，山西省天镇县人，中共党员，工程师。1976年至1983年，在蒙古国工作，1983年5月回国；1983年6月至1995年8月，在市建三公司工作，任材料员、施工员、工区主任；1995年9月至1998年，任郊区乡镇建设开发公司、郊区建筑工程公司经理；1998年7月加入中国共产党；1998年后，任郊区城乡建设发展总公司经理。

在任郊区城乡建设发展总公司经理期间，紧紧围绕区各项工作目标，强化企业内部管理，狠抓职工队伍建设，增强企业凝聚力，提高社会信誉，锐意进取，艰苦拼搏。2007年，实现收入4205万元，同比增长84%；完成施工产值8020万元，同比增长27%；实现利税799.2万元，同比增长56%；职工人均收入1.43万元，同比增长14%。全面超额完成了各项经济指标和各项工作。本着"规划超前，建设一流，设施齐全，环境优美"的原则，根据区政府要求，公司多次实地勘察，多方比较，多次论证，组织完成了南炉新城的修建规划。下大力全方位强化现场管理，根据各小区的情况分别制订详细严谨的现场管理办法，主要领导全部一线办公，随时掌握工程动态，及时调整人员、材料。积极推广使用新技术、新工艺、新材料。通过科学、严谨、规范的管理，使各工程项目在节约材料、降低消耗方面又上了一个新台阶。始终坚持"以质量求生存，以进度求发展"，制定了完善的质量管理体系，加大了创优力度，在工程质量上做文章，在工程进度上下功夫，取得了明显的成效。

2004年，被全国侨联评为归侨侨眷先进个人。2006年、2007年，均被郊区政府评为阳泉市郊区劳动模范标兵。2008年，被山西省劳动竞赛委员会记一等功。

张学友 1968年4月出生，中共党员，大学文化，阳泉市郊区荫营镇上千亩坪村人。1985年至1992年，在本村耐火厂搞销售工作；1993年至1994年，承包本村洗衣膏厂；1995年至1996年，任本村耐火厂生产计划科科长；1997年至2002年，任耐火厂厂长；1998年6月加入中国共产党；2003年企业改制后，任千隆耐火材料有限公司董事长兼总经理；2001年，当选为本村村委会主任；2001年12月，当选为村党总支书记。

在任村党总支书记期间，村里相继投入600万元对全村街道进行了硬化，安装了路灯；投入300万元实施环村绿化工程，绿化面积达到300亩；投资2000余万元新建20000平方米隆馨住宅小区；投资740万元建成面积16000平方米的文化广场和宽16米、长1华里的进村公路。此外，村集体每年为村民支付农村新型合作医疗金1万余元，为60岁以上村民发放养老金20余万元。经过不断努力，上千亩坪村真正走上了“生产发展、生活富裕、乡风文明、村容整洁、管理民主”的社会主义新农村之路。2010年，他带领“两委”班子，大力推进新农村建设，切实改善村民居住环境和提高村民生活质量。全村年经济收入完成5500万元，税收实现360万元，人均纯收入6800元。

2008年被阳泉市郊区区委授予“优秀共产党员”称号；2009年、2010年连续两年被中共阳泉市郊区荫营镇委员会评为“劳动模范标兵”；2010年被中共阳泉市郊区区委评为“劳动模范标兵”。2011年，获得山西省劳动竞赛委员会颁发的“五一劳动奖章”。

史选红 1966年3月出生，阳泉市郊区荫营镇老虎沟村人，中共党员，中等专科学历，工程师。1976年至1980年，先后在荫营镇老虎沟村小学、初中读书；1983年至1985年，在荫营中学读书；1988年至1991年，在洛耐职工中等专业学校学习；1991年6月，就职于山西阳泉华岭耐火材料有限公司，先后任技术员、技术副总经理。2006年7月，加入中国共产党。

他刻苦学习，热爱工作，不断提高技术水平。任华岭耐火材料有限公司技术员期间，绘制的图纸达到上万份，编制数万字的工艺说明和操作规程，严把质量关，产品合格率达到98%，相继研发新产品10余个。其中，开发的大型碳素焙烧炉用高铝砖，获得国家专利（专利号200710185372.6），并成功转化为生产，2010年至2012年，该产品订货生产25000余吨，创利税1000余万元；主持研发的高荷软高铝砖、热风炉用低蠕变黏土砖，被山西省经济贸易委员会评为“科技创新二等奖”；自行开发的红柱石系列耐火材料，通过阳泉市科委组织专家鉴定，列为山西省经委技术创新项目；研制开发的循环流化床锅炉用耐磨高铝砖列为省经委星火项目，2010年至2012年，订货生产2000余吨；主持开发的高致密黏土砖，其显气孔率低至12%以下，荷重软化温度高达1500℃以上，在高炉、热风炉、玻璃窑等工作窑炉上具有广阔的应用前景；开发的低蠕变高铝砖成功用在攀钢、太钢、武钢等大型钢厂。他利用多年的生产实践经验，对高铝质耐火材料的生产工艺和生产装备提出了独到的见解和建议，使产品合格率提高了 7 个百分点，单位产品燃料消耗降低约 28%，一年节约成本可达 120 万元。

2008 年至 2011 年连续 4 年被郊区荫营镇政府授予“优秀科技人员”称号。2012 年，获得山西省劳动竞赛委员会颁发的“五一劳动奖章”。

王建文 1973 年 4 月出生，阳泉市郊区荫营镇杨树沟村人，大专学历。1993 年，学校毕业后回乡从事个体职业；2004 年，创办阳泉市亿达耐火材料厂，任总经理；2009 年，任阳泉市亿源种植专业合作社总经理；2016 年，当选为阳泉市郊区工商业联合会副主席；同年当选为阳泉市郊区第九届政协委员。

2009 年，他响应政府产业转型的政策，投入资金 300 余万元，创办阳泉市亿源种植专业合作社，带领 100 余户农民凭着吃苦耐劳的精神，修整土地 60 亩，修建温室大棚 30 亩，所建温室达到省级示范园标准。他总是把加强学习实践放在首位，订阅了大量的农业科技刊物，并通过网络和参加市区镇举办的大棚蔬菜种植培训班及向农业技术员请教，学习了大量的知识，并坚持学以致用，把学到的科技知识及时运用到生产实践中，土地的耕作施肥、下种、田间管理每个环节都严格认真操作，每天详细记录天气、温度、农药使用次数、蔬菜产量。多年的自学、请教、观察，克服了西红柿、黄瓜、豆角、茄子的种植技术和病虫害防治等一系列管理上的难题，逐步掌握了一套完整的种植反季节蔬菜技术，从一名普通的农民成长为蔬菜种植“土专家”和蔬菜种植大户。多次到山东寿光、北京顺义等蔬菜种植先进地区学习种植技术，建成蔬菜膜下滴灌项目，减少灌溉用水和用工投入，大大节约成本，引进的彩椒、小西瓜、西葫芦等几个新品种试种成功，在市场上供不应求。其中 2010 年引进的京欣一号小西瓜取得了亩产 4000 千克收入 4 万元的好成绩，改变了本地种植西瓜不能高产的历史。2011 年将该品种推广到 1000 亩。同年从北京农科院引进的“金香玉”小南瓜受到了多家超市的青睐，并逐步淘汰了一批产量低品质差的蔬菜品种，通过新品种新技术的引进和推广，带动全区种植户每年新增新品蔬菜 1000 万千克，不仅丰富了农产品市场，而且极大地提高了农产品的附加值，真正实现了现代农业的高产高效。大棚每亩年产无公害蔬菜 1 万千克，年效益达 4 万余元。他致富不忘众乡亲，把自己掌握的种植技术无偿传授给农民兄弟。把课堂设在了田间地头，多次义务举办农民培训班，手把手传授种植技术。同时，对种植户进行分类指导，自费印刷蔬菜种植资料 5000 份发放给周边广大种植户，有效地推动提高了种植户的种植水平，使他们逐步规范运营。通过利用熟鸡粪玉米秸秆等农业废弃物沤制的农家绿色肥料，通过轮作换茬，敞棚、增温、增光等技术措施调节棚内温湿度，控制病虫害的发生，坚持施用无公害农药，完全依靠菜品生长周期自然成熟，使其基地产品成为清香味美无农药残留的健康食品，不仅大大提高了蔬菜的产量，真正做到了绿色安全健康及社会效益、经济效益和环境效益的有机统一。2011 年为自己种植的蔬菜申请“响杨树”商标，启动了绿色无公害基地认证，发挥品牌效应，积极开拓销售市场，对产品进行蔬菜分级存储包装，现已成功进入阳泉北国等多家超市并设立了品牌蔬菜销售专柜，并在全市多家蔬菜销售市场设立本地蔬菜销售专区，拓宽了市场销售渠道，减少了产品流通环节，确保了农民增收，带动了设施蔬菜产业的发展，年销售收入增加200余万元。同年，利用有利的地理条件，人工挖洞、倒土，用了几个月的时间，自建500立方米的土窑洞保鲜库，温度湿度得到了北京专家的认可和赞赏，保鲜库内设加工配送车间，年吞吐蔬菜100万千克，避免蔬菜品种旺季“丰产滥市、菜贱伤农”淡季“果蔬断档、质次价高”的现象发生。同时积极探索，推出了种植区、蔬菜粗加工区、瓜园采摘区、再生能源区、休闲区等布局区域化、经营一体化、服务社会化的模式，真正体现了农业可持续发展。

2011年被共青团阳泉市委员会和阳泉市人力资源和社会保障局授予“阳泉市青年创业奖”；2012年，获得山西省劳动竞赛委员会颁发的“五一劳动奖章”；2013年被山西省农业厅评为先进个人、被阳泉市总工会授予“优秀带头人”称号；2014年，被中共阳泉市委、阳泉市人民政府授予劳动模范；2018年，被郊区人民政府授予“劳动模范”称号。2011年，所在合作社被山西省农业厅评为省级示范社、被阳泉市人民政府评为先进单位；2012年，被阳泉市人民政府评为设施蔬菜标准化示范园；2015年，被郊区人民政府评为优秀民营企业；2016年，被山西省蔬菜产业协会评为优秀园区。

刘子旺 1974年出生，大学文化，中共党员，阳泉昌达混凝土搅拌站试验室主任。

在阳泉昌达混凝土搅拌站任职期间，主管质量控制方面的工作，他研发多个新配方、新工艺。在他的努力工作下，全站混凝土配合比经济、合理、适用，从未发生过安全事故，社会信用度进一步提高。主持生产阳五高速公路C50高强度混凝土3万余立方米，产品质量合格率100%；参与全国最大角度转体桥——阳五高速段（中铁大桥局）跨度140米、转角70度转体桥C50砼的施工，受到施工单位、同行及专家的好评。他在混凝土及相关产品的研发使用上业绩突出。主持了聚醚类新型混凝土塑化剂的研发及生产试用工作，使该产品在极短的时间内得到推广，本行业中广泛使用；主持高性能复合掺合料的研制及生产试用工作，使单方混凝土生产成本降低了8元；在保证质量的前提下，在混凝土中掺用粉煤灰、矿渣粉、碎石屑等工业废弃物，不仅提高了混凝土的耐久性、工作性而且降低了生产成本，同时利用了废弃物，在节能、降耗、减排方面做出了突出的贡献。在山西省工程建设地方标准《人工砂生产应用技术规程》修订中，他作为参编单位技术负责人为修订工作提供了大量的试验、生产数据。全程组织了该系统试验，使人工砂的使用在阳泉同行业中处于领先水平，为该标准的出台做出了较大贡献。他申报了混凝土润泵剂、混凝土用绿色高性能复合掺合料等6项专利。2012年，获得山西省劳动竞赛委员会颁发的“五一劳动奖章”。

白青海 1970年7月出生，山西阳泉人，大学本科学历，1989年参加工作，参加工作后

一直从事煤矿生产，2013 年流转土地 300 亩，创建鑫海种植专业合作社，任合作社董事长。

在任鑫海种植专业合作社董事长期间，白青海凭着一腔热血、开拓创新，奋力拼搏，在发展设施农业的道路上一步一个脚印走出了一条种植基地起死回生、逐渐壮大的非凡之路。

阳泉市北庄鑫海种植专业合作社，其前身是北庄村集体所有的日光温室蔬菜种植基地。多年来，由于经营体制、机制不顺等多种因素，造成了基地后期投入严重不足、发展停滞不前的尴尬境地，几十名原先在此劳作的北庄村菜农面临失业的困境。面对这一现状，从小生长在燕龛河畔的白青海凭借其非凡的胆识，果断决策，个人拿出 300 万元资金承包了这些已荒废的蔬菜大棚，创建高档次无公害大棚蔬菜种植基地，注册成立了阳泉市北庄鑫海种植专业合作社，更新扩建 300 亩大棚基地。基地从完善基地内的水、电、路等基础设施着手，建成了容量为 2000 立方米的蓄水池，铺设完成了 1800 米提水管道，架设了 2 千米长的电力设施，硬化田间道路 4000 平方米，增设病虫害防治设备 300 套，并添置了滴灌、卷帘机、增温机、喷雾器、旋耕机等先进的农机设备，建成了阳泉郊区设施设备一流的日光温室、大棚基地。与此同时，白青海非常舍得在技术上投入本钱。他采取“请进来、走出去”等办法，一方面，高薪聘请山东寿光的一位蔬菜种植专家作技术顾问，对菜农开展日常培训；另一方面，积极组织菜农参加由郊区蔬菜、科协等部门举办的新技术推广应用专题培训班，接受系统的无公害蔬菜种植技术培训。2015 年，基地推广种植的“刘旺”甜瓜、“至尊红玉”西瓜、“金露三号”香瓜及“格雷”尖椒、“红太极、黄太极”彩椒，“亚美娜”西红柿等优良水果和蔬菜品种，经过实验种植取得成功。农业专家从口感、品相等方面进行鉴定，对基地出产的水果、蔬菜给予了一致好评。投放市场，特别是投放阳泉市区的华龙超市后，受到了广大市民的青睐。通过创新经营理念，逐步形成体验种植、休闲观光、旅游采摘为一体的特色经营体制，实现了“规模化种植，科学化管理，产业化经营，市场化运作”的经营模式；稳步推进农业产业化，经营特色化，产品品牌化进程；打造了“一村一品”，对接市场品牌；实现了兴一方产业、富一方百姓的目标。

2015 年，他创建的鑫海种植专业合作社被山西省科学技术协会命名为山西省农村科普示范基地，同年 2 月被阳泉市人民政府评为“现代农业发展先进单位”。他本人获得了“2014 年度阳泉市劳动模范”；2015 年荣获山西省劳动竞赛委员会颁发的“山西省五一劳动奖章”。

张三虎 1962 年 6 月出生，阳泉市郊区河底镇固庄村人，中共党员，九三学社社员，大专文化程度，高级工程师。1981 年 3 月至 1987 年 12 月任阳泉市郊区河底镇固庄村治保主任、民兵连长，1987 年 12 月至 1992 年 12 月任阳泉市郊区河底镇固庄村副村主任，1992 年 12 月至 2004 年 4 月在外务工，于 2001 年 9 月至 2005 年 7 月取得大连理工大学无机非金属材料工程专业函授本科学历，2004 年 4 月至 2008 年 12 月任广鑫源耐火材料有限公司董事长，2008 年 12 月至 2014 年 11 月任阳泉市郊区河底镇固庄村村

委主任，2014 年 11 月至 2016 年任阳泉市郊区河底镇固庄村党支部书记、村委主任。

在阳泉市郊区河底镇固庄村任职期间，把一个因煤矿关闭，外债累累、经济落后的固庄村建设成山西省新农村建设示范村、阳泉市廉政文化示范基地。特别是 2015 年他强化村务管理，创编了《固庄村村务管理执行汇编》，开展了“十二星文明户评选”，办起了《固庄周刊》，在全省创新了“六议两公开”工作法，在全国村官大讲堂进行了交流，受到省、市，区领导的高度评价和各级媒体的深度报道，并在全省推广。他带领“两委”班子，加快转型发展，创办了耐火厂、食用菌基地、型煤厂等 5 家企业，村民就业率达 98%。建起了农民公园，新建了五栋 11 层设施配套、功能齐备的村民住宅楼，免费为村民供应米面粮油，60 岁以上的村民每人每月可领取 800 元的养老金，实现了老有所养、病有所医、安居乐业。2015 年，全村人均收入达到 12600 元。他还乐于助人，热心公益，先后在企业安置残疾人 150 余人，资助 30 余名残疾人子女圆了大学梦。

2012 年被中共阳泉市委，市政府评为“新农村建设模范个人”，同年被阳泉市政府授予“村主任领头雁”称号，被阳泉市委、市政府评为“阳泉市农业农村工作先进个人”，2013 年至 2015 年连续 3 年被阳泉市郊区人民政府评为“优秀干部”，2014 年被阳泉市委、市政府评为“阳泉市劳动模范”，被国务院残疾人工作委员会评为“全国扶残助残先进个人”，2016 年荣获“山西省五一劳动奖章”。

民间工匠

冯宝堂 又名延习，民国 29 年（1940）出生，下白泉村人，1956 年毕业于本村完小。1958 年至 1961 年在阳泉青年钢铁厂工作。1960 年加入中国共产党，后调至阳泉钢铁厂。1962 年压缩城市人口返回本村务农，1964 年至 2005 年任大队保管员，在职 40 年间，按时收缴粮食，妥善保管财物，从未发生过质量和数量差错事故。他总结经验教训，同工匠共同研究，修建了地下风道送风，门口插板防鼠，屋顶管道透气的新型库房，避免了粮食霉变和鼠害侵袭。同时还方便了晾晒搬运，成为全省“四无”粮仓建设的典型。他多次出席省市粮食工作会议并介绍经验，太原、长治等地还派代表到本村参观学习。

张锋永 又名维所，民国 35 年（1946）1 月出生，大西庄村人，1971 年加入党组织；1953 年至 1959 年本村小学读书；1960 年至 1963 年桃坡学校读书；1963 年至 1984 年回村务农，先后担任村级统计、保管、出纳员、生产小队队长、民兵连长、村团支部书记、党支部副书记等职务；1995 年起通过刻苦自学，掌握了民间泥塑与彩绘一技之长，开始从事寺院泥塑佛像、仿古建筑彩绘和壁画工作，曾在平定、盂县和左右邻村的寺庙中塑佛像、神像上百尊，赢得众人称赞。

甄国民 1952 年出生，三泉村人，中共党员。陶瓷工艺工程师，山西珐花器项目省级代表

性传承人，省级传统工艺美术大师，社火架子项目市级传承人，阳泉郊区民间文艺家协会副主席，阳泉市郊区第一届科协委员，阳泉市首届工艺美术协会常务理事、山西省工艺美术协会第四届理事会理事。1967年农业中学毕业后，拜耐火材料工程师郭向东和冯成宝为师，学习民居设计和耐火产品研发技术。1982年，率先在国内使用了二级矾石制造一等高铝耐火砖生产工艺技术，奠定了无机非金属材料制造工艺技术的专业基础。在阳泉马赛克厂任技术厂长期间，他研制的陶瓷砖产品获山西省优质产品证书。1986年，创建平定立壁古陶厂，生产古建筑琉璃产品。他自筹资金研发断代珍品山西珐花陶瓷生产工艺技术。2006年，成功生产出第一批山西珐花陶器，恢复了失传的山西珐花器制作技艺。2009年获得彩色立线珐花陶器国级发明专利证书。作品牡丹富贵瓶在2010第41届上海世博会山西馆亮相，向世界展示了国级珍品山西珐花器的新生，获得山西省文化厅、山西工美的表彰。

高佑宝 又名高小锁，1952年农历九月出生，西南舁村人，本村小学毕业后一直在村务农，勤奋好学，善于思考。他在父亲高临惠影响下，从小就很喜欢绘画、纸艺、雕塑，平时利用空闲时间学习绘画、做纸花、插楼和一些工艺品的制作，农村正月间红火，为彩车、牌楼绘制彩画，街头文艺、晚间提灯，排在队伍最前面的十二生肖模型大都出自他手。1985年开始学习雕塑神像，水平逐步提高，他雕塑的神像活灵活现，庄重大方，堪称一绝。先后在本区及盂县、平定、昔阳、寿阳等地的40多个村庄寺庙雕塑神像，雕梁画栋，彩绘壁画。是一个自学成才、多才多艺的民间艺人。1995年5月，被阳泉市郊区文化局授予“优秀民间艺人”荣誉称号。

刘润昌 1953年8月出生，郊区杨家庄乡黑土堰村人，中专学历，中共党员，1974年11月参加工作，阳泉市裕盛源农产品开发有限公司技术总工，酿造助理工程师。

1974年11月参加中国人民解放军，至1977年12月在北京卫戍区某师任班长，1978年1月至1979年12月在某军任班长，1980年1月至1985年6月在阳泉市食品厂酿造车间工作，1985年7月至1988年10月任酿造一厂厂长、副书记，1988年11月至2011年3月任市酿造总厂任厂长助理、技术厂长，2012年4月，技艺精湛的他被阳泉市裕盛源农产品开发有限公司聘用为技术总工。任职后，他在继承传统酿造技术的基础上，不断创新，亲自设计出一条传统纯手工酿醋生产线，这条生产线不但能产出6%总酸的纯粮酿造手工醋，提高经济效益，而且能给游客带来传统手工醋制作的近距离体验，创造旅游效益。在省总工会开展的“五小”创新竞赛活动中，他改造设备、完善工艺，以“五小”为核心，开展技术攻关，改建了传统纯手工酿醋车间，实现了送料倒池流程自动化，改进了低盐固态发酵工艺，闯出了一条更高效、更卫生的新路子。

2015年10月，刘润昌带领公司团队参加了第四届山西省特色农产品交易博览会。会上，公司产品得到了消费者的一致好评。2015年底，刘润昌荣记山西省劳动竞赛个人二等功。2016年5月，山西省五一节劳动表彰大会上，他带领的班组荣获“山西省工人先锋号”称号。

阎贵福 1957年4月出生，郊区杨家庄乡小西庄村人，阳泉市煜祥砂器制造有限公司砂器设计师、职工创新带头人。

阎贵福是一名纯手工砂器制作者，从事这份工作已近50年。手工砂器制作是个精细活，它不仅需要精湛的手艺，更需要耐心和专注，需要精益求精、一丝不苟的精神，阎贵福正是凭借着这种精神，从十五六岁开始的一个学徒工成长为这个行业的领军人物，带领着他的团队，不断在原有生产水平、生产能力、生产技艺的基础上进行大胆创新改进。特别是进入21世纪后，随着社会的发展，生活方式的改变，人们的需求也在不断地改进，阎贵福反复琢磨，不断创新，先后开发增加了许多新品种，如火锅，茶具、热酒壶，等等，并将砂器从实用型器皿，向工艺品方向发展，为非遗砂器文化的传承与发展发挥了重要作用。

高秀杰 又名高戌子，1958年出生，西南舁村人，果树专业户。初中毕业后在集体果园劳动，掌握果树栽培专业技术。2001年至2015年，承包果园116亩，自己经营。其间，按标准果园集中投入，建成高标准示范果园。他推广应用防雹网，生物覆盖，采用果实套袋、高光效树形、病虫害综合防治、增施有机肥、节水灌溉、疏花疏果、人工授粉、穴贮肥水等果园旱作新方法，收效明显。年平均收入10余万元，最高年份达16万元。2014年，又在道场口新建果园20余亩。他凭一股科学经营的韧劲，成为远近闻名的果树种植能手。1987年获阳泉市“模范家庭农场”称号。2003年获区劳模称号，2005年至2010年任区政协委员，2003年、2004年、2012年获市劳模。

张素滨 1969年出生，大西庄村人，初中文化，擅长古建工美。1987年参加工作在郊区水利局，李家庄乡水利站工作，1997年辞职自谋职业，先后参与北京、山东、河北、山西等地的园林古建彩绘工作。2003年至2019年末先后承建魏家裕长廊、六角亭，桃林沟小区长廊，长岭毕家祠堂、牌楼、三官庙，太湖石庙，窑沟牌楼、六角亭，黄沙岩八角亭、四角亭、六角亭、长廊，荫营黄善寺维修工程，杨树沟村广场，余积粮沟庙，宏鑫达公司长廊、六角亭，白泉工业园区，柳沟三官庙，冯家庄庙，王兰寺古戏台，晋中市寿阳县白马沟景观治理工程，昔阳县城中家园景观绿化工程，左权县石匣水库古庙，大西庄村牌楼，太原环能科技的景观绿化工程，平定县上董寨的古村落恢复工程，东梁庄村古戏台等工程。

高碰英 1969年9月出生，女，西南舁乡东林尖村人。从小喜欢酷爱针线活，跟随母亲学习缝制衣物、刺绣。1982年至1985年，在盂县仙人联校初中毕业，在校期间，节假日也不忘学习针线、刺绣。1987年9月至2000年9月，在盂县仙人乡仙人幼儿园参加幼教工作，任教期间，依然对刺绣不放手。2017年，入职山西蕙生福贸易有限公司，任绣娘。2018年7月至8月，参加山西省全民技能培训，其间举办过多期刺绣班，学员达300人次以上。2018年12月，参加山西省工艺美术首届“神工杯”刺绣职业技能大赛获优秀奖。

张永红 1969年出生，河底镇牵牛镇村人，高中文化。1992年，在一个偶然的机会与根雕结缘，爱不释手，从此开始根艺创作。2019年拜根雕大师周时聘为师，同年任阳泉市根雕学会会长。在20多年的根艺创作生涯中，创作作品千余件，多次参加省、市、区的各类展出，获得社会好评。

王喜明 1971年2月出生，郊区杨家庄乡小西庄村人，初中学历，1988年4月参加工作，区政协委员、区工商联会员，阳泉市煜祥砂器制造有限公司总经理。

1988年至1991年在阳泉市郊区粮食局工作，1991年调入阳泉市二轻供销公司，此后加入玉祥砂器厂。王喜明自幼跟着父辈从事砂器生产，祖上几代均为砂器工艺大师。本着传承传统工艺、推广砂器文化的初衷，2019年5月，在家庭手工作坊的基础上，成立了煜祥砂器制造有限公司，致力于平定砂器产品的研发、生产和市场拓展。王喜明带领公司职工不断进行创新探索，攻破技术难关，建造清洁能源烧结窑炉，实现了砂器制造的节能化生产。

富有工匠精神的王喜明特别爱琢磨，在继承传统砂器工艺精髓的基础上，以市场客户的最佳体验为导向，潜心研发出一款方便冲洗的分体式砂火锅，填补了国内这一产品的空白。公司已取得两个设备专利，申请了九项发明专利。王喜明成为第二批市级非物质文化遗产项目代表性传承人。

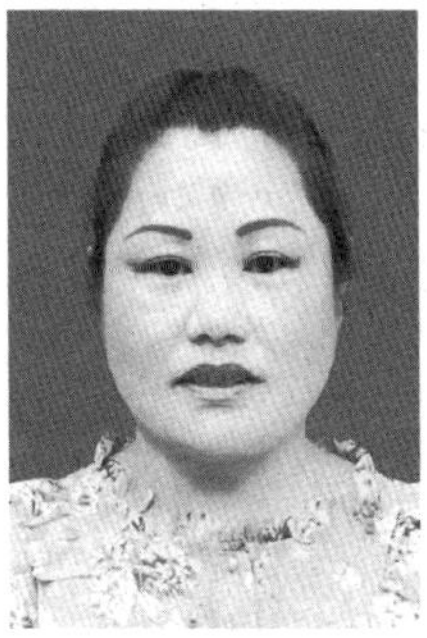

孙玉英 1973年出生，女，郊区杨家庄乡孙家沟村人，初中文化程度，山西蕙生福贸易有限公司技术总监。

孙玉英作为一名土生土长的农村妇女，自幼爱好刺绣，初中毕业后四处打工，但闲暇之余不忘学习传统刺绣技艺，常拜村里老人为师学艺，在网上寻找艺人虚心请教，她的细心、耐心让技艺不断长进。2017年加入山西蕙生福贸易有限公司，师从苏州工艺美术大师曹俊学习，多次代表公司参加各类博览会，开阔了眼界，提升了技艺，创新了思路，成为公司刺绣产品的技术总监。1998年，成立了孙玉英职工创新工作室，并开设了抖音直播教学，带领200余人专业学习传统刺绣艺术，广泛传播这项传统技艺。

2017年至2019年，孙玉英参加了山西省各届文博会、上海艺术节、中部六省博览会、北京展销会、省文旅推介会等，以她为主创的刺绣文创产品深受好评，并吸引西安、北京等地的定制订单，为公司做出突出贡献。她个人先后在全省“神工杯”技能大赛中获得第四名，获得山西省“巾帼建功标兵”“三晋巧娘”最佳手工技艺奖等荣誉。她的先进事迹和刺绣技艺也被刊登在《文化产业》《民间艺术》《人生》等杂志上。

甄世强 1977年6月出生，郊区荫营镇三泉村人，大学专科学历，阳泉郊区大龙珐花器制作中心总技师。

2003年开始，甄世强一直致力于抢救挖掘和恢复失传断代的山西珐花器这项中华优秀传统制作技艺，通过多年的努力实践，率先在全省范围内成功挖掘并熟练掌握了全套制作技艺。作为非遗传承人，甄世强不断进修，提升自我，先后在太原理工大学、景德镇参加培训，认真学习传统工艺，不断推陈出新，他始终坚持以“传承创新、复兴创业”为方向，进一步提升了珐花器的技艺价值，率先成功创作“三牛图”，他充分利用精致、精美的传承作品发展了非遗产业，有力推动了阳泉郊区优秀传统技艺转型升级。

2013年被山西省政府公布为第四批省级非遗项目，2014年5月被山西省文化厅评为《山西珐花器制作技艺》省级非物质文化遗产，2019年10月被山西省文化和旅游厅认定为省级非物质文化遗产代表性项目山西珐花器制作技艺的代表性传承人，2019年12月被第四届山西文化产业博览交易会评为优秀展示奖。

王亚利 1978年11月出生，河北省保定人，中共党员，博士、博士后研究生，高级工程师，阳泉金隅通达高温材料有限公司经理、党支部书记。

作为阳泉市高科技引进人才，王亚利坚信“干一行，爱一行，才能专一行”，于2009年到阳泉市郊区参建阳泉金隅通达高温材料有限公司的“15万吨/年优质矾土基均质耐火原料项目”建设，将自己的理论优势与生产紧密结合，运用系统集成自主创新技术和均化调制、改型改性等先进技术，仅用一年时间就出色完成了项目建设，大幅提高铝矾土资源利用率和技术附加值，为耐材行业绿色发展开辟了新路径。

科技创新是王亚利的人生座右铭，他坚决服从国家和组织交办的科技攻关任务，先后承担完成国家火炬计划项目1项、参与“十二五”国家科技支撑计划项目1项，完成矾土基耐火均质料等5项国家标准项目编制及审定工作；主持完成山西省科技创新计划项目1项；获得授权发明专利3项。他的突出表现，先后荣获金隅集团、山西省、北京市、建材行业等上级嘉奖8次，展现出一名高科技人才持之以恒守专长、创技术、建标准的工匠精神。

任志芳 1979年出生，郊区河底镇任家峪村人，1995年考入阳泉市工业学校工艺绘画专业，毕业后一直从事工艺美术，其间不仅从事古建彩绘、墙面彩绘、广告标语类工艺制作，也进行了传统泥塑、砖雕、木雕、泡沫雕、玻璃钢雕等雕塑类传统手艺的制作。20多年走遍山城大小村庄，维护修缮古建古庙几十座，塑像近百尊。2003年，参加了固关长城景区的历代名人与固关塑像彩绘工作；2005年，完成了平潭垴李家祠堂的维修彩绘。其他代表作还有南峪口和谐门大牌楼彩绘、阳泉一中校门的大型仿浮雕壁画、刘备山灵岩寺彩绘雕刻、程家庄龙王庙塑像、宋家庄十八罗汉塑像、捞儿山四大天王塑像等，为阳泉的文物保护、文化传承做出了贡献。

郭晓花 女，1982年5月出生，郊区荫营镇下白泉村人，中专学历，阳泉冀东水泥公司化学分析组组长。

2011年6月参加工作后，一直坚守于化学分析岗位，对水泥生产过程中各种原材料、半成品及成品的化学项目分析检测做到精确无误，对试验中用到的所有普通溶液以及标准滴定溶液的配制与标定做到操作规范，对玻璃器皿、仪器设备的定期自检与校正等每一个环节，她都专注分析，精益求精。在不计其数的检验中敏锐捕捉细微波动，及时纠正毫微异常，不断积累经验、提升技艺，逐渐成长为一名合格的检验员。

2018年6月，她参与“弘朝科技杯”全国第十六次水泥化学分析大对比，获得“全优”奖；2019年“中条水泥杯”全省水泥化学分析大对比中荣获“全优单位”称号；2019年“葛洲坝水泥杯”全国第十七次水泥品质指标检验大对比，荣获全合格奖。

史淑惠 女，1983年出生，郊区河底镇苇泊村人，大专学历，彩塑非遗传承人。幼年在家人的言传身教下接触了彩塑，后自学制作彩塑写实人物。她的作品取材于民间风俗，《打金枝》是根据传统晋剧《打金枝》创作，人物相貌形象逼真。《射箭取地》取材于阳泉当地历史典故，作品具有鲜明的地域特色。《驱瘟除疫》《逆行》《钟南山》表达了对抗疫英雄、中国力量、民族精神崇高的敬意。她制作的仿真菜，达到了以假乱真的效果。她还开设了彩塑班，助力孩子们的美学教育，推动非物质文化遗产的保护和传承工作。

梁贝珩 1989年4月出生，河北省石家庄市人，大学本科学历，阳泉中机伟林矿山设备有限公司技术总监。

2012年9月参加工作后，在美国Hennepin建筑工程公司任结构设计工程师；2013年7月，调任北京新港科技集团海外项目部担任经理；2018年1月，进入阳泉中机伟林矿山设备有限公司，负责公司新产品的研发和产品的改进升级及产品海外市场的拓展和出口业务。

作为一名专业工程师、技术人员，他勇于承担为公司研发和改进产品应尽的义务；作为一名管理人员，他深知自己肩负的责任和重担。无论是在生产车间，还是在管理岗位，他都能够高标准严格要求自己，善于探索钻研，不断总结工作中出现的各类问题，积累丰富的工作经验。他特别注重提升团队整体素质，加强对技术人员的培训，经常组织公司职工开展专业理论知识考核、研讨等活动，使技术人员水平不断提高，还经常在公司范围内组织开展“五小”竞赛，极大地调动了职工的积极性。为了保证每一个产品品质至上，每一个项目能够顺利实施，他认真安排安全质量管理，积极开展风险预防工作，强化现场监管职能，严格执行公司各项制度。同时更加注重人性化管理，在公司新项目建设投资巨大、资金紧张的情况下，仍然牵挂员工利益，为大家争取奖金，极大地激发了员工的工作热情，成为企业名副其实的“主力军”。

第三节　人物名表

劳动模范先进人物

截至2019年末，郊区评出中华人民共和国国务院表彰的劳动模范共4名，省级劳动模范及先进人物75名，市级劳动模范及先进人物306名。

阳泉市郊区全国劳动模范、先进人物一览表

表8-1

序号	姓名	性别	工作单位	荣誉称号	授予时间
1	梁作义	男	平坦乡平坦垴村	全国劳动模范	1989年
2	王计所	男	三郊乡韩庄村	全国劳动模范	1995年
3	马玉田	男	旧街乡枣园村	全国劳动模范	2005年
4	李乃珠	男	平坦镇桃林沟村	全国劳动模范	2010年

阳泉市郊区省级劳动模范、先进人物一览表

表8-2

序号	姓　名	性别	工作单位	荣誉称号	授予时间
1	郭富娥	女	霍树头村	晋察冀边区劳动模范	1944年
2	李玉藻	男	甘河矿业生产合作社	省一等劳动模范	1950年
				省劳动模范	1951年
3	史达华	男	燕龛铁业生产合作社	省劳动模范	1950年
				省一等劳动模范	1953年
				省特等劳动模范	1954年
4	陈福亮	男	山底铁业生产合作社	省劳动模范	1950年
5	张　功	男	大洼村	省劳动模范	1952年
6	高忠发	男	大洼村	省劳动模范	1952年
7	李喜金	男	大西庄村	省劳动模范	1953年
8	李如详	男	东垴初级农业生产合作社	省劳动模范	1954年

续表 8-2

序号	姓　名	性别	工作单位	荣誉称号	授予时间
9	刘有兰	女	黑土岩村	省人委劳动模范	1955 年
					1957 年
				省人委先进个人	1958 年
				省革委农业劳动模范	1980 年
10	杨俊德	男	义东沟村	省人委劳动模范	1955 年
11	郭占元	男	义东沟曙光合作社	省人委劳动模范	1955 年
					1956 年
				省人委社会主义建设积极分子	1958 年
12	白云生	男	义东沟瓷厂	省人委先进生产者	1958 年
13	李蕴辉	男	东村小学	省人委先进生产者	1958 年
14	赵登珍	男	荫营供销社	省人委先进生产者	1958 年
15	路希义	男	文卫科	省人委先进生产者	1958 年
16	范爱鱼	女	南窑庄磺厂	省人委先进生产者	1960 年
17	陈凤喜	男	任家峪铁业社	省人委先进生产者	1963 年
18	任玉英	女	石卜咀缝纫社	省人委先进生产者	1963 年
19	武守爱	男	东林尖	省人委劳动模范	1963 年
20	白淑珍	女	辛兴信用社	省人委六好职工	1964 年
21	王秀莲	女	平坦垴门市部	省人委六好职工	1964 年
22	马银兰	女	苏家泉供销社	省人委六好职工	1964 年
23	田俊峰	男	农行白泉营业所	省人委六好职工	1964 年
				省劳动模范	1978 年
24	白素莲	女	赛鱼百货店	省人委六好职工	1964 年
25	阎维新	男	河底农具社	省五好职工	1964 年
26	贾兴庄	男	杨家庄农具合作工厂	省五好职工	1964 年
27	郭子英	女	下烟供销社	省人委六好职工	1964 年
28	周光耀	男	荫营税务所	省人委六好职工	1964 年
29	郭金花	女	高垴庄村	省革委劳动模范	1968 年
30	苏桂堂	男	阳泉市郊区水暖器材厂	省革委先进工作者	1977 年
31	董占春	男	旧街联校	省革委先进工作者	1977 年
				省先进教育工作者	1985 年
32	王树忠	男	荫营中学	省革委先进工作者	1977 年
33	刘锁柱	男	荫营供销社	省先进工作者	1978 年
34	王占魁	男	白羊墅供销社	省先进工作者	1978 年
35	毕存娥	女	李家庄供销社	省先进工作者	1978 年
					1979 年

续表 8-2

序号	姓 名	性别	工作单位	荣誉称号	授予时间
36	杨腊果	女	东村供销社	省革委劳动模范	1978 年
					1979 年
				省劳动模范	1981 年
					1982 年
					1984 年
37	王桂林	男	郊区信用社	省革委先进工作者	1978 年
38	潘莲英	女	东村供销社	省劳动模范	1978 年
39	李润梅	女	赛鱼信用社	省劳动模范	1981 年
					1982 年
40	段发宝	男	白泉公社段家庄村	省劳动模范	1982 年
41	贾德保	男	旧街公社路家庄村	省劳动模范	1982 年
42	赵培厚	男	义井公社义东沟村	省劳动模范	1982 年
43	梁恭文	男	荫营公社下烟村	省劳动模范	1982 年
44	杨维增	男	平坦农机厂	省劳动模范	1982 年
45	荆履鸿	男	庙上信用社	省劳动模范	1982 年
46	张进德	男	荫营镇三泉村	省特等劳动模范	1986 年
47	冯拾小	男	白泉乡下白泉村	省劳动模范	1986 年
48	梁作义	男	平坦乡平坦垴村	省特级劳动模范	1989 年
				省劳动模范	1992 年
49	王计所	男	三郊乡韩庄村	省劳动模范	1989 年
				省特级劳动模范	1995 年
50	罗树宏	男	平坦乡政府	省劳动模范	1989 年
51	王振华	女	区计划生育委员会	省劳动模范	1991 年
52	杨俊和	男	红土岩煤矿	省劳动模范	1992 年
53	刘振寰	男	阳泉市第二人民医院	省劳动模范	1992 年
54	潘换梅	男	区财政局	省劳动模范	1995 年
55	张振斌	男	荫营镇下千亩坪村	省劳动模范	1995 年
					1998 年
56	王汉声	男	河底镇牵牛镇村	省劳动模范	1995 年
					1998 年
57	荆永生	男	区农工部	省劳动模范	1998 年
58	杨芝萍	女	区第一中学校	省特级劳动模范	2001 年
59	张凤英	女	阳泉市第二人民医院	省劳动模范	2001 年

续表 8-2

序号	姓　名	性别	工作单位	荣誉称号	授予时间
60	李　波	男	阳泉市全兴电石厂	省劳动模范	2001 年
61	王永田	男	郊区三泉龙江生态园	省劳动模范	2001 年
62	白朝辉	男	区自来水公司	省劳动模范	2004 年
63	乔国强	男	林里粉末冶金公司	省劳动模范	2004 年
64	郭善祥	男	区总工会	省劳动模范	2007 年
65	冯恩湖	男	阳泉市旧街煤矿	省劳动模范	2007 年
66	李乃珠	男	平坦镇桃林沟村	省劳动模范	2007 年
67	宋利利	女	山西圣火炉料有限公司	省劳动模范	2007 年
68	宋晓文	男	李家庄乡汉河沟村	省劳动模范	2010 年
69	王英利	女	区蔬菜中心	省劳动模范	2010 年
70	王义长	男	华岭耐火材料有限公司	省劳动模范	2010 年
71	荆红军	男	山西煤炭运销集团阳泉郊区有限公司	省劳动模范	2014 年
72	胡培明	男	阳泉市天隆工程材料有限公司	省劳动模范	2014 年
73	王　雪	女	郊区旧街乡测石村	省劳动模范	2014 年
74	胡存玉	男	华岭耐火材料有限公司	省劳动模范	2019 年
75	聂喜军	男	荫营中学	省劳动模范	2019 年

阳泉市郊区市级劳动模范、先进人物一览表

表 8-3

序号	姓　名	性别	工作单位	荣誉称号	授予时间
1	杨腊果	女	东村供销社	市劳动模范	1980 年
					1981 年
				市劳动模范标兵	1982 年
				市劳动模范	1983 年
2	毕存娥	女	李家庄供销社	市劳动模范	1980 年
3	荆履鸿	男	庙上信用社	市劳动模范	1981 年
					1982 年
4	赵培厚	男	义井公社义东沟村	市劳动模范标兵	1982 年
				市劳动模范	1986 年
5	杨维增	男	平坦农机厂	市劳动模范	1982 年
6	段发宝	男	白泉公社段家庄村	市劳动模范	1982 年
7	冯拾小	男	白泉公社下白泉村	市劳动模范	1982 年
			白泉乡下白泉村		1986 年
					1989 年
					1992 年

续表 8-3

序号	姓 名	性别	工作单位	荣誉称号	授予时间
8	刘有兰	女	杨家庄公社黑土岩村	市劳动模范	1982 年
9	李广义	男	王垅黏土矿	市劳动模范	1982 年
					1995 年
10	张妹元	男	河底镇上章召村	市劳动模范	1986 年
11	要宜愔	男	河底镇河底村	市劳动模范	1986 年
					1989 年
					1992 年
12	张宝贵	男	河底镇关家峪村	市劳动模范	1986 年
13	王汉声	男	河底镇牵牛镇村	市劳动模范	1986 年
					1989 年
					1992 年
14	郑艮华	男	河底镇耐火厂	市劳动模范	1986 年
15	杜永明	男	旧街乡虎峪村	市劳动模范	1986 年
					1989 年
16	姚谦华	男	旧街乡高岭村	市劳动模范	1986 年
					1992 年
17	赵婵扣	男	旧街乡新店村	市劳动模范	1986 年
18	杜源泉	男	旧街乡阎家庄村	市劳动模范	1986 年
19	张祥寿	男	旧街乡旧街村	市劳动模范	1986 年
					1989 年
20	荆德库	男	旧街乡交通机械厂	市劳动模范	1986 年
					1989 年
21	阎文达	男	李家庄乡誉远耐火厂	市劳动模范	1986 年
22	苗富堂	男	李家庄乡李家庄村车队	市劳动模范	1986 年
23	宋梓清	男	李家庄乡汉河沟村	市劳动模范	1986 年
24	王福林	男	李家庄乡柳沟村	市劳动模范	1986 年
25	张元玉	男	李家庄乡李家庄村	市劳动模范	1986 年
	张源玉				1989 年
26	谢国光	男	东村乡南沟村	市劳动模范	1986 年
27	阎润怀	男	东村乡苏家泉村碳酸钙厂	市劳动模范	1986 年
28	郭根寿	男	东村乡东村村	市劳动模范	1986 年
29	李金牛	男	东村乡小西庄村	市劳动模范	1986 年
30	荆玉华	女	平坦乡半坡村	市劳动模范	1986 年
31	赵 诚	男	平坦乡前庄村	市劳动模范	1986 年
					1989 年

续表 8-3

序号	姓 名	性别	工作单位	荣誉称号	授予时间
32	王焕珍	男	平坦乡龙风沟村	市劳动模范	1986 年
33	韩文忠	男	区乡镇局	市劳动模范	1986 年
			平坦水泵厂		1989 年
					1992 年
34	梁作义	男	平坦乡平坦垴村	市劳动模范	1986 年
				市特等劳动模范	1989 年
					1992 年
35	王升奄	男	辛兴乡东西畛村	市劳动模范	1986 年
36	靳连生	女	辛兴乡辛兴村	市劳动模范	1986 年
37	赵芝祥	男	辛兴乡玛钢件厂	市劳动模范	1986 年
					1989 年
38	郗玉英	女	义井乡大阳泉村	市劳动模范	1986 年
39	史秀仪	男	燕龛乡燕龛村	市劳动模范	1986 年
40	白良才	男	燕龛乡政府	市劳动模范	1986 年
41	高树忠	男	西南舁乡耐火厂	市劳动模范	1986 年
42	赵秋贵	男	白泉乡林里村耐火厂	市劳动模范	1986 年
43	郑彦明	男	白泉乡东落菇堰村	市劳动模范	1986 年
44	郑秉直	男	白泉乡联办供水站	市劳动模范	1986 年
45	石履茂	男	义井乡泊里村耐火厂	市劳动模范	1986 年
46	越子路	男	义井乡义东沟村	市劳动模范	1986 年
47	郗 德	男	义井乡神峪村	市劳动模范	1986 年
48	冯 镛	男	义井乡大阳泉村	市劳动模范	1986 年
49	赵 邑	男		市劳动模范	1986 年
50	张振斌	男	荫营镇下千亩坪村	市劳动模范	1986 年
					1989 年
					1992 年
					2001 年
					2004 年
					2010 年
51	王吉命	男	荫营镇南窑庄村	市劳动模范	1986 年
52	史良所	男	荫营镇坪上村煤矿	市劳动模范	1986 年
53	赵斌锁	男	荫营镇下荫营村	市劳动模范	1986 年
					1989 年
54	张进德	男	荫营镇三泉村	市劳动模范	1986 年
55	余非孩	男	荫营镇矾窑村	市劳动模范	1986 年
56	史计所	男	三郊乡煤矿	市劳动模范	1986 年

续表 8-3

序号	姓 名	性别	工作单位	荣誉称号	授予时间
57	肖有寿	男	三郊乡三郊村	市劳动模范	1986 年
58	杜丑所	男	三郊乡前洼村	市劳动模范	1986 年 1989 年
59	孙芝恩	男	杨家庄乡高垴庄村	市劳动模范	1986 年
60	贾秉权	男	杨家庄乡北村耐火厂	市劳动模范	1986 年
61	陈福值	男	杨家庄乡南杨家庄村耐火厂	市劳动模范	1986 年
62	孙祥益	男		市劳动模范	1986 年
63	高石有	男	西南舁乡西南舁村	市劳动模范	1986 年 1989 年
64	高秀万	男	西南舁乡青山水泥厂	市劳动模范	1986 年 1989 年
65	郭步森	男	西南舁乡北舁村	市劳动模范	1986 年
66	王文元	男	区王龙粘土矿	市劳动模范	1986 年
67	毕景寿	男	区毡毯厂	市劳动模范	1986 年
68	刘迎宝	男	区中心机械厂	市劳动模范	1986 年
69	白鹏恩	男	荫营中学	市劳动模范	1986 年
70	赵 斐	男	河底中学	市劳动模范	1986 年
71	董占春	男	旧街联校	市劳动模范	1986 年 1992 年
72	阎素芳	女	李家庄乡柳沟村幼儿园	市劳动模范	1986 年
73	王存玉	男	李家庄中学	市劳动模范	1986 年
74	张庆长	男	义井学校	市劳动模范	1986 年
75	王淑荣	女	李家庄中学	市劳动模范	1986 年 1989 年
76	王所存	男	北舁学校	市劳动模范	1986 年
77	荆爱花	女	平坦乡南山小学	市劳动模范	1986 年
78	李乃贵	男	区教育局教研室	市劳动模范	1986 年
79	高银孩	女	实验小学	市劳动模范	1986 年
80	王仲卿	男	荫营中学	市劳动模范	1986 年
81	史步云	男	荫营镇桥上村	市劳动模范	1986 年
82	张富林	男	荫营税务所	市劳动模范	1986 年
83	贾成宝	男	区粮站	市劳动模范	1986 年
84	李贵玉	男	李家庄工商管理所	市劳动模范	1986 年
85	高绪忠	男	区审计局	市劳动模范	1986 年
86	王书忠	男	李家庄供销社	市劳动模范	1986 年
87	李润喜	男		市劳动模范	1986 年

续表 8-3

序号	姓名	性别	工作单位	荣誉称号	授予时间
88	姜贵才	男	义井卫生院	市劳动模范	1986 年
89	段逢尚	男	河底卫生院	市劳动模范	1986 年
90	王三孩	男		市劳动模范	1986 年
91	苏翠萍	女	荫营粮站	市劳动模范	1986 年
92	高秀杰	男	西南畀乡西南畀村	市劳动模范	1986 年
			西南畀乡政府		1989 年
			阳泉三畀果业专业合作社		2010 年
					2014 年
93	曹厚吉	男	燕龛乡曹家掌村	市劳动模范	1989 年
			阳泉红旗实业有限公司		1998 年
94	侯兵所	男	荫营镇三泉村	市劳动模范	1989 年
					1992 年
95	史永记	男	老虎沟耐火厂	市劳动模范	1989 年
					1995 年
			老虎沟村		1998 年
			华岭耐火材料有限公司		2001 年
96	史二朴	男	荫营镇坪上村	市劳动模范	1989 年
					1995 年
97	黄在文	男	平坦乡魏家峪村	市劳动模范	1989 年
					1995 年
98	王计所	男	三郊乡韩庄村	市劳动模范	1989 年
			阳泉市第三钢铁厂		1992 年
99	潘秀峰	男	东村乡山底村煤矿	市劳动模范	1989 年
100	谢名齐	男	东村乡南沟村	市劳动模范	1989 年
101	高金鹏	男	东村乡红土岩村	市劳动模范	1989 年
102	秦隆永	男	东村乡小西庄村	市劳动模范	1989 年
					1992 年
103	邓五锁	男	河底镇邓家峪村	市劳动模范	1989 年
104	葛存根	男	河底镇河底村	市劳动模范	1989 年
105	张迎斌	男	河底镇苇泊村	市劳动模范	1989 年
106	荆秀英	女	义井供销社	市劳动模范	1989 年
107	蔺述伟	男	区粮食局辛兴粮站	市劳动模范	1989 年
108	李润仓	男	区工商局	市劳动模范	1989 年
109	杜润田	男	区个体户	市劳动模范	1989 年
110	高鱼妮	女	河底村个体民用铸造厂	市劳动模范	1989 年
111	贾增光	男	区财政局	市劳动模范	1989 年

续表 8-3

序号	姓 名	性别	工作单位	荣誉称号	授予时间
112	张进汉	男	区二轻局经理部	市劳动模范	1989 年
113	周玉文	男	区红土岩煤矿	市劳动模范	1989 年
114	王胜俭	男	区野沟煤矿	市劳动模范	1989 年
115	苗二毛	男	区电业局	市劳动模范	1989 年
116	郭照洁	男	河底镇水泥预制厂	市劳动模范	1989 年
117	付　翔	男	燕龛乡北庄煤矿	市劳动模范	1989 年
118	李五林	男	三郊乡耐火厂	市劳动模范	1989 年
119	朱爱民	男	三郊乡农机厂	市劳动模范	1989 年
120	王　元	男	白泉乡河北村	市劳动模范	1989 年
121	刘翠花	女	荫营镇后沟村	市劳动模范	1989 年
122	梁东所	男	白泉乡东梁庄村	市劳动模范	1989 年
123	张芝田	男	义井乡泊里村鸡场	市劳动模范	1989 年
124	段富梅	女	白泉乡政府	市劳动模范	1989 年
125	韩锡华	男	杨家庄乡土地办公室	市劳动模范	1989 年
126	孙占河	男	杨家庄乡高垴庄村水泥厂	市劳动模范	1989 年
127	王　何	男	杨家庄乡黑土岩村耐火厂	市劳动模范	1989 年
128	郭　宝	男	杨家庄乡供水站	市劳动模范	1989 年
129	付有祥	男	李家庄乡侯家沟村	市劳动模范	1989 年
130	王致明	男	李家庄乡桃坡村	市劳动模范	1989 年
131	毕艺田	男	李家庄乡长岭村	市劳动模范	1989 年
132	郗瑞清	男	义井乡神峪村种兔场	市劳动模范	1989 年
133	石维崇	男	义井乡王垅村工商合作社	市劳动模范	1989 年
134	吕　栋	男	义井乡义井村农业组	市劳动模范	1989 年
135	李双贵	男	义井乡小河村	市劳动模范	1989 年
136	黄便福	男	旧街乡保安村	市劳动模范	1989 年
137	王润贵	男	区青山水泥厂	市劳动模范	1989 年
138	王爱莲	女	平坦乡甘河村耐火厂	市劳动模范	1989 年
139	黄正恩	男	辛兴乡兽医站	市劳动模范	1989 年
140	靳白牛	男	辛兴乡中庄村	市劳动模范	1989 年
141	王万柱	男	辛兴乡张家岩村	市劳动模范	1989 年
142	张广星	男	义井乡河下村	市劳动模范	1989 年
143	赵致新	男	杨家庄联校	市劳动模范	1989 年
144	郑玉梅	女	李家庄乡侯家沟学校	市劳动模范	1989 年
145	王书明	男	区河底中学	市劳动模范	1989 年
146	杨来生	男	区大阳泉学校	市劳动模范	1989 年

续表 8-3

序号	姓 名	性别	工作单位	荣誉称号	授予时间
147	余培厚	男	郊区一中	市劳动模范	1989 年
148	史润萍	女	区三郊中学	市劳动模范	1989 年
149	贾耀武	男	区平坦联校	市劳动模范	1989 年
150	白晋华	男	区教育局	市劳动模范	1989 年
					1992 年
151	苗 剔	男	杨家庄乡文化站	市劳动模范	1989 年
152	李治泉	男	白泉乡卫生院	市劳动模范	1989 年
153	高拴孩	男	西南舁乡政府计生办	市劳动模范	1989 年
154	张兵锁	男	区公安分局	市劳动模范	1989 年
155	史学军	男	荫营镇桥上村	市劳动模范	1989 年
156	杨山海	男	区煤运公司劳动服务公司	市劳动模范	1992 年
157	苏作金	男	野沟煤矿	市劳动模范	1992 年
158	白银才	男	区煤运公司	市劳动模范	1992 年
159	刘福兴	男	区电业局	市劳动模范	1992 年
160	赵 瑊	男	区标准计量局	市劳动模范	1992 年
161	王世清	男	河底镇下章召村	市劳动模范	1992 年
162	石 朴	男	义井乡瀑里村	市劳动模范	1992 年
					1995 年
			义井镇瀑里村		1998 年
					2001 年
163	王狗蹄	男	平坦乡西河村	市劳动模范	1992 年
					1995 年
			平坦镇西河村		1998 年
					2001 年
					2004 年
164	王国宝	男	东村乡山底村	市劳动模范	1992 年
165	冯玉明	男	荫营镇三泉耐火材料厂	市劳动模范	1992 年
166	张胖孩	男	唐钢耐火厂下千亩坪分厂	市劳动模范	1992 年
167	阎 冲	男	东风耐火材料厂	市劳动模范	1992 年
					1995 年
					1998 年
168	白所福	男	西南舁乡青山水泥厂	市劳动模范	1992 年
					1998 年
169	梁守明	男	阳泉建筑陶瓷厂	市劳动模范	1992 年
170	王振华	女	区计划生育委员会	市劳动模范	1992 年

续表 8-3

序号	姓 名	性别	工作单位	荣誉称号	授予时间
171	程贵全	男	燕龛乡红旗煤矿	市劳动模范	1992 年
172	荆贵生	男	旧街汽车配件厂	市劳动模范	1992 年 1995 年
173	郑四海	男	白泉乡东落菇堰村	市劳动模范	1992 年
174	史桐槐	男	平坦乡半坡村	市劳动模范	1992 年
175	张　棠	男	义井乡义东沟村	市劳动模范	1992 年
176	葛玉秀	男	李家庄乡柳沟村	市劳动模范	1992 年
177	周宝星	男	杨家庄乡桐花树村	市劳动模范	1992 年
178	郑炳银	男	区税务局	市劳动模范	1992 年
179	杨林田	男	河底镇财政所	市劳动模范	1992 年
180	贾跃武	男	平坦乡联校	市劳动模范	1992 年
181	鲍计良	男	区公安分局	市劳动模范	1992 年 1995 年
182	杨俊和	男	红土岩煤矿	市劳动模范	1992 年
183	刘振寰	男	阳泉市第二人民医院儿科	市特级劳动模范 市劳动模范	1992 年 1995 年
184	韩根锁	男	阳泉市荫营重型机械厂	市劳动模范	1995 年
185	张　瑞	男	西南舁乡青山铝矾矿	市劳动模范	1995 年
186	高爱祥	男	西南舁乡西南舁村	市劳动模范	1995 年
187	光根存	男	郊区河底亨通有限公司	市劳动模范	1995 年
188	要卯仓	男	河底宏丰实业有限公司	市劳动模范	1995 年
189	史保堂	男	燕龛乡燕龛村	市劳动模范	1995 年
190	史所寿	男	郊区桥上第二耐火材料厂	市劳动模范	1995 年
191	郭进财	男	白泉乡下白泉村	市劳动模范	1995 年
192	王召元	男	白泉乡山头村 荫营镇山头村	市劳动模范	1995 年 2014 年
193	贾银祥	男	阳泉市制钉厂	市劳动模范	1995 年
194	宋科云	男	李家庄乡汉河沟村	市劳动模范	1995 年
195	李富有	男	区统计局	市劳动模范	1995 年
196	石履钰	男	义井镇特种水泥厂	市劳动模范	1995 年 1998 年 2001 年
197	杨建敏	男	义井镇神峪种兔厂	市劳动模范	1995 年
198	王　俊	男	平坦乡石卜咀村	市劳动模范	1995 年
199	丁满金	男	阳泉市三鑫河股份实业总公司	市劳动模范	1995 年

续表 8-3

序号	姓 名	性别	工作单位	荣誉称号	授予时间
200	李小明	男	辛兴乡辛兴村	市劳动模范	1995 年
201	李根才	男	区经营管理办公室	市劳动模范	1995 年
202	杨俊泉	男	阳泉市山塔鞋厂	市劳动模范	1995 年
203	史慧芳	女	区燕龛乡林业站	市劳动模范	1995 年
204	高根怀	男	区劳动局	市劳动模范	1995 年
205	杨芝萍	女	荫营中学	市劳动模范	1995 年
					1998 年
					2004 年
206	王天定	男	区广播局	市劳动模范	1995 年
					1998 年
207	韩凤娥	女	李家庄乡冯家庄村	市劳动模范	1995 年
208	史金瑞	男	阳泉市耐火材料集团公司	市劳动模范	1995 年
209	李根义	男	阳泉市野沟煤矿	市劳动模范	1995 年
210	董建军	男	区水泥预制厂	市劳动模范	1998 年
211	段　富	男	区建筑工程公司	市劳动模范	1998 年
					2014 年
212	任登军	男	区城建局	市劳动模范	1998 年
213	李喜莲	女	区粮食局平义粮站	市劳动模范	1998 年
214	宋智华	女	阳泉市第二人民医院	市劳动模范	1998 年
215	荆山本	男	平坦镇魏家峪村	市劳动模范	1998 年
216	贾香义	男	杨家庄乡北杨家庄村	市劳动模范	1998 年
217	光玉苟	男	河底镇河底村	市劳动模范	1998 年
					2007 年
218	杨朴和	男	李家庄乡冯家庄村	市劳动模范	1998 年
219	王同禹	男	白泉乡林里村	市劳动模范	1998 年
220	荆科武	男	阳泉市旧街煤矿	市劳动模范	1998 年
221	张凤龙	男	三郊乡三都村	市劳动模范	1998 年
222	高鸿珍	男	东村乡山底村	市劳动模范	1998 年
223	王喜莲	女	辛兴乡西上庄村	市劳动模范	1998 年
224	乔国强	男	阳泉市林里粉末冶金有限公司	市劳动模范	1998 年
					2001 年
225	郑仓田	男	阳泉市科益建材	市劳动模范	2001 年
226	赵志刚	男	郊区煤炭汽车运输公司	市劳动模范	2001 年
227	光志书	男	河底镇河底村	市劳动模范	2001 年
228	杨银和	男	河底金属镁厂	市劳动模范	2001 年
229	赵　重	男	阳泉市晋阳碳素有限公司	市劳动模范	2001 年

续表 8-3

序号	姓 名	性别	工作单位	荣誉称号	授予时间
230	孙礼金	男	荫营镇三郊农场	市劳动模范	2001 年
231	余致富	男	郊区旧街煤矿	市劳动模范	2001 年
232	贾银娥	女	杨家庄乡敬老院	市劳动模范	2001 年
233	王玉珠	男	平坦镇辛兴村	市劳动模范	2001 年
234	韩爱虎	男	漾泉花卉苗木场	市劳动模范	2001 年
235	高吉晓	男	区林业局	市劳动模范	2001 年
236	史亥所	男	建设银行阳泉市郊区支行	市劳动模范	2001 年
237	王双寿	男	区国税局	市劳动模范	2001 年
238	王明声	男	河底镇卫生院	市劳动模范	2001 年
239	王慧清	女	区人民法院	市劳动模范	2001 年
240	杜润花	女	杨家庄乡路家山村	市劳动模范	2004 年
241	彭建忠	男	石家庄兴隆工程材料有限公司阳泉分公司	市劳动模范	2004 年 2007 年 2010 年
242	李银双	男	红旗实业有限公司采煤队	市劳动模范	2004 年
243	高戌子	男	西南舁乡西南舁村	市劳动模范	2004 年
244	李维茂	男	区公安分局荫营派出所	市劳动模范	2004 年
245	白计昌	男	保安龙泉沟绿色生态园	市劳动模范	2004 年
246	卢忠龄	男	区劳动和社会保障局	市劳动模范	2004 年
247	杨仲森	男	狮头特种水泥有限公司	市劳动模范	2004 年
248	杜俊德	男	区疾病预防控制中心	市劳动模范	2004 年
229	王　镒	男	柳沟村成义奶牛场	市劳动模范	2004 年
250	高贵明	男	阳泉市青山水泥有限公司	市劳动模范	2004 年
251	李建强	男	阳泉市第一养鸡场	市劳动模范	2004 年
252	王彭福	男	西河村幸福奶牛场	市劳动模范	2004 年
253	李宏祥	男	晋阳碳素有限公司基建科	市劳动模范	2004 年
254	任银锁	男	荫营镇下荫营村	市劳动模范	2004 年
255	史富明	男	鑫坪实业总公司煤矿	市劳动模范	2004 年
256	郭玉喜	男	下白泉耐火材料有限公司	市劳动模范	2004 年
257	李俊清	男	区机关事务管理局	市劳动模范	2004 年
258	王燕飞	男	区地税局	市劳动模范	2007 年
259	杨贵如	男	区林业局刘备山造林队	市劳动模范	2007 年
260	余占明	男	阳泉市第二人民医院	市劳动模范	2007 年
261	王三海	男	林里粉末冶金有限公司	市劳动模范	2007 年
262	徐晓琴	女	区人口和计划生育局	市劳动模范	2007 年
263	高素庭	男	红旗实业有限公司	市劳动模范	2007 年

续表 8-3

序号	姓 名	性别	工作单位	荣誉称号	授予时间
264	石保国	男	郊区大西庄村	市劳动模范	2007 年
265	贾秉堂	男	郊区兴材万木原	市劳动模范	2007 年
266	王慧堂	男	华岭耐火有限公司	市劳动模范	2007 年
267	杜荣义	男	恒详耐火材料有限公司	市劳动模范	2007 年
268	郭长明	男	青山水泥有限公司	市劳动模范	2007 年
269	李爱国	男	区编辑部	市劳动模范	2007 年
270	高润平	男	荫营中学	市劳动模范	2007 年
271	吕慧华	女	区安全生产监督管理局	市劳动模范	2007 年
272	施计堂	男	晋阳碳素有限公司	市劳动模范	2007 年
273	黄泽国	男	渝晋能源开发有限公司	市劳动模范	2007 年
274	马玉田	男	旧街乡枣园村	市劳动模范	2007 年 2010 年
275	孔祥麟	男	区劳动和社会保障局	市劳动模范	2007 年
276	贾诚义	男	区财政局	市劳动模范	2007 年
277	胡风林	女	河底镇北庄村	市劳动模范	2010 年
278	付海生	男	河底镇东村村	市劳动模范	2010 年
279	赵玉成	男	旧街煤炭有限责任公司	市劳动模范	2010 年
280	姚有昌	男	区农村信用合作联社	市劳动模范	2010 年
281	赵海润	男	区农业局畜牧业发展中心	市劳动模范	2010 年
282	陈树鸿	男	山西昌达伟业集团公司	市劳动模范	2010 年
283	李向革	男	保安煤矿筹建处	市劳动模范	2010 年
284	王　宪	男	华阳天成化工有限公司	市劳动模范	2010 年
285	史鹏军	男	区公安分局刑警队	市劳动模范	2010 年
286	赵聚忠	男	山西天泉煤炭有限公司	市劳动模范	2010 年
287	刘海昌	男	阳泉市第二人民医院	市劳动模范	2010 年
288	李春燕	女	荫营中学	市劳动模范	2010 年
289	黄济生	男	义井镇南庄村	市劳动模范	2010 年
290	冯海芳	女	阳泉市华新食品厂	市劳动模范	2010 年
291	白　杨	男	郊区华晨养殖场	市劳动模范	2010 年
292	白青海	男	河底镇北庄村	市劳动模范	2014 年
293	荆所成	男	山西煤炭运销集团旧街煤业有限公司综采队	市劳动模范	2014 年
294	霍计有	男	山西煤炭运销集团鸿泰煤业有限公司综采队	市劳动模范	2014 年
295	王志华	男	神堂煤业有限公司机运队	市劳动模范	2014 年
296	张建军	男	坡头煤业有限公司	市劳动模范	2014 年
297	胡存玉	男	华岭耐火材料有限公司	市劳动模范	2014 年
298	张三虎	男	广鑫源耐火材料有限公司	市劳动模范	2014 年

续表 8-3

序号	姓 名	性别	工作单位	荣誉称号	授予时间
299	刘连文	女	区环卫园林管理处	市劳动模范	2014 年
300	李丹霞	男	荫营中学	市劳动模范	2014 年
301	曹小英	女	区人民医院妇产科	市劳动模范	2014 年
302	郭利青	女	区财政局国库股	市劳动模范	2014 年
303	王　录	男	义井镇义东沟村	市劳动模范	2014 年
304	石守健	男	义井镇泊里村	市劳动模范	2014 年
305	王建文	男	荫营镇杨树沟村	市劳动模范	2014 年
306	刘金娥	女	荫营镇东垴村	市劳动模范	2014 年

立功受奖先进人物

截至 2019 年末，郊区受到省级立功受奖先进人物 66 名，市级立功受奖先进人物 289 名。（标＊为专项工作立功表彰）

阳泉市郊区省级立功受奖先进人物一览表

表 8-4

序号	姓 名	性别	工作单位	荣誉称号	授予时间
1	任白孩	男	南小西庄矿货厂	省二等功	1984 年
2	冯　明	男	杨家庄农机厂	省二等功	1984 年
3	王玉瑛	男	牵牛镇陶瓷厂	省二等功	1984 年
4	任　瑜	男	南小西庄村砂货厂	省二等功	1984 年
5	杨腊果	女	东村供销社	省二等功	1984 年
6	史风玉	男	河底供销社	省二等功	1984 年
7	董占春	男	旧街公社簸箕掌小校	省二等功	1984 年
8	牛成群	男	义井公社联校	省二等功	1984 年
9	贾存通	男	杨家庄农机厂	省三等功	1984 年
10	鲍二牛	男	牵牛镇陶瓷厂	省三等功	1984 年
11	周海生	男	牵牛镇陶瓷厂	省三等功	1984 年
12	葛进锋	男	上烟耐火厂	省三等功	1984 年
13	王六全	男	区千亩坪黏土矿	省三等功	1984 年
14	韩金禄	男	野沟煤矿	省三等功	1984 年
15	杨风恺	男	野沟煤矿	省三等功	1984 年
16	谢延登	男	区汽车运输公司	省三等功	1984 年
17	高锁孩	男	红土岩煤矿	省三等功	1984 年
18	张元辅	男	荫营中学	省三等功	1984 年
19	史通孝	男	区统计办	省三等功	1984 年
20	赵来生	男	郊区购销站	省三等功	1984 年

续表 8-4

序号	姓 名	性别	工作单位	荣誉称号	授予时间
21	段蓬尚	男	河底公社卫生院	省三等功	1984 年
22	王佐文	男	区计划生育委员会	省三等功	1984 年
23	赵素香	女	区机关综合服务部	省三等功	1984 年
24	张振斌	男	荫营镇下千亩坪村	省二等功	1993 年
25	杨建敏	男	神峪种兔厂	省三等功	1993 年
26	王计所	男	三郊乡韩庄村	省五一劳动奖章	1994 年
27	刘振寰	男	阳泉市第二人民医院	省五一劳动奖章	1994 年
28	白所福	男	西南舁乡青山水泥厂	省一等功	1996 年
29	王保全	男	三菱车队	省二等功	1996 年
30	蔡桐萍	男	荫营镇上烟耐火厂	省一等功	1997 年
31	高老虎	男	西南舁乡大洼耐火厂	省三等功	1997 年
32	李海翔	男	区税务局	省一等功	1999 年
33	陈双兰	女	区林业局	省二等功	2000 年
34	武爱拴＊	男	区地方志办公室	省二等功	2001 年
35	王剑辉＊	男	区地方志办公室	省三等功	2001 年
36	弓月挺	男	荫营中学校	省一等功	2002 年
37	王彦平	男	—	省二等功	2002 年
38	王千来＊	男	区地方志办公室	省二等功	2002 年
39	毛愈众	男	—	省二等功	2002 年
40	杨芝萍	女	荫营中学	省三等功	2002 年
41	郭忠铁	男	—	省三等功	2002 年
42	任保军	男	区煤运公司	省一等功	2003 年
43	马玉田	男	旧街乡枣园村	省二等功	2003 年
44	樊振平	男	玉泉中学校	省五一劳动奖章	2005 年
45	李保青＊	男	华岭耐火材料公司	省一等功	2005 年
46	周国强＊	男	阳泉市郊区红星汽修厂	省一等功	2005 年
47	刘 平	男	佳和高科电瓷有限公司	省二等功	2005 年
48	黄田怀＊	男	丰泽耐火材料公司	省二等功	2005 年
49	史改英＊	女	华岭耐火材料公司	省二等功	2005 年
50	孙其国＊	男	郊区曙光汽修厂	省二等功	2005 年
51	王 兵＊	男	华岭耐火材料公司	省三等功	2005 年
52	王义长	男	华岭耐火材料公司	省一等功	2006 年
53	何建亭	男	区财政局	省二等功	2006 年
54	段 富	男	区城乡建设发展总公司	省一等功	2008 年
55	刘文生	男	区地税局义井税务所	省二等功	2008 年
56	王春宇	男	区农村信用合作联社	省五一劳动奖章	2009 年

续表 8-4

序号	姓 名	性别	工作单位	荣誉称号	授予时间
57	范胜虎	男	荫营镇老虎沟村	省二等功	2009 年
58	聂有生	男	区林业局	省三等功	2009 年
59	张学友	男	荫营镇上千亩坪村	省五一劳动奖章	2011 年
60	史选红	男	华岭耐火材料公司	省五一劳动奖章	2012 年
61	王建文	男	荫营镇杨树沟村	省五一劳动奖章	2012 年
62	刘子旺	男	山西昌达伟业建材集团有限公司	省五一劳动奖章	2012 年
63	李双鸿 *	男	区治超办主任	省五一劳动奖章	2012 年
64	荆红军	男	山西煤炭运销集团阳泉郊区有限公司	省五一劳动奖章	2013 年
65	白青海	男	河底镇北庄村鑫海农业合作社	省五一劳动奖章	2015 年
66	张三虎	男	广鑫源耐火材料有限公司	省五一劳动奖章	2016 年

阳泉市郊区市级立功受奖先进人物一览表

表 8-5

序号	姓 名	性别	工作单位	荣誉称号	授予时间
1	荆保平	男	区实验小学	市二等功	1987 年
2	李银义	男	区税务局三郊税务所	市三等功	1987 年
				市优质服务三等功	1989 年
				市三等功	1992 年
					1993 年
3	王成牛	男	区粮食局三郊粮站	市优质服务三等功	1987 年
4	史迎春	男	荫营供销社	市优质服务三等功	1987 年
5	郭来牛	男	区邮电局河底支局	市优质服务三等功	1987 年
6	张四琴	女	义井卫生院	市优质服务三等功	1987 年
7	刘海昌	男	阳泉市第二人民医院	市三等功	1987 年
					2008 年
8	苗二毛	男	区邮电局	市优质服务二等功	1989 年
9	要宜为	男	区工商局	市优质服务三等功	1989 年
			区人民政府	市三等功	2005 年 *
			区政协	市二等功	2006 年 *
10	张　培	男	义井供销社酿造厂	市优质服务三等功	1989 年
11	荆正凯	男	辛兴供销社	市优质服务三等功	1989 年
12	张计娥	女	李家庄供销社	市优质服务三等功	1989 年
13	郭海庆	男	李家庄乡卫生院	市优质服务三等功	1989 年
14	苗春莲	女	荫营供销社	市优质服务三等功	1989 年
				市三等功	1991 年
15	孟庆华	女	大阳泉粮店	市优质服务三等功	1989 年

续表 8-5

序号	姓 名	性别	工作单位	荣誉称号	授予时间
16	李如德	男	白泉粮店	市优质服务三等功	1989 年
17	阎炳旭	男	郊区供销社	市优质服务三等功	1989 年
18	郭计才	男	区重型机械厂	市五创立功优秀班组长	1990 年
19	吕俊康	男	郊区矿业车队	市五创立功三等功	1990 年
				市三等功	1994 年
20	高润明	男	区粮食局	市五创立功三等功	1990 年
21	王仲卿	男	郊区一中	市五创立功三等功	1990 年
22	张元辅	男	郊区一中	市五创立功三等功	1990 年
23	韩文忠	男	平坦水泵厂	市五创立功三等功	1990 年
24	郭拉玉	女	白泉中学	市五创立功三等功	1990 年
25	王胜剑	男	野沟煤矿	市五创立功三等功	1990 年
26	王　详	男	区标准计量局	市五创立功三等功	1990 年
27	张晋平	男	矿业车队	市五创立功三等功	1990 年
				市三等功	1993 年
28	冯石秀	男	荫营供销社桥头商店	市优质服务三等功	1990 年
29	郑新卫	男	白泉供销社	市优质服务三等功	1990 年
30	石守宽	男	白羊墅供销社	市优质服务三等功	1990 年
31	李庆铎	男	杨家庄乡卫生院	市优质服务三等功	1990 年
32	李　铮	男	区电业局	市优质服务三等功	1990 年
33	乔国强	男	林里粉末冶金公司	市二等功	1991 年
				市一等功	1999 年
					2002 年
34	王天定	男	区广播局	市二等功	1991 年
				市三等功	1993 年
35	王　胜	男	区教育局	市三等功	1991 年
				市五一劳动奖章	2000 年
36	刘振寰	男	区人民医院	市三等功	1991 年
37	杜乃强	男	区人民医院	市三等功	1991 年
38	李喜莲	女	区粮食局平坦粮站	市二等功	1992 年
39	王计所	男	三郊乡韩庄村	市一等功	1993 年
40	阎　冲	男	荫营镇下荫营村	市一等功	1993 年
41	蔡启仁	男	荫营镇上烟村	市二等功	1993 年
42	王汉声	男	河底镇牵牛镇村	市二等功	1993 年
					1994 年
43	张进汉	男	土桥沟黏土矿	市二等功	1993 年
44	荆贵生	男	旧街汽车配件厂	市二等功	1993 年

续表 8-5

序号	姓 名	性别	工作单位	荣誉称号	授予时间
45	冯玉明	男	荫营镇三泉耐火厂	市二等功	1993 年
46	李富有	男	区统计局	市三等功	1993 年
47	王拴牛	男	河底兴华水泥厂	市三等功	1993 年
48	白所福	男	西南舁乡青山水泥厂	市三等功	1993 年
49	赵斌锁	男	荫营镇下荫营村	市三等功	1993 年
50	史广辉	男	矿业车队	市三等功	1993 年
51	要宜愔	男	河底镇河底村	市三等功	1993 年
52	连 芳	女	义井乡卫生院	市三等功	1993 年
53	杨芝萍	女	荫营中学	市三等功	1993 年
				市一等功	1996 年
					2002 年＊
54	王振华	女	区计生委	市三等功	1993 年
55	张拉林	男	—	市三等功	1993 年
56	高秋波	男	—	市三等功	1993 年
57	任德才	男	—	市三等功	1993 年
58	吕尽礼	男	—	市三等功	1993 年
59	路爱川	男	—	市三等功	1993 年
60	李彦平	男	区物资公司	市三等功	1993 年
61	阎吉万	男	荫营加油站	市三等功	1993 年
62	张振斌	男	荫营镇下千亩坪村	市一等功	1994 年
63	石履钰	男	义井镇	市一等功	1994 年
64	马建国	男		市二等功	1994 年
65	刘荣生	男	河底镇卫生院	市二等功	1994 年
66	王保全	男	区煤运公司	市二等功	1994 年
67	张纪林	女	—	市三等功	1994 年
68	李玉牛	男	西南舁乡青山水泥厂	市三等功	1994 年
69	王狗蹄	男	平坦乡西河村	市三等功	1994 年
70	石 朴	男	义井乡瀑里村	市三等功	1994 年
71	王福保	男	区供销社	市三等功	1994 年
72	贾香义	男	—	市三等功	1994 年
73	韩根锁	男	区二轻局重机厂	市三等功	1994 年
74	鲍计良	男	区公安分局	市三等功	1994 年
75	王捧寿	男	区粮食局荫营粮站	市三等功	1994 年
76	范忠海	男	—	市三等功	1994 年
77	商广真	男	—	市三等功	1994 年
78	周逸躬	男	区水利局	市三等功	1994 年

续表 8-5

序号	姓 名	性别	工作单位	荣誉称号	授予时间
79	曹玉平	男	区机关事务管理局	市三等功	1994 年
80	姚　江	男	义井乡大阳泉村	市三等功	1994 年
81	潘换梅	男	区财政局	市三等功	1994 年
82	荆　宏	男	—	市三等功	1994 年
83	张　瑞	男	阳泉市青山铝矾土矿	市一等功	1996 年
84	史永记	男	老虎沟耐火厂	市一等功	1996 年
85	张双和	男	区总工会	市一等功	1996 年
86	程贵全	男	阳泉红旗实业有限公司	市二等功	1996 年
87	冯小胖	男	下白泉耐火材料厂	市二等功	1996 年
88	梁明才	男	燕宇耐火厂	市二等功	1996 年
89	白晋华	男	区教委	市二等功	1996 年
90	杜润田	男	下白泉润玉铸造厂	市三等功	1996 年
91	赵　文	男	辛兴乡煤矿	市三等功	1996 年
92	杨启章	男	阳泉市交通机械厂	市三等功	1996 年
93	郑仓田	男	阳泉市郊区水泥预制厂	市三等功	1996 年
94	杜治霖	男	阳泉市前洼耐火厂	市三等功	1996 年
95	贾秉亮	男	阳泉市耐酸陶瓷厂	市三等功	1996 年
96	王守萍	女	阳泉市义井水泥厂	市三等功	1996 年
97	张世英	男	阳泉市平坦水泵厂	市三等功	1996 年
98	王震峰	男	林里镁砖厂	市三等功	1996 年
99	王敬华	女	义井供销合作社	市三等功	1996 年
100	杨仲森	男	阳泉联营特种水泥厂	市三等功	1996 年
101	郭拴林	女	区财政局	市三等功	1996 年
102	要宜恂	男	阳泉市惠丰股份合作公司	市三等功	1996 年
103	郝　美	男	阳泉市乙炔厂	市三等功	1996 年
104	谢宝川	男	阳泉市纺机厂	市三等功	1996 年
105	王学慕	男	阳泉市化学材料厂	市三等功	1996 年
106	李计宝	男	红土岩煤矿	市三等功	1996 年
107	史贵所	男	区荫营镇卫生院	市三等功	1996 年
108	崔秀芝	男	郊区公安分局	市三等功	1996 年
109	张平杰	男	区国税局	市三等功	1996 年
110	宋利军	男	区地税局	市三等功	1996 年
111	梁秋胜	男	区水利水保局	市三等功	1996 年
112	曹厚吉	男	红旗实业有限公司	市一等功	1997 年
113	荆科武	男	旧街煤矿	市一等功	1997 年
114	王明书	男	区体委	市一等功	1997 年

续表 8-5

序号	姓 名	性别	工作单位	荣誉称号	授予时间
115	张富梅*	女	—	市一等功	1997 年
116	史慧峰	男	郊区锌品厂	市二等功	1997 年
117	李志林	男	区公安分局	市二等功	1997 年
118	梁 瑾	男	区第一中学校	市二等功	1997 年
119	李爱锁	男	区财政局	市二等功	1997 年
120	马建文	男	阳泉市卫生陶瓷厂	市三等功	1997 年
121	周壮志	男	阳泉市特种水泥厂	市三等功	1997 年
122	韩爱明	男	阳泉市郊区苇泊汽修厂	市三等功	1997 年
123	葛玉秀	男	阳泉市柳泉化工厂	市三等功	1997 年
124	高银保	男	区水泥预制厂	市三等功	1997 年
125	张宇起	男	阳泉市兴泉铁厂	市三等功	1997 年
126	陈长明	男	阳泉市矾窑煤矿	市三等功	1997 年
127	李宝生	男	阳泉市红土岩煤矿	市三等功	1997 年
128	侯书明	男	阳泉市纺织机械厂	市三等功	1997 年
129	孙来福	男	阳泉市晋泰鞋业公司	市三等功	1997 年
130	姜贵财	男	区义井镇卫生院	市三等功	1997 年
131	徐 彬	男	中保财险阳泉郊区支公司	市三等功	1997 年
132	史如斌	男	区人民检察院	市三等功	1997 年
133	刘 伟	男	区人民法院	市三等功	1997 年
134	付启惠	男	区劳动局	市三等功	1997 年
135	董桂民	男	区政府行政办公室	市三等功	1997 年
136	刘维明	男	区总工会	市三等功	1997 年
137	赵登义	男	鑫坪实业总公司	市五一劳动奖章	1999 年
138	梁保初	男	下白泉第二耐火材料厂	市五一劳动奖章	1999 年
139	周玉才	男	阳泉红旗实业有限公司	市一等功	1999 年
140	胡长胜	男	区信用社	市一等功	1999 年
				市二等功	2002 年
141	光玉苟	男	阳泉市银河工业有限公司	市二等功	1999 年
			河底镇河底村		2003 年*
142	赵巧玲	女	辛兴小学	市二等功	1999 年
143	李润元	男	三郊乡东垴矾石厂	市二等功	1999 年
144	吕青春	男	阳泉市晋兴耐酸瓷厂	市三等功	1999 年
145	梁 斌	男	阳泉市冶金耐火材料厂	市三等功	1999 年
146	史银堂	男	华岭耐火材料有限公司	市一等功	2000 年
147	杨银和	男	河底金属镁厂	市二等功	2000 年
148	胡俊平	男	区煤炭汽车运输公司	市二等功	2000 年

续表 8-5

序号	姓 名	性别	工作单位	荣誉称号	授予时间
149	马成元	男	区总工会	市二等功	2000 年
150	杨慧文	男	区公安分局河底派出所	市三等功	2000 年
151	韩　敏	男	区蔬菜中心	市三等功	2000 年
152	路万军	男	阳泉市冶金耐火材料厂	市三等功	2000 年
153	耿志宏	男	攀宝色素厂	市三等功	2000 年
154	王慧清	女	区人民法院	市三等功	2000 年
155	任保军	男	区煤运公司	市五一劳动奖章	2002 年
				市一等功	2008 年
156	段维平＊	男	区公安分局	市一等功	2002 年
157	宋安生	男	区安全生产监督管理局	市二等功	2002 年
158	刘润宝	男	区国家税务局	市二等功	2002 年
159	王文跃	男	—	市二等功	2002 年
160	任贵才	男	矾窑煤矿	市三等功	2002 年
161	郑德玉	男	区城建环保局	市三等功	2002 年
162	杜俊德	男	区卫生防疫站	市三等功	2002 年
163	张凤英	女	区人民医院	市三等功	2002 年
164	段　富	男	城乡发展公司经理	市五一劳动奖章	2003 年
					2012 年
165	李彭金	男	阳泉市金石化工有限公司	市一等功	2003 年
166	谢爱金	男	区报社	市一等功	2003 年
167	周玉成	男	郊区昌裕冶炼有限公司	市二等功	2003 年
168	贾成义	男	区财政局	市二等功	2003 年
169	王建荣	男	区国税局稽查股	市二等功	2003 年
170	聂富祥	男	区地税局	市二等功	2003 年
171	李乃珠	男	平坦镇桃林沟村	市三等功	2003 年
				市五一劳动奖章	2009 年
					2017 年
172	李新福＊	男	区总工会	市二等功	2003 年
173	史银孩	男	郊区荫营小营煤矿	市三等功	2003 年
174	张满柱	男	千亨实业总公司耐火厂	市三等功	2003 年
175	任新民	男	区卫生局	市三等功	2003 年
176	杨玉明	男	区交通局	市三等功	2003 年
177	张建军	男	青山水泥有限公司	市三等功	2003 年
178	郑继平	男	区供电公司	市三等功	2003 年
179	郭　斌＊	男	区人民政府	市三等功	2003 年

续表 8-5

序号	姓 名	性别	工作单位	荣誉称号	授予时间
180	罗树宏	男	杨家庄乡政府	市三等功 *	2003 年
				市五一劳动奖章	2005 年
			区交通局	市二等功	2009 年
181	宋晓文 *	男	李家庄乡汉河沟村	市三等功	2003 年
182	王英利	女	区蔬菜中心	市三等功	2003 年 *
				市一等功	2009 年
183	石久军 *	男	荫营镇政府	市三等功	2003 年
184	赵根才 *	男	区水利局	市三等功	2003 年
185	李维茂 *	男	区公安分局荫营派出所	市二等功	2004 年
186	胡华勇 *	男	—	市二等功	2004 年
187	郭新文 *	男	李家庄乡政府	市二等功	2004 年
188	王国佩	男	河底镇山底村	市二等功 *	2004 年
				市一等功	2008 年
189	李昱平 *	男	—	市二等功	2004 年
190	田进勇 *	男	河底镇政府	市三等功	2004 年
191	申彦杰 *	男	区人民政府	市三等功	2004 年
192	白朝辉	男	区自来水公司	市五一劳动奖章	2005 年
193	王晓东	男	区环境保护局监测站	市一等功	2005 年
				市二等功	2008 年
194	孔新才	男	山西凯鑫酒业有限公司	市一等功	2005 年
195	冯恩湖	男	阳泉煤炭运销分公司郊区公司中兴矿产公司	市一等功	2005 年
196	董吉文	男	区地税局	市二等功	2005 年
197	杨丽琴	女	区文化体育局文化馆	市二等功	2005 年
198	刘玉成	男	荫营镇政府	市二等功	2005 年
199	杜怀庆	男	区建设局环保站	市二等功	2005 年
200	赵前进	男	区公安分局河底派出所	市二等功	2005 年
201	刘贵柱 *	男	区总工会	市二等功	2005 年
202	余卫栋	男	华岭耐火材料有限公司	市三等功	2005 年
203	王瑞忠	男	区农业局防治站	市三等功	2005 年
204	李忠贵	男	林里粉末冶金有限公司	市三等功	2005 年
205	杨有贵	男	阳泉红旗实业有限公司	市三等功	2005 年
206	王永寿 *	男	区发展改革局	市三等功	2005 年
207	荆东生 *	男	中共阳泉市郊区委员会	市三等功	2005 年
208	王混洲 *	男	区人民政府	市三等功	2005 年
				市二等功	2006 年

续表 8-5

序号	姓 名	性别	工作单位	荣誉称号	授予时间
209	王梦贺＊	男	区纪律检查委员会	市三等功	2005 年
				市二等功	2006 年
210	王如生＊	男	区政法委员会	市三等功	2005 年
				市二等功	2006 年
211	王存寿＊	男	区政法委员会	市三等功	2005 年
				市二等功	2006 年
212	李银江＊	男	区公安分局	市三等功	2005 年
				市二等功	2006 年
213	荆潼泰	男	区建设局	市五一劳动奖章	2006 年
214	高建明	男	青山水泥有限公司	市五一劳动奖章	2006 年
215	余占明	男	阳泉市第二人民医院	市一等功	2006 年
216	余香红	女	区总工会	市一等功	2006 年
217	胡培明	男	天隆工程材料有限公司	市二等功	2006 年
218	吕 桐	男	区农业局畜牧业发展中心	市二等功	2006 年
219	石会昌	男	阳泉市兴通烟花有限公司	市二等功	2006 年
220	郝治国	男	林里粉末冶金有限公司	市二等功	2006 年
221	韩金川	男	区档案局	市二等功	2006 年
222	任爱风	女	《阳泉郊区》编辑部	市二等功	2006 年
223	吕昌政＊	男	区人民政府	市二等功	2006 年
224	杨五牛	男	阳泉精工铸造有限公司	市三等功	2006 年
225	宋晓栋	男	区劳动和社会保障局	市三等功	2006 年
226	韩爱虎	男	漾泉苗木花卉有限公司	市三等功	2006 年
227	史玉所	男	区煤气热力中心供热站	市三等功	2006 年
228	荆科年	男	区神堂煤矿通风科	市三等功	2006 年
229	李芬萍	女	区计划生育服务站	市三等功	2006 年
230	石鲜红	女	区河底中学校	市三等功	2006 年
231	张晋申	男	区民政局	市三等功	2006 年
232	张海义	男	区野沟煤矿	经济技术创新能手	2006 年
233	郄海宏	男	下千耐火材料有限公司	市三等功	2006 年
234	涂珍维	男	阳泉大南沟煤业有限公司	市五一劳动奖章	2008 年
235	荆广生	男	区辛兴煤矿	市一等功	2008 年
236	史玉林	女	区公安分局巡警大队	市一等功	2008 年
237	史通昭	男	山西圣火炉料有限公司	市二等功	2008 年
238	王红梅	女	区白泉工业区管理委员会	市二等功	2008 年
239	周子利	男	义井镇白羊墅村	市二等功	2008 年
240	闫志江	男	野沟煤矿	市二等功	2008 年

续表 8-5

序号	姓 名	性别	工作单位	荣誉称号	授予时间
241	赵改翠	女	区总工会	市二等功	2008 年
242	张学友	男	荫营镇上千亩坪村	市三等功	2008 年
243	石玉祥	男	杨家庄乡路家山村	市三等功	2008 年
244	王同禹	男	荫营镇林里村	市三等功	2008 年
245	王贵明	男	区国土资源局	市三等功	2008 年
246	高全怀	男	红土岩煤矿	市三等功	2008 年
247	张慧琴	女	李家庄乡统计站	市三等功	2008 年
248	马玉田	男	旧街乡枣园村	市一等功	2009 年
249	张福贵	男	区国税局	市一等功	2009 年
250	陈树鸿	男	山西昌达伟业集团公司	市二等功	2009 年
251	荆明善	男	区交通局公路管理站	市二等功	2009 年
252	荆所成	男	旧街煤炭有限责任公司	市二等功	2009 年
253	贾立宏	男	振华耐酸陶瓷有限公司	市二等功	2009 年
254	赵　裕	男	区卫生监督所	市二等功	2009 年
255	张艳芳	女	区职业高级中学校	市二等功	2009 年
256	郝秀萍	女	平坦镇财政所	市三等功	2009 年
257	杨齐玉	男	阳泉市第二人民医院	市三等功	2009 年
258	郭海瑞	男	西南舁乡北舁村	市三等功	2009 年
259	史海明	男	温河罐区	市三等功	2009 年
260	刘文华	女	河底砖厂	市三等功	2009 年
261	王存明	男	—	市三等功	2009 年
262	李军军	男	—	市三等功	2009 年
263	康建琴	女	区档案局	市五一劳动奖章	2012 年
264	张敏善	男	区林业局	市五一劳动奖章	2012 年
265	王兆爱	男	区交通运输管理局	市五一劳动奖章	2012 年
266	张俊勇	男	区广播电视台	市五一劳动奖章	2012 年
267	史华明	男	市第二人民医院中医科	市五一劳动奖章	2012 年
268	张海明	男	区公安分局巡警大队	市五一劳动奖章	2012 年
269	赵扣所	男	旧街乡佛洼村	市五一劳动奖章	2012 年
270	高喜怀	男	西南舁乡大洼村	市五一劳动奖章	2012 年
271	王宝卫	男	荫营镇山头村	市五一劳动奖章	2012 年
272	任和平	男	—	市五一劳动奖章	2013 年
273	史华波	男	—	市五一劳动奖章	2013 年
274	佘来军	男	星火鑫源铸造材料厂	市五一劳动奖章	2017 年
275	翟拴良	男	保安煤业有限公司	市五一劳动奖章	2017 年
276	史广泽	男	贤亨耐火材料有限公司	市五一劳动奖章	2017 年

续表 8-5

序号	姓 名	性别	工作单位	荣誉称号	授予时间
277	魏传风	男	山西圣火炉料有限公司	市五一劳动奖章	2017 年
278	陈龙江	男	天龙生态农业有限公司	市五一劳动奖章	2017 年
279	武继和	男	东兴富士种植专业合作社	市五一劳动奖章	2017 年
280	乔利中	男	益丰昌种植专业合作社	市五一劳动奖章	2017 年
281	张永东	男	北京市康乃馨生物化妆品有限责任公司阳泉分公司	市五一劳动奖章	2017 年
282	郑海生	男	区公安分局治安管理大队	市五一劳动奖章	2017 年
283	赵慧军	男	区人民医院	市五一劳动奖章	2017 年
284	黄海林	男	西南舁联校东南舁中心小学	市五一劳动奖章	2017 年
285	聂喜军	男	荫营中学	市五一劳动奖章	2017 年
286	陈丽娟	女	区蔬菜中心	市五一劳动奖章	2017 年
287	郝 银	男	三来食品有限公司	市五一劳动奖章	2017 年
288	李占生	男	义井镇河下村垃圾清运队	市五一劳动奖章	2017 年
289	葛会林	男	义井镇河下村	市五一劳动奖章	2017 年

创新能手及劳动功勋

截至 2019 年末，郊区获得阳泉市总工会表彰的经济技术创新能手及劳动功勋共 23 名。

阳泉市郊区市级经济技术创新能手及劳动功勋一览表

表 8-6

序号	姓 名	性别	工作单位	荣誉称号	授予时间
1	杨仲森	男	狮头特种水泥有限公司	市经济技术创新能手	2004 年
2	高贵明	男	青山水泥有限公司	市经济技术创新能手	2004 年
3	冯恩湖	男	区煤运公司中兴矿产公司	市经济技术创新能手	2005 年
4	刘 平	男	佳和高科电瓷有限公司	市经济技术创新能手	2005 年
5	高建明	男	青山水泥有限公司	市经济技术创新能手	2006 年
6	王计所	男	荫营镇韩庄村	市劳动功勋奖章	2007 年
7	马玉田	男	旧街乡枣园村	市劳动功勋奖章	2007 年
8	杨腊果	女	区供销社	市劳动功勋奖章	2007 年
9	王汉声	男	河底镇牵牛镇实业总公司	市劳动功勋奖章	2007 年
10	张振斌	男	荫营镇千亨实业总公司	市劳动功勋奖章	2007 年
11	乔国强	男	林里粉末冶金有限公司	市劳动功勋奖章	2007 年
12	张凤英	女	市第二人民医院	市劳动功勋奖章	2007 年
13	史永记	男	华岭耐火材料有限公司	市劳动功勋奖章	2007 年
14	韩文忠	男	区经济局	市劳动功勋奖章	2007 年
15	郭长明	男	青山水泥有限公司	市经济技术创新能手	2007 年
16	杜荣义	男	恒详耐火材料有限公司	市经济技术创新能手	2007 年

续表 8-6

序号	姓 名	性别	工作单位	荣誉称号	授予时间
17	彭建忠	男	天隆工程材料有限公司	市经济技术创新能手	2007 年
18	杨贵如	男	区林业局	市经济技术创新能手	2007 年
19	荆广生	男	辛兴煤矿	市经济技术创新能手	2008 年
20	高全怀	男	红土岩煤矿	市经济技术创新能手	2008 年
21	闫志江	男	野沟煤矿	市经济技术创新能手	2008 年
22	涂珍维	男	大南沟煤业有限公司	市经济技术创新能手	2008 年
23	贾立宏	男	振华耐酸陶瓷有限公司	市经济技术创新能手	2009 年

区工会工作人员

截至 2019 年末，曾先后在区总工会工作人员共计 83 人。其中，编制内工作人员 41 人，合同制 5 人，临时聘用人员 31 人，兼挂职人员 6 人。

1976 年至 2019 年区工会工作人员一览表

表 8-7

姓 名	性别	出生年月	籍 贯	政治面貌	民族	学历	担任职务	工会入职时间
高润杰	男	1926 年 6 月	西南舁乡西南舁村	党员	汉族	高小	主 席	1975 年 12 月
郭巨锦	男	1946 年 8 月	荫营镇三泉村	党员	汉族	中专	副主席	1976 年 11 月
胡亥英	男	1947 年 6 月	荫营镇韩庄村	党员	汉族	大专	主 席	1980 年 5 月
郭凤莲	女	1954 年 1 月	李家庄乡冯家庄村	党员	汉族	大专	副主席	1980 年 8 月
乔懋德	男	1932 年 9 月	昔阳县后东峪村	党员	汉族	高小	主 席	1983 年 4 月
路聚盛	男	1927 年 1 月	盂县偏亮村	党员	汉族	高小	副主席	1983 年 8 月
王俊德	男	1923 年 8 月	荫营镇韩庄村	党员	汉族	高小	副主席	1983 年 2 月
刘维明	男	1967 年 11 月	荫营镇下荫营村	群众	汉族	大专	办公室副主任	1984 年 4 月
崔润清	男	1955 年 2 月	城区小阳泉	党员	汉族	大专	劳保部部长	1985 年 8 月
高启厚	男	1957 年 3 月	西南舁村雨下沟村	党员	汉族	本科	办公室	1986 年 11 月
郭新文	男	1963 年 8 月	河底镇上章召村	党员	汉族	本科	副主席	1987 年 7 月
赵爱明	男	1960 年 5 月	河底镇苏家泉村	党员	汉族	大学	组宣部部长	1989 年 7 月
郭珍寿	男	1944 年 3 月	东村乡东村村	党员	汉族	高中	副主席	1989 年 8 月
史晓云	女	1971 年 5 月	荫营镇街上村	群众	汉族	本科	打字员	1989 年 9 月
张凤瑞	女	1942 年 11 月	河底镇河底村	党员	汉族	中师	副主席	1990 年 11 月
刘贵柱	男	1957 年 11 月	荫营镇辛庄村	党员	汉族	大专	常务副主席	1990 年 11 月
宋小青	女	1968 年 8 月	李家庄乡汉河沟村	群众	汉族	专科	打字员	1991 年 12 月
张双和	男	1944 年 1 月	荫营镇下千亩坪村	党员	汉族	大专	主 席	1992 年 3 月
李银梅	女	1974 年 12 月	荫营镇东坳村	党员	汉族	大专	财务部部长	1992 年 12 月
任银兰	女	1954 年 7 月	荫营镇辛庄村	党员	汉族	大专	组宣部部长	1993 年 1 月
李宝明	男	1960 年 12 月	河底镇小西庄村	党员	汉族	大专	财务部部长	1993 年 1 月

续表 8-7

姓 名	性别	出生年月	籍 贯	政治面貌	民族	学历	担任职务	工会入职时间
韩金川	男	1953 年 1 月	李家庄乡黄沙岩村	党员	汉族	大专	副主席	1993 年 6 月
王剑辉	男	1955 年 2 月	河底镇下章召村	党员	汉族	大专	副主席	1993 年 6 月
赵改翠	女	1965 年 4 月	荫营镇下荫营村	党员	汉族	大专	经审委主任	1994 年 5 月
毕武田	男	1970 年 11 月	开发区上五度村	党员	汉族	本科	办公室主任	1996 年 6 月
马成元	男	1950 年 1 月	西南舁乡霍树头村	党员	汉族	中专	主 席	1998 年 8 月
郭善祥	男	1952 年 5 月	河底镇上章召村	党员	汉族	大专	主 席	2001 年 10 月
刘五福	男	1940 年	荫营镇辛庄村	群众	汉族	小学	后 勤	2001 年 6 月
任斌义	男	1955 年 9 月	李家庄乡	群众	汉族	初中	后 勤	2002 年 9 月
张毛锅	男	1952 年	荫营镇南窑庄村	群众	汉族	初中	后 勤	2002 年 9 月
余香红	女	1966 年 9 月	荫营镇矾窑村	党员	汉族	本科	副主席	2003 年 6 月
史素琴	女	1962 年 1 月	荫营镇下荫营村	群众	汉族	高中	后 勤	2003 年 8 月
张春燕	女	1972 年 3 月	北京房山	党员	汉族	本科	服务中心主任	2004 年 9 月
郭计莲	女	1958 年 1 月	河底镇上章召村	群众	汉族	中专	会 计	2004 年
李瑞华	男	1979 年 8 月	昔阳	群众	汉族	大专	后 勤	2007 年 6 月
曹 晋	男	1978 年 5 月	河北省迁安市	党员	汉族	本科	经济部部长	2007 年 10 月
侯风华	女	1969 年 5 月	河底镇东村村	群众	汉族	大专	出 纳	2008 年 3 月
文红霞	女	1983 年 4 月	甘肃	群众	汉族	大专	服务中心	2008 年 3 月
刘 强	男	1984 年 5 月	荫营镇下荫营村	群众	汉族	职高	后 勤	2008 年
申雁菲	女	1984 年 6 月	山西省平定县	群众	汉族	大专	办公室	2009 年 10 月
王 涛	男	1980 年 11 月	河底镇下章召村	党员	汉族	本科	法工部部长	2010 年 5 月
李新福	男	1957 年 3 月	荫营镇下荫营村	党员	汉族	大专	常务副主席	2010 年 7 月
谢爱金	男	1954 年 12 月	河底镇东南沟村	党员	汉族	大专	办公室	2010 年 10 月
李瑞萍	女	1982 年 8 月	荫营镇下荫营村	群众	汉族	大专	办公室组织部	2011 年 4 月
胡俊青	男	1971 年 1 月	荫营镇韩庄村	党员	汉族	大专	常务副主席	2011 年 7 月
王晓青	女	1977 年 1 月	平坦镇魏家峪村	党员	汉族	本科	挂职副主席	2011 年 8 月
姬兆滨	男	1971 年 9 月	平定县西白岸村	党员	汉族	高中	后 勤	2012 年 8 月
赵爱荣	男	1963 年 9 月	旧街乡新庄窝村	党员	汉族	本科	常务副主席	2013 年 2 月
王俊珍	女	1978 年 8 月	西南舁乡王家庄村	党员	汉族	本科	组织部部长	2013 年 2 月
张鸿元	男	1959 年 12 月	义井镇西峪村	党员	汉族	大专	办公室	2013 年 2 月
余付平	女	1963 年 5 月	荫营镇矾窑村	群众	汉族	高中	后 勤	2013 年 3 月
王可剑	男	1958 年 7 月	山西省平定县	党员	汉族	大专	主 席	2014 年 3 月
刘凯明	男	1987 年 3 月	荫营镇辛庄村	群众	汉族	专科	服务中心	2014 年 8 月
杨金元	男	1956 年 4 月	河底镇小河北村	党员	汉族	大专	办公室	2015 年 1 月
胡忠文	男	1973 年 8 月	荫营镇韩庄村	党员	汉族	本科	副主席	2017 年 5 月
段宏霞	男	1977 年 7 月	荫营镇段家庄村	党员	汉族	本科	法工部部长	2017 年 12 月
马艳军	男	1973 年 9 月	荫营镇上白泉村	党员	汉族	初中	兼职副主席	2018 年 6 月

续表 8-7

姓 名	性别	出生年月	籍 贯	政治面貌	民族	学历	担任职务	工会入职时间
张宁宁	男	1985 年 5 月	河底镇固庄村	党员	汉族	大专	兼职副主席	2018 年 6 月
李丽花	女	1974 年 7 月	荫营镇东垴村	党员	汉族	本科	挂职副主席	2018 年 6 月
李 凯	女	1991 年 3 月	荫营镇下荫营村	群众	汉族	本科	女工部	2018 年 7 月
史梦娇	女	1989 年 12 月	荫营镇后沟村	党员	汉族	本科	服务中心	2018 年 7 月
张伊宁	女	1991 年 5 月	河底镇	群众	汉族	本科	服务中心	2018 年 7 月
史雪莲	女	1987 年 11 月	荫营镇	群众	汉族	本科	女工部	2018 年 7 月
张富英	男	1964 年 4 月	荫营镇马庄村	党员	汉族	本科	主 席	2018 年 10 月
白思雨	女	1995 年 5 月	平定县	团员	汉族	本科	办公室副主任	2019 年 9 月
王 健	男	1992 年 7 月	盂县	党员	汉族	本科	服务中心	2019 年 10 月
王永清	女	1976 年 11 月	荫营镇山头村	党员	汉族	本科	副主席	2019 年 11 月
吕 玲	女	1982 年 1 月	荫营镇下荫营村	党员	汉族	本科	办公室	—
高卫娟	女	—	—	党员	汉族	—	办公室主任	—
白晋文	男	—	—	—	汉族	—	组 宣	—
胡俊杰	男	—	—	—	汉族	—	后 勤	—
马新春	男	—	—	—	汉族	—	后 勤	—
葛志东	男	—	—	—	汉族	—	后 勤	—
张建忠	男	—	荫营镇下千亩坪村	—	汉族	—	后 勤	—
张小忠	男	—	荫营镇下千亩坪村	—	汉族	—	后 勤	—
杨志刚	男	—	—	—	—	—	后 勤	—
兰 栋	男	1979 年	义井镇大阳泉村	群众	汉族	—	后 勤	—
陈爱清	女	—	—	—	汉族	—	后 勤	—
杨志红	女	—	—	—	汉族	—	后 勤	—
陈义萍	女	—	—	—	汉族	—	后 勤	—
史瑞红	女	—	—	—	汉族	—	后 勤	—
柴日栋	男	—	—	—	汉族	—	后 勤	—

第九章 附 录

第一节 重要文件

区委区政府文件

中共阳泉市郊区委员会
关于建立郊区工会筹备领导组的通知

阳郊发〔1976〕24 号

区直各厂矿党支部：

为了尽快建立郊区工会组织，进一步加强对工人运动的领导，更好地发挥工人阶级的领导作用，经研究决定，建立阳泉市郊区工会筹备领导组，领导组成员由十人组成：

组　长：张厚堂

副组长：高润杰、王金花

成　员：郭巨金［锦］、郭香玉、仇俊莲、杨转林、高胜利、余昭瑞、高栓［拴］来

一九七六年八月六日

中共阳泉市郊区委员会
关于建立郊区工会委员会的通知

阳郊发〔1977〕10 号

区直各革命委员会、温河水利工程指挥部：

经郊区党委批准，同意建立由郊区首届工会代表会议选举产生的郊区工会委员会。由委员十人组成。

委员为：高润杰、郭巨锦、高拴来、高胜利、张智财、毕生田、史东鱼、史兆瑞、胡秀成、苏富花

常务委员有：高润杰、郭巨锦、高胜利、毕生田、苏富花

高润杰同志为工会主任；

郭巨锦同志为工会副主任。

一九七七年三月二十日

中共阳泉市郊区委员会
关于进一步加强工会工作的意见

阳郊发〔2002〕30号

为认真贯彻党的十六大精神和“三个代表”重要思想，全面落实党的全心全意依靠工人阶级的根本指导方针和省、市委工会工作会议精神，与时俱进，开拓创新，切实加强对工会工作的领导，充分发挥工会组织在促进我区改革、发展和稳定中的重要作用。特制定如下意见。

一、充分认识新时期加强工会工作的重要意义

（一）进入新世纪，工会组织的作用更加重要。工会作为党领导的职工自愿结合的工人阶级群众组织，是党联系职工群众的桥梁和纽带，是国家政权的重要社会支柱，是职工群众合法权益的代表者和维护者，在改革开放和现代化建设中发挥着不可替代的作用。当前，我国正处在一个加快发展的关键时期，面对发展社会主义市场经济过程中劳动关系的深刻变化和经济全球化、加入世贸组织带来的机遇和挑战，工会的任务和责任更加重大，工会的地位更加突出。广大职工要求工会组织维护他们合法权益的愿望更加迫切，党和政府更需要工会组织进一步发挥职能作用，协调劳动关系，及时反映职工的意愿和呼声，教育引导职工识大体、顾大局，为改革、发展、稳定做出贡献。

（二）工会工作是党的工作的重要组成部分。各级党委一定要从贯彻“三个代表”重要思想的高度，从实践党的宗旨、坚持党的群众观点和群众路线的高度，从贯彻党的全心全意依靠工人阶级根本指导方针的高度，从维护改革、发展和稳定大局的高度，从巩固党的执政地位和群众基础的高度，进一步提高对新形势下开展工会工作重要性的认识，把工会工作纳入各级党委工作的重要议事日程，经常研究工会工作，及时协调工会工作中遇到的困难和涉及职工切身利益的重大问题，促进全社会共同关心和支持工会工作，努力为工会工作创造有利的环境和条件。

二、充分发挥工会在改革和建设中的积极作用

（三）认真贯彻落实《工会法》，坚持依法治会。修改后的《工会法》明确规定，维护职工合法权益是工会组织的基本职责。同时，对工会组织的性质、地位、作用、组织形式、活动方式和法律责任等做了具体而明确的规定，是工会工作强大的法律武器。各级党委、政府要认真贯彻《工会法》及山西省实施《中华人民共和国工会法》办法，支持工会依法治会，依法履行职责，依法发挥作用。各级各部门要认真贯彻市人大《关于贯彻执行〈工会法〉的决议》，各级政府要把贯彻《工会法》纳入依法治区的重要内容。各级人大要加强《工会法》执法检查，及时发现和纠正执法中存在的问题，督促有关机关依法追究违法行为人的法律责任，并积极支持工会依法开展工作。

（四）各级工会要坚持“四个第一”，履行好基本职责。各级工会要认真贯彻江泽民“三个代表”重要思想和党的工运路线、方针、政策，坚持把职工呼声作为“第一信号”，把职工满意作为“第一追求”，把职工权益维护作为“第一责任”，把职工素质提高作为“第一要务”，认真履行好自身的基本职责，积极参与、支持我区的各项改革和建设事业，充分发挥工会组织

在维护改革、发展和稳定大局中的独特优势和积极作用。

（五）支持工会开展群众性经济技术创新活动。各级各部在深化改革、建立现代企业制度的过程中，必须采取有效措施，保证职工的主人翁地位，努力调动包括工人、经营管理者和专业技术人员在内的全体企业职工的积极性，充分发挥工人阶级的主力军作用。要积极支持工会在企业开展群众性经济技术创新活动，以“一基五本”劳动竞赛、合理化建议、岗位练兵、技术比赛等形式为载体，充分发挥职工技协等群众性经济技术组织的积极作用，组织发动职工进行技术革新、技术协作、发明创造，积极参与支持企业改革，促进企业的振兴和发展，为实现我区的赶超发展目标贡献力量。

（六）支持工会努力提高职工的思想道德和文化素质。各级党委要把提高职工素质作为发展生产力的第一要务，大力实施职工素质工程，在职工中深入开展社会主义精神文明和职业道德教育，通过“一用六学四结合”活动，组织职工认真学习马克思主义、毛泽东思想和邓小平理论，特别是江泽民“三个代表”重要思想，大力实施《公民道德建设实施纲要》，努力倡导科学、文明、民主的职业道德和社会风尚。要组织职工认真学习现代科学文化知识，大力推广“创造学”，努力促进职工经济技术创新成果向现实生产力的转化。要积极开展创建学习型企业、学习型班组和争当知识型工人活动，鼓励职工特别是青工刻苦学习技术，自学成才，岗位成才，不断提高我区职工队伍的整体素质。

（七）支持工会认真做好劳模管理工作。要保护好、引导好、发挥好广大职工的劳动积极性和创造精神，必须切实加强对劳动模范和先进人物的培养、教育、宣传和表彰工作。区总工会承担着我区劳动竞赛委员会的日常工作，各级党委要支持工会及时总结、广泛宣传各行各业先进劳动模范人物的崇高思想和精神风貌，用榜样的力量教育和激励职工以高度的主人翁责任感和历史使命感，热情关心和支持改革，积极投身企业的生产经营活动，立足本职，爱岗敬业，学先进，比贡献，创一流，增效益。要关心劳模的工作和生活，积极帮助劳模解决工作上、生活上的困难。努力在全社会营造一种尊重、关心、爱护和学劳模、赶劳模的良好风尚。

三、充分发挥工会两条维权渠道的积极作用

（八）支持工会通过平等协商和集体合同制度，协调劳动关系，维护企业职工劳动权益。各级党委要把推行平等协商和集体合同制度工作纳入重要议事日程，不断研究解决工作中出现的新情况、新问题，特别是在履行集体合同过程中，涉及联系和协调工会和有关部门之间的问题，一定要妥善解决。要把保障集体合同和劳动合同制度的落实，作为发挥党委监督作用的重要内容，抓紧抓实，使企业做到凡涉及职工切身利益的重大问题，都要经过与工会代表或职工代表进行平等协商。要坚持把工资集体协商作为推行集体合同制度的重要内容，推进“工资集体协商试行办法”和《阳泉市非国有企业工资集体协商试行办法》的认真贯彻落实。同时，要在所有企业特别是非公有制企业中积极推行工资集体协商机制、工资预留制、欠薪报告制三项制度。

（九）积极推进工会与劳动保障行政部门、企业代表组织三方协调机制的建设。各级党委要支持工会发挥协调劳动关系的积极作用，建立三方协商机制，共同研究解决劳动关系方面的重大问题。要建立起工会劳动保障法律监督制度，发挥企业工会劳动保障法律监督组织的作用，把监督检查机制同履行机制延伸至乡镇一级，形成多层次的三方协商机制。

（十）支持工会依照法律规定通过职工代表大会或者其他形式，组织职工参与本单位的民主决策、民主管理和民主监督。各级党委要在实践中不断加强和完善职工代表大会这一保障职工政治地位和民主权利的民主制度，推动这一制度在各类企业的建立和完善。企业的重大决策、改革方案、重要规章制度、企业破产重组方案、下岗分流方案、集体合同文本等涉及职工切身利益的重大事项，都要提交职代会审议和通过，并在落实过程中自觉接受职工代表的巡察和质询，企业业务招待费使用情况和企业领导干部廉洁自律情况，要向职代会报告；职代会民主评议、民主监督企业领导干部要形成制度。各级党委和组织部门要把评议结果作为领导干部奖惩任免的重要依据，凡多数职工群众不信任的干部不得任用。要积极推动非公有制企业的职工民主管理，逐步建立职代会、平等协商会、民主恳谈会、民主评议会和企务公开等“四会一公开”制度，保障职工的主人翁地位和民主权利不受侵犯。

（十一）切实推进企务公开责任定位制度的落实。企务公开是企业民主决策、民主管理、民主监督的重要形式，是建立现代企业制度，依靠职工办好企业的内在要求，是促进党风廉政建设的有力手段。各级党委、政府及有关部门和工会组织，要认真落实中办、国办《关于在国有企业、集体企业及其控股企业深入实行厂务公开制度的通知》和阳发〔1999〕19 号、〔2001〕12 号文件精神，明确目标，强化责任，有组织、有计划、有步骤地推动企业公开工作深入健康发展。纪检监察部门要作为牵头单位加强对企务公开工作的领导和督查，推动企务公开工作的深入开展；党委组织部门要把推行企务公开作为企业党建工作的重要内容，经贸委要把推行企务公开与加强企业管理和建立现代企业制度有机结合起来，切实加以推进；各级工会要积极主动地承担起推行企务公开（校务公开、院务公开）的日常监督检查工作，并以此促进企业民主管理和工会工作。

四、切实为职工群众办实事，努力维护职工队伍和社会政治稳定

（十二）支持工会深入开展送温暖活动。对困难职工开展以“赠送再就业工具”为主要内容的送温暖活动，是贯彻落实“三个代表”重要思想的生动体现和具体实践。各级党委要切实加强对这项工作的领导，积极为工会开展送温暖活动创造条件。各级各部门要认真执行阳政办发〔2001〕8 号文件精神，积极为困难职工群体改善条件、落实有关下岗职工再就业，特别是要支持工会积极协助政府有关部门把符合条件的特困职工全部纳入“低保”范围。要认真贯彻落实全国再就业工作会议精神，尽快成立我区特困职工援助中心，确保我区政治、经济、社会稳定。同时，要进一步建立健全各级工会劳动关系预警机制，畅通信息渠道，及时反映职工的呼声和要求。要支持工会把解决职工的实际问题同做好职工思想政治工作结合起来，切实为职工群众办实事、办好事，努力维护职工队伍和社会政治稳定。

（十三）支持工会努力维护职工的劳动安全、卫生权利。各级党委要坚持贯彻“安全第一、预防为主、群防群治、依法监督”的方针，支持工会监督企业执行国家有关劳动安全、卫生的法律法规和政策措施，以及阳办发〔2001〕77 号文件精神的落实。工会要依法对新建、扩建企业和技术改造工程进行“三同时”监督检查，参加职工因工伤亡事故和其他严重危害职工健康问题的调查处理，对企业生产存在安全隐患，有权提出处理意见。要积极宣传、认真执行《劳

动法》《工会法》《职业病防治法》《安全生产法》和工会劳动保护三个条例，将认识统一到“维护职工的合法权益，首先必须确保职工的生命安全”上，以推广安全生产检查表和有毒有害化学物质信息卡为载体，加强职工安全生产教育，增强职工安全生产意识、自我保护意识和遵章守纪意识。要在全区逐步建立健全劳动安全卫生监督检查体系，更好地发挥群众性监督检查网络的作用。

五、进一步加强工会自身建设

（十四）切实加强工会组织建设。各级党委要把工会建设作为党建的一项重要内容，切实抓好各级工会组织的自身建设。要加强区、乡（镇）工会领导机关的建设，并支持他们抓好新建、改制企业工会组织的组建、重建和整顿工作。要按照“哪里有职工，哪里就必须建立工会组织”的原则，做好新建企业工会组建工作，并坚持在组建工会的同时组建企业女职工组织。要坚决杜绝和纠正在企业改制过程中随意撤并工会组织的现象。各级党委、政府以及劳动、经贸、工商、城建等部门，要积极支持工会加大外埠施工企业工会、村级工会联合会和区域性工会联合会的组建力度，努力提高组建率，扩大覆盖率，增加入会率，最大限度地把广大职工组织到工会中来。要加强产业工会、私营企业工会联合会的建设，支持他们依法开展工作。要重视各级工会特别是新建企业工会作用的发挥，继续深入开展创建“职工之家”活动，充分发挥工会在协调稳定劳动关系，维护职工合法权益，保障职工民主权利，促进企业经济发展中的积极作用。

（十五）加强工会领导班子建设。各级党委要高度重视各级工会领导班子的建设，帮助和指导工会组建一个团结、务实、高效、廉洁的领导班子，特别是配好配强一把手。要按照干部“四化”标准和德才兼备的原则，选配政治素质好、工作能力强、热爱工会工作和职工信赖的干部从事工会工作，不能把工会当作照顾安置干部的地方。要认真落实中发〔1989〕12 号、晋发〔1994〕10 号、阳发〔2002〕36 号文件精神，切实加强工会班子建设。要纠正基层工会干部兼职过多的现象，各乡镇工委必须配备一名专职工会干部，大中型企业有条件的情况下要设专职工会主席，并保持相对稳定。工会主席、副主席任期未到的，不得随意调动其工作；非经会员大会全体会员或者会员代表大会全体代表过半数通过，不得随意罢免。要坚持党管干部的原则，支持工会做好协助管理工会干部的工作。在工会领导班子的配备上，由上一级工会协助同级党委考察、协商确定候选人，经工会法定程序民主选举产生。

（十六）加强工会干部队伍建设。在新的形势下，贯彻落实“三个代表”重要思想，切实履行维护职工合法权益的基本职责，对工会干部素质提出了更高的要求。各级党委要不断加强对工会干部的思想教育和培训工作，组织工会干部认真学习毛泽东、邓小平和江泽民关于工人阶级和工会工作的理论，认真学习党的十六大精神，学习社会主义市场经济的基本知识及相关法律、法规，学习现代科技与管理知识，努力提高广大工会干部的思想素质、政策水平和工作能力。要认真贯彻落实党的十六大精神，要把工会干部的培养、选拔和交流纳入干部队伍建设的整体规划，改变工会干部流动慢、队伍缺乏活力的状况，组织部门在年度考核干部的同时，加强工会干部的考核，及时向党委提出选拔和交流工会干部的具体意见。要关心工会干部的思想、工作和生活，积极帮助他们解决工作上、生活上的困难和问题。

（十七）支持工会依法收缴好工会经费，保持工会经费和财产的统一和完整。工会经费主要用于为职工服务和工会活动，是工会生存和发展的经济基础。各级党政要采取有力措施，认真贯彻落实阳郊办发〔2002〕21号《关于转发〈区总工会关于进一步加强工会工作依法收缴工会经费的通知〉的通知》，积极帮助工会抓好经费的收缴、管理和使用。区、乡两级由财政拨款的行政、事业单位，其工会经费由财政直接划拨给区总工会；企业单位工会经费的收缴，要按比例足额拨缴，上解上级经费由区国税局代征。要重视和发挥工会经费审查委员会的作用，加强对企业工会经费拨缴情况的重点审计监督，凡建立工会组织的单位，都要按时足额按缴工会经费。工会的财产、房产经费和政府行政拨给工会使用的不动产，任何组织和个人不得借机构改革、企业改革之名随意侵占、挪用和任意调拨。企业、事业单位无正当理由拖延或者拒不缴纳工会经费，可由人民法院强制执行。

六、切实加强和改善党对工会工作的领导

（十八）建立健全党委对工会工作的领导制度。加强和改善党对工会工作的领导，是做好工会工作的根本保证。各级党委要坚持党委主要负责同志分管工会工作制度。要把工会工作列入重要议事日程，建立党委定期专题研究工会的工作制度，各级党委每年至少要听取一次同级工会工作的全面汇报。对工会工作遇到的重要问题要及时研究解决。根据各个时期的中心工作向工会提出明确的任务和要求，不定期进行检查和考核。要依照《工会法》和《工会章程》的规定，支持工会独立自主地开展工作，发挥工会在管理国家社会事务中的民主参与和民主监督作用。

（十九）要建立和坚持各级政府（行政）与同级工会的联席会议制度。联席会议是加强政府与工会相互联系的主要形式。各级政府要尽快建立与各级工会的联席会议制度，协商研究解决当前重要的问题，并逐步使之规范化、制度化。联席会议原则上每年举行一至两次，如遇紧急和重要问题，经过商议可随时举行。

（二十）努力为工会工作营造良好的社会环境。各级党委要积极协调工会与行政组织的关系，帮助工会解决工作中的实际问题。各级党委、政府在制定国民经济计划、出台涉及职工劳动工资、生活福利、生活保障等政策规定时，要吸收工会作为成员参加专门机构，尊重工会的意见建议。对工会开展的重要工作和重大活动，各级党委和政府要高度重视，并给予人力、财力上的支持。人大、政协也要从执法检查、民主协商、民主监督等方面帮助和支持工会开展工作。

2002年12月30日

阳泉市郊区人民政府
关于开展特困职工援助工作的实施意见

阳郊政发〔2002〕69号

各乡镇人民政府，区直各单位、各部门：

为了认真贯彻全国再就业工作会议的精神，深入实践“三个代表”要求，切实帮助特困职工解决实际生活困难，创新我区服务特困职工的救助机制，维护我区改革、发展、稳定的大局，根据省委、省政府以及市委、市政府的工作部署，结合省、市总工会的要求，区总工会建议，成立阳泉市郊区特困职工援助中心（以下简称援助中心）。为了加强特困职工援助工作，切实保证援助中心顺利运转，特提出如下实施意见：

一、援助中心的基本职责

援助中心对特困职工担负就业帮助、生活救助、法律援助和信访接待四项职能。党政相应的职能部门：区经贸局、区民政局、区财政局、区劳动和社会保障局、区总工会、区教育局、区城环局、区交通局、区卫生局、区法院、区司法局、区地税局、区国税局、区工商局、区信访局等部门和单位是履行这四项职能的主渠道，发挥主导作用。援助中心立足于“党政所望，职工所需”的目的，充分发挥“拾遗补阙，救急济危，直面职工，快捷服务”的作用，在“三条保障线”之外再构筑一道补充保障线，为面临特殊困难的职工提供救助服务。

二、援助中心的援助对象

援助中心援助的对象主要是破产企业、停产半停产企业、特困企业中，在就业、生活、就医、子女上学等方面遇到困难的特困职工。

具体援助对象的确认，应在特困职工本人申请，并填写特困职工援助登记表，经职工单位行政、工会层层审查把关的基础上，援助中心召集相关成员单位调查、审核确认后，由援助中心给予一次性资金或物资救助。

三、援助中心的援助内容及办法

（一）就业帮助

1. 进一步完善职业介绍机构，为特困职工免费提供就业咨询和职业介绍服务。

2. 建立健全全区各类企业用工信息库，禁止私雇乱招，严格规范企业的用工行为。未经劳动保障行政部门批准，各级报刊、电视、广播等大众传播媒介，不得发布招工广告。

3. 凡新开办的企业，要优先招用具备条件的特困职工及子女就业。对使用外来劳动力较多的国有企业，不允许安排新的职工下岗和裁员，同时要优先解决好本企业具备条件的特困职工及子女就业。

4. 要优先帮助停产企业、破产企业、区级以上特困劳动模范、享受政府津贴的特困专业人员实现再就业，无法实现再就业的，企业应按本地最低工资标准发放生活费，企业无力支付的，由主管部门或财政帮助解决。

5. 以区再就业培训中心为基地，根据特困职工自身特点和社会需求，突出培训的实用性和有效性，强化职业技能培训。

6. 进一步拓宽解困工程再就业岗位，鼓励特困职工从事个体经营工作。凡领取解困工程再就业工具者、并持有郊区总工会认定颁发的阳泉市郊区特困职工证的特困职工，均应享受下岗职工有关优惠政策。国税、地税、工商、行政执法等部门，在税收、工商管理以及其他行政收费方面应给予减免。各有关部门要认真贯彻全国再就业工作会议精神，有关促进再就业的新的政策出台之后，要积极予以落实，努力为下岗及特困职工再就业创造良好的外部环境。就业帮助工作由区劳动和社会保障局、区国税局、区地税局、区工商局等部门负责落实。

（二）生活救助

1. 符合下列条件的特困职工，可以向援助中心申请援助：

（1）因家庭遭遇意外灾害而导致生活难以为继的；

（2）因患大病又未参加基本医疗保险统筹导致生活难以为继的；

（3）因生活极度困难造成子女难以上学的；

（4）面临特殊生活的区级以上劳动模范、享受政府津贴的特殊专业人员。

2. 生活救助的主要措施

（1）多层次解决特困职工医疗救助问题。①大力兴办乡村帮困济贫医院，就近为特困职工提供方便、快捷、低廉的医疗服务；②卫生部门要采取科技、卫生、文化“三下乡”的做法，组织各级医院深入特困职工中去，开展义诊活动；设立扶贫病房，对特困职工实行医疗费优惠照顾，最大限度地降低特困职工的医疗费用负担；③因患大病又未参加基本医疗保险统筹的特困职工，卫生部门应给予一定的医疗费用减免。

（特困职工医疗救助的具体办法由区卫生局制定落实）

（2）多渠道解决特困职工子女上学难问题。凡援助对象的特困职工子女属于九年义务教育的，应就近接受义务教育，并实行免收杂费以及学生课外活动费等优惠政策，帮助其完成九年义务教育。属于国家计划内录取的大、中专学生，应给予一定的资助金，帮助其完成学业。（特困职工子女上学救助的具体办法由区教育局制定落实）

（3）特困职工符合“低保”条件而未保的，民政部门应为其办理“低保”手续，最大限度地降低特困职工家庭的生活费用负担。

（4）各单位要建立“干部职工与特困职工结对子联系卡制度”，联系卡制度要有目标、有责任、有措施、有协议。做到明确帮扶对象，实施责任到人，帮扶入户到人。结对子帮扶要注重变单纯的救济式扶贫为开发式扶贫，强化特困职工的“造血”功能。

（5）对确需给予资金或物质资助的特困职工，援助中心给予一次性救助。

（6）各单位应建立健全特困职工档案，并实行动态化管理，做到对特困职工生活情况了如指掌。

生活救助工作由区总工会、区劳动和社会保障局、区民政局、区财政局、区卫生局、区教育局负责落实。

（三）法律援助

1. 法律援助的对象

主要指合法权益受到侵害的特困职工，由法律服务机构提供免费法律援助服务。如司法机构免费咨询和代理案件，劳动仲裁机构或法院免费受理案件。

2. 法律援助的范围

（1）因下岗、裁员、失业等问题发生劳动争议，请求援助的特困职工；

（2）因工资、福利、养老金、最低生活保障金、抚恤金、医疗待遇、工伤待遇、劳动保护等问题发生劳动争议，请求援助的特困职工；

（3）因履行劳动合同发生纠纷，请求援助的特困职工；

3. 法律援助的方式

（1）解答有关法律咨询，代拟法律文书；

（2）劳动争议案件的调解代理；

（3）劳动争议案件仲裁及诉讼代理或受理；

（4）非诉讼法律事务代理；

（5）民事、行政诉讼代理或受理；

（6）由劳动争议引发的其他诉讼代理或受理；

（7）其他形式的法律服务。

法律援助工作由区司法局、区劳动和社会保障局、区法院、区总工会负责落实。

（四）信访接待

1. 接待困难职工的来信来访。

2. 信访工作要把热情服务与坚持原则相结合，把倾听意见要求与宣传政策法规相结合，把解决实际问题与做好思想疏导相结合。

3. 与相关部门和单位建立信访联系、通报、督办制度，对报送、转办的信访事项要协调督促，跟踪办理，做到件件有答复，事事有回音，

4. 对信访办理情况进行登记，归档管理，对职工反映的热点、难点问题进行定期综合分析、上报。

5. 严格执行信访条例有关规定，对职工的检举和控告的内容保守秘密。

信访接待工作由区信访局和区总工会负责。

四、援助中心的基金筹集和管理

区援助中心要建立援助基金，为开展各项援助工作提供物质保障。每年度援助基金主要通过以下途径筹集：

1. 区财政每年筹集 8 万元；

2. 区劳动和社会保障局每年筹集 3 万元；

3. 区民政局每年筹集 3 万元；

4. 区总工会每年筹集 3 万元；

5. 社会筹集一部分。筹集对象包括：

（1）党政机关、事业单位、人民团体、驻地单位；（2）动员各类经济组织的从业人员、社会各界、友好人士自愿捐资；（3）动员先富起来或比较富裕的群体自愿捐资，用爱心支配财富，各尽所能援助困难职工；（4）动员党政机关、企事业单位、人民团体、驻地单位进行

单位捐资。

援助中心要建立援助基金专户，并制定严格规范的援助基金管理制度和使用办法，专款专用，杜绝各种违规违纪行为。（援助基金管理制度和使用办法另行制定）

五、援助中心的组织领导

为了切实加强对援助中心工作的组织领导，提高工作效率，建议区政府成立阳泉市郊区特困职工援助工作领导组。

组　长：要宜为（区政府副区长）

副组长：郭善祥（区总工会常务副主席）

卢忠龄（区劳动和社会保障局局长）

王奎明（区民政局局长）

成　员：冯可元（区经贸局副局长）

荆保平（区教育局副局长）

史润福（区民政局副局长）

高洪秀（区财政局副局长）

宋晓栋（区劳动和社会保障局副局长）

白子斌（区交通局副局长）

杜俊德（区卫生局副局长）

史先玲（区法院副院长）

齐敏芝（区司法局副局长）

郭凤莲（区总工会副主席）

王世利（区城环局副局长）

吴凤鸣（区国税局副局长）

董吉文（区地税局副局长）

靳致洪（区工商局副局长）

任米存（区信访局副局长）

领导组负责研究解决援助中心工作中遇到的重大问题和重要事项，进行统一协调和决策。领导组下设办公室，建议办公室设在区总工会，办公室主任由区总工会副主席郭凤莲兼任，办公室在领导组的领导下，负责援助中心各项日常工作、援助中心具体设信访接待部、生活救助部、法律援助部，就业帮助部，中心暂定工作人员 3 人，援助中心办公场地由区总工会负责提供。

为了切实做好全区特困职工援助工作，区特困职工援助中心成立之后，援助中心的各组成部门要尽快拿出具体办法和实施意见，并按照各自的职能归口办理，对所属单位特困职工履行各项援助职能，并要发挥好解决特困职工生活困难的主渠道作用，把好各自的救助防线，做到该管的一定要管好，该救助的一定要救助到位，确保每一名特困职工都能得到援助。

二〇〇二年十二月十日

中共阳泉市郊区区委办公室
阳泉市郊区人民政府办公室
关于转发《区总工会关于进一步加强工会工作依法收缴工会经费的通知》的通知

阳郊办发〔2002〕21 号

各乡镇党委、政府，区直各部门、各单位：

为了保证工会经费收缴工作的正确履行，切实使工会组织发挥党联系职工群众的桥梁和纽带作用，现将《区总工会关于进一步加强工会工作依法收缴工会经费的通知》转发给你们，望你们结合阳郊工发〔2002〕16 号《关于工会财务管理的办法》（已下发）的文件精神认真执行。

二〇〇二年五月十三日

阳泉市郊区总工会
关于进一步加强工会工作依法收缴工会经费的通知

工会是工人阶级的群众组织，是党联系职工群众的桥梁和纽带，是职工群众利益的代表者和维护者。近年来，随着改革开放的继续深化，市场经济体制的逐步建立和完善，以及社会经济成分的多元化，组织形式，劳动者利益分配的多样化，就业形式的多渠道，使劳动关系变的更加复杂。因此，工会组织作为职工利益的代表者和维护者的职责更加重大，地位更加鲜明，作用更加突出。工会经费作为保证各项工作顺利开展的物质基础就显得尤为重要。面对新形势下工会经费收缴工作的新情况、新问题，工会工作的创新和改革势在必行。

针对我区工会组织点多、面广、线长的实际以及工会人员少、任务重的特点，依据《中华人民共和国工会法》和工会章程之规定及尉健行主席提出的“哪里有职工，哪里就必须组建工会组织”，企业要依法组建工会并按比例、提缴工会经费，维护工会和职工的合法权益的指示精神，并依照市总工会、市财政局关于机关事业单位实行经费代扣的办法通知以及区总工会与区财政局联合下发工发 61 号，财字 16 号文件通知精神，区总工会决定委托区国税局对全区企业工会经费进行收缴，在区国税局收费大厅建立收取工会经费的专柜，实行专人、专管、专票、专户。

收缴比例、时间：工会经费的提取应按照《工会法》第四十二条执行，收缴时间从 2001 年 1 月启缴，经费分成比例为基层用 50%，上解上级 50%（包括乡镇工委 10%）。对未组建工会组织又提取工会经费的按郊区总工会、阳郊工发〔2002〕10 号文件精神全部解缴，作为建会储备基金，调剂全区使用。对违反区工会关于工会财务管理的办法和本规定者，依照中华人民共和国《工会法》第五章第四十三条执行。工会经费的使用应当依法接受国家的监督。

为了保证各级工会各项工作有效开展，充分发挥工会组织的桥梁和纽带作用，体现依法治会、开门办会、以德兴会的工会组织特点，要求各级工会组织要站在讲政治的高度认真对待和做好此项工作。

行政部门、企业单位要大力支持工会会费收缴工作，正确处理局部和全局，眼前与长远的利益关系，真正把江总书记“三个代表”重要思想和工会“三服务”落实到位，为企业发展营造一个良好的政治环境，促进全区工会工作再上新台阶。

阳泉市郊区人民政府办公室
关于印发《郊区人民政府与郊区总工会联席会议制度》的通知

阳郊政办发〔2002〕49号

各乡镇人民政府，区直各单位、各部门：

现将《郊区人民政府与郊区总工会联席会议制度》印发给你们，请认真贯彻执行。

二〇〇二年十二月三日

郊区人民政府与郊区总工会联席会议制度

第一条 为了加强政府与工会的相互联系，充分发挥工会民主参与、民主监督和社会调节作用，努力推进社会主义民主政治建设，推进政府决策的民主化和科学化，特制定本制度。

第二条 联席会议是加强区政府与区总工会相互联系的主要形式。联席会议原则上每年举行1—2次，如遇紧急和重要问题，经过提前协商可随时举行。

第三条 联席会议由区政府通报需要职工群众了解、区总工会积极协助贯彻实施的有关政策、法规和重要工作部署；通报解决影响职工队伍及社会稳定问题的方针、原则与办法。由区总工会通报围绕企业改革和经济发展，开展群众性经济技术活动的重要部署及其成效；通报围绕精神文明建设，在加强思想政治工作，提高职工素质方面采取的重大举措和效果；通报掌握的社会安定和职工队伍稳定方面的突出问题及工会组织所做的工作。

第四条 根据党和国家的方针政策和国家法律规定，在有利于维护政府权威、维护职工利益和政治权利、履行工会社会职能的原则下，从我区实际情况出发，研究解决在改革发展中有关劳动就业，工资分配、社会保障、生活福利和其他职工群众普遍关心的问题。

第五条 联席会议的议题，由区政府和区总工会共同商议确定。

第六条 区长或副区长和区总工会主席出席会议并决定协商事项。其他出席联席会议的人员，根据每次会议的具体内容确定。由与议题有关的区政府有关单位负责同志、区总工会副主席及部门负责同志参加会议。区长或副区长主持会议。

第七条 联席会议确定的事项，要形成会议纪要。会议纪要由区政府办公室签发，区总工会会签。区政府有关单位和区总工会应认真贯彻落实，区政府办公室、区总工会办公室分别负责督促检查。落实结果要在下次联席会议上予以通报。

第八条 联席会议视情况可邀请劳动模范、职工代表、基层工会干部、新闻记者旁听，并根据需要经过审核发布新闻。

第九条 联席会议的有关会务筹备安排事项，由区政府办公室和区总工会办公室共同承办。

第十条 各乡镇人民政府、区直各局（公司）都要与同级工会建立联席会议制度。

第十一条 本制度自颁发之日起施行。

中共阳泉市郊区区委办公室
阳泉市郊区人民政府办公室
关于印发《阳泉市郊区劳动模范管理办法》的通知

阳郊办发〔2008〕77号

各乡镇党委、政府、区直各部门：

劳动模范是社会主义物质文明、政治文明、精神文明建设中涌现出来的先进典型和杰出代表，是党和国家的政治优势，是民族的精英、国家的脊梁、社会的中坚、人民的楷模。各级党委和政府要站在贯彻“三个代表”重要思想的高度重视劳动模范的管理工作，关心劳动模范的工作、生活和学习，宣传劳动模范的先进事迹，弘扬劳动模范的时代精神，在全社会形成劳动光荣、知识崇高、人才宝贵、创造伟大的时代新风，使尊重劳动、尊重知识、尊重人才、尊重创造成为广大人民群众的共识和自觉行动，激励和带动全区人民加快全面建设小康社会进程。

《阳泉市郊区劳动模范管理办法》已经区委、区政府同意，现印发给你们，请遵照执行。

二〇〇八年十一月二十日

阳泉市郊区劳动模范管理办法

第一章 总 则

第一条 为了规范和加强全区劳动模范管理工作，更好地发挥好劳动模范在社会主义物质文明、政治文明、精神文明建设中的模范带头作用，根据省、市劳动模范管理办法的规定，结合我区实际，制定本办法。

第二条 本办法所称劳动模范，是指在全区社会主义物质文明、政治文明和精神文明建设中做出突出贡献的，经区劳动竞赛委员会、区总工会评选推荐的，并以区委、区政府名义命名表彰的劳动模范和模范单位（集体）。

第三条 阳泉市郊区劳动模范管理工作在区委、区政府的领导下，由区劳动竞赛委员会具体负责，区劳动竞赛委员会办公室设在区总工会。

第四条 各乡镇、各单位要加强对劳动模范管理工作的领导，工会组织要做好劳动模范的评选、表彰、宣传以及日常管理工作，维护劳动模范的合法权益。

第二章　评选原则和程序

第五条　区级劳动模范的评选工作，必须坚持公开、公平、公正和群众公认的原则，由群众充分讨论、民主推荐，要坚持先进标准，突出时代精神，区级劳动模范一般从各乡镇、各单位的先进集体和模范个人中产生；市级以上劳动模范一般从区级劳动模范中推荐产生；特殊情况下可由基层民主推荐，区劳动竞赛委员会审查，报区委、区政府审定后向上推荐。

第六条 被推荐的模范单位（集体）和劳动模范，必须经本人所在单位工会（村委会）推荐，职工代表大会或职工大会（村民代表大会或村民大会）讨论通过，各级工会、劳动竞赛委员会审查，各级党委、政府（行政）研究同意。

第三章　命名表彰

第七条　区级劳动模范表彰大会每年举行一次。因特殊情况需要表彰时，由区劳动竞赛委员会，区总工会提出意见，报区委、区政府审定。

第八条 劳模大会表彰命名的称号，由区劳动竞赛委员会提出，报区委、区政府审定。

第九条 各种荣誉称号，以区委、区政府名义授予。

第十条 区劳动模范表彰大会和劳动模范日常管理经费由区财政核拨。

第四章　奖励和待遇

第十条　区劳动模范的奖励和待遇坚持精神鼓励与物质奖励相结合的原则，除命名表彰时给予一次性奖励外，还应在政治和物质生活方面享受相应的待遇。

第十一条　未按本办法第二条规定评选的各个部门（系统），各条战线，各种类型的先进集体和个人，不享受本办法规定的劳模待遇。

第十二条　区劳动模范从命名之月起到下次劳动模范大会召开前，一年可享受一次身体健康检查，费用由所在单位负担。

第十三条　市以上劳动模范的荣誉津贴，按照山西省和阳泉市劳动模范管理办法有关规定执行。区劳动竞赛委员会、区总工会每年作出预算报区财政审核拨付，由区劳动竞赛委员会负责管理发放。（市劳模大会每 3 年举行一次，其荣誉津贴为每月 60 元；省劳模大会每 3 年举行一次，劳动模范的荣誉津贴为每月 80 元；特级劳动模范为每月 100 元；全国劳动模范表彰大会每 5 年举行一次，劳模津贴为每月 120 元，时间以 5 年为限）。

同时具备两级以上荣誉称号的，只享受最高一级荣誉津贴。

第十四条　区竞赛委员会办公室、区工会原则上每年要组织市以上劳动模范进行一次健康体检，体检费用由区政府拨付。

第十五条　2007 年（不含）以前的全国、省、市、区劳动模范，其所在单位可根据实际情况给予一次性补贴。

第十六条　从 2007 年起，荣获国家、省、市、区模范单位（集体）荣誉称号的，本单位可给予全部职工一次性奖励。

第十七条　生活特别困难的区以上劳动模范（包括已离退休的劳动模范）其所在单位应视情况确定，每年发给一定数额的困难补助。确因财力困难无法解决的单位，要逐级上报乡（镇）、主管单位、区劳动竞赛委员会办公室、区工会并作出专项预算，报同级财政审核拨付。补助情况要报区劳动竞赛委员会。

困难劳模的具体补助标准，按省劳动竞赛委员会制定的标准执行。各乡镇、各单位一定要做好困难劳模摸底排查工作，做到不漏报，不错报。对困难劳模的确定要做到标准、程序、结果“三公开”。

第十八条 各级党委、政府及工会组织要定期不定期地对离退休劳动模范进行看望慰问，及时解决他们的生活困难。同时要定期组织劳动模范进行体检，有条件的要安排他们进行疗（休）养，疗（休）养期间的各项福利待遇不变。

第十九条 区以上劳动模范在晋级、晋职评定职称时应优先考虑。

第二十条 有条件的机关、团体、企事业单位要为市以上劳动模范办理补充养老保险。

第五章 日常管理

第二十一条 各级劳动竞赛委员会、工会要建立健全区以上劳动模范档案资料，及时掌握他们的动态情况。劳模工作变动、劳动档案随人事档案移交调入单位。区以上劳模工作变动、晋升、离退休、去世、要逐级上报至区劳动竞赛委员会办公室备案，区劳动竞赛委员会要将情况送市劳动竞赛委员会办公室备案。

第二十二条 各级要加大对模范集体和劳动模范的宣传报道，特别要充分利用新闻媒体的作用，在全区形成学赶劳模，争当先进的良好社会氛围。

第二十三条 要有计划、有组织地组织劳模进行学习深造、不断提高劳模的思想道德素质和文化技术素质，发挥好劳模的骨干带头作用。

第二十四条 认真做好劳模的来信来访工作，热情帮助劳模解决工作和生活中遇到的困难和问题。

第二十五条 依法维护劳动模范的合法权益。对歧视、压制、打击报复劳动模范的行为，所在单位或上级主管单位要给予批评和制止，情节严重的给予行政处分，构成犯罪的，依法追究刑事责任。

第二十六条 区劳动模范有下列情况之一者，取消其荣誉称号。

（一）主要事迹是伪造的；

（二）受到行政撤职，开除公职和留党察看及以上处分的；

（三）触犯刑律的。

第二十七条 区模范单位由下列情况之一者，取消其荣誉称号；

（一）主要事迹是伪造的；

（二）随意撤销工会组织，无故拖欠职工工资，侵害职工合法权益的；

（三）触犯刑律的。

第二十八条 取消劳模称号，应按劳动模范评选程序，逐级申报，由区劳动竞赛委员会审核，报区委、区政府批准后收回证书、证章，取消其相应的待遇。

第六章 附 则

第二十九条 各乡镇、各单位可参照本办法，制定本乡镇、本单位的劳模管理办法。

第三十条 本办法由区劳动竞赛委员会负责解释。

第三十一条 本办法自下发之日起执行。

中共阳泉市郊区区委办公室
关于印发《郊区总工会改革实施方案》的通知

阳郊办发〔2017〕81号

各乡镇党委，区委各部、委、局、室，区直各系统党（工）委，各党组，各党（总）支部：

《郊区总工会改革实施方案》已经区委同意，现印发给你们，请结合实际认真贯彻落实。

中共阳泉市郊区区委办公室
2017年11月27日

郊区总工会改革实施方案

根据中央和省、市、区委党的群团工作会议精神，全面落实《中共阳泉市郊区委关于加强和改进党的群团工作的实施办法》和《阳泉市总工会改革实施方案》，并借鉴试点单位的做法和经验，结合郊区总工会工作实际，制定本实施方案。

一、总体要求

（一）目标要求

以习近平总书记重要讲话精神为指引，以中央党的群团工作会议精神为指导，根据省、市总工会改革实施方案精神要求，改革工会组织体制、管理模式、运行机制和活动方式，以更好地保持工会组织的政治性、先进性、群众性的基本特征；更有效的解决“机关化、行政化、贵族化、娱乐化”问题；更充分的发挥党联系职工群众的桥梁纽带作用、国家政权的重要社会支柱作用和职工利益的代表者维护者作用，把全区各级工会组织建设得更加充满活力、更加坚强有力，团结动员广大职工群众为郊区走好“转型升级、新型城镇化、基层社会治理创新”三条路建功立业。

（二）基本原则

坚持党的领导。坚定不移走中国特色社会主义工会发展道路，在思想上政治上行动上始终与以习近平同志为核心的党中央保持高度一致，切实担负起引导职工群众听党话、跟党走的政治任务，把服务大局与服务职工有机结合起来，把党的意志和主张转化为职工群众的自觉行动，把党对职工群众的关怀落实到工会各项工作中。

遵循法治路径。把《中华人民共和国工会法》《中国工会章程》和《山西省实施〈中华人民共和国工会法〉办法》等法律法规作为推进郊区总工会改革创新的基本依据，确保工会改革始终在法治轨道上有序推进。

突出问题导向。从工会组织最薄弱的短板入手，从职工群众反映最强烈的问题改起，重点针对工会领导机构代表性不够广泛、机关机构设置不够合理、工作方式自我封闭、联系职工不够紧密、服务资源落地不实、干部能力不相适应、工作载体相对陈旧等问题，采取有力改革举措，明确重点、突破难点，对症下药、标本兼治，坚持立行立改，务求解决问题。

着力开拓创新。解放思想、更新观念，主动适应互联网发展时代的新要求、职工队伍发展的新趋势和经济社会组织发展的新变化，扩大工会组织对新领域新阶层新群体的有效覆盖，探索新常态下工会工作新规律，探索具有针对性、前瞻性、突破性的工作思路和工作方法，破解制约工会工作创新发展的制度性障碍，为推动郊区工会工作再上新台阶提供动力。

二、改革措施

（一）完善工会组织体系

把握工会工作的政治方向，创新基层工会组织形式，动员职工依照工会法和工会章程组建和参加工会，最大限度地把包括农民工、劳务派遣工在内的广大职工组织到工会中来。

1. 改进领导机构运行机制。扩大工会代表大会代表参与渠道。建立全区工会代表大会代表联络机制，积极探索推进基层工会会员代表大会代表常任制，推行会员代表履职常态化。建立全委会委员议事建言机制。建立委员提交提案制度，每位委员在任期内要结合自己所在行业和熟悉领域的工会工作提出提案，更好地代表和反映职工群众意见。常委会要真正议事决策，研究决定区总工会年度工作目标任务、重大工作部署，审议全委会工作报告等，建立向职工征求意见、邀请专业人士列席会议等制度，强化常委会决策的科学化、民主化水平。

2. 改革区总工会机构设置。按照“优化综合部门、整合业务部门、强化服务部门”的原则，突出服务基层、引导群众和网上工作等方面的职能，改革区总工会机关机构设置，形成重点明确、职责清晰、面向基层、运转高效的机关机构新格局。

（1）郊区总工会领导职数设置。区总工会要按期换届。郊区总工会设主席一名、常务副主席一名、副主席两名。区总工会主席按区级副职级别配备；常务副主席按部门正职级别配备、副主席按单位副职级别配备。区总工会设立党组，党组书记由常务副主席担任。两名副主席中应配备一名女性副主席，这样即可优化班子的性别结构，也可兼任女职工委员会主任和经费审查委员会主任。增设二名兼职副主席、一名挂职副主席。兼、挂职副主席不列入编制。

（2）内设机构。为适应新时期工会工作，把原来9部一室的内设机构整合为办公室、网络信息宣传部、组织人事女工部、法律生活保障部、财务资产管理部、经济技术劳保部5部1室。

（3）事业单位。为拓展服务功能，扩大服务领域，将原来的“困难职工帮扶中心”，更名为职工服务中心，编制为4名。保留职工技术协会、劳动竞赛委员会办公室，编制分别为2名。

根据上述部门设置及职能划分，应重新确定区总工会及下属事业单位“三定”工作方案。

3. 强化乡镇、村、社区工会建设。各乡镇、村、社区要根据单位规模、人员多少相应建立工会组织。原则上乡镇工会主席由乡镇人大主席兼任，配备1名专职副主席，至少1名兼或专职干事。村工会主席由村党总支部、支部副书记兼任。社区参照村工会进行组建。

4. 加强国有、集体企业和机关事业单位工会建设。完善国有、集体企业和机关事业单位工会组织，严格履行民主程序，依法选举工会委员会和经费审查委员会，女职工10人以上的同步建立工会女职工委员会。全面推进工会小组建设，真正实现工会组织有型覆盖和有效覆盖，实现企事业单位工会按期换届和工会主席按同级副职级别配备。

5. 加强非公企业和新领域工会组织建设。依法加快推进生产经营正常且有一定规模的非公企业、小微企业、社会组织以及服务业单位建会工作，职工人数 25 人以上的单位建立基层工会委员会，25 人以下的单位一般通过联合基层工会实现组织覆盖，逐步将工会工作延伸到经济社会发展的各个领域。切实把非公有制企业职工、农民工、劳务派遣工、科技工作者和灵活就业人员等职工群体组织到工会中来。

6. 加强会员发展和会籍管理工作。加大会员发展力度，最大限度地把广大职工组织到工会中来。切实做好农民工、劳务派遣工和农业产业工人会员发展工作。积极探索运用“网上入会”等多种形式，把各类从业人员吸纳到工会中来。推进会员管理工作制度化、规范化、信息化，健全会员档案，做好会员登记和会员证发放工作，实行会员实名制管理，通过举行职工入会仪式等形式增强会员意识。会员组织关系随劳动关系流动，完善“源头入会、凭证接转、属地管理”机制，理顺会员组织关系接转渠道。

（二）优化工会人员配备

切实提高工会组织的广泛性、代表性，着力提升工会工作活力和水平。积极和区委组织部、区编办等部门沟通协商，按照“专兼挂并举，遴选考录并用，上下内外双向流动”的原则，为工会选拔、任用干部，真正把有能力、热爱工会工作的优秀人才充实到工会工作岗位。逐步建立区、乡和大型企业工会兼职、聘用制工会工作者和社会化工会工作者津补贴制度。建立一支政治坚定、热爱工会、作风务实、精干高效的工会干部队伍。

7. 提高工会领导机构的代表性。在各级工会组织中，要提高先进模范人物和一线职工、基层工会工作者等在工会代表大会、委员会、常委会中的比例，让更多基层一线的职工群众和有识之士参与工会工作的议事决策。

8. 改善工会领导班子结构。加强与党委组织部门的沟通协调，按照有关规定选拔、充实、优化各级工会领导班子。班子成员按照专职、兼职、挂职相结合的方式配备，增加兼挂职成员，班子成员专职比例不超过 50%。逐步提高工会班子成员的社会化程度。对区、乡镇、村（社区）工会配备兼挂职副主席，人选由同级工会党组提出建议，报同级党委审批，并报上级总工会党组备案。原则上班子中应至少有 1 名挂职成员，兼职成员中应有 1 名来自非公有制经济组织和社会组织。

班子专职成员注重从政治坚定、工作能力强的干部中选拔。班子兼职成员要从先进模范人物、基层一线代表人士、行业领域带头人、经济组织和社会组织负责人中选聘。选聘人员要具有一定议事能力和社会影响力，热爱工会工作、了解职工愿望、能够正确反映职工诉求。班子挂职成员从机关企事业单位的优秀工会、党务干部中产生，应当具有基层领导经历，不需对应干部级别，不转行政关系。

制定工会领导班子兼挂职成员工作规则。工会领导班子实行任期制，专兼职成员一般应任满一届，挂职成员工作期限一般不少于 2 年。确因工作需要调动任期未满的领导班子成员，同级党委组织部门要事先听取上级工会和同级工会党组的意见，并按照干部管理权限做好班子成员的调任工作。班子兼职成员不安排具体分工，在工作中主要履行参与决策、反映职工意愿诉求和监督工作实施的职责。班子挂职成员日常工作在总工会机关，安排具体分工。

9. 夯实工会基层基础。指导乡镇和乡镇以下工会组织做好兼挂职人员配备比例、岗位人员流动、聘用社会化工会工作者等工作，逐步解决乡镇、村、社区工会专职工作人员短缺的问题。

实施基层工会“第一副主席”工程。会同区组织部门制定相关办法，从区总工会机关选派优秀年轻干部到乡镇、社区等基层工会担任“第一副主席”，任期2年。

强化区总工会工作力量。区委组织部门、区编办要根据工会工作新情况增加区总工会工作人员编制，使区工会编制职数更加合理、专兼职人员结构更加优化；加强区总工会困难职工帮扶中心（职工服务中心），解决工作力量不足的问题。对乡镇、村（社区）、行业工会干部，采取专职干部、社会化工会工作者和兼挂职干部相结合的形式，确保基层工会“有人办事”。

10. 加强基层工会干部队伍建设。工会在同级党组织和上级工会的领导下，按照政治上靠得住、工作上有魄力、作风上过得硬、职工群众信得过的标准，充分发扬民主，严格按照民主程序选好工会主席。积极推进基层工会主席（副主席）由会员大会或者会员代表大会直接选举工作。职工200人以上的企事业单位工会，设专职工会主席或副主席，配备专职工作人员。根据实际工作需要，上级工会可以向基层工会推荐、选派工会主席候选人。加强基层工会干部培训工作，切实增强工会干部的政治意识、大局意识、服务意识和履职能力。基层工会主席上岗一年内应参加上级工会组织的培训。

11. 改进工会机关干部管理方式。会同区委组织等相关部门，不拘一格选拔工会干部。要注重从劳模、有基层一线工作经历、有群团工作经验的群体中考录、遴选工会干部，逐步建立一支专职为主、兼职与挂职相结合、志愿者为补充的工会机关干部队伍。加大配备兼职工会干部工作力度，区总工会机关要逐步配备使用兼职干部，兼职时间原则上不低于1年。制定工会工作志愿者队伍建设和管理办法，建立工会工作志愿者招募、配备、服务、评价、激励和工作保障机制，重点招募法律工作者、心理咨询师、专业社会工作者等志愿者参与工会机关工作，以提升区总工会机关服务基层、服务职工的工作能力和专业水平。

12. 建立工会干部交流机制。会同区委组织部制定实行工会干部交流制度。选派年轻工会干部下派基层工会挂职，到党政机关、企事业单位挂职锻炼，形成上下联动、内外循环的工会干部交流机制。

（三）创新工会工作方式

坚持政治性工作导向，突出先进性工作引领，树立群众性工作理念，切实改进工会工作方式，改变与职工群众的距离感，以亲和、亲近、亲为吸引职工、凝聚职工。

13. 实施工会网上工程

（1）建立网上“职工之家”。落实全国工会系统信息化发展规划，逐步搭建上下工会统一的信息网络和大数据工作平台，形成区、乡镇、村（社区）、产业工会网络平台互联互通、覆盖全区的一站式、个性化、全天候工会服务网络。

（2）打造工会网上服务平台。随着发展的需要，区总工会工作要逐步借助互联网平台，设立具有维权服务、宣传引导、教育培训、工作评价等功能的工作板块，建立线上线下工会工作联动机制，让职工群众能在网上找到工会组织、表达诉求、参加活动、享受服务，实现服务对象全覆盖、服务内容全方位、服务时间全天候。

14. 充分发挥工会“枢纽型”职能作用。充分发挥工会组织职能作用。对工作场所固定、人员相对稳定、具备建会条件的文化体育、职业介绍、技能培训、经济技术等社会组织，积极引导他们单独或联合建立工会组织；把人员场所不固定、工作分散的社会组织中的优秀人物吸纳到各级工会组织中；探索运用选派兼职的形式，支持工会干部到规模较大、影响力较强、联系职工较多的社会组织中兼职做工会工作；工会采取工作指导、购买服务等方式，引导社会组织为职工提供专业化的服务。

15. 创新工会工作机制。坚持“依靠职工群众办工会”，建立健全深化“三双”、落实会员“四权”的工作机制，开放办会、开门办会。

（1）实施“以职工为主人”的工作制度。建立工会领导机关和工会干部“六个五”工作制度。区总工会机关事业单位科级以上干部通过“五联系”，努力做到“五必访”“五必知”“五必帮”“五必促”，实现“五个在一线”。区总工会要推行“六个五”工作制度。建立工会机关干部下基层考核评价制度，推行基层联系点和联系对象评议制，评价结果作为考核评价、评先评优、推荐使用的重要依据。

（2）建立“以职工为主体”的工作制度。建立职工群众诉求定期调查制度，及时掌握职工群众思想动态和普遍问题，针对性确定工作重点。建立职工群众诉求反馈回应制度，对职工群众所需所急所盼的事及时给予帮助。建立依靠职工群众推进工作制度，活动请职工群众设计，工作请职工群众参与，劳模请职工群众推选。探索工会代表大会、全委会决定重大事项征求意见制度，充分吸纳职工群众和基层工会意见建议。

（3）推行“以职工为主角”的工作制度。组织开展以职工群众喜闻乐见、寓教于乐的各项文体活动，针对性开展职业技能培训、法律政策咨询、心理疏导等领域，满足职工个性化、多元化需求。在工会服务窗口要逐步探索实行弹性工作制、错时工作制、职工预约工作制。支持基层工会建立职工志愿者服务组织，吸引有爱心有专长的职工群众参与到工会工作、服务职工活动中来。

（4）构建“以职工为主导”的评价体系。改进工会工作考核评价体系，依托网络新媒体进行民意随机测评的形式，对工会机关和工会干部的年度目标责任考核、工作满意度测评。在基层工会推行会员代表常任制度、会务公开制度、会员评价制度、工会主席述职和民主评议制度，让职工会员更好地参与、监督工会工作。

（四）健全工会运行机制

坚持工会工作重心下沉，真心诚意为基层、为职工做好事、办实事、解难事，让职工群众有更多的获得感。

16. 完善职工维权机制。强化维护职工基本权益工作。着力从大型企业向微型企业、服务业等推进工资集体协商制度，建立健全劳动法落实监督制度和职工法律援助制度，靠法制构建和谐的劳动关系。工会要充分发挥桥梁纽带作用，积极向政府反映职工诉求、协调解决问题，保障职工合法权益。健全职工民主协商机制，推动与职工利益相关的法规政策的制定实施。积极推荐职工参选人大代表、政协委员，让一线职工更多地参与政治领域的工作。建立健全劳动关系三方机制，落实政府与工会联席会议制度。完善以职工代表大会为基本形式的企事业单位民主管理制度，在中小企业相对集中、产业集聚区域（行业）推行职代会制度。推进企务公开制度化、规范化。在公司制企业推行职工董事、职工监事制度。

17. 营造职工建功立业的环境。全区要自上而下建立对劳动模范、技术能手等职工的奖励制度和激励机制。企事业单位要广泛开展“五小”竞赛、技术创新活动。工会要积极会同各企事业单位为职工创造科研条件，定期开展技术比武、技能比赛、小发明创造评比活动。全力培养技术工匠，努力创办创新“工作室”，支持和鼓励职工通过创新创造成为技术能手、“五一劳动奖”获得者。工会联合社会各界通过宣传劳动模范、技术工匠的精神，影响和带动广大职工形成崇尚劳动、爱岗敬业的新风尚。进一步完善技术工人培养、使用的激励机制，运用创新工作室、创新示范岗位等平台，鼓励职工技术创新。强化职工思想教育、职业道德建设，把社会主义核心价值观转化为职工群众建功立业的动力源泉，形成人人创新创造的氛围。

18. 做实农民工维权和职工救助工作。做好农民工入会工作。把非公经济组织和社会组织、建筑行业、物流业、家庭服务业、农业专业合作组织、电子商务等作为重点，探讨创建新型工会组织，最大限度地把农民工吸收到工会组织中来。以“农民工有困难找工会、拿不到工资找工会”专项行动为契机，建立法律援助制度，推进劳动法的实施，从根本上解决拖欠农民工工资、违反安全生产规定等违法事件问题。逐步完善困难职工数据库，确保帮扶工作的精准性。做实春送岗位、夏送清凉、金秋助学、冬送温暖工作。

（五）强化工会综合保障

加强和改进党对工会工作的领导，坚持党的领导与依法依章程开展工会工作的有机统一，使工会工作保障更加有力。

19. 建立完善党建带工建制度。坚决贯彻落实区委和上级工会的决策部署，把工会组织建设纳入党建工作总体部署，列入年度党建工作责任制和党建工作述职的内容。认真落实主要领导外出报备制度。充分发挥群团工作联席会议作用，推动工会工作的全面实施。通过工会主要负责人列席同级党委常委会相关会议的方式，准确真实反映工会工作情况和职工诉求。切实履行全面从严治党主体责任。坚持述职述责述纪述廉制度，打造一支忠诚党的事业、竭诚服务职工群众的工会干部队伍。

20. 规范落实双重领导制度。建立区总工会与乡镇以及区直有关单位党组织协调推进工会工作制度，坚持工会受同级党委和上级工会组织双重领导体制。区总工会主动与乡镇、村、社区、企业党组织沟通协调，在工会工作重大部署、工会组织换届选举、工会领导干部配备、工会干部交流推荐等方面，积极协助区委和相关单位做好推荐考察。依法依章程加强对下级工会的领导，加大对乡镇、村、社区、企业工会的考核力度，建立健全区总工会定期听取所属基层工会工作汇报和意见建议制度，形成各级工会之间、部门与工会之间协同联动、运转有序的机制。

21. 工会经费进一步向基层倾斜。健全工会经费对下补助机制，区总工会对基层工会的经费补助实行项目管理。优化经费支出结构，加大经费向乡镇、村、社区、非驻会产（行）业和基层工会倾斜力度，把更多的经费直接用于基层工会和普通职工群众。将区工会经费全年收入的50%留在基层工会，区总工会本级集中的25%，其中的30%用于对下级工会维权、职工教育培训和职工之家建设等方面的补助，并逐步加大向基层倾斜的力度。区总工会根据省、市总工会对乡镇、村、社区500人以上的工会经费补贴标准，按1：1的比例进行配套补贴，配套补贴经费要列入区总工会预算。依法足额收缴工会经费。健全工会经费税务代收、各级财政划拨工会经费机制和财务管理制度。严格规范和管理工会经费，严格工会经费接受纪检监督与工会经费审查委员会审查审计制度。

三、组织实施

（一）加强组织领导

在区委和市总工会领导下，区总工会成立改革工作领导小组，统筹协调和组织实施区总工会机关和全区工会系统改革工作。

（二）积极稳妥实施

由区总工会制定具体实施方案，细化工作进度，明确各项改革举措的责任人。2018年6月底前，由区总工会自行落实的改革事项和由区委组织部、区编办、区人社局等相关部门支持、配合的改革事项全部完成。

加强宣传引导，深入细致做好思想政治工作，引导全区各级工会干部进一步深化认识、振奋精神、坚定信心、勇于革新，为推进工会工作改革营造良好氛围。对改革中遇到的重要问题和事项，区总工会将及时请示报告区委和市总工会，以确保工会改革工作有序推进。

上级工会文件

阳泉市总工会
关于郊区、城区、矿区等三个区工会改为区总工会的批复

阳工发〔1987〕45号

郊区、城区、矿区工会：

你们关于区工会改为区总工会的报告收悉。

经市总工会一九八七年七月十四日常委会会议研究：同意郊区、城区、矿区等三个区工会改为总工会，从批准之日起执行。

阳泉市总工会

一九八七年八月一日

阳泉市总工会
关于转发郊区批转区总工会
《关于全区乡镇企业普遍建立工会组织的实施意见》的通知

阳工发〔1993〕51号

各县、区总工会

为了加快乡镇企业组建工会的步伐，充分发挥工会在发展乡镇经济中的积极作用，现将郊区区委，区政府办公室关于批转区总工会《关于全区乡镇企业普遍建立工会组织的实施意见》的通知转发给你们，请你们结合实际，参照郊区的《实施意见》，制定加快组建乡镇企业工会的具体办法，把我市乡镇企业工会工作推向一个新阶段。

附：

①中共阳泉市郊区区委办公室，阳泉市郊区区政府办公室关于批转区总工会《关于全区乡镇企业普遍建立工会组织的实施意见》的通知；

②阳泉市郊区总工会关于全区乡镇企业普遍建立工会组织的实施意见。

阳泉市总工会

一九九三年九月二十日

阳泉市郊区总工会
关于全区乡镇企业普遍建立工会组织的实施意见

党的十一届三中全会以来，我区乡镇企业迅速崛起。到1992年底，全区共有乡镇企业4392个，从业职工68601人。从传统农业分离出来的乡镇企业职工队伍离土不离乡，进厂不进城，已成为全区改革和建设的主力军，成为工人阶级的一个重要组成部分。按照区委要求，凡具备条件的乡镇企业都要建立工会组织，年产值在百万元以上的企业必须组建工会，各乡镇相应成立工会工作委员会。为此，根据有关规定，提出如下实施意见：

一、乡镇党委政府应高度重视，切实加强领导，这是乡镇企业工会组建工作的关键所在。首先要把工会工作作为一项新内容列入党委重要议事日程，及时研究，抓在手上。其次要责成专人分管工会工作，一抓到底，常抓不懈。第三要切实加强乡镇工会工作委员会的组织建设，已建立的要通过整顿予以充实，未建立的应在近期尽快组建完毕。乡镇工会工作委员会主任由乡镇党委副书记兼任，乡镇企业管理站（或乡镇经委）一名副职担任工会工作委员会副主任，主持日常工作。第四要在整顿和健全乡镇工委的同时搞好调查摸底，拟定组建工作方案并付诸实施。

二、贯彻积极慎重稳妥的方针，严格掌握建会条件。根据上级有关规定，乡镇企业组建工会，应具备以下条件：1. 企业经主管部门批准领取营业执照，取得企业法人资格。2. 企业有固定的生产场所和生产设备，有一定的生产规模，产供销正常，经济独立核算，能坚持常年生产，经济效益良好。3. 有固定的从业人员，企业实行工资制。4. 企业行政机构和党团组织比较健全，管理制度比较完善。5. 企业领导和职工有建立工会组织的要求。要严格按照上述条件，贯彻积极慎重稳妥的方针，成熟一个组建一个。条件暂不成熟的则应积极创造条件，待条件具备之后再建。

三、要特别注重企业工会干部的选拔和配备。企业工会主席应按同级副职配备。要在认真考察，广泛听取各方面意见的基础上，选拔那些拥护党的领导，坚持基本路线，道德品质好，思想觉悟高，组织观念强，热爱工会工作，群众拥护，办事认真，责任心强，年龄一般不超过50周岁同志列为企业工会主席候选人，通过会员提名或党组织推荐的办法，提交会员大会或会员代表大会，依照法定程序，民主选举产生。

四、组建方法步骤和时间要求。区动员会后，各乡镇应立即行动，在广泛宣传充分发动的基础上，组建企业工会筹备领导组，随后进行会员登记，组织要求入会的职工填写《会员登记表》。凡确定组建工会的企业都必须提出书面申请，乡镇党委加注意见后报区总工会审批，批准后，即可召开会员大会或会员代表大会，按照民主集中制的原则，以无记名投票的表决方式，选举产生企业工会委员会和经费审查委员会。选举结果在乡镇加注意见后，再由乡镇工委统一报区总工会审批。要求在八月底前完成70%以上，力争国庆节前完成乡镇企业工会的组建任务。

五、工会经费来源、使用范围和留成上解比例。工会经费的主要来源，除了会员交纳的会费外，建立工会组织的企业应按全部工资总额的2%向工会拨交经费。工会经费的开支项目有：业余教育费、宣传活动费、文体活动费、工会建设费、困难补助费。工会经费的留成上解比例暂定为基层工会留用80%，上级乡镇工会10%，上解区以上工会10%。

六、自始至终认真搞好工会法规的学习和宣传。要集中一段时间向广大职工进行工会的性质、任务、作用以及会员的权利和义务的教育，使大家懂得工会是党领导的职工群众自愿结合的工人阶级的群众组织，是党联系群众的桥梁和纽带，是国家政权和企业行政的坚强支柱，是代表和维护职工合法权益为职工说话办事的社会团体。乡镇工委和企业工会组建以后，要按照法定职权独立自主地开展工作，坚持党的领导，坚持以经济建设为中心，在维护人民群众总体利益的同时，更好地表达和维护职工群众的合法权益。区总工会将在适当的时间分期分批对全区乡镇企业工会干部进行一次普遍轮训，以提高工会干部的素质，加强工会组织的自身建设。

一九九三年七月八日

区总工会文件

阳泉市郊区总工会
关于委托区国税局稽查分局对全区企业
收缴工会经费规定的通知

阳郊工发〔1997〕18号

各区营企业、乡镇企业、私营、外资企业工会：

为了认真执行《工会法》和中国工会章程的有关规定，进一步贯彻落实山西省实施《工会法》办法，根据全国总工会，财政部工总财字〔1992〕19号文件，山西省税收财务物价大检查办公室、山西省总工会〔1995〕晋财税检办字第4号文件精神和全国总工会、总工发〔1994〕22号《关于截留、挪用应上解工会经费处罚的暂行规定》的通知精神，严格执行工会经费的收缴管理的办法，防止不按规定任意不提、少提、漏提工会经费和截留、挪用应上解的工会经费，确保各级工会组织开展工会工作和活动的经费来源，更好地为经济建设服务，为工运事业和职工群众服务，特制定本规定。

一、为了保证工会经费的足额收缴，及时上解，经区总工会研究，通过和区国税局稽查分局协商决定，从一九九七年一月一日开始，对区营企业、乡镇企业、私营、外资合资企业应上解各级工会的经费（包括系统局、公司、乡镇工委）统一委托国税局稽查分局收缴到区总工会。

二、各企业行政要根据《工会法》按照全部职工工资总额的2%及时足额为工会拨交经费，不得出现不提、少提，漏提工会经费的现象，各级工会组织要积极配合收缴工作。

三、根据山西省总工会晋工发〔1995〕46号文件《关于乡镇企业工会经费上解比例的规定》从95年元月起统一执行，基层工会留用60%以上，区县40%，区营企业的收缴比例不变。区工会收到经费后按各单位现在执行的经费比例，及时回拨系统工会和各乡镇工委。

四、根据〔1995〕晋财税检办字4号文件精神，对九二年以来拖欠的工会经费进行一次彻底的清理，四月底前如数补交，不再追究，推迟到五月一日后，除补交原欠经费外，加收每日5‰的滞纳金。此项工作一并委托区国税局稽查分局清理和收缴。

五、区营企业按月收缴，乡镇企业按季收缴，年底汇算后，采取大结算的办法一次性结清。

各级企业行政和工会通过这次收缴办法的执行，对工会经费的收、管、用逐步实现法制化、制度化和规范化。

本规定实施之日起同时停止阳郊工发〔1995〕22号文件执行。

一九九七年一月一日

阳泉市郊区信用联社
郊区总工会
关于特困职工小额贴息贷款暂行办法

阳郊联发字〔2000〕第112号

各信用社、营业部、区直各有关工会：

针对我区部分职工就业困难、生活困难的实际，为帮助他们尽快摆脱困境，重新就业，今年五一，区总工会给特困职工赠送了一批再就业工具，为有效发挥这批就业工具的使用价值，经郊区信用联社、郊区总工会研究决定，由区信用社为领到工具的特困职工提供配套信贷资金，按照区联社农户小额贷款管理办法的条件、要求执行。为此，特制定本暂行办法：

一、小额贴息贷款是针对区总工会认定的特困户在就业过程中资金不足，以及贷款难、担保难、手续多的问题，由区信用社、区总工会联合下文，协调解决，帮助特困职工重新就业，区信用社承诺在同等条件下，对特困职工的贷款要改进贷款方式，放宽贷款条件，简化贷款手续，采取联保或抵押方式向特困户发放的贷款。

二、贷款对象：凡原在我区区营企业工作，现在待业，且已经发放了再就业工具的并持有特困证的特困职工，均可到我区范围内的信用社申请小额贴息贷款。

三、贷款期限一年。贷款程序严格按照国家和区信用社的政策规定办理，贷款户负责到期归还本金，区总工会负责督促贷户按期还贷并支付借款合同期内的利息。区总工会不作任何担保，不负任何连带责任。贷款到期的10天内为宽限期，借款人应积极筹集资金归还贷款。10天以后仍不还贷，区信用社按有关规定，通过法律程序清收贷款。

四、需要贷款的特困户，本人写出书面申请，经区总工会审查同意，可到信用社按有关贷款条件和规定办理贴息贷款。

五、郊区信用社对特困户根据不同的资信情况给予贷款支持，贷款方式以联保或资产抵押为主。

六、贷款期限一年一定，每户贷款余额限制在3000元以下（含3000元）。对符合贷款条件的特困户，一次性核定贷款最高限额期限后，其贷款可以随用随贷，随贷随还，周转使用，办理程序就像活期储蓄存款一样，在信用社柜台就可得到相关服务。

七、郊区信用社对特困职工发放的贴息小额贷款利率实行优惠，在信用社现行利率的基础上下浮40%。

八、本规定从下文之日起执行，三年内有效，由郊区信用联社、郊区总工会负责解释。

二OOO年十二月十一日

阳泉市郊区总工会
关于在全区各行政村成立村工会工作委员会的通知

阳郊工发〔2004〕11号

各乡镇工委：

为进一步加强工会领导机制建设，接受党对工会的领导，使新时期工会工作更上新台阶。经区总工会常委会研究，决定在全区凡有两个以上企业工会的行政村建立村工会工作委员会，具体通知如下：

一、凡有2个以上企业工会的村都要建立村工会工作委员会，简称村工委。

二、已建立村工委的就不再重建，但机构不完善的要加以完善。

三、凡建有村工会或村联合工会的，就不再建立村工委。

四、村工委主任由村分管企业的副书记担任，委员由各企业工会主席担任，如企业在十几个以上的村，可以由乡镇工委委派村分管企业的副书记召回各企业工会主席推选委员。委员最多不超过10名。

五、村工委的组成情况最后由各乡镇工委发文任命。

六、村工委成立后，接受上级工会的领导，负责全村的工会工作，协调各企业工会间的关系，协助解决企业工会工作中的困难。

七、村工委的活动经费要和各企业工会协商解决。

八、望各乡镇工委接此通知后，立即行动，在三月底前全部完成组建任务。

以上通知望遵照执行。

郊区总工会

二〇〇四年三月十六日

阳泉市郊区总工会
关于郊区小城镇建设拆除郊区总工会办公楼事宜的请示

阳郊工发〔2004〕31号

区委：

按照区政府对郊区政府原旧址进行改扩建规划，现就涉及郊区总工会办公楼拆除一事予以请示。现郊区工会办公楼是在1988年郊区总工会用市总工会补助区总工会经费购置的，已入固定资产账，并进行了工会资产登记。2004年2月，按照山西省总工会晋工办发〔2004〕3号文件精神，在工会资产普查中，以建筑面积为495.56平方米，南北向二层6间，东西向二层14间总资产13万元，登记上报全国总工会。现实际丈量，区总工会总占地面积为680.66平方米。其中，建筑占地面积为289.40平方米，附属有车库16平方米，食堂49.05平方米，围墙至大门以内院落占地391.26平方米，水电暖设施齐全。根据政府拆一补一的会议精神，依照《中华人民共和国工会法》和山西省总工会关于转发《中华全国总工会办公厅〈关于加强县级以上工会占有使用土地资产管理的通知〉的通知》，“凡县以上工会（含全总本级机关和企事业单位，下同）需要变更土地占用权，须报全总资产管理局审批后再按有关法律、法规办理相关事项”的精神，郊区总工会无权处置土地使用权，须向市总工会报告。希望区委尽快和市总工会取得联系，已保证旧址改造的顺利进行。郊区总工会的意向是，根据工会工作的特点和性质，以及法律法规规定工会资产的独立性，工会资产不同于国有资产和集体资产，不适合在综合建制的办公楼中办公，需要独立建造一幢办公楼办公。在修建中，区总工会可向上级工会申请一部分建设资金补助。如有困难，可在其他相等面积的独立办公楼进行置换。特申请区委给予适当考虑，解决好区工会办公地点的问题。

特此请示，请批复。

阳泉市郊区总工会

二〇〇四年九月十四日

阳泉市郊区总工会
关于成立乡（镇）工会联合会的安排意见

阳郊工发〔2006〕16号

各乡（镇）工委：

乡（镇）工会是区总工会联系基层工会的重要环节，随着工业化、城镇化的发展和社会主义新农村的建设，乡镇工会组织承担的任务就显得尤为重要。按照省总、市总有关精神，今年将在各乡镇成立工会联合会。现就有关事宜安排如下：

一、指导思想

为进一步学习贯彻“扩大覆盖面，增强凝聚力”的指示和“组织起来、切实维权”的工作方针，按照省、市总工会有关会议精神，为充分发挥乡镇工会中心环节的作用，切实把乡镇工会的各项职责承担起来，从体制上保证工会组织的发展、巩固和提高，今年将在各乡镇建立工会联合会。

二、相关任务

按照省总下发〔2006〕5号文件精神，今年省总将拿出200万元，扶持200个示范乡镇（街道）社区和基层工会联合会。经征得区委同意，区总工会决定，按照示范乡镇工会联合会的标准，今年在我区8个乡镇全部建立工会联合会。

1. 时间安排

6月15日至6月22日各乡镇工会联合会筹备领导组进行推选会员代表工作，选齐选好会员代表；

6月23日至6月30日各乡镇工会联合会筹备领导小组筹备关于召开第一次会员代表大会的所有资料；

7月1日至7月6日各乡镇工会联合会筹备领导小组组织召开第一次会员代表大会。

2. 注意事项

（1）这次乡镇工会联合会建立工作时间紧、任务重，希望各乡镇要把这项工作当作一项政治任务来抓，抓紧抓好，确保会议圆满成功。

（2）以上各阶段工作，各乡镇要与区总包乡镇领导干部及时联系，区总领导干部要深入所包乡镇实地帮助、督促。

（3）7月中旬，省、市总工会将派验收组到各乡镇初验示范乡镇工会联合会建立情况，各乡镇要注意此次会议全部资料的规范、收集与存档，并按照创建星级工会组织的标准将各种资料一并完善。

阳泉市郊区总工会

二〇〇六年六月十日

阳泉市郊区总工会
关于在各乡镇选配工会联合会主席和专职副主席的请示

阳郊工发〔2006〕18号

区委、区委组织部：

目前，各乡镇党委、人大、政府换届工作已进行完毕，为了切实加强乡镇工会领导班子和干部队伍建设，省总工会要求各地市及县区总工会要积极争取县（区）委和乡镇党委的支持，依据有关政策法规及文件规定，尽快在各乡镇建立工会联合会，配备同级乡镇工会干部。

结合我区实际，鉴于市、区总工会主席都由市、区的人大常委会副主任兼任，各乡镇人大主席对乡镇、村、企业工作有较丰富的工作经验，而且我区此次换届新上任的各乡镇人大主席有一部分曾担任过乡镇工委主任，这样更利于乡镇工会工作的进一步开展。因此，区总工会与区人大常委会协商，由各乡镇人大主席兼任乡镇工会联合会主席，同时配备专职工会联合会副主席人选，便于我区工会工作的良好发展，为构建和谐郊区，实现经济提速，城镇扩张，农民富裕，农村变样的战略任务而做出工会组织应有的贡献。

妥否，请批示。

阳泉市郊区总工会

二〇〇六年七月四日

阳泉市郊区总工会
关于乡镇工会联合会主席人选原则上由乡镇人大主席兼任的请示

阳郊工发〔2008〕3号

区委：

工会是党联系职工群众的桥梁和纽带。近年来，区总工会在区委的正确领导下，认真贯彻执行国家的法律法规，积极构建融洽和谐的劳资关系，全力维护职工群众的合法权益，使全区工会工作广泛参与到区委、区政府的中心工作中，为促进全区经济和社会各项事业又好又快发展做出了积极贡献，基层工会组织在全面建设小康社会中的积极作用也日益显现。

乡镇工会联合会是区总工会开展各项工作的重要环节，在工会工作中起着贯彻、组织、实施的重要作用。为了充分发挥基层工会联合会的作用，在总结以往工作经验和认真调查研究的基础上，经区总工会常委会研究认为：各乡镇工会联合会主席人选原则上由各乡镇人大主席兼任比较合适。

一、各乡镇工会联合会主席兼任情况及不利因素

我区各乡镇工会联合会主席人选曾在2006年6月份报经区委同意后，由乡镇人大主席兼任，并按工会有关程序选举。当时，平坦、义井两镇的人大主席兼任了本乡镇的工会联合会主席。其他六个乡镇在筹备选举工作的过程中，因故停止。后经区委提名未经选举的六个乡镇工会联合会主席人选由各乡镇人武部长兼任。因而，现在八个乡镇的工会联合会主席除平坦镇的由人大主席兼任、义井镇的去年调离外，其他乡镇的工会联合会主席在近期的人事变动中，有6人进行了调整。

六个乡镇人武部长兼任工会联合会主席后，在一年多的乡镇工会联合会运行过程中，尽管做了大量卓有成效的工作，但由于人武工作的专业性强，工作单一，应急训练任务重，和基层的接触面窄，一定程度上影响了工会工作在乡镇的全面开展，和其他人大主席兼任工会联合会主席的两个乡镇相比，在工作上也有一定的距离。此外，乡镇的人武部长大部分都比较年轻，提拔、调整的概率较大，人事变动后给工会工作造成了断档和夹生的不利因素。

二、乡镇人大主席兼任乡镇工会联合会主席的有利因素

1. 程序上的法律性和严肃性

按照《中华人民共和国工会法》《中国工会章程》的有关规定，工会组织属党领导下的群众团体，工会主席、副主席一般都是由党委或上级工会提名考察，然后在同级工会代表大会或委员会上以票决制的形式选举产生，每届任期三年或五年。工会主席、副主席任期未满的，不得随意调动其工作，因工作需要调动时，应当征得平级工会委员会和上一级工会的同意。而乡镇人大主席也是按照有关法律选举产生，届期为五年，且在任期内很少调整。由乡镇人大主席兼任工会联合会主席在程序上能够更好地体现法律的严肃性。

2. 工作上的连续性和便利性

目前，我区工会组织网络健全，全区184个行政村全部组建了工会组织。乡镇人大主席在基层的接触面广，农村工作经验丰富，由他们兼任工会联合会主席，既便利于人大代表和职工

群众的联系，又有利于了解和解决职工群众生产生活上存在的问题，人大工作和工会工作可以相互促进，实现“双赢”的格局。此外，中华全国总工会和省、市委明确要求，市、县（区）总工会主席由同级党委或同级人大领导成员兼任，而我区总工会主席只是区人大党组成员、区人大常委会委员，不利于工作的衔接和开展。

以上几方面原因，希望区委认真加以研究，进一步理顺乡镇工会领导管理体制，使乡镇工会联合会主席人选相对稳定，使我区的工会工作得到进一步发展，在全区社会和谐、经济发展中发挥工会组织特有的作用。

特此请示

郊区总工会

二〇〇八年一月二日

阳泉市郊区总工会
关于开发区总工会事务接交工作实施方案

阳郊工发〔2018〕9号

根据市委、市政府“关于开发区剥离事务工作的会议精神安排”，按照区委、区政府的统一部署，郊区总工会与开发区总工会进行了沟通协调，现将郊区总工会接交开发区总工会工作事务实施方案安排如下：

一、指导思想

本着“实事求是，便于操作，一次交清，逐步衔接”的交接宗旨，严格按照市、区统一安排部署，以保障人民利益不受损失，正常活动不受影响，有序工作不能停顿，确保开发区在工会事务工作全部移交郊区总工会后能顺利圆满完成交办的各项任务。

二、领导机构

为了做好此次开发区剥离工会事务的接交工作，结合区总工会工作实际，决定成立郊区总工会接交工作领导组：

组　长：胡俊青（区工会常务副主席）

副组长：胡忠文（区工会副主席）

成　员：张春燕（区职工服务中心主任）

王俊珍（区工会组织部部长）

曹　晋（区工会经济劳保部部长）

段宏霞（区工会办公室主任）

领导组下设办公室，主任由段宏霞兼任。

办公室职责：联系协调区总工会，开发区总工会做好各类工作的安排和相关资料的起草、保存。

三、具体移交事宜

1. 所接交的村（社区）组织机构和名单。

2. 享受省、市补助的村（社区）的工会联合会名单。

3. 入省帮扶系统的困难职工名单。

4. 缴纳第十三期大病互助的名单。

5. 全国、省、市劳模名单。

6. 高技能人才和劳模创新工作室名单。

7. 所有妈咪小屋名单。

8. 现有职工书屋和职工活动中心名单。

以上未尽事项，以方案后附接交明细为准。

四、移交工作中存在的问题

协商2018年春节慰问困难职工情况。

五、建议和意见

建议成立乡镇一级的街道办事处，以便接收后协调管理。

阳泉市郊区总工会

二〇一八年一月二十六日

阳泉市郊区总工会
关于推进全区基层工会规范化建设的实施办法

阳郊工发〔2019〕13号

各级工会：

为全面贯彻党的十九大和中国工会十七大精神，根据《中华全国总工会关于新形势下加强基层工会建设的意见》和《山西省总工会关于全面加强工会组织“三基建设”的实施意见》，紧紧围绕“改革创新，奋发有为”大讨论活动，着眼于提高我区基层工会规范化建设水平，激发基层工会活力，现将推进规范化建设的有关事宜安排如下：

一、开展基层工会规范化建设的目的意义

工会是党联系职工群众的桥梁和纽带，基层工会直接联系和服务职工群众，是工会全部工作的基础，是落实工会各项工作的组织者、推动者和实践者。推动基层工会规范化建设是扩大工会组织覆盖和工作覆盖、夯实基层基础的需要，是提高工会依法建会、依法管会、依法履职、依法维权能力的需要，也是增强基层工会组织吸引力、凝聚力的需要。因此，进一步加强基层工会规范化建设，是增强党的阶级基础、扩大党的群众基础、夯实党的执政基础的迫切需要，是围绕郊区经济社会发展大局，全面建成小康社会的必然要求，是高举维护职工权益旗帜，构建和谐劳动关系的重要保障。

二、开展基层工会规范化建设的主要任务

基层工会规范化建设的主要任务可以概括为“六有”“三双”“四权”。

1.“六有”工会：有依法选举的工会主席，建设心系职工、善于维权、开拓进取的骨干队伍；有独立健全的组织机构，完善工会委员会、经费审查委员会、女职工委员会等组织；有服务职工的活动载体，满足职工的多样化需求；有健全完善的制度机制，实现工会工作的群众化、民主化、制度化、法制化；有自主管理的工会经费，真正用于服务职工和工会活动；有会员满意的工作绩效，切实让职工群众感受到工会是“职工之家”。

2.“三双”工作：双亮、双争、双评。工会组织亮牌子，工会主席亮身份；争创职工之家、争当职工“娘家人”；工会主席向会员述职，下级工会向上级工会述职；工会会员评议工会主席，上级工会评议下级工会。

3.“四权”工作机制：落实会员选举权、知情权、参与权、监督权，做到开放办会，开门办会。

三、开展基层工会规范化建设工作目标

根据全省工会规范化指导意见，区总制定出台《郊区总工会规范化建设标准》《郊区乡镇工会规范化建设标准》《郊区村（社区）工会规范化建设标准》《郊区基层工会规范化建设标准》《郊区系统工会规范化建设标准》《郊区机关工会规范化建设标准》，力争用三年的时间，使全区乡镇工会的规范化建设达标率达到90%以上，村（社区）、系统工会规范化建设达标率达到80%以上；机关工会、基层工会的规范化建设达标率达到70%以上；在全区各级工会规范化建设达标的基础上，区总将选树一批硬件完善、软件规范、特色鲜明、成效显著的工会工作示范点予以表彰奖励，对未完成工会规范化建设任务的乡镇工会、村社区工会、基层工会通报批评，取消评先评模资格。

四、开展基层工会规范化建设的实施步骤

第一阶段（2019年1—3月）：调查摸底，选树标准阶段。各乡镇工会认真开展调查摸底工作，根据各自情况，确定首批创建示范单位，并到先进县区学习，开展创建活动。

第二阶段（2019年4—6月）：全面实施，创建标准阶段。确定的首批示范单位，依照标准，积极主动查缺补漏、完善资料、制作统一亮职责版面，开展规范化建设工作。

第三阶段（2019年7—11月）：示范带动，推广经验阶段。全面实施基层工会标准化建设，各乡镇工会上报示范点，区总将在8月下旬适时召开现场会，推广典型经验，发挥示范带动作用。

第四阶段（2019年12月）：检查验收，奖惩兑现阶段。区总根据规范化建设示范工会考核标准，实行百分制考核，并将组织人员对各级示范工会进行检查验收，了解工作成效，全面总结和奖惩兑现。

区总要根据百分制考核成绩，对各乡镇（街道）工会、村（社区）工会、系统工会、基层工会、机关工会，评选出各类型“三星级”规范化建设示范单位，对验收认定的各类星级工会，给予1万～10万元的经费补助（具体补助标准附后）。考核得分90分以上，评为三星级工会；考核得分80～90分，评为二星级工会；考核得分70～80分，评为一星级工会。对开展工作不力或弄虚作假、不符合标准、违反规定的，区总将通报批评，取消奖励。

五、成立基层工会规范化建设领导组

为切实加强工会规范化建设，充分构建工会在协调劳动关系、维护职工合法权益、构建和谐社会的基础性、关键性作用，特成立基层工会规范化建设领导组。

组　长：张富英　区人大常委会副主任、总工会主席

副组长：胡俊青　区工会党组书记、常务副主席

胡忠文　区工会副主席

李丽花　区工会挂职副主席

赵改翠　区工会经审委主任

张春燕　区职工服务中心主任

成　员：段宏霞　区工会办公室主任

王俊珍　区组织人事女工部部长

曹　晋　区工会经济劳保部部长

王　涛　区网络宣传部部长

李银梅　区工会资产管理部部长

刘维明　区工会法工部负责人

六、开展基层工会规范化建设的要求

（一）切实提高认识，加强组织领导。各级工会要把组织规范化建设作为巩固工会组建成果，夯实工会工作基础，促进工会工作发挥的重要着力点，切实把该项工作提上重要议事日程。要切实加强组织领导，深入调查研究，健全工作机制，努力推进基层工会规范化建设取得明显成效。

（二）周密部署安排，推动工作扎实开展。各级工会要结合本单位实际，及时召开推进会，周密部署，及早安排。要提出分阶段实施计划，加强舆论宣传，利用各种媒体和手段，扩大活动影响。进一步细化规范化建设标准，强化具体工作措施，全面展开规范化建设工作。

（三）强化示范引领，提高规范化建设水平。各级工会要切实把工作重点放在基层，深入实际、贴近职工，把更多的人力、物力、财力投入基层，做到工作重心下沉、资源配置下沉和组织力量下沉，三年内规范化建设达标率达到 90% 以上，并涌现出一大批达标创优示范工会。希望各级工会按照不同类型标准，培育和打造一批市、区级基层工会规范化建设示范点，发挥示范带动作用，全面推进基层工会规范化建设工作。

阳泉市郊区总工会

二〇一九年四月一日

阳泉市郊区总工会农民工工作方案

阳郊工发〔2019〕44号

为持续推进组织农民工、服务农民工工作，切实增强工会组织对农民工的吸引力、影响力和凝聚力，特制定《郊区总工会农民工工作方案》。

一、指导思想

深入贯彻党的十九大、中央党的群团工作会议和习近平总书记重要讲话精神，认真落实《国务院关于进一步做好为农民工服务工作的意见》和《山西省人民政府关于进一步做好为农民工服务工作的实施意见》，按照《山西省总工会农民工工作方案》要求，协助各级政府以有序推进农民工市民化为目标，不断扩大工会组织对农民工的覆盖面，多渠道促进农民工就业创业，依法维护农民工权益，切实提升为农民工服务的质量，扎实做好困难农民工的解困脱困工作，引导农民工服从服务于改革发展大局，动员农民工在“十三五”期间建功立业，为把我区建设成为山西向东开放桥头堡做出积极贡献。

二、工作目标

（一）扩大工会组织对农民工的覆盖面。到2020年底，实现全区60%以上的农民工加入工会组织。

（二）完善农民工工资支付保障机制。以建筑市政、交通运输、煤炭、水利等工程建设领域和劳动密集型加工制造、餐饮服务等易发生拖欠工资问题的行业为重点，到2018年底，推动各乡镇工会建立健全欠薪报告制度。到2020年底，推动拖欠农民工工资问题得到根本遏制，努力实现基本无拖欠。

（三）帮扶困难农民工解困脱困。对我区生活遇到特殊困难的农民工，协助政府做好帮扶解困工作，到2020年底，实现建档困难农民工基本解困脱困。

（四）打造服务农民工的工作平台。依托现有的困难职工帮扶中心和站点，实现服务对象全覆盖、服务时间全天候。到2017年底，建立以农民工为主要服务对象的户外劳动者服务站点，鼓励有条件的企业、园区建立服务站点。

三、工作重点

（一）提升农民工入会数量。各级工会要对所属区域和行业内的单位是否建立工会组织、有无农民工、农民工数量等情况进行逐一摸排、核实。要在初步摸底的基础上，进一步摸清本地区和本行业内农民工队伍的分布和结构。重点对在本乡或本村范围内务工的农民工数量、在本区域和本行业务工的外地市农民工数量和本区域赴外地市务工的农民工数量进行认真摸底，为做好农民工入会和服务工作奠定扎实的基础。要深入开展“农民工入会集中行动”，抓住重点区域（行业），把解决劳务公司建会难作为突破口，做好工业园区、建筑业、物流（快递）业、家庭服务业、农业专业合作组织、旅游景区、保安、电子商务、药品经营、小区物业等重点领域组织农民工入会工作。完善农民工会员会籍管理，结合会员实名制和会员会籍关系接转，建立工会组织和会员变动登记档案，掌握会员关系流出和流入。确保会员流动而不流失。（责任部门：组织人事部）

（二）推动规范农民工劳动用工管理。推动并配合有关部门开展劳动法律法规执法检查。推动落实《劳动法》《劳动合同法》《山西省农民工权益保护条例》《山西省劳动合同条例》等劳动法律法规，督促用工单位落实劳动合同制度，规范劳动用工管理。帮助指导农民工与企业签订劳动合同，督促用人单位与农民工依法普遍签订并履行劳动合同。（责任部门：法律和集体合同工作部）

（三）保障农民工工资报酬权益。认真贯彻落实《国务院办公厅关于全面治理拖欠农民工工资问题的意见》《山西省人民政府办公厅关于全面治理拖欠农民工工资问题的实施意见》《阳泉市总工会关于进一步做好农民工入会和服务工作的实施意见》和《阳泉市总工会关于保障农民工工资支付的若干措施》精神，依托基层工会组织对企业工资支付情况实行日常监管，健全完善欠薪报告制度，并配合有关部门开展工资支付专项检查。推动落实最低工资标准；依法推动农民工集中的行业、企业普遍开展工资集体协商，提升协商质量，增强协商实效。（责任部门：保障工作部、法律和集体合同部）

（四）维护农民工社会保险权益。积极开展源头参与，以参与养老保险顶层设计、医改工作等为重点，继续推动社会保障法规政策完善。认真开展调查研究，反映农民工诉求，提出工会的对策建议，推动《社会保险法》贯彻落实。会同有关部门加快推进建筑业农民工参加工伤保险和商业意外险，全面推进建设工程以项目为单位参保。鼓励农民工积极参加工会互助活动和保险。力争到2020年底，推动实现在城镇稳定就业的农民工应保尽保。（责任部门：法律和集体合同部、保障工作部）

（五）加强农民工安全生产和职业健康保护。推动《加强农民工尘肺病防治工作的意见》的贯彻落实，配合做好《安全生产法》《山西省女职工劳动保护条例》的执法检查。推广应用《职业病防治专项集体合同实用指南》，指导做好农民工相对聚集的高危行业企业的职业病防治。做好“安康杯”竞赛活动提质扩面工作，加强针对农民工的安全卫生知识宣传和普及。维护女农民工合法权益和特殊利益，促进用人单位落实“五期”保护待遇。在已签订了集体合同、有女职工的单位应签订女职工劳动保护专项协议。（责任部门：劳动保护部、女职工部）

（六）保障农民工依法享有民主政治权利。认真落实《企业民主管理规定》和《山西省职工代表大会工作规范》，推进用人单位建立健全以职工代表大会（或职工大会）为基本形式的各项民主管理制度，落实农民工参与选举和当选职工代表的权利。开展对农民工职工代表的教育培训工作，提高农民工职工代表履行职责的能力。大力推动区域（行业）职工代表大会制度建设，依法保障农民工参与企业管理和监督的民主权利。（责任部门：组织人事部）

（七）改善农民工生产生活条件，促进农民工社会融合。按照加快提高户籍人口城市化率的要求，协助政府相关部门，推动农民工享受基本公共服务和基本生活保障取得新进展，推进农民工市民化。推动建设户外劳动者服务站点，解决饮水、如厕和休息等实际问题，切实保障和改善农民工等户外劳动者的生产生活条件。（责任部门：保障工作部、劳动保护部）

（八）推动农民工素质提升。积极参与农民工职业技能提升培训，加大农民工职业培训力度。联合教育部门开展“农民工学习能力提升计划—求学圆梦行动”，搭建学习服务平台，提供产教融合、校企合作、工学结合的农民工继续教育和技术技能培训新模式，努力提升农民工学历教育。落实《关于新形势下深入实施女职工提升素质建功立业工程的意见》，提高女农民工综合素质。（责任部门：经济技术部、宣教部、女职工部）

（九）强化农民工就业和创业服务。协助各级政府深入实施就业优先战略和更加积极的就业政策，推动大众创业、万众创新。在全区范围内开展工会就业创业援助月活动，积极配合人力资源社会保障部门开展“春风行动”等就业服务活动，通过举办就业招聘会、跨地区组织劳务输出等方式，帮助农民工实现更高质量的就业。（责任部门：法律生活保障工作部）

（十）做好困难农民工解困脱困工作。要将困难农民工帮扶工作纳入困难职工帮扶体系，精准对象，精确帮扶。职工服务中心要开设农民工救助窗口，及时帮助困难农民工解决生活、就业、医疗、子女上学等方面遇到的实际困难和问题。（责任部门：法律生活保障工作部、职工服务中心）

（十一）加强对农民工的法律援助和法律服务。制定和组织实施工会系统“七五”普法规划，借助社会力量加大农民工普法力度，创新内容和形式，培育农民工法治理念，引导农民工依法理性表达利益诉求，提高依法维护自身合法权益的能力水平。到2020年，农民工普法教育实行全覆盖。降低法律援助门槛，扩大法律援助范围，努力实现应援尽援，惠及更多农民工。充分整合社会资源，组建志愿服务队伍，组织实施法律援助项目，为农民工提供及时有效的法律援助。积极参与涉及农民工的劳动争议特别是集体劳动争议处理工作，推进矛盾纠纷多元化解机制建设，促进劳动关系和谐。（责任部门：网络信息宣传部）

（十二）加强对农民工的思想引领。组织动员广大农民工参与到“践行新理念、建功‘十三五’”主题劳动竞赛中来，积极践行创新、协调、绿色、开放、共享的发展理念，立足岗位开展以技术创新为主的“五小”竞赛活动，搭建农民工施展创新才能的平台，投身大众创业、万众创新的时代洪流，以劳动托起中国梦。加强农民工比较集中的非公企业劳动竞赛工作，开展技术比武、技能大赛等活动，吸引更多的农民工参与。注重从农民工中培养、选树劳动模范和其他先进典型，弘扬劳模精神、工匠精神，发挥在工会改革中进入各级工会领导班子的农民工群体的示范引领作用。（责任部门：经济技术部、网络信息宣传部）

（十三）营造关心关爱农民工的良好氛围。积极争取各级主流媒体的支持，刊发关于工会农民工工作的新闻报道，每年推出5名农民工宣传典型。发挥工会系统媒体的宣传阵地作用，加大对农民工典型和工会农民工工作的宣传力度，充分利用微信、微博、客户端等新媒体，创新选题策划，采用农民工喜闻乐见的形式，增强宣传报道的可读性、服务性、实用性。在全国（省、市）五一劳动奖状、奖章和全国（省、市）工人先锋号评选表彰中，对农民工表彰比例提出要求；为困难农民工劳模发放困难补助金。每年组织开展关爱农民工子女活动。（责任部门：网络信息宣传部、经济技术部、法律生活保障工作部）

（十四）丰富农民工精神文化生活。组织开展“中国梦·劳动美”等活动，丰富农民工精神文化生活。在农民工集中的工业园区和工地建设职工书屋，配送农民工需要的书刊。开展农民工心理健康疏导服务，鼓励有条件的企业建设农民工心理疏导站。继续为农民工赠阅《山西工人报》《阳泉工人》。发挥职工艺术团队的作用，加大经费投入，为农民工提供文艺慰问演出，并积极创作反映农民工生活的作品。（责任部门：网络信息宣传部、组织人事部）

（十五）完善农民工工作相关制度。总结近几年开展“农民工有困难找工会，拿不到工资找工会”活动好的经验和做法，制定规范相关工作制度和实施细则。（办公室、法律生活保障工作部）

（十六）加强农民工理论研究工作。深入研究“如何发挥和调动农民工的积极性和创造性”“如何在新形势下体现工人阶级的地位”等课题，研究农民工群体内部结构、技术技能提升、融入城市等方面的理论和实践问题。通过基层工会组织的抽样调查、我区职工队伍状况调查等方式，加强对农民工入会及权益维护情况的动态监察。做好工会农民工统计监测工作，做好工会统计年报调查中涉及农民工的工作，建立工会与政府相关部门的数据信息交换制度，获取涉及农民工的政府统计资料，联合开展农民工融入城市情况调查。（责任部门：办公室）

（十七）确保农民工队伍基本稳定。做好涉及农民工权益的信访接访工作。加强涉及农民工相关舆情信息的监测、研判、报告，加大重大舆情处理力度，做好日常舆情监测和应急处理工作，尤其关注农民工群体性事件相关舆情，做到及时发现、及时上报、及时处置。（责任部门：网络信息宣传部、法律生活保障工作部、职工服务中心）

四、保障措施

（一）提高思想认识。各级工会要深入学习贯彻习近平总书记系列重要讲话和省、市关于农民工工作的重要指示精神，从战略和全局的高度，进一步深刻认识做好农民工工作的重要意义，增强做好农民工工作的紧迫感、责任感。要进一步认清形势、压实任务，持续发力、精准施策，把中央、省、市精神和要求转化为具体的工作举措，在改革创新中勇于破解难题，切实增强工作的针对性和有效性。要善于依势发力，依靠各级党委领导和政府支持，把工会农民工工作融入党和国家工作大局中去，通过与相关部门的密切合作，扎实推进农民工入会和服务的各项工作。

（二）强化组织领导。按照《中华全国总工会关于深入贯彻落实〈国务院关于进一步做好为农民工服务工作的意见〉的实施意见》和省、市政府《关于进一步做好为农民工服务工作的实施意见》要求，区总将成立由主要领导任组长、分管领导任副组长，各工作部门参加的农民工工作领导小组，领导组办公室设在保障工作部。要发挥各级工会农民工工作领导小组和办公室的作用，加强沟通协调，挖掘总结经验，培养先进典型，发挥示范作用；建立农民工工作绩效考核机制，开展督促检查，推动工作落实，定期向市总工会农民工工作领导小组办公室报送工作进展情况。

（三）保障经费投入。加大对农民工工作的经费投入力度，进一步改进工会经费预算管理机制，把服务农民工工作经费纳入项目预算管理，加大倾斜支持力度。

阳泉市郊区总工会

二〇一九年十一月二十一日

政府联席会议纪要

关于解决区总工会办公场地的意见
区政府和区总工会第三次联席会议议题

郊区区委、区政府：

在加快实施区委、区政府提出的“三化目标”和“四走四变四集中”战略的实施过程中，工会组织团结带领广大职工积极投身我区的经济建设，做了大量卓有成效的工作。区总工会作为全区广大职工的职工之家，是全区职工群众的文化、体育以及职工培训教育活动的中心。在这次城镇改扩建当中，我们本着舍小家，顾大家，着眼全局，发展郊区和建设郊区的思想，配合政府把这次拆迁工作，做好做实。政府的宏观决策我们坚决拥护，建造综合办工大楼，使多个部门集中办公，集中管理，整合资源，合理配制，是十分必要的。依照山西省总工会关于转发《中华全国总工会办公厅〈关于加强县级以上工会占有使用土地资产管理的通知〉的通知》，“凡县以上工会（含全总本级机关和企事业单位，下同）需要变更土地占用权，须报全总资产管理局审批后再按有关法律、法规办理相关事项”的精神，郊区总工会已向市以上总工会逐级申报。工会作为党领导下的职工群众自愿结合的组织，它的基本职能和它所具有的广泛的群众性，鲜明的组织性，法律的强制性和相对的独立性的工作特点，面对的是基层工会组织，多数接待的是广大的职工群众，解决和协调的是涉及职工的切身利益和合法权益的各种矛盾，特别是困难职工群体的生产工作和生活问题。相对而言，应具有一幢相对独立的办公大楼。经请示市总工会并结合我区实际，郊区总工会建议应选择一个合适的办公楼，作为郊区总工会的独立办公场所。根据《中华人民共和国工会法》第45条：“各级人民政府和企业、事业单位机关应当为工会办公和开展活动，提供必要的设施和活动场所等物质条件”之规定，为保证区总工会工作的顺利进行和工运事业的发展，目前，区工会与区粮食局经过协商，拟将区粮食集贸中心进行折价180万元购置，改造成集办公、职工教育、培训、救助等为一体的综合办公楼。经与区政府和上级工会请示初步达成如下意向：

1. 市总工会给予60万元的资金补助；
2. 省总工会给予30万元的资金补助；
3. 郊区政府给予90万元的资金补助；
4. 现郊区粮食贸易中心办公楼的产权等一切手续，由郊区粮食局负责办理，费用由郊区粮食局负担；
5. 此项工作在2005年3月底前办妥一切手续；
6. 付款时间：
7. 付款方式：
8. 具体工作事宜由郊区人民政府办公室牵头、郊区总工会与郊区粮食局共同办理。

大会报告

不忘初心 牢记使命
团结动员全区广大职工群众奋力建功新时代

在阳泉市郊区工会第八次代表大会上的报告

张富英

（2020 年 1 月 3 日）

各位代表，同志们：

现在，我代表阳泉市郊区总工会第七届委员会向大会作报告，请予审议。

过去五年工作回顾

过去的五年，是全区工会组织认真学习贯彻习近平新时代中国特色社会主义思想，着力增强政治性、先进性、群众性，去除机关化、行政化、贵族化、娱乐化，持续深化工会改革的五年；是围绕全区转型发展工作大局，团结带领广大职工群众建功立业的五年；是坚持以职工为本，切实履行维权服务职责，不断增强职工群众获得感的五年；是立足于社会变化新格局，切实扩大覆盖面、增强凝聚力，夯实工会基层基础的五年。五年来，我们在区委和市总的坚强领导和大力支持下，坚持全心全意依靠职工群众，持续深化工会改革，不断创新工会工作的方式方法，切实增强服务职工群众的能力和水平，各项工作取得了显著进展。

一、强化政治思想引领，彰显爱党爱国爱岗情怀

扬帆远航，离不开灯塔的指引。勇攀高峰，更需信念的引领。建设一支有理想、有道德、有文化、有纪律的高素质职工队伍，是历史赋予工会的政治责任。五年来，我们坚持以习近平新时代中国特色社会主义思想为指导，团结引领全区广大职工群众，坚定不移听党话、跟党走，争当新时代合格的产业工人。

持续开展思想政治教育。全区各级工会始终把学习贯彻党的十九大精神和习近平总书记关于工人阶级和工会工作的重要论述作为首要政治任务，在开展“不忘初心、牢记使命”主题教育、群众路线教育实践、“三严三实”专题教育、“两学一做”学习教育等一系列活动中，始终坚持以党建带工建，在不断强化思想建设、政治建设、作风建设中，使工会党员干部增强“四个意识”，坚定“四个自信”，做到“两个维护”，并渗透到工会工作的各个环节中，体现到具体行动上，为做好新时代工会工作积蓄了强大动力。

持续开展“中国梦、劳动美”主题教育。采取多种形式，大力宣传职工践行社会主义核心价值观的生动实践和先进典型。开辟《劳动者风采》专栏，组织职工才艺展示，举办“我与改革创新”宣讲，开展“文化建设、服务职工、欢乐基层”等一系列活动，引领广大职工唱响主旋律，弘扬新风尚；积极参与脱贫攻坚、文明单位创建、卫生城市创建等活动，激发广大职工爱党、爱国、爱岗、爱家情怀；大力弘扬劳动精神、劳模精神、工匠精神，先后有华岭耐火材料有限公司等 13 个集体和 34 名个人荣获省、市劳模和“五一劳动奖章”奖励，新建技术人才创新工作室 3 个和传统手工艺大师工作室 2 个，营造了积极向上、创新创造的良好氛围；积极

组织开展职工“五小”竞赛，通过组织观摩全省“五小”创新竞赛优秀成果展示，有效促进了全区竞赛活动的深入开展，先后有30多个企业的109个小发明和技术革新项目参加了省、市“五小”竞赛，有38个项目获奖。新型蓄电池桩头附带电源线保险显字快速操作装置，煤矿矿用隔爆型三相异步电动机按线盒等技术革新，对企业节能降耗产生明显经济效益和社会效益，为全区走好“三条路”的实践中发挥出应有作用。

持续推进职工素质提升。五年来，全区各级工会组织不断加强了阵地建设，提高“职工书屋”“职工之家”的建设、管理和使用水平，使之成为职工精神文化生活的新家园。在此基础上，组织开展“道德大讲堂”、法律知识讲座、知识竞赛、读书竞赛等活动，举办了20多场书画、摄影、手工艺作品展，举办了乒乓球、篮球、羽毛球、棋牌、健身操、登高健步走、广播体操等职工喜闻乐见的体育健身活动，在深入开展的基础上，又不断赋予新的时代内涵。职工文化在基层生根发芽，在职工中开花结果，工会品牌效应日渐显现。

二、履行好维权服务主责主业，让职工群众有更多的获得感

近年来，面对职工群体的新变化、职工需求的多元化，全区工会组织以“职工的需求为导向”，以“普遍受惠”为基础，以工会所能为条件，以“长远管用”为目标，探索建立为职工办好事、做实事、解难事的工作机制，使职工群众有更多的获得感。

唱好“四季歌”。五年来，区工会职工服务中心综合服务能力明显提高。开展春送岗位活动，推动职工再就业，帮助560名职工掌握就业技能；开展夏送清凉活动，为91家企业和单位中从事高温作业、露天施工的职工送去价值64.986万元的防暑用品和9508份维权书籍；开展金秋助学活动，帮助214名寒门学子圆了大学梦，发放金秋助学金59.1万元；开展“两节”冬送温暖活动，五年累计筹措帮扶资金149.07万元，帮扶困难职工1538人。与此同时，积极组织开展职工大病医疗互助工作，参与单位达到127个，参与职工26581人次，缴纳互助金合计132.905万元，全区共计420名患病职工享受补偿金127.6万元。“四季送”的扎实展开，让职工群众切身感受到了来自“娘家人”的温暖。

敢当维权责。五年来，区总工会把维护职工合法权益及构建和谐劳动关系作为着力点，认真研究新问题，协调解决新矛盾，收到明显成效。坚持完善以职工代表大会为基本形式的企事业单位民主管理，推进企务公开制度化、规范化、程序化。稳定推进工资集体协商和集体合同制度，全面实施“四个一”清单工程即培育一批、巩固一批、提升一批、推进一批，并经常性地开展培训和指导。全区共签订工资集体合同32份，覆盖企业166个，职工8090人；签订行业性工资集体合同4份，覆盖企业74个，职工1959人，签约率为100%，合同履约率均达85%以上；开展“安康杯”竞赛和“安全生产月”系列宣传活动，不断创新“安康杯”竞赛机制、载体和内容，累计参赛单位达到116个共计29000多人，为排除安全生产隐患起到了积极作用。开展“法律进企业”“法律进园区”活动，编印发放《工会法》《劳动合同法》《职工维权手册》《山西省女职工劳动保护特别规定》等宣传资料万余册，有效增强了职工依法维权意识；努力做好农民工维权服务工作，协调处理劳动纠纷23起，追回农民工欠薪8万元；建立完善工会法律援助、劳动法律监督、工资集体协商和民主管理“四位一体”维权机制，组建工会法律援助服务中心，累计为1630名职工提供了法律咨询和援助，有效提升了劳动法律监督实效。

三、夯实基层组织基础，提升工会服务大局能力

基层组织建设是工会一切工作的基础。创建和完善工会基层组织、发展工会会员是工会工作的基础性工程。五年来，全区各级工会聚焦保持和增强政治性、先进性、群众性，坚持问题导向，积极改革创新，努力把工会组织建设得更加充满活力，更加坚强有力。

一是健全完善乡镇（中心）工会、村（社区）工会、企业工会的“小三级”基层工会组织网络。全区169个村（社区）工会、205个企业工会基本实现了由“建工会”到“有工会”、由“像工会”到“是工会”的转变，绝大多数达到规范要求，做到了“六有”。全区企业法人单位建会率达98%以上，职工入会率达98%以上，形成了上下联动、相互促进的工作格局。

二是巩固提升传统产业、主干企业工会组织规范化建设。制定出台了《关于推进全区基层工会规范化建设的实施办法》和《关于加强对基层工会考核的实施办法》，以“规范、提高、上档”为目标，按照建会、建家、建制“五位一体”的要求，涌现出了冀东水泥、星火金源、保安煤业、通宝鑫能等一批基层工会规范化建设的典型，为这项工作向纵深推进积累了宝贵经验。

三是立足全覆盖，构建组织建设新格局。针对新形势下产业发展的新情况和新变化，积极开展新领域、新业态、新组织建会入会集中行动，推进八大领域建会和八大群体入会工作，全区新增基层工会组织58家，新发展会员2790人（其中农民工会员1522人），形成了横向到边，纵向到底的组织体系，有效扩大了工会组织的覆盖面。截至目前，全区建有工会组织490个，职工数为23514人，会员数为23177人，其中农民工会员数为17655人，职工入会率达98%。

四、深化工会改革，构建工会工作新格局

改革创新是工会加强自身建设、增强工作活力，提高服务本领的内在要求，是工会工作和工运事业持续健康发展的根本出路。五年来，在区委和市总的正确领导下，我们紧紧围绕增“三性”、去“四化”目标，在改进和优化工会组织体制、管理模式、运行机制和活动方式等方面，都有了新进展和新成效。

认真落实《阳泉市郊区总工会改革实施方案》，完善区总工会领导职数配置，增设了2名兼职副主席和1名挂职副主席。调整优化了机关内设机构，设立“五部一室”，为拓展服务功效，扩大服务领域，将原先的“困难职工帮扶中心”更名为“职工服务中心”，继续保留了职工技术协会、劳动竞赛委员会，从而使工会领导班子和机构设置向适应新时代工会工作需要迈出新的一步。

为了努力适应新时代工会工作需要，全面提升工会干部履行能力，先后组织200多人次参加省总、市总举办的网络技术、工会业务等专题培训；尝试开展工会大网络、大服务、大宣传工作，初步形成了“互联网+”工会大格局，依托“漾工惠通”“阳泉抖音”、手机APP和市总“掌上365”微信公众号，及时为基层工会和工会会员发布工作动态、新技术信息、就业信息等，有效提升了服务职工的能力和水平。

五、落实从严治党责任，营造风清气正的政治生态

良好政治生态是推动工会工作改革创新的根本保障。五年来，全区各级工会时刻以习近平新时代中国特色社会主义思想为指引，全面贯彻落实党的十九大精神，深刻领会习近平总书记关于工人阶级和工会工作重要论述，始终把党的建设摆在首位，形成了政治上讲忠诚，组织上

讲服从，行动上讲纪律的良好风气。

扎实开展党的群众路线教育实践活动和“三严三实”专题教育，深入推进“两学一做”学习教育常态化、制度化。尤其是通过开展“改革创新、奋发有为”大讨论和“不忘初心、牢记使命”主题教育，有效提升了工会组织党员干部的党性修养，有力促进了思想、组织、作风、制度建设。

全面加强和规范党内政治生活，严格执行新形势下党内政治生活若干总则，结合工会工作实际，健全完善了“三会一课”制度、民主评议制度、民主生活会制度、理论学习制度、党组工作规则等一系列制度，切实加强了领导班子和干部队伍建设，有效激发了工会干部担当作为、干事创业的积极性和主动性。

全面从严治会，始终把党风廉政建设和反腐败工作紧紧抓在手上，认真落实中央八项规定和区委关于严肃纪律的各项要求，把纪律和规矩挺在前面，严格落实党风廉政主体责任和“一岗双责”，强化权力运行制约和监督，不断完善不敢腐、不能腐、不想腐的工作机制，持之以恒纠“四风”，下大力气转作风，工会上下形成了风清气正的良好氛围。

各位代表、同志们！回顾过去五年的工作实践，我们始终以习近平新时代中国特色社会主义思想为根本遵循和行动指南，自觉接受党对工会工作的绝对领导，积极推进工会工作改革创新，在团结动员广大职工群众积极投身走好“三条路”，率先实现城乡融合示范区的伟大实践中，取得明显成效。这些成绩的取得，得益于区委和市总的正确领导，得益于社会各界的大力支持，得益于全区各级工会干部和广大职工群众的共同努力。在此，我代表区总工会第七届委员会向全区各条战线的广大职工致以诚挚的问候！向长期以来关心和支持工会工作的各级领导和社会各界人士，历届区总工会老领导、老同志表示衷心的感谢并致以崇高的敬意！

在取得成绩的同时，我们也清醒地认识到，我们的工作仍然存在不少问题和不足。一是工会工作基层基础还较为薄弱，组织工作覆盖还存在盲区，基层工作力量和服务资源不足的问题尚未根本解决。二是工作的针对性、有效性还不够强，内容和形式同职工需求、满意度还有一定差距。三是工会干部队伍的作风和能力还有待提高等等。对此，我们必须高度重视，在今后的工作中加以改进和解决。

今后五年主要任务

今后五年，是全面贯彻习近平新时代中国特色社会主义思想和党的十九大、十九届三中、四中全会精神，贯彻落实中国工会十七大精神，全面建成小康社会的决胜时期，也是工会工作充满机遇、迎接挑战、大有可为、大有作为的重要时期。新时代工会工作要忠诚履职、担当作为，团结带领全区职工群众围绕“走好转型升级、新型城镇化建设、基层社会治理创新”三条路，率先实现城乡融合示范区目标建功立业，书写郊区工会改革创新奋发有为新篇章。

今后五年，全区工会工作的总体要求是：以习近平新时代中国特色社会主义思想为指导，深入学习贯彻习近平总书记关于工人阶级和工会工作的重要论述，认真落实区委、市总工作部署，不忘初心、牢记使命，在思想政治引领上实现新提升，在建功新时代上做出新业绩，在强化维权服务上取得新进展，在深化改革创新上实现新突破，在工会系统党的建设上展现新气象，团结动员全区广大职工为谱写改革开放郊区篇章建功立业。

一、提升政治素质，加强职工思想政治引领，筑牢共同奋斗的思想基础工会事业是党的事业的重要组成部分，工会工作是治国理政的一项经常性、基础性工作。全区各级工会组织只有把职工群众最广泛、最紧密地团结在党的周围，凝聚共识、汇聚力量，才能完成党赋予我们的政治责任。为此，一要用共同理想信念凝聚职工，牢牢把握意识形态工作主导权，在广大职工中开展有特色、接地气的宣讲，推动学习贯彻习近平新时代中国特色社会主义思想走深、走心、走实。善于运用职工群众听得懂、悟得透、有共鸣的方式做思想政治工作，把组织职工、教育职工、引导职工的工作做出实效，引导广大职工坚定不移听党话、跟党走。二要用社会主义核心价值观引领职工，深化“中国梦·劳动美”主题教育，加强以职业道德为重点的“四德”建设，下大力培养和发现各行各业职工践行社会主义核心价值观的生动实践和先进典型，引导广大职工唱响时代主旋律、争做社会风尚引领者。注重发挥主流媒体作用，加强网上舆论引导，亮响工会声音，切实加强传播力和引导力。三要用先进文化感召职工，下大力推进“职工之家”“职工书屋”等文化阵地提档升级，打造一批“五星级”职工精神文化生活新家园。深化群众性精神文化创建，健全完善保障职工文化体育活动的长效机制，培养一批职工文体活动骨干。挖掘一批具有浓郁乡土气息的传统职工文化项目，为职工提供更加丰厚的文化精品，打造更多健康文明、昂扬向上、全员参与的职工文化。

二、紧扣时代主题，组织动员广大职工贡献聪明才智，助推我区现代化建设新蓝图

要牢牢把握工人运动新时代主题，紧密结合我区现代化建设需要，以劳动竞赛为抓手，以职工技能素质为支撑，充分激活广大职工创新创业创造活力，当好主力军，建功新时代。一是强化平台打造。围绕重点工程项目，设立立功竞赛平台，以劳动竞赛成果助力重大项目实施；围绕技术革新，设立创新竞赛平台，积极推进“五小”竞赛活动经常化、规范化、制度化，研究制定全员创新企业、单位的培育选树奖补办法，培植新建一批“劳模和工匠人才创新工作室”；围绕安全健康设立职工安全生产平台，深化“安康杯”竞赛活动，切实做好安全隐患排查和监督检查工作。二是强化人才支撑。围绕建设知识型、技能型、创新型劳动大军，经常性地开展不同类型的职工技能培训和竞赛活动，积极探索内容更广、形式更活、效果更好的职工技能培训新途径。创造条件启动“郊区工匠”评选工作。三是强化激励保障。认真落实劳模管理有关规定，继续做好困难劳模帮扶、劳模健康体检和劳模疗休养工作。大力弘扬劳模精神，营造劳动最光荣、劳动最崇高、劳动最伟大、劳动最美丽的社会风尚。

三、聚焦主责主业，扎实做好维权服务工作，更好满足职工群众不断增长的美好生活需要

今后五年，全区各级工会要牢固树立以职工为中心的工作导向，认真履行工会基本职责，让全区广大职工群众共享改革发展红利，以饱满的劳动热情投身现代化建设。一是着力推进依法维权。积极构建区、乡、村、企四级工会法律援助机构，提高工会系统法律援助的能力和水平，对职工劳动报酬、社会保障等方面的合法诉求提供“零门槛”援助。二是着力完善服务职工工作体系。推动送温暖、阳光就业、送清凉、金秋助学、职工医疗互助等工作实现常态化、制度化、规范化。创造条件推进“互联网+”工会行动计划的实施，尽快实现普惠性服务网络支持的落地见效。建立完善“爱心驿站”“妈咪小屋”“职工心理咨询站”等服务职工载体。三是着力构建和谐劳动关系。组织开展好“集体合同和工资集体协商”工作，健全以职代会为基本形式的企事业单位民主管理制度。加强劳动关系矛盾预防化解机制建设，有效排查欠薪等劳动争议

隐患，努力把矛盾和隐患化解在萌芽状态，为企业健康发展，为我区改革发展稳定做出应有的贡献。

四、围绕增“三性”，持续深化工会改革，不断提高担当作为的能力水平

今后五年，全区工会组织要聚焦保持和增强政治性、先进性、群众性，坚持问题导向，不断改革创新，努力把工会组织建设得更加充满活力，更加坚强有力。一是持续夯实基层基础，切实把《关于推进全区基层工会规范化建设的实施办法》落到实处，推进工会组织和工会会员实名制管理，不断提升“小三级”工会组织建设和工会女职工组织建设水平。坚持改革向基层倾斜，资源向基层汇聚，力量向基层投放，为基层工会工作开展提供有力支持。积极开展“工会组建月”等活动，全面推进大货车司机等“八大员”和农民工入会工作，扩大工会组织的有效覆盖面。推进“15510”工会代表联系职工群众制度，叫响做实职工之家品牌。二是持续完善体制机制。建立以职工满意度为导向的工作评价机制，推行工会基层组织建设动态考核管理，继续优化区总工会机关机构和绩效考核改革。充分发挥政府与工会联席会议制度、协调劳动关系三方机制和工会、人社、司法行政、法院“四方联动”机制作用，积极预防和解决劳动关系领域重要问题。三是持续创新方式方法。积极推进“智慧工会”建设，努力构建互联互通、开放共享、线上线下有机结合，覆盖全体职工会员的工会网上工作体系。探索购买社会服务等方式，为职工提供专业化、精准化、普惠性服务，不断增强工会组织的吸引力和凝聚力。

五、强化使命担当，认真落实党建工作责任制，在工会系统自身建设上展现新气象

今后五年，全区工会系统面临的任务艰巨，责任重大，加强政治建设，全面落实新时期党的建设总要求，层层压实党风廉政建设政治责任，不断优化工会系统政治生态，是完成使命担当的必然要求，也是转变工作作风，不断提高自身建设水平的迫切需要。一要从严从实加强工会机关党组的建设，认真履行党组管党治党政治责任，以党的政治建设统领工会各项工作，切实把“四个意识”“四个自信”“两个维护”内化于心，外化于行。坚持民主集中制，严格执行“三会一课”、民主生活会、民主评议制度、重大事项报告制度，切实增强党内政治制度的政治性、时代性、原则性、战斗性。二要扎实推进工会系统党风廉政建设和反腐败工作。全区各级工会要把党风廉政建设当做政治必修课，带头贯彻执行中央八项规定，凡涉及脱困解困、评先评优、大额资金使用等政策落实和经费管理的事项，都要建立和完善规范性制度，紧盯重要节点、重点领域、重要岗位、关键环节的监督检查，真正形成不敢腐、不能腐、不想腐的长效机制。三要持之以恒加强作风转变。巩固提升“不忘初心、牢记使命”主题教育成果，以求真务实的精神推动工作创新发展。各级工会领导干部要大兴调查研究之风，深入基层，深入一线，紧紧围绕建功立业、维权服务、改革创新、“三基”建设、脱困解困等重点工作，与职工心贴心交流、面对面交谈，实打实服务，做到政治上引领，思想上尊重，感情上贴近，工作上依靠，切实把转变作风转化为工会工作创新发展的实际成果。

各位代表、同志们，新时代赋予工人阶级新使命，新征程呼唤工会组织新作为。让我们紧密团结在以习近平同志为核心的党中央周围，在区委和市总的坚强领导下，不忘初心、牢记使命，团结动员全区广大职工群众奋力建功新时代，为我区走好“三条路”，率先实现城乡融合示范区做出新的更大的贡献。

第二节　经验材料

围绕经济上台阶 全面推进乡镇企业工会组建工作

中共阳泉市郊区委员会

阳泉市郊区辖 13 个乡镇，190 个行政村。全区总人口 24.3 万，其中农村人口 19.2 万。乡镇企业是我区经济发展的主体，使农村实现小康的基石。全区现有乡镇企业 4000 多个，从业人员 68601 人。1992 年，乡镇企业总产值达 10.92 亿元，占到农村社会总产值的 96.7%；乡镇企业总收入达 9.75 亿元，占到农村经济总收入的 89.3%。农民人均收入 1020 元，其中 81% 来自乡镇企业。去年，在全省县级经济整体水平的考核和评价中，我区综合经济实力名列第一。今年，我区乡镇企业继续向着又快又好的方向发展，全区乡镇企业总产值预计突破 15 亿元，总收入预计达到 13 亿元。

乡镇企业的蓬勃发展，造就了一支“离土不离乡、进厂不进城”的新型产业大军，这已成为工人阶级的一个组成部分。加强对这支队伍的领导，无疑摆在了区委工作的议事日程上。为此，我们从 1988 年在乡镇企业组建工会的试点工作开始，到 1992 年推广到年产值百万元以上的企业。现在，全区组建乡镇企业工会 172 家，基本形成了乡镇企业的工会组织网络。实践中我们体会到：加强对乡镇企业组建工会的领导，必须不断提高认识，精心组织，加强协调，充分发挥工会组织积极作用。

一、形成共识，全面规划指导乡镇企业组建工会工作

乡镇企业建工会是新生事物。开始时人们认识不一，争论较多。我们区委在分析乡镇的现状和发展趋势的基础上，大力支持乡镇组建工会，在实践中逐步形成了以下共识：

工业化的需要。十多年来，我区乡镇企业逐步实现了“三大转移。”一是以工为主，兴工致富，由“以粮为纲”的单一型经济向发展多种经营的“综合型”经济转移；二是依托矿业，兴旺百业，由以采掘业为主的“资源型”经济向以发展地面企业为主的“加工型”经济转移；三是深挖内涵，狠上水平，由铺摊子的“外延型”经济向增效益的“内涵型”经济转移。到 1992 年，全区工业总产值达到 9.3 亿元，其中乡（镇）、村办企业产值占到 95.6%。年产值百万元以上企业发展到 228 个，伍佰万元以上企业 38 个，千万元以上企业 8 个。工业化的新格局，为乡镇企业组建工会奠定了经济基础。

小区化的需要。我区以耐火、煤炭、建材、化工、冶金铸造工业及城郊型经济为主的 10 个小区初具规模。这些小区相对独立，集中了全区 80% 以上的骨干企业，规模较大，自成一体。并逐步形成了有行业特色、有竞争力的专业化、集团化的区域经济。小区化的分布，为乡镇企业组建工会提供了便利条件。

股份化的需要。乡镇企业是市场调节的产物。乡镇企业之所以有活力，是因为它从诞生的第一天起。就走进了激烈竞争的市场。但是，随着社会主义市场经济体制的建立，乡镇企业原有的优势退化，机制弱化，“泥饭碗”铁化，已暴露出许多不适应的地方。要适应市场经济，必须以推行股份合作制为突破口，进行乡镇企业新的改革。实行股份制，已不是经营方式的局部调整，而是涉及企业产权制度的重大变革，涉及各方面的切身利益。建立乡镇企业工会，有

利于做职工群众的思想发动和组织引导工作，协调企业内部的关系，调动职工群众参与股份制的积极性，尽快形成“责任共尽、风险共担、利益共享”的新局面，促进企业股份合作制大面积推行。

城市化的需要。随着乡镇企业的发展，我区80%的农民已成为乡镇企业职工，乡镇企业职工占全区职工总数的95%，他们和城市工人一样，与社会化大生产相联系，从事工业生产，参加一些社会活动，享受与城市工人相同的权利和义务，并以工资收入作为全部或主要的生活来源。1992年，我区乡镇企业支付职工工资的1.43亿元，人均工资达2100元。乡镇企业职工已经具备了工人阶级的基本特征，成为城市工人队伍中的新的组成部分。但是，由于受自然经济生产方式和生活方式的影响，他们的小农经济意识较强，这以成为制约乡镇企业发展的主要因素。建立乡镇企业工会，就可以通过各种形式的教育，使乡镇企业职工在思想上、行动上向工人阶级转变，向城市化迈进。

科技化的需要。从“土打土闹修地球”的庄稼人，一跃成为企业职工，参加企业技术改造、技术攻关和科学管理，特别是建设一批高新技术企业，必须要求职工有较高的科学文化水平和熟练技术操作能力。因此，建立乡镇企业工会，组织职工进行业务技术培训，以此提高职工的整体素质，这正是实现企业科技化的根本所在。

基于上述认识，区委把全心全意依靠乡镇企业职工，充分发挥其主人翁作用，作为组建乡镇企业工会的指导思想，提出了积极、稳妥，在试点基础上逐步推开的方针，指导乡镇企业组建工作的有序进行。首先，区委确定在平坦水泵厂、特种水泥厂、旧街汽配厂等6个乡镇企业进行试点，分别建立工会组织。在取得一定经验后，区委召开了常委会会议专题部署组建工会工作。其次，为了真正加强对工会组织的领导，区委把组建乡镇企业工会工作列为全区党建工作的要点，纳入乡镇党委年度工作的考核内容。同时在全区第四次党代会上明确要求，年产值百万元以上企业都要建立工会组织，使全区乡镇企业组建工会工作推上了一个新的水平。

二、加强协调，为乡镇企业组建工会创造良好条件

组建乡镇企业工会涉及方方面面，单靠工会组织一家自身的力量比较困难，区委注重协调有关部门，发挥各方面的力量，配合、支持工会工作，取得了较好的成效。

一是加强乡镇企业党建工作。党组织在乡镇企业中作用，是建立乡镇企业工会的政治保证。为此，我们首先把建立乡镇企业党组织，作为一项重要工作来抓。对行政村建党支部的，以村办企业建立党小组，行政村建党总支的，村办企业建立党支部。目前，全区乡办企业中设置党支部的45个，建立党小组的95个；村办企业中有33个设置党支部，546个建立了党小组。这样，组建工会工作就得到了各企业党组织和党员的大力支持和具体指导。仅党员入会率就达到98%。党政工形成合力，推动了乡镇企业的迅速发展。

二是创造良好的社会舆论环境。区委注重对各级干部进行思想发动，把宣传乡镇企业建工会的重要性纳入对各级干部的教育计划，区、乡两级党校组织有关干部进行专题培训，提高了干部的思想认识。同时发挥各种舆论宣传工具的作用，对群众进行广泛宣传。广播、电视、报刊进行专题报道，宣传乡镇企业工会试点单位的经验，提高全社会对乡镇企业建工会的认识。由于宣传发动广泛深入，已建会的乡镇企业职工入会人数达到80%以上。

三是落实工会干部的编制和待遇。全区13个乡镇都建立了工会工作委员会，委员会主任均由乡镇党委副书记兼任，乡镇企业管理站（或乡镇经委）的一名副职担任工会工作委员会副主任，主持乡镇工会工作。已建立的企业工会主席按同级副职配备。工会主席是党员的，都已进入了同级党的领导班子。同时对企业工会主席在生活上予以照顾，鼓励他们全身心地投入工会工作。

四是保证工会经费来源。首先依靠拨缴会费，保证专款专用。除了会员交纳的会费外，建立工会组织的企业按全部工资总额的2%向工会拨缴经费。其次，在企业经营状况许可的情况下，兴建了一些工会活动设施。全区有73%的企业工会已建立了文体活动室和书报阅览室。同时积极支持工会兴办第三产业。去年，我们积极鼓励乡镇企业工会兴办直接为职工群众服务的经济实体。目前，我区各级工会已建起30多家三产企业，有效地改善了职工福利条件和工会活动条件。

五是支持区总工会工作。乡镇企业组建工会工作是由区总工会具体组织实施的。为此，在加强乡镇企业组建工会的同时，十分重视和支持区总工会工作。区委每半年召开一次常委会会议，专题研究工会工作，对乡镇企业建工会提出具体任务和明确要求。为加强领导力量，区总工会配备了一正三副领导班子。同时，分别确定一名区委副书记和政府副区长分管和协调此项工作。这些组织措施，极大地调动了工会干部工作的积极性。区总工会十分重视自身建设，把工作重点放到基层，落实在乡镇企业，推动了全区乡镇企业工会的组建工作。

三、积极支持，充分发挥乡镇企业工会的作用

我们积极支持乡镇企业工会创造性地开展工作，较好地发挥了乡镇企业工会的积极作用。

1. 在企业民主管理中，发挥了职工的主人翁作用。工会积极组织职工参加企业民主管理，充分发挥职工的主人翁作用。第一，工会履行职工代表大会的日常工作机构的职能。我们根据乡村企业的实际，参照城镇职工集体企业条例，确定工会委员会行使职工代表大会工作机构的职权，负责职工代表大会的日常工作，使职工代表大会的日常工作有人抓、有人管，从组织上为充分发挥职代会作用创造了条件。第二，工会参加企业改革和生产经营方针、发展规划等重大问题的讨论审议。企业在作出重大决策前通过工会提交职工代表大会酝酿审议，工会集中职工代表的意见反馈上来，经过自上而下、自下而上地商讨研究，再作出决定，使职工的合理意见和要求得到较为充分的考虑，提高了企业决策的透明度，促进了企业管理的民主化和科学化。第三，工会积极开展以“双增双节”“合理化建议”为主要内容的劳动竞赛活动。广大职工把厂事当作自己的心事，为企业分忧，为厂解难。据统计，1992年，共提合理化建议3651条，采纳实施后实现产值698.6万元。第四，部分乡镇企业工会在党组织领导下，组织开展了民主选举厂长（经理）和民主评议中层以上干部活动，使一批职工信得过、群众基础好的同志走上了企业领导岗位，密切了干部与职工的关系，也增强了干部对职工负责、对企业前途负责的责任心。总之，工会通过多种途径和形式，代表职工在企业管理中行使民主权利，参与重大问题的决策，较好地体现了职工的主人翁地位。

2. 在维护职工利益的工作中，发挥了监督和保证作用。工会积极督促企业行政尽可能改善职工的工作和生活条件，维护职工的合法利益。在劳动保护方面，各级工会建立了劳动保护

监督网络，定期对有毒有害岗位进行检查，发现污染超过标准及时反映，督促有关部门落实措施。对一些劳动强度大的苦脏累岗位，及时协调和监督行政部门通过技术改造和工艺更新改善劳动条件。在关心职工生活方面，督促企业兴建必要的生活福利设施，使职工福利不断改善。不少企业的工会还建立了职工互助储金会、劳动互助小组，帮助困难职工排忧解难。一些工会还建立了职工“五必访”制度，即职工大病住院必访，人工流产必访，婚丧喜庆必访，突发性灾难必访，家庭纠纷必访。及时把党的温暖送到每个有特殊困难的职工心坎上，使职工通过这些具体事情，深切感到共产党好，社会主义好。工会还积极调解职工之间、职工家庭成员之间的矛盾纠纷，帮助职工消除隔阂，融洽感情，心情舒畅地投身于工作和学习。

3. 在企业思想政治工作中，发挥了党组织的助手作用。多年来，我区乡镇企业工会积极配合企业的党组织，开展深入细致的思想政治教育，对提高职工的政治思想素质，促进企业的两个文明建设，发挥了重要作用。乡镇企业工会根据党组织的部署，普遍建办了企业职工学校，通过建立政治学习制度，采取业余学习、办班培训等多种形式，有的放矢地进行多种内容的思想教育。一是优良传统教育，引导职工认清自身肩负的历史责任和必须继承发扬的工人阶级光荣传统，树立远大的理想，增强主人翁责任感。二是改革开放教育，引导职工联系实际，充分认识改革开放是强国富民之路，正确处理眼前利益和长远利益的关系，增强了职工对改革的承受能力，促进了改革的顺利进行。三是形势任务教育，引导职工克服小富即安、小步前进等小农经济观念，确立打破常规、跳跃式发展的战略思想，增强了职工同心协力参加技术和工艺的攻关，收到了较好的效果。

今后，我们要全面贯彻好全省乡镇企业工会工作会议的精神，趁东风，抓机遇，努力学习兄弟县区的宝贵经验，加大工作力度，进一步探索加强和改善党对工会工作领导的新途径，充分发挥乡镇企业工会组织的作用，更好地团结和带领乡镇企业的广大职工，为推进全区经济上台阶，提前六年达小康，做出不懈的努力。

（1993年10月山西省乡镇企业工会工作会议典型材料）

坚定信念抓组建 拓宽领域求发展

阳泉市郊区总工会

拓宽工作领域，在乡镇企业中建立工会组织，是历史赋予区工会的神圣职责，也是区工会投身改革和经济建设的一项紧迫任务。1988年以来，我们按照全国和省市总工会的要求，紧紧依靠区委的领导，围绕经济建设这个中心，坚持不懈强抓乡镇企业工会的组织发展和巩固提高，拓宽了工作领域，在发挥职能作用和加强自身建设方面，进行了有益的探索，积累了一些经验。现分三个问题汇报如下，不妥之处请批评指正。

一、围绕中心把乡镇企业工会工作纳入小康总体战

十一届三中全会以来，我们阳泉市郊区在党的正确路线和富民政策指引下，乡镇企业得到

了长足发展，截至1992年底，全区乡镇企业发展到4392个，是1978年的近6倍，乡镇企业总产值为10.92亿元，占全区社会总产值的96.7%。乡镇企业总收入为9.75亿元，占全区农村经济总收入的89.3%。乡镇企业已远不止是“三分天下有其一”，已是“十分天下有其九”，成为国民经济的重要支柱，处于举足轻重的地位。我区农村的经济综合实力荣登全省二十强之首，六项主要经济指标在全省名列前茅，乡镇企业首当其冲，立下了汗马功劳。乡镇企业的迅速崛起和蓬勃发展，造就了一支“离土不离乡，进厂不进城”的产业大军。乡镇企业从业人员达到68601人，占全区劳力总数的79.14%。他们以主人翁姿态投身于改革和建设中，已成为同心协力登台阶，加快步伐奔小康的主力军，成为中国工人阶级的新型队伍。

面对乡镇企业职工迅速壮大的现实，我们在乡镇企业中组建工会，大致经历了三个阶段。我们于1988年开始着手于乡镇企业组建工会的试点工作，在调查摸底，制订方案的基础上，区总工会贯彻“积极、慎重、稳妥”的方针，先行试点，整体推进，首先在基础较好的乡镇企业中组建工会。第一批建会的有平坦水泵厂、特种水泥厂、旧街汽配厂等24个企业，入会会员共计1878人。这些工会在企业党政领导的大力支持下积极开展建家活动，全面履行各项职能，努力加强自身建设，取得了成功的经验。在此基础上又迈出了第二步，建立了23个村办企业工会和一个私营企业工会，把工会领域扩展到乡以外经济组织。在号称阳泉郊区第一村的韩庄钢铁厂，在人均收入全区第一的汉河沟煤矿，在实力雄厚远近闻名的千亨耐火厂，组建工会。虽然时间不长，但却发挥了应有的作用，显示出旺盛的生命力。两战大捷，我们抓准时机，主动出击，从今年7月中旬开始，着手在全区乡镇企业中普遍建立工会组织，从而迈出了第三步。截至目前，全区220个年产值在百万元以上的企业，已有172个组建了工会，拥有会员16385人；其中乡镇企业工会32个，会员2634人，占乡镇办企业职工总数的84.2%；从而使乡镇企业工会工作进入了一个新的时期，出现了前所未有的局面。

围绕经济建设这个中心，把乡镇企业工会工作纳入小康的总体战，这是我们的基本做法，也是一个最深体会。今年6月下旬，在我区第六次党代会上，区委充分肯定了乡镇企业在国民经济中的重要地位和为振兴郊区经济做出的巨大贡献，充分肯定了工会组织在乡镇企业中发挥的积极作用。明确提出了打好小康总体战，实现提前6年达小康，建设高标准小康区的宏伟目标，必须全心全意依靠工人阶级，充分发挥主人翁作用。把年产值在百万元以上的企业都要建立工会组织，作为一项与中心工作密切关联的重要工作，作为各级党组织的一项重要任务，得到了明确并肯定下来。我们立即动手，很快拿出《关于全区乡镇企业普遍建立工会组织的实施意见》，以区委文件批转各乡镇，要求凡具备条件的乡镇企业都要建立工会组织，年产值百万元以上的企业必须建立工会，各乡镇相应成立工会工作委员会。

加强党的领导是搞好组建工作的根本保证。正是由于我们把组建工作纳入中心工作的轨道，也正是由于工会组织把搞好经济建设作为自己的主要任务之一，因而得到了区委和各乡镇党委的高度重视和全力支持。区委常委会议几次专题研究，王克恭书记、段永章区长多次过问，分管工会的皇甫明儒副书记亲自主持动员，亲自听取汇报，检查督促组建工作。义井乡把组建工作作为一项关系社会稳定和经济发展的政治任务来完成，党委副书记专门抓组建，党政一把手亲自出席成立大会，国庆前，21个百万元企业全部组建了工会，挂了牌子。

二、全力以赴为开拓工会工作的新领域当好排头兵

我们认为，悄然兴起和蓬勃发展的乡镇企业为工会工作提供了新的领域，使区总工会充分发挥职能作用有了广阔的用武之地。我们区工会处于城乡接合部，理应承担起在乡镇企业中建立工会组织的全部职责，当好拓宽领域的主攻手和排头兵，为此，我们着重抓了以下四个关键环节：

第一环节是抓宣传发动，大造舆论形成声势。乡镇企业职工是不是工人阶级的一部分，乡镇企业要不要建立工会组织，众说纷纭，看法不一。由于受“不宜组建论”的影响，加之对工会组织的职能作用缺乏全面了解，职工怕交会费，厂长怕受约束，组建工作遇到阻力。为了澄清模糊认识，打开局面，我们从宣传教育入手，翻印《中华人民共和国工会法》和《阳泉市乡镇企业工会工作暂行规则》10000 册，编印宣传材料 5000 份，利用各种形式，广泛宣传工会知识，宣传乡镇企业职工与社会化大生产相联系，以工资收入为主要生活来源，已经具备了工人阶级的基本特征，由农民到工人的转移已成为历史发展的必然趋势。宣传教育收到了预期效果，厂长经理们改变了看法，职工群众纷纷要求填写《会员登记表》。例如荫营镇厚源实业公司耐火厂，初开始志愿入会的寥寥无几，通过学习文件，人们提高了认识，全厂 86 名职工，有 82 名加入工会，入会率达到 95.3%。

第二个环节是抓断层连接，建立乡镇工作机构。在乡镇企业建立工会组织并开展工作，乡镇一级作为承上启下的中间环节显得至关重要。多少年来，乡镇设有共青团、妇联会，但一直没有工会组织。组建试点的一、二阶段，一般是区工会一竿子插到底，虽然离不开乡镇领导的支持，但直接参与并不见多。进入普遍组建的第三阶段，光靠区工会的力量就显得力不从心，如何联结乡镇这个断层，便成为一个刻不容缓的问题突出地表现出来。1991 年 9 月，我们首先在居住分散而乡镇企业比较集中的旧街乡组建了工会工作委员会。一年以后，我们又在人口相对稠密，乡镇企业相应发达的荫营、河底两镇组建了工会工作委员会。一乡两镇工会工作委员会作为区总工会的派出机构，在依法履行职能，拓宽工作领域等方面，发挥了应有的作用，取得了可喜的成绩。到今年七月，按照区委的要求，全区 13 个乡镇全部成立了工会工作委员会，党委专职副书记兼任主任，另配备一名常务副主任负责日常工作，使区总工会与乡镇企业工会之间的断层得到连接。

第三个环节是抓干部配备，从严要求选贤任能。我们具体要求各乡镇，在认真考察，广泛听取各方面意见的基础上，选拔那些拥护党的领导，坚持基本路线，道德品质好，思想觉悟高，组织观念强，热心工会工作，群众拥护，办事认真，年龄一般不超过 50 周岁的同志，列为工会主席候选人，通过会员提名和党组织推荐的办法，提交会员大会或会员代表大会，依照法定程序，进行民主选举。在具体实施中，根据乡镇企业现状，为了不给企业增加负担，工会主席一般不设专职，由副书记、副厂长或年富力强的科室车间领导兼任。不管哪种情况，均按企业副职对待。

第四个环节是抓依法办事，组建程序力求规范。在具体指导上，认真把好“五关”：一是会员登记关，必须是职工志愿加入，职工入会率不能低于 80%；二是两委构成关，工会委员会和经费审查委员会由 3 至 5 人组成，两委人选不得相互交叉，有女工的企业必须建立女职工委

员会或设一名女工委员；三是民主选举关，到会人数必须超过应到人数的三分之二方可选举，赞成票数超过应到会人数的二分之一始得当选，一律采用无记名投票的表决方式；四是建会挂牌两关，两委选举产生后，随即举行热烈而庄重的挂牌仪式，会牌比照厂牌规格制作；五是完善制度关，帮助新成立的工会建立有关学习、工作、会费收缴、经费上解等项活动制度，从完善制度入手，达到巩固提高之目的。

三、锲而不舍在履行职能和自身建设上狠下硬功夫

我们说，任何事物都是内容和形式的完美统一。形式再好，如果没有内容便失去其存在的价值。乡镇企业工会组建以后，如何开展工作？区工会如何正确指导乡镇企业工会工作？这两个问题伴随第一家工会成立的鞭炮声，便尖锐地提了出来。几年来，我们以锲而不舍的精神努力探索，力求找到一个满意的答案。在这方面，我们着重抓了认真履行工会职能和努力加强自身建设的工作。

1. 认真履行维护职能。乡镇企业工会成立以后，我们急职工所急，想职工所想，从关心职工生活，帮助解决实际问题入手，大到劳动保护，安全生产，生老病死，小到生活福利，柴米油盐，家庭琐事，处处为职工说话办事谋利益。建立工会组织的企业，大都改造和新修了食堂、澡堂、理发室、医疗室等生活福利设施，80% 的企业实行了退休养老保险制度。成立最早的旧街乡各企业工会，把履行维护职能放在突出位置，挂车转盘厂工会督促企业行政按时按量发放劳保用品，安全生产常抓不懈，连续 6 年无生产事故发生。交通机械厂工会协助行政建起了面积为 35 平方米，装有 8 个淋浴器的职工澡堂。汽车配件厂职工孙润生家庭生活拮据，其父有病无钱医治，厂工会把 200 元困难补助金及时送到家中，解救燃眉之急。依法维护基层工会组织合法权益不受侵犯，也是维护职能的重要方面。有一个乡办企业工会，经批准办起了经销部并盈利 9 万多元。厂长眼红，见利忘义，擅自更换印鉴。区总工会知道后，立即出面交涉，纠正了这起侵权行为。

2. 认真履行建设职能。我区乡镇企业工会履行建设职能，主要通过组织开展以“质量、品种、效益”为主要内容的社会主义劳动竞赛来实现的。本着增强活力、完善机制、提高效益这一宗旨，通过“双增双节”“合理化建议”“当主人比奉献”等活动，大大促进了企业生产经营任务的完成和经济效益的提高。乡镇企业工会组织攻关搞革新，优质高效提建议，预防事故保安全，开源节流创效益，极大地激发了广大职工的主人翁责任感和生产积极性。青山水泥厂是西南舁乡的一个主干企业，年产值 1031 万元，利税 92.77 万元。今年春，为了改变生产线因“两头尖中间小”知识生产能力达不到涉及要求的状况，厂委会提出了对一号回转窑进行改造的方案，需停产 6 个月，减产 3 万吨，减收 600 万元，还需投资 700 万元。因而未能在职代会上通过。厂工会发动职工提合理化建议，最后采纳了“新增一条回转煅烧熟料生产线”的建议，由厂工会主席李玉牛亲自挂帅组织实施，仅 162 天就全部完工并投入生产。不仅没有停产，而且比原方案提前 20 天，节支 200 多万元，年可增产 1.5 万吨，增收 300 万元。

3. 认真履行参与职能。加强民主监督，实行民主管理，是工人阶级主人翁地位的具体体现，而这个问题在乡镇企业又是个薄弱环节。为此，我们参照《企业法》和《全民所有制企业职工代表大会条例》的有关规定，帮助建立工会的乡镇企业试行职工代表大会制度。工会作为常设

机构，定期组织召开代表会议，听取厂长的报告，讨论决定本企业的重大事项。我区建会最早的平坦水泵厂工会，一直坚持职代会制度，除审议报告，参与重大事项决策外，还实行了对科室班组以上干部的民主评议，效果很好。上一任厂长，由于经营无方，挥霍无度，导致企业产量减少，效益下降，群众意见很大。今年 7 月召开的第五次职代会通过了罢免决议，得到了乡党委的高度重视，很快做出了批复，免去了其厂长职务。职工群众高兴地说，咱们工人是平泵的主人，平泵这个家咱要一直当下去，平泵这个主咱要做到底。

4. 认真履行教育职能。我们认为，教育职能是多方面的，可以概括为一体两翼。一体是培养四有职工，两翼是思想政治教育和文化技术教育。义井乡特种水泥厂工会，组建于 1988 年 9 月，现有会员 253 名。他们把正面灌输与多样活动相结合、思想教育与职业培训相结合、物质关怀与精神倡导相结合，以双基教育、书画展览、职工演讲、歌咏比赛、技术比武、文艺汇演和体育比赛等内容和形式，每年举办一至两次规模较大，影响范围较广的活动。他们通过请进来传授和走出去请教的方法，组织职工参加文化补习，进行专业培训，已有 32 人取得了工程师、技师、技术员、会计员、统计员等专业职称。他们生产的硫酸盐特种水泥填补了省内空白，快凝水泥在国内外连获金奖。据统计，全区建有工会的乡镇企业，普遍建有职工学校和培训组织，参加学习和培训的学员占到总数的 80% 以上。乡镇企业工会的成立，有力促进了全区职工文体活动的开展。今年 8 月下旬，我们举办了第二届职工运动会，由于乡镇企业职工以乡镇组队参加，无论是参赛人数还是竞技水平，都大大超过了首届职运会。五个大类的 24 个第一名，有 20 个被乡镇企业职工队获得。

5. 努力搞好自身建设。这是乡镇企业工会依照《工会法》《中国工会章程》规定，履行好“维护、建设、参与、教育”四项社会职能的前提条件和基本保证。为了不断加强乡镇企业工会的思想建设和组织建设，我们着重抓了以下工作：一是民主选举干部。工会的所有干部，从主席到小组长，全部通过民主程序选举产生，任何组织和个人无权随意更换，从而保证了工会干部的相对稳定。二是定期培训干部，首批乡镇企业工会组建后，我们及时举办了新任工会主席培训班，系统讲解了工会理论和有关工会工作的基本知识。近年来，我们先后举办了劳动竞赛、民主管理、权益维护等专题培训班，有 360 多人次参加了学习。三是建立完善制度。从成立之日起，基层工会就根据工会章程，建立各种规章制度，并在实践中不断加以完善。区工会通过听取汇报、调查检查、评比考核，保证工会章程和各项规章制度得以兑现。四是开展建家活动。区总工会做出开展以“创五好、争模范”为主要内容的建家竞赛活动的决定，采取逐年考核评比，逐级申报评定的办法，每两年进行一次表彰，以“五好”工会、模范工会为表彰重点，同时表彰八个方面的单项先进集体。几年来，我们共表彰了 28 个先进集体和 64 个先进个人。弘扬了正气，激励了斗志，推动了乡镇企业工会工作的健康发展。

以上是我区乡镇企业工会工作的一些情况。回顾几年来走过的路程，我们深深感到，各级党委高度重视，加强领导是搞好乡镇企业工会工作的保证，区工会认准方向坚定信念，积极主动是搞好乡镇企业工会工作的关键，加强自身建设，发挥基层组织的职能作用是搞好乡镇企业工会工作的基础。在今后的工作中，我们要虚心向兄弟县区学习，取人之长，补己之短，加倍努力，顽强拼搏，为使我区乡镇企业工会工作达到一个新的水平而努力，以实际行动迎接全国工会十二大的胜利召开。

（1993年10月山西省乡镇企业工会工作会议典型材料）

强化工会职能 增强企业活力

阳泉市郊区青山水泥厂

我们青山水泥厂，1986年正式投产以来，经过七年的滚打奋战，艰苦创业，现已发展成为拥有固定资产1700万元，职工450人，工会会员420人，年产普通硅酸盐425#、625#水泥8.5万吨，产值1800万元的全省乡镇建材行业中规模较大的乡镇办企业之一。

1989年，厂工会成立以来，在上级工会和厂党支部的正确领导下，紧紧围绕经济建设这个中心，牢固树立依靠职工办好企业的指导思想，全面履行工会的四项社会职能，充分调动职工的生产积极性，进一步增强了企业活力，促进了企业的全面发展。1990年以来，产品连续3年保持省优、部优。企业先后荣获区级“双文明单位”、市“一级企业”、全国“全面质量管理优胜企业”和“全国地方旋窑十佳优胜企业”的光荣称号。厂工会也被区总工会授予“先进职工之家”。

下面，就厂工会近年来的一些做法，向与会领导和同志们汇报一下：

一、以教育为先导，在提高职工素质和企业整体素质上下功夫

乡镇企业要想在市场经济的大潮中，站稳脚，图发展，根本的出路在于克服先天不足，而提高企业素质，首先要提高职工素质。基于这样的认识，针对我厂职工队伍小农意识浓，技术素质差，还不适应现代化生产的状况，厂工会把对职工的思想政治教育和业务技术培训作为自己的首要工作，抓在手上，落在实处。首先建立了以工会副主席为首的职工教育领导组，组织培训了一支由工会宣教委员、工会小组长、工会积极分子参加的宣教骨干队伍，制定了“职工教育纲要”和“职工教育工作规划”。基本做到了机构落实，队伍落实，工作落实。其次，开辟宣教阵地。我们在厂区和车间设立了板报、专栏，办起了“知识栏”“新风赞”等职工教育园地，运用这些阵地及时宣传党的路线、方针、政策，宣传好人好事，树立典型、榜样。最后，坚持开展了以“双基”“四职”“三热爱”教育为主要内容的系列教育。我们通过讲座、知识竞赛、演讲等多种形式，向职工进行正面教育。据统计，近年来共举办讲座30多次，受教育职工达9000人次。多渠道、多形式的思想政治教育，使职工的思想觉悟大为提高，增强了职工的主人翁责任感，树立了“厂兴我荣、厂衰我耻”的良好风尚。1991年年初，由于连续几天下大雪，原料生产受到严重影响。当时，正值春节，许多临时工回家过节，厂原料库存又不多。在这种情况下，原料车间的职工在工会小组长的带领下，自发组织起强壮劳力，充实到采石生产第一线，顶风冒雪，连续奋战30多天，保证了原料的供应和全厂的正常生产，令人感动的是，他们白天晚上连班干，却没有一人享受加班报酬。目前我厂职工自发组织义务劳动蔚然成风，爱厂如家的主人翁行动随处可见。据不完全统计，近三年，职工自发组织和工会组织各类义务

劳动80多次，义务投工18000多个，节约资金23万元。

我厂职工来自农村，技术知识和理论知识极为贫乏，莫说是适应今后的社会化大生产，就是适应现行的生产和管理，也显得较为吃力。面对这样的现状，我们积极与厂支部和行政联系，取得企业的领导与支持，投资3万多元，于1990年7月1日正式创办了“青山水泥厂职工学校”。开展了全员性的企业职工专业技能培训工作。办校三年来，我们克服了教材、师资等困难，先后开办了水泥工艺、全面质量管理、质检化验、财会统计，企业管理、机电技术等各种类型的专业技术培训班21期，受培人员850多人次，受培率达到100%。在此基础上，厂工会配合行政推行了规范化工作法，通过严格的技术理论考试，共发放岗位操作证388本，职工工作考核证450本，使各台设备的持证上岗率达到了100%。既强化了安全操作规程，又激发了职工岗位技能争先的竞争意识，统计表明，1992年设备运转率较1990年提高了28%；设备完好率较1990年提高了20%。仅机电设备维修费用一项，就为企业节约了15万元之多。此外，我们还采取内外培训与职工自学相结合的措施，鼓励职工自学成才，岗位成才。近年来，先后有4人被选送到省建材学校进行脱产学习；有80多人选派参加了国家和省、市、区、乡各级举办的专业技术培训班，并有70多人领取了国家承认的各类专业证书；投资4万多元资助了90多名各种类型的大中专函授生。我们还积极与国家建材设计院和省建材局联系，签订了常年技术咨询协议，多次聘请高级工程师来厂对技术尖子进行重点授课，从而为企业的生产和发展培养造就了大批专业技术人才，使我厂有了自己的职校教师。几年来，共培养出经济师2名，工程师5名，助工6名，技术员85名，具有四级以上技术等级的人员385人，全厂平均技术等级为三级，全员劳动生产率29000元。

二、以提高企业经济效益为目的，组织开展全方位、多形式的“三创”竞赛

成立工会前，我们对劳动竞赛的涵义并不十分了解。厂工会成立后，积极主动地开展了以“创新、创优、创先”为主要内容的“三创”立功竞赛。经过几年的实践，认识到开展“三创”立功竞赛是工会服务于经济建设的有效途径。我们的具体做法是：

1. 围绕水泥行业，开展“创新”立功赛。企业的生存与发展，固然有多种因素，但最关紧要的是要有占领市场的拳头产品。否则，工厂就没有生机和活力。开发新、优产品，不仅关系着企业的眼前利益，而且关系着企业的命运和前途。因此，我们积极鼓励岗位成才，把“创新”作为竞赛活动的一项重要内容，围绕水泥行业，开展了创新竞赛，取得了显著成效。研制成功了“煤研石在水泥中的应用”科研项目，并经市科委组织省内有关专家评审，评为省内先进水平，获“市科技进步二等奖”，为社会治理“三废”7000多吨，为厂节支15万元；研制成功了硅酸盐系列R型425#、625#快凝水泥，并经国家级鉴定均优于国际先进标准。

2. 团绕节能降耗，开展“创优”立功赛。大力开展“双增双节”活动，是立足企业，眼睛向内，进行挖潜、革新、改造的重要措施，是提高产品质量、降低产品成本的有效手段。通过这一活动，强化了广大职工勤俭办厂、厉行节约的主人翁意识，树立了积极创优的自觉性和主动性。去年，在厂党政工的统一领导下，广大职工积极响应，大胆实践。在生料磨系统率先采用微机配料，使生料磨出碳酸钙合格率由原来60%提高到88.5%以上，采用此项新技术后，

使回转窑运转周期由原来的50天延长到112天，创建厂以来最新纪录，节支13万元，增收19万元。岗位创优使熟料台时产量也由原来的4吨/小时提高到5吨/小时，年增产水泥1万吨，增收200万元。

3、围绕整体工作，开展“创先”立功赛。围绕工厂各项工作，我们实行了“五挂钩”的办法，即以竞赛效益为基础，以工作夺标、各类比赛争冠为尺度，与生产奖、节约奖挂钩；与评先进班组、先进个人挂钩；与晋级、定职称挂钩；与入党提干挂钩；与进修学习、疗养挂钩，有效地调动了广大职工的积极性、创造性，使劳动竞赛更富有内在活力。今年1—8月份我厂创产值504.4万元，比上年同期增长74%，创收874万元，比上年同期增长74%，创税87.4万元，比上年同期增长88.4%，全厂设备运转率平均达到了87%，“三创”竞赛不但受到了广大职工的欢迎，也受到了企业党政领导的重视和支持，被看作是前途广阔的工作。

三、以维护为基础，在办实事、办好事上见效果

关心职工生活，为其排忧解难，维护其合法权益，是工会密切联系群众的要求，也是新时期工会工作的着重点。厂工会成立以来，我们始终把替职工说话办事，为职工排忧解难看作是工会组织生命力之所在，在力所能及的基础上，为职工做了一些实际的工作。

我厂是个乡办企业，地处偏僻，交通不便，文化生活贫乏，职工又来自全乡十多个村庄。从这一情况出发，工会积极主动地与行政协商，反映职工的困难，取得行政的支持，为职工办了许多好事、实事。第一，购买了两辆大轿车，每天接送职工上下班，解决了路途较远，遇有风、雨、雪天不能正常上班的困难。第二，累计投资20多万后，先后开办了“一家、一校、三室、三队”。即：职工之家、职工学校、文化室、图书室、游艺室、体育队歌舞队、宣传队，并新置了职工文化体育活动器械，从而极大地丰富了职工的业余文化生活，企业也显得朝气蓬勃。第三，投资20多万元，先后为全厂职工办理了养老保险、人身保险、家财保险等福利事业，并在工会的建议下修建了职工澡堂。第四，积极进行扶贫救济，改善职工生活，提高职工福利待遇。厂工会近两年扶贫6户，救济伤老病残职工18户，累计资助现金4500元，白面1000斤，煤炭30多吨等。除此之外，还经过调查，积极与行政协商，使1993年度职工各种福利都有了很大提高。如医药费每人每月6元，生活补助每人每班0.6元等。

我们把广大职工的切身利益放在心头，想职工之所想，急职工之所急，使乡镇企业的职工感到了工会组织的温暖，从而更加增强了工会的感召力、企业的凝聚力，形成了职工与企业同呼吸、共命运、心连心的可喜局面。

总之，近年来我们青山水泥厂工会虽然做了一些工作，取得了一些成绩，但与形势的要求，与兄弟单位相比，还差距很大。我们决心再接再厉，向先进单位学习，为进一步开创乡镇企业工会工作的新局面而努力奋斗！

（1993年10月山西省乡镇企业工会工作会议典型材料）

村办企业建工会支部有了好帮手

阳泉市第三钢铁厂党支部

我们第三钢铁厂是郊区的一个村办企业。是从三中全会前一个年收入不足50万元的铸造厂滚动发展成为拥有固定资产上千万元，冶炼铁、铸造、炼钢、轧钢一条龙生产的集团化企业。全厂现有职工940名，党员48名，工会会员710名。1992年工业总产值达到3560万元，缴纳国家税金120万元，人均纯收入达1461元，是郊区规模最大、产值收入最高的乡镇企业。

商品经济的发展，促进了乡镇企业的迅速崛起，同时也造就了一批“离土不离乡，进厂不进城”的职工队伍。为提高职工的政治地位，保障职工的合法权益，充分发挥职工的主人翁精神，最大限度调动了职工的生产积极性，从而满足了广大职工群众的愿望和要求，在我们党支部和区总工会的积极指导下，成立了阳泉市第三钢铁厂工会。厂工会成立之后，结合本厂实际，紧紧围绕生产建设这个中心，极大地调动了职工生产积极性，增强了企业活力，提高了企业经济效益，连续七年保持了市、区先进集体、明星企业，文明单位、特级信用企业和市一级企业等荣誉称号。下面，就我厂党支部积极组织支持组建工会，大力帮助工会开展工作的一些做法向大家作一汇报。

一、统一思想提高认识组建企业工会

乡镇企业是在党的十一届三中全会之后崛起的农村工业，乡镇企业的发展，进一步巩固和壮大了农村集体经济，是建设有中国特色的社会主义新农村的必由之路。随之而来，一支由农民转化来的工人阶级新队伍便诞生了。如何组织和发动这支新型的职工队伍为企业的生存和发展献计出力，则是摆在我们面前的迫切任务，正当我们忧心忡忡之际，新闻报道了南方乡镇企业突飞猛进，工会起了极其重要的促进作用的消息，我们得到了启示，于是下决心组建工会。可是，企业建立工会对于我们来说还很陌生，干部和职工对工会还不了解，有的同志认为，乡镇企业是农村经济组织，只要抓好生产和销售就行，建不建工会无关紧要；有相当大一部分干部职工对建工会的目的、意义不明确，认识模糊。我们党支部在区总工会的大力帮助下，针对这一问题，多次召开支委会议进行研究，采取了“两摆两看”的方法：一摆企业的现状，看企业建立工会的必要性。我们认识到，工会是在党领导下的工人阶级的群众组织，在乡镇企业迅速发展，团结带动企业广大职工为经济建设作贡献中可以而且必然发挥其重要作用。现在，我们的企业已形成了一定的生产规模，职工队伍相对稳定，这些都符合组建工会的条件，同时我们也感到，企业建立工会不仅是完善企业党政工领导体制，促进企业健康发展的需要，而且也是搞活企业、增强企业凝聚力的有效途径。二摆职工状况，看企业建立工会的重要性。1992年全村83%的劳动力从事乡镇企业，这些人已逐步成为工人阶级队伍中的一支新生力量，通过工会组织不断提高这支新型职工队伍的组织程度，向职工进行政治思想教育，帮助职工提高文化技术素质，逐步摆脱自然经济和小农生产的传统观念，成为现代化、社会化大生产的劳动者，成为有理想、有道德、有文化、有纪律的“四有”新人，就显得尤为重要和迫切。

我们在统一党支部一班人思想的前提下，积极开展工作，与厂委会一同学习有关文件，提高大家对组建企业工会的认识，在职工中，我们充分利用广播、标语、板报以及会议形式，大讲工会在企业中的地位和作用，广泛宣传，启发教育，使广大职工加深对工会的认识。从思想上产生了对工会的热爱和向往，在条件成熟的情况下，在区总工会的具体指导下，正式成立了阳泉市第三钢铁厂工会。

二、齐抓共管制定措施增强企业实力

企业组建工会之后，为使这一新生事物茁壮成长，我们党支部和厂委会领导非常重视工会工作，让它“从小”就有独立的工作能力，绝不能成为空架子，有名无实，流于形式。在选拔工会干部工作中，我们选拔了具有一定工作能力、年富力强的一名总厂副厂长担任工会主席，其他成员都是各分厂有能力的领导骨干，思想好、素质高。我们始终把工会工作列入党支部和厂委会工作的议事日程。在工作初期，针对工会的工作新、干部新的特点，积极支持帮助工作，与他们谈心，制定工作方案，解决实际问题，共同商讨如何根据企业实际情况开展工会工作，采取了三项措施：一是宣传教育。提高干部和广大职工对工会工作的认识，提高工会干部工作能力、业务素质，树立工会在广大干部和职工群众中的威信。我们举办了干部职工群众600余人参加的工会知识培训班，大讲工会的性质、地位、职能、任务和在企业中所起的作用。通过培训学习，增进了对工会工作的进一步了解，增强了广大职工群众的主人翁自豪感。二是具体帮助。在各种会议上，我们大讲工会在企业中的地位，树立威信，壮胆助气；要求各车间、班组都要提供方便，给予支持和配合，并且要按规定拨付工会经费，保证工会的正常活动。三是要热情关怀，提出要求。做到既要热情关怀，又要严格要求。对工会工作的计划、任务、措施，我们党支部都要过目，审查，完善，从而使工会工作很快打开局面。

在1992年钢材市场走俏的机遇面前，我们党支部、厂委会依靠厂工会积极组织广大职工开展“抓机遇、超任务、创高产、增效益”的劳动竞赛活动。在厂工会的精心组织下，广大职工加班加点超额完成生产任务，特别是轧钢年间的工人一人要连两个班，一干就是十几个小时，三班任务两班完，两天任务一天完，苦干实干，不计个人得失，使生产突飞猛进。厂工会看到工人的实干热潮，积极同厂委会联系，给职工投资5000元安装了茶炉，发放白糖、茶叶等各种防暑饮料，并组织厂部勤杂人员到第一线送茶送水，使工人都感激地说：“还是工会好，想得周到，干得实在，真是咱们的家”。

从1992年7月，我们开始电炉炼钢技改工程。工会组织出面积极与分厂协商，抽调多名技术骨干力量到筹备组，充实技术力量，保证工程的顺利进行。去年到今年，钢材市场看好，机遇难得，电炉炼钢工程急需上马，在困难多、任务大的情况下，动员组织职工不讲报酬，不讲价钱，不怕苦，不怕累，昼夜奋战，工会干部亲临工地指导工作，终于使该项工程如期完工，于今年七月初试产成功。

为稳定职工情绪，创造良好的生活环境，做到有劳有逸，厂工会主动同厂支部和厂委会联系，提出了很好的建设性意见，我们厂支部积极支持，把加强职工文体活动当作维护企业生产、增强企业活力的大事来抓，投资8万元，组织厂锣鼓队、篮球队、文艺表演队，厂里还办起了职工活动室，购置了羽毛球、篮球、象棋、扑克、图书和业务书籍，在节假日还组织进行各项比赛，丰富和活跃了职工的业余生活，陶冶了情操。

三、培养人才挖狐潜力提高企业效益

企业经济效益的好坏与企业素质有着极大的关系，而企业素质主要取决于企业职工的素质。我们一方面加强对职工进行思想政治教育，建立了领导组，组织了由工会宣传委员、小组长和工会积极分子参加的宣教骨干队伍，开辟宣传阵地，在厂区办起了板报、专栏，利用各种宣传工具宣传党的方针、政策，宣传好人好事，树立典型、榜样，开展“三热爱”教育，坚持正面灌输，举办了理论学习讲座10多次，参加人员达620人次，树立了厂兴我荣，厂衰我耻的良好风尚，增强了职工的主人翁责任感。另一方面根据职工专业技术知识和技能不高的实际，我们通过厂工会在厂成立了职工学校，克服了多种困难，帮助厂工会请教师、购教材、聘人才，利用职工学校这个阵地，定期进行业务、技术、管理、专业等方面的学习，并进行成绩考试。对新进厂的职工都要进行上岗前的培训，与此同时还重视职工的传帮带工作，经过教学紧密结合生产和工作实际的培训，周期短、见效快，为企业培养了人才。现在，重点培养出工程师4名，助理工程师8名，会计师2名，助理会计师3名和700名四级以上的技术工人，职工中还涌现出不少钻研技术的能工巧匠，他们在各个工作岗位上，正在发挥着重要作用。现在我们三钢从图纸测绘、化验、检测、高炉冶炼到生产管理，全部是自己的技术人员挑大梁。

在培养职工主人翁意识和搞好民主管理方面我们党文部积极支持职工进行民主管理，让职工积极参与民主决策，凡厂的生产经营、管理制度、技改扩建、设备更所、经济活动及有关职工切身利益等重大问题，都经职代会讨论，保证职工行使权利，发挥当家作主的主人翁作用，督促厂委会定期向职工交家底，公开公布账目和经济指标，增强企业活动的透明度。还积极组织全厂职工开展了“兴厂献计”活动，提合理化建议800多条，有41条被采纳后，创造经济效益15.6万元。这些工作的开展，使广大职工自觉地把企业的总体利益和自己的具体利益挂起钩来，增强了以厂为家，艰苦奋斗办企业的主人翁意识，进一步提高企业的经济效益。截至9月底，全厂共完成产值3376.1万元，实现利税247.7万元，超额完成了各项主要经济技术指标。

总之，我们在企业建工会和支持工会开展各项活动，促企业增效益工作中，做了一些应做的工作，但与兄弟单位相比，还有很大差距，我们决心再接再厉，帮助工会，支持工会，促进企业创效益，努力开创新局面。

（1993年10月山西省乡镇企业工会工作会议典型材料）

大胆探索闯新路 私营企业建工会

阳泉市亨通有限公司 总经理 光根存

阳泉市亨通有限公司是个私营企业，公司工会组建于今年6月初。屈指算来，仅有4个来月，虽然时间很短，但已显示出工会的生命力，促进了公司生产发展，为企业作了贡献。我是个私营企业主，我能够光荣地出席今天的大会，是领导和同志们对我的支持、信任和鼓励，下面我分四个方面向大家汇报，请指正：

（一）

阳泉市亨通有限公司是改革开放的产物，公司创建于 1991 年 6 月，这些年来，在邓小平南方谈话和党的十四大精神鼓舞下，在上级党委、政府及河底村党总支、村委会的关怀、支持下，经过全公司干部、职工的共同努力，亨通有限公司坚持改革开放，发展步伐不断加快，经济效益逐年增长，全公司现有职工 56 人，拥有汽车、铲车 21 辆，已成为机械化程度越来越高，技术性能越来越强的土石方机械化施工企业。去年公司总产值达到了 160 多万元，人均产值突破了 4 万元大关，年人均为国家创利税达 4000 多元，固定资产达 140 余万元。

阳泉市亨通有限公司起步是正确的，发展是健康的，成绩是可喜的，但如何才能寻求一条最大限度调动职工积规性，使私营企业持续、健康、快速发展的路子，是一个新的任务、新的课题，在企业内部建立工会就成了这方面的突破口。

（二）

为什么要在私营企业中建立工会这个群众组织呢？我自己当时的想法有三点：第一点是从公司生产经营需要出发。回顾自己 30 多年的经历，特别是亨通有限公司组建近 3 年来艰苦、曲折的发展过程，使自己深刻地体会到，但凡一个要想成就一番事业，并且在事业上有所建树的人，单枪匹马，单个跳舞是不行的，俗话说："众人拾柴火焰高"。而且，我是个山村里农民出身的儿子，没有念过几年书，多少年来自己只是当过几年铸工，几年采购员和几年的个体户。办企业搞经营纯粹是门外汉，亨通有限公司能从无到有，从小到大发展到今天这个样子，完全是靠党的富民政策和各级领导的全力支持，更离不开全公司 50 多名职工的精心配合和艰苦拼搏，在私营企业中职工是企业的主体、如果失去了主体，经理也就成了"光杆司令"。只有成立一个工会组织，通过这座桥梁，把企业和职工紧紧联系在一起，充分调动大家工作热情和生产积极性，为企业发展出力献计，亨通公司才会有蓬勃发展的生机和旺盛的活力。第二点是从解放思想，适应形势出发。由于党和人民的信任与支持，我早在 3 年前就被选为一名光荣的阳泉市郊区政协委员，去年又被选为郊区工商联主任委员，政协和工商联都是一所学校，一座熔炉，是锻炼思想，更新观念的新课堂。通过多方面的学习和影响，使我的思想产生了新的飞跃，更清楚地认识到在我国非公有制经济成分作为公有制经济的有益补充，将在相当长的时期内存在和发展。现在的私营企业是在社会主义条件下成长和发展起来的，是经过党的教育和培养的。大力发展私营企业大有可为。同时，实践也告诉我，在私营企业的发展、经营活动中，单纯依靠私营企业主的决策而不实行广泛的民主，不实行民主化管理，必然会造成决策上的失误。再说，现在的私营企业与解放前的资本家不论在性质内容，还是形式上，都截然不同。就拿在私营企业主对待工人的态度上讲，和以前资本家对待工人的态度有天壤之别，以前的资本家是依靠压迫和剥削工人，榨取工人血汗来养肥自己，而今天的私营企业，则是为共同富裕打基础，在非公有制经济发展中培养拥护中国共产党领导，热爱社会主义制度，为共同富裕出力流汗做贡献的队伍。从这一点出发，维护职工在私营企业中的合法权益，调动职工的生产积极性，共同搞好生产经营，繁荣社会主义市场经济，充分发挥私营企业在社会主义现代化建设中的积极性，为国为民创造更多的精神和物质财富，为四化大业增光添彩，也就成了我下决心建立私营企业工会的根本目的和主导思想。第三点是从如何尽快解决在现行私营企业中存在的雇佣和被雇佣关系出发的。众所周知，在私营企业中，雇佣和被雇佣是一对矛盾，解决和处理好这对矛盾是私营企业经营活动中不可忽视的环节。由于工会的职能是维护、建设、参与和教育，她的组建可以在维护职工群众的合法利益和权利，组织广大职工群众参加社会主义改革和建设事业，通过参政议政的民主渠道，参与民主决策和民主管理，帮助教育职工群众不断提高思想政治觉悟和文化技术素质等方面，从而促进职工群众真心实意地为企业排忧解难，真正树立厂兴我荣，厂衰我耻的荣辱感、事业心，主动参与社会主义市场经济的竞争意识，对形成雇佣与被雇佣之间，企业主与工人之间彼此了解，心心相印的气氛，和人人出主意，个个想办法，珍惜企业取得的成果，关心企业的成败兴衰，为企业出谋划策的民主经营新格局有不可估量的作用。更为重要的是，工会组织的建立能够促进和监督党的路线、方针、政策在私营企业中的全面贯彻落实，这样既可以保证私营企业沿着健康的轨道发展，也可以把私营企业变成教育职工群众的场所。思想素质的提高，可以建立雇佣与被雇佣的新型关系。技术业务水平的提高，可以促进企业向机械化、科学化的方向前进。

在亨通有限公司建立工会进入紧张的酝酿阶段时，市、区总工会有关领导给予了及时的大力支持，并多次宣传在私营企业中组建工会的重要意义和好处。上级工会宣传的要点与我和公司职工群众的想法不谋而合，领导的支持，职工群众的拥护，促进了建立工会条件的成熟，并尽快地实现了愿望。

（三）

亨通有限公司工会的建立，只是开展工会工作的开端，工会真正地发挥作用，还有大量工作要做。但是，在短短的 3 个多月时间里，工会的同志们从公司实际出发，集中人力物力办了四件实事：第一件是完善制度。大家讨论修正了公司的章程，修改充实了劳动制度、安全制度、财务制度、福利待遇制度，以及工效挂钩，费用包干，全奖全惩的劳动计酬方法，并规定，上述这些规定、制度由工会负责监督执行。职工的参与意识和生产观念有了明显增强。第二件是业务学习。公司先后投资 4000 多元，选派了 4 名职工到阳泉市科技培训中心，学习微机管理、财务和电脑打字等知识。第三件是组织大家为公司经济再上新台阶献计献策。9 月中旬，由工会牵头组织召开了“亨通有限公司经济再腾飞‘智多里’研讨会”，会议邀请了市、区、镇有关领导和专家学者，“智多星”果然不凡，大家围绕私营企业的管理、人才的选聘、项目的筛选、资金的来源与投向，提出了很多有价值的意见和建议，为私营企业的再生产拓宽了新的思路。第四件是为职工排忧解难。为改变职工群众的工作与生活条件，办起了职工食堂，新建了淋浴卫生间，为职工办实事，职工心顺了，生产出现了你争我赶的局面。从今年头 9 个月的生产情况看，全年总值可望达到 260 万元，如果达到这个数字，就能比上年净增 100 万元。

（四）

在私营企业中建立工会，我们阳泉市亨通有限公司算是在我区、我市开了先河，在短暂的实践中我也确实看到了希望，更加坚定和坚信工会在私营企业中的作用。同时也相信只要坚持党的领导，依靠广大职工群众和全体工会会员的共同努力，工会组织的作用一定能够在私营企业中得到充分的发挥。为此，我打算在近期为公司职工办好三件事：一是创造条件为职工办理养老金保险。二是对公司的税后利润，根据职工工作年限的长短，把经充分讨论、民主评议的基数作为职工个人的股金，分别享有一定期限的股份，进一步增强大家的主人翁意识。三是积极筹措资金，建一幢1000平方米的职工宿舍楼，尽最大可能解除大家的后顾之忧，焕发大家的冲天干劲，为达到1994年实现500万元，“八五”末突破1000万元的目标而努力奋斗！

（1993年10月山西省乡镇企业工会工作会议典型材料）

积极开展建家活动 全面履行工会职能

阳泉市郊区平坦水泵厂工会

我们平坦镇水泵厂是中国泵业协会成员厂，山西省多级、单级泵专业定点生产厂家之一，是全国水泵行业中人均利润、利税两项经济指标鳌居首位的乡办企业。固定资产和年产值均达到600多万元，最高年份年创利税达113万元，是山西省级先进企业和阳泉市一级企业。

改革开放的深入和企业经济建设的不断发展壮大，随之而来的是各种利益关系，特别是劳动关系的日趋复杂化，广大干部职工迫切要求建立工会组织来实现当家作主的权利和维护自身的切身利益。因此，在上级工会的指导下，我们于1988年5月，率先在全区乡镇企业中建立了工会组织，现有会员204名，占到全厂职工总数的93%。八年多来，在厂党支部的正确领导下，工会工作紧紧围绕“一个中心、两个基本点”，认真贯彻执行党的方针政策，坚持全心全意依靠职工群众，不断深化建家活动，有效地履行了工会的四项社会职能，调动了全厂职工的生产积极性和创造性，增强了企业和工会的吸引力、凝聚力，促进了企业经济效益一步一层楼，一年一个新台阶。厂工会连年被省、市、区总工会授予“先进集体”、“生活后勤文明单位”和“模范职工之家”等光荣称号。我们的做法和体会主要有以下几方面：

一、建设“四有”职工队伍，为企业进步注入活力。

我厂职工绝大部分来自本乡本土的中青年农民，将这支“离土不离乡，进厂不进城”的新型职工队伍培养和造就成为“有理想、有道德、有文化、有纪律”的四有新人，是我们厂工会义不容辞的职责和任务。

几年来，我们在厂党支部的领导下，结合企业的中心任务，开展了职工教育和技术培训工作。厂里成立了以厂长为主任的职工教育委员会，责成工会具体负责职工教育和培训工作，并建立了职工教育培训制度。厂工会有组织、有计划地采取多形式、多渠道的办法协助行政在全场职工中深入开展了全员培训，在资金紧张的情况下，厂里不仅投资35万元兴建了科教楼，而且投资1.4万元，办起了包括放相机、投影机等现代化设备在内的电化教室，建立了图书室，投资1.5万元，购买各种文化、科技资料书籍3000余册，购置各行业录像带80余盘，为职工学习提供了极为有利的场所和条件。聘请五名兼职教师，定期为职工讲授文化课和专业技术课。为提高广大职工生产经营管理水平，组织全厂102名工人参加了中国科技经营管理大学举办的经营管理函授培训班，请5名教授来厂进行面授。培训中，先后拿出10万余元，选派300余人次，先后分别到沈阳、江苏、上海、南京等地进行技术培训和代训20期。同时，针对冷加工专业是我厂生产中的重点，我们不仅举办了为期 3 个月的冷加工培训班，还与阳泉市交通职业学校联合开办了“冷加工专业班”“学员厂里招，经费厂里掏，教师厂里找，毕业分配厂里包”，创造了全省第一个“双元制”办学模式。经过这样“请进来、走出去”，短期培训，联合办学，函授等形式，使职工较系统地学到了专业基本知识，专业技能有了明显提高，从根本上解决了我厂职工素质低的问题。

在提高全员素质的同时，我们在厂党支部的支持下，建议厂行政在管理和分配体制上，实行了岗位技能和工资挂钩制度。由岗位、技能、工龄、奖金等构成的个人工资中，技能工资占到 30% 以上。形成了一种不学习就可能被淘汰，技术上不去就挣不到高工资的竞争机制。使得在岗职工不论是涉及绘图、制造模型，还是铸造加工、安装检验，人人学技术，个个钻业务。自觉学文化、学技术在全厂蔚然成风。到目前，我厂已有职工 150 人领取了各类专业技术证书，有 4 人晋升为工程师、统计师、会计师，13 人晋升为助理工程师，15 人获技术员、会计员、统计员职称。

技术骨干队伍的形成，整体文化素质的提高，推动了全厂的科技进步，为企业经济发展注入了活力。几年来，我厂年产值由 60 万元增加到 600 万元，产品系列由 2 个增加到 6 个，产品品种由 12 种增加到 35 种，产品规格由 40 多个增加到 150 多个。其中，我们自行研制生产的 IS80-65-160 型离心水泵，荣获部优产品称号，最近研制生产的喷涂耐腐离心泵填补了省内空白。

二、增强参政议政意识，推进企业民主化管理。

紧紧依靠职工群众搞好企业的各项经营管理，是企业发展的必由之路和根本保证。厂工会成立之后，我们始终坚持从思想教育入手，不断增强职工群众的主人翁意识，提高参政议政能力，使他们深刻认识到自己在企业中的地位和作用。几年来，我们建立健全了有关制度，从制度上保障职工管理企业的各项民主权利。1991 年，我们在全厂试行了职代会制度，民主选举产生了由一线工人、工程技术人员和行政干部等不同层次的职工代表 42 名。凡属厂里的重大决策，都要由职代会进行民主审议，广泛征求职工群众的意见和建议。把领导的意图真正变成职工群众的自觉行动。我们还依靠群众定期对厂级干部进行民主评议。几年来，厂职代会采取面对面、背靠背等方式，先后四次对厂级干部进行了民主评议，使干部在思想上受到教育，行动上受到制约，使他们自觉地置身于职工群众之中，接受群众监督。曾有一名科技干部，平时说话随便，工作责任心不强，职代会在民主评议干部中，代表们对他提出了尖锐的批评，对其触动很大，当即表示加以改正。我们还依法行使选举和罢免厂级管理人员的民主权利，厂长、副厂长都由职代会选举产生，对不称职干部坚决罢免。原厂长李培军同志任职一年中，民主意识不强，无视厂长向职代会定期做报告工作的制度，并且经营管理不善，造成经济效益大幅度下降，给我厂造成了不应有的损失。为此，今年七月下旬召开的全厂第五次职代会作出了罢免李培军厂长职务的建议。职代会依法行使民主权利，罢免不称职厂长的职务。这一活生生的事实，提高了干部接受监督的自觉性。同时也教育了群众，广大职工从中真正感受到了自己在企业中的地位和作用，进一步激发了全厂职工“爱厂如家”的热情。

1991 年 10 月 24 日，《山西经济报》对我厂产品质量给予了大“曝光”，在全厂引起了强烈的反响。事后，在厂工会建议、厂党支部的支持下，厂里派专人专程到太原买回了这份报纸，分发到全厂每一个职工手中，并把10月24日当作产品质量“雪耻日”。同时，厂工会还不失时机地在全厂开展了“规范化管理，标准化操作”的劳动竞赛活动，调动了全厂职工以“质量为生命”的劳动生产积极性，提高了产品质量。同年年底，受到报纸曝光的IS80-65-160离心泵重振雄风，获得了农业部“优质产品”奖的荣誉称号。厂领导高兴地说：“没有工会，就不会有企业的今天和明天”。

全厂职工以厂为家，爱厂如家，与企业的兴衰共命运。近三年中，共提合理化建议300多条，已被采纳的20多条，为企业创利达200多万元。

三、切实维护职工利益，增强企业的凝聚力。

关心职工的生活和疾苦，多为职工办实事、办好事，是工会工作的重要职能。几年来，我们在建家活动中，既注重从政治上抓好职工的思想教育工作，努力创造条件提高职工技术业务素质，把职工引导到以经济建设为中心的正确轨道上来，从而增强企业的凝聚力、向心力。同时，也十分注重扎扎实实为职工谋利益，办实事，办好事，维护他们的合法权益，使他们真正感到“职工之家”的温暖，从而激发广大职工的劳动生产积极性和“爱厂如家”的责任感。为此，我们从本厂的实际出发，坚持实事求是、量力而行、长计划短安排的原则，积极为职工群众着想，为他们办了许多实事、好事。一是关心职工生活，按月发给男40元，女35元的退休职工退休金；二是为全厂35岁以上工作年限较长的职工一次性投资6万元投了养老保险金。并为她们投了家庭财产、人身、自行车保险6000元；三是为解决职工跑家远的实际困难，厂里每年拿出5万元，改善职工生活，中午免费就餐；四是投资75万元，改扩建了职工食堂300平方米，车间职工休息室7000平方米，又投资4万元，扩建了澡堂，增设了淋浴和更衣室、衣柜；五是投资5000元，建起了厂医疗室，并投资6000多元和市中医院联办，解决了夏季职工防暑防病。并按照工龄长短，实行了部分公费医疗制度。工龄在十年以上的职工住院费全报；六是增设了150平方米的游乐场所和文化活动室，并投资2.4万元，购置了电子琴、电吉他、贝士、音箱、篮球、排球、乒乓球等文体器材。同时，我们还聘请文体歌舞专业教师来厂指导，丰富了职工群众的业余文化生活，促进了职工的身心健康。三年中，我们厂先后十多次参加了市、区组织的歌咏比赛、体育运动会等比赛活动，均取得了优异的成绩；七是关心生活困难职工，及时为他们排忧解难。我们厂每年都要拿出3000至5000元资金，帮助有特殊困难的职工渡过难关。职工荆华、王成喜长年患病，家中生活困难，医药费无力支付，厂工会及时为他们解决医药费达一万多元；职工丁长命因修建窑洞债务未清就祸从天降，妻子患病去世，工会组织全厂职工，为他捐款900多元，帮助他解决了自己难于解决的困难。今年来，厂工会先后看望有病职工和家属200多人次，参加和处理职工婚丧大事20多人次，进行家访、探望100多人次，还调解家庭纠纷2起，深受职工群众的好评；八是在厂党支部的支持下，工会组织积极发展第三产业。今年三月，我厂工会销售部正式开张营业，到九月份，工会销售部已完成销售收入150多万元，实现利润14万元。不仅补充工会经费1.4万元，而且还缓解了厂里资金紧缺的矛盾。

八年来，我们积极开展建家活动，全面履行工会职能，做了一些工作。今后，我们要进一步提高认识，在实践中不断总结提高，进一步完善、补充各项制度，把工会的各项工作做得更好，把工会真正办成行政领导的好参谋、职工群众的“信赖之家”“温暖之家”。

（1993年10月山西省乡镇企业工会工作会议典型材料）

职工教育不松懈 四有新人创新业

阳泉市郊区特种水泥厂工会

我们特种水泥厂建于1987年6月，是一个拥有固定资产1130万元，职工288人，年产值达1500万元的乡镇企业。建厂的第二年，我们在各级党组织和上级工会的领导和帮助下，1988年9月组建了工会，并根据工会章程要求，发展工会会员253人，会员人数占到全厂职工总数的88%。

几年来，我们工会紧紧围绕企业的生产经营活动，在全面抓好工会组织的各项工作的同时，针对企业职工多数是离土不离乡的农民，素质普遍不高的具体实际，着力从抓职工教育入手，采取全方位、多渠道、多形式的办法，广泛深入地开展了职工思想政治教育和文化技术教育，使职工的思想政治素质、生产技术水平明显提高。并逐步成为一支有理想、有道德、有文化、有纪律的四有职工队伍。

回顾五年多的工作，我们在开展对职工的教育方面，主要是从薄弱点上着手，在结合点上引申，到立足点上建设，把职工教育层层推进，取得了初步成效。

一、抓住薄弱点，全面提高职工素质。

工会组建初期，我们清楚地认识到，由于职工普遍文化水平低，共产主义信念较差，主人翁意识淡薄，政治进取心不强等，不同程度地制约着企业各项工作的顺利开展，成为企业上台阶的薄弱点。为此，我们把开展对职工进行形势教育、共产主义理想教育、工人阶级使命教育和文化技术教育，作为工会工作的突破口，积极制定教育计划，建立学习制度，组织各项学习活动。并通过全方位、多渠道、多形式的方法开展工作，以全面提高职工的素质。

1. 通过办培训班、自学、函授等渠道，全面实施对职工的文化理论教育。为了让职工尽快提高文化技术素质，以适应工业生产的需要，我们因地制宜地采取了集中办班培训和多渠道参加业余学习相结合的办法，鼓励职工学文化、学技术。1989年，在厂支部的大力支持下，厂工会牵头组建成立了厂办职业学校，对职工进行岗位培训和文化课补习。近5年来，通过厂办学校共为企业举办了四期初中补习班，四期高中补习班，四期专业技术培训班，职工受培训人数占全厂职工总数的80%。同时，我们还以企业投资补助的办法，鼓励职工参加各类自学考试和函授学习，使45名职工通过自学取得了中专以上文凭。目前，全厂有104名职工通过学习达到了初中文化程度，80名职工达到了高中文化程度，50名职工达到中专文化程度，5名职工达到大专文化程度。其中有19名技术业务骨干获得了初级以上技术专业职称。

2. 适时开展市场形势教育，强化职工的政治理论水平。1990年初，企业面临建材市场疲软，水泥严重滞销，职工不能按时拿工资，一时人心浮动，职工悲观失望，牢骚埋怨情绪蔓延。

我们工会及时和厂支部做了认真分析，认为职工思想波动主要原因是市场意识差，心理承受和应变能力弱。为了扭转局面，稳定职工情绪，我们及时对职工开展了市场形势教育，引导职工认识市场，认清形势，正视困难，共渡难关。在此基础上，我们又针对性地组织了摆困难，谈机遇、提建议活动，把厂事变成每个职工的心事。这样，不仅有效地稳住了全厂职工的情绪，而且激发了与企业共命运的热情，为企业提出合理化建议 100 多条，实施技术改造 12 项，从而使企业渡过难关，实现了水泥产值翻番，成本下降了 15%。

3. 大力开展学先进，树典范活动。我们充分利用广播、墙报等工具，大力宣传李双良等优秀工人的先进事迹，请省、市、区劳模和优秀工人代表做报告。让职工通过学先进，在思想上树立起工人阶级的主人翁形象。与此同时，我们还在各车间、班组开展了“学、讲、树”活动，就是学先进、讲贡献、树楷模，使职工能在学习先进与规范自己行为中逐步提高。几年间，我们靠着榜样的力量，使广大职工逐步树立起了较强的主人翁意识，形成了争当先进的氛围，并涌现出了一批敢于创新，勇于进取，乐于奉献的先进模范职工。

4. 开展形式多样的文化娱乐活动，寓教于乐，活跃生活。为了提高教育效果，我们力所能及地组织开展书画展、文艺表演、趣味运动会等活泼有益的活动，把知识性、思想性、技术性的内容溶于其中，达到了既有教育性又能活跃职工业余生活的良好效果。近 5 年中，我们组建了文艺队、体育队，成立了美术组，并配合形势教育开展活动，受到职工的欢迎。如在“扫六害”期间，我们把赌博编成文艺节目进行演出，全厂职工在表演与观看中深受启迪，为抵制赌博歪风的蔓延起到了积极的作用。在反腐倡廉活动中，我们组织美术组创作了反映腐败的十二幅漫画作品展出，极大地鼓舞了职工反腐的斗志。总之，这些寓教于乐的活动，既活跃了职工的文化生活，又收到了潜移默化的教育效果。

二、抓住结合点，围绕经济开展教育。

随着企业经营机制的不断完善和社会主义市场经济的发展，乡镇企业工会理应围绕经济建设这个中心，积极配合行政，努力为企业生产经营，造就一批思想政治素质高、生产技术能力强的职工队伍。在这方面，我们进行了积极的探索，并在实际工作中抓了三个结合：

1. 职工教育同行政管理活动相结合。1990 年，厂领导为了提高企业在市场中的竞争能力，在职工代表大会上提出了开展“提高产品质量，争创名牌产品”活动的意见，我们工会及时根据厂部的部署，在全厂职工中进行了产品质量意识的强化教育，开展了“学技术、保质量、创名优”活动，从而出现了人人为质量负责，个个为创名牌努力的良好局面。当年年底，我们厂生产的硫铝酸盐特种水泥，在泰国由泰国中华总商会召开的新产品博览会上，获得了金牌。

2. 职工教育同企业生产重点、难点相结合。教育为提高职工素质，提高职工素质为企业生产发展。因此，我们在开展对职工的文化技术教育中，同解决企业生产的重点、难点结合起来，做到了有的放矢。建厂初期，由于生产特种水泥需要对所用的石膏、石灰石等原材料的化学成分、物理指数，做准确的测定，对生产工艺要求也比较高，但由于职工文化技术素质较低，在生产中往往难以准确操作仪器，对化学成分分析不够准确等，致使产品质量不稳定，企业效益受到影响。为此，我们从生产急需出发，采取派出去请进来的办法，让岗位人员到国家建材院、河北邯郸、湖南冷水滩等地学习，聘请国家建材院水泥研究所、山东和天津等地的专家、工程师到厂里进行实地指导。为了学用结合，我们还在各车间、班组组建成立了“技术攻关小组”，引导他们结合生产实践，把生产中的技术难题作为科研课题，进行技术攻关，这样，较好地解决了生产中的难点问题，职工技术素质也得到了明显提高。例如，原来厂里的生料粉仓因经常结块而出现不下料或下料不均匀的问题，生料工段的技术小组组织人员几经研制改造，终于在今年初，改造配装了仓内松料振动器，从而使原有的结症得到了根治。几年来，我们全厂的五个技术小组共完成 21 项技术改革，共节约开支近 30 万元。

3. 职工教育同树立企业精神相结合。为了更好地激发广大职工爱厂如家的热情，培养良好的企业精神，我们在对职工进行思想政治教育中，以团结、进取、负责、守法为内容，规范企业和每个职工的行为，让每个职工做到想为企业所想，急为企业所急，形成共同的价值取向，形成振兴企业的共同理念。并逐步形成了“厂富我富、厂贫我穷、厂衰我耻、厂兴我荣”的企业精神。几年来，这种精神激励着全厂干部职工勤奋学习、奋力生产，把特种水泥厂推向了超常规、跳跃式发展的轨道，企业连年取得了较好效益，获得众多的荣誉。自 1988 年建厂以来，我们厂被上级政府命名为“文明单位”“质量优胜企业”“信得过产品”“明星企业”“特级信用企业”，产品荣获国际金牌。

三、把握立足点，建设四有职工队伍。

企业的生存与发展，企业经济效益的提高，很大程度上取决于这个企业是否有一支思想政治素质高、文化技术素质过硬，有理想、有道德、有文化、有纪律的职工队伍。为此，我们针对性地进行了以下教育活动。

1. 加强对职工的理想教育，帮助职工树立职业荣誉感。在这方面我们重点对职工进行爱厂、爱岗教育，广泛宣传干一行爱一行的雷锋精神，引导职工正确认识在社会主义条件下，无论是竞争，还是互相帮助，从整体上说都仍然需要有共同的理想，仍然需要树立爱国主义思想和社会主义公德，干好本职工作。在此，我们开展了荣誉教育活动，以激发职工爱厂爱本职工作的热情，增强为社会创业的自豪感和为企业争光的光荣感，收到了明显效果。

2. 加强对职工的道德教育，帮助职工自觉运用职业道德规范自己的行为。我们根据行业的具体实际，在职工中开展了“对市场负责、为客户服务”为主要内容的文明创建活动，先后进行了文明职工、文明岗位、文明班组和文明生产经营的评比，以促使职工时时刻刻用职业道德规范和文明守则来约束规范自己的言行。在这些评比活动中，我们除不断修改完善各项文明守则外，还把具体项目进行量化考核，并作为浮动工资和奖励的内容，对在各岗位上的文明职工，酌情随时给予物质和荣誉鼓励，从而大大提高了职工的职业道德水平，促进了企业的全面发展。

3. 加强对职工的文化技术教育，培养能适应科学技术飞速发展的人才。要让企业向现代化发展，首先要使职工具有与之相适应的文化知识和生产技术水平，成为又红又专的人才。我们根据企业生产需要，在进行岗位培训、岗位练兵的基础上，努力引导职工阅读行业技术书刊、杂志，积极了解掌握行业技术改造信息，学习相关的技术知识，使职工不仅能掌握行业的技术知识，而且能懂得相关行业技术知识，形成多元化技术知识结构，以适应企业发展的需要。目前我们厂仅在购买各类科技书籍方面的投资累计 3 万多元，并和国家建材研究所联办了科研所，共为企业培养专业技术人才32名，成为企业再发展的宝贵财富。

4. 加强对职工的纪律教育，帮助职工尽快适应社会化大生产需要。农民弃农从工，在从业的形式上有了变化，成了一个企业职工，但他们在思想观念上还没有真正与社会化大生产相适应。所以，乡镇企业的职工往往在实践观念上、在操作规程上、在各个工序的相互协调配合上，都不同程度存在着松散的问题，直接影响着企业安全生产和产品的质量。对此，我们在建立健全有关规章制度的同时，针对性地开展了劳动纪律教育、遵纪守法教育，并深入开展了“加强纪律性、革命无不胜”大讨论，引导职工从思想观念上认识纪律是保证生产安全、促进经济发展的根本条件。真正使职工的纪律观念得到了强化。

几年来，由于我们在思想认识上明确了加强对职工进行思想政治驾驭和文化技术教育的重要性，并在具体工作中把握住了立足点，找到了突破口，使我们企业职工在受教育中，不断克服了自身的弱点，不断弥补着自己的不足，自身素质也得到了明显提高。因此企业也迈上了超常规发展的轨道，达到了整体素质的提高。厂工会曾几次受到市、区总工会的表彰。

（1993年10月山西省乡镇企业工会工作会议典型材料）

坚持“五个突出”加强班子建设

阳泉市郊区总工会

我们阳泉市郊区总工会始建于1976年，随着城乡改革的不断深入和乡镇企业的飞速发展，到1994年度，全区组建基层工会组织313个，拥有职工36209人，会员31279人。近两年，我区总工会在区委和上级工会的领导下，坚持以经济建设为中心，以增强基层活力为重点，以加强班子建设为突破，认真落实工会的四项社会职能，开拓进取，求实创新，使工会工作出现了可喜的局面。我区工会连续两年被省工会评为“七好县工会”“先进县工会”。我们的具体做法是：“五抓”“五突出”，加强班子建设不动摇。

一、抓组织建设，突出一个“新”字。

区工会担负着对上贯彻党和国家的方针政策和上级工会的指示，对下指导、协调、服务基层开展各项工会工作的艰巨任务。点多、线长、面广、基础差、任务重，那么如何做好区工会这个“结合部”层次的工作，发挥区工会的领导服务功能，保证和促进全区工会工作的顺利开展呢？我们首先从区、乡、企业三级工会班子建设上入手，尤其是在加强区总工会领导班子组织建设中做文章，以树立全区工会干部的新形象。

长期以来，我们对工会工作认识偏颇，在工会干部配备上存在“老、弱、病、残到工会”的倾向，一时间工会在人们眼中成了“养老院”“疗养院”。为改变现状，1992年，我们抓住乡镇企业异军突起，区第三届工会委员会任期届满的大好时机，积极向区委建议，要求按“四化”标准选配工会干部，塑造工会干部新形象。在上级工会的支持和我们的积极努力下，一批具有开拓创新精神、热心为职工群众服务廉洁奉公、顾全大局的中青年干部经过会员代表的民主选举，当选为新一届工会委员会委员，区总工会领导也由原来的一正两副充实为一正三副。区工会从“新班子、新形象、新局面”着手，认真落实党的民主集中制原则，使各成员之间既有集中指导下的民主，又有民主基础上的集中；既有明确分工，各司其职，又有团结合作，密切配合，呈现出“日常工作主动干，临时工作协作干，中心工作集体干”的生动活泼，井然有序的新局面，从而彻底改变了以往“有事没人干，有人没事干，有利抢着干，没利不见面”的扯皮现象。同时，新班子还注重加强工会内部党的组织建设，建立健全了支部小组等组织体系，积极培养新党员，充分发挥了党员的模范带头作用和战斗堡垒作用，有效地实现了党对工会工作的领导，区工会党支部成为全区的“红旗支部”。

区工会组织建设中的新举措，有力地推动了乡镇、企业工会组织的发展。全区 13 个乡镇的工委主任都由乡镇副书记担任，部分乡镇工委和区营企事业工会也配备了专职工会人员，政治待遇和经济待遇一次到位，12 个基层工会按时换届。区级工会、乡镇工会、会业工会三级组织运行机制逐步完善，基层工会工作也变被动为主动，日益活跃起来。

二、抓建章立制，突出一个“严”字。

一个领导班子，如果你吹你的号，我拉我的套，随心所欲，没有可靠的制度做保证，将会一事无成。因此，近两年，我们狠抓了全区工会工作的制度建设，尤其是区总工会的建章立制工作，以发挥制度的保证、调节和制约作用，严格要求，从严治会，严以律己。

我们首先在班子成员内严格坚持民主集中制原则，坚持做到“四个服从”。凡属全局性的重大问题，都要召开领导会议酝酿讨论，实行一人一票制，以少数服从多数，最后做出决议和决定。首先，我们制定了主席办公会、常委会、全委会工作制度和议事规则，且雷打不动、贯彻始终。其次，我们在区总机关逐步建立了岗位责任制，机关干部工作任务和个人素质达标考核制度，还制定了学习、工作、卫生、请假、财务、奖励六项专门制度，从而做到了“千斤重担众人挑，人人头上有指标”。最后“严”字当头，建立行之有效的监督考核体系。我们在实践中逐步总结并制定了“一月一汇报，半年一总结，一年一考核，两年一表彰”的监督考核制度。有效地杜绝了违反制度的现象，改变了以往制度写在纸上、贴在墙上、喊在口上的弊端，在我们机关形成了领导率先垂范，以身作则，职员自觉遵守，严格执行的良好氛围。

三、抓思想建设，突出一个“高”字。

当前，面对市场经济的冲击，部分干部思想滑坡、精神疲软，影响了工作的正常开展。为此，我们从高处着眼，高起点、多角度，狠抓了机关干部的思想政治工作，取得了明显效果。

一是我们针对一些工会干部思想空虚缺乏精神动力的现象，进行“三讲”教育，即一讲邓小平同志建设有中国特色的社会主义理论；二讲改革开放以来我国取得的重大成就和扩大开放、深化改革的美好前景；三讲工人阶级吃苦耐劳、乐于奉献的优良传统和工人阶级在社会主义革命和建设以及改革、发展、稳定中的中流砥柱作用，以激发广大工会干部支持改革、参与改革、关心改革的热情。

二是针对一些人对工会工作存在的“无能论”“无为论”等悲观情绪，进行“两破一树立”教育，即破拜金主义和享乐主义思想；破工会工作无奔头，干好干坏都一样的思想；树立“干一行爱一行”的全心全意为人民服务的思想，以增强广大工会干部做好工会工作的信心和决心。

三是开展“四查一找”活动和创先争优夺红旗竞赛活动。我们在全区工会干部会上进行了查思想、查工作、查学习、查纪律，找差距的“四查一找”活动，并在我区工会组织中开展创先争优夺红旗竞赛活动，从而使广大工会干部，尤其是机关干部牢固树立了全心全意为人民服务的观念，坚定了正确的政治方向，促进了全区工会工作向高层次、高起点、高标准的方向发展。

四、抓作风转变，突出一个“实”字。

过去很长时间，工会实行指令性领导原则，工作上搞“一刀切”，导致工会工作会议多、文件多、活动多、花钱多，结果是“上面轰轰烈烈，下面冷冷清清”。为此区工会狠抓作风转变，“力求目标上的一致，不求形式上的统一”，突出一个“实”字，我们的具体做法是“五勤”“三贴近”。

近年来，我们区工会从自己做起，在工作中力求主动，同时在全区工会干部中大力倡导开拓进取、求实创新的积极精神，要求做到“五勤”“三贴近”。“五勤”即“眼勤”，勤学习、勤思考，做到脑中有政策，胸中有全局，工作有方向；“耳勤”，勤听职工呼声，勤了解职工思想动态，想职工所想，急职工所急；“嘴勤”，勤向领导反映职工意见呼声，勤向职工宣传国家的政策和法规；“腿勤”，克服官僚主义，勤深入基层，帮助解决实际问题；“手勤”，通过调查研究善于发现典型、及时总结经验，创造性开展工作。“三贴近”，即一是贴近实际，一切从实际出发，实事求是，按客观规律办事，讲求实效，防止“高谈阔论、华而不实”；二是贴近群众，要彻底改变浮夸作风，真正“沉”得下去，努力调动群众的积极性，集中群众智慧，反映群众的意见呼声，为群众办实事，维护职工群众合法利益，更好地发挥党联系群众的桥梁纽带作用；三是贴近基层，放手让基层创造性开展工作，真正扭转“上热下冷”的“半截子”工作局面，不断增强基层工会的活力。1994 年，我们深入基层慰问困难离退休职工 200 余人次，慰问物品价值 3000 多元，发放救济金 47000 多元，发动职工提合理化建议 6100 条，其中 1980 条被采纳，直接创造经济价值 3100 万元。开拓进取，求实创新的工作作风，使全区工会工作迈向了新的台阶。

五、抓业务培训，突出一个“精”字。

“工欲善其事，必先利其器”。要在改革开放的形势下做好工会工作，就必须加强学习，精通企业管理和工会基本知识。只有这样才能胸有成竹、驾驭全局，创造性地开展工作。我们的做法是：“三围绕”“三加强”狠抓业务培训，在“精”字上下功夫。

一是围绕经济建设这个中心，加强工会干部的经济管理知识的学习，尤其是社会主义市场经济的基本知识和现代企业管理知识。我们举办了一期由全区工会干部参加的社会主义市场经济理论学习班，聘请市委党校教师和市工会领导授课，收到了良好效果；二是围绕民主法制建设，加强工会干部法律知识的学习。市场经济说到底是法制经济，一切经济活动都要纳入法制轨道。因此，工会干部必须学法、懂法，掌握与工会工作相关的法律基本知识。两年中，我们组织全区工会干部学习了《工会法》《工会章程》《企业法》《妇女权益保障法》《劳动法》《公司法》等一系列法律法规；三是围绕工会“一个中心、两个维护”的基本任务，加强工会干部对工会基本理论，基本知识的学习，特别是社会主义市场经济条件下的工会工作方针、方法、原则、对策等。1994 年，全区 13 个乡镇都举办了工会干部业务培训班，参培人数 600 多人，使工会干部掌握了业务，明确了职责，提高了素质。

在学习方法上，我们采取脱产学习与业余学习相结合。集中培训与自学相结合等多渠道，多形式的学习方法。区工会鼓励干部自学成才，投资订阅多种书报、杂志，为自学者创造条件，实行集体补助、学成奖励等制度，调动了干部学习的积极性。我区工会主席张双和，年已五旬，已具高中学历，又有从村委主任到乡党委书记，再到区工会主席的多年领导实践，按理不参加领取大专以上学历的学习也能说得过去，但他对自己工作上严格要求，业务上精益求精，毅然参加了省委党校大专函授班学习，在他的带动下，一股你追我赶，争先恐后的学习热潮在机关蔚然成风。

以上是我们在抓班子建设中的一些做法，很不成熟，有待于我们在今后的工作中，不断探索、不断实践新途径、好做法，以切实把我们的领导班子建设成为职工信赖的、开拓进取的、适应形势需要的具有凝聚力和战斗力的坚强领导集体。

（1995 年 6 月山西省工会领导班子自身建设座谈会材料）

在科学发展观指导下彰显工会作为

阳泉市郊区总工会

阳泉市郊区地处阳泉市中部，环抱阳泉市区，面积 616 平方千米，人口 22.2 万，辖 4 镇 4 乡 184 个行政村。全区共有企事业、机关工会 316 个，村工会 184 个，会员 38158 人，建会率 100%，职工入会率 99%。

郊区总工会始建于 1976 年，现有在册职工 9 名，离退休职工 2 名，聘用工作人员 6 名。近年来，在上级工会和区委、区政府的正确领导和大力支持下，我们不断创新工会组织形式和活动方式，充分发挥工会自身特色和优势，团结带领职工群众积极投身和谐郊区建设，谱写了郊区工运发展史上新的辉煌篇章。被省、市总工会先后授予“七好县工会”“山西省先进县工会”“山西省模范县工会工作标兵单位”“山西省帮扶工作先进集体”等荣誉称号。

一、创新体制，村工会建设开全省先河

近年来，随着全区经济的快速发展，村办企业迅速崛起，职工侵权现象时有发生，如何有效维护其合法权益，成为摆在各级工会组织面前的一个新课题。

实践中，我们以组建村工会的方式成功破解了这一课题。2004 年，我们坚持“组织起来，切实维权”的工作方针和“哪里有职工、哪里就组建工会”的原则，在李家庄乡开展组建村工会试点工作，全区 122 个有 2 个以上企业的村组建起了工会，架起了农村党支部与企业之间的桥梁和纽带。《人民日报》以“阳泉郊区—工会组织进了村”为题，报道了这一创新性的做法，在社会上引起了很大反响。到 2007 年底，全区 184 个行政村全部组建了村级工会，其中 42 个村以无记名投票的方式选举产生了村工会联合会，成功实现了工会组织在农村的“双措并举，二次覆盖”，较好地维护了职工的合法权益。荫营镇街上村的史计明，因在煤矿工作期间得了煤矽病，村工会和其所在企业多次进行协商，最后争取到了6万元的补偿金；白羊墅村、西南舁村是我区成立村工会较早的村，2005年村硅砖厂、耐火厂对外承包后，没有按合同规定支付职工工资，村工会及时反复出面交涉，共为职工讨要工资近20万元；牵牛镇机械厂一职工因公致残，伤残费迟迟得不到解决，关键时刻，又是村工会联合会出面协商，帮助其解决了补偿金2万余……

在省、市总工会开展的“一条例四规范”活动中，我们创造性地在全区广泛开展创建“星级工会组织”活动，截至目前，达“三星级工会组织”72个、“四星级工会组织”35个、“五星级工会组织”2个，受到市总工会的表彰，为全区工会的规范化建设起到了积极的推动作用。去年以来，全总基层组织建设部部长郭稳才、省人大常委会副主任、省总工会主席郭海亮、省总工会常务副主席高凤平等领导同志深入我区总工会和村工会调研，对我区工会整体工作给予了充分的肯定.

二、创新机制，两个机制拓展维权实效

职代会和平等协商集体合同制度是工会的两个维权机制。近年来，我们将每年三月份定为“工资集体合同协商月”，并努力确保平等协商和集体合同签订的质量，2003年区总工会被省总评为平等协商、签订集体合同先进单位。到去年底，在全区建会企业中共签订集体合同70户，覆盖企业245户，覆盖职工19000人。142家企业签订了女职工权益专项保护合同，为女职工撑起了“保护伞”。今年我们在全区所有企业中广泛开展“共同约定行动”，成立了领导组并制定出了详细的实施方案，目前，已有135家企业开展了此项工作，其余企业也在陆续开展当中。职代会制度是职工民主管理的具体形式，目前，全区所有企、事业单位全部建立了职代会或职工大会制度，截至2008年底，全区被市总工会认定为三星级以上的职代会72家，其中五星级职代会4家，四星级职代会9家，三星级职代会59家。

三、创新载体，素质工程为经济发展提供智力支持

工会组织要推进企业经济发展和技术进步，主要着力点就是提高职工素质。第一，我们积极开展“安康杯”竞赛和创建“劳动关系和谐企业”竞赛活动，有力地维护了职工的安全、健康权益，推动了企业和谐发展，在山西省创建和谐劳动关系潞安现场会上，郊区总工会被评为优秀组织单位；第二，实施“铸魂工程”、培育“四有”职工，开展劳动竞赛，2000年至今，我们通过不同方式，开展“四有”职工培训1万余人次。2005年以来，我们组织全区263名优秀职工参加了全市第四届、第五届职工技术大赛，总成绩名列全市各县区前茅，受到大赛组委会的表彰。第三是实施“技术创新工程”、引深“创建学习型组织，争当知识型职工”活动。我们以开展“一基五本”劳动竞赛为载体，积极实施群众性经济技术创新工程，广泛开展了“五个一”劳动竞赛。仅去年一年，全区职工提合理化建议7800余条，竞赛成果价值达到512.8万元，推动了全区企业向科技型、节能型、环保型、效益型发展。另外，我们还起草了《阳泉市郊区劳动模范管理办法》，并报请区委、区政府出台，每年免费为劳动模范体检，定期、不定期地慰问困难劳模。十几年来，共选树了全国劳动模范2名、省劳动模范16名、市劳动

模范145名。

四、创新帮扶，奏响和谐最强音

近年来，我们始终把困难职工援助中心作为帮扶工作平台，切实解决职工群众最关心、最直接、最现实的利益问题。

2000年至今，我们累计筹集“两节”送温暖资金100余万元，慰问贫、特困职工3800人次；先后为130余名下岗职工赠送了电冰柜、电焊机、电烤箱、电饼铛等总价值12.8万元的再就业工具，并带动了400余名下岗人员再就业；先后为105名特困职工上大学子女发放助学金16.4万元，帮助他们步入大学门槛；2005年积极组织职工参加大病医疗互助活动以来，共为272人发放补偿金137.4万余元，很大程度上减轻了患大病职工的经济压力，没有一名患病职工因病返贫因病致贫，成为全市各县区此项活动发挥作用最明显的单位。在2008年山西省工会县级帮扶中心建设推进会上，郊区工会困难职工帮扶中心被省总工会授予“五星级困难职工帮扶中心”称号。

五、创新环境，为工会工作营造有利条件

工会工作离不开党委、政府的重视、支持。2000年以来，区委先后出台了《关于进一步加强工会工作的意见》《关于在企业改制中加强工会工作的意见》《关于进一步加大工会经费收缴工作力度的意见》《关于在全区开展“共同约定行动”的实施方案》等一系列文件，为工会工作提供了坚强的保证。2001年，区委明确提出由全区8个乡镇分管党务工作的专职副书记兼任乡镇工会工作委员会主任，特别是在2003年，区委将工会一把手高配到区四套班子当中，进一步提高了工会的社会地位。区政府与区总工会建立了联席会议制度，在开展困难职工“两节”慰问、实施职工素质工程、开展劳动竞赛等方面给予工会经费支持。特别是早在1995年，在区政府的大力支持下，我们率先出台了《关于委托区国税局对全区企业收缴工会经费规定的通知》，首开经费税务代征先河，走在了全省的前列。

2006年，我们紧紧抓住郊区小城镇建设的机遇，在区委、区政府和省、市总工会的关心和支持下，区总工会办公场所由原来的一个小2楼置换为一幢5层大楼，办公面积也由原来的613平方米增加到2200余平方米，工会固定资产增长了30倍，成为郊区工运史上一个重要的里程碑。

把职工呼声作为第一信号，把职工需求作为第一追求，把职工素质提高作为第一要务，把职工权益维护作为第一职责。我们正是在这样的工作理念下，解放思想，创新工作。今后，我们将进一步唱响“咱们工人有力量，咱们工会有作为”的主旋律，在科学发展观的指导下，按照省、市总工会提出的宏伟目标，工作要不断推进，思路要不断创新，为构建“充满活力、富有魅力、最具实力”和谐郊区再做新贡献。

（2009年6月全省工会工作现场观摩活动汇报材料）

发挥工会职能 构建和谐桃林

阳泉市郊区桃林沟村村工会联合会

阳泉市郊区桃林沟村地处城市近郊、面积 1.86 平方千米，耕地 1000 亩，农业人口 700 人近年来，强力推进“经济建设创强村，新农村建设创名村，环境建设创靓村”的三创战略，全村现拥有一座年产 20 万吨的煤矿及位居市区的 2 万平方米的写字楼，环保型、封闭式全自动的 10 万只大型养鸡场和利用煤矸石为原料年产 6000 万块的砖厂以及一座年洗煤 60 万吨的洗煤厂，去年全村集体经济总收入达到了 1.05 亿元，实现税金 1431 万元。“山顶桃林盖帽、山间松柏缠腰、山下流水潺潺、平地花园环绕、新楼拔地而起，绿色交相辉映”是桃林沟村的真实写照。2007 年成立了村工会联合会，并组建和完善了神堂煤矿工会园艺中心工会、煤矸石砖厂工会和酒店、后勤工会，会员达 574 人。近年来，村工会以创建职工之家为载体和纽带，认真履行工会职能，努力开展工作，不断规范自身建设，维护了职工的合法权益，有效地促进了党的思想建设、组织建设和作风建设等各项工作的顺利开展。

一、领导重视，不断加强工会组织建设

村、支“两委”始终坚持把工会工作作为党建和思想政治工作的重要组成部分，支持和帮助工会建设，注重发挥好工会的作用，使工会工作形成党支部领导、村委支持、工会依法独立自主开展工作和创建职工之家工作的格局。通过民主推荐、依法选举，由党支部书记李乃珠担任村工会主席，村工会每年坚持召开不少于两次的专题会议，研究工会工作。干部职工积极支持工会并按照工会章程开展工作，工会的桥梁和纽带作用得到了充分发挥。

二、发挥工会作用，维护职工合法权益

（一）近年来，我们村工会充分发挥工会职能作用，在维护职工利益、为职工办实事办好事、实施送温暖活动中取得一定成效。一是关心职工身心健康。职工家中红白喜事等，工会领导坚持上门探望、慰问；在国庆、元旦、春节等重大节日，慰问退休老职工已成为村工会的一项制度。通过这些活动的开展使全体职工和睦相处、团结友爱，充分体现了大家庭的温暖。二是关心困难职工，开展“送温暖”活动。在各种节日期间，开展慰问走访活动，每年都要拿出数万元救助因病致贫、年老体弱、生活比较困难的家庭。竭尽所能地为职工谋好福利，帮助职工排忧解难，使职工全力工作，无后顾之忧。同时发动职工积极参加“送温暖”活动，把服务向社会延伸。今年 5 月份，我们发动职工捐款 2 万多元救助了邻村一名因患白血病需要治疗的孩子。三是积极为职工参加合作医疗保险，参合率达 100%。

（二）开展丰富多彩的群众文化体育活动，增强职工的凝聚力和向心力。为了增强职工的凝聚力和向心力，村工会把精神文明建设和工会的创建活动结合起来，积极组织各工会（小组）开展各种形式的文化体育活动，既增强了职工的体质，又培养了职工顽强拼搏、积极向上的作风。在每年的元宵节举行“桃苑之春”文艺汇演，职工分别以小品、三句半等形式讴歌我们村近年来的发展变化，每年的“三八”“五一”“五四”“国庆”“元旦”“春节”、庙会、桃花艺术节等节日举行游戏、联谊会等，并建起了职工活动中心、职工书屋、健身乐园等文化活动场所，成立了锣鼓队、秧歌队、腰鼓队等文艺队伍。全面实行新型农村合作医疗制度，成立了卫生医疗站；女55岁、男60岁的村民退休后每月可领取到100-600元不等的退休金，到目前共为村民上缴养老保险400万元。通过这些文化活动的开展，既活跃了职工的文化生活，又增强了职工的集体荣誉感和凝聚力，陶冶了职工的思想情操，干部职工的精神风貌也发生了根本性转变，广大职工工作热情、服务质量和工作效率有了明显提高。

三、抓好工会自身建设，为创建活动提供组织保证

村工会为了调动和发挥基层工会组织、各企业工会干部和广大会员的积极性，积极加强了自身建设，努力提高工会干部素质和整体工作水平。一是健全和完善了工会组织机构，加强了对工会工作的领导。二是建立完善各项规章制度，做到了工会工作有章可循。制定了“工会主席职责”“工会委员会职责”“女工委员会职责”等规章制度，使工会工作逐步走向制度化、规范化。三是在上级工会和村“两委”的领导和支持下，在创建“职工之家”活动中，投入一定资金。加大了村工会办公室和工会活动室建设力度，为工会开展工作和活动提供了良好的条件。四是工会工作机制不断完善。制定了工会委员会委员工作职责和工作目标，做到工作有计划、有检查、有总结，完善了工会工作机制，提高了工会工作水平。

四、以人为本，提高职工队伍素质

一是先后组织开展了邓小平理论、“三个代表”重要思想、科学发展观和十七大精神的学习教育，使政治学习真正落到实处，不断增强会员的政治意识、大局意识和责任意识，提高了工会干部坚持党的群众路线和履行工会基本职责的自觉性。二是积极组织职工参加各种学习培训。积极引导职工把学习理论与具体工作相结合，在全体职工中开展社会公德教育、民族团结教育、普法教育、理想信念教育和学习《工会法》活动，让职工明确自己的责任和义务，不断增强工作的原则性、预见性和创造性，提高对《工会法》的认识，依法保护自己的合法权益。三是工会紧紧围绕企业中心开展工作，大力开展“创争”活动，积极推进职工素质提升工程，开办了每月3节课的素质培训班，培训内容包括《工会法》《劳动法》《妇女权益保障法》，通过学习不断增强职工的安全卫生健康意识和自我保护能力。通过各项知识技能竞赛，培养了广大职工努力学习的兴趣，营造了钻研业务技能的良好氛围，紧紧围绕企业发展目标，强化自身建设，按照上级工会要求，结合自身特点，充分调动职工的聪明才智，开拓进取、与时俱进，全面落实依靠方针，突出维护、参与、创新职能，组织引导职工积极开展“建功在企业、和谐促发展”主题活动，推进企业民主管理、推进职工素质工程、推进企业文化建设、增强企业的凝聚力和战斗力。

为进一步深化企务公开工作，工会认真落实《企务公开和民主监督工作的规定》，并要求基层工会明确责任人，每月将公开内容上报村工会，工会组织人员定期或不定期地进行抽查和检查，与各基层工会目标考核挂钩，使企务公开工作真正落到实处。为职工创造良好的生活环境，以“桃林人家”住宅小区为标志，投资3000万元建起了水、电、暖、气、物业管理配套齐全的职工新居，并以平均每平方米550元的价格优惠售予职工，今年已实现户均一套房的目标。

目前桃林沟村是全国创建精神文明工作先进村、全国尊老敬老模范村、省级文明村、省级十佳卫生村、省级法制宣传教育先进单位、省级综合治理工作先进单位、首届山西省“十大魅

力新农村”，今年春节前夕，又强势入选全国文明村行列。桃林沟村工会将在上级工会的正确领导下，按照新时期工会工作的总体思路积极开展工作，努力使工会工作服务于党的中心工作，把握大局，转变观念，适应新形势对工会工作的要求，团结和动员广大职工为我村的改革和发展做出了积极的贡献。

（2009 年 6 月全省工会工作现场观摩活动汇报材料）

源头参与 找准定位 重点扶持

阳泉市郊区总工会

近年来，阳泉市郊区总工会按照上级工会的总体部署，扎实有效地开展了促进再就业工作，切实把下岗失业人员再就业工作作为贯彻落实“三个代表”重要思想，维护职工合法权益的一项重要任务，加大源头参与，制订工作目标，构建服务体系，创新服务形式，求真务实，开拓进取，在促进就业再就业工作中起了积极的作用。几年来，郊区总工会共组织各类就业培训 22 期 2800 多人，提供就业服务 1800 多人，实现再就业 927 人。在促进再就业的工作中，我区工会始终坚持“劳动者自主择业，市场调节就业，政府促进就业”的方针，以政策鼓励促进就业为突破口，实施积极的就业援助政策，历年来我区城镇登记失业率一直控制在 4% 之内。我区总工会在省市总工会和郊区区委、区政府的正确领导和大力支持下，认真贯彻“组织起来，切实维权”的工作方针，团结带领广大职工群众积极投身和谐郊区建设，先后被山西省总工会授予“七好县工会”“山西省县工会工作标兵单位”等荣誉，特别是 2007 年，郊区特困职工帮扶中心被省总工会授予“山西省帮扶工作先进集体”，被市总工会和郊区区委授予“帮扶工作先进集体”的光荣称号，2008 年，被省总工会授予五星级特困职工帮扶中心，不断谱写着郊区工运发展史上新的辉煌篇章。

一、加大源头参与，推进再就业政策的制定和贯彻。2003 年以来，国家、省、市出台了一系列促进就业的政策文件，鼓励劳动者自谋职业和自主创业，并给予政策扶持。2003 年 6 月，中共阳泉市郊区委员会、阳泉市郊区人民政府联合出台了阳郊发（2003）37 号《关于进一步做好下岗失业人员再就业工作的实施办法》和《阳泉市郊区落实促进再就业扶持政策实施细则》，为下岗失业人员自谋职业和自主创业，提供了有力的政策保障。区总工会通过调查摸底，对全区 757 名困难职工建立了电子档案，并实行动态化管理，对困难职工生活情况做到了“四清楚三了解”，即：下岗特困职工户数、姓名、性别、年龄、健康状况清楚；所在单位、家庭住址清楚；下岗原因清楚；家庭基本生活状况清楚，了解职工思想动态；了解职工专业技术特长；了解职工择业要求，为实施援助工作找准了切入点和突破口，使援助工作在实施过程中更有针对性，效果更好。为鼓励下岗失业人员自谋职业和自主创业，我们始终坚持“输血与造血相结合，授鱼与授渔相结合，扶贫与扶志相结合”的原则，按照“送工具就是送岗位”的思路，创造性地开展了赠送再就业工具工作，几年来，我们共为 144 个下岗职工赠送了价值 15 万余元的电冰柜、电饼铛、钉鞋机、缝纫机、种兔等再就业工具285（套）件。原阳泉市人大常委会副主任、市总工会主席董建堂在检查郊区赠送再就业工具工作时高兴地说，赠送一套再就业工具就等于给了职工一个岗位，一个车间，一个作坊，思路超前，做法对头，很有推广价值。同时，我们还鼓励下岗失业人员领办、开办经济实体，组织起来就业，对下岗失业人员从事个体经营的，3年内免收营业税、城市维护建设税、教育费附加和所得税，并免收属于管理类、登记类和证照类的所有各项行政事业性收费，另外，对自谋职业人员自筹资金不足的，根据实际情况给予补助。为鼓励新办企业和个人带头创业人员积极吸纳下岗失业人员，还特别规定了社会保险补贴和岗位补贴政策，并给予适当的税费减免。2008年3月市劳动和社会保障局与市总工会联合出台的《阳泉市创业促就业工作实施方案》，形成了以小额担保贷款为重点，以税费减免为支撑，以创业培训为基础的全民创业带动就业政策体系，积极倡导艰苦创业、自主创业、和谐创业的开拓创新精神，营造鼓励创业、支持创业、投身创业的社会氛围。建立健全了政策扶持、创业服务、创业培训“三位一体”的工作机制，推动创业促就业。几年来的工作实践证明，在创业扶持政策的带动下，不仅使一大批下岗失业人员和各类劳动者通过自谋职业实现了就业，解决了生计问题，还创造了大量的再就业岗位，涌现出了王素娟、王慧珍、苏东红、苏玉萍等再就业明星，充分发挥了创业促就业的倍增效应。

二、完善工作体系，构建工会促进再就业的服务平台。一是健全领导机构。我区工会建立了主要领导任组长的工会促进就业再就业工作领导小组，主要领导亲自抓，有关部门具体抓，明确了任务和职责，一级抓一级，层层抓落实，为促进就业再就业工作提供了有力的组织保证。二是完善帮扶网络。在省总的统一部署下，在郊区党委政府高度重视和大力支持下，我区工会早在2002年底就成立了以困难职工为主要帮扶对象，以劳动关系协调、困难救助、劳动就业服务、政策咨询、信访接待、法律援助为主要内容，以为职工提供方便快捷的“一站式”服务为宗旨的困难职工帮扶中心。目前，我区工会困难职工帮扶中心在乡镇和一些困难职工比较集中的区直单位下设了12个帮扶工作站，形成了省、市、区、乡工会四级困难职工帮扶网络。帮扶中心成立以来，在困难职工帮扶、就业与再就业、维护职工合法权益、劳动关系、社会保障等方面做了大量工作，通过各种形式帮扶了3000多名困难职工，在构建和谐社会和工会“切实维权”工作中发挥了积极作用。同时，开通了“5053347、6696067”职工热线电话，形成用工信息、求职登记、就业咨询、就业指导、技能培训、职业介绍、推荐上岗、就业安置“一条龙”的就业服务体系。

三、制定工作目标，加大工会促进再就业工作落实力度。根据上级工会的计划安排，我区工会结合实际提出了自己的工作目标，层层分解落实到基层，开展再就业服务，着力困难职工实现再就业，将促进再就业工作列入工会重点工作。一是建立就业信息库，为下岗失业人员提供就业咨询服务，通过多种形式和渠道帮扶下岗失业人员。利用职工书屋、文化馆、图书室等阵地，针对性地开展择业观、就业观、创业观教育。同时在郊区电视台、宣传橱窗等发布用工信息2580多条，有1000余名下岗职工前来咨询，212名职工进行了再就业登记。为下岗失业人员与用工规范企业连结起方便、快捷的沟通桥梁。二是召开就业招聘洽谈会，为下岗失业人员提供就业平台。近三年来，每年区劳动和社会保障局、区总工会、区工商联都要联合开展为期一周的“民营企业招聘周”活动。活动周期间共提供就业信息2239个，接待求职人员2973人，其中下岗失业人员829人，农民工2113人，大、中专毕业生31人。达成用工意向141人。工会促进再就业工作搞得有声有色，产生了较大的社会反响。

四、政策收效显著，维护了社会的稳定。再就业政策实行以来为下岗失业人员从企业走向社会，逐步适应劳动力市场就业竞争的要求，规避失业风险开辟了一条缓冲地带，实现了确保下岗失业职工基本生活、促进再就业、保证国有企业改革顺利进行的目标，维护了社会的稳定。一是实行工资性补贴和社保费补贴，促进了一批“4050”人员的再就业。由政府出资，补贴招收“4050”对象的用工单位，促进了用工单位招收大龄下岗失业人员。政府也充分利用这一政策开发公益性岗位，有效缓解了大龄下岗失业人员就业难的矛盾。二是实行税费减免和小额贷款政策，鼓励了一批下岗失业人员自主创业。一些有志创业的下岗失业人员由于缺乏资金不敢走出去，税费减免政策给他们的创业吃了定心丸，小额贷款政策又为他们提供了资金保障。坚定了他们走自主创业的信心和决心。三是实行就业培训和就业服务补贴政策，帮助一批下岗失业人员掌握更多就业技能，提高了就业能力。

五、区营企业大多破产停产，下岗失业人员再就业工作成效明显。我区区营企业中，目前生产经营正常的仅有煤运系统、开发公司、自来水公司等为数不多的几家企业，物资、耐火、二轻、乡镇局、供销社、粮食局系统等企业都处于停产、破产状态，近3000名职工失业，为做好这部分人群的再就业工作，我们以政策鼓励促进再就业为突破口，在努力实现生活管理保障型向再就业保障型转变上狠下功夫。为了促进下岗失业人员再就业，从根本上解决其长久稳定的生计，实施了积极的再就业援助政策，就业规模不断扩大，就业结构有所改善。在我区《关于进一步做好下岗失业人员再就业工作的实施办法》执行过程中，区劳动和社会保障局与区总工会对特困职工的再就业问题进行了协商，共为1917名下岗特困职工办理了《再就业优惠证》，其中651名通过公益性和后勤性岗位实现了再就业，33名下岗失业人员被企业吸纳，690名通过灵活就业和自谋职业实现了再就业。

尽管我们在促进再就业工作中取得了一些成绩，但不难看到，随着全球金融危机的爆发和煤炭企业政策性的关闭，我区目前面临的就业形势仍较为严峻，劳动力供求总量的矛盾和就业结构性矛盾并存，下岗失业人员再就业、农村劳动力转移、高校毕业生就业、城镇新成长劳动力就业问题相互交织。所以，创业就业工程的实施，需要全社会的关心和支持，这就要求各有关部门加强联系，整合资源，共同促进这项民生工程。我区工会将继续实施特别的职业培训计划，按照科学发展观要求，围绕受金融危机影响的各类劳动者的就业需求，依托技工院校和各类职业培训机构，大力开展有针对性的技能培训，扩大培训规模，延长培训期限，加大培训投入，提升培训能力，进一步提高劳动者就业、再就业和创业能力，努力保持就业局势的稳定。以确保我区改革、发展、稳定的大局。

（2009年11月出席山西省政府促进再就业工作先进集体材料）

强化经审组织建设 依法履职监督职能 切实为工会工作开展保驾护航

郊区总工会经费审查委员会

近年来，郊区总工会经审会在区总工会的高度重视和正确领导下，在上级工会经审会的指导帮助下，认真贯彻落实《中国工会审计条例》和《全总关于加强县级工会经费审查审计工作的意见》，按照市总工会经审工作要求，紧紧围绕区总工会工作大局，以“积极服务，依法履职”为工作准则，切实加强经审组织规范化建设，牢固树立经审服务理念，依法履行经审监督职责，不断提高经审监督效能，全面提高经审干部素质，积极探索区级工会经审工作新途径新方法，切实为全区工会工作的顺利开展发挥保障作用。2014年郊区总工会经审会被全总授予“全国工会经审工作先进集体”荣誉称号。

（一）加强领导，上下联动，着力推进经审组织网络化建设

工会经审工作是工会工作的重要组成部分，在工会工作中发挥着不可替代的重要作用。区总工会领导历来高度重视经审工作，始终把经审工作放到重要位置，真正做到对经审工作思想上重视、组织上加强、制度上保证、经费上落实、工作上支持，为经审工作的开展创造了良好的环境和条件。因此，区总工会经审组织实现了“组织机构健全、制度机制完善、审查审计规范、监督成效明显”，有效提升了全区经审工作整体水平。一是郊区总工会经审组织系统不断健全，经审会与工会组建做到了“三同时”。全区各级工会组织坚持经审会与工会委员会换届同时考察、同时报批、同时选举产生，大力推进经审组织建设。去年3月份，在区工会委员会换届的同时，区总经费审查委员会也与工会委员会同时考察、同时报批、同时选举产生，郊区总工会经审会也成功选举产生了第七届经费审查委员会，并按同级副职待遇配备了专职经审会主任，进入了工会领导班子。二是经审组织地位不断提高。区总工会高度重视经审工作，坚持经审工作与工会工作同部署、同检查、同考核，将经审工作纳入年度工会工作考核的主要内容；列席区总工会有关工会经费和经济活动的会议等事项。三是经审工作力量不断加强。为了保证经审工作正常有序开展，区总工会在人员配备，办公条件和活动经费方面给予了大力支持，专门内设经审办，并配备了1名专职工作人员从事经审工作。目前，区总工会经审会共有委员5名，其中，5人达到大专以上学历，3人具有会计专业证书，使具备从业资格的专业人员占委员总数的60%；全区应建经审会262个，已建262个，组建率达到100%，专兼职经审干部786名，各基层经审委员人数均占同级工会委员会人数的20%以上，经审干部的整体素质、专业能力、年龄结构进一步优化，更具广泛性、代表性，基层工会经审会组织建设也有了新发展，初步形成了上下贯通、全面覆盖的经审工作组织系统体系。

（二）务求实效，规范操作，着力推进经审工作制度化建设

郊区总工会经审会认真贯彻落实《中华全国总工会关于加强县级工会经费审查审计监督工作的意见》、《中国工会审计条例》和省总《关于加强和改进全省工会审计工作的意见》等精神，按照全总、省总和市总经审会的要求，结合区总实际，创造性地开展经审工作。一是不断完善和制定各项审查审计制度和经审工作制度，先后制定和出台了《郊区总工会经审会对区总年度

经费预算执行情况审计监督的暂行办法》《郊区总工会经审会内部审计聘用人员管理办法》《郊区总工会经审会经审干部廉洁自律规定》《郊区总工会经审会对本级年度经费预决算执行情况审计监督制度》《郊区总工会经审会学习制度》等十六项经审工作制度、规定和审计办法，形成了比较完善的经审工作操作规程、工作程序和制度体系，确保了全区经审工作有章可循，使经审工作在制度上得到有效规范。二是切实抓好制度落实，坚持按制度审查审计，用制度规范，靠制度监督，使全区工会经审工作逐步走向规范化、程序化。三是建立健全工会内部监督制约机制。各基层工会从依法治会的要求出发，注重在进一步健全和完善工会内部监督制约机制上下功夫，为经审工作的组织落实、制度落实和工作落实，创造了较好的工作环境和条件。四是明确工作目标，突出工作重点。我区经审组织始终把做好工会经费的收、管、用的监督工作作为工作的出发点和落脚点，不断推动财产管理制度、财务内控制度的建立健全，确保我区工会经审工作上了一个新台阶。

（三）突出重点，切实履职，着力推进经审工作精细化建设

郊区总工会经审会不断加大审计力度，坚持把工会经济活动置于经审组织的有效监督之下。一是积极配合市总经审会开展工会财务收支及绩效情况的审计。二是坚持对上年度本级经费预算执行情况和资产管理进行严格审计，提出整改意见，并在工会全委会上进行通报，接受委员监督。三是积极开展对下一级基层工会财务收支情况和经费绩效情况进行审计。制定年度审计方案，下达审计通知书，出具审计报告，促进各级工会收好、管好、用好工会经费。在审计中，采取边审计、边指导、边服务的办法，给基层工会财会人员指出账项错弊所在，提出改进办法。近两年，郊区总工会经审会对基层工会共 17 家单位进行了审查审计，在审计过程中纠正了个别工会在支出账务处理中出现的报账单据不规范，审批报账手续不完善等问题，下发审计通知 17 份，审计意见书 17 份，提出审计意见和建议 46 条，各基层工会对提出的意见和建议也进行了认真的整改，审计整改率达 96%。四是坚持专项资金审计，确保专款专用。仅 2014 年度，郊区总工会就收到中央和省财政困难职工专项帮扶资金 46 万元，面对如此大额款项，经审会把专项资金审计纳入工作重点，采取查阅档案、电话抽查和不定期回访等方式开展审计，全程跟踪开展监督。与此同时，区总经审会对受检工会的资产管理和经费使用方向，使用比例进行指导，促进基层工会经费和工会资产的规范操作，在服务全区工会工作大局中，充分发挥了经审组织的积极作用。

（四）夯实基础，提升素质，着力推进经审工作常态化建设

建立一支政治素质高、业务精通的经审干部队伍，是新时期对工会经审工作的客观要求。区总经审会结合区总经审干部队伍现状与工作发展需要，一是加大培训力度，立足实际，制定培训计划，明确培训目标，适时组织不同内容、不同层次的学习班。近两年，共组织 140 余人次参加了省总、市总的各种经审干部培训；去年 7 月，郊区总工会经审会举办全区工会经审干部培训班，区总工会经审会全体委员以及来自全区各级工会组织的经审会主任、副主任、工会会计等 60 余人参加了培训。通过培训，对提高我区工会经审干部业务水平，更好地服务工会大局，打下了良好的基础。二是不断加强经审干部队伍作风建设，倡导严谨细致、求真务实、坚持原则、敢于碰硬、秉公审计的好作风，切实做到依法审计，客观公正。三是不断加强经审

干部队伍廉政建设，坚持对经审干部高标准、严要求，严把“入口”关，严格遵守“八不准”规定和各项审计纪律，讲廉洁、讲责任、讲奉献，始终保持昂扬向上的状态和清正廉洁的本色。使经审干部能在审查审计中高效履行监督职责，确保每一项审计经得起检验。四是认真组织开展基层工会经审工作调研，制定翔实的对下一级工会的经审考核标准和办法，实施年度考核，强化对基层工会经审工作指导和服务力度，在“构体系、建机制、打基础、抓队伍、上水平”上下功夫，努力推动经审工作规范化、科学化建设，全面促进工会经济活动的规范运作，为全区工会工作的创新发展提供了有力保障。

（2015 年 4 月阳泉市工会经审工作规范化建设座谈会发言材料）

开展工资集体协商 实现职企互利共赢

阳泉冀东水泥有限责任公司工会

开展工资集体协商，是企业现代化管理的需要，是维护企业职工权益、构建和谐劳动关系的需要，是调动企业职工积极性、创造性的有效方法。近年来，我公司坚持企业管理的科学化、民主化，充分发挥企业工会的协调、教育、引导等作用，扎实推进工资集体协商工作，不断完善薪酬分配制度，稳定了职工队伍，促进了劳动关系的和谐，取得了良好成效。

一、企业基本情况

阳泉冀东水泥有限责任公司是唐山冀东水泥股份有限公司在山西投资的全资子公司，也是阳泉市重点招商引资企业。公司于 2009 年 9 月经山西省发改委核准立项，2012 年建成投产，总投资 13.1 亿元，公司位于阳泉市郊区杨家庄乡黑土岩村东，占地 604 亩，该项目利用阳泉优质的低碱石灰石资源，每年可生产国家重点项目需要的优质高标号低碱水泥 200 万吨，每年可实现工业总产值 6 亿元。产品主要覆盖太原、阳泉及石家庄市场。

二、工资集体协商工作情况

公司从创建以来，始终把职工利益和企业效益作为管理的重要工作来抓，特别是本届领导班子上任以来，公司领导班子把开展集体协商工作纳入重要议事日程，每年都根据企业效益和职工对工资及劳动福利待遇的诉求，进行工资集体协商，签订工资集体合同，以此保持了职工队伍的稳定，促进了劳动关系的和谐，实现了“企业和职工双赢”的目标。

为了保证工资集体协商工作的效果，在协商前进行调研、收集相关文件数据、征求职工的意见和建议等，做到了协商有数据、协商有依据、协商有针对性，最大程度保证了协商的效果。我们的主要做法是：

（一）做好走访调研，抓好基础工作。正式协商前，公司工会深入职工群众走访调研，认真听取职工的真实想法和心声，对收集到的意见、建议进行梳理。同时，公司工会也注重做好对职工法规政策宣传和答疑解惑等工作，引导职工提出合理诉求。在协商前期，与职工方协商代表进行充分沟通，统一思想认识，对协商议题和目标做到统一、步调一致，成立专门小组，制定工作方案，明确协商的主要内容、方法步骤、完成时限和责任分工，为更好地开展工资集体协商工作奠定了良好的基础。

（二）把握主体合法原则，推选协商代表。为了使协商主体更加合法规范，确立与职工方协商代表对等的企业方协商代表，使协商双方主体更具有代表性和权威性，在广泛征求职工意见和建议的基础上，由公司工会推荐产生职工方协商代表，并经职代会投票通过后产生，职工方协商代表共有 5 人组成，公司工会主席担任职工方首席代表。企业方协商代表由企业法定代表人确定，企业方协商代表由公司经理、经理助理、办公室主任、企管部长、财务部长 5 人组成，公司经理作为企业方首席代表。经双方代表协商推选出记录员 1 人。

（三）搜集协商资料，明确协商主题。积极搜集当地最低工资标准、集体协商法规政策等外部资料。同时要求企业方提供反映企业经营情况资料，包括企业上一年度销售收入情况、利润情况，资产负债表和损益表以及上年度职工工资总额和职工平均工资情况等内部资料。在此基础上，及时确定协商主题，为开展好集体协商提供有力的依据。与此同时，工会提出协商要约、商定协商时间，双方就工资分配办法、职工年度平均工资水平及调整幅度、工资支付方式和支付时间等内容开展集体协商。

三、开展工资集体协商工作成效

（一）工资集体协商促进了和谐劳动关系的构建。开展集体协商，不仅为职工涨了工资、增加了收入，更重要的是建立了职工利益诉求表达平台，形成了正常的工资增长机制和合理的收入分配机制，有效地平衡了劳动关系各方利益，加强了劳资沟通，使劳动关系中突出的工资问题得以较好解决，规范了企业工资分配行为。

（二）增强了职工参与企业管理的意识。通过工资集体协商使职工认识到参与民主管理和工资分配有了话语权，提高了工资的透明度，最大限度给予了职工的知情权。开展集体协商，企业的各项决策与职工协商，取得职工认可，向职工公开，在公开中使职工的各项合法利益得到保障，有效调动了职工的积极性，并通过参与形成了共识，凝聚了创新发展动力。

（三）工会组织维护职工合法权益作用更加显现。由企业党政领导主抓，工会牵头主推的集体协商工作，维护了职工最关心、最直接、最现实的利益问题。树立了工会依法维权的形象，得到了广大职工的信任和拥护，大大提升了工会在职工心目中的地位，增强了工会组织的吸引力和凝聚力，同时也赢得了经营者的尊重，工会的地位得到了进一步提升。

四、经验启示

（一）推进工资集体协商要积极争取领导高度重视。工资集体协商工作能否取得成效，关键在于领导是否高度重视，组织运行机制是否完善，推行措施是否得力。首先是要主动接受党支部对集体协商工作的领导，加大集体协商的推进力度；其次是加强与企业方的沟通交流，并及时成立工资集体协商领导组，定期召开碰头会和协商会，及时研究解决工资集体协商工作中的突出问题，研究解决措施，为顺利开展工资集体协商工作提供了有力的组织保证。

（二）推进工资集体协商离不开工会的主动作为。必须充分发挥工会组织“依法维权”的作用，工会一班人要有强烈的责任感和使命感，始终把争取职工利益作为自己工作的强大动力，主动作为，敢于维权、善于维权，平时要经常深入基层，认真听取职工真实的想法和心声，引导职工提出合理化诉求，不断寻求职工和企业双方的共同点，达到沟通、理解和共识，更好地推进工资集体协商工作，促进企业的和谐发展。

（三）工资集体协商，贵在持之以恒。工会在推进企业工资集体协商过程中，要做到既定目标不为所动、大方向不为小困难所阻，真正做到认准方向不动摇，持续推进不懈怠，继续加大实践探索力度，以更加扎实高效的工作，持之以恒地加以推进，保证工资集体协商取得实效，最终实现职企和谐稳定的局面。

（2019年9月阳泉市总工会工资集体协商工作推进会经验材料）

郊区总工会精神文明创建工作汇报

郊区总工会在区委、区政府的领导下，在市、区精神文明办的具体指导下，始终把职工群众作为精神文明建设的价值主体、实践主体和服务对象，以满足人民群众不断增长的精神文化需求为目标。从强化领导、构筑机制、营造氛围抓起，为郊区广大职工群众不断提供思想保证、精神力量、道德滋养，不断把精神文明工作向纵深推进。

一、加强领导，从组织和制度上确保精神文明建设常态化。

工会精神文明建设能否取得实效，关键在于是否做到长效管理。为此，我们从适应新时代要求出发，立足实际，虚事实做，务求实效，着力从“四个转变”推进工会精神文明创建工作。即把工会精神文明建设从活动型向实事型转变；从重评比结果向重创建过程、创建质量转变；从单一创建向系统化创建转变；从形态文明向功能文明、素质文明转变。从而促使工会精神文明建设工作整体推进，确保工会精神文明建设在科学化、制度化、规范化的轨道上健康运行。

这些年，我们郊区总工会锲而不舍、一以贯之地抓精神文明建设。把提高全体干部职工道德素质、政治素养和培育社会主义核心价值观、弘扬中华传统美德，贯穿于工会工作的每个环节。我们在强化总工会机关精神文明建设中，支部书记为第一责任人，各部、室协同配合，精心组织，精心安排，精心部署，精心落实，不断完善了精神文明建设学习计划工作制度，从组织制度上确保了精神文明建设工作的有效开展。在此基础上，郊区总工会还倡导全区各级工会组织和广大职工积极参与企业文化建设，自觉加强学习，开展技术攻关，崇尚科学精神，繁荣企业文化，当学习型职工，创学习型班组，建学习型企业。与此同时，我们还制定出台了《干部职工学习制度》《机关精神文明工作制度》《工会工作文明用语制度》。开展了“人人争当文明职工”活动，规定基层工会每年进行一次“公民道德规范、言谈举止文明”评比，经常性的评比和制度化的管理促进了广大干部职工文明行为的养成，推动了工会系统文明水平的提高，使精神文明建设工作保持了常态化。

二、勇于创新，抓素质教育确保精神文明建设的质量。

改革创新始终是鞭策我们做好精神文明建设的精神力量。我们竭力弘扬伟大的民族精神和时代精神，不断构筑着团结广大职工群众的精神纽带，在细读精学习近平关于精神文明建设系列文章中汲取着精神食粮。坚持以人为本，不断强化干部职工的理想信念；不断提高干部职工的整体素质；不断增强干部职工的道德水准。特别是去年以来，我们结合学习党的十九大精神，在深入开展“两学一做”学习教育和“改革创新，奋发有为”大讨论中，组织工会干部职工认真学习党章、学习党的路线、方针、政策和《关于深化群众性精神文明创建活动的指导意见》《公民道德建设纲要》等。并通过爱国主义经常性教育、职工队伍的“四有”培养、争做文明工会干部职工制度的落实，同提高工会服务水平、岗位廉洁教育相结合，要求干部职工养成写学习笔记的良好习惯，以使工会干部职工在学习中提升自身素养，在学习中提升自己的业务水平，在学习中提升自己的文明水平。通过持之以恒的学习教育，使工会干部职工的思想政治素质、业务水平、文明程度得到很大提高，因此也使工会干部职工有了自觉抵制“四风”的自觉性，为工会系统营造了“争当文明人、争做文明事”的氛围。

与此同时，我们按照中央《公民道德建设实施纲要》的要求，坚持不懈地狠抓干部职工职业道德建设，积极探索职业道德建设规律，根据社会发展需要和时代特征对职业道德建设内容、形式、方法、途径等新要求，开拓创新，改进方式方法，落实规划措施，充分发挥工会在推进公民道德建设中的作用。我们还结合各行各业实际，对“行业规范、企业公约、岗位守则”进行规范性引领，推出不同行业职业道德教育示范文本，形成适应社会发展和市场经济需要的新的职业规范，帮助职工提高职业道德行为能力和讲求职业道德的自觉性。同时，我们充分运用各种宣传载体和舆论阵地，把职工在职业道德实践中的典型经验和问题，进行针对性宣传教育，以引导干部职工逐步养成良好的职业行为，达到职工自我教育的目的。开展“新时代职业道德”全员教育培训活动，对职工分期分批进行专题培训，引导广大干部职工深化对职业道德的认识，进一步转变观念，强化自律意识，提高职业道德水平。注重对新时代干部职工职业道德先进典型的培育，大张旗鼓宣传职业道德先进典型的事迹，坚持开展职工职业道德评选活动，并通过举办报告会、座谈会、演讲会等方式，扩大职业道德先进的社会影响，形成了恪守职业道德的良好风尚。

三、纵深推进，把精神文明建设渗透于工会各项业务工作中。

我们针对工会开展精神文明建设的对象、环境和条件等新的变化，在开展精神文明建设的内容、形式、方法和机制上积极探索，大胆创新，不断增强工会精神文明建设的吸引力、渗透力和生命力。我们根据新时代和知识经济社会的要求，注重提升工会精神文明建设的知识内涵，充分运用互联网平台开展工会精神文明建设，把科学理论宣传、科学思想培养和科学知识普及纳入工会精神文明建设的内容，特别注重引导干部职工树立终身学习的理念，培养干部职工的学习力、竞争力和创新力。同时，我们把精神文明建设和业务工作相结合，让精神文明建设工作渗透于工会具体业务工作中。我们在工会领导班子中积极开展学习好、工作好、勤政好、廉洁好的“四好”教育，在全体干部职工中开展增强“四个意识”、做到两个维护、争做“四有职工”宣传教育。定期组织基层工会开展文明用语、文明礼貌行为示范评选，较好促进了广大干部职工的文明习惯养成。并通过推行文明、热情、周到服务工作制度，根本上提升了为职工办事的效率和质量。

与此同时，工会机关干部为方便职工掌握相关法律法规，印制了《劳动法》《工会法》维权卡等有关资料，随时向来访职工发放，真正做到了贴心服务。我们还联合相关部门和单位开展岗位技能、劳动竞赛活动，引导鼓励职工积极进行技术创新。我们把精神文明建设和开展“职工书画”“健身体操”“劳动技能”等比赛活动相结合，广泛开展郊区第五届职工登高健步走活动；为基层和乡镇工会职工书屋配套图书80册；组织观看电影《大寒》《黄埔军人》《红海行动》和《十八洞村》等革命教育影片；组织开展“中国梦、劳动美”职工羽毛球比赛和乒乓球比赛；“七一”前组织区工会机关党员到革命老区接受了红色革命传统教育，重温了入党誓词等，在保证工会精神文明建设正确的政治方向的基础上，对群众性精神文明创建活动赋予更多的文化和艺术色彩，做到寓教于乐、寓教于文、寓教于体，吸引更多的职工参与精神文明建设。

在此基础上，我们始终把精神文明建设与部门业务工作融为一体，在组织建设方面，我们通过抓工会组织覆盖、抓行业工会联合会的建设，使全区工会覆盖率达到100%；在依法维权方面，我们在开展法律咨询的同时，积极推进工资集体协商制度的实施；持续开展“四季送”活动，较好地把精神文明建设工作与工会工作业务有效结合，收到相互促进、相得益彰的效果。

总之，这些年我们在精神文明建设工作的实践中，对精神文明建设重要性、长期性有了进一步的认识和理解，精神文明建设工作的领导工作得到进一步加强，开展精神文明建设的工作思路、得到了进一步拓展；工会精神文明建设的载体、抓手和途径等有了明显改进，精神文明建设工作也取得一定成效，因此也连续五年成为市、区的文明标兵单位。但面对新时代新情况，我们知道精神文明建设工作仍然有待去探索、去努力工作。我们将在今后针对性解决工作中、思想上的问题和不足，以全力推进郊区总工会精神文明建设工作，以实现文明建设与工运事业的协调发展。

（2019年山西省精神文明创建工作汇报材料）

第三节 报刊文摘

“帮”字上下功“送”字上创新

阳泉市郊区总工会

山西省阳泉市郊区辖13个乡镇、185个行政村，总人口23.8万人，面积633平方千米。全区有区营企业66个，其中，全民企业30个，集体企业36个，企业职工总数4575人，其中，无工作岗位的职工2127人，贫困职工723户，特困职工469户。

2000年，在市总工会的指导帮助下，在郊区区委、区政府的重视关怀下，阳泉市郊区总工会从现状出发，紧紧围绕全总提出的“五突破一加强”工作方针，围绕中心抓服务，突出重点抓维护，在实施送温暖工程中，本着扶贫先扶志，给钱给物不如给个就业好岗位的愿望出发，坚持“四扶三变三结合”，即：生活上扶贫、精神上扶志、能力上扶持、经济上扶业；变输血为造血、变救济为就业、变贫困为富裕；救济式扶贫治标与开发式扶贫治本相结合、职工脱贫与企业脱困相结合、他救与自救相结合，在特困职工中实施“为政府分忧、替企业解愁、帮职工排难”的“解困送温暖工程”。

在实现维护和发展最广大职工群众的根本利益上求突破，做职工群众合法权益的代表者，经济利益的维护者，使工人阶级自觉成为先进生产力代表的忠实实践者。

近年来，随着社会主义市场经济的发展，国企脱困、结构调整、企业改制、减员增效，导致职工下岗面整体增大，给职工群众的生活和社会稳定带来巨大压力。阳泉市郊区有66个区营企业，大都是五六十年代创建的优势企业，但是随着社会主义市场经济体制的逐步深化，人浮于事、产品单一、效益下滑等结构性矛盾和深层次问题逐渐显现，企业往日的优势如今已不复存在。到1996年年底，全区60%的企业处于停产半停产状态，发不出工资，4575名职工中，就有2127人成为无业人员。同时，因欠缴失业保险、养老保险费用，导致失业后领不到基本生活保障金，造成部分职工生活困难。有的家庭上有老，下有小，就连起码的温饱问题都失去保障。据有关统计资料显示，到1999年底，全区贫特困职工已达到了723户。尽管多年来，每年春节，区委、区政府、区总工会、区劳动局都要筹集大量款物，对困难职工家庭进行救助帮扶，1995年以来，慰问品、慰问金总金额就不下百万元，却怎么也走不出年年帮扶、年年贫困这个怪圈。巨额投资与甚微的收效，使我们不得不在扶贫帮困的方法上重新进行理性思考。郊区总工会以“三讲”教育为契机，认真对照江总书记提出的“三个代表”重要思想，进一步增强工会干部全心全意依靠工人阶级，自觉维护广大职工根本利益的责任意识，并及时组织工会干部在全区困难职工中开展了“进千家门，知千家情，解千家难，暖千人心”的入户大调查活动，摸清了贫困职工家庭生活现状、困难原因、本人就业志愿、技术特长底数，做到“四清三了解”。即：下岗特困户户数、姓名、性别、年龄、健康状况清，所在单位、家庭住址清，下岗原因清，家庭基本状况清；了解职工思想动态，了解职工文化技术专业特长，了解职工择业要求，并专门建立了特困职工个人档案。区委成立了由区委副书记担任组长，副区长担任副组长，各有关部门领导为成员的郊区解困工程协调领导组，形成了主要领导亲自抓，分管领导配合抓，相关部门共同抓的工作机制。与此同时，郊区工会还组织专人深入市场进行致富项目、产品销路等方面的市场前期考察，筛选确定帮扶项目，本着扶贫先扶志，给钱给物不如给个就业好岗位的愿望出发，采取救济武扶贫治标与开发式扶贫治本相结合，职工脱贫与企业脱困相结合，他救与自救相结合，在特困职工中实施以赠送再就业工具为主要内容的解困工程，使困难职工自尊、自信、自强、自立，逐步摆脱生活困境。

在“送”字上下本钱，为政府分忧，替企业解愁，帮职工排难，将解困工程办成暖人心、得人心、稳人心的民心工程、实惠工程、效益工程。

我们本着实事办实，好事办好的原则，在全区经济运行比较困难的情况下，筹集资金4万元，购置回140多套（件）小型方便、容易操作的就业工具。在赠送再就业工具过程中，我们做到了“三同四送”，即：心同职工贴在一起，情同职工融在一起，力同职工合在一起；送就业工具，送脱贫信息，送工作岗位，送救助资金。去年4月28日，我们在郊区影剧院门前隆重举行了再就业工具发放仪式，为82户140多名特困职工赠送了电焊机、钉鞋机、玉米爆花机、电烤箱、电烤羊肉串机、和面机、货架、柜台等共计18个种类、140多套（件）再就业工具，还有种鸡、种兔、种鸽等。这次赠送再就业工具是按照特困职工个人申报，基层工会推选，单位领导审查，区总工会确定的程序进行的，郊区总工会同时还发给职工特困证，凡领到工具的职工可持证上岗就业，并可享受有关优惠政策。同时还明确规定，所有赠送的再就业工具，所有权和调配权归区总工会，职工有使用、保管和受益权，无权转让、租赁、外借，个人损坏要照价赔偿，从制度上保证了工具的合理使用与科学维护、管理。

在帮助职工提高自身技术素质和驾驭市场经济的能力上下硬功，坚持用工人阶级的先进思想影响和带动社会，使之成为勤劳致富的带头人，市场经济的排头兵。

就业工具送发下去之后，能否正常操作和使用起来，达到预期的良好效果，不至于走了形式走了过场，是我们所共同关心的问题。因此，抓紧事后的跟踪服务，促进其起步运作便显得尤为重要。我们针对下岗职工文化素质和技术水平较低，工具操作不得要领，启动资金短缺和经营场地审批较难等实际，要求解困领导组成员和区总工会机关干部不仅要当好特困职工的第一知情人，而且要做好第一帮助人。具体来说，就是要落实“五个一”，搞好“六服务”。“五个一”就是：每人包一户特困户，每人为所包户提一条好建议，送一条好信息，办一件实在事，帮助所包户完成一千元以上的收入。“六服务”就是：为所包户提供协调服务、上门服务、技术服务、产销服务、信息服务、贴息贷款服务。郊区总工会还专门聘请有关技术人员对特困职工进行了岗前培训，并协调乡镇、村庄和区工商税务、供电等有关部门在就业场地、水、电、工商管理费、税收等方面提供优惠。在郊区总工会的协调下，区信用联社专门为特困职工推出了贴息小额贷款业务，扶持他们从事个体经营。部门联手，共同帮扶，为特困职工打开自救门路提供了一定的物质基础、优质服务和良好的就业环境。

实施“解困送温暖工程”的可喜收获。

解困工程的大力实施，从根本上改变了特困职工单一依靠政府救济的陈旧观念和“福利式”扶贫的模式，探索出了新形势下多元化就业之路。在郊区政府和工会的引导帮助下，一大批特困职工主动转变择业观念，练本领，学技术，搏击商海，在加工、铸造、修理、商业、养殖等不同行业初露锋芒，大显身手。特困职工有的开办了小吃店，有的办起了小商店，有的靠钉鞋致富，有的凭养兔增收，有的从事铸造、修理，有的发挥特长发展相关企业。140多名特困职工家庭呈现出了家家有活干，户户有钱赚的喜人局面。多渠道、多形式的就业致富门路，不仅减轻了政府负担，缓解了就业压力和社会矛盾，增加了职工收入，而且从思想上调动了职工的生产积极性和创造性，做到了政府、工会、职工三满意，解困工程真正办成了得人心、稳人心、暖人心的政治工程、民心工程、效益工程。原区二轻局水暖器材厂职工柳素霞和她的丈夫双双于1975年进厂工作，一干就是20多年。1996年，由于产品不对路，亏损严重，企业被迫停产关门。柳素霞一家的生活当时没了着落，女儿上学交不了学费，家人有病缺钱不敢上医院，生活极度困难。为了维持生计，丈夫曾外出打过工，拾过破烂，捡过浮炭。在最无奈的时候，还在秋后到农民地里捡人家撂下的玉米棒吃。1998年，区总工会将这一家列为特困户给予重点帮扶。去年4月，在赠送再就业工具活动中，又为其赠送了4组12只种兔。在区政府、区总工会有关领导结对帮扶下，柳素霞夫妻俩很快掌握了种兔的喂养、防疫技术，到现在种兔存栏数已达到 40 只。看着无望的生活日渐有了眉目，两口子激动地说，困难时刻见真情，工会确确实实是咱职工的家啊。

原农机厂职工马和明，在企业干了 20 多年，1997 年却成了一名无业工人。一家五口，上有老，下有小，父母年老多病，生活不能自理，妻子患风湿性关节炎，常年卧床不起，马和明作为家中唯一的劳力，又没了职业，急得对生活失去了信心。在实施解困工程赠送再就业工具过程中，区总工会根据其就业志愿，为其赠送了价值 1500 元的和面机、蒸笼蒸锅，回家后干起了馒头生意。2000 年农历“七月二”荫营传统庙会期间，马和明卖馒头 10 天就挣了 500 元钱。有了收入的马和明逢人便讲，不要小看几节蒸笼和一台和面机，却是真正给了自己一个就业的好岗位，不把这营生干好，心里就觉得不舒服，因为这是党和工会的一片心呢。

原农机厂职工苗所林失业后，发挥一技之长办起了家庭铝制品铸造业，因无钱购买电焊机，焊接钫砂炉、修补钫砂件十分不方便。区总工会了解到这一情况后，投资 1000 元为其买回了电焊机。当市总工会主席董建堂和区有关领导抬着崭新的电焊机送到苗所林面前时，这个 40 多岁的汉子流下了眼泪。他拉着董主席的手说，我现在用了一名下岗职工，等企业规模扩大后，还要把更多同我一样的下岗职工用起来，让他们有活干，有饭吃。市人大常委会副主任、市总工会主席董建堂在谈到郊区总工会赠送再就业工具工作时高兴地说：赠送一套再就业工具等于给了职工一个岗位，一个车间，一个作坊。思路超前，做法对头，很有推广价值。

（原载《中国工人》2001 第三期）

推进民主管理 服务经济建设

郊区总工会发挥职能作用创新工会工作纪实

近年来，郊区总工会紧紧围绕区委提出的“三化”目标和“四走四变四集中”战略目标，全面履行工会的四项基本职能，不断加强工会自身改革和建设，积极主动创造性地开展工会各项工作，团结动员全区广大职工群众，大力推进“富民强区、争先发展”战略的实施，连续多年被省、市总工会和郊区区委评为“七好县工会”“先进县工会”“先进集体”和“文明单位”。

一、组织建设显特色

郊区总工会始建于 1976 年，从 1988 年起，着手乡镇企业组建工会的试点工作，到 1992 年，首先发展了 24 个乡（镇）办企业工会，1993 年 7 月，全区共发展工会组织 197 个，并在 13 个乡镇全部成立了工会工作委员会，由党委专职副书记兼任工委主任，同时配备一名常务副主任负责日常工作。1993 年 10 月底，省总工会在郊区召开了“全省乡镇企业工会组建工作现场会”，在全省推广了郊区的经验和做法。他们始终坚持“哪里有职工哪里就组建工会组织”的原则，特别是近两年来，他们以组建新建企业工会为切入点，以乡镇工委和环节工会为依托，在全区范围内开展基层工会组织的巩固、重建和新建工作。主要采取了四种方式：一是派入组建式。对企业小而多，职工人数少的小村，以村建立村级工会联合会，由村分管党务或经济工作的副书记兼任联合工会的主任，每个企业为工会小组；二是挂靠组建式。对不够25名职工的企业，实行挂靠的办法，和邻近的大企业合并为一个工会；三是联合组建式。对若干个不足25名职工的企业，以片建立联合工会；四是独立组建式。为进一步加强基层工会工作的领导、支持，化解村支部和驻村企业的脱节问题，他们在李家庄乡实行村工会试点基础上，去年在全区有条件的村积极推行，架起了村支部和企业职工之间的桥梁纽带，完善了工会组织管理体制，也创新了基层工会组建格局，目前，在全区185个行政村中，有122个村建立了村级工会联合会（村工会工作委员会），填补了村工会的空白，得到了全总、省、市总工会和区委的肯定。

二、民主管理谱新篇

民主管理是工会的职能。近年来，郊区总工会始终坚持抓集体合同、工资集体合同和职代会制度这两项维权机制建设，在合同方面，他们将每年3月份定为“工资集体合同协商月”，严格按照有关法律的规定，将劳动报酬，安全卫生、养老、失业、医疗保险，解雇、辞退员工有关程序和经济补偿等职工关心的热点难点问题列入平等协商、集体合同的内容，并加以重点突出，确保平等协商和集体合同签订的质量。与此同时，他们推动集体合同履约责任制度的建立，保证了集体合同内容的兑现落实。2003年，区总工会被省总评为平等协商、签订集体合同先进单位。工资问题是职工最关心的，涉及职工切身利益的问题，他们把推行工资集体合同作为重中之重，在推行平等协商、签订集体合同的基础上，抓住机遇，顺势而上，以非公有制企业为重点，面向全区企业大力推行了工资集体协商专项合同制度，及时出台了《阳泉市郊区非公有制企业工资集体协商试行办法》，印发了（工资集体协商范本），按照“典型引路、重点突破：分类指导、因企制宜；重在建制，力求实效”的工作思路和工作部署，工资集体协商制度工作得到了积极推行。截至目前，全区168家企业通过平等协商，全都签订了工资集体合同。职代会制度是职工当家做主的具体体现，他们始终坚持抓好职代会制度的建立完善，并明确提出要实现三个效果：一是进一步提高职代会的建制率；二是积极开展职代会星级竞赛；三是进一步抓好职代会制度的落实，发挥职代会积极作用。目前，郊区有5个职代会达到了四星级以上标准，并通过市总工会验收，有54个职代会达到三星级标准，有10个职代会达到了二星级标准。各企事业单位都能够通过职工代表大会，组织职工参与企事业单位的民主决策、民主管理、民主监督，保障了职工在企业的主人翁地位，推进了企业的民主政治建设。

三、服务经济结硕果

工会推进企业经济发展和技术进步，其着力点就是提高职工素质。多年来，郊区总工会始终把提高职工素质作为自己的一项长期战略任务，这既是工会属性的传统职责，也是社会主义市场经济对于工会的时代要求。第一，积极开展了“安康杯”劳动竞赛活动，他们在开展部门联合监督检查行动的同时，不断督促全区煤炭、耐火、建材、化工等行业的劳动安全卫生制度的落实，有力地维护了职工的安全和健康权益。近两年来，每年都要协调卫生部门深入工矿企业，为职工进行健康体检，平均每年参检人数达2000名；第二，实施“铸魂工程”，培育“四有”职工。围绕全区的工作大局对广大职工进行理想信念和科学知识教育，用邓小平理论和“三个代表”重要思想武装头脑，推动“四有”职工队伍建设步伐。2000年至今，共培训职工10000余人次。去年4月份，还组队参加了市总举办的首届职工艺术节系列活动，参加人数达到了260余人，共获得27个奖项，是全市组队人数最多、获奖最多的县区，被市总授予优秀组织奖;第三，实施“技术创新工程”。在实际工作中，区总工会始终坚持以开展“一基五本”劳动竞赛为载体，积极实施群众性经济技术创新工程，组织和引导广大职工围绕全区经济发展目标，在调整产业结构、推进科技创新中建功立业，开展“学一门新技术，搞一项新革新，开发一项新产品，创造一个新操作法，推广一项新技术成果”的“五个一”竞赛活动，取得了可观的竞赛成果价值。据不完全统计，仅去年一年，全区职工提合理化建议7800余条，竞赛成果价值达到512.8万元，有力地推动了全区企业向科技型、节能型、环保型、效益型发展的步伐。第四，大力开展和引深“创建学习型组织，争当知识型职工”活动。他们专门出台了该活动的实施方案，成立了活动领导组，确定了区煤运公司、华岭耐火材料有限公司、林里粉末冶金有限公司、荫营中学、玉泉中学、区自来水公司、旧街煤矿等为试点单位。另外，为进一步弘扬劳模精神，努力在全区范围内营造一种学习劳模，争当劳模的良好氛围，区总工会一直非常注重选树劳模工作，专门出台了《阳泉市郊区劳动模范管理办法》。截至今年5月份，已选树了全国劳模2名、省级劳模24名、市级劳模115名。

四、困难援助见真情

近年来，区总工会采取有效措施，积极维护广大困难职工的合法权益和特殊利益，维护了全区的和谐稳定，促进了全区各项事业的全面发展。一是实施“送温暖”工程。每年重大节日前夕，都要组织慰问活动。就拿今年春节前夕来说，他们多方筹集资金，对全区357户贫特困职工和9个企业进行了慰问，共发放9.1万元的物品和资金。二是实行“一帮一”结对子帮扶活动。重点帮扶下岗职工发展生产经营，进行开放式扶贫，增强困难职工的“自身造血”功能。几年来共为下岗职工提供再就业工具200余台（套），投入资金10万余元；为40余名特困职工子女上大学发放救助金5万余元；为20余名大病大灾的特困职工发放生活救助金2万余元。三是建立特困职工援助中心和法律援助中心工会工作站。2002年，区总工会成立了特困职工援助中心和法律援助中心，为困难职工、下岗失业人员负责提供信访接待、法律援助、生活救助、政策咨询以及职业介绍和相关培训，为他们提供直接、快捷、方便的服务。如街上村的史计民，因在煤矿工作期间得厂煤矽，区总工会帮他与村和企业多次协商，最后争取到了6万元的补偿款，解决了他的燃眉之急。白羊墅村是郊区成立村工委较早的村之一，去年村硅砖厂对外承包后，由于种种原因，没有按合同规定支付职工工资。村工委主任及时出面交涉，维护了全厂职工的经济利益，起到了村工委应有作用；牵牛镇机械厂一职工，应公致残，伤残费迟迟得不到解决，关键时刻，又是村工会联合会出面协商解决……在这次保持共产党员先进性教育学习活动中，当郊区人大常委会副主任、区总工会主席郭善祥得知区委将在全区党员干部中开展“千名干部下基层，发挥党员先进性”大型活动时，多方奔走和协调，将区总工会掌握的56名符合结对子条件的特困职工纳入了这次活动的帮扶对象，充分体现了工人阶级团结友爱、互助互济的精神，同时全体工作人员也都深入各人联系的困难户，继续全面了解他们的生产生活情况，给予本人所能送去必要的物质救济以及技术、信息等方面的帮助，全体工作人员各自制定出了长效帮扶计划，以使此项工作真正制度化、规范化、长期化。

（原载 2005 年 10 月 12 日《阳泉日报》）

服务打基础 帮扶情暖心

阳泉市郊区总工会各项工作有成效

本报讯（记者马丙申）阳泉市郊区总工会围绕落实好省总、阳泉市总确定的重点工作目标，今年年初以来紧紧抓住为职工办实事这一主线，以服务为基础，以帮扶为支柱，使各项工作取得实效。

在抓好服务中，该郊区总工会以推动企业技术进步为目标，把重点放在维护职工生命健康权益和提高职工素质上。首先，该郊区总工会协同政府各职能部门联合检查，督促煤炭、建材、化工等行业的企业完善劳动安全卫生制度，会同卫生部门深入工矿企业为 2000 名从事有害作业的职工进行了健康体检。二是实施“铸魂工程”，培育“四有”职工。近年来，该郊区总工会共培训职工万余人次。三是实施技术创新工程。该郊区总工会组织职工围绕全区经济发展目标，深入开展“学一门技术、搞一项革新、开发一个新产品、创造一种新操作法、推广一项新技术成果”活动。据不完全统计，在近一年时间里，全区职工提合理化建议 7800 余条，实现竞赛成果价值 512.8 万元。

该郊区总工会用真情换来职工群众的信赖。除在逢年过节开展送温暖活动外，该郊区总工会大力开展一帮一结对子活动，重点帮扶下岗职工发展生产经营，增强困难职工的“自身造血”功能。该郊区总工会连续几年为下岗职工提供再就业工具 200 余台（套），免费为困难职工、下岗失业人员提供法律援助、生活救助、政策咨询以及职业介绍等。

该郊区总工会脚踏实地地做好服务和帮扶工作获得回报，今年该郊区职工入会率达 98% 以上，全区 185 个行政村中有 122 个村建立了村级工会联合会。

（原载 2005 年 10 月 15 日《山西工人报》）

政策上支持 制度上保障 资金上扶持

阳泉市郊区党政为工会开展工作创造必要条件

本报讯（记者岳燕林）“工会工作离不开党委的重视和行政的支持，否则就是无源之水、无本之木。”这是阳泉市郊区人大常委会副主任、区总工会主席郭善祥的切身体会。近年来，该区区委、区政府从全区一盘棋的战略出发，高度重视和支持工会工作，使工会在构建和谐社会中发挥了应有的作用。

近年来，该区区委把工会工作放在重要位置统筹考虑，相继出台了《关于进一步加强工会工作的意见》、《关于在企业改制中加强工会工作的意见》以及《关于进一步加大工会经费收缴工作力度的意见》等一系列文件。在全区撤并乡镇工作中，区委、区政府明确规定由全区8个乡镇分管党务工作的专职副书记分管工会工作，并为4个规模较大的镇配备了专职工会干事。特别是在2003年，区委按照要求将区工会一把手高配到区四套班子当中，加大了工会工作力度。面对改革的深化和企业结构发生的变化，该区结合实际，进一步建立完善了分管领导工作联系制度，即区委分管工会的副书记定期听取区总工会工作汇报并及时向工会传达区委对工会工作的指示和意见，与此同时还建立了政府与工会的联席会议制度，及时协调解决涉及职工利益和工会工作方面的问题。

党政在资金上的扶持为工会工作注入了源头活水。该区每年都要拿出一部分资金用于工会组织“两节”慰问、实施职工素质工程和开展劳动竞赛等活动。尤其是该区区委、区政府在财力比较紧张的情况下，投资80万元将整座建筑面积2695平方米的大楼置换改造为区总工会职工培训中心暨特困职工援助中心，为工会提供了比较宽敞的办公场所。

党政的重视和支持为工会工作创造了机遇，激发了工会干部为构建和谐社会建功立业的热情。目前，该区职工入会率达到98%，并在切实维权方面实现了创新和突破。

（原载2005年12月31日《山西工人报》）

阳泉郊区工会组织进了村

11月19日，山西省阳泉市郊区李家庄乡柳沟村，柳泉化工有限责任公司厂区内，一座职工食堂已经初具规模。“听说旧澡堂旁还要再盖一座更大的新澡堂，往后村里人洗澡就不用往城里跑了！”工人吕玉才高兴地告诉记者。“这都是今年3月工会的民主恳谈会上大伙提的建议，没想到老板一下子就答应了。”“从前出来干活只求工资按时发，哪里敢提什么要求。现在好了，有村工会给我们撑腰！”站在旁边的工人小王兴奋地说。

如今，在阳泉市郊区农村，工会组织进了村，专门为在当地民营企业打工的本村农民服务。

集体企业改制，改掉的工会又恢复了

阳泉市郊区是我国著名的耐火材料生产基地，当地农民季节性进厂务工十分普遍。2002年，村里的集体企业大规模改制，民营企业如雨后春笋般涌现，由于当时企业管理不规范，拖欠工资的事情渐渐多起来，劳资关系一度紧张。这时，人们想起了刚刚与村办企业一起消失的工会。“1993年，村里铁厂一名工人出事故身亡，后来是工会找依据定为工伤，死者家里的几个孩子生活才有了着落。”白羊墅村的村委主任周子利回忆说。经过白羊墅村、柳沟村等私营企业较多的村提出申请，2002年3月，阳泉市工会决定在郊区试行建立村级工会。

郊区的村级工会分两种形式，一是大企业较多的村，成立村工会工作委员会，协调管理企业工会；二是小企业多的村直接成立村工会联合会，由村委副书记任村工会主席，负责管理分散的进厂务工村民。周子利告诉记者，“工会本着自愿参加的原则，不收取任何费用，一开始就受到村民的欢迎，90%以上的企业职工都加入了村工会。”

企业清欠工资，工会帮着招工

村工会组织建立后的首要任务就是清欠民工工资。郊区的民营企业越来越多，劳动力特别是技术熟练的工人紧缺，大多数村工会干部就以此为突破口，敦促企业清理拖欠的工资。西南舁村恒瑞耐火材料厂的前身是村办企业，在村工会干部的劝说下，去年恒瑞就分三批将十多年来拖欠的工资全部付清。“年初唱大戏，我们就在戏台旁边贴布告、拿着喇叭广播，宣传恒瑞老板有信誉，当年恒瑞果然不缺工，招得满堂红！”西南舁村工会主席高建中说。曾经离开恒瑞的打砖工高昌明又回到了恒瑞，他告诉记者，去年儿子上高中、闺女上大学，拿回2000多元的拖欠工资，真是帮了大忙。

为了更好地帮企业招工，郊区的村工会组织平时还将村里的劳动力统一登记管理，根据村民各自专长有针对性地推荐就业。同时在招商引资时，村里就规定，新招进的企业必须配合村工会的工作，保护职工合法权益。凡是村工会推荐的工人，全部与厂方签订劳动合同，村干部还对他们的工作情况进行跟踪监护。“村里推荐的，企业用着放心，村民也更有底气。”高建中说。

村民吕玉才告诉记者，现在公司不仅工资如期发放，平时隔三岔五还发福利。“咱家在村里就算个中等水平吧，但家里四口人，人人都用上了手机！”吕玉才得意地说。

调解劳资矛盾，企业工人都满意

出现劳资矛盾，往往很难说清楚错在哪一方，这是企业最苦恼的事。今年8月，建材石厂一个小组的工人发现自己工资被扣了大半，觉得是厂里故意克扣的，盛怒之下，一名运输工人还将厂里的运输车砸坏。一时矛盾激化，厂方要开除全组工人。村工会干部连夜做工作，双方渐渐平静下来。仔细调查后发现，扣工资的确是按厂里规定办的，但是由于财务工作不细致，重复扣了。事情弄清楚了，老板气消了，还感谢工会帮他找出了管理漏洞；小组工人的工资补上了，他们如今仍在厂里工作。

村工会组织的干部都是各村党委和村委干部兼任，“他们在村民中有一定的群众基础和威信，对于企业老板也有一定的权威性，作为调解人是再合适不过的了。”阳泉市工会组织部部长杜丽说。“有的老板想搞什么新举措，事先还来征求我们的意见。不仅劳资矛盾可以在村里消化掉，而且工人安心工作，促进了生产，资方也越来越愿意花力气改善生产条件了。”周子利说。

在阳泉市郊区农村，不时可以看到“发展小城镇、建设新农村”的标语，大大小小的私营企业已经在这里遍地开花。“村工会是职工利益的维护者，劳资关系的协调者，企业发展的助推器，社会安定的稳压器。”阳泉市郊区工会主席郭善祥说。郊区185个村已经有122个村建立了村级工会组织，19000余名务工农民在村级工会撑起的“保护伞”下踏实地工作着……（鲍丹）

（原载2006年2月8日《人民日报》第2版）

实施四大工程 构建有效机制

阳泉市郊区总工会组织引导职工提高自身素质

本报讯（记者岳燕林）阳泉市郊区总工会从维护职工发展权益、促进全区经济社会协调发展的大局出发，将今年工作的着力点放在构建提升职工素质的有效机制上，通过大力实施时代铸魂工程、职工素质攀升工程、安康工程和标杆导向工程四大工程，组织引导广大职工提高整体素质，从而达到职工、企业、工会“三赢”的效果。

该工会以为全区经济社会发展提供人才支持和智力保证为目标，大力实施以提高职工“四力”为核心内容的素质攀升工程。“四力”即职工的技术能力、创新能力、竞争能力和创业能力。该工会广泛开展大培训、大练兵、大比武、大创新、大竞赛活动，开展以技术创新攻关、加速产品升级换代、提高加工制造水平为主要内容的“五个一”竞赛活动，加大对职工技术成果的奖励，调动广大职工自主创新的积极性和主动性，使职工始终保持积极进取的状态。

针对辖区企业集中、劳动安全卫生工作任务较重的实际，该工会健全职工劳动安全卫生保障机制，充分发挥广大群监员的作用，监督企业严格执行国家有关安全生产的法律法规。

该工会注重发挥劳模的示范导向作用，通过实施“远学英雄模范，近学首席员工”的标杆导向工程，激励职工为全区经济社会发展建功立业。

（原载 2006 年 5 月 13 日《山西工人报》）

变“化缘”救助为长效救助

聚焦阳泉市郊区总工会职工大病医疗互助工作

看病贵是不少职工致贫和返贫的一个重要原因。但记者近日在阳泉市郊区采访，却欣喜地听到这里的职工反映“这个问题在我们这里已经基本得到解决”。

原因何在？

职工们说，这得益于该区总工会开展的职工大病医疗互助活动。这一活动的开展，“很大程度上减轻了患大病职工的经济压力，体现了工会组织的温暖和职工之间兄弟般的情意”。

阳泉市郊区是全省乃至全国心脑血管疾病和各种肿瘤病的高发区之一。2005 年 9 月，该区总工会根据上级工会的安排部署，积极组织职工开展了大病医疗互助工作。经过一年多的运作，活动效果明显。职工大病医疗互助的确为解决职工医疗费昂贵的问题发挥了积极作用。

聚焦阳泉市郊区总工会职工大病医疗互助工作，有许多可圈可点之处：

之一：职工大病医疗互助应职工所需开展，有着广泛的群众基础。

该区总工会主席郭善祥说：“开展这项工作之前，我们经过了充分的调研，发现即使已经参保的职工，其基本医疗保险待遇与实际就医支出之间仍存在较大差距，职工负担依然较重；全区还有相当部分职工是未加入基本医疗保险的，其中大部分是农民工，他们患大病看不起病的矛盾就显得更加突出。广大职工渴望工会能够就此提供帮助。”活动开展后，该区总专门举办了有基层工会主席和具体操作人员参加的培训班，并及时根据职工需求，修订完善《职工大病医疗互助暂行办法》，对数次住院补偿、慢性病与住院交叉治疗以及一次性住院起付标准等进行了调整，减轻了患大病职工的自付压力。

截至目前，该区共有 122 个单位的 7098 名职工参加了职工大病医疗互助活动，占到应参加职工人数的近 98%；共有 31 个单位的 47 名患大病职工通过大病医疗互助得到了 235631 元的补偿金，相当于全区互助金额的 92%。

之二：职工大病医疗互助是职工基本医疗保险的有益补充，体现了工人阶级团结互助的协作精神。

该区信息网络中心职工李发荣患脑膜炎住院后，花费各种治疗费 36000 余元。除去医保报销和单位为其资助的 24000 元后，个人还用支付 12000 余元。李发荣参加大病医疗互助后，互助中心为其支付了 17% 的医药费，极大地减轻了个人支付比例。

事实上，过去工会组织对患大病职工，也想方设法进行救助，但主要采取的是“化缘”的方法，对职工而言，是随机的、小额的、临时的救助。职工大病医疗互助活动的开展，形成了对患大病职工的长效救助机制，具体体现在三个方面：一是从临时救助向长效化救助转变，参加互助的职工在互助期内只要患了大病，随时都可申领互助补偿金；二是局部救助向全域覆盖转变，克服了过去救助范围小、随意性大、救助数额少的弊端；三是由单项救助向职工之间互助转变，患大病的职工既是受益者又是互助大家庭的一员，既体现了权利和义务相统一的互助原则，又弘扬了工人阶级“有病人帮我、无病我帮人”的团结友爱精神。

之三：农民工和困难职工成为职工大病医疗互助活动的最大受益者。

该区总坚持以职工为本，根据实际情况，数次扩大职工大病医疗互助范围，努力使这项活动惠及更大范围，更多职工。特别是把包括在国有、集体企业中从业的农民工和乡镇企业、民营企业、外资企业中的农民工全部纳入互助范围，让他们第一次享受到医疗保障。同时，对该区参加职工大病医疗互助活动的国有和城镇集体企业的困难职工，对其个人缴费部分，由政府、工会给予每人 16.5 元的补助，进一步降低了职工入保的门槛。

据了解，由于多方原因，该区目前尚有部分职工未纳入基本医疗保险范畴，其中以农民工和困难职工为主。相对于参加基本医疗保险的职工来说，他们更需要互助大家庭的关爱。职工大病医疗互助对他们而言，更具有“雪中送炭”的作用。

（原载 2006 年 5 月 16 日《山西工人报》）

工会帮职工帮到点子上 济困送办法送到要紧处

阳泉市郊区总工会6年坚持为下岗特困职工赠送再就业工具

本报讯（记者岳燕林）日前，阳泉市郊区总工会举办了一场别开生面的救助下岗特困职工活动。受助职工分别获赠了冰柜、电焊机、电烤箱等再就业工具，价值1万余元。在活动现场，记者看到，7名受助特团职工的脸上都洋溢着喜悦之情，他们纷纷表示：“工会给了我们谋生的手段。”

“授人以鱼，不如授人以渔。”区人大常委会副主任、区总工会主席郭善祥对记者说。自2000年以来，该区总工会坚持“授鱼”和“授渔”相结合的办法，多方筹措资金，创造性地实施了以赠送再就业工具为载体的“解困工程”，变输血为造血，变救济为助业，使许多下岗职工由此走上了自主创业之路，取得了良好的社会效益。据了解，6年来，阳泉市郊区总工会共计投入资金12万余元，为下岗职工提供再就业工具210余台（套），逐步建立起一个有雄厚资金作保障的送温暖工作长效机制。

（原载2006年8月30日《山西工人报》）

“星级工会组织”竞赛激发活力

基层工会工作如何规范化、见实效、上水平是多年来困扰各级工会的一个难题。记者近日在阳泉市郊区总工会采访时发现，“星级工会组织”竞赛活动的开展，为解决这一难题找到了答案，给基层工会注入了活力，增强了工会工作的实效。

阳泉市郊区总工会注重基层工会规范化建设，去年以来，在全区深入开展了“星级工会组织”竞赛活动，把包括非公有制企业在内的所有企业、事业和机关单位列入竞赛活动范围。为了保证竞赛活动不流于形式，该区总制订了星级工会组织标准和具体的考核办法。工会应该干什么？工会工作怎么干？如何发挥职工之家的作用？细化标准，使基层工会有了更加直观、全面、系统的认识，工作起来方向明了，更知道工作该怎么干了。该区总将工会组织星级分成五个级别，不同的星级有不同的标准，并实行逐级晋升制。目标是通过建立激励机制，把各基层工会都建设成组织完整、制度健全、维权到位、工作活跃、作用明显、职工信赖的职工之家。

考核评估见实的，是该区总开展“星级工会组织”竞赛活动的一个显著特点。该区总制订了全面细致的考核标准，建立了相应的评估机制，并在实际操作过程中不打折扣，严格执行。该区总将工会整体工作按照组织建设、职代会制度、集体合同、帮扶困难职工、经济技术和素质工程、安全生产劳动保护建设、宣传教育和女工建设、财务及经审分为八大项，使考核工作有了硬杠杠。近日，该区总对去年以来在星级竞赛中表现突出的林里粉末公司工会等进行了表彰，以点带面，有力地推进了基层工会工作的规范化和实效性建设。

“星级工会组织”竞赛活动的开展增强了基层工会的活力，带动了全区工会整体工作水平的提升。目前，该区8个乡镇全部按照示范乡镇工会联合会的标准成立了工会联合会，并全部被上级工会验收为合格工会。改制、合并的企事业单位工会做到组织不断层、工作不断线。该区总工会干部素质普遍提高了，各项工作亮点频现，均走在阳泉市各县、区的前列。

（原载2007年4月26日《山西工人报》）

源头入会 源头助力 源头维权

郊区村级工会建设步入规范化

郊区总工会把村级工会建设作为重头戏，举全会之力去抓，从农民工源头入会抓组织建设，从源头助力增强村级工会活力，从源头维权编织立体网络，既扩大了工会组织的覆盖面，又增强了工会组织的凝聚力，奏响了希望田野工人队伍成长壮大的新旋律。

2002年，他们在乡镇工业集中的李家庄乡试点，组织农民工源头入会，全乡14个行政村全部建立了工会，覆盖35个企业、4824名职工。村工委主任由村党支部分管企业的副书记担任，工会委员由各企业的工会主席担任，全乡的工会干部由原来的3人扩大到34人，不仅有效维护了农民工的合法权益，人均工资当年增长了16.8%，而且极大地增强了工会的地位和凝聚力。郊区总工会及时总结推广这一典型，2004年在全区122个行政村建立了村级工会。今年，他们以区委名义制定下发了《关于进一步规范和组建村级工会组织的意见》，向经济欠发达的乡村建会发展，7月底在全区181个行政村建立了工会组织，入会农民工达13674人。

为了充分发挥村工会的作用，他们开展了“创建星级工会竞赛的源头助力活动”，并在区总工会六届四次全委会上提出了具体实施意见。在工作层面上，细化了星级工会的要求和标准，使其工作有章程，激励有目标，大大提高了村工会的工作质量和活力。在财务支持层面上，实行“以奖代助”的方法，按照星级工会竞赛评定的等级给予资金奖励。最近，他们召开了总结表彰会，有18个模范村工会、62个“星级工会”、30名“优秀工会工作者”受到表彰，奖励金额达99700元。这不仅激发了大家的工作积极性，而且有了充足的财力保证。

义井镇白羊墅村是建立工会较早的村，他们既有源头入会机制，又有源头维权机制，全村621名农民工全部入会，在村内企业务工的农民工由村工会与各个企业订立工资待遇、劳保福利、工伤保险等协议；外出务工人员由村工会出面统一与资方协商，建立劳资协议。该村有126人在平定县乱流的大地石油支撑剂厂和天成顺支撑剂厂务工，村党支部书记周子利和副书记兼工会主席周胜忠两次到这两家企业进行协商，以村工会的名义与这两家企业达成以工资待遇为主要内容的集体合同，工作较轻松的后勤辅助工，月工资达到550元，一线职工月工资1200～1500元，劳保福利，工作时间按有关规定执行，从去年到今年6月底，工资月月足额发放，有效地维护了农民工的合法权益。

（原载2007年8月1日《山西工人报》2007年8月2日《阳泉日报》）

以协调劳动关系为目标 推进工会维权机制立体化建设

郊区总工会始终把加强维权机制建设作为工会推动构建社会主义和谐社会的重要切入点，紧紧围绕市总工会“和谐劳动关系建设年”这一主线，大胆创新、科学维权，不断强化和延伸工会维权职能，努力把维护职工合法权益贯穿于推动改革、促进发展、积极参与的全过程，推进企业构建共谋发展、共享成果的和谐劳动关系。

以“工资集体协商活动月”为阶梯，建立健全了以工资集体协商为主要形式的劳动关系协调机制。区总工会建立健全了集体合同和工资集体合同档案管理制度，成立了平等协商领导组并建立了平等协商指导员队伍，初步做到了企业、乡（镇）、区三级管理。3月，区总工会与区劳动和社会保障局联合开展“推行平等协商签订集体合同制度和工资集体协商月”活动，突出工资集体协商，全面推动最低工资标准的落实，进一步完善平等协商机制，提高集体合同的内在质量和履约质量，最大限度地维护职工的经济权益。今年在全区建会企业中共签订工资合同246份，覆盖职工19523人，今年到期的集体合同也全部续签，续签率达100%，今年郊区在签订合同过程中继续采用了结合实际、灵活多样的方式，如荫营镇工委根据本镇企业多、面积大的特点，召集中型企业的厂矿长（经理）、工会主席、就原则性、共性的问题进行协商，签订了区域性的工资集体合同，覆盖了荫营镇46个企业；供销社工会根据自身行业特点，签订了行业性的集体合同和工资集体合同，厦盖了全社15个企业；神火选煤运销公司签订双合同后，公司月销售收入由原来的1100万元增长到现在的1800万元，增长幅度可观，职工月人均工资由原来的1229元增长到现在的1389元，增幅达13%，公司效益明显增加，职工也得到了很大的实惠，极大地调动了全体职工的积极性。为进一步保护基层工会女职工的合法权益，今年，区总工会女工部还在142个有条件的基层工会续签了保护女职工权益专项合同，受到广大女工的一致好评。各级工会和劳动保障部门也不断加大工资集体协商的宣传力度，以切实把握好最低工资标准不能低、法定节假日工资不能少、职工工资增长不能低于企业效益增长的30%“三个关键点”。

以开展“安康杯”竞赛活动为载体，积极开展形式多样的劳动竞赛活动。今年，在全市“安康杯”竞赛活动中，区总工会早安排、早部署，进一步建立健全了劳动竞赛委员会组织机构，制订了活动方案并成立了领导组，先后申报了旧街煤矿、晋阳碳素公司、华岭耐火、青山水泥等23家企业参加了全市的“安康杯”竞赛，红旗公司采煤二队、红土岩煤矿采煤三班申报了市优秀班组，区总工会多次深入以上单位督促指导此项工作。去年，旧街煤矿荣获省“安康杯”竞赛先进单位；三菱车队保修厂、安全部、自来水公司桃河供水站荣获优秀班组称号。区煤炭运销公司在今年7月至8月还进行了为期一个多月的“安康杯”活动，先后组织全体职工进行了实弹射击的国防教育，还深入区消防大队进行了慰问。目前，所有参赛单位正在准备有关验收考评。广泛开展职工技术“大培训、大练兵、大比武、大创新、大竞赛”活动，积极发挥职工技协组织作用，今年全区各企业共征集职工合理化建议600余条。旧街煤矿、华岭耐火公司等企业于2005年开始实施“首席员工”岗位津贴制，进一步促进了职工技术素质的提高；在去年全市开展的“和谐劳动关系建设年”活动中，区总工会精心选拔，先后有旧街煤矿、晋阳碳素公司、红旗公司、自来水公司、煤炭运销公司、煤炭汽运公司6家企业参加了创建“和谐劳动关系模范企业”活动。

以星级竞赛为切入点，不断推进工会建立健全职代会监督保障机制。今年，区总工会继续在全区企事业单位中坚持和完善以职工代表大会为基本形式的民主管理和民主监督制度，在职工民主管理制度的内涵、形式、机制上下功夫，构建适应企业所有制形式和管理方式的职工民主管理新格局。认真落实《山西省企业民主管理条例》《阳泉市职工代表大会星级竞赛办法》《阳泉市职工代表大会操作规范》，继续以职工代表大会星级竞赛为载体，在全区进一步推进了职工代表大会标准化建设，全区342家企事业单位全部建立了职代会或职工大会制度，重点在100人以上的94个企事业单位，抓好职代会的建设，全区三星级以上职代会50家，其中五星级职代会5家；四星级职代会1家；三量级职代会44家。全区342家企事业单位全部实行了企（政）务公开，主要通过会议公开、版面公开、民主评议等形式，给职工一个明白还干部一个清白。共涉及重大决策7项；生产经营管理205项；职工切身利益7项；节约资金15万元，压缩企业招待费5万余元；与此同时，区总工会还认真贯彻落实中华全国总工会《关于进一步加强国有企业改制过程中工会工作意见》精神，充分发挥职代会在企业改制中的监督保障作用，坚持企业改制方案必须提交职代会审议，凡涉及劳动合同变更、职工安置分流、解除劳动关系、经济补偿等职工安置方案必须提交职代会审议通过方可实施。

进一步强化基层劳动争议调解工作。今年，区总工会继续加强非公有制企业劳动争议调解组织建设，提高企业劳动争议调解委员会组建率，积极推进乡镇建立区域、行业性调解组织、把企业调解与区域调解结合起来，同行政、司法等多种调解手段一起融入社会大调解格局，进一步加强了工会法律工作。针对职工反映的突出问题，抓住典型案例，积极提供司法代理，并通过多种途径促使问题得以解决。据不完全统计，今年区总工会共接待有关劳动争议事件30余条，并给予了妥善处理，较好地协调了职工与企业的关系。

（原载2007年12月13日《阳泉日报》）

培训沉下去 素质提上来 工作有作为

阳泉市郊区总工会着力提升村工会干部队伍整体素质

本报讯（记者岳燕林）为建立一支工作能力强、业务素质高的专兼职村工会干部队伍，今年年初以来，阳泉市郊区总工会深入开展了“素质提升活动”，由区总分管副主席和各部部长组成一支宣讲队，深入各乡镇开展培训，给广大村工会干部“充电”。培训沉下去了，工会干部整体素质得到了提升。目前，该区村工会建设规范，工会工作红红火火。阳泉市郊区总工会村工会建设起步较早。2004年，该区就在全区184个行政村中的122个村组建了村工会组织。2007年7月，该区总工会又在全区的184个行政村中全部组建和规范了村工会组织。可是，由于该区村工会干部大多不熟悉工会业务，工会工作开展起来不能得心应手，使区总工会的许多工作部署难以落实。针对这一状况，该区总成立了一支由分管副主席带队、各部部长组成的宣讲队，深入全区 8 个乡镇，对村工会干部进行全面系统的培训。此次培训覆盖面广，受训人员包括各村工会联合会成员、村工委主任以及各重点企业工会主席共计 500 余人；培训质量高，该区总制订了机关干部包乡镇工作制度，在每次培训结束后，还要进行一次理论考试，以检验培训的效果。

工会干部素质的提升极大地促进了村工会工作的开展。目前，该区村工会全部达到了规范化建设的“六好”标准，特别是在档案资料管理方面创造性地建立了“六表四簿三合同一制度”。“六表”即村工会组成人员基本情况登记表、企业工会组成人员基本情况登记表、村所属企业基本情况登记表、村所属企业工会会员登记表、农民工源头入会登记表、困难职工登记表；“四簿”即工会会议记录簿、职工来访登记簿、帮扶情况登记簿、开展活动登记簿；“三合同”即集体合同、工资集体合同以及女职工特殊权益保护专项合同；“一制度”即村工会工作制度。全区村工会组织建设更加完善，阵地建设更上档次，制度建设更加规范，档案资料更加齐全，各项工作明显见效。

（原载 2008 年 9 月 20 日《山西工人报》）

郊区总工会职工大病医疗互助显成效

自职工大病医疗互助活动开展以来，郊区总工会不断加强宣传和管理，进一步扩大互助补偿面，为更多困难职工“雪中送炭”。

2005 年 9 月，郊区总工会积极响应市委、市政府、市总工会的号召，在区委、区政府的正确领导和大力支持下，积极组织开展职工大病医疗互助活动，在首期短短一个月的时间就吸纳了全区 122 个单位的 7098 名职工加入此项活动中来，共收缴互助金 257380.50 元。在第一互助期内为 62 人补偿 314257 元，占互助金总额的 122%；在第二互助期内为 85 人补偿 494065 元，占互助金总额的 172%；在第三互助期内为 125 人补偿 565771 元，占互助金总额的 138%，很大程度上减轻了患大病职工的经济压力。

为使互助金发挥应有的作用，在开展这项活动的过程中，首先，该区总工会领导高度重视，区总工会主席多次与区委、区政府有关领导协商，在首期互助期间就多方筹措资金 8 万余元，成立了阳泉市大病医疗互助郊区代办处，极大地方便了基层职工在最短的时间内得到补偿，同时区总还积极争取区委、区政府的支持，给 4 个困难企业的 261 名职工补贴互助金 2 万余元，使困难企业的职工不再因病致贫。第二，注重宣传，利用报纸开辟专栏、利用广播专题报道、下发宣传资料、制作专题版面等形式，积极宣传大病医疗互助补偿的有关知识，真正使这一活动成为方便群众、惠泽职工的大好事、大实事。第三，规范管理。区总工会专门投资购置了电脑，对参加互助活动的职工全部实行网络化管理，这样既便于区总工会对参助职工情况的掌握，也便于参助职工在最短时间得到补偿。去年 9 月是第四个互助期，该区已发展了 150 个单位

10670 人参加到互助活动中来，共收取互助金 388019.50 元。

（原载 2009 年 3 月 19 日《阳泉日报》）

创建“学习型”工会 发挥“大学校”作用

阳泉市郊区总工会

本报讯（记者秦岭）“省人大常委会副主任、省总主席郭海亮在省总十一届四次全委（扩大）会议上指出，要充分开展岗位练兵、技能比赛、师徒帮教、技术培训、技术交流和选树‘金牌工人’‘技能带头人’等活动，发挥工会组织‘大学校’作用，提高职工队伍整体素质，这是对工会组织在新时期创建‘学习型’工会提出的新要求。”阳泉市郊区总工会主席郭善祥日前在谈到学习省总全委会精神时这样讲到。

去年以来，该区总以“创建学习型组织，争当知识型职工”活动为载体，选拔 6 个企业作为素质工程示范单位，广泛开展了职工技术“大培训、大练兵、大比武”活动和全区职工合理化建议征集活动，为企业征集合理化建议 600 余条。该区总还组织职工参加省、市各级职工技能竞赛，使一大批技术精湛的职工脱颖而出，其中 43 名职工获得高、中、初级职业资格认证。今年受金融危机的影响，辖区内煤炭企业普遍效益不好，该区总充分发挥工会“大学校”作用，组织职工利用空闲时间学习先进技术，提高职工队伍整体素质。另外，该区总今年要在原有 12 个职工书屋的基础上再新建 10 个，在企业中广泛开展“职工读书学习周”活动，不断满足广大职工的精神文化需求。

（原载 2009 年 5 月 6 日《山西工人报》）

推进村级工会建设 保障农民工权益

郊区总工会工作纪实

郊区 8 个乡镇和 184 个行政村全部组建了工会组织，其中基层工会联合会 50 个，共有工会会员 38158 名，职工入会率达到了 99%。

如何把农民工组织到工会中来，如何推进村办企业工会组建工作并维护好包括农民工在内的广大职工的合法权益，是摆在区总工会面前的一个现实问题。郊区李家庄乡大部分村处于城乡接合部，村办企业、民营企业等各类经济组织密集。2003 年，区总选择李家庄乡做试点，在该乡 14 个村相继建立了村工会工作委员会，吸纳农民工入会 806 人，由村党支部书记任村工会工作委员会主任。2004 年，郊区其余 7 个乡镇有 2 个以上企业的 122 个村先后建立了工会组织，发展农民工会员10515人。

在实际运行中，郊区总工会发现，村工会工作委员会也有它的不足之处，它不具备法人资格，工会许多工作比如开展平等协商、签订集体合同等工作不太顺畅，发挥作用不够充分等。2007年7月，在市总工会的帮助指导下，郊区总工会按照有关精神，在全区42个有500人以上会员的村通过无记名投票方式选举产生了村工会联合会，覆盖企业工会217家，职工23850人；其他所有村也全部组建和规范了村工会组织，实现了工会组织的二次覆盖。这42个村工会联合会主席经民主程序均由村党支部书记、副书记或支部委员兼任，工会联合会委员则由较大企业的工会主席、村治保主任等同志组成。村工会的主要任务是，推进新建企业组建工会、组织农民工源头入会、开展农民工培训，开展区域性劳动竞赛、推行建立平等协商签订集体合同制度、做好困难职工、农民工的帮扶救助、加强劳动争议调解、促进农村和谐劳动关系的发展等。

建立村工会联合会后，郊区总工会从组织体制上形成了“横向联合、纵向维权”的格局，工会维权能力明显提高。荫营镇街上村的史计明，因在村煤矿工作期间得了矽肺病，村工会联合会多次与其所在煤矿进行协商，出具职业病检验报告，终于为该农民工讨要回6万元的补偿款，维护了他的合法权益；白羊墅村工会联合会是郊区成立较早的村级工会组织，2005年该村硅砖厂、耐火厂对外承包后，由于种种原因，没有按合同规定支付农民工工资，村工会联合会多次协调做工作，使拖欠农民工的20万元工资问题得以圆满解决。

如今，在郊区农村，“有困难找工会”已成为一种普遍现象。在今年全总组织开展的“千万农民工援助行动”中，广大村工会组织充分发挥网络健全、信息灵便的优势，积极为党和政府分忧，为农民工提供用工岗位600余个，同时还为105个农民工先后送去价值15万余元的创业工具，帮助建起了小吃店、杂货铺、修理部、面粉厂、食品加工厂等。今后，郊区总工会将会进一步叫响“农民工有困难、要维权找工会”的口号，继续扩大覆盖面，增强凝聚力，在社会主义新农村建设中做出贡献。

（原载2009年4月16日《阳泉日报》）

进村先“进心”维权抓“根本”

阳泉市郊区总工会组建村工会双管齐下

本报讯（记者张倩）近年来，阳泉市郊区总工会农民工服务中心又开始忙碌起来，一份份《农民工调查问卷》发到了返乡农民工手中。该区总工会主席郭善祥说：“我们要利用外出务工农民返乡的机会，对农民工进行问卷调查，针对农民工普遍关心的热点问题，采取切实可行的措施，一手抓组建、一手抓维权。”

近年来，随着经济的快速增长，越来越多的村民走出家门去外地务工，农民工的权益维护问题逐步显现出来。为此，阳泉市郊区总工会大力推行“工会进村”，将工会组织维权的触角伸到了农民工的输出地，把好了维权的第一道关口。截至目前，该区 184 个行政村全部组建了村工会，其中 42 个有职工 500 人以上的村还成立了工会联合会，职工入会率达 99%。

村工会组建后，还需进一步“转起来、动起来”，切实发挥作用。为此，在该区总工会的指导下，各村级工会组织以平等协商、签订集体合同制度的推行为工作重点，不断加强维权机制建设，在帮助农民工签订劳动合同，督促企业为职工缴纳社会保险费、加强劳动保护等方面发挥着越来越重要的作用。如白羊墅村工会负责人多次外出考察，将本村愿意外出的农民集体输送到邻近的平定县乱流村砖厂务工，并督促企业与本村职工及时签订了劳动合同。同时，该村工会还代表职工与企业签订了集体合同、工资专项集体合同，为本村农民外出务工筑起了一道“绿色屏障”。

在为农民工解决欠薪、工伤等问题方面，该区各级村工会组织是“第一知情人、第一报告人、第一监督人”。荫营镇街上村的史计明，在煤矿工作期间得了矽肺病，村工会与其所在企业多次协商，最终为他争取到了 6 万元的补偿金。他拿到补偿金后动情地说：“工会给我们办了这么多好事，不光是进村，还进了我们的‘心’哪。”

（原载 2009 年 8 月 12 日《山西工人报》）

阳泉市郊区总工会开展“道德讲堂进机关”活动

本报阳泉讯（记者张礼义 通讯员梁海平）近日，阳泉市郊区总工会开展以“践行社会主义核心价值观”为主题的“道德讲堂进机关”活动，引导工会干部省身修德，实现自我道德素质的大提升，成为传统美德和文明风尚的自觉践行者和传播者。

郊区总工会开设的道德讲堂，包括静默省心、行崇德礼、唱道德歌、讲道德故事、诵道德经典、念劝善词、作道德承诺、送尚德祝福 8 个环节的内容。“中国老百姓，炎黄好儿孙，重情重义重品行，立志先立人。”在道德讲堂上，现场人员齐唱《公民道德歌》，齐诵“位卑未敢忘忧国”“时穷节乃见”“轻诺必寡信”等传统美德经典格言，共同聆听《感动中国》《感动山西》《阳泉市道德模范》等先进人物的感人事迹……多元的形式、感人的故事、温暖人心的道德力量浸润着每名现场人员的心灵。大家纷纷承诺，在以后的工作、生活中，要向“身边好人”看齐，讲公德尚礼仪，存善心、做好事、当好人、扬美德，进而美丽自我人生、服务奉献社会。

（原载 2016 年 7 月 19 日《山西工人报》）

第十章 限外辑要

第一节 重要会议

区总工会第八次会员代表大会

2020 年 1 月 3 日，阳泉市郊区工会第八次代表大会召开。市人大常委会副主任、市总工会主席张永忠，市总工会党组书记、常务副主席程继喜应邀出席会议。区委书记王明厚，区委副书记、区长宁文鑫，区委副书记郗文保，区人大常委会主任田进勇，区政协主席刘瑞生，区人大常委会副主任、区总工会主席张富英，区政府副区长晋玮出席会议。会议在庄严的国歌声中开幕。区妇联主席张翠花代表区群团部门向大会致贺词。

2020 年 1 月，阳泉市郊区工会第八次代表大会召开

郊区总工会主席张富英向大会作报告

会上张富英代表阳泉市郊区总工会第七届委员会向大会作题为《不忘初心 牢记使命 团结动员全区广大职工群众奋力建功新时代》的工作报告。报告全面回顾总结过去五年郊区工会工作，安排部署今后五年区工会工作的主要任务。大会以书面报告的形式向代表提交了《阳泉市郊区总工会第七届委员会财务工作报告》和《阳泉市郊区总工会第七届经费审查委员会工作报告》。大会号召，全区各级工会组织和广大职工，要以习近平新时代中国特色社会主义思想为指导，不断增强“四个意识”、坚定“四个自信”、做到“两个维护”，在区委和市总工会的坚强领导下，以只争朝夕、不负韶华的精神，以踏石留印、抓铁有痕的工作作风，以舍我其谁、毫不退让的担当，不断开创新时代郊区工会工作新局面，为郊区走好“三条路”，率先实现城乡融合示范区建功立业。大会以无记名投票形式选举产生区总工会第八届委员会。

区总工会八届一次全体会议

2020 年 1 月 3 日，新选举产生的区总工会第八届委员会召开一次全体会议。会上张富英当选为区总工会第八届委员会主席，胡俊青当选为区总工会常务副主席，胡忠文、王永清、刘燕燕、陆文亮、周杰当选为区总工会副主席，胡忠文当选为区总工会第八届经费审查委员会主任，王永清当选为区总工会第四届女职工委员会主任，王俊珍、荆波当选为第四届女职工委员会副主任。

区总工会八届二次全体会议

2020年5月18日下午，区总工会召开八届二次全委（扩大）会议。区人大常委会副主任、区总工会主席张富英主持会议，区委常委、政法委书记张斌武应邀参加大会，并发表了重要讲话。区总工会第八届委员会委员、各乡镇工会主席、副主席及各系统工会负责人共计40余人参加了会议。区总工会党组书记、常务副主席胡俊青代表第八届常委会作了题为《强化落实见效 牢记使命担当 团结动员全区职工在转型发展打造城乡融合发展样板的伟大实践中建功立业》的工作报告，报告围绕“五个着力”认真回顾总结了2019年工会工作，重点从五个方面安排部署了2020年工会主要工作任务。全体委员认真审议了区总工会第八届常委会工作报告、经费审查委员会工作报告和关于对2020年度经费收支预算调整的情况说明。

2020年5月，郊区总工会八届二次会议召开

区总工会八届三次全体会议

2021年6月16日上午，区总工会八届三次全委（扩大）会议在区总工会五楼大会议室举行。会议由工会主席张富英主持，区委副书记李仁照，区纪委监委第二派驻纪检监察组组长李胜伟，新老工会委员、经审委委员等共计60余人参会。会议听取并审议了区总工会八届常委会工作报告和八届经费审查委员会工作报告，表决通过了区总工会八届委员会和经费审查委员会替补委员，选举产生出区总工会八届委员会常委、兼、挂职副主席和经费审查委员会主任。会议肯定了区总工会一年来所取得的成绩，并着重就“十四五”开局之年工会面临的新形势和新任务作出部署，鼓励工会积极为全区打造城乡融合样板的目标做出贡献。

第二节 重点工作

疫情防控

2020年，市区工会组织慰问抗疫一线人员

2020年，区总工会把坚决打赢疫情防控阻击战作为最大的政治任务来抓，迅速组织，精准发力，从区总工会到系统工会，从乡镇工会到村级工会，从行业工会到企业工会，各级组织以“备战”状态统一听从党委调度，广大职工以“主人翁”姿态积极投身疫情防控，为打赢疫情防控阻击战，助力企业复工复产，推动全区经济社会和各项事业发展凝聚了职工力

量，尽显工会担当。

按照区委、区政府和上级工会的部署要求，立即响应、立马行动，把疫情防控作为头等大事来抓，把抗击疫情作为守初心、担使命的“主战场”，利用网络召开主席办公会，第一时间研究部署全区工会组织抗击疫情实施方案，紧急下发了《关于做好当前疫情防控有关工作的通知》，号召全区各级工会组织、广大工会干部和职工群众，立足岗位、奋勇担当，积极投身疫情防控阻击战，全力做好疫情防控工作。及时设立应对新冠肺炎疫情防控专项资金并拨付支援防疫斗争第一线。累计拨付资金40.36万元，购置一次性医用防护口罩、消毒液、棉大衣、折叠床、帐篷等急需防护物资和食品等慰问品，第一时间慰问在抗击疫情战役中冲锋陷阵、辛劳苦战的防疫指挥部、疾控中心、医院、公安派出所、交警队、高速收费站口等单位的一线职工和工会会员。

及时组建完善了“15510”双向联系沟通机制，以委员为中心，以代表为主干，辐射全区2180名职工的防疫阻击网，在特殊时期，自上而下，广泛联系，全体动员，第一时间安排部署疫情防控工作。通过“15510”双向联系沟通机制，总工会了解掌握了基层防疫动态，传播了正确的防疫知识，及时疏导了职工的情绪，倾听了职工心声。在疫情防控期间，共搜集到基层工作信息及诉求20余条，并全部有效解决，发挥了最基础、最强有力的支撑作用。

2020年，郊区总工会为抗疫一线及时送去消杀用品

从正月初二开始，全区各系统、乡镇、社区的基层工会干部们纷纷放弃休假，“逆行”回到岗位。深入乡村、社区，与基层干部和卫健部门工作人员，对重点疫区旅居人员分类采取居家隔离、医院留观和诊治措施。挨门逐户了解情况，及时掌握辖区内流动人员动态，挨家挨户宣传最新的防控措施，以冲锋者姿态、守护者身份，坚定站在疫情防控第一线。全区各级劳模、先进工作者充分发挥先锋模范人物带头作用，积极践行社会责任，纷纷参与疫情防控，用实际行动践行“爱岗敬业、争创一流，艰苦奋斗、勇于创新，淡泊名利、甘于奉献”的劳模精神。他们通过捐款、捐物等方式活跃于抗疫第一线，充分展现了奉献精神和劳模本色。一位劳模，一面旗帜，他们的精神激励着广大职工和人民群众战胜疫魔的信心和勇气。

为了鼓舞士气，弘扬正能量，区总工会发出通知，征集“最美逆行者”摄影作品和“见字如面”文字作品。号召全区广大文字爱好者、基层干部群众及社会各界人士用摄影、文字等形式讴歌、赞美为疫情工作无私奉献的敬业者们。通知发出短短两周时间，各界人士通过微信、邮箱等方式发回作品共计300余件，其中“见字如面”作品240余件、“最美逆行者”90余件。

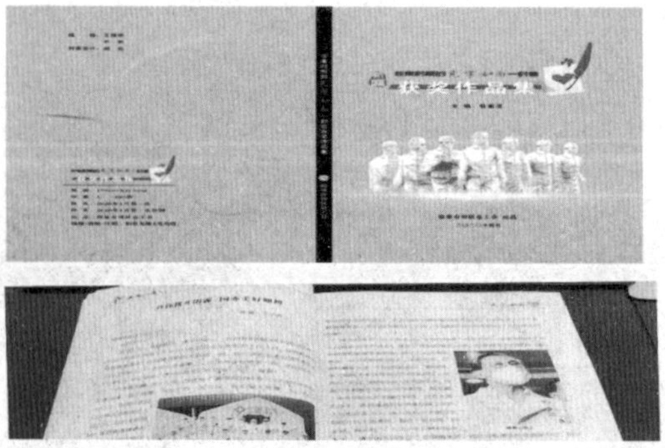

2020年，郊区总工会配合疫情防控工作，组织编纂《见字如面》

以此来赞美英雄，鼓舞士气，弘扬正能量，展示了坚决打赢疫情防控阻击战的信心和决心。积极发挥网络正能量传播作用，向全区职工群众发出倡议书，向女职工发出慰问信，号召全体职工群众发挥主力军作用和主人翁精神，投身疫情阻击战中。利用微信群、信息、美篇等媒介加强政策解读，普及防护知识，推送防控消息，引领广大职工在疫情面前保持积极心态，加强卫生防范，减少传播途径，不恐慌，不畏惧，不信谣，不传谣。在阳泉郊区之窗开通专栏，用“见字如面”一封信的形式，为坚守在一线的职工和全区广大干部职工加油助威。以强信心、暖人心、聚民心为着力点，形成强大的正面宣传攻势，营造了工会组织上下团结一心众志成城抗击疫情的浓厚氛围。

复工复产

2020年，在疫情防控的同时，企业也将面临复工复产，区总工会坚持“早安排、早动员、早落实”的原则，把思想和行动统一到区委和市总的决策部署上，将团结动员企业职工坚决打赢疫情防控阻击战与构建和谐劳动关系，维护职工合法权益，推动企业复工复产作为最紧迫、最重要的工作来抓。2月10日，区总工会会同区工业和信息化局在荫营镇经发办、荫营镇卫生院等相关部门负责人陪同下，先后深入山西圣火炉料有限公司、贤亨耐火材料有限公司、上白泉耐火材料有限公司、阳泉华岭耐火材料有限公司、阳泉金隅通达高温材料有限公司5家企业，督促企业落实主体责任，严格按照疫情防控要求复工复产。并积极了解企业在疫情防控工作和复工复产方面存在的困难和问题，千方百计为他们出谋划策，排忧解难，推动企业疫情防控和复工复产“两手抓”共促进。对复工企业进行摸底，积极协助企业采购防疫紧缺物资。组织乡镇工会干部深入企业，宣传区委、区政府和省、市总工会有关要求。同时，联合区工信局印发宣传资料，指导企业及时制定宣传方案，加大疫情防治知识和政策宣传力度。要求企业以车间、班组为单位进行疫情防控宣传，在厂区大门、人员聚集地等位置悬挂疫情防控宣传条幅、张贴标语，力争做到宣传全方位、防控无死角。冀东水泥有限公司检修复产与防控宣传两不误，为车间、职工配备宣传“明白纸”。华岭耐火材料有限公司做足疫情防控功课，在把好“筛查关、登记关、消杀关、储备关”的同时，为每名职工发放“口袋册”，为企业复工营造健康的舆论氛围。各乡镇工会组织全力以赴，运用科学合理的“新招”“妙招”，抓好疫情防控和复工复产各项工作。荫营镇出台《企业（工程）新冠肺炎防控和复工复产包保工作六项措施》并运用“一米距离”“隔屏就餐”“互不相见”“防护超市”等方法助力企业复工复产；平坦镇“动静结合”，早、快、实、严四项措施推动企业复工复产；杨家庄乡上下同心，“加减乘除”保证企业安全复工复产；西南舁乡制定有效措施及应急预案，要求企业法人明确主体责任，防疫及复工复产“两不误”；旧街乡“清单式管理、贴心式服务、压茬式推进”方法，统筹推进，防疫与复工复产“两手抓”。对复工复产企业职工加强舆论引导工作，关心关爱职工生产生活，认真落实劳动用工、工资支付等方面的保障措施，

2020年，郊区总工会深入复工复产企业慰问

通过集体协商等方式减少劳资分歧，稳定就业，保障职工劳动权益，共谋企业发展。从妥善处理疫情防控期间劳动关系问题、维护职工合法权益入手，积极动员职工与企业共渡难关，帮助企业走出困境，用心传递工会“娘家人”的温暖，为打赢疫情防控阻击战，保证企业顺利复工复产尽职尽责。协助组织好企业包车运送职工返岗复工，对职工集中返企的交通组织提供服务保障，发动基层工会摸清企业运送外来务工人员返岗时间、人数、路线、车辆等情况，截至3月31日，有阳泉市上白泉耐火材料有限公司、四川公路桥梁建设集团有限公司G239线阳泉郊区过境河底至荫营段改线工程项目经理部2家企业，共计职工人数162人，包车费用34000元，按照工会百分之七十的报销费用计算为11900元。

扶贫济困

2021年是脱贫攻坚取得全面胜利后全面推进乡村振兴的第一年，区总工会致力于将党史学习教育成果转化为凝心聚力为群众解民忧、办实事、助力乡村振兴的动力。4月16日上午，区总工会机关党支部组织全体党员深入对口帮扶的旧街乡路家庄村，开展“用心学党史真心办实事”主题党日活动。全体党员帮助村里将刚引进的玉露香梨种苗进行培植养护，大家扛起锄头和铁锹，分工协作，默契配合，有的搬运树苗，有的挖坑植苗，有的夯实新土。党员们热情洋溢，干劲十足，培植现场一派热火朝天的景象。党员们还了解帮扶户的生产生活困难、春耕备耕情况，征求他们对下一步帮扶的意见，切实把党史学习教育落实到打赢脱贫攻坚成果巩固的具体工作中。在了解到村里在建设冷库和截潜流工程中遇到了资金困难后，积极筹资，将3万元脱贫攻坚帮扶资金送到了村里，解决了所包村的燃眉之急，将党和政府的温暖送到群众的心坎上。

2021年7月，郊区工会干部职工到对口贫困户家中慰问

同年7月9日下午，区总工会一行人来到西南弇村，与3户结对认亲人员见面，通过“认亲戚、拉家常”，询问了他们最近的生活和身体状况，并签署结对帮扶协议，与结对人员建立深厚感情，真正成为群众的身边人、待见人、贴心人。12月15日，再次深入结对认亲户家中，为他们送去春联、挂历等，将党与工会组织的温暖送到困难群众当中。

2021年3月，郊区总工会组织开展党史学习教育活动

党史学习教育

2021年，区总工会开展党史学习教育。3月5日下午，组织机关全体干部职工第一次集中学习。学习习近平总书记在党史学习教育动员大会上的重要讲话及其《论中国共产党历史》相关内容。集中学习采用自学与讨论交流相结合的形式，全体干部职工在党员的带领下对文本进行了诵读和深入解析。3月26日下午，组织全体干部职工进行第二次集中学习。通过视

频的方式观看由中共中央党史和文献研究院院长曲青山主讲的党史学习教育中央宣讲团首场报告会。4月21日下午，举办“职工大讲堂”，助力基层工会解决党史学习教育重点问题。组织乡镇（中心）、系统工会的主席、副主席、社会化工作者，机关全体干部职工共40余人参加，原阳泉市政协党组成员、副主席，阳泉市党建研究会会长李顺宽详细讲解在学党史、悟思想的过程中需要解决的许多实际问题。5月8日下午，再次利用“职工大讲堂”，特邀原区委党史研究室党支部书记侯晋元主讲《中共百年历程与阳泉郊区的发展》党课。6月29日上午，组织党员干部在市规划展览馆和桃林沟村开展主题党日活动。上午9点，在市规划展览馆讲解员的带领下，党员干部先后参观了以“蝶舞山城”为主题的序厅、阳泉文化特色展板、总体规划展区、分区规划展示等，还观看了沙盘视频、立体模型、“山西珐花器”制作技艺等展览。在领誓人的带领下，全体党员在党旗下重温了入党誓词。在桃林沟村职工教育基地，党员干部参观了毛泽东生平纪念馆、阳泉革命英烈纪念馆，详细了解了伟大领袖毛泽东的生平事迹，沉痛缅怀为新中国的成立而牺牲的革命先辈。同时还参观了工匠传承馆、乡村故事馆、古州家风馆等特色展馆，深刻感受劳动人民平凡而又伟大的工匠精神，深刻领悟挖掘和弘扬优良家风的当代价值。7月30日下午3点，机关党支部以“学党史、悟思想、办实事、开新局”为主题，以阶段性总结党史学习教育落实情况为重点，在五楼会议室召开了组织生活会。区直机关工委书记周素勤、区纪委监委第二派驻纪检监察组副组长张淑杰参加会议。会上，区总工会党支部副书记王永清结合近半年来的工作情况，代表支部班子进行了述职。随后，党员们本着从大局出发、对同志负责的态度，坚持以问题为导向，深刻剖析自我，互相提出真实意见。9月3日，组织单位全体党员前往市税务局参观阳泉红色历史图展和传统特色文化图展。开展以“追寻红色记忆，弘扬传统文化”为主题的党日活动。

女职工维权

2020年3月，郊区总工会组织人事女工部积极开展性别平等及女职工权益保护知识的普及学习

2020年3月，为进一步认真学习习近平新时代中国特色社会主义思想，贯彻落实中共十九大会议精神和习近平总书记重要讲话精神，切实维护女职工合法权益和特殊利益，在女职工维权月期间，区总工会组织人事女工部积极开展性别平等及女职工权益保护知识的普及学习并组织各乡镇和系统就性别平等及女职工权益保护知识开展一系列竞赛活动。在疫情期间共有7个乡镇工会、开发区社会事务中心工会和区直机关工会共计400余名女职工佩戴口罩积极参与，同时为基层工会发放女职工权益维护法律知识微手册、促进工作场所性别平等指导手册和山西省女职工劳动条例宣传画等1000册。一系列活动的组织使女职工在保证高效率完成本职工作的同时，提高了女职工维护自身权益的意识，培养了女职工勇于争先、敢于创新、勤于奋斗的精神。2021年12月，阳泉市郊区行政审批服务管理局“妈咪小屋”，被山西省总工会、山西省卫生健康委员会命名为第七批省级“妈咪小屋”，并获得5000元专项奖励补助资金。

劳模宣传评选

2020年至2021年，区总工会将先进模范评选与管理工作由重点选树推荐转向与管理宣传并重。2020年4月至6月，以“弘扬劳模精神、劳动精神、工匠精神”为主题，在阳泉日报郊区周刊连续推出本区全国劳模、“最美货车司机”“中国好人”等先进事迹专题报道共7期13人，并在阳泉郊区之窗公众号推送最美劳动者先进事迹11期，充分展示了本区劳模在各行各业做出的骄人业绩。年内有阳泉天隆工程材料有限公司获山西省五一劳动奖状，区税务局获“山西省优秀职工之家”，区人民法院、区开发区社会事务服务中心等4家单位被评为阳泉市模范单位，冀东水泥有限责任公司生产运行部、荫营镇老虎沟村2家单位被评为阳泉市模范集体，王亚利等12人被评为阳泉市劳动模范。

2021年4月28日下午，区总工会组织工会机关、各乡镇工会、全区各级劳模160余人赴下白泉农业综合体示范园栽种500余株树苗，整个过程持续一个多小时，来自乡镇、机关工会的职工们在劳模的带领下，以一名普通劳动者的身份，亲身参与进这次活动中。活动结束后，大家纷纷表示，爱护环境，用辛勤的汗水浇灌郊区绿色、美好的明天是每一位劳动者应尽的责任。本次活动系区总工会组织的以“中国梦·劳动美”为主题的绿化美化家园行动之一，全国劳模马玉田、李乃珠带头参加，目的是号召全区职工践行习近平总书记提出的“绿水青山就是金山银山”的理念，大力弘扬劳模精神、劳动精神、工匠精神，鼓励广大职工群众争当“造绿的工匠，护绿的卫士，养绿的行者”，为城市添绿，为百姓添福。

职工创新工作室创建

2020年，山西锦丰泰和农业科技股份有限公司、省劳模王雪的劳模创新工作室被评为省级创新工作室，省总奖励5万元、市总奖励3万元。2021年，新建职工创新工作室5个，分别是山西紫砂研究院杨皓然职工创新工作室、阳泉煜祥砂器制造有限公司闫贵福职工创新工作室、旧街乡融晟园农业技术开发股份有限公司李小梅职工创新工作室、开发区下五渡科达文化艺术有限公司姚晶晶职工创新工作室、山西蕙生福贸易有限公司孙玉英职工创新工作室。年末已经基本打造完成，并向市总工会完成申报工作。其中杨皓然、闫贵福、姚晶晶3个职工创新工作室被命名为区级职工创新工作室。孙玉英和李小梅2个职工创新工作室圆满接受市总工会检查验收。

职工生活保障

2020年至2021年，区总工会在继续开展“四送”的同时，不断完善职工医疗互助制度和困难职工解困脱困，加大职工生活保障力度。2020年6月29日至7月1日，省总工会第三方评估组对全区城市困难职工解困脱困工作通过采取抽样调查、重点抽查、座谈约谈、入户调查等方式调查了城市困难职工帮扶政策措施、落实到户和成效情况，对帮扶效果、工作持续性、工作满意度等进行了评估。评估工作覆盖全区各乡镇和企业的在档职工、未建档立卡的职工以及2017年7月以来脱困和注销的建档困难职工共490名。评估组对区总工会的工作给予充分肯定，并提出了下一步努力的方向。

同年10月，区总工会职工医疗互助工作扎实推进。第十五期“职工医疗互助活动”圆满结束，补偿职工104人次，补偿总额为340059元。全区第十六期职工医疗互助参与单位122家，参与职工总数 7389 名，缴纳互助金 369450 元，参加职工人数比上期增加 541 人。

2021 年 8 月，时值高温，烈日炎炎。为深入党史学习教育，扎实开展“我为群众办实事”实践活动，切实做好高温一线职工服务保障工作，郊区总工会开展“夏季送清凉”活动。区委书记王晓丽、区长郭方恺、区委副书记李仁照、副区长韩晓东、赵毅在区总工会负责人的陪同下，先后前往 5GW 高效光伏组件制造项目、华岭耐火材料有限公司、荫营方舱接种点、冀东水泥有限责任公司、农村土地经营开发有限公司南窑庄城中村项目工地，为坚守一线的职工送去防暑降温慰问品，对一线职工艰苦奋斗、敬业奉献的工作作风给予了充分肯定，并对他们的坚守和辛勤付出表示衷心感谢，叮嘱大家注意防暑降温，做好高温天气的自我防护。市总工会副主席张建军、保障部部长苗杰文、法工部部长王有生，市总工会领导王崇祐、综合事务保障中心主任王声分别到阳泉万达广场项目建设工地、湖北耀邦环境产业有限公司阳泉分公司、裕盛源农产品开发有限公司慰问了建筑工人、环卫工人及企业职工，每到一个地方，都把装有毛巾、绿豆、电影票、花露水等清凉大礼包亲手送到职工手中，对他们不畏酷暑炎热，坚持在工作一线表示亲切的问候。此次活动共慰问单位 29 家，惠及一线职工 2400 余人，是区总工会巩固党史学习教育成果、践行“我为群众办实事”实践活动的重要举措。10 月，根据《阳泉市“户外劳动者爱心驿站”考评办法》以及实地考评和严格审定，区政务服务中心、平坦镇桃林沟村、河底镇温河灌区三个站点的户外劳动者爱心驿站被市总工会命名为阳泉市户外劳动者爱心驿站。

机关党建

2020 年至 2021 年，区总工会不断强化使命担当，认真落实党建责任制，在工会系统自身建设方面展现新气象。2020 年 5 月 18 日，区总工会召开党风廉政建设会。党组书记、常务副主席胡俊青作了题为《恪尽职守 臻于至善 以从严治党保证郊区工会工作的全面发展》的报告，从三方面回顾了 2019 年全区工会党风廉政建设工作情况，重点从政治建设、作风建设、自身建设三方面提出了党风廉政建设工作的目标任务。

2020 年 7 月，郊区总工会党支部换届选举党员大会召开

同年 7 月 3 日上午，区总工会召开郊区总工会党支部换届选举会议，区总工会党支部书记胡俊青主持会议。16 名党员参加了会议。区总工会支部书记胡俊青代表郊区总工会党支部作了题为《不忘初心 牢记使命 努力把工会党支部建设成为坚强战斗堡垒》的工作报告，报告围绕加强思想建设、组织建设、作风建设、自身建设认真回顾总结了三年来的工会党支部工作，重点从五个方面安排部署了今后三年工会党支部主要工作任务。随后支部书记胡俊青宣读了区直机关工委关于党支部委员会候选人的批复，介绍了候选人的基本情况，并宣读了郊区总工会党支部选举办法（草案）。按照《党支部规范化建设业务工作实用指南》差额选举出了胡俊青、王永清（女）、王俊珍（女）、曹晋、段宏霞等 5 名党支部委员。当年 7 月，区总

工会被山西省精神文明建设指导委员会授予山西省文明单位。区委常委、宣传部部长张海斌为区总工会授牌。

2021 年 6 月 29 日，组织全体党员干部开展“迎七一·学党史·共庆百年华诞”主题党日活动，到市展览馆参观学习，全面了解阳泉的光辉发展历程。9 月 27 日，区总工会在刘备山开展“迎国庆颂祖国缅怀先烈”主题党日系列活动。机关全体干部职工首先分组进行了登山接力赛。于终点完成“我爱我的祖国”拼图任务后，大家在革命烈士纪念碑前齐声合唱《歌唱祖国》，全体党员干部向烈士进献花篮，并在纪念碑下重温入党誓词，同时还邀请区委党校讲师武舍鱼现场讲解革命烈士先进事迹。随后，区总工会组织单位职工登上刘备山顶峰参观学习，进行随手美拍的比赛。10 月 22 日，组织开展“长征永远在路上”特色党建活动。

12 月 31 日，组织开展“红歌唱响颂党恩，不忘初心跟党走”主题党日活动。本次活动分“党史、新中国史、改革开放史、社会主义发展史”四支队伍，共有 20 多名职工参加。经过趣味猜歌名、听曲识歌、党史知识竞赛、舞台剧展演四个环节的激烈比拼，以“四史”学习教育为出发点和落脚点，激发了爱国爱党热情，展示了工会干部职工奋发有为的精气神和时代风貌。

2021 年 12 月，郊区总工会开展“红歌唱响颂党恩 不忘初心跟党走”主题党日活动

职工培训教育

2020 年 7 月，区总工会“新时代文明实践基地 + 志愿服务”活动丰富多彩。全区首批职工教、学、研新时代文明实践基地打造成功并展开研学活动。在狼峪党性教育基地举办了机关主题党日活动；在桃林沟景区开展了基层领题领课活动，弘扬劳模精神、劳动精神、工匠精神；在温河灌区开展了主题教育和研学活动，传承“团结奉献、创新创业、执着担当”的温河精神。开展学雷锋志愿服务活动，为户外劳动者提供爱心驿站。开展“新城增绿美化家园”活动，在下白泉田园综合体园区植绿 500 余株。志愿者参与防治黑热病、环境卫生整治、疫情防控等活动累计达 800 余人次。

同年 8 月 26 日上午，区总工会在桃林沟村举行“书香育魂匠心筑梦”悦读实践活动暨“书香女工学堂”开班仪式。市总工会副主席权红红，区人大常委会副主任、区总工会主席张富英出席并为职工教育基地和书香女工学堂揭牌。仪式上，区总工会向全区广大职工发出了《书香育魂匠心筑梦》倡议书。并为荫营镇、平坦镇等 7 家基层工会赠送图书共 4000 册。各基层工会还举行了领题领课行动，把优秀文化、优秀家风送到基层、送到广大的职工中。参加活动的人员实地参观了桃林沟工艺工匠馆、古州家风馆等特色民俗文化场馆；举行了书香女工学堂开班第一课，专业老师解析工匠精神和家风家教故事，并和学员进行家庭成员关系隔板互动。

同年 11 月，举办“职工素质提升培训月”。邀请省、市、区各级专家、学者、教授为工会干部职工送上党的理论知识、工会业务知识、传统文化知识、专业技能知识等课程，受益职工达 3200 余人。同时，以“职工大讲堂”“学思践悟行”“三级联动送教到基层”“宣讲会”

等多种形式，掀起深入学习贯彻党的十九届五中全会精神和习近平总书记在全国劳动模范和先进工作者表彰大会上的讲话精神高潮。

2021年6月，组织参加山西省党史知识有奖答题竞赛，获优秀组织奖。同年7月29日上午，区总工会组织的“幸福家庭心向党 家风家教代代传”读书分享活动暨“玫瑰书香”郊区女职工主题阅读活动在桃林沟会议中心隆重举办。活动首先向全区女职工发出了《巾帼共奋进 永远跟党走—“玫瑰书香”郊区女职工主题阅读活动的倡议书》。随后，“幸福家庭心向党 家风家教代代传”读书分享活动开始，在人大常委会副主任李秀芳、区总工会主席张富英、全国劳模李乃珠向基层工会和女劳模、女工匠及知名女性赠送图书后，参加活动的亲子家庭通过演讲或讲故事等形式，运用质朴的语言生动地讲述家庭生活的美好场景，展现了家国一体的情怀，张富英主席在总结发言中对此给予了充分肯定。活动最后，评委们共评出一等奖1名、二等奖2名、三等奖3名、优秀奖6名。本次活动旨在深入挖掘郊区“一委一品”品牌，为郊区在“争做转型发展表率打造城乡融合样板”的伟大实践中凝聚起“奋进新征程，永远跟党走”的强大时代力量，营造出多读书、读好书的良好风尚，更好地引导女职工弘扬中华优秀传统文化，传承好家教，树立好家风。

2021年6月，郊区总工会组织“幸福家庭心向党·家风家教代代传”读书分享活动暨“玫瑰书香”郊区女职工主题阅读活动

10月27日上午，市总工会宣教部部长杨元正一行到东城水岸社区、大华社区及上白泉村检查验收职工书屋建设情况。对本区“职工书屋”建设工作给予充分肯定。

同月，区总工会联合区工商联、区委统战部举行阳泉市郊区民营企业乡镇巡回大讲堂。本次巡回大讲堂主要采取到各乡镇巡回授课的方式进行，聚焦当前民营企业发展的急难愁盼问题，向民营企业讲授了统战知识、心理健康知识、企业常见法律问题及风险防范办法、中小微企业融资政策及惠企政策等。

职工文体活动

2020年国庆、中秋“两节”之际，阳泉市郊区总工会与郊区卫生健康和体育局联合举办的郊区第六届职工羽毛球比赛在郊区体育馆如期举行。此次比赛由各乡镇（中心）、各系统的13支代表队组成。乡镇组的团体前三名分别由李家庄乡、荫营镇、开发区事务中心获得，机关组的前三名是机关工委、自然资源局-强羽队和财贸系统。此外，比赛还决出了5个单项前三名。

2021年4月30日，区总工会联合区卫体局、区直机关工委、区文联、区疾控中心共同举办“学党史、迎五一”第七届职工登高健步走活动暨“健康郊区万步有约”启动仪式，区人大常委会副主任杨兆明、副区长赵纪红、区总工会主席张富英出席活动。比赛分为男女两组同时进行，并各取前100名颁发奖品。上午9时，700余名职工从刘备山脚出发，在山顶折返，直至到达设置于文化园的终点。比赛结束后，职工们在文化园参加了百年党史展览、党史知识竞答、党史教育签名等活动，区书法家协会、美术家协会现场进行了创作。6月25日，联合区文化和旅游局承办由区委、区政府主办的庆祝中国共产党成立100周年“唱支心歌给党听”大型主题合唱比赛。组织各乡镇、各系统共17支代表队1500余人参赛，河底镇代表队和区直教育工委代表队荣获一等奖，旧街乡代表队、平坦镇代表队、区直机关工委第二（区住建局）代表队、区财贸系统代表队荣获二等奖，荫营镇代表队、西南舁乡代表队、区医疗集团代表队、区农业系统代表队等10支代表队荣获三等奖，区直机关工委第一代表队荣获最佳风采奖，其他17个单位荣获优秀组织奖。7月30日至10月20日，区总工会联合区卫体局举办了阳泉市郊区“体彩杯”第四届篮球联赛。本次篮球联赛为期17天，共有甲A、甲B、甲C三个组别22支队伍分5个赛场参加比赛。甲C组冠军、亚军、季军分别由区教育工会代表队、区委组织部代表队、区政府办代表队夺得；甲B组冠军、亚军、季军分别由河底镇代表队、荫营镇代表队、西南舁乡代表队夺得；甲A组冠军、亚军、季军分别由中旭鑫源代表队、金欣精品二手车代表队、鑫玉和耐火厂代表队夺得。

职工技能竞赛

2020年12月9日上午，郊区冬季果树修剪技能大赛在西南舁乡举办。此次比赛由区总工会联合区科学技术协会、区农业农村局、西南舁乡人民政府主办，由西南舁乡工会联合会、区果业协会、西南舁乡果业行业工会联合会承办。参加本次比赛的选手共26名，现场评委由市区农业农村局樊树龙、岳润庆、王秀元、高吉晓、韩瑞甫等果树专家担任。本次比赛通过现场抽签比拼、选手介绍修剪思路和过程、专家当场点评打分等几个环节进行角逐，评选出一等奖1名、二等奖2名、三等奖3名，并分别颁发奖品。在比赛过程中，选手们争先恐后地完成自己的任务，带动着现场也一直呈现出紧张刺激的氛围。

2021年7月27日，郊区首届职业技能大赛暨汽车行业维修技能大赛启动仪式顺利举行。区委副书记李仁照，副区长韩晓东、赵毅参加启动仪式。本次大赛由区总工会、区人社局、区交通运输局、区工商联联合主办，由李家庄乡工会联合会、阳泉职业技术学院交通职业学校承办，活动采用个人和团队相结合的方式进行，共有11支团队和28名个人参赛。个人项目设置笔试和实操两个环节，实操环节包括汽车故障诊断、悬架与制动系统检修、发动机拆装与测量3项；团体项目设置轮胎换位和汽车定期维护2项。举办此次大赛，旨在认真贯彻习近平总书记提出的培养更多高技能人才和大国工匠的重要指示和省委“人人持证、技能社会”建设要求，大力弘扬劳模精神、劳动精神和工匠精神，尊重技能人才、展示技能风采，加快建设知识型、技能型、创新型人才队伍和产业工人大军，为全区经济高质量发展提供人才保障。

9月10日，与中共阳泉市郊区区委人才工作领导组办公室联合下发阳郊工发〔2021〕39号《关于开展首届“阳泉郊区工匠”选树命名活动的通知》文件，开展首届“阳泉郊区工匠”的评选。

9月17日上午，区总工会组织机关全体职工、邀请区直机关工委职工共30余人齐聚一堂，组织开展“迎中秋、赏诗韵、品匠心”活动暨职工技能培训。

法律援助与维权

2020年4月，郊区总工会开展维权行动月活动，在全区范围内开展形式多样的劳动法治宣传服务工作，除了免费发放《职工维权一本通》《职工维权手册》《中华人民共和国工会法》

《中国工会章程》等法律书籍，进行普法宣传外，还组织各基层工会深入行业、企业、车间、工地，提供法律咨询、争议调处和法律援助等服务。各基层工会还开展法律维权宣传，督促企业守法经营，保障职工合法权益，教育引导职工诚实劳动，积极为企业发展贡献力量，实现企业与职工和谐共赢。

同年 12 月 25 日，区总工会法工部联合山西真安律师事务所开展了“尊法守法·携手筑梦”公益法律服务行动。本次公益法律服务行动先后深入阳泉天隆工程材料有限公司、阳泉冀东水泥有限责任公司，采用“律师志愿者＋工会干部”的新模式，特邀山西真安律师事务所执行主任贾军律师担任主讲，贾律师通过 PPT 课件的形式，重点围绕劳动法律法规及《中华人民共和国民法典》的编纂历程、基本结构、重大意义等方面切入，结合企业与农民工实际，以案说法，对人格权编、婚姻家庭编、继承编中“隐私权和个人信息保护”“离婚冷静期”“夫妻共同财产”“代位继承”等与广大职工日常生活息息相关的内容做了针对性、专业性的讲解。

2021 年 3 月，开展小微企业工会经费返还工作。3 月 25 日下午，小微企业工会经费返还工作会议在区总工会五楼大会议室举行，区人大常委会副主任、区总工会主席张富英携全体领导班子成员及相关部门负责人全程参加，并结合近期重点工作对乡镇基层工会提出具体要求。小微企业工会经费返还是贯彻习近平总书记关于统筹抓好疫情防控和经济社会发展工作的重要指示精神，落实党中央、国务院和省委、省政府支持实体经济发展决策部署的具体行动。区总工会出台了关于应对疫情冲击实施小微企业工会经费返还政策的公告，会上，相关人员还就返还申报、审核认定和具体流程及时间要求等具体内容进行了详细解读。

同年 7 月 20 日，区总工会举办了主题为“携手共商共创·助力转型发展”的集体协商竞赛，来自全区各乡镇、开发区社务中心工会、部分区直企业工会 35 名选手参加了竞赛。区总工会领导班子成员现场进行了观摩指导。本次竞赛分理论知识测试和口语能力测试两方面内容，担任本次竞赛的评委是区总工会副主席胡忠文、工资集体协商指导员刘贵柱、赵改翠，在理论知识测试环节各位选手沉着冷静，从容应答，在规定时间内完成了理论知识测试。在口语能力测试环节，各位选手依次出场，在问答过程中，每位选手思维敏捷，口才出众，答题正确率高，精准度高，表现极其出色，赢得了在场评委的一致好评和认可。活动结束后，参赛选手还现场集中观看了集体协商竞赛相关视频。本次竞赛作为郊区总工会锻炼集体协商指导员队伍，培养选拔人才的一次有益探索和大胆尝试，进一步在全区营造了推进平等集体协商的良好氛围，对促进全区集体协商质量水平的提升起到有力的推动作用。

第三节　基层组织

工会组建月暨百日集中攻坚行动

2020 年 6 月至 8 月，全区“工会组建月”暨“百日集中攻坚行动”取得丰硕成果。全区 31 家百人（规模）企业实现了“应建尽建”。以李家庄汽车产业联盟工会为代表的新业态群体建会、“八大群体”入会均实现新突破，货运行业巩固提升，保安行业全部建会，“荫营护工联合基层工会”作为全区首个护工护理行业工会组织打响品牌，小微企业建会入会力度加大。此次行动共有 1965 名会员加入组织。

西南舁乡果业行业工会联合会

2020年5月17日上午，西南舁乡召开果业行业工会第二次会员代表大会，来自全乡17个村59名果农代表参加会议，会上选举产生了西南舁乡果业行业工会联合会第二届委员会主席、副主席、委员和经费审查委员会主任、委员。新当选工会主席做了表态发言。乡人大主席，工会主席王萌代表乡党委政府对这次大会胜利召开表示祝贺，并做了重要讲话。

系统工会换届

2020年6月16日，郊区政法系统工会第二次代表大会召开，政法系统各单位的30名代表参加，会上选举产生了政法系统工会第二届委员会委员和经费审查委员会委员。选举产生了政法系统工会第二届委员会主席1名，副主席2名，委员2名，第二届经费审查委员会主任1名，委员2名。

6月28日，郊区财贸系统工会联合会第一次代表大会隆重召开。来自财贸系统各单位的37名正式代表和区总工会的领导参加了会议。会议按照议程选举产生郊区财贸系统工会联合会第一届委员会委员7名，第一届经费审查委员会委员5名，第一届女职工委员会委员3名。会议选举产生了财贸系统工会联合会第一届委员会主席1名，副主席2名。第一届经费审查委员会主任1名，副主任1名。第一届女职工委员会主任1名，副主任1名。新当选的财贸系统第一届工会联合会主席史慧明在会上作了表态发言。

7月23日，宣传系统工会联合会第一次会员代表大会顺利召开，选举产生了宣传系统工会联合会第一届委员会委员、经费审查委员会委员和女职工委员会委员及主席、副主席、经费审查委员会主任和女职工委员会主任。

7月27日，区直机关工会第二次会员代表大会在区妇女儿童活动中心举行，37名会员代表参加了会议。会上，工会主席周素勤同志作了工作报告。会议以无记名投票的方式选举产生了第二届工会委员会委员、经费审查委员会委员、女职工委员会委员。并选举周素勤为工会主席，荆波为经审委主任，胡月为女工委主任。

9月10日，区农业系统工会联合会第一届委员会选举会议在区农口二楼会议室举行。按照会议程序，选出了农业系统工会联合会、女职工委员会、经费审查委员会3个委员会委员。随后选举产生了农业系统第一届工会联合会班子成员，主席由王秀明担任，副主席由史志宏、王秀美担任。女职工委员会主任由孔瑞凤担任，副主任由高会珍、商建芳担任。经费审查委员会主任由李峰担任，副主任由任海鹰、史文秀担任。

11月7日，医疗集团工会第一次代表大会召开，选举产生集团工会第一届委员会委员、主席、副主席及经审委委员、主任、副主任；女工委委员、主任、副主任。赵计明、张艳花、葛晓芳等7人当选为阳泉市郊区医疗集团工会第一届委员会委员；赵计明任主席，张艳花、葛晓芳任副主席。张艳花、王旭等5人当选为阳泉市郊区医疗集团工会第一届经费审查委员会委员；张艳花任主任，王旭、王晓燕任副主任。葛晓芳、张海燕等5人当选为阳泉市郊区医疗集团工会第一届女职工委员会委员；葛晓芳任主任，陈卫卫、施志燕任副主任。

2021年9月28日，因工作调整，财贸系统王军军替补为工会主席。11月24日，宣传系统周海威替补为工会主席。

乡镇工会换届

2020 年 12 月 4 日上午，阳泉市郊区西南舁乡工会联合会第三次代表大会在西南舁乡人民政府召开，31 名代表参加会议。会上，乡工会主席王萌代表阳泉市郊区西南舁乡工会联合会第二届委员会向大会作了题为《抢抓机遇谋发展 提高服务促和谐 团结带领广大职工为全乡经济发展贡献力量》的工作报告。报告全面总结了过去五年乡工会的工作，安排部署了今后五年乡工会工作的主要任务。会议选举产生了新一届乡工会班子，王萌当选为乡工会第三届委员会主席，李丽花、郭宝莲、张小芳、武振华当选为乡工会副主席，李秀清当选为乡工会第三届经费审查委员会主任，郭宝莲当选为乡工会第三届女职工委员会主任。大会表决通过了阳泉市郊区西南舁乡工会联合会第三次代表大会关于《阳泉市郊区西南舁乡工会第二届委员会工作报告的决议》。

12 月 11 日，河底镇工会联合会第三次代表大会在镇政府三楼大会议室举行。来自全镇各基层工会的 35 名正式代表参加会议。大会按照公开、公正的原则，以无记名投票方式选举产生了新一届工会委员会、经费审查委员会和女职工委员会。赵军当选为工会主席，葛秀文当选为工会副主席，郭彦斌当选为工会挂职副主席，刘海花、邓雪花当选为工会兼职副主席，郭俊平当选为经费审查委员会主任，葛秀文当选为女职工委员会主任。

12 月 23 日和 12 月 27 日，李家庄乡与杨家庄乡分别召开了工会联合会第三次代表大会。大会按照公开、公正的原则，以无记名投票的方式，选举产生了乡工会新一届领导班子。齐瑞新当选为李家庄乡第三届工会委员会主席，宋晓文、张润红、王小芳、史路钢当选为副主席，吕新燕当选为经费审查委员会主任，左云霞当选为女职工委员会主任；胡世勇当选为杨家庄乡第三届工会委员会主席，田宝婵、李丽、冯满存、王玉寿当选为副主席，王海军当选为经费审查委员会主任，李丽当选为女职工委员会主任。

12 月 29 日和 12 月 31 日，旧街乡与荫营镇分别召开了工会第三次代表大会。以无记名投票的方式，选举产生了乡镇工会新一届领导班子。陈功芝当选为旧街乡第三届工会委员会主席，王文芳、王学梅、董海亮、杨计平当选为副主席，黄春生当选为经费审查委员会主任，王文芳当选为女职工委员会主任；史贤良当选为荫营镇第三届工会委员会主席，苗志勇、郗银平、史桂梅、余云波当选为副主席，张宝堂当选为经费审查委员会主任，李洁当选为女职工委员会主任。

2021 年 4 月，乡镇领导班子进行调整，工会委员会组成人员也先后发生变动。荫营镇王华替补为总工会第三届委员会委员、工会主席；河底镇董锦新替补为工会第三届委员会委员、工会主席；李家庄乡郭慧栋替补为工会第三届委员会委员、工会主席；开发区社务中心郭鹏飞替补为工会第一届委员会委员、工会主席；西南舁乡史俊宝、马焕森替补为工会第三届委员会委员，杨世伟替补为西南舁乡工会第三届经费审查委员会委员，史俊宝替补为西南舁乡工会第三届委员会主席；杨家庄乡赵建斌替补为工会第三届委员会委员、工会主席；旧街乡高连富替补为工会第三届委员会委员、工会主席。

同月 23 日，平坦镇工会联合会召开第三次代表大会，选举产生平坦镇工会第三届委员会，委员由王威、郭爱英、李红梅、李汝军、王建伟、荆昭、李英英 7 人组成，其中王威当选为主席，郭爱英当选为副主席，李红梅当选为挂职副主席，李汝军、王建伟 2 人为兼职副主席；同时选举产生平坦镇工会第三届经费审查委员会，委员由杨红霞、宋晨东、孙玉婷 3 人组成，其中杨红霞为经费审查委员会主任；选举产生平坦镇工会第三届女职工委员会，委员由郭爱英、荆昭、李英英 3 人组成，郭爱英为女职工委员会主任。

阳泉市泰耀工贸有限公司工会成立

2020 年 12 月 19 日上午，阳泉市泰耀工贸有限公司工会第一次会员代表大会召开，乡人大主席、工会主席胡世勇出席会议。大会按照公开、公正的原则，由 24 名正式代表以无记名投票的方式产生了第一届工会委员会、经费审查委员会，高昧生当选为阳泉市泰耀工贸有限公司第一届工会委员会主席。

2020 年 12 月，阳泉市泰耀工贸有限公司工会第一次会员代表大会召开

荫营护工联合基层工会委员会成立

2020 年 12 月 21 日，“荫营护工”联合基层工会委员会第一次会员代表大会召开，标志着全区首个护工护理行业工会正式成立。本次会议共有 28 名代表参加，区总工会副主席王永清，荫营镇人大主席、工会主席史贤良出席会议。会上，工会筹备组向各位会员作了筹备工作报告，然后按照选举流程，投票产生出第一届工会委员会及工会主席、第一届经费审查委员会委员和主任、第一届女职工委员会委员和主任。中国蓝领阳泉分公司经理吴雨桐对大会顺利召开表示了热烈祝贺。

阳泉市晋泉水务有限公司完成改制并组织工会换届

2020 年底，区自来水公司改制为区政府独资国有企业，名称变更为阳泉市晋泉水务有限责任公司。2021 年 10 月 28 日，公司完成第五届工会换届选举，王丽军当选为工会主席，高会珍当选为工会副主席。

第四节　媒体报道

合心合力彰显担当 有力有为体现作为

阳泉市郊区总工会全力以赴投身战“疫”一线的新实践新作为

历史，常以惊心动魄的形式留下深刻印记，也常以柳暗花明的形式写下难忘篇章。

2020 年，因为突如其来的新冠肺炎疫情，注定会被历史铭记。

写入历史记忆的这场伟大的战“疫”，在考验着人类文明的成色，考验国家的责任心和组织能力。

在这种情况下，工会组织如何担当作为，方能体现在思想上高度重视，在政治上坚定不移，在行动上有力有序？

阳泉市郊区总工会充分发挥组织优势、阵地优势，及时组建完善了“15510”双向联系沟通机制，形成了以工会委员为中心，以职工代表为主干，辐射郊区 2180 名职工的防疫阻击网，唤醒群防群控的“硬核”力量；及时打响舆论战、力倡文艺抗“疫”，擂响“抗击疫情，劳动闪亮”的战鼓，掀起了疫情防控和复工复产两手抓、两不误的职工洪流；及时叫响劳模品牌、擦亮金字招牌，郊区劳动模范闻令而动，冲锋在最前线，让劳模精神在战“疫”一线熠熠生辉……

唤醒群防群控的“硬核”力量

工会人常说，工会有组织优势、阵地优势。当疫情突然侵袭，我们该如何发力、展作为，方能践行所诺，不负所托？

阳泉市郊区总工会创新思路，灵活运用工会组织体系制度，紧急行动，周密部署，组建完善了“15510”双向联系沟通机制，形成以区总委员为中心，以职工代表为主干，辐射郊区 2180 名职工的防疫阻击网，切切实实发挥着特殊作用、体现出独特价值。

——“15510”让委员、代表、职工“心连心”。关键时刻，“15510”成为基层防控疫情的“助力神器”。通过这张网，郊区总工会自上而下，将疫情防控工作第一时间一个竿子插到底，在向郊区 2180 名职工传播着科学的防疫知识的同时，了解掌握基层防疫动态，倾听非常时期职工的心灵呼声，及时疏导职工的情绪，实现了疫情防控与时间赛跑，在速度上较量。

——“15510”做好职工权益守护神。通过“15510”联系制度，委员和代表们通过电话、微信等方式与企业职工密切联系，及时为职工推送正确的疫情防控知识 20 余条、了解职工的身体健康状况、安抚疏导职工的情绪、对因依法被隔离导致不能提供正常劳动的职工，指导企业按正常劳动支付其工资，帮助职工在疫情防控期间保持一个积极健康的身体和心态，为疫情结束后恢复正常生活和工作打下坚实的基础。

——“15510”及早入手助企业防控。通过“15510”联系制度，郊区总工会班子成员及早与企业法人取得联系，指导帮助企业做好防控预案，对人员摸排、消毒通风、物资储备，特别是生产车间和食堂宿舍等高危区域进行重点指导；及早了解职工中是否有感染肺炎的患者、是否及时上报并做好家属的隔离照顾工作，是否每日记录职工的健康状况，是否对职工进行了防护知识的普及；联合区工信局等部门对准备复工复产企业进行现场检查督促，同时发动职工对企业落实区委区政府防控要求积极进行监督，让全体职工主动、自觉参与到自保互保的疫情阻击战中来。

——“15510”助力企业复工显作用。在企业复工关键时期，网内成员了解到职工缺乏防疫知识而产生恐慌情绪，企业管理人员对疫情认识不够而导致复工问题的为难情绪时，郊区总工会及时深入山西圣火炉料有限公司、贤亨耐火材料有限公司、上白泉耐火材料有限公司、阳泉华岭耐火材料有限公司、阳泉金隅通达高温材料有限公司等企业，积极建言献策，主动为企业提供服务，及时为企业排忧解难，督促企业进一步落实主体责任，推动企业疫情防控和复工复产“两手抓”“两促进”。

实践证明，“15510”在疫情防控中发挥了最基础、最强有力的支撑作用。

掀起战“疫”一线的职工洪流

如何将力量下沉基层战“疫”，是一个焦点、难点，也是工会发力的优势所在。这是阳泉市郊区总工会在这场“战疫”中始终坚持的一个认识。

——加强舆论宣传，筑牢“阵地”建设。疫情发生之后，郊区总工会迅速响应，向郊区职工群众发出倡议书，向女职工发出慰问信，号召全体职工群众发挥主力军作用和主人翁精神，投身疫情阻击战中。利用微信群、信息、美篇等媒介加强政策解读，普及防护知识，推送防控消息，引领广大职工在疫情面前保持积极心态，加强卫生防范，减少传播途径，不恐慌，不畏惧，不信谣，不传谣。在阳泉郊区之窗开通专栏，用“见字如面”一封信的形式，为坚守在一线的职工和郊区广大干部职工加油助威。

——做好物资保障，贡献“绵薄”力量。疫情发生以来，郊区总工会按照区委、区政府和上级工会的部署要求，立即响应、立马行动，把疫情防控作为头等大事来抓，把抗击疫情作为守初心、担使命的“主战场”，利用网络召开主席办公会，第一时间研究部署郊区工会组织抗击疫情实施方案，紧急下发了《关于做好当前疫情防控有关工作的通知》，号召郊区各级工会组织、广大工会干部和职工群众，立足岗位、奋勇担当，积极投身疫情防控阻击战，全力做好疫情防控工作。及时成立应对新冠肺炎疫情防控专项资金并拨付支援防疫斗争第一线。累计拨付资金53.36万元，购置一次性医用防护口罩、消毒液、测温枪、棉大衣、折叠床、帐篷等急需防护物资和食品等慰问品，第一时间慰问在抗击疫情战役中冲锋陷阵、辛劳苦战的防疫指挥部、疾控中心、医院、公安派出所、交警队、高速收费站口等单位的一线职工和工会会员，还有援鄂医生冯兆斌家属及公安分局一名援鄂家属。

——倡导文艺抗疫，致敬“平凡”英雄。面对严峻的疫情，郊区总工会从文艺方面打响了抗击疫情的新战役。为了鼓舞士气，弘扬正能量，区总工会发出通知，征集“最美逆行者”摄影作品和“见字如面”文字作品。号召郊区广大文字爱好者、基层干部群众及社会各界人士用摄影、文字等形式讴歌、赞美为疫情工作无私奉献的敬业者们。通知发出短短两周时间，各界人士通过微信、邮箱等方式发回作品共计500余件，其中“见字如面”作品281件、“最美逆行者”作品300余件。与郊区文联联合举办了“中国梦、劳动美”书画摄影展。以此来赞美英雄，鼓舞士气，弘扬正能量，展示了坚决打赢疫情防控阻击战的信心和决心。

——紧盯复工复产，时刻绷紧“战疫”这根弦。坚持疫情防控和复工复产两手抓、两不误，郊区总工会组织乡镇工会干部深入企业，宣传区委、区政府和省总、市总有关要求。各乡镇工会组织全力以赴，运用科学合理的“新招”“妙招”，抓好疫情防控和复工复产各项工作。荫营镇出台《企业（工程）新冠肺炎防控和复工复产包保工作六项措施》并运用“一米距离”“隔屏就餐”“互不相见”“防护超市”等方法助力企业复工复产；平坦镇“动静结合”，早、快、实、严四项措施推动企业复工复产；杨家庄乡上下同心，“加减乘除”保证企业安全复工复产；西南舁乡制定有效措施及应急预案，要求企业法人明确主体责任，防疫及复工复产“两不误”；旧街乡“清单式管理、贴心式服务、压茬式推进”方法，统筹推进，防疫与复工复产“两手抓”。郊区总工会还联合区工信局印发宣传资料，指导企业及时制定宣传方案，加大疫情防治知识和政策宣传力度。在企业以车间、班组为单位进行疫情防控宣传，在厂区大门、人员聚集地等位置悬挂疫情防控宣传条幅、张贴标语，力争做到宣传全方位，防控无死角。其中，冀东水泥有限公司检修复产与防控宣传两不误，为车间、职工配备宣传“明白纸”；华岭耐火材料有限公司做足疫情防控功课，在把好“筛查关、登记关、消杀关、储备关”的同时，为每名职工发放“口袋册”。同时，郊区总工会从妥善处理疫情防控期间劳动关系问题、维护职工合法权益入手，营造坚定信心、同舟共济的良好社会氛围。

在伟大斗争中淬炼伟大的劳模精神

沧海横流，方显英雄本色。疫情突如而至，劳动模范再次挺身而出，冲锋在一线。

在阳泉市郊区，桃林沟村党委书记李乃珠以“三员”的身份，即“指挥员”“战斗员”“守门员”积极投身到抗疫战斗中，力倡并践行“三包两服务”工作法，即村两委主干包、党员包、村民代表包和生活用品上门服务、心理疏导志愿服务；汉河沟村党支部书记、村委会主任宋晓文走遍了各家各户和村里的每个角落，问民生、查疫情、摸实情、抓防控，连续半个月没吃上一顿正点饭，没有睡过一个囫囵觉，还带头给交警送去方便面、醋、矿泉水等生活保障物资；锦丰农业有限公司总经理王雪筹措物资到旧街乡307国道新店防疫站、桃林沟村等地慰问，及时将方便面、矿泉水、消毒液、口罩等物资送到防护一线人员手中……他们都有一个共同的身份“劳动模范”。

阳泉市郊区总工会大力弘扬劳模精神、劳动精神，组织郊区各级劳模、先进工作者充分发挥先锋模范人物带头作用，冲到疫情防控最前沿，还通过捐款、捐物等方式，倡导动员社会各界爱心人士和广大职工伸出援助之手，汇聚点滴力量，为打赢疫情防控阻击战奉献爱心、传递温暖。

从正月初二开始，郊区各系统、乡镇、社区的基层工会干部们纷纷放弃休假，“逆行”回到岗位。他们深入乡村、社区，与基层干部和卫健部门工作人员，对到过重点疫区的人员分类采取居家隔离、医院留观和诊治措施。他们逐门逐户了解情况，及时掌握辖区内流动人员近期动态，挨家挨户宣传最新的防控措施，以冲锋者姿态、守护者身份，坚定站在疫情防控第一线。在这场没有硝烟的战“疫”斗争中，“逆行者”的坚定无畏、志愿者的大爱无私、医护者的奋勇向前、普通职工的大力支持等等，更让郊区总工会意识到，越是艰难，越需要伟大的精神凝聚力量，也越能淬炼伟大的精神力量。让劳模精神在抗击疫情的伟大斗争中熠熠生辉，也是工会组织的责任与担当。

在“战疫”防线上展现“工会担当”、彰显“工会作为”，就要随着疫情防控的变化而采取进一步措施。在时刻绷紧疫情防控这根弦，扎实推进复工复产中，阳泉市郊区总工会将牢牢把握当代工人运动主题，广泛深入持久开展多种形式的劳动和技能竞赛，为决胜全面建成小康社会、决战脱贫攻坚和“十三五”规划收官贡献智慧和力量；将大力弘扬劳模精神、劳动精神、工匠精神，坚持面向基层、面向一线、面向普通劳动者，向为抗击疫情作出重大贡献的一线医务人员和其他战线的职工群众倾斜，做好评选表彰工作，坚定不移地唱响劳动最光荣、劳动最崇高、劳动最伟大、劳动最美丽的主旋律；将切实履行工会基本职责，全面落实稳就业举措，努力做到多转岗、少下岗，多就业、少失业的同时，依法调处劳动关系矛盾，分类精准帮扶城镇困难职工解困脱困；将加强职工思想政治引领，引导职工坚定不移听党话、矢志不渝跟党走……

（原载2020年5月13日《山西工人报》）

扩面提质增活力 改革创新展作为

阳泉市郊区总工会加强基层组织建设工作纪实

潮平两岸阔，风正一帆悬。2020 年 1 月 2 日至 3 日，阳泉市郊区工会第八次代表大会胜利召开，选举产生区总工会新一届领导班子，全区工会工作进入新的发展阶段。

地基固则大厦坚。阳泉市郊区工会第八次代表大会以来，区总工会在区委、市总领导下，坚持以习近平新时代中国特色社会主义思想为指导，以“夯基、规范、活力、智慧”为总要求，以“工会组织建设更加适应新形势”为目标，以“职工在哪阵地就建在哪”的思路和魄力，大力加强基层工会组织建设，全区工会组建工作实现跨越性、高质量发展，为在助推郊区“五城联创”和转型发展中更好发挥工会组织的积极作用提供了坚强有力的组织保证。

一、提高政治站位，坚定改革创新夯基提质的新担当

凝聚思想共识。区总工会建立了中心组学习制度，领导班子带头，定期开展集体学习研讨，深入学习贯彻党的十九大、十九届二中、三中、四中、五中全会精神，习近平总书记视察山西重要讲话重要指示精神、习近平总书记关于工人阶级和工会工作重要论述。进一步提高政治站位，自觉把加强基层工会组织建设放到巩固党的阶级基础、扩大党的群众基础的高度，作为推进工会改革往基层走、往深里走、往实里走的关键一招。

顶层统筹谋划。2020 年 1 月 2 日至 3 日，阳泉市郊区工会第八次代表大会对今后五年工会工作作出全面部署，开启工会工作创新发展新征程。5 月 18 日，区总八届二次全委（扩大）会召开，区人大常委会副主任、区总工会主席张富英讲话，明确提出了“职工在哪阵地就建在哪”的具体举措，吹响了 2020 年工会组建集中攻坚的集结号。

创新工作机制。区总建立了一把手总抓、班子成员牵头负责、全会协同合力推进的组织领导机制和现场指导、典型引路、定期督促、挂号清零的工作推进机制，确保工会组建攻坚行动有人抓、有人干、见行动、见实效。

二、全力集中攻坚，打开基层组织建设高质量发展新局面

百人以上企业建会入会专项攻坚行动取得实质性进展。区总工会以雷霆之势，掀起百人（含规模）企业建会集中行动新风暴。在联合区工信局对全区百人以上、规模企业进行排查登记、建立台账基础上，在全市率先出台了《阳泉市郊区总工会关于开展“工会组建月暨百日集中攻坚行动”的实施方案》，明确了时间表、任务书、路线图。区总主要领导亲自督战，班子成员带头出征，采取挂图作战、分片分工、先易后难、因企施策的方式强力推进，乡镇、系统工会积极响应，进展迅速。截至 11 月底，全区百人（含规模）以上企业已建工会组织 27 家，其余 4 家正在积极筹备中，预计到 12 月底将全部建会，使全区百人（含规模）企业建会工作从“想建就建”实现了“应建尽建”。

新产业新业态群体建会模式在不断探索中完善。区总工会主动研究经济快速发展和后疫情时代带来的发展变化，针对全区出现的一些新产业新业态和新就业群体，积极探索，不断创新建会模式，确保新业态新群体职工第一时间找到组织，享受温暖。今年 7 月，李家庄乡汽车产业联盟工会组建成立，将李荫路 27 家汽车产业和 4S 店通过企业单建、企企联建、村企共建、

指导员帮建的“3+1”工作法，实现了党工共建的全覆盖。汽车产业党建联盟工会之家正式挂牌成立，吸纳会员 672 人，为企业的发展注入了蓬勃活力。同时，针对一些性质相近的产业和人数较少的小微企业，区总工会加大宣传力度，讲解税收优惠措施，积极探索方便有效的模式，推出“地位优势联合建、行业产业共同建、就地就近入会建”等模式，将一些小微企业吸纳入会。截至目前，在新业态群体中共新建工会组织 27 个，新发展会员 732 人。

“八大群体”入会管理模式呈现新亮点。区总工会高度关注“八大群体”，针对不同群体特点，探索实行不同的会员管理服务方式，最大限度吸纳他们加入组织。采取联合组建方式，分别在河底镇、荫营镇、平坦镇、李家庄乡、西南舁乡、旧街乡建起货运行业工会组织，将辖区内 1034 名大货车司机就近吸纳到乡镇工会组织中来。采取单独组建方式，在辖区内仅有的两家保安公司建立工会，280 名职工全部入会。采取服务吸引的方式，以荫营镇为依托，对护工护理员群体进行组织覆盖和服务覆盖，确立“打造荫营护工品牌，实现就业 + 创业”的工作目标，以辖区内未就业和失业人群为工作对象，举办 45 期职业技能培训，先后培训 2162 人，其中有 131 人走上护工职业。区总为他们提供就业服务信息、帮他们联系对接工作单位，成为他们坚强有力的“娘家”后盾。

系统工会组建新建实现历史新突破。在调查研究的基础上，区总工会制定下发《关于认真做好全区乡镇（中心）、系统工会组织换届工作的通知》，要求各系统工会组织结合《阳泉市郊区工会志》的编撰，追根溯源，明确届次，建强新一届工会班子，规范基层工会组织建设。截至目前，全区政法系统工会、区直机关工会分别召开了第二次会员代表大会，财贸系统工会、宣传系统工会、农业系统工会、医疗集团工会全部完成组建工作，114 个基层组织、7126 名会员实现智慧平台系统化管理，为今后工会工作的规范化开展奠定了坚实的组织基础。12 月份，全区各乡镇工会组织将进行换届选举工作，为今后工作衔接夯实基础。

三、突出典型引路，赋予新时代职工之家建设新内涵

打造网上平台，建设“智慧之家”。以夯实实名精准、安全共享的工会大数据库为基础，将“小三级”工会基础数据进行了信息完善。一是指导帮助基层工会完善智慧工会账号管理工作、组织、会员、工会干部信息的录入。截至目前，全区录入平台管理的工会组织 481 个，职工 25678 人（其中女职工 9192 人），会员 25662 人（其中女会员 9183 人）。二是结合智慧工会平台建设的更新完善，组织基层工会信息管理员进行层级培训，普及了智慧工会平台操作程序。三是着手建立智慧工会指挥系统，推进全区工会工作全面进入“云时代”。

强化示范带动，建设“温暖之家”。在推进基层工会规范化建设、打造“六有”职工之家的基础上，区总工会提出了“全面推进、同步规范、典型引领、辐射带动”的新时代职工之家建设新方略。重点打造了荫营鑫盛瓷业有限公司工会、华岭耐火材料有限公司工会、河底天隆工程材料有限公司工会、杨家庄煜祥砂锅制造有限公司工会、开发区御康社区工会、桃林沟景区工会、西南舁乡工会、区直机关系统工会等一批代表区、乡、村、企、机关、系统等不同领域的职工之家示范基地，成为为职工提供多层次立体化全天候维权服务的“温暖之家”。通过以点带面、辐射引领，涌现出像区委宣传部的“休闲一角”、区检察院的“亲情法庭”等新时代职工之家新典型。

丰富载体内容，建设“文化之家”。区总工会坚持以党的创新理论引领职工，以社会主义核心价值观塑造职工，在新时代职工之家建设中注重增加文化元素，提升文化品位，大力推进职工文化建设，引领职工坚定不移听党话、跟党走。充分调动基层积极性创造性，指导桃林沟景区工会打造了“中国梦•劳动美”主题文创一条街。街内设立古洲家风馆、工艺工匠馆、书香女工学堂、女职工妈咪小屋，其中书香女工学堂是阅读的世外桃源，通过建设阅读区、体验馆等多个文化休闲区，让“阅读+”的别样体验惠及更多职工。“桃林职工之家”也成为传承“劳模精神”“劳动精神”“工匠精神”的全区职工教育培训基地，成为集红色教育、家风教育、职工培训、廉政教育、安全教育以及新时代文明实践教育为一体的全方位多功能基地。8月，区总工会通过举办“书香育魂•匠心筑梦”主题实践活动并延伸到基层领题领课行动，让职工之家的内涵更加生动和丰富。

四、打造培训精品，建设高素质工会干部队伍取得新成绩

“精品课程”让培训形式活起来。围绕学习贯彻习近平总书记视察山西重要讲话重要指示、党的十九届五中全会精神、全国劳动模范和先进工作者表彰大会精神以及省、市、区委全会精神，区总工会精心组织设计工会干部培训课程，采取领导带头宣讲、专家辅导讲座和送教下基层等方式，为全区工会干部送上“理论大餐”。其中，聘请百灵社会服务中心团队为基层送去《心理压力与管理策略》《树立良好家风传承家风家教》《如何缓解工作压力》《九型人格》等8门课程，1500多名干部职工现场聆听表示“很带劲”。

“职工大讲堂”让培训内容鲜起来。为强化学习，区总工会将每周五下午定为集中学习日，将11月份定为全区工会职工素质提升集中培训月，建立了班子成员带头讲、各部部长轮流讲、聘请专业人员巡回讲的培训制度，将“职工大讲堂”开到基层、辐射全区。区人大常委会副主任、区总工会主席张富英带头宣讲党的十九届五中全会精神，并邀请省总干校老师、市委党校老师、市总部门负责人以及各方面专家，讲授《习近平总书记关于工人阶级和工会工作的重要论述》《工会干部能力提升》《民法典知识》《道德经及温河精神》《本土传统文化知识》等，极大地拓宽了工会干部的视野。全年培训干部职工2200余人次，形成了浓厚学习氛围。

“实地研学”让培训效果升起来。区总工会坚持把理论培训与实地调研学习结合起来，有计划地安排工会干部开展“实地研学”。先后深入7个乡镇工会、开发区社会事务中心工会、8个系统工会、12个企业工会进行走访调研，总结基层工作的鲜活经验，查找工会组织建设的难题问题，探究改革创新的新思路、新方法，形成调查报告和论文5篇。同时，将狼峪作为弘扬抗战精神的党性教育基地，将桃林沟景区工会作为劳模精神劳动精神工匠精神教育基地，将温河灌区作为温河精神教育阵地，成为首批全区职工教育教学研学基地。

五、发挥组织优势，助力疫情防控复工复产展现新作为

迅速响应投入阻击战。面对年初突如其来的新冠肺炎疫情，区总工会积极响应区委区政府部署，第一时间组织动员所辖各级工会组织和广大工会干部，投入疫情防控总体战、阻击战中。区总成立由区人大常委会副主任、区总工会主席张富英挂帅的疫情防控领导小组，制定防控工作方案并下发通知，组织各乡镇、系统、行业工会迅速行动起来，带动481个基层工会组织迅速响应，工会主席带头，组建工会干部志愿者队伍，深入医院、社区、企业，投入疫情防

控第一线。

机制发力发起总动员。区总工会建立了发挥工会委员、代表作用的“15510”制度机制，出台了《阳泉市郊区总工会关于建立工会代表联系职工群众制度的实施办法》。疫情面前，迅速发力，第一时间，建立起一张以区总委员为中心、区工会代表为主干，辐射全区2180名干部职工的防疫阻击网。全体动员，广泛联系，第一时间传播正确的防疫知识，了解掌握基层防疫动态，及时疏导职工情绪，帮助职工解决生活难题。

援企稳岗亮出新作为。区总工会第一时间联合区工信局等部门对山西圣火炉料有限公司等企业进行了复工复产前的现场检查，督促企业落实常态化疫情防控措施，维护职工健康权益。同时筹集专项资金53.36万元，第一时间为企业送去消毒液、口罩、测温枪等急需物资，第一时间慰问一线抗疫职工家属，第一时间组织职工为企业复工复产建言献策，为全区打赢疫情防控阻击战、经济社会稳步发展贡献了工会力量。

长风破浪会有时，直挂云帆济沧海。立足新发展阶段，阳泉市郊区总工会将坚定贯彻新发展理念，进一步深化工会工作改革创新，不断提升工会工作的能力和水平，更好地团结带领全区职工，充分发挥工人阶级主力军作用，在实现全区转型跨越发展、打造城乡融合发展样板的既定战略目标中再创新业绩，再做新贡献！

（原载2020年12月10日《山西工人报》）

学党史 强化党建引领
办实事 做优维权服务

阳泉市郊区总工会深化党史学习教育纪事

2021年，阳泉市郊区总工会以庆祝建党100周年为主线，以深化党史学习教育为动力，以“强化党建引领、精准聚焦服务、推动依法维权、共享便捷智慧”为目标，凝心聚力学党史，多措并举办实事，立足全区“一盘棋”，团结带领全区职工充分发挥主力军作用，在精心打造“六区”“争做转型发展表率、打造城乡融合样板”中作出新的贡献。

突出一个“深”字，在深学细悟上做实底功。

“党有号召，工会有行动。”区总坚持把党史学习教育作为重大政治任务抓紧抓实，教育工会党员干部学史明理、学史增信、学史崇德、学史力行。一是坚持领导班子带头领学。建立了中心组周学习制度和机关学习制度，全年班子成员集中学习、交流研讨38次，机关干部集中学习46次。二是创新学习教育形式。举办19期“党史大讲堂”，采取“邀请专家专题讲、劳模工匠现身讲、支部书记带头讲、机关干部轮流讲”四种讲学形式，内容更加丰富，学用效果明显。三是丰富主题党日活动。充分挖掘利用阳泉郊区丰富的红色资源，举办党史教育图片展、摄制红色影视作品、开展精神谱系轮讲，开展“迎七一 学党史 共庆百年华诞”“追寻红色记忆，弘扬传统文化”等主题党日活动，组织工会干部重走长征路，从中深刻感悟伟大建党精神，深刻领会“两个确立”的决定性意义，进一步增强“四个意识”、坚定“四个自信”、坚决做到“两个维护”。

强化一个“引”字，在凝心聚力上细化举措。

区总坚定扛起引领职工听党话跟党走的政治责任，以高度的政治自觉，把全区职工组织到党史学习教育中来，引领职工坚定历史自信、筑牢历史记忆，满怀信心一起向未来，凝聚起奋进新征程、建功新时代的磅礴力量。一是广泛发动，开展了为期5个多月的全区职工党史知识竞赛活动，12000余名职工通过线上线下参加活动。开通阳泉郊区总工会新媒体宣传平台——“掌上职工之家”公众号，成为全区职工党史学习教育的重要平台。二是营造氛围，开展了丰富多彩的“喜迎建党100周年”系列职工文化活动。“追忆红色足迹，传承革命精神，感悟初心使命，共庆百年华诞”职工登高健步走活动吸引了1000余名职工积极参与，“唱支心歌给党听”庆祝建党百年大型主题合唱比赛有来自全区17支代表队的1500余名职工参加，“体彩杯”篮球联赛、职工羽毛球赛、趣味赛等各种活动激扬正气、浸润人心。三是擦亮载体，不断推进“党的创新理论宣讲”。南沟村和御康社区2个工会“党的创新理论宣讲站（点）”通过了市总验收，三都村职工活动中心、温河灌区、桃林沟文旅一条街等站点宣讲活动各具特色，“玫瑰书香”女职工主题阅读、“幸福家庭心向党 家风家教代代传”读书分享会等活动广泛开展，工会“党的创新理论宣讲”走进机关、走进学校、走进社区、走进企业，覆盖职工2.3万名。

体现一个“实”字，在维权服务上亮出实招。

“职工有所呼，工会有所应。”区总坚持把“我为群众办实事”作为深化党史学习教育的重要载体，用心用情用力为职工群众办实事、做好事、解难事，让工会党员干部受教育，让职工群众得实惠，增强党史学习教育的实效性。一是建立长效机制，巩固困难职工解困脱困成果。实事求是调查，精准建档立卡，细化帮扶措施，为3名困难职工家庭核发《特困职工证》，困难职工可凭证减免50%的水费、煤气费等费用，并有工会干部常年跟踪服务。二是叫响“十送”品牌，当好职工贴心“娘家人”。区总工会与区人社局、退役局联合举办“技能圆梦想，就业有‘位’来”招聘会，提供就业岗位2350个；区总主要领导带头，走访慰问16名困难职工，发放慰问金3.2万元；为31名特困单亲女职工、防控一线女职工发放慰问金1.55万元；为东村小学送去助学金2000元；为29家企业职工送去绿豆、雨伞等2400余份防暑用品；为疫情防控一线人员送去棉衣等慰问物资；开通“健康e通车”会员普惠活动；为基层配备17万元的图书，聘请心理咨询师开展服务9次；聘请律师进企业开展“尊法守法 携手筑梦”专题讲座；举办民营企业乡镇巡回大讲堂在各乡镇巡回授课。三是开展专项行动，深化和谐劳动关系创建。建立维护劳动领域政治安全、落实“五个坚决”10项机制，开展职工队伍稳定风险排查化解专项行动和冬季农民工欠薪大排查活动，努力实现风险隐患早发现、早处置，坚定维护职工队伍和谐稳定。

聚焦一个“行”字，在服务大局上建功立业。

区总坚持把党史学习教育作为“党建带工建”、促进工会工作创新发展的强大动力，把党史学习教育成效转化为围绕中心、服务大局的现实举措。一是聚焦“六区”建设大力开展劳动竞赛。积极拓展“五小”竞赛的广度深度，组织“职工（劳模）创新工作室”围绕“六新”项目揭榜攻关，向省、市总推荐申报创新成果 8 项。推动“安康杯”竞赛向健全安全机制、强化安全意识、提升安全素质深化，深度开展第 20 个“安全生产月”宣传咨询日活动，推动健全三级工会劳动保护监督检查机制，组织职工为全区安全发展、高质量发展贡献力量。二是聚焦“人人持证，技能社会”建设实施职工技能提升行动。扎实推进产业工人队伍建设改革，打造职工技能提升平台，联合区人社局举办首届“冀东杯”职业技能大赛，设运输与汽车维修、制造与工程技术、创意与社会服务、农业等 4 个重点领域 14 个竞赛项目，共 230 名选手参赛，45 名选手获奖，点燃全区职工的技能报国热情。三是大力弘扬劳模精神、劳动精神、工匠精神。“五一”推选表彰向基层一线倾斜，开设劳模精神宣传专题专栏，组织开展劳模健康体检、劳模疗休养活动，对困难劳模生活状况进行摸底调查，发放劳模春节慰问金、困难劳模生活补助金，让劳模受尊崇，激励职工建功新时代。

乘风破浪立潮头，砥砺奋进新征程。2022 年，阳泉市郊区总工会将继续巩固拓展党史学习教育成果，以史为鉴、开创未来，埋头苦干、勇毅前行，团结动员全区职工为全方位推进高质量发展勇立新功，以优异成绩迎接党的二十大胜利召开。

（撰文：王永清，原载 2022 年 1 月 14 日《山西工人报》）

后 记

为系统记述阳泉市郊区工会发展的历史与现状，2020年3月，经郊区总工会主席办公会议研究决定编纂《阳泉市郊区工会志》，随之成立以郊区人大常委会副主任、郊区总工会主席张富英为主任，常务副主席胡俊青，副主席胡忠文、王永清为副主任，区政协副主席、郊区地方志研究室主任杨济才和郊区总工会六届、七届主席郭善祥、王可俭为顾问的《阳泉市郊区工会志》编纂委员会。同年5月26日制定出台《关于编纂阳泉市郊区工会志的实施方案》。5月29日召开《阳泉市郊区工会志》编纂工作动员会，对志稿的编纂工作进行全面部署，并对撰稿人员进行志稿编写基础知识业务培训，标志着《阳泉市郊区工会志》编纂工作正式启动。

《阳泉市郊区工会志》的编纂是一项重大而严肃的文化系统工程，也是历届工会领导的共同心愿。为保证这一系统工程的顺利实施，编纂委员会为此成立了专门的编辑部，负责该志的资料收集、志稿编纂及出版等各个环节的具体工作。编辑部设主编1名，执行主编1名，副主编1名，编辑28名，特邀编辑7名。为保证志书如期完成，编辑部制定了修志责任制，具体实行编委包章，编辑人员包干的工作责任制，做到任务明确、责任到人。2020年6月12日，再次邀请专业人员对郊区总工会机关、各乡镇、各系统编纂工作人员进行系统的培训。同年10月6日，编委会主任张富英主持召开编纂工作汇报会，志书编纂进度进一步加快，资料征集与初稿编纂同步进行。在资料征集过程中，编纂人员采取统筹兼顾多种渠道征集的方法，反复查阅郊区总工会档案资料，到郊区档案馆、郊区地方志办公室搜集历史文献资料，到阳泉市总工会查阅和借阅相关资料，还在郊区已经出版的多个村志中查找相关资料，走访知情人员获取口述资料以及文字照片实物资料。为保证各乡镇、各系统工会人员能够在搜集资料和编写中少走弯路，编辑部还印发编纂资料模版以供参考。在资料征集核实和初稿编纂阶段，各乡镇、系统工会由主席亲自挂帅，副主席、工会工作者负责搜集资料，部分乡镇工会聘请专门的人员从事此项工作。在完成有关区营企业工会资料收集的过程中，由于郊区原有的区营企业大多破产倒闭，原始档案遗失，收集资料的困难重重。针对这一实际情况，编辑部工作人员采用广泛走访知情人的办法，获取第一手资料。郊区供销社、郊区交通局、原郊区二轻局、原郊区汽车运输公司、原郊区物资公司老领导史东鱼、韩文忠、王学昌、白道所、闫炳旭、陈荣常、白子斌、史财元、王会明等本着对历史负责的态度，积极配合开展资料收集，为工会志稿编纂工作顺利进行给予积极地帮助。义井镇虽然行政隶属已经划归城区多年，但镇工会积极配合开展编纂工作，按时完成了该镇的工会志稿的资料征集工作。郊区总工会机关各部室人员，认真查找档案资料，如期完成资料征集。全体编纂人员采用先内后外、先近后远、先易后难的方法，共查阅档案资料160余卷，调查访问知情人80余人次，征集文字资料150余万字，征集各种图片照片200余张，为初稿的编纂奠定了坚实的基础。在特邀编辑人员的辛勤工作下，2020年末，资料征集全部完成，2021年9月，近百万字的初稿完成编纂，并呈送工会主要领导、郊区史志研究室及有关专家审阅。同年10月19日，编纂委员会召开编纂工作意见反馈会，对初稿提出了一系列具体的修改意见。此后，特邀编辑人员重新对初稿进行了反复修改。12月，将修改后的《阳泉市郊区工会志》形成征求意见稿，分发给郊区总工会各部室、各乡镇工会、系统工会、相关单位领导，以及郊区总工会退休主席、副主席和在郊区总工会工作过的有关人员审阅并广泛征求意见。2022年3月1日，编纂委员会召开《阳泉市郊区工会志》征求意见座谈会，邀请郊区总工会历任主席、副主席张双和、马成元、李新福、赵爱荣、郭珍寿、郭新文、王剑辉、郭凤莲、余香红，以及原区工会办公室主任高启厚、毕武田等参加会议。在广泛征求意见的基础上又经过近两个月的补充修改，同年5月，为进一步把好志书校对关，将修改后的志稿特聘高成堂、史晓红、白沙进行校对，而后报送方志出版社审定。7月，收到方志出版社的审读意见后，编辑部责成侯晋元、刘贵柱、赵改翠，严格按照出版社提出的意见，对版面格式、正文内容、标点符号、图表数字等方面的重点问题进行认真修改和核对加工。8月，将志书再次送方志出版社审校及质检。

《阳泉市郊区工会志》的编纂是在郊区总工会领导下进行的，在编纂过程中得到了各级领导和社会各界的高度重视和大力支持。阳泉市总工会、郊区区委组织部、郊区档案局、郊区档案馆、郊区地方志研究室等给予了大力协助，方志出版社进行了严格审核把关，山西正鑫源印业有限公司在业务上提供了高质量的精心服务。在此，谨向上述单位和个人表示由衷感谢并致以崇高敬意。

事难尽善，物无全美。由于编纂者经验不足，水平所限，再加现有资料保存不尽完整，志书缺憾之处在所难免，希望广大读者和所有关心阳泉市郊区工运事业的同仁们对《阳泉市郊区工会志》中存在的错误和不足给予批评指正。

编 者

2022年8月